# 스펄전 묵상록

Charles H. Spurgeon

크리스챤신서 87

# 스펄전 묵상록

찰스 H. 스펄전
김귀탁 옮김

크리스챤
다이제스트난

주 여호와께서...
아침마다 깨우치시되 나의 귀를 깨우치사
학자같이 알아 듣게 하시도다
- 사 50:4

골수와 기름진 것을 먹음과 같이 내 영혼이 만족할 것이라
내 입이 기쁜 입술로 주를 찬송하되
내가 나의 침상에서 주를 기억하며
밤중에 주를 묵상할 때에 하오리니
- 시 63:5, 6

## 그 해에 가나안 땅의 소출을 먹었더라 - 여호수아 5:12

이스라엘 백성들은 드디어 고단한 광야 여정을 끝내고 약속의 땅에 당도했습니다. 임시처소들, 불뱀들, 포악한 아말렉 족속과의 전쟁, 그리고 삭막한 광야생활은 이제 끝이 났습니다. 그들은 젖과 꿀이 흐르는 땅에 도착했고, 그 땅에서 난 곡식을 만나 대신 먹었습니다. 사랑하는 형제여, 아마 금년은 이스라엘 백성들이 가나안 땅에 이르러 맞이한 복된 그 해가 저와 당신의 해가 될 것입니다. 그 해를 바라보면 앞날은 생각만 해도 즐겁습니다. 만일 믿음으로 삶을 살아간다면, 그것은 우리에게 놀라운 축복을 가져다줄 것입니다. 무엇보다 먼저 예수님은 하나님의 백성들에게 안식을 주시는 진실로 유쾌한 소망의 대상이시고, 또한 조만간에 이 영광을 가져다줄 기대의 대상이기도 하십니다. 불신앙은 우리와 약속의 땅 사이를 흐르는 요단강에서 떨고 있습니다. 그리고 우리는 이미 최악의 죽음보다 더 큰 재난을 겪었음을 확신합니다. 그러니 마음을 편히 가지십시오. 우리는 모든 두려운 생각을 물리치고, "주님과 영원히 함께 살게 된 그 해"에 대한 생각으로 크게 즐거워해야 합니다.

올해도 여호와의 군대 중 일부가 주님을 섬기기 위해 이 땅에서 체류할 것입니다. 만일 이 섬기는 일에 우리도 참여한다면, 새해 첫날 묵상하고 있는 이 본문이 우리에게도 그대로 적용된다는 것 역시 의문의 여지가 없습니다. "믿는 자는 안식에 들어가리라." 그리고 성령은 우리의 기업의 보증이십니다. 그분은 "이 땅에서 시작된 영광"을 우리에게 주십니다. 천국에 있는 성도들이 안전한 것처럼, 우리 역시 그리스도 안에서 안전하게 보존받게 됩니다. 천국에서 그들은 원수를 이기고 승리하고, 우리 역시 이 땅에서 승리를 거둡니다. 천사들은 그들의 주님과 교제하며 즐거워하고, 이것은 우리에게도 거부되지 않습니다. 그들은 주님의 사랑 안에서 안식을 누리고, 우리도 그분 안에서 완전한 평강을 누립니다. 그들은 그분을 찬양하는 찬송을 부르고, 우리도 그분을 찬양하는 것을 특권으로 삼습니다. 우리는 금년에 믿음과 소망으로 이 땅에서 천상의 열매들을 거두고, 광야를 주님의 동산으로 만들게 될 것입니다. 옛날에는 사람이 천사가 먹던 양식을 먹었는데, 왜 지금은 못먹겠습니까? 오, 올해도 예수님을 양식으로 먹고, 가나안 땅의 소출을 먹는 은혜가 임하기를!

우리가 **너로** 말미암아 기뻐하며 즐거워하니 - 아가 1:4

우리는 주님으로 말미암아 기뻐하고 즐거워해야 합니다. 우리는 한 해의 출발을 단조(短調)의 슬픈 곡조들로 시작하지 않고, 기쁨의 수금의 감미로운 가락과 감사의 꽹과리의 유쾌한 소리로 시작해야 합니다. "오라 우리가 여호와께 노래하며 우리의 구원의 반석을 향하여 즐거이 외치자"(시 95:1). 우리는 부르심 받고 택하심 받은 신실한 백성들로서 슬픔을 몰아내고, 하나님의 이름으로 신뢰의 깃발을 높이 들어야 합니다. 다른 사람들이 환난 속에서 슬퍼하더라도 상관하지 말고, 마라의 쓴 물을 달콤하게 할 나무를 갖고 있는 우리는 기쁨으로 여호와를 찬양합시다. 우리는 우리의 진정한 보혜사이신 영원하신 영, 그분이 거하시는 성전이기 때문에 예수님의 이름을 끊임없이 찬송하고 찬양해야 합니다. 우리는 당연히 그렇게 해야 합니다. 그렇게 하기로 결심하십시오. 예수님이 우리 심령의 기쁨의 주인공이 되도록 하십시오. 우리는 그분 앞에서 슬퍼함으로써 신랑 되신 그분을 불쾌하게 해서는 안 됩니다.

우리는 하늘의 찬송시인으로 임명받았으니, 새 예루살렘의 연회장에서 부를 영원한 찬송을 연습해야 합니다. 우리는 기뻐하고 즐거워해야 합니다. 기쁨(glad)과 즐거움(rejoice)은 똑같은 의미를 가진 말로 두 배의 즐거움 곧 은혜 위에 은혜를 더하는 것입니다. 지금까지 우리가 주님을 기뻐하는 것을 제한해야 할 어떤 이유가 있었나요? 은혜받은 사람들에게 지금까지 주님이 그들의 감람향과 나드향이 되며, 창포와 육계가 되지 못한 경우가 있었나요? 천국에서 그분 이상으로 더 좋은 향내를 풍기는 향기를 기뻐본 적이 있나요? 우리는 그분을 기뻐하고 즐거워해야 합니다. 그분은 그릇 속의 고기요, 호두 속의 알맹이요, 글 속의 혼입니다. 예수 안에 얼마나 놀라운 축복들이 쌓여 있을까요! 그분 안에는 얼마나 부한 축복의 강들이 그 원천을 이루고 있고, 아, 얼마나 그 강물들이 충만하게 흐르고 있을까요! 오 사랑하는 주 예수여, 당신은 당신의 백성들의 현재의 기업으로서 금년 한 해도 당신의 보배로움을 느끼고 사는 축복을 베풀어 주시되, 첫날부터 마지막 날까지 당신을 기뻐하고 즐거워할 수 있도록 인도해 주소서. 예수 안에서 기뻐하는 것으로 1월을 시작하게 하시고, 예수 안에서 즐거워하는 것으로 12월을 마치게 하여 주소서.

*6▶7*

기도를 계속하고 - 골로새서 4:2

성경의 많은 부분이 기도에 관한 주제로 채워져 있는 것은 흥미롭습니다. 성경은 곳곳에서 실제 기도문을 제공하거나 기도하라고 권면하고 있고, 또는 기도에 관한 약속들을 다수 포함하고 있습니다. 우리는 성경을 펼치면 그 첫 부분에서 "그 때에 사람들이 비로소 여호와의 이름을 불렀더라"(창 4:26)는 말씀을 보게 되고, 우리의 귀에 그 간절한 마음을 전해 주는 "아멘"이라는 말로 기도를 마치는 기록들을 발견합니다. 그 실례들은 무수히 많습니다. 씨름꾼 야곱과 하루에 세 번씩 기도했던 다니엘, 전심으로 하나님을 찾은 다윗도 있습니다. 또한 우리는 산상(山上)에서 기도했던 엘리야를 봅니다. 지하 감옥에서 기도하며 찬송했던 바울과 실라도 있습니다. 우리는 기도를 명하는 본문들과 기도응답에 대한 약속들을 갖고 있습니다. 이 사실은 우리에게 기도가 얼마나 중요하고 필수적인지를 가르쳐 줍니다. 하나님이 자신의 말씀으로 분명히 밝힌 것은 무엇이든 우리의 삶 속에 실제로 일어나도록 정하신 것입니다. 만일 그분이 기도에 관해 그토록 많이 말씀하셨다면, 그것은 우리에게 기도가 크게 필요하다는 것을 알고 계셨기 때문입니다. 우리는 부족한 부분들이 너무 많은 사람이기 때문에 하늘나라에 올라갈 때까지 기도를 멈추어서는 안 됩니다. 당신은 부족한 것이 아무것도 없습니까? 그렇다면 나는 당신이 자신의 가난함을 모르고 있음에 대해 걱정하지 않을 수 없습니다. 당신은 하나님의 자비가 결코 필요 없습니까? 그렇다면 당신의 비참함을 볼 수 있도록 당신에게 주님의 자비가 임하기를 바랍니다. 기도하지 않는 영혼은 그리스도가 없는 영혼입니다. 기도는 신앙이 자라지 못한 어린 영혼에게는 웅얼거리는 소리요, 전투하는 신자에게는 외치는 소리요, 예수 안에서 잠자고 있는 죽어가는 영혼에게는 위령곡(레퀴엠)입니다. 기도는 그리스도인의 호흡이요, 표어요, 위로요, 능력이요, 영예입니다. 만일 하나님의 자녀라면, 당신은 아버지의 얼굴을 구하고 그분의 사랑 안에서 살기를 원할 것입니다.

금년 한 해 거룩하고, 겸손하고, 열심을 내고, 인내하며 사는 삶이 되도록 기도하십시오. 그리스도와 더 긴밀한 교제를 나누고, 그분의 사랑의 잔칫집에 더욱 자주 들어가게 해달라고 기도하십시오. 또한 다른 사람들에게 모범이 되고, 그들을 축복해 주며, 주님의 영광을 위해 더 부지런히 살게 해달라고 기도하십시오. 금년 한 해의 목표가 "쉬지 말고 기도하자"는 것이 되기를 바랍니다.

### 민족들아 힘을 새롭게 하라 - 이사야서 41:1

세상에 있는 모든 것들은 새로워져야 할 필요가 있습니다. 그 어떤 피조물도 자존적(自存的)으로 살아갈 수는 없습니다. 시편 기자는 "주께서 지면을 새롭게 하시나이다"(시 104:3)라고 노래했습니다. 심지어는 걱정에 사로잡히는 경우가 없고 수고로 인해 수명이 단축되지 않는 나무들도 하늘에서 내려오는 비를 마시고, 땅에 숨겨진 양분들을 흡수해야 합니다. 레바논의 백향목도 하나님이 심으신 것입니다. 그것들은 오직 날마다 땅으로부터 나오는 신선한 수분을 취하기 때문에 살아남게 되는 것입니다. 사람의 목숨도 하나님으로부터 오는 새 힘이 없으면 결코 유지될 수 없습니다. 우리가 끼니마다 음식을 먹음으로써 육체의 건강을 유지하는 것이 필수적인 것처럼, 하나님의 책을 먹음으로써 또는 선포된 말씀을 들음으로써 또는 영혼을 살찌우는 계명의 식탁을 통해 영혼의 건강을 유지해야 합니다. 그 수단들이 무시될 때 우리의 은혜는 얼마나 줄어들게 될까요! 하나님의 말씀을 부지런히 묵상하지 않고 은밀한 기도를 게을리 하는 성도들은 얼마나 그 영혼이 허기질까요!

만일 우리의 경건이 하나님 없이 유지될 수 있다면, 그것은 진정한 경건이 아닙니다. 그것은 단지 꿈에 불과합니다. 왜냐하면 하나님이 그것을 창조하셨다면 그것은 꽃들이 이슬을 기다리듯이 그분을 기다려야 하기 때문입니다. 우리는 끊임없이 새 힘을 얻지 못하면 지옥의 집요한 공격이나 하늘의 엄격한 시련들 또는 내면의 갈등들에 대해서도 대비를 하지 못하게 됩니다. 회오리바람이 불어올 때, 신선한 수액을 빨아들이지 못하고 수많은 뿌리들로 바위를 들이집고 있지 못한 나무에게는 화가 있을지어다! 폭풍이 몰아닥칠 때, 돛대를 강하게 세우지 못하거나 닻을 내리지 못하거나 항구에 정박하지 못한 배의 선원들에게는 화가 있을지어다!

만일 우리가 선(善)이 약해지도록 방치한다면, 확실히 악(惡)이 힘을 얻어서 우리를 정복하기 위해 필사적으로 공격해올 것입니다. 그리고 아마 그 결과로서 우리는 고통스러운 절망과 서글픈 수치를 당하게 될 것입니다. 우리는 겸손히 기도함으로써 하나님의 은혜의 발등상으로 가까이 나아가야 합니다. 그리고 그 때 우리는 "오직 여호와를 앙망하는 자는 새 힘을 얻으리라"(사 40:31)는 약속이 성취되는 것을 보게 될 것입니다.

너를 백성의 언약으로 삼으며 - 이사야서 49:8

예수 그리스도는 언약의 총체요 본질이 되십니다. 언약의 선물 가운데 하나인 그분은 모든 신자들의 소유가 되십니다. 당신은 그리스도 안에서 얻은 것을 다 계산할 수 있습니까? "그 안에는 신성(神性)의 모든 충만이 육체로 거하시고" (골 2:9). "신성"이라는 말과 "완전한 인간"이라는 말을 묵상해 보십시오. 그러면 하나님이자 사람이신 그리스도께서 지금까지 갖고 계시거나 가질 수 있는 모든 것이 당신의 것 — 순전히 값없이 주어지는 은혜로서, 영원토록 유산으로 당신에게 주어지는 — 임을 알게 될 것입니다. 은혜로우신 예수님은 하나님으로서 전지전능하고 무소부재하십니다. 그분의 영광스러운 속성들이 완전히 당신의 것이라는 것이 위로가 되지 않습니까? 그분이 능력을 갖고 계십니까? 그러면 그 능력은 당신의 것으로서 당신을 강하게 하고, 당신의 원수들을 물리치며, 끝까지 당신을 보존시켜 줄 것입니다. 그분이 사랑을 갖고 있습니까? 그러면 그분의 마음속에서 나오는 한 방울의 사랑이라도 당신에게 떨어지지 않는 경우는 없습니다. 당신은 담대하게 언제든 "그것은 내 것"이라고 말할 수 있습니다.

그분이 공의를 소유하고 있습니까? 비록 엄격한 속성처럼 보여도 그것 역시 당신의 것입니다. 왜냐하면 그분은 은혜 언약과 자신의 공의를 통해 약속된 모든 것이 당신의 것이 될 것을 확실히 보여 줄 것이기 때문입니다. 또 완전한 인간으로서 그분이 갖고 있는 것도 모두 당신의 것입니다. 완전한 인간으로서 그분은 아버지의 기쁨이 되셨고, 지극히 높으신 하나님에 의해 인정을 받으셨습니다. 오, 신자여, 하나님께서 그리스도를 인정하셨다면, 그것은 당신을 인정한 것입니다. 아버지께서 그분께 베푸신 사랑이 지금 당신에게 베풀어지고 있습니다. 또 그리스도께서 행하신 모든 것이 당신의 것입니다. 예수님이 무죄하신 일생을 통해 율법을 흠 없이 지키셨을 때 이루신 그 완전한 의로우심도 당신의 것으로, 당신에게 전가될 것입니다. 그리스도는 언약 안에 계시는 분입니다.

"나의 하나님, 나는 당신의 것 — 오 얼마나 위로가 되는 하나님이실까!
구주가 나의 것임을 아는 것은 얼마나 놀라운 축복일까!
하늘의 어린양 안에서 나는 말할 수 없는 행복을 느끼고,
나의 마음은 그분의 이름을 들을 때마다 춤을 추노라."

광야에서 외치는 자의 소리가 있어 이르되 너희는 주의 길을 준비하라
그의 오실 길을 곧게 하라 - 누가복음 3:4

광야에서 외치는 소리는 주의 길, 준비된 길 곧 광야에서 준비된 길을 요구했습니다. 나는 주님의 선포에 귀를 기울이고, 그분에게 내 마음의 길을 맡겨 은혜의 작용을 통해 내 본성의 광야를 포장하도록 했습니다. 본문에서 나는 4가지 요점에 대해 진지한 관심을 갖게 되었습니다.

모든 골짜기는 높여져야 합니다. 하나님에 관한 저급하고 수준이 낮은 생각들은 포기되어야 합니다. 의심과 절망은 제거되어야 합니다. 자기중심과 육욕적 쾌락도 사라져야 합니다. 이 깊은 골짜기들을 가로질러 영광스러운 은혜의 길이 놓여져야 합니다.

모든 산과 언덕은 낮아져야 합니다. 교만한 피조물의 자만심과 자기의(自己義)는 제거되어 만왕의 왕이 다니시기에 합당한 고속도로가 되도록 평평하게 되어야 합니다. 하나님과의 교제는 오만하고 교만한 죄인들에게는 절대로 주어지지 않습니다. 주님은 겸손한 자들을 높이시고, 마음이 상한 심령들을 찾아가십니다. 그러나 교만한 자들은 싫어하십니다. 내 영혼아, 이 점에 대해 그대가 온전케 되기를 성령께 간구하라.

굽은 것은 곧게 펴져야 합니다. 하나님을 위해 결단하는데 있어서, 그리고 그 결단의 결과인 성결을 보여 주는데 있어서 주저하는 마음은 곧은 길을 가져야 합니다. 두 마음을 가진 사람들은 진리의 하나님에 대해서는 이방인들입니다. 내 영혼아, 그대는 심령을 감찰하시는 하나님이 보실 때 조금도 굽은 것이 없도록, 모든 일들 속에서 항상 정직함과 진실함을 유지하도록 주의하라.

거친 곳은 평탄하게 되어야 합니다. 죄의 걸림돌들은 제거되어야 합니다. 반역의 가시들과 찔레들은 뿌리째 뽑혀져야 합니다. 참으로 위대하신 주님이 그의 사랑하는 자들과 교제하기 위해 임하실 때, 그들의 마음속에서 진흙탕 길과 돌밭들이 발견되어서는 안 됩니다. 오, 오늘 저녁에 주님이 내 마음속에서 그분의 은혜를 통해 준비된 고속도로를 발견하실 수 있기를! 오, 그분이 금년 한 해 처음부터 끝까지 내 영혼의 전 영역을 통해 승리의 행진을 하실 수 있기를!

오직 우리 주 곧 구주 예수 그리스도의 은혜와 그를 아는 지식에서 자라가라 - 베드로후서 3:18

"은혜 안에서 자라가라" — 이것은 단지 한 가지 은혜가 아니라 모든 은혜 안에서 그리하라는 것입니다. 무엇보다 당신은 가장 근본적인 은혜인 믿음 안에서 자라가야 합니다. 지금까지 당신이 가졌던 어떤 약속들보다 더 강한 확신을 갖고 하나님의 약속들을 믿으십시오. 믿음이 충만하고 지속적이고 단순하게 자라가도록 하십시오. 또 사랑 안에서 자라가야 합니다. 당신의 사랑이 더 풍성하고, 더 긴밀하며, 더 실천적이고, 모든 생각과 말과 행실에 영향을 미치게 되기를 구하십시오. 마찬가지로 겸손에 있어서도 자라가야 합니다. 항상 낮은 자세를 취하고 자신의 무력함을 느끼게 해달라고 기도하십시오. 겸손으로 아래를 향하여 자라는 만큼, 기도로 하나님께 더 가까이 나아가고 예수님과 더 긴밀한 교제를 나누며 위를 향하여 자라기를 추구하십시오. 성령 하나님이 당신을 "우리 주 곧 구주를 아는 지식에서 자라가게 하기를"(벧후 3:18) 바랍니다.

예수님에 관한 지식이 자라가지 않는 사람은 축복을 받지 못할 것입니다. 그분을 아는 것이 곧 "영생"이고, 그분에 관한 지식이 자라가는 것은 행복이 자라가는 것입니다. 그리스도를 더 깊이 알기를 원하지 않는 사람은 아직 그분에 관해 아무것도 모르고 있는 것입니다. 이 예수라는 포도주를 마시는 자는 누구든 그것을 더 마시고 싶은 갈증을 느끼게 될 것입니다. 왜냐하면 그리스도께서 아무리 만족시킨다고 할지라도 그 만족은 절대로 물리지 않고 오히려 식욕을 자극하는 그런 만족이기 때문입니다. 만일 당신이 그분을 더 깊이 알기를 바라지 않는다면, 그분을 사랑하지 않는 것입니다. 사랑은 항상 "더 가까이, 더 가까이"를 외치기 때문입니다. 그리스도가 없는 것이 지옥이라면, 그분과 함께하는 것이 천국입니다. 예수님을 더 깊이 알아가는 지식이 없이는 참된 만족도 없습니다. 그러므로 그분의 신적 본질, 인간관계, 이루신 사역, 죽으심, 부활, 영광스러운 현재의 중보사역, 그리고 왕으로 오실 미래의 재림 등에 있어서 그분을 더 잘 알도록 힘쓰십시오. 열심히 십자가를 따르십시오. 그분의 상처의 신비를 상고하십시오. 예수님에 대한 사랑이 더 깊어지고 우리를 향하신 그분의 사랑에 대한 이해가 한층 완전해지는 것이야말로 은혜 안에서 자라가고 있음을 보여 주는 최고의 시금석 가운데 하나입니다.

요셉은 그의 형들을 알아보았으나 그들은 요셉을 알아보지 못하더라 - 창세기 42:8

오늘 아침 우리의 소망은 주님을 아는 지식이 자라가는 것이었습니다. 오늘 저녁에도 유사한 주제 곧 하늘에 계신 우리의 요셉(예수)이 우리에 관해 갖고 있는 지식에 대해 살펴보기 원합니다. 이것은 은혜롭게도 우리가 그분에 관해 전혀 지식을 갖고 있지 못하던 오래 전부터 이미 완전한 상태에 있었습니다. "내 형질이 이루어지기 전에 주의 눈이 보셨으며 나를 위하여 정한 날이 하루도 되기 전에 주의 책에 다 기록되었나이다"(시 139:16). 우리가 세상에 태어나기 전, 우리는 이미 그분의 마음속에 존재가 있었습니다. 우리가 그분을 반역했을 때에도 그분은 우리를 알고 계셨습니다. 그때 이미 그분은 우리의 불행, 패역, 악함에 대해 알고 계셨습니다. 우리가 절망적인 상태에 빠져 그분을 단지 심판자와 지배자로 바라보면서 회개하며 쓰라린 눈물을 흘리고 있을 때, 그분은 우리를 지극히 사랑하는 형제로 여기고 자신의 한 부분처럼 생각해 주셨습니다.

그분은 한순간도 택한 자들을 잊지 않고 항상 그들을 무한한 애정의 대상으로 바라보셨습니다. "주께서 자기 백성을 아신다"(딤후 2:19)는 말씀은 아버지의 식탁에 앉아 함께 식사하는 아들들뿐만 아니라 돼지가 먹는 음식을 함께 먹고 있던 탕자들에게도 해당되는 말씀입니다.

그러나 슬프게도 우리는 왕 되신 주님을 몰라봤고, 이 무지로 인해 무수한 죄를 저질렀습니다. 우리는 그분에게서 마음을 돌리고 우리의 사랑의 문을 닫아버렸습니다. 그분을 불신했고, 그분의 말씀을 믿지 않았습니다. 의의 태양이 밝게 비취었지만 우리는 그분을 보지 못했습니다. 하늘이 땅에 내려있지만 땅은 그것을 알지 못했습니다. 이전 것은 지나갔으니 하나님을 찬양합시다. 하지만 지금 우리가 예수님을 아는 것은 그분이 우리를 완전히 알고 계신 것과 비교하면 아무것도 아닙니다. 우리는 이제 그분에 대해 연구를 시작했을 뿐인데, 그분은 우리를 완전히 알고 계십니다. 무지가 우리에게 있고 그분에게 없다는 것이 얼마나 다행스러울까요. 무지란 우리에게는 불치병과 같습니다. 그러나 그분은 우리에게 "나는 너희를 도무지 모른다"고 말씀하시지 않습니다. 그분은 재림하실 때 우리 이름을 부르고, 세상과는 달리 우리에게는 자신을 밝히 드러내실 것입니다.

그 빛이 하나님이 보시기에 좋았더라 하나님이 빛과 어두움을 나누사 - 창세기 1:4

빛은 "빛이 있으라"는 하나님의 선하신 말씀으로부터 생겨났기 때문에 당연히 선합니다. 빛을 받는 우리는 빛에 대해 지금 감사하는 것보다 더 크게 감사해야 합니다. 왜냐하면 빛 안에서 그리고 빛을 통해 우리가 하나님을 더 잘 보기 때문입니다. 물리적인 빛에 대해 솔로몬은 실로 아름답다(전 11:7)고 말했지만, 복음의 빛은 무한히 보배롭습니다. 그것은 우리에게 영원한 사실들을 밝혀주고, 우리의 불멸의 본성에 도움을 주기 때문입니다. 성령이 우리에게 신령한 빛을 제공하고, 우리의 눈을 열어 예수 그리스도를 통해 나타난 하나님의 영광을 보도록 하실 때, 우리는 죄의 진상을 보고 우리 자신의 참된 위치를 발견하게 됩니다. 또 우리는 거룩하신 하나님이 자신을 계시하시는 그대로 그분을 보게 되고, 그분이 작정하신 그대로 그분의 계획을 발견하게 되며, 말씀에 기록된 그대로 다가올 세상에 대해서도 깨닫게 됩니다.

신령한 빛은 다양한 광선과 다채로운 색깔을 갖고 있습니다. 그러나 그것들이 무엇이든, 곧 지식이든 기쁨이든 거룩이든 또는 생명이든 다 영적으로 선합니다. 만일 그 빛이 이토록 선하다면, 본질적 빛이신 예수님은 얼마나 선하고, 또 그분이 자신을 계시하는 곳에서는 얼마나 영광스러운 광채가 존재하게 될까요! 오 주여, 빛이 그토록 선하오니 우리에게 그 빛을 더 비추시고, 참 빛이신 당신 자신에 대해서는 더더욱 그렇게 하옵소서!

세상에 좋은 것이 창조되자마자 분리(division)도 필수적으로 있게 되었습니다. 빛과 어둠은 함께 사귈 수 없기 때문에 하나님은 그것들을 나누셨습니다. 우리는 그것들을 혼동해서는 안 됩니다. 빛의 자녀들은 어둠의 행위들과 교훈들 또는 속이는 것들과 어울려서는 안 됩니다. 빛의 아들들은 착하고, 정직하고, 담대히 주의 일을 행하고, 어둠의 일들은 어둠의 아들들에게 넘겨주어야 합니다. 교회는 훈련을 통해 빛과 어둠을 구별하고, 세상과도 구별되어야 합니다. 판단과 행위와 들음과 가르침과 교제 등에 있어서 우리는 귀한 것과 천한 것을 분별하고, 창조의 첫째 날에 하나님이 행하신 그 위대하신 구분을 지켜야 합니다. 오 주 예수여, 오늘 하루도 당신이 우리의 빛이 되어 주소서. 당신의 빛은 사람들의 빛이옵니다.

그 빛이 하나님이 보시기에 - 창세기 1:4

오늘 아침 우리는 빛이 얼마나 선하고, 하나님이 그것을 어둠과 나누신 것을 살펴보았는데, 지금은 하나님이 빛에 대해 갖고 있는 특별하신 눈에 대해 주목하고자 합니다. "그 빛이 하나님이 보시기에" — 그분은 그것을 만족스럽고 즐거운 마음으로 바라보시고 "그것이 좋다"고 생각하셨습니다. 사랑하는 성도여, 만일 하나님이 당신에게 빛을 주셨다면 그분은 그 빛에 대해 특별한 관심을 갖고 바라보셨을 것입니다. 왜냐하면 빛은 그분의 작품으로서 그분에게는 너무나 소중한 것일 뿐만 아니라 "그는 빛이시라"는 말씀으로 보아 그것은 그분 자신과 같은 것이기 때문입니다. 하나님이 자신이 시작하신 은혜의 사역을 이처럼 사랑의 눈길로 바라보심을 아는 것은 참으로 즐거운 일입니다. 그분은 흙으로 만든 우리의 육체 속에 두신 보물을 결코 시야에서 놓지 않으십니다. 우리는 빛을 볼 수 없을 때가 있지만, 하나님은 항상 빛을 보고 계시고, 그것은 우리가 빛을 보는 것과는 차원이 다릅니다.

내가 나 자신의 결백함을 보는 것보다 재판관이 그것을 보는 것이 더 정확합니다. 내 자신이 하나님의 백성 가운데 하나라는 것을 알고 있다면 그것은 참으로 안심이 되는 일입니다. 그러나 내가 그것을 알든 모르든, 주님이 그것을 알고 있다면, 그것은 더욱 안전한 일입니다. "주께서 자기 백성을 아신다"(딤후 2:19)는 것이 안전의 기초입니다. 당신은 원죄로 인해 한숨쉬며 괴로워하고, 자신이 어둠 속에 있음을 슬퍼할 수 있습니다. 하지만 주님은 당신의 마음속에서 "빛"을 보십니다. 왜냐하면 그분이 그곳에 빛을 두셨기 때문입니다. 그러므로 비록 당신의 영혼 속에 먹구름과 어두움이 있다고 해도, 그 속에 있는 빛을 그분의 은혜의 눈길로부터 가릴 수 없습니다. 당신은 낙심 아니 절망에 빠져 엎드러질 수 있지만, 당신의 영혼이 그리스도를 향한 간절한 소망을 품고 있다면, 그분이 이루신 사역에 의지하려는 마음이 있다면, 하나님은 당신 속에서 "빛"을 보십니다. 그분은 그것을 보실 뿐만 아니라 그것이 당신 속에 계속 보존되도록 역사하십니다. 이것은 자신의 무력함을 느끼는 사람들에게는 보배 같은 생각입니다. 이처럼 그분의 은혜를 통해 보존된 빛을 그분은 언젠가 정오의 찬란한 광채와 충만한 영광으로 보여 주실 것입니다. 내면의 빛은 영원한 낮의 서광입니다.

**너희 염려를 다 주께 맡기라 이는 그가 너희를 돌보심이라** - 베드로전서 5:7

"그가 나를 돌보심이라" — 이렇게만 느낄 수 있다면, 그것은 우리가 슬픔을 가라앉히는 가장 좋은 방법입니다. 그리스도인이여! 항상 염려하는 얼굴로 믿음을 훼손시키지 마십시오. 오십시오. 오셔서 당신의 짐을 주님께 다 맡기십시오. 당신은 당신의 아버지에게 전혀 무겁지 않은 짐을 홀로 짊어지고 비틀거리고 있습니다. 그것이 당신에게는 엄청난 무게로 다가오지만 그분에게는 티끌보다 가볍습니다. 다음과 같이 하는 것만큼 편한 일은 없습니다.

"하나님의 손에 의지하라.
    오직 그분의 손 외에 의지할 것이 없음을 알라."

오 고난 속에 있는 자녀여, 인내하십시오. 하나님은 자신의 섭리 속에 당신을 빼놓지 아니하셨습니다. 하찮은 참새도 먹이시는 분이 당신에게 필요를 공급해주시지 않겠습니까? 절망에 빠져 주저앉지 마십시오. 끝까지 소망을 포기하지 마십시오. 믿음의 무기로 환난의 바다에 대항하십시오. 당신의 대항은 결코 실패로 끝나지 않습니다. 당신을 돌보시는 분이 계십니다. 그분의 눈은 당신에게 고정되어 있고, 그분의 마음은 당신의 고뇌에 대해 공감하고, 그분의 손은 당신에게 필요한 도움을 주기에 충분할 만큼 전능하십니다. 짙은 먹구름은 은혜의 소나기를 뿌리고 나면 저절로 사라질 것입니다. 캄캄한 어두움은 밝은 아침에 그 자리를 내어줄 것입니다. 하나님은 당신의 상처를 싸매주시고 당신의 상한 마음을 고쳐주실 것입니다. 당신이 고난 속에 있다고 해서 그분의 은혜를 의심하지 마십시오. 고난의 때에도 평강의 때만큼, 그분이 당신을 사랑하고 계심을 확신하십시오. 섭리하시는 하나님께 모든 것을 맡겨버린다면, 당신의 삶은 얼마나 평온하고 고요할까요!

엘리야 선지자는 병에 있는 약간의 기름과 통에 있는 한 줌의 밀가루로 굶주림을 이겨냈는데, 이것은 당신에게도 똑같이 해당됩니다. 하나님이 돌보신다면 당신이 무엇을 걱정할 필요가 있겠습니까? 그분께 당신의 영혼을 맡길 수 있다면, 육신은 왜 맡길 수 없겠습니까? 하나님은 당신의 짐을 대신 짊어지기를 거절하지도 않고, 그 짐의 무게에 힘들어하지도 않습니다. 그러니 영혼이여, 오십시오! 오셔서 당신의 모든 염려를 은혜로우신 하나님의 손에 맡기십시오.

전날 저녁에 여호와의 손이 내게 임하여 - 에스겔 33:22

심판의 한 방법으로서 여호와의 손이 임할 수 있고, 만일 그렇다면 나는 그 이유를 살펴보고, 그분의 손의 채찍을 맞고, 그렇게 정하신 그분을 기쁘게 맞이하겠습니다. 밤중에 징계를 받는 사람은 나만이 아닐 것입니다. 나는 기꺼이 그 고통을 감수하고, 그 유익을 조심스럽게 취하겠습니다. 그러나 여호와의 손은 또한 다른 의미로 다가올 수 있습니다. 영혼에게 힘을 주고 영혼이 영원한 진리들을 향해 고개를 들어올리도록 하는 것 말입니다.

오, 나는 이런 의미로 나를 다루시는 주님을 느끼기를 원합니다! 하나님의 임재와 내주에 대한 의식으로 충만한 영혼은 독수리 날개처럼 하늘로 날아오를 것입니다. 이때 우리는 신령한 기쁨으로 충만하고, 세속적인 염려와 슬픔들은 잊어버리게 됩니다. 보이지 않는 것이 가까이 다가오고, 보이는 것은 힘을 잃습니다. 종 된 육체는 산기슭에서 기다리고, 주인 된 영혼은 주님의 임재를 느끼며 산꼭대기에서 그분을 경배합니다. 오 하나님과의 거룩한 친교의 시간이 오늘 밤 나에게 충만하게 허락되기를!

주님은 내가 그것이 참으로 필요하다는 것을 알고 계십니다. 나의 은혜는 시들고, 마음은 부패하고, 믿음은 약해지고, 열정은 식었습니다. 이 모든 것들은 그분의 치유의 손길이 저에게 임하지 않으면 안 되는 이유들입니다. 그분의 손은 불처럼 뜨거운 내 이마의 열을 식혀주고, 떨리는 내 가슴의 고동을 진정시킬 수 있습니다. 세상을 지으신 그 영광의 의로우신 손은 내 마음을 새롭게 창조하실 수 있습니다. 땅의 거대한 기둥들을 지탱시켜온 그분의 지칠 줄 모르는 손은 내 영혼을 얼마든지 지탱하실 수 있습니다. 모든 성도들을 따스하게 포용하시는 그분의 사랑하는 손은 얼마든지 나를 어루만져 주실 수 있습니다. 또 원수들을 산산조각 멸하시는 강하신 그분의 손은 내 죄도 그렇게 산산조각 내실 수 있습니다. 그런데 왜 오늘 저녁 저에게 다가오시는 손을 반갑게 느껴서는 안 된단 말입니까?

내 영혼아, 나아오라. 와서 그대의 하나님께 간절히 구하여 그대의 구속을 위해 피 흘리신 예수님의 손을 강하게 붙들라. 그러면 그대는 과거에 다니엘에게 임하여 그로 하여금 무릎을 꿇게 하고 하나님의 환상을 볼 수 있도록 역사하셨던 손과 똑같은 손을 확실히 느끼게 되리라.

이는 내게 사는 것이 그리스도니 - 빌립보서 1:21

사도 바울도 처음부터 그리스도에 대해 살았던 것은 아니었습니다. 그는 성령께서 죄를 깨닫게 하셨을 때, 그리고 자신의 죄책을 제거하기 위해 죽으신 구주를 은혜를 통해 보았을 때, 그리스도에 대해 살기 시작했습니다. 거듭난 순간부터 사람은 그리스도에 대해 살기 시작합니다. 신자들에게 예수님은, 자기가 갖고 있는 모든 것을 다 팔아 살 정도로 무한한 가치를 갖고 있는 진주와 같습니다. 그분이 우리의 마음을 완전히 점령하시면, 그때부터 그 마음은 오로지 그분을 위한 생각으로 고동칩니다. 우리는 그분의 영광을 위해 살고, 그분의 복음을 옹호하는데 목숨을 바치기도 합니다. 그분은 삶의 모범이고, 우리 인격이 본받아야 할 모델입니다. 바울의 말은 통상 사람들이 생각하는 것보다 훨씬 더 큰 의미를 함축하고 있습니다. 사람들은 바울의 삶의 목적과 목표가 그리스도였다고 생각합니다. 그러나 아닙니다. 그의 삶 자체는 곧 예수님이었습니다. 옛날 한 성도의 말에 따르면, 그는 영생을 먹고, 마시고, 잠을 잤습니다. 예수님은 그의 진정한 호흡이었고, 그의 영혼의 영혼이요, 그의 마음의 마음이요, 그의 생명의 생명이었습니다.

성도로서 당신은 자신이 이러한 생각에 따라 살고 있다고 말할 수 있습니까? 내게 사는 것은 그리스도라고 정직하게 말할 수 있습니까? 당신은 사업을 그리스도를 위해서 하십니까? 자기성취와 가족의 생계를 위해서 하지는 않습니까? 그래서 한다면, 그리스도인에게는 그것이 궁색한 변명에 지나지 않습니다. 바울은 그리스도를 위해 살겠다고 고백합니다. 그런데 그가 어떻게 영적 간음을 범하면서 다른 대상을 위해 살 수 있겠습니까? 많은 사람들이 약간은 이 원리에 따라 인생을 살고 있습니다. 그러나 누가 사도 바울이 한 것처럼, 온전히 그리스도를 위해서 살았다고 말할 수 있습니까? 하지만 이것만이 그리스도인의 참된 인생입니다. 곧 그 인생의 원천, 그 양식, 그 습관, 그 목적, 이 모든 것을 한 마디로 묶어 말하면, 그것은 그리스도 예수입니다.

주여, 저를 받아주소서. 제가 여기 있나이다. 오직 당신 안에서, 그리고 당신에 대해 살기를 기도합니다. 일하기 위해, 또는 희생 제물로 바쳐지기 위해 쟁기와 제단 사이에 서 있는 황소처럼, 저도 서 있게 하소서. 그리고 "어느 쪽을 위해서든 준비하라"는 것이 저의 삶의 모토가 되게 하여 주소서.

### 내 누이 내 신부는 - 아가서 4:12

하늘에 계신 솔로몬 곧 주님이 그의 신부 교회를 얼마나 다정하게 부르고 있는지 그 감미로운 호칭을 보십시오. "내 누이"는 혈연적으로 나와 아주 가까운 자, 곧 나와 똑같은 감정을 가진 자를 말합니다. "내 신부"는 열렬한 사랑의 감정으로 나와 하나가 된 가장 가깝고, 가장 사랑스러운 자, 곧 나의 사랑하는 반려자 또는 자신의 분신을 말합니다. 내 누이는 육화(肉化)를 통해 나를 상대방의 뼈 중의 뼈와 상대방의 살의 살로 만드는 것입니다. 또 내 신부는 거룩한 혼인을 통해 상대방을 내 자신 속에 받아들이는 것입니다. 내 누이는 아주 어린 시절부터 잘 알고 있었고, 또 함께 살았던 사람입니다. 내 신부는 많은 여인들 중 특별히 내가 택해서 사랑의 팔로 안아주고 영원히 함께하기로 서약한 사람입니다. 우리의 영광스러운 하늘의 친척은 우리를 결코 부끄러워하지 않습니다. 그분은 이 이중적 관계에 대해 참으로 크신 즐거움을 갖고 계시기 때문입니다.

우리는 본문에서 "내"란 말이 두 번 나오는 것을 봅니다. 이것은 그리스도가 교회를 자신의 소유로 삼고 있음을 얼마나 기뻐하는지를 보여 줍니다. "그분의 즐거움은 사람의 아들들과 함께 하시는데 있었습니다." 왜냐하면 그들은 그분의 택함 받은 자들이기 때문입니다. 목자이신 그분은 양을 찾으십니다. 그것은 그들이 자신의 양이기 때문입니다. 그분은 "잃어버린 자를 구원하기 위해" 이리저리 찾아다녔습니다. 그것은 잃어버린 자가 잃어버리기 오래 전부터 그분의 소유였기 때문입니다. 교회는 그의 주님의 독보적인 재산입니다. 교회 외에 다른 어떤 것도 그분과의 연합을 주장할 수 없고, 그분과 사랑을 나누고 있다고 말할 수 없습니다. 예수님은 교회와 그런 관계 속에 들어가는 것을 즐거워하십니다. 모든 믿는 자의 영혼은 이 우물들로부터 위로의 잔을 마시게 됩니다.

성도여! 그리스도는 친척으로 당신 가까이 계십니다. 그리스도는 결혼관계의 유대감을 갖고 당신을 사랑하십니다. 그러므로 당신은 그분을 사랑해야 합니다. 보십시오. 그분이 당신의 두 손을 자신의 두 손으로 붙잡고 "내 누이, 내 신부여"라고 부르고 있습니다. 당신의 주님이 당신을 놓을 수 없을 만큼 두 손으로 강하게 붙들고 계시는 그 거룩하신 붙드심을 주목하십시오. 사랑하는 영혼아, 그분의 사랑의 거룩한 불꽃으로 돌아오는 데 결코 지체하지 말라!

성물과 관련된 죄책을 - 출애굽기 28:38

이 말씀을 통해 얼마나 비밀이 더 깊이 밝혀지고 계시가 밝게 드러나게 될까요! 잠시 멈추어 이 슬픈 장면을 살펴보는 것은 유익한 일이 될 것입니다. 우리가 공예배를 드릴 때 저지르는 죄책들, 곧 그 외식, 형식적 순종, 영적 무감각, 불경스러움, 마음의 잡념, 그리고 하나님을 망각하는 것 등 그 죄악이 얼마나 많을까요! 우리가 주님을 위해 활동할 때 범하는 죄책들 곧 경쟁심, 이기심, 부주의, 태만, 불신앙 등 그 죄악은 얼마나 많을까요! 또 우리가 주의 일에 헌신할 때 은밀히 범하는 죄책들, 곧 게으름, 냉랭함, 무지, 무감각, 그리고 허영 등 죽은 헌신들이 얼마나 산처럼 많을까요! 다시 한 번 깊이 관찰해 본다면, 우리는 처음에 보고 발견했던 것들보다 훨씬 더 많은 죄책들을 발견할 것입니다.

페이슨(Payson) 박사는 동생에게 쓴 한 편지에서 이렇게 말했습니다: "내 심령뿐만 아니라 교회도 게으름뱅이의 정원을 크게 닮았구나. 이 둘이 크게 호전되기를 바라는 마음이 간절하지만, 설상가상으로 그 동기가 교만, 허영 아니면 게으름에서 비롯된 것임을 깨닫는다. 나는 나의 정원을 뒤덮고 있는 잡초들을 바라보면서 그것들이 송두리째 뽑혀지기를 바란다. 그러나 왜? 무엇이 그 소원을 갖게 만들었을까? 그것은 아마 내가 그곳을 산책하면서 '내 정원이 너무 잘 만들어졌어' 라고 말하고 싶어서 일거야. 이것은 교만이지. 아니면 이웃 사람들이 담 너머로 바라보면서 '당신의 정원은 정말 멋져요' 라고 말하는 소리를 듣고 싶어서겠지. 하지만 이것은 허영이야. 아니면 잡초를 뽑아내는데 지쳐서 그것들이 아예 근절되기를 바라는 마음을 가질 수도 있지. 하지만 이것은 게으름일 뿐이야."

심지어는 거룩을 추구하는 우리의 욕망도 잘못된 동기들에 의해 오염될 수 있습니다. 아주 새파란 잔디 속에 벌레들이 숨어 있습니다. 우리는 그것들을 찾아내는데 많은 시간을 들일 필요가 없습니다. 대제사장이 성물과 관련된 죄책을 담당하기 위해 "여호와께 거룩"이라는 글귀를 이마에 붙이고 다니는 것은 생각만 해도 기분이 좋습니다. 마찬가지로 예수님은 우리 죄를 담당하실 때, 아버지 앞에 우리의 불결함이 아니라 자신의 거룩함을 내놓습니다. 오 우리의 위대하신 대제사장을 믿음의 눈으로 바라는 은혜가 임하기를!

### 네 사랑이 포도주보다 나음이로구나 - 아가서 1:2

그리스도와의 교제만큼 신자에게 기쁨을 주는 것은 없습니다. 불신자들이 삶의 일반은총들을 누리는 것처럼 신자도 그 즐거움을 누리고, 하나님의 은사와 하나님의 활동들에 대해서도 똑같이 기뻐할 수 있습니다. 그러나 이 모든 것들 속에는 개별적으로든 종합적으로든 주 예수님의 비교할 수 없는 인격 속에서 누리는 것과 같은 즐거움은 없습니다. 그분은 땅 위에 있는 어떤 포도원도 생산해 내지 못한 포도주를 갖고 계십니다. 그분은 애굽의 어떤 밭에서도 생산해낼 수 없었던 떡을 갖고 계십니다. 우리가 사랑하는 주님과 교제할 때 느꼈던 달콤함을 어디서 발견할 수 있을까요? 이 땅에서 누리는 즐거움은 하늘의 만나이신 예수님과 비교하면 단순히 돼지의 배설물에 불과합니다. 우리는 육체적 쾌락으로 가득 찬 세상보다는 한 모금의 그리스도의 사랑, 한 방울의 그분과의 교제를 마시기를 더 원해야 합니다. 알곡에 겨를 비교하겠습니까? 진짜 다이아몬드에 번쩍거리는 모조 보석을 비교하겠습니까? 영광스러운 현실을 한낱 꿈에 비교하겠습니까? 가장 좋은 상태일지라도 시간의 즐거움을, 가장 나쁜 상태일지라도 우리 주 예수님과 비교하겠습니까?

만일 내적 생명에 대해 조금이라도 알고 있다면, 당신은 나의 가장 고상하고 순전하고 영속적인 즐거움은 하나님의 낙원의 한복판에 있는 생명나무 열매가 틀림없다고 고백할 것입니다. 병사의 창으로 깊게 파인 하나님의 우물만큼 달콤한 물을 쏟아내는 샘은 어디에도 없습니다. 모든 세속적 축복은 덧없는 것으로 세상에 속해 있지만, 그리스도와 함께하는 데서 오는 위로는 영원한 것으로 그분 자신입니다. 우리가 예수님과 교제하고 있을 때는 공허함에서 오는 후회감이 전혀 없습니다. 이 포도주 안에는 찌꺼기가 조금도 없습니다. 이 연고 속에는 치명적인 요소가 하나도 들어있지 않습니다. 주님으로 인한 기쁨은 견고하고 지속적입니다. 아무리 바라보아도 그 위에 허영은 보이지 않습니다. 그러나 그것은 세월의 시험을 견디어내고, 시간이나 영원 속에서 "유일하게 참된 즐거움"으로 불릴 가치가 있음을 분명하게 입증할 것입니다. 양분과 위로와 원기회복과 기분전환을 위해 예수님의 사랑과 비견할 만한 포도주는 세상에 결코 없습니다. 오늘 저녁 이 사랑의 포도주를 실컷 마셔봅시다.

### 나는 그들의 하나님이 되고 - 예레미야서 31:33

성도여! 당신이 요구할 수 있는 모든 것이 여기 있습니다. 당신은 행복하기 위해 자신을 만족시킬 것을 원합니다. 그런데 그것으로 충분합니까? 만일 이 약속을 잔에 담을 수 있다면, 당신은 다윗처럼 "내 잔이 넘치나이다. 제 마음이 원하는 것보다 훨씬 더 많습니다"라고 말할 것입니다. "나는 네 하나님이 되리라"는 약속이 이루어질 때, 당신은 모든 것을 소유한 자가 될 것입니다. 욕망은 죽음처럼 만족을 모르지만, 모든 것을 채우시는 그분은 그것을 채우실 수 있습니다. 우리의 욕망의 양을 누가 잴 수 있겠습니까? 그러나 하나님의 한량없는 부요함은 그것을 넘치도록 채우고도 남습니다. 당신은 하나님 외에 다른 것을 원합니까? 다른 모든 것들과 달리 그분의 완전하신 충족성은 당신을 만족시키기에 충분합니다. 그러나 당신은 은은한 만족 이상의 것을 원하겠지요? 기뻐 날뛰는 즐거움을 원할 것입니다.

영혼아, 나아오라. 이 안에 그대의 몫으로 주어진 천국 음악이 있다. 하나님은 천국의 창조자시니까. 아무리 훌륭한 악기로 연주하거나, 힘 있는 현악기에서 나오는 음악이라도 "나는 그들의 하나님이 되리라"라는 이 달콤한 약속처럼 감미로운 멜로디는 없습니다. 깊은 축복의 바다, 끝없는 즐거움의 대양이 여기 있습니다. 그러니 오셔서 그 속에 당신의 영혼을 담그십시오. 그리고 평생 헤엄쳐 보십시오. 그렇게 해도 결코 해안까지 닿지 못할 것입니다. 영원토록 잠수해 보십시오. 그렇다고 할지라도 절대로 그 바닥에 이르지 못할 것입니다.

"나는 그들의 하나님이 되고." 만일 이것 때문에 눈이 섬광을 일으키지 않는다면, 그리고 심장이 기쁨으로 고동치지 않는다면, 당신의 영혼은 정상이 아닙니다. 그러나 당신은 지금보다 더 큰 즐거움을 원하겠지요? 당신은 소망을 가질 어떤 일을 간절히 바랄 것입니다. 하지만 "나는 너희의 하나님이 되리라"라는 이 위대한 약속이 성취되는 것만큼 바라야 할 소망이 어디 있을까요? 이것은 약속 중의 약속이요, 그것을 누리는 것은 땅 아래 천국을 만들고 하늘 위에 천국을 만드는 것입니다. 주의 빛 안에 거하십시오. 당신의 영혼이 항상 그분의 사랑으로 기뻐 날뛰도록 하십시오. 이 약속이 주는 능력과 풍요를 누리십시오. 그 특권에 따라 살면서 말할 수 없는 기쁨으로 즐거워하십시오.

### 기쁨으로 여호와를 섬기며 - 시편 100:2

기쁨으로 여호와를 섬기는 것은 사랑의 표현입니다. 슬픈 얼굴로 하나님을 섬기는 사람들은, 자기들에게 불쾌한 일을 하는 것이기 때문에, 그분을 전혀 섬기지 않는 것입니다. 그들은 경배의 형식은 갖추지만 생명은 결여되어 있습니다. 하나님은 자신의 보좌를 멋지게 장식할 종들을 필요로 하시는 것이 아닙니다. 그분은 사랑의 나라의 주인으로서, 그의 종들에게 기쁨의 옷을 입혀놓았습니다. 하나님의 천사들은 그분을 탄식이 아니라 찬송으로 섬기고, 불평이나 한숨은 그들의 지위에 반하는 것입니다. 자발적으로 드려지지 않는 순종은 불순종과 같습니다. 그것은 주님이 중심을 보시는 분이기 때문이고, 또 우리가 그분을 섬기는데 그분을 사랑해서가 아니라 강제에 의해서라면 그분은 그 제사를 거부하실 것이기 때문입니다. 기쁨으로 섬기는 것은 마음으로부터 나오는 섬김이고, 그러기에 그것이 참된 섬김입니다. 성도에게서 기꺼이 드리는 기쁨을 제거해 보십시오. 그것은 그의 신앙의 시금석을 제거해버린 것과 같습니다. 만일 어떤 사람이 마지못해 전쟁에 참가한다면, 그는 애국자가 못됩니다. 하지만 그가 "조국을 위해 죽는 것은 행복하다"고 노래 부르며 번뜩이는 눈과 빛나는 얼굴로 전쟁터로 나간다면, 그는 자신의 애국심이 거짓이 아님을 증명하는 것입니다. 기쁨은 우리의 힘의 원천입니다. 주님을 기뻐할 때 우리는 강합니다. 기쁨은 어려움을 제거하는 역할을 합니다. 기쁨과 섬김의 관계는 윤활유와 차바퀴의 관계와 같습니다. 윤활유가 없으면 바퀴의 축이 쉽게 열을 받아 사고가 일어납니다. 만일 우리의 바퀴에 서룩한 기쁨이라는 윤활유를 치지 않으면, 우리의 영혼은 지치서 훨등이 무디어질 것입니다. 하나님을 섬기는데 기쁨이 있는 사람은 순종이 그의 섬김의 기초라는 것을 증명하는 것입니다. 그래서 그는 이렇게 노래할 수 있습니다:

> "당신의 계명을 따라 걷게 하소서.
> 그것은 즐거운 길이옵니다."

성도여, 당신은 "나는 기쁨으로 주님을 섬기고 있는가?"라고 자문해 보아야 합니다. 우리는 기독교를 굴종의 종교처럼 생각하는 세상 사람들에게 그것은 즐거움과 기쁨의 종교라는 것을 보여 주어야 합니다. 선하신 주님을 섬기는 것이 우리의 기쁨임을 선포합시다.

나를 위하여 의의 면류관이 예비되었으므로 - 디모데후서 4:8

의심하는 자여! 당신은 가끔 "나는 천국에 들어가지 못할 것 같아 두려워"라고 말했을 것입니다. 그러나 두려워하지 마십시오! 하나님의 백성들은 누구나 그곳에 들어갈 것입니다. 나는 임종을 앞둔 어떤 사람이 "나는 본향으로 돌아가는 것이 조금도 두렵지 않아요. 내가 아는 많은 사람들을 먼저 그곳에 보냈잖아요. 하나님의 손이 내 문의 빗장 위에 올려져 있고 그분은 내가 들어오도록 준비를 하고 계십니다"라고 말한 것을 좋아합니다. 그때 옆에 있던 사람이 "하지만 당신이 받을 기업이 없을까봐 겁나지 않습니까?"라고 물었습니다. 그러자 그는 이렇게 대답했습니다: "아니오. 아닙니다. 천국에는 가브리엘 천사도 쓰지 못하는 면류관이 하나 있습니다. 그것은 오직 내 머리에만 맞는 것입니다. 천국에는 사도 바울도 앉지 못하는 보좌가 하나 있습니다. 그것은 오직 나를 위해 준비된 것으로 내가 앉을 것입니다." 오 성도여, 이것은 얼마나 즐거운 생각일까요! 당신의 몫은 안전합니다. "하나님의 백성에게 남아있도다."

"하지만 그것을 빼앗길 수도 있지 않습니까?" 아닙니다. 그것은 남겨져 있습니다. 하나님의 자녀라면 그것을 결코 잃지 않을 것입니다. 신자여, 함께 가봅시다. 가서 우리가 느보산 꼭대기에 앉아 복된 땅 곧 가나안 땅을 내려다봅시다. 당신은 햇빛 속에서 번쩍거리는 저 사망의 작은 강이 보입니까? 그러면 그 강 건너편에 영원한 도성의 찬란한 탑도 보입니까? 그 즐거운 도성에서 행복해하는 거민들의 모습도 보입니까? 당신은 그 강을 건너가기만 하면 거기에 세워져 있는 무수한 저택들마다 "이 집은 아무개를 위해 남겨놓았다. 오직 그를 위해서 준비되었다. 그는 여기서 영원토록 하나님과 더불어 살게 될 것이다"라는 글이 적혀있음을 보게 될 것입니다. 의심하는 자여, 놀라운 기업(유업)을 바라보십시오. 그것은 당신의 것입니다. 주 예수를 믿는다면, 죄에 대해 회개했다면, 심령으로 거듭났다면, 당신은 주의 백성들 가운데 하나로서 당신을 위해 예비된 처소, 당신을 위해 준비된 면류관, 당신을 위해 특별히 마련된 하프가 있습니다. 누구도 당신의 몫을 빼앗아가지 못할 것입니다. 그것은 오로지 당신을 위해 준비된 것입니다. 당신은 머지않아 그것을 취할 것이고, 택한 자들이 모두 그곳에 모일 때, 영광의 보좌들은 빈 자리가 하나도 없을 것입니다.

내가 육체 밖에서 하나님을 보리라 - 욥기 19:26

욥의 경건한 소망의 내용 — "내가 하나님을 보리라" — 을 주목해 봅시다. 그는 "내가 성도들을 보리라"고 말하지 않고 "내가 하나님을 보리라"고 말합니다. 그것은 "내가 진주문을 보리라, 내가 벽옥담을 보리라, 내가 금면류관을 보리라"는 것이 아니고 "내가 하나님을 보리라"입니다. 이것이 천국의 실체요 본질입니다. 이것이 모든 신자들의 즐거운 소망입니다. 지금 믿음으로 말씀을 통해 그분을 바라보는 것이 신자들의 즐거움입니다. 그들은 예배와 기도를 통해 그분을 바라보기를 좋아합니다. 그러나 천국에서 아무 제약 없이 있는 그대로 환상을 보고, 그래서 "실제 상태의 그분"을 보면서 그들은 완전히 그분을 닮게 될 것입니다. 하나님을 닮는 것 — 우리가 이 이상 바랄 수 있는 것이 무엇일까요? 그리고 하나님을 보는 것 — 이것 외에 우리가 무엇을 더 소망할 수 있을까요?

어떤 사람은 "내가 육체 밖에서 하나님을 보리라"는 말씀을 읽을 때, 그리스도를 생각합니다. 그분은 "말씀이 육신이 되신" 분으로, 우리는 마지막 날 영광의 광채로 등장하시는 그분을 눈으로 보게 될 것입니다. 어쨌든 그리스도께서 우리의 영원한 환상의 대상이 될 것은 확실하고, 그리하여 우리는 그분을 보는 즐거움 외에 다른 즐거움을 원치 않을 것입니다. 이것을 단순히 마음속에만 있는 부질없는 것으로 생각하지 마십시오. 그것은 유일한 즐거움의 원천으로서, 그 원천은 끝이 없습니다. 그분의 모든 속성들은 기대의 대상들이고, 그분은 각 속성을 따라 무한하시기 때문에 소멸될 것에 대해 걱정할 필요가 없습니다. 그분의 활동, 그분의 은사, 우리를 향하신 그분의 사랑, 모든 목적과 행동들 속에 나타나 있는 그분의 영광 등, 이 모든 것들은 항상 새로운 주제로 등장할 것입니다. 족장 욥은 하나님을 눈으로 보는 것을 개인적인 즐거움으로 삼고 간절히 소원했습니다. "내 눈으로 그를 보기를 낯선 사람처럼 하지 않을 것이라"(욥 19:27). 천국의 지복을 현실처럼 보는 눈을 가지십시오. 그것이 당신의 것이 될 것을 생각하십시오. "네 눈은 왕을 그의 아름다운 가운데에서 보며"(사 33:17). 우리가 그것을 바라볼 때 세상의 빛은 시들고 어두워집니다. 그러나 결코 어두워지지 않는 빛, 결코 시들지 않는 영광이 여기 있습니다 — "내가 하나님을 보리라."

### 뿌리가 없어 - 누가복음 8:13

성도여, 오늘 아침에는 이 본문에 따라 우리 자신을 자세히 살펴보기를 원합니다. 당신은 기쁨으로 말씀을 받았습니다. 당신의 감정은 고조되고 당신의 마음 속에는 생생한 인상이 주어졌습니다. 그러나 귀로 말씀을 받는 것과 예수님을 영혼 속에 진정으로 받아들이는 것은 별개라는 사실을 기억하십시오. 얄팍한 감정은 종종 내면적으로 강퍅한 마음과 결합되고, 말씀에 대한 생생한 인상이 반드시 좋은 결과를 낳는 것은 아닙니다. 이 비유를 보면 씨가 더러는 바위 위에 떨어지고, 더러는 아주 얇은 흙이 바위를 덮고 있는 땅에 떨어졌습니다. 그 씨가 뿌리를 내리기 시작했을 때 아래쪽 성장은 단단한 바위 때문에 방해를 받고, 그래서 그것은 그 파릇파릇한 새싹을 최대한 위로 내밀어보려고 갖은 힘을 다하지만, 뿌리에서 내적으로 수분을 흡수하지 못하기 때문에 곧 시들고 맙니다.

이것이 내 경우는 아닐까요? 나는 자라나는 내적 생명이 없이 육체의 전시효과만 보여 주고 있지는 않습니까? 좋은 성장은 위와 아래에서 동시적으로 일어날 때 주어집니다. 우리는 예수님에 대한 신실한 충성과 진실한 사랑에 뿌리를 두고 있습니까? 만일 내 마음이 은혜를 통해 부드럽게 되고 비옥하게 개간되어 있지 않다면, 때를 따라 좋은 씨를 뿌릴 때, 싹은 날지는 모르지만 결국에는 시들고 말 것입니다. 왜냐하면 그것은 완고하고, 강퍅하고, 불결한 마음 위에서는 자랄 수 없기 때문입니다.

나는 요나의 박 넝쿨처럼 빠르게 자라지만 오래 견디지 못하는 믿음을 두려워합니다. 우리는 예수님을 따르는 자가 치러야 할 대가를 계산해 보아야 합니다. 무엇보다도 그분의 거룩하신 영의 능력을 인정해야 합니다. 그리고 그때 비로소 우리는 내 영혼 속에 지속적이고 오래 견디는 씨를 소유하게 될 것입니다. 만일 내 마음이 날 때처럼 완고하다면, 시험의 태양이 내리쬐면 시들어버리고, 이때 나의 강퍅한 마음은 얇게 가려진 씨 위에 뜨거운 열을 쏟아내도록 방조하는 역할을 하게 됩니다. 그리고 그 결과 나의 믿음은 곧 죽어버리고, 나의 절망은 더욱 심화될 것입니다. 그러므로 천국의 씨 뿌리는 분이여, 나를 먼저 개간하고, 그 다음에 내 속에 진리를 심어주소서. 그리하여 내가 당신께 풍성한 수확을 안겨줄 수 있게 하소서.

### 내가 너를 위하여 기도하였노니 - 누가복음 22:32

구속주께서 우리를 위해 쉬지 않고 중보의 기도를 드리신다는 생각은 우리에게 얼마나 큰 위로가 될까요! 우리가 기도하면 그분은 우리를 위해 변론하십니다. 그런데 우리가 기도하지 않을 때에도 그분은 우리의 주장을 옹호해 주시고, 그분의 간구를 통해 우리는 보이지 않는 위험들로부터 보호를 받게 됩니다. 베드로에게 주어진 위로의 말씀을 보십시오: "시몬아 시몬아 보라 사탄이 너희를 밀 까부르듯 하려고 요구하였으나"(눅 22:31). 그 다음에 뭐라고 말씀하셨습니까? "가서 기도하라"고 하셨습니까? 그것도 괜찮은 권면이지만 그렇게 기록되어 있지 않습니다. 그렇다고 그분은 "내가 너로 깨어있게 할 것이고, 그러면 너는 보존 받으리라"라고도 말씀하시지 않았습니다. 그것도 큰 축복이겠지요. 그러나 그것은 "내가 너를 위하여 네 믿음이 떨어지지 않기를 기도하였노니"라는 말씀이었습니다.

우리는 구주의 기도에 얼마나 큰 도움을 받고 있는지 거의 모르고 있습니다. 장차 우리가 천국 맨 꼭대기에 올라가 주 하나님이 우리를 인도하신 모든 길을 내려다보면, 영원하신 보좌에 앉아 사탄이 땅 위에서 자행한 온갖 악행을 무력화시킨 그분을 참으로 크게 찬양하지 않을 수 없을 것입니다. 우리는 그분이 쉴 틈도 없이 밤낮으로 자신의 손 위에 난 상처를 가리키면서 자신의 가슴 위에 우리의 이름을 달고 다니시는 것을 얼마나 감사드려야 할까요! 심지어는 사탄이 시험을 시작하기 전부터 예수님은 그를 저지하고 하늘에 탄원서를 제출하셨습니다. 은혜는 악을 능가합니다. 보십시오. 그분은 "사탄이 너를 밀 까부르듯 하였으니 내가 기도해주겠다"고 말씀하지 않고, "사탄이 너를 (밀 까부르듯 하려고) 요구했다"고 말씀하셨습니다. 그분은 사탄이 요구할 때에 미리 그를 저지하고, 그것을 미연에 방지하십니다. 또 주님은 "내가 너를 위해 기도하려고 했다"고 말씀하시지 않습니다. "내가 너를 위하여 기도했다. 내가 이미 기도했다. 내가 법정으로 가 고소가 이루어지기 전에 반론을 제시했다"고 말씀하십니다. 오 예수여, 당신이 보이지 않는 원수들로부터 우리의 입장을 변호하고, 그들의 갱도를 파괴하며, 그들의 매복을 폭로하신 것에 대해 우리가 얼마나 큰 위로를 받을까요! 기쁨, 감사, 소망, 그리고 신뢰의 이유가 바로 여기에 있습니다.

### 너희는 그리스도의 것이요 - 고린도전서 3:23

"너희는 그리스도의 것이요." 우리는 기부(donation)를 통해 그분의 것이 되었습니다. 아버지께서 우리를 아들에게 주셨기 때문입니다. 우리는 피로 사심을 통해 그분의 것이 되었습니다. 그분이 우리의 구속을 위해 값을 지불하셨기 때문입니다. 우리는 헌신을 통해 그분의 것이 되었습니다. 우리가 그분께 우리 자신을 바쳤기 때문입니다. 우리는 관계를 통해 그분의 것이 되었습니다. 우리가 그분의 이름을 따라 불리어지고, 그분의 형제가 되고 공동후사 중의 하나가 되었기 때문입니다. 우리는 세상에 예수님의 종이요, 친구요, 신부임을 역력히 드러내야 합니다. 죄에 대해 유혹 받을 때 "나는 이 큰 죄악을 저지를 수 없다. 나는 그리스도의 것이니까"라고 반응해야 합니다. 그리스도의 친구는 죄를 범하지 않는다는 것이 영적 원리입니다. 불의한 재물이 앞에 있을 때, 우리는, 나는 그리스도의 것이니 그 재물에 손댈 수 없다고 말해야 합니다.

당신은 지금 어려움과 위험에 빠져 있습니까? 악한 날에 견고하게 서서 나는 그리스도의 것임을 상기하십시오. 당신은 다른 사람들이 빈둥거리며 앉아 놀면서 아무 일도 하지 않는 곳에 있습니까? 그러면 일하기 위해 그곳을 박차고 나오십시오. 열심히 일하다 놀고 싶은 유혹을 받을 때, "아니야, 나는 그럴 수 없어. 나는 그리스도의 것이니까. 피로 값 주고 산 존재로서 나는 절대로 게으름을 피울 수는 없다"고 외치십시오. 요정 사이렌이 감미로운 노래를 불러 당신을 의의 길로부터 벗어나도록 유혹할 때, "네 음악은 나를 매료시킬 수 없다. 나는 그리스도의 것이니까"라고 대답하십시오. 하나님의 요청이 당신을 부르면 그 요청에 응하십시오. 가난한 자가 당신을 필요로 하면 당신의 재산과 당신 자신을 드리십시오. 당신은 그리스도의 것이니까요.

당신의 고백을 속이지 마십시오. 당신은 항상 그 태도는 그리스도와 같고, 그 말은 나사렛 예수와 같고, 그 행실과 대화는 천국의 향기를 내는 사람이 되어 당신을 바라보는 모든 사람들이 당신은 구주의 것으로 알고, 당신 안에서 그분의 사랑의 면모와 그분의 거룩의 증거를 발견하도록 해야 합니다. "나는 로마인이다!"라는 말은 당시 지체 높은 사람의 한 표시였습니다. 그렇다면 그 이상으로 "나는 그리스도의 것이다!"라는 말은 당신의 거룩을 입증하는 표시가 되어야 합니다.

내가 하나님을 위하여 아직도 할 말이 있음이라 - 욥기 36:2

우리는 자신의 장점이나 열심을 밖으로 드러내 영광을 얻으려고 해서는 안됩니다. 또 동시에 하나님이 다른 사람들의 유익을 위해 우리에게 베푸신 것을 굳이 감추는 것도 죄입니다. 그리스도인은 골짜기 속에 있는 동네가 아니라 "산 위에 있는 도시"가 되어야 합니다. 그는 말 아래 있는 등불이 아니라 모든 사람을 비추도록 등잔 위에 있는 등불이 되어야 합니다. 적당한 시기에 물러날 줄 아는 것은 아름다운 일이고, 자아를 숨기는 것도 의심 없이 겸손의 미덕이지만, 우리 안에 거하시는 그리스도를 숨기는 것은 결코 정당화될 수 없고, 우리 자신에게 있어서 보배로운 진리에 대해 후퇴하는 것은 다른 사람들에게 죄를 범하고, 하나님께 반역하는 것입니다. 만일 당신이 소심한 성격과 수줍은 기질을 갖고 있다면, 이 두려운 경향에 깊이 빠지지 않도록 조심해야 합니다. 그렇지 않으면 당신은 교회에 대해 치명적인 해를 끼칠 수도 있습니다.

당신을 결코 부끄럽게 여기지 않으시는 주님의 이름으로 자신의 감정에서 조금은 벗어날 수 있게 해달라고 구하십시오. 그리하여 다른 사람들에게 그리스도가 당신에게 말씀하신 것을 담대하게 말해주십시오. 큰 소리로 말할 수 없다면, 작고 조용한 목소리로 말하십시오. 강단에서 설교할 수 없다면, 신문에 당신의 글을 기고할 수 없다면, 베드로와 요한처럼 "은과 금은 내게 없거니와 내게 있는 이것을 네게 주노니"라고 외치십시오. 산상에서 설교할 수 없다면 수가성 우물가 사마리아 여인에게 다가가 전하십시오. 성전에서 선포할 수 없다면 집에서 예수님을 찬양하십시오. 시장에서 전할 수 없으면 광야로 나가 전하십시오. 많은 사람들이 모여 있는 자리에서 할 수 없다면 당신 가족들끼리 모인 자리에서 하십시오.

내면에 숨겨져 있는 샘으로부터 증거의 샘물이 흘러 넘치도록 해서 지나가는 모든 사람들이 마시도록 하십시오. 당신의 능력을 감추지 마십시오. 그것을 사용하십시오. 당신은 당신의 주님께 큰 이득을 남겨주어야 합니다. 하나님을 위해 말하는 것은 우리 자신에게 힘이 되고, 성도들에게 기쁨을 주고, 죄인들에게 도움을 주며, 구주께 영광이 됩니다. 말을 못하는 자녀는 그 부모에게 큰 고통거리가 됩니다. 주여, 당신의 모든 자녀들의 혀가 풀리게 하소서.

> 여호사밧이 다시스의 선박을 제조하고 오빌로 금을 구하러 보내려 하였더니
> 그 배가 에시온게벨에서 파선하였으므로 가지 못하게 되매 - 열왕기상 22:48

솔로몬의 배들은 안전하게 귀항했지만, 여호사밧의 배들은 금이 있는 땅에 도착하지 못했습니다. 똑같은 일, 똑같은 지점에서 하나님의 섭리는 한 쪽의 소망은 이루어주고, 다른 쪽의 소망은 좌절시켰습니다. 하지만 위대하신 지배자의 섭리는 언제 어디서든 선하고 지혜롭습니다. 오늘날 우리는 본문의 말씀을 기억하고, 현세적 축복을 적재한 배에 대해서 주님을 찬송할 뿐 아니라 에시온게벨에서 파선된 배에 대해서도 주님을 찬송하는 은혜를 받아야 합니다. 우리는 성공한 사람들을 부러워해서도 안 되고, 반대로 마치 자기 자신만 특별히 시험당한 것처럼 고난당하는 일에 대해 불평해서도 안 됩니다. 비록 우리의 계획들이 실패로 끝난다고 할지라도, 여호사밧처럼 우리도 주님의 눈에는 보배로운 존재들입니다.

여호사밧이 손해를 보게 된 근본 원인을 우리는 주목할 가치가 있습니다. 왜냐하면 그것이 주의 백성들이 크게 고난당하는 근본 원인이기 때문입니다. 그 원인은 그가 죄인 가문과 제휴하고, 죄인들과 교제를 나누었기 때문이었습니다. 역대하 20:37에서, 우리는 여호와께서 선지자를 보내어 "왕이 아하시야와 교제하므로 여호와께서 왕이 지은 것들을 파하시리라"고 선포하는 것을 보게 됩니다. 이것은 아버지의 사랑의 징계로서, 결국에는 그에게 축복을 가져다줍니다. 왜냐하면 본문에 이어지는 구절(왕상 22:49)을 보면, 여호사밧이 자신의 종들과 악한 왕 아하시야의 종들이 같은 배를 타고 항해하는 것을 거절하고 있음을 보기 때문입니다.

여호사밧의 경험이 모든 주의 백성들에게 경고가 되어 불신자들과 부적절하게 멍에를 같이 하는 길을 피하도록 하나님께서 그들을 도우시기를 바랍니다! 불행한 인생은 보통 불신자들과 결혼함으로써 멍에를 같이 하거나 그들 자신의 선택을 하나님의 방법이 아닌 다른 세속적 방법으로 하는 사람들이 빠지는 운명입니다. 그러므로 우리가 예수님을 사랑한다면 죄인들과 구별되어 거룩하고, 순전하고, 정결한 삶을 살아야 합니다. 만일 그렇게 살지 못한다면, 우리는 "주께서 네 일을 막으시리라"는 말씀을 들을 각오를 해야 합니다.

## 쇠도끼를 떠오르게 하고 - 열왕기하 6:6

쇠도끼는 허망하게 사라져버렸고, 그것은 빌려온 것이었기 때문에 선지자 집단의 명예는 위태롭게 되었으며, 그 결과 그들의 하나님의 이름도 더럽혀질 위기에 처했습니다. 그런데 그들의 예상과 달리 쇠도끼는 물 밑에서 위로 떠올랐습니다. 사람은 할 수 없는 일들을 하나님은 하실 수 있습니다. 내가 아는 그리스도인이 있는데, 그는 몇 년 전 자신의 힘으로는 도저히 감당할 수 없는 일을 맡으라는 부르심을 받았습니다. 그것은 참으로 어려운 일로서, 해보겠다는 생각을 하는 것조차 어리석은 일로 보였습니다. 그러나 그는 그렇게 하도록 부르심을 받았고, 그의 믿음은 그에게 기회를 마련해 주었습니다. 하나님은 그의 믿음을 귀하게 보시고 뜻밖의 도우심을 베푸셨습니다. 그렇게 그에게 쇠도끼가 떠올랐습니다. 또 믿음의 가족 하나가 갑작스럽게 경제적 위기에 몰렸습니다. 그는 소유한 재산을 처분하면 빚을 갚을 수 있었지만 돌연한 사태에 당황했습니다. 그는 친구에게 도움을 청했지만 허사였습니다. 결국 그는 결코 실수가 없으신 보혜사에게 믿음으로 나아갔고, 그 결과 그는 위기를 면하고 그의 사업은 다시 회복되었습니다. 그렇게 그에게 쇠도끼가 떠올랐습니다. 세 번째 제가 알고 있는 사람은 크게 타락한 사람이었습니다. 그는 교육을 받고, 훈계를 받고, 경고를 받고, 부탁을 받고, 충고를 받았지만 쇠귀에 경 읽기였습니다. 옛 사람 아담은 젊은 그에게 너무 강했고, 그의 완고한 영혼은 결코 부드러워지지 않았습니다. 그는 고민 속에서 기도를 시작했고, 오래지 않아 하늘로부터 복된 응답을 받았습니다. 강퍅한 심령이 깨어졌습니다. 그렇게 그에게 쇠도끼가 떠올랐습니다.

사랑하는 성도여, 당신의 치명적인 문제가 무엇입니까? 오늘 저녁 당신의 수중에 있는 무거운 짐이 무엇입니까? 그것을 이쪽으로 가져오십시오. 선지자들의 하나님은 살아계시고, 지금도 그의 성도들을 돕기 위해 존재하십니다. 그분은 당신이 좋지 못한 일을 겪도록 방관하시지 않습니다. 만군의 주 여호와 하나님을 믿으십시오. 그분께 나아가 예수님의 이름으로 간구하십시오. 그러면 쇠도끼가 떠오를 것입니다. 당신도 그의 백성들에게 베푸시는 하나님의 손의 놀라운 역사들을 보게 될 것입니다. 모든 일은 당신의 믿음을 따라 이루어지고 쇠도끼는 또 떠오를 것입니다.

### 구원하는 능력 - 이사야서 63:1

오늘 본문에 나오는 "구원하는"이라는 단어 속에는 거룩을 갈망하는 마음으로부터 완전한 성화에 이르기까지 구원사역 전체가 포괄되어 있습니다. 참으로 한 마디로 말해 여기서는 모든 것이 은혜입니다. 그리스도는 회개하는 사람들에게 "구원하는 능력"이실 뿐만 아니라 사람들을 회개하도록 만드시는 분이기도 합니다. 그분은 믿는 사람들을 천국으로 인도하실 것입니다. 나아가 그분은 사람들에게 새 마음을 주고 그들 속에 믿음을 창출하시는 능력이십니다. 그분은 거룩을 기피하는 사람이 그것을 사랑하도록 만들고, 그분의 이름을 무시하는 사람을 그분 앞에 무릎 꿇도록 강제하는 능력이십니다.

아니, 이것이 그 의미의 전부는 아닙니다. 왜냐하면 그 신적 능력은 그 이후의 사역에서도 똑같이 발견되기 때문입니다. 신자의 일생은 "전능하신 하나님"이 일으키시는 일련의 이적들로 이루어지는 법입니다. 덤불이 불타고 있지만 결코 타서 없어지지 않습니다. 그분은 천국에서 그들의 영적 실존을 완성시키는 분이십니다. 그리스도의 능력은 성도를 만든 다음 스스로의 힘으로 살아가도록 버려두시는 것이 아니라, 선한 일을 시작하신 그분께서 그것을 끝까지 이루십니다. 죽은 영혼 속에 생명의 첫 씨앗을 심으시는 그분은 그 영적 생명을 유지시키고, 그것이 죄의 모든 능력을 산산이 흩어버릴 때까지 힘을 주시며, 영혼이 땅에서 뛰어올라 영광 속에 거하도록 완전하게 하십니다.

성도여, 여기에 참된 위로가 있습니다. 당신은 자신이 사랑하는 자를 위해 얼마나 기도하고 있습니까? 오, 절대로 기도를 멈추지 마십시오. 왜냐하면 그리스도는 "구원하는 능력"이시기 때문입니다. 당신은 불신자를 회심시키는데 무력하지만, 당신의 주님은 참으로 전능하신 분입니다. 그러므로 그분의 능하신 팔을 붙잡고 그분의 힘이 나타날 때까지 들어올리십시오. 당신의 문제가 당신을 괴롭힙니까? 두려워하지 마십시오. 그분의 힘이 당신을 만족시킬 것이니까요. 예수님은 "구원하는 능력"이시고, 그 최고의 증거는 그분이 당신을 구원하셨다는 사실에 있습니다. 당신이 그분에게서 파괴하는 능력을 찾아내지 못하는 것은 얼마나 엄청난 은혜일까요!

빠져 가는지라 소리 질러 이르되 주여 나를 구원하소서 하니 - 마태복음 14:30

주님의 종들에게는 가라앉고 있을 때가 기도하는 시간입니다. 베드로는 용감하게 바다 위를 걸어가려고 할 때 기도를 게을리 했습니다. 그러나 위험에 빠지자 그는 기도했고, 그의 부르짖음은 늦기는 했지만 너무 늦은 것은 아니었습니다. 육체의 고통과 정신의 고뇌 속에 있을 때, 난파된 잔해가 파도에 밀려 해안에 당도되는 것처럼, 우리는 자연스럽게 기도로 이끌리게 됩니다. 여우는 자신을 보호하기 위해 서둘러 굴을 찾고, 새는 피난을 위해 나무로 날아들어 갑니다. 마찬가지로 시험당한 신자는 안전을 위해 서둘러 은혜의 보좌를 찾는 법입니다. 천국의 위대한 피난처는 오직 기도입니다. 거친 날씨에 시달린 배는 거기서 정박소를 발견하고, 폭풍이 몰려오는 순간 모든 힘을 다해 그곳을 향해 나아가는 것이 지혜로운 일입니다.

짧은 기도도 충분히 긴 기도일 수 있습니다. 베드로가 헐떡거리며 외친 간청은 단 세 마디였지만, 그 말들은 그의 의도를 충분히 전달했습니다. 길이보다는 간절함이 더 요청됩니다. 필요의식은 간결함의 힘있는 선생입니다. 우리의 기도에 교만의 깃털은 적고 겸손의 날개는 많다면 그것은 더 훌륭한 기도가 될 것입니다. 말이 많은 것과 참된 기도의 관계는 쭉정이와 알곡의 관계와 같습니다. 보석은 작은 통 속에 담겨 있는 법입니다. 많은 말로 이루어진 기도에 담겨 있는 모든 것이 베드로의 간청과 같은 짧은 기도 속에 다 담겨 있습니다.

우리의 위기는 주님의 기회입니다. 직접적으로 느끼는 심각한 위기의식으로 인해 외쳐지는 서성의 소리는 주님의 귀에 늘리도록 되어 있습니다. 그분의 귀와 마음은 항상 함께 가고, 그분의 손은 결코 오래 지체되지 않습니다. 마지막 순간에 우리는 주님께 호소하지만 그분의 신속한 손은 즉각적이고도 효과적으로 움직이시기 때문에 우리의 지체를 보충하고도 남습니다. 우리는 환난의 거친 파도로 말미암아 거의 침몰 지경에 이르지 않습니까? 그때 우리는 우리 영혼을 구주께 들어올리고, 그러면 그분은 우리가 침몰하도록 그냥 놔두시지 않는다는 것을 확신할 수 있습니다. 우리가 아무것도 할 수 없을 때 주님은 모든 것을 하실 수 있습니다. 우리가 그분의 강력한 도우심을 간구한다면 모든 일이 잘 될 것입니다.

### 말씀하신 대로 행하사 - 사무엘하 7:25

하나님의 약속들은 결단코 휴지조각처럼 버려지지 않습니다. 그분은 그 약속들이 사용되도록 의도하셨습니다. 하나님의 금은 금고 속에 사장되어 있는 구두쇠의 돈이 아닙니다. 그것은 거래에 사용되도록 만들어졌습니다. 자신의 약속이 통용되는 것을 보는 것만큼 주님을 기쁘시게 하는 것은 없습니다. 그분은 자기 자녀들이 약속들을 가져와 "주여, 말씀하신 대로 행하소서"하고 말하는 것을 좋아하십니다. 우리가 약속들을 내세울 때 하나님은 영광을 받습니다. 당신은 하나님이 자신이 약속하신 보화를 당신에게 주지 못할 만큼 가난하다고 생각합니까? 그분이 당신에게 거룩을 베풀지 못할 만큼 거룩하지 못하다고 생각합니까? 그분이 당신의 죄를 제거하지 못할 만큼 순전하지 못하다고 생각합니까? 그분은 "오라 우리가 서로 변론하자 너희의 죄가 주홍 같을지라도 눈과 같이 희어질 것이요 진홍 같이 붉을지라도 양털 같이 희게 되리라"(사 1:18)고 말씀하셨습니다. 믿음은 죄사함에 대한 약속을 붙잡고, "이것은 보배로운 약속이야, 하지만 정말일까?" 하고 지체하지 않습니다. 믿음은 약속을 갖고 곧장 보좌 앞에 나아가 "주여, 여기 약속이 있사오니 '말씀하신 대로 행하소서'"하고 강변합니다. 그러면 주님은 "네 소원대로 되리라"고 답변하십니다. 그리스도인이 약속을 붙잡고 그것을 하나님께 가져가지 않는다면, 그분을 모독하는 것입니다. 반대로 그가 급히 은혜의 보좌로 나아가 "주여, '말씀하신 대로 행하소서'"라고 외칠 때, 그의 소원은 받아들여질 것입니다. 우리의 천국 은행장은 자신이 발행한 어음을 현금으로 바꿔 주시는 것을 즐겨하십니다. 약속이 녹슬지 않도록 하십시오. 그 칼집으로부터 약속의 말씀을 꺼내 그것을 거룩한 전쟁에 사용하십시오.

당신이 하나님께 약속들을 끈질기게 들이대면, 그분이 귀찮아할 거라고 생각하지 마십시오. 그분은 궁핍한 영혼이 도와달라고 크게 외치는 소리를 듣기를 즐겨하십니다. 은혜를 베푸는 것이 그분의 즐거움입니다. 그분은 당신이 요구하는 것 이상으로 들으실 준비가 되어 있습니다. 태양이 햇빛을 비추고, 샘이 물을 흘려보내는 것을 싫증내지 않는 것처럼 하나님도 우리의 요구에 결코 싫증을 내시지 않습니다. 자신의 약속을 지키시는 것이 하나님의 본성입니다. 그러므로 지금 즉시 보좌로 나아가 "말씀하신 대로 행하소서"라고 아뢰십시오.

1월15일 저녁

나는 기도할 뿐이라 - 시편 109:4

사람들은 거짓 혀로 다윗의 명성을 끌어내리는데 바빴지만, 그는 자신을 조금도 변호하지 않았습니다. 그는 그 사건을 더 높은 법정으로 가져갔고, 위대하신 왕 자신에게 판결을 구했습니다. 기도는 비방하는 말들에 대응하는 가장 안전한 방법입니다. 시편 기자는 냉랭한 마음으로 기도하지 않았습니다. 그는 야곱이 천사를 만나 씨름했던 것처럼 모든 힘줄과 근육을 잡아당기며, 말하자면 그의 온 영혼과 정성을 쏟아 기도에 몰두했습니다. 그렇게, 오직 그렇게 우리도 은혜의 보좌에 신속히 나아가야 합니다. 그림자가 그 안에 실체가 들어있지 않기 때문에 아무 힘이 없는 것처럼, 사람의 진정한 자아가 진지한 번민과 간절한 소원을 갖고 철저하게 간구를 드리지 않는다면 그 기도는 아무 효과가 없습니다. 왜냐하면 그것은 힘을 주는 원천을 결여하고 있기 때문입니다.

어느 옛 성자는 "열렬한 기도는 천국 문에 포탄을 쏘아 그 문을 활짝 열어놓는 대포와 같다"고 말했습니다. 우리들 대부분이 기도할 때 저지르는 통상적인 실수는 주의 집중을 제대로 못한다는 것입니다. 우리의 생각들이 한군데로 모이지 못하고 이리저리 배회하게 되면, 우리는 원하는 목적지를 향해 거의 나아갈 수 없습니다. 우리의 마음은 온도계의 수은처럼, 고정되어 있지 못하고 수시로 변합니다. 이것은 얼마나 큰 잘못일까요! 그것은 우리에게 손해를 끼치고, 나아가서는 우리 하나님까지 모독합니다. 왕 앞에 나아가 탄원하면서 깃털을 가지고 놀거나 파리를 잡는 일에 몰두하는 탄원자가 있다면, 우리는 그를 어떻게 생각해야 하겠습니까?

본문의 내용은 기도의 지속성과 견인성을 우리에게 암시하고 있습니다. 다윗은 한 번 부르짖는 것으로 기도를 끝내고, 그 다음에는 침묵 속으로 들어가지 않았습니다. 그의 거룩한 외침은 축복을 받을 때까지 계속되었습니다. 기도는 우연한 사역이 아니라 일상적 사역으로서, 우리의 습관이 되고 직업이 되어야 합니다. 화가가 모델에게, 또 시인이 그 추구하는 대상에게 정신을 집중하듯이, 우리도 기도에 집중해야 합니다. 우리는 우리의 기본 활동처럼 기도에 빠져야 하고, 그래서 쉬지 말고 기도해야 합니다. 주여, 우리가 더 잘 기도할 수 있도록 기도를 가르쳐 주소서.

34▶35

나 여호와가 말하노니 내가 너를 도울 것이라 - 이사야 41:14

　　오늘 아침 우리는 주님이 우리 각자에게 하시는 말씀을 들어봅시다: "내가 너를 도울 것이라." "나 곧 너의 하나님이 너를 돕는 것은 단지 작은 일일 뿐이다. 내가 과거에 했던 일을 생각해 보라. 그때 나는 너를 내 피로 값 주고 샀다. 그런데 어찌하여 너를 돕지 않겠니? 나는 너를 위해 죽었다. 이처럼 너를 위해 큰 일도 행했는데, 더 작은 일을 왜 행하지 않겠느냐? 너를 도우리라! 그것은 내가 너를 위해 할 일 중 가장 작은 일이다. 나는 이미 많은 일을 했다. 그러나 앞으로 더 많은 일을 행할 것이다. 만세 전에 너를 택했다. 너를 위해 언약을 세웠다. 너를 위해 영광을 버리고 사람이 되었다. 너를 위해 내 목숨을 버렸다. 내가 이 모든 일을 행했다면 지금 나는 너를 확실하게 도울 것이다. 너를 돕는데 있어서 내가 너를 위해 이미 준비해 둔 것을 주리라. 만일 네가 일천 번의 필요를 갖고 있다면 일천 번 도와주리라. 그런데도 내가 주려고 준비한 것과 비교하면 너는 별로 구하지 않고 있다. 너는 필요한 것이 많다고 생각하겠지만 주는 나는 아무것도 아니다. '과연 도와줄까?' 걱정하지 말라! 만일 네 집 창고 문 앞에서 도움을 요청하는 개미가 있다면 그에게 한 줌의 밀을 준다고 망하지는 않을 것이다. 너는 모든 것으로 가득 차 있는 내 창고 문 앞에 서 있는 작은 벌레에 불과하다. '내가 너를 도울 것이라.'"

　　오 내 영혼아, 이것이 충분하지 않은가? 그대는 삼위일체 하나님의 전능하심보다 더 큰 힘을 필요로 하는가? 성부 안에 있는 것보다 더 큰 지혜, 성자 안에 포함되어 있는 것보다 더 큰 사랑, 그리고 성령의 권능보다 더 큰 능력을 필요로 하는가? 그대의 비어있는 주전자를 이리 가져오라! 이 샘은 그것을 확실하게 가득 채워 줄 것이다. 서둘러라. 그대의 궁핍함 — 그대의 공허함, 고뇌, 필요들 — 을 다 모아 이리 가져오라. 그대는 그 외에 무엇을 더 바라는가? 내 영혼아, 이 안에 그대의 힘이 있음을 알라. 영원한 하나님이 그대의 돕는 자니라.

　　"두려워하지 말라, 내가 너와 함께 함이라 놀라지 말라!
　　나는 네 하나님이 됨이라, 내가 너를 참으로 도와주리라."

기름 부음을 받은 자가 끊어져 없어질 것이며 - 다니엘서 9:26

주님의 이름을 송축하십시오. 그분은 죽어야 할 이유가 없었습니다. 그분은 원죄도, 자범죄도 없었기 때문에 사망이 그분을 주장하지 못했습니다. 그분으로부터 정당하게 그분의 생명을 취할 자는 아무도 없었습니다. 왜냐하면 그분은 누구에게도 잘못을 저지른 적이 없었고, 그분이 기쁘게 자신을 죽음에 내어놓지 않았다면, 힘으로 그분을 죽일 수 있는 자는 아무도 있을 수 없었기 때문입니다. 그러나 보십시오! 한 사람이 죄를 범하고 다른 사람이 고난을 받습니다. 우리는 공의를 지키지 못했지만, 그분 안에서 그것은 만족되었습니다. 강 같이 흐르는 눈물, 산 같이 쌓여있는 제물, 바다 같이 넘치는 동물의 피, 그리고 언덕 같이 쌓아놓은 유향으로는 결코 죄를 제거할 수 없었습니다.

하지만 예수님은 우리를 위해 끊어져 없어졌고, 그 결과 진노의 원인도 즉각 끊어져 없어졌습니다. 죄는 영원히 제거되었습니다. 이 속에는 대속 곧 확실하고 신속한 속죄의 방법을 담고 있는 지혜가 있습니다. 이 속에는 왕이신 메시야가 가시관을 쓰고 십자가에 달려 죽으신 겸손이 들어있습니다. 이 속에는 구속주로 하여금 그의 원수들을 위해 목숨을 내놓게 한 사랑이 담겨져 있습니다.

그러나 죄인들을 위해 무죄하신 피를 흘리신 장면에 대해 우리가 감탄하는 것으로는 충분하지 않습니다. 우리는 그 안에서 우리가 얻는 유익을 확신해야 합니다. 메시야가 죽으신 특별한 목적은 그의 교회를 구원하기 위해서였습니다. 우리는 그분이 자신의 생명을 대속물로 주신 사람들 가운데 속해 있습니까? 주 예수님을 우리의 대표자로 세우셨습니까? 그분의 상처자국을 통해 고침받았습니까? 만일 우리가 그분이 드리신 희생제사에서 한 몫을 차지하지 못한다면, 그것은 참으로 두려운 일이 될 것입니다. 그럴 바에는 차라리 우리가 태어나지 않은 것이 더 좋았습니다.

그러나 그것이 분명히 그리고 실수 없이 답변될 수 있는 문제라는 것은 우리를 정말 즐겁게 합니다. 주 예수님은 그분을 믿는 모든 사람들에게 현재 구주가 되십니다. 그들 위에는 화해의 피가 뿌려졌습니다. 메시야의 죽음의 공로를 신뢰하는 모든 사람들은 그분을 기억할 때마다 기쁨을 금하지 못할 것입니다. 그들의 거룩한 감사는 그분의 공로에 대한 최고의 헌신이 될 것입니다.

### 또 내가 보니 보라 어린양이 시온 산에 섰고 - 요한계시록 14:1

사도 요한은 천국문에 들어가는 특혜를 누렸습니다. 자신이 본 환상을 묘사할 때 그는 "내가 보니 보라 어린양이"라고 말하는 것으로 시작합니다. 이것은 천국의 상태를 묵상할 때 중심 주제가 "세상 죄를 지고 가는 하나님의 어린양"이라는 것을 우리에게 가르쳐 줍니다. 자신의 피로 우리를 구속하신 신적 존재만큼 사도의 관심을 끈 것은 아무것도 없었습니다. 그분은 찬송하는 모든 영들과 거룩한 천사들이 부르는 찬양의 주제입니다.

그리스도인이여, 당신의 기쁨이 바로 여기에 있습니다. 당신은 어린양을 보고, 또 보았습니다. 눈물을 통해 당신의 눈은 당신의 죄를 짊어지신 하나님의 어린양을 보았습니다. 그러므로 기뻐하십시오. 얼마 후 당신의 눈에서 눈물이 닦여질 때, 당신은 보좌에 앉아 높아지신 똑같은 어린양을 보게 될 것입니다. 예수님과 날마다 교제하는 것이 당신의 마음의 기쁨입니다. 당신은 천국에서 이 기쁨을 더욱 크게 느낄 것입니다. 당신은 그분의 임재에 대한 환상을 계속해서 보는 것을 즐거워할 것입니다. 당신은 영원히 그분과 함께 살 것입니다. "내가 보니 보라 어린양이로다!"

또한 그 어린양은 천국 자체이십니다. 왜냐하면 신실한 러더퍼드가 "천국과 그리스도는 하나다"라고 말하는 것처럼, 그리스도와 함께 사는 것이 천국의 삶이고, 천국의 삶은 그리스도와 함께 사는 것이기 때문입니다. 주님께 사로잡힌 자는 다음과 같이 빛나는 편지를 쓰는 법입니다: "오 나의 주 예수 그리스도여, 제가 당신 없이 천국에 있다면, 그곳은 지옥이 될 것입니다. 비록 제가 지옥에 있다고 해도 그곳에 당신이 계신다면, 그곳이 제게는 천국입니다. 왜냐하면 당신이야말로 제가 원하는 천국의 전부이기 때문입니다." 그리스도인이여, 그것이 진리입니다. 그렇지 않습니까? 당신의 영혼이 그렇게 말하지 않습니까?

> "만일 하나님이 그 거처를 옮기시거나
> 그의 얼굴을 숨겨버리신다면,
> 하늘에 있는 모든 악기들을 갖고서도
> 천국을 만들 수 없네."

당신을 복된 자, 곧 최고의 복된 자로 만드는데 필요한 것은 오직 "그리스도와 함께 하는 것"뿐입니다.

**저녁때에 다윗이 그의 침상에서 일어나 왕궁 옥상에서 거닐다가 - 사무엘하 11:2**

다윗은 저녁 때에 왕궁 옥상에서 밧세바를 보았습니다. 우리는 유혹을 받는 환경에서 벗어나 있지 않습니다. 집에서든 밖에서든 악에 대한 유혹에 쉽게 직면합니다. 우리는 아침을 위험과 함께 시작하고, 저녁에도 여전히 위험 속에 살고 있습니다. 하나님이 지켜주는 사람들은 그 위험들로부터 보호를 받습니다. 그러나 아무 대책 없이 세상으로 나아가거나 또는 심지어 아무 준비 없이 집 안에서 거니는 사람들에게도 화가 미칠 것입니다. 스스로 안전하다고 생각하는 사람들은 그렇지 않은 다른 사람들보다 훨씬 더 큰 위험에 노출되어 있는 것입니다. 죄에 대한 최고의 위험요소는 자기과신이기 때문입니다.

다윗은 예루살렘에 머물면서 사치스러운 휴식을 취하는 대신에 주님의 전쟁에 참여했어야 했습니다. 그는 저녁 때에야 비로소 침상에서 일어났습니다. 게으름과 사치는 마귀의 앞잡이로서, 그에게 많은 먹잇감을 제공합니다. 고여 있는 물 속에는 유해한 물질들이 가득 차 있고, 경작되지 않는 땅은 곧 잡초와 가시덤불로 빽빽이 들어차는 법입니다. 오, 예수님의 강권적인 사랑으로 우리가 부지런하고 유익한 삶을 살도록 하옵소서! 이스라엘 왕이 게으르게도 날이 저물 때에야 침상에서 일어나 곧장 유혹에 빠져든 것을 보면서 경고를 받게 하시고, 문에 거룩한 파수꾼을 세워주소서!

다윗 왕이 은거와 경건을 위해 궁전 지붕 위로 올라갔다고 볼 수 있습니까? 만일 그렇다면, 이 사건은 아무리 은밀한 곳이라도 죄로부터 피할 수 있는 성역은 결코 없다는 심각한 경고를 우리에게 일깨워 주고 있을까요! 우리의 마음은 불씨와 같아서 참으로 잘 타오르기 때문에 우리는 그 불꽃을 방지하기 위해서 어디서든 항상 깨어 있어야 합니다. 사탄은 지붕 꼭대기도 올라갈 수 있고, 화장실에도 들어갈 수 있습니다. 비록 우리가 그 악랄한 마귀를 피할 수 있다고 해도 우리 자신의 타락은 하나님이 은혜로 막아주시지 않는다면 피할 길이 없습니다.

성도여, 저녁에 찾아오는 유혹을 조심하십시오. 해가 질 때 죄는 떠오릅니다. 우리는 낮에 보호자가 필요한 것처럼 밤에는 파수꾼이 필요합니다. 오, 은혜의 영이여, 오늘 저녁에도 모든 악으로부터 우리를 지켜 주소서. 아멘.

그런즉 안식할 때가 하나님의 백성에게 남아있도다 - 히브리서 4:9

　천국에서의 성도의 상태와 현재 이 세상에서의 성도의 상태는 얼마나 차이가 많을까요! 이 세상에서 성도는 수고하고 죽도록 고생하며 살아가지만, 불멸의 땅 천국에서는 그런 수고가 존재하지 않습니다. 이 세상에서 성도는 주님을 섬기기 위해 노심초사하지만 그의 힘이 그의 열정에 미치지 못한다는 것을 발견합니다. 그는 끝없이 "오 나의 하나님, 당신을 섬기도록 도와주소서"라고 부르짖습니다. 아무리 완전하게 행동해도, 그는 많은 수고를 해야 합니다. 그의 의지는 강하지만 그것을 실천할 수 있는 능력은 그것에 미치지 못하기 때문에 "나는 일이 싫지 않지만, 일할 때에는 싫증이 난다"고 외칠 것입니다.

　아! 성도여, 싫증나는 뜨거운 날은 영원히 지속되지 않습니다. 태양은 지평선으로 기울고 있습니다. 그것은, 성도들이 밤낮을 가리지 않고 하나님을 섬기지만 노고 없이 안식하는 땅에서 당신이 지금까지 보아온 것보다 훨씬 더 밝은 날을 다시 오게 할 것입니다. 여기 이 땅에서 안식은 부분적입니다. 그러나 저기 천국에서는 완전합니다. 성도여, 여기서는 항상 불안합니다. 자신이 아직 목표에 도달하지 못했다고 느낍니다. 반면에 저기서는 모든 것이 안식 속에 있습니다. 산 정상에 도달했습니다. 하나님의 품 안에 안겨 있습니다. 더 높이 올라갈 수 없을 만큼 올라갔습니다.

　아, 수고하고 무거운 짐 진 자여, 당신이 영원히 안식할 때를 생각하십시오! 당신은 그것을 이해할 수 있습니까? 그것은 영원한 안식 곧 "남아있는" 안식입니다. 여기서 우리가 누리는 최고의 기쁨은 그 이마 위에 "사라질 것"이라고 써 있습니다. 우리의 가장 아름다운 꽃은 졌습니다. 우리의 우아한 컵에는 더러운 찌꺼기들이 말라붙어 있습니다. 우리의 멋진 새들은 죽음의 화살을 맞고 떨어졌습니다. 우리의 가장 즐거운 날들은 밤의 그림자로 짙게 드리워졌습니다. 우리의 행복의 밀물은 슬픔의 썰물 속으로 가라앉아 버렸습니다.

　그러나 저기서는 모든 것이 영원합니다. 수금은 결코 녹슬지 않습니다. 면류관은 결코 사라지지 않습니다. 눈은 결코 희미해지지 않습니다. 혀는 결코 더듬거리지 않습니다. 마음은 결코 불안하지 않습니다. 그리고 영원한 존재는 완전히 무한한 즐거움에 젖어 있습니다. 행복한 날이여! 행복하도다! 죽음이 생명에게 삼킨 바 될 때 영원한 안식일이 시작될 것입니다.

모든 성경에 쓴 바 자기에 관한 것을 자세히 설명하시니라 - 누가복음 24:27

엠마오로 가던 두 제자는 굉장히 유익한 여행을 했습니다. 그들과 동행한 선생은 가장 **훌륭**한 교사였습니다. 그들에게 진리를 설명해주신 분 안에는 모든 지혜와 지식의 부요함이 감추어져 있었습니다. 주 예수님은 자신을 낮추어 복음의 선포자가 되셨습니다. 그분은 두 제자들 앞에서 자신의 소명을 실천하는 것을 부끄러워 아니하셨습니다. 지금도 그분은 어느 누구의 선생이 되는 것을 결코 거절하지 않으십니다. 우리는 이토록 탁월하신 교사와 동행해야 합니다. 왜냐하면 그분이 지혜를 주지 아니하시면 우리는 절대로 구원 얻는 지혜를 얻지 못할 것이기 때문입니다.

이 비교할 수 없는 교사는 가장 **훌륭**한 책 곧 성경을 자신의 교재로 사용하셨습니다. 새로운 진리를 제시할 수 있는 능력을 갖고 계셨지만, 그분은 이미 드러난 진리를 설명하기를 좋아하셨습니다. 그분은 자신의 전능성을 통해 가장 탁월한 가르침의 비결이 무엇인지 알고 계셨고, 과거 모세와 선지자들의 기록에 집중함으로써 지혜에 이르는 가장 확실한 길은 사변이나 추론이나 인간이 쓴 책들을 읽는 것이 아니라 하나님의 말씀을 묵상하는 것임을 보여 주셨습니다. 영적 지식을 풍성하게 얻는 가장 확실한 방법은 이 금광을 파는 것이요, 이 하늘 바다로부터 진주를 수집하는 것입니다. 예수님 자신은 다른 사람들을 부요케 하실 때, 성경을 원천으로 삼았습니다.

엠마오로 향하던 사랑하는 두 제자는 가장 **중요**한 주제를 주목하도록 인도를 받았습니다. 예수님은 자신에 관해 말씀하셨고, 자신에 관한 일들을 설명하셨기 때문입니다. 이것은 다이아몬드가 다이아몬드를 자르는 것으로, 이보다 더 경탄할 만한 일이 무엇이 있겠습니까? 이것은 집주인이 자신이 준비한 식탁에 진수성찬을 차려놓고 스스로 문을 열어 손님들을 그 자리로 안내하는 것입니다. 밭에 보물을 감추신 분 자신이 그것을 찾는 자들을 그곳으로 인도하는 것입니다. 우리 주님은 자연스럽게 가장 감동적인 주제를 갖고 대화를 나누시는데, 그분의 인격과 사역 이상으로 감동적인 주제는 결코 없었습니다. 우리는 이 주제들에 대한 안목을 가지고 항상 말씀을 상고해야 합니다. 오, 우리의 교사이자 교훈이신 예수님과 함께 성경을 연구하는 은혜가 충만하게 임하기를!

### 내가 찾아도 찾아내지 못하였노라 - 아가서 3:1

당신이 어디서 그리스도와의 사귐을 잃어버렸는지 말해보십시오. 나는 당신에게 그분을 발견할 가장 좋은 지점에 대해 말해줄 수 있습니다. 당신은 골방에서 기도를 하지 않았기 때문에 그리스도를 잃어버렸습니까? 그러면 당신은 거기서 그분을 찾고 만나야 합니다. 당신은 죄를 범해서 그리스도를 잃어버렸습니까? 그러면 죄를 포기하고, 정욕이 거하고 있는 지체를 정화시키는 성령을 구함으로써만 그분을 찾게 될 것입니다. 당신은 성경을 멀리함으로써 그리스도를 잃어버렸습니까? 그러면 성경 속에서 그분을 찾아야 합니다. "떨어뜨린 물건은 떨어뜨린 곳에서만 다시 찾을 수 있다"는 말은 진리입니다. 마찬가지로 그리스도를 잃어버린 지점에서 그분을 다시 찾아야 합니다. 그분은 다른 곳으로 가시지 않습니다. 그러나 그리스도께 다시 돌아가는 일은 쉬운 일이 아닙니다.

존 번연은 순례자가 자기 두루마리를 잃어버렸던 안식의 정자나무로 돌아가는 것이 순례 중 가장 힘든 길이었다고 말합니다. 20마일 앞으로 가는 것이 잃어버린 증거를 찾기 위해 1마일 뒤로 가는 것보다 훨씬 쉽습니다. 그러므로 주님을 찾았을 때 그분을 다시 놓치지 않도록 조심하십시오. 하지만 당신은 그분을 정말 잃어버리지 않았습니까? 그분과 함께 있으면 그토록 감격스럽고, 그분의 말을 들으면 그토록 위로가 되고, 그분의 존재가 당신에게 그토록 소중하기 때문에, 누구도 그 보배로운 친구와 당신이 헤어질 것이라고 생각하지 못했을 것입니다. 당신은 주님을 잃어버릴까봐 두려움을 갖고 매순간 그분을 주목하지 않았습니까?

그러나 당신은 그분을 떠나보내고, "오 저는 그분을 찾았던 곳을 알기 원합니다"라고 슬프게 탄식할지라도, 애타게 그분을 찾고 있다면 그것은 참으로 큰 은혜입니다. 계속 찾으십시오. 왜냐하면 주님이 없는 것이 더 큰 위험이기 때문입니다. 그리스도가 없다면 당신은 목자 없는 양과 같습니다. 그 뿌리에 물이 없는 나무와 같습니다. 비바람 속에서 시들어버린 나뭇잎 — 생명나무에 이르는 길이 없으므로 — 과 같습니다. 온 심령을 다해 그분을 찾으십시오. 그러면 그분은 당신에게 발견될 것입니다. 그분을 찾는 일에 온 마음을 집중하십시오. 그러면 당신은 진실로 그분을 발견하고 큰 기쁨과 감사를 회복하게 될 것입니다.

이에 그들의 마음을 열어 성경을 깨닫게 하시고 - 누가복음 24:45

어제 저녁 살펴본 것처럼 우리로 하여금 열린 눈으로 성경을 보게 하신 그분이 그것을 깨닫게 하는 눈도 열어주십니다. 처음에 그분은 많은 동료들과 함께 있었지만, 나중에는 오직 홀로 계셨습니다. 많은 사람들이 성경을 마음으로 가져갈 수 있지만, 오직 주님만이 그 마음에 성경을 받아들이도록 하실 수 있습니다. 우리 주 예수님은 다른 교사들과는 차원이 다른 분입니다. 그들은 귀에 호소합니다. 그러나 주님은 마음에 가르치십니다. 그들은 외면적 기록을 다루지만 그분은 내면적 진리의 맛을 느끼게 하십니다. 주 예수님이 성령을 통해 천국의 비밀들을 계시하고, 보이지 않는 사실들을 볼 수 있도록 신적 능력을 허락하실 때, 세상에서 전혀 배우지 못한 무식한 사람들도 이 은혜의 학교에서는 유능한 학자가 됩니다. 우리가 주님을 통해 우리의 깨달음이 더 분명해지고 강해진다면 얼마나 복된 일일까요!

세상에서 공부를 많이 했지만 영적 진리에 대해서는 무지한 사람들이 얼마나 많을까요! 그들은 계시의 문자적 의미는 파악할 수 있지만 그 생명력 있는 영을 분별할 수 없습니다. 그들은 육신의 이성적 눈으로는 파악할 수 없는 마음이 베일에 가려 있습니다. 우리도 과거에는 그랬습니다. 지금 우리는 보는 눈을 가졌지만, 전에는 완전히 눈이 멀어 있었습니다. 그때 진리는 우리에게 어둠 속에 있는 보화로서 아직 발견되지 않고 무시되고 있었습니다. 예수의 사랑이 아니었더라면 우리는 지금도 완전한 무지 속에 있을 것입니다. 그분이 은혜로 우리의 이해를 열어주시지 아니했더라면, 우리는 어린아이가 피라미드 꼭대기에 오를 수 없는 것처럼, 또는 타조가 별들 위로 날아오를 수 없는 것처럼 절대로 영적 진리에 도달할 수 없었을 것입니다.

예수의 대학은 하나님의 진리를 실제로 배울 수 있는 유일한 학교입니다. 다른 학교들은 우리에게 무엇을 믿어야 하는지 가르쳐 줄지 모르지만, 그리스도의 학교만이 오직 우리에게 그것을 어떻게 믿어야 하는지 가르쳐 줄 수 있습니다. 우리는 예수의 발 앞에 앉아 진지한 기도를 드림으로써 우리의 우둔함이 벗겨지고 우리의 미약한 깨달음이 천국의 일들을 받아들이는 상태가 되도록 그분의 은혜로운 도우심을 받아야 합니다.

### 아벨은 양 치는 자였고 - 창세기 4:2

목자였던 아벨이 하나님께 영광을 돌리는 자신의 사역을 잘 감당하고, 제단에 희생제물을 드렸을 때, 하나님은 아벨과 그의 제물을 열납하셨습니다. 하나님을 향한 이 초기의 제사 모습은 너무나 명확하고 분명하게 진리를 전달합니다. 아침에 동녘을 물들이는 서광처럼 그것은 모든 것을 계시하지는 않지만 태양이 떠오르고 있음을 분명히 보여 주는 커다란 징조입니다. 목자이자 제사장으로서 하나님이 기쁘게 받으실 만한 희생제물을 드린 아벨에게서 보는 것처럼, 우리는 여호와가 항상 열납하시는 희생제물을 아버지 앞에 드리시는 우리 주님을 발견합니다. 아벨은 그의 형에게 이유 없이 미움을 받았습니다. 우리 주님도 그랬습니다. 자연적이고 육에 속한 사람은 은혜의 성령이 그 안에 내주하는 사람을 이유 없이 미워하고, 그가 피를 흘릴 때까지 가만히 있지 않았습니다. 아벨은 죽임을 당해 그의 제단에 피를 뿌렸고, 그의 피와 함께 희생제물이 되었습니다. 그 속에는 주 예수님이 하나님 앞에서 제사장으로 섬기는 동안 사람의 미움을 받아 죽임을 당하는 사실이 담겨져 있습니다. "선한 목자는 양들을 위하여 목숨을 버리거니와"(요 10:11). 우리는 인간의 미움을 받아 죽임을 당하고 그 자신의 피로 제단 뿔을 적시신 주님을 바라볼 때, 그분에 대해 슬픔을 느껴야 합니다.

아벨의 피가 호소합니다. "여호와께서 가인에게 이르시되 '네 아우의 핏소리가 땅에서부터 내게 호소하느니라'"(창 4:10). 예수의 피는 강력한 혀를 갖고 있고, 그 외치는 부르짖음의 의미는 복수의 소리가 아니라 은혜의 소리입니다. 그러므로 우리가 선한 목자의 제단에 서서 죽임당한 제사장으로서 피 흘리시는 그분을 바라보고, 그의 모든 백성들에게서, 우리의 양심 속에서, 유대인과 이방인들 사이에서, 사람과 그들로부터 배반당한 그의 창조주 사이에서, 피로 씻김 받은 사람들에게서, 영원무궁토록 평화를 외치는 그분의 피의 외침소리를 듣는 것은 말할 수 없이 귀하고 보배로운 일입니다. 아벨은 시간상 첫 번째 목자였지만, 우리의 마음은 항상 그 능력으로 첫 번째가 되시는 예수님을 바라볼 것입니다. 위대하신 양의 목자여, 당신의 목장의 양들인 우리는 당신이 우리를 위해 죽으신 것을 보고 우리의 온 마음을 다해 당신을 찬송합니다.

내 눈을 돌이켜 허탄한 것을 보지 말게 하시고 주의 길에서
나를 살아나게 하소서 - 시편 119:37

허탄한 것은 그 종류가 다양합니다. 바보의 모자와 벌어진 입, 세속인의 환락, 방탕꾼의 춤과 수금 그리고 술잔 등, 이 모든 것들을 사람들은 허탄한 것들로 알고 있습니다. 그런데 이 세상의 염려와 재물의 속이는 속성 등과 같은 것들도 똑같이 허탄한 것으로서, 사실은 훨씬 더 위험합니다. 사람은 극장에서처럼 직장에서도 허탄한 것을 따를 수 있습니다. 만일 그저 돈 모으는데 평생을 보낸다면, 그는 시간들을 허탄한 일에 보낸 것입니다. 우리가 그리스도를 따르지 않고 하나님을 인생의 가장 큰 목적으로 삼지 않는다면, 우리는 허탄한 사람들과 표면적으로만 다를 뿐, 실제로는 똑같은 사람들입니다. 이때는 확실히 본문 중 첫 번째 부분의 기도가 필요합니다: "내 눈을 돌이켜 허탄한 것을 보지 말게 하시고."

그 다음 해야 할 기도는 "주의 길에서 나를 살아나게 하소서"입니다. 시편 기자는 자신이 거의 죽은 것 같이 어리석고, 우둔하고, 미련하다고 고백합니다. 성도여, 당신도 똑같다고 느낄 것입니다. 우리는 너무 어리석어서 아무리 좋은 동기를 갖고 있다고 해도, 주님을 떠나서는 그 무엇도 우리를 살아나게 할 수 없습니다. 그러나 우리가 기도한다면, 지옥이라도 나를 살아나게 하지 않겠습니까? 죄인들이 멸망당할 것을 생각하면서 깨어있지 않겠습니까? 천국이 나를 살아나게 하지 않겠습니까? 의인들이 상급을 생각하면서 침착해지지 않겠습니까? 죽음이 나를 살아나게 하지 않겠습니까? 죽음과 하나님 앞에 서는 심판을 생각하면서 어찌 무덤의 사막에 세울 수 있겠습니까! 그리스도의 사랑이 서를 상권하지 않겠습니까? 그분의 은혜로운 상처를 생각하면서, 그분의 십자가 앞에 앉아 있으면서, 열심과 열정으로 도전받지 않겠습니까? 당연히 그렇게 되어야 하구말구요! 단순한 성찰로 우리의 열심이 살아나는 것이 아니라 "주여 나를 살아나게 하소서" 하고 부르짖을 때, 오직 하나님만이 그렇게 하실 수 있습니다. 열렬한 간구로 시편 기자의 전 영혼은 살아나게 됩니다. "내 눈을 돌이키소서"라고 육체는 간구합니다. "나를 살아나게 하소서"라고 영혼은 외칩니다. 이것은 매일 드려져야 할 바른 기도입니다. 오 주여, 오늘 저녁 제 기도를 들어주소서.

그리하여 온 이스라엘이 구원을 받으리라 - 로마서 11:26

모세가 홍해를 건넌 후 노래했을 때, 그것은 온 이스라엘이 안전하다는 것을
알고 난 후에 그가 느낀 기쁨의 표현이었습니다. 하나님의 백성들의 마지막 대
열이 바다 건너편에 그 발을 들여놓을 때까지 그 견고한 물 벽으로부터 한 방울
의 물도 떨어지지 않았습니다. 그때가 지나자 즉각 물 벽은 무너져 내리고 노도
와 같은 물결이 쏟아졌습니다. 그때 모세는 "주의 인자하심으로 주께서 구속하
신 백성을 인도하시도다"(출 15:13)라고 노래를 불렀습니다. 마지막 때 택자들
이 하나님의 종 모세와 어린양의 노래를 부를 때, "아버지께서 내게 주신 자 중
에서 하나도 잃지 아니하였나이다"라고 예수님은 자랑하실 것입니다. 그때 천국
에 비어있는 보좌는 하나도 없을 것입니다.

> "모든 택한 족속들이 보좌로 나아와
> 그분의 은혜의 행위를 찬송하고
> 그분의 영광을 선포하리라."

그때 하나님이 택하신 자, 그리스도가 구속하신 자, 성령이 부르신 자, 예수를
믿은 자들이 안전하게 분리의 바다를 건너게 될 것입니다. 하지만 아직은 우리
모두 안전하게 당도하지는 못했습니다:

> "큰 무리들이 이미 건넜고
> 지금 또 무리들이 건너고 있다."

선봉에 선 군사들은 이미 해안에 당도했습니다. 우리는 지금 그 깊은 곳을 통
과하고 있는 중입니다. 우리의 지도자를 따라 바다의 심장부를 통과하고 있습니
다. 그러므로 우리는 기운을 내야 합니다. 택한 자들의 마지막 대열이 곧 바다를
건널 것입니다. 그때 곧 모든 택한 자가 안전하게 될 때 우리는 승전가를 듣게
될 것입니다. 그러나 오! 만일 한 사람이라도 없다면, 택한 자녀들 중에 한 사람
이라도 낙오되어 있다면, 구속받은 자들의 노래는 영원히 멈추어 있고, 낙원의
수금은 그 현들이 끊겨져 결코 음악이 울려 퍼지지 못하리라!

> 삼손이 심히 목이 말라 여호와께 부르짖어 이르되 주께서 종의 손을
> 통하여 이 큰 구원을 베푸셨사오나 내가 이제 목말라 죽어서 할례 받지
> 못한 자들의 손에 떨어지겠나이다 하니 - 사사기 15:18

삼손은 목이 말라 거의 죽을 지경이었습니다. 그 어려움은 그가 그때까지 만났던 것과는 좀 달랐습니다. 단순히 목마름을 해갈시키는 것은 일천의 블레셋 군사들로부터 구출되는 것만큼 큰일은 아닙니다. 그러나 목마름이 그에게 찾아왔을 때, 삼손은 그가 과거에 특별히 구출 받았던 그 어떤 어려움보다 현재의 어려움이 더 큰 무게로 짓누르고 있음을 느꼈습니다. 하나님의 백성들은 큰 구원을 누리고 있을 때 자기들에게 찾아온 작은 환난이 지나치다고 느끼는 경우가 흔히 있습니다. 삼손은 일천의 블레셋 군사들을 죽이고, 그 시체들을 산더미같이 쌓아놓고, 이제는 목이 말라 죽겠다고 그럽니다! 야곱은 브니엘에서 하나님과 씨름해서 전능하신 하나님을 이겨낸 후 "그의 허벅다리로 말미암아 절면서" 갔습니다. 이상하게도 우리는 승리할 때마다 힘줄이 수축되는 일을 겪어야 합니다. 이것은 마치 주님이 우리가 교만하지 않고 경계 안에 있도록 하기 위해 우리의 무가치함과 무력함을 가르치는 것처럼 보입니다.

삼손은 아주 큰 소리로 "내가 일천 명을 죽였다"고 자랑했습니다. 그의 뽐내던 목청은 곧 목마름으로 쉬게 되었고, 그는 기도하기 시작했습니다. 하나님은 그의 백성들을 겸손하게 하는 다양한 방법을 갖고 계십니다. 사랑하는 성도여, 만일 큰 은혜가 임한 후 당신을 낮추는 일이 일어났다면, 그것은 당신에게만 그런 것이 아닙니다. 다윗은 이스라엘 왕좌에 올랐을 때, "내가 기름 부음을 받은 왕이 되었으나 오늘 약하다"(삼하 3:39)고 말했습니다. 당신은 큰 승리를 맛보고 있을 때 약하다고 느끼는 마음을 가져야 합니다.

만일 하나님이 과거에 당신에게 큰 구원을 베푸신 적이 있다면, 당신이 현재 처한 어려움은 단순히 삼손이 처한 목마름과 같은 것이고, 주님은 우리가 좌초하도록 놔두지 않고 할례 받지 못한 자들이 당신을 이기도록 방치하지 않을 것입니다. 슬픔의 길은 천국에 이르는 길이지만, 그 길가에는 목을 적셔주는 우물이 있기 마련입니다. 따라서 시험 속에 있는 형제여, 삼손의 말로 위로를 받고, 하나님이 조만간 당신을 구원하실 것을 확신하기 바랍니다.

> 인자야 포도나무가 모든 나무보다 나은 것이 무엇이랴 숲 속의 여러 나무
> 가운데에 있는 그 포도나무 가지가 나은 것이 무엇이랴 - 에스겔서 15:2

본문은 하나님의 백성들의 겸손을 위해 주신 말씀입니다. 그들은 하나님의 포도나무로 불리지만, 그들이 본질상 다른 사람들보다 나은 것이 무엇입니까? 그들은 하나님의 은혜로 말미암아 좋은 땅에 심겨져 열매 맺는 포도나무가 되었습니다. 주님은 성소의 벽 위에 그들을 심으셨고, 그들은 그분의 영광을 위해 열매를 맺습니다. 그러나 그들에게 하나님이 없다면 그들이 무엇입니까? 그들 속에 열매를 맺게 하는 성령의 지속적인 역사가 없다면 그들이 무엇입니까? 아무 것도 아닙니다.

오 성도여, 당신에게 교만이 자라는 땅이 없도록 그것을 거부하는 법을 배우십시오. 당신을 교만하게 만드는 것이 무엇이든, 당신은 아무것도 아닙니다. 당신이 가진 것이 많으면 많을수록 하나님께 받은 은혜도 그만큼 많아지는 것입니다. 당신을 채무자로 만드는 것을 가지고 교만해서는 안 됩니다. 당신이 어디서 왔는지 생각해 보십시오. 당신의 과거를 주목해 보십시오. 하나님의 은혜가 없었다면 어떻게 되었을지 상상해 보기 바랍니다. 현재의 당신 자신을 바라보십시오. 당신의 양심이 당신을 비난하지 않습니까? 당신의 일천 가지 잘못들이 앞에 서서 당신이 그분의 자녀로 불릴 만한 아무 가치가 없다고 말하지 않습니까? 그리고 만일 그분이 당신을 어떤 유익한 존재로 만드셨다면, 거기서 당신을 그렇게 만드신 것도 그분의 은혜라고 가르침을 받지 않습니까?

훌륭한 성도여, 하나님이 그렇게 만들지 아니하셨더라면, 당신은 아마 큰 죄인이 되었을 것입니다. 오 진리에 대해 용감한 성도여, 만일 은혜가 주어지지 않았더라면 당신은 오류에 대해 용감하지 않았을까요? 그러므로 당신이 큰 재산 곧 광범한 은혜를 소유하고 있다 할지라도 교만하지 마십시오. 죄와 비참을 제외하면 당신의 것이라고 불릴 만한 것은 단 하나도 없습니다. 오! 모든 것을 빌려온 당신이 자신을 높이려고 생각하는 것은 얼마나 이상한 광기일까요! 구주의 은혜에 전적으로 의존하는 가난한 청지기여, 예수님으로부터 오는 생수의 신선한 줄기가 없으면 금방 죽어버리는 생명을 갖고 있는 사람이여, 교만하지 마십시오! 오 어리석은 심령이여, 겸손하십시오!

욥이 어찌 까닭 없이 하나님을 경외하리이까 - 욥기 1:9

이 질문은 동방의 의인에 관해 사탄이 한 악한 질문이었습니다. 그러나 오늘날에도 의롭기 때문에 이런 질문을 받는 사람들이 많이 있습니다. 그들은 하나님이 도와주시기 때문에 그분을 사랑합니다. 하지만 유감스럽게도 상황이 불리하게 전개되면, 그들은 하나님을 믿는 그 자랑스러운 믿음을 거의 포기하게 됩니다. 만일 그들이 소위 회심이 있고 난 이후에 세상사가 순조롭게 진행되는 것을 보면, 그들은 육적인 방식으로 그분을 사랑하게 될 것입니다. 그러나 만일 그들이 역경 속에 빠진다면, 그들은 곧 하나님을 반역합니다. 그들의 사랑은 식탁에 대한 사랑이지 주인에 대한 사랑이 아닙니다. 찬장에 대한 사랑이지 집주인에 대한 사랑이 아닙니다.

하지만 참 그리스도인이라면 그는 내세에서의 상급을 기대하고 이 세상에서는 고난을 감수하려고 할 것입니다. 옛 언약의 약속은 축복이었습니다. 하지만 새 언약의 약속은 고난입니다. 그리스도의 말씀을 기억하십시오: "무릇 내게 붙어있어 열매를 맺지 아니하는 가지는 아버지께서 그것을 제거해 버리시고 무릇 열매를 맺는 가지는 더 열매를 맺게 하려 하여 그것을 깨끗하게 하시느니라"(요 15:2). 만일 열매를 맺으려면, 당신은 고난을 감수해야 합니다.

당신은 "슬프다! 그것은 너무나 두려운 전망이다"라고 말합니다. 그러나 이 고난은 그것을 당하는 그리스도인에게 환난 속에서 즐거워하는 법을 배우도록 보배로운 결과를 일으킵니다. 왜냐하면 환난이 많을수록 그리스도 예수로 말미암아 주어지는 위로도 크기 때문입니다. 당신이 하나님의 자녀라면 채찍이 생소한 것이 아님을 명심하기 바랍니다. 조만간 모든 금은 불을 통과해야 합니다. 그렇다고 두려워하지 마십시오. 아니 오히려 열매의 때가 당신에게 예비되어 있음을 기뻐하십시오. 그때 당신은 땅으로부터 벗어나 하늘로 비상하게 될 것입니다. 당신은 현세에 대한 집착으로부터 벗어나 당신에게 곧 계시될 영원한 일들을 소망할 것입니다. 현세에서 하나님을 아무 대가 없이 섬긴다고 느낄 때, 당신은 미래의 무한한 상급을 생각하고 즐거워할 것입니다.

백성 중에서 택함 받은 자를 높였으되 - 시편 89:19

그리스도께서 백성 중에서 택함 받은 이유는 무엇일까요? 내 마음아, 마음의 생각들이 최고니까 한번 말해보라. 그분이 피로 맺어진 복된 혈연관계로 우리의 형제가 될 수 있어서가 아니었습니까? 오, 그리스도와 성도 사이에 얼마나 깊은 관계가 있을까요! 성도는 이렇게 말합니다: "나는 천국에 내 형제가 있다. 나는 가난하지만, 부자이자 왕이신 형제가 있다. 그분이 자신의 보좌에 앉아 있는 동안 나를 곤궁하도록 놔두실까? 오, 아니리라! 그분은 나를 사랑하신다. 그분은 내 형제다." 성도여, 이 복된 생각을 다이아몬드 목걸이처럼 당신의 기억의 목에 걸고 다니십시오. 그것을 황금반지처럼 회상의 손가락에 끼고 다니십시오. 그리고 당신의 믿음의 간구들에 응답의 확신을 찍어주는 왕의 옥새처럼 그것을 사용하십시오. 그분은 고난을 위해 태어나신 형제이니, 그분을 그렇게 생각하십시오.

그리스도는 또 우리의 필요를 알고 계시고 우리를 동정하시기 위해 백성 중에서 택함 받으셨습니다. "모든 일에 우리와 똑같이 시험을 받으신 이로되 죄는 없으시니라"(히 4:15). 우리가 당하는 모든 슬픔 속에서 우리는 그분의 동정을 받습니다. 시험, 고통, 실망, 연약함, 피곤, 가난 — 그분은 이 모든 것들을 알고 계십니다. 왜냐하면 그분은 이 모든 것을 다 겪으셨기 때문입니다.

그리스도인이여, 이것을 기억하십시오. 그것이 당신을 위로해 줄 것입니다. 당신의 길이 아무리 힘들고 고통스럽다고 해도, 그것은 당신의 구주께서 이미 걸으셨던 길입니다. 또 심지어 당신이 죽음의 그림자의 가장 음침한 골짜기 속에 있을지라도, 또 범람하는 요단강의 깊은 물 속에 빠져 있을지라도, 당신은 거기서도 그분의 발자국을 발견하게 될 것입니다. 우리가 가는 모든 곳에서 그분은 우리의 선구자가 되셨습니다. 우리가 짊어져야 할 모든 짐은 이미 임마누엘의 어깨 위에 올려져 있습니다.

"그분의 길은 내 길보다 훨씬 더 거칠고 어두웠다.
내 주 그리스도께서 그렇게 고난당하셨는데, 내가 어찌 불평할까?"

그러니 용기를 내십시오! 왕의 발걸음은 길 위에 피로 얼룩진 자국을 남겨놓았고, 영원히 가시밭길을 성별시켜 놓았습니다.

우리가 너로 말미암아 기뻐하며 즐거워하니 네 사랑이 포도주보다 더 진함이라 - 아가서 1:4

　예수님은 그의 백성들이 자신의 사랑을 잊어버리도록 방치하지 않습니다. 만일 그들이 누렸던 사랑을 모두 망각한다면, 그분은 새로운 사랑을 갖고 그들을 찾아오실 것입니다. 그분은 이렇게 말씀하십니다: "네가 나의 십자가를 잊었느냐? 네가 그것을 다시 기억하도록 하마. 내 식탁에서 너에게 나를 새롭게 보여 주리라. 영원의 화해실에서 내가 너를 위해 행한 일을 잊었느냐? 네가 그것을 다시 상기하도록 하마. 너는 화해자가 필요하고, 나는 너의 부름에 응할 준비를 하고 있다."

　어머니는 자녀들이 자기를 잊어먹도록 방관하지 않습니다. 만일 아들이 호주에 여행을 가 편지를 보내지 않는다면, 어머니가 편지를 씁니다: "존아, 너는 어미를 잊었니?" 그러면 아들은 사랑이 담긴 답장을 보내옵니다. 그 답장은 어머니의 암시가 결코 헛되지 않았음을 보여 줍니다. 예수님도 마찬가지입니다. 그분은 우리에게 "나를 기억하라"고 말씀하시고, 우리는 "저는 당신의 사랑을 기억하겠습니다"라고 반응합니다. 그렇게 우리는 주님의 사랑과 그분의 탁월한 역사를 기억할 것입니다. 주님이 창세 전에 아버지와 함께 하셨던 영광만큼 그것들 역시 오래되었습니다.

　오 예수여, 우리는 당신이 우리의 보증이 되시고, 우리가 당신의 신부로 선택받았을 때 보여 주신 당신의 영원한 사랑을 기억합니다. 우리는 자신을 화목제물로 바친 당신의 사랑을 기억합니다. 그 사랑은 때가 찰 때까지 그 화목제물을 묵상하고, "보라 내가 오리라"고 기록된 당신에 관한 책을 통해 그것이 이루어질 시간을 갈망하는 사랑입니다. 오 예수여, 우리는 베들레헴 구유에서 겟세마네 동산까지 거룩한 생애 속에 나타나 있는 당신의 사랑을 기억합니다. 우리는 요람에서 무덤까지 당신을 좇아갑니다. 왜냐하면 당신의 모든 말씀과 행위가 사랑이기 때문입니다. 그리고 우리는 죽음도 결코 소멸시키지 못한 당신의 사랑 안에서 즐거워합니다. 당신의 사랑은 부활 속에서 눈부시게 빛났습니다. 우리는 택함받은 자들이 하나도 남김없이 안전한 처소에 들어갈 때까지, 시온이 영광을 받고, 예루살렘이 천국에서 빛과 사랑의 영원한 기초를 세울 때까지 평화를 지연시키지 않도록 역사하실 당신의 불타는 사랑을 기억합니다.

이는 그가 너를 새 사냥꾼의 올무에서 건지실 것임이로다 - 시편 91:3

하나님은 두 가지 면에서 자기 백성들을 사냥꾼의 올무에서 구원하십니다. 하나는 올무로부터(from), 또 하나는 올무 밖으로(out of). 첫째로 그분은 그들을 올무로부터 구원하십니다. 이것은 그들이 올무 속으로 들어가지 않도록 하신다는 것을 말합니다. 둘째로 그들이 올무 안에 잡혀있다면, 그분은 그들을 올무 밖으로 나오도록 구원하십니다. 첫 번째 약속은 어떤 사람들에게 보배로운 약속이고, 두 번째 약속은 또 다른 사람들에게 최고의 약속입니다.

"그가 너를 새 사냥꾼의 올무에서 건지실 것임이로다." 환난은 종종 하나님이 우리를 구원하는 수단이 됩니다. 하나님은 타락이 우리를 파멸시키리라는 것을 알고 계시기 때문에 은혜 안에서 우리에게 채찍을 보내십니다. 우리는 환난이 더 큰 악으로부터 우리를 구원하는 수단인 줄도 모르고 "주여, 이것이 웬일입니까?"라고 말합니다. 많은 사람들이 그들의 슬픔과 십자가를 통해 파멸로부터 구원받았습니다. 이것들은 올무로부터 새들을 두려워 떨게 했습니다. 또 다른 때 하나님은 그의 백성들에게 큰 영적 능력을 주심으로써 사냥꾼의 올무로부터 지켜주십니다. 그래서 그들은 악을 저지르도록 유혹을 받을 때 "어떻게 이 큰 죄악을 저질러 하나님을 거역할 수 있겠는가?"라고 말합니다.

그러나 신자가 악을 저지르고 올무 속에 빠졌을 때, 하나님이 그를 그곳으로부터 꺼내주시는 것은 얼마나 복된 일일까요! 오 타락한 자여, 낙심은 하되 절망은 하지 마십시오. 길을 잃은 자여, 당신이 비록 죄를 범했다 할지라도 당신의 구속자가 "배역한 자식들아 돌아오라 내가 너희의 배역함을 고치리라"(렘 3:22)고 말씀하는 권면을 들으십시오. 그러나 당신은 포로로 잡혀 있기 때문에 돌아올 수 없다고 말할 것입니다. 그렇다면 "이는 그가 너를 새 사냥꾼의 올무에서 건지실 것임이로다"는 약속을 들으십시오. 그러면 당신은 저지른 모든 악으로부터 벗어나게 될 것입니다. 당신이 그 길에 대해 회개하기를 멈추지만 않는다면, 당신을 사랑하는 그분은 당신을 결코 버려두지 아니하실 것입니다. 그분은 당신을 받아주고, 당신에게 기쁨과 즐거움을 허락하실 것입니다. 그때 당신은 그분이 당신의 뼈를 부러뜨리신다고 해도 즐거워할 수 있을 것입니다. 낙원에 사는 새는 사냥꾼의 올무에서 절대로 죽지 아니할 것입니다.

# 1월 24일

### 마르다는 준비하는 일이 많아 마음이 분주한지라 - 누가복음 10:40

마르다의 잘못은 그녀가 주님을 섬기기 위해 준비했다는데 있지 않았습니다. 종의 심정은 모든 그리스도인이 당연히 가져야 할 마음입니다. "나는 섬기리라"는 것은 천국에 속한 모든 가족들의 표어가 되어야 합니다. "준비하는 일이 많았다"는 것이 그녀의 잘못이 아니었습니다. 우리는 아무리 많이 준비해도 모자랍니다. 우리는 가능한 한 모든 것을 준비해야 합니다. 머리, 마음, 그리고 손 등 주님을 섬기기 위해 필요한 것은 무엇이든 다 동원해야 합니다. 주님을 대접하기 위해 바쁘게 준비했다는 것이 그녀의 잘못이 아니었습니다. 복되신 손님을 대접할 기회를 갖게 된 마르다는 얼마나 행복한 사람일까요! 또 그토록 자신의 온 정성을 다하여 헌신적으로 준비하는 영혼은 얼마나 행복할까요!

그녀의 잘못은 그녀가 그분을 잊어버릴 정도로 섬김만 기억하고 "준비에만 몰두함으로써 마음이 분주해졌다"는데 있었습니다. 그녀는 영적 교제를 무시할 정도로 섬김에만 종사했습니다. 그래서 그녀는 한 가지 의무에만 집중함으로써 다른 의무를 희생시켰습니다.

우리는 마르다도 되고 동시에 마리아도 되어야 합니다. 우리에게는 많은 섬김이 있어야 함과 동시에 많은 영적 교제도 있어야 합니다. 이것을 위해 우리는 크신 은혜가 필요합니다. 교제보다는 섬김이 더 쉽습니다. 여호수아는 아말렉과 싸울 때 결코 지치지 않았습니다. 그러나 모세는 산 정상에서 기도할 때 그의 손을 하늘을 향해 들도록 두 사람의 조력자가 필요했습니다. 영적인 일일수록 우리는 더 쉽게 지칩니다. 가장 좋은 열매는 재배하기가 가장 어렵습니다. 가장 고상한 은혜는 계발하기가 가장 힘이 듭니다. 사랑하는 성도여, 당신은 그 자체로 충분히 선한 외적 일들을 소홀히 하지 않으면서 예수님과의 생명력 있고 인격적인 교제를 충분히 나누어야 합니다. 그분을 섬긴다는 핑계로 구주의 발 앞에 앉아 있는 것을 게을리 하지 않도록 조심하십시오. 우리 영혼의 건강을 위해 해야 할 첫 번째 일, 그분의 영광을 위해 해야 할 첫 번째 일, 그리고 우리 자신의 유익을 위해 해야 할 첫 번째 일은 주 예수님과의 교제가 지속적으로 이루어지는 것입니다. 그리고 우리 종교의 생명적 영성은 세상 속에 있는 그 어떤 것보다 더 우선해서 유지되어야 한다는 것을 잊지 말기 바랍니다.

내가 여호와께서 우리에게 베푸신 모든 자비와 그의 찬송을 말하며 그의 사랑을 따라
그의 많은 자비를 따라 이스라엘 집에 베푸신 큰 은총을 말하리라 - 이사야서 63:7

당신은 이 말씀처럼 할 수 없습니까? 당신이 경험한 은혜들이 없습니까? 당신은 지금 침체 상태 속에 빠져있을지 모르지만, 예수님이 당신을 만나 "나에게 오라"고 말씀하셨을 때의 그 복된 순간을 잊어버릴 수 있습니까? 그분이 당신의 족쇄들을 뜯어내 그것들을 땅에 내팽개치고 "내가 너의 속박을 깨뜨리고 자유케했다"고 말씀하시던 그 황홀한 순간을 기억할 수 없습니까? 아니 비록 당신이 신랑의 첫사랑은 잊어버렸다고 해도, 아직 이끼가 다 끼지 않은 보배로운 이정표가 당신의 인생의 길에 틀림없이 세워져 있어서 당신은 그 사랑을 기억하게 될 것입니다. 당신은 거기서 당신에게 베푸신 주님의 은혜에 대한 행복한 기억을 읽을 수 있어야 합니다. 정말로 당신은 과거에 지금과 같은 질병을 앓을 때 그분이 그 병으로부터 고쳐주신 경험이 없었습니까? 당신은 과거에 가난한 적도 없고 그분이 당신의 필요를 채워주신 적도 없었습니까? 당신은 과거에 환난을 당한 적도 없고, 그분이 당신을 구원하신 적도 없었습니까? 틀림없이 그런 일들이 있었을 것입니다.

그러니 일어서십시오. 그리고 당신의 경험의 강으로 가십시오. 거기서 갈대 몇 개를 꺾어서 그것들로 작은 상자를 하나 만드십시오. 그러면 당신의 연약한 믿음은 안전하게 강물 위에 떠있게 될 것입니다. 당신의 하나님이 당신에게 베푸신 것을 절대 잊지 마십시오. 기억의 책장을 넘기며 옛일을 상기하십시오. 당신은 미살 산을 기억할 수 없습니까? 주님이 헤르몬 산에서 당신을 만나주지 아니하셨습니까? 당신은 기쁨의 산들을 올라가 본 적이 없었습니까? 당신은 궁핍할 때 도움을 받은 적이 없었습니까? 아니, 나는 당신이 그런 적이 있다는 것을 확실히 알고 있습니다.

그렇다면 비록 오늘은 어둠 속에 있다고 할지라도, 어제 특별한 은혜를 받았던 그 작은 길로 되돌아가 보기를 바랍니다. 과거의 등불들을 들어보십시오. 그러면 그것들은 어둠을 몰아내고 밝게 빛날 것이고, 그때 당신은 새벽이 오고 어둠이 사라질 때까지 주님을 신뢰하게 될 것입니다. "오 주여, 당신의 부드러운 자비와 인자를 기억하소서. 그것들은 옛적부터 있었나이다."

그런즉 우리가 믿음으로 말미암아 율법을 파기하느냐 그럴 수 없느니라
도리어 율법을 굳게 세우느니라 - 로마서 3:31

　신자가 주님의 가족으로 편입될 때, 옛 아담 및 율법과 그의 관계는 즉시 끊어집니다. 그러나 그때 그는 새 법과 새 언약 속에 들어가게 됩니다. 신자여, 당신은 하나님의 자녀입니다. 그러므로 하늘 아버지께 순종하는 것이 당신의 첫 번째 의무입니다. 당신은 이제 당신을 속박했던 영과 아무 상관이 없습니다. 당신은 종이 아니라 아들입니다. 지금 사랑받는 아들이라면, 당신은 아버지의 희미한 뜻일지라도, 그분의 뜻이 희미하게 암시될지라도, 그것에 순종해야 합니다. 그분이 당신에게 거룩한 계명을 지키도록 명하십니까? 그렇다면 그것을 소홀히 할 때 당신은 위험에 빠질 것입니다. 그것은 아버지께 불순종하는 것이기 때문입니다. 그분이 당신에게 예수의 형상을 닮으라고 명하십니까? 그렇게 하는 것이 당신의 기쁨이 아닙니까? 예수님이 당신에게 "하늘에 계신 너희 아버지의 온전하심과 같이 너희도 온전하라"(마 5:48)고 말씀하십니까? 그러면 율법이 명하기 때문이 아니라 당신의 구주가 원하시기 때문에 거룩에 있어서 온전하도록 힘써야 합니다.

　그분이 그의 성도들에게 서로 사랑하라고 명하십니까? "네 이웃을 사랑하라"고 율법이 말하기 때문이 아니라 "너희가 나를 사랑하면 나의 계명을 지키라"고 예수님이 말씀하시기 때문에 그렇게 해야 합니다. 당신은 가난한 자에게 나누어 주라고 명령 받았습니까? 그러면 자선이 어쩔 수 없는 짐이기 때문이 아니라 예수님이 "네게 구하는 자에게 주라"고 말씀하시기 때문에 그렇게 해야 합니다. 말씀이 "네 마음을 다하여 하나님을 사랑하라"고 말씀합니까? 그 계명을 바라보면서 이렇게 대답하십시오: "아! 율법이여, 그리스도께서 이미 다 이루셨다. 그러기에 나는 구원을 위해 너를 지킬 필요가 없다. 하지만 나는 하나님이 지금 내 아버지이시고, 그분이 내가 너를 지키도록 원하시기 때문에 나는 너에게 즐겁게 순종할 것이다." 성령이 당신을 그리스도의 강권적인 사랑의 능력에 순종하도록 만들기를 바라고, 그래서 당신이 "나로 하여금 주의 계명들의 길로 행하게 하소서 내가 이를 즐거워함이니이다"(시 119:35)라고 기도할 수 있기를 원합니다. 은혜는 죄의 변명자가 아니라 거룩의 어머니이자 후원자입니다.

### 너희 하늘 아버지 - 마태복음 6:26

하나님의 백성들은 두 가지 면에서 그분의 자녀입니다. 창조를 통해 지음 받았기 때문에 그분의 자녀이고, 또 그리스도 안에서 양자로 택정되었기 때문에 그분의 자녀입니다. 따라서 그들은 그분을 "하늘에 계신 우리 아버지"라고 부를 특권이 있습니다. 아버지! 오, 이 말은 얼마나 은혜로운 말일까요! 이 말에는 권위가 있습니다. "만일 내가 아버지라면 나의 영예는 어디에 있는가? 만일 너희가 아들이라면 너희의 순종은 어디에 있는가?" 이 말 속에는 권위와 함께 사랑이 담겨 있습니다. 권위는 반역을 용납하지 않고, 순종은 즐겁게 굴복하는 것입니다. 따라서 하나님의 자녀들이 그분께 복종하는 순종은 사랑의 순종이 되어야 합니다. 하나님을 위한 섬김은 노예들이 그 주인의 수고를 대신하는 것처럼 하는 것이 아니라 그것이 아버지의 뜻이기 때문에 그 계명을 지키는 것이 되어야 합니다. 당신의 몸을 의의 도구로 드리십시오. 의는 아버지의 뜻이니까요. 그분의 뜻은 그분 자녀의 뜻이 되어야 합니다.

아버지! 이 말 속에는 사랑으로 아름답게 포장된 왕의 속성이 담겨 있습니다. 여기서 왕관은 왕의 얼굴 속에서 망각되고, 그분의 홀은 철로 된 채찍이 아니라 은으로 된 자비의 홀입니다. 홀은 그것을 쥐고 있는 그분의 부드러운 손 안에서 망각되고 있습니다. 아버지! 이 말 속에는 영예와 사랑이 담겨 있습니다. 자녀들에 대한 아버지의 사랑은 얼마나 위대할까요! 우정으로 할 수 없는 것, 단순한 자비심으로 이룰 수 없는 것을 그분의 마음과 손은 자녀들을 위해 하실 수 있습니다. 그들은 그분의 후손들이기에 그분은 그들에게 틀림없이 복을 베푸십니다. 그들은 아들들이기에 그분은 그들을 위해 강력하게 활동하십니다. 만일 육신의 아버지가 자녀들에게 한량없는 사랑과 관심을 갖고 대한다면, 우리의 하늘 아버지는 얼마나 더 그렇게 하시겠습니까? 아버지! 이렇게 부를 수 있는 사람은 그룹이나 스랍들이 부르는 음악보다 훨씬 더 달콤한 노래를 부르는 것입니다. 아버지! 이 말 속에는 천국이 있습니다. 아버지! 이 말 속에는 내가 구할 수 있는 모든 것이 다 들어 있습니다. 나의 모든 필요를 구할 수 있습니다. 나의 모든 소원을 바랄 수 있습니다. 내가 "아버지"라고 부를 수 있을 때, 영원토록 모든 것 중의 모든 것을 나는 갖고 있는 것입니다.

듣는 자가 다 목자들이 그들에게 말한 것들을 놀랍게 여기되 - 누가복음 2:18

우리는 우리 하나님이 행하신 놀라운 이적들에 대해 경이를 표하는 일을 멈추어서는 안 됩니다. 거룩한 경이와 참된 예배 사이에 선을 긋는 것은 아주 어렵습니다. 왜냐하면 영혼이 하나님의 영광의 장엄함에 압도될 때, 그것이 노래로 표현되지 않고 또는 겸손한 기도를 통해 머리를 숙이고 목소리를 내어 표현되지 않고, 그 대신 침묵으로 그 예배를 표현할 수도 있기 때문입니다. 우리의 성육신하신 하나님은 "기묘자"로서 경배 받아야 합니다. 그 하나님이 그의 타락한 피조물인 사람을 파멸의 빗자루로 쓸어버리지 아니하고, 오히려 자신을 사람의 구속자로 취해서 자신을 속전으로 지불하신 것은 얼마나 놀라운 경이일까요!

그러나 신자가 자기 자신과 관련시켜 구속을 생각해 볼 때, 그것은 각자에게 얼마나 놀라운 경이일까요! 예수님이 당신을 위해 하늘 보좌와 왕권을 포기하고 땅 아래로 내려와 수치의 고난을 당하신 것은 참으로 경이로운 은혜입니다. 그러므로 당신의 영혼은 경이 속에 잠겨야 합니다. 왜냐하면 여기서 경이는 극히 실제적인 감정이기 때문입니다. 거룩한 경이는 당신을 감격스런 예배와 진정한 감사로 인도할 것입니다. 그것은 당신 안에 경건한 경각심을 불러일으킬 것입니다. 당신은 이런 사랑을 거부하고 죄를 범하는 것을 두려워하게 될 것입니다. 그분의 사랑하는 아들의 은혜 안에서 능하신 하나님의 임재를 느낄 때 당신은 자신이 거룩한 땅에 서 있음을 알고 신발을 벗을 것입니다.

동시에 당신은 하늘나라에 대한 영광의 소망을 품게 될 것입니다. 만일 예수님이 당신을 위해 이같이 경이로운 일을 행하셨다면, 천국 자체도 당신의 기대에 비하면 별로 크지 않다고 느끼게 될 것입니다. 이전에 구유와 십자가를 보고 놀랐다면 누가 그 어떤 것에 놀라겠습니까? 누가 구주를 보았다면 그에게 어떤 다른 경이가 남아있겠습니까?

사랑하는 성도여, 인생의 고요함과 한적함 속에서 당신이 느낀 것은 베들레헴의 목자들이 보고 들은 것을 말한 것과 비교하면 아무것도 아닙니다. 그러나 최소한 하나님이 행하신 것에 경이를 표할 때, 당신은 보좌 앞에서 예배하는 사람들 가운데 하나가 될 수 있을 것입니다.

우리가 다 그의 충만한 데서 받으니 - 요한복음 1:16

이 말씀은 그리스도 안에 충만함이 있다는 사실을 우리에게 말해줍니다. 그분 안에는 본질적으로 신성의 충만이 있습니다. 왜냐하면 "그분 안에는 신성의 모든 충만이 거하시기"(골 2:9) 때문입니다. 또 그분 안에는 완전한 인성의 충만이 있습니다. 왜냐하면 그분은 육체로 신성을 계시하시는 분이기 때문입니다. 그분의 피 속에는 속죄의 효력의 충만이 있습니다. 왜냐하면 "그 아들 예수의 피가 우리를 모든 죄에서 깨끗하게 하시기"(요일 1:7) 때문입니다. 그분의 생명 속에는 공의의 충만이 있습니다. 왜냐하면 "그리스도 예수 안에 있는 자에게는 결코 정죄함이 없기"(롬 8:1) 때문입니다. 그분의 간구 속에는 신적 능력의 충만이 있습니다. 왜냐하면 "자기를 힘입어 하나님께 나아가는 자들을 온전히 구원하실 수 있으니 이는 그가 항상 살아계셔서 그들을 위하여 간구하시기"(히 7:25) 때문입니다. 그분의 죽음 속에는 승리의 충만이 있습니다. 왜냐하면 죽음을 통해 그분은 죽음의 권세를 가진 마귀를 이기셨기 때문입니다. 그분의 부활 속에는 권능의 충만이 있습니다. 왜냐하면 그것으로 말미암아 "우리를 거듭나게 하사 산 소망이 있게 하셨기"(벧전 1:3) 때문입니다. 그분의 승천 속에는 개선의 충만이 있습니다. 왜냐하면 "그가 위로 올라가실 때에 사로잡혔던 자들을 사로잡으시고 그 사람들에게 선물을 주셨기"(엡 4:8) 때문입니다.

그분 안에는 온갖 종류와 형태의 축복의 충만, 죄사함의 은총의 충만, 거듭남의 은총의 충만, 성화의 은총의 충만, 성도의 견인의 은총의 충만, 온전케 함의 은총의 충만이 있습니다. 모든 시간의 충만, 고통 속의 위로의 충만, 번영 속의 인도의 충만이 있습니다. 모든 신적 속성의 충만 곧 지혜, 권능, 사랑의 충만, 결코 측량할 수도 없고 다 드러낼 수도 없는 충만이 있습니다. "아버지께서는 모든 충만으로 예수 안에 거하게 하시고"(골 1:19). 오, 이것은 얼마나 놀라운 충만일까요! 충만은 참으로 그 강이 항상 흐르고, 그 샘은 항상 자유스럽게, 풍성하게, 충만하게 솟아올라야 합니다. 신자여, 오십시오. 와서 당신이 필요한 모든 것을 채우십시오. 크게 구하십시오. 그러면 크게 받을 것입니다. 왜냐하면 이 "충만"은 다함이 없고, 모든 곤궁한 자가 그것을 얻을 수 있는 곳, 말하자면 임마누엘이신 예수 안에 비축되어 있기 때문입니다.

### 마리아는 이 모든 말을 마음에 새기어 생각하니라 - 누가복음 2:19

이 복 받은 여인은 그 존재에 있어서 세 가지 능력을 실천했습니다: 그녀의 기억 — 그녀는 이 모든 말을 새겨두었습니다. 그녀의 사랑 — 그녀는 그 말을 마음속에 새겼습니다. 그녀의 지성 — 그녀는 그 말을 생각했습니다. 따라서 기억, 사랑, 그리고 지성, 이 세 가지가 함께 그녀가 들은 말에 적용되었습니다.

사랑하는 자여, 당신이 주 예수님으로부터 들은 것과 그분이 당신에게 행한 일을 기억하십시오. 지난 세월 당신을 먹이신 하늘의 떡에 대한 기억을 보존하기 위해 당신의 마음을 만나를 담은 순금 항아리로 만드십시오. 당신의 기억 속에 당신이 느끼거나 깨닫거나 믿었던 그리스도에 관한 모든 것을 담아놓도록 하십시오. 그리고 당신의 열렬한 사랑이 영원토록 그분을 강하게 붙잡도록 하십시오. 당신의 주님의 인격을 사랑하십시오! 비록 깨졌다고 할지라도 당신의 마음의 옥합을 내놓으십시오. 당신의 사랑의 모든 보배로운 향유를 그분의 상처 난 발 위에 부으십시오. 또 당신의 지성이 주 예수님에 관해 아낌없이 발휘되도록 하십시오. 당신이 읽은 것을 묵상하십시오. 표면에서 멈추지 말고 깊은 곳으로 들어가십시오. 날개로 시냇물을 스치고 지나가는 제비처럼 되지 말고, 깊은 파도 속을 헤엄치고 다니는 물고기처럼 되십시오.

당신의 주님과 함께 거하십시오. 그분이 당신에게 잠시 하룻밤을 묵고 떠나는 나그네가 되지 말게 하고, 그분께 강권하여 "우리와 함께 유하사이다 때가 저물어가고 날이 이미 기울었나이다"(눅 24:29)라고 말씀하십시오. 그분을 붙드십시오. 그분을 찔내도 가도록 두지 마십시오. "생각하라"는 말은 "무게를 달라"는 뜻입니다. 판단의 저울을 준비하십시오. 오, 하지만 주 예수 그리스도를 달 수 있는 저울이 세상에 어디 있을까요? "그분은 섬들을 떠오르는 먼지처럼 여기십니다"(사 40:15). 누가 그분을 저울로 잴 수 있겠습니까? "그분이 저울로 산들을 재십니다"(사 40:12). 어떤 저울로 우리가 그분을 잴 수 있겠습니까? 그렇게 해 보아도 당신의 이성이 이해할 수 없다면, 당신의 사랑이 그분을 붙잡도록 하십시오. 그리고 만일 당신의 영이 주 예수님을 이성의 범주 안에서 파악할 수 없다면 사랑의 팔로 그분을 꼭 붙들기를 바랍니다.

그리스도 안에서 완전한 자로 - 골로새서 1:28

당신은 자신 속에 완전함이 없다고 스스로 느끼고 있지 않습니까? 매일 그것을 자신에게 가르치고 있지 않습니까? 당신의 눈으로부터 똑똑 떨어지는 모든 눈물은 "불완전함"을 슬퍼하고, 마음으로부터 터져 나오는 모든 한숨은 "불완전함"을 한탄하고, 입술로부터 나오는 모든 불평은 "불완전함"을 투덜거립니다. 당신은 자주 자신이 완전한 상태 속에 있는 순간을 꿈꾸며 자신의 마음을 바라보았을 것입니다. 그러나 불완전함에 대한 이처럼 서글픈 의식이 있음에도 불구하고, 당신은 위로받을 수 있습니다. 당신은 "예수 그리스도 안에서 완전한 자"이기 때문입니다. 하나님의 눈으로 볼 때 당신은 "그분 안에서 완전한 자"입니다. 지금도 당신은 "사랑하시는 그분 안에서 용납된 자"입니다.

그러나 우리에게는 이루어져야 할 또 하나의 완전함이 있습니다. 그것은 모든 믿는 자에게 약속된 것입니다. 죄의 모든 흔적이 신자로부터 완전하게 제거될 때를 바라보고, 점도 없고 흠도 없고 어떤 얼룩도 없이 보좌 앞에 무죄한 자로 서게 될 날을 고대하는 것은 참으로 즐거운 일이 아닙니까? 그때 그리스도의 교회는 전능자의 눈으로 보실 때에도 점이나 흠이 하나도 없을 정도로 순전한 모습이 될 것입니다. 다음과 같이 말할 정도로 진리를 조금도 벗어나지 아니한 거룩하고 영광스러운 모습이 될 것입니다.

> "거룩하신 분처럼 거룩하게
> 내 구주의 옷을 입으리라."

그때 우리는 "그리스도 안에서 온전하라"는 이 짧지만 위대한 말씀의 축복을 알고, 맛보고, 느끼게 될 것입니다. 그때까지 우리는 예수님의 구원의 높이와 깊이를 충분히 이해하지 못할 것입니다. 그것을 상상만 해도 당신의 가슴은 기쁨으로 고동치지 않습니까? 당신처럼 시커먼 자가 때가 되면 희게 될 것입니다. 당신만큼 불결한 자가 때가 되면 깨끗하게 될 것입니다. 오, 이것은 얼마나 놀라운 구원일까요! 그리스도는 더럽고 흉한 존재를 취해서 그의 영광 속에서 깨끗하고 독보적인 존재로, 그의 아름다움 속에서 비교할 수 없는 존재로 만드심으로써, 천사들과 동등한 위치에 두십니다. 오 내 영혼아, 그리스도 안에서 완전한 자에 대한 이 복된 진리를 붙잡고 찬송하라.

목자들은 자기들에게 이르던 바와 같이 듣고 본 그 모든 것으로 인하여
하나님께 영광을 돌리고 찬송하며 돌아가니라 - 누가복음 2:20

목자들의 찬송의 주제가 무엇이었습니까? 그들은 자기들이 들은 것 — 곧 구주
가 탄생하셨다는 큰 기쁨의 복된 소식 — 을 인하여 하나님을 찬송했습니다. 우리
도 그들처럼 해야 합니다. 우리도 예수님과 그분의 구원에 관해 들은 것으로 인
하여 감사의 찬송을 불러야 합니다. 그들은 또한 자기들이 본 것을 인하여 하나님을
찬송했습니다. 그 찬송은 우리가 왕을 위하여 지은 것으로, 세상에서 가장 감미로
운 음악 — 우리가 경험한 것, 우리가 내면에 느낀 것, 우리가 스스로 만들어낸
것 — 입니다. 예수에 관해 듣는 것으로는 충분하지 않습니다. 단순히 듣는 것은
수금을 연주하는 것으로 되지만, 살아있는 믿음의 손가락은 음악을 만들어내야
합니다. 만일 당신이 하나님이 주신 믿음의 눈으로 예수를 보았다면, 수금의 현
들 사이에 거미줄이 끼도록 놔두지 않고 그분의 주권적 은혜를 찬양하는데 그것
을 사용할 것입니다.

목자들이 하나님을 찬송한 한 가지 이유는 그들이 들은 것과 본 것 사이에 일치
가 있었기 때문이었습니다. "자기들에게 이르던 바와 같이"라는 문장을 주목하십
시오. 당신은 복음이 성경에서 이르는 바와 똑같다는 것을 발견하지 못했습니
까? 예수님은 당신을 쉽게 하겠다고 말씀하셨습니다. 당신은 지금 그분 안에서
최고의 평화를 누리고 있지 않습니까? 그분은 자신을 믿는 믿음으로 말미암아
기쁨과 위로와 생명이 당신에게 있을 것이라고 말씀하셨습니다. 당신은 지금 이
모든 것들을 받아들이지 않았습니까? 그분의 길은 즐거움의 길이요, 그분의 길
은 평화의 길이 아닙니까? 확실히 당신은 스바 여왕처럼 "내게 말한 것은 절반
도 못되니"(왕상 10:7)라고 말할 수 있습니다. 나는 그분의 종들이 그분에 관해
말한 것보다 훨씬 더 은혜로우신 그리스도를 발견했습니다. 나는 그들이 그린
그림을 통해 그분의 모습을 보았지만, 그것은 그분 자신과 비교하면 얼마나 서
투른 그림일까요! 왜냐하면 그 아름다움으로 볼 때 왕은 상상할 수 있는 모든
아름다움을 능가하시는 분이니까요. 확실히 우리가 "본" 것은 우리가 "들은" 것
과 같이 갑니다. 아니 그것을 더 능가합니다. 그러므로 우리는 그토록 보배롭고,
그토록 만족스러운 구주에 대해 하나님을 영화롭게 하고 그분을 찬양합시다.

### 보이지 않는 것 - 고린도후서 4:18

우리가 그리스도인으로서 순례자의 삶을 살 때, 주로 앞만 바라보고 사는 것이 좋습니다. 앞에는 면류관이 있고, 푯대가 있습니다. 그것이 소망을 위해서든, 기쁨을 위해서든 아니면 위안을 위해서든 앞날은 결국 믿음의 눈으로 보아야 할 웅대한 목적이 되어야 합니다. 미래를 바라볼 때 우리는, 죄가 제거되고, 죄의 권능과 사망이 파멸되고, 영혼은 완전케 되며, 빛 가운데서 성도의 기업에 참여하는데 합당하게 된 자신의 모습을 보게 됩니다. 또 미래를 더 멀리 바라볼 때, 밝아진 신자의 눈은 죽음의 강을 건너, 슬픔의 강을 건너, 천상의 도시에 세워져 있는 빛의 언덕에 도달해 있는 자신의 모습도 보게 됩니다. 그는 자신이 진주문 안으로 들어가, 정복자보다 더 큰 환대를 받고, 그리스도의 손을 통해 면류관을 받고, 예수의 팔에 안기며, 그분과 함께 영광을 받고, 그분이 승리자가 되어 아버지와 함께 그분의 보좌에 앉으셨던 것처럼 자기도 그분의 보좌에 함께 앉아있는 모습을 봅니다. 이같은 미래에 대한 생각은 과거의 어둠과 현재의 슬픔을 당연히 걷어낼 것입니다. 천국의 즐거움은 확실히 세상의 슬픔을 대체할 것입니다. 쉿, 나의 두려움아! 이 세상은 그저 덧없는 곳이고, 그대는 곧 사라질 것이다. 쉿, 쉿, 나의 의심아! 죽음은 단지 짧은 강일 뿐이고, 그대는 곧 극복될 것이다. 시간, 그것은 얼마나 짧고, 영원, 그것은 얼마나 길까요! 죽음, 그것은 얼마나 유한하고, 불멸성, 그것은 얼마나 무한할까요! 나는 지금도 에스골의 포도송이들을 먹고, 그 문 안에 있는 우물의 물을 마실 그날을 그려봅니다. 그 길은 너무나, 너무나 짧습니다! 나는 곧 그곳에 있을 것입니다.

> "세상에서 가장 무거운 폭풍 같은 염려로
> 내 마음이 찢어질 때,
> 나의 즐거운 생각들은 하늘로 올라가고,
> 절망으로부터 피난처를 발견하리라.
> 믿음의 밝은 기대는 인생의 순례를
> 다 마칠 때까지 나를 지탱시키고,
> 두려움이 나를 괴롭히고 환난이 나를 고통스럽게 해도,
> 나는 결국 내 본향에 도착하리라."

저녁때에 비둘기가 그에게로 돌아왔는데 - 창세기 8:11

비록 내가 지금 하루 종일 일한 탓으로 지쳐있다고 해도, 은혜의 또 다른 하루를 허락하실 주님을 찬양합니다. 나는 인간들을 보존해 주시는 주님께 감사의 노래를 올려드립니다. 방주를 떠나 쉴 곳을 찾지 못하던 비둘기는 그곳으로 다시 돌아왔습니다. 내 영혼은 오늘 이 세상에서는 결코 만족이 없다는 것을 과거 어느 때보다 충분히 배웠습니다. 오직 하나님만이 내 영혼에 안식을 줄 수 있음을 믿습니다. 나의 사업, 재산, 가족, 재능 등, 이 모든 것들은 나의 앞날에 큰 도움이 되지만, 나의 불멸의 본성이 원하는 소원들을 이루어줄 수는 없습니다. "내 영혼아 네 평안함으로 돌아갈지어다 여호와께서 너를 후대하심이로다"(시 116:7).

낮의 문이 닫힐 때인 황혼녘 조용한 시간에 비둘기는 지친 날개를 갖고 주인에게 돌아왔습니다. 오 주여, 저도 오늘 저녁 비둘기처럼 예수님께 돌아갈 수 있도록 하소서. 비둘기는 쉴 자리 없는 광야를 맴돌며 밤을 보내는 것을 견딜 수 없었습니다. 나 역시 내 마음의 안식처요, 내 영혼의 고향인 예수님을 떠나 다른 시간을 갖는 것을 참을 수 없습니다. 비둘기는 단순히 방주 지붕 위에 앉지 않고 "그에게로 돌아왔습니다." 그런 것처럼 나의 갈망하는 영혼도 주님의 은밀한 곳을 들여다보고, 진리의 내면으로 뚫고 들어가고, 휘장 안으로 들어가며, 진실한 행동을 통해 사랑하는 주님께 나아갔습니다. 나는 예수님께 나아갔습니다. 나의 갈망하는 영혼은 그분과 친밀하고 사랑스러운 교제가 없는 곳에 머물러 있을 수 없습니다.

사랑하는 주 예수여, 저와 함께 하소서, 당신 자신을 보여 주소서. 밤새도록 저와 함께 하소서. 그리하여 제가 잠에서 깰 때에도 당신이 옆에 계셔 주소서. 나는 비둘기가 과거에 대한 기억과 미래에 대한 예언의 상징인 감람나무 가지를 입에 물고 왔음을 주목합니다. 집으로 돌아오는 것이 내게 즐거운 기억이 아니었습니까? 앞으로 임할 인자에 대한 약속은 없습니까? 당연히 있지요. 그러므로 나의 주여, 저는 당신이 매일 아침 새롭고, 매일 저녁 신선한 은혜의 자비를 베푸신 것에 대해 진실로 감사를 드립니다. 지금 저는 당신께 당신의 손을 벌려 당신의 비둘기를 잡아 당신의 품 안으로 끌어들여 주시기를 기도드립니다.

**뽕나무 꼭대기에서 걸음 걷는 소리가 들리거든 곧 공격하라 - 사무엘하 5:24**

그리스도의 교회의 지체들은 그리스도의 나라가 임하고 그분의 "뜻이 하늘에서 이루어진 것처럼 땅에서도 이루어지도록" 기도에 힘쓰고, 성령의 기름부음이 자기 심령 속에 임하도록 구하지 않으면 안 됩니다. 그러나 하나님이 특별히 시온에 은혜를 베푸시는 것처럼 보일 때가 있습니다. 그때는 "뽕나무 꼭대기에서 걸음 걷는 소리"처럼 소리가 들릴 때입니다. 그때 우리는 두 배의 기도, 두 배의 열심을 갖고 우리가 평소 해왔던 것보다 더 많이 보좌 앞에서 씨름해야 합니다. 그때 행동은 신속하고 정력적이어야 합니다. 조수가 흐르고 있습니다. 이제 우리는 해안에 당도하기 위해 힘있게 노를 저어야 합니다. 오, 오순절에 성령을 부어주신 사건과 그 폭발적인 역사를 보십시오.

그리스도인이여, 당신에게 "뽕나무 꼭대기에서 걸음 걷는 소리가 들릴 때"가 있습니다. 그때 기도하면 당신은 특별한 능력을 얻습니다. 그때 하나님의 영은 당신에게 기쁨과 즐거움을 주십니다. 성경은 당신에게 활짝 열려 있습니다. 약속들은 반드시 성취됩니다. 당신은 헌신할 때 특별한 자유와 특권을 갖고 있습니다. 당신이 지금까지 해왔던 것보다 더 친밀한 그리스도와의 교제가 이루어집니다. 지금은 당신이 "뽕나무 꼭대기에서 걸음 걷는 소리를 들을 때"인 분발의 때로서 참으로 즐거운 시간입니다. 지금은 성령 하나님이 당신의 부족함을 도우실 때로서 모든 악습을 버릴 때입니다. 당신의 돛을 펴십시오. 하지만 당신이 때때로 노래하는 다음의 노래를 기억하십시오:

> "나는 오직 돛을 펼 수 있을 뿐이고,
> 당신! 당신이 순풍을 불어주셔야 합니다."

당신은 오직 돛을 펼 수 있을 뿐임을 명심하기 바랍니다. 돛을 펴지 못해서 순풍을 놓치지 마십시오. 믿음 안에서 더 강해지면, 의무를 진지하게 감당할 수 있도록 하나님께 도와달라고 간구하십시오. 보좌 앞에서 더 자유하다면, 쉬지 말고 기도할 수 있도록 하나님의 도우심을 구하십시오. 그리스도와 더 친밀한 관계를 이루고 살고 있다면, 삶 속에서 더욱 거룩한 말을 할 수 있도록 하나님의 도우심을 구하십시오.

그 안에서 기업이 되었으니 - 에베소서 1:11

예수님은 우리를 위해 자신을 내주셨을 때, 자신의 모든 권리와 특권을 우리에게 주셨습니다. 그때나 지금이나 그분은 영원하신 하나님으로서, 어떤 피조물도 감히 가질 수 없는 막강한 권세를 갖고 계십니다. 그러나 예수님은 중보자, 은혜언약의 우두머리로서, 그분은 우리를 떠나서는 아무 기업도 소유하지 않으십니다. 기꺼이 죽으신 그분의 순종의 모든 결과들은 그분 안에 있는 모든 사람들의 공동재산으로서, 그것은 그분이 하나님의 뜻을 받드신 결과였습니다. 보십시오, 그분은 영광 속에 들어가셨습니다. 그러나 그분 홀로 들어가신 것이 아니라 기록된 것처럼 "그리로 앞서 가신 예수께서는 우리를 위하여 들어가신"(히 6:20) 것입니다. 그분이 하나님 앞에 계십니까? "우리를 위하여 하나님 앞에 나타나시고"(히 9:24).

그렇다면 성도여, 이것을 생각하십시오. 당신 안에는 천국에 들어갈 권리가 들어있지 않습니다. 당신의 권리는 그리스도 안에 있습니다. 당신이 죄사함을 받는다면, 그것은 그분의 피 덕분입니다. 의롭게 된다면, 그것은 그분의 의 때문입니다. 거룩하게 된다면, 그것은 그분이 당신을 거룩으로 이끄시기 때문입니다. 죄를 범하지 않는다면, 그것은 당신이 그리스도 예수 안에서 보호받기 때문입니다. 또 마지막 날 완전케 된다면, 그것은 당신이 그분 안에서 완전케 되기 때문입니다. 그래서 예수님이 찬양받아야 합니다. 모든 것은 그분 안에, 그분으로 말미암아 있기 때문입니다. 이로써 기업도 확실하게 주어지게 됩니다. 그것은 그분 안에서 주어지는 깃이기 매문입니나. 이로써 각각의 축복노 너 풍성하게 됩니나. 심지어는 천국 자체도 우리에게 모든 것을 주시는 분이 사랑하는 예수님이기 때문에 더 밝아지게 됩니다.

우리의 기업(유업)을 평가할 자가 어디에 있습니까? 그리스도의 부요함과 보화를 저울에 달아보십시오. 그러면 성도들에게 속한 보화가 얼마나 되는지 계산할 수 있습니다. 그리스도의 기쁨의 바다의 맨 밑바닥에 도달해 보십시오. 그러면 하나님이 자신을 사랑하는 자들에게 예비해 놓으신 축복이 얼마나 되는지 파악할 수 있습니다. 그리스도의 소유의 한계를 뛰어넘어 보십시오. 그러면 택자의 상속받을 기업의 한계도 뛰어넘을 수 있을 것입니다. "만물이 다 너희 것이요 … 너희는 그리스도의 것이요, 그리스도는 하나님의 것이니라"(고전 3:21, 23).

여호와 우리의 공의라 - 예레미야 23:6

　성도는 그리스도의 완전하신 의에 관해 생각할 때, 가장 큰 위안과 평강과 평안과 평화를 얻게 됩니다. 성도들은 얼마나 자주 침체에 빠지고 비참에 젖을까요! 나는 그들이 그래서는 안 된다고 생각합니다. 그리스도 안에서 완전한 자라는 사실을 항상 의식할 수 있다면 그렇지 않으리라고 봅니다. 언제나 타락 곧 마음의 부패와 영혼의 본능적 악에 대해서만 말하는 사람들이 있습니다. 이것은 분명히 사실이지만, 왜 거기서 더 나아가지 못합니까? 우리는 "그리스도 안에서 완전하다"는 것을 기억해야 합니다. 자신의 타락을 강조하는 사람들은 이같이 풀죽은 얼굴을 하는 것이 당연합니다. 그러나 우리가 "그리스도께서 우리를 의롭게 하신다"는 사실을 상기한다면, 확실히 활기찬 모습을 보여 줄 수 있을 것입니다. 질병이 괴롭게 하든, 사탄이 공격하든, 우리는 천국에 가기 전 많은 일들을 겪겠지만, 그것들은 은혜 언약 속에 있는 우리에게 유익한 것들입니다. 내 주 안에서 부족한 것은 아무것도 없습니다. 그리스도께서 모든 것을 다 이루셨습니다. 십자가상에서 주님은 "다 이루었다"고 말씀하셨습니다. 그리고 다 이루어진 것이라면, 나 역시 그분 안에서 완전하고, 그러기에 말할 수 없는 기쁨과 충만한 영광을 갖고 즐거워할 수 있습니다. "내가 가진 의는 율법에서 난 것이 아니요 오직 그리스도를 믿음으로 말미암은 것이니 곧 믿음으로 하나님께로부터 난 의라"(빌 3:9). 당신은 그리스도의 의의 교리를 인정하고 있는 사람들만큼 거룩한 자들을 만나지 못할 것입니다.

　신자가 "나는 오직 그리스도에 대해서 산다. 나는 구원을 위해 오직 그분만 믿는다. 그리고 나는 아무리 무가치하다고 해도 예수 안에서 구원받았음을 믿는다"라고 말할 때, 그는 다음과 같은 생각으로 감사할 것입니다: '내가 그분의 공로로 말미암아 구원을 받았는데, 어찌 그리스도에 대해 살지 않겠는가? 어찌 그분을 사랑하고 섬기며 살지 않겠는가?' "그리스도의 사랑이 우리를 강권하시는도다"(고후 5:14). "그가 모든 사람을 대신하여 죽으심은 살아있는 자들로 하여금 다시는 그들 자신을 위하여 살지 않고 오직 그들을 대신하여 죽었다가 다시 살아나신 이를 위하여 살게 하려 함이라"(고후 5:15). 만일 의가 전가되어 구원받았다면, 우리는 그 전가된 의를 소중히 여겨야 합니다.

아히마아스가 들길로 달음질하여 구스 사람보다 앞질러 가니라 - 사무엘하 18:23

달음질이 전부가 아니라 우리가 어떤 길을 선택하느냐가 더 중요합니다. 산 위와 골짜기 아래를 신속하게 달리는 발은 평지를 천천히 걸어가는 나그네와 보조를 같이 할 수 없습니다. 우리의 영적 여정은 어떻습니까? 우리는 자신의 행위의 산을 오르고, 자신의 겸손과 결심의 골짜기를 내려가고 있지 않습니까? 아니면 "믿으라 그러면 살리라"는 평지를 달려가고 있습니까? 믿음으로 주님을 바라보는 것은 얼마나 복된 일일까요! 영혼은 믿음의 길을 가는데 있어서 지치지 않고 달려가야 하고, 힘이 빠지지 않고 걸어가야 합니다.

그리스도 예수는 생명의 길로서, 평탄한 길이요, 기쁨의 길이요, 두려워하는 죄인들의 비틀거리는 발과 연약한 무릎으로도 걷기에 적당한 길입니다. 나는 이 길에서 달리고 있습니까? 아니면 종교적 사술이나 철학이 약속하는 다른 길을 따라 달려가고 있습니까? 거룩의 길을 알고 있다면, 여행 중에 있는 사람은 혹 바보라도 잘못된 길로 가지는 않을 것입니다. 우리는 이성으로부터 벗어나, 예수님의 사랑과 피를 어린아이처럼 믿고 있지 않습니까? 그렇다면 하나님의 은혜로 말미암아 우리는 어떤 다른 길을 선택하여 달려가는 아주 빠른 경주자보다 더 빨리 달릴 수 있을 것입니다. 내가 일상적 관심사와 필요에 대해 유익을 얻는 비결은 이 진리를 기억하는 것입니다. 이 친구, 저 친구를 왔다갔다 방황하기보다는 곧장 나의 하나님께 달려가는 것이 가장 지혜로운 선택입니다. 그분만이 나의 필요를 알고 계시고, 그 필요를 채워주실 수 있는 유일한 분이기 때문입니다. 오직 그분께 나아가 직접 기도로 호소하고, 단순히 약속을 내세우기만 해도 그분의 치유를 받게 됩니다. "곧장 달려가는 것이 최고의 경주자를 만듭니다." 나는 종들과 씨름하지 않고 그들의 주인을 재촉할 것입니다.

본문을 읽어보면, 사람들이 공통 문제를 가지고 서로 경쟁한다면, 한 사람이 다른 사람보다 더 빨리 달려가게 되리라는 생각을 갖게 됩니다. 그러므로 우리는 목표한 것을 얻을 때까지 진지하게 열심을 갖고 달려가야 하겠습니다. 주여, 제 마음의 허리띠를 졸라매도록 도와주소서. 그리하여 그리스도 예수 안에서 하나님의 부르심의 상급을 위해 푯대를 향하여 달려갈 수 있도록 하소서.

그들이 여호와의 도를 노래할 것은 - 시편 138:5

그리스도인들이 여호와의 도를 노래하기 시작할 때는 처음 십자가 앞에 자기들의 짐을 내려놓을 때입니다. 천사들의 노래도 죄사함 받은 하나님의 자녀들의 깊은 내면에서 나오는 기쁨의 첫 찬송만큼 감미롭지 않습니다. 당신은 존 번연이 그것을 어떻게 묘사하고 있는지 알 것입니다. 그는 연약한 순례자가 십자가에 그의 짐을 내려놓았을 때에 대해 말합니다. 순례자는 세 번이나 크게 뛰어오르면서 그 길에서 이렇게 노래합니다:

"무덤이여! 십자가를 찬송하라!
나를 위해 수치를 당하신 그분을 더욱 찬송하라."

신자여, 당신은 당신의 족쇄가 풀리던 그날을 기억합니까? 당신은 예수님이 당신을 만나 "내가 영원한 사랑으로 너를 사랑했다. 내가 너의 허물을 연기처럼, 너의 죄를 안개처럼 사라지게 했다. 영원토록 그것들은 기억되지 아니할 것이다"라고 말씀하신 그곳을 기억합니까? 오! 예수님이 죄의 고통들을 제거하던 순간은 얼마나 행복한 순간일까요! 주님이 처음 내 죄를 사해주셨을 때, 나는 너무나 기뻐 거의 춤을 출 지경이었습니다. 나는 내가 죄로부터 해방되어 집으로 가는 도중, 내가 구원받은 이야기를 길에 있는 돌들에게 말해주지 않고는 견딜 수가 없었음을 고백합니다. 내 영혼의 기쁨이 너무 컸기 때문에 나는 하늘에서 떨어지는 눈송이들에게 죄인의 괴수 가운데 한 사람인 내 죄를 소멸시킨 예수님의 놀라우신 사랑에 관해 말해주고 싶었습니다.

그러나 신자들이 노래할 이유는 그리스도인으로서의 삶을 시작할 때만 있는 것이 아닙니다. 그들은 평생 동안 주 하나님의 활동에 대해 노래할 이유를 갖게 됩니다. 그들은 순간순간 하나님의 사랑을 경험할 때마다 "내가 여호와를 항상 송축함이여 내 입술로 항상 주를 찬양하리이다"(시 34:1)라고 노래하게 됩니다. 사랑하는 형제여, 오늘도 마음껏 주님을 찬양하십시오.

"광야 같은 이 세상을 오래 걸어갈수록
새 은혜들이 새 노래를 부르도록 하네."

### 그대가 나를 사랑함이 기이하여 - 사무엘하 1:26

　사랑하는 성도여, 이리 와서 요나단이 아니라 예수님의 기이한 사랑에 관해 서로 이야기해 봅시다. 우리는 그저 귀로 듣기만 한 것이 아니라 친히 맛보고, 손으로 만져본 그리스도의 사랑에 대해 말할 것입니다. 오 예수여! 나를 향하신 당신의 사랑은 놀랍게도 내가 당신을 떠나 방황하던 때에 폭포수처럼 부어져서 내 몸과 마음의 소원들을 다 이루셨습니다. 당신의 사랑 때문에 나는 죽음에 이르는 죄를 범하지 않았고, 자기파멸의 길에서 떠나게 되었습니다. 하나님의 공의가 "찍어버리라. 어찌 땅만 버리느냐"(눅 13:7)고 말했을 때, 당신의 사랑은 그 도끼를 뒤로 물러나게 했습니다. 당신의 사랑은 나를 광야로 이끌고 거기서 내 죄의 죄책과 내 죄악의 짐을 뼈저리게 느끼도록 했습니다. 당신의 사랑은 내가 크게 낙심했을 때, "수고하고 무거운 짐 진 자들아 다 내게로 오라"(마 11:28)고 다정스럽게 속삭였습니다.

　오, 순간마다 웬 놀라운 은혜일까요! 당신은 내 죄를 깨끗하게 씻어내셨습니다. 모태에서부터 피 속에 흐르고, 죄악으로 더럽혀져 시커멓게 오염된 내 영혼을 바람에 날리는 눈처럼 희게 하고, 양털처럼 깨끗하게 하셨습니다. 내 귀에 대고 "나는 네 것이고, 너는 내 것이라"고 속삭이셨을 때, 당신의 사랑을 내게 보여주셨습니다. 당신이 "아버지께서 친히 너희를 사랑하심이라"(요 16:27)고 말씀하셨을 때, 그 음성은 참으로 자비로웠습니다. 그리고 당신이 "성령의 사랑"에 관한 약속을 주셨을 때, 그 순간 나는 참으로 행복했습니다.

　내 영혼은 당신이 자신을 숨기지 아니하고 나에게 다가오셨던 교제의 방들을 결코 잊지 못할 것입니다. 모세는 바위가 갈라진 틈 사이에서 뒷모습 곧 하나님의 등을 보지 않았습니까? 그런 것처럼 우리에게도 그리스도의 인격 속에서 신성의 충만한 광채를 보아온 바위틈이 있었습니다. 또 다윗은 요단 땅과 헤르몬 산지에서 당신을 만났던 들염소 굴을 알고 있지 않았습니까? 그런 것처럼 우리도 이러한 축복들과 비견할 수 있는 소중한 기억의 지점들을 알고 있습니다. 은혜로우신 주 예수여, 새 달을 시작하면서 우리에게 당신의 놀라운 사랑의 신선한 생수를 한 모금 더 마시게 하여 주소서. 아멘.

### 피 흘림이 없은즉 사함이 없느니라 - 히브리서 9:22

이것은 불변의 진리입니다. 유대인의 의식(儀式)들 가운데 피 흘림이 없는 의식으로는 죄가 제거되지 않았습니다. 죄는 대속물이 없이는 절대로 사함 받지 못합니다. 그러므로 그리스도를 떠나서는 우리에게 아무 소망이 없습니다. 그분 외에 죄에 대한 대속물로 생각할 수 있는 다른 피 흘림은 없기 때문입니다. 그러면 그분의 속죄의 피가 진실로 우리 영혼에게 적용되고 있습니까? 모든 인간들은 똑같이 그분이 필요합니다. 아무리 도덕적이고, 자비롭고, 사랑이 풍성하고 또는 애국적이라고 해도, 누구도 그 법칙에서 예외일 수 없습니다. 하나님이 속죄 제물로 선포하신 그분의 피 말고 죄에 대해 효력이 있는 것은 아무것도 없습니다. 우리에게 죄 사함의 유일한 길이 있다는 것은 얼마나 큰 축복일까요! 그런데도 우리가 왜 다른 길을 찾아야 하겠습니까?

단순히 형식적 믿음을 가진 자들은 우리가 그리스도로 말미암아 죄 사함 받은 것을 기뻐하는 이유를 알지 못합니다. 그들이 그들의 행위, 기도, 의식들을 통해 얻는 위로는 아주 빈약한 것입니다. 그들은 정말 불안할 수밖에 없습니다. 왜냐하면 그들은 유일한 구원의 길을 무시하고, 피 흘림이 없는 죄 사함을 헛되이 구하기 때문입니다. 내 영혼아, 무릎 꿇고 죄를 엄벌하시는 하나님의 공의를 보라. 주 예수님께 가해진 그 엄격한 형벌을 보라. 그리고 겸손한 마음으로 즐거워하라. 그 피로 그대를 위해 속죄를 이루신 주님의 사랑스러운 발에 입맞춤하라.

양심이 위안을 얻기 위해 감정과 증거들로 도피하는 것은 헛된 일입니다. 이것은 우리가 애굽에서 율법의 속박 아래 있었을 때 배운 습관입니다. 죄책에 괴로워하는 양심을 회복시키는 유일한 길은 십자가의 주님을 바라보는 것입니다. "피는 곧 생명이라"고 레위기 율법은 말합니다. 그리스도의 피가 믿음과 기쁨과 다른 거룩한 은혜의 원천임을 확신합시다.

> "오! 내 구주의 보배로운 피가
> 흐르는 것을 바라보는 것은 얼마나 복된 일일까!
> 그분이 나와 하나님 사이에 화해를 이루셨음을
> 아는 것은 하나님이 주신 보증이라네."

이는 다 옛 기록에 의존한 것이라 - 역대상 4:22

우리 영혼의 즐거움이 되는 보배로운 사실들만큼 오래된 것이 없습니다. 우리는 지금 당장 그것들을 구두쇠가 자기 소유의 금덩어리를 세는 것처럼 다시 세어볼 수 있습니다. 아버지께서 우리를 영생의 소유자로 택하신 그 주권적 선택은 그 날짜가 언제인지 사람의 생각으로는 도저히 계산할 수 없는 아주 오래된 사실입니다. 우리는 창세전부터 택함 받았습니다. 영원하신 사랑이 그 선택과 함께 있었습니다. 왜냐하면 우리가 구별된 것은 하나님의 의지의 행위였을 뿐만 아니라 동시에 그분의 사랑의 행위이기도 하기 때문입니다. 아버지는 태초에 그리고 태초부터 우리를 사랑하셨습니다. 날마다 묵상해야 할 주제가 바로 여기에 있습니다. 우리를 예견된 파멸로부터 구원하는 것, 우리를 깨끗하게 하고 성결하게 하는 것, 그리고 결국에는 영화롭게 하는 것과 같은 영원하신 계획은 무한히 오래된 사실들로서, 불변의 사랑 및 절대적인 주권과 함께 가는 것입니다.

언약은 늘 영원한 것으로 묘사되고, 그 두 번째 당사자인 성자 예수님은 태초부터 그것에 참여하셨습니다. 그분은 태초의 별들이 빛을 내기 시작할 때보다 더 오래 전에 거룩한 보증의 도장을 찍으셨습니다. 택자가 영생의 소유자로 결정된 것은 그분에 의해서였습니다. 이처럼 하나님의 계획들 속에는 아주 복된 언약적 연합이 하나님의 아들과 그의 택함 받은 백성들 사이에 수립되어 있었습니다. 그리고 그 안전성의 기초는 영원무궁토록 변함이 없습니다. 그렇다면 이 오래된 사실들에 대해 우리가 관심을 두는 것이 현명하지 않겠습니까? 그것들이 많은 학자들에 의해 무시되고 거부되는 것은 부끄러운 일이 아닙니까? 그들이 그들 자신의 죄를 더 잘 안다면, 그 놀라운 은혜를 찬양하지 않겠습니까? 우리는 오늘 밤 다음과 같이 찬송해야 하겠습니다:

"죄인을 피로 구원하신 것,
그것은 참으로 영원한 은혜일세.
그 사랑의 물줄기를 찾아가 보니
그 원천은 하나님이시라.
그분의 거룩한 가슴 속에서
나를 향하신 영원한 사랑의 흔적들을 발견하네."

그러므로 형제들아 우리가 빚진 자로되 - 로마서 8:12

하나님의 피조물로서 우리는 모두 빚진 자들입니다. 그러므로 우리는 온 몸과 마음과 힘을 다해 그분께 복종해야 합니다. 우리 모두는 그분의 계명을 어겼기 때문에 그분의 공의에 대해 빚진 자들입니다. 도저히 갚을 수 없는 엄청난 빚을 졌습니다. 그러나 그리스도인은 하나님의 공의에 대해 빚이 전혀 없다고 말할 수 있습니다. 왜냐하면 그리스도께서 그의 백성들이 진 빚을 다 갚으셨기 때문입니다. 이런 이유로 신자는 사랑에 대해서 더 큰 빚을 지고 있습니다. 우리는 하나님의 은혜와 용서해 주시는 자비에 대해 빚진 자입니다. 하지만 우리는 그분의 공의에 대해서는 빚진 자가 아닙니다. 그분은 이미 지불된 빚에 대해 우리를 추궁하시는 분이 아니기 때문입니다. 그리스도는 "다 이루었다"고 말씀하셨고, 이 의미는 그의 백성들이 진 빚은 기억의 책에서 영원히 지워지게 되었다는 것입니다. 그리스도는 하나님의 공의를 최대로 만족시키셨습니다. 계산은 끝났습니다. 십자가에 못 박힌 손으로 서명도 했습니다. 영수증이 주어졌고, 우리는 하나님의 공의에 대해서는 더 이상 진 빚이 없습니다.

그러나 우리는 다른 부분에서 하나님께 열 배나 더 빚진 자가 되었습니다. 성도여, 잠시 멈추어 곰곰이 생각해 보십시오. 당신은 하나님의 주권에 대해 얼마나 많은 빚을 지고 있을까요! 그분의 값없는 사랑에 대해 얼마나 큰 빚을 지고 있을까요! 그분은 당신을 위해 자신의 아들을 죽음에 내어주셨습니다. 그분의 죄 사함의 은혜에 대해 얼마나 많은 빚을 지고 있는지 생각해 보십시오. 무수한 수치를 당하면서도 그분은 변함없이 당신을 사랑하셨습니다. 또 그분의 능력에 얼마나 큰 빚을 지고 있는지 상상해 보십시오. 죄로 말미암아 죽은 당신을 어떻게 살리셨나요! 당신의 영적 생명을 어떻게 보존하셨나요! 당신을 죄로부터 어떻게 보호하셨나요! 당신의 길을 가로막았던 무수한 원수들로부터 어떻게 그 길을 열어 주셨나요! 또 그분의 불변하심에 대해 어떤 빚을 지고 있는지 헤아려 보십시오. 당신은 천 번도 더 변했지만, 그분은 한 번도 변하시지 않았습니다. 당신은 하나님의 모든 속성에 대해 모든 빚을 지고 있습니다. 당신 자신과 당신 소유의 모든 것도 다 그분께 빚진 것입니다. 그러므로 당신 자신을 거룩한 산 제사로 하나님께 드리십시오. 그것만이 당신이 마땅히 드려야 할 영적 예배입니다.

네가 양 치는 곳과 정오에 쉬게 하는 곳을 내게 말하라 - 아가서 1:7

이 말씀은 그리스도를 따르는 신자의 소망과 그분과의 친밀한 교제를 바라는 그의 열망을 표현하고 있습니다. 주여, 당신은 어디서 당신의 양 떼를 기르시나요? 당신 집에서요? 거기서 당신을 만날 수 있다면 나는 기꺼이 그곳으로 가겠습니다. 아니면 은밀한 기도를 통해서요? 그러면 나는 쉬지 않고 기도하겠습니다. 말씀 속에서요? 그러면 나는 말씀을 부지런히 읽겠습니다. 당신의 계명들 속에서요? 그러면 나는 온 마음을 다해 그것들을 따라 살겠습니다. 당신이 양육하는 곳을 저에게 가르쳐 주십시오. 당신이 목자로서 계시는 곳이 어디든 그곳에서 나는 한 마리의 양으로 누워있을 테니까요. 당신 외에는 누구도 내 갈급함을 채워줄 수 없으니까요. 나는 당신을 떠나서는 결코 만족할 수 없습니다. 내 영혼은 당신의 새로운 임재에 굶주리고 목마릅니다.

"정오에 쉬게 하는 곳이 어디입니까?" 새벽이든 아니면 정오든 나의 유일한 안식은 당신이 계시고, 당신의 양 떼들이 있는 곳이기 때문입니다. 내 영혼의 안식은 은혜로 주어지는 안식이고, 오직 당신 안에서만 발견될 수 있기 때문입니다. 그 반석의 그늘이 어디에 있습니까? 왜 내가 그 밑에 누워서는 안 됩니까? "내가 네 친구의 양 떼 곁에서 어찌 얼굴을 가린 자 같이 되랴"(아 1:7하). 당신에게는 양 떼들이 있습니다. 그런데 왜 내가 그 중의 하나가 되어서는 안 됩니까? 사탄은 내게 그만한 자격이 없다고 말하지만, 나는 언제나 자격이 없었고, 그런데도 당신은 나를 사랑하셨습니다. 그러므로 나의 무자격이 지금 당신과 교제하는데 장애가 될 수 없습니다. 나는 믿음이 약하고 범죄하기 쉬운 것도 사실이지만, 이런 연약함이 오히려 당신이 양 떼를 기르시는 곳에 내가 항상 있어야 하는 이유입니다. 그래야 내가 강하게 되고 잔잔한 물가로 안전하게 인도를 받을 수 있을 것입니다. 그런데 왜 내가 피해야 하겠습니까? 그렇게 해야 할 이유는 전혀 없습니다. 그렇게 해서는 안 되는 이유가 천 가지나 됩니다. 지금도 예수님은 나에게 손짓하고 계십니다. 만일 그분이 조금이라도 등을 돌리신다면, 그것은 오직 나로 하여금 자신의 임재를 더 소중하게 여기도록 하시기 위함입니다. 내가 그분으로부터 멀리 떨어져 슬픔과 고민 속에 있을 때 그분은 다시 그의 어린양들이 뜨거운 햇살로부터 보호받는 시원한 안식처로 인도하실 것입니다.

여호와가 그들을 사랑하나니 - 호세아서 3:1

그리스도인이여, 당신이 지금까지 체험한 일들을 회고해 보고, 하나님이 광야에서 당신을 인도해왔던 길을 곰곰이 회상해 보십시오. 그분이 매일 당신을 어떻게 먹이고 입히셨는지, 그분이 당신의 악한 습관들을 얼마나 참으셨는지, 그분이 당신의 모든 불평들과 애굽에서 먹었던 음식들을 그리워하는 태도들을 어떻게 참으셨는지, 그분이 당신을 먹이기 위해 어떻게 반석을 열어 물을 내고, 하늘에서 떨어진 만나를 주셨는지 생각해 보십시오. 그분의 은혜가 고난당할 때 당신을 어떻게 만족시키셨는지, 그분의 피가 당신의 모든 죄를 어떻게 사하셨는지, 그분의 지팡이와 막대기가 당신을 어떻게 위로하셨는지 헤아려 보십시오.

주님의 사랑을 회고해 볼 때, 당신은 믿음으로 장래에 주어질 그분의 사랑에 대해서도 함께 전망해 보아야 합니다. 그리스도의 언약과 피는 과거보다 미래에 더 크게 성취될 것이라는 사실을 기억하십시오. 당신을 사랑하고 용서하신 분은 앞으로도 사랑하고 용서하는 일을 결코 멈추지 아니하실 것입니다. 그분은 알파요 또한 오메가가 되십니다. 그분은 처음이요 또한 나중이 되십니다. 그러므로 사망의 음침한 골짜기를 다닐지라도 해를 두려워하지 말기를 바랍니다. 그분이 영원히 당신과 함께 하실 것이니까요.

또 당신은 요단강의 차가운 물에 휩쓸릴지라도 결코 두려워할 필요가 없습니다. 왜냐하면 사망이 당신과 그분의 사랑을 분리시킬 수 없기 때문입니다. 당신은 영원의 미로 속에서 헤맬지라도 떨 필요가 없습니다. "내가 확신하노니 사망이나 생명이나 천사들이나 권세자들이나 현재 일이나 장래 일이나 능력이나 높음이나 깊음이나 다른 어떤 피조물이라도 우리를 우리 주 그리스도 예수 안에 있는 하나님의 사랑에서 끊을 수 없으리라"(롬 8:38-39).

그러므로 그리스도인이여, 당신의 사랑은 힘이 나지 않겠습니까? 이것이 당신으로 하여금 예수를 사랑하도록 만들지 않겠습니까? 사랑의 무한한 창공을 통과할 때 그것이 당신의 마음을 불태우고 당신의 주 하나님을 즐거워하도록 만들지 않겠습니까? 확실히 우리가 "주님의 사랑"에 관해 묵상할 때, 우리의 마음은 뜨겁게 불타오르고, 우리는 그분을 더욱 간절히 사랑하게 될 것입니다.

이는 너희를 위해 피의 보복자를 피할 곳이니라 - 여호수아서 20:3

  가나안 땅에서 도피성은 어느 곳이든 기껏해야 한나절 안에 누구든 도착할 수 있도록 세워져 있었다고 전해집니다. 그런 것처럼 구원의 말씀도 그만큼 우리 가까이에 있습니다. 예수님은 현존하시는 구주입니다. 그분에게 이르는 길은 짧습니다. 그것은 단지 우리 자신의 공로를 거부하고 예수님을 붙드는 것이고, 그것이 전부입니다. 도피성에 이르는 길은 엄격히 보존되고, 강에는 다리가 놓여지고, 모든 방해물은 치워졌습니다. 그래서 도망하는 사람은 그 성에 이르는 길을 쉽게 발견할 수 있었습니다. 해마다 장로들은 그 길을 따라 걸으며 그 길의 상태를 점검했습니다. 그리하여 그들은 도망치는 사람이 누구든 어떤 방해도 받지 않고, 지체(遲滯) 때문에 잡히거나 죽임을 당하지 않도록 했습니다. 복음의 약속들이 그 길에 놓인 걸림돌들을 제거하는 것은 얼마나 은혜로운 일일까요!

  교차로와 모퉁이가 있는 곳마다 "도피성으로 가는 길"이라는 글자가 새겨진 안내표가 세워져 있었습니다. 이것은 그리스도 예수에게 이르는 길의 상징입니다. 그것은 율법의 우회로가 아닙니다. 그것은 이것, 저것, 그리고 또 다른 것을 지키는 길이 아닙니다. 그것은 오직 한 길 곧 "믿으면 살리라"는 것입니다. 그것은 자기의(自己義)를 자랑하는 사람은 결코 갈 수 없는 길로서 무척 어려운 길이지만, 자신을 죄인으로 인정하는 모든 죄인은 그 길을 통해 천국에 이르는 길을 발견할 수 있는 무척 쉬운 길입니다. 살인자는 도피성 외보(外堡)에 도착하기만 하면 안전했습니다. 그가 담장 안 깊숙이 들어가야 할 필요는 없었습니다. 그 주변에 있는 것만으로도 충분한 보호를 받았습니다. 여기서 우리는 그리스도의 옷자락을 살짝 만지기만 해도 온전케 된다는 사실을 배우게 됩니다. 만일 "겨자씨만한 믿음"으로 그분을 붙들기만 해도 안전할 것입니다.

>   "아무리 작은 것이라 하더라도 진실한 은혜는
>   우리를 모든 죄의 죽음으로부터 안전하게 지켜주리라."

  그러므로 시간을 허비하지 말고 부지런히 그 길을 달려가십시오. 왜냐하면 피의 보복자가 발 빠르게 쫓아오기 때문입니다. 그는 이 조용한 저녁 시간에 당신의 발뒤꿈치까지 쫓아왔을지 모르니까요.

아버지가 아들을 세상의 구주로 보내신 것을 - 요한일서 4:14

예수 그리스도께서 자기 아버지의 허락, 권위, 동의, 그리고 도움 없이 세상에 오신 것이 아니라는 것은 우리에게 큰 감동을 줍니다. 그분은 아버지로부터 보내심을 받아 사람들의 구주가 되셨습니다. 우리는 그것을 쉽게 망각하지만, 삼위일체 간에는 위격의 구별은 있으나 영광의 구별은 없습니다. 우리는 또 자주 우리 구원의 영광 또는 최소한 그 깊으신 은혜가 아버지보다 아들 되신 예수 그리스도에게 더 크게 주어져야 한다고 생각합니다. 이것은 커다란 잘못입니다. 예수님이 오셨는데 그게 무슨 상관이냐구요? 아버지께서 그분을 보내지 아니하셨습니까? 비록 그분이 놀라운 말씀을 선포하셨다고 해도, 그것은 아버지께서 새 언약의 유효한 사역자가 되도록 그 입술에 은혜를 주신 결과가 아니었습니까? 아버지와 아들과 성령을 올바르게 이해하고 있는 사람은 세 분 중 어느 한 분에게 더 큰 사랑을 드려서는 안 됩니다. 그는 베들레헴에서, 겟세마네에서, 그리고 골고다에서 세 분을 똑같이 보고, 세 분이 똑같이 구원사역에 참여했음을 인정합니다.

오, 그리스도인이여, 당신은 사람이신 그리스도 예수를 믿습니까? 당신은 오직 그분만 의지하고 있습니까? 그리고 당신은 그분과 연합되어 있습니까? 그렇다면 당신이 하늘의 하나님 아버지와 연합되어 있음도 믿으십시오. 당신은 사람이신 그리스도 예수와 형제로서, 가장 친밀한 관계를 이루고 있기 때문에 그것으로 당신은 영원하신 하나님과도 똑같은 관계 속에 있는 것입니다. "옛적부터 항상 계신 이"(단 7:9)는 당신의 아버지이자 친구이십니다. 당신은 하나님 아버지께서 위대하신 은혜의 역사를 위해 그의 아들에게 자격을 주셨을 때, 여호와의 마음속에 있었던 깊으신 사랑을 생각해본 적이 있습니까? 만일 그렇지 못하다면, 지금 이 사실을 묵상하십시오. 아버지께서 그분을 보내셨습니다! 그 주제를 깊이 성찰하십시오. 아버지께서 원하시는 것을 예수님이 어떻게 행하셨는지 헤아려 보십시오. 죽어가는 구주의 상처 속에서 여호와 곧 스스로 있는 자의 사랑을 보십시오. 예수님의 모든 생각은 또한 항상 복 주시는 영원하신 아버지 하나님과 관련되어 있습니다. 그 까닭은 "여호와께서 그에게 상함을 받게 하시기를 원하사 질고를 당하게 하셨기"(사 53:10) 때문입니다.

그 때에 예수께서 대답하여 이르시되 — 마태복음 11:25

이 말씀 — 그때에 예수께서 대답하여 이르시되 — 은 한 구절의 첫 부분을 시작하는 단문입니다. 문맥을 주목하면, 당신은 어떤 사람이 그분에게 질문을 했거나 또는 그분이 어떤 사람과 대화를 나눈 것이 아님을 깨닫게 될 것입니다. 그러나 "그 때에 예수께서 이르시되 천지의 주재이신 아버지여 감사하나이다"라고 기록되어 있습니다. 사람은 대답할 때 자기에게 말한 사람에게 대답합니다. 그런데 그리스도께 말한 사람이 누구입니까? 그분의 아버지이십니다. 그러나 그것에 관한 기록이 없습니다. 이것은 우리에게 예수님이 자기 아버지와 끊임없는 교제를 갖고 계셨고, 비록 기록된 것은 한 번뿐이라고 해도 하나님은 자주, 아니 지속적으로 그분의 마음속에 말씀하셨다는 것을 가르쳐 줍니다. 하나님과 대화하는 것이 예수님의 습관이자 삶이었습니다. 예수님이 이 세상에서 하셨던 것처럼 우리도 그렇게 해야 합니다. 그러므로 우리는 그분에 관한 이 간단한 진술이 우리에게 가르치는 교훈을 배워야 하겠습니다. 우리도 자주 아버지께 대답할 수 있도록 그분과 소리 없는 교제를 가질 수 있어야 하겠습니다.

세상 사람들은 우리가 말하는 대상이 누구인지 모르겠지만, 그것이 다른 사람의 귀에는 들리지 않겠지만, 하나님의 영이 우리 자신의 귀에 은밀한 목소리로 들려주셔서 우리가 그것을 듣고 기쁨으로 반응할 수 있기를 원합니다. 하나님은 우리에게 말씀하시고 우리는 하나님께 말씀드립니다. 하나님이 자신의 약속에 참되거나 신실하신 분이라는 것을 보증하는 일이든, 하나님의 영이 우리를 깨닫게 하신 죄를 고백하는 일이든, 하나님의 섭리가 주신 은혜를 인정하는 일이든, 아니면 성령 하나님이 우리의 이해를 열어주신 위대한 진리에 공감하도록 하는 일이든, 우리가 우리의 영의 아버지와 친밀한 교제를 나누는 것은 얼마나 놀라운 특권일까요!

그것은 세상 사람들에게는 숨겨진 비밀이고, 심지어는 가장 친한 친구도 간섭하지 못하는 기쁨입니다. 만일 우리가 하나님의 사랑의 속삭임을 듣는다면, 우리의 귀는 깨끗해서 그분의 음성을 듣기에 합당해야 합니다. 바로 오늘 저녁 하나님이 우리에게 말씀하실 때, 예수님처럼 우리도 즉각 대답을 준비할 수 있도록 우리의 마음을 깨끗하게 만들어 봅시다.

항상 기도하고 - 에베소서 6:18

우리는 기도를 배운 첫 순간부터 지금까지 얼마나 많은 기도를 해왔는지 모릅니다. 처음부터 끝까지 우리의 기도는 우리 자신을 위한 간구였습니다. 우리는 하나님께 은혜를 베풀고 우리 죄를 용서해 달라고 기도했습니다. 그러면 그분은 들으셨습니다. 그렇지만 그분이 우리의 죄를 안개처럼 제거하셨을 때부터 우리는 우리 자신을 위한 기도를 더 많이 드렸습니다. 우리는 성결의 은혜를 구하고, 좋은 길은 가고 좋지 않은 길은 가지 않는 은혜를 달라고 기도했습니다. 우리는 믿음에 대한 새로운 확신, 약속에 대한 실제적 위로, 시험으로부터의 구원, 말씀대로 살 수 있는 능력, 시련을 이기게 하는 역사 등에 대해서도 기도했습니다. 우리는 거지가 항상 먹을 것을 구하러 다니는 것처럼, 우리의 영혼을 위해 하나님께 나아가 간구했습니다.

하나님의 자녀여, 당신은 당신의 영혼에 대해 다른 곳에서는 절대로 어떤 도움도 얻을 수 없다는 사실을 명심하십시오. 당신의 영혼이 먹은 모든 양식은 하늘로부터 온 것이고, 그것이 마신 모든 물은 살아있는 반석 곧 주 예수 그리스도로부터 흘러나온 것입니다. 당신의 영혼은 그 자체만으로는 자라거나 절대로 부요하게 될 수 없었습니다. 그것은 항상 하나님의 은혜의 수혜자였습니다. 당신의 기도들은 드리는 순간 영적 은혜들을 무한히 담고 있는 하늘로 올라갔습니다. 당신의 소원들은 셀 수 없이 많았고, 그러기에 그 성취 역시 무수히 많았습니다. 당신의 간구들은 하나님의 은혜들이 다양한 것만큼 다양했습니다. 그렇다면 당신은 "나는 주님을 사랑하는데, 그것은 그분이 내 간구의 음성을 들어주셨기 때문입니다"라고 말할 이유를 갖고 있지 않겠습니까? 왜냐하면 당신의 기도들은 많았고, 또 그만큼 그것들에 대한 하나님의 응답도 많았으니까요. 그분은 환난의 때 당신의 부르짖음을 들으시고 당신을 강하게 하셨으며, 심지어는 당신이 은혜의 보좌 앞에서 두려워 떨고 의심할 때에도 당신을 도와주셨습니다. 그러므로 반드시 이것을 기억하십시오. 당신의 힘없는 기도를 이처럼 크신 은혜로 들어주신 하나님께 올려드리는 감사로 당신의 마음을 가득 채우십시오. "내 영혼아 여호와를 송축하며 그의 모든 은택을 잊지 말지어다"(시 103:2).

### 서로 기도하라 - 야고보서 5:16

즐거운 마음으로 중보의 기도를 드릴 때, 하나님은 항상 그 기도를 기쁘게 받으신다는 것을 기억합시다. 왜냐하면 주님의 기도가 바로 이런 기도였기 때문입니다. 우리의 큰 대제사장께서 지금 금향로 안에 피우고 계신 향연(香煙) 중에 자기 자신을 위해 피우신 것은 하나도 없습니다. 그분의 중보는 기도들 중에 최고의 기도입니다. 그러기에 우리의 기도도 그분의 기도를 닮을수록 더 잘 받아들여질 것입니다. 물론 우리 자신을 위한 기도도 응답되겠지만, 다른 사람들을 위한 기도는 더 잘 응답될 것입니다. 왜냐하면 그 기도 속에는 성령의 열매들 곧 사랑, 믿음, 형제애 등이 더 크게 맺혀있고, 그리스도의 보배로운 역사를 통해 우리가 하나님께 드릴 수 있는 봉헌 가운데 가장 향기로운 제물로서, 가장 좋은 향유가 될 것이기 때문입니다. 또 중보의 기도는 굉장히 효력 있는 기도라는 점을 기억합시다. 그 응답의 결과는 얼마나 놀라울까요! 하나님의 말씀은 중보에 대한 놀라운 응답들로 충만합니다. 신자여, 당신의 손에는 강력한 엔진이 있습니다. 그러니 그것을 잘 사용하십시오. 쉬지 말고 사용하십시오. 믿음으로 사용하십시오. 그러면 당신의 형제들에게 확실히 축복을 선사할 것입니다. 당신이 하늘의 왕 앞에 있다면, 그분께 고난 속에 있는 지체들을 위해 호소하십시오. 은혜를 받아 그분의 보좌 앞에 나아갔을 때, 그분이 "구하라, 그러면 네가 원하는 것을 주리라"고 말씀하신다면, 자신을 위해서만 구하지 말고 그분의 도우심이 필요한 많은 사람들을 위해서도 기도하십시오. 만일 당신이 큰 은혜를 받았는데 중보의 기도를 드리지 않는다면, 그 은혜는 한 알의 겨자씨만큼 작은 것이 되고 말 것입니다. 당신은 당신의 영혼이 위험에 빠졌을 때 그것으로부터 벗어나기에 충분한 은혜를 소유하고 있습니다. 그러나 당신이 다른 사람들의 필요를 가득 실은 뱃짐을 당신의 은혜의 배 속에 실어 나를 수 없다면 당신은 은혜의 홍수 속에 침몰하고 말 것입니다. 그들을 위해 기도할 때, 당신은 주님으로부터 당신이 아니면 얻을 수 없는 풍성한 축복을 그들에게 가져다줄 수 있습니다:

> "내가 은혜의 보좌를 잊고 있다면,
> 오, 내 손은 그 능력을 잃고
> 내 혀는 침묵하고, 냉랭하고, 잠잠하며,
> 이 심장은 고동을 멈추고 말 것이다."

### 일어나 떠날지어다 - 미가서 2:10

다음과 같은 메시지가 우리에게 주어질 때가 점점 다가오고 있습니다: "일어나 네가 살던 집에서, 네가 사업하던 지역에서, 네 가족에게서, 네 친구들에게서 떠나라. 일어나 마지막 여행을 시작하라." 우리는 이 마지막 여행에 관해 얼마나 알고 있을까요? 우리가 가야 될 나라에 대해 얼마나 알고 있습니까? 우리는 성경으로부터 그것에 대해 조금 읽었고, 그것은 성령을 통해 어느 정도 계시되었습니다. 하지만 미래의 일들에 대해 우리는 얼마나 모르고 있을까요! 우리는 "사망"이라고 불리는 검고 격렬한 강이 있음을 알고 있습니다. 하나님은 우리와 함께 하겠다고 약속하면서 그곳을 건너가라고 명하십니다. 죽음 이후에 무엇이 올까요? 얼마나 경이로운 세계가 우리의 놀란 눈 앞에 펼쳐질까요? 얼마나 영광스러운 장면이 펼쳐질까요? 여행자는 그것을 말해주기 위해 다시 돌아오지는 못하겠지요. 그러나 우리는 그곳으로 오라는 부르심을 기쁘고 즐거운 마음으로 받아들일 수 있을 만큼 천국의 땅에 대해 충분히 알고 있습니다.

죽음의 여행은 어둡겠지만, 우리가 사망의 음침한 골짜기를 다닐지라도 해를 결코 두려워하지 않을 만큼 하나님이 우리와 함께 하신다는 것을 알고 있기 때문에 그곳에 아무 두려움 없이 나아갈 수 있습니다. 우리는 우리가 여기서 알고 있고 사랑하고 있는 모든 것으로부터 떠나 우리 아버지의 집 — 예수님이 계시는 우리 아버지의 가정 — 곧 "하나님의 경영하시고 지으실 터가 있는 성"(히 11:10)으로 가야 합니다. 이곳은 우리의 마지막 처소로서, 사랑하는 주님과 함께, 그의 백성들과 더불어, 그분의 임재 앞에서 영원토록 거할 곳입니다.

성도여, 천국에 관해 더 많이 묵상하십시오. 그러면 그것은 당신이 그 길을 가는데 용기를 주고, 그 수고의 고통을 잊도록 하는데 도움이 될 것입니다. 이 눈물 골짜기는 단지 더 나은 나라로 가는 통로일 뿐이고, 이 슬픔의 세상은 다만 축복의 세계로 나아가는 디딤돌에 지나지 않습니다.

> "주여, 은혜를 베푸사 우리를 준비시켜 주소서.
> 그리고 우리의 영에게 말씀하소서.
> 저 높은 곳에 있는 당신의 찬란한 궁정을 향해 나아가도록,
> 어서 일어나 하늘의 찬양대에 참여하도록."

하늘로부터 큰 음성이 있어 이리로 올라오라 함을 그들이 듣고 - 요한계시록 11:12

우리는 이 말씀을 우리의 위대하신 선구자께서 그의 성화된 백성들을 부르시는 초청으로 간주해야 합니다. 때가 되면 모든 신자에게 "하늘로부터 큰 음성"이 들려 "이리로 올라오라"는 말씀이 있을 것입니다. 이것은 무척 즐거운 기대를 갖게 하는 주제입니다. 우리는 이 세상을 떠나 아버지께 나아갈 때를 두려워하지 말고 우리의 소망이 완성되는 시간으로 알고 더욱 갈망해야 합니다.

　'내 마음은 보좌 위에 앉으신 그분과 함께 있고,
　날이 지체되는 것을 참을 수 없네.
　'일어나 떠나라'는 음성을 매순간 듣고 있네.'

우리는 무덤으로 내려가는 것이 아니라 하늘로 올라가라고 부르심을 받습니다. 천국 태생인 우리의 영은 그 본향의 공기를 갈망해야 합니다. 그러나 그 부르심은 인내하며 기다려야 하는 목표입니다. 하나님은 "이리로 올라오라"고 명하실 때, 가장 좋은 때를 알고 계십니다. 우리는 우리의 출발 시기가 예정보다 앞서도록 바라서는 안 됩니다.

　"오 만군의 주께서 파도를 가르시면,
　우리 모두 천국에 당도하리라."

그러나 인내를 온전히 이루어야 합니다. 하나님은 정확한 지식으로 구속받은 자들이 땅에서 사는데 가장 적당한 시간을 정하십니다. 만일 천국에서 후회하게 된다면, 성도는 이 세상에서 더 많은 선을 행하며 오래 살지 못한 것을 슬퍼해야 할 것입니다. 오, 우리가 주님의 창고에 더 많은 곡식을 늘여놓는다면, 그분의 면류관에 더 많은 보석을 박아놓는다면 얼마나 좋을까요! 그러기 위해 우리는 얼마나 더 많은 수고를 해야 할까요? 그러나 진실로 거기에는 또 다른 면이 있습니다. 그것은 우리가 인생을 짧게 살수록 저지르는 죄도 그만큼 적다는 것입니다. 그러나 오! 우리가 하나님을 충분히 섬기고, 그분이 우리에게 보배 같은 씨를 뿌리게 하시고, 거기서 백배의 결실을 맺는다면, 우리는 이 세상에서 사는 이 더 낫다고 말할 수 있습니다. 그러므로 주님이 "가라"고 하시든 "머물라"고 하시든, 그분이 우리와 함께 하시는 한, 우리는 언제나 즐겁습니다.

이름을 예수라 하라 - 마태복음 1:21

어떤 사람이 사랑에 빠지면, 상대방과 관련된 모든 것이 사랑스럽게 됩니다. 모든 참된 신자들도 주 예수님의 인격에 대해 이와 같이 보배로운 판단을 하게 됩니다. 그들은 그분에 관한 모든 것들을 절대적으로 무한한 가치를 갖고 있는 것으로 간주합니다. 다윗은 "왕의 모든 옷은 몰약과 침향과 육계의 향기가 있다" (시 45:8)고 말했는데, 마찬가지로 구주의 입으신 옷들도 그의 백성들을 지극히 사랑하신 그분의 인격으로 말미암아 참으로 아름답게 보입니다. 보십시오. 주님의 거룩하신 발이 걸어갔던 곳, 그분의 은혜로운 입술로부터 나온 모든 말씀, 그분의 아름다운 말씀으로부터 계시된 사상, 이것들 중 우리에게 무한한 가치를 갖지 아니하는 것들은 하나도 없습니다. 그리고 이것은 그리스도의 이름들에 대해서도 똑같이 적용됩니다. 그 이름들은 신자의 귀에 너무나 사랑스럽게 들립니다. 그분이 그분의 신부이자 친구인 교회의 신랑으로 불리든, 창세로부터 죽임을 당한 어린양, 왕, 선지자, 제사장으로 불리든, 우리 주님의 모든 이름들 — 실로, 임마누엘, 기묘자, 전능하신 하나님 — 은 꿀로 가득 찬 벌통과 같고, 그것으로부터 떨어지는 꿀송이들은 참으로 달콤합니다.

그러나 신자의 귀에 그 어떤 이름보다도 사랑스럽게 들리는 그분의 이름이 있다면, 그것은 예수라는 이름일 것입니다. 예수! 그 이름은 천국의 모든 수금들이 곡으로 삼아 연주하는 이름입니다. 예수! 그 이름은 우리의 모든 기쁨의 생명입니다. 다른 어떤 이름보다 더 매력적이고, 더 보배로운 이름이 있다면, 그것은 바로 이 이름입니다. 그 이름은 우리의 찬송가의 참된 기초를 이루고 있습니다. 우리가 부르는 많은 찬송가가 그 이름으로 시작되고, 그 이름으로 끝납니다. 그것은 모든 즐거움의 종합입니다. 그것은 천국의 종들이 연주하는 음악이요, 한 단어로 이루어진 곡입니다. 비록 한 방울의 물처럼 짧은 한 단어지만, 그 이해는 바다와 같고, 그 간단한 두 마디 속에는 비교할 수 없는 오라트리오가 담겨 있고, 영원한 할렐루야가 포함되어 있습니다.

"예수, 저는 당신의 이 아름다운 이름을 사랑합니다.
그것은 제 귀에 그대로 음악입니다."

그가 자기 백성을 그들의 죄에서 구원할 자이심이라 - 마태복음 1:21

많은 사람들이 구원이 무엇이냐는 질문을 받으면, "지옥으로부터 구원받아 천국에 들어가는 것"이라고 대답합니다. 이것은 구원의 한 결과지만, 그 은혜 속에 포함되어 있는 것은 결코 작은 것이 아닙니다. 진실로 우리 주 예수 그리스도께서 그의 모든 백성들을 임박한 진노로부터 구원하십니다. 그분은 죄가 그들에게 불러일으키는 두려운 정죄로부터 그들을 구원하십니다. 그분은 그의 백성들을 "그들의 죄로부터" 구원하십니다. 오! 우리의 흉악한 원수로부터 구원받는 것은 얼마나 놀라운 은혜일까요! 그리스도께서 구원사역을 행하시는 곳에서 사탄은 그의 보좌로부터 쫓겨나 더 이상 주인 노릇을 못하게 됩니다. 만일 죄가 그의 육체를 지배한다면 그는 참된 그리스도인이 아닙니다. 구원받더라도 죄는 우리 안에(in) 있을 것입니다. 그것은 우리의 영이 영광 속에 들어갈 때까지는 완전히 쫓겨나지 않습니다. 그러나 그것은 지배권을 행사하지 못합니다. 그것은 지배권 — 하나님이 심으신 새 법과 새 영을 대적하는 정욕 — 을 되찾기 위해 갖은 애를 다 쓸 것입니다. 그러나 죄는 우리 본성의 절대 군주가 될 만큼 힘을 쓰지는 못할 것입니다. 그리스도께서 마음의 주인이 되고, 죄는 치명적 타격을 입게 될 것입니다. 유다 지파의 사자가 승리하고, 용은 쫓겨날 것입니다.

신앙을 고백하는 자여, 죄가 당신 속에서 정복되고 있습니까? 만일 당신의 삶이 불경건하다면, 당신의 마음이 변화되지 않은 것이고, 만일 당신의 마음이 변화되지 않았다면, 당신은 아직 구원받지 못한 사람입니다. 만일 구주께서 당신을 성별하고, 당신을 거듭나게 하고, 당신이 죄를 미워하게 하고, 당신이 거룩을 사랑하도록 하지 않으셨다면, 그분은 당신 속에 전혀 구원의 역사를 펼치신 것이 아닙니다. 사람을 다른 사람들보다 더 나은 사람으로 만들지 않는 은혜는 사이비 은혜입니다. 그리스도는 그의 백성들을 그들의 죄 속에서(in) 구원하시는 것이 아니라 죄로부터(from) 구원하십니다. "거룩함이 없이는 아무도 주를 보지 못하리라"(히 12:14). "주의 이름을 부르는 자마다 불의에서 떠날지어다"(딤후 2:19). 만일 죄로부터 구원받지 못했다면, 우리가 어떻게 그의 백성들 중에 포함될 소망을 갖겠습니까? 주여, 지금 모든 악으로부터 저를 구원하소서. 그리하여 제가 구주를 영화롭게 하게 하소서.

다윗이 여호와께 여쭈니 - 사무엘하 5:23

다윗이 이 질문을 했을 때는 블레셋과 전쟁을 치러 압도적 승리를 한 직후였습니다. 블레셋 사람들은 엄청난 수의 군대를 끌고 쳐들어왔지만, 하나님의 도우심으로 다윗은 쉽게 그들을 물리쳤습니다. 그러나 그들이 두 번째 쳐들어왔을 때, 다윗이 여호와께 질문한 후에 그들과 싸우러 올라갔다는 것을 주목하십시오. 그는 일단 한 번 승리했기 때문에 다른 사람들이 흔히 말하는 것처럼, "나는 다시 승리할 것이다. 전에 한 번 승리했으니 이번에도 안심해도 좋다. 무엇 때문에 여호와의 손을 구하기 위해 지체할 것인가?"라고 말할 수도 있었습니다. 그러나 다윗은 그렇게 하지 않았습니다. 그는 여호와의 힘으로 한 번의 전투에서 승리를 거두었습니다. 그래서 그는 똑같은 보장을 받아놓지 않는 한, 그 다음 전투를 감히 시작할 수 없었습니다. 그는 "제가 그들을 치러 올라가리이까?"라고 여쭈었습니다. 그는 여호와의 답변이 있을 때까지 기다렸습니다. 다윗으로부터, 하나님 없이는 한 발자국도 움직이지 않는 것을 배웁시다.

그리스도인이여, 만일 당신이 마땅히 행할 길에 대해 알고 있다면, 당신의 주위에 하나님을 포진시키십시오. 만일 당신이 거친 파도 사이로 배를 저어가고 있다면, 전능자의 손에 키의 손잡이를 맡기십시오. 우리가 우리 아버지에게 키를 맡긴다면, 수많은 암초를 피할 수 있을 것입니다. 우리가 그분의 주권적 뜻에 선택권과 주도권을 맡긴다면, 우리는 무수한 모래톱과 유사(流砂)를 피할 수 있을 것입니다. 청교도들은 "그리스도인이 스스로의 힘으로 베려고 한다면, 결국 자기 손가락을 베고 말 것이다"라고 말했습니다. 이것은 위대한 진리입니다.

또 다른 옛 성도는 "하나님의 섭리의 구름보다 앞서가는 자는 바보의 심부름을 가는 것이다"라고 말했습니다. 그의 말 역시 진리입니다. 우리는 하나님의 섭리가 우리를 인도하도록 해야 합니다. 만일 섭리가 지체하면, 섭리가 임할 때까지 지체하십시오. 섭리보다 앞서 가는 사람은 빨리 다시 돌아와야 할 것입니다. "내가 네 갈 길을 가르쳐 보이리라"(시 32:8)는 말씀은 그의 백성들에게 주신 하나님의 약속입니다. 그러므로 우리는 우리의 모든 난국들을 하나님께 맡기고, "주여, 당신은 내가 어떻게 하기를 원하시나요?"하고 물어야 합니다. 오늘 아침, 주님께 여쭈어보지 않고서는 당신의 방을 떠나지 마십시오.

우리를 시험에 들게 하지 마시고 악(또는 악한 자)에서 구하옵소서 - 눅 11:4
(한글성경에는 '악에서 구하옵소서'가 빠져있음)

우리가 기도할 때 구하거나 피하라고 가르침을 받는다면, 그것은 생활 속에 그대로 적용시켜 구하거나 피하는 행동을 해야 합니다. 그러므로 참으로 진지하게 우리는 마귀가 우리를 해치지 못하도록 시험은 피하고, 순종의 길은 적극적으로 걸어가야 합니다. 우리는 사자를 찾아 수풀 속으로 들어가서는 안 됩니다. 이같이 주제넘는 행동을 절대로 피해야 합니다.

이 사자는 우리의 길을 가로막을 수도 있고, 또는 수풀에서 우리에게 달려들 수도 있습니다. 그러나 사자를 사냥하는 것은 우리가 해야 할 일이 아닙니다. 사자와 마주치는 사람은 비록 사자를 물리치더라도 혹독한 전투의 대가를 치르지 않으면 안 됩니다. 그리스도인은 그런 두려운 만남이 없도록 기도해야 합니다. 친히 시험을 당해본 우리 구주는 그의 제자들에게 이렇게 권고하셨습니다: "시험에 들지 않게 깨어 기도하라"(마 26:41)

그러나 우리가 우리 뜻대로 살다 보면 시험을 받게 될 것입니다. 그때는 "악에서 구하옵소서"라고 기도해야 합니다. 하나님에게는 죄 없으신 독생자는 있었지만, 시험을 받지 않으신 아들은 없었습니다. 거듭나지 않은 불신자는 불꽃들이 위로 치솟는 것처럼 졸지에 재앙에 빠져 버립니다. 반면에 그리스도인은 시험에 빠져듭니다. 우리는 항상 사탄에 대해 경계를 게을리 해서는 안 됩니다. 왜냐하면 그는 도둑처럼 은밀하게 접근하기 때문입니다. 사탄의 궤계를 경험해 본 신자들은, 찬 바람이 불어오는 시기가 언제쯤일지 예상할 수 있는 섯처럼, 그가 공격하기에 적당한 시기가 있다는 것을 알고 있습니다.

그래서 그리스도인은 위험한 시기에는 갑절의 경계를 해야 하고, 위험은 미리 대비함으로써 피하도록 해야 합니다. 예방이 치료보다 낫습니다. 마귀가 당신을 공격하지 못하도록 무장을 잘하는 것이 비록 승리하더라도 싸우는 위험을 감수하는 것보다 낫습니다. 그러므로 오늘 저녁 먼저 시험당하지 않도록 기도하십시오. 그리고 그 다음에 시험에 빠졌다면 악한 자로부터 구해달라고 기도하십시오.

### 풍부에 처할 줄도 알아 - 빌립보서 4:12

"비천에 처할 줄"은 알지만 "풍부에 처할 줄"은 모르는 사람들이 많습니다. 그들은 뾰족탑 꼭대기 위에 섰을 때 머리는 현기증을 일으키고, 곧 떨어질 준비를 하게 됩니다. 그런 그리스도인은 고난당할 때보다 형통할 때 자신의 신앙을 더 자주 부끄럽게 만들곤 합니다. 사실은 잘 나갈 때가 위험할 때입니다. 그리스도인에게 역경의 호된 시련이 번성할 때 화려한 시절보다 훨씬 덜 심각한 시험입니다.

오, 하나님의 진정한 은혜와 축복 속에 있을 때 얼마나 더 빈번하게 영혼의 빈곤함과 영적 사역의 게으름이 일어날까요! 그러나 이것이 당연히 일어나는 일은 아닙니다. 왜냐하면 바울 사도는 우리에게 자신은 풍부에 처할 줄 알았다고 말하고 있기 때문입니다. 그는 풍부했을 때, 그것을 사용하는 방법을 알았습니다. 풍성한 은혜가 그로 하여금 풍부한 번영을 감당할 수 있도록 한 것입니다. 그는 순풍이 강하게 불어 닥칠 때, 무거운 바닥짐을 배에 실었고, 그리하여 안전하게 순항할 수 있었습니다. 현세적 즐거움으로 가득 찬 잔을 견고한 손으로 나르기 위해서는 인간적 솜씨 이상의 것이 필요합니다. 그러나 바울은 그것을 이미 터득했습니다. 왜냐하면 그는 "모든 일 곧 배부름과 배고픔과 풍부와 궁핍에도 처할 줄 알게 되었다"고 선언하기 때문입니다.

풍부에 처할 줄 아는 것은 하나님의 은혜입니다. 그 이유는 이스라엘 백성들도 한때 풍부에 처했지만, 그들의 입에 고기가 가득할 동안 하나님의 진노가 임했기 때문입니다. 많은 사람들이 그들의 마음의 정욕을 만족시키기 위해 은혜를 구했습니다. 배가 부르면 육욕이 넘쳐서 그것이 영의 방탕을 불러옵니다. 우리는 하나님의 축복을 운좋게 크게 누리고 있을 때, 종종 하나님의 은혜를 까먹고 받은 축복에 대해 감사를 잊어버리곤 합니다. 우리는 풍부할 때 하나님을 잊어버립니다. 땅의 것으로 만족하면 우리는 하늘의 것이 없어도 만족하게 됩니다. 비천에 처할 줄 아는 것보다 풍부에 처할 줄 아는 것이 훨씬 더 어렵다는 것을 유념하십시오. 인간 본성의 정욕 때문에 교만해짐으로써 하나님을 잊어버린다는 것은 참으로 치명적입니다. 당신은 "풍부에 처할 줄 아는 방법"을 가르쳐달라고 하나님께 기도로 간구하는 일을 잊지 마십시오.

내가 네 허물을 빽빽한 구름 같이 네 죄를 안개 같이 없이 하였으니 너는
내게로 돌아오라 내가 너를 구속하였음이니라 - 이사야서 44:22

오늘 본문에서 우리의 죄가 구름 같다고 직유를 통해 주시는 교훈을 자세히 주목하기 바랍니다. 구름이 다양한 모양과 색조를 갖고 있는 것처럼, 우리의 죄들도 역시 그러합니다. 구름이 햇빛을 가리고 그 밑의 풍경을 어둡게 하는 것처럼, 우리의 죄들도 여호와의 얼굴빛을 가리고, 우리에게 사망의 그림자가 드리워지도록 합니다. 그것들은 땅에서 태어난 것들로서, 우리 본성의 음침한 장소에서 일어납니다. 그 한계에 도달할 정도로 죄의 분량이 채워지면, 그것은 폭풍과 태풍이 되어 우리를 위협합니다. 슬프도다! 구름과 다르게 우리의 죄는 우리에게 단비를 내려주지 못하고, 으레 격렬한 파멸의 홍수를 일으킬 따름입니다! 오 그대 죄의 검은 구름들아, 그대가 있는 동안 우리 영혼에 어떻게 맑은 날씨가 있을 수 있겠는가!

그 다음 우리는 즐거운 마음으로 하나님의 은혜의 주목할 만한 행위에 시선을 돌려야 합니다: "없이 하였으니." 하나님 자신이 무대 위에 등장하셔서 하늘의 자비하심으로 분노를 발하는 대신 은혜를 보여 주십니다. 그분은 즉각 그리고 영원히 구름을 밀어냄으로써가 아니라 단번에 그 존재를 없애버림으로써 허물을 효과적으로 제거하십니다. 의롭게 된 사람에게는 죄가 남아있지 않습니다. 십자가의 위대한 역사로 그분은 영원히 그의 죄를 제거하셨습니다. 골고다 언덕에서 있었던 위대한 행위는 택함 받은 모든 자들의 죄가 영원히 제거됨으로써 완전하게 그리고 유효하게 성취되었습니다.

이제 우리는 "내게로 돌아오라"는 은혜로운 명령에 실제로 순종해야 합니다. 용서받은 죄인들이 왜 하나님을 떠나 살아야 하겠습니까? 만일 모든 죄를 용서받았다면, 우리는 율법에 대해 두려움을 조금도 가질 것 없이 담대하게 우리 주님께 나아가야 합니다. 죄를 범했다면 슬퍼해야 하지만, 그 슬픔 속에 오래 머물러서는 안 됩니다. 주님과의 가장 친밀한 교제를 위해서 우리는 성령의 능력을 힘입어 죄를 떠나 힘차게 돌아가야 합니다. 오 주여, 오늘 저녁 우리를 회복시켜 주소서!

또 전에 예수와 함께 있던 줄도 알고 - 사도행전 4:13

그리스도인은 예수 그리스도를 여실히 닮아야 합니다. 당신은 성경에서 아름답게 그리고 웅변적으로 기록된 그리스도의 삶에 대해 읽었습니다. 그러나 그리스도의 최고의 삶은 그의 백성들의 말과 행동 속에 기록되어 있는 그분의 살아있는 자서전에 있습니다. 만일 우리가 고백하는 대로, 우리가 되어야 할 모습대로 산다면, 우리는 그리스도의 형상이 될 것입니다. 이와 같이 우리가 여실히 그분을 닮게 된다면, 세상 사람들은 "정말, 닮기는 닮았네" 하고 말하며 우리가 그분과 함께했다는 사실을 비웃지 않고, "그는 예수와 함께 있던 사람이다. 그의 가르침을 받았다. 그를 닮았다. 그는 나사렛 예수 그 거룩한 사람의 모습을 갖고 있다. 자신의 삶과 매일의 행동 속에서 그것을 실천하고 있다"고 칭찬하면서 우리를 주목할 것입니다. 또 그리스도인은 그 담대함에서 그리스도를 닮아야 합니다. 당신의 신앙을 부끄러워하지 마십시오. 당신의 고백은 당신을 결코 부끄럽게 하지 않을 것입니다. 그 고백을 불명예스럽게 하지 않도록 조심하고, 예수님처럼 하나님을 위해 용감하십시오. 당신의 사랑하는 영이 그분을 본받도록 하십시오. 자비롭게 생각하고, 자비롭게 말하며, 자비롭게 행동하십시오. 그리하여 사람들이 당신에 관해 "그는 예수님과 함께 있던 사람이야"라고 말하도록 만드십시오.

예수님의 거룩을 닮으십시오. 그분이 아버지를 위해 열심이 있었습니까? 그러면 당신도 그렇게 하십시오. 항상 선을 행하십시오. 시간을 허비하지 마십시오. 시간은 너무나 귀합니다. 그분이 자기 자신의 이익을 돌아보지 않고 자기부인의 삶을 살았습니까? 그러면 당신도 똑같이 하십시오. 그분이 열심히 기도했습니까? 그러면 당신도 그렇게 기도하십시오. 그분이 자신의 아버지의 뜻을 존중하셨습니까? 그러면 당신도 그분께 복종하십시오. 그분이 오래 참으셨습니까? 당신도 인내를 배우시기 바랍니다. 무엇보다 예수님의 최고의 초상화는 그분이 하신 것처럼 당신이 원수까지 사랑할 때 그려집니다. "아버지 저들을 사하여 주옵소서 자기들이 하는 것을 알지 못함이니이다"(눅 23:34)라고 하신 주님의 말씀이 항상 당신의 귀에 울리도록 하십시오. 당신이 용서받기 원하는 것만큼 용서하십시오. 당신의 원수에게 선을 행함으로써 악을 선으로 갚으십시오. 악을 선으로 갚는 것이 경건임을 기억하십시오. 누구나 당신에 관해 "그는 예수님과 함께 있던 사람이야"라고 말할 때까지, 모든 면에서 그리고 반드시 그렇게 사십시오.

**너의 처음 사랑을 버렸느니라** - 요한계시록 2:4

우리가 주님을 처음 만나던 순간, 곧 우리의 짐을 내려놓고, 약속의 말씀을 받고, 구원의 감동에 빠지고, 평강의 길로 향했던 최고의 감격스런 순간은 항상 기억되어야 합니다. 그것은 우리 영혼의 봄날이었습니다. 겨울은 갔습니다. 시내 산의 천둥소리에 대한 불평은 사라지고, 그 번개의 섬광은 더 이상 나타나지 않았습니다. 하나님이 화해자로 등장하셨습니다. 율법은 복수로 위협하지 않았고, 공의는 형벌을 요구하지 않았습니다.

그 대신 우리 마음속에는 꽃들이 피었고, 소망, 사랑, 평화 그리고 인내가 그 땅으로부터 솟아나 활짝 피었습니다. 회개의 히야신스, 순전한 거룩의 아네모네, 황금 신앙의 크로커스, 첫사랑의 나팔수선화, 이 모든 꽃들이 영혼의 동산을 장식했습니다. 새들이 즐겁게 노래하는 때가 왔습니다. 우리는 감사함으로 즐거워했습니다. 그때 우리는 우리의 죄를 사하신 하나님의 거룩하신 이름을 찬미했습니다. 그때 우리는 이렇게 고백하고 결심했습니다: "주여, 저는 당신의 것, 완전히 당신의 것입니다. 내 존재, 내 소유 모든 것을 당신께 드리겠습니다. 당신이 당신의 피로 저를 사셨기 때문입니다. 이제 저는 당신을 섬기는데 이 몸을 바치겠습니다. 살든지 죽든지 저는 당신께 헌신하겠습니다."

그런데 이 결심을 얼마나 지켰습니까? 예수님을 향한 헌신의 거룩한 불꽃으로 타올랐던 우리의 사랑이 지금도 똑같이 타오르고 있습니까? 예수님이 우리에게 "너를 책망할 것이 있나니 너의 처음 사랑을 버렸느니라"고 말씀하시지 않겠습니까? 슬프도다! 우리 주님의 영광을 위해 우리가 한 일이 거의 없구나! 우리의 겨울은 너무 오랫동안 계속되었습니다. 우리는 한여름의 작열하는 태양을 느끼고, 성결의 꽃들을 한창 피워야 할 때 얼음처럼 너무 차가왔습니다. 우리는 우리 심령의 피가 하나님의 교회와 진리를 섬겨야 할 때, 그분께 아낌없이 드려야 할 때 오히려 지극히 적은 것을 드렸습니다.

오 주여, 당신은 그토록 우리를 크게 복을 주셨는데, 우리는 왜 당신의 선하신 목적과 사역에 은혜를 모르고 무감각한 자들이 되었을까요? 오 우리의 처음 사랑을 회복할 수 있도록 역사하셔서 우리의 처음 행위를 보여 주도록 하소서! 오 의의 태양이시여, 우리에게 다시 한 번 온화한 봄을 허락하소서!

그리스도의 고난이 우리에게 넘친 것 같이 우리가 받는 위로도
그리스도로 말미암아 넘치는도다 -고린도후서 1:5

　여기에 복된 분깃이 있습니다. 섭리의 지배자는 한 쌍의 저울을 갖고 계십니다. 그분은 그 저울의 한쪽에 그의 백성들의 시련을, 다른 한쪽에 그에 대한 위로를 올려놓고 계십니다. 시련의 저울이 거의 비어있을 때, 당신은 언제나 위로의 저울도 거의 똑같이 비어있음을 발견하게 될 것입니다. 또 시련의 저울이 가득 차 있을 때, 당신은 위로의 저울도 그만큼 무겁게 되어있는 것을 발견할 것입니다. 검은 구름이 가장 크게 몰려올 때 빛도 가장 밝게 우리에게 비추어집니다. 밤이 내리고 폭풍이 몰려올 때 하늘의 선장은 항상 그의 선원들에게 가까이 다가서는 법입니다. 우리가 가장 깊은 나락으로 떨어졌을 때, 성령의 위로를 통해 가장 높이 올려지는 역사가 있다는 것은 정말 큰 축복입니다. 이것은 시련이 위로의 여지를 더 크게 하기 때문입니다.

　위대한 심령은 큰 환난을 통해서만 만들어질 수 있습니다. 환난의 삽은 위로의 저장소를 더 깊이 파고, 위로의 공간을 더 크게 만들어놓습니다. 하나님은 우리의 마음속에 들어오셨습니다. 그분은 그곳이 허탄한 것으로 가득 차 있음을 아시고, 그래서 그것들을 쳐부수고 그곳을 비어있는 공간으로 만드십니다. 그때 은혜를 위한 공간이 마련됩니다. 사람은 낮아질수록 그가 받게 되는 위로도 더 커집니다. 그때 그것을 받기에 적합한 상태가 되기 때문입니다.

　우리가 환난을 크게 즐거워하는 또 다른 이유는 그때 우리가 하나님과 극히 친밀한 교제를 갖게 되기 때문입니다. 창고가 가득 차 있으면 사람은 하나님 없이 살아갈 수 있습니다. 금고가 금으로 가득 차 있으면 우리는 기도 없이 살아가려고 합니다. 그러나 일단 양식을 빼앗기면, 우리는 하나님을 바라보게 됩니다. 일단 집에서 우상이 제거되면, 우리는 여호와를 영화롭게 하지 않을 수 없게 됩니다. "여호와여 내가 깊은 곳에서 주께 부르짖었나이다"(시 130:1). 산골짜기에서 부르짖는 소리만큼 우렁찬 소리는 없습니다. 깊은 시련과 고통으로 말미암아 영혼의 깊은 곳으로부터 나오는 것만큼 절실한 기도는 없습니다. 그때 그 기도는 우리를 하나님께 인도하고, 그만큼 우리는 더 행복하게 됩니다. 하나님께 가까이 나아가는 것이 행복이기 때문입니다. 환난 속에 있는 신자여, 오십시오. 큰 환난 속에 있다고 괴로워하지 마십시오. 그것들은 더 큰 은혜의 전달자들이니까요.

그가 또 다른 보혜사를 너희에게 주사 영원토록 너희와 함께 있게 하리니 -요한복음 14:16

위대하신 성부 하나님은 자기 아들을 세상에 보내기 전에도 백성들에게 계시하셨습니다. 그분은 아브라함, 이삭, 그리고 야곱에게 전능하신 하나님으로 알려졌습니다. 때가 되자 예수님은 오셨고, 그 흠 없는 인격 속에서 항상 찬양받으실 성자는 그의 백성들의 눈에 즐거움이 되셨습니다. 구속주가 승천하실 때, 성령이 그분을 대신하는 현존하시는 은혜의 시여자가 되셨고, 그분의 권능은 오순절 당시와 그 후에 영광스럽게 펼쳐졌습니다. 성령은 이 시간에도 그의 백성들 안에, 그리고 그들과 함께 하시며 현존하시는 임마누엘(하나님이 우리와 함께 하시다)이 되심으로써, 그들의 삶을 소생시키고, 인도하고, 지배하십니다. 우리는 성령의 임재를 올바르게 인식하고 있습니까? 우리가 그분의 활동을 조종할 수는 없습니다. 그분은 모든 활동들을 주권적으로 행하시는데, 우리는 그분의 도우심을 충분히 받고 있습니까? 또는 그분의 도우심이 사라지지 않도록 충분히 조심하고 있습니까? 그분이 없으면 우리는 아무것도 할 수 없고, 그분의 전능하신 힘을 통해서 우리는 놀라운 결과를 창출할 수 있습니다. 모든 것은 성령의 드러난 또는 숨겨진 권능에 달려 있습니다.

우리는 언제나 우리의 내적 생명과 외적 섬김을 위해서 그분과 적절한 의존 관계를 이루고 있습니까? 너무나 자주 그분의 부르심보다 앞서 달려가고 그분의 도우심과는 상관없이 독자적으로 행동하지 않습니까? 우리는 오늘 저녁 과거의 잘못에 대해 겸손하게 자신을 낮추고 하늘의 이슬방울을 우리 위에 떨어뜨리고, 성별된 기름을 부어주시며, 하늘의 불꽃이 우리 안에서 활활 타오르게 해달라고 간구해야 합니다. 성령은 한시적인 선물이 아닙니다. 그분은 영원토록 성도들과 함께 거하십니다. 그분은 질투하시는 하나님이지만, 또한 연민이 많으신 분입니다. 비록 그분이 분노를 갖고 떠나신다고 해도, 자비를 갖고 돌아오실 것입니다. 겸손하고 은혜로우신 그분은 우리에 대해 결코 싫증을 내지 아니하시고 지금도 은혜를 베푸시기 위해 기다리고 있습니다.

> "죄가 내 마음을
> 사랑 없는 강퍅함으로 못 박았지만,
> 그 술책을 못 박는 은혜가
> 하늘로부터 임하리라."

> 보라 아버지께서 어떠한 사랑을 우리에게 베푸사 하나님의 자녀라 일컬음을 받게
> 하셨는가, 우리가 그러하도다 그러므로 세상이 우리를 알지 못함은 그를 알지
> 못함이라 사랑하는 자들아 우리가 지금은 하나님의 자녀라 - 요한일서 3:1,2

아버지께서 우리에게 베푸신 사랑이 어떠한지 보십시오. 우리가 과거에 어떤 사람이었고, 죄의 속성이 강하게 역사하고 있는 현재에는 우리가 스스로를 어떻게 느끼고 있는지 생각해 보십시오. 그러면 당신은 우리의 양자됨에 대해 놀라지 않을 수 없을 것입니다. 지금 우리는 "하나님의 자녀"로 불립니다. 아버지와 아들의 관계는 얼마나 친밀하고, 그 특권은 얼마나 클까요! 아들은 아버지에게 얼마나 큰 관심과 사랑을 기대하고, 아버지는 아들에게 얼마나 지극한 사랑의 감정을 느낄까요! 그러나 우리는 그 모든 것, 아니 그 이상의 것을 지금 그리스도를 통해 소유하고 있습니다. 우리는 그리스도와 함께 잠시 받는 환난의 고통을 오히려 자랑스럽게 여기고 있습니다: "그러므로 세상이 우리를 알지 못함은 그를 알지 못함이라"(요일 3:1). 따라서 우리가 그분과 함께 그분의 비천함에 동참하는 것은 아무것도 아닙니다. 왜냐하면 우리는 곧 그분과 함께 높아질 것이기 때문입니다.

"사랑하는 자들아 우리가 지금은 하나님의 자녀라." 이 말씀은 읽기는 쉽지만 그 의미를 마음에 품기는 쉽지 않습니다. 오늘 아침 이 말씀이 당신의 마음속에 어떻게 느껴집니까? 당신은 큰 슬픔 속에 빠져 있습니까? 당신의 영은 타락에 떨어져 있고, 은혜는 발 아래 짓밟혀진 희미한 불꽃과 같습니까? 믿음은 거의 실족 상태입니까? 그래도 두려워 마십시오. 당신이 갖고 살아야 할 것은 당신의 은혜도, 당신의 감정도 아닙니다. 당신은 단순히 그리스도를 믿는 믿음으로 삽니다. 최악의 상태에 빠져있다고 해도, 지금 — 가장 깊은 슬픔에 빠져 있고, 산골짜기 깊은 곳에서 헤매고 있는 — "사랑하는 자들아 우리가 지금은 하나님의 자녀라"는 말씀을 기억하십시오.

"아, 그러나 어떻게 그럴 수 있나요? 내 은혜는 희미해졌고, 내 의는 아무런 영광을 드러내지 못하고 있는데"라고 말하겠지요. 그러나 이어지는 말씀을 보십시오: "장래에 어떻게 될지 아직 나타나지 아니하였으나 그가 나타나시면 우리가 그와 같을 줄을 아는 것은"(요일 3:2). 성령이 우리 마음을 정결하게 하고, 하나님의 권능이 우리의 육체를 순화시킬 것입니다. 그리하여 우리는 그분을 "그 모습 그대로" 보게 될 것입니다.

그러므로 이제 그리스도 예수 안에 있는 자에게는 결코 정죄함이 없나니 - 로마서 8:1

내 영혼아, 오라. 와서 이것을 한 번 생각해 보라: 예수를 믿는 그대는 죄책으로부터 실제적으로 그리고 유효하게 벗어났다. 그대는 죄의 사슬로부터 풀려났다. 그대는 더 이상 노예로서 족쇄를 차지 않게 되었다. 그대는 이제 율법의 속박으로부터 구원받았다. 그대는 죄로부터 자유하고 자유인으로서 활보할 수 있다. 그대의 구주의 피가 충분한 속죄를 이루셨기 때문이다.

당신은 지금 아버지 보좌에 나아갈 권리를 갖고 있습니다. 이제 당신을 위협하는 응보의 불꽃도, 복수의 칼도 없습니다. 공의는 무죄한 자를 정죄할 수 없습니다. 당신의 무자격은 제거되었습니다. 당신은 전에는 아버지 얼굴을 뵐 수 없었습니다. 그러나 이제는 담대히 나아갈 수 있습니다. 전에는 당신에게 지옥의 공포가 있었습니다. 그러나 이제는 그것을 두려워하지 않아도 됩니다. 죄책이 없는 자에게 어떻게 형벌이 있을 수 있겠습니까? 믿음을 가진 사람은 정죄받지 않고, 처벌받을 수도 없습니다.

그리고 무엇보다 당신은 이제 의롭게 되었기 때문에 전혀 죄가 없는 사람이 갖고 있는 특권을 누릴 수 있습니다. 그리스도께서 당신을 위해 율법을 지키셨기에 당신은 율법을 지킨 사람이 갖고 있는 모든 축복들, 아니 그 이상의 것들을 갖고 있습니다.

그리스도께서 당신을 대신하여 완전히 순종하고, 그분의 모든 공로가 당신에게 전가되었기 때문에 완전히 순종한 사람들에게 주어지는 하나님의 모든 사랑과 용납하심이 당신에게 속하게 되었습니다. 그리하여 당신은 당신을 위해 지극히 가난하게 되신 그분으로 말미암아 지극히 부요한 자가 되었습니다. 오! 당신이 구주에 대해 지고 있는 사랑과 감사의 빚은 얼마나 클까요!

> "오직 은혜를 받은 빚진 자로서 언약의 은혜를 노래하네.
> 당신의 의가 내 인격 대신 제물로 드려지니, 두려움이 사라졌네.
> 내 구주의 순종과 피가 내 모든 죄를 시야에서 감추시니,
> 율법과 하나님에 관한 두려움은 나와 아무 상관이 있을 수 없네."

그가 쓸 것은 날마다 왕에게서 받는 양이 있어서 종신토록 끊이지
아니하였더라 - 열왕기하 25:30

왕궁에서 쫓겨날 때 여호야긴 왕은 몇 달 동안 연명할 정도의 식량만 갖고 떠난 것이 아니었습니다. 그의 양식은 종신토록 매일 주어졌습니다. 여기서 그의 모습은 모든 주의 백성들의 행복한 상태를 보여 주는 상징입니다. 일용할 양식은 사람이 실제로 필요로 하는 것 전부를 말합니다. 우리는 내일 먹을 것이 필요하지 않습니다. 내일은 아직 오지 않았고, 그 필요는 아직 현실이 아닙니다. 우리가 6월에 겪을 갈증을 2월에 느낄 필요가 없습니다. 아무리 해도 우리는 그것을 아직 느끼지 못하기 때문입니다. 만일 우리가 오늘 우리에게 필요한 것이 충분하다면 결코 부족함이 없는 것입니다.

오늘의 충분함은 우리가 누릴 수 있는 모든 것입니다. 우리는 오늘 먹을 것과 입을 것이 필요한 이상으로 더 먹거나 마시거나 입을 수 없습니다. 그 이상 주어진다면 우리는 남은 것을 저장하는데 신경을 써야 하고, 그것을 도둑으로부터 지키기 위한 염려가 있게 됩니다. 한 개의 막대기는 여행자에게 도움을 주지만, 한 다발의 막대기는 오히려 무거운 짐이 됩니다. 아무리 맛있는 진수성찬이 차려져 있어도 한번 배불리 먹으면 더 이상 먹을 수 없습니다. 이것이 우리가 기대해야 하는 전부입니다. 그 이상 욕심을 부리는 것은 헛수고입니다. 우리 아버지께서 우리에게 더 이상 주시지 않을 때, 우리는 그분이 매일 허락하시는 것으로 만족해야 합니다. 여호야긴의 경우는 오늘날 우리의 경우입니다. 우리는 왕에게 주어진 것과 같은 양식, 곧 확실한 양식, 은혜의 양식, 그리고 영원한 양식을 갖고 있습니다. 여기에 확실히 감사의 근거가 있습니다.

사랑하는 그리스도인이여, 은혜에 관한 한, 당신이 필요한 것은 일용할 양식입니다. 당신은 그것을 비축할 힘을 갖고 있지 못합니다. 당신은 날마다 위로부터 오는 도우심을 구해야 합니다. 매일의 양식이 당신에게 주어진다는 것은 극히 은혜로운 보증입니다. 당신은 말씀 안에서, 사역을 통해, 묵상으로, 기도로, 그리고 하나님을 바라보면서 순간순간 새로운 힘을 받을 것입니다. 예수 안에는 필요한 모든 것들이 당신을 위해 비축되어 있습니다. 그때 날마다 당신의 쓸 것을 사용하십시오. 은혜의 일용할 양식이 자비의 식탁 위에 있는 동안에는 절대로 굶지 마십시오.

여자가 곧 나은 것을 - 누가복음 8:47

구주께서 행하신 이적들 가운데 가장 감동적이고 교훈적인 이적 하나가 오늘 밤 우리 앞에 있습니다. 그 여자는 아주 무식했습니다. 그녀는 그리스도께서 알아채거나 그분의 직접적인 뜻이 없더라도 그분으로부터 능력이 나오리라고 상상했습니다. 더구나 그녀는 예수님의 관대하신 인격에 대해서도 무지했습니다. 그렇지 않다면 그녀는 그분의 치유 능력을 훔치기 위해 몰래 다가가지 않았을 것입니다. 우리는 항상 우리의 불행을 은혜 앞으로 가져가야 합니다. 예수님의 마음속에 있는 사랑을 알았더라면, 그녀는 '그분이 나를 볼 수 있는 자리에 있어야겠다. 그러면 전능하신 능력으로 내 형편을 알아채고 즉시 사랑으로 나를 치료하실 것이다'라고 생각했을 것입니다. 우리는 그녀의 믿음을 칭찬하지만, 그녀의 무지에 대해서는 놀라게 됩니다. 그녀는 고침 받은 후 전율하며 기뻐했습니다. 하나님의 능력이 자기에게 이적을 일으킨 것에 대해 감사했습니다. 그러나 그녀는 주님이 베푸신 축복을 거두시고, 베푸신 은혜를 거부할까봐 두려워했습니다. 그녀는 그분의 충만한 사랑에 대해 거의 알지 못했습니다.

우리도 우리가 원하는 것만큼 그분에 관해 분명한 안목이 없습니다. 우리는 그분의 사랑의 높이와 깊이를 잘 모르고 있습니다. 하지만 그분은 너무 선하시기 때문에 두려워 떠는 영혼이 얻을 수 있는 축복을 절대로 거두시지 않는다는 것은 알고 있습니다. 하지만 이 사건 속에는 그것에 관해 놀랄 수밖에 없는 사실이 들어있습니다, 그녀에게는 그런 지식이 거의 없었기 때문입니다. 그런데 그녀의 믿음은 참된 믿음으로서, 그녀를 구원했고, 그것도 즉시 구원했습니다. 지루하게 지체되는 상황이 전혀 없었습니다. 믿음의 이적은 즉각적이었습니다. 우리도 거지씨만한 믿음을 갖고 있다면, 구원은 지금 당장 그리고 영원토록 우리 것이 될 것입니다. 비록 우리가 믿음의 후사들 가운데 가장 연약하다고 해도, 사람이든 마귀든 그 어떤 권세도 우리를 구원으로부터 막을 수 없습니다. 만일 우리가 요한처럼 그분의 품에 기댄다면, 아니 우리가 감히 그분 뒤로 밀치고 들어가 그분의 옷자락을 잡아당긴다고 해도, 우리는 온전케 될 것입니다.

두려워하는 자여, 용기를 내십시오! 당신의 믿음은 당신을 구원할 것입니다. 편하게 나아가십시오. "우리가 믿음으로 의롭다 하심을 받았으니 우리 주 예수 그리스도로 말미암아 하나님과 화평을 누리자"(롬 5:1).

영광이 이제와 영원한 날까지 그에게 있을지어다 - 베드로후서 3:18

천국은 예수님을 끊임없이 찬송하는 찬양들로 가득 찰 것입니다. 영원이여! 그대의 셀 수 없는 세월들은 끝없이 그 과정을 지속하며 "영광이 그에게 있을지어다"하고 선포할 것이다! 그분은 "멜기세덱의 반차를 좇는 영원한 대제사장"이 아니십니까? "영광이 그에게 있을지어다." 그분은 영원한 왕, 만왕의 왕, 만군의 주, 영원하신 아버지가 아니십니까? "영광이 영원토록 그에게 있을지어다." 그분에 대한 찬양은 결코 멈추지 않을 것입니다. 그분이 피로 값주고 사신 것은 영원토록 지속될 가치가 있습니다. 십자가의 영광은 결코 소멸되어서는 안 됩니다. 무덤과 부활의 광채는 결코 희미해져서는 안 됩니다. 오 예수여! 당신은 영원히 찬양받아야 합니다. 불멸의 영들이 영원, 영원토록 — 아버지의 보좌가 영원히 지속되는 것처럼 — 당신에게 영광을 돌리며 존속할 것입니다. 성도여, 하늘에 있는 성도들이 예수께 모든 영광을 돌릴 때, 당신도 참여하게 될 것을 기대하기 바랍니다. 그러나 지금 당신은 그분을 영화롭게 하고 있나요? 베드로 사도는 "영광이 이제와 영원한 날까지 그에게 있을지어다"라고 말했습니다.

당신은 오늘 다음과 같이 기도하지 않겠습니까? "주여, 당신께 영광을 돌리도록 저를 도와주소서. 저는 가난합니다. 자족하는 것으로 당신을 영화롭게 하도록 도와주소서. 저는 병에 걸렸습니다. 인내를 통해서 당신을 높일 수 있도록 도와주소서. 저는 재능이 있습니다. 그것을 당신을 위해 사용함으로써 당신을 높이게 하소서. 저는 시간이 있습니다. 주여, 시간을 아껴 당신을 섬기는데 사용하도록 도와주소서. 저는 느끼는 감정을 갖고 있습니다. 주여, 그 감정이 오직 당신만을 향한 사랑의 감정이 되게 하고, 당신만을 위한 애정으로 불타게 하여 주소서. 저는 생각할 수 있는 머리를 갖고 있습니다. 주여, 당신에 관해 생각하고, 당신을 위해 생각하도록 도와주소서. 당신은 저를 이 세상에 뭔가 뜻이 있어서 살게 하셨으니, 그것이 무엇인지 보여 주시고, 그 인생의 목표를 이루게 하여 주소서. 저는 제 힘으로는 아무것도 할 수 없습니다. 생계비 전부에 해당되는 수중의 두 렙돈을 연보궤에 넣은 과부처럼, 주여, 저도 제 시간과 영원을 당신의 보고(寶庫) 속에 넣겠습니다. 저는 당신의 것입니다. 하오니 저를 취하셔서 지금 제가 말하는 모든 말 속에서, 제가 행하는 모든 행동 속에서, 그리고 제가 갖고 있는 모든 것으로 당신께 영광을 돌릴 수 있도록 하소서."

왕을 즐겁게 하도다 - 시편 45:8

누가 구주를 즐겁게 할 특권을 갖고 있을까요? 그의 교회 — 그의 백성들 —
입니다. 그러나 그것이 가능합니까? 그분은 우리를 즐겁게 하시지만, 우리는 어떻
게 그분을 즐겁게 할 수 있을까요? 우리의 사랑을 통해서입니다. 아! 그런데 우리
의 사랑은 너무 냉정하고, 너무 희미합니다. 그래서 우리는 그것을 슬픈 마음으
로 고백해야 합니다. 그러나 그마저 그리스도에게는 너무나 사랑스러운 것입니
다. 그 사랑에 관한 그분 자신의 찬사를 아가서에서 들어봅시다: "내 누이 내 신
부야 네 사랑이 어찌 그리 아름다운지 네 사랑은 포도주보다 진하고 네 기름의
향기는 각양 향품보다 향기롭구나"(아 4:10).

사랑하는 성도여, 보십시오. 그분이 당신을 얼마나 즐거워하시는지! 당신은 머
리를 그분의 품에 기댈 때, 그분은 당신을 안아주실 뿐만 아니라 당신을 즐거워
하십니다. 당신이 영광으로 가득 찬 그분의 얼굴을 사랑으로 바라볼 때, 당신은
위로를 얻을 뿐만 아니라 즐거움도 함께 누리게 됩니다.

우리의 찬양 — 단순한 입술의 노래가 아니라 마음의 깊은 감사로부터 나오는
멜로디 — 도 또한 그분을 즐겁게 합니다. 우리의 재능도 그분을 크게 즐겁게 합
니다. 우리가 드러내는 가치 때문이 아니라 그 바쳐지는 동기 때문에 그분은 우
리가 우리의 시간, 재능, 물질 등을 제단 위에 올리는 모습을 바라보는 것을 좋
아하십니다. 그분에게는 성도들이 드리는 사소한 제물들을 수천의 금과 은보다
더 합당한 것으로 받으십니다. 거룩은 그분에게 드리는 유향 및 몰약과 같습니
다. 원수를 용서하십시오. 그러면 당신은 그리스도께 즐거움을 드릴 것입니다. 당
신의 물질을 가난한 자에게 나누어 주십시오. 그러면 그분은 즐거워하십니다. 영
혼들을 구원하는 도구가 되십시오. 그러면 당신은 그분에게 해산의 기쁨을 맛보
게 할 것입니다. 복음을 전파하십시오. 그러면 당신은 그분께 향기가 될 것입니
다. 무지한 자들에게 나아가 십자가를 세우십시오. 그러면 당신은 그분의 영예를
높이게 될 것입니다. 지금이라도 마리아처럼 옥합을 깨뜨려 그분의 머리 위에
향유를 붓는 것은 당신의 능력입니다. 그녀의 행위는 오늘날까지 복음이 전파되
는 모든 곳에서 함께 전해지고 있습니다. 당신은 그때 뒤로 물러서겠습니까? 당
신은 사랑하는 주님께 마음에서 우러나오는 찬양의 몰약과 침향과 육계를 풍겨
드리지 않겠습니까? 주여, 당신의 궁정에서 성도들의 노래를 들으소서!

### 어떠한 형편에든지 나는 자족하기를 배웠노라 - 빌립보서 4:11

이 말씀은 우리에게 자족이 인간의 자연적 속성이 아니라는 것을 보여 줍니다. 땅에서 가시나무가 자라나는 것처럼 탐욕, 불만, 그리고 불평은 인간에게 자연스러운 것입니다. 우리는 엉겅퀴와 가시나무를 심을 필요가 없습니다. 그것들은 땅에 자생적이기 때문에 저절로 무성하게 자라납니다. 마찬가지로 우리는 사람들에게 불평하라고 가르칠 필요가 없습니다. 사람들은 가르치지 않아도 저절로 충분히 불평합니다. 그러나 땅의 소중한 소산은 경작되어야 합니다. 만일 우리가 밀을 얻고자 한다면, 땅을 갈고 씨를 뿌려야 합니다. 만일 우리가 꽃을 원한다면, 정원이 있어야 하고 정원사의 관리를 받아야 합니다. 마찬가지로 자족도 천국의 꽃 가운데 하나로서, 우리가 그것을 얻으려면 계발되어야 합니다. 그것은 우리 안에서 본성적으로 자라는 것이 아닙니다. 그것을 만들어낼 수 있는 것은 새 본성 외에는 없습니다.

우리는 하나님이 우리 안에 심으신 은혜를 유지하고 계발하기 위해 특별히 주의하고 신경을 써야 합니다. 바울은 "나는 자족하기를 배웠다"고 말하는데, 그것은 그가 한때는 그 방법을 모르고 있었다는 것을 보여 줍니다. 그 위대한 진리의 비밀을 깨닫기 위해 그는 어느 정도 수고하는 대가를 치러야 했습니다. 의심할 여지 없이 그는 자신이 그것을 배웠다고 생각한 적도 있었지만, 그렇지 못할 때도 있었습니다. 그러다가 결국 그것을 깨달아 "어떠한 형편에든지 나는 자족하기를 배웠노라"라고 말할 수 있게 되었는데, 그때는 그가 죽음이 얼마 남지 않은 노인 — 로마의 네로 감옥에 갇혀 있는 힘없는 죄수 — 이 되었을 때였습니다.

어쨌든 우리도 바울이 도달한 수준에 도달하려면, 그처럼 고난을 기꺼이 감수해야 하고 차가운 감옥에 함께 있을 수 있어야 합니다. 당신은 배우는 것으로 만족할 수 있다거나, 또는 훈련 없이 자족을 배울 수 있다고 생각하는 착각에 빠져서는 안 됩니다. 그것은 자연적으로 주어지는 능력이 아니라 훈련을 통해 점진적으로 일어나는 능력이기 때문입니다. 우리는 경험을 통해 이것을 알고 있습니다. 그러므로 형제여, 아무리 당연하다고 해도, 불평을 그치고, 자족의 대학에서 부지런히 공부하는 학생이 되십시오.

주의 선한 영 - 느헤미야서 9:20

우리는 성령을 잊어버리는 죄를 너무 자주 저지릅니다. 이것은 어리석고 배은
망덕한 일입니다. 그분은 독보적으로 선하신 분이기 때문에 우리가 섬겨야 할
대상입니다. 하나님으로서 그분은 본질상 선하십니다. 그분은 삼위일체 여호와
하나님께 드려지는, 거룩하다, 거룩하다, 거룩하다는 3중적 송영의 한 부분을 차
지하십니다. 그분은 완전하게 순결하고 진실하고 은혜로우십니다. 그분은 우리의
반역적 성향에 따라 좌우되는 본성 곧 우리를 죄 속에 있게 하고 죽음의 길로
이끄는 우리의 변덕스러운 본성을 무한히 참으시고, 사랑하는 어머니가 그 자녀
를 돌보듯이, 우리를 천국시민으로 양육해 가시는 분이기 때문에, 사랑의 측면에
서 볼 때 선(善)의 하나님입니다. 오래 참으시는 이 하나님의 영은 얼마나 자애롭고
온유하고 은혜로우실까요! 또 그분은 **활동적인** 측면에서 볼 때에도, 선의 하나님이
십니다. 그분의 모든 활동들은 독보적으로 선하십니다. 그분은 선한 생각을 제시
하시고, 선한 행동을 자극하시고, 선한 진리를 계시하시고, 선한 약속들을 실천하
시고, 선한 능력들을 도우시고, 선한 결과들을 이끄십니다. 이 세상에서 그분이
창조자이자 주관자가 아닌 영적 선은 하나도 없습니다. 천국에서도 백성들의 완
전한 인격이 그분의 활동에 전적으로 의존합니다. 그리고 그분은 직분적인 측면에
서 볼 때에도 선의 하나님이십니다. 그분은 보혜사, 교사, 인도자, 성결케 하시는 분,
생명을 주시는 분, 또는 중보자 등 어떤 직분을 갖고 활동하시든, 자신의 임무를
완전하게 수행하고, 각 사역은 하나님의 교회에 최고의 선으로 가득 차게 됩니
다. 그분의 인도하심에 순종하는 사람들은 선한 사람이 되고, 그분의 역사에 복
종하는 사람들은 선을 행하게 되며, 그분의 권능 아래 사는 사람들은 선을 받아
들이게 됩니다. 그러므로 우리는 성령의 인도를 따라 선한 사람이 되도록 해야
합니다. 우리는 그분의 인격을 공경하고, 영원히 복주시는 만유의 하나님으로서
그분을 경배해야 합니다. 우리는 그분의 능력을 의지하고 우리의 거룩한 활동들
속에서 그분을 고대함으로써 그분이 필요함을 보여 주어야 합니다. 우리는 순간
마다 그분의 도우심을 구하고, 그분을 근심하게 해서는 안 됩니다. 우리는 모든
사건들 속에서 그분을 찬양해야 합니다. 교회도 성령을 지극한 존경심을 갖고
믿어야 부흥하게 될 것입니다. 그분은 너무 선하고 사랑이 많으신 분이기 때문
에 무시하는 것으로 그분을 근심시키는 것은 참으로 슬픈 일입니다.

이삭은 브엘라해로이 근처에 거주하였더라 - 창세기 25:11

과거 하갈은 브엘라해로이(브엘은 샘 또는 우물이라는 뜻)에서 구원을 받았고, 이스마엘도 그곳에서 사람의 아들들을 살리고 돌보시는 여호와를 통해 은혜를 따라 주어진 물을 마시게 되었습니다. 그러나 이것은 단순히 일반은총에 따라 세상 사람들에게 베풀어진 하나님의 우연한 도우심입니다. 그들은 환난 때에는 하나님께 부르짖었지만 번성할 때에는 그분을 떠났습니다. 이삭도 그곳에 살았습니다. 그는 그곳에 살아계시고 만물을 감찰하시는 여호와의 샘을 만들고 그분을 자신의 능력의 원천으로 삼았습니다. 인간의 삶의 일반적 방향, 곧 그의 영혼의 거처는 그의 상태를 드러내는 정확한 시금석입니다. 아마 하갈이 경험한 하나님의 도우심은 이삭에게도 자극을 주었을 것입니다. 그는 그 장소를 사모했습니다. 그는 그곳의 신비로운 이름에 애정을 느꼈습니다. 저녁 무렵 그는 그 샘 주변에서 자주 묵상에 잠김으로써 그곳에 더욱 애착을 갖게 되었습니다. 그곳에서 리브가를 만난 일로 인해 그는 그곳에 가까이 가면 고향과 같은 느낌을 갖게 되었습니다.

그러나 무엇보다도 그가 거기서 살아계신 하나님과 교제를 나누었기 때문에 그는 그곳을 자신의 거처를 위한 거룩한 땅으로 삼게 되었습니다. 우리는 살아계신 하나님 앞에서 사는 법을 배워야 합니다. 오늘만이 아니라 모든 날들 속에서 "하나님이 나를 보고 계신다"고 느낄 수 있도록 성령께 기도해야 합니다. 주 여호와는 우리에게 즐거움을 주고, 위로가 되고, 결코 마르지 않는 샘 곧 영생의 축복을 샘솟게 하는 샘과 같습니다. 피조물의 물병은 깨지고 마릅니다. 그러나 창조주의 샘은 결코 마르지 않습니다. 그 샘에 거하는 사람은 복이 있습니다. 그 주변에는 항상 풍성하고 흐르는 생수가 있기 때문입니다. 여호와는 다른 사람들도 분명히 도와주셨습니다. 그분의 이름은 샤다이 곧 전능하신 하나님입니다. 우리의 마음은 종종 그분과의 교제로 정말 즐거웠습니다. 그분을 통해 우리의 영혼은 영광의 신랑 주 예수님을 만났습니다. 그리고 오늘도 우리는 그분 안에서 살고, 움직이고, 존재하고 있습니다. 그렇다면 우리는 그분과 가장 친밀한 교제를 나누며 살아야 합니다. 영광의 주님, 우리가 절대로 당신을 떠나지 않도록 우리를 굳게 붙잡아 주시고, 살아계신 하나님의 샘가에서 살도록 도와주소서.

그러나 여호와께서 거기에 계셨느니라 - 에스겔서 35:10

에돔의 왕들은 이스라엘 전역이 황폐하게 된 것을 보고 그곳을 쉽게 정복할 수 있으리라고 생각했습니다. 그러나 그렇게 하기에는 커다란 어려움이 한 가지 있었습니다. 그것은 그들에게는 전혀 알려져 있지 않은 사실로서, 그 땅에 여호와가 계시다는 것이었습니다. 그분이 그곳에 계셨기 때문에 선택받은 그 땅은 특별하게 안전합니다. 하나님의 백성의 원수들의 간계와 궤계가 무엇이든 간에 그들의 계획을 좌절시키는 그분의 능력은 변함이 없습니다. 성도들은 하나님의 후사(상속자)로서, 그분은 그들 가운데 계시며 그들을 보호하실 것입니다. 이 보장은 환난과 영적 갈등 속에 있는 성도들에게 얼마나 큰 위로가 될까요! 우리는 끊임없이 공격을 당하지만 끝까지 보존받을 것입니다. 사탄은 얼마나 자주 그의 화살을 우리의 믿음을 향해 날릴까요? 하지만 우리의 믿음은 지옥의 불 같은 화살들의 힘을 허용하지 않습니다. 그것들은 우리를 비껴갈 뿐 아니라 그 방패 앞에서 힘을 잃고 떨어지고 맙니다. 왜냐하면 "하나님이 거기 계시기" 때문입니다. 우리의 선행들도 사탄의 공격 대상입니다. 성도에게는 지옥의 탄환들의 과녁이 되지 않는 축복이나 은혜는 절대로 없었습니다. 그것이 밝게 불타고 있는 소망이든, 뜨겁게 타오르고 있는 사랑이든, 오래 참고 견디는 인내든 또는 석탄처럼 뜨겁게 달구어진 열심이든, 선한 모든 것의 옛 원수는 어떻게든 그것을 파괴하려고 시도할 것입니다. 덕스럽거나 사랑스러운 어떤 것이 우리 안에서 존속하게 되는 한 가지 이유는 바로 "주께서 거기 계시기" 때문입니다.

만일 주님이 한평생 우리와 함께 하신다면 우리는 죽음도 두려워할 필요가 없습니다. 왜냐하면 우리는 죽을 때 "주께서 거기 계심"을 발견하게 될 것이기 때문입니다. 폭풍이 세차게 몰아닥치고, 물은 으스스할 정도로 차갑지만, 우리는 그 바닥까지 내려가도 안전함을 알게 됩니다. 시간이 흘러갈 때 우리의 발은 만세반석이신 주님 위에 서 있을 것입니다. 사랑하는 형제여, 그리스도인의 생활이 처음부터 끝까지 절대로 망하지 않는 유일한 이유는 "주께서 거기 계시기" 때문입니다. 영원하신 사랑의 하나님이 변해서 그의 택한 자들을 버리신다면 하나님의 교회도 망하게 될 것입니다. 그러나 여호와 삼마 곧 "여호와께서 거기 계시다"고 기록되어 있기 때문에 절대로 망하는 일은 없을 것입니다.

무슨 까닭으로 나와 더불어 변론하시는지 내게 알게 하옵소서 - 욥기 10:2

오 시련 중에 있는 영혼이여, 아마 주님은 당신의 은혜를 더 높이기 위해 시련을 허락하셨을 것입니다. 만일 당신에게 시련이 없었더라면 그중 어떤 은혜는 아예 주어지지도 않았을 것입니다. 당신은 당신의 믿음이 여름날에는 겨울날보다 더 크게 보이지 않는다는 것을 알고 있습니까? 사랑은 어둠으로 둘러싸인 환경에서만 약간의 빛을 보여 주는 개똥벌레와 같습니다. 소망 자체는 번영의 햇빛이 비취는 동안에는 보이지 않다가 역경의 밤이 되어야 발견되는 별과 같습니다. 고통은 종종 하나님이 그의 자녀들의 은혜의 보석이 더 밝게 빛나도록 그 안에 두는 검은 금속상자와 같습니다. 당신은 무릎을 꿇고 "주여, 저는 믿음이 없는 것이 두렵습니다. 제가 믿음이 있음을 알게 하여 주소서"라고 기도한지 얼마 되지 않았습니다. 아마 무의식적일지 모르지만, 이것은 사실상 시련 때문에 기도하는 것 아니었습니까? 믿음이 행사되기 전까지 당신이 믿음을 갖고 있는지 어떻게 알 수 있겠습니까? 그러므로 하나님은 우리의 은혜가 발견될 수 있도록, 그리고 우리가 그 존재를 확신할 수 있도록 하시기 위해 우리에게 종종 시험을 보내주신다는 사실을 확신하십시오.

나아가 그것은 단순히 그것을 발견하는 것으로 끝나지 않습니다. 은혜 안에서 자라가는 참된 성장은 거룩하게 하는 시련의 결과입니다. 하나님은 종종 우리를 더 나은 그리스도인으로 만드시기 위해 우리의 위로와 특권을 빼앗아 가십니다. 그분은 자신의 군사들을 안일과 사치의 장막 속에서 훈련시키는 것이 아니라 밖으로 끌어내 행군하게 하시며 강력한 연단을 받도록 하십니다. 그분은 그들이 등에 무거운 슬픔의 배낭을 짊어지고 개울을 건너가게 하고, 강을 헤엄쳐 건너게 하며, 산을 오르고, 먼 거리를 걷도록 하십니다. 그리스도인이여, 이것으로 당신이 통과하는 환난들의 이유가 다 설명되지 않습니까? 주님이 당신에게 은혜를 베푸시고 그것을 자라게 하려고 시련을 주신 것이 아닙니까? 이것이 그분이 당신과 변론하는 이유가 아니겠습니까?

"시련은 약속을 더 은혜롭게 만들고
시련은 기도에 새 생명을 불어넣네.
시련은 나를 그분의 발 앞으로 이끌고
나를 낮추어 그곳에 있게 하네."

### 아버지 내가 죄를 지었사오니 - 누가복음 15:18

그리스도께서 자신의 보혈로 깨끗하게 씻어주신 사람들은, 죄수나 범죄자처럼 심판주 하나님 앞에서 죄를 고백할 필요가 없는 것이 확실합니다. 그 까닭은 그리스도께서 영원히 법적으로 그들의 모든 죄를 제거하셔서 그들은 더 이상 정죄 받지 않아도 되는 자리에 서 있고, 최종적으로 사랑하시는 분 안에 받아들여졌기 때문입니다. 하지만 자녀가 되어 범죄하게 될 때에도 그들은 날마다 하늘에 계신 아버지 앞에 나아가 죄를 고백하고 자기들의 범죄사실을 인정하지 않아도 될까요? 잘못을 저지른 자녀는 그들의 육체의 아버지에게 그 죄를 자백하는 것이 자녀로서 해야 할 당연한 의무임을 우리는 본능적으로 알고 있습니다. 우리가 그리스도인으로서 하늘에 계신 우리 아버지에 대해서도 똑같은 의무가 있음을 하나님의 은혜는 가르쳐줍니다.

우리는 매일 죄를 범할 때 그 죄를 날마다 사함 받지 않고 만족해서는 안 됩니다. 아버지를 거역하는 죄들이 즉시 주 예수님께 전달되어 그분의 깨끗하게 하시는 능력으로 씻음 받지 못한다고 생각한다면, 그 결과가 어떻게 되겠습니까? 만일 내가 용서를 구하지 않아 아버지를 반역하는 이 죄들로부터 씻음 받지 못한다면, 나는 그분을 더 멀게 느낄 것입니다. 그분의 사랑을 의심하게 될 것입니다. 그분에 대해 두려워 떨 것입니다. 그분께 기도하는 것을 주저하게 될 것입니다. 비록 자녀이기는 해도 집을 나가 그의 아버지로부터 너무 멀리 떨어져나간 탕자와 같을 것입니다.

그러나 은혜롭고 사랑하는 아버지께 잘못을 저지른 것을 슬퍼하는 자녀로서 그분께 나아가 모든 것을 자백하고, 용서받았다고 느낀다면, 평안이 있습니다. 그때 나는 아버지의 거룩한 사랑을 느끼고, 구원받은 자로서, 그리고 나의 주 예수 그리스도로 말미암아 하나님과 현재적 평화를 누리는 자로서 우뚝 서게 될 것입니다. 죄인으로서 죄를 자백하는 것과 자녀로서 죄를 고백하는 것 사이에는 커다란 차이가 있습니다. 아버지의 가슴은 회개의 고백을 드리는 장소입니다. 우리는 완전히 깨끗하게 되었지만, 우리의 발은 하나님의 자녀로 살면서 저지르는 일상적 죄악으로부터 계속해서 깨끗해질 필요가 있습니다.

주 여호와께서 이같이 말씀하셨느니라 그래도 이스라엘 족속이 이같이
자기들에게 이루어주기를 내게 구하여야 할지라 - 에스겔서 36:37

기도는 은혜의 선구자입니다. 지나온 날들의 경건의 역사를 살펴보십시오. 그러면 당신은 이 세상에서 기도를 통해 주어지지 않는 은혜가 거의 없다는 것을 발견하게 될 것입니다. 당신은 자신의 개인적 경험들을 살펴보면 이것이 진리라는 것을 깨달을 것입니다. 하나님은 당신에게 구하지 아니한 은혜도 크게 베푸시지만, 항상 기도는 당신에게 주어지는 크신 은혜의 전주곡이 되었습니다. 처음에 십자가의 보혈을 통해 평화를 얻었을 때, 당신은 많은 기도를 드렸고, 하나님께 당신의 의심을 제거하고, 고뇌로부터 구원해 달라고 진지하게 간구했습니다. 당신의 보장은 기도의 결과였습니다. 언제든 당신이 큰 기쁨과 환희 속에 있게 되면, 그것을 기도 응답으로 간주해야 합니다. 쓰라린 환난으로부터 크게 구원받고 큰 위험으로부터 강력한 도움을 받는다면, 당신은 "내가 여호와께 간구하매 내게 응답하시고 내 모든 두려움에서 나를 건지셨도다"(시 34:4)라고 말할 수 있습니다.

기도는 언제나 **축복의 시작**입니다. 그것은 축복의 그림자로서 축복 앞에 옵니다. 하나님의 은혜의 햇빛이 우리의 곤경 위를 비출 때, 그것은 평지 위에 기도의 그림자를 드리웁니다. 다르게 표현한다면, 하나님이 은혜를 산더미처럼 쌓으실 때, 그분 자신이 그것들 뒤에서 빛을 비추고, 그분은 우리의 영 위에 기도의 그림자를 만들어 주십니다. 그래서 우리가 기도만 많이 한다면, 우리의 간구들은 은혜의 그늘이 될 것입니다. 이처럼 기도는 우리에게 그 가치를 입증하는 축복과 연계되어 있습니다. 만일 구하지 않고 복을 받는다면, 우리는 그것을 일반은총으로 생각해야 합니다. 그러나 기도는 우리의 은혜를 다이아몬드 이상으로 더 보배롭게 만듭니다. 우리가 구하는 것들은 보배와 같습니다. 하지만 우리는 그것들을 진지하게 구하기 전까지는 그 보배로움을 깨닫지 못합니다.

"기도는 어두운 구름을 물러나게 하고,
기도는 야곱이 본 사다리를 오르게 하고,
믿음과 사랑을 실천하게 하며,
위로부터 모든 축복을 가지고 온다."

그가 먼저 자기의 형제 시몬을 찾아 - 요한복음 1:41

이 경우는 영적 생명이 활력적으로 역사하는 모든 경우들 가운데 가장 탁월한 한 실례입니다. 사람은 그리스도를 발견하게 되면, 다른 사람들을 찾아가기 시작합니다. 비록 당신이 혼자서 복음을 다 먹었다고 해도, 나는 당신이 그 달콤한 맛을 다 취했다고 믿지 않습니다. 참된 은혜는 영적 독점을 허락하지 않습니다. 안드레는 먼저 자신의 형 시몬을 찾아갔고, 그 다음에 다른 사람들을 찾아갔습니다. 관계는 우리가 맛본 첫 번째 결과들에 대해 아주 강력한 요구를 갖고 있습니다. 안드레가 시몬을 찾은 것은 당연한 일이었습니다. 나는 그들 자신의 집에서 시간을 보내기보다는 다른 사람들 집에서 시간을 보내기 좋아하는 그리스도인들은 없는지, 곧 집에서 특별히 유익한 시간을 갖기를 게을리 하면서도 밖에서 그런 시간을 갖기 좋아하는 사람들은 없는지 의심스럽습니다. 당신은 어떤 특별한 지역의 사람들에게 복음을 전하도록 부르심을 받을 수도 있고 받지 않을 수도 있습니다. 하지만 당신은 당신에게 속해 있는 종업원들, 친척들과 친구들에게 복음을 전하도록 부르심을 받은 것은 확실합니다.

당신의 기독교는 당신의 가정에서 먼저 시작되어야 합니다. 많은 상인들이 그들의 최고의 상품을 수출합니다. 그러나 그리스도인은 그래서는 안 됩니다. 그는 모든 곳에서 최고의 맛을 풍기도록 모든 대화를 시작해야 합니다. 그러나 무엇보다 자신의 가정에서 영적 삶의 가장 향기로운 열매를 맺고 증거를 보여 주는데 심혈을 기울여야 합니다. 안드레는 그의 형을 찾아갔을 때, 시몬이 얼마나 유명한 사도가 될지 전혀 상상하지 못했습니다. 시몬 베드로는 우리가 ��는다면, 교회 역사상 열 명의 안드레보다 더 큰 가치를 갖습니다. 그러나 안드레는 그를 예수님께 인도했다는 점에서 특별한 가치를 갖습니다. 당신은 재능이 별로 없을 수도 있습니다. 그러나 당신은 은혜와 섬김에 있어서 아주 탁월한 제자가 될 사람을 그리스도께 인도하는 도구가 될 수 있습니다. 아! 사랑하는 형제여, 당신은 당신 속에 어떤 가능성이 있는지 거의 모르고 있지요. 당신은 어린아이에게 말을 하게 될 경우도 있습니다. 그때 그 아이에게 커서 하나님의 교회를 뒤집어놓을 성결한 마음을 심어줄 수도 있습니다. 안드레는 단지 두 가지 재능을 갖고 있을 뿐이지만, 베드로를 찾아갑니다. 당신도 가서 똑같이 하십시오.

### 낙심한 자들을 위로하시는 하나님 - 고린도후서 7:6

하나님처럼 위로를 잘하시는 분이 어디 있을까요? 가난하고, 우울하고, 낙심하는 하나님의 자녀에게 가서 그에게 용기를 주는 약속들을 말해주고, 그의 귀에 위로의 말을 속삭여 보십시오. 그는 귀먹은 살모사와 같습니다. 그 뱀은 자기를 부리는 사람의 목소리를 듣지 않습니다. 결코 지혜롭게 반응하지 않습니다. 그는 절망에 빠져 아무리 위로해도 듣지 않습니다. 당신이 그로부터 얻을 수 있는 것은 기껏해야 체념의 한숨뿐입니다. 당신은 시편의 찬양도, 할렐루야도, 기쁨을 주는 성구도 전할 수 없습니다. 하지만 하나님이 그를 자신의 자녀로 삼는다면, 그분이 그의 얼굴을 드신다면, 그러면 절망자의 눈은 금방 소망으로 빛날 것입니다. 당신은 그가 이렇게 노래 부르는 것을 듣지 못합니까?

> "당신이 여기 계신다면 이곳은 낙원이 되고,
> 당신이 떠나가신다면 이곳은 지옥이 되고 맙니다."

당신은 그의 기운을 소생시킬 수 없었습니다. 하지만 주님은 그렇게 하셨습니다. "그는 모든 위로의 하나님이시며"(고전 1:3) 길르앗에는 향료가 없을지라도 하나님에게는 있습니다. 피조물들 중에는 의사가 없을지라도 창조주는 여호와 라파(치료하시는 하나님)가 되십니다. 하나님의 은혜로우신 한 마디 말씀이 그리스도인들의 전체 찬송이 되는 것은 얼마나 놀라울까요! 한 마디 하나님의 말씀은 금 한 덩어리와 같고, 그리스도인은 금박사(金箔師: goldbeater)로서 한 주간 내내 그 약속을 두드릴 수 있습니다.

그렇다면 연약한 그리스도인이여, 절망 속에 주저앉아 있지 마십시오. 보혜사를 찾아가십시오. 가서 그분께 위로해 달라고 구하십시오. 당신은 물이 다 말라버린 샘입니다. 펌프가 마르면 그곳에 물을 부어주어야 하고, 그래야 물을 얻을 수 있다는 것을 당신은 알아야 합니다. 마찬가지로 그리스도인이여, 당신에게 물이 마르면 하나님께 가십시오. 가서 그분의 기쁨을 당신의 마음속에 흘려달라고 구하십시오. 그러면 기쁨이 충만하게 될 것입니다. 세상 친구들에게 가지 마십시오. 당신은 욥의 위로자들이 결국 어떻게 했는지 알 것입니다. 누구보다 먼저 당신의 하나님 곧 "낙심하는 자들을 위로하시는 하나님"께 가서 "내 속에 근심이 많을 때에 주의 위안이 내 영혼을 즐겁게 하시나이다"(시 94:19)라고 구하시기 바랍니다.

그때에 예수께서 성령에게 이끌리어 마귀에게 시험을 받으러 광야로 가사 - 마태복음 4:1

아무리 거룩한 사람이라도 시험을 피하지는 못합니다. 예수님도 시험 받으셨습니다. 사탄은 우리를 시험할 때 그의 불꽃을 불쏘시개에 떨어뜨립니다. 하지만 그리스도의 경우를 보면, 그것은 물 위에 불꽃을 떨어뜨리는 것과 같았습니다. 그러나 원수는 그의 악한 사역을 멈추지 아니했습니다. 그런데 만일 마귀가 아무 소득이 없는데도 시험을 감행한다면, 우리 마음이 잘 타는 재료로 이루어져 있음을 잘 알고 있는 그는 얼마나 더 강하게 시험을 가해올까요! 당신이 성령을 통해 크게 거룩한 사람이 된다고 해도, 지옥의 큰 개가 당신을 향해 여전히 짖어대고 있음을 기억하십시오.

사람들이 많이 모여 있는 곳에 있을 때 우리는 시험이 있을 것을 예상하지만, 홀로 떨어져 있다고 해도 똑같은 시험으로부터 벗어나 있는 것은 아닙니다. 예수 그리스도는 사람 사는 사회로부터 광야로 이끌림을 받았고, 거기서 마귀의 시험을 받았습니다. 홀로 있는 것은 나름대로 이점과 유익이 있고, 안목의 정욕과 이생의 자랑을 억제시키는 효과가 있을 수 있지만, 마귀는 그 아늑한 은둔처로 우리를 쫓아올 것입니다. 두려운 생각들과 불경스런 유혹거리를 갖고 있는 세속적인 마음을 가진 사람들에게만 그런 시험이 있다고 생각하지 마십시오. 영적인 마음을 가진 사람들도 똑같은 상황에 직면하는 법입니다.

가장 거룩한 자리에 있을 때 우리는 가장 어두운 시험을 받습니다. 영이 가장 성별된 상태에 있을 때 당신은 사탄의 시험을 경계해야 합니다. 그리스도는 철저하게 성별되었습니다. 자기를 보내신 분의 뜻을 행하는 것이 그분의 양식이요 음료였습니다. 그러나 그분은 시험을 받았습니다! 여러분의 마음은 예수님을 향한 사랑의 거룩한 불꽃으로 활활 타오를 수 있지만, 마귀는 당신을 라오디게아 교회 성도들의 미지근함으로 끌고 갈 것입니다. 만일 당신이 나에게 하나님이 그리스도인에게 전신갑주를 벗어놓도록 허락하실 때가 있다고 말한다면, 그때는 사탄이 시험을 포기했을 때라고 당신에게 말해주고 싶습니다. 전쟁 중에 있는 옛날 기사들처럼, 우리도 투구와 갑옷을 입은 채 잠을 자야 합니다. 왜냐하면 유혹자는 우리를 잡아먹기 위해 우리가 방심하는 순간을 먼저 노리기 때문입니다. 주님은 항상 우리를 지켜주시고, 사자의 입과 곰의 발톱으로부터 피하도록 최후의 피난처가 되십니다.

그가 친히 말씀하시기를 - 히브리서 13:5

만일 믿음으로 이 말씀을 이해할 수 있다면, 우리는 우리 손에 만능의 무기를 소유하고 있는 것입니다. 이 양날을 가진 칼에 의해 죽임을 당하지 않을 의심이 어디 있겠습니까? 하나님의 언약의 활로부터 떠난 이 화살 앞에서 치명적인 상처를 입지 않을 두려움이 어디 있겠습니까? 우리에게 삶의 고뇌와 죽음의 고통이 있습니까? 내면의 타락과 외부의 덫이 있습니까? 위로부터 오는 시련과 아래로부터 임하는 시험이 있습니까?

하지만 이 모든 것들은 우리가 "그가 친히 말씀하셨다"는 요새 속으로 숨는다면 한낱 가벼운 공격에 불과할 것입니다. 그렇습니다. 우리의 즐거운 안식 속에 있든, 또는 우리의 치열한 싸움 속에 있든, "그가 말씀하셨다"는 것이 우리의 일상적 방패가 되어야 합니다. 그리고 이것은 성경을 연구하는 것이 얼마나 중요한지를 우리에게 가르쳐 줍니다. 당신의 경우에 정확하게 들어맞는 약속의 말씀이 있을 수 있는데, 당신은 그것을 전혀 모를 수 있고, 그래서 그 말씀이 주는 위로를 놓치고 맙니다.

당신은 감옥에 갇혀 있는 죄수와 같습니다. 그곳의 열쇠다발 속에 문을 여는 오직 하나의 열쇠가 들어있고, 그 열쇠를 통해서만 당신은 자유할 수 있습니다. 그러나 만일 당신이 그것을 기대하지 않는다면, 비록 자유가 옆에 있을지라도 당신은 여전히 죄수로 남아있을 수밖에 없습니다. 성경의 위대한 처방 속에는 효능 있는 약이 있을 수 있는데, 당신이 성경을 공부하고 탐구하여 "그가 말씀하신" 것을 발견하지 못한다면, 계속 병든 상태로 있어야 합니다. 당신은 성경을 읽지만 말고, 당신의 기억 속에 하나님의 약속들을 충분히 저장하고 있어야 합니다. 당신은 위인들의 명언을 암기할 것입니다. 당신은 유명한 시구(詩句)를 마음에 새겨놓고 있을 것입니다. 그러면 당신은 하나님의 말씀에 관한 지식도 그렇게 축적하고 있습니까? 그래서 어려운 문제를 해결하거나 의심을 해소시켜야 할 때 그것들을 적절하게 활용할 수 있습니까? "그가 말씀하신" 것이 모든 지혜의 원천이고 모든 위로의 근간이기 때문에, 당신은 그것을 "영생하도록 솟아나는 샘물"처럼 풍부하게 기억하고 있어야 합니다. 그때 당신의 영적 생활은 더 건강하고 활기차며 행복하게 될 것입니다.

### 읽는 것을 깨닫느냐 - 사도행전 8:30

하나님의 말씀을 지식적으로 더 잘 이해하게 된다면, 우리는 다른 사람들에게 더욱 유능한 선생이 될 수 있고, 사방에서 불어오는 이단사설의 바람에도 쉽게 흔들리지 않을 것입니다. 그 저자이신 성령이 성경을 바로 이해하도록 우리를 조명하시는 유일한 분이기 때문에, 우리는 끊임없이 모든 진리의 길로 인도해 달라고 그분의 가르침과 인도를 구해야 합니다.

선지자 다니엘이 느부갓네살의 꿈을 해석해 주고자 할 때, 어떤 일이 있었습니까? 그는 하나님께 환상을 보여 주도록 간절히 기도했습니다. 사도 요한은 밧모섬에서 본 환상에서 아무도 열 수 없는 일곱 인으로 봉인된 책을 보았습니다. 그 책은 후에 그것을 열 힘을 갖고 있던 유다 지파의 사자에 의해 열렸습니다. 그러나 처음에는 "내가 크게 울었다"고 기록되어 있습니다. 요한의 눈물은 기도로 흘린 눈물이었고, 그에게 그것은 봉인된 책을 열 수 있게 만든 거룩한 열쇠였습니다.

그러므로 당신도 당신 자신과 다른 사람들의 유익을 위해 "모든 신령한 지혜와 총명에 하나님의 뜻을 아는 것으로 채우게"(골 1:9) 되기를 바란다면, 기도야말로 당신의 공부의 최고 수단임을 기억하기 바랍니다. 다니엘처럼 당신도 꿈을 해석할 수 있습니다. 그러나 그 해석은 당신이 하나님께 간구했을 때 주어질 것입니다. 요한처럼 당신도 크게 운 다음에는 아직 열리지 않은 보배로운 진리의 일곱 인이 열리는 것을 보게 될 것입니다.

망치로 열심히 두드리지 않는 한 돌들은 깨지지 않습니다. 그리고 돌을 깨는 사람은 무릎을 꿇어야 합니다. 근면의 망치를 사용하십시오. 그리고 기도의 무릎을 꿇으십시오. 당신이 이해하면 도움이 될 만한 계시의 교리들 중에 기도와 신앙을 통해 깨지지 않을 정도로 단단한 것들은 결코 없을 것입니다. 당신은 기도의 지레로 어떤 것이든 움직일 수 있습니다. 사고(思考)와 추론들은 진리를 파악하게 만드는 강철로 된 쐐기와 같습니다. 그러나 기도는 지레로서, 거룩한 신비의 철 가슴을 여는 힘을 갖고 있습니다. 우리는 그것을 통해 안에 숨겨진 보물을 얼마든지 얻을 수 있습니다.

> 그의 팔은 힘이 있으니 이는 야곱의 전능자 이스라엘의
> 반석인 목자의 손을 힘입음이라 - 창세기 49:24

하나님이 그의 요셉들 곧 주의 자녀들에게 주시는 힘은 진정한 힘(real strength)입니다. 그것은 용맹을 과시하기 위한 것도 아니고, 사람들이 말로 지어내 연기처럼 사라질 허구도 아닙니다. 그것은 참된 힘 곧 신적 힘입니다. 요셉이 어떻게 시험을 이기고 승리합니까? 하나님이 그에게 도움을 베푸시기 때문입니다. 우리에게 하나님의 능력 없이 할 수 있는 일은 아무것도 없습니다. 참된 힘은 모두 "야곱의 전능하신 하나님"으로부터 옵니다. 하나님이 요셉에게 이 힘을 어떻게 주시는지 그 신성하고 친숙한 방법을 한 번 보십시오: "야곱의 전능자 이스라엘의 반석인 목자의 손을 힘입음이라." 이처럼 하나님은 자신의 손으로 요셉의 손을, 자신의 팔로 요셉의 팔을 붙들어주시는 분으로 나타나십니다. 아버지가 그의 자녀들을 가르치는 것처럼 주님도 자기를 경외하는 자들을 가르치십니다. 그분은 자신의 팔로 그들을 붙드십니다. 얼마나 놀라운 겸손일까요!

영원하고 전능하신 절대자 하나님이 자신의 보좌로부터 내려와 그 손을 요셉의 손 위에 두시고, 자신의 팔을 쭉 뻗어 그 자녀의 팔을 잡으실 때, 그는 얼마나 강해질 수 있을까요! 이 힘은 또한 언약의 힘(covenant strength)이었습니다. 왜냐하면 그것은 "야곱의 전능자"로 묘사되고 있기 때문입니다. 우리는 성경에서 야곱의 하나님에 관해 읽을 때마다 야곱과의 언약을 기억해야 합니다. 모든 능력, 모든 은혜, 모든 축복, 모든 자비, 모든 위로 등 우리가 소유하고 있는 모든 것들은 언약을 통해 그 원천으로부터 우리에게 흘러나오는 것입니다. 만일 언약이 없었다면, 우리는 참으로 실패할 수밖에 없습니다. 왜냐하면 빛과 열이 태양으로부터 나오는 것처럼, 모든 은혜는 그것으로부터 나오기 때문입니다. 그 꼭대기에 언약의 하나님이 서 계신 야곱이 본 사다리는 오르락내리락하는 천사들을 구원하지 않았습니다. 그것은 당신을 구원하기 위해 준비된 것이었습니다.

그리스도인이여, 마귀의 궁사들이 당신을 심하게 괴롭힐 수 있고 당신에게 화살을 쏘아 상처를 입힐 수도 있습니다. 그러나 당신의 활은 아직 힘이 남아 있습니다. 그러니 겁먹지 말고 야곱의 하나님께 모든 영광을 돌리십시오.

### 여호와는 노하기를 더디하시며 권능이 크시며 - 나훔 1:3

여호와는 "노하기를 더디하십니다." 하나님의 자비는 세상 속에 들어올 때 날개를 단 군마처럼 신속하게 움직입니다. 그 마차바퀴의 차축은 빠른 속도 때문에 빨갛게 달구어져 있습니다. 그러나 진노가 임할 때에는 최대한 느림보 발걸음으로 다가옵니다. 왜냐하면 하나님은 죄인의 죽음 속에서 전혀 기쁨을 취하지 않기 때문입니다. 그분의 펼쳐진 손에는 항상 자비의 지팡이가 들려져 있습니다. 사람들의 죄를 위해 흘리신 그 찢어진 사랑의 손에 의해 공의의 칼은 칼집에 꽂혀 있습니다. "여호와가 노하기를 더디하시는" 것은 그분이 권능이 크시기 때문입니다. 그분은 스스로를 규율하는 권세를 갖고 계시는 분으로 권능이 크십니다. 하나님의 권능이 하나님 자신을 지배할 수 있다면, 그것은 참으로 크신 능력이 아닐 수 없습니다. 전능자를 규제하는 능력은 전능자를 능가합니다.

강한 정신력을 가진 사람은 어떤 모욕에도 오래 참고, 의분에 찬 행동을 요구할 때 불의에 대해 참지 않습니다. 반대로 약한 정신력을 가진 사람은 사소한 일에도 금방 화를 냅니다. 강한 정신은 수많은 공격자들이 집중 포화를 퍼붓는다고 해도, 움직이지 않는 바위처럼 묵묵히 견디고, 그들의 허망한 악덕을 그들 한복판으로 되돌려 보냅니다. 하나님은 그의 원수들이 격발하는 것도 참으시고 분노를 억제하십니다. 만일 하나님이 조금이라도 덜 거룩하시다면, 오래지 않아 모든 분노를 발하시고, 그리하여 하늘의 모든 화약고들은 텅 비게 될 것입니다. 그분은 벌써 오래 전에 지옥의 격렬한 불로 땅을 폭파시켜버리고, 사람들은 깡그리 사라졌을 것입니다. 그러나 그분의 위대하신 권능으로 말미암아 우리는 자비를 받습니다.

사랑하는 형제여, 오늘 저녁 당신의 상태는 어떠합니까? 당신은 겸손한 믿음으로 예수님을 바라보고 "나의 대속자여, 당신은 나의 반석이요 나의 의지시라"고 말할 수 있습니까? 그렇다면 형제여, 하나님의 권능을 두려워하지 마십시오. 왜냐하면 당신은 믿음으로 피난처이신 그리스도께 피할 수 있고, 용사의 방패와 칼이 자기가 사랑하는 자들을 두렵지 않게 지켜주는 것 이상으로 하나님의 권능도 당신을 지켜주심으로써, 절대로 두려워 떨지 않게 하실 것이기 때문입니다. 그러므로 "권능이 크신" 하나님이 당신의 아버지요 친구이신 것을 즐거워하십시오.

내가 결코 너희를 버리지 아니하고 - 히브리서 13:5

하나님의 약속은 개인적으로 해석되어서는 안 됩니다. 하나님이 어떤 개인에게 말씀하신 것일지라도, 그것은 사람들 모두에게 하신 것입니다. 그분이 어떤 사람을 위해 샘을 열어놓으셨을 때, 그것은 모든 사람이 마실 수 있는 것입니다. 그분이 양식을 나눠주기 위해 창고 문을 여신다면, 그 문을 열게 만든 굶주린 당사자는 한 사람일지 몰라도, 모든 배고픈 성도들이 나아와 먹을 수 있습니다. 오성도여, 하나님이 말씀을 아브라함에게 주셨든 또는 모세에게 주셨든 그것은 문제가 아닙니다. 그분은 언약의 씨 가운데 하나인 당신에게도 똑같이 주셨습니다. 당신이 받기에 너무 높은 곳에 있는 축복이란 없습니다. 당신이 받기에 너무나 넓은 자비도 없습니다. 이제 당신의 눈을 들어 동서남북을 바라보십시오. 보이는 모든 것이 당신의 것입니다. 비스가 산꼭대기에 올라가 하나님의 약속의 끝없는 경계를 바라보십시오. 보이는 땅이 모두 당신의 것이니까요. 당신이 마실 수 없는 생명수의 시내는 없습니다. 만일 땅에 젖과 꿀이 흐른다면, 마음껏 그 꿀을 먹고 젖을 마시기를 바랍니다. 둘 다 당신의 것이니까요.

주저하지 말고 담대하게 믿으십시오. 왜냐하면 그분이 "내가 결코 너를 버리지 아니하고 너희를 떠나지 아니하리라"고 말씀하셨기 때문입니다. 이 약속에 따라 하나님은 그의 백성들에게 모든 것을 주십니다. "내가 결코 너희를 버리지 아니하리라." 따라서 하나님의 어떤 속성도 우리를 위해 사용될 수 없는 것은 없습니다. 그분이 전능하십니까? 그분은 자기를 믿는 자들을 위해 자신의 강하심을 보여 주실 것입니다. 그분이 사랑이십니까? 그러면 그분은 인자하심으로 우리에게 자비를 베푸실 것입니다. 하나님의 인격을 구성하고 있는 속성이 무엇이든, 그 모든 것은 가장 충만하게 우리를 위해 사용될 것입니다.

모든 것이 한 사람에게만 주어진다면, 당신이 바랄 수 있는 것은 아무것도 없고, 당신이 구할 수 있는 것도 아무것도 없고, 당신이 시간과 영원 속에서 필요로 하는 것도 아무것도 없고, 살거나 죽거나 얻는 것은 아무것도 없고, 이 세상이나 다음 세상에서나 얻는 것도 아무것도 없을 것입니다. 현재나 부활한 아침에 있을 때나, 또 천국에서나 본문 — "내가 결코 너희를 버리지 아니하고 너희를 떠나지 아니하리라" — 이 적용되지 않는다면, 얻는 것은 아무것도 없을 것입니다.

와서 (십자가를 지고) 나를 따르라 - 마가복음 10:21
(한글성경에는 '십자가를 지고'라는 말이 빠져있지만, 흠정역 영어성경에는 포함되어 있다)

비록 불신앙이 십자가를 만드는데 숙련된 목수 역할을 한다 할지라도, 당신이 스스로 자신의 십자가를 만드는 것이 아닙니다. 또 자기의지가 당신의 주인과 주님이 된다고 할지라도, 당신이 스스로 자신의 십자가를 선택하도록 허락되지 않습니다. 당신의 십자가는 하나님의 사랑으로 말미암아 당신에게 예비되고 주어지며, 당신은 그것을 기쁘게 받아들여야 합니다. 당신은 십자가를 당신이 선택받은 표지로서, 그리고 짊어져야 할 짐으로서 지고 그것에 대해 핑계를 대서는 안 됩니다. 오늘 저녁 예수님은 자신의 쉬운 멍에를 어깨 위에 짊어지도록 당신에게 명하십니다. 그것을 불쾌하게 여겨 발로 차거나 교만하게 짓밟지 말고, 또는 절망하여 그 아래 쓰러지거나, 두려움에 빠져 그것으로부터 도망치지 말고, 예수님의 참된 제자로서 그것을 짊어지십시오. 예수님은 십자가를 짊어지셨습니다. 그분은 슬픔의 길을 앞장서 이끌고 계십니다. 확실히 당신은 그분 이상 더 나은 안내자를 바랄 수 없겠지요! 그리고 만일 그분이 십자가를 짊어지셨다면, 당신이 짊어지는 짐은 얼마나 고귀한 것이겠습니까? 십자가의 길(Via Crucis)은 안전한 길입니다. 그 가시밭길을 걸어가기를 두려워하지 마십시오.

사랑하는 형제여, 십자가는 깃털로 만들어진 것도 아니고 우단으로 장식된 것도 아니라 불순종하는 어깨 위에서 그것은 무겁고 괴로운 짐입니다. 또 당신은 그것이 철 색깔로 채색되어 있어서 두려워할지 모르지만, 그것은 철로 만들어진 것도 아닙니다. 그것은 나무십자가로서, 얼마든지 싦어시고 운반할 수 있습니다. 또한 슬픔의 사람 예수께서 이미 짊어지지 아니하셨습니까? 당신의 십자가를 지십시오. 그러면 성령의 능력으로 당신은 곧 그 짐을 좋아하게 될 것입니다. 그리하여 모세처럼 그리스도를 따라가는 것을 애굽의 모든 보화들과 바꾸지 아니할 것입니다. 예수님이 그것을 짊어지셨고, 그것은 아주 향기로운 냄새를 풍긴다는 것을 기억하십시오. 또 그것은 곧 면류관을 가져오고, 다가올 지극히 크고 영원한 영광의 중한 것을 생각한다면 잠시 받는 환난의 무게는 아무것도 아님을 기억하십시오. 주님은 오늘 밤 당신이 잠들기 전 당신의 영이 하나님의 뜻에 복종하도록 도울 것입니다. 그러면 당신은 내일 아침 태양과 함께 깰 때, 십자가에 달리신 주님을 따르는 자가 되는 거룩하고 복종하는 영을 갖고 그날의 십자가를 짊어질 수 있을 것입니다.

*내가 … 때를 따라 소낙비를 내리되 복된 소낙비를 내리리라* - 에스겔서 34:26

본문 ― "내가 그들에게 때를 따라 소낙비를 내리리라" ― 은 주권적 은혜를 담고 있습니다. 그것은 주권자 곧 하나님의 은혜가 아니겠습니까? 왜냐하면 하나님 외에 "내가 소낙비를 주리라"고 말씀하실 수 있는 분은 없기 때문입니다. 구름에 대고 비를 내리라고 말씀하실 수 있는 분은 오직 한 분뿐입니다. 누가 땅위에 비를 내리십니까? 누가 푸른 초장에 소낙비를 뿌리십니까? 곧 여호와가 아닙니까? 따라서 은혜는 하나님의 선물이고, 사람에 의해 만들어진 것이 아닙니다. 그것은 또한 필연적인 은혜입니다. 소낙비가 내리지 않는다면 땅이 무엇을 할 수 있겠습니까? 당신은 흙을 파 그곳에 씨를 뿌릴 수 있지만, 비가 없다면 무엇을 할 수 있겠습니까? 하나님의 축복이 절대적으로 요구됩니다. 하나님이 풍족한 소낙비를 내리고 구원을 베푸시지 않는 한, 당신은 헛되이 수고하는 것입니다. 또 그것은 **풍족한** 은혜입니다. "내가 그들에게 소낙비를 내리리라." 그것은 "내가 빗방울을 내리리라"가 아니라 "소낙비를 내리리라"입니다. 만일 하나님이 축복을 베푸신다면 그분은 보통 그것을 받기에 충분한 방이 없을 정도로 크게 주십니다. 풍족한 은혜! 아! 우리는 우리를 겸손하게 하고, 기도하게 하고, 거룩하게 하는 풍족한 은혜를 원합니다. 우리는 우리를 열심 있게 하고, 한평생 보존받고 결국엔 천국에 들어가는 풍족한 은혜를 받기 원합니다.

우리는 흠뻑 적시는 은혜의 소낙비가 없이는 아무것도 할 수 없습니다. 또한 그것은 때에 합당한 은혜입니다. "내가 그들에게 때를 따라 소낙비를 내리리라." 오늘 아침 당신의 때는 어떻습니까? 가뭄의 때가 아닙니까? 그렇다면 그것은 소낙비가 내릴 때입니다. 그것이 극히 무거운 먹구름의 때입니까? 그렇다면 그것은 소낙비가 내릴 때입니다. "네가 사는 날을 따라서 능력이 있으리로다"(신 33:25). 그리고 여기에는 다양한 축복이 들어있습니다. "내가 그들에게 복된 소낙비(showers of blessing)를 내리리라." 여기서 소낙비란 말은 복수형입니다. 하나님은 온갖 종류의 축복을 내리실 것입니다. 하나님의 모든 축복은 금목걸이의 고리들처럼 함께 주어집니다. 만일 그분이 회심하는 은혜를 주신다면, 동시에 위로의 은혜도 베푸실 것입니다. 그분은 "복된 소낙비"를 내리실 것입니다. 오 시들은 나무여, 지금 위를 바라보십시오. 그대의 잎사귀와 꽃망울을 펴고 하늘에서 쏟아질 소낙비를 기다리십시오.

> 만군의 여호와여 여호와께서 언제까지 예루살렘과 유다 성읍들을 불쌍히
> 여기지 아니하시려 하나이까 … 여호와께서 내게 말하는 천사에게
> 선한 말씀, 위로하는 말씀으로 대답하시더라 - 스가랴서 1:12, 13

고민스런 질문에 비해 얼마나 기분 좋은 답변일까요! 오늘 저녁 우리는 그것을 즐거워해야 합니다. 오 시온이여, 당신을 위해 창고에 좋은 것들이 있습니다. 당신의 산고(産苦)의 때는 곧 끝나고, 당신의 자녀들은 번성하고, 당신의 포로상태도 마감될 것입니다. 잠시 동안 주어지는 채찍을 참으십시오. 어둠 아래서도 하나님을 계속 신뢰하십시오, 그분의 사랑이 당신에게 불타오를 테니까요. 하나님은 인간의 상상력으로 다 헤아리지 못할 깊은 사랑으로 교회를 사랑하십니다. 그분은 그분의 무한하신 마음으로 교회를 사랑하십니다. 그러므로 교회의 백성들은 큰 용기를 가져야 합니다. 교회는 하나님이 "선한 말씀과 위로하는 말씀"을 주시기 때문에 결코 망할 수 없습니다.

선지자가 계속 이어서 전하는 말씀은 얼마나 우리에게 위로가 될까요: "내가 예루살렘을 위하여 시온을 위하여 크게 질투하며"(슥 1:14). 주님은 교회가 다른 사람들에게 유린당하는 것을 참지 못하실 정도로 크게 사랑하십니다. 그분은 교회가 그렇게 되어 크게 또는 무겁게 고난당하는 것을 견딜 수 없습니다. 그분은 그의 원수들이 교회를 괴롭히지 못하도록 하십니다. 그분은 그들이 교회의 고통을 가중시키기 때문에 그들을 기뻐하지 않습니다. 하나님이 그의 교회를 버리신 것처럼 보일 때에도 그분의 마음은 교회를 향해 다정하십니다. 하나님은 그의 종들을 징계하기 위해 채찍을 사용하실 때마다 항상 그 후에는, 마치 그의 백성들을 괴롭게 한 그것이 보기 싫은 것처럼 그것을 부러뜨리시는 것을 역사는 증거합니다: "아버지가 자식을 긍휼히 여김 같이 여호와께서는 자기를 경외하는 자를 긍휼히 여기시나니"(시 103:13). 하나님은 우리를 치신다는 이유도 우리를 외면하지 않습니다. 그분의 채찍은 사랑이 없다는 증거가 아닙니다. 만일 이것이 그분의 교회에 전체적으로 적용된다면, 그것은 당연히 교회의 개별적 지체들에게도 적용됩니다. 당신은 주님이 당신을 간과하실까봐 걱정하겠지만, 그렇지 않습니다. 하늘의 별을 세시고 그 이름들을 하나하나 부르시는 분이 자신의 자녀들을 잊어버릴 위험성은 전혀 없습니다. 그분은 마치 당신이 지금까지 지으신 유일한 피조물인 것처럼, 또는 지금까지 사랑한 유일한 성도인 것처럼, 완벽하게 당신의 형편을 아십니다. 그러므로 그분께 나아가 평화를 누리십시오.

임박한 진노 - 마태복음 3:7

폭풍이 몰아닥친 후 시골길을 걷는 것, 곧 비가 내린 후 풀 냄새를 맡고 그것들이 햇빛을 받아 순수한 다이아몬드처럼 반짝거리는 물방울을 보는 것은 참으로 상쾌한 일입니다. 그리고 그것이 그리스도인의 입장입니다. 그는 폭풍이 그의 구주의 머리 위로 몰아닥친 땅을 통과하고 있습니다. 비록 몇 방울의 슬픔이 떨어진다고 해도, 그것들은 은혜의 구름으로부터 떨어지는 것이고, 예수님은 그것들이 그를 파멸시키지 못하리라는 확신을 주심으로써 그를 기쁘게 하십니다.

그러나 폭풍이 다가오는 것을 바라보는 것, 폭풍의 전조를 주목하는 것, 하늘의 새들의 날개들이 축 처지는 것을 목격하는 것, 가축들이 두려움 속에서 그들의 머리를 처박는 것을 보는 것, 하늘의 표면이 검게 변하는 것을 발견하는 것, 그리고 해가 빛을 비추지 못하고, 하늘이 험악하게 일그러진 얼굴로 바뀌는 것을 쳐다보는 것은 얼마나 떨리는 일들일까요! 태풍이 무섭게 엄습할 때, 때때로 열대지방에서 일어나는 것과 같은 그 두려운 폭풍을 기다리는 것, 다시 말해서 바람이 맹렬하게 불고, 나무들이 뿌리째 뽑혀지고, 바위들이 그 기초로부터 흔들리고, 사람이 사는 집들이 쓰러지는 때를 두려운 마음으로 기다리는 것은 얼마나 공포로 떨게 만들까요!

그러나 죄인이여, 이것이 당신의 현재 상황입니다. 아직 뜨거운 불덩어리는 떨어지지 않았지만, 불의 소나기가 곧 내릴 것입니다. 아직 끔찍한 바람이 당신에게 엄습하지는 않았지만, 하나님의 태풍이 두려운 집중포화를 일으킬 것입니다. 지금까지는 은혜로 말미암아 홍수로 심판받지 않았지만, 곧 홍수의 문이 열려질 것입니다. 하나님의 천둥번개가 아직 그의 창고 속에 들어 있습니다. 그러나 보십시오! 태풍이 신속하게 엄습하고, 복수의 옷을 입으신 하나님이 진노 속에서 행군하는 순간은 얼마나 두려운 순간일까요! 오 죄인이여, 당신은 그때 당신의 머리를 어디에, 어디에, 어디에 두고, 또는 어디로 도망칠 것인가요? 오 은혜의 손이 지금 당신을 그리스도께 인도하시기를 바랄 뿐입니다! 그분은 복음 안에서 당신 앞에 값없이 서 계십니다. 그분의 상처난 손은 보호의 반석이 되십니다. 지금 당신은 자신에게 그분이 필요함을 알고 있습니다. 그러니 그분을 믿으십시오. 그분께 당신을 의탁하십시오. 그러면 진노는 영원히 소멸될 것입니다.

그러나 요나가 여호와의 얼굴을 피하려고 일어나 다시스로
도망하려 하여 욥바로 내려갔더니 - 요나서 1:3

요나는 하나님이 명하신 대로 말씀을 선포하러 니느웨로 가는 것을 싫어해서 그것을 피하려고 욥바로 내려갔습니다. 요나처럼 하나님의 종들은 감당해야 할 의무를 피할 기회들이 많습니다. 그러나 그 결과가 무엇입니까? 요나는 그 피하는 행위를 통해 무엇을 잃었습니까?

그는 하나님의 사랑과 위로를 경험할 기회를 잃어버렸습니다. 우리가 신자로서 주 예수님을 섬길 때 하나님이 우리와 함께 하십니다. 그리고 하나님이 우리와 함께 하신다면, 온 세상이 우리를 대적한다고 해도 무엇이 문제입니까? 그러나 우리가 뒷걸음치고 우리 자신의 능력에 의존하는 순간, 우리는 조타수 없이 항해하는 자가 될 것입니다. 그때 우리는 쓰라린 슬픔 속에서 이렇게 부르짖을 것입니다: "오 나의 하나님, 어디로 가셨나이까? 저는 너무 어리석게도 당신의 도우심을 거부하고, 당신의 얼굴의 밝은 빛을 상실해 버렸습니다. 이것은 너무나 값비싼 대가입니다. 그러므로 당신에 대한 충성을 회복하게 하셔서 당신의 임재를 즐거워할 수 있도록 하소서."

그 후 요나는 마음의 모든 평화를 상실해버리고 말았습니다. 죄는 곧 신자의 위로를 파괴합니다. 그것은 그 잎이 기쁨과 평화의 삶을 파괴하는 치명적인 독을 떨어뜨리는 유퍼스(upas) 나무와 같습니다.

요나는 다른 곳에서 위로받을 수 있는 것마저 상실해 버렸습니다. 그는 하나님의 보호에 관한 약속을 요청할 수가 없었습니다. 왜냐하면 그는 하나님이 원하시는 길에 있지 않았기 때문입니다. 그는 "주여, 맡겨주신 임무를 수행하다 이런 어려움을 만났으니, 저를 도와주소서"라고 기도할 수가 없었습니다. 그는 자신이 뿌린 씨를 거두고 있었습니다.

그리스도인이여, 당신의 머리 위에서 물결과 파도가 출렁거리는 것을 원하지 않는다면, 요나와 같이 행하지 마십시오. 당신은 결국 하나님의 뜻에 즉각 순종하는 것보다 하나님의 활동과 뜻을 피하는 것이 더 어려움을 알게 될 것입니다.

요나는 시간만 허비했습니다. 그는 결국 니느웨로 가야 했기 때문입니다. 그러므로 우리가 하나님과 다투는 것은 손해입니다. 우리는 즉각 그분께 순종합시다.

### 구원은 여호와께 속하였나이다 - 요나서 2:9

구원은 하나님의 사역입니다. "죄와 허물로 죽은" 영혼을 소생시키는 분은 오직 하나님뿐입니다. 또 영혼의 생명을 유지시키는 분도 오직 그분뿐입니다. 그분은 "알파요 오메가"이십니다. "구원은 여호와께 속하였나이다." 만일 내가 기도한다면, 하나님이 나에게 기도하도록 역사하신 것입니다. 만일 내가 은혜를 소유하고 있다면, 그것도 하나님이 내게 주신 선물입니다. 만일 내가 신실한 생활을 하고 있다면 그것은 그분의 손이 나를 붙들고 계시기 때문입니다. 자신의 보존을 위해 나는 아무것도 할 수 없고, 오직 하나님이 내 안에서 먼저 행하십니다. 내가 소유하고 있는 것이 아무리 선할지라도, 그 모든 선은 하나님께 속한 것입니다. 내가 죄를 범한다면 그것은 내가 한 것입니다. 그러나 내가 의를 행한다면 그것은 완전히 그리고 온전히 하나님께 속한 것입니다. 만일 내가 영적 원수들을 물리친다면 그것은 주님의 힘이 주어진 결과입니다. 내가 사람들 앞에서 성결한 삶을 살았습니까? 그렇다면 내가 아니라 내 안에 계시는 그리스도가 그렇게 사신 것입니다. 내가 성화되었습니까? 나는 스스로 깨끗해진 것이 아닙니다. 하나님의 거룩한 영이 나를 성화시킨 것입니다. 내가 세상과 구별되었습니까? 나는 나를 성별시키기 위한 하나님의 징계를 통해 그렇게 된 것입니다. 내가 지식이 자라고 있습니까? 위대하신 선생이 나를 가르치기 때문입니다.

나의 모든 보화들이 천국의 솜씨로 변화되었습니다. 나는 내가 원하는 모든 것을 하나님 안에서 발견합니다. 그러나 나 자신 속에서는 단지 죄와 비참만을 볼 뿐입니다. "오직 그분만이 나의 반석이요 나의 구원이시라." 내가 말씀으로 자라고 있습니까? 그 말씀은 주님이 그것을 내 영혼의 양식으로 만들어서 먹도록 도우시지 않으면, 내게 양식이 되지 못했습니다. 내가 천국으로부터 내려온 만나를 먹고 살고 있습니까? 그 만나는 자기의 살과 피를 내가 먹고 마시도록 하신 육화된 예수 그리스도 그분 자신이 아니고 누구입니까? 내가 계속해서 육체의 힘이 좋아지고 있습니까? 그 힘이 어디서 올까요? 나의 도움은 천국의 산들로부터 옵니다. 예수님 없이 나는 아무것도 할 수 없습니다. 가지가 포도나무에 붙어있지 아니하면 열매를 맺을 수 없는 것처럼 나도 그분 안에 거하지 아니하면 아무것도 할 수 없습니다. 요나가 깊은 바다 속에서 배운 것을 오늘 아침 나도 내 골방에서 배우기를 원합니다. "구원은 여호와께 속하였나이다."

나병이 과연 그의 전신에 퍼졌으면 그 환자를 정하다 할지니 - 레위기 13:13

이 규정은 아주 이상하게 보이지만 그 안에 지혜가 들어있습니다. 그 이유는 질병이 전신에 퍼진 것이 그 체질의 온전함을 증명하기 때문이었습니다. 오늘 저녁 우리가 이처럼 역설적인 법이 주는 교훈을 살펴보는 것은 아주 유익합니다. 우리 역시 나병환자이고, 나병환자에 관한 법은 그대로 우리 자신들에게도 적용될 수 있습니다. 사람이 자기 자신을 죄의 더러움들로 온통 뒤덮여 있고, 한 부분도 오염으로부터 벗어날 수 없는 완전히 부패하고 타락한 존재로 볼 때, 또 주님 앞에서 자기 자신의 의는 완전히 포기하고 오로지 죄책만 내놓을 때, 그는 예수님의 피와 하나님의 은혜를 통해 깨끗하게 됩니다. 감추어져 있고, 느껴지지 않고, 고백되지 아니한 죄들이 진짜 나병입니다.

그러나 죄가 보이고 느껴질 때, 그것은 결정적인 타격을 입게 되고, 주님은 그것 때문에 고통당하는 영혼을 자비의 눈으로 바라보십니다. 자기의(自己義) 보다 더 치명적인 것은 없고, 회개보다 더 소망스러운 것은 없습니다. 우리는 우리가 "죄밖에 없는" 존재임을 고백해야 합니다. 왜냐하면 이에 대한 고백이 없다면 참된 진실도 없기 때문입니다. 그리고 만일 성령이 우리에게 죄를 회개하도록 역사하신다면, 이것을 고백하는데 아무 어려움이 없을 것입니다. 그것은 우리 입술로부터 자동적으로 흘러나올 것입니다.

참으로 깨달은 죄인들에게는 본문이 얼마나 큰 위로가 될까요! 그들을 크게 낙심하게 만든 상황이 여기서는 소망적인 상황의 징조이자 징후로 변하게 됩니다. 옷을 입기 전에 먼저 벗는 일이 있습니다. 기조를 파는 것이 건물을 세울 때 가장 먼저 할 일입니다. 마찬가지로 심령 속에서 은혜가 가장 먼저 하는 일은 죄를 철저하게 깨닫도록 하는 일입니다. 오 온전한 부분이 한 군데도 없는 나병에 걸린 연약한 죄인이여, 본문으로부터 힘을 얻고, 그 모습 그대로 예수님께 나아오십시오.

"크든 작든 우리의 죄의 빚을 그대로 놔두라.
우리가 지불할 아무것도 없을 때, 우리 주님이 모든 것을 사하신다.
오직 완전한 가난만이 영혼을 해방시키기 위해 필요하다.
한 점이라도 우리 것이라고 부를 때 우리는 충분히 사함 받지 못하리라."

> 네가 말하기를 여호와는 나의 피난처시라 하고 지존자를 너의
> 거처로 삼았으므로 - 시편 91:9

이스라엘 백성들은 광야에서 끊임없이 유랑을 해야 했습니다. 하나님의 인도의 표지인 기둥이 그 움직임을 멈추면 성막이 세워졌습니다. 그러나 이튿날이 되면 아침해가 떠오르기 전 나팔이 울려 퍼지고, 언약궤가 운반되고, 불기둥, 구름기둥이 좁은 산길이나 언덕길 또는 메마른 광야를 통과하도록 길을 인도했습니다. 그들이 잠시 쉬려는 시간을 가지려고 하면 "떠나라! 이곳은 너희가 쉴 곳이 아니다. 너희는 지금 가나안 땅을 향해 가야 한다"는 소리를 들어야 했습니다. 그들은 한곳에 오래 머무르지 못했습니다. 심지어는 우물가와 종려나무 그늘도 그들을 붙잡아두지 못했습니다.

그러나 그들은 그들의 하나님 안에 거할 집을 갖고 있었습니다. 그분의 구름기둥은 그들 집의 지붕이었고, 밤의 불기둥은 그들의 집을 밝혀주는 불이었습니다. 그들은 "이제 우리는 안전하다. 우리는 이곳에 거할 것이다"라고 말하며 잠시 정착할 시간도 없이 끊임없이 유랑하며 이곳저곳으로 옮겨 다녀야 했습니다. 모세는 "그러나 우리는 항상 유랑하지만, 주여, 주는 대대에 우리의 거처가 되셨나이다"(시 90:1)라고 말합니다.

그리스도인은 하나님이 변함이 없으시다는 것을 압니다. 그리스도인은 오늘 부유하다 내일 가난해질 수 있습니다. 그는 오늘 병들었다 내일 나을 수도 있습니다. 그는 오늘 행복하다 내일 고난에 빠질 수도 있습니다. 그러나 그와 하나님의 관계는 변함이 없습니다. 만일 그분이 나를 어제 사랑하셨다면, 오늘도 사랑하고 계십니다. 나의 견고한 안식처는 나의 복되신 주님입니다.

전망이 어두울지라도, 소망이 사라질지라도, 기쁨이 시들어질지라도, 곰팡이가 모든 것을 파괴할지라도, 그렇다고 해도 나는 하나님 안에서 소유하고 있는 것을 하나도 잃지 않았습니다. 그분은 "내가 항상 피하여 숨을 바위"(시 17:3)가 되십니다. 나는 땅에서 유랑하지만 하나님 안에서는 평온한 상태로 거할 것입니다.

그의 근본은 상고에, 영원에 있느니라 - 미가서 5:2

주 예수님은 그의 백성들이 시간의 무대 위에 등장하기 오래 전, 하나님의 보좌 앞에서 그들의 대표자로서 선포되었습니다. 그분이 그의 백성들을 위해 피를 피로, 고난을 고난으로, 고뇌를 고뇌로, 그리고 죽음을 죽음으로 갚기로 자신의 아버지와 맺은 언약에 서명을 하신 것은 "영원부터"였습니다. 그분이 불평 한 마디 없이 자신을 포기하신 것, 곧 자신의 머리 꼭대기로부터 발바닥까지 그분이 한 방울 남김없이 피를 흘리신 것, 그분이 침 뱉음을 당하고, 창으로 찔리시고, 조롱을 당하시고, 갈기갈기 찢기시고, 죽음의 고통 아래 처하게 되신 것은 "영원부터"였습니다. 그분이 우리의 보증으로서 선포되신 것은 영원부터였습니다.

내 영혼아, 잠시 멈추고 놀랄지어다! 그대는 "영원부터" 예수님의 인격 속에 기억되었노라! 당신이 세상에 태어나기 전부터 그리스도는 당신을 사랑하셨을 뿐만 아니라 사람의 아들들이 있기 전에 자신의 즐거움을 그들과 함께했습니다. 그분은 그들에 관해 자주 생각했습니다. 영원부터 영원까지 그분은 그들을 사랑하셨습니다. 어떻게 이런 일이 일어날 수 있을까요! 내 영혼아, 그분이 그대의 구원에 관해 그토록 오래 전부터 생각하셨는데, 그것을 이루지 못하시겠는가? 그분이 영원부터 나를 구원하기 위해 이토록 노심초사하셨는데, 어찌 지금 나를 잃어버리시겠습니까? 얼마나 놀라운 일일까요! 그분이 자신의 보석처럼 손 안에 나를 쥐고 계시는데, 지금 그분이 자신의 손가락 사이에서 미끄러져 나가도록 하시겠습니까? 그분이 산들이 생기기 전, 또는 깊은 계곡이 세워지기 전 나를 택하셨는데, 지금 그분이 나를 거부하시겠습니까? 천부당만부당합니다!

나는 그분이 변함없이 사랑하시는 분이 아니었더라면 그토록 오랫동안 나를 사랑하지 못하셨을 것이라고 생각합니다. 만일 나에 대해 싫증을 내실 분이라면, 그분은 벌써 오래 전에 싫증이 나셨을 것입니다. 만일 그분이 지옥만큼 깊고, 죽음만큼 강한 사랑으로 나를 사랑하시지 않았다면, 그분은 이미 오래 전에 나로부터 등을 돌리셨을 것입니다. 오, 기쁘고 기쁘도다. 내가, 그분의 아버지께서 그분에게 주신 그분의 영원하고 빼앗길 수 없는 기업임을 알게 되다니! 영원하신 사랑이 오늘 밤 내 머리의 베개가 될 것입니다.

### 나의 소망이 그로부터 나오는도다 - 시편 62:5

이런 고백을 드릴 수 있는 것은 신자의 특권입니다. 만일 그가 세상으로부터 뭔가를 기대한다면, 그것은 참으로 빈약한 "기대"입니다. 그러나 만일 그가 현세적인 것이든 영적인 것이든 자신이 원하는 축복을 하나님께 구한다면, 그의 "기대"는 헛된 것이 아닐 것입니다. 그는 끊임없이 믿음 은행으로부터 끌어낼 수 있으며, 그의 필요는 하나님의 부요하신 인자로부터 충만히 채워질 것입니다. 로스차일드가(세계적으로 막강한 영향력을 행사했던 유명한 유대계 은행가 가문)보다 나의 은행가이신 하나님이 소유하고 있는 것이 훨씬 더 많습니다. 나의 주님은 자신의 약속을 지키는데 결코 실수가 없으십니다. 우리가 그 약속들을 그분의 보좌 앞으로 갖고 나아갈 때, 그분은 응답하지 않고 빈손으로 되돌려 보내시는 법이 없습니다. 그러므로 나는 오직 그분의 문 앞에서 기다릴 것입니다. 그러면 그분은 항상 인색하지 않은 은혜의 손으로 그것을 열어주실 것입니다. 이 시간에 나는 그분을 새롭게 시험해 볼 것입니다.

그러나 우리는 이 세상 너머의 것에 대한 "기대"를 갖고 있습니다. 우리는 곧 죽을 것입니다. 그때 우리의 "기대는 그분으로부터" 옵니다. 우리가 질병으로 침상에 누워 있을 때 그분이 우리를 자신의 품으로 이끌기 위해 천사들을 보내실 것을 기대하지 않습니까? 우리는 심장의 박동이 희미해지고, 숨을 가쁘게 몰아쉴 때, 천사가 서서 사랑스러운 눈으로 우리를 바라보면서 "그대 영이여, 이제 떠나자!"라고 속삭일 것이라고 믿습니다. 우리는 천국 문에 가까이 다가갈수록 "내 아버지께 복 받을 자들이여 나아와 창세로부터 너희를 위하여 예비된 나라를 상속받으라"(마 25:34)는 환영사를 듣기를 기대합니다. 우리는 금으로 만든 수금과 영광의 면류관을 기대합니다. 우리는 곧 보좌 앞에서 별처럼 빛나는 사람들의 무리 속에 포함되기를 소망합니다. 우리는 우리의 영광스러우신 주님처럼 될 때를 고대하고 갈망합니다. 그때 "우리가 그의 참 모습 그대로 볼 것이기"(요일 3:2) 때문입니다.

오 내 영혼아, 이 모든 것들이 그대의 "기대"라면, 하나님을 위해 살라. 그대가 갖고 있는 모든 것을 베푸시고 그대의 선택, 구속, 그리고 부르심과 같은 은혜를 주시는 그분을 영화롭게 할 열망과 결심을 갖고 살라. 그리하면 그대는 다가올 영광의 어떤 "기대"든 다 얻게 될 것이다.

> 여호와께서 엘리야를 통하여 하신 말씀 같이 통의 가루가 떨어지지
> 아니하고 병의 기름이 없어지지 아니하리라 - 열왕기상 17:16

여기서 하나님의 사랑의 신실하심을 주목하십시오. 당신은 이 여인이 매일의 필요를 갖고 있었음을 압니다. 그녀는 기근의 때에 자기와 자기 아들이 먹고 살 것이 필요했습니다. 그런데 설상가상으로 선지자 엘리야까지 먹여 살려야 했습니다. 그러나 필요는 세 배나 되었지만, 먹을 것이 떨어지지 아니했습니다. 왜냐하면 그녀에게 지속적인 공급이 있었기 때문입니다. 매일 그녀는 통에서 가루를 퍼냈으나 매일 그것은 똑같이 남아 있었습니다.

사랑하는 형제여, 당신은 매일의 필요를 갖고 있고, 그것은 너무 자주 찾아오기 때문에 언젠가 쌀통이 비고, 기름병이 떨어질 것에 대해 두려워하기 쉽습니다. 그러나 하나님의 말씀에 따르면 이것이 기우에 불과하다는 것을 알아야 합니다. 날마다 환난이 있을지 모르지만 그에 대한 도우심도 있을 것입니다. 당신은 므두셀라보다 더 오래 살고, 당신의 필요가 바닷가의 모래보다 더 많을지 모르지만 하나님의 은혜와 자비는 당신의 모든 필요를 충족시키고, 당신은 실제로 부족함을 느끼지 못할 것입니다.

이 과부가 살던 시대에 3년이라는 긴 기간 동안 하늘엔 구름 한 점 보이지 않았고, 별들도 사악한 땅에 거룩한 이슬방울을 흘리지 않았습니다. 기근과 폐허, 그리고 죽음이 그 땅을 황량한 광야로 만들었습니다. 그러나 이 여인은 결코 주리지 않았고, 항상 풍성함으로 즐거웠습니다. 그것은 당신에게도 마찬가지입니다. 당신은 죄인의 소망이 무산되는 것을 보게 될 것입니다. 왜냐하면 그는 자기 본성의 힘을 의존하기 때문입니다. 당신은 교만한 바리새인의 신념이 무너지는 것을 볼 것입니다. 왜냐하면 그는 모래 위에 자신의 소망을 세웠기 때문입니다. 당신은 심지어 당신 자신의 계획들이 꺾이고 좌절되는 것을 보게 될 것입니다. 그러나 당신은 자신의 보호처가 반석 위에 세워져 있음을 보게 될 것입니다. "그분의 떡이 당신에게 주어지고, 그분의 물도 확실하게 주어질 것입니다." 당신의 소유를 은행에 맡기는 것보다는 당신의 보호를 하나님께 맡기는 것이 훨씬 낫습니다. 당신은 인도제국의 모든 부를 다 소비할 수 있지만, 하나님의 무한하신 부는 당신이 다 소비할 수 없을 것입니다.

내가 인자함으로 너를 이끌었다 - 예레미야서 31:3

율법의 위협과 심판에 대한 두려움은 우리를 그리스도께 인도하는 수단이 되기도 합니다. 그러나 궁극적 승리는 하나님의 인자하심(lovingkindness)로 말미암아 주어집니다. 탕자는 궁핍감 때문에 견디지 못하고 아버지의 집을 향해 출발했습니다. 그러나 아버지는 멀리서 그를 보고 달려가 그를 맞이했습니다. 아버지 집을 향해 마지막 발걸음을 떼어놓았을 때, 그는 뺨에 아버지의 따스한 입맞춤을 받았고, 귀로는 아주 감미로운 환영의 말을 들었습니다.

> "율법과 공포는 오직 강퍅하게 하고
> 항상 그것들은 가차 없이 활동하고 있다.
> 그러나 피로 지불한 죄사함의 의식은
> 돌 같은 마음을 녹여버릴 것이다."

주님은 어느 날 밤 문에 다가와 철로 된 율법의 손으로 노크하셨습니다. 그 문은 돌쩌귀가 충격을 받아 흔들렸습니다. 그러나 문 안에 있던 주인은 온갖 가구들을 문 입구에 쌓아 주님이 들어올 수 없도록 막아놓고, "나는 절대로 그가 들어오지 못하도록 하겠다"고 말했습니다. 그래서 주님은 돌아가셨는데, 잠시 후 다시 와서 못 박힌 자국으로 얼룩진 그 부드러운 손으로 문을 다시 두드리셨습니다. 오, 참으로 부드럽고 온화하게 말입니다. 이때 문은 조금도 흔들리지 않았으나, 희한하게도 열려졌고, 지난번에 손님을 영접하는데 주저했던 주인도 무릎을 꿇고 그분을 맞이했습니다. "들어오세요. 들어오세요. 당신의 노크 소리에 제 마음이 움직였습니다. 저는 당신의 상처 난 손이 내 집 문에 핏자국을 남겨놓은 채 그냥 돌아가도록 할 수 없었습니다. '당신의 머리는 이슬이 잔뜩 묻어 있고, 당신의 머리털은 밤의 이슬방울로 가득 차 있었습니다.' 제가 졌습니다. 제가 졌습니다. 당신의 사랑이 제 마음을 정복했습니다."

이것은 모든 경우에도 마찬가지입니다. 인자하심이 승리합니다. 모세가 돌판으로 할 수 없었던 일을 그리스도는 그의 상처 난 손으로 하십니다. 이것이 유효한 부르심의 교리입니다. 내가 그것을 경험적으로 깨닫습니까? 내가 "그분이 나를 이끌었고, 나는 감사함으로 그 음성을 하나님의 것으로 고백하며 따라갔다"고 말할 수 있습니까? 만일 그렇다면 최후에 어린양의 혼인잔치 자리에 앉을 때까지 그분이 계속 당신을 이끌도록 하십시오.

> 우리가 오직 하나님으로부터 온 영을 받았으니 이는 우리로 하여금 하나님께서
> 우리에게 은혜로 주신 것들을 알게 하려 하심이라 - 고린도전서 2:12

사랑하는 형제여, 당신은 당신의 영혼 속에 성령에 의해 역사된, 하나님께 속한 영을 받았습니까? 마음속에 성령의 역사가 필수적이라는 것은 성부 하나님과 성자 하나님에 의해 행해진 모든 일은 성령이 우리 영혼 속에 이 일들을 계시하지 않는 한 우리에게 아무 효력이 없다는 사실로 분명히 입증될 수 있습니다. 하나님의 영이 사람 안에 들어오시지 않는다면 그에게 선택교리는 무슨 효과가 있을까요?

하나님의 영이 나를 흑암으로부터 놀라운 빛으로 부르시지 않는다면, 선택은 내 의식 속에서 죽은 글자에 불과합니다. 그때 나의 부르심을 통해 나는 나의 선택을 깨닫습니다. 그리고 내 자신이 하나님의 부르심을 받은 것을 알 때, 나는 영원한 계획 속에서 선택받은 것을 알게 됩니다.

언약은 주 예수 그리스도와 그분의 아버지 사이에 맺어졌습니다. 그러나 성령이 우리에게 그 축복을 가져오고, 그것을 받아들이도록 우리 마음을 여시지 않는다면, 그 언약이 우리에게 무슨 효력이 있을까요? 못 ― 예수 그리스도 ― 위에 그 축복들이 걸려 있습니다. 하지만 키가 작은 우리는 그곳에 닿을 수 없습니다. 하나님의 영이 그 축복들을 밑으로 내려 우리 손에 쥐어줍니다. 그렇게 해서 그것들은 실제적으로 우리 것이 됩니다. 언약의 축복들은 그 자체로 하늘에서 내려오는 만나와 같아서 사람의 손에 미치지 않습니다. 하지만 하나님의 영이 하늘 문을 열고 영적 이스라엘 진영 주위에 생명의 떡을 뿌려줍니다.

그리스도께서 이루신 사역은 포도주통에 저장되어 있는 포도주와 같습니다. 불신으로 말미암아 우리는 꺼낼 수도 없고 마실 수도 없습니다. 성령은 이 보배로운 포도주 속으로 우리의 잔을 담그십니다. 그때 비로소 우리는 마실 수 있습니다. 그러나 성령이 없으면 우리는 마치 아버지께서 선택하지 않은 것처럼, 또 아들이 자기 피로 우리를 사시지 않은 것처럼 참으로 죄 안에서 죽은 자가 되고 맙니다. 그러므로 성령은 우리의 행복을 위해 절대 필수적입니다. 우리는 충실하게 그분을 따라 걸어야 하고, 그분을 근심시키는 생각을 두려워해야 합니다.

북풍아 일어나라 남풍아 오라 나의 동산에 불어서 향기를 날리라 - 아가서 4:16

어떤 것이든 무관심의 죽음 같은 정적보다는 낫습니다. 만일 환난의 북풍이
은혜의 향기를 풍겨서 우리를 성화시킬 수 있다면, 우리의 영혼은 그것을 원하
는 것이 지혜로울 것입니다. "주님은 바람 속에 계시지 않았다"고 말해지는 경우
만 아니라면, 우리는 은혜의 나무 위에 항상 불어닥친 가혹한 삭풍 때문에 절대
로 움츠러들지 않을 것입니다. 본문을 보면, 신부는 자신의 연인의 책망에 겸손
하게 복종하지 않았습니까? 다만 어떤 형식으로든 은혜를 보내달라고 그분께 간
청할 뿐 그 구체적인 방법에 관한 요청은 없지 않습니까? 우리 자신들처럼, 그녀
도 무감각과 죽음 같은 정적에 완전히 지쳐 있어서 자신에게 행동을 촉구하는
책망을 오히려 고대하지 않았습니까?

그러나 그녀는 위로의 훈훈한 남풍 곧 하나님의 사랑의 미소, 구속자의 임재
에 대한 기쁨도 사모합니다. 이것들은 종종 우리의 나태한 생활을 아주 획기적
으로 바꾸어놓는 효과가 있습니다. 그녀는 북풍이든 남풍이든, 아니 둘 다 원합
니다. 그리하여 그녀는 자기 정원에서 풍기는 향기로 사랑하는 자를 즐겁게 할
수 있기를 바랐습니다. 그녀는 자신이 사랑하는 자에게 무익한 존재가 되는 것
을 참을 수 없습니다. 그것은 우리도 마찬가지입니다. 예수님이 우리의 하찮은
은혜의 행동을 기쁘게 받아들이신다는 것은 우리에게 얼마나 즐거운 생각일까
요? 그렇지 않습니까? 그것은 너무나 좋아서 사실이 아닌 것처럼 생각됩니다.

만일 우리가 그것으로 임마누엘의 마음을 즐겁게 하는데 도움이 된다면, 시험
또는 심지어 죽음 자체도 참으로 매력적인 것이 될 수 있습니다. 오 만일 우리의
사랑하는 주 예수님이 이런 일들을 통해 영광을 받으실 수만 있다면, 우리 심령
이 산산조각이 난다한들 무엇이 큰일일까요! 실행되지 않은 은혜는 꽃받침 속에
서 아직 잠자고 있는 감미로운 향기와 같습니다. 위대한 농부이신 주님의 지혜
는 상반된 다양한 원인들을 다스려 한 가지 원하는 결과를 낳습니다. 또 그분의
지혜는 고통과 위로 둘 다를 이용하여 믿음, 사랑, 인내, 소망, 순종, 기쁨, 그리고
정원의 다른 아름다운 꽃들의 감미로운 향기를 풍기게 합니다. 우리가 직접 경
험을 통해 이것이 무엇을 의미하는지 알 수 있기를!

### 믿는 너희에게는 보배이나 - 베드로전서 2:7

모든 강물이 바다 속으로 흘러 들어가듯이 모든 즐거움은 우리가 사랑하는 주님에게 집중됩니다. 그분의 눈의 광채는 태양빛을 능가하고, 그분의 얼굴의 아름다움은 가장 아름다운 꽃보다 더 아름답습니다. 어떤 향기도 그분의 입으로부터 나오는 향기만큼은 향기롭지 못합니다. 보고(寶庫)의 보석들과 바다의 진주들도 그분의 보배로움과 비견될 만큼 가치 있는 것들은 못됩니다. 베드로는 예수님을 보배라고 말하지만, 그도 그분이 얼마나 보배로운지 말할 수 없었고, 또한 우리 가운데 누구도 하나님의 말할 수 없는 선물에 대해 그 가치를 계산할 수 없었습니다. 하나님의 말씀도 주 예수님의 보배로움을 그의 백성들에게 다 선포할 수 없고, 또 그분이 그들의 만족과 행복에 대해 얼마나 본질적인지에 대해서도 충분히 말할 수 없습니다.

성도여, 당신은 당신의 주님이 없었을 때 풍요함 속에서도 쓰라린 기근을 맛보지 않았습니까? 태양이 비추고 있었지만 그리스도는 숨어계셨고, 그때 모든 세상은 당신에게 어두웠습니다. 또는 밤이라고 해도, 밝은 새벽별이 사라지면, 다른 별들은 당신에게 빛의 광선을 충분히 쏟아낼 수가 없었을 것입니다. 우리 주님이 없다면 이 세상은 얼마나 쓸쓸한 광야가 될까요! 만일 그분이 우리에게서 스스로를 감추신다면, 우리 정원의 꽃들은 시들어버리고, 우리의 기쁨의 열매들은 썩어 버리고, 새들은 그 노래를 멈추어 버리며, 폭풍은 우리의 소망을 붕괴시켜 버릴 것입니다. 의의 태양이 사라진다면 지상의 모든 촛불은 그 빛을 잃을 것입니다. 그분은 우리 영혼의 영혼이요, 우리 빛의 빛이요, 우리 생명의 생명이 되십니다.

사랑하는 형제여, 당신은 아침에 일어나 감당해야 할 하루의 고투를 바라볼 때, 그분 없이 세상에서 무엇을 하겠습니까? 당신은 저녁에 녹초가 되어 피곤한 몸을 이끌고 집에 돌아올 때, 당신과 그리스도 사이에 교제의 문이 없다면, 무엇을 하겠습니까? 그러므로 주님의 이름을 찬미하십시오. 그분은 자기 없이 우리의 몫을 찾도록 우리를 그냥 내버려두지 아니하실 것입니다. 왜냐하면 예수님은 자기 백성들을 결코 포기하지 않으시기 때문입니다. 그러나 그분 없는 삶이 어떠할지를 생각해보면, 그분의 보배로움은 더욱 커질 것입니다.

> 온 이스라엘 사람들이 각기 보습이나 삽이나 도끼나 괭이를 버리려면
> 블레셋 사람들에게로 내려갔었는데 - 사무엘상 13:20

우리는 악한 블레셋 사람들과 큰 전쟁을 치르고 있습니다. 이 전쟁에서 우리는 우리 수중에 있는 모든 무기를 사용해야 합니다. 설교, 가르침, 기도, 베풂 등 모든 것이 동원되어야 하고, 섬김에 별로 도움이 안 된다고 생각되었던 재능들도 이제는 이용되어야 합니다. 삽과 도끼, 그리고 괭이도 블레셋 사람들을 죽이는데 사용될 수 있습니다. 조잡한 기구들도 강력한 공격무기가 될 수 있습니다. 죽이는 일은 효과가 만점이라면 굳이 우아하게 할 필요는 없습니다. 적당한 때든 아니든 모든 순간, 배운 것이든 배우지 못한 것이든 온갖 종류의 능력, 유리하든 불리하든 모든 기회가 다 활용되어야 합니다. 왜냐하면 우리의 원수는 강하고 우리의 힘은 약하기 때문입니다.

우리가 가진 대부분의 무기들은 날카롭지 못합니다. 우리는 한 마디로 말해 주님의 사역에 완전하게 적응하기 위해 민감한 인지력, 전술, 힘, 기민성 등이 필요합니다. 기독교적 정신을 실천하는 사람들을 보면, 세상의 실용적인 상식을 활용하는 경우가 별로 없습니다. 우리는 필요하다면 우리의 원수들로부터 배울 것은 배워야 합니다. 그래서 블레셋 사람들로 하여금 우리의 무기를 날카롭게 만들도록(벼리도록) 해야 합니다. 오늘 아침 우리는 성령의 도우심을 받아 하루 동안 우리의 열심이 힘을 발휘하도록 날카롭게 벼려야 합니다. 가톨릭을 보십시오. 그들은 한 명의 개종자를 만들기 위해 얼마나 온 세계를 돌아다닙니까? 그들은 모든 열심을 하나로 모으지 않습니까? 이단에 속한 광신자들을 보십시오. 그들은 자기들의 우상을 섬기기 위해 얼마나 큰 고통을 견뎌냅니까! 어디 그들만 인내와 자기희생을 보여 주고 있습니까? 흑암의 왕을 주목해 보십시오. 그가 얼마나 끈질기게 그 수고를 감당하고, 얼마나 뻔뻔스럽게 자신의 궤계를 시도하고, 얼마나 담대하게 그 계획을 실천하고, 얼마나 사려 깊게 그 음모를 펼쳐가며, 그리고 그 모든 것들을 얼마나 정력적으로 감행할까요! 마귀들은 예수를 믿는 우리가 하나님을 섬기는데 있어서 분열되고, 활동할 때 하나 된 모습을 보여 주지 못할 때, 그 파렴치한 반역의 역사를 펼치는데 있어서 한 사람처럼 서로 연합합니다. 오 사탄의 지옥 사업으로부터, 우리는 선한 사마리아인들이 복을 베풀어달라고 하나님께 구할 때처럼, 열심히 힘쓰는 모습을 배워야 할 것입니다!

> 모든 성도 중에 지극히 작은 자보다 더 작은 나에게 이 은혜를 주신 것은 측량할
> 수 없는 그리스도의 풍성함을 이방인에게 전하게 하시고 - 에베소서 3:8

사도 바울은 복음 전파하는 일이 자기에게 허락된 것에 대해 큰 자부심을 느꼈습니다. 그는 자신의 소명을 고단한 일로 생각하지 않고, 굉장히 즐거운 마음으로 감당했습니다. 그러나 바울은 자신의 직분에 대해 감사했지만, 그 일에 대한 성공은 그를 더욱 겸손한 사람으로 만들었습니다. 배는 크면 클수록 그것이 물에 잠기는 깊이도 더 깊어지는 법입니다. 게으른 자들은 한 번도 시험을 받아본 적이 없기 때문에 자신의 능력을 과신하는 경향이 있습니다. 그러나 부지런한 일꾼은 자신의 약점이 무엇인가를 금방 알아차립니다. 만일 당신이 겸손하기 바란다면, 어려운 일을 시도하십시오. 만일 당신이 자신의 무능함을 깨닫기 원한다면, 예수님을 위해 뭔가 큰일을 시작하십시오. 만일 당신이 살아계신 하나님을 떠나서는 얼마나 무력한 존재가 되는지를 느껴보려면, 그리스도의 헤아릴 수 없는 부요함을 선포하는 큰일을 특별히 시도해 보십시오. 이렇게 해보면 당신은 과거에 결코 알지 못했던 자신의 무가치함을 절실하게 알게 될 것입니다.

비록 바울 사도가 이같이 자신의 연약함을 깨닫고 고백했다고 하더라도, 그는 결코 자신의 사역의 주제에 대해서는 혼동이 없었습니다. 그는 시종일관 그리스도를 선포했고, 그리스도 외에 다른 것은 결코 선포하지 않았습니다. 그는 십자가를 높이 들고, 거기서 피를 흘리신 하나님의 아들을 찬송했습니다. 구원의 복된 소식을 전파하는데 개인적인 수고를 할 때 당신은 사도 바울의 경우를 따르기를 바랍니다. "그리스도와 십자가에 못 박히신 그분"이 당신의 선포의 반복된 주제가 되도록 하십시오. 그리스도인은, 태양이 비칠 때 꽃이 꽃받침을 열고 마치 "그대의 빛으로 우리를 채우라"고 말하는 것처럼, 아름다운 꽃을 피우다가 태양이 구름 속으로 숨으면 꽃받침을 닫고 그 머리를 수그리는 것과 같아야 합니다. 또한 그리스도인은 예수님의 은혜로운 영향을 받아야 합니다. 예수님은 그의 태양이어야 하고, 그는 의의 태양에 따라 움직이는 꽃이어야 합니다. 오! 오직 그리스도에 대하여 말한다면, 이분은 "씨를 뿌리는 자의 씨요, 먹는 자의 먹을 양식" 모두에 해당되시는 분입니다. 또 이분은 말하는 자의 입술의 살아있는 석탄이요, 듣는 자의 마음의 만능열쇠입니다.

#### 내가 너를 고난의 풀무 불에서 택하였노라 - 이사야서 48:10

시련 속에 있는 성도여, 하나님이 "내가 너를 고난의 풀무 불에서 택하였노라"고 하신 말씀을 생각하고 위로를 받으십시오. 이 말씀은 맹렬한 불길을 진화시키는 시원한 소낙비와 같지 않습니까? 아니, 그것은 뜨거운 열기에도 끄떡없이 견디는 방화복이 아닙니까? 고난아, 오라. 하나님이 나를 택하셨느니라. 빈곤아, 네가 내 집 문을 넘어 들어올 수 있지만, 하나님이 이미 집 안에 계신다. 그분이 나를 택하셨느니라. 질병아, 네가 나를 쓰러뜨릴 수 있지만, 나는 치료약을 준비하고 있다. 하나님이 나를 택하셨느니라. 이 눈물 골짜기에서 나에게 어떤 일이 일어난다 해도, 나는 그분이 나를 "택하셨다"는 것을 알고 있습니다.

성도여, 아직도 더 큰 위로를 구하고 있다면, 풀무 불 속에 인자가 당신과 함께 있다는 사실을 기억하십시오. 당신의 고요한 방 안에는, 보이지는 않지만 사랑하는 그분이 곁에 앉아 계십니다. 당신은 잘 모르지만, 때로 그분은 고통 속에 있을 때 당신을 위해 침상을 펴주고, 베개를 평평하게 해주십니다. 당신은 가난한 사람입니다. 그러나 생명과 영광의 주님이 당신의 그 사랑스런 집을 빈번하게 찾아오십니다. 그분은 당신을 방문하기 위해 이 황량한 곳에 즐거이 들어오십니다. 당신의 친구로서 그분은 항상 당신 곁에 계십니다. 당신은 그분을 볼 수 없지만, 그분의 손의 압력을 느낄 수 있을 것입니다. 당신은 그분의 음성을 듣지 않습니까? 당신이 사망의 음침한 골짜기에 있을 때에도, 그분은 "두려워하지 말라 내가 너와 함께함이라 놀라지 말라 나는 네 하나님이 됨이라"(사 14:10)고 말씀하십니다. 카이사르가 "두려워 말라, 너희는 카이사르와 그의 모든 행운을 갖고 다니느니라"라고 말한 유명한 말을 생각해 보십시오. 성도여, 두려워하지 마십시오. 예수님이 당신과 함께하십니다. 당신이 겪는 불 같은 모든 시험들 속에 그분이 함께하심을 믿고 위로받으며, 또 안전하리라는 것을 확신하기 바랍니다. 그분은 자기 것으로 택한 자를 결코 버리시지 않을 것입니다. "두려워하지 말라 내가 너와 함께함이라"는 말씀은 "고난의 풀무 불" 속에 있는 택자들에게 주시는 확실한 약속입니다. 그렇다면 당신은 그리스도를 강하게 붙드시고, 이렇게 결단하십시오:

> "예수님이 인도하신다면, 큰물 속이든, 화염 속이든
> 가시는 곳마다 따라가겠나이다."

**하나님의 성령이 비둘기 같이 내려 자기 위에 임하심을 보시더니 - 마태복음 4:16**

하나님의 영이 주 예수님의 머리 위에 임하셨던 것처럼, 주님도 어느 정도 자신의 신비한 몸의 지체들 위에 임하십니다. 그분의 임하심은 성령이 주님 위에 임하신 것과 똑같은 방식으로 우리에게 주어집니다. 그것은 종종 특별히 신속하게 일어납니다. 아니면 우리는 특별히 신속하게 위로 그리고 하늘로 향하도록 재촉받습니다. 그러나 그것은 세상적인 서두름에 따른 신속함이 전혀 아닙니다. 왜냐하면 비둘기의 날개는 신속한 만큼 또한 부드럽기 때문입니다. 조용함은 많은 영적 역사에 나타나는 본질적인 특징 가운데 하나입니다. 하나님은 아주 세미한 음성을 갖고 계시고, 그분의 은혜는 이슬처럼 침묵 속에서 주어집니다. 비둘기는 지금까지 순결을 상징하는 전형적 동물이었고, 성령은 거룩 자체이십니다. 그분이 임하시는 곳에서는 순전하고 사랑스럽고 평판이 좋은 일이 충만하게 일어나고, 죄와 불결함은 떠나게 됩니다.

평화 또한 성령의 비둘기가 권능으로 임하는 곳을 지배합니다. 그분은 하나님의 진노의 홍수가 그쳤음을 보여 주는 감람나무 가지를 갖고 오십니다. 온유도 성령의 비둘기의 권능이 만드시는 확실한 결과입니다. 성령의 자비로운 능력에 감화를 받은 심령은 이제부터 그리고 영원토록 온순하고 겸비한 마음을 갖게 될 것입니다. 또 당연히 악의 없는 마음도 갖게 됩니다. 독수리와 까마귀는 자기들의 먹잇감을 사냥할 수 있습니다. 염주비둘기(호도애라고도 부르는 새로 암수 사이가 특히 각별하다)는 악을 참을 수는 있지만, 다른 존재에게 악을 행하지는 못합니다. 비둘기처럼 우리도 악을 행하지 않아야 합니다. 비둘기는 사랑의 대명사로서, 그 목소리는 애정으로 가득 차 있습니다. 마찬가지로 사랑의 성령의 방문을 받은 영혼은 하나님에 대한 사랑, 형제에 대한 사랑, 죄인들에 대한 사랑, 그리고 무엇보다 예수님에 대한 사랑으로 충만합니다. 하나님의 영이 수면 위에 운행하실 때, 첫 번째로 일어난 일은 질서와 생명이었습니다. 우리 마음속에서 그분은 새생명과 빛을 일으키고 촉진시키십니다. 사랑하는 구주를 의지한 것처럼, 이제부터 그리고 영원토록 은혜의 성령도 똑같이 의지하기 바랍니다.

내 은혜가 네게 족하도다 - 고린도후서 12:9

만일 하나님의 성도들 가운데 가난하고 시련당하는 자가 하나도 없다면, 우리는 하나님의 은혜가 주는 위로를 아마 지금의 절반도 모르게 될 것입니다. 우리가 자기 머리를 둘 곳도 없는 유랑자가 "그래도 나는 주님을 믿는다"고 말하는 것을 볼 때, 먹고 마실 것이 없어 굶고 있는 극빈자가 여전히 예수님께 영광을 돌리는 모습을 볼 때, 졸지에 남편을 잃고 고통 속에서 몸부림치는 과부가 그럼에도 불구하고 그리스도를 믿는 믿음을 견지하는 장면을 볼 때, 오! 그 모습들은 복음에 얼마나 큰 영예가 될까요! 하나님의 은혜는 신자들의 가난과 시련 속에서 오히려 실증되고, 더 크게 드러납니다. 성도들은 모든 것이 합력하여 선을 이룬다고 믿기 때문에, 또 분명히 악한 일들이라도 그것들이 궁극적으로는 참된 축복을 가져온다 — 하나님이 환난 속에서 속히 구원을 베푸시든지 아니면 그들을 그 속에 두시기를 기뻐하신다면, 견딜 수 있도록 확실하게 도와주신다 — 고 믿기 때문에, 아무리 낙심이 크더라도 참고 견딥니다. 성도들의 이런 인내는 하나님의 은혜의 능력을 입증해 줍니다.

바다에 등대가 하나 있습니다. 고요한 밤입니다. 그러나 이런 밤에는 그 등대가 정말 튼튼한지 말할 수 없습니다. 그곳에 사나운 폭풍이 몰아닥쳐야 합니다. 그때에야 비로소 튼튼함을 알 수 있습니다. 성령의 역사도 마찬가지입니다. 만일 성난 파도가 그 주변에 수시로 몰아닥치지 않는다면, 우리는 그것이 과연 참되고 강한지 알 수 없습니다. 만일 사나운 바람이 그 위에 불어 닥치지 않는다면, 우리는 그것이 얼마나 견고하고 안전한지 알지 못합니다. 하나님의 최고의 작품은 고난 속에서 견고하게 서서 요동하지 않는 성도들입니다. "당황스런 소동 속에 있을지라도 승리를 확신하고 잠잠하라."

자기 하나님을 영화롭게 했던 사람은 많은 시련을 만났기 때문에 그럴 수 있었다고 말할 수 있습니다. 어느 누구도 갈등을 많이 겪어보지 않고서는 주님 앞에서 빛나는 사람이 될 수 없습니다. 만일 그렇다면 시련이 많은 길을 갈 때 당신은 오히려 그것을 기뻐하십시오. 그때 당신은 완전하신 하나님의 은혜를 더 드러낼 수 있기 때문입니다. 그분이 당신을 실패에 빠뜨릴 것이라고 생각하지 마십시오. 그 생각은 지우십시오. 지금까지 충분한 은혜를 베푸신 하나님을 끝까지 신뢰하십시오.

그들이 주의 집에 있는 살진 것으로 풍족할 것이라 - 시편 36:8

스바의 여왕은 솔로몬의 식탁의 풍성함을 보고 크게 놀랐습니다. 그녀는 그날 하루의 양식을 보고 넋을 잃었고, 또 왕의 식탁에서 진수성찬을 먹는 종복들의 숫자를 보고 똑같이 놀랐습니다. 그러나 이것이 은혜의 하나님이 베푸시는 호의와 비교하면 무엇이 대단하겠습니까? 날마다 헤아릴 수 없는 그의 백성들이 양식을 먹습니다. 굶주리고 목마른 자들이 큰 식욕을 갖고 잔치에 참여합니다. 그러나 그들 가운데 어느 누구도 배불리 먹지 못하고 돌아가는 경우는 없습니다. 각자에게 충분하고, 모든 자에게 충분하고, 영원토록 충분합니다. 여호와의 식탁에서 먹는 무리들은 하늘의 별처럼 헤아릴 수 없이 많지만, 그들 각자가 자기 몫의 충분한 음식을 받습니다. 한 명의 성도가 필요로 하는 은혜가 얼마나 되는지 생각해 보십시오. 무한하신 하나님만이 그에게 일용할 양식을 충분히 공급하실 수 있습니다. 그러나 주님은 한 성도가 아니라 수많은 성도들을 위해, 단지 하루가 아니라 다년 동안, 아니 다년 동안이 아니라 세세토록 자신의 식탁을 개방하십니다.

본문에서 언급되고 있는 풍족한 잔치를 주목해 보십시오. 은혜의 잔치에 초대받은 손님들은 만족, 아니 "대만족"을 누렸습니다. 그것은 평범한 대접이 아니라 풍족한 대접으로서, 하나님의 집에서 베푸는 특별한 대접이었습니다. 이 잔치는 여호와의 날개 그늘 아래 그 믿음을 두고 있는 모든 그의 백성들에게 신실한 약속으로 보증된 것입니다. 나는 과거에 "개들도 제 주인의 상에서 떨어지는 부스러기를 먹나이다"(마 15:27) 하고 밀쟀던 여인처럼, 하나님의 은혜의 뒷문에서 나오는 부스러기 음식이라도 얻어 먹을 수만 있다면 만족하겠다고 생각했습니다. 그러나 하나님의 자녀들은 결코 부스러기와 찌꺼기를 먹지 않습니다. 그들은 므비보셋처럼 왕 자신의 식탁에 함께 앉아 먹을 것입니다.

은혜에 관한 한, 우리 모두는 베냐민의 그릇을 갖고 있습니다. 우리 모두는 우리가 기대했던 것보다 열 배나 더 갖고 있고, 우리의 필요가 아무리 크다고 할지라도, 우리는 하나님이 우리에게 실제로 누리도록 베푸시는 헤아릴 수 없는 풍성한 은혜에 자주 놀라게 될 것입니다.

우리는 다른 이들과 같이 자지 말고 - 데살로니가전서 5:6

성도가 깨어있도록 하는 방법은 많습니다. 그 중에서 주님의 사역에 대해 대화하는 것을 강력하게 추천합니다. 존 번연의 「천로역정」을 보면, 크리스챤과 소망이 천성을 향해 함께 여행하면서 "이곳에서 졸지 않도록 우리가 유익한 대화를 나눕시다"라고 말합니다. 크리스챤은 "형제여, 우리가 어디서부터 얘기를 시작할까요?"라고 물었습니다. 소망은 "하나님이 우리와 함께 시작하신 곳에서 시작합시다"라고 대답했습니다. 이때 크리스챤은 이렇게 노래했습니다:

> "잠이 와 조는 성도들이 있으면, 이리로 오게 합시다.
> 와서 두 순례자가 나누는 대화를 듣게 합시다.
> 예, 어떻게 하든 그들에게 배우도록 하여,
> 졸음으로 가득 찬 그들의 눈을 뜨게 합시다.
> 잘 진행이 된다면, 성도의 교제는
> 지옥의 권세에도 불구하고, 그들을 계속 깨어있게 하리라."

스스로를 고립시키고 홀로 걷는 그리스도인들은 잠을 자기가 쉽습니다. 다른 성도들과의 교제를 유지하십시오. 그러면 당신은 그로 인해 깨어있게 되고, 천국의 길을 더 빨리 갈 수 있는 힘과 용기를 얻을 것입니다. 그러나 당신이 다른 성도들과 하나님의 역사에 대해 "감미로운 대화"를 나눌 때, 당신의 대화의 주제가 주 예수 그리스도가 되도록 하십시오. 믿음의 눈으로 그분을 끊임없이 주시하십시오. 마음은 그분으로 충만해야 합니다. 입술은 그분의 가치에 대해 말해야 합니다. 친구여, 십자가를 가까이 하는 삶을 사십시오. 그러면 자지 아니할 것입니다. 당신이 가고 있는 곳이 얼마나 가치 있는 곳인지 깊이 느끼도록 노력하십시오. 당신이 천국으로 가고 있음을 기억하고 있다면, 그 길에서 잠을 잘 수는 없습니다. 지옥이 당신 뒤에 있고, 마귀가 당신을 뒤쫓고 있음을 생각한다면, 빈둥거리며 늑장을 부릴 수는 없습니다. 도망하는 살인자가 눈앞에 도피성이 보이는데, 어찌 뒤쫓는 피의 복수자와 함께 잠을 자겠습니까? 성도여, 당신은 천국의 진주문이 열려있고, 당신이 어서 들어오기를 기다리는 천사들의 노래가 있으며, 금면류관이 당신을 기다리고 있습니다. 그런데 어떻게 잠을 잘 수 있습니까? 아! 안됩니다. 계속 깨어있도록 거룩한 교제를 나누십시오. 그리고 시험에 들지 않도록 기도하십시오.

### 내 영혼에게 나는 네 구원이라 하시도다 - 시편 35:3

이 은혜로운 기도가 가르치는 교훈은 무엇일까요? 이 기도는 비록 밤에 드리는 기도지만, 우리에게 많은 교훈을 제공합니다. 본문은 무엇보다 먼저 다윗이 의심을 갖고 있었다는 것을 가르쳐 줍니다. 왜냐하면 그가 때때로 의심과 두려움에 빠지지 않았다면, "내 영혼에게 나는 네 구원이라"고 기도해야 할 이유가 없기 때문입니다. 그러므로 우리는 여기서 즐거운 심정이 됩니다. 그것은 연약한 믿음을 불평하는 성도가 나만이 아니라는 것을 깨닫기 때문입니다. 다윗이 의심했다면, 우리도 "나는 의심을 갖고 때문에 그리스도인이 될 자격이 없다"고 결론을 내릴 필요가 없습니다. 본문은 또 다윗은 의심과 두려움에 빠져 있는 동안에 만족이 없었다는 것을 상기시켜 줍니다. 하지만 그는 곧 속죄소로 달려가 확신을 달라고 기도했습니다. 그는 그것이야말로 황금만큼 가치가 있다고 보았기 때문입니다. 우리 역시 사랑하는 주님께 용납되고 그분 안에 거한다는 확신을 갖기 위해 노력해야 합니다. 그분의 사랑이 우리 영혼을 촉촉이 적셔주지 않으면 우리는 전혀 기쁨을 느낄 수가 없기 때문입니다. 신랑이 우리를 떠나면 영혼은 금식하고, 또 금식해야 합니다.

우리는 또 다윗이 강한 확신을 어디서 얻게 되는지 알고 있었음을 발견합니다. 그는 기도로 하나님께 나아가 "내 영혼에게 나는 네 구원이라 하시도다"라고 부르짖었습니다. 만일 예수님의 사랑에 대한 분명한 확신을 가지려면, 우리는 홀로 하나님과 씨름해야 합니다. 기도가 그치면, 우리의 믿음의 눈도 희미해집니다. 기도를 많이 할수록 천국의 역사도 많아집니다. 기도가 느려질수록 하나님의 역사도 느려집니다. 우리는 그의 확신이 하나님께 뿌리를 두고 있지 않았을 때, 다윗이 만족하지 못했다는 것을 발견합니다. "내 영혼에게 하시도다." 영혼 속에 하나님의 증거가 충만할 때, 참 성도는 크게 만족합니다. 나아가 다윗은 자신의 확신에 대해 개인적으로 생생한 경험을 갖지 않으면 안심하지 않았습니다. "내 영혼에게 나는 네 구원이라 하시도다." 주여, 만일 당신이 이것을 모든 성도들에게 말씀하신다면, 그것은 아무것도 아닙니다. 오직 나에게만 말씀하소서. 주여, 나는 죄인입니다. 나는 은혜를 받을 자격이 없습니다. 나는 감히 은혜를 구하지 못하겠나이다. 그러나 오! 내 영혼에게, 아니 오직 내 영혼에게만 "나는 네 구원이라"고 말씀해 주소서. 그리하여 나는 당신이고, 당신은 곧 나라는 의식이 현재 내 마음속에 무오하고 확실하게 있게 하여 주소서.

(네가) 거듭나야 하겠다 - 요한복음 3:7

거듭남(重生)은 구원에 가장 기초를 이루는 주제입니다. 우리는 우리가 실제로 "거듭났는지" 주의해 살필 필요가 있습니다. 왜냐하면 자신은 거듭났다고 생각하지만 사실은 그렇지 못한 사람들이 많기 때문입니다. 그리스도인이라는 이름으로 불린다고 해서 참된 그리스도인이 되는 것은 아님을 주의하십시오. 기독교를 믿는 지역에서 태어나는 것, 그리고 기독교를 종교로 갖고 있다고 인정받는 것은 "거듭남"의 역사가 없는 한 그리스도인이 되는데 아무 소용이 없습니다. "거듭나는" 것은 사람의 말로는 표현할 수 없는 아주 신비로운 사실입니다. "바람이 임의로 불매 네가 그 소리는 들어도 어디서 와서 어디로 가는지 알지 못하나니 성령으로 난 사람도 다 그러하니라"(요 3:8).

그럼에도 불구하고 그것은 우리에게 알려지고 느껴지는 그런 변화입니다. 즉 거룩한 행실로 알려지고, 은혜의 체험으로 느껴지는 것입니다. 이 위대한 역사는 초자연적 역사입니다. 그것은 사람이 스스로 만들어내는 역사가 아닙니다. 마음속에서 일어나 영혼을 소생시키고 전인격에 영향을 미치는 새 원리가 들어오는 것입니다. 그것은 단순히 이름이 바뀌는 변화가 아니라 본성이 새롭게 되는 변화로서, 내가 이전의 나가 아니라 그리스도 안에서 완전히 새 사람이 되는 변화입니다. 시체를 깨끗이 씻어 새 옷을 입히는 것은 그것을 살아나게 하는 것과는 완전히 별개의 사실입니다. 전자는 사람도 할 수 있지만, 후자는 오직 하나님만이 하실 수 있습니다.

만일 당신이 "거듭났다면" 당신은 다음과 같이 고백할 것입니다: "오 주 예수여, 영존하시는 아버지여, 당신은 내 영의 아버지이십니다. 당신의 영이 나에게 새롭고 거룩하고 영적인 생명을 주시지 않았더라면 여전히 나는 '죄와 허물로 죽어' 있었을 것입니다. 나의 천국 생명은 전적으로 당신으로부터 온 것입니다. 그래서 나는 당신께 이렇게 말씀드립니다: '내 생명은 그리스도와 함께 하나님 안에 감추어져 있다'(골 3:3). 이제는 내가 사는 것이 아니요 오직 내 안에 그리스도께서 사시는 것이다(갈 2:20)." 주님이 우리에게 이 결정적인 사실을 더욱 확신할 수 있도록 역사하기를 바랍니다. 왜냐하면 거듭나지 않은 것은 아직 구원받지도 용서받지도 못했고, 하나님도 소망도 없다는 것이기 때문입니다.

사람의 마음의 교만은 멸망의 선봉이요 - 잠언 18:12

"일은 일어나기 전에 그 전조가 온다"는 말은 오래 전부터 상식으로 통하는 말입니다. 지혜자는 우리에게 교만한 마음이 악의 전조라는 사실을 가르쳐 줍니다. 청우계(晴雨計)에 비친 수은주의 변화가 비 오는 것의 전조인 것처럼 교만은 확실하게 멸망의 전조입니다. 아니 그것보다 더 오차가 없는 전조입니다. 사람들이 과격한 말을 탔을 때 넘어지는 것처럼, 멸망은 항상 그들을 전복시켰습니다. 다윗의 자책하는 마음은 자신의 위대함에 스스로 도취되어 있을 때 사람의 영광은 기울게 되어 있다는 것을 보여 줍니다. 사무엘하 24장 10절을 보십시오. 바벨론 제국의 강력한 창건자 느부갓네살을 보십시오. 다니엘서 4장 33절을 보면, 그는 소처럼 풀을 먹고, 몸이 하늘 이슬에 젖고, 머리털이 독수리 털과 같이 자랐고, 손톱은 새 발톱과 같이 되었습니다. 교만은 과거에 천사를 마귀로 만들어버린 것처럼 자랑하는 자를 짐승처럼 만들어버렸습니다. 하나님은 오만한 태도를 싫어하고 그들을 반드시 끌어내리십니다. 하나님의 화살들은 모두 교만한 마음들을 목표로 날아갑니다.

오 그리스도인이여, 당신의 마음은 오늘 저녁 교만하지 않습니까? 교만은 죄인들의 마음뿐만 아니라 그리스도인의 마음속에도 들어갈 수 있기 때문에, 그는 "나는 부자라 부요하여 부족한 것이 없다"(계 3:17)는 망상에 빠질 수 있습니다. 당신은 받은 은혜나 재능으로 스스로 영광을 취하고 있습니까? 당신은 거룩한 얼굴 모습과 특별한 영적 체험을 갖고 있는 것을 자랑합니까?

성도여, 자신을 살펴보십시오. 당신에게도 불냥이 나가고 있습니다. 자만심이라는 당신의 자랑하는 양귀비는 뿌리째 뽑혀질 것이고, 당신의 버섯 같은 은혜들은 뜨거운 햇빛 속에서 시들어버릴 것이고, 당신의 자기만족은 거름더미 속에 던져질 짚처럼 될 것입니다. 만일 우리가 지극히 겸손한 영으로 십자가 아래 사는 것을 망각한다면, 하나님은 우리를 자신의 채찍으로 내려치실 것입니다. 오 주제넘게 오만한 성도여, 멸망이 당신에게 임할 것입니다. 당신의 영혼은 멸망받을 수 없겠지만, 당신의 기쁨과 위로는 멸망당할 것입니다. 그러므로 "자랑하는 자는 주 안에서 자랑합시다"(고전 1:31).

하나님을 믿으라 - 마가복음 11:22

믿음은 영혼의 발로서, 우리는 그 발로 계명의 길을 따라 걸어갈 수 있습니다. 사랑은 그 발걸음을 더 빠르게 만들 수 있습니다. 그러나 영혼을 데리고 가는 발은 믿음입니다. 믿음은 거룩한 헌신과 진실한 경건의 바퀴들이 더 잘 굴러갈 수 있도록 만드는 기름입니다. 믿음이 없으면 그 바퀴들은 마차로부터 떨어져 나가고, 그때 우리는 무겁게 질질 끌고 가야 합니다. 나는 믿음으로 모든 것을 할 수 있습니다. 하지만 믿음이 없으면 하나님을 섬길 마음을 가질 수 없고 또 섬길 능력도 가질 수 없습니다. 하나님을 가장 잘 섬기는 사람들을 찾아본다면, 당신은 아마 그들이 가장 믿음이 좋은 사람들임을 알게 될 것입니다. 작은 믿음은 사람을 구원할 수는 있지만, 하나님을 위해 큰일을 할 수는 없습니다.

「천로역정」에서 연약한 작은 믿음(小信)은 "아볼루온"(무저갱의 사자)과 싸울 수 없었습니다. 그와 싸우기 위해서는 "크리스챤"이 필요했습니다. 연약한 작은 믿음(小信)은 "거인 절망"을 죽일 수 없었습니다. 그 괴물을 박살내기 위해서는 "큰 가슴"의 팔이 필요했습니다. 작은 믿음은 분명히 천국에 가겠지만, 종종 단단한 그릇 속에 자신을 숨겨야 하고, 자주 그 보석들을 제외한 다른 모든 것들을 빼앗기곤 합니다. 작은 믿음은 "너무 험한 길이다. 날카로운 가시들로 덮여 있고, 위험으로 가득하다. 나는 가기가 두렵다"고 말합니다. 그러나 큰 믿음(大信)은 "네 문빗장은 철과 놋이 될 것이니 네가 사는 날을 따라서 능력이 있으리로다"(신 33:25)는 약속의 말씀을 기억하고, 담대하게 나아갑니다. 작은 믿음은 낙담하고 서서 눈물을 홍수처럼 흘립니다. 그러나 큰 믿음은 "네가 물 가운데로 지날 때에 내가 너와 함께 할 것이라 강을 건널 때에 물이 너를 침몰하지 못할 것이라"(사 43:2)고 노래하면서 즉시 그 강을 건넙니다.

당신은 평안하고 행복하기를 원합니까? 기독교의 축복을 누리고 싶습니까? 우울한 기독교가 아니라 즐거운 기독교가 되기를 바랍니까? 그러면 "하나님을 믿으십시오." 만일 당신이 어둠을 사랑하고, 슬픔과 비참 속에 있는 것에 만족한다면, 작은 믿음으로 만족하십시오. 그러나 당신이 사랑과 빛을 사랑하고 즐거움의 노래를 부르고 싶다면 최고의 선물인 "큰 믿음"을 열렬히 사모하십시오.

여호와께 피하는 것이 고관들을 신뢰하는 것보다 낫도다 - 시편 118:9

확실히 우리는 보이지 않는 하나님을 의존하기보다 보이는 것들을 의존하도록 시험을 받을 때가 많습니다. 그리스도인들은 종종 사람에게 도움과 의지를 구하고, 그렇게 함으로써 하나님을 신뢰하는 아름다운 덕에 오점을 남깁니다. 오늘 저녁에 세상 것들에 관해 근심하는 하나님의 자녀가 눈에 보입니까? 그렇다면 우리는 그와 잠시 얘기를 나누기 원합니다. 당신은 당신의 구원을 위해 예수님을, 오직 예수님을 믿고 있습니다. 그런데 왜 그렇게 고민하십니까? "나에게 큰 걱정거리가 있기 때문이오." 하지만 "네 짐을 여호와께 맡기라"(시 55:22), "아무것도 염려하지 말고 다만 모든 일에 기도와 간구로 너희 구할 것을 감사함으로 하나님께 아뢰라"(빌 3:6)고 기록되어 있지 않습니까? 당신은 세상 것들 때문에 하나님을 믿을 수 없습니까? "아! 믿을 수 있으면 좋겠지요."

만일 당신이 세상 것들에 대해 하나님을 믿을 수 없다면, 어떻게 영적인 것들에 대해서 하나님을 믿을 수 있겠습니까? 당신은 당신 영혼의 구원에 대해서는 그분을 믿고, 그보다 훨씬 비중이 약한 은혜들에 대해서는 그분을 믿을 수 없단 말입니까? 하나님은 당신의 필요를 충분히 채우지 못하고, 또는 그분의 전능하심이 당신의 소원을 들어주기에는 진정 아무것도 아니란 말입니까? 당신은 은밀하게 세상만사를 들여다보시는 분의 눈이 아닌 다른 눈을 원하십니까? 그분의 마음이 우리를 도우실 만큼 힘이 없으십니까? 그분의 팔은 곧 지쳐 힘을 쓸 수 없습니까? 만일 그렇다면 다른 하나님을 구하십시오. 하지만 그분이 무한하고, 전능하고, 신실하고, 진실하고, 지혜가 한량없으신 분이라면, 당신은 왜 다른 신뢰의 대상을 찾아 방황할 필요가 있겠습니까? 어찌하여 당신은 그 위에 어떤 집을 지어도 모든 무게를 거뜬히 견딜 수 있는 강한 기초를 갖고 있음에도 불구하고 또 다른 기초를 찾아 땅을 찾아보고 다녀야 한단 말입니까? 그리스도인이여, 당신의 포도주를 물로 희석시키지 마십시오. 당신의 신앙의 금을 인간적 신뢰의 불순물과 혼합시키지 마십시오. 오직 하나님만 기다리십시오. 당신의 기대를 오직 그분에게만 두십시오. 요나의 호리병박을 탐내지 말고 요나의 하나님을 신뢰하십시오. 모래성 위에 쌓은 인간적 신뢰의 기초들은 바보들의 선택입니다. 그러나 당신은 폭풍을 미리 대비하는 사람처럼 만세 반석 위에 견고한 집을 지으십시오.

우리가 하나님 나라에 들어가려면 많은 환난을 겪어야 할 것이라 - 사도행전 14:22

하나님의 백성들은 자기 나름대로 시련들을 갖고 있습니다. 그들이 시련당하지 않는 백성들이 되는 것은 그의 백성들을 택하실 때부터 하나님이 정하신 법이 아니었습니다. 그들은 고난의 풀무에서 택함 받았지 결코 세속적 평안과 육체의 기쁨을 누리도록 택함 받지 않았습니다. 질병과 죽음의 고통으로부터 해방된 자유가 그들에게 약속된 적이 없었습니다. 그러나 그들의 주님이 누릴 축복의 목록을 작성하셨을 때, 그분은 그들이 불가피하게 받아야 할 것들 가운데 징계도 포함시켰습니다. 시련은 우리가 감당해야 할 몫의 한 부분입니다. 그것은 그리스도의 마지막 유산 속에 우리를 위해 미리 준비된 것이었습니다. 하늘의 별들이 그분의 손에 의해 조성되고, 그 궤도가 그분에 의해 정해진 것만큼 확실하게 시련 역시 우리에게 할당되었습니다. 그분은 시련의 시기와 장소, 또 그 강도와 우리에게 주어질 결과 등을 정하셨습니다.

그러므로 신실한 사람들은 환난을 피해 가리라는 기대를 해서는 안 됩니다. 만일 그것을 기대한다면, 반드시 실망하게 될 것입니다. 왜냐하면 믿음의 선진들 중에 아무도 그것을 피한 사람이 없기 때문입니다. 욥의 인내를 주목해 보십시오. 아브라함을 회고해 보십시오. 아브라함은 시련을 당했을 때 믿음으로 그것을 이겨냄으로써 "믿음의 조상"이 되었습니다. 족장들, 선지자들, 사도들 그리고 순교자들의 일생을 유의해서 살펴보십시오.

그러면 당신은 하나님이 은혜의 그릇으로 삼은 사람들 가운데 누구도 고난의 불을 통과하지 않은 사람이 없다는 것을 발견할 것입니다. 왕의 영예를 위한 그릇들이 왕의 각인(刻印)에 의해 구별되는 것처럼, 하나님의 은혜의 모든 그릇들은 고난의 십자가로 각인되는 것 역시 태초부터 정해진 것입니다. 그러나 환난이 이처럼 하나님의 자녀들의 당연한 길이라고 할지라도, 그들은 주님이 그들보다 앞서 그 길을 가셨다는 사실을 기억하고 위로를 받아야 합니다. 그들에게는 그들을 고무시키는 그분의 인도와 사랑, 그들을 도우시는 그분의 은혜, 그리고 그들에게 인내하는 법을 가르쳐 주는 그분의 모범 등이 있습니다. 그리고 그들이 "천국"에 당도하면 그들이 그곳에 들어오기까지 거쳐야 했던 "무수한 환난"을 충분히 보상받고도 남을 것입니다.

그가 죽게 되어 그의 혼이 떠나려 할 때에 아들의 이름을 베노니(슬픔의 아들)라 불렀으나
그의 아버지는 그를 베냐민(오른손의 아들)이라 불렀더라 - 창세기 35:18

모든 일에는 어두운 면과 밝은 면이 공존합니다. 라헬은 자신의 산고(産苦)와 죽음에 대한 슬픔에 압도되어 마음을 가눌 수 없었습니다. 그러나 야곱은 아내의 죽음에도 불구하고 아들의 탄생에서 하나님의 은혜를 볼 수 있었습니다. 우리의 육체가 시련을 당해 슬퍼하는 순간 우리의 믿음이 하나님의 신실하심 속에서 승리한다면, 이것은 참으로 즐거운 일이 아닐 수 없습니다. 삼손의 사자는 꿀을 제공했는데, 우리의 대적들도, 올바르게 다루어지기만 한다면, 마찬가지일 것입니다. 폭풍우가 이는 바다는 무수한 사람들에게 그 물고기를 먹도록 합니다. 거친 야생나무가 아름다운 꽃을 피웁니다. 사나운 바람은 유행병을 일소합니다. 차가운 서리는 흙을 부드럽게 해줍니다. 먹구름은 밝은 물방울을 뿌려줍니다. 검은 땅에서 화려한 꽃들이 자랍니다. 선의 금맥은 악의 광산에서 발견되는 법입니다. 슬픈 마음을 가진 사람은 시련을 가장 비관적인 관점에서 바라보는 특별한 기술을 갖고 있습니다. 만일 세상에 딱 하나의 늪이 있다면, 그들은 곧 그들의 목을 그 늪에 들이밀 것입니다. 그리고 만일 황야에 딱 한 마리의 사자가 있다면, 그들은 그것이 포효하는 소리를 들을 것입니다.

우리 모두는 이처럼 어리석은 바보의 면모를 갖고 있습니다. 우리는 때때로 야곱처럼 "다 나를 해롭게 한다"(창 42:36)고 부르짖기 십상입니다. 믿음의 길은 주님께 우리의 모든 염려를 다 던져버리는 것입니다. 그리고 가장 악한 불행 속에서 선한 결과를 기대하는 것입니다. 기드온의 용사들처럼 믿음은 깨진 항아리에도 초조해하지 않고, 횃불이 더 밝게 드러나는 것을 즐거워합니다. 믿음은 고난이라는 거친 조개껍질로부터 영광의 희귀한 진주를 추출해내고, 고통의 깊은 바다 동굴로부터 경험의 진귀한 신호를 채취합니다. 빈영의 물결이 빠져나갈 때 믿음은 모래 속에 감추어져 있던 보물을 발견하고, 즐거움의 태양이 서산으로 넘어갈 때 믿음은 소망의 망원경으로 별처럼 빛나는 천국의 약속들을 바라봅니다. 죽음이 그 모습을 드러낼 때 믿음은 무덤으로부터 일어나는 부활의 빛을 주목하고, 그래서 우리의 죽어가는 베노니(슬픔의 아들)는 살아있는 베냐민(오른손의 아들)이 됩니다.

그 전체가 사랑스럽구나 - 아가서 5:16

예수님의 독특한 아름다움은 정말 매력적입니다. 그것은 찬미의 대상이라기보다는 오히려 사랑의 대상입니다. 그분은 단순히 호감 있고 인상이 좋은 분 이상의 존재입니다. 그분은 사랑스러운 분입니다. 확실히 하나님의 백성들은 이 주옥 같은 말씀을 정당하게 사용할 수 있는 권리가 있습니다. 왜냐하면 그분은 그들의 가장 따뜻한 사랑 곧 그분의 인격의 본질적 탁월성, 즉 완전무결한 그분의 매력에 기초된 사랑의 대상이기 때문입니다. 오 예수의 제자여, 주님의 입술을 보고, "그것이 참으로 달콤하지 않은가?"하고 말하십시오. 그분이 동행하며 말씀하실 때, 그분의 말씀이 당신의 마음을 불타오르게 하지 않습니까? 임마누엘을 경배하는 자여, 정금으로 둘러싸인 그분의 머리를 바라보며 말해 보십시오. 그 머릿속에 있는 그분의 생각들이 당신에게 보배롭지 않습니까? 레바논의 백향목처럼 아름다운 그분 앞에서 겸손히 머리숙일 때 그분에 대한 경배가 사랑으로 가득 채워지지 않습니까? 그분의 전체 모습이 참으로 매력적이고 그분의 전인격이 그 상큼한 사랑의 향기로 말미암아 너무나 유쾌하기 때문에, 처녀들이 그분을 사랑하지 않을 수 있습니까? 그분의 영광스러운 몸의 어느 한 지체인들 매력 없는 것이 있습니까? 그분의 인품 중 어느 하나라도 신선하게 우리의 영혼을 끌어당기지 않는 것이 있습니까? 그분의 직분 중 하나라도 우리의 마음을 강하게 사로잡지 않은 것이 있습니까? 없습니다.

우리의 사랑은 그분의 사랑의 가슴에만 찍혀진 도장 같은 것이 아닙니다. 우리의 사랑은 그분의 능력의 팔에도 고정되어 있습니다. 그것은 그분의 어느 한 부분에만 고정되어 있는 것이 결코 아닙니다. 우리는 우리의 열렬한 사랑의 향긋한 나드향을 그분의 몸 전체에 부어드립니다. 우리는 그분의 전생애를 모방하고, 그분의 전인격을 본받아야 합니다. 그분 외에 다른 모든 존재들 속에서 우리는 무엇이든 부족한 것을 발견합니다. 그러나 그분 안에는 모든 것이 완전합니다. 그분이 가장 아끼고 사랑하는 성도들이라고 해도 그 옷에 얼룩이 있고 그 이마에 주름살이 있습니다. 오직 그분만이 사랑이십니다. 지상의 모든 태양들은 흑점을 갖고 있습니다. 아무리 좋은 땅이라도 황무지가 있습니다. 아무리 사랑스러운 것이라도 우리가 그 전체를 다 사랑할 수는 없습니다. 그러나 예수 그리스도는 불순물이 전혀 없는 순금이요, 어둠이 전혀 없는 빛이요, 암운이 전혀 드리워지지 않은 영광이십니다:"그 전체가 사랑스럽구나."

내 안에 거하라 - 요한복음 15:4

모든 악을 치료하는 확실한 처방은 그리스도와 교제하는 것입니다. 그것이 고뇌의 쓰디쓴 쑥이든, 아니면 세속적 쾌락의 식상함이든, 주 예수님과의 친밀한 교제는 전자로부터 그 쓰디씀을, 후자로부터 그 식상함을 제거할 것입니다. 그리스도인이여, 그리스도를 가까이 하십시오. 그러면 당신이 영광의 산 위에서 살거나 비천의 계곡에서 살거나 하는 것은 아무 문제가 안 될 것입니다. 예수님을 가까이 하면 당신은 하나님의 날개로 뒤덮이고 영원하신 팔 아래 거하게 될 것입니다. 그러므로 주님과 결혼한 영혼의 최고의 특권인 그 거룩한 사귐을 절대로 어느 것도 방해하지 않도록 하십시오. 가끔 한 번씩 대화를 나누는 것으로 만족하지 말고, 항상 그분과의 친교를 유지하도록 힘쓰십시오. 왜냐하면 오직 그분과 함께할 때에만 당신은 위로나 평안을 얻기 때문입니다. 예수님은 우리에게 어쩌다 한 번씩 호출하는 친구가 되어서는 안 되고, 우리와 항상 함께 다니는 친구가 되어야 합니다.

당신의 앞길은 험난합니다. 오 천국을 향해 가는 순례자여, 보십시오. 그러기에 당신은 인도자 없이 그 길을 가서는 안 됩니다. 당신은 풀무 불을 통과해야 하고, 사드락과 메삭과 아벳느고처럼, 하나님의 아들이 동행하지 않은 상태에서 그곳에 들어가서는 안 됩니다. 당신은 당신 자신의 부패라는 여리고를 무너뜨려야 합니다. 여호수아처럼 여호와의 군대장관이 손에 칼을 들고 앞장서는 모습을 보기 전에는 절대로 전쟁을 시도해서는 안 됩니다. 당신은 무수한 시험들이라는 에서와 만나야 합니다. 당신은 압복강에서 천사와 씨름해서 승리한 다음이 아니라면 그를 만나서는 안 됩니다.

모든 경우에, 모든 상황 속에서 당신은 예수님을 필요로 합니다. 그러나 무엇보다 먼저 사망의 철문이 열릴 때 그분이 필요할 것입니다. 낭신 영혼의 신랑이신 그분과 가깝게 사귀십시오. 당신의 머리를 그분의 가슴에 기대십시오. 그분의 향긋한 포도주로 새롭게 해달라고 구하십시오. 그러면 당신은 점도 없이, 흠도 없이, 또는 다른 어떤 더러움도 없이 마지막 날 그분 앞에 나타나게 될 것입니다. 여기서 그분과 함께 살고 그분 안에서 산다면, 당신은 거기서 그분과 영원히 함께 살게 될 것입니다.

**내가 형통할 때에 말하기를 영원히 흔들리지 아니하리라 - 시편 30:6**

"모압은 마치 술이 그 찌끼 위에 있고 이 그릇에서 저 그릇으로 옮기지 않음 같아서"(렘 48:11). 사람에게 많은 재물을 주어보십시오. 그의 배가 끊임없이 풍성한 화물을 싣고 오도록 해보십시오. 바람과 파도가 그의 종처럼 다가와서 그의 배가 깊은 바다를 순조롭게 건널 수 있도록 해준다고 해보십시오. 그의 땅이 풍성한 수확을 거두도록 해보십시오. 그의 추수를 돕는 좋은 날씨만 허락해 보십시오. 그에게 거침없는 성공을 보장해 보십시오. 돈을 끌어 모으는 상인으로 사람들 가운데 서게 해보십시오. 항상 건강을 누리도록 해보십시오. 세상에서 승승장구하며 행복하게 살도록 그에게 튼튼한 근육과 빛나는 눈을 주어보십시오. 그에게 원기 넘치는 영을 허락해 보십시오. 그의 입술이 계속해서 노래 부를 수 있도록 해보십시오. 그의 눈이 항상 즐거운 것만 보게 해보십시오.

누구에게든 이렇게 안일한 상태가 주어진다면, 지금까지 살았던 성도들 중에 가장 훌륭한 성도라도, 자연적으로 교만해질 것입니다. 심지어는 다윗도 "영원히 흔들리지 아니하리라"고 말했습니다. 그렇다면 다윗보다 못한, 아니 그 절반도 못되는 우리는 얼마나 더하겠습니까? 형제여, 길이 순탄할 때 조심하십시오. 만일 당신이 진흙탕 길을 가거나 거친 길을 간다면, 오히려 하나님께 감사하십시오. 만일 하나님이 항상 형통의 요람 속에 우리를 넣고 흔들어 주신다면, 우리가 항상 행운의 무릎 위에 앉아 귀여움만 받는다면, 흠 하나 없는 호마노 베개를 갖고 있다면, 하늘에 구름 한 점 없는 날만 있다면, 인생의 포도주 속에 쓰디쓴 것이 조금도 들어있지 않다면, 우리는 쾌락에 도취되어 "선 줄로" 착각할 것입니다. 그러나 우리가 서 있다고 해도 그것은 뾰족한 꼭대기에 서 있는 것으로, 돛대 위에서 잠을 자는 사람처럼 매순간 위험에 처하게 될 것입니다.

그러므로 우리는 고난 속에서 하나님을 찬미해야 합니다. 우리는 우리의 부침(浮沈)에 대해 그분께 감사해야 합니다. 우리는 재산을 잃어버리는 것에 대해 그분의 이름을 찬송해야 합니다. 왜냐하면 그분이 이와 같이 우리를 연단하시지 않는다면, 우리는 지나치게 안일해질 것이기 때문입니다. 실패를 모르는 세속적 형통이야말로 불 같은 시험입니다.

> "가혹하게 보일지 모르지만 고난은
> 종종 은혜 속에서 보내어진다."

사람은 생애가 짧고 걱정이 가득하며 - 욥기 14:1

우리가 잠자리에 들기 전 이 비참한 사실을 기억하는 것은 우리에게 굉장히 큰 힘이 될 수 있습니다. 왜냐하면 그것은 세속의 일들로부터 벗어나도록 우리를 인도할 수 있기 때문입니다. 우리가 역경의 화살을 피하지 못하는 경우를 회상하는 것은 별로 유쾌한 일이 아닙니다. 그러나 오늘 아침 묵상 본문의 저자인 시편 기자처럼 그것은 우리를 겸손하게 하고 우리의 교만을 막을 수 있는 일이 될 수 있습니다. "나를 산같이 굳게 세우시리니, 내가 영원히 흔들리지 아니하리라." 그것은 우리가 잠시 머무는 이 세상에 너무 깊이 뿌리를 내리지 않고, 영원한 천국의 정원에 곧 뿌리를 박을 수 있도록 도와줄 수 있습니다. 우리는 우리의 인생이 일시적 은혜 위에 세워진 허망한 것임을 기억해야 합니다. 만일 우리가 이 세상의 땅에 심겨진 모든 나무들이 나무꾼의 도끼의 표적이 된다는 사실을 기억한다면, 우리는 그것들 속에 우리의 둥지를 세우려고 준비해서는 안 됩니다. 우리는 사랑해야 하지만, 죽음을 가져오고 이별이 예상되는 사랑을 해서는 안 됩니다. 우리가 소중히 여기는 관계들은 잠시 빌려온 것들로서, 그것들을 빌려준 사람의 손에 되돌려줄 시간이 조만간에 닥쳐올 것입니다.

이것은 확실히 우리가 소유하고 있는 세상 재물에 대해서도 똑같이 적용됩니다. 부(富)란 그 자체에 날개가 달려 있어서 스스로 날아가 버리지 않습니까? 우리의 건강도 똑같이 믿을 수 없습니다. 꽃밭의 꽃들처럼 우리는 영원히 한창 때가 지속되리라고 생각해서는 안 됩니다. 쇠약해지고 질병에 걸릴 때가 있습니다. 그때 우리는 활팅한 활동을 통해서가 아니라 고난을 통해 하나님을 영화롭게 해야 합니다. 우리가 고난이라는 날카로운 화살을 피할 수 있다고 소망할 수 있는 곳이 세상엔 하나도 없습니다. 우리의 짧은 인생 속에는 슬픔을 피할 수 있는 지점이 없습니다. 인간의 일생은 쓰디쓴 포도주로 가득 찬 통과 같습니다. 그 안을 기분 좋게 바라보는 사람은 짜디짠 바닷물 속에서 꿀을 구하는 것이 더 낫습니다. 사랑하는 형제여, 세상 것을 사랑하지 마십시오. 그 대신 위엣 것을 구하십시오. 왜냐하면 이곳은 좀이 먹고 도적이 구멍을 뚫지만, 그곳은 모든 기쁨이 지속적이고 영원하기 때문입니다. 본향에의 길은 고난의 길입니다. 주여, 이 생각이 크게 지친 머리에 베개가 되게 하소서.

### 죄로 심히 죄 되게 하려 함이라 - 로마서 7:13

죄를 가볍게 여기지 않도록 조심하십시오. 회심할 때 양심은 굉장히 민감해지기 때문에 아주 가벼운 죄를 범하는 것도 두려워합니다. 갓 회심한 성도들은 하나님을 대적하여 범죄하지 않으려는 거룩한 소심증과 경건한 두려움을 갖고 있습니다. 그러나 슬프도다! 이 첫 수확의 열매들 위에 핀 꽃들은 거친 주변세계의 영향으로 곧 떨어지고 맙니다. 아직 어린 경건의 예민한 묘목은 너무 쉽게 휘어지고, 너무 쉽게 부러져 생명 없는 버드나무로 전락하고 맙니다. 참으로 슬픈 사실이지만, 그리스도인도 전에는 깜짝놀라 어쩔 줄 몰라 했던 죄에 대해 눈 하나 깜짝하지 않을 정도로 무감각한 상태에 빠져버립니다. 사람들은 점차 죄에 익숙해집니다. 대포 소리에 길들여진 귀는 세미한 소리를 듣지 못하는 법입니다. 처음에는 작은 죄에도 우리는 놀랐습니다. 그러나 곧 우리는 "그것은 대수롭지 않은 죄가 아닌가?"라고 말하게 됩니다. 그런데 다음에는 다른 죄를 짓고, 또 다음에는 더 큰 죄를 짓고, 그래서 우리는 점차 죄를 아주 사소한 악으로 간주하기 시작합니다.

그리고 급기야는 불경스런 철면피가 되어버립니다. 그는 이렇게 말합니다: "우리는 고의로 죄를 범한게 아니야. 사실 약간 비틀거렸지만 중심은 똑바르게 서 있잖아. 불경스런 말을 한 마디 하기는 했지만, 우리가 나누는 대부분의 얘기는 건전했어." 이렇게 우리는 죄를 변명합니다. 우리는 죄를 은폐합니다. 우리는 그것을 고상한 이름으로 포장합니다. 성도여, 당신이 얼마나 죄를 가볍게 생각하는지 조심하기 바랍니다. 조금씩 죄에 빠지지 않도록 주의하십시오. 죄가 사소한 것입니까? 그것은 독이 아닙니까? 누가 그 치명적 결과를 알고 있습니까? 죄가 작은 일입니까? 작은 여우들이 포도원을 망쳐놓지 않습니까? 조그마한 산호충이 함대를 침몰시키는 암초를 만들지 않습니까? 작은 도끼질에 거대한 밤나무가 쓰러지지 않습니까? 계속 떨어지는 작은 물방울이 돌을 뚫지 않습니까? 그런데도 죄가 사소한 것입니까? 그것은 구주의 머리에 가시관을 씌우고, 그분의 가슴을 찔렀습니다! 그것은 그분을 고뇌와 괴로움과 탄식으로 이끌었습니다. 영원의 저울에 당신의 가장 작은 죄 하나만 달아볼까요? 그러면 아마 당신은 뱀으로부터 도망치듯 질겁해서 달아나고, 악의 모양만 보아도 싫어할 것입니다. 모든 죄를 구주를 십자가에 못 박은 것으로 간주하십시오. 그러면 당신은 그것을 "심히 죄된" 것으로 바라볼 것입니다.

## 너를 일컬어 찾은 바 된 자요 - 이사야서 62:12

하나님이 우리를 찾기만 하신 것이 아니라 **찾아내셨다**고 하는데 그분의 말할 수 없는 은혜가 분명히 존재합니다. 사람들은 집의 마룻바닥에서 잃어버린 물건을 찾습니다. 그러나 어떤 경우에는 찾기만 할 뿐 찾아내지는 못합니다. 물건을 찾아내기 위해서는 그 잃어버린 일이 더 당혹스러워야 하고, 그 찾는 일을 더 인내해야 합니다. 우리는 진창 속에 빠져 있었습니다. 우리는 금덩어리가 하수도에 떨어져 있었던 것처럼 떨어져 있었습니다. 찾는 자는 지독한 냄새를 풍기는 오물덩어리를 휘저으며 그것을 조심스럽게 찾고, 계속해서 샅샅이 뒤지고 다니며, 금이 발견될 때까지 오물더미 속에서 찾는 일을 멈추지 않습니다.

또 다른 비유를 든다면, 우리는 미로 속에서 길을 잃어버렸습니다. 우리는 여기저기 헤매고 다닙니다. 그때 은혜가 복음을 들고 우리를 뒤따라 왔습니다. 처음에 왔을 때 그것은 우리를 찾아내지 못했습니다. 그것은 우리를 계속 찾아다녀야 했고, 결국 우리를 찾아냈습니다. 우리는 잃어버린 양처럼 그렇게 절망적으로 길을 잃고, 전혀 엉뚱한 곳에서 헤매고 다녔기 때문에 선한 목자조차 우리의 길잃은 방황을 찾아내는 것이 가능해 보이지 않았습니다. 그러나 비교할 수 없는 은혜에 영광을 돌릴지어다! 우리는 마침내 **찾은 바 되었도다!** 어둠이 우리를 감출 수 없었고, 더러움이 우리를 숨길 수 없었으며, 우리는 드디어 찾은 바 되어 집으로 돌아왔습니다. 그 무한하신 사랑에 영광을 돌릴지어다! 성령 하나님이 우리를 되찾으셨도다!

어떤 주의 백성들의 삶을 보면, 말할 수 없는 서룩한 감동으로 나아옵니다. 하나님이 그들을 찾아내기 위해 사용하신 방법들이 얼마나 희한하고 놀라운지 모릅니다. 그분의 이름을 찬송할지어다! 그분은 택한 자들을 확실하게 찾아내실 때까지 찾는 일을 결코 멈추지 아니하셨도다! 그들은 오늘 찾아서 내일 버리는 백성들이 아닙니다. 전능하신 능력과 무한한 지혜가 결합되어 결코 실패란 있을 수 없습니다. 그들은 "찾은 바 된 자"로 불릴 것입니다. 어떤 사람이든 비교할 수 없는 은혜로 찾은 바 된 자가 되었다면 우리도 당연히 그 은혜로 찾은 바 된 자가 될 것입니다. 하나님 자신의 주권적 사랑 외에 우리가 그런 특혜를 받을 이유는 찾을 수 없습니다. 그 사랑 때문에 우리는 마음을 경이로 가득 채울 수 있습니다. 그러므로 오늘 저녁 우리가 "찾은 바 된 자"라는 이름을 갖게 된 것에 대해 하나님을 찬양합시다.

네 이웃을 사랑하고 - 마태복음 5:43

"네 이웃을 사랑하라." 아마 당신은 오두막집에서 살고 있는데, 한 이웃은 엄청난 부자로 으리으리한 대저택에서 살고 있을지 모릅니다. 당신은 매일 그의 호화로운 생활, 화려한 옷, 그리고 사치스러운 연회를 부러운 시선으로 바라볼지도 모릅니다. 그러나 하나님은 그에게 그같은 축복을 베푸셨고, 그러기에 당신은 그의 부를 탐내서도 안 되고, 그에게 악한 마음을 품어서도 안 됩니다. 당신이 그만 못하다면, 당신 자신의 분깃으로 만족하십시오. 그 이웃을 바라보고 그가 당신처럼 되기를 바라지 마십시오, 그를 사랑하십시오. 그러면 당신은 그를 질투하지 않게 될 것입니다.

또 어쩌면 반대로 당신이 부자이고, 당신의 이웃이 가난할 수도 있습니다. 그때 그들을 무시하지 마십시오. 당신은 그들을 사랑해야 할 의무가 있습니다. 세상 사람들은 그들을 당신의 하급자로 볼 것입니다. 하지만 어떤 면에서 그들이 당신의 하급자입니까? 그들은 당신과 동등한 존재들입니다. 왜냐하면 "하나님께서 인류의 모든 족속을 한 혈통으로 만드사 온 땅에 살게 하셨기"(행 17:26) 때문입니다. 그들이 입은 옷보다 당신의 옷이 더 비싼 것일지 모르지만, 그렇다고 당신이 그들보다 더 나은 존재는 아닙니다. 그들도 인간입니다. 그런데 당신이 그들보다 더 나을 것이 무엇입니까? 당신은 이웃이 비록 누더기를 걸치고 있거나 가난에 찌들어 산다고 해도 그를 사랑해야 합니다.

그러나 어쩌면 당신은 "나는 이웃을 사랑할 수 없어요. 그들은 내가 사랑하는 모든 일에 대해 감사하지도 않고 오히려 조롱하니까요"라고 말할지 모르겠습니다. 그렇다면 당신이 사랑의 영웅이 될 여지가 더 많아진 것입니다. 당신은 전쟁터에서 사랑의 치열한 싸움을 싸우는 전사가 아니라 깃털 침대에 편안히 누워있는 안일한 전사가 되기를 바라십니까? 가장 용기 있는 사람이 가장 많이 승리하는 법입니다. 만일 당신의 사랑의 길이 험난하다면, 물불을 가리지 말고 시종일관 이웃을 사랑함으로써 그 길을 담대하게 걸어가십시오. 악을 선으로 갚아 그들을 매우 부끄럽게 만드십시오. 그래도 그들이 기뻐하지 않는다면, 그들을 기쁘게 하려고 애쓰지 말고 당신의 주님을 기쁘게 하십시오. 비록 그들이 당신의 사랑을 냉정하게 거절해도, 당신의 주님은 그것을 거부하시지 않음을 기억하십시오. 마치 당신의 행위가 그들에게 받아들여졌던 것처럼, 주님도 그것을 받아들여 주십니다. 이웃을 사랑하십시오. 그렇게 함으로써 당신은 그리스도의 발자취를 따르는 삶을 살게 될 것입니다.

### 너는 누구에게 속하였으며 - 사무엘상 30:13

기독교에 중립지대는 있을 수 없습니다. 우리는 왕이신 임마누엘의 깃발 아래 서서 그분을 섬기고 그분을 위해 싸우든지, 아니면 흑암의 왕 사탄의 종이 되든지 둘 중의 하나입니다. "너는 누구에게 속하였느냐?"

성도여, 나는 당신이 이 질문에 대답하는데 도움을 주고 싶습니다. 당신은 "거듭났습니까?" 그렇다면 당신은 그리스도께 속해 있습니다. 그러나 거듭나지 않았다면 당신은 그분에게 속한 자가 될 수 없습니다. 당신은 누구를 믿습니까? 예수님을 믿는 사람들은 하나님의 자녀입니다. 당신은 누구의 일을 하고 있습니까? 당신은 누가됐든 당신의 주인을 위해 일할 것이 확실합니다. 왜냐하면 당신이 위해 일하는 자가 당신의 주인이기 때문입니다. 당신은 누구와 교제를 나누고 있습니까? 예수님께 속해 있다면 당신은 십자가의 옷을 입고 있는 사람들과 친하게 지낼 것입니다. "유유상종"이니까요. 당신의 대화는 주로 어떤 내용입니까? 천국에 관한 것입니까 아니면 세상에 관한 것입니까? 당신은 주님에 관해 무엇을 배웠습니까? 종은 자기를 수하에 둔 주인에 관해 가장 많은 것을 배우기 마련입니다. 만일 당신이 예수님과 함께하는데 시간을 투자했다면, 베드로와 요한이 "그들도 그와 함께 있었느니라"는 말을 들었던 것처럼, 당신도 똑같은 얘기를 들을 것입니다.

우리는 "너는 누구에게 속하였는가?"라는 질문을 받습니다. 잠자리에 들기 전 진지하게 대답하십시오. 당신이 그리스도께 속하지 않았다면 당신은 무정한 주인에게 속해 있는 것입니다. 그렇다면 그 잔혹한 주인에게서 얼른 도망치십시오! 사랑의 주님을 섬기십시오. 그러면 당신은 복된 인생을 살게 될 것입니다. 당신이 그리스도께 속해 있다면, 나는 당신에게 다음과 같은 4가지 권면을 드리고 싶습니다. 당신은 예수님께 속해 있습니까? 그렇다면 그분께 복종하십시오. 그분의 말씀이 당신의 법이 되게 하십시오. 그분의 소원이 당신의 뜻이 되게 하십시오. 당신은 사랑하는 주님께 속해 있습니까? 그렇다면 그분을 사랑하십시오. 마음으로 그분을 품으십시오. 전영혼을 그분으로 가득 채우십시오. 당신은 하나님의 아들에게 속해 있습니까? 그렇다면 그분을 신뢰하십시오. 그분 외에 다른 것은 절대로 신뢰하지 마십시오. 당신은 만왕의 왕에게 속해 있습니까? 그렇다면 그분을 위해 결단하십시오. 그러면 이마에 써 붙이고 다니지 않아도, 당신이 누구에게 속해 있는지 누구나 다 알아볼 것입니다.

우리가 어찌하여 여기 앉아서 죽기를 기다리랴 - 열왕기하 7:3

이 책은 주로 성도들에게 교훈을 주기 위해 씌어진 책입니다. 그러나 당신이 아직 구원받지 않았다고 해도 나는 당신에게 전할 말이 있습니다. 우리는 당신에게 복이 될 수 있는 말씀을 전하지 않을 수가 없습니다. 성경을 펴십시오. 그리고 나병환자에 관한 기사를 읽어보십시오. 당신의 입장과 비슷한 그들의 입장을 주목해 보십시오. 만일 지금 있는 자리에 계속 머물러 있으면, 당신은 죽습니다. 그러나 예수님께 나아간다면, 당신은 죽지 않을 것입니다. "호랑이 굴에 들어가야 호랑이 새끼를 잡는다"는 말은 옛 속담이지만, 당신의 경우에는 모험도 그리 큰 모험이 아닙니다. 만일 당신이 암울한 절망 속에 계속 앉아 있다면, 멸망당할 때 아무도 당신을 동정할 수 없습니다. 그러나 긍휼을 구하다 죽는다면, 그것이 가능하기만 하다면, 당신은 누구에게나 긍휼히 여김을 받을 것입니다. 예수님을 바라보기를 거부하는 사람은 죽음을 피할 수 없습니다.

그러나 당신은 어쨌든 그분을 믿고 구원 받은 사람을 알고 있습니다. 당신이 아는 사람들 중에 자비를 받은 사람을 알고 있지 않습니까? 니느웨 백성들은 "하나님이 혹시 뜻을 돌이키시고 그 진노를 그치사 우리로 멸망치 않게 하시리라 그렇지 않을 줄을 누가 알겠느냐"(욘 3:9)고 말했습니다. 그들과 똑같은 소망을 갖고 행동하고, 주님의 자비를 구하십시오. 멸망당하는 것은 참으로 두려운 일입니다. 그래서 지푸라기라도 잡을 수 있다면, 자기보존의 본능을 따라 구원의 손길을 내밀어야 합니다. 우리는 지금까지 당신이 믿지 않는다는 전제에 따라 당신에게 말했습니다. 이제 우리는 주님의 입장에서 당신에게 확실하게 말하는데, 당신이 그분을 구한다면 그분은 당신을 만나주실 것입니다. 예수님은 자기에게 나아오는 자들을 아무도 내쫓지 아니하십니다. 그분을 믿기만 한다면 결코 멸망당하지 않을 것입니다. 아니 오히려 당신은 불쌍한 문둥병자들이 수리아 군대가 떠난 진영에서 거두어들인 것보다 훨씬 더 풍성한 보화를 발견할 것입니다. 성령이 당신에게 지금 당장 담대한 마음을 주어 그분께 나아갈 수 있도록 하기를 바랍니다. 그러면 당신은 결코 헛되이 믿지 아니할 것입니다. 당신이 구원받았다면 그 복된 소식을 다른 사람들에게 알리십시오. 먼저 성전으로 달려가 그 사실을 그들에게 알리고 그들과 교제를 나누십시오. 그 집 문지기인 목사에게 당신이 발견한 진리를 전하십시오. 그리고 각처에 그 기쁜 소식을 선포하십시오. 오늘 해가 지기 전 주님이 당신을 구원하시기를 기도합니다.

그가 손을 내밀어 방주 안 자기에게로 받아들이고 - 창세기 8:9

돌아다니다 지친 비둘기는 결국 유일한 안식처인 방주로 되돌아옵니다. 날아다니기 얼마나 힘들었을까요! 비둘기는 너무 힘들어 떨어질 것 같았습니다. 방주에 다시 돌아오지 못할 것 같았습니다. 그래서 비둘기는 악전고투했습니다. 노아는 온종일 비둘기를 기다리며 맞이할 준비를 하고 있었습니다. 비둘기는 있는 힘을 다해 가까스로 방주에 도착했고, 노아가 손을 내밀어 받아들였을 때 비둘기는 거의 기진맥진해서 떨어질 뻔했습니다. "자기에게로 받아들이고"란 말씀을 주목하십시오. 비둘기는 힘이 빠져 스스로 날지 못했는데, 그러기에는 너무 두렵고, 너무 지쳐 있었습니다. 비둘기는 힘이 다할 때까지 최대한 날아왔고, 그때 노아는 손을 내밀어 자기에게로 비둘기를 받아들였습니다. 이같은 노아의 은혜의 행위는 방황했던 비둘기에게 베풀어졌고, 비둘기는 방황했다고 비난받지 않았습니다. 비둘기는 곧장 방주 안으로 들어오게 되었습니다.

마찬가지로 죄인인 당신도 당신의 모든 죄와 함께 받아들여질 것입니다. "돌아오기만 하면"(Only return) — 이 말은 하나님의 은혜의 두 마디이다 — 말입니다. "돌아오기만 하면" — 얼마나 놀라운 말입니까! 다른 무엇이 필요합니까? 아닙니다. "돌아오기만 하면" 됩니다. 비둘기는 이때 입 속에 감람나무 잎을 물고 오지 않았습니다. 방황하고, 그 모습 그대로 몸만 돌아왔을 뿐입니다. 그것은 "돌아오기만 한" 것이고, 그렇게 돌아왔을 때 노아는 비둘기를 받아들였습니다.

방황하는 성도여, 나십시오(fly). 지친 몸으로 비둘기처럼 날아보십시오. 비록 죄의 수렁에 빠진 까마귀처럼 자신이 온통 시꺼멓다고 생각될지라도, 구주께 돌아오십시오. 주저하고 있으면 그만큼 불행만 가중됩니다. 깃털을 다듬으며 예수님께 잘 보이려고 애쓰는 것은 헛된 일입니다. 있는 모습 그대로 그분께 나아오십시오. "배역한 이스라엘아 돌아오라"(렘 3:12). 그분은 "회개한 이스라엘아 돌아오라"(물론 이런 초청이 없는 것은 아닙니다)고 말씀하시지 않고, "배역한 이스라엘아"라고 부르셨습니다. 당신에 관해서도 마찬가지입니다. 배역한 죄악들을 가진 채 배역자로서 그대로 돌아오십시오, 돌아오십시오, 돌아오십시오! 예수님은 당신을 기다리고 계십니다! 그분은 자신의 손을 내밀어 자기 자신 곧 당신의 심령의 본향인 자신 안으로 당신을 "받아들이실" 것입니다.

그런즉 선 줄로 생각하는 자는 넘어질까 조심하라 - 고린도전서 10:12

은혜를 자랑하는 것과 같은 일은 참으로 우스운 일입니다. 어떤 사람은 "나는 대단한 믿음을 갖고 있기 때문에 절대로 넘어지지 않을 것이다. 작은 믿음을 가진 사람은 그럴지 모르지만 난 아니야"라고 말합니다. 또 어떤 사람은 "나는 사랑이 넘쳐. 나는 견고하게 설 수 있기 때문에 실족할 위험이 전혀 없지"라고 자랑합니다. 은혜를 자랑하는 사람은 실은 자랑할 만한 은혜가 거의 없는 사람입니다. 이렇게 자랑하는 사람들은 은혜가 자기들을 지켜줄 것이라고 상상하지만, 그 물줄기가 샘의 원천으로부터 끊임없이 흘러나와야지 그렇지 않으면 바다이 곧 말라버리리라는 점을 깨닫지 못하고 있습니다. 만일 기름이 램프에 지속적으로 공급되지 않는다면, 그것이 오늘은 켜져 있을지 모르지만, 내일은 그 불이 꺼져 연기를 내고 냄새가 아주 고약하게 날 것입니다. 받은 은혜로 당신 자신이 영광을 취하지 않도록 조심하십시오. 당신의 모든 영광과 신뢰를 오직 그리스도와 그분의 능력에 두기 바랍니다. 그렇게 할 때에만 당신은 실족하지 않고 은혜를 유지할 수 있기 때문입니다.

은혜를 받을수록 더 많이 기도하십시오. 거룩한 경배의 시간을 더 많이 가지십시오. 더 진지하게 쉬지 말고 성경을 읽으십시오. 자신의 삶을 더 조심스럽게 살펴십시오. 하나님을 더 가까이하는 삶을 사십시오. 모범적인 신앙인들을 본받아 사십시오. 천국의 향기를 풍기는 대화를 주로 하십시오. 마음이 항상 사람들의 영혼을 사랑하는 향기를 풍기도록 하십시오. 또 사람들이 당신은 예수님과 함께하는 사람이고, 예수님을 배운 사람이라고 알도록 그렇게 사십시오. 복된 그날이 오면, 당신이 사랑하는 그분이 "위로 오라"고 말씀하시는 그날이 오면, 당신의 행복은 그분이 "너는 선한 싸움을 싸우고 너의 달려갈 길을 마치고 믿음을 지켰으니 이제 후로는 너를 위하여 의의 면류관이 예비되어 있노라"(딤후 4:7)는 말씀을 듣는 순간이 될 것입니다.

그리스도인이여, 그때까지 조심하고 조심하십시오! 그때까지 거룩한 떨림과 두려움을 갖고 사십시오! 그때까지 오직 예수님만 믿고 신뢰하십시오! 그리고 "주의 말씀을 따라 저를 붙들어 주십시오" 하고 계속 간구하십시오. 그분이, 오직 그분만이 "능히 당신을 보호하사 거침이 없게 하시고 그 영광 앞에 흠이 없이 기쁨으로 세게 하실 분"(유 1:24)이시니까요.

나의 행위를 조심하여 - 시편 39:1

사랑하는 순례자여, 당신의 마음속에 "나는 어디로 갈지라도 죄를 범하지 않으리라"고 말하지 마십시오. 왜냐하면 당신은 결코 죄를 범할 위험으로부터 벗어나 있지 않으므로 안전을 자랑할 처지가 못되기 때문입니다. 우리가 가는 길은 아주 혼탁하기 때문에 옷을 더럽히지 않고 길을 가기란 아주 어렵습니다. 이 세상은 타락한 세상입니다. 그러므로 세상을 살아갈 때 당신의 손이 더럽혀지지 않도록 하려면 크게 조심할 필요가 있습니다. 길모퉁이마다 당신의 보석들을 빼앗으려는 도둑이 있습니다. 모든 은혜 속에 시험이 잠재되어 있습니다. 모든 기쁨 속에 덫이 있습니다. 그러므로 당신이 천국에 당도한다면, 그것은 하늘 아버지의 권능에 전적으로 의존하는 신적 은혜의 기적일 것입니다. 조심합시다. 손으로 폭탄을 운반할 때는 촛불 가까이 가지 않도록 주의하지 않으면 안 됩니다. 그런 것처럼 당신도 시험에 빠지지 않도록 정말 조심해야 합니다. 당신이 매일 습관적으로 행하는 행동들도 날카로운 연장이 될 수 있습니다. 당신은 그 행동들을 어떻게 다루어야 할지 신경을 써야 합니다.

이 세상에는 그리스도인의 경건을 높여주는 것이 하나도 없고, 오히려 그것을 파괴하는 것들만 가득합니다. 당신은 하나님이 당신을 지켜줄 수 있도록 얼마나 조심스럽게 그분을 올려다보아야 할까요! 당신은 "주여, 저를 붙들어 주소서. 그리해야 안전하겠나이다"라고 기도해야 합니다. 기도한 다음에도 당신은 조심해야 합니다. 모든 생각, 말, 그리고 행동을 거룩한 조심성을 갖고 행하십시오. 불필요하게 자신을 노출시키지 마십시오. 만일 노출시켜야 한다면, 또 반드시 회살이 날아오는 곳으로 가야 한다면, 아무 무장 없이 가서는 안 됩니다. 왜냐하면 일단 우리가 무방비 상태라는 것을 알기만 하면, 마귀는 승리는 자기 것이라고 즐거워하고, 곧바로 화살을 쏘아냄으로써 상처를 입혀 쓰러지도록 할 것이기 때문입니다. 그렇다고 죽지는 않겠지만, 당신은 크게 상처를 입을 수도 있습니다. "근신하라 깨어라 너희 대적 마귀가 우는 사자 같이 두루 다니며 삼킬 자를 찾나니"(벧전 5:8). 그러므로 조심하십시오. 기도로 깨어 있으십시오. 지나치게 조심해서 실족한 사람은 하나도 없습니다. 성령이 모든 길에서 우리를 인도하여 주심으로써 항상 주님을 기쁘시게 할 수 있기를!

### 그리스도 예수 안에 있는 은혜 안에서 강하고 - 디모데후서 2:1

그리스도는 자신 안에 한량없는 은혜를 갖고 계시지만, 그것을 자신을 위해 갖고 계신 것은 아닙니다. 물탱크가 파이프를 통해 그 안의 물을 다 흘려보내듯이 그리스도 역시 그의 백성들에게 자신의 은혜를 다 흘려내십니다. "우리가 다 그의 충만한 데서 받으니 은혜 위에 은혜러라"(요 1:16). 그분은 은혜를 오직 우리에게 나눠주시기 위해 갖고 계십니다. 그분은, 항상 흐르되 오로지 빈 주전자를 가득 채우고 그곳에 가까이 나아오는 목마른 입술들을 축축이 적셔주기 위해 흐르고 있는 샘과 같습니다. 나무처럼 그분은 맛있는 열매를 달고 있는데, 그 열매는 단순히 달려 있는 것이 아니라 그것을 필요로 하는 사람들에게 주시기 위해 달려 있습니다. 은혜는 그것이 죄사함의 역사든, 깨끗하게 하는 역사든, 보존하시는 역사든, 견디게 하시는 역사든, 강하게 하시는 역사든, 밝게 비추는 역사든, 소성케 하시는 역사든 또는 회복시키는 역사든 그 어느 역사를 막론하고, 항상 그분으로부터 자유롭게, 값없이 주어지고, 그분이 그의 백성들에게 베푸시지 않는 은혜의 역사는 하나도 없습니다.

몸 속의 피는 심장으로부터 흘러나오지만 모든 지체 속에 골고루 흐르고 있습니다. 마찬가지로 은혜의 능력도 어린양과 연합된 모든 성도들의 기업입니다. 그리스도와 교회는 똑같은 은혜를 공유하고 있기 때문에 그 둘 사이에는 친밀한 교제가 있습니다. 그리스도는 기름이 최초로 부어지는 머리가 되시는데, 그 기름은 옷 가장자리까지 흘러들어가고, 그러기에 가장 미천한 성도라 해도 머리 위에 부어진 것과 똑같은 양질의 기름이 발라지게 됩니다. 이것은 은혜의 수액이 그 줄기로부터 가지에 흐를 때, 그리고 줄기 자체가 가지를 자라게 하는 그 양분을 통해 유지된다는 사실을 깨달을 때 참된 교통이 됩니다. 우리가 날마다 예수님으로부터 은혜를 받고, 또 그것이 그분으로부터 오는 것을 끊임없이 인식하고 있을 때, 우리는 그분과 참된 교제 속에 들어가게 되고, 그 교제로부터 오는 축복을 충분히 누리게 될 것입니다. 그러므로 우리는 날마다 우리가 갖고 있는 부요한 은혜의 부를 사용해야 합니다. 그리고 언약의 주님을 기억하고 그분께 날마다 나아가 자기 지갑에서 돈을 꺼내는 사람들처럼 담대하게 그분으로부터 우리의 모든 필요를 꺼내 채웁시다.

그가 한 마음으로 행하여 형통하였더라 - 역대하 31:21

이것은 특별한 경우가 아닙니다. 최선을 다해 일하는 사람들은 형통하지만, 딴 생각을 품고 일하는 사람들은 거의 확실하게 실패하리라는 것은 보편적 삶의 법칙입니다. 하나님은 게으른 사람들에게는 엉겅퀴를 수확하는 것을 제외하고는 수확의 열매를 주시지 않습니다. 또 그분은 감추인 보물을 찾아내기 위해 땅을 파지 않는 사람들에게도 축복을 베푸시지 않습니다. 만일 어떤 사람이 승승장구한다면 누구든 그는 열심히 일한 사람이라고 인정할 것입니다. 이것은 신앙의 영역에서도 똑같습니다. 만일 당신이 예수님을 위해 활동하는데 순조롭기 원한다면, 진심으로 행하십시오. 온 마음을 다해 힘쓰십시오. 먹고 살기 위해 열심히 일하는 것처럼 신앙을 위해서도 그렇게 힘과 능력과 마음과 열심을 다해 수고하십시오. 왜냐하면 그것이 더 귀하고 가치 있는 일이기 때문입니다. 성령이 우리 연약함을 도우시지만, 그분은 우리의 게으름을 조장하시지 않습니다. 그분은 부지런한 신자들을 사랑하십니다.

교회에서 가장 쓸모 있는 사람들이 누구겠습니까? 온 마음을 다해 하나님을 위해 일하는 사람들입니다. 주일학교 교사들 가운데 누가 가장 훌륭한 교사겠습니까? 가장 능력이 많은 교사요? 아닙니다. 가장 열심 있는 교사입니다. 그 마음이 불같이 뜨거운 사람들, 주님의 구원의 권능에 적극적인 마음을 갖고 그들의 주님을 바라보는 사람들입니다. 한 마음(whole-heartedness)은 인내를 담고 있는 마음입니다. 처음에는 실패가 있을 수 있습니다. 하지만 열심 있는 성도는 "그것이 주님의 사역이고, 당연히 그렇게 해야 한다. 나의 주님은 그렇게 하도록 내게 명하셨다. 그러기에 나는 그분의 능력 안에서 그것을 행할 수 있다"고 말할 것입니다. 그리스도인이여, 당신은 당신의 주님을 섬기는데 이같이 "한 마음으로" 행하고 있습니까? 예수님의 열심을 기억하십시오! 그분이 어떤 마음으로 일하셨는지 생각해 보십시오! "주의 전을 사모하는 열심이 나를 삼키리라"(요 2:17). 그분이 땀을 핏방울처럼 흘리셨을 때, 그 어깨 위에 짊어지셔야 했던 짐들은 결코 가벼운 것이 아니었습니다. 또 그분이 심장의 피를 다 쏟아놓으셨을 때, 그분이 그의 백성들의 구원을 위해 쏟으신 노력은 결코 작은 것이 아니었습니다. 이토록 열심 있는 예수님이셨는데, 우리가 미지근한 신앙생활을 해야 하겠습니까?

## 나는 주와 함께 있는 나그네이며 - 시편 39:12

오 주여, 나는 당신에 대해 나그네가 아니라 당신과 함께 가는 나그네입니다. 당신으로부터 나를 멀리 떨어지게 했던 모든 자연적 속성들은 당신의 은혜로 말미암아 효과적으로 제거되었고, 지금 나는 당신과 함께 교제를 나누며 이 죄악된 세상을 타국의 나그네로서 살아가고 있습니다. 당신은 자신의 세상에서 나그네가 되십니다. 사람은 당신을 망각하고, 당신을 불신하며, 당신을 무시하는 새 법과 이상한 관습들을 만들어 놓았습니다. 당신의 사랑하는 아들이 자신의 세상 속에 오셨을 때, 그의 백성들은 그분을 영접하지 아니했습니다. 그분이 세상에 계셨고, 세상이 그분으로 말미암아 지음을 받았지만, 세상은 그분을 알아보지 못했습니다. 생소한 땅에서 자기와 완전히 다른 외래종과 같이 산 새라도 당신의 사랑하는 아들이 그 어머니의 형제들 사이에서 사는 것만큼 이방인은 아니었을 것입니다. 그러므로 내가 예수님의 삶을 좇아 사는 사람이라면, 이 땅에서 무명의 이방인으로 산다고 해도 놀랄 일은 아닙니다. 주여, 나는 예수님이 나그네로 사신 곳에서 시민으로 살지 않겠습니다. 그분은 못자국난 손으로 내 영혼을 땅에 묶어놓았던 끈을 풀어주셨고, 그래서 지금 나는 이 땅에서 나그네임을 깨닫습니다. 나는 내가 알아듣지 못하는 말을 하는 바벨론 사람들에게 말하는 것 같습니다. 그들에게 내 태도는 이상하고 생소합니다. 내가 죄인들과 함께 사는 것은 타타르족이 런던 한복판에서 사는 것보다 훨씬 더 타향에서 사는 것 같을 것입니다. 그러나 여기에 내 운명의 행복함이 있습니다. 나는 당신(주님)과 함께 있는 나그네입니다. 당신은 나와 함께 고난당하는 자요, 나의 순례의 동반자입니다. 당신과 함께 길을 가는 도중 당신이 내게 말씀하실 때 내 마음은 뜨거워집니다. 비록 나는 나그네지만, 보좌에 앉아있는 것보다 훨씬 더 행복하고, 안전한 집에서 편안히 사는 사람들보다 훨씬 더 평안합니다.

> "내게는 장소나 시간이 문제가 아니다. 모든 나라가 다 내 나라다.
> 하나님이 함께 하시기에 나는 어디서든 평온하고 염려가 없다.
>
> 우리는 이곳을 구하고 저곳을 피하지만, 영혼은 행복을 찾지 못한다.
> 그러나 하나님이 우리의 길을 인도하시면,
> 길을 가든 머물러 있든 똑같이 즐겁다."

또 주의 종에게 고의로 죄를 짓지 말게 하사 - 시편 19:13

이것은 "하나님의 마음에 합한 사람"인 다윗의 기도입니다. 경건한 다윗이 어찌하여 이런 기도를 해야 했을까요? 그렇다면 영적 어린아이인 우리는 이런 기도가 얼마나 더 크게 필요할까요! 그것은 마치 그가 "나로 고의로 죄를 짓지 말게 하소서. 그렇지 아니하면 내가 죄의 절벽으로 거꾸로 떨어지겠나이다"라고 말하는 것과 같습니다. 우리의 악한 본성은 길들여지지 않은 말처럼 탈선하기 쉽습니다. 하나님의 은혜가 그것에 족쇄를 채워 결박하고 죄를 범하지 못하도록 우리를 도우시기를! 하나님이 섭리와 은혜를 통해 우리에게 두신 억제 장치들이 없었다면 우리가 과연 어떻게 행동했을까요! 시편 기자의 기도는 가장 악한 죄의 형식 — 고의적이고 의도적으로 저지르는 죄 — 에 대해 주어지고 있습니다. 심지어는 아무리 거룩한 자라 할지라도 가장 악한 죄를 "지을" 수 있습니다.

사도 바울이 성도들에게 불결한 악들을 범하지 않도록 말하는 것은 참으로 엄중한 경고입니다: "그러므로 땅에 있는 지체를 죽이라 곧 음란과 부정과 사욕과 악한 정욕과 탐심이니 탐심은 우상숭배니라"(골 3:5). 그렇습니다! 그런데 성도들은 이와 같은 죄들에 대한 경고를 좋아합니까? 예, 그들은 좋아합니다. 그러나 그들의 순결함이 하나님의 은혜에 의해 유지되지 않는다면, 아무리 흰옷이라고 해도 새까만 얼룩으로 더럽혀지고 말 것입니다. 체험이 많은 성도여, 체험을 자랑하지 마십시오. 만약 당신이 당신을 죄로부터 막아주실 수 있는 분으로부터 고개를 돌린다면 당신은 실족할 것이기 때문입니다. 아무리 우리의 사랑이 열렬하고, 우리의 믿음이 변함없으며, 우리의 소망이 강하다고 할지라도 "나는 결고 죄를 범하지 않을 것이라"고 말하지 마십시오. 아니 오히려 "나로 시험에 들지 말게 하옵소서"하고 부르짖어야 합니다.

지극히 선한 사람의 마음속에도 하나님이 그것을 꺼주시지 않는다면, 가장 낮은 지옥 끝까지 밝혀주는 불쏘시개가 들어 있습니다. 의인들이 술주정뱅이가 되고 불결한 죄를 저지르는 악인이 되리라고 누가 상상할 수 있겠습니까? 하사엘은 "당신의 개 같은 종이 무엇이기에 이런 큰일을 행하오리까"(왕하 8:13) 하고 말했습니다. 우리도 이와 똑같이 자기의에 사로잡혀 오만한 질문을 하기 쉽습니다. 하나님의 무한한 지혜가 자기신뢰의 질병으로부터 우리를 치유해 주시기를!

### 가난한 자들을 기억하라 - 갈라디아서 2:10

하나님은 자기 자녀들 속에 왜 그토록 많은 가난한 자들을 두실까요? 그분은 원하시기만 하면 그들을 단번에 부자로 만드실 수 있습니다. 그분은 그들의 집 문에 금이 가득 든 자루를 놓아두실 수도 있습니다. 그분은 그들에게 매년 엄청난 고소득을 보장하실 수도 있습니다. 또 과거에 이스라엘 진영 주위에 메뚜기 떼들을 산더미같이 쌓아놓고, 하늘로부터 만나를 비같이 내리셔서 그들을 먹이신 것처럼, 가난한 자들의 집 주위에 엄청난 곡식을 뿌려주실 수도 있습니다. 하지만 하나님이 가난함이 그들에게 최선의 상태라고 보시지 않았다면, 그들은 가난할 필요가 없었을 것입니다. "뭇 산의 가축이 다 그분의 것입니다"(시 50:10). 그분은 그들을 먹여 살리실 수 있었습니다. 그분은 가장 큰 부자, 가장 위대한 자, 가장 힘 있는 자들을 움직여 자기 자녀들 발 앞에 그들의 모든 힘과 재산을 다 갖다 놓도록 하실 수도 있었습니다. 모든 사람들의 마음이 그분의 조종 속에 있으니까요. 그러나 그분은 그렇게 하시지 않습니다. 그분은 그들이 고난받도록 허락하셨고, 그들이 무명의 존재로 살도록 하십니다.

왜 그렇게 하실까요? 여기에는 많은 이유가 있습니다. 그중 한 가지는 우리가 주님의 사랑을 충분히 받았기 때문에 그분에 대한 우리의 사랑을 보여 주는 기회를 우리에게 주시기 위함입니다. 주님을 찬양하고 그분께 기도할 때 우리는 그분에 대한 우리의 사랑을 보여 주는 것입니다. 그러나 만일 세상에 가난한 사람들이 없다면, 우리는 그들에게 베푸는 삶을 실천함으로써 주님에 대한 우리의 사랑을 입증할 수 있는 최고의 기회를 잃어버리게 될 것입니다. 그분은 우리가 우리의 사랑을 단순히 말로써가 아니라 행함과 진실함으로 보여 주도록 하심으로써 그것을 증명하도록 정하셨습니다. 우리가 그리스도를 진실로 사랑한다면, 우리는 그분의 사랑을 받는 사람들을 돌아보아야 합니다. 그분에게 사랑받는 사람들이라면 우리에게도 사랑받는 자들이 되어야 합니다. 그렇다면 우리는 가난한 주의 권속들을 보살피는 것을 하나의 의무가 아니라 특권으로 간주해야 합니다. 주님의 말씀을 기억하십시오: "너희가 여기 내 형제 중에 지극히 작은 자 하나에게 한 것이 곧 내게 한 것이니라"(마 25:40). 확실히 이 보증은 아주 강력하고, 이 동기는 돕는 손과 사랑하는 마음으로 다른 사람들을 돕도록 우리를 강하게 이끕니다. 우리가 그의 백성들을 위해 행하는 모든 일이 그분이 친히 행하신 것처럼 그리스도에 의해 은혜로 받아들여지고 있음을 잊지 맙시다!

화평하게 하는 자는 복이 있나니 그들이 하나님의 아들이라 일컬음을 받을 것임이요
- 마태복음 5:9

이것은 팔복 중 일곱 번째 복입니다. 일곱라는 숫자는 히브리인들 사이에 완전수로 알려져 있습니다. 구주께서 화평하게 하는 자를 일곱 번째 순번에 두신 것은 그렇게 하는 자야말로 그리스도 예수 안에서 완전한 자에 가장 근접한 사람이기 때문일 것입니다. 완전한 복을 소유한 사람은, 그것을 이 땅에서 누릴 수 있으려면, 이 일곱 번째 복을 소유하고 화평케 하는 자가 되어야 합니다. 본문의 위치가 또한 의미가 있습니다.

본문의 앞 구절은 "마음이 청결한 자가 하나님을 보는" 복을 가질 것에 대해 말씀합니다. 여기서 우리는 "첫째 성결(청결)하고, 다음에 화평케 된다"(약 3:17)는 것을 충분히 이해할 수 있습니다. 우리의 평화는 죄와 결탁하거나 악을 용납해서는 절대로 주어지지 않습니다. 우리는 하나님과 그분의 거룩에 반하는 모든 것에 대해서는 안색 하나 바꾸어서는 안 됩니다. 우리의 영혼은 먼저 청결해야 화평으로 나아갈 수 있습니다. 그러므로 그 다음 구절이 본문의 순서처럼 되어있는 것은 의도적인 것처럼 보입니다.

하지만 이 세상에서 화평이 어떻게 펼쳐질지에 대해서는 잘못 해석되고 잘못 이해될 수 있습니다. 심지어 평화의 왕이 그분의 진정한 평화를 통해서 세상에 불을 일으키는 것에 대해 놀라서는 안 됩니다. 그분 자신은 인간을 사랑하고 악을 행하지 않으셨지만 "멸시를 받아 사람들에게 버림 받았으며 간고를 많이 겪었으며 질고를 아는 자"(사 53:3)이셨습니다. 그러므로 마음이 화평한 사람들은 원수를 만났을 때 놀라서는 안 됩니다.

본문 다음 구절에는 "의를 위하여 박해를 받은 자는 복이 있나니 천국이 그들의 것임이라"는 말씀이 나오고 있습니다. 따라서 화평하게 하는 자는 복이 있다고 선언될 뿐 아니라 복으로 에워싸여 있습니다. 주여, 우리에게 일곱 번째 복을 얻도록 은혜를 베풀어 주소서! 우리가 "첫째 성결하고 다음에 화평할" 수 있도록 우리의 마음을 청결하게 하여 주소서! 그리고 당신으로 말미암아 핍박당할 때, 우리가 화평하게 하는 일에 겁을 내거나 절망에 빠지지 않도록 우리 영혼을 강하게 붙들어 주소서!

> 너희가 다 믿음으로 말미암아 그리스도 예수 안에서 하나님의 아들이 되었으니
> - 갈라디아서 3:26

하나님은 그의 모든 자녀들에게 똑같은 아버지이십니다. 아! 작은 믿음을 가진 자여, 당신은 종종 이렇게 말했습니다: "오 내가 큰 믿음을 가진 사람의 용기를 가졌다면 얼마나 좋을까! 내가 그의 칼을 사용하고, 그만큼 용감하다면 얼마나 좋을까! 그러나 슬프게도 나는 지푸라기에도 걸려 넘어지고 그림자만 봐도 두려워한다." 그러나 들어보십시오. 큰 믿음을 가진 자도 하나님의 자녀고 당신도 하나님의 자녀입니다. 큰 믿음을 가진 자라고 당신보다 더 큰 하나님의 자녀가 아닙니다. 크게 사랑받았던 사도인 베드로와 바울이 지존자의 가족이었던 것처럼 당신도 똑같은 가족입니다. 연약한 성도도 강한 성도와 똑같이 하나님의 자녀입니다.

> "비록 땅의 오랜 기초들이 무너진다 해도
> 이 언약은 확실한 보증이라.
> 강한 자나 약한 자나 힘없는 자나
> 지금 예수 안에서는 모두 하나라네."

성도의 모든 이름들이 동일한 가족 명단에 올라있습니다. 어떤 사람이 다른 사람보다 더 많은 은혜를 받을 수 있습니다. 그러나 하나님은 누구에게든 똑같이 자상한 마음을 갖고 계십니다. 어떤 사람이 다른 사람보다 더 강력한 사역을 하고 아버지께 더 큰 영광을 돌릴 수 있습니다. 그러나 그 이름이 천국에서 아주 보잘것없어도, 그 역시 유능한 천국의 지도자들과 똑같이 하나님의 자녀입니다. 그러므로 우리가 하나님께 가까이 나아가 "우리 아버지"라고 부를 때, 이것으로 말미암아 즐거워하고 위로를 받읍시다.

그러나 우리가 이것을 알기에 위로받는다고 해도, 약한 믿음으로 만족해서는 안 됩니다. 오히려 사도들처럼 더 큰 믿음을 달라고 구하십시오. 우리의 믿음이 아무리 약해도 그것이 참된 믿음이라면, 우리는 결국 천국에 들어갈 것입니다. 그러나 우리는 이 나그네 길에서는 주님을 크게 영화롭게 하지도 못하고 기쁨과 평화로 충만하게 되지도 못할 것입니다. 그러므로 당신이 그리스도의 영광을 위해 살고 그분을 섬기는 것이 행복하다면, 온전한 사랑이 두려움을 내쫓을 때까지 양자의 영을 더 충만하게 채워달라고 구하십시오.

아버지께서 나를 사랑하신 것 같이 나도 너희를 사랑하였으니 — 요한복음 15:9

아버지께서 아들을 사랑하시는 것처럼 예수님도 그의 백성들을 사랑하십니다. 하나님의 사랑의 방법이 어떻습니까? 하나님은 시작이 없이 주님을 사랑하셨습니다. 또 예수님도 그의 지체들을 사랑하십니다. "내가 영원한 사랑으로 너를 사랑하였다"(렘 31:3). 당신은 인간의 사랑이 시작되는 지점을 찾아낼 수 있습니다. 당신은 당신이 그리스도를 사랑하게 된 시점을 쉽게 발견할 수 있습니다. 그러나 그분이 우리를 사랑하시는 사랑은 그 원천이 영원 속에 감추어져 있는 샘입니다. 하나님 아버지는 변함없이 예수님을 사랑하십니다. 그리스도인이여, 자기를 믿는 사람들에게 베푸시는 예수 그리스도의 사랑에는 결코 변함이 없다는 사실에서 위로를 얻으시기 바랍니다. 어제 당신은 다볼 산 정상에 서서 "주님은 나를 사랑하신다" 하고 외쳤습니다. 오늘 당신은 비천의 계곡 아래 있지만 그분은 여기서도 똑같이 당신을 사랑하십니다. 미살 산 위에서 그리고 헤르몬 산 속에서 당신은 사랑의 선율로 지극히 감미롭게 말씀하시는 그분의 음성을 들었습니다. 그리고 지금은 바다 위에서 아니 심지어는 바다 속에서 그분의 사랑의 물결과 파도가 당신에게 넘실댈 때 그분의 마음은 자신이 태초에 택하신 자들에게 신실하십니다.

또 아버지는 아들을 끝없이 사랑하십니다. 마찬가지로 아들도 그의 백성들을 끝없이 사랑하십니다. 성도여, 당신은 탯줄이 끊어질까 두려워할 필요가 없습니다. 왜냐하면 당신을 향한 그분의 사랑은 결코 멈추지 않을 것이기 때문입니다. 무덤에서도 그리스도는 당신과 함께하시고, 무덤에서 하늘로 올라갈 때에도 그분은 당신을 천상으로 인도하시리라는 것을 의심하지 마십시오. 나아가 아버지는 아들을 한량없이 사랑하십니다. 마찬가지로 한량없는 사랑으로 아들도 그의 택한 자들을 사랑하십니다. 그리스도의 온 마음은 그의 백성들에게 바쳐집니다. 그분은 "우리를 사랑하셨고, 우리를 위해 자신을 내어주셨습니다." 그분의 사랑은 이해를 초월하는 사랑입니다. 아! 우리는 참으로 한량없이, 변함없이, 시작도 끝도 없이 아버지께서 아들을 사랑하시는 것처럼 사랑하시는 분 곧 불변하시는 구주, 보배로우신 구주를 소유하고 있습니다! 여기에는 먹고 어떻게 소화시킬지 알고 있는 사람들을 위해 엄청난 양식이 있습니다. 성령이 우리를 그 활력과 풍부함 속으로 인도하시기를!

## 믿음으로 견고하여져서 - 로마서 4:20

그리스도인이여, 당신의 믿음을 잘 관리하십시오. 왜냐하면 믿음만이 당신이 복을 받을 수 있는 유일한 길이기 때문입니다. 만일 우리가 하나님으로부터 복을 받기 원한다면, 믿음 외에 그것을 가져오게 할 수 있는 것은 아무것도 없습니다. 믿는 사람들이 믿음으로 진지하게 기도하는 것이 아니라면, 기도는 하나님의 보좌로부터 응답을 전혀 이끌어낼 수 없습니다. 믿음은 영광 중에 계시는 주 예수님과 영혼 사이를 연결하는 천사 같은 사자입니다. 그 천사가 물러나 보십시오. 그러면 우리는 아무리 기도해도 그 기도를 위로 올려 보낼 수 없고, 또 응답을 받을 수도 없습니다. 믿음은 땅과 하늘을 연결하는 전선 — 하나님의 사랑의 메시지가 빠르게 전달되고, 우리가 요청하기 전에 그분이 응답하시며 우리가 말하기도 전에 그분이 들으시는 — 과 같습니다. 그러나 그 믿음의 전선이 끊어져버린다면, 우리가 어떻게 약속을 받을 수 있을까요? 우리가 문제 속에 있습니까? 그러면 믿음으로 문제를 해결하는 도우심을 받을 수 있습니다. 원수에게 쫓기고 있습니까? 그러면 우리 영혼은 믿음으로 그분의 사랑하는 피난처에 피할 수 있습니다. 그러나 믿음을 제거해 보십시오. 그러면 우리는 하나님께 헛되이 구하는 것입니다. 그때 내 영혼과 천국 사이에는 아무런 길이 없습니다.

가장 추운 인생의 겨울철에 믿음은 기도의 말이 하늘로 달려갈 수 있는 길이 됩니다. 그렇습니다. 얼어붙는 추위 속에서는 더더욱 좋습니다. 그런데 그 길을 막아보십시오. 그러면 어떻게 우리가 위대하신 왕과 교통할 수 있겠습니까? 믿음은 나를 하나님과 연결시킵니다. 믿음은 나에게 하나님의 능력의 옷을 입혀줍니다. 믿음은 여호와의 전능하심을 내가 사용할 수 있도록 합니다. 믿음은 하나님의 모든 속성들을 나를 변호하도록 만듭니다. 믿음은 지옥의 권세들을 물리치도록 나를 돕습니다. 믿음은 내 원수들의 목을 짓누르고 승리할 수 있도록 합니다. 그러나 믿음이 없다면 내가 주님으로부터 무엇을 받을 수 있겠습니까? 요동하는 사람 — 바다 물결처럼 흔들리는 사람 — 은 하나님으로부터 무엇을 받기를 기대해서는 안 됩니다! 오, 그렇다면 그리스도인이여, 믿음을 잘 보존하십시오. 그것만 있으면 당신은 아무리 가진 것이 없다고 해도, 무엇이든 할 수 있으니까요. 그러나 그것이 없다면, 당신은 아무것도 얻을 수 없습니다. "할 수 있거든이 무슨 말이냐 믿는 자에게는 능히 하지 못할 일이 없느니라"(막 9:23).

룻이 배불리 먹고 남았더라 - 룻기 2:14

우리는 예수님이 주시는 떡을 먹을 기회가 있을 때마다 룻처럼 배불리 그리고 맛있게 식사를 하게 됩니다. 예수님이 주인되실 때, 충분히 먹지 못하고 떠나는 손님은 절대로 없습니다. 우리의 머리는 그리스도가 계시하는 보배로운 진리로 만족할 것입니다. 우리의 가슴은 참으로 온전한 사랑의 대상이신 예수님으로 만족할 것입니다. 우리의 소망도 충족될 것입니다. 왜냐하면 우리가 천국에서 오직 예수님만 소유하고 있을 테니까요. 그리고 우리의 소원도 이루어질 것입니다. 왜냐하면 "그리스도를 알고 그 안에서 발견되는 것" 외에 우리가 더 알기 바라는 것이 없을 테니까요. 예수님은 우리의 양심이 완전한 평화 속에 들어갈 때까지 그것도 채우실 것입니다. 우리의 판단도 그분의 가르침에 대한 확실성으로 충만할 것입니다. 우리의 기억도 그분이 이루신 것에 대한 회상들로 가득 채워질 것입니다. 우리의 상상력도 그분이 앞으로 이루실 일에 대한 전망으로 충만케 될 것입니다.

룻이 "배불리 먹고 남았던" 것처럼 우리도 역시 그러할 것입니다. 우리는 많은 계획들을 갖고 있었습니다. 우리는 우리가 그리스도의 모든 것에 참여할 수 있다고 생각했습니다. 그러나 최선을 다했을 때, 우리는 많은 분량을 남길 수 있었습니다. 우리는 주님의 사랑의 식탁에 앉아 "지금까지 무한하신 주님 외에 나를 만족시킬 수 있는 분은 없었다. 나는 내 죄를 씻기 위해서는 무한한 공로를 필요로 하는 엄청난 죄인이었다"고 말했습니다. 그러나 우리는 죄를 사함 받았고, 그만한 공로가 있었음을 알았습니다. 우리는 거룩한 사랑의 잔치에서 우리의 배고픔을 해결했을 뿐만 아니라 영적 음식이 풍성하게 남겨진 것도 알았습니다. 하나님의 말씀 속에는 우리가 아직 맛보지 아니하고, 잠시 남겨둔 너무나 맛있는 것들이 많습니다. 왜냐하면 우리는 주님으로부터 "내가 아직도 너희에게 이를 것이 많으나 지금은 너희가 감당하지 못하리라"(요 16:12)는 말씀을 들은 제자들과 같기 때문입니다. 그렇습니다. 우리는 아직도 얻지 못한 은혜들이 많습니다. 그리스도께 가까이 나아가 교제할 지점에 아직 충분히 도달하지 못했습니다. 또 그분과 친밀한 교제를 나누는 가장 높은 곳에 아직 올라가지 못했습니다. 사랑의 잔치 때마다 많은 부스러기가 남아 있습니다. 우리는 우리의 영광스러운 보아스가 되시는 주님의 그 풍성한 선물들에 대해 찬송을 드립시다.

### 내 사랑하는 자 - 아가서 2:8

이것은 옛날부터 교회가 가장 기쁜 순간에 하나님의 기름부음 받은 자이신 예수 그리스도에게 붙여준 보배 같은 이름이었습니다. 새들이 지저귀며 노래부를 때, 또 비둘기의 음성이 땅에 들릴 때에도 교회의 주님에 대한 사랑의 선율은 그 어느 것보다 더 감미로운 노래였습니다. 왜냐하면 교회는 "내 사랑하는 자는 내게 속하였고 나는 그에게 속하였도다 그가 백합화 가운데에서 양 떼를 먹이는 구나"(아 2:16)라고 노래했기 때문입니다. 노래 중의 노래 곧 아가서에서 교회는 항상 그분을 "내 사랑하는 자!"라는 즐거운 이름으로 불렀습니다.

심지어는 우상숭배가 주님의 정원의 꽃들을 다 시들게 했던 한겨울에도 교회의 선지자들은 잠시 주님의 짐을 내려놓고, 이사야가 말한 것처럼 "나는 내가 사랑하는 자를 위하여 노래하되 내가 사랑하는 자의 포도원을 노래하리라"(사 5:1)고 말하곤 했습니다. 그때 성도들은 주님의 얼굴을 직접 뵙지 못했지만, 또 아직 그분이 육신을 입기 전이었기 때문에 우리 가운데 사시기 전이었지만, 그리고 아무도 그분의 영광을 본 적이 없었지만, 그분은 이스라엘의 위로요, 모든 택함받은 자들의 소망이자 기쁨이요, 지극히 높으신 하나님 앞에 의로운 모습으로 선 모든 사람들의 "사랑하는 자"였습니다. 그렇다면 교회의 여름철에 있는 우리는 더 말할 것도 없이 그리스도를 우리 영혼의 가장 사랑하는 자로 말해야 하고, 그분은 "많은 사람 가운데 뛰어나고 그 전체가 사랑스러우신" 가장 보배로우신 분으로 느껴야 합니다. 교회가 예수님을 사랑하고, 그분을 내 사랑하는 자로 부르는 것, 사도 바울이 온 우주도 교회를 그리스도의 사랑에서 끊을 수 없고, 환난이나 곤고나 박해나 재난이나 위험이나 칼도 그것을 끊을 수 없다고 말하는 것은 참으로 진실입니다. 아니 오히려 그는 "이 모든 일에 우리를 사랑하시는 이로 말미암아 우리가 넉넉히 이기느니라"(롬 8:37)고 즐겁게 자랑합니다.

오, 우리가 주님은 항상 보배로우신 분이라는 것을 더 깊이 알기를!

> "나의 유일한 재산은 당신의 사랑입니다.
> 아래 땅에서나 위 하늘에서나 나는 다른 소유가 없습니다.
> 비록 내가 열심으로 기도하고, 날마다 당신을 성가시게 하지만,
> 내가 구하는 것은 오직 당신뿐입니다."

남편들아 아내 사랑하기를 그리스도께서 교회를 사랑하시고 그
교회를 위하여 자신을 주심같이 하라 - 에베소서 5:25

이 말씀은 그리스도께서 그의 제자들에게 주시는 참으로 황금 같은 교훈입니
다. 가르치는 자가 담대하게 "네가 내 가르침을 실천하려면 내 생활을 본받으라"
고 말할 수 있는 사람은 거의 없습니다. 그러나 예수님의 삶은 완전한 덕을 그대
로 실천한 교본이기 때문에 그분은 자신을 거룩의 교사이면서 동시에 그 귀감으
로 제시할 수 있습니다. 그리스도인은 주님을 자신의 모델로 삼아야 합니다. 우
리가 주님 속에 있는 은혜를 반사하지 못한다면, 우리는 어떤 상황에서든 만족
해서는 안 됩니다. 남편으로서 그리스도인은 예수 그리스도의 초상을 바라보고
그 모양에 따라 그림을 그려야 합니다. 참 그리스도인은 주님께서 그의 교회에
대해 하셨던 것처럼 그런 남편이 되어야 합니다. 남편의 아내에 대한 사랑은 특
별합니다. 주님은 교회를 세상 사람들보다 훨씬 더 가까운 위치에 두고, 특별한
애정으로 사랑하십니다. "내가 비옵는 것은 세상을 위함이 아니요 내게 주신 자
들을 위함이니이다"(요 17:9). 택함받은 교회는 천국의 총아요, 그리스도의 보화
요, 그분의 머리의 면류관이요, 그분의 팔의 팔찌요, 그분의 가슴의 흉배요, 그분
의 사랑의 진수이자 정수입니다. 남편은 아내를 변함없는 사랑으로 사랑해야 합
니다. 그것은 예수님께서 그와 같이 교회를 사랑하셨기 때문입니다. 그분은 자신
의 애정을 바꾸지 않습니다. 그분이 자신의 애정을 표현하는 방법은 변할 수
있지만, 애정 자체는 항상 동일합니다. 또 남편은 아내를 끊임없는 사랑으로 사랑
해야 합니다. 왜냐하면 그 어떤 것도 "우리를 우리 주 그리스도 예수 안에 있는
하나님의 사랑에서 끊을 수 없기"(롬 8:39) 때문입니다. 진실한 남편은 자신의
아내를 진실한 사랑 곧 열렬한 사랑으로 사랑하는 법입니다. 그것은 단순히 입으
로만 하는 사랑이 아닙니다. 아! 사랑하는 성도여, 그리스도 자신이 행실로 보여
주신 것보다 그분의 사랑의 증거로 말할 수 있는 것이 무엇이 있겠습니까? 예수
님은 그의 신부를 향해 즐거운 사랑을 갖고 계십니다. 그분은 교회의 사랑을 소중
히 여기고 지극히 만족하는 마음으로 교회를 즐거워하십니다. 성도여, 예수님의
사랑에 경의를 표하십시오. 당신은 그것을 인정해야 합니다. 당신은 그것을 본받고
있습니까? 가정에서 당신은 그리스도께서 교회를 사랑하신 것같이 사랑하는 것을 당
신의 사랑의 법과 척도로 삼고 있습니까?

너희가 다 각각 제 곳으로 흩어지고 나를 혼자 둘 때가 오나니 벌써 왔도다 - 요한복음 16:32

겟세마네 동산에서 느꼈던 주님의 고뇌를 함께 나눌 수 있는 사람들은 거의 없었습니다. 대다수 제자들은 "그 고뇌"의 신비를 충분히 헤아릴 만큼 충분한 은혜를 갖고 있지 못했습니다. 각자 자기들 집에서 지키는 유월절 잔치에 여념이 없었던 그들은 율법의 법조문에 따라 살고 복음의 영에 대해서는 단순한 아이에 지나지 않는 다수의 사람들을 대표합니다. 12명 아니 11명만 겟세마네 동산에 올라가 "이 위대한 장면"을 보는 특권을 받았습니다. 11명 가운데 8명은 멀리 떨어져 있었습니다. 그들은 교제를 가졌지만, 더 큰 사랑을 받았던 사람들에게 허락된 친밀한 교제는 갖지 못했습니다. 지극히 사랑받던 단지 3명의 제자들만이 우리 주님의 신비로운 고뇌의 베일에 접근할 수 있었습니다. 그러나 그들도 그 베일 안으로 들어갈 수는 없었습니다. 돌 하나 던질 정도의 거리를 유지해야 했습니다. 그분은 혼자 포도주 틀을 밟아야 했고, 그분과 함께하는 자는 아무도 없었습니다.

베드로와 세베대의 두 아들(요한과 야고보)은 "믿음의 조상들"로 간주될 만큼 유명하고 노련한 소수의 성도들을 대표합니다. 그들은 큰 파도를 헤치며 고기를 잡아보았기 때문에 어느 정도 구주의 고난의 거대한 파도들을 알고 있습니다. 다른 사람들의 유익을 위하도록, 그리고 앞으로 다가올 특별하고 강력한 싸움에 대비하도록 이들 선택된 영혼들에게는 대제사장의 고난의 내부 속으로 들어가 그 간구의 소리를 듣도록 허락됩니다. 그들은 그분의 고난 속에서 그분과 교제를 갖고, 그분의 죽음에 대해 익숙해집니다. 그러나 이들도 구주의 고뇌의 은밀한 곳에 뚫고 들어갈 수는 없었습니다. 헬라교회의 기도문에 보면, "주님의 불가해한 고난"이라는 유명한 말이 나옵니다. 우리 주님의 고뇌 속에는 인간의 지식과 관계로는 절대로 알 수 없는 내실이 있습니다. 예수님은 "홀로 남아" 있었습니다. 여기서 예수님은 "말로 표현할 수 없는 선물!" 이상의 존재였습니다. 아이작 와츠(Isaac Watts)가 다음과 같이 노래할 때 그것은 참으로 옳습니다:

"그가 주시는 이 알 수 없는 기쁨은
알 수 없는 고뇌를 주고 산 것이라네."

네가 묘성을 매어 묶을 수 있으며 삼성의 띠를 풀 수 있겠느냐 - 욥기 38:31

만일 우리의 능력을 자랑하고 싶어한다면, 자연의 장관은 우리에게 그 자랑이 얼마나 가당찮은 것인가를 곧 보여 줄 것입니다. 우리는 반짝거리는 그 무수한 별들 가운데 가장 작은 별 하나도 움직일 수 없고, 또는 아침 햇빛 가운데 단 한 줄기도 소멸시킬 수 없습니다. 우리는 능력에 관해 말하지만 하늘은 우리를 비웃습니다. 묘성이 봄에 청춘의 즐거움을 갖고 빛날 때, 우리는 그 광채를 저지할 수 없고, 삼성이 높이 떠서 하늘을 지배하고, 날씨가 겨울의 속박에 차가울 때, 우리는 그 얼음덩어리들을 해체시킬 수 없습니다. 계절이 하나님의 정하심에 따라 순환하고, 사람은 그것을 결코 바꿀 수 없습니다. 주여, 사람이 무엇입니까?

자연 세계에서와 마찬가지로 영적 세계에서도 인간의 능력은 모든 면에서 제한되어 있습니다. 성령이 영혼 속에 그 즐거움을 광범위하게 역사하실 때, 아무도 그것을 방해할 수 없습니다. 인간들의 교활한 능력과 악의로는 보혜사 성령의 소성케 하는 권능의 역사를 무력화시킬 수 없습니다. 그분이 교회를 찾아와 부흥시켜 주실 때 가장 악랄한 원수들도 그 선한 역사를 전혀 제지시킬 수 없습니다. 그들은 그것을 조롱할 수는 있지만, 묘성이 시간을 지배할 때 그들이 봄을 후퇴시킬 수 없는 것처럼 그것을 저지시킬 수 없습니다. 하나님이 원하시면 그것은 무조건 그렇게 됩니다. 반면에 만일 주님이 주권 또는 공의에 따라 사람의 영혼이 속박상태에 있도록 결박하신다면 누가 그것을 해방시킬 수 있겠습니까? 오직 그분만이 개인이나 사람들로부터 영적 죽음의 겨울을 제거하실 수 있습니다. 그분이, 오직 그분만이 삼성의 띠를 푸십니다. 그분이 그렇게 하실 수 있다는 것은 얼마나 큰 축복일까요!

오, 오늘 밤 그분이 놀라운 일을 행하시기를! 주여, 저에게 겨울을 끝내고 봄이 시작되게 하여 주소서. 아무리 간절한 마음을 갖고 있어도 저는 죽음과 침체로부터 제 영혼을 벗어나게 할 수 없지만 당신에게는 모든 것이 가능합니다. 저는 하늘의 역사를 필요로 합니다. 당신의 사랑의 밝은 빛, 당신의 은혜의 광선, 당신의 얼굴의 광채, 이것들은 저에게 묘성들입니다. 저는 죄와 유혹으로 크게 고통받고 있습니다. 이것들은 저에게 겨울이 왔음을 알려주는 표지 곧 두려운 삼성입니다. 주여, 제 안에 그리고 저를 위해 이적들을 베풀어 주소서. 아멘.

조금 나아가사 얼굴을 땅에 대시고 엎드려 기도하여 - 마태복음 26:39

우리 구주께서 시험당하실 때 드린 기도 속에는 몇 가지 교훈적인 요소가 들어있습니다. 첫째, 그 기도는 외로운 기도였습니다. 주님은 특별히 사랑했던 세 제자들과도 떨어져 홀로 기도하셨습니다. 성도여, 특별히 시험의 때에 기도할 때는 혼자서 많은 기도를 드리십시오. 가족기도, 단체기도, 교회에서의 합심기도로는 충분하지 않습니다. 이 기도들은 물론 중요합니다. 그러나 가장 아름다운 향기는 오직 하나님의 귀에만 들려지는 여러분의 개인기도의 향로 속에서 피어오르는 기도입니다.

둘째, 그 기도는 겸손한 기도였습니다. 누가는 그분이 무릎을 꿇었다고 기록하는 반면에 다른 복음서 저자들은 "얼굴을 땅에 대셨다"고 기록하고 있습니다. 그렇다면 위대하신 주님의 겸손한 종인 당신은 그 자리가 어디여야 하겠습니까? 머리에 먼지와 재를 덮어쓰고 기도해야 할 것입니다! 겸손은 기도의 좋은 발판을 우리에게 제공합니다. 적당한 때 하나님이 우리를 높이시도록 우리 자신을 낮추지 아니한다면, 하나님과 겨루어 이길 소망이 없습니다.

셋째, 그 기도는 아들의 기도였습니다. "아바 아버지." 시험당할 때 하나님의 양자됨을 주장하는 것이 큰 힘이 되는 것을 당신은 알게 될 것입니다. 당신은 종으로서 아무 권리가 없습니다. 당신은 반역자로서 그 권리를 박탈당했습니다. 그러나 아버지의 보호를 받을 아들의 권리는 전혀 박탈당하지 아니했습니다. "내 아버지여, 나의 간구를 들어주소서"라고 기도하는 것을 두려워하지 마십시오.

넷째, 그 기도는 끈질긴 기도였습니다. 그분은 세 번에 걸쳐 기도하셨습니다. 당신도 응답받을 때까지 기도를 멈추지 마십시오. 결국 자기 뜻을 관철시킨 과부처럼 기도하십시오. 그녀는 처음에 거절당했던 소원을 끈질기게 구함으로써 결국은 이루었습니다. 계속 기도하십시오. 그리고 감사도 똑같이 잊지 마십시오.

마지막으로, 그 기도는 포기의 기도였습니다. "그러나 내 원대로 마옵시고 아버지의 원대로 되기를 원하나이다"(눅 22:42). 양보하십시오. 그러면 하나님이 양보하십니다. 하나님의 뜻대로 하십시오. 그러면 하나님이 최선의 결정을 하실 것입니다. 당신의 기도를 그분의 손에 맡기는 것으로 만족하십시오. 그분은 주실 때와 주실 방법, 주실 것과 주시지 않을 것 등을 다 알고 계십니다. 그러므로 진지하고 끈질기게 간청하되, 겸손과 포기의 자세로 구하십시오. 그러면 당신은 확실히 응답받게 될 것입니다.

아버지여 내게 주신 자도 나 있는 곳에 나와 함께 있어 - 요한복음 17:24

오 사망아! 너는 왜 나무 밑에 접근하여 그 힘차게 뻗은 가지들을 시들게 하는가? 너는 왜 우리의 큰 즐거움인 땅의 인재들을 거두어 가는가? 만일 네가 네 도끼를 사용해야 한다면, 열매가 없는 나무들에게나 사용하라. 그러면 너는 고마움의 대상이 될 것이다. 그런데 너는 왜 레바논의 그 좋은 백향목을 쓰러뜨리는가? 오 도끼질을 멈추고 의인을 데려가지 말라.

그러나 아닙니다. 절대로 그렇게 되지 않습니다. 사망은 우리의 선한 친구들을 데려갑니다. 아주 인자하고, 아주 기도를 많이 하고, 아주 경건하고, 아주 헌신적인 자들이 죽지 않으면 안 됩니다. 도대체 왜요? 그것은 예수님의 절실한 기도 때문입니다:"아버지여 내게 주신 자도 나 있는 곳에 함께 있게 하시기를 원하옵나이다." 그것은 독수리의 날개를 타고 하늘로 날아오르는 것입니다. 매순간 신자는 이 지상으로부터 낙원으로 올라가는데, 그것이야말로 그리스도의 기도에 대한 응답입니다.

옛날 한 훌륭한 목사는 이렇게 말했습니다: "예수님과 그의 백성들은 자주 기도가 서로 엇갈린다. 당신은 기도할 때 무릎을 꿇고 '아버지여, 저는 당신의 성도들이 내가 있는 곳에 나와 함께 있기를 원하옵니다' 라고 구한다. 그리스도는 '아버지여, 나 있는 곳에 나와 함께 아버지께서 내게 주신 그들도 있게 하시기를 원하옵니다' 라고 말씀하신다."

이처럼 제자는 그의 주님과 서로 엇갈립니다. 영혼은 동시에 두 군데 있을 수 없습니다. 사랑받는 자는 그리스도와 함께 있으면서 동시에 당신과 함께 있을 수 없습니다. 그런데 이 둘 중 어느 쪽 간구가 응답받겠습니까? 만일 당신이 선택한다면, 만일 왕이 그의 보좌로부터 내려와 "여기 서로 반대되는 두 개의 기도가 있다. 이 중 어느 것이 응답받아야 할까?" 하고 말한다면, 어떻게 해야 할까요? 오! 그것이 곤란하기는 해도 당신은 무릎을 꿇고 "예수여, 내 뜻이 아니라 당신의 뜻이 이루어지이다"하고 말하리라고 확신합니다. 그리스도께서 당신의 기도와 반대되는 기도 — 아버지여 내게 주신 자도 나 있는 곳에 나와 함께 있기를 원하옵니다 — 를 하고 계신다는 것을 깨닫는다면, 당신은 사랑하는 자의 생명을 위해 기도하는 것을 포기할 것입니다. 주여, 당신이 그들과 함께 하소서. 믿음으로 그들을 보내드리겠나이다.

땀이 땅에 떨어지는 핏방울 같이 되더라 - 누가복음 22:44

우리 주님이 유혹과 싸우실 때 받은 정신적 압박감은 그분의 육체에 극도의 자극을 일으켰기 때문에 그분의 온 몸에서 땅에 떨어지는 땀이 핏방울 같이 되었습니다. 이것은 구주께서 땀을 핏방울처럼 떨어뜨릴 정도로 그분을 내리누르던 죄의 짐이 얼마나 두려운 것인지를 보여 줍니다. 이것은 또 주님의 사랑의 능력이 얼마나 강력한지를 보여줍니다. 옛날 암브로스(Isaac Ambrose)의 정확한 관찰에 따르면, 자르지 않은 나무로부터 채취한 수액(樹液)이 가장 질이 좋다고 합니다. 이 보배로운 나무는 매듭이 많은 채찍에 맞아 상처가 나고, 십자가 위에서 못에 의해 찔림을 당했을 때도 아주 감미로운 향기를 냈습니다. 그러나 보십시오, 채찍도 없고, 못 박힘도 없고, 상처도 없을 때 그것은 최고의 향기를 냅니다. 이것은 — 창에 찔린 것이 아님에도 불구하고 기꺼이 피를 흘리신 것이기 때문에 — 그리스도의 고난의 자발성을 말해줍니다. 거머리가 달라붙은 것도 아니고 칼에 벤 것도 아닙니다. 그것은 자연적으로 흘러나왔습니다. 통치자들이 "오 샘물아, 흘러나오라"고 외칠 필요가 없습니다. 그것은 저절로 새빨간 피를 폭포수처럼 쏟아냈습니다.

만일 사람들이 마음에 큰 고통을 당하면 피가 급하게 심장으로 몰려듭니다. 얼굴은 창백해지고, 현기증이 나고, 마치 속사람을 강건하게 해서 시험을 통과하도록 하기 위한 것처럼 피는 안으로 흘러들어갑니다. 그러나 우리 구주의 고뇌를 보십시오. 그분은 완전히 자신을 제쳐두고 있습니다. 그분은 자신을 강하게 하기 위해 피를 안으로 모으는 것이 아니라 그것을 땅 아래로 다 쏟아놓았습니다. 그리스도의 고뇌는 자신의 피를 땅 위에 다 쏟아냈다는 점에서 그분이 사람들을 위해 바치신 제물이 온전한 것이었음을 상징합니다.

그분이 겪으신 영적 싸움이 얼마나 처절했는지 이해가 됩니까? 우리가 그 음성을 듣지 않습니까? "너희가 죄와 싸우되 아직 피 흘리기까지는 대항하지 아니하고"(히 12:4). 우리의 고백의 대상인 대사도이자 대제사장을 바라보십시오. 그리하여 우리 영혼의 대원수에게 굴복하지 말고, 맞서 싸움으로써 피가 될 때까지 땀을 흘리십시오.

내가 너희에게 말하노니 만일 이 사람들이 침묵하면 돌들이 소리지르리라 - 누가복음 19:40

돌들이 과연 소리를 지를 수 있을까요? 그러나 벙어리의 입을 여시는 분이 돌들에게 명하신다면, 확실히 그것들도 소리를 지를 수 있을 것입니다. 돌들이 소리를 지르게 된다면, 그것들은 틀림없이 권능의 말씀으로 그것들을 창조하신 분을 크게 찬양하며 증거할 것입니다. 그것들은 자기들을 존재로 만드신 조물주의 지혜와 능력을 찬송할 것입니다. 우리도 우리를 새로운 존재로 만드시고, 돌들로도 아브라함의 자손이 되게 하시는 그분을 찬송하지 않겠습니까? 오래된 바위는 혼돈과 질서, 그리고 피조물의 삶의 무대 속에 나타나 있는 하나님의 솜씨에 관해 말할 수 있었습니다. 그런데 우리가 어찌 하나님의 작정에 관해, 옛날부터 그의 교회를 위해 펼쳐진 하나님의 위대한 역사에 관해 말할 수 없겠습니까? 만일 돌들이 소리를 지른다면, 그것들은 채석장에서 석공이 자기들을 어떻게 다루었는지, 어떻게 성전에 적합하도록 만들었는지 말할 수 있을 것입니다. 그렇다면 우리가 왜 말씀의 망치로 우리의 심령을 두드려서 우리를 자신의 성전으로 만드신 영광스러운 석공에 관해 말할 수 없겠습니까?

만일 돌들이 소리를 지른다면, 그것들은 자기들을 곱게 다듬어서 궁정에 적합한 벽돌로 만들어준 건축자를 찬미할 것입니다. 그렇다면 우리가 어찌하여 살아계신 하나님의 성전에서 한 자리를 차지하도록 역사하신 우리의 건축자에 관해 말하지 않겠습니까? 만일 돌들이 소리를 지른다면, 그것들이 많은 시간 큰 돌을 하나님 앞에 기념비로 사용해주신 것에 대해 기념하면서 오래오래 이야기할 것입니다. 그렇다면 우리도 에벤에셀 곧 도움의 돌, 기억의 기둥에 관해 증거할 수 있습니다. 율법의 깨진 돌들이 우리를 대적하여 소리를 지르지만, 무덤을 막은 돌을 굴려내신 그리스도 자신은 우리를 위해서 소리를 치십니다. 돌들은 크게 소리를 지를 수 있지만, 우리는 그것들이 그렇게 하도록 허락하지 않을 것입니다. 우리는 그것들의 소리를 우리 자신의 소리들로 침묵시킬 것입니다. 우리는 성가를 부르고, 지존자의 위엄을 찬송할 것입니다. 그리하여 우리의 모든 날들이, 야곱이 이스라엘의 목자와 반석으로 선포한 하나님을 영화롭게 하도록 만들 것입니다.

그의 경건하심으로 말미암아 들으심을 얻었느니라 - 히브리서 5:7

이 경건하심은 마귀가 주님께 하나님이 완전히 버리셨다고 속삭일 때 일어나지 않았습니까? 이것보다 더 혹독한 시험이 있을 수 있지만, 확실히 완전히 버림받는 것은 가장 큰 시험 가운데 하나입니다. 사탄은 다음과 같이 속삭였습니다: "보라, 어디에도 네 친구는 없다. 네 아버지도 너에 대한 사랑의 문을 닫아버렸다. 네 아버지 궁에 있는 천사조차 너에게 도움의 손길을 뻗치지 않을 것이다. 하늘나라는 너에게 너무 멀리 있다. 너는 홀로 버려져 있다. 네가 달콤한 대화를 나누던 친구들을 보라. 그들이 무슨 소용이 있니? 마리아의 아들아, 네 동생 야고보를 보라. 네 사랑하는 제자 요한을 보라. 대담한 너의 사도 베드로를 보아라. 네가 고난당할 때 그 겁쟁이들은 잠을 자고 있었다! 봐라! 너는 하늘과 땅 어디에도 친구가 없구나. 지옥도 너를 반대한다. 나는 내 소유인 지옥이 너를 괴롭히도록 격동시켰다. 나는 사방에 내 사자들을 보내 오늘 밤 너를 혼내주도록 모든 어둠의 세력들을 호출했다. 우리는 한 촉의 화살도 남겨놓지 않을 것이며, 너를 이기기 위해 우리의 모든 힘을 다 동원할 것이다. 그런데도 넌 혼자다. 어떻게 하겠니?" 아마 이것이 그때 주님이 받은 유혹이었을 것입니다. 최소한 우리는 그렇게 생각합니다. 왜냐하면 그때 천사가 나타나 그분을 도와주심으로써 두려움을 없애주었기 때문입니다. 그분은 경건하심으로 말미암아 들으심을 얻었습니다. 그분은 결코 혼자가 아니었습니다. 하늘이 그분과 함께했습니다. 이것이 그분이 그의 제자들에게 세 번에 걸쳐 오신 이유라고 말할 수 있습니다. 하트(Hart)가 다음과 같이 말한 것처럼 말입니다:

> "마치 사람에게 도움을 구하는 것처럼,
> 그분은 세 번이나 왔다 가셨다."

주님은 모든 사람들이 자기를 버린 것이 정말 사실인지 스스로 확인하셨습니다. 그분은 그들이 모두 잠이 든 것을 보았습니다. 그러나 그분은 그들이 배반이 아니라 슬픔 때문에, 참으로 마음은 원이로되 육신이 약해서 잠이 들었다고 생각함으로써 약간이나마 위로를 받았습니다. 어쨌든 그분은 그의 경건하심으로 말미암아 들으심을 얻었습니다. 예수님은 가장 깊은 고뇌 속에 있을 때 들으심을 얻었습니다. 그렇다면 성도여, 당신도 똑같이 들으심을 얻을 것입니다.

그 때에 예수께서 성령으로 기뻐하시며 - 누가복음 10:21

　우리 구주는 "고뇌의 사람"이었지만, 그분의 가장 깊은 영혼 속에는 순전한 천국의 기쁨이라는 말로 표현할 수 없는 보물이 들어 있었다는 사실을 사려 깊은 사람은 누구나 발견할 수 있었습니다. 사람들 가운데 우리 주 예수 그리스도보다 더 깊고, 더 순전하고, 항상 지속적인 평화를 누렸던 사람은 결코 없었습니다. "왕의 하나님이 즐거움의 기름을 왕에게 부어 왕의 동료보다 뛰어나게 하셨나이다"(시 45:7). 그분의 헤아릴 수 없는 자비는 그 본질상 가장 깊은 즐거움을 그분에게 가져다주었습니다. 왜냐하면 자비는 곧 기쁨이기 때문입니다. 이 기쁨이 특별하게 표현된 적이 몇 번 있었습니다. "그때에 예수께서 성령으로 기뻐하시며 이르시되 천지의 주재이신 아버지여 … 감사하나이다"(눅 10:21).

　그리스도는 비록 그분에게는 밤이었지만, 자신의 노래를 갖고 계셨습니다. 그분의 얼굴은 상했고, 그분의 안색은 세속적 행복의 광채를 잃어버렸지만, 때때로 그분은 자신의 사역에 대한 상급을 생각하면서 말할 수 없는 만족에서 오는 찬란한 광휘로 그 얼굴이 빛났고, 그의 백성들 가운데 계실 때 항상 하나님을 찬양하는 노래를 부르셨습니다. 이 점에서 주 예수님은 지상에 존재하는 그의 교회의 복된 표상이 되십니다.

　지금 교회는 주님과 같은 심정을 갖고 가시밭길을 걸어가야 합니다. 무수한 환난이 따르겠지만 면류관을 향해 그 길을 가야 합니다. 십자가를 짊어지는 것이 교회의 의무요, 사람들에게 조롱을 당하고 소외받는 것이 교회의 운명입니다. 그러나 교회는 그 자녀들 외에는 누구도 결코 미실 수 없는 깊은 기쁨이 샘을 갖고 있습니다.

　하나님의 성도들이 보존받고 양육받는 우리의 예루살렘에는 포도주와 기름과 곡식이 가득 채워진 장고늘이 숨겨져 있습니다. 우리 구주처럼 우리에게도 때로는 깊은 즐거움의 때가 있습니다. 왜냐하면 "한 시내가 있어 나뉘어 흘러 하나님의 성 곧 지존하신 이의 성소를 기쁘게"(시 46:4) 하기 때문입니다. 우리는 지금 비록 나그네 삶을 살고 있지만, 우리 왕을 기뻐합니다. 그렇습니다. 그분 안에서 우리는 말할 수 없이 즐거워합니다. 우리는 그분의 이름으로 우리의 깃발을 세울 것입니다.

유다야 네가 입맞춤으로 인자를 파느냐 - 누가복음 22:48

"원수의 입맞춤은 속임수입니다." 세상이 사랑스러운 얼굴로 다가올 때 우리는 조심해야 합니다. 왜냐하면 그것은 우리 주님이 그랬던 것처럼, 나를 배반하는 입맞춤일 수도 있기 때문입니다. 기독교를 공격하는 사람일수록 보통 기독교에 대해 큰 존경심을 갖고 있는 것처럼 고백합니다. 그러므로 이단과 불신앙의 시종인 다정한 얼굴의 위선을 조심합시다. 불의의 속임수를 잘 파악함으로써 우리는 뱀처럼 지혜롭게 원수의 궤계들을 간파하고 피해야 합니다. 지혜가 부족한 젊은이는 이방여인의 입맞춤에 속아 타락의 길에 빠졌습니다. 내 영혼아, 오늘 하루도 세상의 "그럴듯한 말"에 속아 넘어가지 않도록 은혜의 교훈을 받을지어다! 성령께서 깨어지기 쉬운 약한 사람인 나를 도우사 입맞춤에 배반당하지 않게 하시기를!

그러나 내가 멸망의 자식 유다처럼 똑같은 죄를 범한다면 어떻게 될까요? 나는 주 예수님의 이름으로 세례를 받았습니다. 나는 그의 보이는 교회의 한 지체입니다. 나는 성찬에도 참여합니다. 이 모든 것들은 주님과의 입맞춤들입니다. 나는 과연 이것들에 대해 진실할까요? 만일 그렇지 못하다면, 나는 비열한 배반자입니다. 내가 다른 사람들처럼 아무렇게나 세상을 살면서 예수님을 따르는 자라고 고백합니까? 그렇다면 나는 기독교를 모독하는 것이고, 사람들로 하여금 나를 불러주신 분의 거룩한 이름을 욕하도록 만드는 것입니다. 확실히 내가 이처럼 일관성 없이 행동한다면, 나는 유다입니다. 그러려면 차라리 태어나지 않은 것이 더 좋았을 것입니다.

그래도 이 문제에 있어서 깨끗하기를 바라십니까? 그렇다면 이렇게 기도하십시오: 오 주여, 저를 그렇게 만들어 주십시오. 오 주여, 저를 진실하고 신실한 존재로 만들어 주십시오. 모든 거짓된 길에서 지켜 주소서. 절대로 내 구주를 배반하지 않게 하소서. 예수여, 저는 당신을 사랑합니다. 가끔 주님을 슬프게 하기도 하지만 저는 죽을 때까지 신실하기를 소원합니다. 오 하나님, 큰 소리로 주님을 고백하면서 입맞춤으로 주님을 팔아 넘김으로써 결국 불못 속에 던져지는 불행한 일이 없도록 지켜 주소서.

인자 - 요한복음 3:13

우리 주님은 "인자"라는 말을 참으로 자주 사용했습니다. 그분이 원하셨다면, 항상 하나님의 아들, 영존하시는 아버지, 기묘자, 모사, 또는 평강의 왕으로 자신을 부르셨을 것입니다. 그러나 예수님의 낮아지심을 보십시오! 그분은 자신을 인자로 부르기를 좋아하셨습니다. 우리는 구주로부터 겸손의 교훈을 배워야 합니다. 우리는 위대한 이름이나 오만한 자의 자리에 도달하려고 해서는 안 됩니다. 그러나 여기에 참으로 아름다운 사상이 내포되어 있습니다. 예수님은 그토록 사람을 사랑하셨기 때문에 그 이름으로 부르는 것을 좋아하셨습니다. 그런데 예수님이 인자라는 사실은 인간에게는 큰 영예요, 참으로 인간에 대한 최고의 존엄성을 보여 주는 것이기 때문에, 그분은 이 이름을 적극적으로 사용하심으로써, 말하자면 인간의 가슴에 왕의 훈장을 달아주고 아브라함의 후손에 대한 하나님의 사랑을 보여 주시는 것입니다. 인자 — 그분은 그 말을 사용하실 때마다 아담의 후손들의 머리에는 그 후광이 둘려집니다.

그러나 여기에는 이보다 더 보배 같은 사상이 있습니다. 그리스도께서 자신을 인자로 부르신 것은 그분이 그의 백성들과 하나요, 같은 마음이라는 것을 보여주기 위해서입니다. 이때 그분은 자신이 우리가 두려움 없이 접근할 수 있는 분이라는 사실을 상기시켜 주십니다. 사람으로서 우리는 우리의 모든 슬픔과 고통들을 그분께 가지고 나아갈 수 있습니다. 왜냐하면 그분은 그것들을 이미 체휼하셨기 때문입니다. 그분 자신이 "인자"로서 이미 고난을 당하셨기 때문에 그분은 우리를 구원하고 위로하실 수 있습니다. 어서 오십시오, 복되신 예수님! 당신이 항상 형제요 가까운 가족임을 보여 주는 그 친근한 이름을 사용하시는 한, 그것은 우리에게 당신의 은혜, 당신의 겸손, 당신의 사랑을 보여 주는 참으로 소중한 승거입니다.

"오 예수님이 우리의 어린아이 같은 사랑을 어떻게 신뢰하시는지 보십시오.
자유스럽게 우리와 함께 하시는 것처럼 우리의 진지함을 받아주시리라!"

"그분의 거룩하신 이름 그 흔한 이름을 지상에서 그분은 듣기를 좋아하시고,
그 안에는 사랑으로 가까이 나아갈 수 없는 엄위가 전혀 없으시네."

예수께서 대답하시되 … 나를 찾거든 이 사람들이 가는 것은 용납하라 - 요한복음 18:8

내 영혼아, 예수님이 시험당하고 있는 순간에도 자신의 손 안의 양들에 대해 드러내신 사랑을 주목해 보라! 사랑의 감정은 죽음이 닥쳐올 때 더 강하게 나타나는 법입니다. 자신은 원수에게 잡혀가면서도 권위 있게 제자들은 보내달라고 말씀을 하십니다. 자신은 털 깎는 목자 앞에 선 순한 양처럼 잠잠하고 입을 열지 않으시면서 제자들을 위해서는 전능하신 힘으로 말씀하십니다. 바로 여기에 사랑 곧 한결같고 사심 없고 신실한 사랑이 있습니다. 그러나 그 안에는 겉으로 드러난 것보다 훨씬 더 깊은 내용들이 들어있지 않습니까? 이 말씀 속에 참된 속죄의 영이 나타나 있지 않습니까?

선한 목자는 양들을 위해 자기 목숨은 버리고, 그들의 목숨을 보존해 주도록 주장하십니다. 담보가 잡혀 있으니 자기가 대신 담보가 되어준 사람들은 보내주는 것이 정당하다는 것입니다. 이스라엘 백성들이 노예로서 애굽의 속박 속에 있을 때, "내 백성을 보내라"는 음성이 권위 있게 울려 퍼졌습니다. 구속받은 자들은 죄와 사탄의 속박으로부터 벗어나야 합니다. 절망의 토굴의 모든 방들마다 "이 사람들이 가는 것은 용납하라"는 소리가 울려 퍼지고, 그러자 낙심과 많은 두려움이 거기서부터 나옵니다. 사탄은 익히 알고 있던 음성을 듣고, 타락한 자들의 목에서 자신의 발을 거둡니다.

또 사망도 그것을 들으면 무덤이 그 문을 열어 죽은 자가 일어납니다. 이 사람들이 가는 길은 전진과 거룩과 승리와 영광의 길 가운데 하나로서, 누구도 그들을 멈추게 하지 못할 것입니다. 사자도 그들의 길을 가로막을 수 없습니다. 어떤 포악한 야수도 그리 올라가지 못할 것입니다. "아침의 암사슴"인 주님은 잔인한 사냥꾼들을 자기에게 향하도록 유인하고, 그 결과 지금 겁쟁이 노루와 사슴들은 그의 사랑의 백합화가 가득 찬 들판에서 완전한 평화를 누리며 돌아다닐 수 있습니다. 골고다 십자가 위에 뇌성벽력이 쳤기 때문에 시온의 순례자들은 복수의 번개를 맞지 않게 될 것입니다. 내 영혼아, 오라, 그대의 구속자가 그대를 안전하게 하신 그 사죄의 은총을 즐거워하고, 온종일 그리고 날마다 그분의 이름을 송축하라.

인자도 아버지의 영광으로 거룩한 천사들과 함께 올 때에 - 마가복음 8:38

만일 우리가 예수님과 함께 그분의 고난 속에 참여한다면, 우리는 그분이 영광 중에 다시 오실 때 그분을 둘러싸고 있는 광채 속에 참여하게 될 것입니다. 사랑하는 자여, 당신은 그리스도 예수와 함께 하십니까? 당신은 그분과 생명력 있는 관계를 유지하고 있습니까? 그렇다면 당신은 오늘 그분의 고난 속에 참여하고 있는 것입니다. 당신은 그분의 십자가를 짊어지고 그분과 함께 그분의 조롱을 간직하고 영문 밖으로 갔습니다. 당신은 의심할 여지 없이 십자가가 면류관으로 대체될 때까지 그분과 함께할 것입니다.

그러나 오늘 저녁 스스로 판단해 보십시오. 왜냐하면 만일 당신이 중생하는데 있어서 그분과 함께하지 않는다면, 그분이 영광 중에 임하실 때에도 그분과 함께할 수 없기 때문입니다. 만일 당신이 그분과 고난당하는 것을 함께하지 못한다면 왕이 그의 거룩한 천사들과 함께 오시는 그 행복한 시기에 그 축복을 함께 누리지 못할 것입니다. 놀랍지요? 천사들이 그분과 함께 온다니 말입니다. 그러나 그분은 천사들을 택하지 아니하셨습니다. 그분은 아브라함의 자손들을 택하셨습니다. 거룩한 천사들이 그분과 함께 옵니까? 내 영혼아, 오라, 만일 그대가 참으로 그분의 사랑하는 자라면, 그대는 그분에게서 결코 떨어질 수 없으리라. 만일 그분의 친구들과 이웃들이 그분의 영광을 보도록 함께 부르심을 받는다면, 그대는 그분과 혼인한 자로서 얼마나 더 가까이 두시겠는가? 그대가 멀리 떨어진다고? 아니다. 심판 날이라고 해도 그대는 결코 그분의 마음에서 멀어질 수 없고, 천사들에게 허락된 친밀한 관계가 그대에게도 허락될 것이다.

오 내 영혼아, 그분이 그대에게 "내게 네게 장가들어 영원히 살되 공의와 정의와 은총과 긍휼히 여김으로 네게 장가들리라"(호 2:19)고 말씀하시지 않았던가? 그분의 입술로 "나는 너희 남편임이라 나의 슬거움은 너희에게 있다"(렘 3:14)고 말씀하시지 않았던가? 만일 그분의 친구와 이웃에 불과한 천사들이 그분과 함께 있다면, 그분의 최고의 기쁨의 대상인 그분 자신의 사랑하는 헵시바가 그분께 가까이 나아가 그분의 오른편에 앉는 것은 참으로 더 확실할 것입니다. 가장 어둡고 가장 황폐한 경험을 충분히 상쇄할 만큼 지극히 찬란하게 빛나고 있는 소망의 새벽별이 여기에 있습니다.

이에 제자들이 다 예수를 버리고 도망하니라 - 마태복음 26:56

주님은 제자들을 결코 버리신 적이 없는데, 그들은 비겁하게도 죽음이 두려워 그분이 고난당하는 순간에 그만 도망치고 말았습니다. 이것은 모든 신자들이 제 힘만 의지할 때는 얼마나 연약한 존재가 되는지에 대한 한 가지 교훈적인 실례입니다. 그들은 기껏해야 양에 불과하고, 늑대가 오면 도망치기 마련입니다. 그들은 위험에 대해 이미 경고를 받았고, 차라리 죽을지언정 주님을 떠나지 않겠다고 약속했습니다. 그러나 그들은 갑작스런 공포에 사로잡혀 줄행랑을 치고 말았습니다.

오늘 하루를 시작하면서 나는 주님을 위해 어떤 시련이 오더라도 참고 견디겠다고 다짐하고 완전한 충성을 보여 주겠다고 생각할 수 있습니다. 그러나 내 마음속에는 불신앙이라는 악한 마음이 들어있기 때문에 사도들이 그랬던 것처럼 주님을 버리고 도망치지 않도록 크게 경계해야 합니다.

다짐하는 것과 그것을 실천하는 것은 전혀 별개입니다. 그때 제자들이 예수님 편에 씩씩하게 서 있었다면 그들은 영원히 영예를 얻었을 것입니다. 그러나 그들은 영예를 버리고 도망쳤습니다. 나는 제발 그들과 결코 똑같지 않기를! 마음만 먹으면 즉시 열두 천사 군단들을 부르실 수 있는 주님 가까이 있는 것만큼 안전한 곳이 세상에 어디 있겠습니까? 그러나 그들은 참으로 가장 안전한 곳으로부터 도망을 쳤습니다. 오 하나님, 나도 이런 바보가 되지 않도록 도와주소서! 하나님의 은혜는 겁쟁이를 용감한 자로 만들 수 있습니다. 주님이 하고자 하시면 꺼져가는 심지를 제단의 불처럼 활활 타오르게 할 수 있습니다. 산토끼처럼 겁이 많았던 제자들은 성령이 그들에게 임하자 사자처럼 담대한 사람들이 되었습니다. 마찬가지로 성령은 겁많은 내 영을 용감하게 만들어 담대하게 주님을 고백하게 하고, 그분의 진리를 증거할 수 있도록 하십니다.

자기 친구들의 믿음 없는 연약한 모습을 보고 주님은 그 마음이 얼마나 괴로 웠을까요! 이것은 그분의 잔 속에 담긴 한 방울의 쓴 물로서, 그분은 그것을 다 마셨습니다. 하지만 우리는 그 안에 또 다른 쓴 방울을 떨어뜨려서는 안 됩니다. 만일 내가 주님을 버린다면, 나는 그분을 또 다시 십자가에 못 박고, 그분을 현저히 욕보이는 것입니다. 오 복된 성령이여, 이같이 부끄러운 일을 저지르지 않도록 나를 지켜 주소서.

> 여자가 이르되 주여 옳소이다마는 개들도 제 주인의 상에서 떨어지는
> 부스러기를 먹나이다 하니 - 마태복음 15:27

이 여인은 그리스도를 크신 분으로 생각함으로써 자신의 불행에 큰 위로를 얻었습니다. 주님은 자녀들의 떡에 관해 말씀하셨습니다. 그녀는 이렇게 말했습니다: "그런데 당신은 은혜의 식탁의 주인이시기 때문에 저는 당신이 관대한 주인이시며, 당신의 식탁에는 풍성한 음식이 차려져 있음을 압니다. 자녀들을 위해 차려진 음식이 충분하기 때문에 개들은 바닥에 떨어지는 부스러기들을 먹게 될 것입니다. 그렇다고 해도 자녀들은 아무 손해가 없을 것입니다." 그녀는 주님이 자기가 필요한 것은 단지 그 부스러기에 지나지 않을 정도로 풍성한 식탁의 주인이 되신다고 생각했습니다. 그러나 그녀가 원하는 것은 자기 딸에게서 귀신을 쫓아내는 것이었음을 기억하십시오. 그녀에게는 그것이 굉장히 큰일이었습니다. 하지만 그녀는 주님을 굉장히 높게 평가하고 "그것은 그분에게는 아무것도 아니다. 그리스도가 주시는 것은 단지 부스러기에 불과하다"고 말했습니다. 이것이 위로를 얻는 최고의 비결입니다. 당신은 죄에 대해 크게 생각하면 생각할수록 절망에 빠질 것입니다. 그러나 그리스도에 관해 크게 생각하면 생각할수록 평화의 항구에 도착하게 될 것입니다. "내가 지은 죄는 너무나 많다. 오! 그러나 그리스도께서 그것들을 제거하는 것은 아무것도 아니다. 내 죄책의 짐이 거인의 발이 벌레를 짓밟고 있는 것처럼 나를 내리누르고 있다. 하지만 그분에게 그것은 단지 먼지 한 조각에 불과하다. 왜냐하면 그분은 이미 십자가 상에서 자신의 육체로써 그 거주를 친히 담당하셨기 때문이다. 비록 내가 그것을 받아들이는 것이 무한한 은혜인 것은 사실이지만, 그분이 내 죄를 사하시는 것은 참으로 작은 일이다." 그 여인은 예수님께 위대한 일을 기대하고 자기 영혼의 입을 아주 크게 벌렸고, 그분은 사신의 사랑으로 그 입을 가득 채우셨습니다.

사랑하는 형제여, 당신도 똑같이 해보십시오. 그녀는 그리스도가 자신을 힐난하는 것을 반전시켜 오히려 그분을 더욱 굳게 붙잡았고, 그분의 완강한 거부의 말씀으로부터 도리어 변론을 이끌어냈습니다. 그녀는 그분을 더욱 크신 분으로 믿었고, 그럼으로써 그분을 굴복시켰습니다. 그녀는 그분을 믿음으로써 승리를 얻었습니다. 그녀의 사건은 승리하는 믿음이 어떤 것인지를 보여 주는 한 사례입니다. 만일 우리가 그녀처럼 승리하기를 원한다면, 그녀의 작전을 본받아야 합니다.

### 지식에 넘치는 그리스도의 사랑 - 에베소서 3:18

　그리스도의 사랑은 얼마나 감미롭고, 얼마나 충만하고, 얼마나 크고, 얼마나 신실한지 인간의 지식으로 다 파악할 수 없습니다. 사람의 아들들을 향하신 그분의 비교할 수 없는 사랑, 그분의 독보적인 사랑을 표현할 언어를 어디서 찾을 수 있을까요? 그 사랑은 너무 크고, 너무 무한하기 때문에, 제비가 물 속 깊이는 들어가 보지 못하고 단지 수면을 스치고 지나가는 것처럼, 그 어떤 말도 그 표면만 건드릴 뿐 측량할 수 없는 그 깊이는 들여다보지 못합니다. 시인이 다음과 같이 읊은 것은 당연합니다: "오 사랑, 그대는 헤아릴 수 없는 심연!" 이 그리스도의 사랑은 참으로 그 넓이를 잴 수 없고 그 깊이가 한이 없습니다. 누구도 그곳에 도달할 수 없습니다. 예수님의 사랑에 대해 조금이라도 올바른 개념을 가지려면 우리는 먼저 그 높으신 엄위 속에 있던 하늘에서의 그분의 과거 영광과 가장 낮아지신 그 수치의 깊이 속에 있던 이 땅에서의 성육신에 대해 이해해야 합니다. 그러나 누가 그리스도의 엄위하심을 우리에게 말해줄 수 있을까요? 가장 높은 하늘 보좌에 앉아 계셨을 때, 그분은 진정한 하나님이셨습니다. 하늘과 하늘에 있는 모든 것들이 그분으로 말미암아 지어졌습니다. 그분의 전능하신 팔이 천체를 지탱하고 계셨고, 그룹과 스랍들의 찬송이 그분 주위에 끝없이 울려 퍼졌습니다. 우주가 창화하며 부르는 할렐루야 소리가 그분의 보좌의 발등상에 끊임없이 흘러나왔습니다. 그분은 자신이 지은 모든 피조물을 다스리고, 만물 위에 계신 하나님으로서 영원히 찬송 받으실 분이었습니다. 그런데 누가 그분의 영광의 높이에 대해 말할 수 있겠습니까? 또 반면에 누가 그분이 얼마나 크게 낮아지셨는지에 대해 말할 수 있겠습니까? 하나님으로서 사람이 되신다는 것은 참으로 대단한 일이었고, 그것도 고난의 사람이 되신다는 것은 더더욱 대단한 일이었습니다. 피를 흘리시고, 죽고, 고난을 당하신 것 — 이 모든 일들은 하나님의 아들이신 그분에게는 참으로 어려운 일이었습니다. 하지만 말할 수 없는 고난을 받으신 것 — 수치의 죽음을 당하시고 자기 아버지로부터 버림을 받으신 것 — 이것이야말로 가장 깊으신 사랑의 정수로서 아무리 크게 영감을 받은 심령이라도 도저히 그 끝을 헤아릴 수 없는 놀라운 사랑입니다. 여기에 참 사랑이 있습니다! 참으로 그것은 "지식에 넘치는" 사랑입니다. 오 이 사랑이 우리의 마음을 감동으로 가득 채우고, 그 능력을 우리 삶 속에 실천적으로 드러낼 수 있기를!

내가 너희를 향기로 받고 - 에스겔서 20:41

우리의 위대하신 구속주의 공로는 지존자에게 향기로 받아들여집니다. 우리가 그리스도의 적극적 의에 관해 말하든 아니면 소극적 의에 관해 말하든 거기에는 똑같은 향기가 있습니다. 그분은 하나님의 법을 존중하고, 모든 교훈을 자신의 인격 속에 승화시켜 그것이 보석처럼 반짝거리도록 하심으로써 자신의 적극적인 삶 속에 상큼한 향기가 풍겨나도록 하셨습니다. 그분의 소극적인 순종도 마찬가지입니다. 그분은 아무 불평 없이 인내하며 복종하셨습니다. 배고픔과 목마름, 추위와 헐벗음을 견디셨고, 결국에는 겟세마네 동산에서 땀이 핏방울이 될 정도로 간절히 기도하시고, 등에 무수히 채찍을 맞고, 자신의 수염을 뽑는 자들에게 뺨을 맡기고, 무자비하게 나무에 못 박히실 정도로 그분은 우리를 위해 하나님의 진노를 감당하셨습니다. 우리 주님의 이 두 가지 모습은 지존자가 보시기에 참으로 아름다운 모습이었습니다. 그분의 행하심과 죽으심, 그분의 대속적 고난과 대리적 순종으로 말미암아 주 우리 하나님께서 우리를 받아주십니다. 우리의 무가치함을 대신 채우시는 그분의 보배로우심은 얼마나 놀라운 것일까요! 악한 냄새를 쫓아내버리는 그 향기는 얼마나 감미로운지요! 우리의 죄를 제거해버리는 그분의 피의 깨끗케 하는 능력은 얼마나 청결할까요! 또 도저히 받아들여질 수 없는 피조물들이 사랑하는 하나님께 받아들여질 수 있도록 만드신 그분의 의는 얼마나 영광스러울까요!

성도여, 그분 안에 있기만 하면 우리의 받아들임은 얼마나 확실하고 변함이 없을까요! 당신은 예수 안에서 받아들여진 존재라는 것을 의심하지 않도록 조심하십시오. 당신은 그리스도 없이는 받아들여질 수 없는 존재입니다. 그러나 당신이 그분의 공로를 의지했을 때, 당신은 받아들여지지 않을 수가 없습니다. 당신이 아무리 의심하고 두려워하고 죄를 범한다고 해도, 여호와의 은혜의 눈은 당신을 진노의 눈으로 바라보지 않게 될 것입니다. 비록 당신 안에서 죄를 발견한다고 해도, 하나님은 그리스도를 통해 당신을 바라보게 될 때 죄를 보지 못하십니다. 당신은 항상 그리스도 안에서 받아들여지고, 항상 아버지의 마음에 복되고 사랑스러운 존재가 되는 것입니다. 그러므로 하늘 높이 찬송을 부르십시오. 오늘 저녁 구주의 공로의 향기가 하나님의 보좌 앞에 올라가는 것을 볼 때, 당신은 동시에 찬양의 향기를 하늘 높이 올려 보내야 합니다.

그가 아들이면서도 받으신 고난으로 순종함을 배워서 - 히브리서 5:8

우리는 우리 구원의 주체이신 주님이 고난을 통해 온전케 되었다는 사실에 대해 듣습니다. 그러므로 죄인으로서 온전함과는 거리가 먼 우리가 고난을 통과하도록 부르심을 받는다면 그것을 이상하게 생각해서는 안 됩니다. 머리 되신 주님은 가시관을 쓰고 있는데, 그 몸의 다른 지체들은 어찌 안일하게 춤이나 추고 있을 수 있습니까? 그리스도는 면류관을 얻기 위해 자신의 피로 만든 바다를 통과해야 하는데, 어떻게 우리는 은 신발을 신고 물 한 방울 묻히지 않고 천국으로 걸어갈 수 있단 말입니까? 안 됩니다. 우리 주님의 경험은 우리에게도 고난이 필수적임을 말해 줍니다. 하나님의 참된 자녀는 아무리 그러고 싶어도 고난을 피해서는 안 되고, 또 피할 수도 없습니다. 그러나 그리스도께서 "고난을 통해 온전케 되셨다"는 사실 속에는 한 가지 특별한 위로가 포함되어 있습니다. 그것은 그분이 우리를 완전히 이해하고 동정하실 수 있는 분이 되신다는 것입니다. "우리에게 있는 대제사장은 우리의 연약함을 동정하지 못하실 이가 아니요"(히 4:15). 그리스도께서 이같이 우리를 동정하실 때 우리는 거기서 견딜 수 있는 큰 힘을 얻게 됩니다. 초대 교회 당시 순교자들 가운데 한 사람은 이렇게 말했습니다: "나는 이 모든 것을 견딜 수 있다. 왜냐하면 예수께서 고난받으셨고, 지금 내 안에서 고난받고 있기 때문이다. 그분은 나를 동정하고 있다. 이것이 나를 강하게 한다."

성도여, 고난당할 때마다 항상 이 생각을 하십시오. 예수님의 발자취를 따라갈 때, 그분에 관한 생각이 당신을 강하게 할 것입니다. 그분이 당신을 동정하신다는 생각으로 힘을 내십시오. 고난당하는 것은 영예로운 일임을 기억하십시오. 더더욱 그리스도를 위해 고난당한다면 그것은 영광입니다. 사도들은 그리스도를 위해 고난당하는 것에 합당한 자로 여겨지는 것을 즐거워했습니다. 하나님이 우리에게 그리스도를 위해, 또 그리스도와 함께 고난당하도록 은혜를 베푸시는 한, 우리를 영예롭게 할 것입니다. 그리스도인의 보화는 그가 당한 고난들입니다. 하나님이 기름 부으신 왕들의 훈장은 그들이 당하는 환난과 슬픔과 고뇌들입니다. 그러므로 우리는 영예롭게 되는 길을 피하지 맙시다. 우리를 높여주는 길로부터 벗어나지 맙시다. 슬픔은 우리를 높여주고, 고난은 우리를 들어올려 줍니다. "참으면 또한 함께 왕 노릇할 것이요"(딤후 2:12).

내가 그를 … 불러도 응답이 없었노라 - 아가 5:6

기도하는 사람은 때때로, 원하는 축복으로 그의 가슴을 충만하게 채움받기 위해 왕이 나아올 때까지 문 앞에서 탄원하는 사람처럼 기다립니다. 하나님은 큰 믿음을 주실 때, 오래 기다리도록 하심으로써 그것을 시험하신다고 알려져 있습니다. 그분은 그의 종들의 목소리가 그들의 귀에 청천벽력처럼 다시 들려질 때까지 기다리며 견디도록 하십니다. 그들은 황금 문을 두드리지만, 마치 그 돌쩌귀가 녹이 슨 것처럼 꼼짝도 하지 않습니다. 예레미야처럼 그들도 "주께서 구름으로 자신을 가리사 기도가 상달되지 못하게 하셨다"(애 3:44)고 부르짖었습니다. 이처럼 참된 성도들은 그들의 기도가 열렬하지 않거나 그들이 받아들여지지 않았기 때문이 아니라 주권자로서 자기가 기뻐하시는 뜻을 따라 행하시는 하나님을 크게 기쁘게 하기 때문에 응답 없이 오랫동안 참음으로 기다려야 했습니다. 만일 하나님이 우리가 인내하는 것을 기뻐하신다면, 어찌 그분이 자신이 원하시는 대로 행하시지 않겠습니까! 구걸하는 사람이 시간과 장소와 또는 형식과 같은 것을 선택할 권한은 없습니다.

하지만 우리는 응답이 지체된다고 해서 기도가 거부되었다고 생각해서는 안 됩니다. 만기(滿期)가 긴 하나님의 계산서는 그 날짜가 정확하게 지켜질 것입니다. 우리는 사탄이 응답받지 못하는 기도들을 빌미로 해서 진리의 하나님을 믿는 우리의 신뢰를 흔들지 못하도록 해야 합니다. 응답이 없는 간구라고 해서 하나님께 들려지지 않은 것은 아닙니다. 하나님은 우리의 기도들을 철해 두고 계십니다. 그것들은 바람이 분다고 날려가는 것이 아니고, 왕의 보관소에 굳게 보관되어 있습니다. 이것은 모든 기도가 기록되어 있는 등기소가 천국에 있기 때문입니다. 시험 속에 있는 성도여, 주님은 당신이 흘린 거룩한 근심의 고귀한 눈물방울들을 담아두는 눈물병과 거룩한 신음들을 기록해둔 책을 갖고 계십니다. 얼마 안 있으면 당신의 청원이 채택될 것입니다. 좀 더 기다리는 것에 만족할 수 없습니까? 주님의 시간이 당신의 시간보다 더 낫지 않겠습니까? 조금만 지나면 그분이 편안한 모습으로 나타나 당신의 영혼에 기쁨을 선사할 것이고, 오랫동안 기다리며 입고 있던 베옷과 재를 벗겨주시고, 대신 온갖 아름다운 열매들이 주렁주렁 달린 세마포 옷을 입혀주실 것입니다.

그가 … 범죄자 중 하나로 헤아림을 받았음이니라 - 이사야서 53:12

예수님은 어찌하여 죄인들 가운데 한 사람으로 취급을 받아야 했을까요? 이 놀라우신 겸손에 대해서는 그럴 수밖에 없는 강력하고도 다양한 이유들이 있었습니다. 이 낮아지신 인격 때문에 그분은 죄인들을 위한 더 나은 변호자가 될 수 있었습니다. 어떤 소송들을 보면 변호사와 소송의뢰인이 동일인인 경우가 있습니다. 법적으로 그들은 서로 분리된 존재로 간주될 수 없습니다. 그런데 죄인이 법정에 출두할 때 예수님이 그곳에 나타나십니다. 그때 그분은 고소에 답변하기 위해 서 계십니다. 그분은 자기의 옆구리와 손과 발을 가리키고 자기가 대표하는 죄인들을 변호함으로써 공의에 도전합니다. 그분은 자신의 피를 내세우고, 자신이 죄인들 가운데 한 사람이 되시고 그들과 한편이 되심으로써 재판관은 "그가 속전을 지불했으므로 그들을 석방시켜라. 지옥구덩이에 빠지지 않도록 그들을 놓아주어라"라고 선언합니다.

우리 주 예수님은 죄인들의 마음이 자기에게 이끌리도록 하기 위해 그들 중 하나로 헤아림을 받았습니다. 우리와 똑같은 명부에 기록되어 있는 자를 누가 두려워하겠습니까? 확실히 우리는 그분께 담대히 나아갈 수 있고, 우리의 죄책을 그분께 고백할 수 있습니다. 우리 중의 하나로 헤아림을 받으신 분이 우리를 결코 정죄하실 리 없습니다. 그분은 우리가 성도들의 반열에 이름이 기록될 수 있도록 범죄자의 명부에 자신의 이름을 올리시지 않았습니까? 그분은 거룩하고, 또한 거룩한 자 중에 기록되었습니다. 우리는 죄책이 있고, 죄인 가운데 기록되었습니다. 그런데 그분은 자신의 이름을 이 더러운 고소장으로 옮기고, 우리의 이름은 그 고소장으로부터 빼내어 무죄인 명부에 올리십니다. 그렇게 해서 예수님과 그의 백성들 사이에는 완전한 전이가 이루어집니다. 우리의 비참한 모든 상태와 죄를 예수님이 제거하셨습니다. 예수님이 가지신 모든 것을 우리에게 주셨습니다. 그분의 의, 그분의 피, 그리고 그분이 갖고 계신 모든 것을 지참금으로 우리에게 주십니다.

성도여, 범죄자들 중 하나로 헤아림을 받으신 그분과의 하나됨을 즐거워하십시오. 그리고 그분 안에서 새로운 피조물로 헤아림을 받게 된 존재로 진실로 구원받은 것을 증거하십시오.

우리가 스스로 우리의 행위들을 조사하고 여호와께로 돌아가자 - 예레미야애가 3:40

남편이 집을 떠나면 사랑하는 아내는 그가 돌아오기를 간절히 기다립니다. 사랑하는 남편과 오래 떨어져 있는 기간 아내의 영은 절반은 죽은 거나 다름없습니다. 마찬가지로 구주를 사랑하는 영혼들은 그분의 얼굴을 보고 살아야지, 그분이 벧엘 산꼭대기에 계시거나 그들과 아무 교제가 없게 되면 견딜 수 없습니다. 사랑하는 자기 아버지에게 범죄하기 싫어하는 자녀들은 아버지께서 비난의 눈길을 보내거나 손가락질 하는 것만 보아도 마음이 편치 않고, 아버지가 미소를 지으실 때에 비로소 행복감을 느낍니다. 사랑하는 성도여, 그것은 당신에게도 마찬가지였습니다. 과거에 위협적인 고통의 채찍이 약간이라도 임하면 당신은 아버지 발 앞에 엎드려 "무엇 때문에 그러시는지 보여 주옵소서?"하고 부르짖었습니다. 지금은 어떻습니까? 예수님을 멀리서 따라가는 것으로 만족하십니까? 그리스도와의 교제가 지지부진해도 견딜 수 있습니까? 당신이 반대로 걸어가고 있기 때문에 사랑하는 분이 당신과 반대로 걸어가시는 것을 참을 수 있겠습니까? 당신의 죄가 당신과 하나님 사이를 갈라놓았습니다.

그런데도 당신은 안심이 됩니까? 오 그렇다면 나는 진정으로 당신에게 경고합니다. 왜냐하면 우리가 현재 구주의 얼굴을 바라보며 사는 즐거움이 없이 만족감을 느낀다는 것은 너무나 슬픈 일이기 때문입니다. 우리는 이것이 얼마나 잘못된 것인지 느껴야 합니다. 이것은 구주에 대한 사랑이 거의 없다는 증거입니다. 이것은 보배로우신 예수님 안에서 누리는 즐거움이 거의 없다는 증거입니다. 이것은 참으로 사랑하는 그분과 교제가 기의 없다는 증거입니다. 당신의 영혼은 진실로 회개해야 합니다. 당신의 마음의 강퍅함에 대해서 슬퍼해야 합니다. 슬퍼하는 것을 멈추지 마십시오. 당신이 처음에 구원받았던 곳을 기억하십시오. 즉시 십자가로 달려가십시오. 거기서 오직 거기서만, 당신의 영은 소성케 될 수 있습니다. 아무리 완악하고, 아무리 무감각하고, 아무리 침체에 빠져 있다고 할지라도, 우리는 우리의 모든 누더기와 가난함을 그대로 갖고, 부패한 우리의 자연적 상태 그대로 다시 나아가야 합니다. 우리는 그 십자가를 다시 붙잡아야 합니다. 그분의 힘없는 눈을 바라보아야 합니다. 피 흘리시는 그 샘에 몸을 씻어야 합니다. 이것만이 우리를 첫 사랑으로 다시 돌아가게 할 것입니다. 이것만이 우리 믿음의 순전함과 마음의 부드러움을 회복시킬 것입니다.

그가 채찍에 맞음으로 우리는 나음을 받았도다 - 이사야 53:5

　빌라도는 채찍질당하도록 주님을 로마 병정들에게 넘겨 주었습니다. 당시 로마 당국의 채찍은 가장 혹독한 고문 도구 가운데 하나였습니다. 그것은 황소의 힘줄로 만들어진 것으로 그 힘줄 사이마다 틀어 꼬인 날카로운 뼛조각이 달려 있었습니다. 그래서 그것에 맞을 때마다 이 뼛조각들이 몸을 파고들어 살을 갈가리 찢어놓고, 뼈로부터 살점이 떨어져 나갔습니다. 의심할 여지 없이 구주는 기둥에 묶인 채 채찍을 맞았습니다. 그분은 전에도 그렇게 맞은 적이 있었습니다. 그러나 이번에 로마병정들이 내려치는 채찍질은 아마 가장 혹독한 고통을 주었을 것입니다. 내 영혼아, 여기 서서 고통에 몸부림치는 그분의 연약한 육체에 대해 애통하는 마음을 가지라.

　예수를 믿는 신자여, 당신은 당신 앞에 고뇌하는 사랑의 거울로 서 계시는 그분을 눈물 없이 바라볼 수 있습니까? 그분은 순수의 대명사인 백합처럼 순전한 사람이셨습니다. 그런데 자신이 흘리신 피로 진홍의 붉은 장미처럼 빨갛게 되셨습니다. 우리가 그분이 맞으신 채찍으로 확실하고도 복된 나음을 받았음을 느낄 때, 우리 마음속에 사랑과 슬픔이 공존합니까? 만일 우리가 주 예수님을 사랑했다면, 확실히 우리는 가슴 속에서 주체할 수 없는 애정이 솟아오르는 것을 느껴야 합니다.

> "가장 비천한 자리에서 온갖 모욕을 당하며
> 예수님이 참는 자로 어떻게 서 계시는지 보라!
> 죄인들이 전능자의 손을 묶고,
> 창조주의 얼굴에 침을 뱉었다."

> "그의 성전들은 가시들로 깊은 상처가 나고
> 도처에서 피의 강물을 이루고 있고,
> 그의 등은 채찍 자국으로 얼룩져 있다.
> 그러나 더 날카로운 채찍이 그의 마음을 찢어놓는다."

　우리는 당연히 골방에 들어가 울며 부르짖어야 합니다. 하지만 우리의 할일이 많기 때문에 거기서 나와서 먼저 하루 종일 기억하고 살도록 우리의 마음판에 자신의 피 흘리시는 자아의 형상을 각인시켜 달라고 기도합시다. 그리고 밤이 되면, 그분과 교제하기 위해 돌아와야 하고, 우리의 죄로 말미암아 그분이 너무나 큰 대가를 치르신 것에 대해 슬퍼해야 합니다.

> 아야의 딸 리스바가 굵은 베를 가져다가 자기를 위하여 바위 위에 펴고 곡식 베기
> 시작할 때부터 하늘에서 비가 시체에 쏟아지기까지 그 시체에 낮에는 공중의 새가
> 앉지 못하게 하고 밤에는 들짐승이 범하지 못하게 한지라 - 사무엘하 21:10

만일 죽임을 당한 자신의 아들들에 대한 한 여인의 사랑이 그녀로 하여금 그 토록 오랫동안 시체를 지키면서 슬퍼하게 만들었다면, 우리가 주님의 고난에 대 해 묵상하는 것을 싫증낼 수 있을까요? 그녀는 시체를 먹으려고 날아드는 새를 쫓았습니다. 그런데 우리는 우리의 묵상으로부터 우리 마음과 우리가 다루고 있 는 경건의 주제들을 오염시키는 세속적이고 죄악된 생각들을 쫓아내지 않겠습 니까? 악한 날개를 가진 새들을 쫓아내십시오! 희생제물만 남겨놓으십시오! 그 녀는 여름의 뙤약볕과 밤이슬과 비를 아무 방비 없이 다 받으며 홀로 시체를 지 켰습니다. 그녀의 눈물 어린 두 눈으로부터 잠도 달아났습니다. 그녀의 마음은 잠으로 가득했습니다. 그녀가 자녀들을 얼마나 사랑했는지 보십시오! 리스바는 이처럼 견뎠는데, 우리는 사소한 불편이나 시련을 참지 못하겠습니까? 우리가 주님과 함께 고난 받는 것을 참을 수 없을 만큼 겁쟁이입니까? 그녀는 여성의 연약한 몸에도 아랑곳없이 용감하게 야수들까지 쫓아냈습니다.

그런데 우리는 예수님을 위해 원수들과 대적할 준비가 되어있지 않단 말입니 까? 그녀의 아들들은 다른 손들에 의해 죽임을 당했습니다. 그러나 그녀는 슬퍼 했고, 그 시체를 지켰습니다. 우리 죄가 주님을 십자가에 못 박았는데, 우리가 해 야 할 일은 무엇이겠습니까? 우리가 해야 할 일은 무궁무진하고, 우리의 사랑은 열렬해야 하며, 우리의 회개는 통렬해야 합니다. 예수님을 지키는 것은 우리의 할 일이고, 그분의 영예를 보존하는 것은 우리의 직업이며, 그분의 십자가 옆에 거하는 것이 우리의 즐거움입니다.

리스바는 특히 밤이 되면 이 소름끼치게 하는 시체들이 무서웠을 것입니다. 그러나 우리가 앉아있는 그분의 십자가 발 앞에는 무서운 것은 하나도 없고 오 히려 사랑스러운 것만 있습니다. 죽어가는 구주만큼 매혹적인 살아있는 아름다 움은 결코 없었습니다. 예수여, 우리가 잠시라도 당신을 지키겠나이다. 하오니 우 리에게 은혜를 베푸사 당신을 드러내 주소서. 그러면 우리는 베옷을 입지 않고, 왕의 궁전에 앉겠나이다.

### 내게 입 맞추기를 원하니 - 아가서 1:2

지난 며칠 동안 우리는 구주의 고난에 대해 묵상을 해왔는데, 앞으로도 얼마 동안 그 점을 더 생각해볼 것입니다. 새 달을 시작하면서 우리는 약혼녀의 마음속에 불타오르는 것과 같은 열망을 우리 주님에 대해 품어야 합니다. 그녀가 즉시 그분을 향해 얼마나 가슴이 뛰는지 보십시오. 다른 말이 없습니다. 그녀는 그분의 이름조차 언급하지 않습니다. 그녀는 마음속에 품고 있던 말로 곧장 들어갑니다. 왜냐하면 그녀는 자기에게 세상에서 하나밖에 없는 그분에게 말하는 것이기 때문입니다. 그녀의 사랑이 얼마나 대담할까요! 참회하며 눈물을 흘리는 한 여인이 나드향 한 옥합을 자기 발에 붓도록 허락하신 것은 말할 수 없는 주님의 겸손이셨습니다. 예의 바른 마리아가 자신의 발 앞에 앉아 말씀을 배우도록 허락하신 것도 주님의 놀라운 사랑이셨습니다.

그러나 여기 나오는 사랑, 그 강하고 열렬한 사랑은 그보다 훨씬 더 강력한 존경의 마음이 들어있고, 더 가까운 관계의 표현들이 담겨 있습니다. 에스더는 아하수에로 왕 앞에서 떨었습니다. 그러나 완전한 사랑의 진정한 해방감 속에 있는 신부는 두려움을 모릅니다. 만일 우리도 이같이 자유로운 영을 받았다면 똑같이 요청했을 것입니다. 입맞춤 속에는 신자가 예수님의 사랑을 즐기고 있음을 보여 주는 다양한 애정표현들이 담겨 있습니다. 우리는 회심할 때 주님과 화해의 입맞춤을 했습니다. 그것은 벌집에서 떨어지는 꿀처럼 달콤했습니다. 용납의 입맞춤은 주님이 그 풍성한 은혜를 통해 우리의 인격과 행실을 받아주셨음을 우리가 깨달았을 때 우리의 이마를 따스하게 만들었습니다. 또 매일 현재의 삶 속에서 갖는 교제의 입맞춤은, 우리의 영혼이 땅으로부터 올라가 천국에서 그것이 환영의 입맞춤과 그것을 천국의 기쁨으로 가득 채우는 완성의 입맞춤으로 바뀔 때까지 날마다 반복되기를 갈망하는 것입니다. 믿음은 우리의 발걸음이지만, 민감하게 이루어지는 교제는 우리의 안식입니다. 믿음은 길이지만, 예수님과의 교통은 순례자가 마시는 샘물입니다. 오 우리 영혼의 연인이여, 우리를 모른 척하지 마소서. 당신의 축복의 입술로 우리의 간구의 입술을 적셔주소서. 당신의 충만의 입술을 우리의 필요의 입술에 맞춰주소서. 그러면 그 입맞춤은 즉시 효력을 발휘할 것입니다.

지금이 곧 여호와를 찾을 때니 - 호세아서 10:12

4월(April)은 라틴어 열다(open)를 의미하는 동사 아페리오(aperio)라는 말에서 그 이름이 유래된 것으로 전해지고 있습니다. 그 이유는 이 달에 모든 꽃봉오리들이 열리기 때문이지요. 지금 우리는 바야흐로 꽃 피는 계절의 문턱에 이르렀습니다. 성도여, 만일 당신이 아직 구원받지 못했다면, 자연이 그 질서를 따라 깨어나는 때와 맞추어 주님을 받아들이는 마음의 문이 열려지기 바랍니다. 피어나는 모든 꽃들은 지금은 주님을 찾을 때라는 것을 당신에게 알려줍니다. 자연과 불화하지 말고, 당신의 마음이 거룩한 열정으로 꽃을 피우기를 바랍니다. 당신은 청춘의 뜨거운 피가 당신의 혈관 속에서 고동치고 있다고 말하겠습니까? 그렇다면, 나는 당신에게 당신의 그 활력을 주님께 드리라고 부탁드리는 바입니다. 어린 시절 주님께 부르심 받은 것이 나로서는 말할 수 없는 행복이었고, 그래서 나는 그것 때문에 날마다 주님을 찬양하면서 살 수 있었습니다. 구원은 무한한 가치가 있습니다. 그것은 언제 주어지든 고귀합니다.

그러나 오! 일찍 구원받는 것은 두 배의 가치가 있습니다. 젊은이여, 청춘이 다 가기 전에 죽을 수도 있으니, "지금이 주님을 찾을 때입니다." 노쇠의 첫 징후들을 느끼는 자여, 발걸음을 재촉하십시오. 기침이 빈번해지고 숨이 가빠지는 것은 가볍게 여기지 말라는 경고들입니다. 당신에게는 참으로 지금이 주님을 찾을 때입니다. 이전에 검고 윤기가 잘잘 흐르던 삼단 같은 머리에 흰 머리카락이 섞이기 시작했습니까? 세월은 유수처럼 흐르고 죽음은 쏜살같이 접근해오고 있습니다. 매년 봄이 돌아올 때마다 인생을 정리해 두어야 합니다.

사랑하는 형제여, 만일 당신이 지금 나이를 많이 먹었다면 더 이상 지체해서는 안 된다고 말해주고 싶습니다. 지금 당신에게 은혜의 날이 있습니다. 그것을 감사하십시오. 그러나 그 시간은 시계가 똑딱거릴 때마다 섬섬 줄어드는 제한된 시간입니다. 새 달의 첫날 저녁에 이 고요한 방에서 나는 당신에게 종이와 잉크를 가지고 당신에게 할 수 있는 최고의 축복에 대해 말하고 있습니다. 하나님의 종으로서 나는 가장 절실한 심정으로 "지금이 곧 여호와를 찾을 때"라는 경고를 당신에게 전합니다. 그것을 절대로 가볍게 여기지 마십시오. 그것이 당신이 멸망으로부터 벗어날 마지막 부르심 곧 은혜의 입술로부터 나오는 마지막 말씀일 수도 있습니다.

## 한 마디도 대답하지 아니하시니 - 마태복음 27:14

주님은 사람의 아들들을 축복하실 때에는 결코 말을 아낀 적이 없으셨지만, 자기 자신을 위해서는 한 마디 말씀도 안하셨습니다. "그 사람이 말하는 것처럼 말한 사람은 없었나이다"(요 7:46). 아무도 그분처럼 침묵하지 않았습니다. 이 철저한 침묵이야말로 그분의 완전한 자기희생의 표시가 아니겠습니까? 그것은 그분이 자신의 거룩한 몸을 우리 죄를 위한 희생제물로 바치기 위해서 자기를 죽이는 자들에게 저항하여 한 마디도 하지 않겠다는 것을 보여 준 것이 아니었습니까? 그분은 추호도 자기 자신을 위해서 변호하지 않고, 아무 저항과 불평이 없는 희생제물로 죽임을 당함으로써 자신을 완전히 복종시킨 것이 아니었습니까? 이 침묵이야말로 죄를 전혀 변명하지 않는 행동의 전형이 아닐까요? 인간의 죄에 대해서는 정상참작이나 변명의 여지가 있을 수 없습니다. 그래서 그 무거운 죄의 짐을 고스란히 짊어지신 주님은 재판관 앞에서 아무 말 없이 서 계셨던 것입니다. 이 인내하는 침묵이야말로 반박하는 세상에 대한 최고의 답변이 아닐까요? 어떤 질문들에 대해서는 거창한 웅변보다 말없이 조용히 견디는 것이 훨씬 더 결정적인 대답이 될 수 있습니다. 초대 교회 당시 기독교를 가장 잘 변증한 사람들은 순교자들이었습니다. 아무리 망치가 두드려대도 모루가 묵묵히 그 두드림을 견디어내면 결국엔 망치가 부서지는 법입니다. 침묵하는 하나님의 어린양은 우리에게 위대한 지혜의 한 실례를 보여 주시지 않았습니까? 말끝마다 하나님을 모독하는 말이 나오는 곳에서는 침묵으로써 죄의 불길 속에 기름을 붓지 않는 것이 할 일입니다. 모호하고 거짓된 사람들, 무가치하고 비열한 사람들은 말이 많지만 곧 전세가 역전되어 끽 소리 못하고 입을 다물게 될 것입니다. 그러므로 진실한 자는 침묵을 지킬 수 있고, 침묵 속에서 그 지혜가 드러나는 법입니다. 분명히 우리 주님은 침묵하심으로써 예언을 결정적으로 성취하셨습니다. 장황하게 자신을 변론하는 것은 "마치 도수장으로 끌려가는 어린양과 털 깎는 자 앞에서 잠잠한 양 같이 그의 입을 열지 아니하였도다"(사 53:7)는 이사야 선지자의 예언과 모순되었습니다. 침묵을 통해 주님은 자신이 하나님의 어린양임을 결정적으로 증명하셨습니다. 바로 이런 이유로 오늘 아침 우리는 주님께 경의를 표합니다. 예수여, 우리와 함께 하시고, 우리 마음이 침묵으로 당신의 사랑의 목소리를 듣게 하소서.

그가 씨를 보게 되며 그의 날은 길 것이요 또 그의 손으로 여호와께서
기뻐하시는 뜻을 성취하리로다 - 이사야서 53:10

주님을 사랑하는 모든 자들이여, 이 약속이 속히 이루어지도록 간구하십시오. 우리가 우리의 소원을 아뢸 때, 하나님의 약속에 기초와 근거를 두고 기도하는 것은 쉬운 일입니다. 말씀을 주신 분이 어떻게 그것을 지키는 것을 거절하실 수 있겠습니까? 불변의 진리는 거짓말로 그 품위를 떨어뜨릴 수 없고, 영원한 성실하심은 무관심으로 그 가치를 떨어뜨릴 수 없습니다. 하나님은 자신의 아들을 복주셔야 하고, 또 그것에 대해 그분과 맺으신 언약을 이루셔야 합니다. 성령이 우리에게 예수님께 구하도록 하시는 것은 하나님이 그분에게 그렇게 하시겠다고 이미 작정하신 것입니다. 당신이 그리스도의 나라가 임하도록 기도할 때마다 당신의 눈은 십자가에 달리신 분이 사람들이 자신을 거부했던 곳에서 승리의 대관식을 행하실 때, 가까이 임한 축복의 날의 서광을 보게 될 것입니다.

그리스도를 위해 전심전력하며 기도하며 수고하는 자여, 힘내십시오. 항상 그렇게 힘들지는 않을 것입니다. 반드시 지금보다 더 좋은 날이 올 것입니다. 당신의 눈은 지금 그 복된 미래를 볼 수는 없습니다. 그러나 믿음의 망원경을 빌리십시오. 그리고 그 렌즈에 낀 의심의 안개를 닦아내십시오. 그리고 그것을 통해 다가올 영광을 바라보십시오.

성도여, 우리는 구해야 합니다. 당신은 이 기도를 지속적으로 하고 있습니까? 우리에게 "일용할 양식을 주시옵고"라고 기도하라고 하신 그리스도께서 "이름이 거룩히 여김을 받으시오며 나라가 임하옵시며 뜻이 하늘에서 이루어진 것 같이 땅에서도 이루어지이다"라고 먼저 기도하셨음을 기억하십시오. 당신의 기도들이 당신 자신의 죄, 소원, 불완전함, 시험들에 관한 것이 전부가 되지 않게 하십시오. 그것들이 하늘 사다리를 타고 그리스도에게까지 올라가기 위해서는 주님이 피 흘리신 속죄소로 가까이 접근하여 "주여, 당신의 사랑하는 아들의 나라가 확장되게 하소서"라는 기도를 지속적으로 드려야 합니다. 이런 간구가 진심으로 드려지면, 당신의 경건의 수준이 크게 높아질 것입니다. 당신이 주님의 영광을 높이기 위해 수고할 때, 당신의 기도의 신실성이 증명된다는 사실을 잊지 마십시오.

### 예수를 십자가에 못 박도록 그들에게 **넘겨주니라** - 요한복음 19:16

주님은 밤새도록 고뇌 속에 계시다 이른 아침을 가야바의 집 뜰에서 보내셨습니다. 그 다음 그분은 가야바로부터 빌라도에게, 빌라도로부터 헤롯에게, 그리고 헤롯으로부터 다시 빌라도에게 보내졌습니다. 그러므로 그분은 거의 움직일 힘조차 남아있지 않았고, 그래도 그분에게는 시원한 물이나 휴식이 주어지지 아니했습니다. 그들은 주님의 피를 원했고, 그리하여 그분을 죽이려고 십자가를 지워 밖으로 끌어냈습니다. 오 슬픈 행렬이여! 그때 예루살렘의 딸들이 다 울었습니다. 내 영혼아, 그대도 함께 울지어다!

사랑하는 주님이 이렇게 끌려가시는 것을 볼 때, 우리는 무엇을 배워야 할까요? 우리는 그분이 그림자인 구약 제사제도 속의 희생양의 실체가 되신다는 진리를 배우지 않습니까? 대제사장이 희생양을 끌고 와 그 머리에 손을 얹고 백성들의 죄를 고백하면 그들의 죄가 그 양에게 전가되어 백성들의 죄는 제거되지 않았습니까? 그러면 정해진 사람이 그 양을 끌고 광야로 갑니다. 그때 양은 백성들의 죄를 짊어지고 가는 것이기 때문에 백성들의 죄는 찾을래야 찾을 수 없게 되었습니다. 그런데 우리는 예수님이 그분을 죄인으로 선언하는 제사장과 지배자들 앞에 끌려나오는 것을 봅니다. 하나님 자신은 우리 죄를 그분에게 전가시키셨습니다. "여호와께서는 우리 모두의 죄악을 그에게 담당시키셨도다"(사 53:6). "하나님이 죄를 알지도 못하신 이를 우리를 대신하여 죄로 삼으신 것은"(고후 5:21). 이처럼 우리 죄를 대신하는 자로서 그분은 그것을 자신의 어깨 위에 짊어지고 십자가에 달리셨습니다. 우리는 그 위대하신 희생양이 지정된 관원들에 의해 끌려가는 것을 봅니다.

사랑하는 형제여, 당신은 주님이 당신의 죄를 대신 담당하신 것을 확신할 수 있습니까? 그분의 어깨 위에 달려있는 십자가를 볼 때, 그것이 당신의 죄를 짊어지고 있음을 확신합니까? 그분이 당신의 죄를 짊어지셨는지의 여부를 말할 수 있는 하나의 방법이 있습니다. 당신은 당신의 손을 그분의 머리 위에 올려놓고 죄를 고백하며 그분을 믿었습니까? 그렇다면 당신의 죄는 더 이상 당신 위에 있지 않습니다. 그것은 그리스도에게 전가되어 옮겨졌고, 그분은 그것을 자신의 어깨 위에 올려놓고 십자가보다 더 무거운 짐으로 감당하고 계십니다.

당신이 자신의 구원을 즐거워하고, 당신의 모든 죄를 짊어지신 구속주를 찬송할 때까지 그분의 끌려가는 모습을 망각하지 않기를 바랍니다.

우리는 다 양 같아서 그릇 행하여 각기 제 길로 갔거늘 여호와께서는
우리 모두의 죄악을 그에게 담당시키셨도다 - 이사야서 53:6

택함받은 하나님의 모든 백성들이 공통적으로 해야 하는 죄의 고백이 여기 있습니다. 그들은 누구나 다 타락했고, 그러기에 이구동성으로 천국에 들어간 최초의 사람들로부터 마지막 사람들까지 모두 "우리는 다 양 같아서 그릇 행했다"고 말할 것입니다. 이 고백은 이처럼 누구에게나 해당되는 것이지만, 동시에 특별하고 개인적인 것입니다: "각기 제 갈 길로 갔거늘." 각 개인들마다 특별한 죄가 있습니다. 모든 사람이 죄를 범했지만, 각 사람마다 다른 사람들 속에서 발견되지 않는 그 자신만의 특별한 죄악이 있습니다. 참된 회개는 당연히 다른 고백자들의 회개와 관련되어 있지만, 또한 그것은 각 사람마다 독자적으로 행해져야 하는 것입니다.

"각기 제 갈 길로 갔거늘"이라는 말씀은 각 사람이 자기 자신에게 비취는 빛에 반하여 어둠 속에 빠졌거나, 다른 사람들 속에서 발견되지 않는 독자적인 죄악을 저질렀다는데 대한 고백입니다. 이 고백은 솔직한 고백입니다. 그 힘을 약화시키는 말이나 변명의 여지가 있는 말은 한 마디도 없습니다. 그 고백은 자기의 (自己義)에 대한 모든 핑계를 포기하고 있습니다. 그것은 의식적으로 죄책 — 죄악들에 대한 죄책, 변명의 여지가 없는 죄책 — 을 갖고 있는 사람들의 선언입니다. 그들은 반역의 무기들을 박살내버리고 "우리가 다 양 같아서 그릇 행하여 각기 제 갈 길로 갔다"고 외칩니다. 그러나 우리의 죄에 대한 이 고백에는 절망적으로 탄식하는 감정이 들어있지 않습니다. 왜냐하면 그 다음 말씀은 거의 즐거운 노래라고 볼 수 있기 때문입니다: "여호와께서는 우리 모두의 죄악을 그에게 담당시키셨도다."

처음 세 문장(우리는 다 양 같았다, 그릇 행했다, 각기 제 길로 갔다)은 아주 비통한 감정이 들어가 있지만, 그 다음 문장은 위로로 넘칩니다. 희한하게도 불행이 집중되는 곳에 은혜가 지배하고 있습니다. 슬픔이 크게 고조되어 있는 곳에서 영혼이 안식을 발견합니다. 상함을 입은 구주께서 상한 심령들을 치유하십니다. 겸손한 회개가 단순히 십자가 상의 그리스도를 바라보는 것으로써 얼마나 큰 확신을 가져다주는지 보십시오.

하나님이 죄를 알지도 못하신 이를 우리를 대신하여 죄로 삼으신 것은 우리로 하여금
그 안에서 하나님의 의가 되게 하려 하심이라 - 고린도후서 5:21

슬퍼하는 그리스도인이여! 당신은 왜 울고 있습니까? 범한 죄 때문에 우십니까? 완전하신 주님을 바라보십시오. 그리고 그분 안에서 당신은 완전하다는 사실을 기억하십시오. 하나님 보시기에 당신은 마치 죄를 범하지 않은 것처럼 완전합니다. 아니 사실은 그 이상입니다. 우리의 의(義) 자체이신 주님이 당신에게 자신의 옷을 입혀주셨기 때문에 당신은 사람의 의 이상의 것 — 곧 하나님의 의 — 을 갖고 있습니다.

오 원죄와 그 타락으로 슬퍼하는 자여, 그 어떤 죄도 당신을 정죄할 수 없음을 유념하십시오. 당신은 죄를 미워하라고 배웠습니다. 그러나 당신은 또한 죄가 더 이상 당신의 것이 아니라는 사실도 알도록 배웠습니다. 그것은 이제 그리스도의 머리 위에 놓여져 있습니다. 지금 당신은 당신 자신 안에 서 있는 것이 아닙니다. 당신은 그리스도 안에 서 있습니다. 당신이 받아들여진 것은 당신 안에서가 아니라 당신의 주님 안에서입니다. 당신은 모든 죄로부터 벗어나 하나님 보좌에 서기를 바라는 마지막 그날만큼 오늘도 그 모든 죄에도 불구하고 하나님께 크게 받아들여진 존재입니다.

오, 그리스도 안에서의 완전이라는 이 보배 같은 사상을 꼭 붙들기를 부탁드립니다! 당신은 "그분 안에서 완전"합니다. 구주의 옷을 입은 당신은 거룩하신 그분만큼 거룩합니다. "누가 정죄하리요 죽으실 뿐 아니라 다시 살아나신 이는 그리스도 예수시니 그는 하나님 우편에 계신 자요 우리를 위하여 간구하시는 자시니라"(롬 8:34).

그리스도인이여, 마음껏 즐거워하십시오. 당신은 "사랑하는 자 안에서 받아들여졌으니까요." 그런데 무엇을 두려워하십니까? 항상 웃으십시오. 당신의 주님을 가까이하십시오. 날마다 천성 주변에서 사십시오. 왜냐하면 곧 때가 오고, 당신은 예수님이 앉아계시는 곳에 올라가 그분의 오른편에 앉아 천하를 다스릴 것이기 때문입니다. 이 모든 것은 하나님이 "죄를 알지도 못하신 이를 우리를 대신하여 죄로 삼으사 우리로 하여금 그 안에서 하나님의 의가 되도록" 하셨기 때문입니다.

오라 우리가 여호와의 산에 오르며 - 이사야서 2:3

우리 영혼이 이 악한 현세를 초월하여 더 높고 더 나은 세계에 이르는 것은 굉장히 유익합니다. 이 세상의 염려와 헛된 부귀는 우리 안에 있는 선한 것을 질식시키기 쉽고, 그래서 우리는 초조하고 낙심하며, 급기야는 교만하고 육욕적인 사람이 되고 맙니다. 우리는 이런 가시들과 찔레들을 잘라내는 것이 좋습니다. 왜냐하면 그것들 사이에 심겨진 천국의 씨앗들이 열매를 맺을 수 없기 때문입니다. 하나님과 교제하고 천국의 일들을 가까이하는 것만큼 그것들을 잘라내는 훌륭한 낫이 어디에 있을까요?

스위스의 계곡들에 사는 주민들은 불구자들이 많고, 대부분 병약한 모습들을 하고 있습니다. 왜냐하면 공기가 크게 오염되어 있고, 또 산으로 막혀있어 공기가 차단되어 흐르지 않기 때문입니다. 그러나 반대편 산 위에 사는 사람들은 건강합니다. 그들은 알프스 산 정상을 덮고 있는 천연설로부터 불어오는 신선한 공기를 마시기 때문입니다. 만일 계곡에 사는 사람들이 습한 공기와 자욱한 안개로 가득 찬 거주지를 자주 떠나 산꼭대기의 신선한 공기를 마신다면 훨씬 더 건강해질 것입니다.

오늘 저녁 나는 당신에게 등산의 효과에 대해 강조하고 싶습니다. 하나님의 영이 우리가, 이 세상의 계곡 속에 진을 치고 있는 두려움의 안개들과 염려의 열기들과 모든 악한 공기들을 떠나 기쁨과 축복이 기다리고 있는 산 정상으로 오를 수 있도록 도우시기를 기원합니다. 성령 하나님이 이 아래 세상 속에 우리를 묶고 있는 끈들을 끊어버리고 우리가 하늘로 올라가도록 도우시기를 간구합니다.

우리는 너무 자주 바위에 사슬로 묶여있는 독수리처럼 앉아 있는데, 급기야 우리는 녹수리와 달리 그 사슬을 사랑하기 시작하고, 어쩌면 그것을 끊어버리는 것을 싫어할지도 모릅니다. 만일 우리가 우리 육체를 묶고 있는 사슬로부터 벗어날 수 없다면, 우리의 영혼만이라도 벗어나도록 지금 하나님이 은혜를 베풀어 주시기를 바랍니다. 우리의 육체는 종처럼 산 아래에 두고, 우리 영혼은 아브라함처럼 산꼭대기에 올라가 지극히 높으신 자와 교통하는데 전념하도록 말입니다.

그에게 십자가를 지워 예수를 따르게 하더라 - 누가복음 23:26

우리는 시몬이 십자가를 지고 가는 모습 속에서 모든 시대의 교회가 해야 할 사역의 한 상징을 보게 됩니다. 교회는 십자가를 지고 예수님을 따라가는 자입니다. 그렇다면 그리스도인이여, 예수님은 당신의 고난을 면제해 주려고 고난당하신 것이 아님을 명심하십시오. 그분은 당신으로 하여금 그것을 피하도록 하기 위해서가 아니라 그것을 질 수 있도록 하기 위해서 십자가를 지셨습니다. 그리스도는 당신을 죄로부터 면제시켜 주셨지만, 고난으로부터는 아닙니다. 그것을 기억하고 고난을 기대하십시오.

그러나 우리는 시몬의 경우처럼 우리가 지는 십자가는 우리의 것이 아니라 그리스도의 것이라는 것으로 위로를 받아야 합니다. 경건하다는 이유로 핍박을 받을 때, 예수를 믿는다는 이유로 신랄한 조롱을 받을 때, 그것이 당신의 십자가가 아니라 그리스도의 십자가라는 것을 기억하십시오. 그리고 우리가 주 예수님의 십자가를 지고 가는 것은 얼마나 즐거운 일일까요!

당신은 십자가를 지고 그분을 따라갑니다. 그렇다면 당신은 참으로 좋은 친구와 함께 가는 것입니다. 당신이 가는 길에는 주님의 발자국이 찍혀 있습니다. 그분의 어깨 위에 난 핏자국은 그 무거운 짐 때문입니다. 그것은 그분의 십자가로서, 목자가 그의 양들보다 앞서 가는 것처럼 그분도 당신 앞에서 가십니다. 당신의 십자가를 날마다 지고 그분을 따르십시오.

또 이 십자가를 당신 혼자가 아니라 함께 지고 간다는 것을 잊지 마십시오. 시몬이 십자가를 홀로 다 지고 간 것이 아니라 단지 끝 부분만 졌다는 의견이 있습니다. 그런데 이것은 충분히 가능성이 있습니다. 그리스도는 나무가 교차하는 무거운 부분을 지고, 시몬은 가벼운 끝 부분을 졌을 가능성이 있습니다. 그것은 확실히 당신에게도 마찬가지입니다. 당신은 십자가의 가벼운 끝 부분을 지고, 그리스도께서는 무거운 쪽 부분을 지십니다.

그리고 시몬은 십자가를 단지 잠시 동안 졌지만, 그것이 그에게는 영원한 영예가 되었다는 것을 기억하십시오. 마찬가지로 우리가 지는 십자가도 기껏해야 잠시 동안이지만, 그로 인해 우리는 영원히 면류관 곧 영광을 받을 것입니다. 십자가는 "지극히 크고 영원한 영광의 중한 것"을 우리에게 제공하기 때문에 우리는 그것을 사랑하고, 그것을 피하지 말고 극히 소중히 여겨야 하겠습니다.

겸손은 존귀의 앞잡이니라 - 잠언 15:33

영혼의 겸손은 항상 유익한 축복을 가져옵니다. 만일 우리가 마음속에서 자아를 제거한다면, 하나님은 그 속에 그분의 사랑을 가득 채우실 것입니다. 그리스도와의 긴밀한 교제를 바라는 자는 "무릇 마음이 가난하고 심령에 통회하며 내 말을 듣고 떠는 자 그 사람은 내가 돌보려니와"(사 66:2)라는 여호와의 말씀을 기억해야 합니다. 천국에 들어가려면 몸을 낮추십시오. 우리는 예수님에 관해 "그분은 올라가기 위해 내려오셨다"고 말하지 않습니까? 이것은 당신에게도 마찬가지여야 합니다. 당신은 높아지려면 먼저 낮아져야 합니다. 왜냐하면 천국과의 가장 달콤한 교제는 겸손한 영혼, 오직 겸손한 영혼에게만 주어지는 것이기 때문입니다.

하나님은 철저하게 낮아진 영에게 복을 내리실 것입니다. "심령이 가난한 자는 복이 있나니 천국이 그들의 것임이요"(마 5:3). 하나님의 모든 보화는 그것을 받았을 때 그것 때문에 교만해지지 않을 만큼 충분히 겸손한 영혼에게 선물로 주어질 것입니다. 하나님은 베푸셔도 안전할 정도까지는 최대한 우리를 축복하실 것입니다. 만일 당신이 축복을 받지 못한다면 그것은 당신이 그것을 받는 것이 안전하지 못하기 때문입니다. 만일 우리의 하늘 아버지께서 거룩한 전투에서 당신의 겸손하지 못한 영에게 승리를 베푸셨다면, 그것은 당신이 스스로 차지한 면류관으로 승리를 도적질한 것입니다. 만약 그때 새로운 원수를 만난다면 당신은 가차 없이 패배당하고 말 것입니다.

그러므로 당신 스스로의 안전을 위해서 낮은 자세를 취하십시오. 사람이 진실로 겸손해서 조금이라도 칭찬의 대상이 되려고 꾀하지 않는다면, 하나님은 그에게 축복을 베푸시는데 거의 어떤 제한도 두지 아니하실 것입니다. 겸손은 우리로 하여금 모든 은혜의 하나님으로부터 축복을 받을 사격을 갖추게 하고, 나른 동료들과 좋은 관계를 이루는데 합당한 존재가 되도록 합니다. 참된 겸손은 어느 정원에서든 아름답게 피어나는 꽃과 같습니다. 이것은 인생의 모든 요리 속에 치는 양념과 같아서, 당신은 모든 경우에 살 맛을 느끼게 될 것입니다. 그것이 기도든 찬양이든, 사역이든 고난이든, 겸손이라는 참된 소금은 아무리 많이 사용해도 지나치지 않을 것입니다.

그런즉 우리도 그의 치욕을 짊어지고 영문 밖으로 그에게 나아가자 - 히브리서 13:13

예수님은 십자가를 짊어지고 고난받기 위해 영문 밖으로 나가셨습니다. 그리스도인이 세상 죄와 종교의 영문(camp) 밖으로 떠나야 할 이유는 우리가 별난 것을 좋아하기 때문이 아니라 예수님이 그렇게 하셨기 때문입니다. 제자는 그의 스승을 따라야 합니다. 그리스도는 "세상에 속한" 분이 아니었습니다. 그분의 생애와 그분의 증거는 세상과 타협하며 사는 삶에 대해 지속적으로 저항하는 모습을 보여 주었습니다. 지금까지 우리가 본 사랑 중에 주님 안에 있는 사람들에 대한 그분의 사랑만큼 큰 사랑은 없었습니다. 그러나 그분은 죄인들과 분리되었습니다. 마찬가지로 그리스도의 백성들도 "그분께 나아가야 합니다."

그들은 진리의 증거자들로서 "영문 밖에" 그 자리를 잡아야 합니다. 그들은 곧고 좁은 길을 걸어갈 준비가 되어 있어야 합니다. 그들은 담대하고 겁이 없고 사자 같은 마음을 품고, 첫 번째로는 그리스도를, 두 번째로는 그분의 진리를 사랑해야 합니다. 그리스도와 그분의 진리를 세상 그 어떤 것보다 독보적으로 말입니다. 예수님은 그의 백성들의 성별을 위해 그들을 "영문 밖으로 나아가도록" 하셨습니다. 당신은 세상과 타협하는 한 결코 은혜 안에서 자라갈 수 없습니다. 구별된 삶은 고난의 길이지만, 가장 안전한 고속도로입니다. 구별된 삶은 많은 고통의 대가를 치르고, 날마다 싸우도록 하지만, 그것은 결국 행복한 삶입니다.

그리스도의 군사가 누리는 기쁨보다 더 큰 기쁨은 있을 수 없습니다. 예수님이 자신을 아주 은혜로운 존재로 계시하고, 또 항상 새로운 힘을 주시기 때문에, 그의 군사는 매일 전투를 벌이면서도 쉬고 있는 다른 사람들보다 더 큰 평안과 평화를 느낍니다. 거룩의 길은 주님과의 교통의 길입니다. 만일 우리가 하나님의 은혜로 그리스도를 따라 "영문 밖으로" 나아갈 수 있다면 면류관을 얻게 될 것입니다. 영광의 면류관은 분리의 십자가를 따라오도록 되어있습니다. 순간의 수치가 영원한 영광으로 보상받게 될 것입니다. 이 세상에서 잠시 고난받는 것은 "장차 주님과 영원히 거하는" 것과 비교해보면 아무것도 아닌 것처럼 보일 것입니다.

내가 여호와의 이름으로 그들을 끊으리로다 - 시편 118:12

우리 주 예수님은 자신의 죽으심을 통해 단지 우리의 한 부분이 아니라 전체에 대한 권리를 사셨습니다. 그분은 자신의 고난 속에서 우리의 영과 혼과 육 전체의 성화를 성취하셨고, 이 삼중적 영역에 있어서 그분 자신은 독보적인 역사를 이루셨습니다. 그러므로 주 예수 그리스도의 권리를 주장하는 것이 하나님이 거듭난 자에게 주신 새 본성의 임무입니다.

내 영혼아, 그대는 하나님의 자녀로서 성별되지 아니한 그대 자신의 나머지 모든 부분들을 극복해야 한다. 그대는 그대의 모든 힘과 정열을 예수님의 은혜의 통치 아래 복종시켜야 한다. 그대는 고난을 통해 왕이 되신 그분이 은혜의 대관식을 통해 왕이 되셔서 그대를 최고로 다스리실 때까지 만족해서는 안 된다. 따라서 죄는 우리를 조금도 지배할 권리를 갖고 있지 않기 때문에, 우리는 하나님의 이름으로 죄를 몰아내는 선하고 합법적인 싸움을 얼마든지 벌이게 됩니다.

오 내 육체여, 그대는 그리스도의 지체다. 그런데 어떻게 내가 흑암의 왕에게 그대가 굴복하는 것을 참을 수 있겠는가? 오 내 영혼아, 그리스도는 그대의 죄를 위해 고난받고 자신의 보배 피로 그대를 구속하셨다. 그런데 어떻게 내가 그대의 기억이 악의 저장소가 되는 것을, 또는 그대의 정열이 불의의 횃불이 되는 것을 견딜 수 있겠는가? 어떻게 내가 나의 판단이 오류에 의해 왜곡되고, 나의 의지가 죄의 사슬에 의해 이끌리도록 놔두겠는가? 아니다. 내 영혼아, 그대는 그리스도의 것이요, 죄는 더 이상 그대에게 아무 권리가 없다.

오 그리스도인이여, 이 점에 대해 용기를 가지십시오! 당신이 영적 원수들을 도저히 대적할 수 없는 것처럼 위축되지 마십시오. 당신은 그들을 당신 자신의 힘으로는 이길 수 없습니다. 그들이 아무리 약하다고 해도 당신이 이기기에는 너무나 강합니다. 그러나 당신은 어린양의 피로 말미암아 그들을 얼마든지 이길 수 있고, 또 이겨야 합니다. "그들은 나보다 훨씬 더 크고 훨씬 더 강한데, 내가 어떻게 감히 그들을 이길 수 있는가?"라고 묻지 마십시오. 하나님께 겸손하게 나아가 강하신 힘을 구하십시오. 그러면 전능하신 야곱의 하나님이 확실히 구원을 베푸시고, 당신은 그분의 은혜를 통해 승리의 노래를 부르게 될 것입니다.

인생들아 어느 때까지 나의 영광을 바꾸어 욕되게 하며 - 시편 4:2

한 유명한 저술가가 눈먼 이스라엘 백성들이 그토록 고대하던 하늘의 왕에게 어떤 영광들을 돌렸는지 그 항목들을 슬픈 심정으로 적어둔 것이 있습니다. 그 것들을 열거하면 다음과 같습니다. (1) 그들은 주님께 영광의 행렬을 보여드렸습니다. 로마의 병정들과 유대의 제사장들, 그리고 수많은 남녀 백성들이 그 행렬에 참여해서 그분이 십자가를 지고 가시는 것을 호위했습니다. 이것은 인간의 최대의 원수를 정복하기 위해서 오신 분에 대한 세상의 환영행렬이었습니다. 조롱하는 외침들은 주님을 환영하는 유일한 함성이었고, 잔인한 모욕은 그분을 찬양하는 유일한 찬가였습니다. (2) 그들은 주님께 영광의 포도주를 드렸습니다. 그들은 향기로운 포도주를 금잔에 담아 드리는 대신 죄수의 감각을 마비시켜 죽음의 고통을 잊게 하는 쓸개 탄 포도주를 주님께 드렸으나 주님은 죽음의 고통을 그대로 맛보시기 위해 그것을 거절하셨습니다. 그 후 그분이 다시 '내가 목마르다"고 부르짖자 그들은 해면에 신 포도주를 적신 것을 갈대에 꿰어 그분의 입에 갖다 대었습니다. 오! 하나님의 아들에게 어찌 이토록 비열하고 지독한 대접을 할 수 있단 말인가! (3) 그들은 주님께 영광의 보초들을 보내드렸습니다. 그들은 그분의 옷에 대해 제비뽑기를 해 그것을 나누어가질 정도로 그분에 대한 존경을 보여 주었습니다. 이 4인조 잔인한 보초들이, 천국의 보좌에 앉아 경배를 받으실 분을 호위한 자들이었습니다. (4) 그들은 주님께 피로 얼룩진 나무 위에 영광의 보좌를 마련해 드렸습니다. 하나님을 배반한 사람들이 그들의 왕이신 주님께 이보다 더 편안한 안식처를 제공할 리가 없습니다. 사실 십자가에는 이 세상이 주님에 대해 갖고 있는 감정이 충분히 표현되어 있었습니다. 그들은 "하나님의 아들인 당신, 우리가 하나님께 도달할 수만 있다면 이것이 하나님을 대접하는 우리의 방식이다"라고 말하는 것처럼 보였습니다. (5) 그들은 주님께 명목상 "유대인의 왕"이라는 영광의 칭호를 붙여주었습니다. 그러나 눈먼 백성들은 결정적으로 그 칭호를 거부하고, 실제로는 "강도들의 왕"으로 부른 것이나 마찬가지였습니다. 왜냐하면 그들은 바라바를 선택하고 그 대신 예수님을 두 강도 사이에서 가장 수치스러운 자리에 두었기 때문입니다. 그분의 영광은 이렇게 모든 면에서 사람들에 의해 수치로 바뀌었습니다. 그러나 그것은 장차 영원한 세계에서 성도들과 천사들의 눈을 즐겁게 할 것입니다.

> 하나님이여 나의 구원의 하나님이여 피 흘린 죄에서 나를 건지소서
> 내 혀가 주의 공의를 높이 노래하리이다 - 시편 51:14

이 엄숙한 고백 속에서 다윗이 자신의 죄를 분명히 지적하고 있음을 살펴보는 것이 좋습니다. 그는 그것을 우연한 살인으로 부르지도 않았고, 또 부주의로 불행한 사건이 선한 사람에게 일어난 실수로 부르지도 아니했습니다. 그는 그것을 그 진짜 이름을 따라 피 흘린 죄라고 부릅니다. 그는 밧세바의 남편을 직접 죽인 것은 아니었습니다. 그러나 우리야가 죽임을 당하는 일은 다윗의 마음속에서 계획되었고, 그는 여호와 앞에서 살인자였습니다. 우리도 고백 속에서 여호와께 솔직하기를 배웁시다. 더러운 죄들에 아름다운 이름을 붙이지 마십시오. 최대한 더 악한 이름으로 부르십시오. 죄는 결코 향기로운 냄새를 풍기지 않을 것입니다. 하나님이 그것들을 보시는 대로 당신도 느껴야 합니다. 마음에 솔직히 느껴지는 그대로 죄의 참된 면모를 인정하십시오. 다윗이 자신의 죄의 극악성으로 말미암아 크게 고통받고 있음을 주목하십시오. 어떤 말들을 사용하기는 쉽지만, 그 말들의 의미를 느끼기는 쉽지 않습니다. 시편 51편은 죄를 깊이 회개하는 영의 자화상입니다. 우리도 다윗처럼 상한 마음을 갖도록 구해야 합니다. 왜냐하면 우리가 말로써 아무리 그럴듯하게 표현한다고 할지라도, 우리의 마음이 죄의 심각성을 깨닫지 못한다면, 우리는 용서받기를 기대할 수 없기 때문입니다.

본문은 그 안에 진지한 기도를 담고 있습니다. 그것은 구원의 하나님께 드려지고 있습니다. 용서하는 것은 하나님의 전권입니다. 자신의 얼굴을 구하는 자들을 구원하시는 것이 그분의 참된 이류이자 직무입니다. 더욱 좋은 것은 본문은 그분을 나의 구원의 하나님으로 부르고 있다는 것입니다. 그렇습니다. 그분의 이름을 찬송해야 합니다. 나는 예수님의 피로 말미암아 그분께 나아갈 때에만, 나의 구원의 하나님을 즐거워할 수 있습니다.

시편 기자는 우리가 본받을 만한 다짐을 하면서 고백을 끝냅니다: 만일 하나님이 그를 구원하신다면 그는 찬송할 것입니다. 아니, 더 나아가 그는 "크게 노래할 것입니다." 누가 이 같은 자비에 대해 다른 방법으로 노래할 수 있을까요! 그러나 그 노래의 주제인 "하나님의 공의"를 주목하기 바랍니다. 그러므로 우리는 보배로우신 구주께서 이루신 사역에 대해 노래해야 합니다. 용서하는 사랑을 가장 잘 알고 있는 사람은 더 크게 노래할 것입니다.

푸른 나무에도 이같이 하거든 마른 나무에는 어떻게 되리요 - 누가복음 23:31

　본문의 우회적 질문에 대한 다양한 해석들 가운데 다음과 같은 해석이 가장 기억될 만합니다: "죄인들을 위한 무죄한 대속물인 내가 이처럼 고난을 당한다면, 죄인 자신 — 마른 나무인 — 이 진노의 하나님의 손에 떨어질 때 그 고난은 어떠하겠는가?" 하나님은 예수님을 죄인의 위치에서 보실 때, 조금도 아끼지 아니하셨습니다. 또 그리스도 밖에 있는 거듭나지 아니한 자들을 보실 때 역시 그들을 아끼지 아니하셨습니다. 오 죄인이여, 예수님은 자신의 원수들에게 끌려가셨습니다. 마찬가지로 당신도 마귀들에게 이끌려 지정된 장소로 가게 될 것입니다. 예수님은 하나님께 버림을 받았습니다. 아무 죄 없이 죄인으로 취급받았을 뿐인 주님이 버림을 받았다면, 당신은 얼마나 더 하겠습니까? "엘리 엘리 라마 사박다니" — 이 부르짖음은 얼마나 처절할까요! 그러나 당신이 "오 하나님! 오 하나님! 어찌하여 저를 버리시나이까"라고 부르짖을 때 그 외침은 얼마나 더 처절하겠습니까? 더욱 그 대답은 "도리어 나의 모든 교훈을 멸시하며 나의 책망을 받지 아니하였은즉 너희가 재앙을 만날 때에 내가 웃을 것이며 너희에게 두려움이 임할 때에 내가 비웃으리로다"(잠 1:25-26)라는 것이 될 것입니다.

　만일 하나님이 자신의 아들까지 아끼지 아니하셨다면, 당신은 얼마나 더 그렇게 하실까요! 양심이 그 모든 공포를 가지고 당신을 억압한다면, 당신은 빨갛게 달아오른 철사 줄로 채찍질당하는 것처럼 쓰라릴 것입니다. 부요하고 즐겁고 지극히 자기의로 충만한 죄인들이여, 하나님이 "오 칼아, 일어나 나를 거부하는 사람을 치라. 그를 쳐서 영원히 고통을 느끼게 하라"고 말씀하실 때, 누가 여러분 자리에 대신 서 주겠습니까? 예수님은 침 뱉음을 당하셨습니다. 죄인이여, 그렇다면 당신에게는 어떤 수치가 있어야 하겠습니까!

　우리는 우리를 위해 죽으신 예수님의 머리에 주어진 그 엄청난 고통들을 한마디로 요약할 수 없습니다. 그러기에 우리가 현재 이 상태로 죽는다면 우리의 영이 당해야 할 슬픔은 강만큼, 아니 바다만큼 엄청날 것이라고 말할 수 있습니다. 당신은 얼마든지 그렇게 죽을 수 있고, 또 지금 당장 그렇게 죽을지도 모릅니다. 그러므로 그리스도의 고뇌를 통해, 그분의 상처와 피를 통해, 다가올 진노를 피하십시오! 하나님의 아들을 믿으십시오. 그러면 당신은 결코 죽지 아니할 것입니다.

내가 … 해를 두려워하지 않을 것은 주께서 나와 함께 하심이라 - 시편 23:4

그리스도인에 대한 성령의 역사가 외적 상황들과는 얼마나 무관한지 한 번 보십시오! 겉으로 볼 때는 완전히 어둠인데, 우리 안에서는 얼마나 밝은 빛이 비칠까요! 세상이 이리저리 흔들리고, 땅의 기둥들이 무너질 때, 우리는 얼마나 견고하고, 얼마나 행복하고, 얼마나 고요하고, 얼마나 평화로울까요! 심지어는 죽음조차도 그 두려운 영향들에도 불구하고, 그리스도인의 마음의 노래를 저지할 힘이 없고, 오히려 그 노래가 더 감미롭고, 더 명쾌하고, 더 천상적인 것으로 바뀝니다. 이때 죽음이 할 수 있는 마지막 친절한 행위는 땅에서의 모든 압박감을 하늘의 합창으로, 세속적 기쁨을 영원한 지복으로 바꾸어주는 것입니다. 그러므로 우리는 우리를 위로하시는 복되신 성령의 능력을 확신해야 합니다.

사랑하는 형제여, 당신은 가난합니까? 두려워 마십시오. 하나님의 영이 당신의 필요를 채워주실 것입니다. 부자가 갖고 있는 풍요보다 더 큰 풍요를 주실 것입니다. 하나님의 은혜가 만족의 장미꽃을 심어놓은 집에 당신을 위해 마련해놓은 기쁨이 얼마나 큰지 당신은 모를 것입니다. 당신은 건강이 여의치 못하다는 것을 느낍니까? 고뇌의 밤과 고통의 날이 오랫동안 당신을 괴롭힙니까? 오 슬퍼하지 마십시오! 그 침대가 곧 당신을 위한 보좌로 바뀔 것입니다.

당신은 당신의 육체를 괴롭히는 모든 고통이 당신의 불순물을 제거하는 풀무 불이 되리라는 것을 거의 모르고 있지요. 그것은 당신의 영혼의 은밀한 부위를 밝혀주는 영광의 광선이 될 것입니다. 눈이 점차 희미해지고 있습니까? 예수님이 당신이 빛이 될 것입니다. 귀가 점차 어두워지고 있습니까? 예수님의 이름이 당신의 영혼의 최고의 음악이 되고, 그분의 인격이 당신의 최고의 즐거움이 될 것입니다. 소크라테스는 "철학자들은 음악이 없어도 행복할 수 있다"고 말하곤 했지만, 그리스도인들은 모든 즐거움의 외적 원인들이 사라진다고 할지라도 철학자들보다 더 행복할 수 있습니다. 내 하나님, 당신 안에서 내 마음은 외적으로 어떤 악한 일이 있다 할지라도, 찬송을 부르리이다! 오 복되신 성령이여, 당신의 능력으로 여기 이 땅에서는 만사가 다 실패로 돌아갈지라도, 내 마음은 말할 수 없는 기쁨을 누릴 것입니다.

또 백성과 및 그를 위하여 가슴을 치며 슬피 우는 여자의 큰
무리가 따라오는지라 - 누가복음 23:27

구주를 죽음으로 몰아간 폭도들 사이에 가슴을 치고 슬피 울며 자신의 쓰라
린 마음을 보여 준 복된 영혼들이 있었습니다. 슬픈 행렬에 적합한 음악이 동반
된 것이지요. 내 영혼도 상상을 통해 구주께서 십자가를 짊어지고 골고다를 향
해 가는 모습을 보면서, 경건한 여인들 속에 끼어들어 함께 울고 있습니다. 그것
은 참으로 슬퍼할 만한 충분한 이유 — 슬피 울던 여인들이 생각했던 것보다 훨
씬 더 깊은 이유 — 가 있기 때문입니다. 그들은 무죄하신 분이 그토록 학대를
받고, 그토록 선하신 분이 그토록 박해를 당하며, 그토록 사랑하는 분이 피를 흘
리시고, 그토록 온유하신 분이 죽임을 당하시는 것 때문에 울었습니다.

그러나 내 마음은 그보다 더 슬퍼할 만한 이유가 있습니다. 그것은 내 죄가
거룩하신 주님의 어깨에 상처를 낸 채찍이고, 그 이마에 피를 흘리게 한 가시면
류관이기 때문입니다. 내 죄가 "그를 십자가에 못박게 하소서! 그를 십자가에 못
박게 하소서!"라고 부르짖고, 그 자비로운 어깨에 십자가를 매달았기 때문입니
다. 주님이 죽기 위해 끌려가신 것은 한 번의 시간만 울면 되는 슬픔이지만, 내
가 바로 그분의 살인자였다는 것은 그 이상, 아니 무한히 영원한 시간으로 울며
눈물의 샘을 만든다 해도 그 슬픔을 충분히 표현할 수 없습니다.

이 여인들이 왜 주님을 그토록 사랑하고 슬퍼했는지 상상하기는 어렵지만, 내
마음이 느끼는 것보다 더 큰 사랑과 슬픔의 이유가 그녀들에게는 없었을 것입니
다. 나인성 과부는 자기 아들이 살아나는 것을 보았지만, 나는 내 자신이 새 생
명을 얻었습니다. 베드로의 장모는 열병을 고침받았지만, 나는 훨씬 더 큰 죄의
질고로부터 고침을 받았습니다. 막달라 마리아는 자기 몸에서 일곱 귀신이 쫓겨
나가는 역사를 체험했지만, 나에게서는 군대 귀신이 쫓겨나가는 역사가 있었습
니다. 마리아와 마르다는 주님이 자기 집을 방문하는 사랑을 받았지만, 나는 그
분과 함께 사는 사랑을 받고 있습니다. 주님의 어머니는 그분의 몸을 낳아주었
지만, 그분은 내 안에서 영광의 소망을 이루십니다. 그렇다면 이 경건한 여인들
못지않게 나 역시 감사하거나 슬퍼하는 것이 당연합니다.

"내 마음은 사랑과 슬픔으로 나누어지고
내 눈물은 그분의 발을 씻겨 드리리.
마음은 항상 잔잔하지만,
나를 구원하기 위해 죽으신 그분을 위해 울어야 하리."

주의 온유함이 나를 크게 하셨나이다 - 시편 18:35

　본문은 "주의 선하심이 나를 크게 하셨나이다"라고 번역할 수도 있습니다. 다윗은 자기의 모든 위대함을 자신의 선함이 아니라 하나님의 선함의 결과로 돌리고 감사했습니다. 또 주의 온유함은 "주의 섭리"로 번역될 수 있습니다. 섭리는 행동으로 표현된 선하심을 가리키는 것에 다름 아닙니다. 선함이 꽃봉오리라면 섭리는 꽃입니다. 또는 선함이 씨라면 섭리는 그 열매입니다. 어떤 사람들은 그것을 "주의 도움"으로 번역하기도 합니다. 주의 도움은 섭리를 다른 이름으로 부르는 것과 같습니다. 섭리는 성도들의 든든한 협력자로서, 그들이 주님을 섬기도록 도와주는 역할을 합니다. 또는 다르게 말하면 "주의 겸손함이 나를 크게 하셨나이다"라고 말할 수도 있습니다.

　아마, 포괄적으로 이해할 때, 앞에서 언급된 개념들을 하나로 묶어서 말한다면, 겸손이라는 말로 말할 수 있을 것입니다. 우리 존재의 원인이 크면 그만큼 하나님의 존재는 작아집니다. 우리는 참으로 작은 존재이기 때문에 만일 하나님이 자신의 크심을 숨기지 않고 솔직히 드러내신다면 우리는 그분의 발 아래 짓밟히고 말 것입니다. 그러나 자기를 낮추셔야 하늘을 바라보시고 천사들이 하는 일들을 확인하실 수 있는 하나님은 자신의 눈을 더욱 낮추셔서, 자기를 낮추고 죄를 뉘우치는 자들을 주목하고 그들을 크게 하십니다.

　그러나 또 다른 해석도 있습니다. 예를 들면 70인경에는 "주의 징계 ― 아버지의 사랑의 매 ― 가 나를 크게 하셨나이다"라고 되어 있습니다. 또 칼데아 성경의 의역을 보면, "주의 말씀이 나를 강하게 하셨나이다"라고 되어 있습니다. 그러나 그 의미는 똑같습니다. 다윗은 자신의 모든 위대함을 하늘에 계신 자기 아버지의 겸손한 선하심의 결과로 봅니다. 오늘 저녁 우리의 면류관을 예수님의 발 앞에 내려놓고 "주의 온유함이 나를 크게 하셨나이다"라고 부르짖을 때, 이 감정이 우리 마음속을 충만하게 채우기를 기원합니다! 우리가 하나님의 온유함을 경험한다는 것은 얼마나 놀라운 일일까요! 그분의 징계는 얼마나 온유할까요! 그분의 오래 참음은 얼마나 온유할까요! 그분의 가르침은 얼마나 온유할까요! 그분의 계획은 얼마나 온유할까요! 오 성도여, 이 주제에 관해 묵상하십시오. 감사를 일깨우십시오. 겸손을 심화시키십시오. 오늘 밤 잠들기 전에 사랑을 회복시키십시오.

해골(골고다)이라 하는 곳 - 누가복음 23:33

골고다 언덕은 위로의 언덕입니다. 위로의 집은 십자가의 나무로 세워집니다. 하늘의 축복이 주어지는 성전은 갈라진 반석 — 주님의 옆구리를 찌른 창에 의해 갈라진 — 위에 세워집니다. 지금까지 교회 역사상 골고다의 비극처럼 영혼을 즐겁게 하는 장면은 없습니다.

> "이 죄악된 땅에 드리워졌던
> 가장 어두웠던 시간이
> 천사의 미소보다 더 부드러운 힘으로
> 마음에 위로를 주는 것은 이상한 일이 아닌가?
> 또 애통하는 자의 눈이 베들레헴의 별들이 빛나는 곳보다
> 십자가를 먼저 향하는 것도 이상한 일이 아닌가?"

한낮에 한밤처럼 어둠이 임한 골고다 언덕으로부터 빛이 비추고 있고, 한때 저주받았던 나무 그늘 아래에서 모든 초목이 향기를 품으며 꽃을 피우고 있습니다. 목마름이 처절했던 그 장소에는 은혜를 통해 항상 수정처럼 맑은 물들을 쏟아내는 샘이 파여졌습니다. 갈등의 시간들을 거쳐온 당신이 위로를 찾은 곳은 감람산도 아니고, 시내산도 아니고, 다볼산도 아니라 겟세마네, 갑바다, 골고다였다고 고백할 것입니다. 겟세마네 동산의 그 쓰디쓴 목초들이 당신의 인생의 쓰라림들을 제거했습니다. 갑바다의 채찍은 당신의 염려들을 매질하여 내쫓았습니다. 또 골고다의 신음소리는 각별하고도 풍부한 위로를 제공했습니다.

만일 주님이 죽지 아니하셨다면, 우리는 그분의 사랑을 그 진정한 높이와 깊이에 따라 알지 못했을 것입니다. 또 하나님이 자신의 아들을 죽음에 내어주지 아니하셨다면, 우리는 아버지의 그 깊으신 사랑을 헤아리지 못했을 것입니다. 우리가 바닷조개의 소리에 귀를 기울이면 그 조개가 나온 깊은 바다 속의 속삭임들을 들을 수 있는 것처럼, 우리가 누리는 모든 은혜들 속에서 우리는 사랑의 속삭임을 듣게 됩니다. 그러나 만일 우리가 바다 자체의 소리를 듣기 원한다면, 일상적으로 주어지는 축복들을 바라보아서는 안 되고, 십자가 사건의 현장을 바라보아야 합니다. 사랑이 무엇인지 알고자 하는 사람은 골고다로 돌아가 고난의 주님이 죽으시는 장면을 바라보아야 합니다.

**하나님의 사자가 내 곁에 서서 말하되** - 사도행전 27:23

바울이 탄 배는 폭풍과 오랜 어둠 속에서 파선의 절박한 위기에 직면했고, 배에 탄 사람들은 비참한 상황 속에 처하고 말았습니다. 그러나 그들 가운데 오직 한 사람만이 완전한 평정을 유지하고 있었고, 그의 말을 듣고 그들은 안심하게 되었습니다. 바울은 그 절박한 상황 속에서 "여러분이여 안심하라"고 말할 정도로 강심장을 가진 유일한 사람이었습니다. 배 안에는 용감한 로마 군사들과 노련한 선원들이 있었습니다. 그러나 그들의 불쌍한 유대인 죄수는 그들 누구보다 더 강한 영을 소유한 자였습니다. 그에게는 그의 용기를 크게 북돋아준 은밀한 친구가 있었습니다. 주 예수님이 그의 신실한 종의 귀에 위로의 말을 전하도록 하늘의 사자를 파송하셨고, 그리하여 그는 밝은 얼굴로 아무 일도 없는 사람처럼 말할 수 있었던 것입니다.

만일 우리가 주님을 경외한다면, 가장 나쁜 상황에 처했을 때 우리는 주님이 간섭하여 도와주실 것을 기대할 수 있습니다. 천사들은 폭풍 때문에 우리에게 오는데 방해를 받지 아니하고, 또는 흑암 때문에 우리를 돕는데 차질이 생기지 않습니다. 스랍들은 천국시민들이 가장 연약한 상태에 있을 때 그들을 돕기 위해 찾아오는데 결코 인색하지 않습니다. 천사의 방문은 아무 일이 없는 평상시에는 거의 없지만, 폭풍과 혼란이 몰아닥치는 밤이 되면 빈번해질 것입니다. 세상 친구들은 고난 속에 있을 때 우리를 외면할 수 있지만, 천사들의 간섭은 더 많아질 것입니다. 사랑의 말씀의 능력이 야곱의 사다리를 통해 보좌로부터 우리에게 주어질 때, 우리는 큰 업적을 이룰 정도로 강해질 것입니다.

사랑하는 성도여, 지금 당신은 고난을 당하고 있습니까? 그렇다면 특별한 도움을 구하십시오. 예수님은 언약의 사자로서, 진실로 그분의 도우심을 구한다면, 결코 거절하지 않으실 것입니다. 바울처럼 닻이 더 이상 배를 지탱하지 못하고 암초가 배를 거의 침몰시킬 지경인 폭풍의 밤이 되면, 곁에 하나님의 사자가 서 있는 사람들에게는 그의 도우심이 얼마나 마음을 안심하도록 만들겠습니까!

"오 내 하나님의 사자여, 가까이 오셔서
어둠 속의 나의 두려움을 제거하소서.
노도같이 폭풍이 몰아닥치는 바다에서라도
주여, 당신이 오시면 나는 위로받을 것입니다."

*나는 물같이 쏟아졌으며 내 모든 뼈는 어그러졌으며 - 시편 22:14*

땅과 하늘에서 지금까지 이보다 더 슬픈 고통의 장면이 있었을까요! 주님은 물이 땅 위에 쏟아지듯이 몸과 영혼이 약해지는 것을 느끼셨습니다. 십자가를 땅에 박고 일으켜 세울 때, 주님은 크게 흔들렸고, 그 순간 그분의 몸은 모든 인대가 당겨지고 온 신경은 극도의 고통에 처했으며, 그분의 모든 뼈들은 조각마다 어그러졌습니다. 주님의 몸은 6시간 동안 십자가에 매달려 매순간 극도의 고통을 겪었습니다. 그분의 의식은 점차 희미해졌고 몸의 기운은 점점 빠져나갔습니다. 의식은 있었지만 그분의 몸은 단지 고통덩어리요, 죽음의 그림자가 짙게 드리워져 있었습니다. 다니엘은 큰 환상을 본 순간의 자신의 감각 상태에 대해 이렇게 표현했습니다: "내 몸에 힘이 빠졌고 나의 아름다운 빛이 변하여 썩은 듯하였고 나의 힘이 다 없어졌으나"(단 10:8). 그렇다면 우리의 위대한 선지자이신 그분이 하나님의 진노에 대한 그 두려운 환상을 보셨을 때 자신의 영혼에 대해 느꼈던 감정은 얼마나 더 힘 빠지게 하는 것이었을까요! 그분이 맛보신 상태에 우리가 처했다면, 아마 우리는 몸을 가누지 못할 정도로 정신을 잃고, 도와 달라는 말조차 못할 정도로 고통스런 상태에 빠졌을 것입니다. 그러나 그분은 상처를 입고 창과 칼이 자기 몸을 찌르는 것을 느꼈습니다. 그분은 그 잔을 다 비우시되, 마지막 한 방울까지 다 마셨습니다.

> "오 슬픔의 왕이여!
> (이상한 칭호지만 만왕의 왕이신 당신에게 오직 합당한 이름입니다)
> 오 상처 받은 왕이여! 모든 슬픔에서 저를 구해주신,
> 당신을 위해 저는 얼마나 더 슬퍼해야 할까요!"

지금은 승천해서 하나님 우편에 앉아계신 구주의 보좌 앞에 무릎을 꿇을 때마다 그 보좌를 은혜의 보좌로 만들기 위해 그분이 걸어가신 길을 우리는 분명히 기억해야 합니다. 우리는 우리에게 힘든 일이 있을 때마다 영으로 그분이 마신 잔을 마심으로써 힘을 얻도록 해야 합니다. 그분의 몸은 모든 지체가 한결같이 고통을 겪었고, 그것은 그분의 영도 마찬가지였습니다. 그러나 그분의 모든 슬픔과 고뇌에도 불구하고 그분의 몸은 영광과 능력에 있어서는 조금도 손상이 가지 않았습니다. 마찬가지로 그분의 신비한 몸도 풀무불을 통과할 때 그 불에 전혀 그슬리지 않고 통과할 것입니다.

나의 곤고와 환난을 보시고 내 모든 죄를 사하소서 - 시편 25:18

　우리는 기도할 때, 우리의 슬픔에 관한 기도를 죄에 관한 간구와 연결시키는 것이 좋습니다. 다시 말해서, 하나님의 손 아래 있는 우리는 고통에 대해서만 생각해서는 안 되고, 반드시 우리가 하나님에 대해 반역했던 죄들도 함께 생각해야 한다는 것입니다. 나아가 슬픔과 죄는 똑같은 위치에서 생각하는 것이 좋습니다. 다윗은 자신의 슬픔과 죄를 하나님께 똑같이 고백했습니다. 그렇다면 우리도 우리의 슬픔을 하나님께 갖고 나아가야 한다는 것을 기억합시다. 심지어는 아주 작은 슬픔일지라도 우리는 하나님께 갖고 나아갈 수 있습니다. 왜냐하면 그분은 우리의 머리털까지도 세시는 분이기 때문입니다. 또한 큰 슬픔도 그분께 내놓을 수 있습니다. 왜냐하면 바다 깊은 속까지도 그분의 손 안에 있기 때문입니다.

　그러므로 당신이 지금 어떤 고통 속에 있을지라도 하나님께 나아가십시오. 그러면 하나님은 당신을 구원해 주실 것입니다. 그러나 우리는 우리의 죄들 역시 하나님께 갖고 나아가야 합니다. 주님의 피가 그 죄들 위에 뿌려져서 그 죄책을 다 제거하고, 그 오염시키는 능력을 파괴할 수 있기 때문에 우리는 그것들을 십자가에 갖고가도 됩니다.

　본문이 주는 또 다른 특별한 교훈은 우리는 우리의 슬픔과 죄를 온전한 마음으로 주님께 갖고 나아가야 한다는 것입니다. 다윗이 자신의 슬픔에 대해 무엇을 구했는지를 보십시오: "나의 곤고와 환난을 보시고." 하지만 그 다음 간구는 아주 분명하고, 명백하고, 단순합니다: "내 모든 죄를 사하소서." 고통 속에 있는 많은 사람들이 서투르 기도합니다. "내 곤고와 환난을 세기하고 내 죄를 보소서." 그러나 다윗은 그렇게 기도하지 않습니다: "주여, 내 곤고와 환난에 대해 저는 당신의 지혜를 명령하지 않겠습니다. 주여, 당신은 그저 그것들을 바라만 보소서. 저는 당신께 그것들을 맡기겠습니다. 그래서 그것을 당신이 제거해 주시면 감사하겠지만, 그것은 당신의 뜻대로 하실 일입니다. 그러나 제 죄에 대해서는, 주여, 원하옵기는 그것들을 용서하여 주소서. 저는 죄의 저주 아래서는 한순간도 견딜 수가 없나이다." 그리스도인은 슬픔을 죄보다 더 가볍게 여겨야 합니다. 그는 자신의 고통이 계속되는 것을 견딜 수 있지만 그 죄책의 짐은 감당할 수 없기 때문입니다.

내 마음은 밀랍 같아서 내 속에서 녹았으며 - 시편 22:14

우리의 복되신 주님은 영혼이 끔찍하게 쇠약해지고 녹아내리는 일을 겪으셨습니다. "사람의 심령은 그의 병을 능히 이기려니와 심령이 상하면 그것을 누가 일으키겠느냐"(잠 18:14). 심령이 깊은 침체에 빠지는 것이야말로 가장 힘든 시험입니다. 이와 비교하면 다른 시험들은 아무것도 아닙니다. 고난 속에 있던 구주는 아버지께 "저를 버려두지 마소서"라고 부르짖었습니다. 그것은 무거운 짐으로 말미암아 마음이 무너져내릴 때가 하나님을 가장 필요로 하는 때이기 때문입니다.

성도여, 오늘 아침에 십자가 앞으로 가까이 나아오십시오. 그리하여 어느 누구보다 낮은 자리에서 정신적 고통과 내적 고뇌를 갖고 계셨던 영광의 왕을 겸손하게 찬미하십시오. 그리고 그분이 우리의 모든 연약함을 친히 감당하실 수 있는 신실한 대제사장으로 참으로 합당한 분이심을 기억하십시오. 특히 아버지의 사랑으로부터 멀리 떨어져 있다는 느낌 때문에 극히 마음이 슬픈 사람들은 예수님과의 가깝고도 친밀한 교제 속에 들어가야 합니다. 절대로 절망에 빠지지 마십시오. 왜냐하면 우리 주님께서 이 어두운 방을 우리보다 앞서 이미 통과하셨기 때문입니다. 우리 영혼은 때때로 주님의 얼굴의 빛을 보려고 동경하다가 힘이 빠지거나 심지어는 그 갈망으로 괴로워하기도 합니다. 그때 우리는 우리의 크신 대제사장이 겪으셨던 감정을 생각하고 위로를 받아야 합니다. 우리가 흘리는 슬픔의 눈물방울들은 그분의 슬픔의 바다 속에서는 쉽게 잊혀질 수 있습니다. 그러나 우리의 사랑은 얼마나 높이 솟아올라야 할까요!

오 강하고 깊은 예수님의 사랑이여, 오셔서 봄철의 밀물 때 밀려오는 바닷물처럼 와서 나의 모든 능력을 덮어버리고, 나의 모든 죄를 휩쓸어가고, 나의 모든 염려를 씻어주시고, 세속에 매인 내 영혼을 들어올려 내 주님의 발 앞에 띄워 주십시오. 그리하여 가냘프고 깨어진 조가비에 불과한 내가 아무 공로도, 가치도 없지만 그분의 사랑으로 씻김을 받고 그분 발 앞에 누워 그분께 속삭이게 하소서. 그리하여 그분이 내 가슴에 귀를 대실 때, 내 마음속에서 들려오는, 나의 영원한 기쁨인 그분의 그 크신 사랑의 파도의 희미한 메아리 소리를 들으실 수 있게 하여 주소서.

## 왕의 동산 - 느헤미야서 3:15

느헤미야가 언급한 왕의 동산은 만왕의 왕이 아담을 위해 예비하신 낙원을 상기시켜 줍니다. 죄는 온갖 기쁨으로 충만한 그 좋은 곳을 철저히 파멸시켰고, 그곳에 거하는 사람들에게 땅이 가시와 엉겅퀴를 내도록 전락시켰습니다. 내 영혼아, 타락 사건을 잊지 말라. 왜냐하면 그 사건은 바로 그대의 타락이었으니까. 사랑의 주님이 인류의 머리로 말미암아 그토록 치욕스러운 대접을 받은 것에 대해 우리는 크게 슬퍼해야 합니다. 그 인류 속에는 참으로 무가치한 존재로서 우리 역시 포함되어 있기 때문입니다. 용과 마귀들이 과거에 기쁨으로 충만한 이 좋은 땅에서 어떻게 머물러 있는지 보십시오.

왕이 자신의 피땀으로 가꾸시는 저기 또 다른 왕의 동산을 보십시오. 그곳은 바로 겟세마네 동산입니다. 그 동산의 쓰디쓴 식물들은 거듭난 영혼들에게는 아름다운 에덴동산의 열매들보다 훨씬 더 감미롭습니다. 처음 에덴동산에서는 뱀의 죄악이 방치된 채 있었습니다. 그곳에서는 저주가 땅으로부터 올라왔습니다. 그런데 약속된 여자의 후손이 태어났습니다. 내 영혼아, 그분의 고뇌와 수난을 깊이 생각해 보라. 또 감람나무로 가득 찬 겟세마네 동산으로 가서 잃어버린 지위를 회복시키는 그대의 위대하신 구속자를 바라보라. 이곳은 참으로 동산 중의 동산입니다. 거기서 영혼은 죄책과, 사랑의 능력이라는 독보적인 두 장면을 역력히 바라볼 수 있습니다.

또 다른 왕의 동산은 없을까요? 있습니다. 내 마음이 바로 그곳입니다. 당신은 그것이 또 다른 동산이자, 또 그런 동산이 되어야 합니다. 그 꽃들은 이떻게 필까요? 어떤 특별한 열매들이 그곳에 나타납니까? 그 안에서 왕이 걸어 다니고, 내 영혼의 안식처에서 쉬고 있습니까? 나는 그곳의 나무들을 잘 보존하고 잘 자라도록 해야 하며, 악한 여우들은 축출시켜야 합니다. 주여, 오십시오. 오실 때 전국의 바람을 몰고 와서 당신의 동산의 향기들이 두루 퍼지게 하소서.

나는 또 교회라는 왕의 동산을 결코 잊어서는 안 됩니다. 오 주여, 교회를 부흥시켜 주소서. 그 벽을 다시 쌓게 하시고, 그 나무들이 잘 자라게 하시며, 그 열매들이 잘 익게 하소서. 또 거대한 광야에서 불모의 땅을 새롭게 하시고, 그곳에 "왕의 동산"을 만드소서.

나의 사랑하는 자는 내 품 가운데 몰약 향주머니요 - 아가서 1:13

　몰약은 그 귀함, 그 향내, 그 상쾌함, 그 효력, 그 보존성과 소독성, 그리고 그 희생적 특징 때문에 예수님의 모형으로 아주 적격입니다. 그러나 본문에서 주님은 "몰약 향주머니"로 비유되고 있는데, 그 이유는 무엇일까요? 첫 번째로 그 풍부함 때문입니다. 그분은 그 한 방울이 아니라 그것이 가득 들어있는 주머니입니다. 그분은 그 한 가지나 꽃 하나가 아니라 그 다발 전체입니다. 그리스도 안에는 나의 모든 필요를 채우고도 남을 만큼 충분하게 들어있습니다. 그러므로 우리는 그분을 사용하는데 지체해서는 안 됩니다. 두 번째로 우리의 사랑하는 주님이 "주머니"로 비유되는 이유는 그 다양성 때문입니다. 왜냐하면 그리스도 안에는 우리가 필요로 하는 것 한 가지만 있는 것이 아니라 "그분 안에는 신성의 모든 충만이 육체로 거하시기"(골 2:9) 때문입니다. 그분 안에는 우리가 필요로 하는 모든 것이 다 들어있습니다. 예수님을 그 다양한 인격에 따라 보십시오. 그러면 당신은 그분으로부터 참으로 다양한 모습들 — 선지자, 제사장, 왕, 남편, 친구, 목자 등 — 을 보게 될 것입니다. 그분의 생애, 죽음, 부활, 승천, 재림에 따라 그분을 주목해 보십시오. 그분의 덕, 온유, 용기, 자기부인, 사랑, 신실하심, 진리, 의 등에 따라 그분을 바라보십시오. 모든 곳에서 그분은 보배 향주머니이십니다. 세 번째로 그분이 "몰약 향주머니"이신 까닭은 그 보존성 때문입니다. 몰약은 느슨하게 포장된 곳에 있는 것이 아니라 상자 속에 단단히 보관되어 있습니다. 우리는 그분을 우리의 최고의 보화로 여겨야 합니다. 그분의 말씀과 명령들도 소중히 여겨야 합니다. 또 우리는 그분에 관한 우리의 생각과 우리의 지식을 마귀가 훔쳐가지 못하도록 자물쇠를 채워놓은 것처럼 단단히 지켜야 합니다. 네 번째로 예수님이 "몰약 향주머니"인 이유는 그 독특함 때문입니다. 그 상징 속에는 독특하고 독보적인 은혜에 대한 개념이 들어 있습니다. 창세전부터 그분은 그의 백성들을 위해 따로 세움을 받았습니다. 그분은 자신의 향기를 오직 자신과의 교제 속에 들어오며, 자신과 긴밀한 친교를 나눌 줄 아는 사람들에게만 풍기십니다. 오! 주님이 자기의 은밀한 곳으로 들어와 따로 세움 받은 사람들은 복이 있을지어다! 오! "나의 사랑하는 자는 내 품 가운데 몰약 향주머니요"라는 말을 듣는 자는 선택받은 사람들로서 복이 있으리라!

> 그는 번제물의 머리에 안수할지니 그를 위하여 기쁘게 받으심이 되어
> 그를 위하여 속죄가 될 것이라 - 레위기 1:4

우리 주님이 "우리를 위한 죄"가 되신 것이 여기서 백성의 장로들에 의해 준비된 황소에게 죄를 전가시키는 행위로써 표상되고 있습니다. 안수는 단순히 손을 얹는 행위가 아니라 그 이상의 의미가 있습니다. 성경의 다른 부분에 보면, 그 말의 원어는 "주의 노가 나를 심히 누르시고"(시 88:7)란 표현에서 보는 것처럼, 무겁게 기댄다는 의미를 갖고 있습니다. 확실히 이 말은 믿음의 본질을 담고 있습니다. 그것은 우리에게 위대하신 대속자에게 접촉하도록 이끌 뿐만 아니라 우리의 죄책에 대한 모든 짐을 그분에게 기대도록 가르쳐 줍니다. 여호와는 그의 언약 백성들의 모든 죄악을 대속자의 머리에 옮겨 놓았습니다. 그러나 택한 백성들 각자는 은혜를 통해 "창세 이전에 죽임을 당한 어린양"의 머리 위에 믿음으로 그의 손을 얹어놓을 수 있을 때, 이 엄숙한 언약 행위에 개인적으로 참여하게 됩니다.

성도여, 당신은 죄를 짊어지신 예수님으로 말미암아 처음으로 죄사함을 받던 황홀한 순간을 기억하십니까? 당신은 다음과 같이 즐거운 고백을 드릴 수 없습니까? '내 영혼은 즐겁게 구원의 날을 기억한다. 죄책의 무거운 짐을 짊어지고 두려움으로 가득 찬 나는 나의 대속자이신 구주를 보고, 그분께 나의 손을 얹었다. 오! 처음에는 얼마나 겁이 났던가! 그러나 나는 내 영혼을 온전히 그분에게 맡길 정도로 용기와 신뢰를 얻게 되었다. 그리고 내 죄가 더 이상 나에게 있지 않고 그분에게 전가된 것을 알고 있는 지금 나는 무한한 기쁨 속에 있다. 강도 만나 부상당한 여행자에게 은혜를 베푼 선한 사마리아 사람처럼, 예수님은 나의 모든 미래의 죄에 대해서까지 '그 값도 내게 청구하라'고 말씀하셨다."

복된 발견이여! 감사하는 마음에 주어지는 영원한 위로여!

> "나의 무수한 죄들이 그분에게 전가되고,
> 더 이상 발견되지 않으리라.
> 그의 피의 속죄하는 시냇물 속에
> 모든 죄악이 침몰되어 사라지리라!"

**나를 보는 자는 다 나를 비웃으며 입술을 비쭉거리고 머리를 흔들며 - 시편 22:7**

우리 주님이 당하신 가장 큰 고난 가운데 하나가 조롱이었습니다. 유다는 겟세마네 동산에서 주님을 조롱했습니다. 대제사장들과 서기관들은 주님을 조롱하며 비웃었습니다. 헤롯은 주님을 무시했고, 종들과 병사들도 그분을 야유하며 짐승처럼 모욕했습니다. 빌라도와 그의 수하들도 그분의 왕권을 업신여겼습니다. 그리고 십자가상의 예수님께 온갖 종류의 악담들과 가혹한 욕설들이 퍼부어졌습니다. 조롱은 언제나 견디기 힘듭니다. 그러나 깊은 고통 속에 있을 때 그것은 더욱 무정하고, 잔인하며, 가슴을 더 아프게 합니다. 구주께서 십자가에 달려 상상을 초월하는 고통을 겪고 있는 모습을 한 번 상상해 보십시오! 그리고 온갖 부류의 사람들이 그 극도의 고통 속에서 괴로워하는 사람을 향해 가장 악랄하게 멸시하며 고개를 흔들어대거나 입을 삐죽거리는 장면을 상상해 보십시오! 확실히 십자가에 달리신 그분 속에는 그들이 볼 수 있었던 그 이상의 어떤 일이 있었음이 틀림없습니다. 그렇지 않다면 이처럼 무수한 무리들이 어쩌면 그토록 한결같이 그분을 경멸할 수가 있겠습니까? 그것은 그 위대하신 승리의 순간, 십자가 위에서 진행되고 있던 선의 승리에 대해 쏟아진 악의 조롱을 보여 주는 것 외에 다른 것이 아니지 않을까요?

"사람들에게 멸시를 받고 버림을 받으신" 오 예수여, 당신은 어떻게 당신을 그토록 악하게 대한 사람들을 위해 죽으실 수 있었나요? 여기에 놀라운 사랑, 신적인 사랑, 아니 상식을 초월한 사랑이 있습니다. 우리 역시 거듭나지 아니했을 때에는 당신을 경멸했습니다. 아니 거듭난 후에도 우리는 마음의 보좌 위에 세상을 앉혀 놓았습니다. 그럼에도 불구하고 당신은 우리의 상처를 치유하기 위해 피를 흘리셨고, 우리에게 생명을 주기 위해 죽으셨습니다. 오 모든 인간의 마음 속에 당신을 가장 높은 보좌에 앉힐 수 있다면 얼마나 좋을까요! 그러면, 한때 한마음으로 당신을 거부했던 사람들이 이제는 당신을 전적으로 찬양할 때까지 우리는 온 땅과 바다 위에 주님을 찬양하는 소리가 울려 퍼지게 할 것입니다.

"당신의 피조물들이 당신을, 오 최고선이신 당신을 모욕했습니다!
그들은 당신을 알지 못해 당신을 사랑하지 못했습니다.
나를 가장 슬프게 하는 것은 배은망덕한 사람들이 당신의 미소에도
불구하고, 미혹되어 헛된 것을 추구하는 것입니다."

너희는 의인에게 복이 있으리라 말하라 - 이사야 3:10

의인에게는 항상 복이 있습니다. 만일 "너희는 의인에게 번성할 때 복이 있으리라 말하라"고 말해졌다면, 우리는 그 큰 축복에 대해 감사해야 합니다. 왜냐하면 그때 번성은 위기의 때이고, 그 유혹으로부터 안전하게 되는 것은 하나님의 은혜이기 때문입니다. 또는 "핍박 아래 있을 때 복이 있으리라"고 기록되어 있다면, 우리는 그 확신에 대해 감사해야 합니다. 왜냐하면 핍박은 견디기 어렵기 때문입니다. 그러나 본문에서는 때가 지정되어 있지 않기 때문에 모든 때를 가리킵니다. 하나님의 "뜻"은 항상 가장 넓은 의미로 이해되어야 합니다. 한 해가 시작될 때부터 끝날 때까지, 땅거미가 질 때부터 새벽별이 빛날 때까지, 모든 조건들과 모든 상황들 속에서, 의인에게 복이 있을 것입니다. 그에게는 더 이상 상상할 수 없는 최고의 복이 주어질 것입니다. 그에게는 그럴 수밖에 없는 이유들이 있습니다. 그는 좋은 음식을 먹고 삽니다. 그는 예수님의 살과 피를 먹고 살기 때문입니다. 그는 좋은 옷을 입고 있습니다. 그는 그리스도의 의의 옷을 입고 있기 때문입니다. 그는 좋은 집에 살고 있습니다. 그는 하나님 안에서 살고 있기 때문입니다. 그는 결혼을 잘했습니다. 그의 영혼은 그리스도와 혼인관계를 통해 굳게 결합되어 있기 때문입니다. 그는 견고한 보호를 받습니다. 주님이 그의 목자이기 때문입니다. 그는 풍부한 유산을 물려받았습니다. 천국이 그의 기업이기 때문입니다. 그러기에 의인에게 복 — 하나님의 권위로써 주어지는 — 이 있습니다. 하나님의 입은 위로로 가득 찬 보증의 말씀을 선포하십니다.

오 사랑받는 자여, 만일 하나님이 누구에게나 복이 있으리라고 말씀하신다면, 일만의 마귀들이 아무리 그것이 잘못되었다고 비방할지라도, 우리는 그들의 비방을 무시해야 합니다. 피조물들이 하나님과 갈등을 일으킬 때 우리로 하여금 그분을 믿을 수 있도록 믿음을 주신 하나님을 친양합니다! 하나님의 말씀에 따르면, 항상 의인에게는 복이 있으리라고 말씀합니다. 그렇다면 사랑받는 자여, 만일 당신이 그것을 볼 수 없다면, 당신의 시력보다는 하나님의 말씀을 더 믿으십시오. 그렇지요, 당신의 눈과 느낌이 말해주는 것보다 하나님의 권위에 기초한 것이 훨씬 더 믿을 만합니다. 하나님이 복주시는 자가 참으로 복된 자이고, 그분의 입술이 선언하는 것이 가장 확실하고 견고한 진리입니다.

내 하나님이여 내 하나님이여 어찌 나를 버리셨나이까 - 시편 22:1

우리는 본문에서 깊은 슬픔 속에 빠져있는 주님의 모습을 봅니다. 골고다만큼 그리스도의 슬픔을 보여 주는 장소는 없습니다. 그리고 골고다에서도 주님이 하늘을 향해 "내 하나님이여 내 하나님이여 어찌 나를 버리셨나이까" 하고 부르짖던 순간만큼 극도의 고뇌를 보여 주는 순간은 없습니다. 이 순간에 그분의 육체적 연약함은 그분이 거쳐야 했던 수치와 불명예로부터 오는 극심한 정신적 고통과 결합되어 있었습니다. 그분의 슬픔이 정점에 이르렀던 경우는 참으로 말로는 다 표현할 수 없는 큰 영적 고통으로서 자기 아버지로부터 버림받는 것이었습니다. 이것이 그분에게는 캄캄한 한밤중의 공포였습니다. 그때 그분은 고통의 심연 속으로 떨어졌습니다. 누구도 이 주님의 외침의 의미를 충분히 파악할 수 없습니다.

우리는 때때로 "내 하나님이여 내 하나님이여 어찌 나를 버리셨나이까"라고 부르짖을 수 있다고 생각합니다. 우리 하나님 아버지의 밝은 미소가 구름과 어둠에 가려 보이지 않을 때가 있습니다. 하지만 우리는 하나님이 절대로 우리를 버리지 아니하신다는 사실을 기억해야 합니다. 그것은 단지 우리를 버리신 것처럼 보이는 것입니다. 그러나 그리스도의 경우에는 그것은 실제 사실이었습니다. 우리는 우리 아버지의 사랑이 약간만 줄어들어도 슬퍼합니다. 하지만 하나님은 자기 아들에게서 실제로 얼굴을 돌리셨습니다. 그렇다면 그 일을 당하신 주님의 고뇌가 얼마나 처절했을지 누가 상상할 수 있겠습니까?

우리의 경우를 보면, 우리의 부르짖음은 종종 불신앙으로 인한 것입니다. 그러나 그분의 경우에 그것은 참으로 두려운 사실에 대한 절규였습니다. 하나님이 한동안 그분으로부터 실제로 등을 돌리셨기 때문입니다. 오 연약한 성도여, 고통 속에 있는 영혼이여, 한때는 하나님의 얼굴 빛 속에서 살았지만, 지금은 어둠 속에 있는 성도여, 하나님은 한 번도 당신을 버리신 적이 없다는 것을 기억하십시오. 구름 속에 숨어계신 하나님은 그 은혜의 모든 광채 속에서 빛을 비추시던 하나님과 동일하신 분입니다. 그러나 그분이 우리를 버리셨다는 생각만으로도 우리는 고뇌에 빠지는데, 구주께서 "내 하나님이여 내 하나님이여 어찌 나를 버리셨나이까"라고 부르짖었을 때 그분의 슬픔은 얼마나 더 크셨겠습니까?

### 영원토록 그들을 드십소서(Lift them up for ever) - 시편 28:9

하나님의 백성들은 들림(lifting up)을 받아야 합니다. 그들은 본성상 아주 무겁습니다. 그들은 날개도 없고, 혹 있다고 해도 그들은 항아리들 사이에 끼여 있는 늙은 비둘기와 같습니다. 그리고 그들은 은빛 날개와 황금 깃털로 날아오르기 위해서는 하나님의 은혜가 필요합니다. 마음은 위로 날아오르는 행동을 취하지만, 죄악된 영혼은 아래로 처박힙니다. 오 주여, "영원토록 들어주소서!" 다윗은 "여호와여 나의 영혼이 주를 우러러보나이다"(시 25:1)라고 고백했습니다. 여기서 그는 자기 자신뿐만 아니라 다른 사람들의 영혼도 들림 받아 하나님을 바라보아야 할 필요성이 있음을 느끼고 있습니다. 당신은 이 축복을 구할 때, 다른 사람들을 위해 구하는 것도 잊지 마십시오. 하나님의 백성들이 위를 바라보도록 청하는 세 가지 방법이 있습니다.

첫 번째로, 그들은 인격이 들어올려지도록 구해야 합니다. 오 주여, 들어올려 주소서, 당신의 백성들이 세상 사람들과 똑같이 되지 않게 하소서! 세상은 악한 자의 수중에 있습니다. 그것으로부터 그들을 들어올려 주소서! 세상 사람들은 은과 금을 구하고, 그들의 쾌락과 정욕의 만족을 추구합니다. 그러나 주여, 당신의 백성들을 이 모든 것들 위로 들어올려 주소서. 존 번연이 「천로역정」에서 항상 금을 긁어모으러 다니는 사람을 부르는 것처럼 "추문폭로자"가 되지 않도록 하소서! 그들의 마음이 부활하신 주님과 하늘의 기업을 바라보게 하소서!

그 다음 두 번째로, 신자들은 영적 전투 속에서 견고할 필요가 있습니다. 오 주여, 영적 전투 속에서 겉으로는 지는 것처럼 보일지라도 주의 백성들에게 승리를 주소서! 만일 원수의 발이 잠시라도 그들의 목을 짓누른다면, 그들에게 성령의 검을 쥐어 주셔서 결국 승리하게 하소서! 주여, 전쟁의 날에 당신의 자녀들의 영을 들어올려 주소서! 그들이 새 속에 앉아 영원히 슬퍼하지 않도록 하소서! 원수들이 그들을 괴롭히고 해치지 않도록 도와주소서! 하지만 그들이 한나처럼, 핍박을 받는다고 해도, 구원하시는 하나님의 은혜를 찬송할 수 있게 하소서!

세 번째로, 우리는 우리 주님께 마지막 날에 들어올려 달라고 구할 수 있습니다. 주여, 그들을 안전하게 들어올리되, 그들의 육체를 무덤으로부터 들어올리며, 그들의 영혼을 영광 중에 있는 당신의 영원한 나라로 들어올려 주소서!

그리스도의 보배로운 피 - 베드로전서 1:19

십자가 아래에 서서 우리는 새빨간 보혈이 흐르는 주님의 손과 발과 옆구리를 봅니다. 그분의 피는 구속과 속죄의 효력이 있기 때문에 "보배롭습니다." 그 피로 말미암아 그리스도의 백성들의 죄는 사함을 받습니다. 그들은 율법의 저주로부터 구속받습니다. 그들은 하나님과 화해하게 되어 그분과 하나가 됩니다.

그리스도의 피는 또한 그것이 깨끗하게 하는 능력을 갖고 있기 때문에 "보배롭습니다." 그것은 "우리를 모든 죄에서 깨끗하게 하십니다"(요일 1:7). "너희의 죄가 주홍 같을지라도 눈과 같이 희어질 것이요"(사 1:18). 예수님의 피로 말미암아 모든 성도들 위에는 한 점의 티나 얼룩이 남아있지 않습니다. 오, 주님의 피는 우리를 깨끗하게 하는 보혈입니다. 그것은 비록 우리가 우리 하나님께 여러 모양으로 반역을 행했음에도 불구하고 허다한 죄의 얼룩들을 제거하고 그분 안에 용납된 자로 설 수 있게 합니다.

그리스도의 피는 그것이 보존 능력을 갖고 있기 때문에 "보배롭습니다." 우리는 그분이 뿌리신 피 아래 있기 때문에 타락한 천사들의 공격으로부터 안전합니다. 우리가 멸망당하지 않고 보존받게 된 참된 이유는 하나님이 그 피를 보고 계시기 때문입니다. 여기에는 믿음의 눈이 희미해질 때 우리에게 위로를 주는 힘이 있습니다. 왜냐하면 하나님의 눈은 변함없이 그 피를 보고 계시기 때문입니다.

그리스도의 피는 또한 그것이 성결케 하는 능력을 갖고 있기 때문에 "보배롭습니다." 죄를 제거함으로써 우리를 의롭게 하는 그 피가 똑같이 그 이후에도 역사하여 새 본성에 힘을 주고, 그래서 그것이 죄를 정복하고 하나님의 계명들을 따를 수 있도록 합니다. 예수님의 혈관으로부터 흘러나오는 피보다 거룩하게 하는 능력을 가진 피는 없습니다.

그리고 마지막으로, 이 피가 그토록 말할 수 없이 "보배로운" 까닭은 그 정복 능력 때문입니다. "그들이 어린양의 피로써 이겼으니"(계 12:11)라고 기록되어 있습니다. 그들이 다른 방법으로 어떻게 이길 수 있겠습니까? 예수님의 보혈을 갖고 싸우는 사람은 패배를 모르는 무적의 무기를 갖고 싸우는 것입니다. 예수님의 피! 그 피 앞에서 죄는 죽고, 사망은 죽이는 일을 멈춥니다. 그리고 천국의 문이 열립니다. 예수님의 피! 그 피의 능력을 신뢰하는 한 우리는 정복하면서, 그리고 정복하기 위해 계속 전진할 것입니다.

그 손이 해가 지도록 내려오지 아니한지라 - 출애굽기 17:12

모세의 기도는 굉장히 큰 능력이 있었기 때문에 이스라엘의 모든 백성들은 그의 기도를 의지했습니다. 모세의 기도는 여호수아의 전투보다 원수의 공격을 더 효과적으로 좌절시켰습니다. 그러나 둘 다 필요합니다. 아니, 영혼의 전투에서는 힘과 열정, 결단과 헌신, 용기와 열심 등이 똑같이 그 힘을 합해야 하고, 그래야 승리할 수 있습니다. 당신은 죄와 씨름을 해야 하고, 그 씨름의 주요 부분은 홀로 은밀하게 하나님과 함께 있을 때 주어지는 법입니다.

기도는 모세의 기도처럼 하나님 앞에서 언약의 증거를 떠받치는 것입니다. 지팡이는 하나님이 모세와 함께 활동하신다는 것을 보여 주는 상징이자 하나님이 이스라엘을 지배하고 계신다는 것을 보여 주는 징표였습니다. 오 기도하는 성도여, 하나님 앞에서 그분의 약속과 맹세를 떠받치는 법을 배우십시오. 주님은 자신이 하신 약속을 거부하실 수 없습니다. 약속의 지팡이를 들고 당신이 원하는 것을 하십시오.

모세는 피곤했고, 그때 그의 동료들이 그를 도왔습니다. 언젠가 당신의 기도가 힘이 빠질 때, 믿음은 한 손을 부축하도록 하고, 거룩한 소망은 다른 쪽 손을 부축하도록 하십시오. 그러면 기도는 이스라엘의 돌 곧 우리 구원의 반석 위에 앉아 있게 되어 더 오래 견디며 승리하게 될 것입니다. 헌신이 무기력해지는 것을 조심하십시오. 모세 같은 사람도 그것을 느꼈다면, 누가 그것을 피할 수 있겠습니까?

공개적으로 죄와 싸우는 것이 은밀하게 괴를 이기기 위해 기도하는 것보다 훨씬 더 쉽습니다. 여호수아는 싸울 때 지치지 않았지만, 모세는 기도할 때 지쳤다는 사실을 주목하십시오. 어떤 활동이 더 영적인 것이 될수록 혈과 육이 그것을 견디는 것은 그만큼 더 어렵습니다. 그때 우리는 특별한 힘을 위해 기도해야 합니다. 그러면 우리의 연약함을 도우시는 하나님의 영이, 모세에게 그렇게 역사하셨던 것처럼 우리에게도 "해가 지도록" 곧 인생의 밤이 끝날 때까지, 기도가 찬양으로 바뀌는 땅에서 더 밝은 태양이 솟아오를 때까지, 우리의 손이 내려오지 않도록 계속 붙들어주실 것입니다.

**너희가 이른 곳은 ⋯ 아벨의 피보다 더 나은 것을 말하는 뿌린 피니라 - 히브리서 12:24**

성도여, 당신은 뿌린 피가 있는 곳에 이르렀습니까? 문제는 당신이 교리적 지식을 갖고 있는지 아니면 계명들을 준수했는지 아니면 어떤 경험을 갖고 있는지가 아니라 예수님의 피에 이르렀느냐는 것입니다. 예수님의 피는 참된 경건의 생명입니다. 만일 당신이 진실로 예수님께 이르렀다면, 우리는 당신이 어떻게 그곳에 이르렀는지 알게 됩니다. 그것은 성령이 친절하게 당신을 그곳으로 인도했기 때문입니다. 당신은 자신의 공로 때문에 뿌린 피에 이른 것이 아닙니다. 죄책을 갖고 있는 상실된 존재로서 의지할 데 없는 당신은 당신의 영원한 소망으로 삼기 위해 그 피를, 오직 그 피를 취하러 왔습니다. 당신은 두렵고 떨리는 마음으로 그리스도의 십자가에 이르렀습니다.

오! 예수님의 피 흘리시는 소리가 당신의 귀에 들리는 것은 얼마나 보배로운 소리일까요! 그분의 피가 떨어지는 소리는 회개하는 이 땅의 죄인들에게는 천국의 음악소리와 같습니다. 우리는 죄로 충만한 사람들입니다. 하지만 구주께서 우리에게 눈을 들어 그분을 바라보라고 말씀하십니다. 그리고 우리가 그분의 피 흘리시는 상처를 바라볼 때, 뚝뚝 떨어지는 그 핏방울은 "다 이루었다. 내가 죄를 끝장냈다. 내가 영원한 의를 이루었다"고 외칩니다. 오! 예수님의 보혈은 얼마나 달콤한 말일까요! 일단 한번 그 피에 이르렀다면 당신은 계속 그곳에 이르게 될 것입니다.

당신의 삶은 "예수님을 바라보는" 인생이 될 것입니다. 당신의 모든 행동은 "그분에게 나아가는" 행동으로 요약될 수 있습니다. 그분께 한 번 나아간 것으로 끝나는 것이 아니라 항상 나아가는 것입니다. 만일 지금 당신이 뿌린 피에 이르렀다면, 당신은 매일 그 피에 나아갈 필요가 있음을 느끼게 될 것입니다. 날마다 그 피로 씻음받기를 원하지 않는 사람은 한 번도 씻음받지 못한 것입니다. 신자는 그 샘이 여전히 열려있다는 것을 자신의 기쁨과 특권으로 느낄 것입니다. 그리스도인들에게 과거의 경험은 미심쩍은 음식입니다. 오직 지금 그리스도께 나아오는 것만이 우리에게 기쁨과 위로를 줍니다. 오늘 아침 그 피를 우리 집 문설주에 새롭게 뿌립시다. 그리고 어린양을 마음껏 먹으면서 멸하는 천사가 우리를 그냥 넘어갈 것을 확신합시다.

세상 사람은 늘 "누가 우리에게 선을 보여 주겠느냐"고 말합니다. 그는 세속적 위안, 쾌락, 그리고 부귀와 같은 것에 대해 만족을 추구합니다. 그러나 거듭난 죄인은 오직 하나의 선에 대해서만 알고 있습니다. "오 주님이 어디 계신지를 안다면!" 그는 자신의 죄책을 진실로 자각하고 있기 때문에, 그 발 앞에 인도의 황금을 다 쏟아놓는다 해도, "가져가시오. 나는 오직 주님을 찾기 원하오"라고 말할 것입니다. 사람이 자신의 욕망들을 하나의 초점에 집중시키는 것은 좋은 일입니다. 왜냐하면 그것들을 하나의 목적에 집중시킬 수 있기 때문입니다. 그가 50가지 다른 욕망들을 갖고 있다면, 그의 마음은 썩은 물을 담고 있는 연못과 같아서 초원으로 흘러들어가 그곳에 독소와 전염병을 발산시키고 맙니다. 그러나 그의 모든 욕망들이 하나의 통로 속으로 흘러들어간다면, 그의 마음은 신선한 물이 흐르고 있는 강과 같아서 신속하게 초원을 기름진 땅으로 만듭니다.

만일 그 하나의 소원이 그리스도에게 집중되고 있다면, 비록 그것이 이루어지지 못한다고 할지라도, 그것을 갖고 있는 사람은 복이 있습니다. 만일 예수님이 어떤 영혼의 소원이 된다면, 그의 마음속에 하나님의 사역이 이루어지고 있다는 복된 증거입니다. 이런 사람은 단순히 계명을 지키는 것으로 만족하지 않습니다. 그는 이렇게 말할 것입니다: "나는 그리스도를 원한다. 나는 그분을 소유해야 한다. 단순한 계명들은 내게 아무 소용이 없다. 나는 그분 자신을 원한다. 다른 것들을 내게 주려고 하지 말라. 내가 목마를 때 당신은 내게 빈 주전자를 준다. 하지만 내게 필요한 것은 물이다. 물을 달라. 그러지 않으면 차라리 죽겠다. 예수님만이 내 영혼의 소원이다. 나는 예수님을 보아야겠다!"

성도여, 이 순간 이것이 당신의 상태입니까? 당신은 오직 하나의 소원을 갖고 있고, 그것이 바로 그리스도를 구하는 소원입니까? 그렇다면 당신은 천국에서 결코 멀지 않습니다. 당신의 마음속에 오직 하나의 소원만 있고, 그것은 바로 예수님의 피로 당신의 모든 죄가 씻음받을 수 있으리라는 것입니까? 당신은 실제로 "나는 그리스도인이 되는데 나의 모든 것을 투자하겠다. 내가 그리스도와 관련되어 있다고 느낄 수 있는 것이라면, 나는 내가 갖고 있는 모든 것을 포기하고 그것만 바라겠다"고 말할 수 있습니까? 그렇다면 절대로 두려워 말고 기운을 내십시오. 주님은 당신을 사랑하고, 당신은 곧 밝은 빛을 보게 될 것입니다. 그리스도께서 사람들을 해방하신 자유 안에서 즐거워하십시오.

라합이 … 붉은 줄을 창문에 매너라 - 여호수아 2:21

    라합의 생명의 보존은 그녀가 이스라엘의 하나님의 대리인들로 간주했던 정탐꾼들의 약속에 좌우되었습니다. 그녀의 믿음은 단순하고 확고했지만, 극히 순종적이었습니다. 창문에 붉은 줄을 매는 것은 그 자체로 보면 굉장히 사소한 행위에 불과했지만, 그녀는 그것을 생략하는 모험을 하지 않았습니다.

    내 영혼아, 오라, 여기에 그대에게 주는 교훈이 있지 않은가? 그대는 혹시 하나님의 모든 뜻, 심지어는 별로 중요해 보이지 않는 하나님의 명령에 대해서도 주의를 기울였는가? 그대는 두 가지 성례 곧 세례와 성찬식을 그 규정대로 준수했는가? 만약 이것들을 등한시 했다면, 그대 마음속에 있는 무정한 불순종을 크게 자책하라. 이후로는 모든 일들 속에서, 심지어는 단순히 실을 매는 것이라고 해도, 그것이 하나님의 명령이라면, 흠 없이 순종하라.

    라합의 이 행위는 우리에게 이보다 더 엄숙한 교훈을 주고 있습니다. 우리가 예수님의 보혈을 절대적으로 믿었습니까? 그 믿음이 제거될 수 없도록 우리가 창문에 붉은 줄을 매었습니까? 아니면 주님의 피를 바라보지 않고, 그 피의 능력과 관련된 모든 사실들을 바라보지 않고 내 죄의 사해(死海)나 내 소망의 예루살렘을 기대할 수 있습니까? 지나가는 사람은 창문에 붉은 줄이 달리면 눈에 확 띄기 때문에 그 줄을 바라볼 수 있습니다. 내 인생이 주변 모든 사람들에게 구속의 효력을 눈에 확 띄도록 보여 준다면 그것은 참으로 내게 좋은 일입니다. 거기에 무슨 부끄럼이 있습니까? 사람들이나 마귀들이 원하는 대로 주님의 피가 내 자랑이요, 내 노래임을 보도록 하십시오.

    내 영혼아, 그대의 믿음이 약해서 그대가 그것을 볼 수 없을 때에도 그 붉은 줄을 보고 계시는 분이 계신다. 복수자이신 여호와께서 그것을 보시고, 그대를 그냥 넘어가실 것이다. 여리고 성곽이 무너져 내리고, 라합의 집은 그 성곽 위에 있었으나 그것은 끄떡없이 서 있었습니다. 내 본성은 인간성의 성곽 속에 세워져 있지만, 인류가 다 파멸한다고 해도, 나는 안전할 것입니다. 내 영혼아, 창문에 붉은 줄을 다시 매고 평안을 누리라.

주께서 말씀하시기를 내가 반드시 네게 은혜를 베풀어 - 창세기 32:12

야곱이 얍복강 건너편에 도착했을 때 에서는 무장한 사람들과 함께 오고 있었습니다. 그때 야곱은 하나님의 보호하심을 위해 간절하게 기도했습니다. 그는 "주께서 말씀하시기를 내가 반드시 네게 은혜를 베풀리라"고 말씀하신 것을 주요 변론으로 삼았습니다. 오, 그 간구의 위력을 얼마나 셀까요! 그는 하나님께 그분의 말씀 — "주께서 말씀하시기를" — 을 근거로 삼았습니다. 하나님의 신실하심이라는 속성은 언제든 붙잡고 늘어질 수 있는 강한 제단 뿔입니다. 하지만 그분의 약속 곧 그 안에 그분의 속성과 그 이상의 것이 들어있는 약속은 훨씬 더 강한 제단 뿔입니다. "주께서 말씀하시기를 내가 반드시 네게 은혜를 베풀어." 하나님이 그렇게 말씀하셨다면, 반드시 그렇게 하시지 않겠습니까? "사람은 다 거짓되되 오직 하나님은 참되시다"(롬 3:4). 하나님이 참되시다면 자신의 말씀을 지키시지 않겠습니까? 그분의 입술로부터 나오는 모든 말씀은 견고히 서고, 이루어지지 않겠습니까? 솔로몬은 성전봉헌식 때 똑같은 기도를 드렸습니다. 그는 아버지 다윗에게 하신 약속을 기억하고 그곳을 축복해 달라고 하나님께 간구했습니다. 사람이 약속어음을 발행할 때에는 그의 신용이 담보가 됩니다. 그는 자기 손으로 서명을 하고, 정한 날짜까지 약속을 이행해야 합니다. 만일 그렇지 못하면 신용을 잃습니다. 하나님이 자기가 발행하신 어음을 부도내신다는 것은 있을 수 없습니다. 지존자의 신용은 한 번도 문제가 된 적이 없고, 문제가 될 수도 없습니다. 그분은 날짜를 정확하게 지키십니다. 그분은 자기가 정하신 시간을 앞서가지도 않고, 뒤로 미루시지도 않습니다. 하나님의 말씀을 자세히 살펴보고 그것을 그의 백성들의 경험과 비교해 보십시오. 그러면 당신은 그 둘이 정확히 일치하는 것을 발견하게 될 것입니다. 여호수아는 이스라엘 장로들을 비롯한 지도자들을 모아놓고 마지막으로 이렇게 말했습니다: "너희의 하나님 여호와께서 너희에게 대하여 말씀하신 모든 선한 말씀이 하나도 틀리지 아니하고 다 너희에게 응하여 그 중에 하나도 어김이 없음을 너희 모든 사람은 마음과 뜻으로 아는 바라"(수 23:14). 만일 당신이 하나님의 약속을 갖고 있다면, 당신은 그것에 "만일"이라는 말을 붙여 간구할 필요가 없습니다. 주님은 그 약속을 반드시 이루실 것입니다. 그렇지 않다면 그런 말씀을 하시지도 않았을 것입니다. 하나님은 단순히 미루실 작정으로 우리를 잠시 안심시키고 그렇게 말씀하신 것이 아닙니다. 그분이 말씀하실 때 그것은 말씀하신 대로 이루시겠다는 뜻이 있기 때문입니다.

이에 성소 휘장이 위로부터 아래까지 찢어져 둘이 되고 - 마태복음 27:51

그토록 질기고 두꺼운 휘장이 찢어졌다는 것은 그리 사소한 이적이 아니었습니다. 하지만 그것은 단순히 능력을 보여 주기 위해 일어난 일이 아니었습니다. 그 안에서 우리는 많은 교훈들을 배우게 됩니다. 1) 그 찢어짐은 옛 의식법들이 제거된 것을 보여 주었습니다. 마치 낡은 옷들이 찢겨져 버려진 것과 같습니다. 예수님이 죽으실 때 희생제사는 완전히 끝났습니다. 왜냐하면 모든 것이 그분 안에서 이루어졌고, 그리하여 제사를 드리던 장소의 휘장이 그 붕괴의 증거로 찢어진 것이기 때문입니다. 2) 그 찢어짐은 옛 시대의 감추어진 모든 사실들이 적나라하게 드러난 것을 보여 주었습니다. 속죄소는 이제 훤히 들여다 볼 수 있게 되었고, 그 위에 하나님의 영광이 밝게 나타났습니다. 우리 주 예수님의 죽으심으로 말미암아 우리는 하나님에 관한 확실한 계시를 갖게 되었습니다. 왜냐하면 그분은 "모세처럼 자신의 얼굴을 수건으로 가리지 아니하셨기" 때문입니다. 생명과 불멸성이 빛 가운데 밝히 드러나게 되었고 창세 이후로 가려졌던 일들이 그분 안에서 분명히 계시되었습니다. 3) 그 찢어짐은 매년 드리는 속죄의 제사를 완전히 폐지시켰습니다. 일년에 한 번씩 휘장 안으로 뿌려졌던 속죄의 피는 이제 큰 대제사장이신 예수 그리스도를 통해 단번에 드려졌고, 그리하여 속죄제사의 상징적 장소인 그곳은 파괴되었습니다. 예수님이 자기 자신의 피를 갖고 휘장 안으로 들어가셨기 때문에 황소나 어린양들의 피가 이제는 필요없습니다. 이로써 하나님께 나아가는 길이 활짝 열렸는데, 이것은 그리스도 예수 안에 있는 모든 신자의 특권입니다. 그 휘장은 우리가 속죄소 안을 간신히 들여다보도록 아주 작은 구멍을 만들어놓는 정도로 찢어진 것이 아니라 위로부터 아래까지 쫙 찢어졌습니다. 우리는 하나님의 은혜의 보좌를 향해 담대하게 나아갈 수 있습니다. 만일 우리 주님이 "다 이루었다"고 마지막 말씀을 외치실 때 이처럼 이적적으로 지성소의 문이 활짝 열린 것이 주님의 고난으로 말미암아 모든 성도들이 들어갈 천국 문을 열어놓은 것의 모형이라고 해석한다면, 잘못 해석하는 것일까요? 피 흘리신 주님은 천국 열쇠를 갖고 계십니다. 그분이 열면 아무도 닫을 자가 없습니다. 우리는 그분과 함께 천국에 들어가고, 우리의 원수들이 그분의 발등상이 될 때까지 그분과 함께 그곳에 앉아 있을 것입니다.

아멘이시요 - 요한계시록 3:14

"아멘"이라는 말은 앞에서 말한 내용을 엄숙히 승인하는 말입니다. 예수님은 위대하신 승인자이십니다. 그분은 자신의 모든 약속 안에서 영원히 "아멘"이신 불변의 하나님이십니다. 죄인이여, 이것을 생각하고 위로받기를 원합니다. 예수 그리스도는 "수고하고 무거운 짐 진 자들아 다 내게로 오라 내가 너희를 쉬게 하리라"(마 11:28)고 말씀하셨습니다. 당신이 그분께 나아간다면, 그분은 당신의 영혼에게 "아멘" 하고 말씀하시고, 그분의 약속은 당신에게 진실이 될 것입니다. "상한 갈대를 꺾지 아니하실 것이요." 오 연약하고 깨어지고 상처받은 심령이여, 당신이 주님께 나아오면 그분은 당신께 "아멘"이라고 말씀하고, 그것은 당신의 영혼 속에서 과거에 무수하게 그랬던 것처럼 진실이 될 것입니다. 그리스도인이여, 구주의 입술로부터 나오는 말씀에는 절대로 식언(食言)이 없었다는 사실이 당신에게 참으로 큰 위로가 되지 않습니까? 예수님의 말씀들은 하늘과 땅이 없어져도 영원히 존재할 것입니다. 만일 당신이 주님의 약속을 단지 절반만 믿는다면, 믿는 그만큼만 이루어지는 것을 발견하게 될 것입니다. 그러므로 약속을 제대로 믿지 못해 "제한된 약속"을 만들어버림으로써 하나님의 말씀의 위로를 크게 파괴시키지 않도록 조심하십시오.

예수님은 자신의 모든 직분들 속에서 예가 되고 아멘이 되십니다. 그분은 과거에도 죄사함과 깨끗함을 구하는 제사장이셨고, 지금도 똑같이 제사장으로서 아멘이십니다. 그분은 과거에 자기 백성들을 다스리고 통치하는 왕이셨고, 지금도 그 전능하신 팔로 그들을 똑같이 보호하는 왕으로서 아멘이십니다. 그분은 과거에 선지자로서 다가올 좋은 일들에 대해 예언을 하셨고, 지금도 그분의 입술은 꿀처럼 달콤한 말씀들을 떨어뜨리고 있습니다. 그분은 선지자로서 아멘이십니다. 그분은 자신의 피의 공로에 관해서도 아멘이십니다. 그분은 자신의 의에 대해서도 아멘이십니다. 그분의 거룩한 옷은 만물이 다 쇠잔할지라도 여전히 아름답고 영광스럽습니다. 그분은 자기에게 붙여진 모든 칭호들에 대해서도 아멘이십니다. 당신의 신랑이신 그분은 절대로 신부를 버리지 않습니다. 당신의 친구로서 그분은 육신의 형제보다 더 가깝습니다. 당신의 목자이신 그분은 사망의 음침한 골짜기에서도 당신과 함께 하십니다. 그분은 당신의 도움이자 구원자이십니다. 그분은 당신의 성이요 높은 망대이십니다. 그분은 당신의 힘, 신뢰, 기쁨의 뿌리이시요, 모든 것 중의 모든 것이요, 모든 일에 있어서 당신의 예가 되고 아멘이 되십니다.

### 죽음을 통하여 죽음의 세력을 잡은 자 곧 마귀를 멸하시며 - 히브리서 2:14

하나님의 자녀여, 죽음은 그 쏘는 힘을 상실했습니다. 왜냐하면 그것을 지배하는 마귀의 능력이 파괴되었기 때문입니다. 그러므로 죽음을 두려워하지 마십시오. 죽음의 두려운 시간에 강건해질 수 있도록 당신의 구속주의 죽으심에 관해 확실한 지식과 견고한 믿음을 갖는 은혜를 베풀어 달라고 성령 하나님께 구하십시오. 골고다 십자가를 가까이 할 때 당신은 죽음을 즐겁게 생각할 수 있고, 그것이 엄습할 때에도 그것을 기꺼이 받아들일 수 있습니다. 주 안에서 죽는 것은 복된 일입니다. 예수 안에서 잠자는 것은 언약의 축복입니다. 죽음은 더 이상 추방이 아닙니다. 그것은 추방으로부터 돌아오는 것입니다. 사랑하는 사람들이 이미 살고 있는 고향으로 귀환하는 것입니다. 천국에서 영화롭게 된 성도들과 이 땅에서 살고 있는 싸우는 성도들 사이의 거리는 엄청나게 보이지만, 사실은 그렇지 않습니다. 우리는 본향으로부터 그리 멀리 떨어져 있지 않습니다. 우리가 그곳으로 인도받는 것은 순간입니다.

돛은 펴지고 출항은 시작되었습니다. 영혼은 그 깊은 곳을 향해 떠났습니다. 그 항해가 얼마나 걸릴까요? 영혼이 평화의 항구에 안착될 때까지 돛을 뒤흔드는 바람은 얼마나 많이 불어올까요? 영혼이 폭풍이 전혀 불지 않는 바다에 이르기까지 얼마나 오랫동안 파도와 싸워야 할까요? 그 대답을 들어보십시오: "육체를 떠나면 곧 하나님과 함께 있으리라." 저기 보이는 배는 방금 출항했지만, 이미 그 항구에 도달해 있습니다. 방금 그 돛을 폈는데, 벌써 도착지에 와 있습니다. 마치 옛날 갈릴리 바다 위에 떠있던 배처럼, 폭풍이 불어 닥치지만 예수님은 "잠잠하고 고요하라"고 말씀하셨고, 그 배는 즉각 육지에 닿았던 것처럼 말입니다.

죽음의 순간과 영원한 영광 사이에 오랜 시간의 간격이 있다고 생각하지 마십시오. 땅에서 눈을 감는 순간 천국에서 눈을 뜨는 것입니다. 그렇다면 오 하나님의 자녀여, 당신의 주님의 죽으심을 통해 그 저주와 쏘는 것이 파괴되었음을 알고 있는데, 죽음을 두려워할 이유가 어디 있습니까? 그리고 지금 죽음은, 그 다리는 어두운 무덤 속에 두고 있지만 그 꼭대기는 영원한 영광의 하늘에 닿아 있는 야곱의 사다리와 같습니다.

여호와의 선한 싸움을 싸우라 - 사무엘상 18:17

하나님의 거룩한 택자들은 지금 이 땅에서 싸움을 벌이고 있고, 예수 그리스도는 그들의 구원의 대장이 되십니다. 그분은 "볼지어다 내가 세상 끝날까지 너희와 항상 함께 있으리라"(마 28:20)고 말씀하셨습니다. 전쟁의 소리에 귀를 기울이십시오! 이제 하나님의 백성들은 자기 자리를 굳게 지켜야 하고, 그러면 결코 실족하지 아니할 것입니다. 지금 현재 영국에서 그 전쟁은 우리를 대적하여 이루어지고 있는 것이 사실이고, 주 예수님이 자신의 칼을 뽑지 아니하시면 이 땅에서 하나님의 교회가 어떻게 될지 모릅니다. 그러나 우리가 용기를 갖고 싸웁시다. 오늘날 개신교는, 로마 가톨릭의 적그리스도가 옛 영화를 되찾기 위해 필사적으로 광분하고 있기 때문에 그 어느 때보다 크게 요동하는 모습을 보여주고 있습니다. 그렇다고 할지라도 우리는 더 큰 목소리로, 그리고 강한 손을 펴서 고백자들이 사수하기 위해 피 흘리고 순교자들이 파수하기 위해 죽은 복음을 전파하고 선포하는데 최선의 노력을 펼쳐야 합니다.

구주는 성령을 통해 지금도 이 땅에 계십니다. 이것이 우리를 힘내게 합니다. 그분은 항상 싸움 중에 계셨고, 그러므로 우리의 싸움도 의심할 여지가 없습니다. 그리고 그 싸움이 격렬해질 때 주 예수님이 우리의 크신 중보자로서 절대적으로 도와주신다는 것을 알고 있는 것은 우리에게 얼마나 즐거운 일일까요! 오 염려하는 성도여, 이 땅에서 벌어지는 전쟁을 절대로 바라보지 마십시오. 거기서 폭염에 휩싸여 피로 얼룩진 옷들을 보고 놀라게 될 테니까요. 그 대신 눈을 들어 구주께서 살아계시고 변론하시는 하늘을 보십시오. 그분이 중보하시는 한 하나님의 재판은 안전하기 때문입니다. 우리는 마치 모든 것이 우리에게 달려있는 것처럼 알고 싸워야 합니다. 그러나 우리는 모든 것이 주님에게 달려있음을 알고 그분을 바라보아야 합니다.

그리고 기독교적 순결의 백합꽃들로 말미암아, 구주의 속죄의 장미꽃들로 말미암아, 그리고 초원의 노루들과 암사슴들로 말미암아, 우리는 예수님을 사랑하는 자들로서 진리와 의를 위해, 주님의 나라와 영광의 면류관을 위해 거룩한 싸움에 용감하게 나서야 합니다. 앞으로 전진합시다! "전쟁은 너희에게 속한 것이 아니요 하나님께 속한 것이라"(대하 20:15).

### 내가 알기에는 나의 대속자가 살아계시니 - 욥기 19:25

본문에서 욥의 위로의 핵심은 "나의"라는 간단한 말 속에 있습니다. 그분이 "나의 대속자"가 되고, 또 살아계신다는 사실이 그의 위로의 근간입니다. 오! 살아계신 그리스도를 꼭 붙잡읍시다! 우리가 주님의 은혜를 누리려면 먼저 그분께 속해야 합니다. 광산에 숨겨져 있는 금이 내게 무슨 소용입니까? 내 필요를 만족시키는 것은 내 지갑 속에 들어있는 돈입니다. 나는 그 돈으로 필요한 빵을 삽니다. 마찬가지로 나를 대속하지 않는 대속자, 내 피를 옹호해주지 않는 보수자, 그것이 내게 무슨 의미가 있습니까? 그러므로 믿음으로 "예, 나는 살아계신 나의 주님께 나 자신을 맡긴다. 이제 그분은 나의 것이다"라고 말할 수 있을 때까지 만족하지 마십시오. 당신은 연약한 손으로 주님을 붙들 수 있습니다. 당신은 작은 믿음으로도 "그분은 내 대속자로서 살아계신다"고 말하는 것이 절대로 주제넘은 것이 아닙니다. 아니, 겨자씨만한 믿음밖에 없다고 해도 그 작은 믿음이 그렇게 말할 자격을 준다는 것을 잊지 마십시오.

그러나 본문 속에는 욥의 강한 신뢰를 보여 주는 또 다른 말이 있습니다. 그것은 "내가 알기에는"이라는 말입니다. "내가 바라기에는, 내가 믿기에는"하고 말하는 것도 위로가 됩니다. 예수님의 양 떼들 중에는 그 이상 들어가지 못하는 사람들이 참으로 많습니다. 하지만 참된 위로 속에 들어가려면 "내가 알기에는"이라고 말해야 합니다. '만일', '그러나', 또는 '아마'와 같은 말들로 단서를 붙이는 것은 평화와 위로를 오히려 죽이는 것입니다. 슬플 때 의심은 금물입니다. 그것은 벌처럼 영혼을 쏘아 병들게 합니다. 만일 그리스도는 내게 속하지 아니했다고 어떤 의심을 갖고 있다면, 죽음의 쓸개즙을 탄 식초를 마시는 것과 같습니다. 그러나 내가 예수님은 나를 위해 살아계신다고 알고 있다면, 어둠은 더 이상 어둠이 아닙니다. 심지어는 밤도 내 주변을 밝혀주는 빛이 됩니다. 확실히 그리스도가 오시기 훨씬 전에 욥이 "내가 알기에는" 하고 말할 수 있었다면, 우리는 훨씬 더 적극적으로 그렇게 말해야 할 것입니다. 그러나 하나님은 그에 대한 우리의 확신이 근거 없는 가식이 되는 것을 금하십니다. 우리는 우리의 증거가 근거 없는 소망 위에 세워지지 않도록 조심해야 합니다. 또 우리는 단순한 기초로 만족해서는 안 됩니다. 왜냐하면 우리가 가장 멀리 보는 전망을 가질 수 있는 곳은 위에 있는 방들에서 볼 때이기 때문입니다. 살아계신 대속자가 나에게 속해 있다는 것은 참으로 형언할 수 없는 기쁨입니다.

### 그는 하나님 우편에 앉아계신 자요 - 로마서 8:34

과거에 사람들에게 멸시를 당하고 거부를 당하신 그분이 지금은 사랑받고, 존경받는 영광스러운 아들의 지위를 차지하고 있습니다. 하나님의 우편은 위엄과 은혜가 충만한 자리입니다. 우리 주 예수님은 자기 백성들의 대표자이십니다. 그분이 그들을 위해 죽으셨을 때, 그들은 안식을 얻었습니다. 그분이 그들을 위해 다시 살아나셨을 때, 그들은 자유를 얻었습니다. 그분이 아버지 우편에 앉아 계셨을 때, 그들은 은총과 영예와 존귀함을 받았습니다. 그리스도의 일으키심과 높아지심은 그의 모든 백성들의 높아지심과 받아들여짐과 소중히 여김, 그리고 영광입니다. 왜냐하면 그분은 그들의 머리이자 대표자이기 때문입니다. 그런데 그분이 하나님 우편에 앉아계시는 것은 보증자의 인격을 받아들이는 것으로, 대표자를 인정하는 것으로 간주되어야 하고, 그러기에 우리 영혼을 받아주시는 것으로 인정되어야 합니다. 오 성도여, 여기서 당신이 확실하게 정죄로부터 해방되었다는 사실을 확신하기 바랍니다. "누가 정죄하리요"(롬 8:34). 하나님 우편에 앉아 계신 예수 안에 있는 사람들을 누가 정죄하겠습니까?

우편은 권세의 자리입니다. 하나님 우편에 앉아계신 그리스도는 하늘과 땅의 모든 권세를 쥐고 계십니다. 누가 그 왕으로부터 주어진 권세를 갖고 있는 사람들을 대적하겠습니까? 오 내 영혼아, 만일 전능자가 그대를 돕는다면, 무엇이 그대를 해칠 수 있겠는가? 전능자의 보호가 그대를 감싸고 있다면, 어떤 칼이 그대를 상하게 할 수 있겠는가? 그대는 안전하다. 만일 예수님이 당신의 승리를 지켜주는 왕으로서 자신의 발로 원수들을 짓밟으신다면, 만일 죄, 죽음, 그리고 지옥이 그분에 의해 완전히 박살나고, 그분이 당신의 대표자라면, 당신이 멸망을 당할 가능성은 추호도 없게 될 것입니다.

"예수님의 두려운 이름만 들어도
우리의 모든 원수들이 줄행랑을 치고,
온유하신 분으로 화가 나신 어린양 예수님은
사자처럼 싸우신다.

"그분이 지옥의 모든 세력들을 몰아내실 때,
우리는 그 세력들을 이기고,
예수님의 피를 통해 그것들을 정복함으로써,
우리는 계속 승리자가 되리라."

(하나님이) … 그를 높이사 - 사도행전 5:31

　과거에 우리 주 예수님은 십자가에 달려 죽고 장사되었지만, 지금은 영광의 보좌에 앉아 계십니다. 주님은 천국에서 가장 높으신 자리에 앉아 무소불위의 권세를 행사하고 계십니다. 천국에서 그리스도께서 이같이 높은 자리를 차지하는 것이 대표자로서의 높아지심이라는 것을 기억하는 것은 기분 좋은 일입니다. 그분은 아버지 우편에 앉을 정도로 높아지셨고, 여호와로서 그분은 유한한 피조물은 절대로 가질 수 없는 무한한 영광을 누리고 계시지만, 중보자로서 그분은 천국에서 누리는 명예를 그의 모든 성도들에게 기업으로 물려주십니다. 그리스도와 그의 백성들의 연합이 얼마나 가까운지 생각해 보는 것은 참으로 즐거운 일입니다. 우리는 실제로 그분과 하나입니다. 우리는 그분의 몸의 지체들입니다. 그리고 그분의 높아지심은 우리의 높아짐입니다. 그분은 자기가 이기셨지만 우리를 자기 보좌에 앉히고, 그의 아버지와 함께 그 보좌에 앉아 계십니다. 그분은 면류관을 갖고 계시는데, 그것을 우리에게도 씌워 주십니다. 그분은 보좌를 갖고 있지만 자기 혼자 그것을 갖고 계시는 것으로 만족하지 않고, 자기 우편에 "오빌의 금"으로 단장한 신부를 앉히실 것입니다. 그분은 자기 신부 없이는 영광을 받으실 수 없습니다.

　성도여, 지금 예수님을 바라보십시오. 믿음의 눈으로 무수한 면류관을 머리에 쓰고 계신 그분을 바라보십시오. 그리고 언젠가 당신이 그분처럼 될 날을 기억하십시오. 당신은 그분과 같이 크신 존재가 되지는 못할 것입니다. 당신은 그분과 같은 신적 존재는 아닐 것입니다. 그러나 당신은 어떤 의미에서 그분이 갖고 있는 것과 똑같은 영예를 차지하고, 똑같은 복을 누리고, 똑같은 존귀함을 받게 될 것입니다. 그러므로 이 땅에서 잠시 잠깐 무명으로 사는 것에 만족하십시오. 또 가난한 들판을 걷고 고통의 언덕을 올라가는데 피곤하게 걸어가는 것에 만족하십시오. 왜냐하면 조만간 당신도 그리스도와 함께 다스릴 것이기 때문입니다. 그분이 "우리를 하나님 앞에서 왕(나라)과 제사장들을 삼으셨으니 우리가 영원토록 왕 노릇할 것이기"(계 5:10) 때문입니다. 오! 하나님의 자녀들에게 이것은 얼마나 놀라운 생각일까요! 우리는 지금 하늘 궁정에 우리의 영광스러운 대표자이신 그리스도를 갖고 있습니다. 그분은 곧 다시 오셔서 우리를 자신에게 받아들이고, 거기서 함께 계시며, 자신의 영광을 보게 하고, 자신의 기쁨을 나누어주실 것입니다.

**너는 밤에 찾아오는 공포를 … 두려워하지 아니하리로다 - 시편 91:5**

이 공포가 무엇일까요? 그것은 불이 났다는 외침소리 또는 강도가 위협하는 소리 또는 등골이 오싹하는 장면이나 갑작스런 병고 및 죽음의 위기에서 내지르는 비명소리일 수도 있습니다. 우리는 죽음과 슬픔의 세계에서 살고 있기 때문에 또한 한낮의 태양 빛 아래에서 뿐만 아니라 잠에 빠져 있는 한밤중에도 악에 대해 두려움을 느껴야 합니다. 그러나 믿는 자는 결코 두려워하지 않으리라는 약속이 있기 때문에 어떤 공포가 임할지라도 우리는 두려워해서는 안 됩니다. 왜 그렇습니까? 우리가 왜 두려워하지 않게 되는지 살펴봅시다. 하나님 우리 아버지는 지금 여기 계시고, 우리가 홀로 있는 쓸쓸한 시간에도 여기 계실 것입니다. 그분은 전능하신 관찰자요, 졸지 않는 파수꾼이요, 신실하신 친구이십니다. 그분의 명령 없이는 어떤 일도 일어날 수 없습니다. 왜냐하면 지옥까지도 그분의 지배 아래 있기 때문입니다. 어둠이 그분에게는 어둠이 아닙니다. 그분은 자기 백성들을 인도하는 불기둥이 되실 것을 약속하셨습니다. 그런데 누가 이 방벽을 뚫고 들어올 수 있겠습니까? 세상 사람들은 크게 두려워할 것입니다. 그들 위에는 하나님의 진노가 있고, 그들 속에는 죄책감을 느끼는 양심이 있으며, 그들 아래에는 입을 크게 벌리고 있는 지옥이 있기 때문입니다. 그러나 예수 안에서 두려움이 없는 우리는 놀라운 은혜를 통해 이 모든 것들로부터 구원을 받았습니다. 그런데도 우리가 어리석게 공포에 빠진다면, 그것은 우리의 고백을 거짓으로 만들고, 다른 사람들에게 하나님을 의심하도록 만드는 빌미를 제공하게 됩니다. 우리는 어리석은 불신앙으로 인해 성령을 근심시키지 않도록 무너워힘을 두려워해야 합니다. 그러므로 불길한 예감이나 근거 없는 불안감 등은 갖지 맙시다. 하나님은 은혜 베푸시기를 잊은 적도 없고, 풍성한 은혜의 문을 닫으신 적도 없습니다. 영혼에 밤이 찾아올 수 있습니다. 그러나 그렇다고 두려워할 필요는 없습니다. 왜냐하면 사랑의 하나님은 변함 없기 때문입니다. 빛의 자녀들은 어둠 속을 걸을 수 있지만, 절대로 버림당하지 않습니다. 아니, 오히려 그 순간 그들의 하늘 아버지를 신뢰함으로써 그분의 자녀됨을 입증할 수 있습니다.

> "밤은 깜깜하고 무섭지만,
> 어둠은 당신으로부터 숨을 수 없습니다.
> 당신은 결코 피곤치 아니하신 분이기에,
> 당신의 백성들이 있는 곳을 지키십니다."

그러나 이 모든 일에 우리를 사랑하시는 이로 말미암아 우리가
녁녁히 이기느니라 - 로마서 8:37

　우리는 죄사함 받기 위해서 그리스도께 갑니다. 그런데 죄와 싸우는 능력을 얻고자 할 때에는 너무 자주 율법을 바라봅니다. 그래서 바울은 이렇게 우리를 책망합니다: "어리석도다 갈라디아 사람들아 예수 그리스도께서 십자가에 못 박히신 것이 너희 눈 앞에 밝히 보이거늘 누가 너희를 꾀더냐 내가 너희에게서 다만 이것을 알려 하노니 너희가 성령을 받은 것이 율법의 행위로냐 혹은 듣고 믿음으로냐"(갈 3:1-2). 당신의 죄들을 그리스도의 십자가로 갖고 가십시오. 옛 사람은 오직 거기서만 못 박힐 수 있기 때문입니다. 우리는 그리스도와 함께 십자가에 못 박혔습니다. 죄와 싸워 이길 수 있는 유일한 무기는 예수님의 옆구리를 찌른 창입니다. 예를 들어봅시다. 당신은 화를 잘내는 자신의 기질을 극복하고자 할 때 어떻게 합니까? 아마 당신은 그 문제를 예수님께 내놓는 방법을 시도해 보지 않았을 것입니다. 내가 어떻게 구원을 얻었습니까? 내 모습 그대로 예수님께 나아와 그분이 나를 구원하심을 믿었습니다. 그렇다면 똑같은 방법으로 화를 잘내는 기질도 죽일 수 있지 않겠습니까? 그것이 내가 그 기질을 죽일 수 있는 유일한 길입니다. 그것을 가지고 십자가로 나아가 예수님께 "주여, 저는 당신이 나쁜 기질로부터 저를 구원해주실 줄 믿습니다"라고 말해야 합니다. 이것이 그것에 치명타를 가할 수 있는 유일한 방법입니다. 당신은 세속적 욕심이 많습니까? 세상이 당신을 괴롭힌다고 생각합니까? 당신은 직접 이 악을 대적하여 싸울 수 있습니다. 하지만 그것이 만약 당신을 사로잡고 있는 죄라면, 예수님의 피 외에는 어떤 방법으로도 그것을 물리칠 수 없을 것입니다. 그것을 그리스도께 가져가십시오. 그런 후 이렇게 아뢰십시오: "주여, 저는 당신을 믿습니다. 당신은 자기 백성들을 그들의 죄로부터 구원하시는 자이기 때문에 이름이 예수입니다. 주여, 이것은 제 죄들 가운데 하나입니다. 이 죄로부터 저를 구원해 주소서." 그리스도가 없으면 율법은 성결의 수단으로써 아무 힘이 없습니다. 당신의 기도와 회개 그리고 눈물들은 그분이 없으면 아무 가치가 없습니다. "예수님 외엔 누구도 죄인들을 선하게 하는데 아무 도움을 줄 수 없습니다." 이것은 무력한 성도들도 마찬가지입니다. 진정한 승리자가 되기를 원한다면 당신을 사랑하신 주님을 통해 승리자가 되어야 합니다. 그때 우리의 승리의 월계관은 겟세마네 동산에서 자라고 있는 감람나무 잎사귀로 만든 것이어야 합니다.

> 내가 또 보니 보좌 … 사이에 한 어린양이 서 있는데 일찍이
> 죽임을 당한 것 같더라 - 요한계시록 5:6

이미 높아지신 영광의 주님께서 왜 상처를 갖고 등장하셔야 할까요? 예수님의 상처는 그분의 영광이요, 그분의 보화요, 그분의 거룩한 훈장이기 때문입니다. 신자의 눈에 예수님은 그분이 "희고 또한 붉기" — 흰 것은 그분의 무죄하심을, 붉은 것은 그분의 피를 상징함 — 때문에 더욱 아름답게 보입니다. 우리는 그분을 비할 수 없이 순결하신 백합꽃이자 그분 자신의 피로 얼룩진 장미꽃처럼 바라봅니다. 그리스도는 감람산과 다볼산, 그리고 해변 위에 아름다운 모습으로 서 계십니다. 그러나 오! 십자가에 달리신 그분만큼 비교할 수 없이 아름다운 그리스도는 없었습니다. 거기서 우리는 그분의 모든 아름다움이 완전하게 드러나고, 그분의 모든 속성들이 전개되고, 그분의 모든 사랑이 펼쳐지고, 그분의 모든 인격이 표현되어 있는 것을 봅니다. 성도여, 예수님의 상처는 우리 눈에 왕의 그 모든 광채와 화려한 행렬보다 훨씬 더 빛나고 찬란합니다. 그 가시관은 황제의 왕관보다 더 멋집니다. 그분은 지금 갈대로 만든 홀을 쥐고 계시지는 않지만, 그 안에는 황금의 홀로부터 발산되지 않던 영광이 있었습니다. 예수님은 우리 영혼을 사랑하고 자신의 완전한 속죄를 통해 우리를 대속하실 때, 하늘궁정의 제복으로서 죽임 당한 어린양의 옷을 입고 계십니다. 그리스도의 장식품들은 이 외에도 많습니다. 그것들은 그분의 사랑과 그분의 승리를 보여 주는 기념품들입니다. 주님은 상한 자들을 강한 자들과 구별하셨습니다. 그분은 사람은 도저히 셀 수 없을 정도의 수많은 사람들을 스스로 구원하셨고, 이 상처는 그 싸움의 기념패입니다. 아! 만일 그리스도께서 자기 백성들을 위해 고난받으신 것을 이처럼 즐겁게 기억하신다면, 그분의 상처는 우리에게는 얼마나 보배로운 것일까요!

> "그분의 몸의 모든 상처로부터
> 얼마나 보배로운 향유가 솟아나오는지 보라!
> 그것은 죄로 말미암은 모든 상처들을 아물게 하고,
> 모든 치명적 악들을 제거한다.
>
> 이 상처는 그분의 은혜를 선포하는 입술이고,
> 그분의 사랑을 증거하는 깃발이다.
> 우리가 바라는 축복의 보증은
> 저 하늘 낙원에 있다."

우리가 이 모든 일로 말미암아 이제 견고한 언약을 세워 - 느헤미야서 9:38

우리가 아주 올바르고 적절하게 행동한다면 하나님과의 언약을 새롭게 할 수 있는 많은 기회를 우리의 경험 속에서 가질 수 있습니다. 히스기야처럼 우리도 병으로부터 회복되어 생명이 새롭게 더 연장된다면 그때 우리는 그렇게 할 수 있습니다. 또 어떤 환난으로부터 구원받은 후 그 기쁨이 새롭게 느껴질 때, 우리는 십자가의 발 밑을 다시 한 번 찾아가 우리의 헌신을 새롭게 다짐할 수 있어야 합니다. 특별히 우리가 성령을 근심하게 하거나 하나님의 명예를 실추시키는 어떤 죄를 범했을 때 그분과의 언약을 새롭게 해야 합니다. 그때 우리는 우리를 눈보다 더 희게 만들고, 우리 자신을 다시 주님께 드리도록 새롭게 할 수 있는 그분의 피를 바라보아야 합니다.

그렇다고 환난의 때만 하나님에 대한 헌신을 새롭게 하는 기회로 삼아서는 안 됩니다. 형통할 때에도 그렇게 해야 합니다. 만일 우리가 "최고의 은혜"라고 불릴 만한 기회들을 만난 적이 있다면, 확실히 그때 그분이 우리에게 면류관을 씌워 주셨다면, 이때에도 우리는 하나님께 면류관을 씌워드려야 합니다. 우리는 우리 마음의 보석함 속에 저장되어 있던 신적 왕권을 상징하는 모든 보석들을 다시 한 번 새롭게 꺼내보아야 합니다. 그리하여 우리 하나님이 왕복을 입고 우리 사랑의 보좌에 앉아 계시도록 해야 합니다. 아마 우리가 형통할 때 지혜롭게 처신하는 법을 알고 있었다면, 그렇게 많은 역경이 주어지지는 않을 것입니다. 만일 우리가 입맞춤만으로 우리에게 필요한 모든 좋은 것들을 다 얻어낼 수 있다면, 하나님으로부터 그렇게 자주 채찍을 맞지는 않을 것입니다.

최근에 우리가 거의 기대하지 않았던 축복을 받은 적이 있습니까? 주님이 큰 방으로 우리의 발걸음을 인도하신 적이 있습니까? 예상 외로 큰 은혜를 받아 찬송할 기회가 있었습니까? 그렇다면 이때는 우리의 손이 제단뿔을 붙잡고 "나의 하나님이여, 여기에 나를 묶으소서. 나를 끈으로 영원히 묶어주소서"라고 부르짖을 때입니다. 우리는 하나님으로부터 받은 새로운 약속들을 이룰 필요가 있을 때마다 우리의 옛 맹세를 갚지 못하는 일이 일어나지 않도록 새로운 기도를 드려야 합니다. 오늘 아침 우리는 지난 달 감사한 마음으로 묵상했던 예수님의 고난들을 생각하며 그분과의 언약을 확실하게 지킵시다.

지면에는 꽃이 피고 새가 노래할 때가 이르렀는데 비둘기의 소리가
우리 땅에 들리는구나 - 아가서 2:12

봄은 참으로 아름다운 계절입니다. 길고 지루한 겨울은 우리에게 봄의 쾌적한 따스함을 감사하도록 돕고, 장차 여름이 오리라는 약속은 봄이 주는 현재의 즐거움을 배가시켜 줍니다. 영혼이 침체상태를 벗어난 다음에 의의 태양의 빛을 다시 한 번 바라보는 것은 즐거운 일입니다. 그때 잠자던 은혜들이 크로커스와 수선화가 땅으로부터 그 싹을 틔우는 것처럼 기지개를 켜고 일어납니다. 그때 우리 심령은 지저귀는 새들의 노랫소리보다 훨씬 더 감미로운 감사의 노래를 부르며 즐거워하게 될 것입니다. 또 비둘기의 노래보다 무한히 더 즐거운 평화의 노랫소리가 영혼 안에서 울려 퍼질 것입니다.

지금은 영혼이 그의 사랑하시는 분과의 교제를 추구할 때입니다. 지금은 영혼이 그 본성의 더러움으로부터 벗어나고, 그 옛 사귐으로부터 떠나야 할 때입니다. 만일 우리가 순풍이 불 때 돛을 올리지 아니하면, 잘못하는 것입니다. 잘 나갈 때 그것을 거슬러서는 안 됩니다. 예수님 자신이 우리에게 사랑을 갖고 찾아오셔서 일어나라고 권고하실 때, 어리석게도 그분의 권고를 거절할 수 있겠습니까? 그분은 우리가 자기를 따라오도록 하기 위해 부활하셨습니다. 그분은 지금 성령을 통해 우리를 소생시킴으로써 새로운 생명을 갖고 천국에 들어가 자신과 거룩한 교제를 가질 수 있도록 하셨습니다. 우리의 겨울과 같은 상태는 냉정함과 무관심 정도로 끝냅시다. 주님이 우리 안에 따스한 봄을 일으키실 때, 우리의 생명의 수액은 정력적으로 줄기를 따라 솟아오르고, 우리의 기지는 결단이 꽃들로 활짝 필 것입니다.

오 주여, 만일 나의 냉랭한 가슴 속에 따스한 봄이 찾아오지 않았다면, 나에게 그 봄을 보내주시기를 기도합니다. 왜냐하면 당신으로부터 멀리 떨어져 사는 것이 진심으로 싫기 때문입니다. 오! 주님, 당신은 길고 지루한 겨울을 언제 끝내시겠습니까? 성령이여, 오셔서 내 영혼을 새롭게 하소서! 나를 소생시키소서! 나를 회복시키고 은혜를 베푸소서! 오늘 밤 당신의 종에게 은혜 베푸시기를 충심으로 간구하오니, 저에게 영적 생명의 복된 소생을 허락하소서.

### 나의 사랑 내 어여쁜 자야 일어나서 함께 가자 - 아가서 2:10

보십시오, 나는 나의 사랑하는 분의 음성을 듣고 있습니다! 그분은 나에게 말씀하십니다! 좋은 날씨로 땅의 표면은 환한 미소를 머금고 있고, 삼라만상이 내 주변에서 겨울잠으로부터 깨어나는 동안, 주님은 내가 영적으로 잠에 빠져 있지 않도록 하실 것입니다. 그분은 내게 "일어나라"고 명령하시는데, 그것은 참으로 당연합니다. 왜냐하면 나는 세속의 먼지 도가니 속에 오랫동안 빠져 있었기 때문입니다. 그분은 부활하시고, 나도 그분 안에서 부활했는데, 왜 내가 그 먼지 더미 속에 빠져 있어야 하겠습니까? 저급한 사랑, 욕망, 추구, 그리고 열망들로부터 일어나 나는 그분께 나아갈 것입니다.

그분은 "나의 사랑"이라는 친근한 호칭으로 나를 부르시고, 나를 어여쁜 자로 여기십니다. 이것은 내가 일어나야 할 충분한 이유가 됩니다. 만일 주님이 이처럼 나를 일으키고, 나를 그렇게 어여쁘게 여기신다면 내가 어떻게 게달의 장막에서 꾸물거리고, 세상 사람들과 멍에를 같이 할 수 있겠습니까? 그분은 나에게 "함께 가자"고 말씀하십니다. 이기적이고, 천박스럽고, 세속적이고, 죄악된 모든 것들로부터 멀리 떠나라고 그분은 요구하십니다. 겉으로 보면 종교적인 모습으로 보이지만, 실제로는 주님을 모르고 영적인 삶의 신비에 대해 아무 감각이 없는 세계로부터 떠나라고 그분은 내게 말씀하십니다. "함께 가자"는 말씀은 내 귀에 전혀 거슬리는 소리가 아닙니다. 그것은 허영과 죄로 가득 찬 이 광야에서 나를 견고하게 지켜줄 것은 아무것도 없기 때문입니다.

오 나의 주여, 나는 당신과 함께 가기를 정말 원합니다. 그러나 나는 가시덤불 속에 있고, 내 스스로는 그 가시들로부터 벗어날 수가 없습니다. 가능하다면 죄에 대해 눈도 감고, 귀도 막고, 마음도 닫기를 원합니다. 당신은 "함께 가자"고 나를 부르고 계시고, 이 부르심은 참으로 감미로운 목소리입니다. 당신께 나아가는 것은 포로로부터 해방되어 고향으로 돌아가는 것입니다. 노도와 같은 폭풍을 벗어나 항구로 돌아가는 것입니다. 오랫동안 고생한 후 비로소 쉼을 얻는 것입니다. 내 욕구의 목표와 내 소원의 정상을 향해 가는 것입니다. 그러나 주여, 돌이 어떻게 스스로 일어설 수 있으며, 진흙덩어리가 어떻게 그 무서운 구덩이로부터 빠져나올 수 있겠습니까? 오 주여, 나를 일으키고, 나를 이끌어내소서. 당신의 은혜만이 그렇게 할 수 있습니다. 성령을 보내셔서 내 마음속에 거룩한 사랑의 불꽃이 타오르게 하소서.

누구든지 내 음성을 듣고 문을 열면 내가 그에게로 들어가
그와 더불어 먹고 - 요한계시록 3:20

오늘 저녁 당신의 소원은 무엇입니까? 그것이 하늘의 일입니까? 당신은 영원한 사랑에 관한 교훈을 실천하기 원합니까? 하나님과 아주 친밀한 교제 속에서 자유를 누리기를 바랍니까? 그 높이와 깊이와 길이와 넓이를 알고 싶은 열망이 있습니까? 그렇다면 당신은 예수님께 나아가지 않으면 안 됩니다. 당신은 그분의 보배로움과 완전하심을 분명히 볼 줄 알아야 합니다. 당신은 그분의 사역, 그분의 직분, 그분의 인격에 따라 그분을 바라보아야 합니다. 그리스도를 이해하고 있는 사람은 성령을 통해 기름부음을 받게 되고, 그 결과 그는 모든 것을 알게 됩니다. 그리스도는 하나님의 모든 방들의 문을 열 수 있는 만능열쇠가 되십니다. 예수님을 가까이하며 사는 영혼은 하나님의 보물창고의 문을 열고 그 모든 부요함을 충분히 누릴 것입니다.

당신은 다음과 같이 말할 수 있습니까: "오 그분이 바로 내 마음속에 거하십니다." "그분은 내 마음을 자신의 영원한 처소로 삼으셨습니다." 사랑하는 성도여, 문을 여십시오. 그러면 그분이 당신의 영혼 속에 들어오실 것입니다. 주님은 당신과 더불어 먹고, 당신은 그분과 더불어 먹도록 하기 위해 오랫동안 그 문을 두드리고 계셨습니다. 당신은 집이나 마음을 제공하기 때문에 그분이 당신과 더불어 먹고, 그분은 양식을 갖고 오시기 때문에 당신이 그분과 더불어 먹습니다. 만일 당신의 마음속에 그분이 거할 집이 없다면 그분은 당신과 더불어 먹을 수 없을 것입니다. 또 만일 그분이 양식을 갖고 오시지 않았다면 당신이 찬장이 비어있을 것이기에 그분과 더불어 먹을 수도 없을 것입니다. 그러므로 영혼의 문을 크게 열어놓으십시오. 주님은 당신이 느끼기 바라는 사랑을 갖고 들어오실 것입니다. 그분은 당신의 힘없이 쇠잔한 영에게 당신은 술 수 없는 기쁨을 가지고 들어오실 것입니다. 그분은 현재 당신이 갖고 있지 못하는 평화를 가지고 들어오실 것입니다. 그분은 자신의 포도주병을 갖고 오시고, 사랑의 달콤한 과일을 갖고 오셔서 당신이 "압도적인 사랑 곧 하나님의 사랑"의 병 외에 다른 병에 걸리지 않도록 당신의 힘을 북돋아 주실 것입니다. 그러므로 오로지 그분께 문을 열어드리고, 그분의 원수들을 쫓아내고, 그분께 당신의 마음의 열쇠를 드리십시오. 그러면 그분은 거기서 영원히 거하실 것입니다. 오, 이같이 추한 마음속에 이렇게 훌륭한 손님이 거하신다는 것은 얼마나 놀라운 사랑일까요!

이것을 행하여 나를 기념하라 - 고린도전서 11:24

본문을 보면 그리스도인들이 그리스도를 잊어버릴 가능성이 있는 것처럼 보입니다. 우리의 기억이 우리를 배반할 수도 있다는 두려운 가정이 없다면, 이같은 권면을 주실 필요가 없었을 것입니다. 이것은 애매한 가정이 아닙니다. 슬프게도 이것은 우리의 경험 속에서 단순한 가능성이 아니라 통탄할 만한 현실로서 실증되고 있습니다. 죽임을 당하신 어린양의 피로 구속받고, 하나님의 영원하신 아들의 한량없는 사랑을 받고 있는 사람들이 은혜로우신 구주를 잊어버린다는 것은 거의 불가능한 일처럼 보입니다. 그러나 놀라운 말로 들리지만, 애석하게도 우리 눈에 너무나 분명하게 목격되기 때문에 우리는 그 죄를 부정할 수 없습니다.

어떻게 우리가 우리를 결코 잊지 아니하시는 그분을 잊어버릴까요! 우리 죄를 위해 자신의 피를 쏟아내신 그분을 우리가 어떻게 잊어버릴까요! 죽기까지 우리를 사랑하신 그분을 우리가 어떻게 잊어버릴까요! 그것이 어떻게 가능할 수 있습니까? 그런데 그것은 가능할 뿐만 아니라 우리 모두가 슬프게도 주님을 단지 하룻밤 묵고 가는 나그네처럼 여기는 대실수를 저지른다는 사실을 우리 양심은 증거합니다. 우리의 기억 속에 영원히 거할 주인이 되셔야 할 분이 단순히 거쳐 가는 방문객이 되십니다. 항상 기억 속에 두고 생각해야 할 십자가가 무관심이라는 불의의 침입자가 들어와 망각의 발로 짓밟고 있습니다. 당신의 양심은 이것이 사실임을 말하고 있지 않습니까? 당신은 자신이 예수님을 잊고 사는 것을 발견하지 않습니까?

당신은 어떤 피조물에 마음을 빼앗겨 가장 사랑해야 할 주님을 잊고 있습니다. 당신은 세상일에 빠져서 고정시켜 바라보아야 할 십자가로부터 눈을 돌리고 있습니다. 끊임없이 일어나는 세상의 소란한 사건들, 세속적인 일들에 대한 지속적인 관심으로 인해 영혼은 그리스도로부터 멀어집니다. 독이 있는 잡초는 잘 기억하면서 사론의 장미(그리스도의 상징)가 시드는 것은 잘 기억을 못합니다. 그러나 우리는 사랑하는 예수님을 위해 우리 가슴 위에 하늘의 물망초(꽃말: 나를 잊지 마세요)를 달고, 다른 것은 다 밀어내고, 오직 그분만 견고하게 붙들어야 합니다.

깨어있는 ··· 자는 복이 있도다 - 요한계시록 16:15

"나는 날마다 죽노라"고 바울 사도는 말했습니다. 이것은 초대 교회 그리스도 인들의 삶이었습니다. 그들은 어디를 가든 생명의 위협을 받았습니다. 오늘날 우리는 그와 같은 두려운 핍박을 통과하도록 부르심을 받지 않습니다. 만일 우리가 그렇게 부르심을 받는다면, 주님은 우리에게 그 시험을 감당할 수 있는 은혜를 주실 것입니다. 그러나 오늘날 그리스도인들에게 주어지는 시험들은 외적으로는 그렇게 두려운 것이 아니지만, 그들은 격렬한 시험을 당하던 초대교회 성도들보다 훨씬 더 쉽게 굴복하는 것 같습니다. 우리는 세상의 조롱을 견뎌야 합니다. 사실 그것은 별로 큰 시험이 아닙니다. 정말 큰 시험은 세상의 달콤한 유혹, 속이는 말, 아첨, 아양 떠는 말, 위선 등입니다. 우리의 위험은 우리가 너무 부유하고, 너무 오만하다는데, 그리고 이 악한 세상의 풍습에 빠져서 신앙을 잃어버리는데 있습니다. 또는 부유함이 시험거리가 안 된다면, 세속적 염려가 똑같이 우리를 위험에 빠뜨립니다.

만일 우리가 으르렁거리는 사자에게 갈기갈기 찢겨짐을 당할 수 없다면, 우리가 곰에게 짓밟혀 죽음에 처해질 수 없다면, 마귀는 그리스도에 대한 우리의 사랑과 믿음을 파괴할 때까지 결코 방관하지 않습니다. 나는 오늘날처럼 순탄하고 부드러운 시대에 기독교 교회가 과거 그 무서운 박해 시대 당시보다 훨씬 더 쉽게 그 순결을 잃어버리는 것이 두렵습니다. 우리는 지금 깨어있어야 합니다. 왜냐하면 우리는 미혹의 땅을 걸어가고 있고, 예수를 믿는 우리의 믿음이 진실하지 않고, 예수님에 대한 우리의 사랑이 열렬한 불꽃처럼 타오르지 않는다면, 쉽게 잠들어 파멸에 이르고 말 것이기 때문입니다. 생각 없이 신앙고백을 하는 이 시대의 많은 사람들은 알곡이 아니라 가라지로 판명되기 쉽습니다. 위선자들은 얼굴에 아름다운 가면을 쓰고 있지만, 살아계신 하나님의 참된 자녀들은 아닙니다. 그리스도인이여, 지금은 정신을 바짝 차릴 때요, 거룩한 열정을 불태울 때입니다. 당신은 그 어느 때보다 이것들이 필요합니다. 영원하신 성령 하나님이 박해가 처절했던 과거 시대뿐만 아니라 만사가 순탄한 오늘날 이 시대에도 "이 모든 일에 우리를 사랑하시는 이로 말미암아 우리가 넉넉히 이기느니라"(롬 8:37)고 말할 수 있도록 그 전능하신 능력으로 당신 속에 역사하시기를 바랍니다.

하나님 곧 우리 하나님 - 시편 67:6

우리가 하나님이 주시는 영적 축복들을 제대로 활용하지 못하는 것은 이상한 일입니다. 그러나 우리가 하나님 자신을 거의 활용하지 못하는 것은 더 이상한 일입니다. 그분은 "우리 (자신의) 하나님"이신데도, 우리는 그분에 대해 거의 전념하지도 않고, 그분께 거의 구하지도 않습니다. 우리는 주님의 지혜를 얼마나 드물게 구할까요! 얼마나 자주 하나님의 인도를 구하지 않고 우리의 업무에 임할까요! 환난 속에 있을 때 얼마나 자주 주님께 그 짐을 맡기지 않고 우리 스스로 짊어지려고 애를 쓸까요! 이것은 우리가 그럴 수밖에 없기 때문이 아닙니다. 왜냐하면 주님은 "영혼아, 나는 네 것이다. 그러니 와서 네 뜻대로 나를 활용해라. 너는 내 창고를 자유롭게 출입할 수 있다. 자주 올수록 나는 더 좋다"라고 말씀하시기 때문입니다. 그러므로 우리가 하나님의 부요하심을 자유롭게 활용하지 못한다면 그것은 전적으로 우리 잘못입니다. 그렇다면 당신은 이렇게 좋은 친구를 갖고 있고, 그 친구가 되시는 하나님이 당신을 초청하고 있으니, 매일 그분으로부터 필요한 것을 얻어내십시오. 당신은 찾아갈 하나님을 갖고 있는 한, 절대로 부족함이 없을 것입니다. 당신을 도와줄 하나님을 갖고 있는 한, 당신은 절대로 두려워하거나 겁먹을 필요가 없습니다. 당신의 보물창고로 가서 필요한 것은 무엇이든 가져가십시오. 그곳엔 당신이 원하는 모든 것이 다 있습니다.

하나님이 당신에게 모든 것을 공급하도록 만드는 영적 기술을 배우십시오. 그분은 당신에게 모든 것을 주실 수 있습니다. 아니 그보다 더 좋은 것은, 그분은 당신에게 모든 것을 대신하실 수 있는 분이라는 것입니다. 그러므로 당신의 하나님을 활용하시기를 바랍니다. 기도로 그분을 이용하십시오. 그분은 당신의 하나님이시니까, 자주 그분께 나아가십시오. 오, 당신은 왜 그토록 큰 특권을 써먹지 못합니까? 그분께 달려가 당신이 필요로 하는 것은 무엇이든 구하십시오. 항상 믿음으로 그분을 활용하십시오. 만일 어두운 구름이 위에 떠있다면, 당신의 하나님을 태양으로 사용하십시오. 만일 강한 원수가 포위하고 있다면, 여호와 안에서 방패를 찾으십시오. 왜냐하면 그분은 그의 백성들에게 태양이자 방패가 되시기 때문입니다. 만일 인생의 미로에서 길을 잃어버렸다면, 그분을 안내자로 삼으십시오. 그러면 그분은 당신의 길을 인도해주실 것입니다. 당신이 무엇을 하든, 어디를 가든 하나님은 단지 당신이 원하는 것이요, 당신이 원하는 곳으로서, 당신이 원하는 모든 것을 하실 수 있는 분임을 잊지 마십시오.

여호와께서는 영원무궁하도록 왕이시니 - 시편 10:16

예수 그리스도는 신적 권리를 독재자처럼 주장하시지 않습니다. 하지만 그분은 실제로 그리고 진실로 하나님의 기름 부음을 받으신 왕이십니다. "아버지께서는 모든 충만으로 예수 안에 거하게 하시고"(골 1:19). 하나님은 주님에게 모든 권세와 권위를 부여하셨습니다. 사람의 아들로서 주님은 지금 만물을 다스리시는 교회의 머리가 되십니다. 또 그분은 그 허리에 생명과 죽음의 열쇠를 갖고 하늘과 땅, 지옥을 다스리십니다. 어떤 군주들은 국민의 뜻에 따라 왕이라 불리는 것을 좋아합니다. 확실히 우리 주 예수 그리스도도 그의 교회 안에서 그런 분이십니다. 만일 그분이 교회에서 왕이신지를 두고 투표를 할 수 있다면, 믿는 모든 사람들이 그분께 찬성표를 던질 것입니다. 오 우리가 그렇게 하는 것보다 그분을 훨씬 더 영광스럽게 하기를! 우리는 그리스도를 영화롭게 하는데 어떤 비용을 들이더라도 그것을 낭비라고 생각하지 않을 것입니다. 우리가 주님의 머리에 찬란한 면류관을 씌워드리고 사람들과 천사들 앞에서 그분을 아주 영광스럽게 높인다면, 우리가 당하는 고난은 즐거움이 되고, 손해는 오히려 이득이 되겠지요. 그렇습니다. 그분은 다스리시는 왕입니다. 왕이여, 오래 오래 다스리소서! 예수 왕이여, 만세! 주님을 사랑하는 순결한 영혼이여, 나아가십시오, 나아가서 그분의 발 앞에 무릎을 꿇고 당신의 사랑의 백합꽃과 감사의 장미꽃을 그분의 길에 뿌리십시오. "왕관을 가져가 만왕의 주님께 씌워드리자."

나아가 우리 주 예수님은 정복의 권세를 갖고 계시기에 시온의 왕이 되십니다. 그분은 그의 백성들의 심령들을 풍파로부터 지키고, 그들을 혹독하게 속박하고 있는 원수들을 물리쳐 주십니다. 우리의 대속자는 자신이 흘린 피가 흐르고 있는 홍해에 우리 죄의 비로(파라오)를 빠뜨려 죽였습니다. 그렇다면 그분은 여수룬(이스라엘의 다른 이름)에서 왕이 아니겠습니까? 그분은 율법의 강철 멍에와 무거운 저주로부터 우리를 구원하셨습니다. 그렇다면 그 해방자에게 왕관이 씌워져야 하지 않겠습니까? 우리는 그분의 분깃입니다. 그분은 자신의 칼과 활로써 아모리 족속의 손으로부터 우리를 구원하셨습니다. 그렇다면 누가 그분의 손이 행하시는 정복을 막을 수 있겠습니까? 예수 왕이여, 만세! 우리는 당신의 겸손한 통치에 크게 감사드립니다! 아름다우신 평화의 왕이여, 우리 마음을 영원토록 다스리소서!

주의 종에게 하신 말씀을 기억하소서 주께서 내게 소망을 가지게 하셨나이다 - 시편 119:49

특별히 무엇을 원하든, 당신은 그에 대한 약속을 성경 속에서 쉽게 발견할 수 있습니다. 당신은 인생이 너무 힘들고 곤고해서 피곤하고 연약한 상태 속에 있습니까? 그에 대한 약속의 말씀이 여기 있습니다: "피곤한 자에게는 능력을 주시며"(사 40:29). 이 약속을 읽을 때, 약속하신 그분에게 그것을 들고 가서 약속대로 이루어달라고 구하십시오. 당신은 그리스도를 찾고, 그분과 더 친밀한 교제에 목이 마릅니까? 그렇다면 이에 대해서도 별과 같은 약속의 말씀이 반짝반짝 빛을 발하고 있습니다: "의에 주리고 목마른 자는 복이 있나니 그들이 배부를 것임이요"(마 5:6). 이 약속을 보좌 앞에 계속해서 갖고 가십시오. 다른 것은 갖고가지 말고, 오직 이 말씀만 갖고가서 반복해서 이렇게 주장하십시오: "주여, 당신이 그렇게 말씀하셨으니 말씀하신 대로 행하소서."

당신은 죄 때문에 고민하고, 저지른 죄들의 무거운 죄책 때문에 힘들어하고 있습니까? 이 말씀을 한 번 들어보십시오: "나 곧 나는 나를 위하여 네 허물을 도말하는 자니 네 죄를 기억하지 아니하리라"(사 43:25). 하나님이 당신의 죄를 용서하셔야 한다고 주장할 만한 이유가 당신에게는 없습니다. 그러나 그분의 기록된 약속을 갖고가 변론하면, 그분은 그 약속대로 이루어주실 것입니다. 당신은 마지막 때 구원받지 못할까봐, 자신을 하나님의 자녀로 생각해왔었던 것과는 다르게 결국엔 버림받은 자가 될까봐 두려워하고 있습니까? 그것이 사실이라면, 다음과 같은 은혜의 말씀을 보좌 앞으로 갖고가 그것을 주장하기 바랍니다: "산들이 떠나며 언덕들은 옮겨질지라도 나의 자비는 네게서 떠나지 아니하며 나의 화평의 언약은 흔들리지 아니하리라"(사 54:10).

당신이 구주와 함께한다는 의식을 상실해서 슬픈 마음으로 그분을 찾고 있다면, 다음과 같은 말씀을 기억하십시오: "내게로 돌아오라 그리하면 나도 너희에게도 돌아가리라"(말 3:7). "내가 잠시 너를 버렸으나 큰 긍휼로 너를 모을 것이요"(사 54:7). 당신의 믿음의 기초를 하나님의 말씀 위에 두십시오. 당신이 두려워하거나 필요로 하는 것이 무엇이든, 당신의 아버지가 친히 서명한 약속어음을 들고 믿음 은행으로 가 그것을 제시하고, "주의 종에게 하신 말씀을 기억하소서 주께서 내게 소망을 가지게 하셨나이다"라고 말씀하심으로써 당신이 원하는 것을 받으십시오.

그러나 이스라엘 족속은 이마가 굳고 마음이 굳어 - 에스겔서 3:7

이 말씀에서 제외되는 자가 있습니까? 아무도 없습니다. 사랑받는 선민에 대해서 이와 같이 묘사되고 있습니다. 최고의 선민이 그렇게 악합니까? 그렇다면 우리는 얼마나 더 악하겠습니까? 내 영혼아, 오라, 그래서 그대가 이 보편적 죄책에 얼마나 깊이 연루되어 있는지 생각해 보라. 그리고 생각하는 동안 그 죄책으로 말미암아 그대에 주어질 수치를 감당할 준비를 하도록 하라.

첫 번째 고발은 염치없는 마음 곧 이마가 굳은 것입니다. 이것은 거룩한 염치가 부족한 상태 또는 악으로 불경스러운 일에 뻔뻔스럽게 된 상태를 말합니다. 회심하기 전 나는 죄를 범하면서도 전혀 가책을 느낄 수 없었습니다. 죄책에 대해 들어도 겸비해지지 않았고, 심지어는 그 죄악을 자랑하며 내면적으로 창피한 생각을 갖지도 못했습니다. 이런 죄인이 하나님의 집에 들어가 하나님께 기도하고 찬양하는 것은 얼마나 철면피 같이 악한 행위일까요! 슬프도다! 나는 거듭난 후에도 주님 앞에서 그분을 의심하고, 거만하게 불평하고, 성의 없이 예배드리며, 죄를 범하면서도 슬퍼하지 않았습니다. 만일 내 이마가 돌보다 더 굳고 더 단단하지 않다면, 거룩한 두려움을 더 크게 느껴야 하고, 상한 마음을 더 깊이 가져야 합니다. 아 슬프도다! 나는 참으로 염치없는 이스라엘의 가족 가운데 하나였습니다.

두 번째 고발은 강퍅한 마음입니다. 여기서도 나는 감히 예외가 아님을 주장해야 합니다. 이전에 나는 단지 돌 같은 마음을 갖고 있었습니다. 비록 지금은 은혜로 말미암아 거듭나고 새로운 마음을 갖고 있다고 해도, 과거의 완고함이 그대로 남아 있습니다. 나는 예수님의 죽으심을 통해 마땅히 바뀌어야 할 모습으로 바뀌지 못했습니다. 또 주변 사람들의 파멸, 시대의 악함, 하늘 아버지의 징계, 그리고 나 자신의 잘못 등에 대해서도 아무 감각이 없었습니다. 오 내 구주의 고난과 죽으심을 상기할 때 마음이 녹아내리게 하소서! 하나님이여, 내 안에서 이 냉혹함을, 이 역겨운 죽음의 속성을 제거해 주소서! 주님의 이름이 복이 있나이다. 주님께서는 어떤 질병도 고치지 못할 것이 없고, 구주의 보혈은 만능의 치료제이기 때문에, 그것은 내게도 효과가 있고 내 마음은 밀랍이 불 앞에서 녹아내리듯 녹아내릴 것입니다.

재앙의 날에 주는 나의 피난처시니이다 - 예레미야서 17:17

그리스도인의 길은 항상 햇빛이 비치는 밝은 길이 아닙니다. 그는 흑암과 폭풍의 때를 만나기도 합니다. 하나님의 말씀을 보면, "그 길은 즐거운 길이요 그의 지름길은 다 평강이니라"(잠 3:17)고 기록되어 있는데, 그것은 분명히 진리입니다. 그리고 기독교는 인간에게 하늘의 축복뿐만 아니라 땅의 축복도 준다고 생각하는 것은 위대한 진리입니다. 그러나 의인의 길이 "돋는 햇살 같아서 크게 빛나 한낮의 광명에 이르는"(잠 4:18) 길이라도, 때때로 그 빛이 가릴 때도 있다는 것을 우리는 경험으로 압니다. 어떤 때 보면 구름은 신자의 태양을 덮어버리고, 그때 그는 어둠 속을 걷고 빛을 보지 못하게 됩니다.

한동안 하나님과 더불어 즐거워했던 사람들이 많이 있습니다. 그들은 초신자 시절 햇빛 속에서 일광욕을 즐기고, "잔잔한 물가"가 있는 "푸른 초장"을 따라 걸었습니다. 그러나 어느 날 갑자기 그 환한 하늘에 구름이 몰려오는 것을 보게 됩니다. 그때 그들은 고센 땅 대신 모래사막을 걸어가야 합니다. 잔잔한 물가 대신에 거친 파도를 발견하고, 쓰라린 경험을 하게 되는데, 그때 그들은 "내가 하나님의 자녀라면 이런 일이 내게 일어나지 않았을 텐데" 하고 말합니다.

오! 어둠 속을 걷고 있는 성도여, 그렇게 말하지 마십시오. 하나님의 최고의 성도들은 쓴 물도 마셔보아야 합니다. 하나님이 가장 사랑하는 자녀들은 십자가를 짊어져야 합니다. 계속 순탄한 길만 걸어간 그리스도인은 아무도 없습니다. 항상 버드나무 아래서 수금을 켤 수 있는 성도는 아무도 없습니다. 아마 처음에는 연약하고 겁이 많기 때문에 하나님이 당신에게 순탄하고 구름 한 점 없는 맑은 날들을 허락하셨을지도 모릅니다. 하나님은 금방 털이 깎인 어린양에게 부드러운 바람을 보내십니다.

그러나 지금 당신은 이전보다 훨씬 강한 영적 생명을 갖게 되었고, 그래서 하나님의 성숙한 자녀들이 갖는 보다 원숙하고 노련한 경험 속에 들어가야 합니다. 우리가 참된 믿음을 행하고, 자기의존이라는 썩은 가지를 떼어내고, 그리스도 안에서 더 견고하게 뿌리를 내리기 위해서는 세찬 바람과 폭풍이 필요합니다. 재앙의 날에 우리는 우리의 영광스러운 소망의 가치가 얼마나 큰 것인지 깨닫게 될 것입니다.

여호와께서는 자기 백성을 기뻐하시며 - 시편 149:4

예수님의 사랑은 얼마나 끝이 없을까요! 그의 백성들의 유익 가운데 그분이 염두에 두고 있지 않은 것은 하나도 없습니다. 또 그들의 행복 가운데 그분에게 중요하지 않은 것은 아무것도 없습니다. 성도여, 주님은 당신을 영원한 존재로 생각하실 뿐만 아니라 아울러 유한한 존재인 것도 알고 계십니다. 다음의 말씀을 부정하지도 말고 의심하지도 마십시오: "너희에게는 머리털까지 다 세신 바 되었나니"(마 10:30). "여호와께서 사람의 걸음을 정하시고 그의 길을 기뻐하시나니"(시 37:23). 이 사랑의 망토가 우리의 모든 염려를 다 덮어주지 못한다면 우리에게는 참으로 슬픈 일입니다. 우리의 삶의 부분 가운데 주님의 은혜로우신 눈동자 아래 돌보심을 받지 못하는 부분이 있다면, 우리가 얼마나 많은 잘못을 저지를까요!

성도여, 예수님의 마음은 당신의 골치 아픈 일들에 대해서도 주목하고 있음을 확신하십시오. 그분의 사랑은 너무 크기 때문에 당신은 모든 문제들 속에서 그분을 의지할 수 있습니다. 당신이 고난 속에 있을 때 그분도 똑같이 고난을 받으시고, 아비가 자식을 불쌍히 여김같이 그분도 당신을 불쌍히 여기시기 때문입니다. 하나님의 아들의 그 넓으신 가슴 속에는 모든 성도들의 가장 사소한 일들까지 다 간직되어 있습니다. 오, 그의 백성들의 모든 마음을 품을 뿐만 아니라 그 다양하고 무수한 그들의 관심사를 헤아리시는 그분의 마음은 어떤 마음일까요!

오 그리스도인이여, 당신은 그리스도의 사랑을 잴 수 있습니까? 그분의 사랑이 당신에게 가져다준 것 — 칭의, 양자됨, 성화, 영생 — 을 생각해 보십시오. 참으로 부요하신 그분의 은혜는 측량할 수 없습니다. 당신은 그것들에 대해 다 말할 수 없고, 아니 심지어는 생각조차 할 수 없습니다. 오, 그리스도의 사랑의 광대함이여! 이 사랑이 우리 마음속에 반이나 채워져 있습니까? 아니 반대로 냉랭한 사랑을 갖고 있지 않습니까? 예수님의 놀라우신 인자와 부드러운 관심에 대해 우리는 희미하게 반응하고 더디게 답례하지 않습니까? 오 내 영혼아, 그대의 수금으로 감사의 노래를 부르라! 그대의 안식을 즐거워하라. 왜냐하면 그대는 외로운 방랑자가 아니라 그대의 주님을 통해 돌봄을 받고, 보호를 받고, 공급을 받고, 옹호를 받는 사랑스런 자녀이기 때문이니라.

이스라엘 자손이 다 … 원망하며 - 민수기 14:2

과거 이스라엘 백성들처럼 오늘날 그리스도인들 중에도 원망하는 사람들이 많습니다. 채찍에 맞을 때, 그 고통스런 섭리에 대해 불평하는 사람들이 있습니다. 그들은 "내가 왜 이런 고통을 당해야 하지? 내가 뭘 잘못했다고 이같은 징계를 받아야 하지?" 하고 묻습니다. 오 원망하는 자여! 당신에게 해주고 싶은 한 마디가 있습니다. 당신은 하늘 아버지의 섭리에 대해 왜 원망하십니까? 당신이 받아야 할 것보다 더 혹독하게 당신을 다루실까봐 그렇습니까? 이전에 당신이 저지른 반역이 어떤 죄악인지 생각해 보십시오. 그러나 그분은 당신을 용서하셨습니다! 확실히 그분이 자신의 지혜를 통해 지금 당신을 징계하는 것이 합당하다고 보신다면, 당신은 불평해서는 안 됩니다. 결국 당신의 죄에 합당한 만큼은 매를 맞고 있지 않습니다. 당신의 마음속에 들어있는 부패함을 생각해 보십시오. 그런데도 당신은 매를 맞는 것이 지나치다고 생각하겠습니까?

당신을 평가해 봅시다. 당신의 금 속에 얼마나 많은 불순물이 섞여 있는지 판단해 보십시오. 당신은 불이 그 불순물을 제거하는데 너무 뜨겁다고 생각합니까? 당신 속에 있는 그 교만하고 반역적인 영이 당신의 마음이 완전히 성화되지 않은 것을 증명하지 않습니까? 그 원망하는 말들은 하나님의 자녀들의 거룩하고 순종적인 본성과 반대되지 않습니까? 교정이 필요하지 않습니까? 그러나 만일 당신이 징계에 대해 불평한다면, 조심하십시오. 왜냐하면 원망하는 자들에게는 더 힘든 징계가 주어질 것이기 때문입니다. 하나님은 그의 자녀들이 첫 번째 매를 견디지 못하면 반드시 또 징계하십니다. 그러나 다음 한 가지 사실을 명심하십시오: "주께서 인생으로 고생하게 하시며 근심하게 하심은 본심이 아니시로다"(애 3:33). 하나님의 모든 징계는 당신을 정결케 하고 당신을 자신에게 더 가까이 이끌기 위해 사랑 안에서 주어집니다. 확실히 징계 속에서 아버지의 손을 인정할 수만 있다면, 체념하고 그것을 기꺼이 감수하는 것이 좋을 것입니다. 왜냐하면 성경은 다음과 같이 말씀하고 있기 때문입니다: "주께서 그 사랑하시는 자를 징계하시고 그가 받아들이시는 아들마다 채찍질하심이라 하였으니 너희가 참음은 징계를 받기 위함이라 하나님이 아들과 같이 너희를 대우하시나니"(히 12:6-7). "그들 가운데 어떤 사람들이 원망하다가 멸망시키는 자에게 멸망하였나니 너희는 그들과 같이 원망하지 말라"(고전 10:10).

하나님이여 주의 생각이 내게 어찌 그리 보배로우신지요 - 시편 139:17

　　하나님의 전지하심은 불경건한 사람에게는 전혀 위로를 주지 못하고, 그 대신 하나님의 자녀에게는 넘치는 위로를 줍니다. 하나님은 항상 우리에 관해 생각하시고, 우리가 그분의 마음에서 떠나지 않도록 하시며, 항상 우리를 자신의 눈 앞에 두십니다. 이것은 엄밀히 말해 우리에게 큰 유익입니다. 왜냐하면 한순간이라도 하늘 아버지의 눈을 벗어나 사는 것은 참으로 두려운 일이기 때문입니다. 하나님의 생각들은 항상 부드럽고, 신실하고, 지혜롭고, 신중하고, 미치지 않는 곳이 없습니다. 그것들은 우리에게 무한한 유익을 줍니다. 따라서 우리가 그것들을 기억하는 것은 최고의 즐거움입니다.

　　주님은 항상 그의 백성들에 관해 생각하셨고, 그 결과 그들의 선택과 그들의 구원을 보증하는 은혜언약이 주어졌습니다. 또 그분은 항상 그들에 관해 생각하실 것이고, 그리하여 그들이 최후의 안식을 안전하게 보장받도록 끝까지 성도의 견인을 제공하실 것입니다. 우리가 방황하는 모든 순간에도 영원하신 파수꾼의 지켜보시는 눈은 항상 우리에게 고정되어 있습니다. 우리는 목자의 눈을 벗어나 방황할 수 없습니다. 우리가 슬픔 속에 있을 때에도 그분은 끊임없이 우리를 관찰하시고, 그러기에 우리의 고통을 그분은 알고 계십니다. 우리가 수고할 때에도 그분은 우리의 모든 피곤함을 지켜보고 계시고, 자신의 책 속에 고투하는 성도의 모든 삶을 기록해 두십니다. 이같은 주님의 생각들은 우리가 가는 모든 길에 미치고, 우리 존재의 가장 깊은 영역까지 꿰뚫고 있습니다. 우리 신체의 신경이나 세포, 판막이나 혈관과 같은 기관들도 거기서 벗어나지 않습니다. 우리의 작은 세계의 아주 사소한 일들도 위대하신 하나님의 생각 속에 있습니다.

　　사랑하는 형제여, 이것이 당신에게 소중하지 않습니까? 그렇다면 그것을 붙드십시오. 비인격적인 신을 전파하고 자존적, 자기지배적 물질에 관해 말하는 어리석은 철학자들에게 미혹되지 마십시오. 주님은 살아계시고, 우리에 관해 생각하시는 분으로, 이것은 우리가 절대로 놓쳐서는 안 될 최고의 진리입니다. 왕의 생각은 아주 큰 가치를 갖고 있기 때문에 그것을 얻은 사람은 그것을 큰 행운으로 여깁니다. 그렇다면 만왕의 왕의 생각을 얻는 것은 얼마나 더 큰 행운일까요! 주님이 우리에 관해 생각하신다면, 그것은 참으로 좋은 일이고, 우리는 그것을 언제나 즐거워해야 합니다.

### 뺨은 향기로운 꽃밭 같고 향기로운 풀언덕과도 같고 - 아가서 5:13

보십시오, 꽃이 만발하는 계절이 왔습니다! 바람이 많은 3월과 비가 많은 4월은 지나가고, 온 땅이 아름다움으로 뒤덮이는 5월이 되었습니다. 내 영혼아 오라, 나들이옷으로 갈아입고 천국 사상들로 이루어진 화환을 만들러 가자. 당신은 어디로 가야할지 알고 있습니다. "향기로운 꽃밭"은 당신에게 잘 알려져 있고, 당신은 "향기로운 풀언덕"의 향내를 자주 맡아왔기 때문에, 곧장 당신의 지극히 사랑하는 자에게 달려가 그분 안에 있는 모든 사랑과 모든 기쁨을 취할 수 있을 것입니다. 그 뺨은 한때 채찍에 심히 맞았고, 종종 연민의 눈물이 흘러내렸습니다. 또 무수한 침 세례를 받아 얼룩졌지만 자비로운 미소를 머금을 때 그 뺨은 내 마음에 감미로운 향내를 풍겼습니다. 주님은 수치와 모욕에도 얼굴을 돌리지 아니하셨습니다.

오 주 예수여, 그러기에 나는 당신을 찬양할 때가 가장 즐겁습니다. 그 뺨은 슬픔의 쟁기로 파여 깊은 주름이 졌고, 가시관을 쓴 머리로부터 흘러내린 붉은 선혈로 빨갛게 물들었습니다. 이처럼 한량없는 그분의 사랑의 흔적들은 내 영혼에 "향수로 만든 기둥"보다 훨씬 더 매혹적인 대상이 될 수밖에 없습니다. 만일 주님의 얼굴 전체를 볼 수 없다면, 나는 그분의 뺨을 볼 것입니다. 왜냐하면 그분을 힐끗 한 번 바라보는 것만으로도 내 영혼에 말할 수 없는 새로운 힘이 솟아오르고 무한한 즐거움이 주어지기 때문입니다. 예수 안에서 나는 하나의 향기가 아니라 무수한 향기가 나는 꽃밭을, 하나의 꽃이 아니라 온갖 종류의 꽃들이 있는 향기로운 풀언덕을 발견합니다. 거기서 그분은 내게 나의 장미요, 나의 백합이요, 나의 오랑캐꽃이십니다. 그분이 나와 함께 있을 때, 내게는 일년 열두 달 내내 5월이고, 내 영혼은 그분의 은혜의 아침이슬에 행복한 얼굴을 씻고, 그분의 약속의 새들이 부르는 노랫소리를 듣고 위로를 얻기 위해 나아갑니다.

보배로우신 주 예수여, 당신과 지속적으로 그리고 끊임없이 교제하며 사는 것이 얼마나 큰 축복인지를 실제 삶 속에서 깨닫도록 하소서! 나는 연약하고 무가치한 존재지만, 당신은 황송스럽게도 그 뺨에 입맞춤하도록 해주셨습니다! 오 이제는 그 답례로 내 입술로 당신께 입맞춤하게 하소서!

### 나는 사론의 수선화요 - 아가서 2:1

물질세계에서 아름답다고 말할 수 있는 것이 무엇이든 예수 그리스도는 영적 세계에서 그보다 10배나 더 아름답습니다. 꽃들 중 수선화가 가장 아름다운 꽃으로 인정되고 있지만, 예수님은 그 꽃이 땅의 정원에서 보여 주는 것보다 훨씬 더 무한한 아름다움을 영혼의 정원에서 보여 주십니다. 그분은 아름답기로 세상에서 첫 번째 자리를 차지하십니다. 그분은 태양이요, 다른 모든 것들은 별들에 불과합니다. 왕의 아름다움은 모든 것을 능가하기 때문에 하늘과 낮도 그분과 비교하면 어둡게 보입니다. "나는 사론의 수선화요." 이것은 수선화 중에서도 가장 아름답고 가장 진귀한 수선화입니다. 예수님은 단순히 "수선화"가 아니라 "사론의 수선화"이십니다. 이것은 그분이 자신의 의를 "금"이라 부를 때, 특별히 "오빌의 금" — 최고 중의 최고 — 이라 부르는 것과 같습니다. 그분은 절대적으로 사랑스럽고, 최상급으로 사랑스럽습니다.

그분의 매력은 참으로 다양합니다. 수선화는 눈을 즐겁게 하고 그 향기는 상쾌하고 기분을 좋게 합니다. 마찬가지로 영혼의 모든 감각들 — 곧 그것이 맛이든 느낌이든 청각이든 시각이든 또는 영적 후각이든 — 은 예수 안에서 적절한 만족을 발견하게 됩니다.

그분의 사랑은 생각만 해도 달콤합니다. 사론의 수선화를 꺾어서 그 잎을 따십시오. 그리고 그 잎들을 기억의 단지 속에 저장해 두십시오. 그러면 오랫동안 그 잎의 향기가 풍겨나 온 집안을 그 향내로 가득 채울 것입니다. 그리스도는 잘 훈련된 영혼의 미각을 가장 크게 만족시킵니다. 향기를 구분해내는 최고의 애호가도 그 수선화에 대해서는 확실하게 만족할 것입니다. 그리고 영혼은 맛에 대한 최고의 경지에 도달할 때 그리스도로 당연히 만족합니다. 아니, 그분에게서 더 적당한 맛을 느끼게 됩니다. 천국 자체는 사론의 수선화를 능가하는 것을 하나도 갖고 있지 않습니다. 어떤 상징으로 그분의 아름다움을 충분히 설명할 수 있을까요? 인간의 말과 세상에 있는 것들로는 그분에 관해 충분히 말할 수 없습니다. 땅에서 볼 수 있는 가장 아름다운 것들로도 그분의 충만한 보배로움을 묘사하는 데는 희미한 흔적에 불과할 뿐입니다. 복된 수선화여, 내 마음속에서 영원히 피소서!

내가 비옵는 것은 그들을 세상에서 데려가시기를 위함이 아니요 - 요한복음 17:15

　모든 신자들이 하나님이 정하신 때가 되면 본향으로 돌아가 예수님과 함께 있게 되는 일이 벌어진다는 것은 참으로 즐겁고 복된 사건입니다. 지금 "믿음의 선한 싸움"을 싸우고 있는 주님의 군사들은 잠깐 후면 그 싸움을 마치고 그분의 기쁨에 동참하게 될 것입니다. 그런데 그리스도께서는 그의 백성들이 결국에는 자신이 있는 곳으로 가서 자신과 함께 있게 해달라고 기도하고 있지만, 그럼에도 불구하고 그들을 당장 이 세상에서 천국으로 데려갈 수 있게 해달라고 구하시지는 않습니다. 그분은 그들이 이곳에 머물러 있기를 바라십니다. 그런데 피곤에 지친 순례자는 "오, 저는 비둘기처럼 날개가 있다면 얼마나 좋을까요! 그러면 당장 날아가 편히 쉴 텐데"라고 얼마나 자주 기도할까요. 그러나 그리스도는 그렇게 기도하시지 않습니다. 그분은 우리가 주님의 곳간에 잘 익은 곡식더미처럼 들여질 때까지 우리를 아버지 손에 맡겨두십니다.

　예수님은 우리가 당장 죽어 천국으로 떠나게 해달라고 구하지 않습니다. 그 이유는 우리가 육신에 거하는 것이 우리 자신에게 유익이 없다면 다른 사람들의 유익을 도모하는데 필요하기 때문입니다. 그분은 우리가 악으로부터 보존받도록 기도하지만, 우리가 때가 이르기 전에 영광의 기업에 들어가게 해달라고 구하시지는 않습니다. 그리스도인들은 종종 고통을 당할 때 죽기를 원합니다. 그때 그들은 그 이유를 "주님과 함께 있기 원해서"라고 말합니다. 그러나 그들은 주님과 함께 있기를 바라서가 아니라 고통에서 벗어나기를 바라서 그렇다고 생각됩니다. 그렇지 않으면 그들은 고난 속에 있을 때만 아니라 아무 어려움이 없는 다른 때에도 똑같이 죽기를 바라야 할 것입니다. 그들은 구주와 함께 있기 위해서가 아니라 단순히 쉬고 싶은 마음에 본향에 돌아가기를 바랍니다.

　그런데 만일 우리가 바울이 그랬던 것처럼 그리스도와 함께 있는 것이 고난을 피하기 위한 소원보다 더 크기 때문에 이 세상을 떠나고 싶다면 그것은 정말 올바른 태도입니다. 그러나 비록 수고와 갈등과 고난 속에 있을지라도 주님이 기뻐하시는 대로 이 세상에서 오래 삶으로써 하나님을 영화롭게 할 마음과 욕망을 가지십시오. 그리하여 그분이 "그만하면 됐다!"고 말씀하실 때까지 인생을 그분께 맡기십시오.

이 사람들은 다 믿음을 따라 죽었으며 - 히브리서 11:13

　우리 주님이 강림하시기 전에 죽은 모든 복된 성도들의 묘비명을 보십시오! 그들이 어떻게 죽었는지, 곧 늙어서 죽었는지 아니면 사고로 죽었는지 그것은 중요한 문제가 아닙니다. 그들이 가장 가치 있는 기록으로 모두 공감하는 한 가지 사실, 그것은 "그들이 다 믿음을 따라 죽었다"는 것입니다. 그들은 믿음으로 살았습니다. 그것이 그들의 위로요, 그들의 인도자요, 그들의 삶의 동기요, 그들의 보호자였습니다. 그리고 그들은 신령한 은혜 안에서 똑같이 죽었고, 그때 그들은 오랫동안 살면서 즐겁게 불러왔던 인생의 찬가를 끝냈습니다. 그들은 육체나 자신들의 공로에 의존하지 않고 죽었습니다. 그들은 처음 하나님께 받아들여진 후 큰 영화를 맛보지는 못했지만 끝까지 믿음의 길을 지켰습니다. 믿음을 갖고 죽는 것은 믿음을 갖고 사는 것만큼 귀한 일입니다.

　믿음을 따라 죽는 것은 분명히 과거와 관련이 있습니다. 그들은 과거에 주어진 약속들을 믿었고, 자기들의 죄가 하나님의 은혜로 말미암아 도말되었다고 확신했습니다. 또 믿음을 따라 죽는 것은 현재와 관련이 있습니다. 이 성도들은 그들이 하나님께 받아들여졌음을 확신했습니다. 그래서 그들은 그분의 사랑의 빛을 향유했고, 그분의 신실하심 안에서 안식했습니다. 그리고 믿음을 따라 죽는 것은 미래와도 관련이 있습니다. 그들은 메시야가 확실히 오시리라는 것과 그분이 마지막 날 땅에 다시 오실 때 자기들이 무덤으로부터 일어나 그분을 보게 되리라는 것을 확신하고 죽었습니다. 그들에게 죽음의 고통은 단지 더 나은 상태로 가는 재탄생의 고통에 불과했습니다.

　내 영혼아, 이 묘비명을 읽고 용기를 내라. 당신의 삶은 은혜를 통해 걸어가는 믿음의 길로서, 보이는 것은 당신을 거의 만족시키지 못할 것입니다. 이것은 또한 가장 밝은 최고의 길이었습니다. 믿음은 이 일등성들이 항상 이곳을 비추며 운행하고 있는 궤도였습니다. 그것이 당신의 것이기 때문에 당신은 행복합니다. 오늘 밤 당신의 믿음의 창시자요 완성자이신 예수님을 새롭게 바라보십시오. 그리고 지금 천국에서 영광 속에 있는 영혼들과 똑같이 보배로운 믿음을 주시는 그분께 감사하십시오.

### 세상에서는 너희가 환난을 당하나 - 요한복음 16:33

성도여, 당신은 성도들이 왜 세상에서 환난을 당하는지 그 이유를 아십니까? 눈을 들어 위로 당신의 하늘 아버지를 바라보십시오. 그리고 순전하고 거룩하신 그분을 주목하십시오. 당신은 언젠가 그분과 같이 되리라는 사실을 알고 있습니까? 당신은 쉽게 그분의 형상을 닮기 원합니까? 스스로를 정화시키기 위해 고난의 풀무 속에 들어가 연단받아야 할 필요는 없습니까? 자신의 죄악을 제거하고 천국에 계신 아버지가 온전하신 것처럼 온전하게 되는 것이 쉬운 일입니까? 그리스도인이여, 이제는 당신의 눈을 아래로 돌려 보십시오. 당신은 자신의 발 밑에 어떤 원수들이 있는지 알고 있습니까? 당신은 과거에 사탄의 종이었습니다. 그런데 어느 왕이 자기 신복들을 기꺼이 남에게 내주겠습니까? 사탄이 당신을 그냥 놔두리라고 생각하십니까? 아닙니다. 그는 언제나 당신 곁에 있을 것입니다. 왜냐하면 그는 "우는 사자 같이 두루 다니며 삼킬 자를 찾아다니기"(벧전 5:8) 때문입니다. 그러므로 그리스도인이여, 아래를 볼 때 환난이 있음을 유념하십시오. 그 다음 당신은 당신 주위를 바라보기 바랍니다.

당신은 어디에 있습니까? 당신은 원수의 나라에서 이방인과 나그네로서 살고 있습니다. 세상은 당신의 친구가 아닙니다. 만일 세상이 당신의 친구라면 당신은 하나님의 친구가 아닙니다. 세상의 친구가 되는 사람은 하나님과는 원수가 되기 때문입니다. 당신은 어디서나 원수를 만나게 될 것을 명심하십시오. 잠자고 있을 때는 전쟁터에서 쉬고 있다고 생각하십시오. 길을 걸을 때는 원수가 울타리 안에 잠복하고 있는지 경계해야 합니다. 모기도 고향사람보다는 나그네를 더 문다는 속담처럼, 이 땅의 시험들이 당신을 공격할 것입니다. 마지막으로, 당신 안을 들여다보십시오. 당신의 마음속에 무엇이 들어있는지 살펴보십시오. 죄와 자아가 여전히 그 안에 있습니다. 아! 만일 마귀가 당신을 시험하지 않고, 원수들이 싸움을 걸어오지 않고, 세상이 올무를 놓지 않는다고 해도, 당신은 당신에게 큰 고통거리인 악을 자신 속에서 발견하게 될 것입니다. 왜냐하면 "만물보다 거짓되고 심히 부패한 것은 마음이기"(렘 17:9) 때문입니다. 그러므로 그것 때문에 절망하지 말고 환난을 각오하십시오. 하나님이 당신을 돕고 도우시기 위해 당신과 함께 하실 테니까요. 하나님은 "그들이 환난당할 때에 내가 그와 함께 하여 그를 건지고 영화롭게 하리라"(시 91:15)고 말씀하셨습니다.

큰 도움이시라 - 시편 46:1

언약의 축복들은 단순히 바라보기만 하라고 주어진 것이 아니라 받아먹으라고 주어진 것입니다. 심지어 주 예수님도 우리의 현재 필요를 채워주기 위해 주어지신 분입니다. 성도여, 당신은 그리스도를 마땅히 활용해야 할 만큼 활용하지 못하고 있습니다. 환난 속에 있을 때 왜 그분에게 당신의 모든 고통을 말씀드리지 않습니까? 그분이 연민의 감정을 갖고 있지 못해서 당신을 위로하거나 도와주실 수 없기 때문입니까? 아닙니다. 당신은 최고의 친구이신 분을 빼놓고 다른 친구들에게 찾아가지 않습니까? 그래서 자신의 고민을 사방에 말하면서도 그분의 가슴속은 빼놓지 않습니까? 당신은 지금 죄의 짐을 짊어지고 있습니까? 피로 가득 찬 샘이 여기 있습니다. 성도여, 그것을 활용하십시오. 써먹으십시오. 죄책감이 또다시 당신을 억누르고 있습니까? 예수님은 거듭거듭 용서의 은총을 베풀어주실 것입니다. 즉시 그리스도께 나아와 깨끗함을 받으십시오. 당신은 자신의 연약함 때문에 고민하고 있습니까? 그분은 당신의 힘이십니다. 왜 그분을 의지하지 못합니까? 당신은 자신이 벌거벗었다고 느끼고 있습니까?

영혼이여, 이리 오십시오. 여기서 예수님의 의의 옷을 걸치십시오. 그것을 바라만 보고 있지 말고, 입으십시오. 당신 자신의 의도 벗어버리고, 당신 자신의 두려움도 팽개치십시오. 그리고 주님이라는 깨끗하고 흰 세마포를 입으십시오. 그것은 입도록 되어 있습니다. 병에 걸려 신음하고 있습니까? 기도라는 응급실 벨을 눌러 자비의 의사를 부르십시오. 그분은 당신을 구하기 위한 만병통치약을 주실 것입니다. 당신은 가난하지만, "유력한 자가 친족"(룻 2:1)으로 있습니다. 얼마나 좋습니까! 그런데도 그분께 나아가 그 풍성한 재산을 좀 나눠달라고 요청하지 않겠습니까? 그분이 당신을 자기의 공동 상속자로 삼아 자기가 소유한 것은 당신의 것이라고 약속하셨는데도, 달라고 구하지 않겠습니까? 그리스도는 자기 백성들이 자신을 자랑만 하고 활용하지 못하는 것을 아주 싫어하십니다. 그분은 자신을 활용하는 자를 좋아하십니다. 우리가 그분의 어깨 위에 우리 짐을 올려놓으면 놓을수록 그분은 우리에게 그만큼 더 보배로우신 존재가 될 것입니다.

> "우리가 그분과 하나가 되면,
> 결코 뒤로 물러서거나 완고하거나 냉정할 수 없다.
> 마치 우리의 베들레헴이 시내산만큼 오래 된 것처럼."

사람이 어찌 신 아닌 것을 자기의 신으로 삼겠나이까 - 예레미야서 16:20

고대 이스라엘 백성들이 지은 큰 죄 가운데 하나는 우상숭배였습니다. 그런데 오늘날 영적 이스라엘 백성들도 똑같이 어리석은 죄를 범하는 경향이 있습니다. 레판의 별(행 7:43)은 더 이상 빛나지 않고, 여인들은 담무스를 위해 더 이상 애곡하지 않지만(겔 8:14), 맘몬신은 여전히 금송아지로서 건재하고, 교만의 산당은 포기되지 않았습니다. 자아는 다양한 형식으로 택한 자들을 지배하려고 획책하고 있고, 육신은 자리만 있으면 그 제단을 세우려고 광분하고 있습니다. 신자들에게는 종종 사랑하는 자녀들이 이 큰 죄를 저지르는 원인이 되기도 합니다. 주님은 우리가 자녀들을 정도를 넘어 지나치게 사랑하는 것을 보면 슬퍼하십니다. 압살롬이 아버지 다윗에게 그랬던 것처럼, 자녀들은 그 부모에게 큰 저줏거리가 될 수도 있습니다. 또는 그들은 하나님이 그들을 데려가심으로써 가정에 커다란 슬픔을 제공할 수도 있습니다. 만일 베개에 가시들이 자라 잠 못 이루는 밤을 갖기 원한다면, 자녀들을 맹목적으로 사랑하십시오.

"그들은 신이 아니라"는 것은 당연한 말입니다. 왜냐하면 우리의 어리석은 사랑의 대상들은 크게 의심스러운 축복들로서, 그것들이 현재 우리에게 주는 위안은 위험스럽고, 고난 속에 있을 때 그것들이 우리에게 주는 도움은 아주 미미하기 때문입니다. 그렇다면 왜 우리가 헛된 것들에 미혹되어 있습니까? 우리는 돌을 신으로 섬기는 불쌍한 이교도들을 동정하지만, 그러면서 우리는 돈을 신으로 섬기고 있습니다. 육체를 신으로 섬기는 것과 나무를 신으로 섬기는 것 사이에 어떤 차이가 있습니까? 그 원리, 그 죄, 그 어리석음 면에서 그것들은 똑같습니다. 다만 우리는 더 큰 빛을 갖고 있음에도 불구하고 그런 죄를 범하기 때문에 우리 속에 있는 죄가 훨씬 더 크다고 볼 수 있습니다. 이교도는 거짓 신에게 절하지만, 참 하나님을 전혀 모르기 때문에 그렇게 하는 것입니다. 그러나 우리는 살아계신 하나님을 저버리고 우상들을 섬긴다는 점에서 두 가지 죄를 동시에 범합니다. 주님이 이 가증한 죄로부터 우리를 깨끗이 정화시켜 주시기를!

"주여, 내가 지금까지 가장 사랑했던
우상이 무엇이든,
주님의 보좌로부터 그것을 끌어내고
오직 당신만을 경배하도록 도와주소서."

너희가 거듭난 것은 썩어질 씨로 된 것이 아니요 썩지
아니할 씨로 된 것이니 - 베드로전서 1:23

베드로는 흩어진 성도들이 "순전한 마음으로 뜨겁게" 서로 사랑하도록 아주 진지하게 권면했습니다. 그는 지혜롭게 자신의 주장을 율법이나 본성 또는 철학으로부터가 아니라 하나님이 그의 백성들 속에 심으신 고상하고 거룩한 본성으로부터 끌어내 설명하였습니다. 왕족들을 가르치는 지혜로운 교사들이 그들 속에 왕족의 정신이나 위엄 있는 행동을 심어주고 길러주기 위해 그들의 지위와 혈통에 대한 변론들을 끌어내는 것처럼, 베드로도 하나님의 백성들이 영광의 후사요, 만왕의 왕의 후손들로서 왕의 피가 흐르는 왕자들이요, 땅에서 가장 진실하고 오래된 가문에 속한 자들임을 생각하도록 설명했습니다.

베드로는 그들에게 이렇게 말했습니다: "너희가 진리를 순종함으로 너희 영혼을 깨끗하게 하여 거짓이 없이 형제를 사랑하기에 이르렀으니 마음으로 뜨겁게 서로 사랑하라 너희가 거듭난 것은 썩어질 씨로 된 것이 아니요 썩지 아니할 씨로 된 것이니 살아 있고 항상 있는 하나님의 말씀으로 되었느니라 그러므로 모든 육체는 풀과 같고 그 모든 영광은 풀의 꽃과 같으니 풀은 마르고 꽃은 떨어지되 오직 주의 말씀은 세세토록 있도다"(벧전 1:22-25).

우리는 인간의 영 속에서 우리의 거듭난 본성의 참된 존엄성을 인식하고 그 본성에 따라 사는 것이 좋습니다. 그리스도인이 어떤 사람입니까? 만일 당신이 그를 왕과 비교한다면, 그는 왕의 존엄성에 제사장의 성결함을 더한 사람입니다. 왕의 고귀함은 종종 그가 쓰고 있는 왕관 속에 있을 뿐이지만, 그리스도인에게는 그것이 그의 가장 깊은 내면의 본성 속에 심겨져 있습니다. 사람이 소멸할 짐승들보다 훨씬 고귀한 존재이듯이, 그는 새 본성으로 말미암아 다른 사람들보다 훨씬 고결한 존재입니다. 확실히 그는 자신을 대할 때 세상 사람들 가운데 한 사람으로 대하지 않습니다. 그는 하나님의 주권적 은혜를 통해 세상으로부터 구별된 존재로 선택받아 "특별한 백성"으로 기록되고, 그리하여 다른 사람들처럼 땅에 머리를 대고 살아갈 수도 없고, 세상 사람들과 똑같은 방식으로 인생을 살 수도 없습니다. 오 그리스도 안에 있는 성도여, 당신의 본성의 존엄성과 밝은 미래가 거룩을 더욱 강하게 붙들고, 악은 모양이라도 버리도록 작용하기를 바랍니다.

나는 그들의 하나님이 되고 그들은 나의 백성이 되리라 - 고린도후서 6:16

"나의 백성!" 이 말은 얼마나 듣기 좋은 호칭일까요! "그들의 하나님!" 이 말은 얼마나 기분좋게 하는 계시일까요! "나의 백성" ― 이 두 마디의 말 속에는 얼마나 많은 의미가 담겨져 있는지 모릅니다. 이 말에는 특별하다는 의미(speciality)가 담겨져 있습니다. 온 세계는 하나님의 것입니다. 하늘 심지어는 하늘의 하늘도 그분의 것입니다. 그분은 사람들을 다스리십니다. 그러나 그분이 택한 자들, 그분이 값주고 산 자들에 대해서는 "나의 백성"이라는 호칭으로 부르십니다. 이 말은 다른 사람들에 대해서는 쓰지 않는 호칭입니다. 이 말 속에는 소유권의 의미(proprietorship)가 내포되어 있습니다. 특별히 "여호와의 분깃은 자기 백성이라 야곱은 그가 택하신 기업입니다"(신 32:9). 땅의 모든 나라들이 그분의 것입니다. 온 세계가 그분의 권세 아래 있습니다. 하지만 그의 백성들, 그의 택하신 자들은 아주 특별하게 그분의 소유입니다. 왜냐하면 그분은 다른 사람들보다 그들을 더 위하셨기 때문입니다. 그분은 그들을 자신의 피로 값주고 사셨습니다. 그분은 자기 가까이 나아오도록 그들을 이끄셨습니다. 그분은 자신의 각별한 마음을 그들 위에 두셨습니다. 그분은 영원하신 사랑 곧 많은 물로도 끌 수 없고 시간이 아무리 흘러도 변하지 않는 사랑으로 그들을 사랑하셨습니다.

사랑하는 형제여, 당신도 믿음으로 그 가운데 한 사람임을 볼 수 있습니까? 당신은 하늘을 바라보고 다음과 같이 말할 수 있습니까?: "나의 주 나의 하나님이여, 당신을 아버지라고 부르도록 자격을 주는 그 각별한 관계로 말미암아 당신은 나의 것입니다. 또 당신께서 세상이 아니라 나에게 당신을 기쁘게 드러내셨을 때, 내가 당신과 누리기를 좋아했던 그 거룩한 교제로 말미암아 당신은 나의 것입니다." 당신은 영감으로 씌어진 성경을 읽고 거기서 당신의 구원 계약서를 발견할 수 있습니까? 그리스도의 보혈로 씌어진 당신의 이름을 찾을 수 있습니까? 겸손한 믿음을 통해 예수님의 옷을 붙잡고 "나의 그리스도여"라고 부를 수 있습니까? 만일 그렇게 할 수 있다면 하나님은 당신을 "나의 백성"이라고 부르실 것입니다. 왜냐하면 하나님이 당신의 하나님이고, 그리스도가 당신의 그리스도라면, 주님은 특별하고도 독특하게 당신을 사랑하시기 때문입니다. 당신은 하나님의 택함 받은 대상으로서 그분의 사랑하시는 아들 안에서 받아들여진 존재입니다.

삼가 말씀에 주의하는 자는 좋은 것을 얻나니 여호와를 의지하는
자는 복이 있느니라 - 잠언 16:20

지혜는 인간의 참된 힘이 되는 것으로, 그 인도를 받을 때 사람은 존재의 목적들을 가장 잘 이루게 됩니다. 인생의 문제를 지혜롭게 다루면, 사람은 그 풍성한 축복을 누리게 되고 그의 능력에 가장 합당한 자리에 서게 됩니다. 따라서 지혜를 통해 사람은 가장 좋은 것을 얻게 됩니다. 지혜가 없으면 사람은 정신없이 여기저기 뛰어다니지만 헛되이 힘만 쓰는 야생마와 같습니다. 지혜는 사람이 길 없는 인생의 황무지를 걸어갈 때 방향을 가리켜 주는 나침반과 같습니다. 그것이 없으면 그는 버려진 배와 같아서 바람이 불고 파도가 치는 대로 밀려다닙니다.

사람은 이 세상에서 사는 한 분별력이 있어야 합니다. 아니면 그는 좋은 것을 얻을 수 없고, 무수한 악에 시달림을 받게 될 것입니다. 순례자는 최대한 조심해서 그 발걸음을 떼어놓지 아니하면 인생의 가시나무들에 심각한 상처를 입고 고생하게 될 것입니다. 도적떼가 횡행하는 광야에서 안전하게 여행하려면 지혜롭게 처신해야 합니다. 만일 위대한 교사에게 훈련을 받은 우리가 그분이 인도하는 대로 따라가기만 한다면, 이 어두운 곳에서도 좋은 것을 얻을 것입니다. 또 이 에덴의 동쪽에서도 하늘의 열매를 거둘 수 있고, 땅의 숲 속에서도 낙원의 노래를 부를 수 있을 것입니다. 그러나 이 지혜를 어디서 발견합니까? 많은 사람들이 그것을 꿈꾸지만, 소유하지는 못했습니다.

우리가 그것을 어디서 배웁니까? 주님의 음성을 들어야 합니다. 왜냐하면 그분이 그 비밀을 말씀하시기 때문입니다. 그분은 사람들에게 참된 지혜의 길을 계시하셨고, 우리는 "여호와를 의지하는 자는 복이 있느니라"는 말씀 속에서 그 길을 발견합니다. 문제를 지혜롭게 다루는 참된 길은 여호와를 의지하는 것입니다. 이것이 인생의 난해한 미로들을 풀어가는 확실한 단서로서, 그대로 하기만 하면 영원한 축복을 얻게 됩니다. 여호와를 의지하는 자는 영감을 통해 주어지는 지혜의 학위증을 받습니다. 그는 지금 여기서 행복하고, 저기 천국에서는 더욱 행복하게 될 것입니다. 주여, 이 아름다운 저녁에 저와 함께 동산을 거니시면서 믿음의 지혜를 가르쳐 주소서!

우리가 그 안에 거하고 - 요한일서 4:13

당신은 당신 영혼의 처소를 원하십니까? "그 값이 얼마인지" 궁금합니까? 그것은 교만한 인간 본성으로 구할 수 있는 것보다 훨씬 더 값이 쌉니다. 그 집은 돈도 필요 없고, 값도 없습니다. 아! 당신은 비싼 값을 지불하고 싶겠지요! 당신은 그리스도를 얻기 위해서라면 무엇이든 기꺼이 지불할 생각입니까? 그렇다면 당신은 그 집을 구할 수 없습니다. 왜냐하면 그 집은 "값이 없기" 때문입니다. 당신은 영원히 그분을 사랑하고 섬기는 조건 외에는 아무것도 지불할 필요가 없는 주님의 집을 영원토록 임대할 마음이 있습니까? 당신은 예수님을 취해 "그 안에 거하지" 않겠습니까? 보십시오, 이 집은 당신이 원하는 모든 것이 갖추어져 있고, 당신이 사는 동안 필요로 하는 것보다 훨씬 더 많은 보화로 채워져 있습니다. 여기서 당신은 그리스도와 친밀한 교제를 이룰 수 있고, 그분의 사랑을 마음껏 누릴 수 있습니다. 또 그 식탁에는 당신이 영원히 먹고 살 만큼 충분한 음식이 차려져 있습니다. 피곤할 때에는 예수님과 함께 편안히 쉴 수도 있습니다. 거기서 밖을 내다볼 때 당신은 천국 자체를 볼 수 있습니다.

당신은 그 집을 갖고 싶습니까? 아! 집이 없다면, 당신은 "나는 집을 갖기 원합니다. 어떻게 그것을 얻을 수 있을까요?"라고 말하겠지요. 예, 그 열쇠가 여기 있습니다. 그 열쇠는 "예수께 오라"는 것입니다. "하지만 나는 그 집에 살기에는 너무 초라합니다"라고 말할 것입니다. 걱정하지 마십시오. 그 집 안에는 옷이 많습니다. 당신이 죄책감과 정죄감을 느끼고 있다면, 지체말고 오십시오. 그 집이 당신이 살기에는 너무나 좋을지 모르지만, 그리스도는 곧 당신을 변화시켜 그 집에 살기에 합당한 존재로 만들어주실 것이니까요. 그분이 당신을 씻기고 닦아주시면, 당신은 아마 "우리가 그 안에 거한다"라고 노래할 것입니다.

신자여, 이런 거처를 당신이 갖고 있으니 얼마나 행복합니까! 항상 안전하게 거할 수 있는 "견고한 집"을 갖게 되었으니 얼마나 큰 특권입니까! 그리고 "그 안에 거하는" 당신은 완전하고 안전한 집을 갖고 있을 뿐만 아니라 영원한 집을 갖고 있는 것입니다. 이 세상이 꿈처럼 사라질 때 그 집은 여전히 건재하고, 대리석보다 더 단단하고 쑥돌보다 더 견고하게 서 있을 것이며, 하나님처럼 자존할 것입니다. 왜냐하면 그 집은 바로 하나님 자신이기 때문입니다: "우리가 그 안에 거하고."

나는 나의 모든 고난의 날 동안을 참으면서 풀려나기를 기다리겠나이다 - 욥기 14:14

이 땅에서 잠시 살아 보면, 천국이 더 거룩한 곳으로 생각됩니다. 땀 흘려 수고한 다음에 쉬는 것만큼 달콤한 시간은 없습니다. 위험에 빠져본 사람만이 안전을 즐거워하는 법을 알고 있습니다. 이 땅의 쓰디쓴 물이 담긴 잔들은 영광의 황금 그릇 안에서 반짝거리는 새 포도주를 더욱 맛있게 만들어줍니다. 우리의 찢어진 갑옷과 생채기 진 얼굴은 우리가 세상을 이긴 사람들의 자리로 인도받을 때 그 승리를 더욱 빛나게 해줄 것입니다. 이 아래 세상에서 잠시 머무르는 시간이 없었더라면, 우리는 그리스도와의 충분한 교제를 가질 수 없었을 것입니다. 왜냐하면 그분은 사람들 사이에서 고난의 세례를 받으셨기 때문입니다. 따라서 우리는 그분의 나라에 들어가려면 똑같이 고난의 세례를 받아야 합니다. 그리스도와 나누는 교제는 너무 영광스럽기 때문에 그것 때문에 아무리 큰 슬픔을 당한다고 할지라도 그것은 가벼운 대가에 지나지 않습니다.

우리가 여기에 머물러야 할 또 다른 이유는 다른 사람들의 유익을 위해서입니다. 우리는 사명을 다 마치기 전에는 천국에 들어가기를 바라서는 안 됩니다. 우리는 죄의 광야에서 어둡게 된 영혼들에게 빛을 던져주어야 할 사명이 있습니다. 우리가 이 땅에서 오래 머무르는 것은 의심할 여지 없이 하나님의 영광을 위해서입니다. 시험 속에 있는 성도는 잘 세공된 다이아몬드처럼 왕의 면류관 속에서 크게 빛을 발하는 법입니다. 오랜 시간에 걸쳐 온갖 어려움을 감수하고, 포기하지 않고 호된 시련을 잘 참아내며 만들어낸 작품만큼 그 만든 자에게 영예가 되는 것은 없습니다.

우리는 하나님의 작품으로, 그분은 우리의 고난을 통해 영광을 받으십니다. 각 사람은 자기 자신의 욕망을 예수님의 영광을 위해 복종시켜야 합니다. "만일 흙 속에 누워 있는 것이 조금이라도 주님을 높이는 일이 된다면, 나는 땅의 항아리 속에 계속 누워 있으리라. 또 만일 이 땅에서 영원히 사는 것이 나의 주님을 더 영광스럽게 한다면, 천국 문이 닫히는 것이 나의 천국이 되리라." 우리의 시간은 영원한 작정으로 인해 고정되고, 결정되어 있습니다. 우리는 그것에 대해 걱정할 필요가 없고, 진주 문이 열릴 때까지 참음으로 기다려야 합니다.

많은 사람이 따르는지라 예수께서 그들의 병을 다 고치시고 - 마태복음 12:15

고질병에 걸린 많은 사람들이 예수님의 눈에 띄기 위해 몰려들었습니다! 그러나 우리는 그분이 그들을 싫어하지 않고 오래 참으며 기다리셨다는 말씀을 읽습니다. 주님의 발 앞에 가지각색 악들이 몰려들었습니다. 얼마나 신물나는 종기들이고 썩어 문드러진 상처들일까요! 그러나 그분은 모든 새로운 형태의 그 기괴한 악에 대해 대비가 되어있었습니다. 그리고 그 모든 악들을 이기셨습니다. 악의 화살이 어느 방향에서 날아오든 그분은 그 흉악한 권세를 제압하셨습니다. 열병의 열이든, 부종(浮腫)의 한기든, 중풍의 마비든, 광기의 발작이든, 나병의 더러움이든, 또는 눈병의 어둠이든 모든 것들이 그분의 말씀의 능력을 알고 그분의 명령에 줄행랑을 쳤습니다. 모든 곳에서 그분은 악을 물리치고 승리하셨고, 많은 사람들로부터 속박으로부터 구원받은 것에 대해 감사의 말을 들으셨습니다. 어디든 그분은 가셨고, 보셨고, 정복하셨습니다.

그것은 오늘 아침 여기서도 마찬가지입니다. 내가 어떤 질병에 걸렸든 나의 사랑하는 의사는 나를 고쳐주실 것입니다. 또 내가 기도할 때 생각나는 다른 사람들의 상태가 어떠하든, 나는 예수 안에서 그분이 그들의 죄도 치료해 주실 수 있으리라 확신합니다. 나의 주님의 치유능력을 생각할 때 나의 자녀, 친구, 가장 사랑하는 사람 각자에 대해, 그 모두에 대해 소망을 가질 수 있습니다. 그리고 내 자신에 관해 말한다면, 아무리 심각하게 죄 및 불의와 싸우고 있다 할지라도 나는 힘을 낼 수 있습니다. 이 땅에 계셨을 때 병자들을 고쳐 주셨던 그분은 지금도 그 은혜를 나누어 주시고, 죄인들 사이에서 이적을 행하고 계십니다. 그러므로 지금 당장 진지하게 그분께 나아갑시다.

오늘 아침 나는 주님이 어떻게 영적 치료를 베푸셨는지를 생각할 때 주님을 찬양하지 않을 수 없습니다. 사실 그것이 주님을 가장 유명하게 만든 요인입니다. 주님은 우리의 질병을 자신이 친히 담당하심으로써 우리를 고쳐주셨습니다. "그가 채찍에 맞으므로 우리는 나음을 받았도다"(사 53:5). 지상의 교회는 그 사랑의 의사를 통해 고침받은 영혼들로 가득합니다. 그리고 천국에 이미 가 있는 성도들도 "주님이 그들 모두를 고쳐주었다"고 고백합니다. 그러므로 내 영혼아, 오라. 와서 그분의 은혜의 덕을 널리 선포하고, 그것이 "여호와의 기념이 되며 영영한 표징이 되어 끊어지지 아니하도록"(사 55:13) 하라.

예수께서 이르시되 일어나 네 자리를 들고 걸어가라 하시니 - 요한복음 5:8

다른 많은 사람들처럼 38년 된 병자도 이적이 일어나고 표적이 베풀어지기를 기다리고 있었습니다. 그는 지겹도록 연못을 지켜보고 있었지만 천사는 오지 않았고, 또 그에게도 아무 일이 일어나지 않았습니다. 그러나 그는 그것만이 유일한 기회라고 생각하고 계속 기다렸습니다. 하지만 한 순간 말씀 한 마디로 자신을 고쳐주실 한 분이 자기에게 가까이 계신다는 사실을 몰랐습니다.

많은 사람들이 똑같은 처지에 있습니다. 그들은 특별한 감정, 놀라운 감동, 또는 신비한 환상 등을 기다리고 있습니다. 그들은 헛되이 기다리며 부질없이 바라보고 있습니다. 놀라운 표적이 보이는 경우가 어쩌다 한 번 있다손 치더라도 그것들은 정말 드물게 일어나는 것이고, 비록 그 일이 일어난다 해도 자신의 무력함을 느끼고 있는 사람들 누구도 물이 동하는 일이 자기에게 일어나도록 기대할 권리는 갖고 있지 않습니다.

수많은 사람들이 지금 수단들, 의식들, 맹세들, 결심들을 의지하면서 기다리고 있는 것은 참으로 슬픈 현실입니다. 무작정 때를 기다리는 것은 헛된, 완전히 헛된 일입니다. 그 동안 이 불쌍한 영혼들은, 나에게 와서 구원을 받으라고 말씀하시는 눈 앞에 있는 구주를 망각하고 있습니다. 그분은 당장 그들을 고쳐주실 수 있으나, 그들은 천사와 이적을 기다리는 것을 더 좋아합니다. 그분을 믿는 것이 모든 축복에 이르는 확실한 길이고, 그분은 무조건 신뢰할 가치가 있는 분입니다. 그러나 붙신 가운데 있는 사람들은 그분의 사랑의 따스한 가슴에 안기기보다는 베데스다 연못의 차가운 물 속에 던져지기를 더 바랍니다.

오, 오늘 밤 주님이 이렇게 행하고 있는 무수한 사람들에게 눈을 돌려 그들을 수복해 주시기를! 그들이 그분의 신적 능력을 무시하는 것을 용서하고, 그 부드러운 음성으로 절망의 자리에서 일어나 믿음의 힘으로 자리를 들고 걸으라고 말씀해 주시기를 앙망합니다! 오 주여, 이 조용한 저녁 때 이 모든 것에 대해 구하는 우리의 기도를 들어주셔서 날이 새기 전 그들이 주님을 바라보고 살게 하소서.

사랑하는 형제여, 이 속에 당신의 몫도 있지 않겠습니까?

고침을 받은 사람은 그가 누구인지 알지 못하니 - 요한복음 5:13

　행복하고 건강한 사람에게 세월은 참 짧습니다. 그러나 38년 된 질병을 안고 살아온 이 불쌍한 불구자에게는 그 인생이 참으로 길고 지루했을 것이 틀림없습니다. 그러므로 예수님이 말씀으로 그를 고쳐주셨을 때, 그는 베데스다 연못가에 누워 있었지만, 자기에게 일어난 변화를 진심으로 즐거워했습니다. 마찬가지로 몇 주나 몇 달 동안 절망 속에 빠져 애타게 구원을 사모했던 죄인도 주 예수님이 능력의 말씀을 주시고 믿음의 기쁨과 평화를 주실 때 그 변화를 크게 느끼고 즐거워하게 됩니다. 제거된 악이 너무 크기 때문에 우리는 그것을 역력히 느낄 수 있습니다. 심겨진 생명이 우리가 소유하기에는 너무나 벅찬 것이기 때문에 그 역사를 알아챌 수 있습니다. 일어난 변화가 너무나 신기하기 때문에 우리는 분명히 그것을 확인할 수 있습니다. 그러나 이 불쌍한 병자는 자기를 치료해준 장본인을 알지 못했습니다. 그는 그분이 얼마나 거룩하신지, 그분이 어떤 사명을 갖고 계신지, 또는 사람들 사이에서 무슨 일을 하고 계신지 전혀 몰랐습니다.

　그런 것처럼 그분의 보혈의 능력을 맛보았지만 정작 예수님에 관해서는 크게 무지한 심령들이 있을 수 있습니다. 우리는 지식이 없다고 사람들을 성급하게 정죄해서는 안 됩니다. 그러나 영혼을 구원하는 믿음을 볼 수 있는 곳에서 우리는 구원이 베풀어졌음을 믿어야 합니다. 성령은 사람들을 구원하여 거룩한 자들로 만들기 전에 회개하도록 역사하십니다. 자기가 알고 있는 것을 믿는 사람은 곧 자기가 믿고 있는 것에 대해 더 분명히 알게 될 것입니다. 그러나 무지는 악입니다. 왜냐하면 이 불쌍한 병자는 바리새인들에게 괴롭힘을 당하면서도 그들에게 적절하게 대처할 수 없었기 때문입니다. 반대자들에게 대답할 수 있다는 것은 다행스러운 일입니다. 그러나 우리가 주 예수님을 분명히 알고 이해하고 있지 못하다면 그렇게 할 수 없습니다. 하지만 그의 무지는 그의 몸이 고침받고 난 후 곧 고침을 받았습니다. 성전에서 주님이 그를 찾으셨기 때문입니다. 그 은혜로운 만남을 통해 그는 "자신을 온전케 한 장본인이 예수님이라는 사실"을 증거하게 되었습니다. 주여, 당신이 나를 구원하셨다면, 내가 사람들에게 당신을 선포할 수 있도록 당신을 가르쳐 주소서.

## 너는 하나님과 화목하고 - 욥기 22:21

만일 우리가 온전히 "하나님과 화목하고 평안 속에" 있으려면, 우리는 그분의 본질과 실재의 단일성뿐만 아니라 그분의 인격의 복수성에 대해서도 그분이 계시하는 대로 그분을 알고 있어야 합니다. 하나님은 "우리의 형상을 따라 우리가 사람을 만들자"(창 1:16)고 말씀하셨습니다. 사람은 자기 존재의 근원이신 "우리"에 관해 지식을 가질 때까지 만족해서는 안 됩니다.

성부 하나님에 관해 알려고 노력하십시오. 깊이 회개할 때 그분의 가슴에 머리를 묻으십시오. 그리고 당신이 그분의 아들로 불릴 만한 가치가 없음을 고백하십시오. 그분의 사랑의 입맞춤을 받아들이십시오. 그분의 영원한 성실하심의 증거인 반지를 당신의 손가락에 끼우십시오. 그분의 식탁에 앉아 그분의 은혜를 진심으로 즐거워하십시오.

그 다음에는 아버지의 영광의 광채이신 성자 하나님에 관해서 알기를 적극적으로 구하십시오. 그런데 우리를 위해 사람이 되신 그분은 말할 수 없는 낮아지심의 은혜를 보여 주십니다. 독특한 복합적 본성을 지닌 그분을 파악하십시오. 그분은 영원하신 하나님이지만, 고난받는 유한한 사람이 되셨습니다. 그분은 하나님의 능력으로 물 위를 걸으신 분이지만, 또한 동시에 인간의 피곤함 때문에 우물가에 앉아계시는 분이기도 합니다. 예수 그리스도를 당신의 친구, 당신의 형제, 당신의 신랑, 당신의 전부로 알게 될 때까지 만족하지 마십시오.

또 성령 하나님을 잊지 마십시오. 그분의 본질과 인격, 그분의 속성, 그리고 그분의 사역에 관한 명확한 시각을 갖기 위해 노력하십시오. 하나님의 영으로서 그분은 제일 먼저 혼돈 위로 운행하셔서 질서를 세우신 분이고, 지금은 당신의 영혼의 혼돈 속에 들어오셔서 거룩의 질서를 세우시는 분입니다. 그분을 하나님으로, 그리고 영적 생명의 수여자로, 조명자로, 인도자로, 보혜사로, 그리고 성화자로 보십시오. 그분을, 거룩한 기름처럼, 예수님의 머리 위에 임하시고, 그 후로는 그분의 옷자락처럼 존재하는 당신에게 임재해 계시는 분으로 보십시오. 당신이 진실로 하나님을 알고 있다면, 삼위일체 하나님을 믿는 이 지성적, 성경적, 그리고 체험적 믿음은 당신의 것이 될 것입니다. 이 지식이 당신에게 참된 평화를 줄 것입니다.

하늘에 속한 모든 신령한 복을 우리에게 주시되 - 에베소서 1:3

그리스도는 그의 백성들에게 과거, 현재, 미래에 속한 모든 은혜를 베풀어 주십니다. 언제인지 헤아릴 수 없는 태초에 주 예수님은 그의 아버지의 첫 번째 택자가 되셨고, 그 선택에 따라 그분은 우리에게 유익을 끼치셨습니다. 왜냐하면 우리는 창세전부터 그분 안에서 택함을 받았기 때문입니다. 그분은 영원 전부터 아버지의 독생자요 지극히 사랑받는 아들로서 장자권을 갖고 계셨습니다. 그분은 그 풍성하신 은혜 안에서 양자됨과 거듭남을 통해 우리를 또한 아들로 승격시켜 주시고, 나아가 우리에게 "하나님의 아들이 되는 능력"을 주셨습니다. 담보로 보증되고 서약으로 확증된 영원한 언약이 우리의 것이 되고, 그 결과 우리는 커다란 위로와 강력한 안전을 얻게 되었습니다.

주 예수님의 눈은 예정하시는 지혜와 전능하신 작정의 영원한 계획에 따라 우리 위에 항상 고정되어 있습니다. 우리는 운명의 전체 두루마리 속에서 그분의 구속받은 자들의 유익에 불리하게 기록된 내용이 하나도 없다는 것을 안심하고 받아들일 수 있습니다. 영광의 왕이 올리실 위대한 혼인잔치는 우리의 것입니다. 왜냐하면 그분은 우리와 약혼하셨고, 머지않아 온 우주를 향해 그 거룩한 혼례식을 선포할 것이기 때문입니다. 하늘의 하나님이 그 놀라우신 겸손과 낮아지심으로 행하신 기적적인 성육신도 우리의 것입니다. 피 흘리신 땀, 조롱, 십자가도 영원히 우리의 것입니다. 완전한 순종, 완수된 속죄, 부활, 승천, 또는 중보로부터 나오는 그 복된 결과들은 그것이 무엇이든 간에 모두 그분의 선물로서 우리의 것입니다.

그분은 또 지금 가슴 위에 우리의 이름을 달고 계십니다. 또 보좌에 앉아 그 권세 있는 간청으로 우리의 이름을 일일이 기억하고, 우리를 위해 간구하고 계십니다. 정사와 권세와 능력에 대한 주님의 통치와 하늘에서 갖고 계신 그분의 절대적인 위엄을 그분은 자기를 믿는 사람들의 유익을 위해 사용하십니다. 그분의 높아지신 상태도 그분이 낮아져서 우리를 섬기신 것만큼 똑같이 우리를 섬깁니다. 고뇌와 죽음의 심연 속에서 우리를 위해 자신을 내어주신 주님은 천국의 가장 높은 자리에 앉아계시는 지금도 우리를 위해 내어주시는데 후퇴를 모르십니다.

내 사랑하는 자야 우리가 함께 들로 가서 … 포도 움이 돋았는지 … 보자 - 아가서 7:11,12

교회는 열심히 일할 준비를 갖추고, 주님의 무리들이 그 일에 동참해주길 원했습니다. 교회는 "내가 갈 것이라"고 말하지 않고 "우리가 함께 가자"고 말합니다. 예수님이 우리 편이시라면 얼마나 복된 일일까요! 하나님의 포도원의 포도원지기가 되는 것이 하나님의 백성들의 임무입니다. 첫 번째 조상들처럼 우리도 쓰임받기 위해 하나님의 동산으로 들어갔습니다. 그러므로 우리는 들판으로 나가야 합니다. 교회가 온전한 정신으로 그 많은 수고를 그리스도와의 교제를 나누는데 투자할 때, 그 교회를 주목해 보십시오. 어떤 사람들은 그분과 교제를 나누게 되면 그리스도를 적극적으로 섬길 수 없다고 생각합니다. 그러나 그것은 잘못입니다. 물론 외적 활동이 내적 생명을 방해하기는 쉽습니다. 또 그때 사랑하는 자에게 "내 어머니의 아들들이 나에게 노하여 포도원지기로 삼았음이라 나의 포도원을 내가 지키지 못하였구나"(아 1:6)라고 불평하게 됩니다. 그러나 우리 자신의 어리석음과 게으름만 아니라면 이것이 사실이라고 말할 이유는 없습니다.

어떤 성도가 아무 일도 하지 않으면서 아주 바쁘게 일하는 사람들만큼 영적 생명을 잃어버릴 수도 있는 것도 사실입니다. 마리아는 계속 앉아 있는 것에 대해서가 아니라 예수님의 발 앞에 앉아 있는 것 때문에 칭찬을 들었습니다. 마찬가지로 그리스도인들은 예수님과 은밀한 교제를 갖는다는 핑계 아래 해야 할 일을 게을리 할 때는 칭찬받을 수 없습니다. 중요한 것은 앉아있는 것이 아니라 예수님의 발 앞에 앉아있는 것입니다. 활동이 그 자체로 악하다는 생각은 하지 마십시오. 그것은 커다란 축복이고, 우리에게 은혜를 가져다주는 수단입니다. 바울은 복음을 선하도록 부르심 받은 것을 자기에게 주어진 은혜라고 불렀습니다. 기독교의 모든 활동들은 그 일에 종사하는 사람들에게 개인적인 축복을 가져다줄 수 있습니다. 그리스도와 밀접하게 교제하기 위해서 속세를 떠나거나 은둔자가 되어야 하는 것은 아닙니다. 오히려 시간을 아끼지 않고 예수님을 위해 수고하는 지칠 줄 모르는 일꾼들이 수고할 때 주님과 동행하면서 교제하는 축복을 더 누리고, 그때 그들은 하나님과 함께 일하는 동역자가 됩니다. 그렇다면 우리는 예수님을 위해 어떤 일을 해야 할 때, 그 일을 하면서도 주님과 친밀한 교제를 나눌 수 있음을 기억해야 합니다.

그러나 이제 그리스도께서 죽은 자 가운데서 다시 살아나사 - 고린도전서 15:20

기독교의 교리체계는 "그리스도께서 죽은 자 가운데서 살아나셨다"는 사실에 기초하고 있습니다. 왜냐하면 "그리스도께서 만일 다시 살아나지 못하셨으면 우리가 전파하는 것도 헛것이요 또 우리 믿음도 헛것이기"(고전 15:14) 때문입니다. 그리스도의 신성을 가장 확실하게 보증하는 것은 그분의 부활입니다. 그것은 그분이 "성결의 영으로는 죽은 자들 가운데서 부활하사 능력으로 하나님의 아들로 선포되셨기"(롬 1:4) 때문입니다. 만일 그분이 부활하지 아니하셨다면 그분의 신성을 의심하는 것이 잘못이라고 말할 수 없습니다. 나아가 그리스도의 주권도 그분의 부활에 의존합니다. 그것은 "이를 위하여 그리스도께서 죽었다가 다시 살아나셨으니 곧 죽은 자와 산 자의 주가 되려 하심이기"(롬 14:9) 때문입니다. 또 언약의 최고의 축복인 칭의도 그리스도께서 죽음과 무덤을 이기신 승리와 밀접하게 연결되어 있습니다. 왜냐하면 "예수는 우리가 범죄한 것 때문에 내줌이 되고 또한 우리를 의롭다 하시기 위하여 살아나셨기"(롬 4:25) 때문입니다. 나아가 우리의 참된 거듭남도 그분의 부활과 관련되어 있습니다. 그 까닭은 "예수 그리스도를 죽은 자 가운데서 부활하게 하심으로 말미암아 우리를 거듭나게 하사 산 소망이 있게 하셨기"(벧전 1:3) 때문입니다. 그리고 우리의 궁극적 부활도 정말 당연하게 그분의 부활에 의존합니다. 왜냐하면 "예수를 죽은 자 가운데서 살리신 이의 영이 너희 안에 거하시면 그리스도 예수를 죽은 자 가운데서 살리신 이가 너희 안에 거하시는 그의 영으로 말미암아 너희 죽을 몸도 살리시리라"(롬 8:11)고 하셨기 때문입니다. 만일 그리스도께서 부활하지 않았다면, 우리도 부활하지 못할 것입니다. 그러나 그분이 부활하셨다면, 그리스도 안에서 잠을 자고 있는 자들도 멸망치 않고 육체 안에서 그들의 하나님을 확실하게 볼 것입니다. 이처럼 그리스도의 부활은 성도의 모든 축복들 곧 거듭남으로부터 영원한 영광에 이르기까지 관통해서 하나로 묶어 놓은 실과 같습니다. 그렇다면 의심하지 않고 "이제 그리스도께서 죽은 자 가운데서 다시 살아나셨다"는 사실을 인정하는 것은 얼마나 즐거운 일일까요!

"하나님이 그의 아들을 다시 살리심으로 약속은 성취되고,
구속 사역은 이루어지고, 공의와 은혜는 화목을 이루었다."

### 아버지의 독생자의 영광이요 은혜와 진리가 충만하더라 - 요한복음 1:14

성도여, 당신은 그리스도는 죽은 자로부터 부활하신 첫 열매일 뿐만 아니라 아버지의 유일하신 아들이라고 하는 사실을 증거할 수 있습니까? 당신은 다음과 같이 말할 수 있어야 합니다: "온 세상이 그분을 인간으로 여긴다 해도 나는 그분을 하나님으로 여긴다. 그분은 나를 위해 하나님 외에는 하실 수 없는 일을 하셨다. 그분은 나의 완고한 뜻을 꺾고, 돌 같이 단단한 마음을 녹이고, 굳게 닫힌 청동 문을 열며, 철 방책을 제거하셨다. 그분은 나의 슬픔을 웃음으로, 나의 절망을 기쁨으로 바꾸셨다. 그분은 나를 포로로 삼고 내 마음을 말할 수 없는 기쁨과 영광으로 충만하게 하셨다. 다른 사람들은 그분에 관해 마음대로 생각하도록 놔두라. 하지만 내게는 그분이 아버지의 독생자이심이 틀림없다. 그분의 이름은 복이 있다. 그분은 은혜로 충만하다. 아! 그분이 아니었더라면 나는 그분의 은혜를 피하기 위해 애썼을 것이다. 그분은 내가 자신의 은혜로부터 도망치려고 할 때, 나를 끌어당겨 주셨다. 그리고 결국 내가 사형선고 받은 죄수처럼 떨며 그분의 속죄소로 나아갔을 때, 그분은 '그대의 죄는 크지만 다 용서받았다. 그러니 기운을 내라'고 말씀하셨다. 또 그분은 진리로 충만하다. 그분의 약속들은 진실하고, 한 번도 실패한 적이 없다. 내가 섬기고 있는 분과 같은 주인을 모신 종은 어디에도 없다는 것을 나는 증거한다. 나에게 있는 친척과 같이 좋은 형제는 아무도 없었다. 내 영혼의 신랑이 되신 그리스도와 같은 신랑은 어디에도 없었다. 그분 이상으로 좋은 구주는 죄인 중에 절대로 없다. 그리스도께서 내 영에 주신 것보다 더 큰 위로를 주시는 위로자는 세상에 없다. 나는 그분 외에 아무도 원하지 않는다. 삶 속에서 그분은 내 생명이고, 죽을 때 그분은 사망의 끝이 되며, 가난할 때 그리스도는 나의 부요함이 되고, 병들었을 때 그분은 나의 침대가 되고, 어둠 속에 있을 때 그분은 나의 별이 되시며, 밝은 빛 속에 있을 때 그분은 나의 태양이 되신다. 그분은 광야 여정 속에서 만나가 되시고, 가나안 땅에 들어갔을 때 무리들의 새로운 양식이 되실 것이다. 예수님은 나에게 은혜는 충만하게 베푸시지만 결코 진노는 드러내지 않는 분이고, 진리로 충만하지만 거짓은 추호도 없으신 분이다. 그리고 그분에게는 진리와 은혜가 충만하되, 무한히 충만하시다. 내 영혼아, 오늘 저녁 그대의 온 힘을 다해 '독생자'를 찬송하라."

## 내가 … 너희와 항상 함께 있으리라 - 마태복음 28:20

항상 동일하시고 항상 우리와 함께 하시는 분이 계신다는 것은 즐거운 일입니다. 또 인생의 바다의 파도들 한가운데 흔들리지 않는 반석이 하나 있다는 것도 복된 일입니다. 오 내 영혼아, 녹슬고 좀먹고 썩어가는 세상 보물에 마음을 두지 말고, 그대에게 영원토록 신실하신 주님께 마음을 두라. 그대의 집을 거짓된 세상의 흔들리는 모래 위에 짓지 말고, 심하게 쏟아지는 소낙비와 노도처럼 몰려오는 홍수 가운데서도 절대로 흔들리지 않고 안전하게 서 있는 이 반석 위에 그대의 소망을 두라. 내 영혼아, 그대에게 권면하노니, 그대의 보물을 유일하게 안전한 그 창고 속에 쌓아두라. 절대로 잃어버릴 염려가 없는 그곳에 그대의 보석들을 보관해 두라.

성도여, 당신은 그리스도 안에 모든 것을 두어야 합니다. 당신의 모든 애정을 그분에게 두고, 당신의 모든 소망을 그분의 공로에 두며, 당신의 모든 신뢰를 그분의 유효한 피에 두고, 당신의 모든 기쁨을 그분의 임재 속에 두십시오. 그렇게 되면 당신은 세상에서 무엇을 잃어버리든 웃을 수 있고, 어떤 멸망이 찾아온다 해도 문제삼지 않을 수 있을 것입니다. 세상 정원에 있는 모든 꽃들은 점차 시들어 사라지고, 어둡고 차가운 땅 외에는 아무것도 남지 않게 될 날이 곧 옵니다. 죽음의 검은 그림자가 당신의 촛불을 꺼버릴 것입니다. 오! 촛불이 꺼질 때 햇빛이 있다는 것은 얼마나 놀라운 축복일까요! 거친 홍수가 곧 당신과 당신이 가진 모든 것 사이에 몰아닥칠 것입니다. 그때 당신을 결코 떠나지 않으실 주님께 당신의 마음을 바치십시오. 당신과 함께 캄캄하고 흉흉한 죽음의 강물을 건너 당신을 천국 해안에 안전하게 데려다주고, 천국에서 영원토록 당신을 그분과 함께 앉아 있도록 하실 주님께 자신을 맡기십시오.

고통 속에서 슬퍼하는 형제여, 가십시오. 가서 육친의 형제보다 더 가까운 친구에게 당신의 은밀한 마음을 다 털어 놓으십시오. 당신의 모든 염려를 그분께 맡기십시오. 그분은 절대로 당신을 떠나지 아니하고, 당신을 절대로 버려두지 아니하시며, 또 당신이 자신을 떠나도록 절대로 방관하지 않으실, "어제나 오늘이나 영원토록 동일하신 예수 그리스도"(히 13:8)이십니다. "볼지어다 내가 너희와 항상 함께 있으리라"는 말씀은 어느 누가 나를 저버린다고 해도 내 영혼이 안심하기에 충분한 은혜의 말씀입니다.

오직 강하고 극히 담대하여 - 여호수아서 1:7

하나님은 자기 종들을 지극히 사랑하기 때문에 그들의 내면의 감정 상태에 대해 큰 관심을 갖고 계십니다. 그분은 그들이 담대한 마음을 갖기를 바라십니다. 어떤 사람들은 신자가 의심과 두려움에 사로잡혀 시달리는 것을 하찮은 일로 생각하지만 하나님은 그렇게 생각하시지 않습니다. 본문에서 하나님은 우리가 두려움에 시달리지 않도록 하시겠다는 것을 분명히 하십니다. 그분은 우리가 두려움 없이, 의심 없이, 겁이 없이 살기를 원하십니다. 우리 주님은 우리가 갖고 있는 불신앙을 결코 가볍게 생각하시지 않습니다. 낙심할 때 우리는, 사소하게 다룰 증세가 아니라 즉각 위대하신 의사에게 나아가 치료받아야 할 우울증에 시달립니다. 주님은 슬픔에 젖어있는 우리 얼굴을 보는 것을 좋아하시지 않습니다. 아하수에로가 다스리던 당시의 법에 따르면, 슬픈 얼굴을 하고 궁정에 들어가는 것이 금지되었습니다. 하지만 이것은 만왕의 왕의 법이 아닙니다. 왜냐하면 우리는 있는 모습 그대로 슬퍼하며 그 왕께 나아갈 수 있기 때문입니다. 그러나 그분은 우리가 슬픔의 영으로부터 벗어나 찬양의 옷을 입기를 바라십니다. 그것은 즐거워해야 할 이유들이 우리에게는 많기 때문입니다.

그리스도인은 용감하게 시험을 견딤으로써 주님을 영화롭게 하기 위해서 담대한 마음을 가져야 합니다. 만일 그가 두려워하고 나약하다면, 그것은 그의 하나님을 불명예스럽게 만드는 것입니다. 또한 그것은 참으로 좋지 못한 본보기가 되어버립니다. 이 의심과 낙심의 질병은 주님의 양 떼들 사이에 급성으로 전염되는 유행병입니다. 침체에 빠진 한 사람의 신자가 20명의 영혼들을 슬프게 만듭니다. 더구나 당신의 용기가 유지되지 않는다면, 사탄은 당신에게 크게 역사할 것입니다. 당신의 영이 구주이신 하나님 안에서 즐거워하도록 하십시오. 주님을 즐거워하는 것이 당신의 힘이 되고, 지옥의 원수는 당신에게 덤벼들지 못할 것입니다. 그러나 겁쟁이는 사탄에게 백기를 들고 말겠지요. 또 즐거운 영을 가진 사람이 하는 수고는 빛이 되고, 즐거운 성공이 기다리고 있습니다. 온 마음으로 믿는 믿음을 갖고 일하며 하나님 안에서 즐거워하는 사람은 성공이 보장되어 있습니다. 소망으로 씨를 뿌리는 사람은 기쁨으로 거둘 것입니다. 그러므로 사랑하는 성도여, "오직 강하고, 극히 담대하십시오."

그에게 나를 나타내리라 - 요한복음 14:21

주 예수님은 그의 백성들에게 자신을 특별하게 계시하십니다. 비록 성경이 그
것을 기록하고 있지 않지만, 자신의 체험을 통해 그분에 관한 진리를 증거하는
하나님의 자녀들이 많습니다. 그들은 자기들의 주님이자 구주이신 예수 그리스
도에 관해 단순히 읽거나 듣는 것과 같은 방법으로는 결코 주어질 수 없는 아주
특별한 방법으로 계시를 받았습니다. 유명한 성도들의 전기를 보면, 예수님이 아
주 특별한 방법으로 그들의 영혼에게 말씀하시고, 그분의 인격에 관한 이적들을
펼치신 기록들을 수없이 찾아볼 수 있습니다. 그렇습니다. 그때 그들은 천국에
있지 못하고 그 문턱에 가까이 있을 뿐이었지만, 자기들이 천국에 있는 것처럼
생각하고 행복에 젖어들었습니다. 왜냐하면 예수님이 자신을 그의 백성들에게
계시하시면, 그곳이 바로 지상천국이요, 초기의 낙원이요, 시작된 지복이기 때문
입니다.

그리스도께서 자신을 특별히 계시하시면, 신자의 마음속에 경건한 영향력을
미치게 됩니다. 그 중 한 가지 결과가 겸손입니다. 만일 어떤 사람이 "나는 주님
과 깊은 영적 교제를 가졌기 때문에 위대하다"고 말한다면, 그는 결코 그리스도
와 진정한 교제를 나눈 적이 없었던 사람입니다. 왜냐하면 "여호와께서는 높이
계셔도 낮은 자를 굽어 살피시며 멀리서도 교만한 자를 아시기"(시 138:6) 때문
입니다. 하나님은 그들을 아시기 위해 굳이 그들에게 가까이 나아갈 필요가 없
고, 또 사랑으로 방문하지도 않을 것입니다. 또 한 가지 결과는 행복입니다. 왜냐
하면 하나님의 임재 속에는 항상 기쁨이 있기 때문입니다. 그리고 거룩도 반드시
따라올 것입니다. 거룩하지 않은 사람은 주님의 계시를 받은 사람이 아닙니다.
어떤 사람들은 굉장한 체험을 했다고 고백하지만, 우리는 그들이 말하는 것이
행동과 일치하지 않는다면, 그것을 절대로 믿어서는 안 됩니다. "스스로 속이지
말라 하나님은 업신여김을 받지 아니하시나니"(갈 6:7). 그분은 악인들에게는
자신의 특별한 호의를 보여 주시지 않습니다. 그것은 그분이 온전한 자는 물리
치지 아니하고, 악을 행하는 자는 중히 여기지 아니하시기 때문입니다. 이처럼
예수님께 가까이 나아가면, 겸손, 행복, 그리고 거룩이라는 세 가지 결과가 나타
납니다. 그리스도인이여, 하나님이 당신에게 그것들을 베풀어주시기를 기도하십
시오.

애굽으로 내려가기를 두려워하지 말라 내가 거기서 너로 큰 민족을 이루게 하리라
내가 너와 함께 애굽으로 내려가겠고 반드시 너를 인도하여
다시 올라올 것이며 - 창세기 46:3,4

야곱은 아버지가 살던 땅을 떠날 생각을 했을 때 몹시 두려워했던 것이 틀림 없습니다. 그곳은 새로운 무대로서, 고생스러운 땅이 될 수도 있었습니다. 누가 아무 걱정 없이 이방인 군주가 다스리는 곳에 밀사처럼 들어갈 수 있겠습니까? 그러나 그 길이 그에게는 분명히 정해진 길이었기 때문에 가기로 결심했습니다. 이것은 오늘날 신자들이 자주 처하는 입장이기도 합니다. 그들은 전혀 겪어보지 못한 위험과 시험 속에 들어가도록 요청을 받습니다. 그때 그들은 야곱의 실례를 본받아야 합니다. 야곱은 하나님께 기도의 희생제물을 드리고 그분의 지시를 구했습니다. 그들은 하나님이 축복을 베푸실 때까지 한 발자국도 옮겨서는 안 됩니다. 그렇게 하면 그들은 야곱과 동행하신 하나님을 그들의 친구이자 보호자로 갖게 될 것입니다. 주님이 인생의 모든 길에서 우리와 함께하시고, 우리와 함께하시기 위해 우리의 낮아짐과 비천함 속에 들어오셨음을 느끼는 것은 얼마나 복된 확신일까요! 우리 아버지의 사랑은 그 힘이 태양처럼 바다 밖까지 미칩니다. 우리는 여호와가 자신의 임재를 약속하시는 곳에 가기를 지체할 수 없습니다. 심지어 사망의 음침한 골짜기라 할지라도 이 확신의 빛은 그곳을 밝게 비출 것입니다.

하나님을 믿는 믿음을 갖고 전진하는 신자들은 야곱의 약속을 받게 될 것입니다. 그들은 인생의 환난에 처하든 아니면 사망의 음침한 방에 있든 다시 구원받을 것입니다. 야곱의 후손들은 때가 되자 애굽으로부터 나오게 되었습니다. 마찬가지로 오늘날 신실한 자들도 인생의 환난과 죽음의 공포를 상처 하나 입지 않고 통과할 것입니다. 우리는 야곱과 같은 확신을 행사해야 합니다. "두려워하지 말라"는 말씀은 하나님의 뜻에 순종하여 새로운 바다로 나가는 사람들에게 주신 주님의 명령이자 격려입니다. 하나님의 임재와 보호는 불신에서 오는 두려움을 절대로 용납하지 아니합니다. 하나님이 없이는 우리는 움직이는 것조차 두려워해야 합니다. 그러나 그분이 우리에게 가라고 명령하시면, 지체하는 것이 위험한 일이 될 것입니다. 그러므로 성도여, 두려워하지 말고 나아가십시오.

저녁에는 울음이 깃들일지라도 아침에는 기쁨이 오리로다 - 시편 30:5

그리스도인이여! 만일 당신이 시련의 밤 속에 있다면, 다가올 아침을 생각하십시오. 당신의 주님이 오실 것을 생각하고 힘을 내십시오. 인내하십시오. 왜냐하면 다음과 같이 말씀하기 때문입니다: "볼지어다 그가 구름을 타고 오시리라"(계 1:7). 인내하십시오! 농부 되신 하나님은 추수 때까지 기다리십니다. 인내하십시오! 당신은 "보라 내가 속히 오리니 내가 줄 상이 내게 있어 각 사람에게 그가 행한 대로 갚아 주리라"(계 22:12)고 말씀하신 분을 잘 알고 있으니까요. 만일 당신이 지금 비참한 상태에 있다면 다음과 같은 말을 기억하십시오: "기껏해야 태양이 몇 번만 회전해도 그대는 아름다운 가나안 땅 해변에 도착하게 되리라."

지금 당신은 머리에 환난의 가시관을 쓰고 있을 수 있습니다. 그러나 오래지 않아 그것은 별처럼 빛나는 면류관으로 바뀔 것입니다. 지금 당신의 손은 염려로 가득 차 있을지 모릅니다. 그러나 그것은 곧 천국의 수금의 현을 켜게 될 것입니다. 당신의 옷은 지금 더러운 먼지로 얼룩져 있을 수 있습니다. 그러나 그것은 조만간에 희어질 것입니다. 조금만 더 기다리십시오. 아! 우리가 지금 당하고 있는 환난과 시련들은 나중에 그것들을 되돌아볼 때 얼마나 작은 일로 보일까요! 지금 여기서 그것들을 바라보면, 굉장히 큰일처럼 생각되지만, 우리가 천국에 당도하면 이렇게 될 것입니다: "우리 발의 수고들을 기뻐 뛰면서 하나하나 말하게 되리라."

그때 우리가 당했던 시련들은 가볍고 순간적인 고통으로 생각될 것입니다. 그러므로 우리는 담대하게 나아가야 합니다. 만일 밤이 그렇게 어둡지 않으면, 아침은 곧 오는 법입니다. 지옥의 흑암 속에 갇혀 있는 사람들이 말할 수 있는 것보다 더 밝은 아침 말입니다. 당신이 이처럼 미래를 바라보며 사는 것 ─ 기대를 갖고 사는 것 ─ 곧 천국을 예상하며 사는 것이 무엇을 뜻하는지 아십니까? 행복한 신자여, 그것은 그토록 확실하고, 그토록 위로가 되는 소망을 갖고 사는 것입니다. 지금은 온통 어둠일 수 있지만, 그것은 곧 엄청난 행복으로 바뀔 것입니다. "저녁에는 울음이 깃들일지라도 아침에는 기쁨이 올 터인데" 무엇이 문제입니까?

## 여호와는 나의 분깃이시니 - 시편 119:57

오 성도여, 당신의 소유를 한 번 보십시오. 그리고 그 분깃을 다른 사람들의 분깃과 비교해 보십시오. 어떤 사람들은 밭에 그들의 분깃을 갖고 있습니다. 그들은 부유하고, 그들의 수확물은 그들의 재산을 불려줍니다. 그러나 추수의 하나님이신 당신의 하나님과 비교해 보면 그들의 수확이 얼마나 될까요? 농부로서 천국의 떡을 당신에게 먹여주시는 하나님과 비교해 보면, 그들의 가득 찬 창고가 얼마나 되겠습니까? 어떤 사람들은 도시에 그 분깃을 두고 있습니다. 그들의 부(富)는 엄청나고, 비밀금고를 만들어야 할 정도로 끝없이 불어납니다. 하지만 당신의 하나님과 비교하면 그 금고의 황금이 얼마나 될까요? 당신은 그것을 먹고 살 수 없었습니다. 당신의 영적 생명은 결코 그것을 먹고 살 수 없었습니다. 고뇌하는 양심에 그것을 주어보십시오. 그 고통을 멈추게 할 수 있습니까? 낙심하는 심령에 그것을 주어보십시오. 조금이라도 그 고독한 신음소리를 멈추게 할 수 있는지 또는 하나의 슬픔이라도 줄어들게 할 수 있는지 한 번 보십시오. 그러나 당신은 하나님을 소유하고 있고, 그분 안에서 당신은 지금까지 살 수 있었던 금이나 재산보다 훨씬 더 많이 소유하고 있습니다. 어떤 사람들은 대부분의 사람들이 사랑하는 것 ― 갈채와 명성 ― 에 그 분깃을 두고 있습니다. 그러나 한 번 자문해 보십시오. 당신에게는 당신의 하나님이 그것들보다 월등 더 낫지 않습니까? 무수한 사람들의 갈채가 쏟아진다고 해도, 이것이 당신으로 하여금 요단강을 건너도록 준비시키거나 심판에 대한 전망을 즐겁게 할 수 있습니까? 없습니다. 우리 인생 속에는 재물로는 절대로 완화시킬 수 없는 고뇌들이 있습니다. 또 임종의 순간이 되면 재산으로는 절대로 채워줄 수 없는 절실한 필요가 있습니다. 그러나 당신의 분깃으로 하나님을 소유하고 있다면, 당신은 다른 모든 것들을 다 가진 것보다 더 많이 소유한 자가 됩니다. 살 때나 죽을 때나 그분 안에서 모든 필요가 충족됩니다. 하나님이 당신의 분깃이라면, 당신은 참으로 부자입니다. 그분은 당신의 모든 필요를 제공하고, 당신의 마음을 위로하고, 당신의 슬픔을 진정시키며, 당신의 발걸음을 인도하고, 어두운 골짜기를 당신과 함께 걸어가고, 또 본향으로 인도하며, 영원토록 당신의 분깃으로 그분을 즐거워하도록 하실 것이기 때문입니다. 에서는 "내게 있는 것이 족하다"(창 33:9)고 말했습니다. 이것은 세상에 속한 사람이 말할 수 있는 최고의 대답입니다. 그러나 야곱은 "내 소유도 족하다"(창 33:11)고 말했는데, 이 말은 "모든 것을 소유하고 있다"는 의미로, 육적인 사람들이 받아들이기에는 너무나 엄청난 말입니다. *272▸273*

그리스도와 함께 한 상속자니 - 로마서 8:17

하나님 아버지의 소유인 무한한 우주는 상속권을 통해 그리스도의 것이 되었습니다. "만유의 상속자"로서 그리스도는 방대한 피조물의 유일한 소유자이십니다. 그리고 그분은 그의 택한 백성들에게 공동상속권을 행사하도록 비준하심으로써, 그 전체를 우리의 것으로 주장하게 하셨습니다. 낙원의 순금 길, 진주 문, 생명의 강, 천상적 지복, 그리고 형언할 수 없는 영광 등이 복주시는 주님을 통해 우리의 영원한 소유물로 주어졌습니다. 주님은 자신이 갖고 계신 모든 것을 그의 백성들과 공유하십니다. 주님은 교회를 그의 나라로 정하시고 교회의 아들들을 왕 같은 제사장으로 불러 제사장과 왕들을 삼으심으로써 그의 교회의 머리 위에 왕의 면류관을 씌워 주셨습니다. 그분은 우리가 영광의 대관식을 가질 수 있도록 자신의 면류관을 벗으셨습니다. 그분은 그의 피로 승리한 모든 사람들에게 자신의 보좌에 앉을 자리를 마련해 주실 때까지 자신의 보좌에 앉지 아니하실 것입니다. 머리가 면류관을 쓰면 그 영예를 온 몸도 공유합니다.

여기 승리한 모든 그리스도인들에게 주어지는 상급을 보십시오! 그리스도의 보좌, 면류관, 홀, 궁정, 보화, 예복, 유산, 이 모든 것들이 당신의 것입니다. 그리스도는 이 축복들을 받지 못하게 하는 질투심, 이기심, 그리고 탐욕과 같은 것을 물리치시고, 그 상급을 차지한 그의 백성들과 함께 자신의 행복을 누리십니다. "내게 주신 영광을 내가 그들에게 주었사오니"(요 17:22). "내가 이것을 너희에게 이름은 내 기쁨이 너희 안에 있어 너희 기쁨을 충만하게 하려 함이라"(요 15:11).

하나님 아버지의 미소가 주님에게 더 감미로운 것은 그의 백성들이 그것을 함께 나누기 때문입니다. 그의 나라의 영광들이 더 즐거운 것은 그의 백성들이 그분과 함께 영광 중에 나타날 것이기 때문입니다. 그분에게 그의 승리가 더욱 가치 있는 것은 그것이 그의 백성들에게 승리의 길을 가르쳐 주었기 때문입니다. 주님이 자신의 보좌를 기뻐하시는 것은 그 위에 그의 백성들의 자리가 있기 때문입니다. 그분이 자신의 왕복을 자랑스럽게 여기는 것은 그 옷자락이 그의 백성들을 덮고 있기 때문입니다. 그분이 그의 기쁨을 더욱 즐거워하는 것은 그의 백성들도 그 기쁨에 참여하도록 부르심을 받았기 때문입니다.

그는 … 어린양을 그 팔로 모아 품에 안으시며 - 이사야서 40:11

이 은혜의 말씀의 주인공이 누구일까요? 그분은 선한 목자이십니다. 그분은 왜 어린양을 그 품에 안으실까요? 그것은 그분이 온유한 마음을 갖고 계시기에 어떤 연약함이든 자신의 마음으로 즉시 감쌀 수 있기 때문입니다. 그분은 그의 어린양들의 한숨, 무지, 연약함을 불쌍히 여기셨습니다. 연약한 자를 보살피는 것이 신실하신 대제사장으로서 그분의 직무입니다. 또한 그분은 그들을 피로 값 주고 사셨고, 그래서 그들은 그분의 소유입니다. 그분은 참으로 사랑이 많아 기꺼이 자신을 희생시키는 것을 좋아하고, 또 좋아하지 않을 수 없습니다. 그때 그분은 하나라도 잃어버리지 않아야 한다는 언약의 약속에 제약을 받기 때문에 어린양 하나하나에 대해 책임이 있습니다. 더구나 그들은 모두 그분의 영광과 상급의 한 부분입니다.

그러나 우리는 "그분이 그들을 안으신다"(He will carry them)는 말씀을 얼마나 이해하고 있을까요? 때때로 그분은 그들에게 더 많은 시험을 허락하지 않는 것으로 그들을 안으십니다. 하나님의 섭리는 그들을 부드럽게 다루십니다. 종종 그들은 특별한 사랑의 역사를 받음으로써 "안겨지게" 되고, 그리하여 그들은 다시 일어서 견고하게 서게 됩니다. 지식이 별로 없을지라도, 그들은 알고 있는 것만으로 큰 만족을 누립니다. 또 자주 그분은 그들에게 아주 단순한 믿음을 주심으로써 그들을 "안으십니다." 이때 그 믿음은 주어진 그대로 약속을 취하도록 하고, 어떤 고난이 닥치든 곧장 예수님께 달려가게 합니다. 그 단순한 믿음은 그들에게 세상을 초월하여 인도받고 있다는 특별한 확신을 가져다줍니다.

"그는 어린양을 그 팔로 모아 품에 안으시며." 여기에는 한량없는 애정이 담겨 있습니다. 그분이 그들을 크게 사랑하지 않는다면, 어떻게 그들을 품에 안으실 수 있을까요? 여기에는 친근함이 들어있습니다. 그들은 더 가까워질 필요가 없을 만큼 아주 가깝습니다. 그 다음 여기에는 거룩한 친교가 내포되어 있습니다. 그리스도와 그의 연약한 양들 사이에는 보배 같은 사랑의 교통이 있습니다. 또 여기에는 완벽한 안전이 포함되어 있습니다. 그분의 품속에 있는 자를 누가 해칠 수 있을까요? 그를 해치기 위해서는 먼저 목자를 해쳐야 합니다. 마지막으로, 여기에는 완전한 안식과 가장 달콤한 위로가 간직되어 있습니다. 우리가 이같이 무한한 예수님의 보살피심을 과연 얼마나 깨닫고 있을까요!

### 믿는 자마다 의롭다 하심을 얻는 이것이라 - 사도행전 13:39

그리스도를 믿는 신자는 현재 의롭다 하심(칭의)을 얻습니다. 믿음은 이 열매를 조금씩 점차적으로 생산해내는 것이 아니라 믿는 지금 곧바로 생산합니다. 칭의가 믿음의 결과라면, 그것은 그리스도를 만나 그분을 구주로 받아들이는 순간에 영혼에게 주어집니다. 하나님의 보좌 앞에 서 있는 사람들이 지금 의롭다 하심을 받았습니까? 그렇다면 우리도 받았습니다. 흰 옷을 입고 천상의 수금에 맞추어 아름다운 찬송을 부르고 있는 성도들이 받은 것만큼 우리도 진실하고 분명하게 의롭다 하심을 받았습니다. 십자가상의 오른편 강도는 믿음의 눈으로 예수님을 바라본 그 순간 의롭다 하심을 받았습니다. 그리고 오랜 세월 헌신의 삶을 살았던 바울이 받은 칭의도 전혀 헌신이 없었던 강도가 받은 것과 다름이 없었습니다. 지금 우리도 사랑하는 주님 안에서 받아들여지고, 지금 죄로부터 사함 받으며, 지금 하나님의 법정에서 무죄 선고를 받습니다. 오! 얼마나 영혼을 황홀하게 하는 진리일까요!

에스골 골짜기의 포도송이 중에는 우리가 천국에 들어갔을 때에야 비로소 얻을 수 있는 질 좋은 송이들이 있습니다. 그러나 이것은 지금 그 골짜기 전체에 퍼져 있는 가지입니다. 이것은 우리가 요단강을 건너기 전에는 결코 먹을 수 없는 가나안 땅의 곡식이 아닙니다. 이것은 하나님이 광야 여정에서 순례하는 우리들에게 매일의 양식으로 주시는 만나와 같습니다. 우리는 지금, 아니 지금도 용서받습니다. 지금도 우리의 죄는 제거됩니다. 지금도 우리는 하나님 보시기에 아무 죄가 없는 자처럼 용납된 자로 서 있습니다. "그러므로 이제 그리스도 예수 안에 있는 자에게는 결코 정죄함이 없나니"(롬 8:1). 지금도 하나님의 생명책 속에는 그의 백성들 중 하나라도 죄가 있다는 기록이 나와 있지 않습니다.

누가 감히 그들의 죄목을 들고 나올 수 있겠습니까? 만물을 심판하실 심판주의 눈에는 칭의 문제에 있어서 신자 안에 점도, 흠도, 얼룩도 전혀 남아 있지 않은 것으로 보이십니다. 그러므로 우리가 이 현재의 특권을 잘 깨닫고 현재의 의무를 잘 감당해야 하겠습니다. 지금 우리는 생명이 주어지는 한 우리의 사랑하시는 주 예수님을 위해 살고, 또 그렇게 살아야 하겠습니다.

### 온전하게 됨 - 히브리서 12:23

그리스도인에게 요구되는 온전함에는 두 종류가 있습니다. 그것은 예수의 인격 안에서 이루어지는 칭의의 온전함과 성령을 통해 신자의 마음속에서 이루어지는 성화의 온전함입니다. 현재는 거듭난 자의 마음속에 여전히 타락의 잔재가 남아 있고, 우리는 이것을 경험으로 깨닫습니다. 우리 안에는 아직도 정욕과 악한 생각들이 존재합니다. 그러나 나는 하나님이 시작하신 일을 다 마치실 때가 다가오고 있다는 사실을 알고 있는 것이 즐겁습니다. 그때가 되면 그분은 현재의 내 영혼을 그리스도 안에서 온전케 하실 뿐만 아니라 성령을 통해 점이나 흠이나 아무 얼룩이 없는 존재로 온전케 하실 것입니다. 이 연약하고 죄로 가득 찬 내 마음이 하나님이 거룩하신 것처럼 거룩하게 된다는 것이 진정 사실일 수 있을까요? 종종 "오호라 나는 곤고한 사람이로다 이 사망의 몸에서 누가 나를 건져내랴"(롬 7:24)고 탄식하는 내 영이 죄와 사망으로부터 벗어나게 되는 일이 과연 있을 수 있을까요? 내 귀를 어지럽히는 악한 일들과 내 평강을 깨뜨리는 불의한 생각들이 내 속에서 완전히 사라질 수 있을까요? 오 행복한 순간이여! 속히 이루어질지어다! 내가 요단강을 건널 때, 성화의 사역은 끝날 것입니다.

그러나 그 순간까지 나는 내 자신 속에 온전함이 있다고 감히 주장하지는 못하겠지요. 그때 내 영은 성령의 불로 그 최후의 세례를 받을 것입니다. 나는 나를 천국으로 인도해줄 마지막 그리고 최후의 정화를 받기 위해 죽기를 사모할 것이라고 생각됩니다. 그때에는 천사도 내가 받는 것 이상으로 순결해질 수 없습니다. 왜냐하면 나는 이중적인 의미에서 곧 예수님의 보혈로 말미암아 그리고 성령의 사역을 통해 "나는 깨끗하다"고 말할 수 있기 때문입니다. 오, 이처럼 하늘에 계신 우리 아버지 앞에 우리를 합당한 모습으로 설 수 있게 하시는 성령의 능력을 우리는 얼마나 찬송해야 할까요! 그러나 장차 임할 온전함에 대한 소망이 현재 우리의 온전치 못함을 간과하게 하는 빌미가 되어서는 안 됩니다. 만일 그렇게 되면, 우리의 소망은 참된 것이 될 수 없습니다. 왜냐하면 참된 소망은 현재에도 우리를 순결하게 하는 능력이 있기 때문입니다. 은혜의 사역은 지금 우리 안에 거하고 있고, 그렇지 않다면 우리는 온전케 될 수 없습니다. 그러므로 우리는 끊임없이 의의 열매를 맺기 위해서 "성령으로 충만하도록" 기도해야 합니다.

우리에게 모든 것을 후히 주사 누리게 하시는 하나님 - 디모데전서 6:17

우리 주 예수님은 항상 베푸시는 분으로서, 한 순간도 그 손을 거두시지 않습니다. 가장자리까지 다 차지 않는 은혜의 그릇이 있는 한, 기름은 멈추지 않고 흘러나올 것입니다. 주님은 항상 비추는 태양입니다. 그분은 항상 백성들 주위에 떨어지는 만나입니다. 그분은 상처 난 옆구리에서 생명수를 항상 쏟아내는 광야의 반석입니다. 그분의 은혜의 단비는 항상 쏟아지고 있고, 그분의 축복의 강물은 항상 흐르고 있으며, 그분의 사랑의 샘물은 변함없이 흘러넘치고 있습니다. 왕이신 주님이 절대 죽을 수 없는 것처럼 그분의 은혜도 절대 끊어지지 않습니다. 우리는 매일 그분의 열매를 따먹고, 그분의 가지들은 매일 우리 손에 은혜의 새로운 과실들을 안겨줍니다.

주님의 집에는 일년 내내 매일 축일이 있고, 그 축일에 따라 날마다 잔치가 벌어집니다. 그런데 그분의 문 앞에 가서 축복을 받지 못하고 돌아선 자가 누가 있습니까? 그분의 식탁으로부터 배불리 먹지 못하고 일어서거나 그분의 품으로부터 낙원의 편안함을 느끼지 못하고 일어선 자가 누가 있습니까? 그분의 은혜는 아침마다 새롭고, 저녁마다 신선합니다. 누가 그분의 은택의 수를 알 수 있으며 그분의 축복의 목록을 셀 수 있단 말입니까? 모래시계로부터 떨어지는 모래는 끝없이 쏟아지는 무수한 주님의 은혜를 나타내기에는 역부족입니다. 무수한 별들은 셀 수 없이 무한한 주님의 축복을 보여 주는 기수(旗手)에 불과합니다. 주님이 야곱에게 베푸신 그 축복을 누가 다 셀 수 있으며, 이스라엘을 향해 보여주신 그 자비를 누가 만분의 일이라도 말할 수 있을까요? 우리에게 날마다 은혜를 베푸시고 인자로 관을 씌워주시는 분을 내 영혼이 어떻게 찬양해야 할까요?

오 끊임없이 주님의 축복이 주어지는 것처럼 나의 찬양도 끊임없이 그분께 드려지기를! 오 가련한 입술아, 그대는 어떻게 그렇게 침묵만 지킬 수 있는가? 일어나라, 나는 그대가 더 이상 내 수치가 되지 않고 내 영광이 되도록 기도한다. "내 영광아 깰지어다 비파야, 수금아, 깰지어다 내가 새벽을 깨우리로다"(시 57:8).

> 그가 이르되 여호와의 말씀이 이 골짜기에 개천을 많이 파라 하셨나이다 여호와께서
> 이르시기를 너희가 바람도 보지 못하고 비도 보지 못하되 이 골짜기에 물이 가득하여
> **너희와 너희 가축과 짐승이 마시리라 하셨나이다** - 열왕기하 3:16,17

세 왕의 군대의 군사들이 물이 없어 죽어가고 있었습니다. 하나님은 그들에게 물을 보내주려고 하셨고, 이 말씀에 보면, 선지자는 그에 대한 축복을 선포했습니다. 여기에는 인간의 무력함의 실상이 잘 나타나 있습니다. 용사들은 한 방울의 물도 하늘로부터 또는 땅 속 우물로부터 얻어낼 수가 없었습니다. 그래서 종종 주의 백성들은 어찌할 바를 모르고 당황합니다. 그들은 피조물의 무상함을 보고, 참된 도움이 어디로부터 와야 하는지를 경험적으로 배웁니다. 그러나 백성들은 하나님의 축복을 위해서는 믿음을 준비해야 했습니다. 그들은 소중한 물이 담겨질 개천을 파야 했습니다. 교회는 축복을 받기 위해서 다양한 활동, 노력, 그리고 기도 등을 통해 그 그릇을 준비해야 합니다. 교회가 개천을 만들어 놓으면 그곳에 주님은 물을 채울 것입니다. 이것은 축복이 반드시 임하리라는 굳은 확신을 갖고 믿음으로 행해져야 합니다. 이윽고 필요한 은혜가 신기하게 쏟아졌습니다.

엘리야의 경우에서처럼 하늘의 구름으로부터 소낙비가 쏟아진 것이 아니라 은밀하고 신비한 방법으로 개천의 물이 채워졌습니다. 주님은 그분만의 주권적인 행동양식을 갖고 계십니다. 그분은 우리처럼 시간과 방법에 제한을 받지 않습니다. 그분은 사람들 중에서 자기가 기뻐하시는 대로 활동하십니다. 우리는 그저 그분으로부터 받게 된 것을 감사할 뿐이지 우리가 그분에게 지시할 수는 없습니다. 우리는 또한 그 공급이 늘라올 정도로 충만했다는 사실을 주목해야 합니다. 물은 모든 존재들이 다 마시고도 남을 만큼 충분히 채워졌습니다. 복음의 축복도 마찬가지입니다. 성도들과 전체 교회의 모든 필요들이 기도에 응답하시는 하나님의 능력으로 말미암아 충분히 충족될 것입니다. 뿐만 아니라 주의 군대들에게는 신속하게 승리가 주어질 것입니다.

나는 예수님을 위해 무엇을 하고 있습니까? 어떤 개천을 파고 있습니까? 오 주여, 당신이 기쁨으로 주시는 축복을 받을 준비를 하게 하소서!

그가 행하시는 대로 자기도 행할지니라 - 요한일서 2:6

그리스도인들은 왜 그리스도를 본받아야 할까요? 첫 번째로, 그들은 그들 자신을 위해 그렇게 해야 합니다. 만일 그들이 건강한 영혼을 갖기 원한다면, 만일 그들이 죄의 질고로부터 벗어나 영혼이 자라가는 은혜의 생명력을 누리기를 원한다면, 예수님이 그들의 모델이 되어야 합니다. 그들 자신의 행복을 위해, 그들이 바람이 불지 않는 곳에서 숙성된 포도주를 마시려면, 예수님과 거룩하고 복된 교제를 가지려면, 이 세상의 염려와 환난으로부터 벗어나려면, 그들은 주님이 걸어가신 대로 걸어가야 합니다. 당신의 마음의 모든 움직임을 지배하기 위해 그 속에 예수님의 형상을 심는 것 외에는 천국의 발걸음을 재촉하도록 당신을 도울 수 있는 것은 아무것도 없습니다. 당신이 가장 행복하고, 가장 모범적인 하나님의 아들들이 될 때는 성령의 능력으로 예수님의 발자취를 따라 그분과 함께 걸어갈 때입니다. 그리스도로부터 멀리 떨어져 걷던 베드로는 그 길이 불안전하고, 그의 마음도 불안했습니다.

다음 두 번째로, 그들은 자기가 믿는 기독교를 위해 예수님을 닮아가야 합니다. 아! 불쌍한 기독교여, 그대는 악한 원수들에게 신랄하게 공격을 당했지만, 그대의 친구들에 의해 받은 공격과 비교하면 그것은 아무것도 아니리라. 누가 주님의 그 아름다운 손에 상처를 냈습니까? 위선의 단검을 사용한 신앙고백자들입니다. 위선적인 신앙인은 우리 안에 들어와 양들을 위해 주는 척하는 양의 탈을 쓴 이리로서, 우리 밖에 있는 사자보다 훨씬 더 무서운 적입니다. 유다의 입맞춤만큼 치명적인 무기는 없습니다. 언행이 일치하지 않는 신앙인은 노골적인 비판자나 불신자보다 더 크게 복음을 훼방합니다.

그러나 세 번째로, 그리스도인들은 특별히 그리스도 자신을 위해서 그분의 삶을 본받아야 합니다. 그리스도인이여, 당신은 구주를 사랑합니까? 그분의 이름이 당신에게 정말 소중합니까? 그분의 주장이 당신에게 자랑스럽습니까? 당신은 세상 나라들이 주님의 나라가 되는 것을 보기 원합니까? 그분이 영화롭게 되는 것이 당신의 소원입니까? 영혼들이 그분께 나아오는 것이 당신의 소원입니까? 과연 그렇다면 예수님을 본받으십시오. "모든 사람들에게 알려지고 읽혀지는 그리스도의 편지"가 되십시오.

너는 나의 종이라 내가 너를 택하고 - 이사야서 41:9

    만일 우리가 마음속에 하나님의 은혜를 받았다면, 그 실제 결과는 우리를 하나님의 종으로 만드는 것이 될 것입니다. 우리는 불충한 종들이고, 확실히 무익한 종들일 수 있지만, 그래도 여전히 우리는 그분의 옷을 입고, 그분의 식탁에서 먹고, 그분의 명령에 복종하는 그분의 종들입니다. 우리는 과거에 죄의 종이었지만 우리를 해방시키신 분이 이제는 우리를 자신의 가족으로 삼고, 자기 뜻에 복종하도록 가르쳤습니다. 우리는 우리 주님을 완벽하게 섬기지 못하지만, 가능한 한 최선을 다해 섬기려고 합니다. 우리는 "너는 나의 종이라"고 말씀하시는 하나님의 음성을 들을 때, 다윗과 함께 "여호와여 나는 진실로 주의 종이요 … 주께서 나의 결박을 푸셨나이다"(시 116:16)라고 대답할 수 있습니다. 그러나 주님은 우리를 그분의 종으로 부르실 뿐만 아니라 그분의 택하신 자로 부르십니다: "내가 너를 택하고." 우리가 먼저 그분을 택하지 않았습니다. 그분이 먼저 우리를 택하셨습니다. 비록 우리가 하나님의 종이라고 해도, 항상 그 본분을 다하지는 못했습니다. 우리의 이같은 신분의 변화는 하나님의 주권적 은혜의 결과임이 틀림없습니다. 주권자의 눈이 우리를 뽑아내셨고, 변함이 없으신 분의 음성이 "내가 영원한 사랑으로 너를 사랑하기에"(렘 31:3)라고 선언하셨습니다.

    시간 또는 공간이 창조되기 오래 전에 하나님은 자신의 마음속에 그의 택한 백성들의 이름을 기록해 두셨고, 그분의 아들의 형상을 따르도록 예정해 놓으셨으며, 충만한 그분의 사랑, 그분의 은혜, 그리고 그분의 영광의 상속자로 정해 놓으셨습니다. 여기에 얼마나 큰 위로가 있는지요! 주님이 그토록 오래 전부터 우리를 사랑하셨는데, 우리를 어찌 버려두시겠습니까? 그분은 우리가 얼마나 완고한 사람들인지 알고 있고, 우리의 마음이 얼마나 악한지 이해하고 계시지만, 우리를 선택하셨습니다. 아! 우리 구주의 사랑은 변덕스러운 사랑이 아닙니다. 그분은 교회의 눈에서 아름다운 빛을 보는 동안에는 매우 기뻐하다가 그 불신앙을 보게 될 때에는 버리시는 그런 분이 아닙니다. 아닙니다. 그분은 영원 전부터 교회와 결혼하셨고, 여호와는 "이혼하는 것을 미워하신다"(말 2:16)고 기록되어 있습니다. 영원한 선택은 우리의 감사와 하나님의 신실하심을 묶는 끈으로, 그것은 절대로 끊어질 수 없습니다.

그 안에는 신성의 모든 충만이 육체로 거하시고 너희도
그 안에서 충만하여졌으니 - 골로새서 2:9, 10

　신인(神人)이신 그리스도의 모든 속성들은 우리의 처분에 달려있습니다. 신성의 모든 충만은 — 그 기이한 말을 어떻게 이해하든 간에 — 우리를 온전케 하기 위해 우리의 것이 되었습니다. 그분은 신성의 속성들을 우리에게 주실 수는 없지만, 자신의 신적 능력과 신성까지도 우리의 구원에 도움이 되도록 하셨기 때문에 할 수 있는 모든 일을 다 하셨습니다. 그분의 전능하심, 전지하심, 편재하심, 불변하심, 무오하심 등 모든 것을 우리를 구원하는데 사용하셨습니다. 성도여, 일어나 자신의 신적 능력 전체를 구원의 마차에 매어놓으신 주 예수님을 바라보십시오! 그분의 은혜는 얼마나 광대하고, 그분의 성실하심은 얼마나 견고하고, 그분의 불변하심은 얼마나 막강하고, 그분의 권능은 얼마나 무한하며, 그분의 지식은 얼마나 한량이 없는지요! 이 모든 것들은 주 예수님에 의해 구원의 성전의 기둥들을 이루고 있습니다. 그리고 이 모든 것들은 그 무한함이 조금도 감소되지 않고 우리의 영원한 기업으로 우리에게 약속되었습니다.

　구주의 마음속에 있는 그 한량없으신 사랑은 마지막 한 방울까지 다 우리의 것입니다. 그 힘 있는 팔에 있는 모든 근육, 그 위엄의 면류관 속에 박혀있는 모든 보석, 그 광대한 지식, 그리고 그 엄격한 공의 등 모든 것이 우리의 것으로, 우리를 위해 사용될 것입니다. 그리스도는 하나님의 아들로서 자신의 흠모할 만한 인격 전체를 우리가 충만하게 누릴 수 있도록 기꺼이 넘겨주셨습니다. 그분의 지혜는 우리의 지침이요, 그분의 지식은 우리의 교훈이며, 그분의 능력은 우리의 보호자요, 그분의 공의는 우리의 보증인이며, 그분의 사랑은 우리의 위로요, 그분의 자비는 우리의 안위이며, 그리고 그분의 불변성은 우리의 신뢰가 됩니다. 그분은 조금도 아끼지 않고 하나님의 산의 깊숙한 곳까지 여셔서 그곳에 숨겨진 보물들을 캐내가라고 우리에게 명령하십니다. "다, 다, 다 너희 것이니, 하나님의 호의와 선하심으로 만족하라"고 주님은 말씀하십니다. 오! 이처럼 예수님을 바라보며, 확신을 갖고 그분의 사랑이나 능력을 개입시켜 달라고 구하는 것은 얼마나 행복한 일일까요! 그것도 그분이 이미 신실하게 약속하신 것을 구하기만 하면 되니 말입니다.

후에 - 히브리서 12:11

지금 시험 속에 있는 성도들은 후에 얼마나 행복하게 될까요! 폭풍 후에 찾아오는 고요보다 더 깊은 고요는 없습니다. 비온 후에 비치는 밝은 햇빛을 누가 즐거워하지 않겠습니까? 승리의 잔치는 훈련을 잘 견딘 군사들을 위해 마련되는 법입니다. 사자를 죽인 후 우리는 그 꿀을 먹습니다. 고난의 산을 오른 후 우리는 정자나무 아래 앉아 휴식을 취합니다. 굴욕의 골짜기를 통과한 후, 흑암의 왕 곧 마귀와 싸우고 난 후에는, 생명나무에서 꺾어온 치료의 가지를 가지고 빛나는 주님이 나타나십니다. 우리의 슬픔은, 바다 위에 배의 용골(龍骨)이 만드는 굴곡처럼, "후에" 그 뒤에 거룩한 빛을 발산하는 은선(銀線)을 남겨놓습니다. 죄책감으로 고통을 받던 영혼들을 지배했던 무서운 혼란이 지나가고 나면, 평강 곧 은은하고 깊은 평강이 찾아옵니다. 그렇다면 그리스도인의 행복한 유산을 바라보십시오! 그는 최후에 최고의 보물을 얻습니다. 그러므로 이 세상에서는 먼저 가장 좋지 않은 것들을 받습니다. 그러나 그 가장 좋지 않은 것들도 "후에는" 좋은 것들이 되고, 거친 땅에서 즐거운 수확을 거두게 됩니다. 지금도 그는 상실을 통해 부요하게 되고, 넘어짐을 통해 일어서며, 죽음을 통해 살아나며, 비어둠을 통해 충만하게 됩니다. 이처럼 이 세상에서 심각한 갈등들을 통해 더 풍성한 평화의 열매를 맺게 된다면, "후에" 천국에서는 얼마나 더 풍성한 기쁨의 추수를 하게 될까요? 만일 그의 캄캄한 밤이 세상의 낮만큼 밝다면, 그의 낮은 얼마나 더 밝을까요? 만일 그의 별빛이 태양보다 더 찬란하다면, 그의 햇빛은 얼마나 더 찬란할까요? 만일 그가 토굴 속에서도 찬송을 부른다면, 천국에서는 얼마나 더 달콤한 찬송을 부르게 될까요! 만일 그가 화염 속에서도 주님을 찬양할 수 있다면, 영원한 보좌 앞에서 그분을 찬양할 때는 얼마나 더 절실할까요! 만일 악이 지금 그에게 선이 된다면, 그때 하나님의 넘치는 선하심은 그에게 무엇이 될까요? 오, "후에" 복이 있을지어다! 그러니 누가 그리스도인이 되지 않겠습니까? 누가 후에 주어질 면류관을 위해 현재의 십자가를 짊어지지 않겠습니까? 그러나 여기에는 인내로써 기다리는 일이 있습니다. 왜냐하면 안식은 오늘을 위한 것도 아니고, 현재의 승리를 위한 것도 아니라 "후에" 곧 내일을 위한 것이기 때문입니다. 오 영혼아, 기다리라, 그리하여 인내가 온전함을 이루도록 하라.

또 내가 보았노니 종들은 말을 타고 고관들은 종들처럼 땅에 걸어 다니는도다 - 전도서 10:7

종종 정말 훌륭한 사람들은 낮은 자리에서 무명으로 살고, 별로 잘 나지 못한 사람들이 가장 높은 자리를 차지하고 있습니다. 이것은 하나님의 섭리의 수수께 끼로서, 언젠가 그것이 풀리면 의로운 사람들의 마음은 즐겁게 될 것입니다. 그 러나 그것은 너무나 흔한 일이고, 따라서 우리는 그 일이 자기에게 일어난다 해 도 절대로 불평해서는 안 됩니다. 주님은 이 땅에 계셨을 때, 비록 이 세상 임금 들의 왕이셨음에도 불구하고, 고난의 길을 걸으며 종들의 종으로서 사람들을 섬 기셨습니다. 그렇다면 그분의 보혈로 왕이 되어 그분을 따르는 자들인 우리가 사람들에게 못나고 하찮은 사람으로 무시당하는 것이 그리 놀랄 일이겠습니까? 세상은 지금 거꾸로 돌아가고 있고, 그러기에 첫째가 꼴찌가 되고 꼴찌가 첫째 가 되는 그런 곳입니다. 사탄의 조종을 받는 비굴한 하수인들이 세상에서 얼마 나 큰소리치며 사는지 보십시오! 그들이 타는 말은 얼마나 좋은 말입니까! 그들 은 그 뿔을 얼마나 높이 치켜들고 거들먹거립니까! 하만은 궁전 안에 있었지만, 모르드개는 궁전 문에 앉아 있었습니다. 다윗은 산들을 헤매고 다녔는데, 사울은 나라를 다스리고 있었습니다. 엘리야가 굴속에서 불평하고 있는 동안 이세벨은 왕궁에서 떵떵거리고 있었습니다. 그러나 누가 교만한 반역자들의 자리를 탐내 겠습니까? 반면에 멸시받는 성도들을 부러워하지 않을 사람이 누가 있겠습니까? 하나님의 섭리의 수레바퀴가 돌아가면, 낮은 자리에 있던 자들이 높아지고, 높은 자리에 있던 자들은 낮아질 것입니다. 그러므로 성도여, 인내하십시오. 영원이 시 간의 잘못들을 바로잡을 것입니다.

우리는 우리 안에서 고상한 능력들은 죽이고, 정욕과 육체의 소욕들은 펄펄 살아 역사하도록 하는 실수를 저질러서는 안 됩니다. 은혜가 왕 노릇 해야 하고, 몸의 지체들은 의의 병기로 사용해야 합니다. 성령은 질서를 좋아하십니다. 그분 은 우리의 능력과 재능들을 적절한 지위와 위치에 세우시는데, 그때 우리를 만 왕의 왕에게 이끄는 영적 능력들을 최고의 자리에 두십니다. 그러므로 우리는 그 신적 질서를 혼동하지 말고, 우리 몸을 그 아래 복종시킬 수 있게 해달라고 은혜를 구해야 합니다. 우리는 정욕이 우리를 지배하도록 하기 위해서가 아니라 그리스도 예수 안에서 우리 자신의 모든 부분을 하나님 아버지의 영광을 위해 다스리도록 새로운 피조물이 된 것입니다.

자기가 죽기를 원하여 - 열왕기상 19:4

하나님이 무한히 복된 운명으로 정해 놓으셔서 결코 죽은 적이 없는 사람, 불수레를 타고 하늘로 옮김을 받은 사람, 그래서 그는 죽음을 보지 않았다고 기록되어 있는데, 그런 사람이 "지금 내 생명을 거두시옵소서 나는 내 조상들보다 낫지 못하니이다"라고 기도했다는 것은 참으로 놀라운 사실입니다. 우리는 여기서 하나님은 항상 우리의 기도에 응답해주시지만, 반드시 우리가 기도한 대로 응답해주시는 것은 아니라는 특별한 증거를 갖게 됩니다.

그분은 엘리야에게 그가 구한 것 이상으로 더 좋은 것을 주셨고, 그래서 실제로는 그의 기도를 들으시고 응답해 주셨습니다. 사자 같이 용맹스런 마음을 가진 엘리야가 이세벨의 위협에 그토록 낙심해서 죽기를 구한 것은 이상한 일이지만, 우리 아버지 하나님 입장에서 볼 때 그것은 참으로 기쁜 일이었기 때문에 그분은 낙심 속에 있는 자신의 종에게 그의 기도대로 응답하지 아니하셨습니다. 믿음의 기도에도 한계가 있습니다. 우리는 하나님이 우리가 구한 그대로 모든 것을 응답하시리라고 기대해서는 안 됩니다. 우리는 잘못 구하기 때문에 때로는 구하여도 받지 못한다는 것을 알고 있습니다.

만일 우리가 약속되지 아니한 사실을 구한다면, 만일 우리가 그분의 뜻이나 그분의 섭리의 작정에 반하는 것을 구한다면, 만일 우리가 그분의 영광을 보지 못하고 단순히 우리 자신의 편의를 도모하는 것만을 구한다면, 우리는 받기를 기대해서는 안 됩니다. 그러나 우리가 의심 없이 믿음으로 구했는데도, 그 구한 내용대로 정확하게 받지 못했다면, 우리는 그것에 상응하는 나은 것을, 어떤 그보다 훨씬 더 좋은 다른 것을 받게 될 것입니다.

어떤 사람이 말하는 것처럼, "만일 주님이 은으로 주시지 않는다면, 금으로 주실 것이고, 금으로 주시지 않는다면 다이아몬드로 주실 것입니다." 만일 그분이 당신이 구한 대로 정확하게 주시지 않는다면, 그분은 그것을 훨씬 능가하는 것, 곧 그 대신 받는 것을 더 크게 즐거워할 것을 당신에게 주실 것입니다. 그러므로 사랑하는 성도여, 더 많이 기도하십시오. 오늘 저녁을 열렬한 간구의 시간으로 삼고 그 구하는 것을 유의하십시오.

기이한 사랑 - 시편 17:7

우리는 구제할 때 돈과 함께 마음도 준다면, 잘하는 것입니다. 그러나 우리는 그렇게 하는데 실패하지 않도록 기도해야 합니다. 우리 주님은 절대로 그런 잘못을 범하지 않으십니다. 그분의 호의는 항상 마음에서 우러나오는 사랑에 따라 베풀어집니다. 그분은 자신의 그 풍성하신 식탁에서 식어버린 고기와 부스러기 빵을 우리에게 보내시지 않습니다. 그분은 자신의 그릇 속에서 가장 맛있는 음식을 떠서 우리에게 주시고, 거기에 향기로운 사랑의 양념까지 쳐서 주십니다. 그분은 자신의 은혜의 빛나는 증거들을 우리 손바닥에 쥐어주실 때, 우리의 손을 따스하게 어루만져 주시기 때문에 주는 방법도 주는 은혜 자체만큼 사랑스럽습니다. 그분은 사랑을 전하는 사명을 갖고 우리 집을 방문하실 것입니다. 그때 그분은 어떤 오만한 방문객들이 가난한 사람의 오두막집에서 하는 것과 같은 거드름을 피우시지 않고, 우리 옆에 앉아 우리의 가난함을 멸시하거나 우리의 연약함을 비난하지 않으십니다. 사랑받는 형제여, 그분이 말씀하실 때 그 미소가 얼마나 아름답습니까! 그분의 은혜로운 입술로부터 얼마나 소중한 말씀들이 떨어질까요! 그분이 우리에게 베푸시는 사랑은 얼마나 포근할까요!

만일 그분이 우리에게 동전 몇 푼밖에 주시지 아니했다고 해도, 그분의 주시는 방법이 그것들을 더 빛나게 할 것입니다. 말하자면 그것은 그분이 기쁘게 주셨다는 사실 때문에 황금 바구니 속에 담긴 값비싼 자선금이 될 것입니다. 우리는 그분의 자선의 진실성을 결코 의심할 수 없습니다. 왜냐하면 그분이 베푸시는 모든 은혜의 표면에는 피흘리는 심장이 인쳐져 있기 때문입니다. 그분은 후하게 주시지, 결코 인색하게 주시지 않습니다. 우리가 자기에게 귀찮은 존재라는 암시는 한 치도 없습니다. 그분은 자신의 불쌍한 수혜자들에게 조금도 차가운 태도를 보이지 않고, 기쁘게 베푸십니다. 또 우리를 자기 품에 꼭 안으시고 자신의 생명을 우리에게 쏟아 부어 주십니다. 그분의 향유옥합에서는 오직 그분의 마음으로부터만 나올 수 있는 나드 향이 있습니다. 그분의 벌집 속에는 그분의 영혼의 사랑의 진수가 그것과 섞여있기 때문에 그 안에만 있을 수 있는 달콤한 꿀이 있습니다. 오! 이처럼 독보적인 사랑이 낳는 교제는 얼마나 황홀할까요! 우리가 끊임없이 그 축복을 맛보고 알 수 있다면!

내가 사람의 줄 곧 사랑의 줄로 그들을 이끌었고 - 호세아서 11:4

하늘에 계신 우리 아버지는 종종 우리를 사랑의 줄로 이끄십니다. 그러나 아! 우리는 얼마나 그분을 향해 달려가기를 주저할까요! 우리는 그분의 부드러운 자극에 대해 얼마나 느리게 반응할까요! 그분은 아주 단순하게 자기를 믿도록 우리를 이끄십니다. 그러나 우리는 아브라함과 같은 믿음의 수준에 아직 이르지 못했습니다. 우리는 하나님께 세상에 대한 염려를 맡기지 못하고, 마르다처럼 고생을 사서 합니다. 우리의 빈약한 믿음은 우리 영혼을 메마르게 합니다. 하나님은 우리의 입을 채워주겠다고 약속하셨지만 우리는 입을 크게 벌리지 않습니다. 오늘 저녁 그분이 자신을 신뢰하도록 우리를 이끄시지 않습니까? 우리는 다음과 같이 말씀하시는 하나님의 음성을 듣지 않습니까?: "내 아들아, 오라. 나를 믿으라. 휘장은 찢어졌다. 내 앞으로 들어오라. 담대하게 내 은혜의 보좌로 나아오라. 나는 네가 충분히 의지할 만하니 네 염려를 내게 맡기라. 네 모든 염려의 먼지를 털어 버리라. 그리고 아름다운 기쁨의 옷을 입으라."

그러나 슬프도다! 이 위로의 은혜를 받아들이라고 사랑스러운 목소리로 부르심을 받지만, 우리는 오지 않습니다. 또 다른 때 그분은 자신과 더 친밀한 교제를 나누도록 우리를 이끄십니다. 우리는 하나님의 집 문턱에 앉아 있고, 그분은 우리에게 연회장 안으로 들어와 함께 성찬을 나누자고 말씀하십니다. 그러나 우리는 그 영예를 사절해 버립니다. 하나님의 집에는 우리에게 아직 열려지지 않은 비밀의 방들이 있습니다. 예수님은 우리를 그 방들 안으로 초대하시지만, 우리는 망설입니다. 우리의 냉정한 마음을 부끄러워합시다! 우리는 사랑하는 주 예수님의 연인이 되기에는 너무나 부족하고, 그분의 종들이 되기에는 적당치 못합니다. 하물며 그분의 신부가 되기에는 얼마나 더 부족할까요? 그러나 그분은 우리를 자기 뼈 중의 뼈요, 자기 살 중의 살로 삼으시고, 영광스러운 결혼언약을 통해 우리와 혼인하셨습니다. 이것이 사랑입니다! 그것은 거절을 모르는 사랑입니다. 만일 우리가 그분의 사랑의 온유하신 인도에 따르지 않는다면, 그분은 자신과의 더 친밀한 교제 속으로 우리를 이끌기 위해 고난을 보내실 것입니다. 그분은 우리와 가까워지기를 바라십니다. 우리가 그 같은 사랑의 끈들을 거절하고, 그래서 우리 등에 작은 채찍들로 때리는 매질을 당한다면, 얼마나 어리석은 자녀들일까요!

너희가 주의 인자하심을 맛보았으면 그리하라 - 베드로전서 2:3

"너희가 주의 인자하심을 맛보았으면." 여기서 "맛보았으면"이라는 가정은 이것이 인간 누구에게나 당연하게 적용되는 문제가 아니라는 것입니다. 이것은 어떤 사람들은 주의 인자하심을 맛볼 수 없는 가능성과 개연성을 갖고 있다는 것입니다. 또 이것은 일반적이 아니라 특별한 은혜라는 것입니다. 그렇다면 우리는 내적 경험을 통해 하나님의 은혜를 알고 있는지 확인해 볼 필요가 있습니다. 마음을 살펴보지 않아도 되는 영적 은혜는 절대로 없습니다.

그러나 이것이 진지하게 기도로 구해야 하는 문제라면, 어느 누구도 주의 인자하심을 맛본 것에 대해 "만일"과 같은 가정이 있는 한 만족해서는 안 됩니다. 자아를 믿지 못하는 거룩한 불신 때문에 신자의 마음속에서 의심이 일어날 수도 있습니다. 그러나 이런 의심이 계속된다면 그것은 죄악입니다. 우리는 믿음의 팔로 구주를 끌어안기 위해 필사적인 노력을 하지 않으면서 "내가 믿는 자를 내가 알고 또한 내가 의탁한 것을 그날까지 그가 능히 지키실 줄을 확신함이라"(딤후 1:12)고 말하고 안심해서는 안 됩니다.

오 성도여, 당신은 당신이 예수님 안에서 소유하고 있는 권리를 충분히 확신할 때까지는 안심하지 마십시오. 무오하신 성령이 당신의 영에 대해 증거하는 사역을 통해 당신이 하나님의 자녀임을 확신할 때까지 절대로 만족해서는 안 됩니다. "아마", "어쩌면", "만일", "혹시"와 같은 가정으로 만족하지 마십시오. 영원한 진리 위에 서십시오. 진실로 그 위에 서야 합니다. 다윗에게 허락된 확실한 은혜를 얻으십시오. 확실히 그것을 얻어야 합니다.

당신의 닻을 휘장 안에 있는 것 속에 집어넣으십시오. 그리고 당신의 영혼이 절대 끊어지지 않을 밧줄로 그 닻에 연결되어 있는지 살펴보십시오. 이 두려운 "만일"을 뛰어넘어버리고, 의심과 두려움의 광야에서 절대로 헤매지 마십시오. 그리고 불신의 요단강을 건너 평화의 가나안 땅으로 들어가십시오. 그 땅은 아직 가나안 족속들이 살고 있지만 젖과 꿀이 멈추지 않고 흐르는 곳입니다.

애굽에 곡식이 있다 - 창세기 42:2

기근이 모든 민족들에게 임했기 때문에 야곱과 그의 가족들도 극심한 굶주림에 시달리는 것이 불가피하게 되었습니다. 그러나 사랑하는 택하신 백성들을 잊지 않고 계시는 하나님의 섭리는 그의 백성들을 위해 미리 곡창을 준비시켜 놓았습니다. 하나님은 애굽인들에게 흉년이 들 것을 경고하심으로써 풍년이 들었을 때 곡식을 저장해놓도록 그들을 인도하셨습니다. 야곱은 애굽으로부터 도움을 받으리라고 거의 기대하지 않았지만, 그곳엔 그를 위한 곡식이 준비되어 있었습니다. 성도여, 모든 일이 겉으로 보기에는 당신에게 불리하게 돌아가도, 하나님은 당신을 위해 예비해 놓으신다는 사실을 확신하십시오. 당신의 슬픔의 두루마리 속에 구원의 조항이 들어있습니다. 어떻게든 그분은 당신을 구원하고, 어디서든 당신에게 필요한 것을 공급해주실 것입니다. 당신의 구원이 일어나는 곳은 전혀 기대하지 않았던 곳일 수 있지만, 확실히 주의 도우심은 당신을 궁지에서 벗어나게 할 것입니다. 그때 당신은 주의 이름을 찬송할 것입니다.

사람들이 당신을 먹여주지 않는다면, 까마귀가 먹을 것을 갖다줄 것입니다. 땅이 곡식을 내지 않는다면, 하늘에서 만나가 떨어질 것입니다. 그러므로 용기를 내십시오. 그리고 묵묵히 주님을 의지하십시오. 하나님은 원하신다면 해가 서쪽에서 뜨게 하실 수 있습니다. 그리고 고통의 원천을 즐거움의 통로로 만드실 수도 있습니다. 애굽의 곡식은 사랑받는 요셉의 손 안에 있었습니다. 그는 원하는 대로 창고 문을 열거나 닫을 수 있었습니다. 마찬가지로 풍성한 축복들이 우리 구세주님의 절대적인 능력 속에 있습니다. 그분은 자기 백성들에게 그 축복들을 임의로 나누어 줄 것입니다. 요셉은 자기 가족들을 구하기 위해 충분히 대비하고 있었습니다. 예수님도 그의 형제들을 위해 그 신실하신 사랑을 끊임없이 보여 주십니다. 그러므로 우리의 할 일은 우리를 위해 준비되어 있는 도우심을 따라가는 것입니다. 우리는 낙담에 빠져 주저앉아 있지 말고 분발해야 합니다. 기도는 곧 우리의 왕 되신 형제 앞으로 우리를 인도할 것입니다. 일단 우리가 그분의 보좌 앞에서 구하기만 하면 받을 것입니다. 그분의 창고는 결코 빈 적이 없습니다. 여전히 곡식이 남아 있습니다. 그분의 마음은 강퍅하시지 않습니다. 그분은 곡식을 우리에게 주실 것입니다. 주여, 우리의 불신앙을 용서하소서. 이 저녁에 우리를 당신의 충만함으로 속히 이끄시고 은혜 위에 은혜를 받게 하소서!

### 또 바른 길로 인도하사 - 시편 107:7

걱정이 많은 신자는 고난을 겪게 되면 "왜 이런 일이 나에게 일어날까?" 하고 종종 묻습니다. 나는 빛을 구했지만 어둠이 임하고, 평화를 구했지만 환난을 당하게 됩니다. 나는 마음속으로 내 산은 견고히 서 있고, 나는 결코 흔들리지 않을 것이라고 생각했습니다. 그런데 주여, 당신은 당신의 얼굴을 숨기시고 나는 환난을 당했습니다. 어제는 내 이름을 분명히 읽을 수 있었는데, 오늘은 내 증거들이 희미해지고, 내 소망은 구름에 가리었습니다. 어제 나는 비스가 산 정상에 올라가 저 멀리 보이는 장면을 바라보고 미래의 기업을 확신하고 즐거워할 수 있었지만, 오늘 내 영은 소망이 없고, 두려움만 큽니다. 기쁨은 없고 고통만 많습니다.

이것도 나를 향하신 하나님의 계획의 한 부분입니까? 이것이 하나님이 나를 천국으로 인도하시는 방법일 수 있습니까? 예, 물론입니다. 당신의 믿음이 약화되는 것, 마음이 어두워지는 것, 소망이 희미해지는 것, 이것들은 당신이 곧 얻게 될 엄청난 기업을 잘 받아 누릴 수 있도록 하려는 하나님의 역사의 한 방법입니다. 이 시험들은 당신의 믿음을 테스트하고 강하게 하기 위해 주어지는 것들입니다. 그것들은 반석 위로 당신을 떠밀어줄 파도들입니다. 그것들은 당신의 배가 바라는 항구로 더 신속하게 나아가도록 부는 바람입니다. 다윗의 말을 빌려 당신에게 이렇게 말해줄 수 있습니다: "여호와께서 그들이 바라는 항구로 인도하시는도다"(시 107:30).

영예와 치욕, 호평과 악평, 부유함과 가난함, 기쁨과 고통, 핍박과 평화, 이 모든 것들은 영혼의 생명력을 유지시켜 주고, 당신의 신앙의 길을 돕는 원천들입니다. 오 성도여, 당신의 슬픔이 하나님의 계획 속에 들어있지 않다고 생각하지 마십시오. 그것은 그 계획의 필수적인 한 요소입니다. "우리가 하나님의 나라에 들어가려면 많은 환난을 겪어야 할 것이라"(행 14:22). 그렇다면 "여러 가지 시험을 당할 때 온전히 기쁘게 여기는"(약 1:2) 법을 배우십시오.

> "오 두려워하는 내 영혼아, 잠잠하라.
> 잠잠히 주의 지혜롭고, 거룩하신 뜻을 기다리라.
> 주여, 나는 당신의 목적을 볼 수 없지만,
> 모든 것을 당신이 다스리시니 만족합니다."

**나의 사랑하는 자야 너는 어여쁘고 화창하다 - 아가서 1:16**

우리가 지극히 사랑하는 주님은 모든 면에서 굉장히 아름답습니다. 우리가 겪은 다양한 경험들은 하늘에 계신 우리 아버지를 통해 예수님의 사랑스러운 모습을 볼 수 있도록 우리에게 새로운 관점들을 제공해 주는 역할을 합니다. 우리가 당하는 시험들이, 평온한 삶이 우리에게 줄 수 있는 것보다 훨씬 더 분명하게 예수님에 관한 시각을 갖게 만드는 높은 곳으로 우리를 인도한다면 얼마나 좋을까요! 우리는 아마나와 스닐과 헤르몬 산꼭대기에서 그분을 보았습니다. 그분은 자신의 힘으로 태양처럼 우리를 밝게 비추셨습니다. 그러나 우리는 그분을 또한 "사자 굴과" "표범 산"에서 보았습니다. 거기서도 그분은 그 사랑스러움을 조금도 잃지 않았습니다. 병상에서 신음하면서, 무덤 언저리에서, 우리는 우리 영혼의 신랑에게 눈을 돌렸습니다. 그때에도 그분은 "가장 어여쁜" 모습으로 계셨습니다. 많은 성도들이 음침한 감옥에서, 화형장의 빨간 불꽃 속에서 주님을 바라보았지만, 그들은 그분에 대해 한 마디도 악한 말을 하지 않고 그분의 위대하심을 찬미하며 죽었습니다. 오, 사랑스러운 주 예수님을 영원토록 바라본다는 것은 얼마나 고상하고 즐거운 일일까요! 구주를 그 담당하신 직분에 따라 바라보고, 그 각 직분에 그분과 비견할 만한 존재가 없음을 생각하는 것은 말할 수 없이 즐거운 일이 아닙니까? 말하자면 그것은 만화경을 움직여 비길 데 없이 아름다운 은혜들의 새로운 조합들을 보는 것과 같지 않을까요? 구유 속에 계시거나 영원 속에 계실 때, 십자가상에서나 보좌 위에서, 겟세마네 동산에 계실 때나 그의 나라에 계실 때, 상도들 사이에 계실 때나 그룹들 사이에 계실 때, 그분은 어디서든 "정말로 어여쁜" 분이십니다. 그분의 생애의 모든 활동들, 그분의 인격의 모든 특성들을 자세히 살펴보십시오. 그러면 그분은 비천에 계실 때나 위엄 속에 계실 때나 항상 사랑스러우신 분이십니다. 당신이 원하는 대로 그분을 판단해 보십시오. 그러면 당신은 절대로 그분을 비난할 수 없을 것입니다. 당신이 원하는 대로 그분을 평가해 보십시오. 그러면 그분은 부족한 점이 하나도 발견되지 아니할 것입니다. 영원은 사랑하는 우리 주님 속에서 한 점의 그늘도 발견하지 못할 것입니다. 아니 오히려 세월이 흐를수록 그분의 숨겨진 영광들이 상상할 수 없는 광채를 발하며 비칠 것입니다. 그분의 무한한 아름다움이 더욱더 천국에 속한 심령들의 마음을 빼앗아갈 것입니다.

### 여호와께서 내게 관계된 것을 완전케 하실지라 - 시편 138:8

여기서 시편 기자가 아주 명백하게 표현하고 있는 것은 하나님에 대한 신뢰입니다. 그는 "나는 나와 관련된 은혜를 충분히 갖고 있다. 내 믿음은 절대로 흔들리지 않을 만큼 견고하다. 내 사랑은 너무 뜨거워서 절대로 차가와지지 않을 것이다. 내 결심은 너무 강해서 절대로 변하지 않을 것이다"라고 말하지 않았습니다. 아닙니다. 그는 오직 여호와만 의지했습니다. 만일 우리가 영원하신 반석이신 하나님 위에 두지 않은 어떤 다른 신뢰 속에 빠져있다면, 그 신뢰는 꿈보다 더 헛된 것이고, 곧 우리를 무너뜨리고 파멸로 이끌어 우리에게 슬픔과 혼란을 줄 것입니다. 자연이 짜내는 모든 것은 시간이 지나면 풀어지고, 그러기에 그 옷을 입고 있는 모든 사람들은 영원한 혼란에 빠지게 될 것입니다. 시편 기자는 지혜로워서 하나님의 역사가 아닌 것을 절대로 의지하지 않았습니다. 우리 안에서 선한 일을 시작하신 분은 하나님이십니다. 그 일을 계속 진행시키는 분도 그분이십니다. 만일 그분이 일을 마치지 아니하신다면, 그 일은 끝나지 아니할 것입니다. 만일 천국에서 입을 의의 옷에 우리의 의가 한 올이라도 들어가 있다면, 우리는 얻은 것을 다 빼앗길 것입니다. 그러나 주님이 시작하셨으니 이루시는 것도 주님이라는 것이 우리의 확신입니다.

그분이 모든 것을 다 해오셨고, 하셔야 하고, 또 하실 것입니다. 우리의 확신은 우리가 행한 것이나 우리가 하기로 결심한 것에 있지 아니하고, 전적으로 주님이 하실 것이라는데 있습니다. 불신앙은 넌지시 이렇게 말합니다: "너는 결코 설 수 없을 거야. 네 마음의 악함을 보라. 너는 절대로 죄를 이길 수 없을 것이다. 너를 에워싸고 있는 세상 쾌락과 유혹들을 생각해 보라. 너는 절대로 그것들에게 미혹되어 실족하게 될거야."

아! 그렇습니다. 우리가 우리 자신의 힘을 의지한다면 정말 그렇게 될 것입니다. 만일 우리가 거친 바다 위에서 홀로 우리의 힘없는 배로 항해하려고 한다면, 우리는 절망에 빠져 항해를 포기해야 할 것입니다. 그러나 하나님께 감사하십시오. 그분이 우리와 관련된 모든 것을 완전케 하시고, 바라던 항구로 인도하실 것입니다. 우리가 오직 그분만 신뢰한다면 아무리 자신감을 크게 가져도 괜찮을 것이고, 이런 신뢰를 갖는 것에 대해 전혀 염려할 것이 없습니다.

**너는 나를 위하여 돈으로 향품을 사지 아니하며 - 이사야서 43:24**

성전에서 제사드리는 자들은 하나님의 제단에서 태울 향품을 가지고 나아와야 했습니다. 그러나 이스라엘 백성들이 타락했던 시기에는 인색해져서 여호와께 드릴 헌물을 제대로 바치지 않았습니다. 이것은 하나님과 그분의 집에 대한 그들의 마음이 차갑게 식었다는 것을 보여 주는 증거였습니다. 성도여, 이것이 오늘날 당신에게 일어나고 있지 않습니까? 본문의 질책이 자주, 아니 이따금이라도, 당신에게 주어져야 할 것은 아닙니까? 믿음은 부요하지만, 돈이 없어 가난한 사람들은 하찮은 예물을 드려도 충분히 열납될 것입니다. 하지만 가난한 성도여, 당신은 하나님께 합당한 예물을 드리고 있습니까, 아니면 과부의 두 렙돈을 연보궤에 넣지 않고 있습니까? 부유한 성도는 자기에게 주어진 달란트를 감사해야 합니다. 하지만 받은 것만큼 그에 따른 책임도 크다는 것을 잊어서는 안 됩니다. 왜냐하면 많이 받은 자에게는 많이 요구할 것이기(눅 12:48) 때문입니다. 그러므로 부유한 성도여, 당신은 당신의 의무를 생각해야 합니다. 받은 은혜에 따라서 주님께 바쳐야 합니다.

예수님은 우리를 위해 자기 피를 흘리셨는데, 우리는 그분께 무엇을 드려야 하겠습니까? 그분이 자신을 내어주고 우리를 사셨기 때문에 우리는 그분의 것이고 우리가 갖고 있는 모든 것도 다 그분의 것입니다. 그런데 어떻게 우리가 우리 자신의 것인 것처럼 행동할 수 있습니까? 오 우리가 얼마나 더 거룩히 구별되어야 할까요! 이 목적을 위해 얼마나 더 사랑해야 할까요! 사랑하는 주님, 우리가 돈으로 산 이 작은 것을 받아주신다면 얼마나 좋을까요! 당신의 비할 데 없는 사랑에 대한 예물로는 아무리 값비싼 것이라도 비싸지 않습니다. 그러나 당신은 아무리 작은 것이라도 그것이 진실한 사랑의 표시라면 기꺼이 받아주십니다. 당신은 우리의 보잘것없는 물망초다발과 사랑의 표시들이, 실제로는 자녀가 그 어머니에게 드리는 들꽃다발과 흡사할지라도, 아주 보배로운 것으로 받아주십니다. 그러므로 우리는 절대로 당신께 인색하지 않고, 이 시간부터 우리가 사랑의 선물을 드리지 않는다는 불평을 다시는 듣지 않도록 하겠습니다. 우리는 우리의 수확의 첫 열매를 당신께 드리고, 또 모든 소득의 십일조를 드리겠습니다. 그리고 "우리가 당신께 드린 것을 당신의 소유로 취하소서"라고 고백할 것입니다.

하나님을 찬송하리로다 그가 내 기도를 물리치지 아니하시고 - 시편 66:20

그 동안 우리가 하나님께 드린 기도의 성격들을 한 번 살펴보십시오. 그러면 아마 우리가 정직하게 기도하지 못했는데도, 하나님께서는 우리의 기도에 항상 응답해주셨다는 것을 알고 깜짝 놀라게 될 것입니다. 우리들 중에는 과거 바리새인들이 그랬던 것처럼 자기들의 기도가 당연히 응답받을 만하다고 생각하는 사람들이 있을 수 있습니다. 그러나 참된 그리스도인은, 자신을 깊이 돌아다 볼 때, 자신의 기도를 부끄러워하고, 다시 기도할 수 있다면, 더 간절하게 기도하기를 바라는 법입니다.

성도들이여, 당신의 기도가 얼마나 냉랭하게 드려졌는지 기억하기 바랍니다. 당신은 골방에서 야곱처럼 하나님과 씨름을 했어야 했지만 그렇게 하기는커녕, 당신의 기도는 참으로 희미하고 짧았습니다. 당신의 기도는 "당신이 내게 축복하지 아니하면 가게 하지 아니하겠나이다"(창 32:26)라고 부르짖으며 끝까지 하나님께 매달리는 겸손하고 신실하고 인내하는 믿음과는 거리가 멀었습니다. 그러나 놀랍게도 하나님은 이같이 냉랭한 당신의 기도를 들으셨고, 아니 들으셨을 뿐만 아니라 응답까지 해주셨습니다.

또 당신이 고난을 당했을 때 말고 얼마나 기도를 게을리했었는지를 생각해 보십시오. 고난 속에 처했을 때에야 당신은 자주 지성소를 찾았습니다. 그러나 구원을 받으면 그 간구가 어디로 가버렸지요? 하지만 이처럼 당신이 자주 기도를 멈추었음에도 불구하고 하나님은 복주시는 것을 멈추지 아니하셨습니다. 당신이 지성소 찾기를 게을리했을 때에도 하나님은 그것을 저버리지 아니하셨습니다. 여호와의 영광스러운 현현의 밝은 광채는 그룹들의 날개 사이에 항상 나타나 있었습니다. 오! 하나님은 우리가 필요할 때 간헐적으로 드물게 드린 기도들도 소중히 여기신다는 것이 참으로 놀랍습니다. 이처럼 꼭 필요한 것을 얻을 때에만 그분께 나아오고, 일단 은혜를 받고나면 등을 돌려버리는 사람들의 기도를 들어주시는 분이 바로 하나님이십니다. 또 어쩔 수 없이 기도해야 할 때에만 나아오고, 은혜가 넘치고 고통이 없을 때에는 그분을 찾는 것을 잊어버린 사람들의 기도도 그분은 들어주십니다. 이런 기도까지 들어주시는 하나님의 은혜로우신 사랑을 깊이 깨닫고 이제부터는 "모든 기도와 간구를 하되 항상 성령 안에서 기도하도록"(엡 6:18) 힘씁시다.

**오직 너희는 그리스도의 복음에 합당하게 생활하라 - 빌립보서 1:27**

"오직 너희는 그리스도의 복음에 합당하게 생활(conversation)하라." 이 말씀 속에서 "conversation"(대화, 생활 태도)이라는 단어는 우리가 다른 사람들과 말을 나누고 대화를 하는 것만 의미하는 것이 아니라 우리의 삶과 행동의 전과정을 망라하는 개념입니다. 이 말에 해당되는 헬라어는 시민으로서 해야 할 의무와 권리를 의미합니다. 그러므로 우리는 새 예루살렘성의 시민으로서 우리의 행동이 그리스도의 복음에 합당하게 되도록 하라고 권면받습니다(역주: 한글성경은 원의에 맞게 "생활하라"고 번역되어 있기 때문에 굳이 이같은 설명이 필요없다). 그러면 이것은 어떤 생활을 의미할까요? 먼저 복음은 아주 단순합니다. 따라서 그리스도인들은 그 생활습관이 단순하고 분명해야 합니다. 우리의 예절, 언어, 의상, 전체 행동 등에 있어서 단순함이라는 아름다움의 정수를 보여 주어야 합니다. 복음은 독보적으로 진실합니다. 그것은 순금과 같습니다. 그리스도인의 삶은 진실이라는 보석이 없으면 빛도 없고 가치도 없습니다. 복음은 극히 두려움이 없습니다. 그것은 사람들이 좋아하든 싫어하든 담대하게 진리를 선포합니다. 우리도 똑같이 신실하고 담대해야 합니다. 그러나 복음은 또한 아주 온유합니다. 복음을 세우신 자에게서 이같은 정신을 확인해 보십시오: "상한 갈대를 꺾지 아니하며"(사 42:3). 어떤 신앙인들은 가시울타리보다 더 날카롭습니다. 이런 사람들은 예수님과 같지 않습니다. 우리는 말과 행실의 온유함을 보여 줌으로써 다른 사람들이 본받도록 해야 합니다. 복음은 사랑이 풍성합니다. 그것은 상실되고 타락한 인류에게 전하는 하나님의 사랑의 메시지입니다. 제자들에게 하신 그리스도의 마지막 명령은 "서로 사랑하라"는 말씀이었습니다. 오 모든 성도들이 진실로 하나가 되어 사랑하기 위해서는 얼마나 더 진실해져야 할까요! 그토록 악하고 비열한 사람들의 영혼에 대해 얼마나 더 온유한 사랑을 보여 주어야 할까요! 우리는 그리스도의 복음이 거룩하다는 것을 잊어서는 안 됩니다. 그것은 결코 죄를 변명하지 않습니다. 그것은 죄를 오직 속죄를 통해서 용서합니다. 만일 우리의 삶이 복음을 닮는다면, 우리는 큰 죄악뿐만 아니라 우리를 그리스도와 완전하게 일치시키는데 방해가 되는 모든 것들을 피해야 합니다. 그분을 위해, 우리 자신을 위해, 그리고 다른 사람들을 위해, 우리는 날마다 우리의 생활이 그분의 복음에 더욱 합당하게 되도록 힘써야 하겠습니다.

여호와여 나를 버리지 마소서 - 시편 38:21

우리는 시련이나 시험을 당할 때 하나님이 우리를 버리시지 않도록 자주 기도합니다. 그러나 우리는 이 기도를 항상 드려야 할 필요가 있음을 너무 자주 망각합니다. 아무리 경건하다 해도 하나님이 지속적으로 우리를 붙들어주시지 아니하면 우리는 한 순간도 제대로 살아갈 수 없습니다. 빛 속에 있든 아니면 어둠 속에 있든, 교제 속에 있든 아니면 시험 속에 있든, 우리는 똑같이 "여호와여 나를 버리지 마소서", "나를 도우소서, 그러면 내가 안전하리이다"라는 기도를 필요로 합니다. 어린 아기는 걸음마를 배울 때 항상 부모의 도움이 필요합니다. 조타수가 없는 배는 즉시 항로를 벗어나 떠내려갑니다. 우리는 위로부터 지속적으로 도우심을 받지 못하면 아무것도 할 수 없습니다.

그렇다면 당신은 오늘도 이렇게 기도해야 합니다: "아버지여, 오늘도 저를 버리지 마소서. 당신의 자녀가 원수의 손에 의해 실족하지 않도록 버리지 마소서. 목자여, 당신의 어린양이 안전한 우리를 떠나 방황하지 않도록 버리지 마소서. 위대하신 농부여, 당신의 식물이 시들어 죽지 않도록 버리지 마소서. 오늘도 '여호와여 나를 버리지 마소서.' 내 삶의 모든 순간순간마다 저를 버리지 마소서. 즐거울 때 그것이 제 마음을 빼앗아가지 않도록 버리지 마소서. 슬플 때 그것을 불평하지 않도록 버리지 마소서. 회개할 때 용서에 대한 소망을 잃고 절망에 빠지지 않도록 버리지 마소서. 가장 믿음이 좋을 때 교만에 빠지지 않도록 버리지 마소서. 당신이 없으면 저는 약하고, 당신이 있으면 저는 강합니다. 제가 가는 길은 위험하고 덫이 많고, 그래서 당신의 인도하심이 없으면 아무것도 할 수 없으니 저를 버리지 마소서. 암탉이 병아리들을 버리지 않는 것처럼, 당신도 그 날개로 항상 저를 품어 주시고, 당신의 날개 아래 피할 수 있도록 허락하소서. '나를 멀리 하지 마옵소서 환난이 가까우나 도울 자 없나이다' (시 22:11) '나의 구원의 하나님이시여 나를 버리지 마시고 떠나지 마소서' (시 27:9)."

> "오 우리의 깨끗해진 마음속에
> 당신의 영원하신 영이 거하도록 명하시고,
> 그리하여 우리의 은밀한 영혼이
> 당신에게 순전하고 합당한 성전이 되게 하소서."

> *곧 그 때로 일어나 예루살렘에 돌아가 보니 열한 제자 및 그들과 함께 한 자들이*
> *모여 있어 … 두 사람도 길에서 된 일과 예수께서 떡을 떼심으로 자기들에게*
> *알려지신 것을 말하더라 - 누가복음 24:33, 35*

엠마오에 도착한 두 제자는 저녁을 먹고 기운을 찾았을 때, 곧 길을 가는 도중 그들을 감동시켰던 그 신비스러운 동반자가 떡을 떼고, 그들에게 자신의 정체를 드러내셨을 때, 그들의 시야가 활짝 열렸습니다. 그들은 날이 이미 어두워졌기 때문에 함께 머물도록 그분께 강청했습니다. 그러나 지금 그들의 사랑은, 후에는 더 커졌지만, 그들의 발 아니 날개에 대해서도 등불이었습니다. 그들은 어둠을 잊었고, 그들의 피로는 완전히 사라졌으며, 당장 길에서 만난 부활하신 주님에 대한 감격스러운 소식을 전해주려고 60펄롱 곧 12km 정도를 되돌아갔습니다.

그들은 예루살렘에 있는 그리스도인들을 만나자마자 다른 말들은 다 생략하고 그 즐거운 소식부터 털어놓기 시작했습니다. 이 초기의 그리스도인들은 그리스도의 부활을 열렬하게 전파하고, 자기들이 주님에 관해 알고 있는 것들을 열광적으로 선포했습니다. 그들은 자기들의 경험을 누구에게나 알려주었습니다. 오늘 저녁 우리도 그들의 모습에 크게 감동받아야 하겠습니다. 우리도 예수님에 관해 증거해야 합니다. 빈 무덤에 관한 요한의 설명은 베드로에 의해 보충되었고, 마리아는 더 자세한 사실을 말할 수 있었습니다. 그것들을 종합하면 우리는 아무것도 더 필요 없는 완전한 증거를 소유하게 됩니다.

우리는 각자마다 독특한 재능과 특별한 은사들을 소유하고 있습니다. 그러나 하나님이 바라시는 유일한 목적은 그리스도의 몸 전체가 온전케 되는 것입니다. 그러므로 우리는 우리의 영적 자산들을 갖고 와 사도의 발 앞에 내놓고, 그것들을 사람들에게 나누어주어야 합니다. 보배 같은 진리에 대해 절대로 뒷걸음치지 마십시오. 당신이 알고 있는 대로 말해 주고 당신이 본 대로 증거하십시오. 어서 일어나 의무를 감당할 자리로 가십시오. 그리고 거기서 하나님이 당신의 영혼에게 보여주신 위대한 일들을 말해 주십시오.

네 짐을 여호와께 맡기라 그가 너를 붙드시고 - 시편 55:22

염려는, 그럴만한 합당한 이유가 있다고 하더라도, 지나치면 죄가 됩니다. 우리 주님은 우리에게 염려하지 말라고 강력히 말씀하셨습니다. 그것은 사도들에 의해서도 반복되었습니다. 그것을 무시하면 반드시 죄를 범하게 될 수밖에 없습니다. 왜냐하면 염려의 참된 본질은 우리가 하나님보다 더 지혜롭다고 생각하고, 그분이 우리를 위해 행하신 것을 우리가 하려고 그분 자리에 우리를 두는 것이기 때문입니다. 우리는 그분이 잊어버리실 것이라는 망상을 진짜인 것처럼 생각하려고 합니다. 우리는 그분이 우리를 위해 짐을 짊어지실 수 없거나 짊어주시지 않는 것처럼 생각하고 우리의 무거운 짐을 스스로 짊어지려고 합니다. 그런데 이것은 그분의 분명한 교훈에 대한 불순종이요, 그분의 말씀에 대한 불신앙이며, 그분의 영역을 침범하는 교만으로 완전히 죄를 범하는 것입니다.

그러나 이 외에도 염려는 종종 죄의 행위를 일으키는 원인이 됩니다. 자신의 삶을 하나님의 손에 묵묵히 맡기지 못하고 그 짐을 스스로 짊어지려고 하는 사람은 자신을 돕는데 잘못된 수단들을 사용하게 될 유혹에 빠질 가능성이 아주 많습니다. 이 죄는 하나님을 우리의 모사로 인정하지 못하게 하고 인간의 지혜에 의존하도록 이끕니다. 이것은 "샘" 대신 "깨진 물통"에 가는 것으로, 옛날 이스라엘 백성들이 범했던 죄입니다.

염려는 또 우리로 하여금 하나님의 자비를 의심하도록 만듭니다. 그래서 그분을 향한 우리의 사랑이 점차 식어버리게 합니다. 우리는 불신감을 느끼고, 그래서 하나님의 영을 근심하게 함으로써, 결국엔 우리의 기도가 방해를 받고, 우리의 모범적인 생활이 훼손을 당하고, 우리의 삶이 이기적인 것이 되어버리고 맙니다. 그래서 급기야는 확신을 잃어버리고 그분을 떠나 방황하게 됩니다. 그러나 만일 그분의 약속을 믿는 단순한 믿음을 통해 우리가 우리의 짐을 그분에게 맡겨버리고, 그분이 우리를 보살펴 주시기 때문에 "아무것도 염려하지" 않는다면, 그것은 우리를 그분께 더 가까이 나아가도록 이끌고, 우리를 강하게 만들어 어떤 유혹도 이겨낼 수 있게 합니다. "주께서 심지가 견고한 자를 평강하고 평강하도록 지키시리니 이는 그가 주를 신뢰함이니이다"(사 26:3).

이 믿음에 머물러 있으라 - 사도행전 14:22

인내는 참된 성도의 표지입니다. 그리스도인의 삶은 하나님의 길을 가는 삶의 시작일 뿐만 아니라 삶이 계속되는 한 그 길에 머물러 있는 과정이기도 합니다. 나폴레옹이 다음과 같이 말했던 것은 그리스도인에게도 그대로 적용됩니다: "승리가 오늘의 나를 만들었고, 승리가 나를 지탱시켜 줄 것이다." 마찬가지로 주님을 사랑하는 형제여, 하나님 아래서 승리가 당신의 존재를 만들었고, 승리가 당신을 지탱시켜 줄 것입니다. 당신의 모토는 "더 높이"여야 합니다. 오직 주님만이 참된 승리자이고, 전쟁 나팔 소리가 울려 퍼지지 않을 때까지 승리하는 자가 마지막 때 면류관을 쓸 것입니다. 그러므로 인내야말로 우리의 모든 영적 원수들의 표적입니다.

세상은 당신을 유혹하여 당신의 순례 길을 멈추고, 허영의 시장에서 자기와 장사하도록 당신의 발을 묶어놓을 수만 있다면, 당신이 잠시 그리스도인이 되는 것을 방해하지 않습니다. 육체는 당신을 옭아매어 당신이 하나님의 영광을 향해 나아가지 못하도록 훼방할 것입니다. "순례자가 되는 것은 피곤한 일이다. 그러므로 그것을 포기하라. 나는 항상 성화되고 있는가? 방종에 빠지지 않고 않는가? 이 계속되는 전투로부터 최소한 휴가라도 달라." 사탄은 당신의 인내에 날카로운 공격을 무차별로 퍼부을 것입니다. 그것은 그의 모든 화살의 표적이 될 것입니다. 그는 당신의 섬김을 방해하는데 심혈을 기울입니다. 그는 당신이 선을 행하지 못하고 쉼을 원하도록 넌지시 유혹합니다. 그는 당신이 고난 받는 것을 싫증 내도록 획책할 것입니다. 그는 "하나님을 저주하고 죽으라"고 속삭일 것입니다. 또는 당신의 변함없는 마음을 공격할 것입니다: "그렇게 열심을 낸다고 얻는 유익이 무엇이냐? 다른 사람들처럼 조용히 있으라. 다른 사람들처럼 잠이나 자라. 나머지 처녀들처럼 기름을 준비하지 마라." 또는 당신의 교리적 신앙을 공격할 것입니다: "너는 이 교리신조들을 왜 고수하느냐? 식견이 있는 사람들은 훨씬 더 개방적이다. 그들은 구태의연한 경계들을 제거하고 있다. 시대를 따라 살라." 그러므로 그리스도인이여, 당신의 방패를 드십시오. 갑주를 걸치십시오. 그리고 하나님을 향해 성령을 통해 끝까지 인내할 수 있도록 힘차게 부르짖으십시오.

> 므비보셋이 항상 왕의 상에서 먹으므로 예루살렘에 사니라
> 그는 두 발을 다 절더라 - 사무엘하 9:13

므비보셋은 왕의 식탁에 어울리는 그런 인물은 아니었습니다. 그러나 그는 다윗의 식탁의 한 자리를 계속 차지했습니다. 그 이유는 왕이 그의 얼굴에서 사랑하는 친구 요나단의 모습을 볼 수 있었기 때문이었습니다. 므비보셋처럼 우리도 영광의 왕께 "이 종이 무엇이기에 왕께서 죽은 개 같은 나를 돌아보시나이까" (삼하 9:8)라고 외칠 수 있습니다. 그러나 그래도 하나님은 우리의 얼굴에서 자신의 지극히 사랑하는 아들 예수의 모습을 보기 때문에 자신과의 친밀한 교제를 허락하십니다.

주의 백성들은 다른 사람 때문에 사랑을 받습니다. 하나님 아버지는 자신의 독생자에게 베푸시는 사랑 때문에 그의 사랑하는 연약한 형제들을 가난과 비천함으로부터 일으키시고, 왕궁에서 교제를 나누게 하시며, 높은 자리에 앉게 하시며, 궁중의 음식을 먹게 하십니다. 그들이 불구라고 해도 그 특권을 빼앗기지 않을 것입니다. 절름발이라고 해도 아들이 되는데 장애가 되지 않습니다. 지체불구자라고 해도 아사헬처럼 달릴 수만 있다면 충분히 그 유업을 받을 수 있습니다. 우리의 권리는 우리의 힘이 약할지라도 박탈당하지 않습니다. 왕의 식탁은 절뚝발이에게는 아주 훌륭한 피난처입니다. 우리는 복음의 잔칫상에서 결점 속에서 영광을 얻는 법을 배웁니다. 왜냐하면 그때 그리스도께서 우리에게 능력을 주시기 때문입니다.

그러나 극도의 불구는 가장 사랑받는 성도의 인격을 손상시킬 수 있습니다. 므비보셋은 다윗의 식탁에 앉아 식사를 하지만 두 다리를 다 저는 심한 불구로 인해 그는 왕이 성을 도망칠 때 함께 갈 수가 없었고, 그 결과 그의 종 시바의 모략으로 해를 당하게 됩니다. 믿음이 약하고 지식이 부족한 성도들은 크게 손상을 당합니다. 그들은 많은 원수들에게 노출되어 있고 왕이 가는 대로 따라갈 수가 없습니다. 이 질병은 자주 타락으로부터 발생합니다. 영적으로 어릴 때 잘못 양육을 받게 되면 종종 성도들은 도저히 회복할 수 없는 절망에 빠져버리고, 그 죄는 또다른 뼈를 부러뜨려 놓습니다. 주여, 절름발이가 숫사슴처럼 뛰어놀도록 도와주시고, 당신의 모든 백성들이 당신의 식탁에 있는 떡을 먹고 만족하게 하소서!

이 종이 무엇이기에 왕께서 죽은 개 같은 나를 돌아보시나이까 - 사무엘하 9:8

만일 므비보셋이 다윗의 사랑 앞에서 이토록 겸손한 모습을 보여 주었다면, 우리는 은혜의 주님 앞에서는 얼마나 더 그래야 할까요? 우리는 받은 은혜가 크면 클수록 우리 자신에 대해서는 더 작게 생각해야 합니다. 왜냐하면 은혜는 빛처럼 우리의 불순함을 드러내주기 때문입니다. 훌륭한 성도들은 자신의 무가치함을 너무나 분명하고 철저하게 깨닫고 있었기 때문에 자기들을 어디에 비교할지 거의 알지 못했습니다. 거룩한 성도였던 러더퍼드는 "나는 말라 시들어진 가지요, 죽은 시체조각이요, 마른 뼈다귀로, 지푸라기조차 넘어갈 수 없는 사람이다"라고 말합니다. 또 다른 곳에서 그는 "불의한 성질을 폭발시키는 것 곧 유다와 가인이 가진 것 말고는 나는 가진 것이 없다"고 썼습니다. 자연계의 가장 미천한 존재들도 그것들이 죄에 물들지 아니했기 때문에 겸손한 사람의 입장에서 보면 사람보다 나은 점을 갖고 있는 것으로 보입니다. 개는 탐욕적이고 난폭하고 불결하지만, 성령을 거스르는 양심을 갖고 있지 않습니다. 개는 별로 가치가 없는 동물이지만, 조금만 사랑해줘도 곧 그 주인을 끔찍이 사랑하고 죽을 때까지 충성을 다합니다. 하지만 우리는 주인의 사랑을 금방 잊어버리고, 그의 부르심에 따르지 않습니다.

"죽은 개"라는 말은 무가치함에 대한 가장 강렬한 표현입니다. 그러나 그것은 교육받은 신자들의 자기혐오를 표현하는 말로는 절대로 강한 표현이 아닙니다. 그들은 거짓 겸손을 자랑하지 않습니다. 그들은 자기들이 말하는 것을 위장하지 않습니다. 그들은 성소의 저울로 자신을 달아보고 자기들의 본성의 허탄함을 발견해냈습니다. 기껏해야 우리는 흙이요, 움직이는 먼지에 불과하고, 단순히 걸어다니는 무덤에 지나지 않습니다. 그러나 죄인들로서 바라볼 때 우리는 참으로 극악부노한 피조물입니다. 그럼에도 불구하고 주 예수님이 이처럼 미천한 존재들에게 진심으로 사랑을 베푸시는 것은 하늘이 주신 이적이 아닐 수 없습니다. 하지만 아무리 우리가 먼지와 재에 불과할지라도, 우리는 "주님의 넘치도록 크신 은혜를 찬양"해야 하고, 또 찬양할 것입니다. 주님의 마음은 하늘에서 안식을 누릴 수 없었겠습니까? 그분은 신부를 얻기 위해 이 게달의 장막으로 나아가 태양이 비추는 신부를 택하지 않겠습니까? 오 하늘과 땅이여, 찬송을 불러 사랑하는 우리 주 예수님께 모든 영광을 돌릴지어다!

의롭다 하신 그들을 또한 영화롭게 하셨느니라 - 로마서 8:30

성도여, 당신에게 참으로 보배로운 진리가 여기 있습니다. 당신은 가난하거나 고난 속에 있거나 또는 무명의 사람일 수 있지만, 당신의 부르심과 그 부르심으로부터 나오는 결과들, 그리고 특히 본문에서 선포되고 있는 복된 결과를 다시 한 번 음미하고 힘을 얻으시기 바랍니다. 오늘 당신이 하나님의 자녀라는 것이 확실한 것처럼, 당신이 당하는 시험도 곧 끝나고, 다양한 축복으로 부요하게 되리라는 것 역시 확실합니다. 잠깐만 기다리십시오. 그러면 그 피곤한 머리에 영광의 면류관이 씌워지고, 그 수고하는 손에 승리의 종려나무 가지가 쥐어지게 될 것입니다. 결코 환난을 슬퍼하지 마십시오. 오히려 오래지 않아 당신은 "애통하는 것이나 곡하는 것이나 아픈 것이 다시 있지 아니하는"(계 21:4) 곳에 있게 될 것을 즐거워하십시오.

불병거가 당신 문 앞에 있고, 눈 깜짝할 사이에 당신을 영화롭게 된 자들에게 데려다 줄 것입니다. 그때 당신은 영원한 노래를 부를 것입니다. 당신을 위해 천국 문은 활짝 열려 있습니다. 그 안식에 들어가지 못하리라고 생각하지 마십시오. 만일 주님이 당신을 불렀다면 당신을 그분의 사랑으로부터 떼어놓을 수 있는 것은 아무것도 없습니다. 환난이 그 관계를 끊어놓을 수 없고, 핍박의 불이 그 줄을 태울 수 없으며, 지옥의 망치도 그 사슬을 끊어놓을 수 없습니다. 당신은 안전합니다. 처음에 당신을 부르셨던 그 음성이 땅에서 하늘로, 죽음의 어두운 그늘에서 말로 표현할 수 없는 불멸의 광채로 다시 한 번 부르실 것입니다. 당신을 의롭게 하신 분의 심장이 당신을 향한 무한한 사랑으로 고동치고 있음을 확신하십시오. 당신은 곧 영화롭게 되어 당신의 분깃이 있는 곳에 있게 될 것입니다. 당신은 그 유업을 받을 준비를 하며 다만 여기서 기다리고 있고, 때가 되면 천사들이 날개를 치며 당신을 평화와 기쁨과 축복의 산으로 데리고 갈 것입니다.

> "슬픔과 죄의 세상으로부터 멀리 떨어진 그곳에서
> 하나님과 영원히 함께 거하리라."

당신은 그곳에서 영원무궁토록 안식을 누릴 것입니다.

이것을 내가 내 마음에 담아 두었더니 그것이 오히려 나의
소망이 되었사옴은 - 예레미야애가 3:21

　기억은 자주 절망의 하인입니다. 절망하는 마음은 과거로부터 모든 부정적인 암시를 받고 현재의 우울한 상태에 대해서만 생각합니다. 기억은 베옷을 입고 쑥과 독한 물을(렘 9:15) 섞은 잔을 그 주인에게 내놓으며 서 있는 종과 같습니다. 그러나 우리가 꼭 그렇게 할 필연성은 없습니다. 지혜는 기억을 위로의 천사로 쉽게 바꿀 수 있으니 말입니다. 그 왼손에 그토록 많은 어둡고 우울한 징조들을 들고 있는 똑같은 기억이 그 오른손에는 희망으로 가득 찬 징조들을 나르기 위해 훈련받을 수 있습니다. 그것은 꼭 쇠 면류관을 쓸 필요는 없습니다. 그것은 별들로 장식된 금띠를 이마에 두를 수도 있습니다.

　바로 그것이 예레미야의 경험 속에 있었습니다. 바로 앞 구절에서 기억은 그의 영혼을 깊은 절망 속에 빠뜨렸습니다: "내 마음이 그것을 기억하고 내가 낙심이 되오나." 그런데 지금은 이 똑같은 기억이 그에게 생명과 위로를 주었습니다: "이것을 내가 내 마음에 담아 두었더니 그것이 오히려 나의 소망이 되었사옴은." 양날을 가진 칼처럼 그의 기억은 먼저 한쪽 날로 그의 교만을 찔러 죽였습니다. 그 다음에 다른 쪽 날로 그의 절망을 찔러 죽였습니다.

　우리의 기억들을 보다 지혜롭게 사용한다면, 그것을 일반원리처럼, 가장 어두운 고통 속에 있을 때에도 순간적으로 위로의 등불을 밝게 밝히는 성냥을 그을 수 있습니다. 하나님은 신자들의 즐거움을 회복시키기 위해 땅 위에 새 일을 만드실 필요는 없습니다. 만일 기도를 통해 과거의 재들을 다 끌어 모은다면, 그들은 현재 빛을 발견하게 될 것입니다. 그리고 만일 그들이 진리의 책과 은혜의 보좌에 눈을 돌린다면, 그들의 촛불은 곧 예전만큼 다시 밝아질 것입니다. 주의 인자하심을 기억하고 그분의 은혜의 행위를 최고하는 것이 우리의 일이 되어야 합니다. 우리가 기억의 책을 펼쳐 은혜의 기억들을 밝게 비추어보면 곧 행복해질 것입니다. 이처럼 기억은 콜리지(Coleridge)가 말하는 것처럼 "기쁨의 소중한 원천"이 될 수 있고, 성령이 그것을 자신의 사역에 사용할 때, 그것은 지상의 위로자들 가운데 가장 중심적인 것이 될 것입니다.

왕은 … 악을 미워하시니 - 시편 45:7

"분을 내어도 죄를 짓지 말라"(엡 4:26). 만일 사람이 죄에 대해 화를 내지 않는다면, 그 사람 속에 선한 마음이 있다고 거의 볼 수 없습니다. 진리를 사랑하는 사람은 잘못된 길 가는 것을 미워해야 합니다. 우리 주 예수님은 시험이 왔을 때 그것을 얼마나 미워했을까요! 마귀가 세 가지 서로 다른 형식으로 그분을 공격했지만, 그분은 항상 "사탄아 내 뒤로 물러가라"는 말씀으로 그것에 맞섰습니다. 주님은 다른 사람들 속에 있는 악도 미워했습니다. 그러나 그분은 그 미움을 비난의 말보다는 연민의 눈물로 더 자주 표현하심으로써 그에 대한 분노를 더 열렬하게 보여 주셨습니다. 그러나 "화 있을진저 외식하는 서기관들과 바리새인들이여 … 너희는 과부의 가산을 삼키며 외식으로 길게 기도하는도다"라는 말씀보다 준엄하고, 엘리야 같이 기백 있는 말씀이 또 있을까요! 그분은 악을 박살내기 위해 심장에 피를 흘리셨을 만큼 그것을 미워하셨습니다. 그분은 악을 죽여버리기 위해 죽으셨습니다. 그분은 악을 무덤 속에 매장시켜 버리기 위해 장사되셨습니다. 그리고 그분은 악을 자신의 발로 영원히 짓밟아버리기 위해 다시 사셨습니다.

그리스도는 복음 안에 계시고, 그 복음은 악을 모양이라도 반대합니다. 악은 아름다운 겉옷으로 자신을 치장하고, 거룩한 말로 위장하지만, 예수님의 교훈은 마치 노끈으로 만들어진 그분의 유명한 채찍으로 그것을 성전으로부터 끄집어내고, 그것이 교회 안에 있는 것도 참지 못하십니다. 마찬가지로 예수님이 다스리시는 심령 속에서도 그리스도와 벨리알 사이에 얼마나 치열한 전쟁이 벌어질까요! 그리고 우리 대속주께서 심판주로 오실 때 "너 저주받은 자여, 떠나라"고 외치는 천둥 같은 말씀은 사실 주님이 평생에 걸쳐 가르쳤던 죄에 대한 교훈의 연장으로서, 그분이 얼마나 죄악을 미워하시는지를 보여 줍니다. 주님은 죄인들을 향해서는 따스한 사랑을 보여 주지만, 죄에 대해서는 불 같은 증오를 드러내십니다. 그분의 의가 완전한 것만큼 악은 모양이라도 완전히 파멸시킬 것입니다. 오 주여, 당신은 영광스러운 의의 챔피언이자 불의의 정복자이십니다. 이런 이유로 하나님께서도, 바로 당신의 하나님께서도 기쁨의 기름을 부으셔서 당신을 당신의 동료들 가운데 세우셨습니다.

누구든지 일어나서 이 여리고 성을 건축하는 자는 여호와 앞에서
저주를 받을 것이라 - 여호수아서 6:26

여리고성을 재건하는 사람이 저주를 받았다면, 우리들 사이에 교황의 제국을 건설하기 위해 애쓰는 사람은 얼마나 더 큰 저주를 받을까요! 우리 믿음의 선배들이 활약하던 옛날, 가톨릭의 거대한 담들은 그들의 믿음의 힘, 그들의 불굴의 인내, 그리고 그들의 복음나팔의 외침소리에 의해 무너져 내렸습니다. 그리고 오늘날 그 전통적 기초 위에 저주받은 그 제도를 재건하려는 사람들이 있습니다. 오 주여, 그들의 불의한 노력을 좌절시켜 주시고, 그들이 세워놓은 모든 돌들을 다 무너뜨려 주소서. 가톨릭의 정신을 편드는 경향을 갖고 있는 모든 오류들을 철저하게 근절하는 것이 우리에게 중요한 임무가 되어야 합니다. 우리는 먼저 가정에서 깨끗하게 그것들을 제거한 후, 교회와 세상에서 급속도로 퍼지고 있는 그 사상들을 모든 수단을 강구해서 반대해야 합니다. 이 제거는 은밀하게는 열렬한 기도를 통해, 공개적으로는 단호한 증거를 통해 이루어질 수 있습니다.

우리는 로마교회의 오류를 따르는 사람들에게 지혜롭고 담대하게 경고해주어야 합니다. 우리는 복음 진리를 젊은이들에게 가르쳐 주되, 그들에게 구시대의 교황제도가 갖고 있는 죄악들에 관해 말해주어야 합니다. 우리는 올빼미처럼 낮을 싫어하는 온 땅의 가톨릭 사제들에게 진리의 빛이 비추어지도록 도와야 합니다. 우리는 예수님과 복음을 위해 할 수 있는 모든 일을 다하고 있습니까? 만일 그렇지 못하다면 우리의 게으름은 가톨릭 사제들의 궤계에 놀아나게 될 것입니다. 로마 교황에게 치명적인 해악과 득이 되는 성경은 보급하는데 우리는 무엇을 하고 있습니까? 우리는 유익하고 건전한 성경 관련 문서들을 전세계에 전달하고 있습니까? 루터는 언젠가 "마귀는 거위의 깃(곧 펜)을 싫어한다"고 말했는데, 그 말은 확실히 일리가 있습니다. 왜냐하면 성령의 은사를 받은 유능한 학자들이 글로써 마귀의 나라에 치명적인 손해를 끼쳐왔기 때문입니다. 만일 이 짧은 글을 읽는 사람들이 오늘 밤 이 저주받은 여리고성을 재건하려는 시도를 막기 위해 무엇이든 할 수 있다고 결심한다면, 하나님의 영광은 더욱 신속하게 사람들 사이에 드러날 것입니다. 성도여, 당신은 무엇을 할 수 있습니까? 당신은 무엇을 하겠습니까?

우리를 위하여 여우 곧 포도원을 허는 작은 여우를 잡으라 - 아가서 2:15

작은 가시 하나가 온 몸을 쑤시게 할 수 있습니다. 작은 구름 한 점이 태양을 가려버릴 수도 있습니다. 작은 여우 한 마리가 포도원 전체를 망쳐놓습니다. 마찬가지로 작은 죄들이 영혼 속에 숨어살면서 그것을 온통 죄로 물들임으로써, 영혼이 그리스도를 미워하고, 그분이 우리와 원활한 교제와 교통을 갖지 못하도록 합니다. 큰 죄는 그리스도인을 멸망시킬 수 없지만, 작은 죄는 그를 비참한 상태에 빠뜨릴 수 있습니다. 예수님은 그의 백성들이 알고 있는 모든 죄를 내쫓기 전에는 그들과 동행하지 아니하실 것입니다. 그분은 "내가 아버지의 계명을 지켜 그의 사랑 안에 거하는 것 같이 너희도 내 계명을 지키면 내 사랑 안에 거하리라"(요 15:10)고 말씀하십니다. 어떤 그리스도인들은 주님과 함께하는 축복을 거의 누리지 못하고 있습니다. 왜 그렇습니까? 어린아이가 아버지와 떨어져 있는 것은 확실히 고통이 아닐 수 없습니다. 당신은 하나님의 자녀가 아닙니까? 그런데 당신은 아버지의 얼굴을 보지 않고서도 만족합니까? 당신은 그리스도의 신부입니다. 그런데 그분과의 만남이 없이도 만족한다구요! 그러면 당신은 확실히 슬픈 상태에 빠져 있군요. 왜냐하면 그리스도의 순결한 신부는 신랑이 자기를 떠나있을 때 짝 잃은 비둘기처럼 슬퍼하는 법이기 때문입니다.

그렇다면 무엇이 당신으로부터 그리스도를 떠나게 했는지 물어보십시오. 그분은 당신의 죄의 벽 뒤에 얼굴을 숨기고 있습니다. 그 벽은 큰 돌들로 쉽게 지어졌을 수도 있고 작은 조약돌들로 만들어졌을 수도 있습니다. 바다는 물방울들이 모여 이루어집니다. 바위도 작은 티끌들이 모여서 형성됩니다. 당신을 그리스도로부터 갈라놓는 바다는 당신의 작은 죄방울들로 가득 차 있을 수 있습니다. 또 당신의 배를 거의 좌초시킬 뻔 했던 암초는 당신의 작은 죄의 산호충들이 매일 쌓여서 이루어졌을 수 있습니다. 만일 당신이 그리스도와 함께 살고, 그리스도와 동행하며, 그리스도를 바라보고, 그리스도와 교제를 나누며 살기 바란다면, "포도원을 허는 작은 여우들"을 조심하십시오. "왜냐하면 우리의 포도원에는 어린 포도나무들이 자라고 있기 때문입니다." 예수님은 자기와 함께 가 그것들을 잡아내자고 당신을 초청하십니다. 삼손처럼 그분은 즉시 그리고 아주 쉽게 그 여우들을 잡아내실 것입니다. 그러므로 어서 그분께 달려가 사냥에 참여하십시오.

### 다시는 우리가 죄에게 종노릇 하지 아니하려 함이니 - 로마서 6:6

그리스도인이여, 당신은 죄를 어떻게 다루고 있습니까? 이미 당신은 그것에 대해 충분한 대가를 지불하지 않았습니까? 화상을 입은 자녀여, 그래도 당신은 불장난을 계속하겠습니까? 정말! 당신은 이미 사자 입 속에 들어가 보았는데, 또 다시 그 굴로 들어가겠습니까? 당신은 옛 뱀을 충분히 겪어보지 않았습니까? 그는 과거에 당신의 정맥 속에 독을 집어넣지 않았습니까? 그런데도 당신은 또다시 독사 굴에 장난치며 손을 넣겠습니까? 오, 그렇게 미친 짓 하지 마십시오! 그렇게 바보처럼 굴지 마십시오! 지금까지 죄가 당신에게 참된 즐거움을 준 적이 있습니까? 그 안에서 진정한 만족을 누려본 적이 있습니까? 만일 그런 적이 있다면 과거 종으로 되돌아가십시오. 그것이 즐겁다면 죄의 사슬을 다시 채우십시오. 그러나 죄가 당신에게 그것이 주기로 약속한 것을 주지 못하고 당신을 기만했다면, 두 번 다시는 그 옛 사냥꾼의 덫에 걸리지 마십시오. 자유하십시오. 과거 당신을 종으로 속박했던 시절의 기억이 다시는 그 덫에 들어가지 않게 하십시오! 그것은 당신의 순결함과 거룩함을 눈동자처럼 들여다보고 있는 영원한 사랑의 계획에 반대됩니다. 그러므로 당신 주님의 계획에 거역하지 마십시오. 다른 사상이 당신을 죄로부터 억제해야 합니다. 그리스도인들은 결코 죄를 가볍게 여겨서는 안 됩니다. 그들은 범죄할 때 값비싼 대가를 치르게 됩니다. 죄를 범하면 마음의 평화가 깨지고, 예수님과의 교제가 흐려지고, 기도가 방해를 받으며, 영혼이 어둡게 됩니다. 그러므로 절대로 죄의 종이 되지 마십시오. 아니 그렇게 해서는 안 되는 더 분명한 이유가 여기 있습니다: 당신은 "죄를 범할 때마다 하나님의 아들을 다시 십자가에 못 박아 드러내 놓고 욕되게 하는"(히 6:6) 것이기 때문입니다. 당신은 그런 생각을 견딜 수 있습니까? 오! 만일 당신이 오늘 하루 동안 어떤 특별한 죄를 범했다면, 주님이 이 순간 이 권고를 당신에게 주심으로씨, 더 큰 죄를 저지르기 전에 돌아오도록 하기를 바랍니다. 새로운 마음으로 주님을 바라보십시오. 그분은 당신을 향한 자신의 사랑을 결코 잊지 않으셨습니다. 그분의 은혜는 여전히 변함이 없습니다. 주님 발 앞에 나아가 눈물 흘리며 회개하십시오. 그러면 당신은 주님의 품 속에 다시 한 번 받아들여질 것입니다. 당신은 다시 한 번 반석 위에 서서 새롭게 출발할 수 있을 것입니다.

### 왕도 기드론 시내를 건너가니 - 사무엘하 15:23

다윗은 반역한 아들 압살롬을 피해 비탄에 빠진 수하들과 함께 그 슬픔의 강을 건너 도망을 갔습니다. 하나님의 마음에 합한 사람이었던 다윗도 고난을 피하지 못했습니다. 아니, 그의 생애는 시종 고난으로 점철되었습니다. 그는 여호와의 기름부음 받은 자인 동시에 여호와의 고난받은 자였습니다. 그렇다면 우리가 왜 고난을 피하려고만 해야 하겠습니까? 가장 훌륭한 성도들이 슬픔의 문에서 그들의 머리에 재를 뒤집어쓰고 우리를 기다리고 있습니다. 그런데 왜 우리가 고난당할 때 마치 안 당할 일을 당한 것처럼 불평해야 하겠습니까?

만왕의 왕이신 주님 자신도 즐겁고 평탄한 왕도를 가도록 허락되지 아니했습니다. 그분은 예루살렘의 오물이 흐르는 기드론의 더러운 시내를 건너가셨습니다. 하나님은 무죄하신 독생자마저 채찍 없는 아들로 만드시지 아니했습니다. 예수님도 모든 점에서 우리가 당한 유혹을 똑같이 받으셨다고 믿는 것은 정말 기쁜 일입니다. 오늘 아침 우리가 건너야 할 기드론은 무엇일까요? 그것이 신실하지 못한 친구, 사랑하는 사람을 잃어버린 슬픔, 아무 이유 없이 당하는 비난, 아니면 불길한 앞날입니까? 또는 육체의 고통, 가난, 핍박, 아니면 조롱입니까? 우리 왕이신 주님은 이 모든 것들을 다 우리 앞서 통과하셨습니다. "모든 일에 우리와 똑같이 시험을 받으신 이로되"(히 4:15). 이제는 우리가 당하는 시험을 이상하게 여기는 마음을 즉시 그리고 영원히 버립시다. 왜냐하면 모든 성도들의 머리가 되시는 주님께서 우리가 이상하게 생각하는 그 슬픔을 이미 체휼하셨기 때문입니다. 시온의 모든 백성들은 임마누엘의 왕이 그 머리와 대장이 되시는 '슬픈 자들의 명예의 전당'의 무료회원이 되십니다.

다윗은 이처럼 낮아졌지만 결국에는 승전가를 부르며 그의 성으로 다시 돌아왔습니다. 다윗의 주님은 무덤으로부터 다시 살아나셨습니다. 그렇다면 우리도 용기를 냅시다. 우리에게도 승리의 날이 기다리고 있으니까요. 우리는 지금은 비록 죄와 슬픔의 더러운 강을 통과해야 하지만, 때가 되면 구원의 샘으로부터 기쁨의 물을 긷게 될 것입니다. 십자가 군사들이여, 힘내십시오. 왕이신 주님이 기드론을 건넌 후 승리하셨으니, 우리도 그렇게 될 것입니다.

네 모든 병을 고치시며 - 시편 103:3

아무리 겸손하게 말한다고 해도, 우리는 누구나 크든 작든 죄의 질고 아래 고통을 당하고 있다는 것은 확실히 사실입니다. 그러기에 우리에게 우리를 고쳐주실 수 있고, 또 고쳐주시기를 원하는 위대하신 의사가 있다는 것은 얼마나 큰 위로가 될까요! 오늘 저녁은 그분에 관해 생각해 봅시다. 그분의 치료는 아주 신속합니다. 그분을 바라보는 순간 생명이 주어집니다. 그분의 치료는 근본적입니다. 그분은 병의 근원을 뿌리뽑아 주십니다. 그래서 그분의 치료는 안전하고 확실합니다. 그분은 절대로 실패하지 않으시고, 병은 절대로 재발하지 않습니다. 그리스도께서 치유하신 곳에는 재발이 없습니다. 그분은 환자들을 잠시 증세를 가라앉히는 정도로 치료하시는 것이 아니라 완전히 새 사람으로 만드십니다. 그분은 그들에게 새 마음을 주실 뿐만 아니라 새로운 영도 넣어주십니다. 그분은 모든 병을 다 치료하시는 만능의사이십니다. 의사들은 일반적으로 자기 분야에 대해서만 치료하는 전문의입니다. 비록 그들이 우리의 모든 고통과 질병에 대해 조금씩은 다 알고 있다 하더라도, 그들은 다른 사람들보다 더 많은 공부를 한 자기 분야에 대해서만 잘 아는 법입니다.

그러나 예수 그리스도는 인간 본성 전체에 대해 완벽하게 알고 계십니다. 그분은 모든 죄인에 대해 정통하십니다. 그러기에 그분에게는 아무리 희귀한 병이라도 못 고치실 병이 없습니다. 그분은 희귀한 병에 걸린 특별한 환자들을 어떻게 다루셔야 하는지 알고 계셨습니다. 그분은 자신의 눈으로 한 번 보기만 하면 그 환자를 어떻게 다루셔야 하는지 정확하게 파악하셨습니다. 그분은 유일한 만능의사이십니다. 그분이 주시는 약은 유일하게 모든 병을 다 고칠 수 있는 만병통치약입니다. 우리의 영적 질병이 무엇이든, 우리는 즉시 이 신령하신 의사에게 가야 합니다. "그 아들 예수의 피가 우리를 모든 죄에서 깨끗하게 하실 것이요"(요일 1:7). 우리는 그분이 만져주시는 손의 효능을 통해 각양각색 질병들을 고침받은 무수한 사람들을 생각해 보아야 합니다. 그러면 우리는 우리 자신을 그분의 손에 즐겁게 맡길 수 있을 것입니다. 우리가 그분을 의지하면, 죄는 죽습니다. 우리가 그분을 사랑하면, 은혜는 삽니다. 우리가 그분을 기다리면, 은혜는 더 강해집니다. 우리가 존재하시는 그대로 그분을 바라보면, 은혜는 영원토록 완전하게 될 것입니다.

### 저녁이 되고 아침이 되니 이는 첫째 날이니라 - 창세기 1:5

"저녁이 되고 아침이 되니 이는 첫째 날이니라." 이것이 태초부터 그랬습니까? 첫째 날에 빛과 어둠이 시간의 영역을 갈라놓았습니까? 그렇다면 나의 환경이 번성의 낮으로부터 역경의 밤으로 변화된다 해도 그것은 거의 이상한 일이 아닐 것입니다. 영혼과 관련된 일에 있어서도 항상 낮의 햇살만 내리쬐는 것은 아닙니다. 우리는 때를 따라 이전의 기쁨이 사라지고 슬픔의 계절이 올 것을 예상해야 합니다. 또 사랑하는 주님을 캄캄한 밤에 찾아 헤매는 때도 있음을 기억해야 합니다. 이것은 나만 겪는 일은 아닙니다. 왜냐하면 주님의 사랑받는 모든 자들이 심판과 자비, 시험과 구원, 슬픔과 즐거움이 혼합된 노래를 불러야 했기 때문입니다. 우리가 "거기는 다시 밤이 없다"(계 22:5)고 기록되어 있는 곳에 들어갈 때까지는 낮과 밤이 영적·자연적 피조계 속에서 끊임없이 계속되리라는 것은 하나님이 정하신 섭리 가운데 하나입니다. 하늘에 계신 우리 아버지께서 작정하신 것은 지혜롭고 선합니다.

그렇다면 우리가 할 최고의 일이 무엇이겠습니까? 먼저 이 신적 질서에 만족하는 법을 배우고, 욥처럼 여호와의 손으로부터 나오는 것은 좋든지 나쁘든지 그대로 다 받아들여야 할 것입니다. 그 다음에는 아침과 저녁이 교차되는 것을 즐거워하는 법을 배워야 합니다. 아침에 해가 떠오르면 그 즐거움으로 말미암아 하나님을 찬양하십시오. 저녁에 황혼이 닥쳐오면 그 아름다움을 노래하십시오. 일출과 일몰은 그 자체로 아름다움이 있습니다. 그러니 그것을 노래하고 하나님께 영광을 돌리십시오. 나이팅게일처럼 항상 당신의 곡조가 흘러나오게 하십시오. 밤도 낮만큼 유익하다는 것을 믿으십시오. 은혜의 이슬방울은 슬픔의 밤에는 더 무겁게 떨어집니다. 약속의 별들은 고뇌의 어둠 속에 있을 때 더 영광스럽게 반짝거립니다. 어떤 상황에 처하더라도 섬김의 자세를 유지하십시오. 만일 낮에 당신의 표어가 수고였다면, 밤에는 그것을 깨어있음으로 바꾸십시오. 시간마다 해야 할 의무가 있습니다. 주님이 언젠가 영광 중에 다시 오실 때까지 당신은 그분의 종으로서의 소명을 계속 감당해야 합니다. 내 영혼아, 그대에게 노년이 오고 죽음이 가까이 다가왔다고 할지라도, 두려워하지 말라. 왜냐하면 그것은 날의 한 부분에 불과하기 때문이다. 하나님은 "그를 날이 마치도록 보호하신다"(신 33:12)고 말씀하셨습니다.

*그 사막을 에덴 같게, 그 광야를 여호와의 동산 같게 하셨나니 - 이사야서 51:3*

나는 환상 속에서 사하라 사막처럼 황량한 광야, 크고 무서운 황무지를 봅니다. 나는 냉혹한 광야에서 길을 잃고, 결국엔 고통 속에서 죽은 비참한 사람들의 하얀 해골들이 무수히 뒤덮여 있는 뜨겁고 바싹 마른 사막을 보고 진저리를 치는데, 내 주변엔 그 눈을 안도케 하는 것이 아무것도 없습니다. 얼마나 끔찍한 장면일까요! 얼마나 무서울까요! 끝도 없고 오아시스도 없는 모래바다, 버림받은 인류의 음산한 묘지! 그러나 보십시오. 기적이 일어나고 있습니다! 나는 타는 듯한 모래사막으로부터 갑자기 한 그루의 생명나무가 솟아올라오는 것을 봅니다. 그리고 그것은 점점 자라 그 봉오리를 피우고, 또 그 봉오리는 더 커져 꽃을 피웁니다. 그 꽃은 장미꽃이고, 그 옆에는 백합꽃이 겸손하게 머리를 숙이고 있습니다. 그 얼마나 놀라운 이적 중의 이적일까요! 그 꽃들의 향기가 광야 전체로 퍼져가면서 광야는 초목이 무성한 들판으로 변해갑니다. 그 주변에는 참으로 아름다운 꽃들이 피고, 레바논의 영광과 갈멜과 사론의 아름다움이 그곳에 주어집니다. 그곳을 더 이상 사하라라 부르지 말고, 낙원이라고 부르십시오. 그곳을 더 이상 해골골짜기로 불러서는 안 됩니다. 왜냐하면 해골들이 태양빛을 받아 희게 퇴색된 곳에 부활이 선포되고, 죽은 자들이 벌떡 일어나 영원한 생명으로 충만한 강력한 군대로 바뀌는 것이 보이기 때문입니다.

예수님이 그 생명나무이십니다. 그리고 그분의 임재는 만물을 새롭게 합니다. 죄인 한 사람이 구원받는 것보다 더 큰 기적은 없습니다. 사랑하는 형제여, 나는 저편에서 당신이 벌거벗고, 너러운 모습으로 피투성이가 된 채 야수들의 먹잇감이 되어 어린아이로서 들에 버려져 있는 것을 봅니다. 그러나 보십시오. 하나님의 손에 의해 보석이 당신 가슴에 박혀지고, 그것 때문에 당신은 하나님의 섭리를 통해 긍휼히 여김을 받고 보살핌을 받았습니다. 그것 때문에 당신은 그 더러움이 깨끗이 씻김을 받았습니다. 그것 때문에 당신은 하늘의 가족으로 편입되었습니다. 그것 때문에 아름다운 사랑의 도장이 당신 이마 위에 찍혔고, 믿음의 반지가 당신의 손에 끼워졌습니다. 당신은 전에는 버림받은 고아였지만, 이제는 하나님의 왕자가 되었습니다. 오 광야를 낙원으로 바꾸고, 메마른 마음이 기쁨의 노래를 부르게 하는 그 비교할 수 없는 능력과 은혜를 소중히 간수하기를!

육체의 소욕은 성령을 거스르고 성령은 육체를 거스르나니 - 갈라디아서 5:17

모든 신자의 마음속에서는 옛 본성과 새 본성 사이에 끊임없는 싸움이 벌어지고 있습니다. 옛 본성은 아주 적극적이고 거듭난 은혜를 대적하기 위해 자기가 갖고 있는 온갖 치명적인 무기들을 사용할 기회를 절대로 놓치지 않습니다. 반면에 새 본성은 그 원수를 대적하고 파멸시키기 위해 항상 깨어 있습니다. 우리 안에서 은혜는 악을 제거하기 위해 기도, 믿음, 소망, 그리고 사랑을 사용합니다. 그것은 "하나님의 전신갑주"를 입고 열심히 싸웁니다. 서로 대적하는 이 두 세력은 우리가 이 세상에 살고 있는 한 멈추지 않고 싸울 것입니다. 「천로역정」에서 "크리스챤"과 무저갱의 사자 "아볼루온"(계 9:11)의 싸움은 세 시간밖에 걸리지 않았지만, 그리스도인의 자신과의 싸움은 요단강을 건널 때까지 계속될 것입니다. 원수는 우리 안에서 아주 확고하게 진을 치고 있기 때문에 우리가 이 세상에서 사는 동안에는 절대로 쫓겨나지 않을 것입니다.

그러나 비록 우리가 사방으로 우겨쌈을 당하고, 종종 혹독한 투쟁을 하게 될지라도 우리에게는 전능하신 보혜사, 곧 우리 구원의 왕이신 예수님이 계십니다. 그분은 우리와 항상 함께하시면서, 우리가 자기로 말미암아 결국 최후의 승리자가 될 것이라고 확신시켜 주십니다. 이런 도우심을 통해 거듭난 본성은 그 원수와의 싸움을 승리로 이끌게 됩니다. 당신은 오늘도 원수와 싸우고 있습니까? 사탄, 세상, 그리고 육체가 당신을 대적하고 있습니까? 실망하거나 낙심하지 마십시오. 계속 싸우십시오! 하나님이 당신과 함께하십니다. 여호와 닛시가 당신의 깃발입니다. 여호와 라파가 당신의 상처를 고치십니다. 두려워하지 마십시오. 당신은 승리할 것입니다. 누가 전능자를 패배시킬 수 있겠습니까? "예수님을 바라보고" 계속 싸우십시오. 그 싸움이 아무리 길고 치열하다고 해도, 달콤한 승리가 주어지고, 약속된 상급이 영광스럽게 주어질 것입니다.

"힘에 힘을 더 내어
씨름하고 싸우고 기도하며,
흑암의 모든 세력들을 짓밟으라.
그리하면 승리의 날이 임하리라."

### (선한) 선생님이여 - 마태복음 19:16

본문에 나오는 젊은 관원이 선생님이라는 호칭을 주님을 가리키는데 사용했다면, 내가 이 호칭에 따라 그분을 부르는 것은 얼마나 더 합당할까요! 그분은 진실로 다스리시는 선생님과 가르치시는 선생님, 이 두 가지 면에서 나의 선생님이 되십니다. 나는 그분의 심부름을 수행하고 그분의 발 앞에 앉아있는 것이 즐겁습니다. 나는 그분의 종이자 그분의 제자로서, 이 이중적 인격을 인정하는 것이 최고의 영예입니다. 만일 그분이 우리에게 왜 자기를 "선한" 분으로 부르느냐고 물으신다면, 우리는 즉각 대답할 말이 있어야 합니다. "선한 이는 오직 한 분이신데, 곧 하나님뿐"이시라는 것이 사실입니다. 그러나 그분도 하나님이시고, 신성의 모든 선하심이 그분 안에서 밝게 빛나고 있습니다. 내 경험으로 보면, 그분은 정말 너무나 선하시기 때문에, 내가 갖고 있는 선은 전부 그분을 통해 온 것이라는 것을 깨닫게 됩니다. 그분은 내가 죄 안에서 죽었을 때 나에게 선을 베푸셨습니다. 그분이 나를 자신의 성령의 능력으로 살리셨기 때문입니다. 그분은 나의 모든 필요, 시험, 싸움, 그리고 슬픔들에 대해서도 선을 베푸셨습니다. 내게는 그분만큼 좋으신 선생님이 없었습니다. 왜냐하면 그분은 자유롭게 섬기고, 사랑으로 다스리시기 때문입니다. 나는 선한 종으로서 천분의 일만이라도 그 역할을 하기를 원합니다. 랍비로서 나를 가르치실 때, 그분은 말할 수 없이 선하십니다. 그분의 교훈은 신적이고, 그분의 태도는 겸손하고, 그분의 영은 온유함 자체이십니다. 그분의 교훈 속에는 오류가 전혀 없습니다. 그분이 선포하는 황금률은 순전하며, 그분의 모든 가르침은 선을 낳기 때문에 제자를 성화시키고 교화시킵니다. 천사들은 그분을 선한 선생님으로 알고 있고, 그분의 발 앞에서 그분을 경배하기를 즐거워합니다. 옛날 성도들은 그분이 선한 선생님임을 입증했고, 그들은 삭자 "오 주여, 저는 딩신의 종입니다"라고 노래부르며 즐거워했습니다. 내 자신의 솔직한 증거를 따르면, 나 역시 똑같이 말하지 않을 수 없습니다. 나는 친구들과 이웃들 앞에서 이것을 증거할 수 있습니다. 왜냐하면 그들은 내 증거를 통해 나의 주 예수님을 자기들의 선생님으로 받아들일 것이기 때문입니다. 오 제발 그들이 그렇게 되기를! 그들은 정말 지혜롭게 행동한 것을 절대로 후회하지 아니할 것입니다. 만일 그분의 쉬운 멍에를 매기만 한다면, 그들은 그분의 충실하신 돌보심을 받기 때문에 영원히 그 안에서 도움을 받게 될 것입니다.

이 모든 사람은 토기장이가 되어 수풀과 산울 가운데에 거주하는 자로서 거기서
왕과 함께 거주하면서 왕의 일을 하였더라 - 역대상 4:23

토기장이는 그리 귀한 직업은 아니지만, "왕"이 그들을 필요로 했기 때문에
그들이 사용하는 재료는 진흙에 불과했어도 왕의 일을 하게 되었습니다. 우리도
가장 미천한 주님의 사역을 담당할 수 있지만, 그것이 "왕"을 위해 뭔가를 할 수
있는 큰 특권이기 때문에 우리는 우리의 소명을 지키며 "우리가 비록 토기들 사
이에 파묻혀 있다고 해도, 그 날개를 은으로 입히고 그 깃을 황금으로 입힌 비둘
기처럼 될 것"을 소망합니다. 본문은 우리에게 그 하는 일이 거칠고, 세련되지
못한 일, 울타리를 치고 도랑을 파는 일로서, 수풀과 산울 가운데 거주하는 사람들
에 관해 말합니다. 그들은 도시에서 그 생활, 그 사회, 그 세련됨을 맛보며 살기
를 원했을지 모릅니다. 그러나 그들은 정해진 자리를 지켰습니다. 왜냐하면 그들
역시 왕의 일을 하고 있었기 때문입니다.

우리의 거주지는 고정되어 있고, 우리는 그 거처를 변덕스럽게 아무 때나 옮
겨서는 안 됩니다. 우리는 그곳에서 그곳 거민들에게 축복을 전해줌으로써 주님
을 섬기는 삶을 살아야 합니다. 이들 토기장이들과 정원사들은 "왕과 함께" 거하
는 왕의 사람들이었기 때문에, 비록 산울과 수풀 가운데 거하고 있었을지라도, 그
들은 거기서 왕과 함께 거주했습니다. 우리가 하는 일이 아무리 비천해도, 우리를
우리 은혜로우신 주님과의 친교로부터 제외시킬 만큼 합법적인 장소도 없고 은
혜로운 일도 없습니다. 우리는 어디를 가든 곧 오두막집에 가든, 사람들이 복작
거리는 하숙집에 가든, 작업장에 가든, 또는 감옥에 가든 왕과 함께 갈 수 있습니
다. 믿음으로 하는 모든 일들 속에서 우리는 예수님과 함께 할 수 있습니다. 그
분의 미소를 기대할 수 있는 것은 우리가 그분의 일을 하고 있을 때입니다.

주님을 위해 낮고 낮은 비천한 자리에서 수고하는 무명의 일꾼들이여, 힘을
내십시오. 지금까지 보석들이 오물더미 속에서 발견되고, 흙으로 이루어진 토기
들이 하늘의 보화를 가득 담으며, 쓸모없는 잡초들이 아름다운 꽃으로 변화되는
역사가 많이 있었습니다. 주님의 사역을 위해 그분과 함께 거하십시오. 그러면
그분이 여러분의 이름을 그의 생명책에 적어 넣으실 것입니다.

자기를 낮추시고 - 빌립보서 2:8

예수님은 마음의 겸손을 가르치는데 위대한 교사가 되십니다. 우리는 날마다 그분에게서 배워야 합니다. 수건을 허리에 차고 제자들의 발을 씻겨주신 주님을 바라보십시오. 그리스도를 따르는 자여, 당신은 겸손하지 않습니까? 종들의 종이신 주님을 바라보십시오. 그러면 당신은 절대로 교만해질 수 없을 것입니다! "자기를 낮추시고." 이 말씀이야말로 그분의 생애의 요점이 아니겠습니까? 그분은 이 땅에서 사실 때, 처음에는 존귀의 옷들을 차례로 벗어주고, 마침내는 완전히 벌거벗은 채 십자가에 달리셨습니다. 거기서 그분은 자기를 다 비우시고, 생명의 피를 다 쏟으시고, 빌려온 무덤 속에 부질없이 누워계실 때까지 우리를 위해 자신을 내어주시지 아니하셨습니까? 사랑하는 우리 대속주께서 얼마나 낮아지셨던가요! 그런데 우리가 어떻게 교만해질 수 있을까요? 십자가의 발 아래 서십시오. 그래서 당신을 깨끗하게 한 붉은 핏방울을 소중히 여기십시오. 가시관을 바라보십시오. 아직도 붉은 피가 솟아나고 있는 그분의 상처난 어깨를 주목하십시오. 거친 쇠못에 박혀있는 그분의 손과 발을 바라보고, 조롱과 멸시를 받은 그분의 전체 자아를 주목하십시오. 그분의 외면 속에 나타나 있는 내적 고뇌의 쓰라림과 고통과 아픔을 보십시오. 그리고 "나의 하나님, 나의 하나님, 어찌하여 나를 버리셨나이까" 하고 부르짖는 그 떨리는 소리를 들어보십시오. 그렇다면 당신은 그 십자가 앞에서 땅에 엎드리지 않고는 그것을 바라보지 못할 것입니다.

예수님 앞에서 낮추지 않는다면 당신은 그분을 모르는 것입니다. 당신은 하나님의 독생자의 희생제물이 없이는 도저히 구원받을 수 없을 정도로 상실된 존재였습니다. 한 번 생각해 보십시오. 예수님이 당신을 위해 자기를 낮추셨다면, 당신은 당연히 그분의 발 앞에 낮은 자세로 몸을 구부려야 합니다. 우리가 우리를 향하신 그리스도의 놀라운 사랑을 의식하고 있다면, 자신의 죄책을 의식할 때보다 훨씬 더 겸손해야 하는 법입니다. 주님이 우리를 골고다 십자가를 바라보도록 인도해 주시기를 바랍니다. 그러면 우리는 더 이상 젠체하는 교만한 사람의 자세를 취하지 못할 것입니다. 오히려 우리는 크게 용서받았기 때문에 항상 낮은 자리를 취해야 합니다. 교만은 십자가 아래서는 존재할 수 없습니다. 우리는 거기서 앉아서 교훈을 배워야 하고, 그런 다음 일어나서 그것을 실천해야 합니다.

### 우리 구주 하나님의 자비와 사람 사랑하심 - 디도서 3:4

구주께서 사랑하는 자기 백성들과 교제를 나누는 장면을 바라보는 것은 얼마나 행복할까요! 성령을 통해 이 즐거움의 비옥한 들로 인도를 받는 것만큼 우리를 즐겁게 하는 일은 있을 수 없습니다. 대속주의 사랑의 역사를 잠시 마음속에 생각해 봅시다. 매혹적인 사랑의 행위들이 무수히 떠오를 터인데, 그 모든 행위들은 영혼을 그리스도 안으로 끌어들이고, 거듭난 영혼의 생각과 감정들을 예수님의 마음으로 채우도록 하기 위한 목적으로 행해진 것들입니다. 우리가 이 놀라운 사랑을 묵상하면서, 교회의 영광스러운 신랑이신 주님이 자기가 갖고 있는 모든 재산을 교회에 수여하시는 장면을 바라볼 때, 우리의 영혼은 기쁨으로 숨이 막힐 것입니다.

누가 이 사랑의 무게를 감당할 수 있겠습니까? 성령이 때때로 부어주시는 사랑에 대한 약간의 느낌도 영혼이 감당하기는 사실 벅찹니다. 그렇다면 그것을 전부 느끼게 될 때에는 얼마나 더 벅차겠습니까! 영혼이 장차 임할 세상에서 갖게 될 것들로서, 구주의 모든 은사를 분별할 수 있는 이성, 그것들을 제대로 평가할 수 있는 지혜, 그것들에 대해 묵상할 수 있는 시간을 우리가 갖고 있다면, 지금보다 훨씬 더 친밀한 교제를 예수님과 갖게 될 것입니다. 그러나 누가 이 교제의 황홀함을 상상할 수 있겠습니까? 그것은 사람의 마음속에 들어있었던 것 중의 하나가 아니라 하나님이 자신을 사랑하는 자들에게 심어주신 것입니다.

오, 우리의 요셉이신 주님의 곳간 문을 활짝 열어놓고, 그분이 우리를 위해 저장해놓은 그 풍성한 양식들을 바라보십시오! 이것은 우리를 사랑으로 압도할 것입니다. 지금 믿음으로 거울을 보는 것처럼 희미하게 우리는 그분의 무한하신 보화들의 반사된 상을 볼 뿐입니다. 그러나 우리가 실제로 우리 자신의 눈으로 하늘의 보화들을 바라볼 때, 우리 영혼이 헤엄치게 될 친교의 강물은 얼마나 깊을까요! 그때까지 우리는 여인의 사랑을 능가하는 그 놀라운 사랑을 우리에게 베풀어주시는 주 예수 그리스도를 위해 가장 큰 목소리로 부르는 찬미의 시를 준비해 둡시다.

### 영광 가운데서 올려지셨느니라 - 디모데전서 3:16

우리는 사랑하는 주님이 육체 가운데 계셨을 때 얼마나 굴욕을 당하고 심하게 괴롭힘을 당했는지 보았습니다. 그분은 "멸시를 받아 사람들에게 버림 받았으며 간고를 많이 겪었으며 질고를 아는 자이기"(사 53:3) 때문입니다. 그 광채가 아침 빛 같으신 주님은 슬픔의 베옷을 일상복처럼 입으셨고, 수치와 조롱을 그 외투로 삼으셨습니다. 그러나 지금 그분은 십자가에서 흑암의 모든 세력들을 물리치고 승리하셨기 때문에, 우리의 믿음은 우리의 왕이 에돔으로부터 승리의 광채로 반짝거리는 찬란한 의복을 입고 돌아오시는 모습을 봅니다. 사람들의 시야를 벗어나 구름을 타고 승천하실 때 그분은 스랍들의 눈에 얼마나 영광스러운 모습이었을까요! 지금 그분은 창세전 하나님과 함께 누렸던 영광을 갖고 계시지만, 무엇보다 또 다른 영광을 갖고 계시는데, 그것은 죄, 죽음, 그리고 지옥과 대적하는 싸움을 잘 감당해서 얻은 영광입니다. 그분은 승리자로서 빛나는 면류관을 쓰고 계십니다. 그 찬송 소리가 얼마나 높이 울려 퍼지는지 들어보십시오: "합당하시도다 일찍이 죽임을 당하사 각 족속과 방언과 백성과 나라 가운데에서 사람들을 피로 사서 하나님께 드리시고"(계 5:9). 그분은 또 결코 실패하지 않으시는 중보자의 영광, 결코 패배하지 않으시는 왕의 영광, 모든 원수를 소멸시키는 정복자의 영광, 모든 신자들의 진실한 충성을 갖고 계시는 주님의 영광을 누리고 계십니다. 또 예수님은 천국의 자랑이 오직 그분에게만 주어질 수 있고, 천군천사들이 그분에게 수종들게 하는 모든 영광도 함께 누리고 계십니다. 당신은 최대한 상상력을 동원해도 그분의 위대하심을 다 상상할 수 없습니다. 그러나 그분이 큰 권능으로 거룩한 천사들을 거느리고 하늘로부터 땅으로 내려오실 때가 있다는 놀라운 계시가 있습니다. "인자가 자기 영광으로 모든 천사와 함께 올 때에 자기 영광의 보좌에 앉으리니"(마 25:37). 오, 얼마나 찬란한 영광의 광채인가! 그것은 그의 백성들의 마음을 황홀하게 할 것입니다. 그러나 이것이 끝이 아닙니다. 왜냐하면 영원히 다음과 같이 그분을 찬양하는 소리를 들을 것이기 때문입니다: "하나님이여 주의 보좌는 영원하며"(시 45:6). 성도여, 만일 당신이 지금부터 그리스도의 영광 속에서 즐거워하기를 바란다면, 지금 당신의 눈에 그분이 영광스러운 존재로 보여야 합니다. 그분은 그런 분이 아닙니까?

여호와께서 그를 들여보내고 문을 닫으시니라 - 창세기 7:16

노아는 하나님의 사랑의 손길을 통해 세상 모든 것으로부터 분리되어 방주 안으로 들어갔습니다. 선택의 의미를 갖고 있는 방주의 문은 우리와 악한 자 안에 있는 세상 사이에 끼여 있습니다. 우리는 주 예수님이 세상에 속하지 아니하신 것처럼 세상에 속해 있지 않습니다. 우리는 대다수 사람들이 추구하는 죄와 쾌락 속으로 빠져들 수 없습니다. 우리는 어둠의 자식들과 허영의 시장에서 함께 놀 수 없습니다. 왜냐하면 하늘에 계신 우리 아버지는 우리를 안으로 들여보냈기 때문입니다. 노아는 그의 하나님과 함께 방주 안으로 들여보내졌습니다. "방주로 들어오라"는 하나님의 초대가 있었고, 그분은 그 초대를 통해 자신의 종인 노아와 그의 가족들과 함께 방주 안에서 거하시겠다는 것을 분명히 보여 주셨습니다. 이렇게 모든 택자들은 하나님 안에 거하고, 하나님은 그들 안에 거하게 됩니다. 성부, 성자, 성령, 삼위일체 하나님과 함께 거하는 자들은 행복합니다. 우리는 "오라, 내 백성들아, 네 방으로 들어가 문을 닫고 진노가 지나갈 때까지 잠시 동안 숨어 있으라"는 은혜의 부르심에 무관심해서는 안 됩니다. 노아는 악이 절대로 접근할 수 없는 지점으로 들여보내졌습니다. 홍수는 그를 천국으로 더 가까이 끌어올렸고, 바람은 그 길에 박차를 가했습니다. 방주 밖에 있던 모든 것들은 모두 파멸을 면치 못했습니다. 그러나 그 안에 있는 것들은 전부 안식과 평화를 얻었습니다. 그리스도 밖에 있으면 우리는 멸망당합니다. 그러나 그리스도 예수 안에 있으면 안전이 완전하게 보장됩니다. 노아는 그렇게 들여보내졌기 때문에 밖으로 나오는 것을 생각도 할 수 없었습니다. 그리스도 예수 안에 있는 사람들은 영원히 그분 안에 있습니다. 그들은 영원히 밖으로 나가지 못할 것입니다. 왜냐하면 들여보내진 그들은 변함없는 신실함을 갖고 있고, 그 어떤 악도 그들을 쫓아낼 수 없기 때문입니다. 다윗 집의 왕이신 주님이 그 문을 닫으면, 아무도 열 자가 없습니다. 마지막 날 그 집 주인으로서 그분이 일어나 그 문을 닫으면, 입술로만 신앙을 고백하는 사람들이 "주여, 주여 우리에게 문을 열어주소서" 하고 아무리 두드려도 열리지 아니할 것입니다. 지혜로운 처녀들을 안으로 들여보내고 닫혀진 바로 그 문이 어리석은 처녀들에게는 영원히 닫혀있을 것이기 때문입니다. 주여, 당신의 은혜로 저를 안으로 들여보내 주소서.

사랑하지 아니하는 자는 하나님을 알지 못하나니 - 요한일서 4:8

그리스도인의 두드러진 표지 가운데 하나는 자기를 향하신 그리스도의 사랑을 믿는 확신과 그 답례로 그리스도에 대한 사랑을 드러내는 것입니다. 먼저, 믿음은 사도 바울처럼 그리스도는 "나를 사랑하사 나를 위하여 자기 자신을 버리신 하나님의 아들"(갈 2:20)이라고 말할 수 있는 사람의 이마에 그 도장을 찍습니다. 그다음, 사랑은 응답신호와 같은 것으로, 그리스도의 사랑에 대한 답례로 예수님에 대한 감사와 사랑의 도장을 그 마음에 찍습니다. "우리가 사랑함은 그가 먼저 우리를 사랑하셨음이라"(요일 4:19). 기독교의 영웅적 믿음이 잘 나타나는 초대교회 당시에, 이 이중적 표지는 예수님을 믿는 모든 신자들 속에서 분명히 발견되었습니다. 그들은 그리스도의 사랑을 알았고, 사람이 자기가 들고 있는 지팡이를 의지하는 것처럼 그것을 의지했습니다. 그들이 주님에 대해 느꼈던 사랑은 그들의 영혼의 은밀한 방에 감추어놓은 조용한 감정도 아니었고, 단지 주일에 성도들과 개인적으로 만나 조용한 대화를 나누며, 또 십자가에 달리신 그리스도 예수의 영광을 잠시 찬송하며 가졌던 감정도 아니었습니다.

그것은 강렬한 열정과 불 같은 힘으로서, 그들의 모든 행동 속에서 보이고, 그들의 일상적 대화 속에서 항상 말해지며, 그들의 통상적인 시선 속에 확연히 나타났습니다. 예수님에 대한 사랑은 그들의 존재의 중심과 심장 위에서 활활 타오르는 불꽃이었습니다. 그러므로 그 화력 때문에 불은 그 사람 외면에서도 활활 타올랐고, 그의 주위를 환하게 밝혔습니다. 왕이신 예수님의 영광을 위한 열정은 참된 모든 그리스도인들의 보증이자 표지였습니다. 그리스도의 사랑을 의지하는 그들의 믿음 때문에 그들은 아주 담대했고, 그리스도에 대한 그들의 사랑 때문에 크게 용감했으며, 그것은 오늘날도 마찬가지입니다. 하나님의 자녀들은 가장 깊은 내면의 능력이 사랑의 지배를 받았습니다. 그리스도의 사랑이 그들을 강권합니다(고후 5:14). 그들은 주님의 사랑이 그들 위에 있음을 즐거워합니다. 그들은 그들 안에 거하시는 성령으로 말미암아 그들의 마음속에 그 사랑이 부어졌다고 느낍니다. 그래서 그들은 감사의 능력에 압도되어 순전한 마음으로 열렬하게 구주를 사랑합니다. 사랑하는 형제여, 당신은 그분을 사랑합니까? 오늘 밤 잠들기 전에 이 중요한 질문에 솔직히 대답해 보십시오.

보소서 나는 비천하오니 - 욥기 40:1

길 잃은 불쌍한 죄인이여, 당신에게 격려가 되는 한 마디 말씀이 여기 있습니다! 당신은 나는 비천하기 때문에 하나님께 나아갈 수 없다고 생각합니다. 그런데 이 땅에 살고 있는 성도로서 자기가 비천하다고 느껴보지 않은 자는 아무도 없습니다. 욥과 이사야, 그리고 바울도 "나는 비천하다"고 말했는데, 그렇다면 오, 연약한 죄인이여, 당신이 똑같은 고백을 한다고 해서 그것이 그리 부끄러운 일이겠습니까? 하나님의 은혜가 신자로부터 죄를 완전하게 근절시키지 아니하는데, 당신은 어떻게 스스로 그 일을 하겠다고 생각합니까? 하나님이 그 비천함에도 불구하고 그의 백성들을 사랑하시는데, 당신은 당신의 비천함이 당신을 향한 그분의 사랑을 방해한다고 생각합니까? 예수님을 믿으십시오. 예수님은 당신을 부르십니다. "예수님은 의인이 아니라 죄인을 부르러 오셨습니다." 그러니 지금이라도 "당신은 죄인들을 위해 죽으셨습니다. 나는 죄인입니다. 주 예수여, 당신의 피를 내게 뿌려 주소서"라고 말씀드리십시오. 당신은 죄를 고백하면 용서받습니다. 만일 지금 온 마음으로 "나는 비천합니다. 나를 깨끗하게 씻어주소서"라고 고백한다면, 당신은 지금 깨끗하게 될 것입니다.

"제 모습에 대해 한 마디 변명의 여지도 없습니다.
그러나 당신은 나를 위해 피를 흘려주셨고,
당신께 나아오도록 내게 말씀하셨습니다.
오 하나님의 어린양이여, 제가 옵니다!"

만일 성령이 당신이 충심으로 위와 같이 부르짖도록 역사하신다면, 오늘 아침 본문을 읽을 때 당신은 모든 죄를 용서받고 새롭게 될 것입니다. 또 오늘 아침 일어났을 때 사람이 지금까지 범한 모든 죄가 당신 머리맡에 있다고 해도, 당신은 오늘 밤 사랑하는 주님 품안에 안겨 편하게 잠들 수 있을 것입니다. 그리고 이전에 죄의 누더기를 걸치고 타락한 삶을 살았어도, 당신은 의의 옷을 입고 천사처럼 하얀 모습으로 바뀌게 될 것입니다. 왜냐하면 "지금"이 바로 그럴 때이기 때문입니다. "지금은 은혜 받을 만한 때요"(고후 6:2). 만일 당신이 "경건하지 아니한 자를 의롭다 하시는 이를 믿는다면 구원받을 것입니다"(롬 4:5). 오, 성령이 당신에게 비천한 자들을 받아주시는 분을 믿는 구원의 믿음을 주시기를!

그들이 이스라엘인이냐 나도 그러하며 - 고린도후서 11:22

우리는 여기서 개인적 주장 곧 증명을 요하는 주장을 봅니다. 사도는 자신의 주장이 불가피하다고 생각했습니다. 그러나 이스라엘의 하나님께 속해 있다고 주장하지만 실제로는 그 호칭을 들을 자격이 없는 사람들이 많습니다. 우리가 확신을 갖고 "나도 역시 이스라엘인이다"라고 선언한다면, 우리는 오직 우리의 마음이 하나님의 임재 속에 들어간 후에야 그렇게 말할 수 있습니다. 그러나 우리가 예수님을 따라가고 있다는 증거를 보여줄 수 있다면, 마음으로 "나는 그분을 전적으로 신뢰한다. 오직 그분만 신뢰한다. 단순히 그분만 신뢰한다. 바로 지금 그분을 신뢰하고 있다. 앞으로도 계속 신뢰할 것이다"라고 말할 수 있다면, 하늘의 성도들이 차지하고 있는 위치에 우리에도 속해 있다고 볼 수 있습니다. 그들이 누리고 있는 모든 축복이 그대로 우리의 소유입니다. 우리는 이스라엘 중에 가장 작은 자 곧 "모든 성도 중에 지극히 작은 자보다 더 작은 자"(엡 3:8)일 수 있지만, 하나님의 은혜는 성도 그 자체에게 속해 있는 것이기 때문에, 우리가 수준이 높거나 평판이 좋은 성도가 아니라고 해도 "그들이 이스라엘인이냐? 나도 그러하다. 그러므로 그 약속들은 내 것도 된다. 은혜도 내 것이다. 영광도 내 것이 될 것이다"라고 적극 주장할 수 있습니다.

올바르게 펼쳐진다면 그 주장은 얼마나 말로 다할 수 없는 위로가 될까요! 하나님의 백성들이 자기들을 하나님의 것이라고 즐거워할 때, "나도 그러하다!"고 말할 수 있는 것은 얼마나 큰 행복일까요! 그들이 사랑하는 주님 안에서 용서받고, 의롭게 되고, 받아들여진 사실에 관해 말할 때, "하나님의 은혜로 말미암아 나도 그러하다"라고 반응하는 것은 얼마나 즐거운 일일까요! 그러나 이 주장은 즐거움과 특권만 갖고 있는 것이 아니라 그 조건과 의무 또한 갖고 있습니다. 우리는 구름 속에 있든 햇빛 속에 있든 하나님의 백성들과 힘께해야 합니다. 우리가 그들로부터 그리스도인이라는 이유로 멸시와 조롱을 당하고 있다는 말을 듣는다면, 담대하게 나아가 "나도 그러하다"고 말해주어야 합니다. 또 그들이 그리스도를 위해 그들의 시간과 재능과 온 마음을 그분께 드리며 그분을 위해 수고할 때, 우리는 "나도 그렇게 한다"고 말해줄 수 있어야 합니다. 오, 우리는 헌신을 통해 주님에 대한 감사를 표현해야 합니다. 우리는 권리를 주장한 것만큼 그와 관련된 책임도 기꺼이 감당하는 성도들로서 살아가야 하겠습니다.

### 여호와를 사랑하는 너희여 악을 미워하라 - 시편 97:10

악이 이미 끼친 해악만 생각해도, 당신은 "악을 미워할" 충분한 이유를 갖습니다. 오, 악한 죄의 세계가 당신의 마음속에 얼마나 깊이 침투해 들어왔을까요! 죄는 당신의 눈을 멀게 해서 구주의 아름다움을 보지 못하게 했습니다. 또 그것은 당신의 귀를 먹게 해서 구주의 은혜로운 초청의 소리를 듣지 못하게 했습니다. 죄는 당신의 발을 죽음의 길로 밀어 넣고, 당신의 존재의 참된 샘 속에 독약을 집어넣었습니다. 죄는 당신의 마음을 오염시켜서 그것을 "만물보다 거짓되고 심히 부패한 것"(렘 17:9)으로 만들어 버렸습니다. 오, 하나님의 은혜가 개입하기 전, 악이 당신에게 그 극악한 해를 끼쳤을 때, 당신은 얼마나 비참한 피조물이었을까요! 그때 당신은 다른 사람들과 똑같이 진노의 자식이었습니다. 당신은 "다수를 따라 악을 행했습니다"(출 23:2). 그러나 바울은 다음과 같은 사실을 상기시켰습니다: "주 예수 그리스도의 이름과 우리 하나님의 성령 안에서 씻음과 거룩함과 의롭다 하심을 받았느니라"(고전 6:11). 그 치명적인 결과들로 얼룩진 과거를 돌아볼 때 우리는 악을 미워할 충분한 이유를 갖게 됩니다.

죄는 이처럼 끔찍한 악을 우리에게 행하기 때문에, 우리를 대속하기 위해 개입하신 전능자의 사랑이 없었더라면, 우리 영혼은 벌써 멸망했을 것입니다. 지금도 그것은 최대의 원수로서, 호시탐탐 우리에게 해를 끼치고, 우리를 멸망으로 끌고 가려고 획책합니다. 그러므로 오 성도여, 환난에 빠지지 않기 바란다면, "악을 미워하십시오." 당신이 가는 길 위에 가시풀이 뿌려져 있고, 죽음의 베개 속에 쐐기풀이 들어있다면, 그것은 당신이 "악을 미워하기"를 게을리했기 때문입니다. 그러므로 정말 행복한 삶을 살고, 평화로운 죽음을 맞기 원한다면, 모든 길을 거룩하게 가고 끝까지 악을 미워하십시오. 진실로 구주를 사랑하고 그분을 존중한다면, "악을 미워하십시오." 우리가 주님과 함께 충분한 교제를 나누는 것만큼 악을 사랑하는 것을 치료하는 좋은 약은 없습니다. 예수님과 더 많은 시간을 가지십시오. 그러면 당신이 죄와 친해지는 것은 절대로 없을 것입니다.

> "나의 발걸음을 주의 말씀에 굳게 세우시고
> 내 마음을 진실하게 하소서.
> 주여, 어떤 죄악도 나를 주관하지 못하게 하소서.
> 그러나 내 양심은 깨끗하게 지켜주소서."

### 열심을 내라 - 요한계시록 3:19

만일 당신이 영혼이 회심하는 것을 보기 원한다면, 만일 당신이 "이 세상 나라들이 우리 주님의 나라가 되었다"는 외침을 듣기 원한다면, 만일 당신이 구주의 머리에 면류관을 씌워드리고, 그분의 보좌를 높이 받들기 원한다면, 열심을 내십시오. 왜냐하면 하나님 아래에서 세상의 회심은 교회의 열심을 통해 이루어지기 때문입니다. 모든 것 중에서 은혜가 최대의 공로자이겠지만, 그 다음에는 신중, 지식, 인내, 그리고 용기가 자기 자리를 지키며 따라와야 합니다. 그러나 이 모든 것들은 열심이 그 선두에 서서 이끌어야 합니다. 아무리 유익하다 해도 당신의 지식의 크기가 공로자는 아닙니다. 아무리 무시할 수 없다고 해도 당신의 재능이 공로자도 아닙니다. 진짜 공로자는 당신의 열심입니다. 이 열심은 성령의 열매입니다. 그것은 그 활력이 영혼 속에 있는 성령의 지속적인 역사로부터 나오기 때문입니다. 만일 우리의 내적 생명이 약화된다면, 만일 우리의 심장이 하나님 앞에서 천천히 고동친다면, 우리는 열심을 모르게 될 것입니다. 그러나 내면의 모든 것이 강하고 활력이 있다면, 우리는 그리스도의 나라를 보고, 그의 나라가 하늘에서 이루어진 것처럼 땅에서도 이루어지기를 바라는 사랑의 열망을 가질 수밖에 없을 것입니다. 깊은 감사의식은 주의 일에 열심을 낳을 것입니다. 우리가 끌어올려진 다음 구덩이의 그 깊은 구멍을 바라보게 되면, 왜 우리가 하나님을 위해 살아야 하고 또 살게 되는지 그 이유를 충분히 발견하게 될 것입니다. 열심은 또 영원한 미래에 대해 생각을 할 때 더 촉발됩니다. 열심은 지옥의 불꽃들을 슬픈 눈으로 내려다보고, 그때 그것은 절대로 잠을 잘 수 없습니다, 또 천국의 영광을 갈망의 눈길로 올려다 볼 때 그것은 분발하지 않을 수 없습니다. 열심은 해야 할 일에 비교하면 시간이 짧다고 느끼고, 그래서 그 주님의 유익을 위해 자기가 갖고 있는 모든 것을 바칩니다. 그리고 열심은 그리스도의 모범을 기억함으로써 더 강화됩니다. 그분은 열심을 외투처럼 입고 계셨습니다. 그분을 태우고 달려갔던 의무라는 마차의 바퀴는 얼마나 빨랐는지요! 그분은 그 길에서 빈둥거리지 아니하셨습니다. 우리도 똑같은 열심의 정신을 보여줌으로써 우리가 그분의 제자라는 것을 증명합시다.

죽임을 당한 자가 많았으니 이 싸움이 하나님께로 말미암았음이라 - 역대상 5:22

주 예수의 깃발 아래 싸우는 군사여, 거룩한 기쁨을 갖고 이 구절을 주목하십시오. 왜냐하면 옛날처럼 지금도 전쟁이 하나님께 속한 것이라면 승리는 확실하기 때문입니다. 르우벤 자손과 갓 사람과 므낫세 반 지파에서 나가 싸울 만한 용사로 모집된 자들은 고작 사만 오천 명 정도였습니다. 그런데 그들이 하갈 사람들과 싸울 때 "십만 명"을 살육했습니다. 그것은 "그들이 하나님께 의뢰하고 부르짖으므로 하나님이 그들에게 응답하셨기"(대상 5:20) 때문입니다. 하나님은 숫자의 많고 적음으로 구원하시지 않습니다. 비록 싸울 사람이 적다고 해도, 여호와의 이름으로 담대히 나아가는 것이 우리의 자세입니다. 왜냐하면 만군의 주 여호와께서 대장으로 우리와 함께하시기 때문입니다. 그들은 방패, 칼, 활 등을 무시하지 않았습니다. 그렇다고 이 무기들이 자기들의 승리를 보장해줄 것이라고 믿지도 않았습니다. 우리는 강구할 수 있는 모든 수단을 다 사용해야 합니다. 그러나 우리의 신뢰는 오직 하나님께 두어져야 합니다. 그분은 그의 백성들의 칼이요 방패이기 때문입니다. 이스라엘 백성들의 특별한 승리의 주요 이유는 "그 전쟁이 하나님께로 말미암다"는 사실에 있었습니다.

성도여, 자신의 안팎에서 죄와, 높고 낮은 곳에서 교리적 또는 실천적 오류와 영적 악, 그리고 마귀 및 그 수하들과 싸우는데 있어서 당신은 당신의 전쟁이 아니라 여호와의 전쟁을 싸우고 있는 것입니다. 여호와는 절대로 패하실 수 없기 때문에 당신은 전혀 패배를 두려워해서는 안 됩니다. 원수들의 숫자가 많다고 겁먹지 마십시오. 어려움에 처하거나 불가능해 보인다고 움츠러들지 마십시오. 상처나 죽음을 두려워하지 마십시오. 성령의 날선 검으로 찔러 죽이십시오. 그러면 살육당한 자들의 시체가 산처럼 쌓일 것입니다. 전쟁은 주님의 전쟁이고, 그분은 그의 원수들을 우리 손에 넘겨주실 것입니다. 튼튼한 발과 강한 손, 담대한 마음과 불같은 열심을 갖고 전투에 임하십시오. 그러면 악의 무리들이 강풍 앞의 겨처럼 날아갈 것입니다.

"일어서라! 예수님을 위해 일어서라! 싸움은 오래가지 않는다.
오늘은 전쟁의 소리로 시끄럽지만, 내일은 승리의 노래를 부르리라."

"이기는 그에게는 생명의 면류관을 주리라.
영광의 왕과 함께 영원히 다스리게 되리라."

네가 이제 내 말이 네게 응하는 여부를 보리라 - 민수기 11:23

하나님은 모세를 통해 이스라엘 백성들에게 광야에서 한 달 동안 고기를 먹여주시겠다고 적극적으로 약속하셨습니다. 그러나 의심의 감정에 사로잡혀 있었던 모세는 외적 환경만 바라보고, 그 약속의 성취에 대해서는 확신을 갖지 못하고 당황했습니다. 그는 창조주 대신에 피조물을 바라보았습니다. 그러나 창조주께서 자신을 위해 자신이 한 약속을 피조물에 의존해서 이루기를 기대하십니까? 아닙니다. 약속을 하신 그분이 자신의 자존적인 전능하심을 통해 그 약속을 이루십니다. 만일 그분이 말씀하신다면, 그것은 이루어집니다. 그분에 의해서 말입니다. 그분의 약속은 그 성취를 인간의 보잘것없는 힘에 의존하지 않습니다. 우리는 모세가 범한 실수를 즉시 발견할 수 있습니다. 그러나 우리도 똑같은 실수를 얼마나 자주 저지를까요!

하나님은 우리의 필요를 채워주겠다고 약속하셨습니다. 그때 우리는 하나님이 하겠다고 약속하신 것을 피조물이 하는 것을 기대합니다. 그런데 우리는 피조물이 힘이 없고 연약한 것을 알고 있기 때문에 불신에 빠져버립니다. 왜 우리가 피조물을 그렇게 의지합니까? 당신은 뜨거운 태양 볕 아래에서 익은 과일을 얻기 위해 북극에 가려고 하십니까? 만일 당신이 창조주를 의지하지 않고 그 힘을 피조물에게 의지한다면, 정말이지 그것은 아무 힘이 없는 것에게 힘을 기대하는 것보다 더 큰 어리석음을 범하는 것입니다. 그렇다면 우리는 올바른 기초 위에서 문제를 풀어가야 합니다.

가시적 환경은 약속을 이루는 수단으로써 믿음의 기초가 되기에는 충분하지 않습니다. 오로지 불가시적인 하나님 곧 자신이 말씀하신 대로 가장 확실하게 이루실 그분을 바라보아야 모든 것이 충분합니다. 만일 무거운 짐을 피조물이 아니라 하나님이 함께 짊어지고 가시는 것이 분명히 보이는데도 불구하고, 우리가 불신에 빠진다면, "여호와의 손이 짧아졌느냐" 하는 하나님의 질문이 강력하게 우리에게 주어질 것입니다. 하지만 그런 일이 일어난다면 그것 역시 하나님의 은혜입니다. 그 질문과 함께 "네가 이제 내 말이 네게 응하는 여부를 보리라"는 복된 선언이 우리 영혼에게 주어질 것이기 때문입니다.

여호와께서 우리를 위하여 큰 일을 행하셨으니 우리는 기쁘도다 - 시편 126:3

어떤 그리스도인들은 슬프게도 만사의 어두운 면을 더 먼저 보고, 하나님이 그들을 위해 행하신 것보다는 그들이 힘든 일을 겪은 것을 더 생각하는 경향을 보여 주고 있습니다. 기독교적 삶에 대한 그들의 견해를 물어보십시오. 그러면 그들은 하나님이 자기들에게 베풀어주신 은혜와 도우심에 대해서는 거의 언급하지 않고, 자기들의 끊임없는 갈등, 깊은 고통, 고달픈 역경, 그리고 그들의 마음의 죄악들에 대해서 늘어놓을 것입니다.

그러나 건강한 영혼을 갖고 있는 그리스도인은 즐겁게 나아와 이렇게 말할 것입니다: "나는 나 자신이 아니라 내 하나님의 영광에 관해 말하겠습니다. 그분은 나를 그 두려운 지옥과 더러운 흙탕물로부터 구원하셨습니다. 그분은 내 발을 반석 위에 두시고 발걸음을 안전하게 하셨습니다. 그리고 그분은 내 입술에 새 노래를 두시고 우리 하나님을 찬양하도록 하셨습니다. 주님은 나를 위해 큰일을 행하셨고, 그래서 나는 정말 기쁩니다." 이같은 경험담은 하나님의 자녀가 말할 수 있는 최고의 고백입니다.

우리가 시련들을 감수해야 하는 것은 사실이지만, 그것들로부터 구원을 받는 것 역시 똑같이 사실입니다. 우리는 타락에 빠지고, 그때 이것을 알고 슬퍼하는 것이 사실이지만, 우리가 이 타락을 이기게 하시는 구주께서 우리를 충분히 구원하시리라는 것 역시 사실입니다. 돌이켜보면, 우리가 절망의 늪에 빠진 적이 있었고, 굴욕의 골짜기를 따라 기어간 적이 있음을 부정하는 것은 잘못입니다. 그러나 우리가 그 과정들을 안전하고 유익하게 통과했다는 것 역시 망각하는 것도 똑같이 잘못입니다.

우리는, 그것들 속에 남겨두지 아니하고 "부요한 곳으로" 이끌어내신 전능하신 보혜사와 인도자께 감사해야 합니다. 우리의 고난이 깊으면 깊을수록 하나님을 향한 우리의 감사도 더 커집니다. 그분은 모든 상황 속에서 우리를 인도하고, 지금까지 우리를 보존하셨습니다. 우리의 슬픔이 우리의 찬양의 멜로디를 방해할 수 없습니다. 우리는 오히려 슬픔을 "여호와께서 우리를 위하여 큰일을 행하셨으니 우리는 기쁘도다"라는 우리 인생의 노래의 베이스 파트가 되도록 합시다.

성경을 연구하거니와 - 요한복음 5:39

　여기서 '연구하다'(search)에 해당되는 헬라어 단어는 마치 사람들이 금을 찾을 때 그것을 세심하게 살피는 것처럼, 또는 사냥할 때 진지하게 사냥감을 찾는 것처럼 엄밀하고, 철저하고, 열심을 갖고, 세심하게 추구한다는 의미를 갖고 있습니다. 우리는 성경을 한두 장 읽고 그 피상적 의미를 깨닫는 것으로 만족해서는 안 됩니다. 성령의 촛불을 들고 신중하게 말씀의 숨겨진 의미를 끄집어내야 합니다. 성경은 연구가 필요한 책입니다. 그 대부분의 내용은 세밀한 연구를 통해서만 깨달을 수 있습니다. 그 안에는 아기들을 위해서는 젖이 있고, 어른들을 위해서는 고기가 있습니다. 랍비들은 모든 말씀 곧 성경의 모든 책 위에는 파헤쳐야 할 문제가 산처럼 쌓여 있다고 말하는데 맞는 말입니다. 터툴리안은 "나는 성경의 충만성을 좋아한다"고 역설합니다. 어느 누구라도 성경을 대충 훑어 읽는 것으로는 아무 유익을 얻을 수 없습니다. 우리는 숨겨진 보화를 찾을 때까지 파헤치고 찾아내야 합니다. 말씀의 문은 단지 근면의 열쇠를 가진 자에게만 열리도록 되어 있습니다. 성경은 연구를 강조합니다. 성경은 신적 보증과 승인이 되어있는 하나님의 작품인데, 누가 그것을 경솔하게 다룰 수 있겠습니까? 성경을 무시하는 사람은 그 저자인 하나님을 무시하는 것입니다. 하나님은 어느 누가 되었든 성경을 면밀하게 판단해보지 않고 쉽게 증거하는 것을 금하십니다. 하나님의 말씀은 연구하는 자에게 그만한 대가를 제공해 줍니다. 하나님은 우리에게 성경 여기저기 산처럼 쌓여있는 겨들을 체로 쳐서 알곡을 찾아내라고 명하시지 않습니다. 성경은 이미 키질이 되어있는 알곡입니다. 우리는 그 창고 문을 열고 그것을 찾기만 하면 됩니다. 성경은 연구하는 자를 자라게 합니다. 그것은 경이로 가득 차 있습니다. 성령의 가르침을 통해 연구하는 사람의 눈에는, 금으로 포장되고, 부비와 에머날드와 온갖 보식으로 그 지붕을 이루고 있는 거대한 성전처럼, 계시의 광채로 반짝반짝 빛나고 있습니다. 성경 진리의 상품만큼 값비싼 최고급 상품은 없습니다. 마지막으로, 성경은 예수님을 계시합니다. "이 성경이 곧 내게 대하여 증언하는 것이니라"(요 5:39). 이것만큼 성경 독자들을 자극하는 강력한 동기는 없습니다. 예수님을 발견하는 자는 영생, 천국, 그리고 모든 것을 발견하는 자입니다. 성경을 연구함으로써 구주를 찾아낸 자는 복이 있나니!

우리가 살아도 주를 위하여 살고 - 로마서 14:8

만일 하나님의 뜻이라면, 우리 각자는 회심하는 순간 영원한 천국에 들어갈 수도 있었을 것입니다. 영생을 준비하는 것 때문이라면 우리가 이 세상에서 지체할 필요는 절대로 없을 것입니다. 이제 예수를 갓 믿었다 할지라도, 사람이 천국에 들어가 빛 가운데서 그 유업을 누리는 자가 되는 것은 당장이라도 가능합니다. 우리의 성화가 오래 지속되는 과정이고, 우리가 육체를 벗어나 천국에 들어갈 때까지 완전하게 되지 못하는 것은 사실이지만, 그럼에도 불구하고 하나님이 그렇게 하기를 원하시면, 지금 당장이라도 불완전한 우리를 완전한 존재로 변화시켜 천국에 데리고 가실 수 있습니다. 그런데 왜 우리는 여기 이 세상에 머물러 있을까요? 하나님은 그의 자녀들을 아무 이유도 없이 낙원 밖에 살게 하시는 것일까요? 그분의 명령 한 마디면 당장 승리를 얻을 수 있는 살아계신 하나님의 군대가 왜 아직도 전쟁터에 있을까요? 그분의 입술로부터 나오는 단 한 마디 명령이면, 그토록 바라던 천국에 들어갈 수 있는 그분의 자녀들이 왜 아직도 미로 속에서 이리저리 헤매고 있을까요?

그 대답은 이렇습니다: 그들은 "주를 위하여 살고," 그래서 다른 사람들이 그분의 사랑을 알도록 인도하는 자로 여기 있다는 것입니다. 우리는 좋은 씨를 땅에 뿌리는 자로서, 묵은 땅을 갈아엎는 농부로서, 구원을 전달하는 전령으로서 이 땅에 남아 있습니다. 우리는 세상에 복을 주는 "세상의 소금"으로서 이 땅에 있습니다. 우리는 일상생활 속에서 그리스도를 영화롭게 하도록 이곳에 있습니다. 우리는 그분을 위한 일꾼으로, 아니 "그분과 함께 일하는 동역자"로서 세상에 있습니다. 우리의 삶은 진실로 그 목적에 부응하는 삶이 되어야 합니다. 그러므로 우리는 "그의 은혜의 영광을 찬송하기" 위해 진지하고, 의미 있고, 거룩하게 살아가야 합니다. 그 동안 우리는 그분과 함께 있기를 간절히 사모하며, 날마다 이렇게 노래합시다:

'내 마음은 주와 함께 주의 보좌에 함께 있네.
악이 그 소원을 지체시킬 수 있겠지만,
순간마다 '일어나 함께 가자' 는
주의 음성을 듣노라.'

이 성경이 곧 내게 대하여 증언하는 것이니라 - 요한복음 5:39

예수 그리스도는 성경의 알파요 오메가가 되십니다. 그분은 성경의 거룩한 페이지마다 핵심적 주제입니다. 처음부터 끝까지 성경은 그분을 증거합니다. 우리는 창조 당시 그분이 거룩하신 삼위일체 하나님 가운데 한 분으로 나타나신 것을 즉각 확인하게 됩니다. 우리는 여자의 후손에 관한 약속에서 그분에 관한 암시를 발견합니다. 우리는 노아의 방주에서 그분의 모형을 보게 됩니다. 우리는 아브라함이 메시야의 날을 바라보며 걷는 길을 함께 갑니다. 우리는 이삭과 야곱의 장막 안에 함께 거하며 은혜의 약속을 먹고 삽니다. 우리는 덕망 있는 이스라엘 사람이 실로에 관해 말하는 것을 듣습니다. 무수한 율법의 모형들 속에서 우리는 대속자에 관해 충분히 예시되고 있는 것을 봅니다. 선지자들과 왕들, 제사장들과 설교자들은 모두 한 길을 바라보고 있습니다. 즉 그들은 한결같이 그룹 천사들이 언약궤 위에 서 있는 것처럼 서서 그 안을 바라보고 하나님의 위대하신 화해의 비밀을 파악하기를 소원했습니다.

우리는 신약성경에서 더 확실하게 우리 주님이 유일하신 핵심 주제임을 발견합니다. 그것은 여기저기 어쩌다 하나씩 놓여 있는 금덩어리도 아니고 아주 미세하게 흩어져 있는 금가루도 아니라 금으로 만들어진 견고한 지면 위에 서 있습니다. 왜냐하면 신약성경의 중심 주제는 십자가에 못 박히신 예수님이고, 그래서 심지어는 그 마지막 문장에도 대속주의 이름이 보석처럼 박혀 있기 때문입니다. 우리는 이 빛을 따라서 항상 성경을 읽어야 합니다. 우리는 말씀을 천국에서 그리스도를 들여다보는 거울로서 생각해야 합니다. 그리고 그 안을 들여다 볼 때, 그분의 얼굴이 거울 속에 희미하게 — 어둡게 — 반사되는 것을 보지만, 그것은 사실상 장차 우리가 주님의 얼굴을 직접 대면하여 볼 때를 미리 보는 것입니다. 성경은 예수 그리스도께서 사랑으로 우리에게 보내시는 편지를 담고 있습니다. 성경의 각 면들은 우리 왕의 의복들이고, 그것들은 몰약과 침향과 계피의 향내를 풍기고 있고, 온통 예루살렘의 딸을 위한 사랑으로 채색되어 있습니다. 성경은 거룩하신 아기 예수님의 강보로서, 그것을 펼치면 당신은 거기서 구주를 발견하게 됩니다. 하나님의 말씀의 정수(精髓)는 그리스도입니다.

우리가 사랑함은 그가 먼저 우리를 사랑하셨음이라 - 요한일서 4:19

지구상에는 태양으로부터 나오는 것 외에 다른 빛은 없습니다. 마찬가지로 심령 속에는 주 예수로부터 나오는 것 외에 다른 참 사랑은 없습니다. 이 하나님의 무한하신 사랑이 흘러넘치는 샘으로부터, 하나님에 대한 우리의 모든 사랑도 흘러나와야 합니다. 우리가 하나님을 사랑하는 것은 그분이 먼저 우리를 사랑하셨기 때문이라는 것은 크고도 확실한 진리입니다. 그분에 대한 우리의 사랑은 우리에 대한 그분의 사랑의 아름다운 열매입니다. 하나님의 말씀을 연구할 때 어떤 사람이 하나님에 대해 냉정한 존경심을 품을 수는 있지만, 뜨거운 사랑은 성령이 그 마음속에 그 불을 피울 때에만 가능합니다. 우리같이 냉정한 사람들이 예수님을 사랑하도록 인도를 받은 것은 얼마나 놀라운 이적일까요! 우리가 하나님을 반역했을 때 이같이 놀라운 사랑을 보여 주심으로써 그분이 우리를 그 사랑으로 이끄셨다는 것은 얼마나 놀라운 일일까요? 그렇습니다! 우리를 향하신 하나님의 사랑의 씨가 우리 안에 심겨지지 않았더라면, 하나님을 향한 우리의 사랑의 열매는 절대로 맺어질 수 없었을 것입니다. 따라서 그 사랑은 우리 마음속에 뿌려진 하나님의 사랑이 그 원조입니다. 그러나 이처럼 신적 기원을 갖고 태어난 사랑은 그 후에도 신적으로 양육을 받아야 합니다. 사랑은 외부에서 심겨진 것입니다. 그것은 인간의 마음밭에서 자연적으로 자라나는 식물이 아닙니다. 그것은 위로부터 물이 부어져야 자랍니다. 예수님을 향한 사랑은 예민한 본성을 갖고 있는 꽃입니다. 딱딱한 우리의 마음밭에서 생겨나는 양분만 받는다면, 그것은 곧 시들고 맙니다. 사랑은 천국에서 오는 것이기 때문에 천국의 떡을 먹고 자라야 합니다. 그것은 하늘에서 내려오는 만나를 먹지 않는다면 광야에서는 존재할 수 없습니다. 사랑은 사랑을 먹고 자랍니다. 하나님을 향한 우리의 사랑의 참된 영혼과 생명은 우리를 향하신 그분의 사랑입니다.

"주여, 내가 주를 사랑하나이다. 그러나 내 사랑은 없습니다.
내 안에는 드릴 사랑이 없으니까요.
주여, 내가 주를 사랑하나이다. 그러나 그 사랑은 모두 당신의 것입니다.
당신의 사랑으로 내가 살고 있으니까요.
나는 무익한 자처럼 비어있고 상실된 자가 되어
당신에게 삼켜지는 것을 즐거워하나이다."

거기에서 그가 화살과 방패와 칼과 전쟁을 없이 하셨도다 - 시편 76:3

"다 이루었다"는 우리 구속주의 영광스러운 외침은 그의 백성의 원수들의 죽음을 알리는 조종(弔鐘)으로서, "화살과 방패와 칼과 전쟁"을 종식시키는 것이었습니다. 골고다의 영웅이 자신의 십자가를 모루로, 자신의 고뇌를 망치로 사용하여 우리의 죄의 "독화살들"을 한 다발씩 박살내심으로써, 그 고소를 일축하고, 그 공격을 소멸시켰습니다. 그 강하신 공격자가 뇌신(雷神)의 가공할 무기보다 훨씬 더 막강한 망치로 파괴하실 때, 그것은 얼마나 영광스러운 공격일까요! 어떻게 마귀의 창을 산산조각 내어 날려버리고, 마귀의 방패를 토기장이의 그릇처럼 박살내버렸는지 보십시오! 그분이 사탄의 권세의 그 두려운 칼을 칼집에서 꺼내 박살낸 솜씨를 보십시오! 그분은, 사람이 마른 장작을 패듯이, 그것을 자신의 무릎 위에 올려놓고 작살내 불 속에 던져버렸습니다.

사랑받는 형제여, 신자의 죄는 이제 더 이상 그에게 치명적인 상처를 입히는 화살이 될 수 없습니다. 어떤 정죄도 이제는 더 이상 그를 죽이는 칼이 될 수 없습니다. 왜냐하면 우리의 죄에 대한 형벌이 그리스도로 말미암아 이미 이루어졌기 때문입니다. 우리의 복 되신 대리인과 보증인을 통해 우리의 모든 죄에 대해 충분한 속죄가 이루어졌기 때문입니다. 그런데 누가 고소하겠습니까? 누가 정죄하겠습니까?

그리스도께서 죽으셨습니다. 아니 그뿐 아니라 그분은 다시 살아나셨습니다. 예수님은 지옥의 화살통을 완전히 비워버렸습니다. 그 잔혹한 창들을 다 박살냈습니다. 그 진노의 모든 화살촉을 부러뜨렸습니다 땅은 지옥의 전쟁무기들의 파편과 잔재들로 온통 뒤덮여 있습니다. 그것들은 단지 우리에게 이미 지나간 과거의 위험과 지금 주어진 큰 구원을 생각나게 하는 것에 불과합니다. 죄는 더 이상 우리를 다스리지 못합니다. 예수님은 그것을 끝장내셨고, 그것을 영원히 제거하셨습니다. 오 당신의 원수, 파괴자들은 완전히 끝장났습니다. 그러므로 당신은 이 놀라우신 주님의 역사를 선전해야 합니다. 침묵하지 말고 날마다 아니 해가 그 운행을 멈출 때까지 그분의 이름을 자랑하십시오. 오 내 영혼아, 주님을 찬송하라.

왕을 저울에 달아 보니 부족함이 보였다 함이요 - 다니엘서 5:27

　우리 자신을 자주 하나님의 말씀의 저울에 달아보는 것이 아주 좋습니다. 다윗이 지은 시편 몇 편만 읽어봐도 그것이 경건의 연습이 되는 것을 알게 될 것입니다. 각 구절을 묵상할 때마다 다음과 같이 자문해 보십시오: "나는 이렇게 말할 수 있을까? 다윗이 느낀 것처럼 나도 느낄 수 있을까? 내 마음도 다윗이 이같은 참회시를 썼을 때 느꼈던 심정을 죄로 말미암아 가져본 적이 있었던가? 내 영혼도 아둘람 굴이나 엔게디 요새에서 하나님의 은혜를 찬송했던 다윗처럼 고난의 때에 참된 믿음으로 충만했던가? 나는 구원의 잔을 들고 주님의 이름을 부르고 있는가?"

　이번에는 그리스도의 생애로 시선을 돌려보십시오. 읽을 때마다 당신의 삶이 그분과 얼마나 닮았는지 자문해 보십시오. 당신 자신이 그분이 끊임없이 가르치고 보여 주셨던 온유함, 겸손함, 사랑의 정신을 소유하고 있는지 찾아보십시오. 그 다음에는 서신서를 읽어보십시오. 거기서 사도가 자신의 경험을 말하고 있는 부분에서 당신도 그와 같이 할 수 있는지 헤아려 보십시오. 당신도 바울이 "오호라 나는 곤고한 사람이로다 이 사망의 몸에서 누가 나를 건져내랴"(롬 7:24)고 외쳤던 것처럼 해본 적이 있습니까? 당신도 그렇게 비참한 상태에 빠져본 적이 있습니까? 당신도 죄인 중의 괴수요 모든 성도 중에 지극히 작은 자라고 느껴본 적이 있습니까? 당신은 사도 바울의 헌신에 대해 어느 정도 알고 있습니까? 그와 함께 "이는 내게 사는 것이 그리스도니 죽는 것도 유익함이라"(빌 1:21)고 말할 수 있었습니까?

　만일 우리가 이같이 하나님의 말씀을 우리의 영적 상태를 진단하는 시금석으로 삼고 읽는다면, 읽다 말고 자주 다음과 같이 말할 만한 충분한 이유가 있을 것입니다: "주여, 저는 여기까지 한 번도 와본 적이 없음을 느낍니다. 오 지금 저를 이곳으로 인도하소서! 제가 지금 읽고 있는 내용처럼, 참된 회개를 할 수 있도록 역사하시고 저에게 참된 믿음을 주소서. 더 뜨거운 열심을 주소서. 더 열렬한 사랑으로 불타오르게 하소서. 온유의 은혜를 허락하소서. 예수님을 더욱 닮아가게 하소서. 성소의 저울에 달아볼 때, 심판의 저울대에 모자라지 않도록, 더 이상 '부족함이 발견되지' 않게 하소서." "판단을 받지 않도록 스스로를 판단하라."

하나님이 우리를 구원하사 거룩하신 소명으로 부르심은 -- 디모데후서 1:9

사도 바울은 완료시제를 사용하여 "우리를 구원하사"(Who hath saved us)라고 말합니다. 예수 그리스도를 믿는 신자들은 구원을 받았습니다. 그들은 구원 가능성이 있는 상태에 있다가 궁극적으로 구원을 받는 사람들로 간주되는 것이 아니라 이미 구원받았습니다. 구원은 죽어가는 자리에서 누리거나 장래 하늘나라에서 갖게 되는 축복이 아니라 지금 이 순간 얻었고, 받았고, 이루어졌고, 누리고 있는 축복입니다. 그리스도인은 하나님의 계획 속에서 완전하게 구원받았습니다. 하나님은 그를 구원받을 자로 작정하셨고, 그 작정은 이루어졌습니다. 그는 또한 자기를 위해 지불된 값으로 말미암아 구원을 받았습니다. 죽으실 때 우리 구주는 "다 이루었다"고 말씀하셨습니다.

또 신자는 그의 언약의 머리로 말미암아 완전하게 구원을 받았습니다. 왜냐하면 아담 안에서 죽은 것같이 그리스도 안에서 살았기 때문입니다. 이 완전한 구원은 거룩한 부르심을 수반합니다. 구주께서 십자가로 구원한 사람들은 때가 되면 성령 하나님의 능력으로 거룩의 길을 가도록 유효하게 부르심을 받습니다. 그들은 죄를 떠납니다. 그리고 그리스도를 닮으려고 애를 씁니다. 그들은 어떤 강제에 의해서가 아니라 새 본성의 소욕 때문에 거룩을 선택합니다. 새 본성은 과거 옛 본성이 자연스럽게 죄를 즐거워하도록 마음을 이끌었던 것처럼 거룩을 즐거워하도록 이끕니다. 하나님은 그들이 거룩하기 때문에 부르신 것이 아니라 거룩하도록 그들을 부르셨습니다. 거룩은 하나님의 솜씨에 의해 그들 속에 심겨진 미덕입니다. 우리가 신자의 마음속에서 발견하는 미덕들은 속죄 자체와 마찬가지로 하나님의 작품입니다. 이것은 정말 지극하신 하나님의 충만한 은혜의 결과입니다. 구원은 주님이 그 창시자이기 때문에 은혜에 속한 것입니다. 그렇다면 죄인을 구원하도록 하나님을 움직이도록 만든 것이 은혜 말고 무엇이 있겠습니까? 또 구원은 주님이 우리의 의를 영원히 배제시키는 방법으로 역사하시기 때문에 은혜에 속한 것입니다. 이것 곧 현재적 구원은 신자의 특권입니다. 그리고 이것은 그가 거룩한 삶을 살도록 부르심을 받은 증거입니다.

### 원하는 자는 값없이 생명수를 받으라 - 요한계시록 22:17

예수님은 "값없이 받으라"고 말씀하십니다. 그분은 어떤 대가나 준비를 원하시지 않습니다. 그분은 우리가 기분 좋은 감정을 가져야 한다고 권면하시지도 않습니다. 비록 좋은 기분을 못느낀다고 해도, 다만 원하기만 한다면, 당신은 초대받은 것입니다. 그러므로 오십시오! 믿음도 없고 회개도 안했습니까? 그래도 그분께 오십시오. 그러면 그분은 당신에게 그것들을 주실 것입니다. 있는 모습 그대로 와서 돈 없이, 값없이 "거저" 받으십시오. 그분은 궁핍한 자들에게 자신을 내어주십니다.

길모퉁이에 있는 분수식 공중수도는 굉장히 유용한 시설입니다. 하지만 그 앞에 서서 "내 지갑에 5파운드의 돈이 없기 때문에 물을 마실 수 없다"고 말하는 어리석은 사람을 우리는 상상할 수 없습니다. 그 사람이 아무리 가난하다고 해도 공중수도는 앞에 있고, 그는 공짜로 그것을 마시기만 하면 됩니다. 그곳을 지나가는 자들은 누구든, 그들이 누더기를 걸쳤든 비단 옷을 입었든, 목이 마르면 물을 마실 만한 아무 이유가 없어도 마실 수 있습니다. 그것이 거기에 있다는 것이 그 물을 값없이 마실 수 있는 자격입니다. 마음씨 좋은 어떤 사람들이 그곳에 공중수도를 설치해 놓았으니 우리는 거저 마시면 되고, 아무것도 물을 필요가 없습니다.

목이 마른 데도 불구하고 그것이 설치되어 있는 곳을 그냥 지나치는 사람이 있다면 그들은 아마 자동차를 타고 지나가는 점잖은 신사숙녀들일 것입니다. 그들은 매우 목이 마르지만 물을 마시기 위해 차에서 내리는 것은 품위 없는 일이라고 생각합니다. 그들은 생각하기를, 공중수도에서 물을 마시는 것은 품위를 떨어뜨리기 때문에 갈증으로 입술이 바짝바짝 타는데도 차에서 내리지 않습니다. 오, 얼마나 많은 사람들이 선행으로 자기는 부요하다고 생각하고 그리스도께 나아오지 않을까요! 그들은 "나는 창녀나 저주받은 자들과 같이 구원받지 않을거야"라고 말합니다. 굴뚝 청소부처럼 천국에 가다니, 천만에 그럴 순 없다! 십자가 오른편 강도가 간 길 외에 영광에 이르는 길은 없다구? 나는 그렇게 구원받을 수 없지. 그러나 이처럼 교만한 사람들은 생명수를 맛보지 못할 것입니다. 하지만 "원하는 자는 값없이 생명수를 받을 것입니다."

헛된 것과 거짓말을 내게서 멀리 하옵시며 - 잠언 30:8

"나의 하나님이여 나를 멀리하지 마소서"(시 38:21) 여기서 우리가 받아야 할 두 가지 큰 교훈이 있습니다. 하나는 피해야 할 것에 대한 간구, 다른 하나는 구해야 할 것에 대한 간구. 그리스도인이 가장 행복할 때는 가장 거룩한 상태 속에 있을 때입니다. 태양에 가장 가까울 때 가장 뜨거운 열이 있는 것처럼, 그리스도께 가장 가까이 있을 때 최고의 행복이 주어지는 법입니다. 그리스도인은 그의 눈이 허탄한 것에 고정되어 있으면 절대로 위로를 느낄 수 없습니다. 그의 영혼은 하나님의 길을 가는데 걸음이 빨라지지 아니하면 절대로 만족이 없습니다. 세상 사람들은 어디서나 행복을 맛볼 수 있을지 모르지만, 그리스도인은 그럴 수 없습니다. 나는 불신자들이 그들의 쾌락을 따라 사는 것을 비난하지 않습니다. 왜냐구요? 그들은 그럴 수밖에 없기 때문입니다. 그것이 그들에게는 누릴 수 있는 전부입니다. 남편에 대해 크게 실망한 한 그리스도인 아내는 변함없이 남편을 친절하게 대했습니다. 그 이유는 다음과 같았습니다: "나는 이것이 그가 행복을 느낄 수 있는 유일한 세계임을 알고 있다. 그래서 나는 그 안에서 그가 최대한 행복하도록 그를 대해주기로 마음먹었다."

그리스도인들은 인생의 즐거움을 부질없는 세상사나 죄악된 세상의 쾌락보다 더 고상한 세계에서 구해야 합니다. 헛된 추구들은 거듭난 영혼들에게는 위험하기 짝이 없습니다. 우리는 위로 별들을 쳐다보고 가다 구덩이 속에 빠진 철학자에 관한 이야기를 들은 적이 있습니다. 그러나 아래만 바라보고 인생을 사는 사람들은 얼마나 더 깊은 타락에 빠질까요! 그들의 타락은 치명적입니다. 그리스도인은 그의 영혼이 침체에 빠지고, 하나님이 그에게서 멀어지면 안전하지 못합니다. 그리스도인은 언제나 그리스도 안에 우뚝 서 있을 때에만 안전하고, 이 세상에서 기록과 그리스도와의 교제를 자신의 경험에만 의지하면 안전하지 못합니다. 사탄은 하나님을 가까이하며 사는 그리스도인을 쉽게 공격하지 못합니다. 마귀가 틈탈 때는 그리스도인이 하나님으로부터 멀어지며, 영적 기갈에 빠지고, 헛된 것을 따라 살려고 몸부림칠 때입니다. 물론 마귀는 때때로 주님을 섬기는데 열심인 하나님의 자녀를 공격할 수도 있습니다. 하지만 그 공격은 대체로 짧습니다. 실족해서 굴욕의 골짜기로 내려간 사람은 헛된 발걸음을 떼어놓을 때마다 자기를 공격하도록 마귀를 불러들입니다. 오 은혜가 하나님과 겸손하게 동행하도록 인도하기를!

또 여호와를 기뻐하라 - 시편 37:4

본문의 가르침은 활력적인 경건생활을 하지 못하는 사람들에게는 아주 놀라운 말씀이 되겠지만, 신실한 신자에게는 단지 이미 확증된 진리를 재차 확인하는 것에 불과합니다. 신자의 삶은 여기서 하나님을 기뻐하는 것으로 묘사되고 있습니다. 여기서 우리는 기독교는 행복과 기쁨으로 넘치는 참된 종교라는 위대한 사실을 확인하게 됩니다. 불신자들과 말로만 믿는 신자들은 신앙생활을 즐거운 일로 생각하지 못합니다. 그들에게는 그것은 단순히 봉사, 의무 또는 필요지, 절대로 즐거움이나 기쁨이 못됩니다. 만일 그들이 기독교에 참여한다면, 그것은 거기서 뭔가 이득을 얻기 때문이고, 그렇지 않다면 그렇게 하지 않으면 안되기 때문일 것입니다. 기독교 안에 기쁨이 있다는 사상은 대부분의 사람들에게는 너무나 생소하기 때문에 그들의 언어 습관에 따르면 "거룩"과 "기쁨"이라는 단어만큼 동떨어진 단어도 없습니다. 그러나 그리스도를 알고 있는 신자들은 기쁨과 믿음이, 지옥문도 그 둘을 갈라놓을 수 없을 정도로 아주 밀접하게 결합되어 있다는 것을 이해하고 있습니다. 온 마음을 다해 하나님을 사랑하는 사람들은 하나님의 방법은 즐거움을 주고, 그분의 모든 길은 화평의 길이라는 것을 발견합니다. 이런 기쁨, 이런 풍성한 즐거움, 이런 넘치는 축복을 그들의 주님 안에서 발견한 성도들은 그분을 절대로 습관적으로 섬기지 아니하고, 온 세상이 그분의 이름을 악랄하게 비방할 때에도 그분을 따라갑니다. 우리는 어떤 강요 때문에 하나님을 경외하는 것이 아닙니다. 우리의 믿음은 속박도 아니고, 우리의 고백은 굴레가 아닙니다. 우리는 거룩에 강제로 끌려가는 것도 아니고, 의무 때문에 억지로 나아가는 것도 아닙니다. 아닙니다. 우리의 경건은 우리의 기쁨이고, 우리의 소망은 우리의 행복이요, 우리의 의무는 우리의 즐거움입니다.

기쁨과 참 종교는 뿌리와 꽃처럼 밀접하게 연결되어 있습니다. 진리와 확실성만큼 불가분리적입니다. 그것들은 사실상, 금판에 나란히 박혀 반짝반짝 빛나고 있는 두 개의 보석과 같습니다.

> "우리가 당신의 사랑을 맛보면,
> 천국에 있는 성도들처럼 말할 수 없는
> 기쁨이 우리 안에서 신묘하게 흘러넘치고,
> 천국은 이곳에서 시작됩니다."

주여 수치가 우리에게 돌아오고 … 우리가 주께 범죄하였음이니이다 - 다니엘서 9:8

죄와 그것의 가증함, 그리고 그것이 가져오는 형벌에 대한 깊은 의식과 분명한 시야는 보좌 앞에서 우리를 겸손하게 만듭니다. 우리는 그리스도인으로서 죄를 범해왔습니다. 슬프도다! 그것이 그럴 수밖에 없었구나! 우리가 아무리 은혜를 크게 받았어도 여전히 감사를 몰랐습니다. 그 누구보다 능력을 많이 받았지만, 그에 합당한 열매를 맺지 못했습니다. 그리스도인으로서 오랫동안 영적 전투를 하면서 살아왔지만, 과거를 돌아다볼 때 얼굴을 붉히지 않을 자가 누가 있겠습니까? 우리가 거듭나기 전 살아온 날들은 이미 용서받았고, 그래서 잊어버려도 괜찮습니다.

그러나 그 이후 그 전처럼 죄를 많이 범하지는 않지만, 그래도 우리는 빛 — 실제로 우리 마음을 관통하는 빛 — 과 사랑 — 우리가 참으로 즐거워했던 사랑 — 에 반하여 범죄했습니다. 오, 용서받은 영혼의 끔찍한 죄여! 용서받지 못한 죄인들은, 그리스도와 교제를 나누고 예수님의 품에 그 머리를 기대고 있는 하나님의 택자들과 비교해 보면 말할 것도 없이 더 많은 죄를 함부로 범합니다. 그러나 다윗을 보십시오! 많은 사람들이 그의 죄를 비판하겠지만, 나는 당신이 그의 회개를 보고, 그의 뼈마디들의 신음소리를 듣기를 기도합니다. 그 소리들은 그 괴로운 자백을 대변해 주고 있습니다. 뚝뚝 땅에 떨어지는 그의 눈물방울들을 보십시오. 그의 수금의 슬픈 음악 소리에는 그의 깊은 탄식이 동반되어 있습니다.

우리는 잘못을 범합니다. 그러므로 우리는 회개의 영을 구해야 합니다. 다시 한 번 베드로를 보십시오! 우리는 베드로가 주님을 부인한 사실에 대해 자주 말합니다. 그러나 그가 "심히 통곡하니라"(눅 22:62)고 기록되어 있음을 기억하십시오. 우리는 우리 주님을 부인할 때 눈물로 슬퍼했습니까? 슬프도다! 하나님이 주권적 은혜를 우리에게 베푸셔서 구원해 주지 않았더라면, 회심 전후에 걸쳐 저질러진 이 같은 죄들로 인해 우리는 영원히 꺼지지 않는 불에 던져지고 말 것입니다. 내 영혼아, 그대의 본성의 죄악성을 의식하고 하나님 앞에 무릎을 꿇고 그분을 경배하라! 그대를 구원하신 은혜를, 그대를 살려주신 자비를, 그대를 용서해 주신 사랑을 찬미하라!

사라가 이르되 하나님이 나를 웃게 하시니 듣는 자가 다 나와 함께 웃으리로다 - 창세기 21:6

늙은 사라가 아들을 낳는 영예를 누린다는 것은 자연의 능력을 훨씬 초월하는, 아니 심지어는 그 법칙에 정반대되는 놀라운 이적입니다. 그렇다면 연약하고, 의지할 데 없고, 파산한 죄인인 내가 주 예수님의 영이 내 영혼 속에 내주하는 은혜를 받았음을 아는 것은 모든 일반법칙들을 능가하는 최고의 이적입니다. 내 본성이 황량한 광야처럼 극히 메마르고, 시들고, 삭막하고, 저주받은 존재였기 때문에 한때 절망했고, 또 절망할 수밖에 없었던 내가 거룩이라는 열매를 맺는 존재로 바뀌었습니다. 나는 주님으로부터 받은 그 놀랍고 희한한 은혜로 말미암아, 약속의 씨인 예수를 찾고 그분이 영원히 나의 것이 되었다는 이유로, 내 입술은 흐뭇한 웃음으로 가득 차 있을 수밖에 없습니다.

오늘 나는 나의 미천한 신분을 기억해 주시는 주님에 대해 승리의 찬송을 올려드릴 것입니다. 왜냐하면 "내 마음이 여호와로 말미암아 즐거워하며 내 뿔이 여호와로 말미암아 높아졌으며 내 입이 내 원수들을 향하여 크게 열렸으니 이는 내가 주의 구원으로 말미암아 기뻐하기"(삼상 2:1) 때문입니다.

나를 지옥에서 벗어나게 한 이 놀라운 구원과, 높은 곳에서 내려와 나를 찾아 주신 주님과의 그 복된 만남에 관해 듣는 모든 사람들이 나와 함께 크게 기뻐하며 즐거워할 것입니다. 나는 충만한 평강으로 내 가족들을 놀라게 할 것입니다. 나는 날마다 더 커지는 행복감으로 내 친구들을 기쁘게 할 것입니다. 나는 감사의 고백을 함으로써 교회에 힘을 주겠습니다. 그리고 나아가 매일 즐거운 대화를 나눔으로써 세상에 감동을 주겠습니다.

존 번연은 「천로역정」에서 우리에게 말하기를, 자비는 잠을 자면서 웃었다고 했는데, 예수님에 관한 꿈을 꾸었으니 그것은 전혀 이상한 일이 아닙니다. 나의 기쁨도 사랑하는 나의 주님이 평소 내 생각의 주제가 되기 때문에 그것 못지않습니다. 주 예수님은 기쁨의 깊은 바다로서, 내 영혼은 그 안에서 헤엄치며, 그분과 교제하는 즐거움에 휩싸일 것입니다. 사라는 자신의 아들 이삭을 보고 기쁨에 겨워 웃었습니다. 그리고 그녀의 모든 친구들도 그녀와 함께 웃었습니다. 내 영혼아, 그대도 그대의 예수님을 보고, 형언할 수 없는 그대의 즐거움 속에 하늘과 땅이 함께 누리도록 고하라.

**6월 15일**                                                      저녁

열면 닫을 사람이 없고 - 요한계시록 3:7

예수님은 천국의 문을 지키고 계시는 수문장으로서 모든 신자 앞에서 그분이 문을 열면 마귀나 사람은 절대로 그것을 닫을 수 없습니다. 주님을 믿는 믿음이 그 영원한 문을 여는 황금열쇠라는 것을 깨닫는다면, 그 기쁨이 얼마나 클까요! 내 영혼아, 그대는 이 열쇠를 가슴에 품고 가겠는가, 아니면 그대를 결국 파멸의 길로 이끌 사기꾼 열쇠장이를 의지하겠는가? 다음 비유를 듣고 그것을 꼭 명심하라.

위대하신 왕이 연회를 개최하고, 가장 아름다운 꽃을 들고 오는 사람들만 들어오도록 온 세상에 선포했습니다. 수많은 사람들이 꽃의 여왕이라고 생각되는 꽃을 들고 문 앞에 왔습니다. 그러나 그들은 왕 앞에서 쫓겨나 연회장에 들어가지 못했습니다. 어떤 사람들은 미신이라는 치명적 가지꽃, 로마교회의 허세라는 양귀비, 자기의(自己義)라는 독당근을 들고 있었는데, 그들은 왕에게 인정을 받지 못하고 그들에게 진주문은 굳게 닫혀 있었습니다.

내 영혼아, 그대는 사론의 수선화를 갖고 있는가? 그대는 가슴에 항상 골고다 골짜기의 백합화를 들고 있는가? 그렇다면 그대는 천국문에 이르렀을 때, 그 가치를 깨닫게 될 것이다. 왜냐하면 그대가 이 아름다운 꽃을 보여 줄 때 주님은 그 문을 열어주실 것이기 때문이다. 한순간도 그분은 그대의 출입을 막지 않으실 것이다. 그대가 들고 있는 꽃을 보고 그분은 당장 문을 여실 것이다. 그대는 손에 사론의 수선화를 들고 갈 때 하나님의 보좌 앞에 나아가는 길을 발견하게 될 것이다. 왜냐하면 천국에 그 꽃의 찬란한 아름다움을 능가하는 것은 아무것도 없고, 낙원에 피어있는 모든 꽃들 가운데 어느 것도 골고다 골짜기의 백합화와 견줄 수 있는 꽃은 없기 때문이다.

내 영혼아, 골고다의 피로 빨갛게 된 수선화를 믿음으로 손에 들고, 사랑으로 그것을 입고, 교제를 통해 그것을 보존하며, 날마다 깨어있음으로 그것을 가장 소중한 것으로 만들라. 그러면 그대는 모든 복을 능가하는 복을 받을 것이며, 꿈보다 훨씬 더 큰 행복을 맛볼 것이다. 예수여, 당신은 영원히 나의 하나님, 나의 천국, 나의 전부이십니다.

내가 그들에게 영생을 주노니 영원히 멸망하지 아니할 것이요 - 요한복음 10:28

그리스도인은 불신앙을 가볍게 생각하거나 가볍게 말해서는 안 됩니다. 하나님의 자녀가 그분의 사랑, 그분의 진실, 그분의 신실하심을 불신한다면, 그분은 크게 불쾌하게 여기실 것입니다. 우리가 어떻게 그분의 도우시는 은혜를 의심하는 것으로 근심시켜드릴 수 있겠습니까? 당신이 하나님에게서 잊혀지거나 멸망당하도록 버려질 것이라는 것은 하나님의 보배 같은 말씀의 모든 약속에 반하는 것입니다. 만일 그것이 사실이라면, 그분이 "여인이 어찌 그 젖 먹는 자식을 잊겠으며 자기 태에서 난 아들을 긍휼히 여기지 않겠느냐 그들은 혹시 잊을지라도 나는 너를 잊지 아니할 것이라"(사 49:15)고 말씀하신 것이 어떻게 진실이라고 말할 수 있겠습니까? 만일 그것이 사실이라면, "산들이 떠나며 언덕들은 옮겨질지라도 나의 자비는 네게서 떠나지 아니하며 나의 화평의 언약은 흔들리지 아니하리라 너를 긍휼히 여기시는 여호와께서 말씀하셨느니라"(사 54:10)는 약속의 가치가 어떻게 되겠습니까? 만일 그것이 사실이라면, "내가 그들에게 영생을 주노니 영원히 멸망하지 아니할 것이요 또 그들을 내 손에서 빼앗을 자가 없느니라 그들을 주신 내 아버지는 만물보다 크시매 아무도 아버지 손에서 빼앗을 수 없느니라"(요 10:28, 29)는 그리스도의 말씀의 진리를 어디서 찾겠습니까? 은혜에 관한 교리는 어떻게 되겠습니까? 하나님의 자녀가 하나라도 멸망을 당한다면, 그것들은 전부 거부될 것입니다. 만일 그리스도께서 위해 죽고 자기를 믿도록 한 사람들 가운데 하나라도 하나님의 버림을 당하는 일이 벌어진다면, 하나님과 그분의 영예, 그분의 권능, 그분의 은혜, 그분의 언약, 그분의 맹세 등의 진실성이 어떻게 되겠습니까? 하나님을 거부하게 만드는 모든 불신적 생각들은 버리십시오. 그리고 먼지를 털고 일어나 당신의 아름다운 옷을 입으십시오. 당신이 결코 멸망치 않을 것을 약속하신 그분의 말씀을 의심하는 것은 죄라는 사실을 명심하십시오. 당신 안에 있는 영생을 확신에 찬 즐거움으로 표현하십시오.

> "복음이 내 영을 떠받치고 있다.
> 신실하고 변함없으신 하나님이
> 자신의 맹세와 약속과 피 속에
> 내 소망의 기초를 두고 계시기에."

여호와는 나의 빛이요 나의 구원이시니 내가 누구를 두려워하리요 여호와는
내 생명의 능력이시니 내가 누구를 무서워하리요 - 시편 27:1

"여호와는 나의 빛이요 나의 구원이시니." 이 말씀 속에는 "나의 빛", "나의 구원"이라는 말에서 보는 것처럼 개인적 유익이 들어 있습니다. 영혼은 그것을 확신하기 때문에 그것을 담대하게 선언합니다. 새로 거듭난 영혼 속에 하나님의 빛이 구원의 전조로서 쏟아져 들어옵니다. 우리 자신의 어둠을 밝게 비추는 빛이 충분하지 않는 곳에 구원의 증거도 없습니다. 회심 후 우리 하나님은 우리의 기쁨이요, 위로요, 인도자요, 교사이시며, 모든 면에서 우리의 빛이 되십니다. 그분은 내 안을 밝히는 빛이요, 내 주변을 밝히는 빛이요, 우리에게서 반사되는 빛이요, 우리에게 계시되는 빛이십니다. 주님은 빛을 주실 뿐만 아니라 빛 자체라는 사실을 주목하십시오.

또 그분은 구원을 주실 뿐만 아니라 구원 자체라는 사실도 기억하십시오. 그렇다면 믿음으로 하나님을 의지하는 사람은 언약의 모든 축복들을 자신의 기업으로 갖게 될 것입니다. 이에 대한 강력한 논증이 "내가 누구를 두려워하리요?"라는 반문 형식에 하나의 사실처럼 확실하게 표현되어 있습니다. 이 반문은 그 자체 속에 답변을 갖고 있습니다. 어둠의 세력들을 두려워할 필요가 없다는 것입니다. 우리의 빛이신 주님이 그것들을 파멸시킬 것이기 때문입니다. 또 지옥의 정죄도 두려워할 것이 못 된다는 것입니다. 주님이 우리의 구원이 되시기 때문입니다. 이것은 오만한 골리앗의 도전과는 아주 확실하게 다른 도전입니다. 왜냐하면 그것은 과장된 육체의 힘에 의존하는 것이 아니라 전능하신 여호와의 실제적인 힘에 의존하기 때문입니다.

"여호와는 내 생명의 능력이시니." 이 말씀 속에는 시편 기자의 소망이 절대로 끊어지지 아니하는 삼겹줄로 단단히 묶어져 있음을 보여 주기 위해 세 번째 빛나는 표현이 들어 있습니다. 우리는 주님이 은혜를 아낌없이 베푸실 때 당연히 찬양의 노래를 불러야 합니다. 우리의 생명은 그 모든 힘을 하나님께 두고 있기 때문에, 그분이 우리를 강하게 해주신다면, 원수의 그 어떤 궤계 앞에서도 두려워할 이유가 없습니다. "내가 누구를 무서워하리요"라는 담대한 반문은 현재는 물론 미래까지도 내다보고 있습니다. "하나님이 우리를 위하시면" 현재나 장래에 누가 우리를 대적하겠습니까?

### 여호와여 도우소서 - 시편 12:1

이 기도는 이 자체만으로 주목할 만한 기도문입니다. 왜냐하면 그것은 짧지만 시의 적절하고, 교훈적이고, 시사하는 바가 많기 때문입니다. 다윗은 신실한 사람들이 끊어지는 것을 통탄하면서 하늘을 향해 간청하고 있습니다. 다른 사람들이 실족했을 때 그는 창조주에게 달려갔습니다. 그는 자신의 연약함을 분명히 느끼고 있었고, 그렇지 않았다면 도와달라고 부르짖지도 아니했을 것입니다. 그러나 동시에 그는 진리를 실천하기를 진심으로 원했습니다. 왜냐하면 "도우소서"라는 말은 우리가 아무것도 하지 않을 때에는 의미 없는 말이기 때문입니다. "여호와여 도우소서"라는 이 두 마디의 간구 속에는 진솔함과 인식의 분명함이 내포되어 있습니다. 정말로 어떤 고백자들이 중언부언 길게 늘어놓는 기도보다 훨씬 더 분명합니다. 시편 기자는 잘 정리된 기도 내용을 갖고 하나님께 곧바로 달려갔습니다. 그는 자기가 무엇을 구해야 하는지, 또 그것을 어디서 구해야 하는지 잘 알고 있습니다. 주여, 우리도 이같이 기도하도록 가르쳐 주소서!

이런 기도를 해야 할 경우는 많습니다. 이것은 하나님의 섭리로 인해 고난을 당하는 성도들이 모든 도움이 소용없다고 느낄 때 드리면 좋은 기도입니다. 교리적인 문제로 어려움에 빠져있는 학생들도 "여호와여, 도우소서"라고 부르짖으면 위대한 교사이신 성령의 도우심을 얻을 수 있을 것입니다. 내적 갈등에 시달리고 있는 십자가 군사들도 이 기도를 보좌 앞으로 올려 보내면 힘을 얻을 수 있고, 이것은 그들의 모델이 될 만한 기도입니다. 천국의 사역을 위해 수고하는 일꾼들도 이 기도를 드리면 필요할 때 은혜를 받을 수 있습니다. 의심과 불안에 빠져 있는 성도들도 이 기도를 드릴 수 있습니다. 사실상 이 기도는 시간과 장소와 상황을 막론하고 모든 경우에 곤고한 영혼들에게 도움을 줄 수 있습니다. "여호와여, 도우소서"라는 기도는 살든지 죽든지, 고난당할 때든지 수고할 때든지, 즐거워할 때든지 슬퍼할 때든지, 우리에게 적합합니다.

만일 우리가 예수님을 통해 그 기도를 진실하게 드리기만 한다면, 그 응답은 확실합니다. 하나님의 속성은 그분이 우리를 절대로 버리지 아니하시리라는 것을 우리에게 보증합니다. 아버지가 되시고 남편이 되시는 우리와의 관계가 그분의 도우심을 보증합니다. 예수님을 우리에게 허락하신 그분의 선물이야말로 그분이 우리에게 모든 선한 일을 베푸실 것이라는 서약이고, 그래서 그분은 확실하게 "두려워 말라, 내가 너를 도와주리라"고 약속하십니다.

그때에 이스라엘이 노래하여 이르되 우물물아 솟아나라 너희는
그것을 노래하라 - 민수기 21:17

광야에서 솟아난 이 브엘의 우물은 약속의 근거였기 때문에 유명했습니다. "거기서 브엘에 이르니 브엘은 여호와께서 모세에게 명령하시기를 백성을 모으라 내가 그들에게 물을 주리라 하시던 우물이라"(민 21:16). 물이 필요한 백성들에게 은혜의 하나님으로부터 약속이 주어졌습니다. 우리는 거룩한 은혜를 날마다 새롭게 공급받아야 하고, 언약을 통해 하나님은 우리가 필요한 모든 것을 주시겠다고 약속하셨습니다. 그 다음 그 우물은 찬송의 원인입니다. 물이 솟아나기 전 백성들은 즐거운 믿음으로 노래를 불렀습니다. 그리고 물이 펑펑 솟아나오는 수정 같은 샘을 보았을 때에는 그 음악은 더욱더 유쾌하게 울려 퍼졌습니다. 마찬가지로 하나님의 약속을 믿는 우리도 우리 영혼 속에 영적 부흥의 역사가 있을 것을 바라보고 즐거워해야 합니다. 우리가 그것들을 체험하는 순간 거룩한 즐거움이 우리를 압도할 것입니다. 우리가 목마릅니까? 그래도 불평하지 말고 노래를 부릅시다. 영적 목마름은 견디기에 무척 괴롭지만, 우리는 견딜 필요가 없습니다. 왜냐하면 우물이 주어진다는 약속이 있기 때문입니다. 우리는 즐거운 마음으로 그것을 바라보아야 합니다. 더욱이 그 우물은 기도의 중심지였습니다. "우물물아 솟아나라." 하나님이 주시겠다고 약속하신 것을 우리는 구해야 합니다. 그렇지 아니하면 우리는 소망도, 믿음도 없다는 것을 나타내는 것입니다. 오늘 저녁 우리는 우리가 읽은 성경과 경건의 연습이 단순히 공허한 형식이 아니라 은혜를 우리 영혼 속에 이끄는 통로가 될 수 있도록 구합시다. 오 성령 하나님이 우리 안에 그의 전능하신 권능을 통해 하나님의 모든 충만을 채우시기를! 마지막으로, 그 우물은 수고의 대상이었습니다. "이 우물은 지휘관들이 팠고 백성의 귀인들이 규와 지팡이로 판 것이로다"(민 21:18). 주님은 은혜를 얻는데 우리가 적극적으로 활동하기를 바라십니다. 우리의 수고는 모래 속을 파내려가는 데는 적당하지 않지만, 우리는 최대한 능력을 발휘해야 합니다. 기도가 무시되어서는 안 됩니다. 함께 모여 협력하는 일도 포기되어서는 안 됩니다. 의식들도 준수되어야 합니다. 주님은 우리에게 자신의 평화를 억지로가 아니라 아낌없이 베푸십니다. 그러므로 우리는 우리가 소유하고 있는 새로운 모든 우물들 속에서 그분을 찾아내도록 노력합시다.

### 네 구속자 - 이사야 54:5

구속자이신 예수님은 전적으로 우리의 소유이고, 또 영원히 우리의 것입니다. 그리스도의 모든 직분은 우리를 위해 존재합니다. 그분은 우리를 위한 왕이고, 우리를 위한 제사장이며, 우리를 위한 선지자이십니다. 구속주라는 새로운 호칭을 성경에서 읽을 때마다 우리는 다른 호칭과 마찬가지로 그 호칭 아래에서도 그분을 우리의 것으로 취해야 합니다. 목자의 지팡이, 아버지의 채찍, 대장의 검, 제사장의 관, 왕의 홀, 선지자의 외투, 이 모두가 다 우리의 것입니다. 예수님의 위엄은 우리를 높이는데 사용되고, 그분의 특권은 우리를 옹호하는데 행사됩니다. 그분의 신성의 충만함은 우리가 언제든 써먹을 수 있는 무진장의 보물창고입니다.

우리를 위해 그분이 스스로 취하신 그분의 인성 또한 완전히 우리의 것입니다. 은혜가 많으신 주님은 점도 없고, 흠도 없는 자신의 인격의 미덕을 우리에게 전가시켜 주십니다. 그분은 영적 생명의 놀라운 효력을 우리에게 넘겨주십니다. 그분은 겸손한 순종과 끊임없는 섬김을 통해 얻게 된 상급을 우리에게 주십니다. 그분은 더럽혀지지 않은 자신의 생애의 옷으로 우리를 아름답게 꾸며주고, 자신의 인격의 찬란한 미덕들을 우리의 훈장과 보석으로 삼게 하며, 죽기까지 복종하신 자신의 초인간적 온유함을 우리의 자랑과 영광으로 삼도록 하십니다. 그분은 하나님이 사람에게 어떻게 내려오셨는지를 배우도록 자신의 구유를 물려주시고, 사람이 어떻게 하나님께 올라갈 수 있는지를 가르쳐 주기 위해 자신의 십자가를 남겨놓으십니다. 그분의 생각, 감정, 행동, 말씀, 이적, 그리고 중보의 기도 등은 모두 우리를 위한 것이었습니다. 그분은 우리를 위해 고난의 길을 걸어가셨고 자신의 생애의 모든 수고의 결과들을 하늘나라의 기업으로 우리에게 물려주셨습니다. 그분은 과거와 마찬가지로 지금도 우리의 것입니다. 그분은 만왕의 왕이자 만군의 주로서 복되고 유일하신 권세자이지만, 자신을 "우리 주 예수 그리스도"로 인정하는 것을 조금도 부끄러워하지 않으십니다. 그리스도는 우리가 모든 곳, 모든 길에서 영원토록 충만하게 그 효력을 누릴 수 있는 우리의 그리스도입니다. 오 내 영혼아, 성령의 인도를 받아 이 아침에 그분을 "나의 구속주"로 불러보라!

내 누이, 내 신부야 내가 내 동산에 들어와서 - 아가서 5:1

신자의 마음은 그리스도의 동산입니다. 그분은 자신의 보혈로 그곳을 사셨습니다. 그리고 그 안에 들어와 그곳을 자신의 거처로 삼으십니다. 동산은 분리의 뜻을 함축하고 있습니다. 그곳은 개방된 공원이 아닙니다. 드넓은 광야도 아닙니다. 그곳은 주변에 담이 쳐져 있거나 울타리가 있습니다. 우리는 교회와 세상 사이에 분리의 벽이 더 높고 더 두껍게 쌓아진 것을 볼 수 있어야 할 것입니다. 그리스도인들이 "글쎄요, 이 안에도 해로운 것이 없고, 저 안에도 해로운 것은 없어요"라고 말하면서 가능한 한 세상에 가까이 나아가는 것은 슬픈 현실입니다. 세상에 얼마나 더 잘 순응할 수 있는지를 묻는 영혼 속에는 시들은 은혜가 있을 뿐입니다. 동산은 아름다운 곳입니다. 그곳은 거칠고 개간되지 않은 땅과는 비교가 안 됩니다. 참 그리스도인은 자신의 인생 속에서 최고 수준의 도덕가보다 훨씬 더 높은 수준의 도덕을 추구해야 합니다. 왜냐하면 그리스도의 동산은 세상에서 가장 아름다운 꽃들이 피어있는 곳이기 때문입니다. 하지만 그것도 그리스도의 아름다움과 비교하면 아무것도 아닙니다. 우리는 그분을 시들고 이지러진 꽃들과 함께 두어서는 안 됩니다. 예수님이 자신의 거처로 삼으신 곳에는 가장 진귀하고, 가장 풍요롭고, 가장 아름다운 백합화와 수선화가 피어있어야 합니다. 동산은 성장이 있는 곳입니다. 성도들은 성장하지 않고, 그저 꽃봉오리 상태로 머물러 있어서는 안 됩니다. 우리는 우리 주 곧 구주 예수 그리스도의 은혜와 그를 아는 지식에서 자라가야 합니다. 예수님이 농부가 되시고, 성령이 위로부터 내리는 이슬이 되시는 곳에서 은혜는 자라는 법입니다. 또 동산은 은둔의 장소입니다. 그래서 주 예수 그리스도는 세상에 대해서는 자신을 감추시고, 우리 영혼을 자신을 드러내는 장소로 삼으셨습니다.

오 그리스도인들은 그들의 마음을 그리스도를 위해 잘 보존하려면, 얼마나 뒤로 잘 물러나야 할까요! 우리는 자주 마리아처럼 그리스도를 방에 모셔서 그분 발 앞에 앉아야 하는데, 그렇게 못할 만큼 분주해서 마르다처럼 스스로 염려하고 걱정합니다. 주님이 이 순간 그 풍성한 은혜의 소나기를 자신의 동산에 뿌릴 수 있도록 허락하시기를!

## 그들이 다 성령의 충만함을 받고 - 사도행전 2:4

만일 우리 모두가 성령의 충만함을 받게 된다면, 오늘 아침 우리의 축복은 정말 풍성하게 주어진 것입니다. 영혼이 성령으로 충만해졌을 때의 결과는 아무리 크게 평가해도 지나치지 않습니다. 생명, 위로, 빛, 순결, 능력, 평화, 그리고 다양한 보배 같은 축복들이 성령 충만과 불가분의 관계 속에 있습니다. 거룩한 기름으로서 성령은 신자의 머리에 부어짐으로써, 그를 제사장으로 따로 세우고, 그 직분을 온전하게 수행할 수 있도록 은혜를 주십니다. 진실로 정결케 하는 유일한 물로서 성령은 우리를 죄의 권세로부터 깨끗하게 하고, 거룩하게 성화시켜 주고, 그리하여 우리 안에 주의 선하신 뜻을 원하고 행하도록 역사하십니다. 빛으로서 성령은 먼저 우리의 상실된 지위를 밝히 보여 주시고, 그 다음에는 주 예수님을 우리에게 그리고 우리 안에 계시하시며, 의의 길로 우리를 인도하십니다. 성령의 순전한 천국의 빛을 조명받아 주님 안에서 우리는 더 이상 어둠이 아니라 빛입니다. 불로서 성령은 우리를 불순물로부터 깨끗하게 하시며, 우리의 성별된 본성이 밝게 빛나도록 하십니다. 그분은 우리의 전 영혼이 하나님께 산 제물로 드려질 수 있게 하시는 제단의 불입니다.

성령은 천국 이슬로서 우리의 메마름을 제거하고 우리의 삶을 비옥하게 만드십니다. 오 성령이 이 이른 아침 시간에 이슬방울이 되어 우리에게 떨어지기를! 이 아침 이슬은 하루의 삶을 아주 상쾌하게 시작하도록 하십니다. 성령은 평화로운 사랑의 날개를 가진 비둘기로서 그의 교회와 신자들의 영혼을 품어주십니다. 또 보혜사로서 그분은 그의 사랑하는 백성들의 평화를 해치는 염려와 의심들을 몰아내십니다. 그분은 요단강에서 주님에게 임하셨던 것처럼 비둘기같이 그의 택한 자들에게 임하고, 그들이 아바, 아버지라고 부르도록 그들 속에 양자의 영을 넣어주심으로써 그들의 자녀됨을 증거합니다. 성령은 바람으로서 사람들에게 생기를 주십니다. 그분은 자신이 원하시는 곳으로 불어와 영적 피조물이 생명을 얻고 지탱되도록 소생의 역사를 행하십니다. 우리가 오늘뿐 아니라 매일 성령의 임재를 느낄 수 있도록 하나님께 구합시다.

> 내 사랑하는 자는 내게 속하였고 나는 그에게 속하였도다 그가 백합화 가운데에서
> 양 떼를 먹이는구나 내 사랑하는 자야 날이 저물고 그림자가 사라지기 전에
> 돌아와서 베데르 산의 노루와 어린 사슴 같을지라 - 아가서 2:16,17

성경에 나오는 말씀 중에서 우리에게 행복감을 느끼게 해주는 구절이 있다면, 그것은 확실히 "내 사랑하는 자는 내게 속하였고 나는 그에게 속하였도다"라는 말씀일 것입니다. 이 말씀은 시편 23편을 쓴 저자 곧 다윗이 지은 시편과 비교해볼 수 있을 정도로 지극히 평화스럽고, 확신으로 가득 차 있으며, 행복과 만족감으로 압도되어 있습니다. 그러나 비록 그 전망은 굉장히 평화롭고 아름답지만 ― 땅은 결코 그 모습을 보여줄 수 없습니다 ― 실제 장면은 전혀 희망찬 상황이 아닙니다. 하늘에는 그 장면에 그림자를 드리우는 구름이 잔뜩 끼어 있습니다. "날이 저물고 그림자가 사라지기 전에"라는 말씀을 들어보십시오.

"베데르 산" 곧 "이별의 산"에 관한 말씀도 들어있습니다. 우리의 사랑에 이별과 같은 일이 있다는 것은 슬픔입니다. 사랑하는 성도여, 이것이 바로 당신의 마음 상태입니다. 당신은 자신의 구원을 의심하지 않습니다. 그리스도께서 자신의 것임을 알고 있습니다. 그러나 당신은 그분과 함께 즐거워지지는 못하고 있습니다. 당신은 나는 그분의 것이고 그분은 나의 것임을 가리는 그림자가 전혀 없을 정도로 그분과의 생명적 관계를 맺고 있습니다. 그러나 아직도 그분의 왼손은 당신의 손을 잡지 못하고 있고, 그분의 오른손은 당신을 안지 못하고 있습니다. 슬픔의 그늘이 당신의 심장 위에 드리워져 있습니다. 그 이유가 어쩌면 고통 때문일 수도 있고, 또는 잠시 주님이 함께 하시지 않음을 느끼고 있기 때문일 수도 있습니다. 그래서 당신은 "나는 그분의 것"이라고 외치면서도 어쩔 수 없이 무릎 꿇고 "내 사랑하는 자야 날이 저물고 그림자가 사라지기 전에 돌아오소서"라고 기도할 것입니다.

"그가 어디 계십니까?"라고 영혼이 묻습니다. 그러면 "그가 백합화 가운데에서 양 떼를 먹이는구나"라는 대답이 옵니다. 만일 우리가 그리스도를 찾으려면, 그의 백성들과의 교제에 들어가야 하고, 그의 성도들과 공동체를 이루어야 합니다. 오, 이 저녁에 그분을 만납시다! 오, 오늘 밤 그분과 함께 저녁을 먹읍시다!

보라 내가 명령하여 이스라엘 족속을 만국 중에서 체질하기를 체로 체질함 같이 하려니와
그 한 알갱이도 땅에 떨어지지 아니하리라 - 아모스서 9:9

모든 체질은 하나님의 명령과 허락을 통해 주어집니다. 사탄은 욥에게 손을 대기 전에 여호와께 허락을 받아야 했습니다. 아니, 어떤 의미에서 우리가 체질당하는 것은 하나님의 직접적 사역입니다. 왜냐하면 본문이 "내가 이스라엘 족속을 체질하리라"고 말씀하시기 때문입니다. 사탄은 알곡을 박살내기를 바라기 때문에 체를 들고 끈질기게 체질을 계속하지만, 주님의 다스리시는 손은 원수가 파괴하는 것과 똑같은 과정을 통해 알곡을 더 순수하게 만드십니다. 보배롭지만 주님으로부터 체질을 많이 당한 성도여, 주님이 자신의 영광과 당신의 영원한 유익을 위해 도리깨와 체로 연단하신다는 복된 사실로 위로를 받으십시오.

주 예수님은 확실히 손에 들고 있는 키를 사용하여 알곡과 가라지를 분리하실 것입니다. 이스라엘에 속해 있다고 다 이스라엘이 아닙니다. 곳간에 들여진 곡식이라고 다 깨끗한 곡식은 아니기 때문에 체로 거르는 과정이 반드시 진행되어야 합니다. 체질에 견디낼 수 있는 무거운 곡식만이 참된 양식이 됩니다. 가라지와 알맹이가 없는 겨는 바람 앞에서 날아가 버리고, 오직 단단한 알곡만 남아있게 될 것입니다.

주님의 알곡이 얼마나 완전하게 안전한지 한 번 살펴보십시오. 단 한 알도 땅에 떨어지도록 하지 않겠다는 보존에 대한 약속이 있습니다. 하나님은 친히 체질하시는데, 그것은 참으로 단호하고 두려운 일입니다. 그분은 어디서든 자기 백성들을 체질하십니다. "만국 중에서"라고 말씀하십니다. 그분은 "곡식이 체질당하는 것처럼" 가장 효과적인 방법으로 그들을 체질하십니다. 그러나 이 모든 과정 속에서 아무리 작고, 아무리 가볍고, 또는 아무리 찌그러진 낟알이라도 땅에 떨어지는 것을 허락하지 아니하십니다. 각 성도는 주님 보시기에 다 보배로운 존재들입니다. 목자는 한 마리의 양도 잃어버리지 않고, 보석상은 한 개의 다이아몬드라도 잃어버리지 않으며, 어머니는 한 명의 자녀도 잃어버리지 않으며, 사람은 자신의 몸의 한 지체도 잃어버리지 않는 것처럼 주님도 자신의 구속받은 백성들 가운데 한 명도 잃어버리지 않으십니다. 만일 우리가 주님의 것이라면, 아무리 하찮은 존재라고 해도 우리는 그리스도 예수 안에서 보존받게 됨을 즐거워할 수 있습니다.

곧 그물을 버려두고 따르니라 - 마가복음 1:18

시몬과 안드레는 예수님의 부르심이 있었을 때 이의 없이 즉각 순종했습니다. 만일 우리가 삶의 현장에서 들은 것이나 우리에게 처음 찾아온 적절한 기회를 항상, 정확하게 그리고 열렬한 감정을 갖고 실천한다면, 은혜의 수단들에 참여하고 성경을 읽을 때, 우리는 틀림없이 영적으로 성장할 것입니다. 자기에게 주어진 빵을 즉시 먹는 사람은 그것을 잃어버리지 아니할 것입니다. 받은 교훈에 따라 이미 행동해 버린 사람은 그 유익을 박탈당하지 않을 것입니다. 대부분의 성도들은 말씀을 들을 때 감동을 받고 달라지겠다고 결심을 하지만, 슬프게도, 그 결심은 꽃을 피우지 못하고 시들어버리고, 그러기에 그 열매도 없습니다. 그들은 기다리고 주저하다 그만 잊어버리고 맙니다.

연못이 낮에 햇빛을 받으면 스르르 녹아있다 밤이 되면 얼어붙는 것처럼, 그들도 잠시 녹아 있다가 때가 되면 다시 얼어붙어 버립니다. 그 치명적인 내일은 거룩한 결심을 살해함으로써 피로 붉게 물들이고 맙니다. 그것은 무고한 자들을 죽이는 살인자의 집입니다. 나는 이 작은 묵상집이 아무 열매를 맺지 못하는 책이 되지 않을까 걱정이 됩니다. 그래서 나는 독자들이 이 책을 단순히 읽는 것으로 그치지 않고 그 내용에 따라 행동하는 자가 되도록 기도합니다. 이 책을 읽는 가장 큰 목적은 진리를 실천하는데 있습니다.

독자는 이 책을 읽는 동안 어떤 일을 해야 한다고 감동을 받았다면, 거룩한 열정이 영혼에서 떠나기 전에 지체 없이 그대로 실천하기를 바랍니다. 주님의 부르심에 거역하는 자가 되지 않도록 그물과 모든 소유를 버리고 떠나십시오. 지체함으로써 마귀에게 기회를 주지 않기 바랍니다! 기회와 의욕이 일치를 이루고 있을 때 서두르십시오. 자신의 그물에 걸리지 않도록 조심하십시오. 세속의 그물을 찢고 엉킹이 당신을 부르는 곳으로 달려가십시오. 독자들이 자기의 가르침을 실천하기로 결심하는 모습을 볼 때 저자는 행복합니다. 그때 그의 수확은 백배를 거두고, 주님은 큰 영예를 얻게 될 것입니다. 이 작은 묵상집의 내용들이 이런 수확을 거두는데 힘이 되기를 하나님께 기도합니다. 오 주여, 당신의 종에게 그것을 허락하소서!

왕은 사람들보다 아름다워 - 시편 45:2

예수님의 전인격은 하나의 보석과 같고, 그분의 생애는 이 보석을 따라 펼쳐 집니다. 그분은 완전무결하시되, 그분의 다양한 부분들 속에서 뿐만 아니라 은혜 롭고 영광스러운 전체 속에서 그렇습니다. 그분의 인격은 혼란스럽게 결합된 아름다운 색깔들의 집합체도 아니고, 아무렇게나 섞여있는 보석들의 묶음도 아닙니다. 그분은 하나의 아름다운 그림이요 영광의 흉패입니다. 그분 안에는 모든 "좋은 것들"이 그 적절한 자리에 놓여있고, 조화를 이루도록 서로 돕고 있습니다. 그분의 영광스러운 인격의 한 특징은 다른 인격들을 희생시킨 결과가 아닙니다. 그분은 완전히 그리고 진실로 아름답습니다.

오 예수여! 당신의 능력, 당신의 은혜, 당신의 공의, 당신의 인자, 당신의 진실, 당신의 위엄, 그리고 당신의 불변하심은 하늘과 땅에서 한 번도 본 적이 없는 인간, 아니 신인(神人)을 이루고 계십니다. 당신의 유년기, 당신의 영원하심, 당신의 고난, 당신의 승리, 당신의 죽으심, 그리고 당신의 영존하심은 모두 하나로 묶여져 주름도 없고 갈라진 곳도 없는 화려한 융단을 이루고 있습니다. 당신은 불협화음 없는 음악이십니다. 당신은 다양하지만 결코 분리가 없으신 분입니다. 당신은 모든 것이지만, 결코 다르지 않습니다. 모든 색깔들이 하나의 눈부신 무지개 속에 들어가 있는 것처럼 하늘과 땅의 모든 영광들이 당신 안에 들어있고, 그것들은 너무나 놀랍게 하나로 연합되어 있기 때문에 만물 속에 당신과 같은 분은 없습니다. 아니, 비록 모든 탁월한 덕들이 하나의 집합체로 결합되어 있다고 해도, 그것들은 당신을 절대로 능가할 수 없고, 오직 당신의 거울이 가장 완전합니다. 당신은 하나님이 오직 당신을 위해 예비해놓으신 거룩한 몰약과 계피로 기름 부음을 받으셨습니다. 당신이 풍기는 향기로 말한다면, 그것은 불순물이 조금도 포함되지 않고, 누구도 만들 수 없는 가장 순수한 거룩한 향수로서, 각각의 향료는 향기로우나 그 복합체는 거룩합니다.

> "오, 거룩한 조화여! 오 하나의 완전을 이루고 있는
> 다양한 완전들의 희귀한 결합이여!
> 오, 그 모든 부분들이 하나의 아름다운 선율을 이루어
> 하나의 완전한 곡조를 만들고 있는 천국의 음악이여!"

## 하나님의 견고한 터는 섰으니 - 디모데후서 2:19

우리의 믿음이 두고 있는 기초는 "하나님께서 그리스도 안에 계시사 세상을 자기와 화목하게 하시며 그들의 죄를 그들에게 돌리지 아니하셨다"(고후 5:19)는 말씀입니다. 참된 믿음이 의존하고 있는 위대한 진리는 다음과 같은 말씀들입니다: "말씀이 육신이 되어 우리 가운데 거하시매"(요 1:12), "그리스도께서도 단번에 죄를 위하여 죽으사 의인으로서 불의한 자를 대신하셨으니 이는 우리를 하나님 앞으로 인도하려 하심이라"(벧전 3:18), "친히 나무에 달려 그 몸으로 우리 죄를 담당하셨으니"(벧전 2:24), "그가 찔림은 우리의 허물 때문이요 그가 상함은 우리의 죄악 때문이라 그가 징계를 받으므로 우리는 평화를 누리고 그가 채찍에 맞으므로 우리는 나음을 받았도다"(사 53:5). 한 마디로, 그리스도인의 소망의 가장 큰 기둥은 대속입니다. 죄인들을 위해 그리스도께서 대신 희생제물이 되셨다는 것, 그리스도께서 우리를 위해 죄인이 되심으로써 자기 안에 하나님의 의를 이루셨다는 것, 그리스도께서 아버지가 자기에게 주신 모든 사람들 곧 이름이 하나님께 알려져 있고, 마음으로 그리스도를 믿는 하나님의 자녀로 인정받은 사람들을 대신해서 참되고 적절한 화목제물 곧 대속제물이 되셨다는 것 — 이것이야말로 복음의 핵심적 사실입니다. 만일 이 기초가 무너진다면, 우리가 어떻게 설 수 있겠습니까? 그러나 그것은 하나님의 보좌처럼 견고하게 서 있습니다. 우리는 그것을 알고 있고, 그 위에 서 있습니다. 우리는 그 안에서 즐거워합니다. 우리의 즐거움은 그것을 붙잡고, 묵상하고, 선포하는 것이고, 아울러 우리가 살며 대하는 매순간 그것을 감사하기를 바랍니다.

오늘날에는 속죄에 대해 직접적인 공격이 가해지고 있습니다. 사람들은 대속 교리를 견지할 수 없습니다. 그들은 하나님의 어린양이 인간의 죄를 담당했다는 사상에 노골적인 빈감을 드러냅니다. 그러나 이 진리의 소중함을 체험을 통해 알고 있는 우리는 그것을 단호하게 그리고 끊임없이 주장함으로써 그들의 도전에 대처해야 합니다. 우리는 그것을 가감해서도 안 되고, 그것을 어떤 다른 형식으로 변질시켜서도 안 됩니다. 인간들의 죄책을 짊어지고 그들을 대신해서 고난을 당하신 적극적 대속물은 그리스도 그분이십니다. 그러므로 우리는 그것을 포기할 수도 없고, 또 그래서도 안 됩니다. 그것은 우리의 생명이기 때문에, 어떤 반론에도 불구하고 우리는 "그러나 하나님의 견고한 터는 서 있다"고 느낍니다.

그가 여호와의 전을 건축하고 영광도 얻고 - 스가랴서 6:13

그리스도는 그의 영적 성전의 건축자이십니다. 그분은 자신의 변함없는 사랑과 전능하신 은혜, 그리고 무오하신 진리의 산 위에 그것을 건축하셨습니다. 그러나 솔로몬이 지은 성전처럼 그것도 필요한 재료들이 준비되어 있어야 합니다. 그 중에 "레바논의 백향목"이 있는데, 그것은 잘라내 건물을 위해 세우는 것이 아닙니다. 그것은 잘라져서 다듬어져 필요한 판자 모양으로 만들어지지 않습니다. 그것은 낙원에 있는 하나님의 집의 정원에 심겨져 기쁨을 주는 아름다운 향기를 풍겨낼 것입니다. 또 채석장에는 아직 다듬어지지 않은 거친 돌들이 있는데, 그것들은 정방형으로 잘 다듬어져야 합니다. 이 모든 일은 그리스도께서 친히 하실 것입니다. 신자 각 개인은 성전에서 자기의 자리를 잘 준비하고 잘 닦고, 잘 다듬어야 합니다. 그러나 그 준비작업은 그리스도의 손이 하실 것입니다. 고난은 그리스도께서 성결의 목적을 위해 사용하지 않는다면 성결의 결과를 가져올 수 없습니다. 우리가 아무리 기도와 수고를 많이 해도 우리의 마음을 올바르게 붙드시는 예수님의 손길이 없다면 그것들은 결코 우리를 천국에 합당한 존재로 만들어주지 못합니다.

솔로몬이 성전을 건축할 때 "그 전에서는 망치나 도끼를 사용하지 않았고, 어떤 철 연장 소리도 들리지 않았습니다." 왜냐하면 모든 재료들이 정확히 제자리에 들어가도록 완전히 짜맞추어진 상태로 들어왔기 때문입니다. 그와 마찬가지로 예수님이 건축하시는 성전도 그 재료들이 완벽하게 이 땅에서 이미 완전하게 준비되었습니다. 우리는 천국에 들어가면 거기서 더 이상 성화될 필요도 없고, 재난을 당해야 할 이유도 없고, 고난을 받아야 할 계획도 없습니다. 절대로 없습니다. 우리는 여기서 그 준비를 다해야 합니다. 그리스도께서 미리 준비하실 것입니다. 그분이 그것을 다 준비하시면 우리는 사랑하는 손에 붙잡혀 사망의 강을 건너 하늘의 예루살렘에 들어가 거기서 우리 주님의 성전의 영원한 기둥들이 될 것입니다.

> "주님이 지켜보시는 가운데,
> 성전은 장엄하고 튼튼하고
> 아름다운 모습으로 세워지고,
> 하늘 위를 밝게 비추리라."

### 진동하지 아니하는 것을 영존케 하기 위하여 - 히브리서 12:27

　우리의 소유물 가운데에는 현재 진동(요동)할 수 있는 것들이 많습니다. 그리스도인들은 그것들을 쌓을수록 더 악화됩니다. 왜냐하면 이 진동하는 하늘 아래에서 안전한 것은 아무것도 없기 때문입니다. 이 세상의 모든 것들은 가변적인 것들입니다. 그러나 우리는 "진동하지 아니하는 것"을 소유하고 있습니다. 나는 당신이 오늘 저녁 그것에 대해 생각해보기를 원합니다. 만일 진동하는 것이 다 제거된다면 남아있는 것은 진동하지 않는 것들뿐이고, 거기서 당신은 참된 위안을 얻게 될 것입니다.

　당신이 받은 손해가 무엇이든 간에 지금 당신은 구원을 누리고 있습니다. 당신은 예수님의 십자가 발 아래 서서 그분의 보혈의 공로를 의지하고 있기 때문에 세상의 진동이 당신의 구원을 절대로 훼방할 수 없습니다. 실패나 파산도 그것을 빼앗아 갈 수 없습니다. 지금 이 순간 당신은 하나님의 자녀입니다. 하나님이 당신의 아버지가 되십니다. 어떤 환경의 변화도 당신으로부터 그것을 빼앗아갈 수 없습니다. 비록 부도가 나 가난하게 되거나 헐벗게 되어도, 당신은 "그분은 그래도 여전히 내 아버지시다. 내 아버지 집에는 거할 곳이 많다. 그러므로 나는 괴롭지 않다"고 말할 수 있습니다.

　당신은 또 다른 영원한 축복 즉 예수 그리스도의 사랑을 소유하고 있습니다. 하나님이시며 사람이신 그분이 온 힘을 다해 당신을 사랑하십니다. 그 어떤 것도 그 사랑을 막을 수 없습니다. 무화과나무는 꽃을 피우지 못할 수 있고, 양들은 초원으로부터 길을 잃을 수 있지만, "나는 내 사랑하는 자에게 속하였고 내 사랑하는 자는 내게 속하였으며"(아 6:3)라고 노래할 수 있는 자에게는 그것이 아무런 문제가 아닙니다. 우리의 최고의 재산과 최대의 유산을 우리는 결코 잃어버릴 수 없습니다. 어떤 환난이 닥치더라도 우리는 낙심하지 말고, 이 덧없는 세상에서 일어나는 일 때문에 좌절할 정도로 하찮은 존재가 아님을 보여 줍시다. 우리의 나라는 임마누엘의 땅이고, 우리의 소망은 하늘 위에 있기 때문에 여름의 태양(바다)처럼 마음의 평정을 유지합시다. 우리는 땅에서 일어나는 모든 것이 파멸하는 장면을 보게 될 것입니다. 그러나 우리의 구원의 하나님을 즐거워할 것입니다.

에브라임이 … 뒤집지 않은 전병이로다 - 호세아서 7:8

뒤집지 않은 전병은 한 면은 아직 구워지지 않은 상태입니다. 따라서 에브라임은 여러 가지 면에서 하나님의 은혜를 받지 못한 상태에 있었습니다. 부분적으로 하나님께 순종하기는 했지만, 다른 부분에서는 크게 반역했습니다. 내 영혼아, 이것이 그대의 경우가 아닌지 한 번 따져보라. 그대는 하나님의 일들에 대해 부족함이 없는가? 은혜가 그대의 존재의 한복판을 관통해서 그대의 능력과 행동과 말과 생각들이 하나님의 역사의 증거를 나타내고 있는가? 영과 혼과 몸이 성화되는 것이 우리의 목표이자 기도제목입니다. 비록 성화가 어디서든 완벽하게 이루어질 수는 없다 할지라도, 그 활동이 전반적으로 이루어져야 합니다. 이곳에서는 거룩한 모습을 보여 주고, 저곳에서는 죄 짓는 모습을 드러내서는 안 됩니다. 만약 그렇지 못하다면, 당신도 뒤집지 않은 전병이 될 것입니다.

뒤집지 않은 전병은 불과 가까운 쪽이 곧 불에 탑니다. 비록 어떤 사람이 아주 충분한 믿음을 갖고 있다고 해도, 그는 자기가 받은 진리의 부분에 대해서만 고집스럽게 집착하거나 헛된 영광을 구하는 바리새인들처럼 자신의 기질에 맞는 종교의식들에 대해서만 외식적으로 몰두함으로써 한 쪽이 까맣게 타버린 사람들이 있습니다. 남보다 더 우월한 경건을 보여 주고 있다고 생각하는 사람들은 자주 경건의 생명력이 크게 결여되어 있는 것을 보게 됩니다. 사람들 앞에서 성도였던 사람이 혼자 있을 때는 마귀가 됩니다. 그는 낮에는 분을 팔고, 밤에는 검댕을 팝니다. 한 쪽이 불에 탄 전병은 다른 쪽은 반죽 상태로 있습니다.

만일 그것이 내 경우라면, 오 주여, 저를 뒤집어주소서! 나의 성화되지 못한 본성을 당신의 사랑의 불 가까이 뒤집어서 거룩한 불꽃을 느끼게 하시고, 탄 쪽은 잠시 식도록 놔두셔서 당신의 하늘의 불꽃을 떠났을 때 일어나는 나의 약함과 열기의 부족함을 깨닫게 하소서! 두 마음을 품은 자가 아니라 다스리시는 은혜의 강력한 능력 아래 온전히 한 마음을 품을 수 있도록 하소서! 내가 뒤집지 않은 전병처럼 남아 양면이 당신의 은혜 아래 있지 못하다면, 나는 영원한 지옥 불에 떨어져 영원토록 불타게 될 것입니다.

양자 될 것 곧 우리 몸의 속량을 기다리느니라 - 로마서 8:23

이 세상에 사는 동안에도 성도들은 하나님의 자녀들입니다. 그러나 사람들은 어떤 도덕적 특성들을 통해서가 아니면 그것이 그렇다는 사실을 확인할 수 없습니다. 양자됨은 드러나는 것이 아니고, 자녀됨의 증거도 공개적으로 나타나지 않습니다. 로마인들 가운데 어떤 사람은 자녀를 입양해서 오랜 세월 동안 그 사실을 비밀에 부쳤습니다. 그러나 그것을 공개하는 두 번째 입양이 있었습니다. 그때 그 자녀를 공적 기관에 데리고 가 그때까지 입고 있던 의복을 벗기고, 그의 양아버지는 그의 새로운 신분에 어울리는 의복을 입혀줍니다.

"사랑하는 자들아 우리가 지금은 하나님의 자녀라 장래에 어떻게 될지는 아직 나타나지 아니하였으나"(요일 3:2). 우리는 아직 천국의 왕족이 입는 옷을 입지 못했습니다. 우리는 지금도 아담의 후손들로서 입었던 옷을 이 혈과 육에 입고 있습니다. 그러나 우리는 "많은 형제 중에서 맏아들이신"(롬 8:29) "주님이 나타나실 때" 우리가 그분과 같이 되고, 그분의 모습 그대로 그분을 뵙게 될 것을 알고 있습니다.

당신은 아주 비천한 하층민으로부터 로마 원로원 의원의 아들로 입양될 사람이 스스로에게 "나는 공적으로 입양될 날을 간절히 기다리고 있다. 그날이 되면 나는 이 평민복을 벗고 신분에 어울리는 옷을 입게 될 것이다"라고 말하는 것을 상상할 수 없습니까? 그는 자신에게 약속되어 있는 것을 충분히 얻는 날을 열망하고 있다는 바로 그 이유 때문에 자신이 받게 될 축복에 대해 행복해할 것입니다. 이것은 오늘날 우리에게도 마찬가지입니다. 우리는 우리의 신분에 어울리는 옷을 입고 하나님의 자녀로 나타나게 될 때를 기다리고 있습니다. 우리는 젊은 귀족들로서, 아직 우리의 화관을 쓰지 않았습니다. 우리는 예비 신부들로서, 혼인 날이 아직 이르지 아니했고, 우리를 끔찍이 사랑하는 신랑이 사랑으로 말미암아 결혼식 날 아침을 간절히 기다리고 있습니다. 우리는 우리가 얻을 행복을 더 간절히 사모할 것입니다. 우리의 기쁨은 분수대의 물처럼 솟구쳐 오르고, 아이슬란드의 온천처럼 하늘로 치솟을 정도로 사모하고, 사람들에게 그것을 보여 줄 공간이 없어서 우리의 영 안에서 탄식하고 신음합니다.

이 말씀을 하실 때에 무리 중에서 한 여자가 음성을 높여 이르되 당신을 밴 태와
당신을 먹인 젖이 복이 있나이다 하니 예수께서 이르시되 오히려 하나님의
말씀을 듣고 지키는 자가 복이 있느니라 하시니라 - 누가복음 11:27,28

　우리 주님의 어머니가 된다는 것은 굉장히 특별한 특권이라고 쉽게 상상해버리는 어떤 사람들은 그녀가 우리는 감히 도달할 수 없을 정도로 주님의 마음을 훤히 들여다보는 이점을 갖고 있을 것이라고 생각했습니다. 그러나 그 전제가 그럴듯해 보이기는 하지만, 사실은 그렇지 않습니다. 우리는 마리아가 다른 사람들보다 정말 더 많이 알고 있었는지, 그녀는 자신이 알고 있는 것을 마음속에 깊이 간직했는지 잘 모릅니다. 그러나 복음서를 읽어보면, 그녀가 그리스도의 다른 제자들보다 더 수준 높은 신자였는지에 대해서는 나타나 있지 않습니다. 그녀가 알고 있는 것을 전부 우리 역시 알 수 있습니다. 당신은 우리가 그렇다는 것이 이상합니까?

　그것을 증명하는 본문이 여기 있습니다: "여호와의 친밀하심이 그를 경외하는 자들에게 있음이여 그의 언약을 그들에게 보이시리로다"(시 25:14). 또 다음과 같은 주님의 말씀도 상기해 보십시오: "이제부터는 너희를 종이라 하지 아니하리니 종은 주인이 하는 것을 알지 못함이라 너희를 친구라 하였노니 내가 내 아버지께 들은 것을 다 너희에게 알게 하였음이라"(요 15:15). 이 신적 계시자가 자신의 마음속에 있는 모든 비밀을 우리에게 말씀하심으로써 우리에게 유익한 것을 하나도 숨기지 아니하신다는 것은 참으로 큰 축복입니다. 그분은 "만일 그렇지 않으면, 너희에게 일렀으리라"(요 14:2)고 스스로 확약하십니다. 그분이 오늘도 세상에는 나타내지 않으면서 우리에게는 자신을 보여 주고 계시지 않습니까? 그것은 정말 그렇습니다. 그러므로 우리는 "당신을 밴 태와 당신을 먹인 젖이 복이 있나이다"라고 어리석게 외치지 않기를 바랍니다. 그 대신 우리는 무엇보다 먼저 하나님의 말씀을 듣고 지키는 우리가 동정녀가 가졌던 것 못지않게 구주와 참된 교제를 갖게 되고, 그 다음에는 그녀가 가졌을 것으로 생각될 수 있는 것 이상으로 주님의 마음의 비밀들을 알게 된다는 것으로 말미암아 하나님을 진실로 찬송해야 합니다. 영혼이 이같은 특권을 누리는 것은 참으로 행복한 일입니다!

> 사드락과 메삭과 아벳느고가 왕에게 대답하여 이르되 … 그럴게 하지 아니하실지라도
> 왕이여 우리가 왕의 신들을 섬기지도 … 아니할 줄을 아옵소서 - 다니엘서 3:16,18

이 세 명의 경건한 백성들 아니 경건의 대장들의 탁월한 용기와 놀라운 구원에 관한 기사는 폭정의 악한 이빨과 죽음의 입에서 단호하고 견고하게 진리를 사수한 신자들의 정신을 환기시키는데 아주 좋은 본문입니다. 젊은 그리스도인들은 특히 신앙 문제나 삶의 정직성에 있어서 모범 사례를 통해 배움으로써 자신의 양심을 마비시켜서는 안 됩니다. 정직함을 잃어버리는 것은 모든 것을 잃어버리는 것입니다. 그러므로 다른 것은 모두 잃어버릴지라도 날카로운 양심만큼은 항상 견고하게 지키십시오. 양심은 사람의 가슴을 장식할 수 있는 가장 진귀한 보석과 같습니다. 사람의 생각이라는 환영(幻影)이 아니라 하나님의 권위라는 북극성의 인도를 받으십시오. 만난을 무릅쓰고 올바른 길을 가십시오. 직접 눈에 보이는 유익이 없다고 해도 보이는 대로 걷지 말고 믿음을 따라 걸어가십시오. 말씀의 원리를 지키기 위해 손해 보는 일이 벌어지더라도, 하나님을 굳게 의지함으로써 그분을 영화롭게 하십시오.

하나님이 당신의 빚을 어떻게 청산하셨는지 생각해 보십시오! "자족하는 마음이 있으면 경건은 큰 이익이 되느니라"(딤전 6:6)는 말씀과 "너희는 먼저 그의 나라와 그의 의를 구하라 그리하면 이 모든 것을 너희에게 더하시리라"(마 6:33)는 말씀의 진리성을 주님이 세상에서 입증하지 못한 적이 있는지 한 번 살펴보십시오. 하나님의 섭리 속에서 당신이 양심 때문에 손해 보는 자가 된다고 해도, 만약 주님이 이 땅에서 형통이라는 은으로 보상해 주시지 않는다면, 영적 기쁨이라는 금으로 자신의 약속을 지키신다는 사실을 발견하게 될 것입니다.

사람의 생명이 소유의 넉넉함에 있지 않다는 것을 기억하십시오. 정직한 영, 범죄하지 않는 영, 하나님의 호의와 사랑 속에 있는 영은 오빌의 광산에서 또는 두로와의 거래에서 얻을 수 있는 금보다 훨씬 더 큰 재산입니다. "채소를 먹으며 서로 사랑하는 것이 살진 소를 먹으며 서로 미워하는 것보다 나으니라"(잠 15:17). 마음의 평안 1온스는 황금 1톤의 가치가 있습니다.

### 너는 높은 산에 오르라 - 이사야서 40:9

그리스도를 아는 우리의 지식은 어느 면에서 웨일스에 있는 산 중의 하나를 오르는 것과 같습니다. 당신은 산 밑에 있을 때는 아주 조금밖에 보지 못합니다. 실제로는 그 산의 높이가 굉장히 높아도 그 절반 정도의 높이만 보입니다. 작은 골짜기 속에 들어가 갇히게 되면, 거기서는 산 밑에 있는 개울로 흐르는 계곡의 작은 시내 외에는 보이지 않습니다. 그러나 첫 번째 산꼭대기에 올라가 보십시오. 계곡은 길어지고, 당신의 발 아래 폭도 굉장히 넓어질 것입니다. 더 높이 올라가 보십시오. 그러면 4, 5마일 반경 내에 있는 전경이 한눈에 들어오고, 탁 트인 전망을 즐거워할 것입니다.

계속해서 더 올라가 보십시오. 그러면 그 장면은 더 넓어집니다. 마지막으로 가장 높은 산 정상에 올라갔을 때 동서남북 사방을 한 번 바라보십시오. 그러면 잉글랜드 전역이 한 눈에 들어올 것입니다. 저쪽에는 약 200마일 정도 떨어진 어떤 마을의 숲이 있고, 이쪽에는 바다가 있습니다. 또 저쪽에는 햇살이 비치는 강과 공장 굴뚝에서 연기가 나고 있는 도시가 보이든지 아니면 분주한 항구에 들락거리는 배의 돛대들이 보일 것입니다. 당신은 이 모든 광경들을 바라보며 기쁘고 즐거운 마음으로 "이 정도 높이에서 저토록 아름다운 장면들을 볼 수 있으리라고는 상상도 못했는데" 하고 감탄사를 연발할 것입니다.

그런데 그리스도인의 삶도 이와 똑같습니다. 우리가 먼저 그리스도를 믿게 되면, 그분에 관해 아는 것이 별로 없습니다. 그러나 더 높이 올라갈수록 우리는 그분의 아름다운 점들을 더 많이 발견하게 됩니다. 하지만 누가 지금까지 정상까지 올라가 보았을까요? 누가 지식에 넘치는 그리스도의 사랑의 높이와 깊이를 전부 알고 있을까요? 인생의 말년에 백발이 다 되어 로마 감옥에 갇혀 있던 바울은 우리보다 훨씬 더 자신 있게 "나의 의뢰하는 자를 내가 안다"고 말할 수 있었습니다. 왜냐하면 그에게는 그 동안 겪은 모든 경험들이 산을 오르는 것과 같고, 그가 당한 모든 시련들이 또 다른 산의 정상을 향해 올라가는 것과 같았으며, 그의 죽음은 자신의 영혼을 위탁한 분의 신실하심과 사랑을 한눈에 내려다 볼 수 있는 산꼭대기에 도달한 것과 같았기 때문입니다. 그러므로 사랑하는 형제여, 어서 일어나 그 높은 산으로 오르십시오.

### 비둘기가 발붙일 곳을 찾지 못하고 - 창세기 8:9

성도여, 당신은 그리스도 예수라는 방주를 떠나 발붙일 곳을 찾을 수 있습니까? 그렇다면 당신의 믿음이 헛된 것임을 아십시오. 당신은 그리스도와의 연합 및 관계에 대한 의식적인 지식이 없는데도 만족하십니까? 그렇다면 당신은 불행한 사람입니다. 만일 당신이 스스로 나는 그리스도인이라고 고백하면서 세속적 쾌락과 목표들에 빠져 그것들로 만족한다면, 당신의 고백은 거짓입니다. 만일 당신의 영혼이 죄의 방 안에서 베고 잘 긴 베개와 자기를 덮어줄 충분히 넓은 이불을 찾고 안심하고 있다면, 당신은 위선자로서 그리스도와 그분의 소중한 교훈에 대해 전혀 올바른 생각들이 없는 것입니다.

그러나 그와 반대로 당신이 범죄하고 벌 받지 않는 것이 형벌보다 더 가혹하다고 느끼고, 온 세계를 다 소유하고 그 안에서 영원히 산다 하더라도, 당신의 영혼이 그토록 갈망하는 하나님, 그 하나님 없이 사는 것이 훨씬 더 큰 불행이라고 생각한다면, 그렇다면 용기를 내십시오. 당신은 하나님의 자녀입니다. 당신의 그 모든 죄와 허물에도 불구하고 이 사실로 위로를 받으십시오. 만일 당신의 영혼이 죄 때문에 평안치 못하다면, 그것은 당신이 죄인이 아니라는 증거입니다. 만일 당신이 더 나은 상태를 애타게 부르짖고 간절하게 갈망한다면, 그리스도는 당신을 결코 잊지 아니하실 것입니다. 왜냐하면 당신이 그분을 잊지 않았기 때문입니다. 신자는 주님 없이 살 수 없습니다. 말로 그분의 생각을 다 표현하는 것은 역부족입니다. 우리는 광야의 모래 위에서 살 수 없고, 위로부터 떨어지는 만나를 인합니다. 자기신뢰라는 우리의 가죽 물병은 물 한 방울 우리에게 줄 수 없습니다. 그러나 우리는 우리에게 물을 주는 반석이 있고, 그 반석은 그리스도이십니다. 당신이 그분을 먹고 살 때 당신의 영혼은 "좋은 것으로 네 소원을 만족하게 하사 네 청춘을 독수리 같이 새롭게 하시는도다"(시 103:5)라고 노래할 수 있습니다. 그러나 당신이 그분을 소유하지 않으면, 포도주로 가득 차 있는 당신의 통과, 곡식으로 가득 차 있는 곳간은 절대로 당신을 만족시킬 수 없고, 오히려 "헛되고 헛되며 헛되고 헛되니 모든 것이 헛되도다"(전 1:2)라는 지혜서의 말씀처럼 당신을 슬픔에 빠뜨릴 것입니다.

### 너도 우리 같이 되었느냐 - 이사야서 14:10

그의 벌거벗은 영혼이 하나님 앞에 섰을 때 배교자의 운명은 어떻게 될까요? 그는 "저주받은 자여, 떠나라. 너는 나를 거절했다. 나도 너를 거절하노라. 너는 음녀 노릇을 했다. 그러니 나를 떠나라. 나는 또 너를 내 앞에서 영원히 쫓아내고 긍휼을 베풀지 아니할 것이다"라는 음성을 어떻게 감당할 수 있을까요? 마지막 심판 날 무수한 성도들이 함께 모여 있는 자리에서 그의 가면이 벗겨질 때, 배교자는 어떤 수치를 당하게 될까요? 이교도들과 신앙을 고백하지 않은 죄인들도 지옥 불 침상에서 일어나 그를 손가락질하며 비웃는 모습을 보십시오. 어떤 사람이 "저기 저 사람, 지옥에서 복음을 설교할 것인가?"라고 말합니다. 다른 사람이 "저 사람, 내가 저주의 말을 했다고 비난하더니, 위선자였네 그려"라고 맞장구를 칩니다. 그러자 또 다른 사람이 "아하! 여기 시편을 노래하던 자칭 교인이 오셨네. 항상 예배에 참석하고, 자신의 영생은 확실하다고 자랑하던 사람이 이 지옥엔 웬일이지?"라고 말합니다. 마귀들이 위선자의 영혼을 지옥으로 끌고 가는 날보다 마귀들이 그토록 극성스럽게 물고 늘어지는 경우는 보지 못할 것입니다.

번연은 「천로역정」에서 지옥의 뒷길에 관해 말할 때, 이 모습을 좀 길지만 아주 소름끼치는 장엄한 한 편의 시로 묘사하고 있습니다. 일곱 마귀들이 그 불쌍한 자를 아홉 개의 끈으로 묶은 다음, 그가 자기 입으로 가고 있다고 자랑했던 천국의 길에서 끌어내어 뒷문을 통해 지옥으로 밀어 넣어버립니다. 믿음을 고백하는 자들이여, 지옥의 뒷길을 조심하십시오. "너희는 믿음 안에 있는가 너희 자신을 시험하고 너희 자신을 확증하라"(고후 13:5). 자신의 상태를 잘 살피고, 당신이 그리스도 안에 있는지 확인해 보십시오. 스스로를 심판할 때 자기에게 유리하도록 판단하는 것은 세상에서 가장 쉬운 일입니다. 그러나 오, 이 점에 대해서만은 공정하고 진실하십시오. 다른 사람에 대해서는 공정하게, 자신에 대해서는 엄격하게 판단하십시오. 만일 당신이 서 있는 곳이 반석 위가 아니라면, 집이 무너질 때 그 무너짐이 심하리라는 것을 명심하십시오. 오, 아무리 악한 날이 닥친다고 할지라도, 바른 길에서 벗어나지 않도록 주님이 당신에게 진실함과 꾸준함과 견고함을 주시기를!

### 정욕 때문에 세상에서 썩어질 것을 피하여 - 베드로후서 1:4

만일 부활하신 주님의 능력 안에서 살기를 원한다면, 당신은 육체를 즐겁게 하는 모든 사상을 단호하게 버려야 합니다. 그리스도 안에서 사는 사람이 죄의 타락에 빠지는 것은 악한 일입니다. "어찌하여 살아있는 자를 죽은 자 가운데서 찾느냐"(눅 24:5)고 천사는 막달라 마리아에게 말했습니다. 살아있는 자가 무덤 속에 거하고 있습니까? 신적 생명이 육체의 정욕의 음산한 집에 갇혀 있겠습니까? 우리가 어떻게 주님의 잔을 마시면서 벨리알의 잔을 함께 마실 수 있겠습니까? 성도여, 당신은 정말 정욕과 죄로부터 구원을 받았습니까? 또 사탄이 쳐놓은 은밀하고 속이는 덫으로부터 구조받았습니까? 당신은 교만의 정욕으로부터 벗어났습니까? 게으름으로부터 벗어났습니까? 육체의 안일함으로부터 깨끗이 해방되었습니까? 날마다 세속성과 인생의 오만함과 탐욕의 악덕을 초월해 살려고 애를 쓰고 있습니까? 그렇다면 기억하십시오. 당신이 하나님의 보화로 부요해진 이유는 바로 그것 때문이라는 것을. 만일 당신이 진실로 하나님의 택함받은 자녀로서 그분의 사랑을 받고 있다면, 그 은혜의 보화들을 헛되이 낭비하지 마십시오. 거룩하게 사십시오. 그것이 그리스도인의 면류관이자 영광입니다. 거룩하지 못한 교회여! 그대는 세상에 아무 쓸모없고 사람들에게 밟힐 뿐이다! 그것은 가증한 것으로 지옥의 조롱거리요 천국의 혐오거리입니다. 지금까지 세상에서 일어난 가장 악한 죄악은 거룩하지 못한 교회에 의해 저질러진 것이었습니다. 오 성도여, 하나님의 약속들이 당신에게 주어져 있습니다. 당신은 하나님의 제사장입니다 그러므로 제사장답게 행동하십시오. 당신은 하나님 나라의 왕입니다. 당신의 정욕들을 다스리십시오. 당신은 하나님의 택하신 족속입니다. 벨리알과 교제하지 마십시오. 천국이 당신의 분깃입니다. 천국의 영혼답게 사십시오. 그래서 예수님을 믿는 참 믿음을 갖고 있음을 보여 주십시오. 당신의 삶 속에 거룩이 나타나지 않는 한, 마음속에 믿음이 있다고 볼 수 없기 때문입니다.

> "주여, 피로 값 주고 산 이름을 갖고 있는 자답게
> 그리고 당신을 슬프게 하는 것을 두려워하고,
> 그것 외에는 다른 수치를 모르는 자로서
> 살기를 바라겠나이다."

### 너무 멀리 가지는 말라 - 출애굽기 8:28

이 말은 폭군 바로의 입술에서 나온 간교한 말입니다. 그는 노예로 잡혀 있던 힘없는 이스라엘 백성들에게 애굽을 굳이 떠나겠다면, 그리 멀리는 가지 말라고 흥정을 합니다. 바로는 그들이 그의 팔의 공포로부터, 그리고 그의 정탐꾼들의 감시로부터 벗어나지 못하도록 너무 멀리 가지는 말라는 것입니다. 마찬가지로 세상도 성도들이 세상과 타협하지 않거나 세상과 구별되는 것에 대해 좋아하지 않습니다. 세상은 우리에게 너그러운 척하며 세상 속의 문제들을 심각하게 생각하지 않도록 유도합니다. 육신에 속한 사람들은 세상에 대해 죽고 그리스도와 함께 장사되는 것을 우습게 여깁니다. 그래서 그들은 자기들에게 주어지는 계명들을 거의 당연하게 무시하고, 심지어는 정죄까지 합니다. 세상 지혜는 타협의 길을 추천하고, "적당주의"를 강조합니다.

이 세속적 궤계에 따르면 순결은 바람직한 것으로 인정되지만, 너무 엄격하게 지키지는 말라고 경고합니다. 진리도 따라야 하지만 오류도 엄밀하게 거부되어서는 안 된다고 주장합니다. 세상은 "그래, 어떻게든 신령하게 되라. 그러나 약간의 방탕한 교제에 참여하는 것, 때때로 춤추러 가는 것, 그리고 크리스마스 때 극장에 가는 것 정도에 대해서는 자기를 부인하지 말라. 그것은 유행이고 누구나 다 하는 일인데, 피한다고 무슨 유익이 있겠는가?"라고 유혹합니다. 믿음을 입술로만 고백하는 사람들은 대다수 이 교활한 궤계에 넘어가 영원한 파멸을 자초합니다.

만일 우리가 주님을 온전히 따른다면, 분리의 광야 속으로 곧장 들어가야 하고, 육욕의 세계인 애굽을 등져야 합니다. 우리는 세상의 원칙, 쾌락, 그리고 그 종교들을 버리고 주님이 그의 성별된 자들을 부르시는 장소로 나아가야 합니다. 그렇지 않으면 세상의 도시가 불에 탈 때, 우리의 집도 그 불꽃에 사라지고 말 것입니다. 전염병이 널리 퍼지면, 누구든 그 병에 걸릴 가능성이 있습니다. 독사로부터 더 멀리 떨어질수록 좋은 것처럼 세속적 타협으로부터 더 멀리 떨어질수록 좋은 법입니다. 모든 참 성도들에게 "너희는 그들 중에서 나와서 따로 있으라"(고후 6:17)고 외치는 나팔소리가 들려지기를 바랍니다.

각 사람은 부르심을 받은 그 부르심 그대로 지내라 - 고린도전서 7:20

어떤 사람들은 하나님을 위해 살 수 있는 유일한 길이 목사, 선교사 또는 성경의 여인들처럼 되는데 있다고 생각하는 어리석은 관념을 갖고 있습니다. 슬프도다! 만일 이것이 사실이라면 지존자를 찬양할 기회를 놓쳐버리는 사람들이 얼마나 많을까요! 사랑하는 형제여, 우리가 하나님을 영화롭게 할 수 있는 길은 직분에 있는 것이 아니라 열심에 있는 것이며, 어떤 위치에 있는 것이 아니라 은혜에 있습니다. 공식적으로 종교 직분에 종사하는 성직자가 하나님을 영화롭게 하는 것 못지않게 경건한 노동자가 구둣방에서 송곳으로 부지런히 일하면서 구주의 사랑을 노래할 때에도 하나님은 영광을 받으십니다. 배우지 못한 가난한 마부가 마차를 끌고 길을 가면서 동료 마부에게 하나님을 찬양하거나 복음을 전하면, 그것은 보아너게처럼 온 나라를 다니면서 복음을 우렁차게 전하는 인기 있는 설교자만큼 예수님의 이름을 크게 영화롭게 할 것입니다. 하나님은 우리가 직업에 종사하면서 자신을 섬길 때 영광을 받으십니다.

사랑하는 형제여, 직업을 버림으로써 하나님에 대한 의무를 포기하지 않도록 조심하십시오. 또 직업에 종사하면서 그 직업을 불명예스럽게 하지 않도록 유의하십시오. 자신에 관해서는 부정적으로 생각할지라도 자신의 직업에 대해서는 부정적으로 생각하지 마십시오. 복음에 따라 정당하게 장사하는 것은 가장 고상한 거룩의 길이 될 수 있습니다. 성경을 보십시오. 그러면 당신은 극히 담대한 믿음의 행위나 거룩의 본을 보여 주었던 사람들이 아주 미천한 일에 종사하고 있는 경우를 발견하게 될 것입니다. 그러므로 당신의 직업에 대해 불평하지 마십시오. 하나님이 당신에게 어떤 직책이나 어떤 일을 주셨던 간에, 그분이 당신을 다른 어떤 일을 하도록 부르셨다는 사실을 분명히 확신할 때까지는 그 일에 성실하십시오. 당신의 첫 번째 관심사는, 어디에 있든 갖고 있는 능력으로 최대한 하나님을 영화롭게 하는 것이 되어야 합니다. 현재 있는 자리를 그분에 대한 찬양으로 채우십시오. 만일 그분이 당신에게 다른 길을 계획하신다면, 그분은 그 길을 확실하게 보여 줄 것입니다. 오늘 저녁 골치 아픈 야심은 버리고 평화로운 만족을 취합시다.

### 예수를 바라보자 - 히브리서 12:2

우리의 눈이 자아로부터 시선을 돌려 예수님을 향하도록 하는 것은 항상 성령의 역사입니다. 그러나 사탄의 역사는 정반대입니다. 그는 우리가 그리스도 대신 우리 자신에 대해 관심을 갖도록 끊임없이 획책하기 때문입니다. 그는 이렇게 속삭입니다: "네 죄는 용서받기에는 너무 크다. 너는 믿음이 없어. 너는 충분히 회개하지 못했어. 너는 끝까지 믿음을 지킬 수 없을 거야. 너는 하나님의 자녀로서의 기쁨을 갖고 있지 않아. 너는 예수님을 꼭 붙잡고 있지 않다." 이 모든 말들은 자아에 관한 생각들이고, 우리가 우리 내면을 들여다보면, 절대로 위로나 확신을 가질 수 없습니다. 그러나 성령은 우리의 눈이 자아로부터 시선을 완전히 돌리도록 역사하십니다. 그분은 우리에게, 우리는 아무것도 아니고, "그리스도가 전부"라고 말씀하십니다. 그러므로 당신이 구원받은 것은 당신이 그리스도를 붙잡고 있기 때문이 아니라 그리스도께서 당신을 붙들고 계시기 때문입니다. 또 당신이 구원받은 것은 당신이 그리스도 안에서 즐거워하기 때문이 아니라 그것이 그리스도의 즐거움이기 때문입니다. 또 당신이 구원받은 것은 심지어는 그리스도를 믿는 당신의 믿음 때문도 아닙니다. 그것이 그 도구가 되는 것은 사실이지만, 그것은 그리스도의 피와 공로 때문입니다. 그러므로 그리스도를 붙잡고 있는 당신의 손을 바라보지 말고 그리스도를 바라보십시오. 당신의 소망을 바라보지 말고, 당신의 소망의 원천인 예수님을 바라보십시오. 당신의 믿음도 바라보지 말고 당신의 믿음의 창시자이자 완성자이신 예수님을 바라보십시오. 우리는 우리의 기도, 행위, 또는 감정을 기대하면, 행복을 찾지 못할 것입니다. 영혼에 안식을 주는 것은 예수님이 어떤 분이냐에 있지 우리가 어떤 존재냐에 있지 않습니다. 만일 우리가 즉시 사탄을 물리치고 하나님과의 평화를 누리기 바란다면, "예수를 바라보아야" 합니다. 당신의 눈이 단순히 그분을 바라보게만 하십시오. 당신이 아침에 그분을 바라볼 때, 밤에 그분을 바라볼 때, 그분의 죽음, 고난, 공로, 영광, 중보로써 당신의 마음을 새롭게 하십시오. 오! 당신의 소망이나 두려움이 당신과 예수님 사이에 끼지 않도록 하십시오. 열심히 그분을 따라가십시오. 그러면 그분은 절대로 당신을 실패자로 만들지 아니하실 것입니다.

> "나의 소망은 오로지 예수님의 피와 의 위에 세워져 있습니다.
> 나는 가장 훌륭한 기관도 믿지 않고,
> 전적으로 예수님의 이름만 의지합니다."

아론의 지팡이가 그들의 지팡이를 삼키니라 - 출애굽기 7:12

이 사건은 그 어떤 공격도 이겨내시는 하나님의 확실한 능력을 교훈적으로 가르쳐 주는 상징적 사건입니다. 신적 원리가 마음속에 새겨질 때마다, 마귀는 그 유사품을 만들어내지만, 하나님의 역사는 그 승리가 확실하기 때문에 항상 그 원수들을 깡그리 삼켜버릴 것입니다. 만일 하나님의 은혜가 어떤 사람에게 주어진다면, 세상의 마술사들은 그들이 들고 있는 모든 지팡이를 던져 뱀처럼 그를 속이고 해치려고 획책하겠지만, 아론의 지팡이는 그들의 지팡이를 삼켜버릴 것입니다. 십자가의 달콤한 매력들이 사람의 마음을 빼앗고 그 속에 자리를 잡으면, 이 세상만 바라보고 살았던 사람이 하늘 위를 바라보고 천상의 세계를 향해 높이 날아오를 것입니다. 은혜가 승리할 때 사람들은 다가올 세상을 구하는 법입니다.

똑같은 사실이 신자의 삶에도 적용되어야 합니다. 우리가 신앙생활을 할 때 얼마나 많은 원수들과 맞닥뜨려야 할까요! 마귀가 우리의 옛 죄를 우리 앞에 던지면 그것은 뱀이 됩니다. 그 뱀들은 얼마나 많을까요! 아, 그러나 예수님의 십자가는 그 모든 뱀들을 다 파멸시킵니다. 그리스도를 믿는 믿음은 우리의 모든 죄의 역사들을 파괴시킵니다. 그러면 마귀는 세상적 시련, 유혹, 불신앙이라는 형식으로 또 다른 뱀들을 만들어냅니다. 그러나 예수님을 믿는 믿음은 그것들을 쉽게 물리치고, 그것들을 제거합니다. 이 원리는 하나님을 신실하게 섬기는 사역에도 그대로 적용됩니다. 예수님을 향한 열렬한 사랑은 모든 어려움을 극복하게 하고, 희생을 즐거운 것으로 만들며, 고난을 영예롭게 감수하도록 이끕니다. 그러나 신앙이 마음속에 불 같은 열정을 일으킨다고 해도, 그것 없이 신앙만 입술로 고백하는 사람들이 참 많습니다. 하지만 그들은 이 시험을 감당하지 못할 것입니다.

사랑하는 형제여, 당신은 어떤지 스스로 판단해 보기 바랍니다. 아론의 지팡이는 하나님이 주신 권능을 입증했습니다. 당신의 신앙도 그렇습니까? 그리스도께서 어떤 존재냐 하면, 그분은 우리의 전부가 되시는 분입니다. 오 예수님을 향한 사랑과 믿음이 당신의 영혼의 가장 큰 열정이 될 때까지 만족하지 마십시오!

예수 안에서 자는 자들도 하나님이 그와 함께 데리고 오시리라 - 데살로니가전서 4:14

우리는 죽으면 영혼이 무감각 상태에 빠져 잠을 자게 된다고 상상해서는 안 됩니다. 그리스도는 죽어가는 모든 성도에게 "오늘 네가 나와 함께 낙원에 있으리라"(눅 23:43)고 속삭이십니다. 그들은 "예수 안에서 잠을 자지만" 그들의 영혼은 하나님의 보좌 앞에 있으며, 성전에서 밤낮으로 그의 피로 자기들의 죄를 씻어주신 그분에 대해 할렐루야를 부르면서 찬양합니다. 몸은 이 땅의 풀로 덮인 무덤 아래 적막한 침상에서 잠자고 있습니다. 그러나 이것이 어떤 잠입니까? 잠과 관련된 관념은 "안식"이고, 그것은 하나님의 영이 우리에게 가르쳐 주신 생각입니다. 잠은 밤을 낮의 안식일로 만듭니다. 잠은 영혼의 문을 재빨리 닫고 모든 침입자들에게 잠시 지체하라고 명령한 다음에 내면의 생명이 안식을 얻는 여름날 동산으로 들어갈 수 있게 합니다.

피곤한 아기가 엄마의 품에서 잠잘 때 그러는 것처럼 수고에 지친 성도도 주의 품 안에서 편안히 잠을 잡니다. 오! 주 안에서 죽은 자들은 얼마나 행복할까요! 그들은 수고와 그 일들로부터 쉼을 얻습니다. 그들의 조용한 안식은 하나님이 상 주시기 위해 그들을 깨울 때까지는 결코 방해받지 아니할 것입니다. 천사들이 파수꾼으로 지키고 있고, 영원한 신비의 커튼이 가려주고 있기 때문에 영광의 상속자들로서 그들은 완전한 구속이 이루어질 때까지 계속 잠을 잘 것입니다.

그들이 잠을 깰 때에는 얼마나 놀라게 될까요! 그들은 피곤하고 지친 상태로 무덤에 눕혀졌지만, 깰 때는 그렇지 않을 것입니다. 그들은 주름진 이마와 형편없는 모습으로 안식에 들어갔지만, 가장 아름답고 영광스러운 모습으로 일어날 것입니다. 모양도 없고 볼품도 없는 쭈그러진 씨앗이 흙으로부터 아름다운 꽃으로 피어나는 것입니다. 무덤의 겨울은 구속의 봄과 영광의 여름에 자리를 내어 줍니다. 이처럼 죽음은 하나님이 능력으로 이 낡은 작업복을 벗기시고 결코 더 럽혀지지 않는 결혼예복으로 갈아입혀 주시는 것이기 때문에 축복입니다. "예수 안에서 자는" 자들은 복이 있도다!

> 그러나 바벨론 방백들이 히스기야에게 사신을 보내어 그 땅에서 나타난
> 이적을 물을 때에 하나님이 히스기야를 떠나시고 그의 심중에 있는 것을
> 다 알고자 하사 시험하셨더라 - 역대하 32:31

히스기야는 영적으로 크게 교만해져서 하나님의 역사를 자신의 공처럼 자랑할 만큼 자기의에 사로잡혔고, 그 결과 무사안일에 빠짐으로써 하나님의 은혜는 그로부터 한동안 그 활력적 활동을 멈추었습니다. 본문은 그가 바벨론 사람들에게 얼마나 어리석게 행동했는지를 충분히 보여 줍니다. 아무리 훌륭한 그리스도인이라도 하나님의 은혜가 떠나면, 얼마든지 끔찍한 죄악을 저지를 수 있는 죄성이 그 마음속에 있게 됩니다. 만일 당신 자신에게 그런 일이 벌어진다면, 당신이 아무리 그리스도에 대해 뜨거운 마음을 갖고 있었다고 해도, 라오디게아 교회 성도들처럼 얼마든지 차갑게 식어 미지근한 상태에 빠질 수 있습니다. 아무리 건전한 믿음을 갖고 있다고 할지라도 거짓 교훈의 질병에 걸려 파리하게 될 것입니다. 지금 주님을 따라 성실하고 모범적인 길을 가고 있다고 해도 악한 정욕에 취해 이리저리 헤매고 비틀거릴 것입니다. 우리는 달과 같이 빛을 반사하는 존재들입니다. 은혜가 우리를 비추면 빛을 발하지만, 의의 태양이 떠나시면 어둠 속에 빠집니다. 그러므로 우리는 하나님께 절대로 우리를 떠나지 않도록 구해야 합니다.

"주여, 우리에게서 성령을 거두지 마소서! 우리에게서 내주하는 당신의 은혜가 떠나지 않게 하소서! 당신은 '나 여호와는 포도원지기가 됨이여 때때로 물을 주며 밤낮으로 간수하여 아무든지 이를 해치지 못하게 하리로다'(사 27:3)고 말씀하셨나이다. 주여, 어디서든 우리를 지켜주소서. 골짜기에 있을 때 우리를 겸손케 하시는 당신의 손에 대해 불평하지 않도록 인도하소서. 산꼭대기에 있을 때 높아진 것 때문에 흔들리지 않도록 붙들어 주소서. 젊었을 때 우리의 정욕이 너무 강하지 않도록 지켜주시고, 늙었을 때 사람의 지혜를 더 의지함으로써 젊었을 때보다 더 어리석게 행동하지 않도록 도와주소서. 죽을 때 삶의 그 마지막 순간에 당신을 부인하지 않도록 인도하소서. 살든지 죽든지, 수고 속에 있든지 고난 속에 있든지, 싸우고 있든지 쉬고 있든지, 항상 우리를 지켜주소서. 오 나의 하나님이여! 우리는 어디서든 당신이 필요하나이다."

내게 주신 영광을 내가 그들에게 주었사오니 - 요한복음 17:22

주 예수님의 탁월하신 관대함을 한 번 보십시오. 그분은 우리에게 자신의 모든 것을 다 주셨습니다. 그분의 소유의 십분의 일만 갖고서도 우주의 모든 천사들을 상상할 수 없을 정도로 부요하게 만들 수 있는데도, 그분은 자신이 갖고 계신 모든 것을 우리에게 다 주실 때까지 만족하지 않으셨습니다. 그분이 우리에게 자신의 은혜의 식탁 아래로 떨어지는 부스러기만 먹도록 허락하셔도 그것은 참으로 놀라운 축복입니다. 그러나 그분은 그렇게 조금 주시려면 아예 주시지 않습니다. 그분은 자신과 함께 식탁에 앉아 성찬을 함께 먹도록 하십니다. 그분이 우리에게 자신의 궁정 금고로부터 돈을 조금만 꺼내주신다고 해도 우리는 영원히 그분을 사랑할 만한 이유가 됩니다. 그러나 아닙니다. 그분은 자신만큼 그의 신부들을 부요하게 하시며, 자신이 갖고 계신 모든 영광이나 은혜를 신부들에게 나누어주십니다. 그분은 자신의 모든 재산을 함께 누릴 수 있도록 우리를 자신과 공동상속자로 만들지 않고는 절대로 만족하지 않으셨습니다. 그분은 자신의 모든 재산을 교회의 창고에 다 털어 넣으시고, 그의 구속받은 백성들이 그것을 차지하도록 하셨습니다. 그분의 집에는 그의 백성들의 요구를 거절할 자물쇠가 있는 방은 하나도 없습니다. 그분은 그들에게 자기가 갖고 있는 모든 것을 마음껏 그들 자신의 것으로 취하도록 주십니다. 그분의 충만 중의 충만은 공기를 마음껏 마시는 것처럼 신자에게 자유롭게 주어집니다. 그리스도는 자신의 사랑과 은혜가 담긴 큰 병을 신자의 입술에 두고, 그것을 영원히 마시라고 말씀하셨습니다. 그분은 그것을 다 마시도록 하셨지만, 그는 아무리 마셔도 그것을 다 마실 수 없습니다. 또 이제는 그것이 자기 것이므로 얼마든지 마셔도 괜찮습니다. 하늘이나 땅에서 이보다 더 참된 관계를 보여 주는 증거가 있을 수 있을까요?

"내 것이 아닌 주님의 아름다운 옷을 입고
보좌 앞에 설 때,
죄 없이 깨끗한 마음으로 주님을 사랑하고,
주님을 그 모습 그대로 볼 때,
제가 얼마나 주님께 빚진 자인지
주여, 그때에야 비로소 제가 온전히 알게 되겠지요."

> 슬프도소이다 주 여호와여 주께서 큰 능력과 펴신 팔로 천지를 지으셨사오니
> 주에게는 할 수 없는 일이 없으시니이다 - 예레미야서 32:17

갈대아인들이 예루살렘을 포위하고, 칼과 기근과 염병이 온 나라를 황폐화시키던 바로 그때에 예레미야는 하나님으로부터 은으로 밭을 사 증인을 세워 그 매매행위를 법적으로 보증하도록 명하셨습니다. 이것은 합리적인 사람의 입장에서 보면 좀 이상한 방법입니다. 분별력이 있는 사람이라면 그렇게 하는 것을 정당화할 수 없었습니다. 왜냐하면 그것은 땅을 사는 사람이 그 소유의 권리를 누릴 가능성이 별로 없는 방법이었기 때문입니다. 그러나 예레미야에게는 하나님이 그에게 그렇게 하라고 명하셨다는 이유만으로도 그것이 충분했습니다. 왜냐하면 하나님은 그의 모든 백성들에게 항상 의로우신 분이라는 것을 그는 잘 알고 있었기 때문입니다. 그는 다음과 같이 생각했습니다: '아, 주 여호와여! 당신은 저에게 이 땅을 사용할 계획을 갖게 하실 수 있습니다. 당신은 이 땅으로부터 이 압제자들을 몰아내실 수도 있습니다. 당신은 제가 산 땅에서 제가 포도나무와 무화과나무를 수확하게 하실 수도 있습니다. 왜냐하면 당신은 천지를 만드시고, 당신이 못하실 일은 아무것도 없기 때문입니다.'

이것은 세상 역사의 초기 성도들에게도 큰 힘을 주었습니다. 그들은 하나님의 명령에 따라 이성에 반하는 일들을 과감하게 실천했습니다. 노아는 비가 오지 않는 마른 땅에서 배를 만들어야 했고, 아브라함은 자신의 아들을 제물로 바쳐야 했고, 모세는 애굽의 부귀영화를 무시해야 했으며, 여호수아는 7일 동안 아무 무기 없이 숫양이 뿔나팔을 불면서 여리고성을 돌아야 했는데, 그들은 모두 하나님의 명령에 따라 인간 이성에 반대되는 일들을 행했습니다. 그때 주님은 그들의 순종하는 믿음을 보시고 그들에게 풍성한 축복을 베푸셨습니다.

오늘날 우리도 그들의 이같은 영웅적인 믿음을 강하게 흡수하기를 하나님께 구해야 하겠습니다. 만일 우리가 하나님의 약속을 액면 그대로 받아들이고 실천한다면, 우리가 비록 이방인이라고 할지라도, 하나님이 베푸시는 놀라운 이적의 세계 속에 들어가게 될 것입니다. 예레미야의 확신을 우리의 것으로 만듭시다! 하늘과 땅을 만드신 하나님이 못하실 일은 아무것도 없기 때문입니다.

여름에도 겨울에도 그러하리라 - 스가랴서 14:8

예루살렘에서 흘러나오는 생수의 강은 뜨거운 한여름의 뙤약볕 아래서도, 마르지 않고 살을 에는 한겨울의 차가운 바람 앞에서도 결코 얼지 않습니다. 오 내 영혼아, 그대가 주의 신실하심을 증거하도록 예비된 것을 기뻐하라. 계절은 바뀌고, 당신도 변할 수 있지만, 당신의 하나님은 항상 동일하시고, 그분의 사랑의 강은 항상 깊고 넓을 뿐만 아니라 항상 그 물이 가득 차 있습니다. 사업상 염려로 열을 받거나 혹독한 시련이 찾아와 속이 바짝바짝 탈 때, 주의 은혜의 강으로 달려가 시원하게 목을 축입시다. 나는 즉시 달려가 결코 마르지 않는 샘으로부터 충분히 물을 마실 것입니다. 왜냐하면 여름이나 겨울이나 그것은 철철 물이 흘러나오니까요. 위의 샘도 결코 마르지 않고, 아래의 샘도 결코 부족함이 없으니, 여호와의 이름을 송축하십시오. 엘리야는 그릿 시내가 마른 것을 알았지만, 여호와는 여전히 그에게 똑같은 섭리의 하나님이셨습니다. 욥은 그의 형제들이 속이는 시내와 같다고 말했지만, 하나님은 그에게 넘치는 위로의 강으로 나타나셨습니다. 나일강은 애굽 사람들의 큰 기대를 받았지만, 그 강물의 수위는 수시로 달라졌습니다. 그러나 우리 하나님은 항상 동일하십니다. 고레스 왕은 유브라데 강의 수로를 바꿈으로써 바벨론을 정복했지만, 인간의 힘이든 마귀의 힘이든 그 어떤 힘도 하나님의 은혜의 흐름을 바꿀 수는 없습니다. 고대의 강들의 수로는 지금은 완전히 마르고 황폐화되었지만, 하나님의 주권과 무한한 사랑의 산들로부터 발원하는 강들은 항상 그 가장자리까지 흘러넘칠 것입니다. 오고 오는 세대들은 사라지겠지만, 은혜의 줄기는 변함이 없습니다. 어느 시를 보면, 시냇물에 대해 다음과 같이 아주 그럴듯한 진리를 표현하고 있습니다:

"인생은 왔다 갔다 하지만,
나는 영원히 흐르리라."

그러나 시냇물과 비교하면 하나님의 강은 얼마나 더 영원히 흐를까요! 내 영혼아, 그대는 이 잔잔한 물가로 인도를 받았으니 참으로 행복하다! 그러므로 "애굽의 길에서 그 혼탁한 강물을 마시며 뭘 하려 하느냐?"고 책망하시는 주님의 음성을 듣지 않도록 다시는 다른 강들을 기웃거리지 말라.

그들이 그날 바람이 불 때 동산에 거니시는 여호와 하나님의 소리를 듣고 - 창세기 3:8

내 영혼아, 바람이 부는 날이 오면, 잠시 뒤로 물러나 그대의 하나님의 음성을 들으라. 하나님은 그대가 들을 준비가 되기만 하면 언제든지 그대와 대화를 나눌 준비를 하고 계신다. 만일 하나님과 교제하는데 지체되는 상황이 벌어진다면 그것은 하나님 책임이 아니고, 전적으로 당신 자신의 책임입니다. 왜냐하면 그분은 문 앞에 서서 두드리고 계시기 때문입니다. 만일 그의 백성들이 문을 열면, 그분은 즐겁게 들어오십니다.

그러나 주님의 동산인 우리 마음은 지금 어떤 상태입니까? 그곳이 잘 손질되고, 물이 잘 주어져서 하나님을 위한 열매를 맺기에 적당한 동산이라고 말할 수 있겠습니까? 만일 그렇지 못하다면, 그분은 크게 책망하실 것입니다. 그러나 그래도 나는 그분이 나에게 오시기를 위해 기도하겠습니다. 그 이유는 자신의 날개 속에 치유의 능력을 갖고 오시는 의의 태양의 임재하심 외에 그 어떤 것도 내 마음을 올바른 상태로 이끌 수 없기 때문입니다.

그러므로 오 내 주, 내 하나님이여, 오십시오. 내 영혼이 당신을 진실로 초대하고 간절히 기다립니다. 오 나의 가장 사랑하는 분, 예수여, 내게 오십시오, 오셔서 당신의 비교할 수 없는 아름다운 인격이 활짝 꽃피는 것을 볼 수 있도록 내 마음의 동산에 새로운 꽃들을 심어주십시오. 오 농부가 되시는 내 아버지여, 오셔서 당신의 사랑과 지혜로 나를 다루어 주십시오! 오 하나님이 나에게 말씀해주셨으면! 주여, 종이 듣겠나이다! 오 하나님이 나와 동행하셨으면! 나는 내 온 마음과 정신을 주님께 바친 용의가 있사오니 다른 생각들은 다 제거해 주시기를! 나는 하나님이 기꺼이 주시는 것을 구할 뿐입니다. 나는 그분이 나와 기꺼이 교제해 주실 것을 믿습니다. 그분은 나에게 그의 성령을 허락하셔서 영원토록 나와 함께 거하도록 하셨으니까요. 마치 하늘의 눈인양 모든 별들이 바람이 부는 황혼녘에 아름답게 반짝거리고, 시원한 바람은 그 광대한 하늘의 사랑처럼 불어옵니다. 내 아버지여, 내 사랑하는 형제여, 나의 은혜로우신 보혜사여, 당신께서 내 귀를 여시고, 나는 귀 기울이겠사오니, 지금 인자하게 말씀하소서.

우리 마음이 그를 즐거워함이여 - 시편 33:21

그리스도인들은 극도의 불행 속에서도 즐거워할 수 있다는 것이 참으로 큰 축복입니다. 아무리 큰 환난이 엄습하더라도, 그들은 여전히 노래를 부릅니다. 많은 새들이 노래를 부르는 것처럼 그들은 감옥 안에서도 최고의 노래를 부릅니다. 파도가 그들을 덮칠 수 있지만, 그들의 영혼은 곧 수면 위로 떠올라 하나님의 얼굴의 빛을 바라봅니다. 그들 주위에는 그들을 뜨게 하는 부력이 있어서 그들의 머리는 항상 물 위로 향하고, 폭풍 속에서도 "그래도 하나님은 나와 함께 하신다"고 노래를 부르도록 합니다. 그렇다면 영광을 누구에게 돌려야 할까요? 오! 예수님께죠. 그것이 모두 예수님 덕택이니까요.

환난은 신자에게 반드시 위로를 갖고 찾아오는 것은 아니지만, 하나님의 아들이 함께하면 뜨거운 풀무불 속에서도 그의 가슴은 기쁨으로 가득 찹니다. 신자가 병이 들어 고통 속에 있으면, 예수님은 그를 찾아가 그의 침상을 돌봐주십니다. 그가 죽음을 목전에 두고 차가운 요단강 물이 그의 목까지 차오르면, 예수님은 그의 팔로 그를 안으시며 이렇게 말씀해 주십니다: "사랑하는 자여, 두려워 말라. 죽는 것은 축복이다. 죽음의 물은 그 원천을 천국에 두고 있다. 그 맛은 결코 쓰지 않다. 오히려 감주처럼 달콤하다. 그것이 하나님의 보좌로부터 흘러나오기 때문이다." 또 길을 떠난 성도가 강을 건너는데, 파도가 그에게 휘몰아쳐 그의 몸과 마음이 그 속으로 빠져 들어가면, "두려워 말라. 내가 너와 함께 하느니라. 낙심하지 말라. 나는 네 하나님이니라"고 말씀하시는 똑같은 목소리가 그의 귀에 들립니다. 그가 한없는 미지의 세계 끝에서 어두운 그늘 세계 속으로 들어가지 않을까 두려워할 때, 예수님은 "두려워 말라. 너의 아버지께서는 그 나라를 너에게 주시기를 기뻐하신다"고 말씀해 주십니다. 이같이 힘을 얻고 위로를 받은 신자는 죽음을 두려워하지 않습니다. 아니, 그는 기꺼이 떠납니다. 왜냐하면 그는 예수님을 새벽별로서 바라보고 있기 때문에 힘을 다해 그분을 태양처럼 응시할 마음을 갖고 있기 때문입니다. 진실로 예수님과 함께하는 것이 곧 우리가 바라는 천국입니다.

> "주님은 우리의 가장 밝은 날의 영광이요,
> 또한 우리의 밤의 진정한 위로이십니다."

# 7월 2일                                    저녁

*여호와여 내가 주께 부르짖으오니 나의 반석이여 내게 귀를 막지 마소서 주께서
내게 잠잠하시면 내가 무덤에 내려가는 자와 같을까 하나이다 - 시편 28:1*

부르짖음은 슬픔에 대한 자연스러운 표현으로서, 다른 호소 수단들이 아무 효력이 없을 때 사용하는 마지막 수단입니다. 그러나 부르짖음은 오직 주님을 향해서 행해져야 합니다. 왜냐하면 사람에게 부르짖는 것은 허공에 말하는 것으로 시간 낭비에 불과하기 때문입니다. 주님이 우리의 간구를 들어주시고, 그 능력으로 우리를 도우실 준비를 하고 계신다는 것을 알고 있다면, 우리는 구원의 하나님께 우리의 모든 상황을 즉각 호소해야 할 분명한 이유를 발견하게 될 것입니다. 심판날에 바위들에게 부르짖는 것은 무익하지만, 우리의 반석이신 주님은 우리의 부르짖음을 들어주십니다.

"나에게 잠잠하지 마소서." 단순히 형식적으로 기도하는 사람들은 응답이 없어도 만족할지 모르지만, 진실한 간구자들은 결코 만족할 수 없습니다. 그들은 마음을 잠잠하게 하고 소원에 부합하지 않는 기도의 결과로는 만족하지 않습니다. 그들은 그 이상을 바라고, 하늘로부터 실제적인 응답을 얻어야지, 그렇지 않으면 안심할 수 없습니다. 그들은 즉각 응답받기를 염원하고 조금이라도 하나님이 침묵하시면 견디지 못합니다. 하나님의 음성은 종종 광야를 뒤흔들 정도로 무시무시합니다. 그러나 간절한 기도자에게는 그분의 침묵도 똑같이 엄청난 두려움을 가져다줍니다. 하나님이 자신의 귀를 닫으신 것처럼 보일 때에도 우리는 우리 입을 닫아서는 안 되고, 오히려 입을 더 크게 벌려 간절하게 부르짖어야 합니다. 왜냐하면 우리의 부르짖음이 간절하게 외쳐질수록 그분은 그것을 들으시는 것을 더 이상 거부하지 못하실 것이기 때문입니다.

만일 주님이 우리의 기도에 대해 영원히 침묵하신다면, 우리에게는 그것이 얼마나 두려운 일이 되겠습니까? "주께서 내게 잠잠하시면 내가 무덤에 내려가는 자와 같을까 하나이다." 기도에 응답하시는 하나님을 빼앗긴다면, 우리는 죽은 자가 무덤에 누워있는 것보다 더 비참한 존재가 될 것입니다. 그렇게 되면 우리는 곧 지옥에 떨어진 행악자들과 똑같은 처지로 전락하고 맙니다. 우리는 급히 채워야 할 절박한 필요를 갖고 있기 때문에 우리의 기도는 반드시 응답받아야 합니다. 확실히 주님은 우리의 흔들리는 마음에 평강을 주실 것입니다. 그분은 자신의 택자들이 멸망당하도록 버려두시는 분이 아니니까요.

그 흉하고 파리한 소가 그 아름답고 살진 일곱 소를 먹은지라 - 창세기 41:4

바로의 꿈은 아주 빈번하게 나로 하여금 정신이 번쩍 들도록 만듭니다. 나태하게 보낸 날들은 내가 그 동안 부지런히 수고하며 이루어놓은 모든 것들을 다 파괴시켜버렸습니다. 열정이 사라지고 냉랭함에 빠져있던 나의 시간들은 열심과 열정을 갖고 만들어놓은 뜨거운 불꽃을 얼어붙게 만들었습니다. 그리고 세상에 빠져 살아감으로써 영적 생명을 더 자라지 못하게 하고 오히려 후퇴시켰습니다. 나는 빈약한 기도, 빈약한 찬양, 빈약한 사역, 빈약한 체험을 조심했어야 했는데, 그렇게 못함으로써 이것들이 결국엔 풍성한 위로와 평강을 잡아먹고 말았습니다. 만일 조금이라도 기도를 게을리한다면, 우리는 지금까지 쌓아놓았던 모든 영성을 잃어버리고 말 것입니다. 또 하늘로부터 새로운 양식을 공급받지 못한다면, 우리 창고의 나머지 양식들은 곧 바닥이 나 영혼은 기근에 빠지고 말 것입니다. 무관심이라는 애벌레, 세속화라는 자벌레, 그리고 자기방종이라는 해충은 우리 마음을 완전히 갉아먹고, 우리 영혼을 시들게 함으로써, 과거에 맺었던 은혜의 열매들과 그 자람을 아무 소용 없이 만들 것입니다. 그래서 비틀거리는 날들, 악에 빠져있는 시간들을 갖지 않기를 우리는 얼마나 고대할까요! 만일 원하는 목표를 향해 날마다 달려간다면, 우리는 그 목표지점에 곧 도달할 것입니다. 그러나 뒤로 후퇴하면 하나님의 부르심의 상은 점점 멀어지고, 그 동안 애써 쌓아놓았던 업적들도 빼앗기고 맙니다.

우리의 모든 날들이 "살진 소"처럼 될 수 있는 유일한 길은 그날들을 푸른 초장에서 먹이는 것, 곧 주님을 섬기고 그분과 교제하고 그분을 경외하고, 그분의 길을 가면서 그분과 함께 보내는 것입니다. 왜 과거보다 사랑과 능력과 기쁨이 매년 더 풍성해지면 안 됩니까? 우리는 날마다 천국의 산에 더 가까이 나아가고, 주님에 대한 체험이 더 풍성해져야 하며, 그분을 더 많이 닮아가야 합니다. 오 주여, 내 영혼이 쇠잔하지 않도록 제게서 떠나지 마소서. "나는 쇠잔하였고 나는 쇠잔하였으니 내게 화가 있도다"(사 24:16)라고 부르짖지 않도록 도와주소서. 오히려 당신의 집에서 잘 먹고 잘 자라 당신의 이름을 찬양하는 자가 되기를 바랄 뿐입니다.

### 참으면 또한 함께 왕 노릇 할 것이요 - 딤후 2:12

우리가 만일 그리스도 안에 있지 않다면, 그리스도를 위해, 또 그리스도와 함께 고난을 받는다고 생각해서는 안 됩니다. 사랑하는 형제여, 당신은 오직 예수님만 의지합니까? 만일 그렇지 않다면, 당신이 이 땅에서 어떤 고난을 당한다 하더라도, 그것은 "그리스도와 함께하는 고난"이 아닙니다. 우리는 그리스도인의 모든 고난이 그리스도와 함께하는 고난이라고 결론지어서는 안 됩니다. 그리스도인은 본질적으로 하나님의 부르심 때문에 고난을 받아야 합니다. 만일 우리가 경솔하고 무분별하게 하나님의 섭리나 은혜에 부응하지 못하는 자리로 뛰어 들어간다면, 우리는 예수님과 교제하는 것보다 죄를 범하는 것을 더 좋아하지 않는지 물어보아야 합니다. 만일 우리가 이성적으로 판단해야 할 때 감정적으로 판단하거나 자기 뜻을 성경의 권위보다 더 앞세운다면, 우리는 주님의 전투를 사탄의 무기를 가지고 행하는 꼴이 되고 맙니다. 따라서 그것 때문에 우리가 우리 자신의 손가락을 자른다고 해도, 놀라서는 안 됩니다. 다시 말해서, 죄를 범한 결과로 환난을 당한다면, 우리는 그것을 그리스도와 함께 고난받는 것으로 생각해서는 안 됩니다. 미리암은 모세에 대해 악한 말을 해 문둥병에 걸렸는데, 그것은 하나님을 위한 고난이 아니었습니다. 나아가 하나님이 인정하는 고난은 그 목적이 하나님의 영광을 위한 데 있어야 합니다. 만일 나 자신의 이름을 높이거나 내가 갈채를 받기 위해 고난을 받는다면, 바리새인이 받는 것 이상의 상급은 없을 것입니다. 예수님과 그의 택자에 대한 사랑이야말로 언제나 우리로 하여금 고난을 극복하게 만드는 중심 동기입니다. 우리는 온유하고 친절하고 용서하는 자가 되어 그리스도의 영의 역사를 드러내야 합니다. 진실로 우리가 예수님과 함께 고난을 받는 자라면, 우리 자신을 살피고 돌아보아야 합니다. 그리고 우리가 이로 인해 고난을 받는다면, 현재의 "가벼운 고난"은 장차 그분과 함께 다스리는 영광과 비교해 보면 아무것도 아닙니다. 오, 우리는 그리스도와 함께라면 풀무불 속에 있어도 행복하고, 그분과 함께라면 조롱을 당하는 것도 영예입니다. 비록 장래에 받을 상이 없다고 해도, 현재 주어지는 영광만으로도 우리는 얼마든지 행복하다고 생각할 수 있습니다. 그러나 장래의 상급은 우리가 기대하는 것보다 훨씬 더 영원하고 무한하기 때문에, 우리는 십자가를 기꺼이 짊어지고 즐겁게 그 길을 가야 하지 않겠습니까?

그들을 진리로 거룩하게 하옵소서 - 요한복음 17:17

성화는 영혼이 거듭날 때부터 시작됩니다. 하나님의 영이 사람 속에 그리스도 예수 안에서 "새로운 피조물"이 되게 하는 새로운 생명원리를 집어넣으십니다. 거듭나면서 시작되는 이 사역은 두 가지 방식으로 진행됩니다. 하나는 육체의 정욕을 정복하고 억제하는 죽임을 통해, 또 하나는 하나님이 우리 속에 두신 생명이 영생하도록 솟아나는 샘물이 되게 하는 살리심을 통해서입니다. 이 과정은 "인내"를 통해, 그리스도인이 은혜의 상태를 유지하고 지속하며, 하나님을 찬양하고 영화롭게 하는 선행을 매일의 삶 속에 충만하게 함으로써 이루어집니다. 그리고 이것은 영혼이 완전히 정화되어 하늘에 계신 지존자의 우편에 성도들과 함께 앉을 때, "영광" 속에서 끝나고, 또 완성됩니다.

그러나 하나님의 영이 이처럼 성화의 창시자라고 해도, 결코 망각되어서는 안 될 가시적 대행자가 있습니다. 예수님은 "그들을 진리로 거룩하게 하옵소서 아버지의 말씀은 진리니이다"(요 17:17)라고 말씀하셨습니다. 성화의 도구가 하나님의 말씀이라는 것을 증거하는 성경의 구절들은 아주 많습니다. 하나님의 영은 우리의 마음속에 진리의 교훈과 교리들을 가르쳐 주고, 그것들을 권능으로 적용시키십니다. 귀로 듣고 마음으로 받아들인 이 말씀들은 우리 안에서 하나님의 선하신 뜻을 소원하고 행하도록 역사합니다. 진리의 말씀이 성화를 이루는 자입니다. 만일 우리가 진리를 듣거나 읽지 못한다면, 성화될 수 없습니다. 우리는 진리를 온전히 이해할 때 온전한 삶을 살아갈 수 있습니다. "주의 말씀은 내 발에 등이요 내 길에 빛이니이다"(시 119:105).

어떤 오류에 대해 "그것은 단순한 의견 차이다"라고 말하지 마십시오. 누구든 판단의 오류에 빠지면, 조만간 실제로 그 오류를 용인하는 상태에 들어가게 됩니다. 그러므로 진리를 확고하게 붙드십시오. 진리를 꼭 붙들고 있어야 하나님의 영을 통해 성화될 수 있기 때문입니다.

곧 손이 깨끗하며 마음이 청결하며 뜻을 허탄한 데에 두지 아니하며
거짓 맹세하지 아니하는 자로다 - 시편 24:4

가장 가치 있는 은혜의 표지는 외적 행동으로 표현된 실천적 거룩입니다. 많은 신앙인들이 이신칭의 교리를 왜곡하여 선행을 무시하는 것은 두려운 일이 아닐 수 없습니다. 만일 그렇다면 그들은 마지막 심판 날에 영원히 무시를 받게 될 것입니다. 만일 우리의 손이 깨끗하지 않다면, 우리는 그 손을 예수의 보혈에 씻은 후, 깨끗한 손을 하나님께 들어올려야 합니다. 그러나 "깨끗한 손"은 "순전한 마음"과 연결되어 있지 아니하면 충분하지 않습니다. 참된 신앙은 마음에서 시작됩니다. 우리는 즐겁게 잔과 접시의 외면을 깨끗하게 닦을 수 있지만, 그 내부가 더럽다면, 우리는 하나님의 보시기에 완전히 더러운 자들입니다. 왜냐하면 우리의 마음은 손보다 훨씬 더 우리 자신에 대해 솔직하기 때문입니다. 우리 존재의 진정한 생명은 내적 본질에 있고, 따라서 내면의 순전함이 절대적으로 요청됩니다. 마음이 청결한 자가 하나님을 보고, 그렇지 않은 다른 사람들은 눈먼 막대기와 같습니다.

천국시민으로 태어난 사람은 "자기의 뜻을 허탄한 곳에 두지 않습니다." 사람들은 누구나 자기들을 지탱시켜 주는 나름대로의 기쁨을 갖고 있습니다. 세상 사람들은 그의 뜻을 공허하고 허망한 육체의 쾌락에 둡니다. 그러나 성도는 본질적인 일을 더 추구합니다. 여호사밧처럼 그는 그의 뜻을 여호와의 도에 둡니다. 껍데기로 만족하는 사람은 돼지와 동류로 간주될 것입니다. 세상이 당신을 만족시켜 줍니까? 그렇다면 당신은 이 세상에 당신의 상과 분깃을 갖고 있는 것입니다. 그것을 소중히 여기십시오. 왜냐하면 당신은 그것 외에 다른 기쁨이 없을 테니까요.

그 다음 당신은 "거짓 맹세 해서는 안 됩니다." 성도들은 이 땅에서도 명예가 있는 사람들입니다. 그리스도인의 말은 단지 자신만의 맹세라고 해도, 그것은 다른 사람들의 스무 마디에 해당됩니다. 거짓말하는 사람에게는 천국 문이 닫혀 있습니다. 왜냐하면 거짓말쟁이는 그 고백이나 행실이 어떠하든 간에 하나님의 집에 들어갈 수 없기 때문입니다. 성도여, 오늘 읽은 이 책의 내용이 당신을 정죄합니까, 아니면 당신은 여호와의 산에 올라가기를 소망합니까?

성도로 부르심을 받은 - 로마서 1:7

우리는 사도들을 하나님의 보통 자녀들과는 다른 아주 특별한 "성도"로 간주하기 쉽습니다. 하나님이 그분의 은혜를 통해 부르시고 그분의 영을 통해 성별된 사람들은 누구나 다 "성도"입니다. 그러나 우리는 사도들을 우리들과 똑같은 약점이나 시험거리들을 거의 갖고 있지 않은 특별한 존재들로 생각하는 경향이 있습니다. 하지만 그렇게 생각함으로써 우리는 다음과 같은 소중한 진리를 잊게 됩니다. 그것은 곧 사람이 하나님을 더 가까이 하며 살면 살수록 자신의 악한 마음에 대한 탄식이 더 깊어지고, 그가 주님을 섬기는데 더 큰 일을 감당하면 할수록 자신의 육체의 허물에 대한 갈등이 날마다 그를 더 괴롭힌다는 것입니다. 사도 바울을 보았다면, 우리는 그가 하나님의 다른 택자들과 별로 다를 것이 없다고 생각했을 것입니다. 만일 우리가 그와 대화를 나눈다면, 아마 이렇게 말했을 것입니다: "우리는 그의 경험과 우리의 경험이 별반 차이가 없는 것을 본다. 그는 우리보다 더 신실하고, 더 거룩하고, 더 깊이 가르침받았다. 그러나 그도 우리와 똑같이 견뎌야 할 시험들을 당했다. 아니, 어떤 면에서 그는 우리보다 더 혹독한 시험을 당했다."

그러므로 초대 교회 성도들을 허물이나 죄로부터 제외된 존재로 간주하지 마십시오. 또 그들을 신비로운 존경심을 갖고 바라봄으로써 우상숭배자들처럼 되지 않도록 하십시오. 그들의 거룩의 수준은 얼마든지 우리도 도달할 수 있습니다. 우리는 그들을 고귀한 부르심으로 불러주신 것과 똑같은 음성을 통해 "성도로 부르심을 받은" 자들입니다. 자신을 성도다운 성도로 만드는 것은 성도의 의무입니다. 그리고 만일 이 사도들이 수준에서 우리보다 더 우월하다면 — 아니 확실히 그렇기는 하지만 — 우리는 그들을 따라가야 합니다. 우리는 그들의 열정과 거룩을 본받아야 합니다. 우리도 그들이 갖고 있는 것과 똑같은 빛, 그들이 누리던 것과 똑같은 은혜를 갖고 있습니다. 그런데 왜 우리가 천국의 축복을 받는데 있어서 그들과 똑같이 되기 전에 만족해야 하겠습니까? 그들은 예수님과 함께 살았고, 예수님을 위해 살았습니다. 따라서 그들은 예수님을 닮아갔습니다. 우리는 그들이 성령을 통해 "예수님을 바라보며" 살았던 것처럼 우리도 그렇게 삽시다. 그러면 우리의 성도로서의 권세는 곧 명확해질 것입니다.

**너희는 여호와를 영원히 신뢰하라 주 여호와는 영원한 반석이심이로다 - 이사야서 26:4**

우리에게는 의뢰할 하나님이 계시기 때문에, 우리는 온 힘을 다해 그분을 신뢰해야 합니다. 우리는 반드시 불신앙을 모두 쫓아내고, 우리의 위로를 손상시키는 의심과 두려움을 철저히 제거해야 합니다. 하나님이 우리의 신뢰의 기초가 되시는 한, 우리는 두려워할 이유가 없기 때문입니다. 자녀를 사랑하는 부모는 그 자녀가 부모를 신뢰하지 않을 때 가장 마음이 아픕니다. 우리가 우리를 한 번도 실망시키신 적이 없고 결코 우리를 저버리지 않으실 하늘에 계신 우리 아버지를 신뢰하지 않을 때, 그것은 얼마나 몰인정하고 매정한 일일까요! 의심이 하나님의 가족들에게서 완전히 추방된다면 얼마나 좋을까요!

그러나 시편 기자가 "그의 인자하심은 영원히 끝났는가, 그의 약속하심도 영구히 폐하였는가"(시 77:8)라고 부르짖었을 때처럼, 오늘날 고질적인 불신앙이 팽배해 있는 것은 두려운 일이 아닐 수 없습니다. 다윗은 거인 골리앗의 그 무거운 칼을 그리 오랫동안 사용하지 않았지만, "그같은 것이 없다"고 말했습니다. 그는 과거 젊은 날 골리앗과의 위대한 싸움에서 승리할 때, 잠깐 그것을 사용했습니다. 그때 그 칼은 굉장히 날카로웠고, 그것은 정말 훌륭한 칼임을 입증했습니다. 그러기에 그는 그 후에도 그것을 찬양했습니다. 마찬가지로 우리도 우리 하나님을 그렇게 찬양해야 합니다. 하늘과 땅에서 그분과 같은 존재는 없습니다. "그런즉 너희가 나를 누구에게 비교하여 나를 그와 동등하게 하겠느냐"(사 40:25).

우리의 원수들을 심판하시는 야곱의 반석과 같은 반석은 없습니다. 그러므로 우리는 우리 마음속에서 의심이 자리잡지 못하도록, 엘리야가 바알 선지자들을 붙잡아 기손 시내에서 죽인 것처럼 우리도 모든 훼방자들을 붙잡아 우리 구주의 상처난 옆구리로부터 솟아나는 거룩한 물줄기 속에 집어던져야 합니다. 우리는 많은 시련들을 겪었지만 우리에게 필요한 모든 것을 하나님 안에서 발견하지 못하고 버림받은 적은 결코 없었습니다. 그러므로 우리는 힘을 내어 주님을 영원히 신뢰하고, 그분의 무한하신 능력은 과거처럼 앞으로도 영원히 우리의 구원이자 지주가 될 것임을 확신합시다.

*오직 내 말을 듣는 자는 평안히 살며 재앙의 두려움이 없이 안전하리라 - 잠언 1:33*

하나님의 사랑은 심판 한가운데를 비출 때 더욱 두드러집니다. 먹구름 사이로 빛나는 외로운 별이 더 아름답습니다. 황량한 사막에 외롭게 서 있는 오아시스가 더 돋보입니다. 마찬가지로 사랑은 진노의 한복판에서 더 아름답고 돋보입니다. 이스라엘 백성들이 지속적인 우상숭배로 지존자를 격노케 했을 때 그분은 이슬과 비를 보내시지 않는 것으로 그들을 처벌하셨습니다. 그때 그들의 땅은 심한 기근이 임했습니다. 하지만 하나님은 그 와중에도 그의 선민들을 안전하게 보호하셨습니다. 비록 이스라엘의 모든 다른 강들은 물이 말랐지만 엘리야를 위해서는 물이 마르지 않은 한 시내를 예비해 두셨습니다. 설사 그 강마저 말랐다고 해도 하나님은 그의 보존을 위해 또 다른 처소를 준비해 두셨을 것입니다. 아니 그것이 전부가 아닙니다. 하나님은 단지 엘리야 한 사람만을 보존하신 것이 아니었습니다. 그분은 은혜의 선택을 받아 굴 속에 50명씩 숨어있던 남은 자들도 먹이셨습니다. 온 땅이 기근에 시달렸지만 굴 속에 있던 이들은 먹을 것이 끊어지지 않았습니다. 그것도 하나님을 경외하는 그분의 신실한 종 오바댜를 통해 아합의 식탁으로부터 운반된 음식을 먹고 말입니다.

우리는 이 사실로부터 어떤 일이 일어나더라도 하나님의 백성들은 안전하다는 결론을 끌어낼 수 있습니다. 굳은 땅에 지진이 일어나 흔들려도, 하늘이 두 쪽이 나도, 또는 세상이 박살난다고 해도, 신자는 편안한 안식의 때처럼 안전할 것입니다. 만일 하나님이 하늘 아래에서 그의 백성들을 구원하시지 못했다면, 하늘에서라도 그들을 구원하실 것입니다. 만일 세상이 너무 뜨거워 그들을 붙들 수 없다면, 하늘이 그들을 받아 그 안전을 지켜줄 것입니다. 그러므로 전쟁에 관한 소식이나 소문을 들을지라도 두려워말고 확신을 가지십시오. 어떤 소동에도 흔들리지 말고, 악에 대해서도 염려하지 마십시오. 땅 위에서 어떤 일이 일어날지라도 여호와의 드넓은 날개 아래 있는 당신은 절대로 안전할 것입니다. 하나님의 약속 위에 머무르십시오. 그분의 신실하심을 의뢰하십시오. 그리고 미래를 불안하게 생각하지 마십시오. 왜냐하면 우리의 미래에 불길한 것은 하나도 없기 때문입니다. 당신의 유일한 관심사는 지혜의 음성을 듣는 것이 얼마나 복된 일인지를 세상에 선포하는 것이어야 합니다.

나의 죄악이 얼마나 많으니이까 - 욥기 13:23

당신은 하나님의 백성들의 죄가 얼마나 큰지 실제로 달아보거나 헤아려 본적이 있습니까? 당신 자신의 죄악이 얼마나 극악한지 생각해 보십시오. 그러면 여기저기서 알프스 산처럼 높이 쌓인 죄들을 보게 될 뿐만 아니라 당신의 죄악들도 서로 그 높이를 경주하고 있는 것을 보게 될 것입니다. 지극히 성화된 삶을 사는 하나님의 자녀들에게도 얼마나 많은 죄가 있을까요! 한 성도가 범하는 죄에 구속받은 모든 성도들의 숫자를 곱해보십시오. 그러면 당신은 예수님이 자신의 피를 흘려서 죄로부터 구원하신 사람들의 죄책이 얼마나 엄청난지 조금은 이해하게 될 것입니다.

그러나 우리는 제공된 치료제가 얼마나 더 위대한지를 보면, 죄의 크기에 대해 더 적절한 개념을 깨닫게 될 것입니다. 그 치료제는 하나님의 지극히 사랑하시는 독생자, 예수 그리스도의 피입니다. 하나님의 독생자! 천사들은 그분 앞에서 그들의 면류관을 벗습니다! 천국의 모든 합창대가 그분의 영광스러운 보좌를 둘러싸고 있습니다. "그는 만물 위에 계셔서 세세에 찬양을 받으실 하나님이시니라 아멘"(롬 9:5). 그러나 그분은 종의 형체를 취하고, 채찍에 맞고 창에 찔려 상처가 나고 찢기셨으며, 급기야는 죽임을 당하십니다. 성육신하신 하나님의 아들의 피 외에는 우리의 죄악을 속할 수 없었습니다. 인간의 지식으로는 그분의 희생의 무한한 가치를 제대로 평가할 수 없습니다. 하나님의 백성들의 죄가 큰 만큼 그것을 처치해 버린 속죄는 헤아릴 수 없이 더 크기 때문입니다.

그러므로 신자는 죄가 홍수처럼 몰려오고, 과거에 대한 기억이 죄로 인해 곤혹스럽다고 해도, 위대하고 거룩하신 하나님의 빛나는 보좌 앞에 당당히 서서 "누가 정죄하리요 죽으실 뿐 아니라 다시 살아나신 이는 그리스도 예수시니 그는 하나님 우편에 계신 자요 우리를 위하여 간구하시는 자시니라"(롬 8:34)라고 외칠 수 있습니다. 자신의 죄로 인해 부끄러움과 슬픔을 느낄 때, 신자는 그것을 하나님의 은혜를 드러내는 기회로 삼을 수 있습니다. 죄악의 밤이 깊을수록 하나님의 사랑의 빛나는 별은 그 광채를 더 찬란하게 비추는 법입니다.

형제들아 우리를 위하여 기도하라 - 데살로니가전서 5:25

　오늘 아침 우리는 성도들이 목회자들을 위해 기도해야 할 의무가 있음을 기억해야 하겠습니다. 처음에는 사도 바울이 말했고, 지금은 우리가 반복해서 강조하고 있는 본문의 요청을 모든 그리스도인들이 받아들여 실천하기를 우리는 진지하게 부탁을 드립니다. 형제들이여, 우리 목회자들의 사역은 굉장히 중요하고, 그 사역에 수많은 사람들의 운명이 달려있습니다. 우리는 하나님을 위해 영혼들의 영원한 문제를 다루고 있습니다. 우리의 말은 생명으로 인도하는 생명의 향기가 될 수도 있고, 죽음으로 인도하는 죽음의 악취가 될 수도 있습니다. 막중한 책임이 우리에게 놓여 있습니다. 마지막 날 우리가 모든 사람들의 피에 대해 깨끗한 존재로 나타난다면 그것은 결코 작은 은혜가 아닐 것입니다. 우리는 그리스도의 군대의 장교들이기 때문에 사람들과 마귀들의 특별한 분노의 표적입니다. 그들은 우리를 멈추게 하려고 호시탐탐 기회를 노리고, 우리의 발꿈치를 붙잡고 늘어집니다.

　우리는 목회자만의 거룩한 소명 때문에 평신도들이 당하지 않는 유혹을 받습니다. 무엇보다 우리는 아주 빈번하게 진리를 개인적으로 적용하기보다는 그것을 사무적이고, 공적으로 적용하도록 유혹을 받습니다. 우리는 다양하게 곤란한 상황들을 맞이합니다. 그때 우리의 지혜는 아무 도움이 되지 않습니다. 우리는 아주 슬픈 범죄들을 바라보고, 그때 우리의 마음은 상처를 받습니다. 우리는 무수한 사람들이 멸망당하는 것을 보고, 그때 우리는 의욕을 잃습니다. 우리는 평신도들이 우리의 설교를 통해 유익을 얻기를 바랍니다. 우리는 여러분들의 자녀들에게 축복을 전달하기를 원합니다. 우리는 성도들과 죄인들 모두에게 도움을 주고 싶습니다. 그러므로 사랑하는 형제들이여, 우리를 위해 기도해 주십시오. 여러분이 기도로 도와주지 않는다면, 우리는 참으로 불쌍한 사람들입니다. 그러나 여러분의 간구가 있다면, 우리는 가장 행복한 사람들입니다. 여러분은 영적 축복을 위해 우리가 아니라 우리 주님을 바라보십시오. 그러나 주님은 자신의 사역자들을 통해 그 축복들을 베푸실 때가 얼마나 많은지 모릅니다. 그렇다면 우리가 복음의 보화를 담는 그릇들이 되게 해달라고 계속 기도해 주십시오. 선교사, 목회자, 그리고 신학생들인 우리 모두가 예수님의 이름으로 여러분에게 "형제들아 우리를 위하여 기도하라"고 간청합니다.

내가 네 곁으로 지나갈 때에 … 네게 이르기를 너는 … 살아 있으라 - 에스겔서 16:6

구원받은 자여, 이 은혜의 말씀을 감사하면서 묵상하십시오. 하나님의 이 명령이 얼마나 지엄한지 주목하기 바랍니다. 본문에서 우리는 죄 외에는 아무것도 없고, 진노 외에는 아무것도 기대할 것이 없는 죄인을 발견합니다. 그러나 영원하신 하나님은 영광 중에 지나가시다 그를 봅니다. 그분은 멈추시고 독보적으로 권세 있는 말씀으로 그에게 "살아 있으라"고 선언하십니다. 하나님은 말씀하시는 분입니다. 그분 외에 누가 감히 단 한 마디로 생명을 좌지우지할 수 있겠습니까? 그런데 이 명령은 다양한 의미를 갖고 있습니다. 그분이 "살아 있으라"고 말씀하실 때 그것은 다양한 사실을 함축합니다. 먼저 이것은 법적 생명입니다. 죄인은 정죄받아야 하지만 전능자는 "살아 있으라"고 말씀하시고, 그때 그는 용서받고 죄사함을 받습니다. 또 그것은 영적 생명입니다. 우리는 예수님을 몰랐지만 곧 우리의 눈은 그리스도를 볼 수 없고, 우리의 귀는 그분의 음성을 들을 수 없었지만, 여호와는 "살아 있으라"고 말씀하셨고, 그때 우리는 죄와 허물로 죽은 상태에서 살아났습니다. 나아가 그것은 영광의 생명입니다. 이것은 영적 생명이 완전한 상태에 이른 경우를 가리킵니다. "네게 이르기를 너는 … 살아 있으라." 이 말씀은 죽음이 임할 때까지 평생 동안 울려퍼집니다. 죽음의 그늘 아래에서도 "살아 있으라"는 주님의 음성은 계속 들려질 것입니다. 부활의 아침에도 천사장을 통해 "살아 있으라"는 목소리가 똑같이 들려옵니다. 거룩한 영들이 하나님의 영광 속에서 영원히 복을 받기 위해 하늘로 올라갈 때, "살아 있으라"는 똑같은 말씀이 권능으로 울려퍼집니다. 그리고 그것이 불가항력적 명령이라는 것도 주목해야 합니다. 다소의 사울은 살아계신 하나님의 성도들을 체포하기 위해 다메섹으로 가는 도중이었습니다. 한 음성이 하늘로부터 들렸고, 태양빛보다 더 환한 빛이 그에게 비추었습니다. 그때 사울은 "주여 누구시니이까"라고 부르짖었습니다. 이 명령은 값없는 은혜의 명령입니다. 죄인들이 구원받는 것은 오로지 하나님이 값없이 무조건적으로 베푸시는 은혜를 드러내려고 그것을 원하셨기 때문입니다. 그리스도인들이여, 은혜에 대해 빚진 자인 자신의 위치를 바로 보십시오. 진지하게 그리스도를 닮은 삶을 살아감으로써 그 은혜에 감사하는 증거를 보여 주십시오. 하나님이 여러분에게 살아 있으라고 말씀하실 때, 여러분은 진지하게 살아야 한다는 사실을 명심하십시오.

청하건대 당신의 큰 힘이 무엇으로 말미암아 생기는지 … 내게 말하라 - 사사기 16:6

믿음의 능력의 비밀은 어디에 있을까요? 그것은 그것이 먹고 사는 양식에 있습니다. 왜냐하면 믿음은 약속 — 하나님의 은혜의 발로(發露), 곧 하나님의 크신 마음의 분출인 — 이 무엇인가를 숙고하기 때문입니다. 믿음은 "내 하나님의 사랑과 은혜가 아니었다면 이 약속은 주어지지 않았을 것이다. 그러므로 그분의 말씀이 이루어질 것은 너무나 확실하다"고 말합니다. 그 다음, 믿음은 "이 약속을 누가 주셨는가?"에 대해 생각합니다. 그것은 그 약속이 얼마나 큰 것인가 보다는 "그 약속을 준 당사자가 누구인가?"를 더 생각합니다. 그리고 믿음은 하나님이 거짓말하실 수 없는 분 — 전능하신 하나님, 불변하신 하나님이기에 — 임을 기억합니다. 그러므로 그것은 약속이 틀림없이 이루어질 것이라고 확신합니다. 그래서 믿음은 이 견고한 확신을 갖고 전진합니다. 또 믿음은 약속이 주어진 이유가 하나님의 영광을 위하는데 있음을 기억합니다. 그래서 믿음은 하나님의 영광이 안전하다는 것과 그분이 자신의 영광을 절대로 더럽히지도 않고, 자신의 면류관의 광채를 손상시키지 않을 것이며, 그러기에 약속은 굳게 서야 하고 또 그렇게 서 있으리라는 것을 철저하게 확신합니다. 그 다음, 믿음은 그리스도의 사역을 자신의 말씀을 이루려는 아버지의 뜻이 분명히 드러나 있는 증거로서 간주합니다. "자기 아들을 아끼지 아니하시고 우리 모든 사람을 위하여 내주신 이가 어찌 그 아들과 함께 모든 것을 우리에게 주시지 아니하겠느냐"(롬 8:32). 나아가 믿음은 과거도 돌아봅니다. 왜냐하면 그동안 싸워온 전투를 통해 믿음이 더 강해졌고, 승리를 통해 믿음의 용기를 더 크게 얻었기 때문입니다. 믿음은 하나님이 자기를 실망시키지 않을 것을, 아니 그 어떤 자녀들도 한 번도 실망시키신 적이 없음을 기억합니다. 믿음은 구원이 임할 때 커다란 위험 속에 있었을 때를 상기합니다. 또 곤궁할 때 믿음의 힘을 발견하고 "아니야, 나는 하나님이 변하시거나 지금 그의 종을 떠나실 수 있다고 절대로 생각하지 않아. 지금까지 나를 도와주셨으니 앞으로도 계속 나를 도와주실거야"라고 부르짖었던 일을 회상합니다. 이렇게 믿음은 모든 약속을 그 약속을 주신 분과 연관시켜 생각합니다. 바로 그렇기 때문에 믿음은 확신을 갖고 "내 평생에 선하심과 인자하심이 반드시 나를 따르리니"(시 23:6)라고 말할 수 있습니다.

> 주의 진리로 나를 지도하시고 교훈하소서 주는 내 구원의 하나님이시니
> 내가 종일 주를 기다리나이다 - 시편 25:5

신자는 주의 길을 따라 떨리는 발걸음을 걷기 시작하면, 어린아이가 그의 부모의 손을 의지하여 걸음마를 하는 것처럼 하나님의 인도를 구하게 됩니다. 그는 진리의 알파벳을 더 깊이 배우기를 열망합니다. 본문의 기도는 경험이 가르쳐준 것입니다. 다윗은 누구보다 많이 알고 있었지만, 자신의 무지를 느꼈고, 그래서 주님의 학교에 계속 다니기를 소망했습니다. 두 구절(4, 5절)에서 무려 4번에 걸쳐 그는 은혜의 학교의 학문을 염원합니다. 신자들은 자신의 재능을 따르고, 스스로 고안해낸 사고의 새 길을 만드는 대신에 하나님 자신의 진리의 선한 옛길을 구하고, 성령께서 그들에게, 성결한 이해와 가르침을 잘 받을 수 있는 정신을 주시기를 간구하는 것이 좋습니다.

"주는 내 구원의 하나님이시니." 삼위일체 하나님 여호와가 그의 백성들의 구원의 창시자요, 완성자이십니다. 성도여, 그분이 당신의 구원의 하나님이십니까? 당신은 성부의 선택, 성자의 속죄, 그리고 성령의 살리심 속에 당신의 영원한 모든 소망을 두고 있습니까? 만일 그렇다면, 당신은 이것을 더 많은 축복을 얻는 근거로 사용할 수 있습니다. 만일 주님이 당신을 구원하기로 작정하셨다면, 그분은 분명히 당신에게 그 방법을 가르쳐 주는 것을 거절하지 않으실 것입니다. 다윗이 여기서 보여 주고 있는 확신을 갖고 주님께 나아갈 때, 그것이 기도에 큰 힘을 주고 시험 때 큰 위로를 주는 것은 복된 일이 아닐 수 없습니다.

"내가 종일 주를 기다리나이다." 인내는 믿음의 사랑스러운 하녀요 딸입니다. 우리는 헛된 기다림이 아니라는 확신이 있을 때 즐겁게 기다립니다. 섬김으로, 예배로, 소망으로, 신뢰로 날마다 주님을 기다리는 것이 우리의 의무이자 특권입니다. 우리의 믿음은 시험당하는 믿음이고, 만일 그것이 참된 믿음이라면, 환난에 굴복하지 않고 끝까지 견딜 것입니다. 우리는 하나님이 우리를 얼마나 오랫동안 그리고 얼마나 자비로운 마음으로 기다리셨는지를 기억한다면 그분을 기다리는 것이 조금도 지루하지 않을 것입니다.

그의 모든 은택을 잊지 말지어다 - 시편 103:2

옛날 성도들의 삶 속에 나타난 하나님의 손길을 바라보고, 그들을 구원하시는 그 인자하심, 그들을 용서하시는 그 자비하심, 그들과의 언약을 지키는 그 신실하심을 주목하는 것은 참으로 즐겁고 유익한 일입니다. 그러나 우리가 우리 자신의 삶 속에 나타난 하나님의 손길을 주목하는 것은 훨씬 더 흥미롭고 유익한 일이 아니겠습니까? 우리는 우리 자신의 역사를 최소한 하나님으로 충만한 역사 곧 과거에 살았던 성도들의 삶과 똑같이, 하나님의 인자와 진리로 가득 차 있고, 그분의 신실하심과 진실하심을 보여 주는 증거들로 가득 채워진 역사로 바라보아야 하지 않습니까? 그분이 옛날 성도들에게 자신의 전능하신 능력을 드러내고 자신의 강함을 보여 주셨는데, 지금 땅 위에 살고 있는 성도들에게는 아무런 이적을 행하지도 않고 그 팔을 펼치지 않으신다고 우리가 생각한다면, 그것은 우리 하나님을 크게 오해하는 것입니다.

우리 자신의 삶을 다시 반추해 봅시다. 그러면 확실히 우리를 새롭게 하고 하나님을 영화롭게 하는 어떤 복된 사건들이 우리에게 있었음을 발견하게 될 것입니다. 당신은 그런 구원들을 맛본 적이 없습니까? 임재하신 하나님의 도움으로 강을 건넌 적이 없습니까? 불 속을 아무 해 없이 통과한 적이 없습니까? 아직까지 당신에게 하나님의 손길이 나타난 적이 없습니까? 하나님의 각별한 은혜를 받아본 적이 없습니까? 솔로몬의 소원을 이루어주신 하나님이 당신의 기도는 듣지도, 응답해 주지도 않으셨습니까? 다윗이 "좋은 것으로 네 소원을 만족하게 하사"(시 103:5)라고 노래한 복주시는 하나님이 당신을 풍성한 것으로 만족케 하신 적이 없습니까? 푸른 초장에 눕혀진 적이 한 번도 없습니까? 잔잔한 물가로 인도받은 적이 결코 없습니까?

하나님의 인자하심은 확실히 옛날 성도들에게 주어진 것만큼 우리에게도 똑같이 주어졌습니다. 그렇다면 우리는 그분의 자비를 노래 불러야 합니다. 우리는 감사의 정금과 찬양의 보석들을 모아 예수님의 머리에 또 하나의 면류관을 씌워 드려야 합니다. 우리 영혼은 다윗이 수금을 탈 때 흘러나오는 것만큼 감미롭고 신명나는 노래를 부름으로써, 영원토록 주님의 은혜를 찬송해야 합니다.

## 하나님이 빛과 어둠을 나누사 - 창세기 1:4

신자의 내면에는 두 개의 원리가 작용하고 있습니다. 과거 자연적 상태에 있을 때 그는 단지 한 개의 원리 곧 어둠의 원리의 지배를 받았습니다. 그런데 지금은 빛이 들어와 두 개의 원리가 서로 다투고 있습니다. 로마서 7장에서 사도 바울의 말을 주목해 보십시오: "그러므로 내가 한 법을 깨달았노니 곧 선을 행하기 원하는 나에게 악이 함께 있는 것이로다 내 속사람으로는 하나님의 법을 즐거워하되 내 지체 속에서 한 다른 법이 내 마음의 법과 싸워 내 지체 속에 있는 죄의 법으로 나를 사로잡는 것을 보는도다"(롬 7:21-23).

이런 상태가 어떻게 벌어지게 되었을까요? "하나님이 빛과 어둠을 나누사"(창 1:4). 어둠은 홀로 있을 때에는 고요하고 혼란이 없는 상태였는데, 하나님이 빛을 보내시자 다툼이 있게 되었습니다. 왜냐하면 그것들은 서로 상반되는 것이기 때문입니다. 신자가 주 안에서 완전히 빛이 되기까지는 다툼은 멈추지 아니할 것입니다. 만일 개개 그리스도인의 내면에 분리가 있다면, 그 외면에도 분리가 나타나는 것이 확실합니다. 따라서 주님이 어떤 사람에게 빛을 보내시면 그는 자신을 주위의 어둠과 분리시켜야 합니다. 그는 외적 형식에 치우친 세속 종교로부터 탈피해야 합니다. 왜냐하면 그리스도의 복음 속에는 그런 그를 만족시킬 것이 아무것도 없기 때문입니다. 또 그는 세속적 교제와 사소한 오락으로부터 떠나 성도들과의 사귐을 추구해야 합니다. 왜냐하면 "우리는 형제를 사랑함으로 사망에서 옮겨 생명으로 들어간 줄을 알고 있기"(요일 3:14) 때문입니다.

빛은 빛대로 모이고, 어둠은 어둠대로 모입니다. 하나님이 나누신 것을 우리가 결합하려고 해서는 안 됩니다. 그리스도께서 영문 밖으로 나와 고난을 받으셨을 때처럼 우리도 불경건한 사람들로부터 나와 특별한 백성이 되어야 합니다. 그분은 거룩하고, 해가 없고, 부죄하신 분으로, 죄인들과 구별되셨습니다. 그분이 그러셨던 것처럼 우리도 세상과 타협해서는 안 되고, 모든 죄로부터 떠나야 하며, 우리 주님을 닮아감으로써 다른 사람들과 구별된 존재가 되어야 합니다.

## 성도들과 동일한 시민이요 - 에베소서 2:19

우리가 천국시민이 된다는 것은 무엇을 의미할까요? 그것은 우리가 천국의 통치 아래 있다는 것을 의미합니다. 천국의 왕이신 그리스도께서 우리 마음속에서 다스리십니다. 우리는 날마다 "뜻이 하늘에서 이루어진 것 같이 땅에서도 이루어지이다"라고 기도합니다. 우리는 영광의 보좌로부터 선포된 말씀들을 자유롭게 받아들입니다. 위대하신 왕의 법령들에 대해 우리는 기꺼이 순종합니다. 그 다음, 새 예루살렘의 시민으로서 우리는 천국의 영광들을 나누어 가집니다. 이미 영화된 성도들에게 속해 있는 영광이 우리에게도 속해 있습니다. 왜냐하면 우리는 이미 하나님의 자녀이고, 이미 그리스도의 보혈 제국의 왕자들이기 때문입니다. 이미 흠 없는 예수님의 의의 옷을 입고 있기 때문입니다. 또 이미 천사들을 우리의 수종자로, 성도들을 우리의 동료로, 그리스도를 우리의 맏형으로, 하나님을 우리의 아버지로, 그리고 불멸의 면류관을 우리의 상급으로 갖고 있기 때문입니다. 우리는 천국시민의 영광을 공유합니다. 그것은 우리가 천국에 그 이름이 기록되어 있는 장자들의 총회와 교회가 되기 때문입니다.

천국시민으로서 우리는 천국의 모든 재산에 대해 공동 권리를 소유하고 있습니다. 그곳의 진주문과 감람석 벽들도 우리의 것입니다. 촛불이나 태양빛이 필요 없는 그 도성의 하늘빛도 우리의 것입니다. 생명수의 강과 그 강가에 심겨진 나무들에서 자라고 있는 12가지 열매들도 우리의 것입니다. 천국에는 우리에게 속하지 않는 것이 아무것도 없습니다. "현재의 것이나 장래의 것"이 모두 우리의 것입니다. 또한 천국시민으로서 우리는 그 즐거움들을 누리게 됩니다. 그들이 거기서 회개하는 죄인들 곧 돌아온 탕자들을 보고 즐거워합니까? 우리도 그렇습니다. 그들이 승리를 가져온 은혜의 영광을 노래하고 있습니까? 우리도 역시 그렇습니다. 그들이 예수님의 발 앞에 그들의 면류관을 벗어놓고 있습니까? 우리 역시 그렇게 할 수 있는 영예를 갖고 있습니다. 그들이 주님의 미소에 만족하고 있습니까? 그것은 땅 아래 거하는 우리에게도 똑같이 만족스럽습니다. 그들이 그분의 재림을 학수고대하고 있습니까? 우리 또한 그분의 오심을 간절히 바라보고 사모하고 있습니다. 따라서 우리가 이같은 천국시민이라면, 우리의 발걸음과 행동은 그 고상한 신분에 어울리는 것이 되어야 합니다.

**저녁이 되고 아침이 되니 이는 첫째 날이니라 - 창세기 1:5**

저녁은 "어둠"이고, 아침은 "빛"이었습니다. 그러나 이 둘이 함께 있을 때에는 오직 빛에 대해 주어지는 이름인 "날"(日)로 불리어졌습니다! 이것은 약간 놀라운 사실이지만, 영적 경험에 비추어보면 정확한 유추라고 할 수 있습니다. 모든 신자의 마음속에는 어둠과 빛이 공존합니다. 그러나 그는 그 안에 죄가 있다는 이유로 죄인으로 불리어지지 않고 약간의 거룩함이 있다는 이유로 성도로 불리어집니다. 이것은 자신의 죄와 허물로 슬퍼하며, "내 안에 이토록 많은 어둠이 존재하는데 어떻게 하나님의 자녀가 될 수 있겠는가?"라고 탄식하는 사람들에게 가장 위로가 되는 사상입니다.

그렇습니다. 당신은, 날(日)처럼, 그 이름이 저녁이 아니라 아침으로부터 취해집니다. 그리고 하나님의 말씀은 당신이 장차 완전히 거룩하게 될 때의 모습이 마치 지금 현재의 모습인 것처럼 말씀합니다. 당신은 비록 현재 어둠 속에 있을지라도 빛의 자녀로 일컬어집니다. 당신은 비록 현재는 그렇지 못하지만 하나님의 눈에 언젠가 유일한 원리를 갖춘 완전한 모습으로 보여진 상태로 그 이름이 붙여집니다.

저녁이 먼저 온다는 사실을 주목하십시오. 당연히 우리는 시간상 먼저 어둠 속에 있고, 종종 불행이 먼저 찾아와 우리를 슬프게 하고, 비참한 모습으로 "하나님이여, 이 죄인에게 긍휼을 베푸소서"하고 부르짖게 됩니다. 아침은 그 다음에 옵니다. 아침은 은혜가 본성을 압도할 때 옵니다. 존 번연은 "마지막에 오는 것이 영원히 지속된다"는 유명한 말을 했습니다. 먼저 오는 것은 나중에 오는 것을 위해 적절한 자리를 마련하고, 그 뒤에 오는 것은 아무것도 없습니다. 마찬가지로 당신은 본성적으로 어둠 속에 있지만, 일단 주 안에서 빛 가운데 들어오면, 그 이후에는 더 이상 저녁이 없습니다. "나시는 네 해가 지지 아니하며"(사 60:20). 이 세상에서 첫째 날은 저녁과 아침입니다. 그러나 둘째 날은 우리가 하나님과 함께할 때 저녁이 없는 날 곧 오직 거룩하고 높고 영원한 한낮이 영원히 지속될 것입니다.

> 잠깐 고난을 당한 너희를 친히 온전하게 하시며 굳건하게 하시며
> 강하게 하시며 터를 견고하게 하시리라 – 베드로전서 5:10

　당신은 창공에 무지개가 아치를 이루어 땅 아래까지 펼쳐져 있는 모양을 본 적이 있을 것입니다. 그 색상들은 아름답고, 그 색조는 참 희한합니다. 그러나 아뿔싸, 그 아름다운 무지개가 사라져버렸습니다. 오, 더 이상 그것이 보이지 않습니다. 그 아름다운 색상들은 사라지고, 양털 같은 구름이 그 위에 있습니다. 하늘은 더 이상 그 아름다운 색조를 비추지 못하고 있습니다. 그것은 그 자리에 없습니다. 어떻게 그럴 수 있겠습니까? 그 아름다운 모습은 빗방울이 떨어진 후 지나가는 햇빛이 그 위를 비추자 나타난 것인데, 어떻게 계속 그 자리에 머물러 있을 수 있겠습니까? 그러나 그리스도인이 받은 은혜는 잠시 아름다운 광경을 보여 주는 무지개를 닮아서는 안 됩니다. 아니 오히려 그 자리에 움직이지 않고, 정착해 있고, 머물러 있어야 합니다.

　오 성도여, 당신이 누리고 있는 모든 좋은 일들이 항상 유지될 수 있도록 구하십시오. 당신의 아름다운 인격이 모래 위에 써놓은 것이 아니라 반석 위에 새겨 놓은 비명이 되게 하십시오! 당신의 믿음을 "기초가 없는 환상의 구조" 위에 세우지 말고, 위선자의 나무와 풀과 짚을 태워버리는 뜨거운 불에 견딜 수 있는 재료 위에 세우도록 하십시오. 당신은 오직 사랑 안에 뿌리를 박고 터를 닦으십시오. 당신의 확신은 깊고, 당신의 사랑은 진실하며, 당신의 소망은 열렬하게 하십시오. 당신은 한평생 지옥의 돌풍과 땅의 폭풍이 한꺼번에 몰아닥친다고 해도 끄떡없을 만큼 믿음 안에 굳게 서서 흔들리지 마십시오. 그러나 "믿음 안에 굳게 서는" 축복을 어떻게 받는지 주목하기 바랍니다. 베드로 사도의 말은 우리에게 고난이 그 축복의 수단임을 강조합니다: "잠깐 고난을 당한 너희를." 거친 바람이 우리에게 불어 닥치지 않는다면 우리가 깊이 뿌리를 박게 되리라고 기대하는 것은 아무 소용이 없습니다. 떡갈나무의 뿌리 부분의 혹과 그 가지들의 이상하게 뒤틀린 흔적들을 보십시오. 그것들은 그 나무를 휩쓸고 간 폭풍들이 얼마나 많았는지를 분명히 보여 줍니다. 그것들은 또한 그 뿌리가 얼마나 깊이 박혀 있는지를 우리에게 가르쳐 줍니다. 마찬가지로 그리스도인은 인생의 시련과 폭풍들을 통해 더 강하게 되고, 더 깊이 뿌리가 박히게 됩니다. 그러므로 시련의 바람이 아무리 거칠게 몰아닥치더라도 겁먹지 마십시오. 아니 오히려 그 거친 훈련을 통해 하나님이 당신에게 유익을 주시리라는 확신을 갖고 위로를 받으십시오.

너희는 이 일을 너희 자녀에게 말하고 너희 자녀는 자기 자녀에게 말하고
그 자녀는 후세에 말할 것이니라 - 요엘서 1:3

하나님의 은혜로써 이 단순한 방법을 통해 진리에 대한 살아있는 증거는 항상 세상 속에 존속되었습니다. 하나님의 백성들은 복음에 대한 증거와 그 기업들에 대한 언약을 후손들에게 전해주어야 했고, 또 그 후손들은 그 다음 후손들에게 전해주어야 했습니다. 이것이 우리의 첫 번째 의무이기 때문에 우리는 가정에서부터 사역을 시작해야 합니다. 가정사역을 실천하지 않는 사람은 잘못된 전파자입니다. 모든 수단을 다해서 이교도들에게 전파하고, 모든 길과 담을 넘어 전해야 하지만, 가정이 우선입니다. 주님이 정한 순서에 역행하는 사람들에게는 화가 있을 것입니다.

우리 자녀들을 가르치는 것은 개인의 의무입니다. 우리는 그것을 주일학교 교사나 다른 사람들의 도움에 맡길 수 없습니다. 이들은 우리를 도울 수 있지만, 우리가 해야 할 이 거룩한 의무를 대신할 수는 없습니다. 대리인과 후견자는 이 경우에는 잘못된 수단입니다. 부모들은 아브라함처럼 가족들에게 하나님을 경외하도록 가르치고, 그 후손들이 지존자의 놀라운 역사들에 관해 말하도록 해야 합니다.

부모의 가르침은 당연한 의무입니다. 자녀들의 존재를 있게 한 부모들만큼 그들의 행복을 돌아볼 자격이 있는 사람이 누구이겠습니까? 우리의 후손을 가르치는 일을 게을리하는 것은 짐승보다 더 못하는 것입니다. 가정사역은 국가와 가성 사세와 하나님의 교회를 위해 필수적인 사역입니다. 갖가지 수단을 동원하여 우리의 영역을 크게 침범하고 있는 로마 가톨릭의 궤계를 저지할 수 있는 가장 효과적인 방책 가운데 하나가 자녀들을 믿음으로 가르치는 것인데, 그것이 거의 무시된 채 방치되고 있습니다. 부모들은 이 문제의 중요성을 절실하게 깨달아야 합니다. 우리 자녀들에게 예수님에 관해 말해 주는 것은 참으로 즐거운 의무인데, 그것이 더욱 그러한 이유는 부모의 기도와 훈계를 통해 자녀들이 구원받는 것이 하나님을 기쁘시게 하는 활동으로 입증되고 있기 때문입니다. 각 가정마다 주님을 영화롭게 하고, 그분의 사랑을 받아들이는 축복이 임하기를 바랍니다.

하나님 아버지 안에서 사랑을 얻고(하나님 아버지에 의해 거룩하게 된) - 유다서 1
그리스도 예수 안에서 거룩하여지고 - 고린도전서 1:2
성령이 거룩하게 하심으로 - 베드로전서 1:2

모든 은혜의 사역들 속에 삼위 하나님의 연합하심이 어떻게 나타나 있는지 주목해 보십시오. 신자들이 삼위 하나님 가운데 어느 한 분이 더 낫다고 말하는 것은 얼마나 어리석을까요! 어떤 사람은 예수님은 모든 것 중에 사랑과 은혜의 화신인 것처럼 생각하고, 성부 하나님은 무자비할 정도로 공의에 투철하고 사랑은 조금도 없는 분으로 간주하는데, 이것은 커다란 잘못입니다. 또 성부 하나님의 작정과 성자 그리스도의 속죄에 대해서는 비중을 크게 두지만, 성령의 사역에 대해서는 과소평가하는 사람들도 있는데, 이것 역시 똑같이 잘못하는 것입니다. 은혜의 활동들 속에서 삼위 하나님 가운데 어느 한 분의 활동이 빠져 있는 경우는 결코 없습니다. 그분들은 그 본질에 있어서 그런 것처럼 활동에 있어서도 하나로 연합되어 있습니다.

택자들을 향하신 그분들의 사랑은 하나이고, 그 중심 원천으로부터 나오는 행위에 있어서도 그분들은 하나로 연합되어 있습니다. 성화 문제를 통해 이 사실을 특별히 살펴봅시다. 우리가 성화를 성령의 사역으로 말할 때 그것은 틀린 말이 아닙니다. 하지만 그 사역에 성부와 성자는 전혀 참여하지 않는 것처럼 보는 것은 주의해야 합니다. 성화를 성부와 성자와 성령의 사역으로 말하는 것이 정확합니다. 여호와 하나님은 지금도 "우리의 형상을 따라 우리의 모양대로 우리가 사람을 만들자"(창 1:26)고 말씀하시고, 그래서 "우리는 그가 만드신 바라 그리스도 예수 안에서 선한 일을 위하여 지으심을 받은 자니 이 일은 하나님이 전에 예비하사 우리로 그 가운데서 행하게 하려 하심입니다"(엡 2:10). 하나님이 참된 거룩을 얼마나 귀하게 여기시는지는 삼위 하나님이 교회를 "오직 흠 없고 점 없는" 상태로 만드시기 위해 공조하시는 사역 속에 잘 나타나 있습니다. 따라서 신자 곧 그리스도를 따르는 자로서 당신도 거룩 곧 정결한 생활과 경건한 대화에 힘써야 합니다. 그리스도의 보혈을 당신의 소망의 근거로 삼으십시오. 그러나 그렇다고 해서 성도들이 빛 가운데서 기업을 누릴 수 있도록 수고하시는 성령의 사역을 무시하면 안 됩니다. 오늘 하루도 우리는 우리 안에서 역사하시는 삼위 하나님의 사역을 드러내는 삶을 살아야 하겠습니다.

그의 천국 — 디모데후서 4:18

위대하신 왕이 다스리는 하늘 저편에 있는 성은 적극적인 섬김의 법이 지배하는 곳입니다. 구속을 받은 영들이 그의 성전에서 밤낮으로 그분을 섬깁니다. 그들은 그들의 왕을 기쁘시게 하는 일을 결코 쉬지 않습니다. 평안을 누리고 염려로부터 해방되었다는 점에서 보면, 그들은 "안식하고" 있지만, 게으름이나 나태함의 의미에서 볼 때에는 결코 "안식하지" 않습니다. 황금으로 만들어진 예루살렘 성은 하나님의 모든 백성들이 교제하는 곳입니다. 우리는 아브라함, 이삭, 그리고 야곱과 영원한 교제를 나누면서 앉아 있을 것입니다. 우리는 하나님의 고귀한 택자들과 고상한 대화를 나누고, 그의 사랑과 전능하신 팔로 그들을 안전하게 본향으로 이끄신 주님과 함께 다스릴 것입니다. 우리는 독창을 부르지 않고 합창대원으로서 우리의 왕을 찬양할 것입니다. 천국은 승리가 실현된 곳입니다. 그리스도인이여, 정욕을 이기는 승리를 이룰 때마다, 즉 치열한 싸움을 통해 시험들을 발로 짓밟아 죽일 때마다 당신은 주님이 장차 그 발로 사탄을 짓밟으실 때 누릴 기쁨을 미리 맛보게 되고, 그때 당신은 당신을 사랑하시는 주님을 통해 정복자보다 더 높은 존재로 격상된 자신을 발견하게 될 것입니다. 낙원은 안전한 곳입니다. 믿음에 대해 충분한 확신을 갖고 있다면, 하늘 예루살렘의 완전한 시민이 될 때 소유하게 될 영광스러운 안전이 지금 당신의 것이 될 것입니다. 오 나의 자랑스러운 본향, 예루살렘아, 그대는 내 영혼의 복된 항구로다! 주님의 사랑이 그대를 바라보도록 나를 가르쳐준 것을 지금도 감사하노라! 하지만 영원히 그대를 소유할 그때에 대해 더 크게 감사하리라!

"내 영혼은 포도열매를 맛본 후
이제 내 사랑하는 주님이 지키고 있고,
그 송이들이 자라고 있는
포도원에 가고 싶다.

풍성하고 싱싱한 포도덩굴에서,
내 굶주린 영혼은 향연을 베풀고,
하늘의 열매로 가득 찬 연회의
영원한 손님이 되리라."

하나님이 요나에게 이르시되 네가 … 내는 것이 어찌 옳으냐 하시니 - 요나서 4:9

성내는 것이 항상 또는 반드시 죄는 아니지만, 그것은 드러날 때마다 사람을 야수처럼 만드는 경향이 있습니다. 따라서 우리는 "네가 성내는 것이 어찌 옳으냐?"라고 질문해 봄으로써 그 성격을 따져보는 것이 중요합니다. 이때 "당연하다"고 대답할 수 있는 경우도 있을 것입니다. 대부분 성내는 것은 미치광이가 들고 있는 횃불과 같습니다. 하지만 때로 그것은 엘리야의 불처럼 하늘에서 내려오는 것일 수도 있습니다. 우리가 선하고 은혜로우신 하나님을 대적하여 범하는 잘못 때문에 죄에 대해 성을 내는 것은 좋은 일입니다. 또 하나님의 말씀에 대해 크게 어리석은 반응을 보이기 때문에 우리 자신에 대해 성을 내는 것도 잘하는 일입니다. 나아가 다른 사람들이 저지르는 악 때문에 그들에게 성내는 것도 좋은 일입니다. 죄악에 대해 성을 내지 않는 사람은 그 죄에 참여하는 자가 됩니다. 죄는 혐오스럽고 증오할 대상으로서, 거듭난 심령은 그것을 절대로 참을 수 없는 법입니다. 하나님 자신도 날마다 악인들에 대해 진노하시고, 성경도 "여호와를 사랑하는 너희여 악을 미워하라"(시 97:10)라고 기록하고 있습니다.

그러나 우리의 성내는 것이 권장할 만하거나 정당하지 못하는 경우가 훨씬 더 많다는 것이 사실은 두려운 일입니다. 이때 우리는 "아닙니다"라고 대답해야 합니다. 왜 우리는 자녀들에게 성을 내고, 아랫사람들에게 짜증을 내며, 동료들에게 분을 냅니까? 이런 성냄이 그리스도인에게 덕이 되거나 하나님께 영광이 됩니까? 그것은 옛 본성의 악이 그 지배욕을 드러내는 것이 아닙니까? 만일 그렇다면 새 본성의 온 힘을 다 발휘해서 그것에 저항해야 하지 않겠습니까? 많은 신앙인들이 저항하는 것은 무익하다는 듯이 분노에 굴복하고 맙니다. 그러나 신자는 모든 면에서 승리자가 되어야 하고, 그렇지 아니하면 면류관을 얻지 못할 것을 유념해야 합니다. 만일 우리가 우리의 기질을 조절할 수 없다면, 은혜가 우리에게 어떻게 역사할 수 있겠습니까? 어떤 사람이 제이(Jay) 씨에게 은혜는 종종 능금나무에 접붙여진다고 말하자 그는 "예, 하지만 그 열매는 능금이 아닙니다"라고 말했습니다. 우리는 본성적 연약함을 죄에 대한 핑곗거리로 삼아서는 안 됩니다. 우리는 십자가로 나아가 주님께 우리의 악한 기질을 못 박고, 그의 형상을 따라 온유하고 겸손한 사람으로 변화시켜 달라고 기도해야 합니다.

> 내가 아뢰는 날에 내 원수들이 물러가리니 이것으로 하나님이
> 내 편이심을 내가 아나이다 - 시편 56:9

어떤 사람의 말로도 "하나님이 내 편이시라"는 복된 말씀의 충분한 의미를 표현하기란 불가능합니다. 하나님은 창세전부터 "우리 편"이셨습니다. 그분은 "우리 편"이셨습니다. 그렇지 않다면 자신의 사랑하는 아들을 내어주시지 아니하셨을 것입니다. 그분은 독생자를 피 흘리게 하시고 그분에게 진노의 무거운 짐을 두셨을 때 "우리 편"이셨습니다. 그분은 자신을 대적하시면서도 "우리 편"이셨습니다. 우리가 타락에 빠져 멸망 가운데 있을 때에도 "우리 편"이셨습니다. 그분은 이 모든 것에도 불구하고 우리를 사랑하셨습니다. 하나님은 우리가 자신을 거역하고, 반항했을 때에도 "우리 편"이셨습니다. 그렇지 않다면 우리가 자신의 얼굴을 보도록 낮아지지 않으셨을 것입니다. 그분은 우리가 다양한 영적 싸움 속에 있을 때에도 "우리 편"이셨습니다. 우리는 무수한 위험에 직면해 왔습니다. 우리는 안팎으로 온갖 시험에 의해 공격을 받아 왔습니다.

만일 하나님이 "우리 편"이 아니셨더라면, 이 순간까지 우리가 어떻게 아무 해를 당하지 않고 존재할 수 있겠습니까? 그분은 자신의 무한하신 존재를 통해, 자신의 전능하신 사랑을 통해, 자신의 무오하신 지혜를 통해, "우리 편"이십니다. 자신의 모든 속성을 동원하여 "우리 편" 곧 영원히 그리고 변함없이 우리 편, 저 푸른 하늘이 낡은 옷처럼 풀어헤쳐질 때에도 우리 편, 영원무궁토록 우리 편이십니다. 그리고 하나님이 "우리 편"이기 때문에 기도의 목소리는 항상 그분의 도우심을 보증합니다 "내가 아뢰는 날에 내 원수들이 물러가리니."

"내가 아나이다" — 이것은 불확실한 희망이 아니라 근거가 확실한 확신입니다. 나는 하나님께 기도를 드릴 때 응답을 고대하며 그것이 이루어질 것을 확신합니다. "하나님이 내 편이시기 때문에" 나의 원수들은 패배를 당할 것입니다. 오 성도여, 당신 곁에 만왕의 왕이 계시니 얼마나 행복합니까! 그 같은 보호자가 계시니 얼마나 안전합니까! 그 같은 변호자가 계시니 당신의 송사는 얼마나 확실합니까! 만일 하나님이 당신 편이시라면, 누가 당신을 대적할 수 있을까요?

네가 정으로 그것을 쪼면 부정하게 함이니라 - 출애굽기 20:25

하나님의 제단은 다듬어지지 않은 돌로 세워져야 했습니다. 그 이유는 인간의 기술이나 수고의 흔적이 그 위에 드러나지 않도록 하기 위함이었습니다. 사람의 지혜는 십자가의 교리를 타락한 본성의 부패한 성향에 아주 적합하고, 극히 인위적인 체계로 다듬고 각색하기를 좋아합니다. 그러나 사람의 지혜는 복음을 바르게 전개시키기보다 오히려 그것을 오염시킵니다. 다른 복음으로 변질시키거나 전혀 하나님의 진리가 아닌 것으로 만들어버립니다. 하나님 자신의 말씀을 변경하거나 수정하는 것은 그것을 더럽히거나 파괴시키는 것입니다. 인간의 교만한 마음은 하나님 앞에서 영혼이 의롭다함을 얻도록 하는데 일조하고 싶어 하고, 그리스도를 위해 뭔가 역할을 하는 것을 꿈꾸며, 겸손과 회개를 신뢰하고, 선행을 칭찬하고, 본성적 힘을 뽐내며, 어떻게든 인간적 수단들을 하나님의 제단 위에 올려놓으려고 애를 씁니다. 죄인들이 인간적 확신들은 구주의 사역을 완전케 하는 것이 아니라 오히려 그것을 오염시키고 불명예스럽게 한다는 것을 기억할 수 있다면 좋을 것입니다.

대속사역에 있어서는 오직 주님만이 높임을 받아야지 인간의 끌이나 망치의 흔적이 조금이라도 들어가서는 안 됩니다. 그리스도 예수께서 운명하시는 순간 다 이루었다고 선언하신 것에 더 덧붙이거나 여호와 하나님이 완전한 화목제물로 받으신 것을 개선하고자 하는 것은 하나님을 모독하는 것입니다. 두려워 떠는 죄인이여, 당신의 연장들을 치우고 겸손히 무릎 꿇고 간구하십시오. 그리고 주 예수님이 당신의 대속 제단이심을 받아들이고, 오직 그분 안에서 안식을 누리십시오.

많은 신앙인들이 오늘 아침 본문을 통해 그들이 믿고 있는 교리들에 관해 경고를 받을 수 있을 것입니다. 그리스도인들 사이에는 진리의 계시들을 바로잡고 조화시키려고 하는 경향이 있는데, 이것은 일종의 불경건과 불신앙입니다. 우리는 그것을 거부하고, 원래 주어진 그대로 진리를 받아들이도록 해야 합니다. 말씀의 교훈들은 다듬어지지 않은 돌들이고, 그래서 그것들이 여호와의 제단을 쌓는데 더 합당하다는 것을 즐거워합시다.

새벽에 막달라 마리아 … 가 무덤을 보려고 갔더니 - 마태복음 28:1

우리는 막달라 마리아를 통해 주 예수님과 어떻게 교제를 나누어야 하는지를 배워야 합니다. 그녀가 어떻게 주님을 찾았는지를 주목하십시오. 그녀는 아주 이른 새벽에 주님을 찾았습니다. 만일 당신이 그리스도를 기다리며 언젠가 그분과 교제할 날이 있을 것이라는 소망으로 견딜 수 있다면, 당신은 전혀 그분과 교제하지 못할 것입니다. 왜냐하면 교제에 합당한 심령은 갈망과 갈급함에 목마른 심령이기 때문입니다. 그녀는 또 그분을 극히 담대한 마음으로 찾았습니다. 다른 제자들은 두렵고 떨리는 마음에 무덤으로부터 도망쳤습니다. 그러나 마리아는 기록된 것처럼 무덤에 "서 있었습니다." 만일 당신이 그리스도와 함께하기를 원한다면 그분을 담대하게 찾으십시오. 절대로 뒤로 도망치지 마십시오. 세상을 무시하십시오. 다른 사람들이 도망치는 곳에서 길을 재촉하십시오. 그리고 마리아는 그리스도를 신실하게 찾았습니다. 그녀는 무덤에 서 있었습니다. 어떤 사람들은 살아계신 구주 곁에 서 있는 것도 어렵다고 하는데, 그녀는 죽은 시체 곁에 서 있었습니다. 그분과 관련된 것이 극히 적더라도, 또 다른 모든 사람들은 그분을 저버릴지라도 신실하게 남아 그녀처럼 이렇게 그리스도를 찾아야 합니다.

더 나아가 그녀가 예수님을 간절하게 찾았다는 것을 주목하십시오. 그녀는 "울며" 서 있었습니다. 그녀의 눈물은 구주를 포로로 삼아 꼼짝없이 그녀 앞에 나타나도록 만든 주문과 같았습니다. 만일 당신이 예수님과 함께하기를 원한다면, 그렇게 우십시오! 만일 당신이 주님이 당신에게 나아와 "너는 내 사랑하는 자라"고 말씀하시기 않는 한 결코 행복할 수 없다면, 당신은 곧 그분의 음성을 듣게 될 것입니다. 마지막으로, 그녀는 오직 구주만 찾았습니다. 그녀는 천사들을 만났지만 그들은 그녀의 관심 밖이었습니다. 그녀의 관심은 오로지 주님뿐이었습니다. 만일 그리스도가 당신의 관심이자 당신의 유일한 사랑이라면, 만일 당신의 마음이 다른 존재들에 대해서는 관심이 없다면, 오래지 않아 그분이 베푸시는 위로를 받게 될 것입니다. 막달라 마리아는 주님을 그토록 사랑했기 때문에 그분을 그토록 애타게 찾았습니다. 우리도 똑같은 사랑의 열정을 가져야 합니다. 우리의 마음도 마리아처럼 그리스도로 가득 차 있어야 하고, 그녀처럼 우리의 사랑도 오직 그분만으로 만족해야 합니다. 오 주여, 이 저녁에 우리에게 당신 자신을 계시하소서!

**불은 끊임이 없이 제단 위에 피워 꺼지지 않게 할지니라 - 레위기 6:13**

개인기도의 제단에 불이 꺼지지 않도록 하십시오. 이것이야말로 모든 경건의 참된 생명이니까요. 성소의 제단들과 가정의 제단들은 여기서 그 불을 빌려갑니다. 그러므로 이 불이 항상 잘 타오르도록 해야 합니다. 개인기도는 생명력 있는 참기독교의 정수요, 증거요, 척도입니다.

당신의 희생제물의 기름을 여기서 태우십시오. 가능하면 당신의 골방에 정기적으로, 자주 그리고 기복 없이 드나드십시오. 응답받는 기도가 훨씬 더 좋습니다. 당신은 기도할 것이 없습니까? 우리는 교회, 목회자, 자신의 영혼, 자녀, 친척, 이웃, 국가를 위해, 그리고 온 세상에 하나님과 진리가 전파되도록 기도해야 합니다. 우리는 이 중요한 기도를 어떻게 하고 있는지 살펴봅시다. 우리는 개인기도에 미온적이지 않습니까? 우리 마음속에 기도의 불꽃이 희미하게 타고 있지는 않습니까? 기도의 마차 바퀴가 무겁게 끌려가고 있지는 않습니까? 만일 그렇다면, 우리는 이 파멸의 징조에 경고를 받아야 합니다. 우리는 울며 나아가 은혜와 간구의 영을 구해야 합니다. 또 우리는 특별한 시간을 정해놓고 특별 기도를 드려야 합니다. 왜냐하면 이 기도의 불이 세상과의 타협이라는 재 아래 묻혀 꺼져버린다면, 가정 제단의 불도 똑같이 꺼지고, 교회와 세상에서의 우리의 영향력도 크게 감소될 것이기 때문입니다.

본문은 또한 마음의 제단에 대해서도 적용됩니다. 이것은 정말 황금제단입니다. 하나님은 그의 백성들의 마음이 자신을 향해 불타오르는 것을 좋아하십니다. 우리는 우리의 마음을 열렬히 불타오르는 사랑을 갖고 하나님께 드리고, 그 불이 결코 꺼지지 않도록 그분의 은혜를 구해야 합니다. 왜냐하면 하나님이 불타오르도록 역사하지 않으신다면 그것은 절대로 타오르지 않기 때문입니다. 무수한 원수들이 그 불을 끄려고 획책할 것입니다. 그러나 보이지 않는 손이 벽 뒤에서 거룩한 기름을 부어주신다면, 그것은 더 높이 활활 타오를 것입니다. 우리는 성경의 본문들을 우리 마음의 불꽃을 태우는 기름으로 사용해야 합니다. 그 말씀들은 살아있는 석탄입니다. 우리는 설교를 많이 들어야 합니다. 그러나 그 무엇보다 홀로 예수님과 함께 있는 시간을 더 많이 가져야 합니다.

예수께서 ··· 막달라 마리아에게 먼저 보이시니 - 마가복음 16:9

예수님이 "막달라 마리아에게 먼저 보이신" 것은 아마 그녀의 지극한 사랑과 끈질긴 찾음 때문이기도 하지만, 문맥이 암시하고 있는 것처럼, 그녀가 그리스도의 구원 능력을 특별히 체험했기 때문일 것입니다. 여기서 우리는 회심하기 전 우리의 죄가 아무리 크다고 할지라도, 그것이 우리가 주님과 함께 누리는 교제에 특별히 방해가 된다고 상상해서는 안 된다는 것을 배우게 됩니다. 그녀는 구주와의 지속적 만남을 위해 모든 것을 버렸습니다. 주님은 그녀에게 첫 번째를 차지하는 곧 가장 중요한 인물이었습니다. 많은 사람들이 그리스도 편에 서 있지만, 그리스도의 십자가는 짊어지지 않습니다. 그러나 그녀는 짊어졌습니다. 그녀는 그분의 필요를 채우기 위해 자신의 물질을 다 바쳤습니다. 만일 우리가 그리스도께 중요한 존재로 보이기를 원한다면, 그분을 섬겨야 합니다. 모든 것을 사랑하는 주님께 드리고, 최고로 그분을 섬기며, 그분의 피가 흐르는 가슴 가까운 곳에 거하는 사람들은 언제나 주님의 사랑의 깃발 아래 앉아 그분과 함께하는 교제의 잔으로 그 물을 충분히 마시는 사람들이리라고 확신합니다. 그러나 그리스도께서 이 슬픔의 여인에게 자신을 어떻게 계시하시는지 주목하기 바랍니다. 그분은 한 마디로 "마리아야"하고 부르셨습니다. 그분의 음성은 한 마디에 불과했지만, 그녀는 즉시 그분을 알아보았고, 그녀는 "주여"라고 말했는데, 그 말 외에 다른 말을 전혀 할 수 없을 정도로 **충성심**이 가슴에 가득했습니다. 그 한 마디는 당연히 가장 시의적절한 말이었습니다. 그 말은 순종을 함축하고 있습니다. 이 충성 고백만큼 뜨거운 마음의 상태를 보여 주는 것은 없습니다. 하지만 당신의 영이 하늘의 불꽃으로 뜨겁게 타오를 때, 당신도 "나는 진실로 주의 종이요 주께서 나의 결박을 푸셨나이다"(시 116:16)라고 말할 것입니다. 만일 당신이 "주여"라고 말할 수 있다면, 당신이 그분의 뜻을 자신의 뜻으로 느낀다면, 당신은 행복하고 거룩한 곳에 서 있는 것입니다. 그분이 먼저 "마리아야"라고 부르신 것이 틀림없습니다. 그렇지 않다면 그녀는 "주여"라고 부를 수 없었을 것입니다. 그렇다면 이 모든 것들을 통해 그리스도께서 자신을 영예롭게 하는 자들을 얼마나 영예롭게 하시는지, 자신을 사랑하는 자들을 얼마나 사랑하시는지, 또 단 한 마디 말씀으로 어떻게 우리의 슬픔을 기쁨으로 바꾸시는지, 친히 함께하심으로써 얼마나 우리의 마음을 환하게 비추시는지를 보십시오.

무리가 아침마다 각 사람은 먹을 만큼만 거두었고 - 출애굽기 16:21

당신의 즐거움이 충만하게 유지되도록 하기 위해서는 주님의 선하신 뜻과 기쁨에 전적으로 의존하는 마음을 항상 지속하도록 노력하십시오. 절대로 묵은 만나를 먹고 살려고 애쓰지 마십시오. 또 애굽으로 도움을 청하러 가지도 마십시오. 모든 것은 예수님으로부터 와야 합니다. 그렇지 아니하면 당신은 영원히 기갈에 빠질 것입니다. 옛날에 발랐던 기름으로는 당신의 영에 충분한 기름을 부어주지 못할 것입니다. 당신의 머리에는 성소의 금뿔에서 나오는 신선한 기름이 부어져야 합니다. 그렇지 아니하면 그것은 그 영광을 멈추고 말 것입니다. 오늘 당신은 하나님의 산꼭대기에 있을 수 있습니다. 하지만 당신을 거기에 두신 분이 계속 당신을 붙들어주셔야 합니다. 그렇지 아니하면 당신은 생각했던 것보다 훨씬 더 빠른 속도로 추락하고 말 것입니다. 당신이 오르는 산은 단지 그분이 그것을 그 자리에 고정시켜 주실 때에만 견고히 서 있을 수 있습니다. 만일 그분이 자신의 얼굴을 숨기신다면, 당신은 곧 곤경 속에 빠질 것입니다. 만일 구주께서 그것을 합당하게 여기신다면, 그분이 순식간에 어둡게 할 수 없는 천국의 빛을 볼 수 있는 창문은 없습니다. 여호수아는 태양을 멈추게 했지만 예수님은 그것을 완전한 어둠 속에 빠뜨릴 수도 있습니다. 그분은 당신의 마음에서 기쁨을, 당신의 눈에서 빛을, 당신의 삶에서 힘을 거두어갈 수 있습니다. 당신의 위로는 그분 손 안에 있고, 그분은 자신의 뜻대로 그것을 당신에게서 빼앗아 가실 수 있습니다. 우리는 매순간 주님께 의존하는 것이 모든 것을 결정한다는 사실을 느끼고 깨달아야 합니다. 그것은 오직 그분만이 우리가 "일용할 양식"을 위해 기도하는 것을 들어주시고, "네가 사는 날을 따라서 능력이 있으리로다"(신 33:25)는 약속을 주시기 때문입니다. 그렇다면 우리가 자주 그분의 보좌로 달려가 지속적으로 그분의 사랑을 확인하는 것이 우리에게는 최선이 아니겠습니까? 오! 우리에게 그렇게 끊임없이 주어지는 은혜는 얼마나 풍성한지요! 그런데 우리가 감사하지 않기 때문에 그 은혜를 제한하고 있지는 않은지요! 그분의 보배로운 소낙비는 절대로 그치지 않고, 그분의 축복의 구름 역시 우리가 거하는 곳에 항상 떠있습니다. 오 주 예수여, 우리는 당신이 없으면 아무것도 할 수 없는 전적 무능력을 깨닫고 당신의 발 앞에 무릎을 꿇습니다. 그리고 우리가 받는 모든 은혜 속에서 당신의 복되신 이름을 찬송하고, 당신의 무한하신 사랑을 송축합니다.

> 주께서 일어나사 시온을 긍휼히 여기시리니 지금은 그에게 은혜를 베푸실
> 때라 정한 기한이 다가옴이니이다 주의 종들이 시온의 돌들을 즐거워하며
> 그의 티끌도 은혜를 받나이다 - 시편 102:13,14

이기적인 사람은 환난 속에 있을 때 위로받기가 더 힘이 듭니다. 왜냐하면 그는 위로의 원천을 전적으로 그 자신 안에 두고 있기 때문입니다. 그래서 슬픔에 빠지면, 그의 모든 원천들은 마르고 맙니다. 그러나 기독교적 사랑으로 충만한 큰 마음의 소유자들은 내면의 원천들 외에 또 다른 위로의 원천을 갖고 있습니다. 그는 무엇보다 먼저 그의 하나님께 나아가고, 거기서 충분한 도움을 받을 수 있습니다. 또 그는 세상 전체, 그의 나라, 그리고 무엇보다 교회와 관련된 문제들에 있어서 위로받을 수 있는 근거를 발견할 수 있습니다.

이 시편에서 다윗은 큰 슬픔에 빠져 있었습니다. 그는 "나는 광야의 올빼미 같고 … 내가 밤을 새우니 지붕 위의 외로운 참새 같으니이다"라고 고백했습니다. 그가 위로받을 수 있는 유일한 길은 하나님이 시온을 일으켜 긍휼을 베푸실 것을 묵상하는데 있었습니다. 그는 슬픔 속에 있었지만 시온은 번성할 것입니다. 자신의 상태는 아무리 비천할지라도 시온은 일어설 것입니다.

그리스도인이여! 하나님이 교회를 은혜로 대하시는 것에서 위로를 받으십시오. 당신의 주님에게 그토록 소중한 것이 당신에게도 그 무엇보다 소중한 것이 아니겠습니까? 비록 당신의 인생이 어둠 속에 있을지라도 당신은 주님의 십자가의 승리와 그분의 진리의 전파에 대해 마음으로 기뻐할 수 있지 않습니까? 우리 자신의 개인적 고통들은 하나님이 시온을 위해 행하셨고, 또 행하시는 역사와 앞으로 그의 교회를 위해 그분이 행하실 영광의 일들을 바라보면 잊혀질 것입니다.

오 성도여, 마음이 슬프고 영이 답답할 때마다 이 영수증을 시험해 보십시오. 당신 자신과 당신이 사소한 염려들을 잊고 시온의 행복과 번영을 구하십시오. 무릎 꿇고 하나님께 기도할 때, 기도의 내용을 당신 자신의 인생에 관한 문제로 제한하지 말고 가능한 한 교회의 부흥을 위해 간구하십시오. "예루살렘을 위하여 평안을 구하라"(시 122:6). 그러면 당신 자신의 영혼이 새 힘을 얻을 것입니다.

**하나님의 사랑하심을 받은 형제들아 너희를 택하심을 아노라 - 데살로니가전서 1:4**

많은 사람들이 그리스도를 바라보기 전에 자기들이 선택받았는지 그 여부를 알기 원합니다. 그러나 그런다고 알 수는 없습니다. 그것은 다만 "예수님을 바라보는 것"으로서 발견될 수 있기 때문입니다. 만일 당신이 자신의 선택을 확신하기를 원한다면, 다음과 같은 방법으로 하나님 앞에서 당신의 마음의 확신을 얻으십시오. 당신은 상실되고 죄를 범한 죄인이라고 스스로 느끼고 있습니까? 그렇다면 곧장 그리스도의 십자가로 가십시오. 가서 예수님께 자신의 상태를 말씀드리고, 성경에서 "내게 오는 자는 내가 결코 내쫓지 아니하리라"(요 6:37)는 말씀을 읽었다고 아뢰십시오. 성경에 "미쁘다 모든 사람이 받을 만한 이 말이여 그리스도 예수께서 죄인을 구원하시려고 세상에 임하셨다 하였도다"(딤전 1:15)고 하신 말씀을 그분께 아뢰십시오. 예수님을 바라보고 그분을 믿으십시오. 그러면 당신은 당신이 선택받은 것에 대해 직접적인 증거를 얻게 될 것입니다. 당신이 믿는 것만큼 당신의 선택도 확실하기 때문입니다. 만일 당신이 자신을 그리스도께 전적으로 의탁하고 그분을 신뢰한다면, 당신은 하나님의 택함 받은 자들 가운데 하나입니다. 그러나 당신이 그러기 전에 "나는 먼저 내가 택함 받았는지 알고 싶다"고 말한다면, 무엇인지도 모르는 것을 구하는 것이 됩니다. 죄책감에 시달리지 말고 있는 모습 그대로 예수님께 나아가십시오. 선택에 관한 미심쩍은 의문들은 모두 버리십시오. 그리고 곧장 그리스도께 나아가 그분의 상처 안에 숨으십시오. 그러면 당신은 자신의 선택을 깨닫게 될 것입니다. 성령의 보증이 당신에게 주어지고, 그리하여 "내가 믿는 자를 내가 알고 또한 내가 의탁한 것을 그날까지 그가 능히 지키실 줄을 확신함이라"(딤후 1:12)고 말할 수 있을 것입니다. 그리스도는 선택을 결정하는 영원한 회의에 참석하셨습니다. 그분은 당신에게 당신이 선택받았는지의 여부를 말씀해 주실 수 있습니다. 하지만 당신은 다른 방법으로는 절대로 알 수 없습니다. 그러므로 그분을 믿고 그분께 나아가십시오. 그러면 당신은 "내가 영원한 사랑으로 너를 사랑하기에 인자함으로 너를 이끌었다"(렘 31:3)는 그분의 대답을 듣게 될 것입니다. 당신이 그분을 선택했을 때, 그분이 당신을 선택하신 것은 추호도 의심이 없습니다.

> "예수 그리스도를 믿는 우리가
> 하나님의 택함받은 자녀라."

그들 중 하나도 도망하지 못하게 하라 - 열왕기상 18:40

　　기도 응답을 받아 모든 백성들 앞에서 하늘로부터 불이 내려와 희생제물을 불살랐을 때, 선지자 엘리야는 이스라엘 백성들에게 바알 제사장들을 잡아 "그들 중 하나도 도망하지 못하게 하라"고 단호하게 외쳤습니다. 그는 그들을 모두 기손 시내로 데리고 가 죽였습니다. 그것은 우리의 죄에 대해서도 마찬가지입니다. 우리의 죄들도 하나도 남김없이 사형에 처해져야 합니다. 우리가 집착하는 죄는 죽어야 합니다. 아무리 살려달라고 외치더라도 봐주지 마십시오. 아브라함이 사랑하는 이삭에게 했던 것처럼 과감하게 내려치십시오. 하나님이 자기 아들 위에 두어진 죄에 대해 그러하신 것처럼 단호하게 죄를 박살내십시오. 단호한 의지를 갖고 당신은 과거 마음의 우상이었던 죄에 대해 사형을 언도해야 합니다.

　　당신은 이 일을 어떻게 처리해야 할지 물어봅니까? 예수님은 당신의 능력이 되어주실 것입니다. 당신은 은혜언약을 통해 죄를 극복할 은혜를 갖고 있습니다. 당신은 그리스도 예수께서 끝까지 당신과 함께하시겠다고 약속하셨기 때문에 내면의 정욕에 대항하여 싸우는 싸움에서 십자가의 능력으로 승리할 것입니다. 만일 당신이 어둠을 이기고 승리하려면, 의의 태양이신 주님과 함께 해야 합니다. 하나님 앞에서 만큼 죄를 발견하고 그 죄의 힘과 죄책을 이겨낼 능력을 얻을 수 있는 곳은 없습니다.

　　욥은 믿음의 눈으로 하나님을 바라보는 것만큼 죄를 극복할 방법을 알지 못했습니다. 그래서 그는 자기를 부인하고, 흙과 재 가운데서 회개했습니다. 그리스도인의 정금도 종종 그 빛을 잃는 법입니다. 그러므로 우리는 불순물을 제거하는 거룩한 불이 필요합니다. 우리는 우리 하나님께 나아가야 합니다. 그분은 소멸하는 불이기 때문입니다. 그분은 우리의 영이 아니라 우리의 죄를 소멸하십니다. 하나님의 선하심은 우리 안에 거룩한 질투를 불러일으키고, 하나님이 보시기에 악한 죄악들을 대항하여 거룩한 싸움을 하도록 인도합니다. 그분의 힘으로 아말렉과 싸우기 위해 진군하십시오. 그래서 저주받은 무리들을 완전히 박살내십시오. 그들 중 하나도 도망하지 못하게 하십시오.

그들은 기를 따라 후대로 행진할지니라 - 민수기 2:31

단의 진영은 이스라엘 군대가 행군할 때 후대에 서도록 배치되었습니다. 단 지파는 맨뒷자리를 차지했습니다. 그러나 선두에 선 지파들과 똑같이 그 군대에 속해 있었기 때문에 그 위치는 아무 문제가 되지 않았습니다. 그들은 똑같은 구름기둥을 따라갔고, 똑같은 만나를 먹고, 똑같은 영적 반석의 물을 마셨으며, 똑같은 기업을 위해 여행을 했습니다. 내 마음아, 그대가 비록 꼴찌에 보잘것없는 존재라 해도 힘을 내라. 그 군대에 속해 선두에 선 자들과 함께 행군하고 있는 것도 그대의 특권이다. 누군가는 명예나 명성에 있어서 후미에 있어야 하고, 누군가는 예수님을 위해 비천한 일을 담당해야 하는데, 왜 내가 되어서는 안 되겠습니까? 가난한 마을의 무식한 농부들 사이에서, 또는 후미진 뒷골목의 천박한 죄인들 틈에서 나는 일하고 싶고, "후대로 행진할 것입니다."

단 지파는 아주 유용한 자리를 차지했습니다. 그들은 낙오자가 생기면 그들을 행렬 속으로 다시 끌어들이고, 앞에 선 지파들이 들판에 놓고 가는 물건들이 있으면 그것들을 주워 모아야 했습니다. 뜨거운 영을 가진 사람들은 새로운 진리를 배우거나 더 많은 영혼들을 예수님께 인도하기 위해 아무도 밟아보지 못한 길을 씩씩하게 나아갈 수 있습니다. 그러나 보다 보수적인 영을 가진 사람들은 교회에서 전통적 신앙을 상기시키고, 침체에 빠진 영혼들을 회복시키는데 더 크게 쓰임받을 수 있습니다. 어느 자리든 그 나름대로 해야 할 의무가 있습니다. 천천히 움직이는 하나님의 자녀들은 전체 군대에 특별히 축복을 가져오는 그들만의 특수한 역할을 감당할 수 있습니다.

후대는 위험한 자리입니다. 우리 앞과 마찬가지로 우리 뒤에도 원수들이 있습니다. 공격은 사방으로부터 올 수 있습니다. 아말렉이 이스라엘을 공격했을 때, 후대에 있는 사람들을 습격해 죽였습니다. 경험이 많은 그리스도인은 자신의 무기를 잘 다듬어, 의심과 낙심과 망설임 속에 있는 연약한 성도들 — 곧 믿음과 지식과 기쁨에서 후미에 있는 사람들 — 을 돕는데 사용할 것입니다. 이 연약한 자들을 돕지 않고 그냥 내버려두어서는 안 되기 때문에 잘 훈련된 성도들이 후미에 그 자리를 정하고 거기서 자신의 임무를 감당하지 않으면 안 됩니다. 내 영혼아, 오늘은 후대에 있는 사람들을 도울 것이 없는지 유심히 살펴보라.

피차에 부딪치지 아니하고 각기 자기의 길로 나아가며 - 요엘서 2:8

메뚜기들은 항상 그 서열을 유지하고, 비록 그 수가 무수히 많다 해도 서로 밀어내지 아니하고 혼란에 빠지지 않습니다. 자연계에 속한 피조물들이 보여 주는 이 놀라운 사실은 주님이 그의 우주 속에 질서의 영을 얼마나 철저하게 불어넣으셨는지를 잘 보여 줍니다. 이것은 천체나 천사들에서부터 가장 미세한 피조물들에 이르기까지 다 해당됩니다. 신자들도 영적 생활을 유지하는데 있어서 똑같은 영의 지배를 받는 것이 지혜롭습니다.

하나님이 베푸시는 은혜들에 있어서, 한 은혜가 다른 은혜를 침범하거나 자신의 보존을 위해 다른 생명들을 잡아먹어서도 안 됩니다. 사랑이 정직을 저지해서는 안 되고, 용기가 연약함을 길 밖으로 밀어내서도 안 됩니다. 또 겸손이 힘을 밀어제쳐서도 안 되고, 인내가 결단을 죽여서도 안됩니다.

이것은 우리의 의무들에 있어서도 마찬가지입니다. 한 의무가 다른 의무를 방해해서는 안 됩니다. 공공의 유익이 개인의 경건을 훼손해서는 안 되고, 교회활동이 가정사역을 궁지로 몰아서는 안 됩니다. 다른 의무를 희생시키면서 하나님께 드려지는 의무는 악덕입니다. 각각의 일은 그 적절한 때 지켜져야 아름답지, 그렇지 아니하면 소용없습니다. 예수님은 바리새인들에게 "그러나 이것도 행하고 저것도 버리지 말아야 할지니라"(마 23:23)고 말씀하셨습니다.

똑같은 법칙이 우리의 개인적 태도에 대해서도 적용됩니다. 우리는 우리의 위치를 바로 알고, 그것을 차지하고, 그것을 지키도록 조심해야 합니다. 우리는 성령이 주신 능력을 따라 사역할 때 다른 사역자들의 영역을 침범해서는 안 됩니다. 우리 주 예수님은 우리에게 높은 자리를 탐내지 말고, 형제 중에 가장 낮은 자리를 취하는 자가 되도록 가르치셨습니다. 우리는 탐욕적이고, 야심에 찬 영을 멀리해야 합니다. 우리는 주님의 명령을 존중하고, 그분이 우리에게 명하신 대로 행하되, 다른 지체들과 조화를 이루어야 합니다. 오늘 밤 우리는 평안의 매는 줄로 성령의 하나되게 하신 것을 힘써 지키고 있는지 살펴보고, 주 예수님의 모든 교회 안에서 평화와 질서가 충만하도록 기도해야 합니다.

우리 하나님 여호와께서 그의 영광과 위엄을 우리에게 보이시매 - 신명기 5:24

자신의 모든 사역을 통해 하나님의 위대하신 계획은 그분 자신의 영광을 드러내는데 있습니다. 이것 이상으로 그분에게 더 가치 있는 목적은 없습니다. 그러나 하나님의 영광이 우리 같이 타락한 피조물들에게 어떻게 나타날 수 있을까요? 인간의 눈은 한결같지 않아서 항상 자기 자신의 영광을 추구하고, 자기 자신의 힘을 과신하며, 그러기에 주님의 영광을 보지 못합니다. 따라서 하나님이 높임을 받을 수 있는 여지를 만들기 위해서는 자아가 그 길을 비켜주어야 합니다. 이것이 그분이 그의 백성들을 종종 질곡과 곤경 속에 빠뜨리시는 이유입니다. 말하자면 그들 자신의 어리석음과 연약함을 깨닫도록 해서 하나님이 그들의 구원을 역사하실 때 그 위엄을 적절히 볼 수 있도록 하시기 위함입니다. 그 인생이 평이하고 평탄한 사람은 주님의 영광을 거의 보지 못할 것입니다. 왜냐하면 그는 자기를 비울 기회를 거의 갖지 못하고, 그래서 그 빈 자리에 하나님의 계시를 채울 수 없기 때문입니다.

물이 적은 강이나 얕은 시내를 건너는 사람들은 폭풍우 속에서 만나는 하나님에 관해서는 거의 모릅니다. 그러나 "큰 강물을 접해본" 사람들은 하나님이 "심연 속에서 펼치시는 놀라운 일들"을 봅니다. 우리는 사별이나 가난, 시험, 그리고 치욕과 같은 거대한 대양의 파고 속에 있을 때, 여호와의 능력을 배웁니다. 그때 우리는 인간의 무가치함을 발견하기 때문입니다.

그러므로 당신이 거친 길로 인도받을 때 하나님께 감사하십시오. 당신이 하나님의 위대하심과 인자하심에 대해 체험할 때는 바로 이때입니다. 당신은 환난을 통해 다른 방법으로는 절대로 얻을 수 없는 부요한 지식을 얻었습니다. 당신에게 시련은 여호와께서 그의 종 모세에게 그러셨던 것처럼 하나님의 영광이 지나갈 때 그것을 볼 수 있도록 당신에게 두신 반석의 갈라진 틈과 같은 것이었습니다. 당신이 지금까지 계속 평탄한 삶을 살아왔기 때문에 어둠과 무지 속에 들어간 적이 없다면 하나님을 찬양하십시오. 하지만 커다란 고통의 싸움 속에 있다면 당신을 다루시는 하나님의 기이하신 역사 속에서 그분의 영광의 광채를 보게 된 것에 대해 또 그분을 찬양하기 바랍니다.

**상한 갈대를 꺾지 아니하며 꺼져가는 심지를 끄지 아니하기를 - 마태복음 12:20**

상한 갈대나 꺼져가는 심지보다 더 약한 것이 무엇일까요? 늪지나 습지에서 자라는 갈대는 야생 오리가 건드리기만 해도 부러지고 맙니다. 또 사람의 발길에 살짝 채이기만 해도 상하고 꺾이고 맙니다. 또 강가를 스치는 바람이 조금만 불어도 이리저리 흔들거립니다. 당신은 상한 갈대만큼 부러지거나 상하기 쉬운 것은 없고, 또는 그 존재만큼 위험 속에 있는 것은 아무것도 없다는 것을 알 것입니다. 또한 꺼져가는 심지를 보십시오. 그것은 어떻습니까? 그것은 그 안에 불씨를 갖고 있는 것이 사실이지만, 거의 꺼져가는 상태 속에 있습니다. 어린아이가 혹 불기만 해도 그것을 꺼지고 말 것입니다. 그 불꽃보다 불확실한 상태에 있는 것은 없습니다. 이렇게 약한 것들로 묘사된 것들에 대해 예수님은 "상한 갈대를 꺾지 아니하며 꺼져가는 심지를 끄지 아니하겠다"고 말씀하십니다.

어떤 하나님의 자녀들은 아주 강한 힘을 갖고 있어서 하나님을 위해 큰일을 할 수 있습니다. 하나님은 여기저기에 가사의 기둥들을 뽑아 그것들을 언덕 위로 메고 갈 수 있는 그의 삼손들을 갖고 계십니다. 그분은 사자 같은 힘을 가진 사람들을 일부 갖고 계십니다. 그러나 그의 대부분의 백성들은 겁이 많고 두려움이 많은 사람들입니다. 그들은 지나갈 때마다 깜짝 놀라는 겁쟁이들 곧 두려워 떠는 양 떼들과 같습니다. 시험이 올 때 그들은 덫에 걸린 새처럼 겁에 질려 퍼덕거립니다. 시련이 위협할 때 그들은 겁먹을 준비부터 합니다. 그들의 작은 배는 파도가 칠 때마다 이리저리 흔들거리고, 바다새가 파도 물결을 따라 표류하는 것처럼 흘러 다닙니다. 그들은 연약한 존재들로서, 힘도 없고 지혜도 없고 예지도 없습니다. 그러나 그들은 아무리 연약할지라도, 바로 그토록 연약하기 때문에 그들에게 특별한 이 약속이 주어졌습니다. 이 안에는 얼마나 놀라운 은혜가 남겨있을까요! 이 안에는 얼마나 놀라운 사랑이 담겨져 있을까요! 그것은 어떻게 우리를 예수님의 사랑으로 이끌까요! 참으로 자비롭고 인자하고 사려깊은 사랑이지요! 그러므로 우리는 절대로 그분이 다가오실 때 움츠러들 필요가 없습니다. 우리는 그분에게서 혹독한 말을 들을까봐 걱정할 필요가 없습니다. 우리의 연약함에 대해 책망하시는 것이 당연하지만, 그분은 절대로 그렇게 하시지 않습니다. 그분은 절대로 상한 갈대에 바람을 불게 하거나, 꺼져가는 심지에 찬 물을 끼얹지 아니하십니다.

우리 기업의 보증 - 에베소서 1:14

오! 예수님만, 오직 예수님만 먹고 사는 법을 알고 있는 사람은 얼마나 놀라운 마음의 조명과 기쁨과 위로와 즐거움이 주어질까요! 그러나 우리가 이 세상에서 그리스도의 보배로움에 관해 갖고 있는 깨달음은 아무리 깊다고 해도 불완전합니다. 과거의 한 학자가 "그것은 단지 맛보기에 지나지 않는다!"고 말한 것처럼, 우리는 "주의 은혜로우심"을 맛보았을 뿐입니다. 하지만 비록 그분의 따스한 사랑에 관해 알고 있는 것으로 그것을 더욱 간절히 사모하게 되지만, 그렇다고 해도 그분이 얼마나 선하시고 은혜로운 분인지는 아직 다 모릅니다. 우리는 성령의 열매를 맛보았고, 그것들은 우리로 하여금 더 맛좋은 하늘의 포도주를 사모하고 갈구하도록 만들었습니다. 속으로 탄식하며 양자될 것을 기다리고 있습니다.

여기서 우리는 광야의 이스라엘 백성들과 같습니다. 그들은 에스골 골짜기에서 포도 한 송이밖에 갖지 못했습니다. 그러나 거기서 우리는 포도원 안에 거하게 될 것입니다. 또 여기서 우리는 깟씨처럼 하늘에서 떨어지는 만나를 먹지만, 거기서 우리는 천국의 떡과 그 나라의 오래된 열매를 먹을 것입니다. 우리는 현재 영적 지식의 수준이 초보자에 불과합니다. 왜냐하면 우리가 알파벳의 글자들은 배웠으나 아직 단어도 읽지 못하는 수준이고, 더더욱 문장을 만드는 실력은 상상도 할 수 없기 때문입니다. 그러나 어떤 사람이 말한 것처럼 "천국에서 5분간 거했던 사람은 이 땅에 사는 하나님의 전체 백성들이 알고 있는 것보다 더 많이 알고 있습니다." 우리는 현재 이루어지지 않은 무수한 소원들을 갖고 있지만 곧 모든 소원이 이루어질 것입니다. 또 우리의 모든 힘들은 영원한 기쁨의 세계에서 충분히 그 능력을 발휘하게 될 것입니다. 오 그리스도인이여, 얼마 후면 갈 천국을 상상해 보십시오. 조만간 당신의 시련들과 고난들은 완전히 사라질 것입니다. 지금 눈물로 가득 차 있는 당신의 눈은 더 이상 울 일이 없을 것입니다. 당신은 말할 수 없는 황홀경 속에서 보좌에 앉아계시는 하나님의 영광의 광채를 보게 될 것입니다. 아니 그것이 전부가 아닙니다. 당신도 그분의 보좌에 앉게 될 것입니다. 그분의 영광의 승리를 당신도 함께 누리게 될 것입니다. 그분의 면류관, 그분의 기쁨, 그분의 낙원, 이 모든 것들이 당신의 것이 될 것입니다. 당신은 만물의 후사이신 그분과 함께 공동상속자가 될 것입니다.

네가 시홀의 물을 마시려고 애굽으로 가는 길에 있음은 어찌 됨이며 - 예레미야서 2:18

여호와는 무수한 이적들, 다양한 자비들, 희한한 구원들을 베푸심으로써 자신이 이스라엘의 신뢰를 받을 만한 분임을 입증하셨습니다. 그러나 그들은 하나님이 거룩한 동산으로서 그들을 둘러싸고 있던 울타리를 허물어버렸습니다. 그들은 그들의 살아계신 참 하나님을 저버리고 거짓 신들을 따라갔습니다. 여호와는 이 우상숭배로 말미암아 그들을 끊임없이 책망하셨고, 오늘 본문은 하나님이 그들과 논쟁하시는 한 장면을 담고 있습니다: "네가 시홀(나일)의 물을 마시려고 애굽으로 가는 길에 있음은 어찌 됨이냐?" 본문은 또한 다음과 같이 해석될 수도 있습니다: "네가 레바논으로부터 나오는 시원한 물을 떠나 멀리 방황하는 것은 어찌 됨이냐? 네가 놉과 다바네스로 피하여 예루살렘을 저버리는 것은 어찌 됨이냐? 네가 선하고 건전한 일에 만족하지 아니하고 악하고 속이는 일을 따라감으로써 그토록 희한하게 죄의 길에 서 있는 것이 어찌 됨이냐?"

여기에 그리스도인에게 주는 훈계와 경고가 없습니까? 오 은혜로 부르심을 받아 예수님의 보혈로 씻음 받은 참 신자여, 당신은 이 세상의 쾌락이 당신에게 주는 흙탕물보다 훨씬 더 나은 음료를 맛본 사람입니다. 당신은 그리스도와 교제를 나눈 사람입니다. 당신은 예수님을 만나는 즐거움을 알고, 그분의 가슴에 머리를 기댄 사람입니다. 그런데도 당신은 이 세상의 하찮은 것들, 곧 그 노래들, 그 영광들, 그 환락들로 만족하십니까? 당신은 천사들이 주는 떡을 먹고 살았는데, 세상이 주는 부스러기들을 먹고 살 수 있습니까?

신실한 러더퍼드는 언젠가 이렇게 말했습니다: "나는 그리스도라는 만나를 맛보았다. 그 후로 나는 이 세상의 기쁨이라는 갈색 빵은 맛이 없어 먹지 않았다." 당신도 그렇게 되어야 한다고 생각합니다. 만일 당신이 애굽의 강들을 따라 방황하고 있다면, 오 이서 빨리 그 유일하신 생명의 샘으로 돌아오십시오. 시홀의 물은 애굽인들에게는 맛이 있을지 모르지만, 당신에게는 단지 쓰디쓴 맛일 뿐입니다. 그런데 어떻게 그것들을 마시겠습니까? 오늘 저녁 예수님이 당신에게 "네가 시홀의 물을 마시려고 애굽으로 가는 길에 있음은 어찌 됨이냐?"라고 묻고 계십니다. 당신은 이 질문에 어떻게 대답하겠습니까?

딸 예루살렘이 너를 향하여 머리를 흔들었느니라 - 이사야서 37:22

두려움에 떨던 연약한 시온의 백성들은 하나님의 말씀으로 힘을 얻고 담대해져 산헤립의 오만한 위협에도 굴하지 아니하고 머리를 좌우로 흔들었습니다. 하나님의 종들은 강한 믿음을 가지면 아무리 포악한 원수라도 담담한 심정으로 내려다 볼 수 있게 됩니다. 우리는 원수들이 불가능한 일을 시도하고 있다는 것을 알고 있습니다. 그들은 예수님이 살아계시는 한 절대로 죽일 수 없는 영생을 파멸시키려고 획책합니다. 또 그들은 음부의 권세들이 결코 이길 수 없는 교회라는 성채를 넘어뜨리려고 시도합니다. 그들은 뾰족 튀어나온 것들을 발로 차 결국 스스로 상처를 입습니다. 여호와의 방패의 돌기들을 향해 돌진했다가 자기들이 다치고 맙니다.

우리는 그들의 약점을 알고 있습니다. 그들은 단지 사람에 불과하지 않습니까? 그리고 사람은 벌레와 같은 존재가 아닙니까? 그들은 바다의 파도처럼 거품을 물고 으르렁거리며 달려들지만, 결국 자기들이 수치를 당하고 맙니다. 주님이 일어나시면, 그들은 바람 앞의 겨처럼 날아가고, 바싹 마른 가시나무들처럼 불에 타버리고 말 것입니다. 그들은 하나님의 주장과 그분의 진리를 무산시키기에는 전적으로 무력하기 때문에 아무리 힘없는 시온의 군사들이라 할지라도 그들을 조롱하고 경멸할 수 있습니다.

무엇보다도, 우리는 지존자께서 우리와 함께하신다는 것을 알고 있습니다. 그분이 전투를 위해 무장하고 계시는데, 그 원수들이 어디 있습니까? 만일 그분이 그 처소에서 나오신다면, 땅의 질그릇 조각들은 그 조물주와 절대로 오랫동안 다투지 못할 것입니다. 그분의 철 채찍이 그들을 질그릇처럼 산산조각 박살내버리고, 그래서 그들에 대한 기억은 땅에서 영원히 사라질 것입니다. 그러므로 모든 두려움을 버리십시오. 나라가 왕의 손에 있을 때는 안전합니다. 우리는 주 하나님이 다스리시면 그의 원수들은 퇴비용 지푸라기처럼 될 것이라고 기쁨으로 외쳐야 합니다.

"땅도, 지옥도, 그 모든 일당들도, 우리를 이길 수 없다는 것은
하나님의 말씀만큼이나 참된 사실이다.
그들의 조롱과 조소가 더 심해진다 해도 하나님은 우리와 함께 계시고,
우리는 그분의 것이니 우리의 승리는 확실하도다."

*내가 어찌하여 … 슬프게 다니나이까 - 시편 42:9*

신자여, 당신은 이 질문에 응답할 수 없습니까? 당신은 너무나 자주 기쁨 대신 슬픔에 빠질 어떤 이유가 있습니까? 왜 비관적인 예감에 굴복합니까? 누가 당신에게 밤이 끝나지 않고 계속될 것이라고 말했습니까? 누가 당신에게 환경의 바다에서 물이 계속 빠져나가 끔찍한 가난의 흙탕밖에 남지 않을 것이라고 말했습니까? 누가 당신에게 불만의 겨울이 시작되어 서리 위에 서리가 내리고, 눈과 얼음과 우박 위에 더 심한 눈이 내려, 그것이 절망의 폭설이 될 때까지 계속되리라고 말했습니까? 당신은 밤이 오면 낮이 오고, 썰물 뒤에는 밀물이 오며, 겨울 다음에는 봄과 여름이 온다는 것을 알고 있지 않습니까? 그렇다면 당신에게 소망이 있습니다! 계속 소망을 가지십시오! 왜냐하면 하나님은 결코 당신을 망하지 않게 하실 것이기 때문입니다.

당신은 당신의 하나님이 이 모든 것들 속에서 당신을 사랑하신다는 것을 알고 있지 않습니까? 산들은 어둠 속에 묻혀 있을 때에도 역시 밝은 낮처럼 실재합니다. 하나님의 사랑도 당신이 즐거운 순간에 있을 때와 똑같이 지금도 진실하십니다. 아버지가 항상 징계를 내리시는 것은 아닙니다. 당신의 주님도 당신만큼 채찍을 싫어하십니다. 그분은 당신이 그것을 기꺼이 맞을 준비가 되어있을 때에만, 즉 그것이 당신에게 영원한 유익이 될 때에만 그것을 사용하십니다. 당신은 이제 천사들과 함께 야곱의 사다리를 올라가 그 꼭대기 보좌에 앉아계신 그분 — 당신의 언약의 하나님 — 을 뵙게 될 것입니다. 또 당신은 이제 영원한 빛 속에서 세상의 시험들을 잊고, 오직 그것들을 통해 하나님이 당신에게 축복을 베푸시고, 그것들로 말미암아 당신에게 영원한 유익이 되는 것들만 기억하게 될 것입니다. 그러므로 와서 환난의 때를 노래하십시오. 풀무불 속에 있을지라도 즐거워하십시오. 광야에서 장미꽃을 피우십시오! 사막이 당신의 큰 기쁨들로 둘러싸이게 하십시오. 이 가벼운 고난들은 곧 끝날 것이고, 그 후에는 "주님과 함께 영원토록" 당신의 축복은 결코 시들지 아니할 것입니다.

"그분의 팔이 가까이 있으니 용기를 잃지 말고, 두려워하지도 말라.
그분은 변함없이 그대를 소중히 여기신다.
오직 믿음으로 그리스도를 바라보라.
그리하면 그분은 그대에게 모든 것이 되실 것이다."

### 나는 너희 남편임이라 - 예레미야서 3:14

그리스도 예수는 결혼을 통해 그의 백성들과 하나로 연합되십니다. 교회가 속박의 멍에를 메기 훨씬 전부터 사랑으로 그분은 그의 교회를 순결한 신부로 맞아들이셨습니다. 불타는 사랑으로 가득 찬 그분은 야곱이 라헬을 위해 한 것처럼, 그녀의 속전을 다 지불할 때까지 수고하셨습니다. 그분은 그의 영을 통해 그녀를 찾아가 자신을 알고 사랑하도록 역사하심으로써, 상호 사귐의 행복이 어린 양의 혼인잔치에서 완성될 그 영광스러운 순간을 기다리고 계십니다. 그러나 그 영광스러운 신랑은 아직 완전하고 온전케 된 신부를 천국의 대주재 앞에 선보이지 아니하셨습니다. 교회는 아직 주님의 아내이자 여왕으로서 누리게 될 존엄한 자리에는 실제로 들어가지 못했습니다. 교회는 아직도 슬픔의 세계에서 방황하고 있으며, 게달의 장막에 거하는 처지에 있습니다.

그러나 교회는 여전히 예수님의 신부로서, 그분의 마음속에 소중히 간직되어 있고, 그분의 눈에 참으로 보배로운 존재로 보이고, 그분의 손에 그 이름이 기록되어 있으며, 그분의 인격과 하나가 된 존재입니다. 이 땅에서 주님은 교회를 향해 남편으로서의 사랑의 직분을 모두 감당하고 계십니다. 그분은 교회의 필요를 충분하게 충당하고, 그 모든 빚을 갚아주시며, 자신의 이름을 사용하고 자신의 모든 소유를 공유하도록 허락하십니다. 앞으로도 그분은 교회에 대해 절대로 다르게 대하시지 않을 것입니다. 그분은 이혼이라는 말을 언급조차 아니하십니다. 그분은 "헤어지는 것"을 싫어하시기 때문입니다. 아무리 사랑하는 사람들이라도 죽으면 그 돈독한 관계가 끊어져야 합니다. 그러나 이 주님과 교회의 혼인관계는 죽음으로도 절대로 갈라질 수 없습니다. 천국에서 성도들은 혼인하지 않고 하나님의 천사들처럼 삽니다. 그러나 그리스도와 교회는 천국에서 즐거운 혼인잔치를 할 것이기 때문에 그 법칙에 유일한 예외가 될 것입니다. 이 관계는 이 땅의 부부들이 맺고 있는 관계보다 훨씬 더 지속적이고, 훨씬 더 친밀합니다. 이 땅에서 남편의 사랑은 순수하고 열렬해야 합니다. 그러나 그것은 예수님의 마음속에 불타오르고 있는 불꽃에 대한 희미한 그림자에 지나지 않습니다. 예수님이 교회와 이루고 있는 신비적 연합은 모든 인간적 연합을 능가합니다. 그리스도께서 그의 아버지를 떠나 교회와 한 몸이 되셨기 때문입니다.

보라 이 사람이로다 - 요한복음 19:5

우리 주 예수님이 그의 백성들의 가장 깊은 즐거움이 되고 위로가 되는 한 지점이 있다면, 그곳은 그분이 가장 깊은 슬픔 속에 빠져 있었던 곳입니다. 은혜받은 영혼이여, 그곳으로 오십시오. 겟세마네 동산에 있는 그 사람을 보십시오. 주체할 수 없는 사랑으로 충만한 그분의 마음을 보십시오. 그러나 그 마음은 토해내지 않으면 안 되는 슬픔으로 가득 차 있었습니다. 그분의 육체의 모든 땀구멍으로부터 피 같은 땀이 솟아나 땅으로 떨어지고 있는 장면을 주목하십시오. 사람들에 의해 손과 발이 못 박히신 그 사람을 보십시오.

회개하는 죄인들이여, 눈을 들어 고난당하신 주님의 슬픈 형상을 바라보십시오. 가시 면류관에 묻어있는 붉은 핏방울들이 슬픔의 왕의 머리를 극히 소중한 보석들처럼 장식하고 있는 그 사람을 보십시오. 모든 뼈가 어그러진 그 사람을 보십시오. 그분은 물처럼 피를 쏟고 운명하셨습니다. 하나님은 그분을 버리셨고, 지옥이 그분을 에워쌌습니다. 보고 또 보십시오. 그분에게 주어진 슬픔과 같은 슬픔이 또 있었을까요? 가까이 다가가서 이 독특하고도 독보적인 슬픔의 장면, 사람들과 천사들을 놀라게 하는 이 경이, 전무후무한 이 불가사의를 바라보십시오. 그 누구와 비교할 수 없고 견줄 수 없이 큰 고뇌를 소유한 슬픔의 왕을 보십시오!

슬퍼하는 자들이여, 그분을 응시하십시오. 십자가에 못 박히신 그리스도 안에서 위로를 받지 못한다면, 하늘과 땅 어디에서도 기쁨을 발견하지 못할 것이기 때문입니다. 주님의 피의 대속 사건 속에 소망이 없다면, 당신 속에 기쁨은 없고, 하나님의 오른손도 영원히 즐거움을 모를 것입니다. 우리는 단순히 십자가 밑에 계속 앉아 있기만 하면 의심과 고뇌의 갈등으로부터 벗어나게 될 것입니다. 그분의 슬픔을 바라만 보아도 우리의 슬픔은 언급하는 것조차 부끄러울 것입니다. 그분의 상처를 응시하기만 해도 우리의 상처는 치유를 받습니다. 만일 우리가 바르게 살려면, 그분의 죽음을 묵상해야 합니다. 만일 우리가 존엄을 가지려면, 그분의 낮아지심과 슬픔을 상고해야 합니다.

너도 그들 중 한 사람 같았느니라 - 오바댜서 1:11

이스라엘이 궁지에 빠졌을 때, 에돔은 형제 나라로서 그들을 도와야 할 의무가 있었습니다. 그러나 그렇게 하기는커녕 오히려 에서의 후손들은 이스라엘의 원수들과 한편이 되었습니다. 오늘의 본문에서 특별히 강조하는 요점은 '너도'라는 말에 있습니다. 카이사르가 브루투스에게 "브루투스, 너도"라고 부르짖은 것처럼, 어떤 잘못된 행동이 그것을 행한 그 사람 때문에 더 악한 행동이 될 수 있습니다. 천국의 사랑받는 택자들인 우리가 죄를 범하면, 그 죄는 특별히 더 중한 죄가 됩니다. 우리는 특별한 사랑을 받은 존재들이기 때문에 우리의 죄는 더욱 가증한 죄가 됩니다. 만일 우리가 죄를 범하고 있을 때 천사가 개입한다면, 그 천사는 다른 책망을 할 것도 없이 "너 뭐하니? 네가 어떻게 여기 있니?"라고 말할 것입니다. 크게 용서받고, 크게 구원받고, 크게 교훈받고, 크게 부요해지고, 크게 축복받은 우리가 감히 우리 손으로 악을 저지를 수 있단 말입니까? 하나님이 용납지 않으시리라!

사랑하는 성도여, 이 아침에 단지 몇 분만이라도 죄를 자백한다면 그것은 당신에게 유익이 될 것입니다. 당신은 악인들처럼 산 적이 없었습니까? 어떤 저녁 모임에서 사람들이 불결한 농담에 웃음을 터뜨리고, 그 농담이 당신의 귀에 전혀 죄악된 것으로 들리지 않은 적이 있을 것입니다. 당신 역시 그들 가운데 한 사람이었습니다. 또 사람들이 하나님의 길에 대해 악담을 하는데도 당신은 부끄러워 침묵을 지켰고, 그래서 제삼자들 눈에 당신 역시 그들 가운데 한 사람이었습니다. 세상 사람들이 시장에서 물건을 사며 거친 흥정을 하고 있을 때, 당신도 그들 중의 하나가 아니었습니까? 그들이 사냥꾼의 발처럼 허영을 쫓아다닐 때 당신도 그들처럼 그것을 얻기 위해 욕심을 부리지 않았습니까? 당신과 그들 사이에 어떤 차이가 있습니까? 어떤 차이가 있습니까? 여기서 우리는 우리 자신을 세밀하게 살펴보아야 합니다. 자신의 영혼에 정직하십시오. 그리고 그리스도 예수 안에서 새로운 피조물이라는 사실을 유념하십시오. 이것이 사실이라면 "너도 그들 중 한 사람 같았느니라"는 말을 다시는 듣지 않도록 조심하며 사십시오. 그들이 가야 할 영원한 멸망의 운명에 동참하지 않기를 바란다면 왜 그들처럼 하려고 하십니까? 그들처럼 멸망당하지 않으려면 그들이 은밀하게 저지르는 악에 빠지지 마십시오. 세상 편에 서지 말고 고난당하는 하나님의 백성들 편에 서십시오.

그 아들 예수의 피가 우리를 모든 죄에서 깨끗하게 하실 것이요 - 요한일서 1:7

본문은 "깨끗하게 하신다"고 현재시제로 말하지 "깨끗하게 하실 것이다"라고 미래시제로 말하지 않습니다. 많은 사람들이 죽을 때 죄사함에 대한 간절한 소망을 갖고 죽습니다. 오! 장차 죽을 때 죄사함 받으리라는 빈약한 가능성에 의존하는 것보다 현재 깨끗하게 되었다는 것이 얼마나 더 좋을까요! 어떤 사람들은 죄사함에 대한 의식이 단지 많은 세월에 걸쳐 축적된 기독교적 경험에 따라 얻어지는 결과라고 생각합니다. 그러나 죄사함은 현재 사실로서, 오늘을 위한 특권이요, 지금 이 순간 누리는 기쁨입니다. 죄인은 예수님을 의뢰하는 순간 충분히 그 죄를 용서받습니다. 현재 시제로 기록된 본문은 또한 지속성을 함축하고 있습니다. 그것은 어제 "깨끗하게 되었고" 오늘 "깨끗하게 되며" 내일 "깨끗하게 될" 것입니다. 그리스도인이여, 그것은 당신이 요단강을 건널 때까지 항상 당신과 함께 합니다. 당신이 이 반석 위에 서 있는 동안은 그것은 계속 깨끗하게 될 것입니다. 그리고 깨끗하게 됨의 완결성을 주목하기 바랍니다. "그 아들 예수의 피가 우리를 모든 죄에서 깨끗하게 하신다." 단순히 "죄"가 아니라 "모든 죄"임을 기억하십시오. 성도여, 나는 당신에게 이 말보다 더 은혜로운 말을 할 수가 없습니다. 하지만 성령 하나님이 당신에게 그 말의 의미를 깨닫게 해주시기를 기도합니다. 하나님을 거역하는 우리의 죄는 무수히 많습니다. 그 청구액이 많든 적든 누구에게나 똑같은 영수증이 모두를 해방할 것입니다. 예수 그리스도의 피는 사랑하는 요한의 잘못이든 불경스러운 베드로의 실수든 막론하고, 은혜롭고 신묘하게 그 대기를 지불하셨습니다. 우리의 죄악은 제거되되, 즉각 제거되고, 영원히 제거되었습니다. 얼마나 은혜로우신 완결성일까요? 잠자리에 들 때 이 은혜로운 주제를 묵상하는 것은 얼마나 좋을까요!

> "죄는 거룩하신 하나님을 대적하는 것,
> 죄는 그분의 의로우신 법을 위반하는 것,
> 죄는 그분의 사랑과 보혈을 배신하는 것,
> 죄는 그분의 이름과 진리를 더럽히는 것.
> 죄는 바다만큼 광대하다 ─
> 그러나 모든 죄에서 그분은 나를 깨끗하게 하신다."

> 가만히 서서 여호와께서 오늘 너희를 위하여 행하시는 구원을 보라 - 출애굽기 14:13

이 말씀 속에는 신자가 커다란 곤경에 빠지거나 특별한 어려움에 봉착했을 때 주시는 하나님의 명령이 담겨져 있습니다. 그는 진퇴양난에 사면초가입니다. 그렇다면 그가 어떻게 해야 하겠습니까? 그에게 주어지는 하나님의 말씀은 "가만히 서 있으라"는 것입니다. 이때 주님의 말씀대로 가만히 서 있는 것이 그에게는 좋습니다. 왜냐하면 그렇지 아니하면 다른 사람들이나 악한 원수들이 찾아와 엉뚱한 충고를 해댈 것이기 때문입니다. 절망은 "누워 죽으라. 다 포기하라"고 속삭입니다. 그러나 하나님은 주저하지 말고 용기를 내라고 주문하십니다. 아무리 악한 상황이라도 그분의 사랑과 신실하심을 즐거워하라고 명령하십니다. 소심은 "물러서라. 세상 사람들의 행동양식에 따라 살라. 너는 절대로 기독교적 삶을 살 수 없다. 그것은 너무 힘들다. 그 원리들을 포기하라"고 말합니다. 그러나 사탄이 아무리 당신에게 자기 길을 따르도록 역설해도 당신이 하나님의 자녀라면 절대로 그것을 따라서는 안 됩니다. 하나님은 당신에게 끝까지 강건하라고 명령하시고, 그래서 당신은 그 길을 갈 수 있고, 죽음이나 지옥도 당신을 그 길에서 돌아서게 할 수 없습니다. 만일 하나님이 잠시 동안 가만히 서 있으라고 명령하셨다면, 그것은 적절한 때가 되면 더 높이 뛸 수 있도록 새 힘을 얻도록 하시기 위함입니다. 또 경솔은 "무엇이든 빨리 해라. 어서 움직여. 가만히 서서 기다리는 것은 순전히 게으른 것이다"라고 외칩니다. 이때 우리는 우리에게 뭔가를 행하실 뿐만 아니라 모든 것을 행하실 주님을 바라보지 않고 무작정 뭔가 해버립니다. 우리가 생각하는 대로 그냥 해버립니다. 이어서 오만은 "바다가 네 앞에 있더라도 그 속에 뛰어들라. 그리고 이적을 기대하라"고 뽐내며 말합니다.

그러나 믿음은 오만이나 절망이나 소심이나 경솔의 말을 듣지 않습니다. 그것은 하나님이 "가만히 서 있으라"고 하시는 말씀을 듣고, 반석처럼 우뚝 서서 꼼짝도 하지 않습니다. "가만히 서 있으라" ― 이 말씀에 따라 더 나은 명령을 기대하며 즐겁게, 또 인내하며 지시하는 음성을 기다리면서, 행동을 준비하는 의인의 자세를 견지하십시오. 그러면 조만간에 모세가 이스라엘 백성들에게 "앞으로 나아가라"고 명령했던 것처럼 하나님이 분명하게 당신에게 말씀하실 것입니다.

그의 진영은 심히 크고 - 요엘서 2:11

　내 영혼아, 영광과 요새가 되시는 여호와의 힘을 헤아려 보라. 그분은 전쟁의 하나님 곧 여호와가 그분의 이름입니다. 천국의 모든 세력들은 그분이 부리시는 영들입니다. 그룹들과 스랍들, 순찰자들과 거룩한 자들, 정사들과 권세들은 그분의 문 앞에 주둔하고 있는 군대들로서, 그분의 뜻에 모든 정신을 집중하고 있습니다. 만일 우리의 눈이 육욕으로 멀지 않았다면, 불말과 불수레들이 주의 사랑하는 자들을 둘러싸고 있는 것을 보게 될 것입니다.

　자연계의 모든 세력들은 창조주의 절대적인 통치에 복종하고 있습니다. 폭풍과 태풍, 번개와 비, 눈과 우박, 부드러운 이슬과 상쾌한 햇살 등은 그분의 작정에 따라 움직입니다. 하나님은 오리온좌의 별들을 흩어놓고, 행성들의 규칙적인 운행을 주도하십니다. 또 땅, 바다, 창공, 지하 등도 여호와의 위대하신 군대들의 주둔지입니다. 우주는 그분의 진영입니다. 빛은 그분의 군기입니다. 불꽃은 그분의 칼입니다. 그분이 전쟁을 일으키시면, 기근은 땅을 파괴하고, 질병이 열방을 강타하고, 태풍은 바다를 휩쓸고, 우레는 산들을 뒤흔들고, 지진은 견고한 땅을 진동시킵니다.

　또 생명체들에 관해 말한다면, 그것들도 모두 그분의 지배 아래 있습니다. 선지자를 삼킨 큰 물고기에서부터 애굽 땅 소안을 재앙으로 떨게 했던 파리 떼에 이르기까지 다 그분의 종들입니다. 모충, 유충, 자벌레 등도 그분의 위대하신 군대의 일원입니다. 그만큼 그분의 진영은 방대합니다.

　그러므로 내 영혼아, 이 전능하신 왕과 평화를 유지하도록 주의하라. 아니 속히 그분의 군기 아래 들어가라. 왜냐하면 그분을 대적하여 싸우는 것은 미친 짓이고, 그분을 섬기는 것은 영광이기 때문이다. 임마누엘, 곧 우리와 함께하시는 하나님인 예수님은 주의 군대에 지원하는 병사들을 기꺼이 받아들이십니다. 만일 아직도 그분에게 나아가 그의 군대에 편입되지 못했다면, 오늘 밤 잠들기 전에 그리스도의 공로를 의지하여 받아들여 달라고 구하십시오. 그리고 이미 십자가의 군사로 편입되었다면, 용기를 내십시오. 왜냐하면 막강한 군사력을 갖고 있는 나의 주님과 비교할 때 원수는 너무나 무력하기 때문입니다.

요셉이 자기의 옷을 그 여인의 손에 버려두고 밖으로 나가매 - 창세기 39:12

우리가 어떤 죄와 싸울 때에는 도망치는 것 외에는 다른 방도가 없는 경우가 있습니다. 고대의 박물학자들은 전설적인 뱀 바실리스크에 관해 많은 언급을 했습니다. 이 뱀은 눈으로 상대를 매혹시켜 쉽게 희생물로 삼았습니다. 이와 마찬가지로 우리도 악을 단순히 응시하는 것만으로 심각한 위험 속에 빠질 수 있습니다. 악한 일로부터 안전하게 보호받기 원하는 사람은 그 일에 절대로 가까이 해서는 안 됩니다. 유혹의 원인들은 쳐다보지도 않겠다는 약속이 우리 눈과 맺어져야 합니다. 왜냐하면 이런 죄들은 단지 섬광처럼 시작해서 한순간에 타오르기 때문입니다. 누가 장난삼아 나병 환자촌에 들어가 그 끔찍한 환자들 틈에서 잠을 자려고 하겠습니까? 나병에 걸리고 싶은 사람 외에는 아무도 그들과 접촉하려고 하지 않을 것입니다. 만일 폭풍을 피하는 방법을 알고 있다면, 선원은 그것에 맞서는 위험을 무릅쓰지 않고 다른 방법을 취할 것입니다. 신중한 항해사는 어느 정도까지 표사(漂砂) 가까이에서 배가 항해할 수 있는지, 또는 어느 정도 암초에 부딪혀야 배에 구멍이 뚫리는지 알아보려는 마음을 먹지 않습니다. 그의 목표는 가능한 한 안전한 항로를 따라 항해하는 것입니다.

오늘 우리는 커다란 위험에 노출될 수도 있습니다. 그렇다면 뱀의 지혜를 갖고 그것을 벗어나고, 그것을 피하도록 해야 합니다. 오늘날 우리는 사자의 이빨보다 비둘기의 날개를 훨씬 더 유용하게 써먹을 수 있습니다. 악한 친구들을 거절할 때 분명히 잃어버리는 것이 있을 수 있음은 사실입니다. 그러나 인격을 잃어버리기보다는 외투를 벗어두고 오는 것이 훨씬 더 낫습니다. 우리는 부자가 되어야 할 필연성은 없지만 순전한 자가 되는 것은 필수적입니다. 우정의 끈이, 아름다움의 사슬이, 번뜩이는 재능이, 조롱의 화살이 죄로부터 도망쳐야겠다는 지혜로운 결심을 바꾸도록 해서는 안 됩니다. 마귀는 우리가 대적할 때 도망치지만, 육체의 정욕으로부터는 내가 도망쳐야 합니다. 그렇지 아니하면 그것이 나를 이기고 쓰러뜨릴 것입니다. 오 거룩하신 하나님이여, 당신의 요셉들을 지켜주소서. 요염한 여인들이 음탕한 요구로 그들을 유혹하지 못하도록 도와주소서. 우상의 삼위일체인 세상과 육체와 마귀가 절대로 우리를 이기지 못하도록 역사하소서!

그들이 고난 받을 때에 나를 간절히 구하리라 - 호세아서 5:15

손실과 역경은 종종 위대하신 목자가 그의 방황하는 양들을 우리 안으로 인도하기 위해 사용하는 수단들입니다. 사나운 개처럼 그것들은 방황하는 양들을 괴롭힘으로써 우리로 돌아가도록 만듭니다. 사자들은 너무 잘 먹이면 조련시킬 수 없습니다. 그것들은 힘이 빠지고 배가 고파야만 조련사의 손에 복종할 것입니다. 마찬가지로 가끔 그리스도인도 눈물 젖은 빵을 먹고 호된 시련을 당할 때 주님의 손에 복종하게 되는 것을 보게 됩니다. 부유하고 재산이 불어날 때 많은 신앙인들이 머리를 뻣뻣하게 쳐들고 교만하게 말합니다. 다윗처럼 그들도 으시대면서 "나를 산 같이 굳게 세우셨더니, 영원히 흔들리지 아니하리라"고 말합니다. 그리스도인이 부자가 되고, 좋은 평판을 얻으며, 건강하고, 화목한 가정을 이룰 때, 그 역시 육체의 쾌락 씨가 그의 식탁에 차려놓은 진수성찬을 받아들입니다. 그런데 만일 그가 하나님의 참된 자녀라면 그에게 채찍이 준비되어 있을 것입니다. 잠시만 기다려보십시오. 그러면 그의 재산이 꿈처럼 사라지는 것을 보게 될 것입니다. 그의 땅의 분깃은 손을 뒤집는 것처럼 얼마나 빠르게 떨어져 나가는지 모릅니다. 그 빚, 그 부도난 어음 — 그의 손실은 얼마나 신속하게 진행되는지, 그 끝이 어디일까요?

만일 이 놀라운 일들이 차례대로 일어날 때 그가 자신의 잘못을 뉘우치고, 그의 하나님께 돌이킨다면, 그것은 새로운 영적 생활의 복된 표지입니다. 구원의 반석 위에 서 있는 선원을 씻어주는 파도는 얼마나 복된 파도일까요! 사업상 손실은 종종 우리 영혼을 부요케 하는 거룩한 수단이 됩니다. 만일 택함받은 영혼이 가득 찬 손을 들고 주님께 나아오지 않는다면, 그 손은 곧 비워지게 될 것입니다. 만일 하나님이 그의 은혜를 통해 사람들 사이에서 자신을 영화롭게 하는 수단을 우리에게서 발견하지 못하신다면, 그분은 우리를 깊은 나락으로 떨어뜨릴 것입니다. 만일 우리가 부(富)의 정상에 있을 때 그분을 영화롭게 하지 못한다면, 그분은 우리를 가난의 계곡으로 밀어 넣으실 것입니다. 그러나 슬퍼하는 후사여, 당신이 이처럼 거부당할 때 기운을 잃지 마십시오. 오히려 징계하시는 사랑의 손임을 인정하고 "내가 일어나 아버지께 가리라"(눅 15:18)고 말하십시오.

**너희가 더욱 힘써 너희 믿음에 덕을 덕에 지식을 … 더하라 - 베드로후서 1:5,6**

만일 믿음에 대한 완전한 확신이라는 특별한 은혜를 누리고 싶다면, 당신은 복된 성령의 인도하심과 도우심을 따라 성경이 "더욱 힘쓰라"고 말씀하는 것을 실천해야 합니다. 당신의 믿음이 올바른 믿음이 되도록 유의하십시오. 올바른 믿음은 단순히 교리를 믿는 신념이 아니라 그리스도, 오직 그리스도만을 신뢰하는 순수한 믿음입니다. 당신의 용기를 살피는데 더욱 힘쓰십시오. 의에 대한 확신을 갖고 담대하게 나아갈 수 있도록 하나님이 당신에게 사자의 얼굴을 주시도록 간구하십시오. 성경을 깊이 연구하고 지식을 얻으십시오. 왜냐하면 교리에 대한 지식은 믿음을 더욱 견고하게 해주기 때문입니다. 하나님의 말씀을 이해하는데 힘쓰십시오. 그것을 당신의 마음속에 가득 채우십시오.

이렇게 한 다음에는 "당신의 지식에 절제를 더하십시오." 외적으로는 당신의 몸이 절제하도록 해야 합니다. 내적으로는 당신의 영혼이 절제하도록 해야 합니다. 입술, 생활, 마음, 그리고 생각을 절제하십시오. 또 여기에 성령의 역사를 통해 인내를 더하십시오. 하나님이 당신에게 고통을 견딜 수 있는 인내를 달라고 구하십시오. 인내는 시험이 왔을 때 금처럼 나타날 것입니다. 고난당했을 때 불평하거나 낙심에 빠지지 않도록 인내를 구비하십시오.

그 은혜를 얻은 다음에는 경건을 더하십시오. 경건은 종교 이상의 것입니다. 하나님의 영광을 당신의 인생의 목적으로 삼으십시오. 하나님의 눈 밖에 나지 마십시오. 그분을 가까이 하십시오. 그분과의 교제를 구하십시오. 그러면 당신은 "경건"을 갖게 될 것입니다. 그 다음 거기에 형제우애를 더하시기 바랍니다. 모든 성도들을 사랑하십시오. 또 거기에 사랑을 더하십시오. 사랑은 모든 사람들에게 팔을 벌려 그들의 영혼을 사랑하는 것입니다.

이러한 보석들로 단장하고, 이 천국의 미덕들을 그대로 실천할 때, 당신은 그 분명한 증거로써 "당신의 부르심과 택하심"을 깨닫게 될 것입니다. 지금이라도 이런 확신을 얻고 싶다면, "더욱 힘쓰십시오." 게으름과 의심은 항상 함께 다니는 동전의 양면과 같으니까요.

그의 백성의 지도자들과 함께 세우시며 - 시편 113:8

우리가 갖고 있는 영적 특권들은 가장 높은 질서에 속해 있는 것들입니다. "지도자들"은 선택받은 사귐을 가질 수 있는 자리에 있습니다. "우리의 사귐은 아버지와 그의 아들 예수 그리스도와 더불어 누림이라"(요일 1:3). 이 이상 좋은 선택된 사귐은 어디에도 없으리라! "우리는 택하신 족속이요 왕 같은 제사장들이요 거룩한 나라요 그의 소유된 백성입니다"(벧전 2:9). "우리는 하늘에 기록된 장자들의 모임과 교회입니다"(히 12:23). 성도들은 왕 앞에 직접 나아가 들을 수 있습니다. 백성들은 멀리 떨어져 있어야 하지만, 지도자들은 왕 앞에 나아가는 것이 허용됩니다. 하나님의 자녀는 천국의 내전을 자유롭게 드나들 수 있습니다. "이는 그로 말미암아 우리 둘이 한 성령 안에서 아버지께 나아감을 얻게 하려 하심이라"(엡 2:18). 히브리서 저자는 "우리가 은혜의 보좌 앞에 담대히 나아가자"(히 4:16)고 말합니다. 또 지도자들은 풍부한 재산을 갖고 있습니다. 하지만 지도자들의 부요함은 신자들의 부요함과 비교가 되지 않습니다. 왜냐하면 "모든 것이 그들의 것이요 그들은 그리스도의 것이요 그리스도는 하나님의 것이기"(고전 3:22-23) 때문입니다. "자기 아들을 아끼지 아니하시고 우리 모든 사람을 위하여 내주신 이가 어찌 그 아들과 함께 모든 것을 우리에게 주시지 아니하겠느냐"(롬 8:32). 지도자들은 특별한 권세를 갖고 있습니다. 천국의 지도자도 막강한 권세를 갖습니다. 그는 자기 나라에서 큰 지배권을 행사합니다. 그것은 "그의 아버지 하나님을 위하여 우리를 나라와 제사장으로 삼으신 그에게 영광과 능력이 세세토록 있게"(계 1:6) 하기 위함입니다. 우리는 시간의 나라와 영원의 나라를 모두 다스립니다. 지도자들은 또 특별한 영예를 누립니다. 우리는 하나님이 은혜로 우리에게 허락하신 높은 자리에서 독보적인 위엄을 갖고 세상을 내려다볼 것입니다. 왜냐하면 하나님께서 "우리를 함께 일으키사 그리스도 예수 안에서 함께 하늘에 앉히심으로써"(엡 2:6) 사람으로서 최고의 영예를 누릴 것이기 때문입니다. 우리는 그리스도의 영예를 공유하고, 세상의 영예는 이것과 비교하면 생각할 가치조차 없습니다. 예수님과 교제하는 것은 황제의 왕관에 박혀 찬란하게 반짝거리는 보석보다 훨씬 더 가치가 있습니다. 주님과 하나가 되는 것은 황제의 모든 자랑을 무색하게 만드는 아름다운 화관입니다.

그 보배롭고 지극히 큰 약속 - 베드로후서 1:4

　만일 당신이 체험을 통해 하나님의 약속들의 보배로움을 알고, 그것들을 마음 속에 두고 있다면, 그것들을 자주 묵상하십시오. 약속들은 포도즙 통 속에 있는 포도들과 같습니다. 만일 당신이 그것들을 밟으면 포도즙이 줄줄 흘러나올 것입니다. 거룩한 말씀들을 상고하면 그것이 그 성취의 서곡이 될 때가 종종 있습니다. 그것들을 묵상하고 있는 동안 당신이 갈구하던 은혜가 살며시 찾아올 것입니다. 그 약속에 목말랐던 많은 그리스도인들이 하나님의 말씀을 묵상하는 동안 그것이 그의 영혼 속에 조용히 심어준 은혜를 발견하곤 했습니다. 그리하여 그들은 약속을 자신의 마음 가까이 두는 것을 좋아했습니다.

　그러나 약속들을 묵상하는 일과 더불어 할 일은 당신의 영혼 속에서 그것들을 하나님의 참된 말씀으로 받아들이는 것입니다. 당신의 영혼에 대해 이렇게 말하십시오: "만일 내가 어떤 사람과 약속을 했다면, 나와 약속한 그 사람의 능력과 인격을 신중히 고려해야 한다. 하나님의 약속에 대해서도 마찬가지다. 내 눈은 자비의 위대하심만 주로 바라보아서는 안 된다. 그것은 나를 흔들리게 할 수 있기 때문이다. 약속을 주신 분의 위대하심에 시선을 고정시켜야 한다. 그것이 나를 기쁘게 할 것이다. 내 영혼아, 너에게 말씀하시는 분은 하나님, 곧 너의 하나님, 거짓말을 하실 수 없는 하나님이시다. 네가 지금 묵상하고 있는 그분의 말씀은 그분의 존재만큼이나 참되다. 그분은 불변의 하나님이시다. 그분은 자신의 입으로부터 나온 말을 변개치 않으시고, 주신 위로의 말씀 가운데 단 한 마디도 돌이키신 적이 없다. 그분은 능력이 없으신 분이 아니다. 이같이 말씀하신 분은 하늘과 땅을 지으신 하나님이시다. 그분은 은혜를 베푸실 시기에 대해서도 지혜가 없으신 분이 아니다. 왜냐하면 그분은 주시고 주시지 않을 때가 언제인지 가장 적당한 시기를 잘 알고 계시기 때문이다. 그러므로 하나님의 말씀이 그토록 참되고, 그토록 변함없고, 그토록 능력 있고, 그토록 지혜롭다면, 나는 그분의 약속을 믿고, 또 믿지 않을 수 없다."

　이처럼 약속들을 묵상하고, 그 약속하신 분을 주목한다면, 우리는 그 약속들의 달콤함을 맛보고, 그 성취를 보게 될 것입니다.

누가 능히 하나님께서 택하신 자들을 고발하리요 - 로마서 8:33

얼마나 복된 도전일까요! 택자가 저지르는 모든 죄는 우리의 구원을 이루신 위대하신 왕에게 전가되고, 그것은 속죄를 통해 제거됩니다. 하나님의 책 속에는 그의 백성들의 죄는 기록되어 있지 않습니다. 그분은 야곱에게서 죄를 보지 못하고, 이스라엘에게서 죄악을 찾지 못하십니다. 그들은 그리스도 안에서 영원히 의롭다 함을 받았습니다. 죄책이 제거되었을 때 그 형벌도 제거되었습니다. 그리스도인에게는 하나님의 진노의 손으로부터 떨어지는 타격이 없습니다. 신자는 그의 아버지에게 징계를 받을 수 있으나 심판주이신 하나님은 그리스도인에게 "내가 너를 용서했다. 너는 사함 받았다"라는 말씀 외에 다른 말씀은 안하십니다. 그리스도인에게는 이 세상에서 형벌로서 받는 죽음은 없습니다. 그렇다면 두 번째 죽음은 더욱 없습니다. 그리스도인은 죄의 형벌뿐만 아니라 죄책으로부터도 완전히 해방되었습니다. 죄의 권세 역시 제거되었습니다. 죄가 우리를 훼방하고, 우리로 하여금 지속적인 싸움을 하도록 자극할 수는 있지만, 그것은 예수님과 연합한 모든 영혼에게는 이미 패배한 원수입니다. 만일 그리스도인이 죄를 정복하기 위해 오직 하나님만 의지한다면, 정복하지 못할 죄는 절대로 없습니다. 천국에서 흰옷을 입고 있는 사람들은 어린양의 피로 승리한 사람들이고, 우리 역시 그들과 똑같이 승리할 수 있습니다. 정욕이 아무리 강하고, 죄가 아무리 우리를 사로잡아온다 할지라도 그리스도의 능력으로 우리는 죄를 이길 수 있습니다. 그리스도인이여, 당신의 죄가 이미 정죄받은 것을 믿으십시오. 그것이 당신을 공석하고 피곤힐 수는 있으나 이미 죽을 운명에 처해 있습니다. 하나님은 죄의 이마에 사형선고문을 새겨놓았습니다. 그리스도는 "죄를 십자가에 못 박아" 죽였습니다. 그러므로 지금 나아가 죄를 정복하십시오. 그러면 주님이 자신을 찬양하는 삶을 살도록 당신을 도와주실 것입니다. 그 죄책, 그 수치, 그 두려움에도 불구하고 죄는 제거되었기 때문입니다.

> "과거의 죄들에 대한 용서가 여기 있다.
> 그것들이 얼마나 악질적인지는 문제가 아니다.
> 오 내 영혼아, 와서 이 놀라운 장면을 보라.
> 죄들이 여기서 용서받았다."

내가 이같이 우매 무지함으로 주 앞에 짐승이오나 - 시편 73:22

이 시편이 하나님의 마음에 합한 자인 다윗의 고백이라는 것을 기억하십시오. 그는 자신의 속사람에 관해 "내가 이같이 우매 무지함으로"라고 말합니다. 여기서 "우매"라는 말은 우리가 통상적 용어로 사용할 때 쓰는 의미 이상의 의미를 갖고 있습니다. 다윗은 이 시편 앞 부분에서 "내가 악인의 형통함을 보고 오만한 (우매한) 자를 질투하였음이로다"라고 고백하는데, 오만한(우매한) 자라는 말 속에 죄가 내포되어 있음을 나타냅니다. 자신을 이같이 "우매한" 존재로 간주하고, "내가 이같이 우매함으로"라는 말을 덧붙입니다. 그는 자신이 얼마나 우매한지 그것을 다 말할 수 없었습니다. 그것은 죄가 포함된 우매함 곧 단순히 연약해서 그랬다고 핑계할 수 없는 우매함으로서, 그 완악함과 고의적인 무지로 정죄받아야 하는 우매함이었습니다. 왜냐하면 그는 악인들에게 예비되어 있는 그 끔찍한 종말을 망각하고, 그들의 현세적 번영을 질투하였기 때문입니다. 그러면 우리는 우리를 지혜롭다고 칭할 만큼 다윗보다 더 나을까요! 우리는 이미 완전함에 도달했다거나, 하나님의 채찍으로 징계를 받아 우리 안에서 완악함은 모두 사라졌다고 고백하고 있지는 않습니까? 아, 이것은 얼마나 큰 교만일까요!

다윗이 그렇게 우매하다면, 자신을 평가할 때 우리 자신밖에 보지 못하는 우리는 얼마나 더 우매할까요! 신자여, 뒤를 한 번 돌아보십시오. 하나님은 당신에게 그토록 신실하셨을 때, 당신이 그분을 얼마나 의심했는지를 생각해 보십시오. 하나님이 당신에게 더 축복을 주시려고 잠시 고난의 십자가를 짊어지도록 하셨을 때 "안 됩니다. 아버지" 하고 우매하게 부르짖던 때를 생각해 보십시오. 하나님의 섭리들이 합력하여 당신의 선을 이루도록 임할 때, "이 모든 것들은 나를 반대하는구나"라고 탄식하면서, 그것들의 의미를 어둠 속에서 제대로 파악해내지 못했던 때가 얼마나 많았는지 생각해 보십시오. 당신이 죄를 즐거워하여 참으로 그 쾌락이 당신에게 쓰라린 후회의 뿌리가 되었던 적이 얼마나 자주 있었는가를 생각해 보십시오. 확실히 우리가 우리 자신의 마음을 안다면, 우리의 우매함이 죄를 포함한 우매함이라는 고소에 대해 유죄를 인정하지 않을 수 없을 것입니다. 이 "우매함"을 깨닫고 우리는 다윗이 내린 결론 곧 "주의 교훈으로 나를 인도하소서"(24절)라는 간구를 우리 자신의 결론으로 삼아야 합니다.

그가 두루 다니시며 선한 일을 행하시고 - 사도행전 10:38

몇 마디 말씀에 불과하지만, 이 말씀은 주 예수 그리스도의 삶의 절묘한 축소판입니다. 몇 번의 묘사에 불과하지만, 그 그림은 주님의 필법을 정확하게 보여줍니다. 그것은 가장 충분하고, 가장 폭넓고, 가장 진정한 의미에서 구주에 관해, 오직 구주에 관해 적용되는 말씀입니다. "그가 두루 다니시며 선한 일을 행하시고." 이 묘사를 통해 그분은 개인적으로 선하신 분임이 분명합니다. 복음서는 끊임없이 주님이 친히 문둥병자의 몸을 만지셨다고, 그분이 눈 먼 자의 눈에 진흙을 바르셨다고, 또 멀리서 말씀만 해달라고 요청받으신 경우에는 그분이 묵묵히 그 병자에게 직접 가셔서 친히 고쳐주셨다는 것을 전해줍니다. 여기서 우리는 우리가 선하다면 몸소 행하는 자가 되어야 한다는 교훈을 받습니다. 당신 자신의 손으로 자비를 베푸십시오. 따뜻하게 바라보는 시선이나 친절한 말 한 마디는 베풂의 가치를 높여줄 것입니다. 친구에게 그의 영혼의 상태에 관해 말해주십시오. 당신의 사랑이 담긴 호소는 도서관에 가득 차 있는 논문들보다 훨씬 더 큰 효력을 발휘할 것입니다.

우리 주님의 선을 행하시는 방식은 그분이 쉬지 않고 선을 행하신 분임을 보여줍니다. 그분은 자기에게 가까이 나아온 사람들에게만 선을 베푸신 것이 아니라 "두루 다니시며" 자비의 사명을 감당하셨습니다. 온 유대 땅에서 그분이 나타나신 것을 기뻐하지 않은 마을이나 동네는 없었습니다. 이것은 많은 신앙인들이 단조롭고 게으르게 주님을 섬기는 것에 크게 경종을 울립니다. 우리는 정신을 바짝 차리고 선을 행하는데 부지런해야 합니다. 본문은 예수 그리스도께서 선을 행하시기 위해 자기의 길을 벗어나기도 하셨다는 것을 함축하고 있지 않습니까? "그가 두루 다니시며 선한 일을 행하시고." 주님은 위험이나 어려움 때문에 지체하시지 않았습니다. 그분은 자신의 은혜를 받을 대상들을 찾아다니셨습니다. 우리도 그래야 합니다. 만일 이전의 계획이 이루어지지 못했다면, 새로운 계획을 시도해야 합니다. 왜냐하면 새로운 실험이 때때로 일반적인 방법보다 더 큰 힘을 발휘하기 때문입니다. 또한 이 말씀 속에는 그리스도의 인내와 그분의 한결같은 목적이 함축되어 있습니다. 이 말씀의 실천적 주제는 다음과 같은 말로 요약될 수 있습니다: "우리에게 본을 끼쳐 그 자취를 따라오게 하려 하셨느니라"(벧전 2:21).

### (그럼에도 불구하고) 내가 항상 주와 함께 하니 - 시편 73:23

"그럼에도 불구하고"(한글성경에는 이 말이 생략되어 있다) — 마치, 다윗이 방금 하나님께 고백한 모든 우매와 무지에도 불구하고, 그가 구원받아 하나님의 자녀로 인정받았다는 사실과, 하나님의 임재 속에서 지속적으로 얻게 되는 축복은 의심할 여지 없이 그의 것이라는 사실은 한 치도 양보 없이 참되고 확실합니다. 죄로 말미암아 상실된 자신의 상태와 자신의 본성의 기만성과 사악성을 충분히 알고서도, 그는 영광스러운 믿음으로 충만하여 "그럼에도 불구하고 내가 항상 주와 함께 하니"라고 노래합니다.

성도여, 당신도 아삽의 고백과 인식 속에 들어가 똑같은 영으로 "그럼에도 불구하고 나는 그리스도께 속했기 때문에 항상 주와 함께 하노라"고 말하기를 힘써야 합니다. 이것은 내가 항상 그분의 마음속에 있다는 뜻으로, 그분은 항상 나의 유익을 위해 나를 생각하신다는 것을 의미합니다. 나는 항상 그분의 눈 앞에 있습니다. 주님의 눈은 결코 졸지 아니하고 끊임없이 나의 행복을 돌보고 계십니다. 나는 항상 그분의 손 안에 있습니다. 그래서 아무도 나를 거기서 빼앗아갈 수가 없습니다. 또 나는 항상 그분의 가슴 위에 있습니다. 그래서 대제사장이 12지파의 이름들을 그의 가슴 위에 새기고 있었던 것처럼, 나도 그분의 가슴 위에 영원토록 새겨져 있습니다.

오 하나님, 당신은 항상 저를 생각하고 계십니다. 당신의 사랑은 항상 저를 가엾게 여기십니다. 당신은 항상 저의 유익을 위해 섭리하십니다. 당신은 당신의 팔에 저를 도장처럼 새겨두었습니다. 당신의 사랑은 죽음보다 강하고, 아무리 많은 물이라도 그것을 끌 수 없습니다. 홍수도 그것을 결코 침몰시킬 수 없습니다. 얼마나 놀라운 은혜입니까! 당신은 그리스도 안에서 저를 보시고, 제자신은 비록 혐오스런 존재지만, 그리스도의 옷을 입고, 그분의 보혈로 씻음받은 존재로 저를 바라보십니다. 그래서 저는 당신 앞에 용납된 존재로 서 있습니다. 그래서 저는 항상 당신의 은혜 속에 있습니다 — "항상 당신과 함께합니다." 여기에 지치고 피곤한 영혼을 위한 위로가 있습니다. "그럼에도 불구하고" — 오 그대의 마음속에 이 말을 되뇌어라. 그러면 그것이 그대에게 평강을 주리라: "그럼에도 불구하고 내가 항상 주와 함께 하니."

아버지께서 내게 주시는 자는 다 내게로 올 것이요 - 요한복음 6:37

이 말씀은 선택의 교리를 내포하고 있습니다. 말하자면 아버지께서 그리스도에게 주신 사람들이 정해져 있다는 것입니다. 그것은 또 유효적 소명의 교리를 포함합니다. 말하자면 주어진 사람들은 반드시 주님께 오고, 그들은 결국 오게 될 것이라는 것입니다. 아무리 그들이 스스로 그것을 완강하게 거부한다고 할지라도, 그들은 흑암으로부터 벗어나 하나님의 놀라우신 빛으로 오게 될 것입니다. 또 그것은 우리에게 믿음의 절대필수성을 가르칩니다. 왜냐하면 그리스도에게 주어진 사람들이라도 그들이 예수님께 나아오지 않고서는 절대로 구원받지 못하기 때문입니다. 그들이 예수님께 나아와야 하는 이유는 그리스도 예수라는 문을 통과하지 않고서는 천국에 들어가는 다른 길이 없기 때문입니다. 아버지께서 우리 구속주에게 주시는 모든 자는 그분께 나아와야 하고, 그러기에 어느 누구도 그리스도에게 나아오지 않고는 천국에 들어갈 수 없습니다.

오! "올 것이요"라는 말씀 속에 내포되어 있는 권능과 위엄을 보십시오! 주님은 그들이 올 능력을 갖고 있거나 원하는 대로 올 수 있다고 말씀하시지 않고 "올 것이라"고 말씀하십니다. 주 예수님은 그의 사자들, 그의 말씀, 그리고 그의 영을 통해 자비롭고 은혜롭게 사람들을 오도록 이끄심으로써 그의 혼인잔치에서 먹을 수 있도록 하십니다. 그분은 이것을 인간의 자유 의지를 범하지 않고 자신의 은혜의 능력을 통해 행하십니다. 우리는 다른 사람의 의지에 대해 힘을 발휘할 수 있지만, 다른 사람의 의지는 완전히 자유롭습니다. 왜냐하면 그 힘이 인간 지성의 법칙에 따라서 행사되기 때문입니다.

여호와 예수님은 전능하시기 때문에 이성이 거부할 수 없는 논리를 통해서, 감정에 호소하는 강력한 이유들을 통해서, 그리고 영혼의 모든 힘과 열정에 작용하는 성령의 신비로운 감화력을 통해서 사람의 마음을 움직이는 방법을 알고 계시기 때문에 사람이 전에는 거부했었지만 나중에는 그분의 인도에 즐겁게 순종하고, 주권적인 사랑에 기꺼이 반응하도록 전인간을 제압하십니다. 그러나 누가 하나님이 택하신 사람들인지 어떻게 알 수 있을까요? 그 결론은 이렇습니다: 그들은 기꺼이 그리고 기쁘게 그리스도를 받아들이고, 순수하고 진실한 믿음을 갖고 그분께 나아와서, 자기들의 모든 구원과 모든 소망으로 그분을 의지한다는 것입니다. 성도여, 당신은 이같이 예수님께 나아왔습니까?

그 일을 생각하고 울었더라 - 마가복음 14:72

어떤 사람들은 베드로는 평생 동안 자신이 주님을 부인했던 일을 기억할 때마다 눈물을 흘렸을 것이라고 생각했습니다. 그가 그렇게 했다면 그것은 전혀 이상한 일이 아닙니다. 왜냐하면 그의 죄는 아주 크고, 그 후 그에게 주어진 은혜는 완전한 역사였기 때문입니다. 하나님의 영이 돌 같은 자연인의 마음을 어떻게 녹이시는가에 따라 구속받은 모든 하나님의 가족들도 이와 똑같은 경험을 하게 됩니다. 베드로처럼 우리도 주님께 했던 자신만만한 약속을 기억하고 있습니다: "모두 주를 버릴지라도 나는 결코 버리지 않겠나이다"(마 26:33). 우리는 우리가 한 약속을 되씹으며 쓰라린 회개의 눈물을 흘립니다. 우리는 나는 그렇게 하겠다고 한 약속과 그 약속에 대해 어떻게 했는지 그 결과를 생각할 때, 너무 슬퍼 소나기 같은 눈물을 흘릴지도 모릅니다.

베드로는 자신의 주님을 부인한 것을 생각했습니다. 그가 그렇게 한 장소, 이같이 가증스런 죄를 저지르게 한 세부적 원인, 주님의 제자가 아니라고 거짓말했던 맹세와 배반, 그리고 그 죄를 한 번도 아니고 세 번씩 저지르게 한 그의 마음의 끔찍한 강퍅성 등에 대해 생각했습니다. 우리도 우리 죄에 관해 생각할 때, 그 심각한 죄악성을 상기할 때 둔감하고 완고할 수 있겠습니까? 우리는 우리의 집을 보김(이스라엘 백성이 크게 울었던 장소)으로 만들고, 주님께 죄사함의 사랑에 대한 확신을 새롭게 해달라고 부르짖지 않습니까? 우리는 나중에 우리의 혀가 지옥불에 들어가 타지 않도록 죄를 냉담하게 바라보지 않아야 합니다.

베드로는 또한 사랑의 눈으로 자신을 바라보시는 주님의 시선을 생각했습니다. 주님은 닭이 경고의 울음을 울자 슬픔과 동정과 사랑으로 가득 찬 충고의 시선을 베드로에게 보냈습니다. 그 시선은 평생 동안 베드로의 마음속에서 떠나지 않았습니다. 그것은 성령의 역사가 없이 주어진 일만 마디의 설교보다 훨씬 효과적이었습니다.

회개하는 사도는 자신을 회복시켜준 구주의 완전한 용서를 생각할 때 눈물을 흘리지 않을 수 없었을 것입니다. 그토록 은혜롭고 선하신 주님을 슬프게 했음을 생각하는 것은 우리가 계속 슬퍼해야 하는 충분한 이유가 됩니다. 주여, 돌 같이 굳은 우리의 마음을 부수고, 그곳에서 샘물이 솟아나게 하소서.

내게 오는 자는 내가 결코 내쫓지 아니하리라 - 요한복음 6:37

이 약속의 유효기간은 제한이 없습니다. 그것은 "처음에 내게 오는 죄인은 내가 내쫓지 아니하리라"가 아니고 "내가 결코 내쫓지 아니하리라"입니다. 이 말씀의 원뜻은 "내가 내쫓지 아니, 아니하리라" 또는 "내가 결코, 결코 내쫓지 아니하리라"입니다. 본문은 그리스도께서는 처음에 신자를 거절하지 아니하신다는 것, 그리고 처음에 거절하지 않으신 것처럼 마지막에도 그렇게 하실 것이라는 것을 의미합니다. 그러나 신자가 그리스도께 나온 후에 죄를 범한다면 어떻게 될까요? "만일 누가 죄를 범하여도 아버지 앞에서 우리에게 대언자가 있으니 곧 의로우신 예수 그리스도시라"(요일 2:1). 그러나 신자들이 배교하면 어떻게 될까요? "내가 그들의 반역을 고치고 기쁘게 그들을 사랑하리니 나의 진노가 그에게서 떠났음이니라"(호 14:4). 그러나 신자들이 시험을 받아 타락하면 어떻게 될까요? "사람이 감당할 시험밖에는 너희가 당한 것이 없나니 오직 하나님은 미쁘사 너희가 감당하지 못할 시험 당함을 허락하지 아니하시고 시험 당할 즈음에 또한 피할 길을 내사 너희로 능히 감당하게 하시느니라"(고전 10:13). 그러나 신자는 다윗이 죄를 범한 것처럼 죄에 빠질 수 있습니다. 그러나 다윗처럼 "우슬초로 나를 정결하게 하소서 내가 정하리이다 나의 죄를 씻어 주소서 내가 눈보다 희리이다"(시 51:7)라고 기도하면, 하나님은 "내가 그들을 내게 범한 그 모든 죄악에서 정하게 하며 그들이 내게 범하며 행한 모든 죄악을 사할 것이라"(렘 33:8)고 응답하십니다.

> "한 번 그리스도 안에 있으면 영원히 그리스도 안에 있다.
> 그 어떤 것도 그분의 사랑에서 끊을 수 없다."

주님은 "내가 그들에게 영생을 주노니 영원히 멸망하지 아니할 것이요 또 그들을 내 손에서 빼앗을 자가 없느니라"(요 10:28)고 말씀하십니다. 오 두려워 떠는 연약한 심령이여, 이에 대해 당신은 뭐라고 말하겠습니까? 그리스도께 나아온 당신이 잠깐 동안 세상일에 바빠 당신을 선대하신 그분께 나아가지 않았다고 할지라도, 당신을 받아주시고, 신부로 삼으시며, 영원히 자기 것으로 만드신 것이 보배 같은 은혜가 아닙니까? 우리는 다시 무서워하는 종의 영을 받지 아니하고 양자의 영을 받았으므로 아빠 아버지라고 부르짖느니라(롬 8:15)! 오! "내게 오는 자는 내가 결코 내쫓지 아니하리라"는 말씀은 얼마나 은혜로운 말씀일까요!

### 내가 그들 안에 있고 - 요한복음 17:23

만일 우리 영혼과 주님의 인격 사이에 이런 연합이 존재한다면, 이 교제의 통로는 얼마나 깊고, 얼마나 넓을까요! 이 통로는 실같이 가느다란 물이 흐르는 좁은 파이프가 아닙니다. 그것은 놀랄 만큼 깊고 넓은 통로로서, 그 통로를 따라 엄청난 양의 생수가 홍수처럼 흐릅니다. 주님이 우리 앞에 열린 문을 두신 것을 보십시오. 우리는 천천히 들어가서는 안 됩니다. 이 교제의 도성은 무수한 진주 문을 갖고 있고, 진주가 하나씩 박혀 있는 그 모든 문들은 활짝 열려 있어서 우리는 얼마든지 환영받으며 들어갈 수 있습니다. 만일 우리가 예수님과 대화를 나눌 수 있는 통로가 아주 작은 구멍 하나밖에 없는데, 그 좁은 구멍을 통해 한마디라도 교제를 나누게 된다면, 그것은 커다란 특권입니다. 그렇다면 그토록 큰 문이 우리에게 열려 있다는 것은 얼마나 큰 축복일까요!

폭풍이 사납게 몰아닥치는 바다를 사이에 두고 주 예수님이 우리와 멀리 떨어져 계셨더라면, 우리는 우리의 사랑을 그분께 전달하고, 그의 아버지의 집의 소식을 우리에게 전해줄 사자를 보내달라고 간절히 구해야 했을 것입니다. 그러나 주님의 사랑을 보십시오. 그분은 자신의 집을 우리들의 집 옆에 지으셨습니다. 아니, 사실 그분은 우리와 함께 사십니다. 그분은 우리와 영원한 사귐을 갖기 위해 가난하고 비천한 우리 마음속에 들어와 그곳을 성전으로 삼고 거하십니다. 그런데도 우리가 그분과 늘 교제하지 못하고 산다면 우리는 얼마나 어리석은 자들일까요!

길이 길고, 위험하고, 험하다면, 우리가 친구들과 자주 만나지 못하는 것이 전혀 이상하지 않습니다. 그러나 그들이 함께 산다면 요나단이 그의 다윗을 잊어버릴 수 있습니까? 아내는 남편이 외출했을 때 그와 대화 없이 많은 날들을 지낼 수 있습니다. 하지만 자기 집에 남편이 함께 있다는 것을 알고 있다면 그와 떨어져 있는 것을 절대로 참을 수 없을 것입니다. 성도여, 당신은 왜 주의 만찬 자리에 앉아 있지 않습니까? 당신의 주님을 찾으십시오. 그분은 가까이 계십니다. 그분을 포옹하십시오. 그분은 당신의 형제니까요. 그분을 굳게 붙드십시오. 그분은 당신의 남편이니까요. 그리고 가슴에 그분을 꼭 품으십시오. 그분은 당신 자신의 몸이니까요.

또 찬송하는 자가 있으니 … 그들은 골방에 거주하면서 주야로
자기 직분에 전념하므로 - 역대상 9:33

성전에서 거룩한 찬송이 끊임없이 울려 퍼지는 것은 하나님의 강력한 명령이
었습니다. 그래서 찬송하는 자들은 영원히 은혜로우신 하나님을 항상 찬송했습
니다. 하나님의 은혜는 낮과 밤을 가리지 않고 항상 베풀어졌기 때문에 거룩한
찬송 소리도 날마다 그치지 아니했습니다. 성도여, 시온의 성전에서 찬송 소리가
그치지 않았다는 사실에서 우리는 기쁘게 배워야 할 교훈이 있습니다. 그대는
날마다 빚진 자니, 받은 사랑만큼 감사도 떨어지지 않도록 주의하십시오. 하나님
에 대한 찬양은 그대의 영원한 처소가 될 천국에서 끊임없이 울려 퍼지고 있습
니다. 그러니 그대는 지금 영원한 할렐루야를 실천하기를 배우십시오.

태양이 지상에 햇빛을 발산시키는 것처럼, 그 광선이 감사하는 성도들을 일깨
워 아침 찬송의 선율을 울려 퍼지도록 합니다. 그리하여 성도들은 제사장으로서
항상 영원한 찬송을 하나님께 드림으로써, 온 땅을 감사의 외투로 덮고, 찬송의
황금띠로 그것을 굳게 묶어야 합니다.

하나님은 창조와 섭리, 그의 피조물에 대한 선하신 인도, 그리고 특별히 그 탁
월하신 구속 행위와 거기서 흘러나오는 놀라우신 모든 축복으로 말미암아 항상
찬양받으실 합당한 자격을 갖고 계십니다. 주님을 찬양하는 것은 언제나 유익이
있습니다. 그것은 낮을 즐겁게 하고, 밤을 밝게 합니다. 그것은 수고를 가볍게 하
고, 슬픔을 경감시킵니다. 또 그것은 세속적 즐거움에 눈멀지 않도록 우리에게
거룩한 빛을 밝게 비추어 줍니다.

지금 이 순간 찬송할 만한 일이 우리에게는 없습니까? 우리는 현재의 즐거움,
또는 과거의 구원, 또는 미래의 소망으로 말미암아 찬송할 수 없습니까? 땅은 여
름에 그 열매를 냈습니다. 기름을 주고 풍성한 곡식이 자라면 낫으로 추수를 합
니다. 땅이 열매 맺도록 오랫동안 그 빛을 비춘 태양은 우리에게 하나님께 감사
의 예배 시간을 갖도록 하기 위해 그 비추는 시간을 짧게 합니다. 하루가 다할
때 우리는 예수님의 사랑에 대해 거룩한 기쁨의 찬송을 올려드려야 하겠습니다.

내가 밭으로 가서 … 이삭을 줍겠나이다 - 룻기 2:2

환난을 당해 낙심하는 그리스도인이여, 지금 어서 와 약속의 넓은 밭에 떨어져 있는 이삭을 주우십시오. 여기 당신의 소원을 정확하게 만족시키는 보배 같은 약속들이 넘칩니다. 먼저 이 약속의 이삭을 주우십시오: "그가 상한 갈대를 꺾지 아니하며 꺼져가는 심지를 끄지 아니하리라"(마 12:20). 당신에게 꼭 맞는 말씀이 아닙니까? 의지할 데 없고 아무 가치 없고 가냘픈 갈대, 소리조차 낼 수 없는 상한 갈대, 연약함 자체보다 더 연약한 갈대, 그것도 상처 받은 갈대인 당신을 주님은 절대로 꺾지 아니하십니다. 아니 오히려 당신을 회복시키고, 강건하게 하십니다. 당신은 꺼져가는 심지와 같습니다. 빛도 없고, 따스함도 없습니다. 하지만 주님은 당신을 끄지 아니하십니다. 그분은 당신의 불꽃이 다시 살아날 때까지 은혜의 입김으로 불어주실 것입니다.

당신은 또 다른 이삭을 줍고 싶습니까? "수고하고 무거운 짐 진 자들아 다 내게로 오라 내가 너희를 쉬게 하리라"(마 11:28). 얼마나 감동적인 말씀입니까! 당신의 마음은 연약하고, 주님은 그것을 알고 계십니다. 그래서 그분은 당신에게 아주 부드럽게 말씀하십니다. 그분께 순종해서 지금 당장 그분께 나아가지 않겠습니까? 또 다른 이삭을 주우십시오: "버러지 같은 너 야곱아, 너희 이스라엘 사람들아 두려워하지 말라 나 여호와가 말하노니 내가 너를 도울 것이라 네 구속자는 이스라엘의 거룩한 이이니라"(사 41:14). 이같이 놀라운 보장이 있는데, 어떻게 두려워할 수 있습니까? 당신은 이같이 금 같은 이삭들을 만 개라도 주울 수 있습니다! "내가 네 허물을 빽빽한 구름 같이, 네 죄를 안개 같이 없이하였으니 너는 내게로 돌아오라 내가 너를 구속하였음이니라"(사 44:22). 또는 이런 말씀도 있습니다: "너희의 죄가 주홍 같을지라도 눈과 같이 희어질 것이요 진홍 같이 붉을지라도 양털 같이 희게 되리라"(사 1:18). 또 이런 말씀은 어떻습니까? "성령과 신부가 말씀하시기를 오라 하시는도다 듣는 자도 오라 할 것이요 목마른 자도 올 것이요 또 원하는 자는 값없이 생명수를 받으라 하시더라"(계 22:17). 우리 주님의 밭은 아주 풍성합니다. 그 많은 이삭들을 보십시오. 보십시오, 가난하고 겁 많은 신자여, 그 모든 이삭들이 당신 앞에 널려 있습니다. 그것들을 모으십시오. 그것들을 당신 것으로 만드십시오. 예수님이 당신에게 그것들을 취하라고 말씀하십니다. 두려워 말고 오직 믿기만 하십시오! 이 달콤한 약속들을 붙드십시오. 묵상을 통해 그것들을 타작한 다음, 기쁘게 먹고 사십시오.

주의 은택으로 한 해를 관 씌우시니 - 시편 65:11

하나님은 일년 내내, 매일 매시간 우리가 부요하도록 복 주십니다. 잠잘 때나 깨어 있을 때나 그분의 은혜가 우리 곁에서 돌보고 있습니다. 태양은 어둠의 유산을 우리에게 남겨놓고 떠나지만, 우리 하나님은 그의 자녀들에게 사랑의 햇살을 비추는 것을 절대로 멈추지 아니하십니다. 그분의 인자하심은 강물처럼 항상 흐르는데, 그것도 그분의 본질이 그런 것처럼 절대로 마르지 않고 넘치도록 흐릅니다. 끊임없이 땅을 둘러싸고서 언제든지 사람의 생명을 유지시켜 주는 공기처럼 하나님의 자비하심도 그의 모든 피조물을 감싸고 있습니다. 그 안에서, 그것을 삶의 한 요소로 삼아 피조물들은 살고 활동하고 그 존재를 보존합니다. 그러나 해가 다른 때보다 여름에 더 따뜻하고 밝은 햇살을 비추는 것처럼, 강이 비가 많은 계절에 그 물이 더 불어나는 것처럼, 공기 자체가 때로 이전보다 더 신선하고 더 맑고 더 상쾌하게 느껴지는 것처럼, 하나님의 은혜도 마찬가지입니다. 그것은 그 황금시기가 있습니다. 그때가 주님이 그의 은혜를 사람들 앞에 더 충만하게 베푸실 때입니다.

샘이 주는 축복들 가운데 즐거운 추수를 할 때는 특별히 그 은혜가 넘치는 때입니다. 섭리의 성숙한 선물들이 충만하게 주어지는 것이 가을의 영광입니다. 그때는 그 전에 가졌던 소망과 기대가 감미롭게 결실을 맺는 실현의 때입니다. 추수의 기쁨은 참으로 큽니다. 천국의 선물을 그의 두 팔에 가득 채우는 농부는 행복합니다. 시편 기자는 우리에게 추수기가 일 년 중 최고의 때임을 강조합니다. 따라서 이 최고의 은혜는 최고의 감사를 확실하게 요청합니다! 우리는 그것을 내면적으로 감사의 감정을 가짐으로써 표현해야 합니다. 이같은 주님의 선하심으로 말미암아 우리의 마음은 따스해야 하고, 우리의 영은 그것을 상기하고, 묵상하고, 생각해야 합니다. 우리는 우리의 입술로 주님을 찬양하고, 이 모든 선하심을 은혜로 허락하신 그분의 이름을 크게 찬미하고 기념해야 합니다. 우리는 우리에게 주어진 은사들을 모두 하나님께 돌림으로써 그분을 영화롭게 해야 합니다. 우리가 감사를 보여 주는 실제적인 증거는 추수의 하나님께 특별한 감사예물을 드리는 것입니다.

### 모든 일을 그의 뜻의 결정대로 일하시는 이 - 에베소서 1:11

하나님의 지혜를 믿는 우리는 구원 사역에 있어서 그분이 이미 정해진 목적과 계획을 갖고 계신다는 것을 전제하고, 당연하게 생각합니다. 창조가 하나님의 계획 없이 어떻게 이루어졌겠습니까? 바다의 물고기나 공중의 새가 그런 구조를 갖게 된 것이 단순히 우연의 산물일까요? 아닙니다. 모든 뼈, 관절, 근육, 힘줄, 선(腺), 그리고 혈관 등, 이 모든 신체기관 속에 하나님이 무한한 지혜의 계획을 갖고 역사하시는 증거를 보게 됩니다. 그렇다면 하나님이 만물을 다스리며 피조물 속에 현존해 계시는 것이 은혜가 아닙니까? 하나님의 지혜가 이미 창조된 피조물을 다스린다면, 새로운 피조물은 그 다스림을 받지 않고 자신의 자유의지의 변덕스러운 본성에 따라 살아갈까요? 섭리를 주목해 보십시오! 참새 한 마리도 하늘에 계신 우리 아버지의 허락 없이는 땅에 떨어지지 않는다는 사실을 당신은 모릅니까? 그분은 심지어 당신의 머리카락 한 올까지 다 세고 계십니다. 하나님은 우리의 슬픔의 산과 환난의 언덕들을 다 달아보고 계십니다.

그러면 하나님이 자연의 섭리 속에 계시지만 은혜 속에는 계시지 않는 것입니까? 조개껍질은 하나님의 지혜로 만들어지고, 과실의 씨앗은 맹목적으로 우연히 만들어진 것입니까? 아닙니다. 그분은 처음부터 끝까지 다 아십니다. 그분은 모든 것을 그 정해진 장소에서 보십니다. 그분은 그의 사랑하는 아들의 피로 아름답게 채색된 모퉁잇돌에서부터, 자연 속 원래의 장소로부터 취해져 그분의 은혜로 다듬어진 모든 돌에 이르기까지 각각 그 정해진 자리에 있는 것도 보고 계십니다. 그분은 모퉁이에서 처마까지, 바다에서 지붕까지, 기초부터 꼭대기까지 그 전체를 다 보십니다. 그분은 자신의 마음속에 그 정해진 자리에 놓여있는 모든 돌들에 관해 분명한 지식을 갖고 계십니다. 또 그 건물의 크기가 어느 정도 되어야 할지도 아시고, 언제 그것에 대해 "은혜! 은혜로다!"하는 외침과 함께 머릿돌을 세우실지에 대해서도 다 아십니다.

마지막 때가 되면, 우리는 택함받은 모든 자비의 그릇들 속에 여호와께서 자신의 뜻대로 역사하셨다는 것과 모든 은혜의 사역에서 그분은 자신의 목적을 성취하고, 자신의 이름을 영화롭게 하셨다는 것을 분명히 깨닫게 될 것입니다.

## 룻이 밭에서 저녁까지 줍고 - 룻기 2:17

우리는 이삭 줍는 여인 룻으로부터 배워야 합니다. 그녀가 이삭을 주우러 나갔던 것처럼 우리도 신령한 양식을 얻기 위해서 기도, 묵상, 예배, 성경공부 등의 밭으로 나가야 합니다. 룻은 이삭을 한 알씩 모았습니다. 그녀의 몫은 조금씩 늘어 갔습니다. 마찬가지로 우리도 비록 진리가 엄청나게 많이 있다 할지라도 그것을 하나씩 탐구하는데 총력을 기울여야 합니다. 모든 이삭은 한 다발이 되도록 돕고, 모든 복음의 교훈은 우리로 하여금 지혜롭게 구원에 이르도록 돕습니다. 룻은 그녀의 눈을 크게 떴습니다. 만일 꿈 속을 헤매는 것처럼 그루터기에 걸려 넘어져버리면 그녀는 해질녘에 즐거운 마음으로 집에 갖고 갈 이삭이 없을 것입니다. 우리도 종교적 경험들이 우리에게 악영향을 미치지 않도록 눈을 크게 뜨고 조심해야 합니다. 우리는 이미 많은 이삭을 잃어버렸습니다. 오 우리에게 주어진 기회를 선용하려면 얼마나 더 부지런히 이삭을 주워야 할까요! 또 룻은 눈에 띄는 모든 이삭을 줍기 위해 몸을 구부렸습니다. 마찬가지로 우리도 몸을 구부려야 합니다. 교만한 심령은 비판하고 불평하지만, 낮아진 마음은 몸을 구부려 유익을 얻습니다. 겸손한 마음은 복음을 듣는데 훨씬 더 큰 도움이 됩니다. 영혼을 구원하는 말씀은 온유한 마음이 없으면 받아들여지지 않습니다. 목이 뻣뻣한 사람은 이삭을 줍기가 어렵습니다. 완강하고 오만한 교만이여, 그대는 악한 강도로서, 한 순간도 그대로 둘 수 없도다! 룻이 주운 이삭은 그녀의 소유가 되었습니다. 만일 그녀가 다른 이삭을 줍기 위해 먼저 주웠던 이삭을 떨어뜨린다면, 하루 종일 수고한 결과는 아무것도 없을 것입니다. 그녀는 얻은 것을 보존하는데 아주 조심했고, 그래서 마지막에 그녀의 소득은 많았습니다. 우리는 우리가 들은 것을 얼마나 자주 잊어버릴까요! 두 번째 진리가 들어오면 먼저 들어온 진리는 머릿속에서 사라지고, 그래서 우리의 공부와 들음은 얼마나 아무 소득 없이 소란만 피운 꼴이 되고 말까요! 우리는 진리를 저장하는 것이 얼마나 중요한지 충분히 알고 있나요? 배가 고픈 사람은 지혜롭게 이삭을 줍습니다. 만일 그녀의 손에 이삭이 없다면, 그녀의 식탁에도 빵이 없을 것입니다. 그녀는 절실한 필요를 의식하고 수고했습니다. 그래서 그녀의 이삭줍기는 민첩하고 확실했습니다. 우리는 그녀보다 훨씬 더 큰 필요를 갖고 있습니다. 주여, 제가 그것을 느끼도록 도와주소서. 그리하여 밭에 나가 이삭을 주울 때 부지런히 수고한 보상으로 많은 이삭을 줍게 하소서.

8월 3일                                                                                                  아침

## 어린양이 그 등불이 되심이라 - 요한계시록 21:23

어린양을 천국의 빛으로 비추어 보며 조용히 묵상해 보기 바랍니다. 성경에서 빛은 기쁨의 상징입니다. 천국에 있는 성도들의 기쁨은 다음과 같은 사실에 그 이유가 있습니다: "예수님이 우리를 택하고, 우리를 사랑하고, 우리를 값 주고 사고, 우리를 죄로부터 깨끗하게 하고, 우리에게 의의 옷을 입히고, 우리를 보존하며, 우리를 영화롭게 하셨다. 우리는 전적으로 주 예수님 때문에 여기에 있다." 천국에 있는 성도들에게 이러한 생각들 하나하나는 에스골 골짜기에서 나는 포도송이와 같습니다.

빛은 또한 아름다움의 근원입니다. 빛이 사라지면 아름다움도 사라집니다. 빛이 없으면 사파이어의 광채도 소멸되고, 진주로부터 나오는 평화스러운 광선도 사라집니다. 마찬가지로 성도들의 모든 아름다움도 예수님으로부터 나옵니다. 그들은 행성과 같아서 의의 태양으로부터 빛을 받아 반사시킵니다. 그들은 그 중심 궤도로부터 흘러나오는 빛으로 삽니다. 만일 그분이 물러가시면, 그들도 죽어야 합니다. 만일 그분의 영광이 베일에 가리면, 그들의 영광도 소멸되어야 합니다.

빛은 또한 지식의 상징입니다. 천국에 가면 우리의 지식은 온전케 될 것입니다. 그러나 그 원천은 어디까지나 주 예수님 자신입니다. 이전에는 결코 이해되지 않았던 희미한 섭리들이 때가 되면 분명히 이해될 것이고, 지금 우리를 혼란스럽게 만드는 모든 일들이 어린양의 빛 속에서 우리에게 환하게 드러날 것입니다. 오! 사랑의 하나님이 환하게 드러나고, 영광을 받을 날이 곧 오리라!

빛은 또한 드러남을 의미합니다. 빛은 드러냅니다. 이 세상에서는 우리가 어떻게 될지 아직 드러나지 않습니다. 하나님의 백성들은 숨겨진 백성들이지만, 그리스도께서 그의 백성들을 천국으로 맞아들이시면, 사랑의 지팡이를 그들에게 댐으로써, 자신의 드러난 영광의 형상으로 그들을 변화시킬 것입니다. 그들은 연약하고 비참한 존재들이지만, 얼마나 아름다운 모습으로 변화될까요! 그들은 죄로 얼룩진 존재들이지만, 그분의 손이 한 번만 닿아도 해처럼 밝아지고, 수정처럼 맑아질 것입니다. 오! 얼마나 놀라운 드러남일까요! 이 모든 것은 높임을 받으신 어린양으로부터 나옵니다. 그 영광의 광채가 무엇이든 간에 예수님은 그 모든 것의 중심이자 정수이십니다. 오! 만왕의 왕이자 만주의 주이신 주님을 그분 자신의 빛 속에서 보는 것은 얼마나 큰 축복입니까!

### 예수께서 가실 때에 - 누가복음 8:42

　예수님은 회당장 야이로의 딸을 살리기 위해 무리들에게 둘러싸여 그의 집으로 가고 계셨습니다. 그러나 그분은 그 길에서 또 다른 이적을 행하심으로써 자신의 선하심을 역력히 드러내십니다. 아론의 지팡이는 아직 성취되지 못한 이적의 꽃을 피우지만, 주님의 이적은 완전한 은혜의 사역의 성숙한 꽃을 피웁니다. 만일 우리가 어떤 한 가지 목적을 갖고 있다면, 그것을 지체하지 말고 곧장 달려가 성취하는 것이 좋습니다. 지체함으로써 도중에 에너지를 낭비하는 것은 지혜롭지 못합니다. 물에 빠져 죽어가는 친구를 구출하기 위해 서두르고 있을 때, 우리는 비슷한 위험 속에 빠진 다른 사람에게 힘을 낭비할 수 없습니다. 나무는 한 가지 종류의 열매를 맺는 것으로 충분합니다. 마찬가지로 사람도 자기 자신만의 독특한 소명을 성취하면 충분합니다.

　그러나 우리 주님은 능력의 한계나 사명의 제약을 모르십니다. 그분은 풍부한 은혜이시기 때문에 그 궤도를 따라 운행하는 태양처럼 그분의 길도 인자하심으로 항상 반짝거립니다. 그분은 신속하게 날아가는 사랑의 화살이시기 때문에 그 정해진 목표지점에 충분히 도달할 뿐만 아니라 그것이 날아가는 동안 허공을 향기로 가득 채웁니다. 꽃으로부터 감미로운 향기를 풍겨내는 것처럼 예수님으로부터는 항상 아름다운 덕이 나옵니다. 철철 넘치는 샘에서 나오는 물처럼 그분으로부터는 항상 그것이 솟아날 것입니다. 이 진리가 우리에게 허락되었다는 것은 얼마나 즐거운 일일까요! 그렇다면 내 영혼아, 우리 주님이 병자들을 고쳐주시고, 곤고한 자들을 축복하기로 만반의 준비를 하고 계시니 그분께 그대를 맡기는데 지체하지 말고 나아가라. 그리하면 그분은 그대를 반갑게 맞아주실 것이다. 만일 그분이 주시는데 결코 인색하지 않다면, 구하는데 인색하지 마십시오. 지금 그리고 항상 예수님의 말씀에 진지하게 귀를 기울이십시오. 그러면 그분은 당신의 마음속에 그것을 통해 말씀하실 것입니다. 주님이 계신 곳이 어디든 그곳으로 가서 그분께 의뢰하십시오. 그러면 당신은 그분의 축복을 얻게 될 것입니다. 그분이 고쳐주기 위해 나타나시면, 당신을 고쳐주시지 않겠습니까? 그러나 그분은 확실히 지금도 나타나십니다. 왜냐하면 그분은 언제나 자기를 필요로 하는 심령들에게 나타나시기 때문입니다. 당신은 그분이 필요하지 않습니까? 아, 그분은 얼마나 많이 알고 계실까요! 다윗의 자손이여, 당신의 눈을 돌려 지금 당신 앞에 있는 종의 고통을 바라보고, 온전케 하여 주소서.

**오직 자기의 하나님을 아는 백성은 강하여 용맹을 떨치리라 - 다니엘서 11:32**

성도라면 누구나 하나님을 아는 것이 지식의 근본이고, 이 영적 지식이 그리스도인의 힘의 원천이라는 것을 압니다. 그것은 그의 **믿음**을 강하게 합니다. 성경에 보면 신자들은 주님에게서 교훈을 받고 가르침을 받는 사람들로서 계속해서 언급되고 있습니다. 또 그들은 "거룩한 자로부터 기름부음을 받은" 자들로 언급되고 있습니다. 그리고 그들을 모든 진리 가운데 인도하는 것은 성령의 특별 임무로서, 이 모든 것은 그들의 믿음을 높이고 자라게 합니다.

지식은 믿음뿐만 아니라 사랑도 강하게 합니다. 지식은 문을 열어주는데, 그 문을 통해 우리는 우리 구주를 봅니다. 또는 다른 비유를 사용한다면, 지식은 예수님의 초상화를 그려주고, 우리는 그 초상화를 볼 때 그분을 사랑하게 됩니다. 우리는 최소한 어느 정도는 그리스도를 알아야지, 그분을 전혀 모른다면 그분을 사랑할 수도 없습니다. 만일 우리가 예수님의 탁월하심, 그분이 우리를 위해 하신 일, 또 지금 하고 계시는 일에 대해 거의 모른다면, 우리는 그분을 크게 사랑할 수 없습니다. 하지만 우리가 그분을 알면 알수록 그분을 더 사랑하게 될 것입니다.

지식은 또한 소망을 강하게 합니다. 만일 우리가 어떤 일에 대해 그 존재를 모르고 있다면 어떻게 그 일을 소망할 수 있겠습니까? 소망은 망원경과 같습니다. 하지만 우리가 그 보는 법을 배우지 않으면 우리의 무지가 렌즈 앞을 가로막고 서 있어서 우리는 아무것도 볼 수 없을 것입니다. 지식은 중간에 끼여 있는 방해물을 제거해주고, 무지가 제거된 밝은 렌즈를 통해 우리가 보면, 계시된 영광을 바로 분별하고, 즐거운 확신을 갖고 그것을 기대할 수 있습니다.

지식은 우리에게 인내의 이유를 제공해 줍니다. 우리가 그리스도의 사랑에 관해 아무것도 모르고, 하늘에 계신 우리 아버지가 우리에게 내리시는 징계가 주는 유익을 이해하지 못한다면, 어떻게 인내할 수 있겠습니까? 그리스도인이 받는 은혜들 가운데 하나님 아래에서 거룩한 지식을 통해 양육받지 못하고 완전함에 이르지 못하는 은혜는 단 하나도 없습니다. 그렇다면 우리가 은혜 안에서 자랄 뿐만 아니라 우리 구주 예수 그리스도를 아는 "지식"에서 자라가는 것은 얼마나 중요할까요!

> 내가 너희 손으로 지은 모든 일에 곡식을 마르게 하는 재앙과
> 깜부기 재앙과 우박으로 쳤으나 - 학개서 2:17

우박은 알곡을 땅 위에 떨어뜨리기 때문에 밭에서 자라고 있는 곡식에 얼마나 큰 피해를 줄까요! 그토록 무서운 파멸로부터 곡식이 보존받았을 때 우리는 얼마나 감사해야 할까요! 우리는 주님께 감사해야 합니다. 이 신비로운 파괴자들 — 흑수병, 깜부기병, 녹병, 곰팡이병 — 은 참으로 두려운 존재들입니다. 이것들은 이삭을 검댕이덩어리로 만들든지, 썩게 만들든지 아니면 알곡을 말라비틀어지게 하든지 합니다. 이것들은 인간의 통제를 벗어나 있기 때문에 농부로 하여금 어쩔 수 없이 "이것은 하나님의 손가락이야"라고 부르짖게 만듭니다. 무수히 많은 아주 미세한 균류들은 부패의 원인을 제공합니다. 만일 하나님의 선하심이 없었더라면, 검은 말을 탄 자가 곧 온 땅에 기근을 퍼뜨릴 것입니다. 하나님의 무한한 자비가 사람들의 양식을 보존시킵니다. 그러나 곡식을 파괴하도록 예비된 자연의 세력들 때문에 우리는 "오늘날 우리에게 일용할 양식을 주옵소서"라고 기도하도록 교훈을 받습니다. 저주는 광범합니다. 우리는 축복이 지속적으로 필요합니다. 마름병과 곰팡이병이 엄습할 때, 그것들이 하늘에서 온 징계일 때가 있습니다. 사람들은 채찍소리를 듣고, 하나님이 그것을 정하셨음을 배워야 합니다.

영혼의 곰팡이병은 흔한 병입니다. 이 질병은 우리의 활동이 아주 순조로울 때 생깁니다. 우리는 많은 사람들이 회심하기를 바라지만, 보십시오! 일반적인 무관심, 팽배한 세속성, 또는 잔인할 정도로 강퍅한 마음들을! 우리가 회심시키려는 사람들 가운데 공개적인 죄가 없을 수 있습니다. 하지만 슬프게도 우리의 기대를 실망시키는 진실성 없는 면이나 우유부단한 면이 있을 수 있습니다. 우리는 이것으로부터 우리가 주님을 의존해야 한다는 사실을 배웁니다. 이때 우리의 활동에 곰팡이 슬지 않도록 기도가 필요합니다. 영적 교만이나 나태함은 곧 우리에게 끔찍한 악을 일으킵니다. 오직 추수의 주인이신 하나님만이 그것을 제거하실 수 있습니다. 곰팡이병은 심지어 우리의 마음속까지 공격하고, 우리의 기도와 종교적 실천들을 못하도록 방해합니다. 위대하신 농부께서 그토록 심각한 재앙을 피하도록 역사하시기를! 복되신 의의 태양이여, 그 밝은 빛을 비추사 모든 질병들을 제거해 주소서.

*우리가 알거니와 하나님을 사랑하는 자 곧 그의 뜻대로 부르심을 입은 자들에게는 모든 것이 합력하여 선을 이루느니라 - 로마서 8:28*

신자는 어떤 진리들에 대해서는 절대적 확신을 갖고 있습니다. 예를 들면 그는 배가 심히 흔들릴 때 하나님이 선미 갑판 위에 앉아계신다는 것을 알고 있습니다. 그는 보이지 않는 손이 항상 세상을 움직이는 키를 잡고 계시고, 섭리가 어디로 진행되든 여호와께서 그것을 주장하신다는 것을 확신합니다. 이 확신하는 지식 때문에 그는 만사에 대처할 수 있습니다. 그는 요동하는 바다의 파도를 보지만, 거기서 그 물결 위를 걸어오는 예수님을 발견하며, "내니 두려워하지 말라"고 말씀하는 음성을 듣습니다. 그는 또 하나님이 항상 지혜롭다는 사실을 알고 있고, 이것을 알고 있기 때문에 그는 우연한 사고나 실수는 있을 수 없고, 일어나서는 안 되는 일은 절대로 일어날 수 없다고 확신합니다. 그는 "비록 내가 갖고 있는 것을 모두 잃어버린다고 해도, 그것이 하나님의 뜻이라면, 갖고 있는 것보다 잃어버리는 것이 훨씬 더 낫다. 만일 하나님이 그렇게 작정하셨다면, 최악의 재난이라 해도 내게는 가장 지혜롭고 자비로운 사건이다"라고 말할 수 있습니다. "우리가 알거니와 하나님을 사랑하는 자 곧 그의 뜻대로 부르심을 입은 자들에게는 모든 것이 합력하여 선을 이루느니라." 그리스도인은 이것을 단순히 하나의 이론이 아니라 실제 사실로 압니다. 지금까지 일어난 모든 것이 선을 이루었습니다. 해로운 마약도 적절하게만 배합하면 치료에 효과적입니다. 날카로운 수술용 칼도 육신의 상처를 깨끗하게 도려냄으로써 치료를 돕습니다. 지금까지 일어난 모든 사건들은 하나님이 의도하신 선한 결과들을 드러냈습니다. 그래서 신자는 하나님이 만사를 다스린다는 것, 다스리되 지혜롭게 다스린다는 것, 그리고 악으로부터 선을 일으키신다는 것을 확신하고, 그래서 시험이 올 때마다 그것을 묵묵히 받아들이고 감당할 수 있습니다. 신자는 마음을 비우고 기도합니다. "내 하나님이여, 당신이 원하는 것이 무엇이든 저에게 보내소서. 당신의 자녀들이 당신의 식탁으로부터 나쁜 것을 받을 자는 결코 없기 때문입니다."

"내 영혼아, '하나님이 어떻게 내 염려를 없앨 수 있는가?' 라고 말하지 말라.
전능자는 모든 곳에 종들을 갖고 계신다는 것을 기억하라.
그분의 방법은 탁월하고, 그분의 마음은 참으로 자비로우시다.
하나님은 결코 자신이 정하신 때보다 앞서거나 뒷서지 아니하신다."

*너희 형제들은 싸우러 가거늘 너희는 여기 앉아 있고자 하느냐 - 민수기 32:6*

친족들은 친족으로서 감당해야 할 의무가 있습니다. 르우벤과 갓 지파 사람들이 이미 정복한 땅의 권리를 주장하며, 나머지 땅을 정복하는 일은 나머지 지파들이 알아서 할 일이라고 발뺌을 했다면, 그것은 무정한 태도입니다. 우리는 옛날 성도들의 수고와 고난을 통해 큰 유익을 얻었습니다. 그러므로 우리가 온 힘을 다해 그것을 그리스도의 교회에 돌려주지 않는다면, 교회의 지체로서 합당치 못한 존재가 되고 말 것입니다. 다른 성도들은 시대의 오류에 담대히 맞서 싸우거나 타락의 길에서 죽어가는 영혼들을 구원하기 위해 애를 쓰는데, 우리가 게을러서 뒷짐이나 지고 있다면, 메로스의 저주(삿 5:23)가 우리에게 임하지 않도록 각성해야 할 것입니다.

포도원 주인은 "너희는 어찌하여 종일토록 놀고 여기 서 있느냐"(마 20:7)고 말씀하십니다. 게으른 자의 핑계가 무엇입니까? 예수님을 개인적으로 섬기는 일은 기꺼이 그리고 적극적으로 감당할 때 가장 귀한 사역이 됩니다. 헌신적인 선교사들과 열심 있는 목회자들의 수고는 우리가 게으를 때 우리를 부끄럽게 할 것입니다. 시련을 피하는 것은 시온에서 안일하게 사는 자들에게 찾아오는 유혹입니다. 그들은 십자가는 싫어하면서 면류관은 좋아합니다.

오늘 저녁에는 그런 사람들에게 이 주제에 관한 질문을 하는 것도 좋을 것입니다. 만일 가장 귀한 보석은 불 속에서 연단받는 것이라면, 우리가 왜 십자가 고난을 피해야 합니까? 다이아몬드가 녹로 속에 들어가 연단받아야 한다면, 우리가 고난 없이 온전케 될 수 있겠습니까? 우리가 우리 주님보다 왜, 무엇 때문에 더 나은 대접을 받아야 합니까? 맏아들이 매를 맞으셨는데, 그 형제들은 왜 아니겠습니까?

십자가의 군사가 되기보다는 솜털 베개와 비단 의자를 선택하는 자는 교만한 겁쟁이입니다. 먼저 하나님의 뜻에 자신을 맡기는 사람은 은혜의 능력을 받아 그렇게 하기를 더 기뻐하고, 그래서 십자가 발 앞에 백합을 모으고, 삼손처럼 사자에게서 꿀을 취하기를 배울 것입니다.

### 파수꾼이여 밤이 어떻게 되었느냐 - 이사야서 21:11

우리 주위에는 어떤 원수들이 있습니까? 오류가 무수한 집단을 이루고 있고, 시간마다 새로운 오류들이 등장합니다. 이런 상황 속에서 우리는 어떤 이단을 조심해야 할까요? 어둠이 지배할 때 죄들은 숨어있던 장소에서 슬금슬금 기어 나옵니다. 그러므로 우리는 속히 파수대로 올라가 기도로 깨어 있어야 합니다. 하늘에 계신 우리의 보호자는 우리에게 임할 공격들을 미리 다 알고 계십니다. 만일 우리에게 주어질 악이 단지 사탄의 의도로부터 나온 것이라면, 우리가 밀 까부르듯 시련을 당할 때, 그분은 우리의 믿음이 흔들리지 않도록 기도하십니다. 오 은혜로우신 파수꾼이여, 우리에게 원수들을 미리 알려주시고, 시온을 위해 당신의 평화를 거두지 마소서!

"파수꾼이여 밤이 어떻게 되었느냐?" 지금 교회에 어떤 날씨가 오고 있습니까? 구름이 잔뜩 끼여 있습니까, 아니면 맑고 화창합니까? 우리는 열렬한 사랑을 갖고 하나님의 교회를 사수해야 합니다. 지금 가톨릭교회와 불신자들이 교회를 협공하고 있습니다. 우리는 시대의 징조를 분별하고 싸움을 준비해야 합니다.

"파수꾼이여 밤이 어떻게 되었느냐?" 어떤 별들이 눈에 보입니까? 어떤 보배로운 약속이 현재의 우리의 삶에 적합합니까? 경보를 울리시는 주여, 또한 우리에게 위로를 베풀어 주십시오. 북극성인 그리스도는 항상 그 자리에 고정되어 있고, 모든 별들은 그들의 주님의 오른편에 있을 때 안전합니다.

그러나 파수꾼이여, 언제 아침이 올까요? 신랑이 지체하고 계십니다. 의의 태양으로서 그분이 오신다는 징조들이 없습니까? 낮의 보증으로서 새벽별이 뜨지 않았습니까? 낮이 오고, 어둠이 도망칠 때가 언제일까요? 오 예수여, 만일 당신이 오늘 당신을 기다리는 교회에 몸으로 오시지 않는다면, 한숨짓고 있는 내 마음속에 영으로 오셔서 즐거움의 노래를 불러 주십시오.

> "이제 온 땅은 새 아침으로 밝고 환하다.
> 그러나 내 온 마음은 아직도 차갑고 어둡고 슬프다.
> 영혼의 태양이여, 내가 당신의 새벽을 보게 하소서.
> 주 예수여, 오시옵소서.
> 당신의 말씀대로 속히 오시옵소서."

온 땅에 그의 영광이 충만할지어다 아멘 아멘 - 시편 72:19

이것은 정말 대단한 간구입니다. 우리는 한 사람을 위해 기도할 때에도 힘들어할 때가 많습니다. 그렇다면 온 땅을 위해 기도하는 것은 훨씬 더 깊은 믿음이 필요할 것입니다. 그러나 시편 기자의 간절한 도고는 얼마나 넓은 곳까지 미치고 있을까요! 얼마나 포괄적일까요! 얼마나 웅대할까요! "온 땅에 그의 영광이 충만할지어다." 이 기도는 아무리 미신의 발 아래 짓밟히고 있는 나라라 할지라도 제외시키지 않습니다. 아무리 야만적인 민족이라도 빼먹지 않습니다. 문명인과 식인종, 모든 지역과 모든 족속을 이 기도는 포함하고 있습니다. 지구의 모든 영역을 포괄합니다. 아담의 후손들은 하나도 빠뜨리지 않습니다.

우리는 일어나 우리 주님을 위해 수고해야 합니다. 그렇지 아니하면 이런 기도를 정직하게 드릴 수 없습니다. 하나님이 우리를 도우실 때 주님의 나라를 확장하기 위해 열심히 수고하지 않는 한 우리의 간구는 진실한 마음에서 나올 수가 없습니다. 기도하는 일과 수고하는 일, 이 두 가지를 다 게을리하는 사람은 없습니까? 성도여, 당신의 기도는 어떻습니까?

눈을 돌려 골고다를 바라보십시오. 이마에는 가시관을 쓰고, 머리와 손과 발에는 피를 흘리며 십자가에 못 박히신 생명의 주님을 바라보십시오. 오! 당신은 이 이적 중의 이적 곧 하나님의 아들의 죽으심을 가슴속에 말로는 도저히 표현할 수 없는 놀라운 감동을 느끼지 않고 바라볼 수 있겠습니까? 그리고 당신의 양심 위에 그 피가 발라진 것을 느끼고, 그분이 당신의 죄를 제거하셨음을 알았을 때, 무릎을 꿇고 "온 땅에 그의 영광이 충만할지어다. 아멘, 아멘" 하고 부르짖지 않는다면 당신은 사람이 아닙니다.

당신은 십자가에 달리신 주님 앞에 사랑으로 충만하여 엎드리고, 세상의 절대 통치자이신 그분을 바라보기를 원하지 않습니까? 만일 당신이 그 왕을 지극히 사랑하지 않고, 그분을 우주의 지배자로 바라보기를 원하지 않는다면, 지구를 떠나십시오. 당신의 경건이 당신으로 하여금 온 땅을 축복하도록 하나님의 자비를 구하는 데까지 이르게 하지 못한다면, 그 경건은 헛것입니다. 주여, 지금은 추수 때이오니, 어서 당신의 낫을 대 그 열매를 거두소서.

### 처녀들이 너를 사랑함이 마땅하니라 - 아가서 1:4

신자들은 예수님을 다른 어떤 존재들보다 더 사랑합니다. 그들은 그리스도와 헤어지는 것보다는 부모와 결별하는 편을 택합니다. 그들은 세상이 주는 위로는 느슨하게 붙잡지만, 주님은 가슴에 꼭 안고 다닙니다. 그들은 주님을 위해서 자신을 기꺼이 부인하지만, 그분을 절대로 부인하지는 않습니다. 핍박의 불은 얄팍한 사랑을 끌 수 있습니다. 그러나 참 신자의 사랑은 그보다는 훨씬 더 깊은 강물로서, 그 불로는 절대로 끌 수가 없습니다. 사람들은 신실한 자들을 그들의 주님으로부터 떼어놓기 위해 갖은 노력을 다했으나 어느 시대나 그들의 시도는 실패로 끝났습니다. 영예의 면류관의 유혹이나 진노의 핍박은 이 사랑의 끈을 더 공고히 할 따름이었습니다. 이것은 세상권력이 마음대로 떼었다 붙일 수 있는 부착물이 아닙니다. 사람도 마귀도 이 자물쇠를 열 열쇠를 갖고 있지 않았습니다. 사탄이 하나님의 은혜로 딱 붙은 이 두 마음을 떼어놓기 위해 사용한 궤계는 전혀 성공하지 못했습니다.

"처녀들이 너를 사랑함이 마땅하니라"고 기록된 말씀은 아무도 지울 수 없습니다. 그러나 처녀들의 사랑의 강도는 겉으로 나타난 것이 아니라 사모하는 마음에 의해 판단되어야 합니다. 우리는 날마다 충분히 사랑할 수 없는 것에 대해 탄식합니다. 우리 마음이 더 굳게 붙들고, 더 멀리 미친다면 얼마나 좋겠습니까? 새뮤얼 러더퍼드(Samuel Rutherford)처럼, 우리도 탄식하며 "오, 땅과 하늘을 다 두를 만큼 큰 사랑, 아니 하늘의 하늘, 일만 개의 세계를 채우고도 남을 사랑으로, 오직 아름답고, 아름답고, 지극히 아름다운 그리스도만을 사랑할 수 있다면" 하고 부르짖습니다.

그러나 슬프도다! 우리의 사랑의 길이는 기껏해야 한 뼘 밖에 미치지 못하고, 우리의 애정은 그분의 공로에 비하면 고작 양동이 속의 한 방울의 물에 지나지 않습니다. 그러나 우리의 사모하는 마음을 재 보십시오. 그러면 그것은 참으로 무한합니다. 주님은 그것으로 우리를 판단하실 것을 믿습니다. 오, 우리가 참으로 사랑스러운 그분에 대한 우리 모두의 사랑을 함께 모아 하나의 큰 통에 담아 드릴 수 있다면 얼마나 좋을까요!

### 사탄이 우리를 막았도다 - 데살로니가전서 2:18

선과 악이 다툼을 벌이기 시작한 시초부터 사탄이 우리를 훼방하는 것은 우리가 끊임없이 경험하는 영적 진리입니다. 주위의 모든 지점에서, 모든 전선에서, 전방과 후방 모두에서, 새벽이나 한밤중이나 사탄은 우리를 훼방합니다. 우리가 밭에서 일한다면, 그는 쟁기를 부러뜨리려고 획책할 것입니다. 또 우리가 담을 쌓고 있다면 그는 돌들이 무너지도록 애를 쓸 것입니다. 또 우리가 고난이나 갈등 속에서 하나님을 섬기고 있다면 그는 사방에서 우리를 훼방할 것입니다. 그는 우리가 처음에 예수 그리스도께 나아올 때 우리를 훼방합니다. 처음에 십자가를 바라보고 살 때 우리는 사탄과 격렬한 다툼을 벌였습니다. 우리가 구원받고 나면 사탄은 우리의 신앙인격에 흠집을 내려고 노력합니다. 당신은 스스로 "나는 지금까지 굳건하게 이 길을 걸어왔다. 아무도 내 신앙에 도전할 수 없다"고 자랑했을지 모릅니다. 그러나 교만을 조심하십시오. 왜냐하면 당신의 믿음은 시험당하게 되어 있으니까요. 사탄은 당신이 가장 자랑하는 그 장점을 훼방하는 데 그의 온 힘을 집중할 것입니다.

만일 당신이 지금까지 견고한 신자였다면, 당신의 믿음은 조만간 공격당할 것입니다. 만일 당신이 모세와 같이 온유한 사람이라면, 당신의 입술로 경솔하게 말하도록 시험이 기다리고 있음을 예상해야 합니다. 새들은 당신이 내놓는 가장 잘 익은 열매를 쪼아 먹고, 멧돼지는 당신이 맺어놓은 가장 탐스러운 포도송이를 이빨로 물어뜯을 것입니다. 사탄은 우리가 열심히 기도할 때 또 확실하게 우리를 훼방합니다. 그는 가능한 한 우리가 복을 받지 못하도록 우리의 끈질김을 저지하고 우리의 믿음을 약화시킵니다. 사탄은 또 그리스도인이 주의 일을 하는 것을 노심초사하며 훼방합니다. 사탄의 반대가 빈번하게 펼쳐지지 않았을 때 기독교의 부흥도 없었습니다. 에스라와 느헤미야가 건축을 시작했을 때, 사발랏과 도비야가 곧바로 그들을 가로막았습니다. 그때 어땠습니까? 그러므로 우리는 사탄이 우리를 훼방한다고 겁을 먹어서는 안 됩니다. 그것은 우리가 주님 편에서 주님의 일을 하고 있음을 보여 주는 증거이기 때문입니다. 따라서 우리는 그분의 힘으로 원수를 물리치고 승리해야 하겠습니다.

## 거미줄을 짜나니 – 이사야서 59:5

거미줄을 보십시오. 그러면 거기서 위선자의 믿음을 아주 적나라하게 볼 수 있습니다. 그것은 먹이를 잡기 위해 있습니다. 거미는 파리를 잡아먹고 살을 찌웁니다. 바리새인들도 그와 같습니다. 어리석은 사람들은 큰 소리로 신앙을 고백하는 가식적 신앙인들에게 쉽게 속습니다. 때로는 판단력이 있는 사람들도 그것을 피할 수 없습니다. 빌립에게 세례를 받은 시몬 마구스는 큰 소리로 신앙고백을 했지만, 그것은 곧 베드로에게 준엄한 질책을 받았습니다. 관습, 명성, 칭찬, 승진, 그리고 다른 파리들은 위선자들이 자기 그물에 걸려들도록 노리는 작은 먹잇감입니다. 거미줄은 놀라운 기술로 만든 작품입니다. 그것을 한 번 보십시오. 교활한 사냥꾼의 계략에 감탄하게 됩니다. 속이는 자의 믿음도 똑같이 놀랍지 않습니까? 그가 얼마나 뻔뻔스럽게 거짓말을 진실처럼 합니까? 그가 얼마나 자신의 값싼 변명을 진짜 금처럼 보이게 합니까?

거미줄은 모두 거미 자체의 몸으로부터 나옵니다. 꿀벌은 그 꿀을 꽃으로부터 모으지만, 거미는 꽃으로부터 얻는 것도 아니면서 그 줄을 줄줄 뽑아냅니다. 마찬가지로 위선자도 스스로에게서 신뢰와 소망을 찾습니다. 그들의 닻은 그들의 몸 위에 놓여져 있고, 그들의 닻줄은 그들 자신의 손을 통해 감겨집니다. 그들은 그들 자신의 몸으로 기초를 세우고, 그 집의 기둥을 세웁니다. 그리하여 그들은 하나님의 주권적 은혜를 입은 자들이 되는 것을 무시합니다.

그러나 거미줄은 아주 약합니다. 그것은 아주 교묘하게 짜여지긴 하나 견딜 수 있을 만큼 튼튼하지는 않습니다. 그것은 종의 빗자루나 나그네의 지팡이에도 견디지 못합니다. 마찬가지로 위선자의 소망을 박살내기 위해서는 굳이 큰 힘이 필요하지 않습니다. 단순히 바람만 한 번 불어도 그것은 제거될 것입니다. 위선의 거미집은 파괴의 빗자루가 그 청소작업을 시작하면 곧 제거될 것입니다. 이것은 우리에게 또 한 가지 사실을 상기시켜 주는데, 이 거미집은 여호와의 집에서는 견뎌내지 못한다는 것입니다. 하나님은 거미집과 그것을 짠 자들을 영원히 멸하실 것이기 때문입니다. 오 내 영혼아, 그대는 거미줄보다 훨씬 더 나은 줄을 의지하라. 주 예수님을 그대의 영원한 피난처로 삼으라.

### 믿는 자에게는 능히 하지 못할 일이 없느니라 - 마가복음 9:23

많은 신앙인들이 항상 의심과 두려움에 사로잡혀 살면서, 이것이 신자의 필수적인 상태라고 쓸쓸하게 생각합니다. 그러나 이것은 잘못입니다. 왜냐하면 "믿는 자에게는 능히 하지 못할 일이 없기" 때문입니다. 우리는 의심이나 두려움이 날아가는 한 마리의 새처럼 영혼 속에 머무르지 못하고 스쳐 지나가도록 할 수 있습니다. 은혜받은 성도들이 주님과 깊고 달콤한 교제를 누리는 것에 관한 기록을 읽을 때, 당신의 마음은 "슬프다! 나는 그렇지 못해"라고 탄식하고 불평하게 됩니다.

오 올라가는 자여, 만일 당신이 믿음만 있다면, 성전 꼭대기에 서 보십시오. 왜냐하면 "믿는 자에게는 능히 하지 못할 일이 없으니까요." 당신은 거룩한 사람들이 예수님을 위해 행한 일들, 곧 그들이 주님을 통해 무엇을 얻었는지, 그들이 얼마나 주님을 닮았는지, 그들이 주님을 위해 얼마나 혹독한 핍박을 견뎌냈는지 등에 관해 듣습니다. 이에 당신은 "아! 거기에 비하면 나는 벌레만도 못해. 나는 결코 그렇게 할 수 없어"라고 말합니다. 그러나 과거에 어떤 성도가 했다면 지금 당신이 할 수 없는 일이란 아무것도 없습니다. 만일 당신이 믿음의 능력을 갖고 있다면 당신이 오르지 못할 은혜, 도달하지 못할 영성, 불분명한 확신, 감당하지 못할 사역은 없습니다. 베옷을 벗고 재를 털어버리고, 그 존귀한 당신의 참된 위치로 들어가십시오. 당신이 이스라엘에서 작은 자가 되는 것은 그렇게 되도록 정해져 있기 때문이 아니라 당신이 스스로 그렇게 만들기 때문입니다.

오 왕의 아들이여! 당신이 땅에 머리를 대고 사는 것은 합당치 않습니다. 올라가십시오! 확신의 금면류관이 당신을 기다리고 있습니다! 예수님과 나누는 교제의 면류관이 당신의 이마에 장식될 것입니다. 아름다운 자줏빛 비단옷을 입고 날마다 화려한 잔치를 벌이게 될 것입니다. 왜냐하면 믿기만 하면 당신은 기름진 음식을 먹을 수 있기 때문입니다. 당신의 땅은 젖과 꿀이 흐르고, 당신의 영혼은 맛있는 음식과 기름진 양식으로 만족할 것입니다. 은혜의 금다발을 거두십시오. 그것들은 믿음의 밭에서 당신을 기다리고 있으니까요. "믿는 자에게는 능히 하지 못할 일이 없느니라."

### 그 성은 해나 달의 비침이 쓸 데 없으니 - 요한계시록 21:23

저편 천국에 사는 성도들은 피조물로서의 위로가 전혀 필요하지 않습니다. 그들은 더 이상 옷이 필요 없습니다. 그들이 입고 있는 흰옷은 절대로 해지거나 더럽혀지지 않습니다. 그들은 질병을 치료하기 위한 약도 필요 없습니다. "왜냐하면 그들은 절대로 나는 아프다는 소리를 하지 않기 때문입니다." 그들은 원기를 회복하기 위해 잠을 잘 필요도 없습니다. 그들은 낮이나 밤이나 쉬지 않고, 주의 성전에서 주님을 지칠 줄 모르고 찬양할 것입니다. 그들은 남을 돕기 위해 사회 관계를 가질 필요가 없습니다. 또 동료들과 사귐을 통해 얻는 행복이 반드시 그들에게 본질적인 축복은 아닙니다. 왜냐하면 그들과 주님의 교제만으로도 그들의 모든 욕구가 다 충족되기 때문입니다. 거기서 그들은 선생들이 필요 없습니다. 물론 그들은 하나님의 일들에 관해 서로 대화를 나눕니다. 그러나 그 대화는 가르침을 받지 않아도 얼마든지 가능합니다. 그들은 모든 것을 주님으로부터 직접 배울 것입니다.

지금 우리는 왕의 문전에서 구걸하는 신세지만, 그들은 왕의 식탁에서 함께 식사를 합니다. 여기서 우리는 친구들의 팔을 의지하지만, 거기서 그들은 그들의 사랑하는 주님, 오직 그분만 의지합니다. 여기서 우리는 우리 동료들의 도움을 받아야 하지만, 거기서 그들은 필요한 모든 것을 그리스도 예수 안에서 다 공급받습니다. 여기서 우리는 썩는 고기를 구하고, 좀 먹는 옷을 구하지만, 거기서 그들은 모든 것을 하나님 안에서 구합니다. 우리는 샘에서 물을 얻기 위해 양동이를 사용하지만, 그들은 샘의 원천이 되시는 그분으로부터 직접 물을 받아 마시고 그들의 입은 생명수로 채워집니다. 여기서는 천사들이 우리에게 축복을 가져다주지만, 거기 천국에서는 그런 천사들이 필요 없습니다. 그들은 하나님으로부터 사랑의 쪽지를 가지고 올 가브리엘과 같은 천사들이 필요하지 않습니다. 거기서 그들은 하나님을 직접 대면하여 볼 것이기 때문입니다. 오! 우리가 모든 부차적인 것을 다 뒤로 하고 하나님의 팔에 안길 그때는 얼마나 복된 시간일까요! 그의 피조물이 아니라 하나님이, 그의 역사들이 아니라 주님이 친히 우리의 일상적인 기쁨이 되시는 그때는 얼마나 영광스러운 시간일까요! 그때 우리의 영혼은 완전한 축복을 얻게 될 것입니다.

예수께서 … 살아나신 후 전에 일곱 귀신을 쫓아내어 주신
막달라 마리아에게 먼저 보이시니 - 마가복음 16:9

막달라 마리아는 무서운 악의 희생자였습니다. 그녀는 한 귀신이 아니라 무려 일곱 귀신에게 사로잡혀 있었습니다. 이 두려운 훼방자들은 그 연약한 여인 안에 거하면서 그녀에게 큰 고통을 주고 타락을 일으켰습니다. 그녀의 질고는 절망적이고 끔찍했습니다. 그녀는 스스로를 구할 수 없었고, 어느 누구도 그녀를 도와줄 수 없었습니다. 예수님이 그 길을 지나가셨을 때, 이 가엾은 여인은 도움을 요청하지도 않았고, 아니 오히려 크게 저항했습니다. 그러나 주님은 권능의 말씀을 전하셨고, 그 결과 막달라 마리아는 예수님의 치유 능력의 산 증거가 되었습니다. 일곱 귀신들은 예수님의 강력한 힘에 의해 그녀에게서 쫓겨나간 후 다시는 그녀에게 돌아오지 못했습니다. 얼마나 복된 구원일까요! 얼마나 행복한 변화일까요! 광기에서 기쁨으로, 절망에서 평화로, 지옥에서 천국으로! 그녀는 곧 예수님의 열렬한 추종자가 되어, 그분의 말씀을 한 마디도 놓치지 않았고, 그분의 발자취를 따라 살았으며, 그분의 고생하는 삶에 동참했습니다. 또한 그녀는 그분의 적극적인 조력자가 되었는데, 고침을 받고 감사한 마음으로 주님을 섬긴 여인들 중 으뜸이 되었습니다.

예수님이 십자가에 달리셨을 때 마리아는 그 현장에서 주님의 고난에 동참했습니다. 처음에 그녀는 멀리서 십자가를 바라보았습니다. 그러나 나중에는 가까이 다가가 십자가 바로 앞에 있었습니다. 그녀는 예수님과 함께 십자가에 달려죽을 수는 없었지만, 최대한 그 가까이에 있었고, 주님의 시신이 십자가에서 내려졌을 때, 그것이 어떻게 되고, 어디에 장사되는지 주시하고 있었습니다. 그녀는 예수님이 장사된 무덤에는 마지막으로, 부활하신 무덤에는 첫 번째로 그 자리에 있었던 신실하고 깨어있는 신자였습니다. 그녀는 이처럼 거룩한 신앙을 갖고 있었기 때문에 사랑하는 주님을 각별하게 지켜보았고, 그래서 주님은 그녀의 이름을 친히 부르시고, 두려워하는 제자들과 베드로에게 기쁜 소식을 전하는 사자로 삼아 주셨습니다. 이처럼 하나님의 은혜는 귀신들린 그녀를 사자가 되게 하였고, 마귀를 쫓아내고 천사를 목격하도록 그녀를 사탄으로부터 구원함으로써 영원토록 주 예수님과 하나가 되도록 했습니다. 우리에게도 이 같은 은혜의 이적이 일어나기를!

### 우리 생명이신 그리스도 - 골로새서 3:4

　　바울의 이 놀라운 표현은 그리스도가 우리 생명의 원천이심을 말해줍니다. "그는 허물과 죄로 죽었던 너희를 살리셨도다"(엡 2:1). 무덤으로부터 나사로를 살리신 그 똑같은 음성이 우리에게 새생명을 주셨습니다. 그분은 지금 우리 영적 생명의 본질이십니다. 우리가 사는 것은 그분의 생명 때문입니다. 그분은 영광의 소망으로, 우리 행동의 원천으로, 그리고 우리의 모든 다른 생각을 움직이는 중심사상으로 우리 안에 계십니다.

　　그리스도는 우리 생명의 유지자이십니다. 예수님의 살과 피 외에 그리스도인이 무엇을 먹고 살 수 있을까요? "이는 하늘에서 내려오는 떡이니 사람으로 하여금 먹고 죽지 아니하게 하는 것이니라"(요 6:50). 오 이 죄의 광야에서 지친 순례자여, 그분 안에서 양식을 발견하는 것 외에는 당신의 영적 기갈을 만족시킬 다른 길이 없습니다.

　　그리스도는 우리 생명의 위로자이십니다. 우리의 모든 참 기쁨은 오직 그분으로부터 나옵니다. 우리가 환난당할 때 그분의 임재하심은 우리에게 큰 위로가 됩니다. 주님이 안계시면 우리는 살 가치가 없습니다. 그분의 인자하심이 생명보다 낫습니다.

　　그리스도는 우리 생명의 목적이십니다. 배가 항구를 향해 속력을 내듯, 신자도 그의 구주의 가슴의 항구를 향해 급히 나아갑니다. 화살이 그 과녁을 향해 날아가는 것처럼 그리스도인도 그리스도 예수와의 완전한 교제를 향해 날아갑니다. 병사가 그 상관을 위해 싸우고, 그가 승리할 때 그로부터 승리의 면류관을 받는 것처럼, 신자도 그리스도를 위해 싸우고, 그분이 승리할 때 그 역시 승리를 얻습니다. 왜냐하면 "그에게 사는 것이 그리스도이기"(빌 1:21) 때문입니다.

　　그리스도는 우리 생명의 모범이십니다. 우리 안에 똑같은 생명이 있다면, 그것은 밖으로 크게 드러나야 하고, 또 드러날 수밖에 없습니다. 만일 우리가 주 예수님과 친밀한 교제를 나누며 산다면, 우리는 곧 그분을 닮아갈 것입니다. 우리는 우리 앞에 그분을 하나님의 복사판으로 세우고, 그분이 영광 중에 우리 생명의 면류관이 될 때까지 그분의 발자취를 따라 살아야 합니다. 오! 그리스도께서 우리 생명이시기 때문에 그리스도인은 얼마나 안전하고, 얼마나 영예롭고, 얼마나 행복한 사람들일까요!

인자가 세상에서 죄를 사하는 권능이 있는 줄을 - 마태복음 9:6

위대하신 의원이신 주님의 능하신 솜씨 가운데 하나를 보십시오. 그분은 죄사함의 권세를 갖고 계십니다! 그분은 이 땅에 사는 동안, 아직 대속 제물로 드려지기 전부터, 곧 속죄소에 진실로 그 피가 뿌려지기 전부터 죄사함의 권세를 갖고 계셨습니다. 그렇다면 그분은 십자가에 달려 죽으신 지금 그 권세를 갖고 있지 못합니까? 그의 백성들의 진 빚을 조금도 남김없이 충분히 청산하신 그분 안에는 얼마나 더 큰 권능이 있을까요! 죄와 허물을 완전히 종식시킨 지금 그분은 무한한 능력을 갖고 계십니다. 만일 당신이 그것을 의심한다면, 죽음으로부터 부활하신 그분을 바라보십시오! 영광 중에 승천하셔서 하나님 우편에 앉아계신 그분을 바라보십시오! 자신의 상처를 가리키고 자신의 거룩한 고난의 공로를 내세우면서 영존하시는 아버지께 대언하시는 그분의 음성을 들어보십시오! 여기에 놀라운 용서의 권세가 있습니다! "그가 위로 올라가실 때에 … 그 사람들에게 선물을 주셨다"(엡 4:8), "이스라엘에게 회개함과 죄 사함을 주시려고 그를 오른손으로 높이사 …"(행 5:31). 아무리 주홍같이 붉은 죄라도 그분의 피 흘리심으로 제거됩니다.

사랑하는 형제여, 이 순간 당신이 어떤 죄를 지었든 그리스도는 용서의 권세 곧 당신과 당신이 저지른 무수한 죄를 용서해주실 권세를 갖고 계십니다. 그렇게 하는데 그분의 말씀 한 마디면 족할 것입니다. 그분은 당신의 죄를 사하시기 위해 더 이상 할 일은 없습니다. 속죄 사역은 완수되었습니다. 당신이 눈물로 회개하면, 그분은 오늘 당신이 저지른 죄를 사하시고, 또 그렇게 되었음을 당신에게 알려주십니다. 주님은 지금 바로 이 순간 당신의 영혼 속에 모든 지각에 뛰어나고, 당신의 모든 죄를 완전하게 사하실 하나님의 평강을 심어주실 것입니다. 당신은 그것을 믿습니까? 나는 당신이 그것을 믿으리라고 확신합니다. 당신이 지금 죄사함을 주시는 예수님의 권능을 맛볼 수 있기를! 지체하지 말고 영혼의 위대하신 의원이 되시는 주님께 나아가 이렇게 부르짖으십시오:

"예수여! 주님이여! 제 부르짖음을 들으소서!
저를 구원하소서, 말씀 한 마디로 저를 고쳐주소서.
당신의 발 앞에 힘없이 누워
속삭이는 제 간구를 들어주소서."

나는 지난 세월이 … 다시 오기를 원하노라 - 욥기 29:2

많은 그리스도인들이 과거는 즐겁게 추억하면서 현재는 불만스럽게 생각할수 있습니다. 그들은 과거에 주님과 누렸던 교제의 시간들을 지금까지 누렸던그 어떤 시간들보다 더 달콤하게 회상하지만, 현재에 관해서는 음울하고 슬픈상복을 입고 있습니다. 그들은 과거에는 예수님을 가까이 하면서 살았지만, 지금은 그분과 멀리 떨어져 방황하며 "오, 나는 지난 세월이 오기를 원하노라"고 말합니다. 그들은 자기들이 증거를 상실했다거나 마음의 평화가 없다거나 은혜를전혀 누리지 못하고 있다거나 양심이 예전만큼 민감하지 못하다거나 또는 하나님의 영광을 위해 열심을 내지 못하고 있다고 불평합니다. 이같은 서글픈 현실의 원인들은 다양합니다.

우선 그것은 기도를 게을리 하기 때문에 올 수 있습니다. 왜냐하면 기도를 게을리 하는 것이야말로 모든 영적 침체의 시작이기 때문입니다. 또는 그것은 우상숭배의 결과일 수도 있습니다. 마음이 하나님이 아닌 다른 어떤 것에 사로잡혀 있을 수 있습니다. 우리가 마음으로 하늘의 것보다 땅의 것을 더 사랑할 수 있습니다. 그러나 질투하시는 하나님은 우리가 이처럼 두 마음을 품는 것을 싫어하십니다. 그분은 언제나 우리에게 첫 번째와 최고의 자리를 차지하는 사랑의 대상이 되어야 합니다. 그분은 냉정하고 멀리 떨어져 방황하는 마음으로부터는 자신의 임재의 햇빛을 거두실 것입니다. 또 그것은 자기과신(自己過信)과 자기의(自己義) 때문에 올 수도 있습니다. 교만이 마음속에 가득 차면, 자아는 십자가 앞에서자신을 낮추지 않고 높이 세웁니다.

그리스도인이여, 만일 당신이 지금 "과거"와 같지 않다면, 막연하게 과거의 행복한 상태로 돌아가기를 바라지 말고, 즉시 당신의 주님을 찾아가 당신의 슬픈상태를 그대로 아뢰십시오. 그분께 더 가까이 나아가도록 도와달라고 그분의 은혜와 능력을 구하십시오. 그분 앞에서 자신을 겸손하게 낮추십시오. 그러면 그분은 당신을 높이시고, 당신이 다시 자신의 얼굴빛을 보도록 역사하실 것입니다.절대로 한숨과 한탄 속에 빠져 주저앉아 있지 마십시오. 사랑하는 의원께서 살아계시는 한, 당신은 소망이 있습니다. 아니 소망 정도가 아니라 최악의 상태에서도 당신은 확실하게 회복될 것입니다.

영원한 위로 - 데살로니가후서 2:16

"위로" — 이 말 속에는 음악이 들어있습니다. 다윗의 수금처럼, 그것은 우울이라는 악신을 제거하는 능력이 있습니다. 바나바는 "위로의 아들"이라고 불리는 것을 커다란 영예로 여겼습니다. 그러나 그것은 바나바보다 훨씬 더 위대하신 분의 이름 가운데 하나입니다. 왜냐하면 주 예수님이야말로 바로 "이스라엘의 위로"이시기 때문입니다. "영원한 위로" — 이 말은 모든 것의 정수(精髓)입니다. 왜냐하면 위로의 영원함이 그 면류관이자 영광이기 때문입니다. 세상이 주는 위로는 오래가지 못하고 일시적입니다. 그러나 이 위로는 영속적입니다. 그러면 이 "영원한 위로"는 구체적으로 무엇을 말할까요? 그것은 먼저 죄사함에 대한 의식을 포함하고 있습니다. 그리스도인은 자신의 죄악과 불의가 — 구름 곧 빽빽한 구름이 일시에 사라지는 것처럼 — 완전히 제거되었음을 성령의 증거를 통해 마음속에 간직하고 있습니다. 만일 죄가 사함 받았다면, 그것이야말로 영원한 위로가 아니고 무엇이겠습니까?

그 다음 주님은 그의 백성들을 그리스도 안에 받아들여 거하도록 하십니다. 그리스도인은 누구나 하나님이 자신을 그리스도와 연합된 자로 보신다는 것을 압니다. 우리가 부활하신 주님과 하나로 연합되었다는 것 역시 영원한 위로 가운데 하나입니다. 그것은 실제로 영속적입니다. 질병이 찾아와 보십시오. 얼마나 많은 신자들이 힘이 없고 연약할 때에도 힘이 넘치고 건강할 때 못지않게 행복을 누리며 살았습니까? 죽음의 화살이 우리의 심장을 꿰뚫을지라도, 우리의 위로는 절대로 사라지지 않습니다. 왜냐하면 참으로 많은 성도들이 죽어가는 순간 그들의 마음이 하나님의 생생한 사랑으로 가득 차 즐거워하며 부르는 노래들을 우리는 너무나 자주 듣고 있기 때문입니다.

그렇습니다. 우리가 사랑하는 주님의 품에 받아들여졌다는 의식은 영원한 위로입니다. 나아가 그리스도인은 자신의 안전에 대해서도 확신을 갖고 있습니다. 하나님은 그리스도를 믿는 자들을 구원하시겠다고 약속하셨습니다. 그리스도인은 그리스도를 믿고, 그리하여 하나님은 자신의 말씀을 그대로 이루시는 분으로서 자기를 구원하실 것을 확신합니다. 그는 예수님의 인격과 사역으로 말미암아 자신의 존재도 안전하다고 느낍니다.

여호와께서 다스리시나니 땅은 즐거워하며 - 시편 97:1

이 복된 말씀이 진리라면, 우리는 불안에 빠질 이유가 전혀 없습니다. 땅에서 여호와의 능력은 바다의 맹렬한 파도를 쉽게 잠잠케 하실 정도로 막강하고, 그분의 사랑은 소낙비를 내려 땅을 신선하게 하실 때만큼 연약한 자를 은혜로서 쉽게 소생시키십니다. 폭풍의 공포 속에서 번개가 번쩍일 때 그분의 위엄이 나타나고, 제국들이 무너지고 정권들이 붕괴되는 사건들에서 그분의 영광이 드러납니다. 모든 갈등과 환난들 속에서 우리는 왕되신 하나님의 손길을 느낄 수 있습니다.

"하나님은 하나님이시니, 그분은
우리의 모든 환난, 우리의 모든 눈물을 보고 들으신다.
그러므로 영혼아, 어떤 고통 속에서도
하나님이 모든 것을 영원히 다스리신다는 사실을 잊지 말라."

악한 영들이 고통을 당하며 살고 있는 지옥에서도 그분의 주권은 어김없이 나타납니다. 그들이 돌아다니는 것이 허락된다 해도, 그들의 발에는 사슬이 매여 있습니다. 베헤못의 입 속에는 재갈이 있고, 리워야단의 턱에는 갈고리가 채워져 있습니다. 사망의 화살은 주님의 활에 장착되어 있으며, 무덤의 감옥들은 그 입구에 하나님의 권능자가 서 있습니다. 온 땅의 심판자가 두려운 복수를 시작하면, 개집에 있는 개들이 도살자의 채찍을 보고 두려워하듯, 마귀들도 벌벌 떨며 두려워할 것입니다.

"사망도 두려워하지 말고, 사탄의 공격도 두려워하지 말라.
하나님은 자기를 믿는 자들을 보호하시리라.
그러므로 영혼아, 고통 속에 있을 때에도
하나님이 모든 것을 영원히 다스리신다는 사실을 기억하라."

천국에서는 영원하신 왕의 주권을 누구도 의심하지 않습니다. 거기서는 모든 것들이 그분을 경외하기 위해 엎드릴 것입니다. 천사들은 그분의 신하들이고, 구속받은 자들은 그의 사랑하는 자녀들로서, 밤낮으로 즐겁게 그분을 섬길 것입니다. 우리도 곧 그 위대하신 왕의 도성에 도착하게 될 것입니다.

"이생의 길고 긴 슬픈 밤 대신 주님은 우리에게 평강과 기쁨을 주시리라.
그러므로 영혼아, 고통 속에서도
하나님이 모든 것을 다스리신다는 사실을 기억하라."

## 무지개가 구름 속에 나타나면 - 창세기 9:14

노아와의 언약의 상징으로서 무지개는 하나님 아버지를 그 백성들에게 증거하는 우리 주 예수님의 모형입니다. 우리는 언제 이 언약의 증거를 보기를 기대할 수 있습니까? 무지개는 오직 구름 위에 그려지는 법입니다. 죄인의 양심이 구름처럼 어두워질 때, 그가 과거의 죄를 기억하고 하나님 앞에서 그것을 슬퍼할 때, 예수 그리스도는 언약의 무지개로서 그에게 나타나 신적 성품의 영광스러운 색조들을 보여 주고 평화를 나타내십니다. 신자는 시험과 유혹이 자신을 둘러싸고 있을 때, 우리 주 예수 그리스도의 인격을 바라보는 것이 좋습니다. 우리를 위해 피 흘리고, 살아있고, 부활하고, 대언하시는 그분을 바라보십시오.

하나님의 무지개는 우리의 죄, 슬픔, 고뇌의 구름들 위에 구원을 예표하기 위해 펼쳐집니다. 그러나 구름이 있다고 무지개가 만들어지는 것은 아닙니다. 햇빛을 반사시키는 투명한 물방울들이 구름 가운데 있어야 합니다. 마찬가지로 우리의 슬픔도 우리에게 몰려와 위협하는데 그치지 않고 실제로 우리 위에 떨어져야 합니다. 하나님의 복수가 단순히 위협하는 구름에 불과하다면, 그리스도께서도 우리를 위해 하실 일이 없습니다. 형벌이 그 보증인 위에 두려운 물방울로 떨어져야 합니다. 신자의 양심 속에 진지한 고뇌가 없다면, 그리스도께서 그를 위해 하실 일도 없습니다. 하나님의 징계를 무겁게 느끼지 못한다면, 그는 절대로 예수님을 바라볼 수 없습니다. 그러나 이것과 동시에 태양이 있어야 합니다. 왜냐하면 구름과 물방울은 햇빛이 비추어지지 않는 한 무지개를 만들 수 없기 때문입니다.

사랑하는 성도여, 태양으로서 하나님은 항상 그 빛을 우리에게 비추고 계시지만, 우리는 항상 그분을 보지 못하고 있습니다. 구름이 그분의 얼굴을 감출 때가 있기 때문입니다. 그러나 아무리 우리에게 구름의 물방울이 떨어지거나 구름이 우리를 에워싸더라도, 만일 그분이 빛을 비추시면 즉각 무지개가 생길 것입니다. 무지개가 생기면 소나기는 물러가고 날씨가 화창해지는 것을 우리는 압니다. 그리스도께서 오시면 확실히 우리의 환난은 물러가고, 우리가 예수님을 바라보면 우리의 죄도 사라지고, 우리의 의심과 두려움도 자취를 감추게 될 것입니다. 예수님이 바다 위를 걸으실 때 바다는 얼마나 고요하고 잠잠했을까요!

## 그가 심으신 레바논 백향목들이로다 - 시편 104:16

　　레바논의 백향목은 그것이 오로지 여호와에 의해 심겨졌다는 점에서 그리스도인을 상징합니다. 이것은 확실히 하나님의 모든 자녀들에게 적용되는 진리입니다. 하나님의 자녀는 사람이나 자기 자신이 심은 것이 아니라 하나님이 심으신 자입니다. 하나님의 영의 신비로운 손이 그분이 미리 준비해두신 심령 속에 산 씨를 떨어뜨리시는 것입니다. 천국의 참된 후계자들은 위대한 농부이신 하나님이 직접 심으신 자들입니다.

　　나아가 레바논의 백향목은 그 수분을 사람에게 의존하지 않습니다. 그것은 높은 반석 위에 서 있기 때문에 사람이 주는 물로 자신을 적시지 않습니다. 그것은 하늘에 계신 우리 아버지가 주시는 물을 받아먹고 자랍니다. 이것은 믿음으로 사는 그리스도인과 똑같습니다. 그리스도인은 심지어 세상의 일들에 대해서도 사람을 의존하지 않습니다. 왜냐하면 그의 삶의 지속적인 능력은 그의 하나님이신 주님께, 오직 주님께만 의존하기 때문입니다. 그의 양식은 천국 이슬이고, 천국의 하나님이 그의 샘이 되십니다.

　　또한 레바논의 백향목은 인간의 힘에 의해 보존되지 않습니다. 그것은 폭풍우로부터 보존받을 때 사람의 도움이 필요하지 않습니다. 그것은 하나님의 나무로서, 그분에 의해, 오직 그분에 의해서만 유지되고 보존받습니다. 이것은 엄밀히 말해 그리스도인에게도 해당됩니다. 그는 유혹으로부터 차단된 온실 속의 꽃이 아닙니다. 그는 누구나 볼 수 있는 곳에 있습니다. 그는 영원하신 하나님의 넓은 날개가 항상 위에 있는 것 외에 다른 피난처나 보호자를 갖고 있지 않습니다. 백향목처럼, 신자들도 수액으로 충만해서 항상, 심지어는 한겨울 눈 속에서도, 그 푸름을 유지할 수 있습니다.

　　마지막으로, 레바논의 백향목의 자람과 그 웅장한 모습은 오직 하나님을 찬양하는 목적을 갖고 있습니다. 백향목에게는 여호와, 오직 여호와만이 전부입니다. 그러므로 다윗도 자기가 쓴 시편 가운데 하나에서 "과수와 모든 백향목이며 … 여호와의 이름을 찬양할지어다"(시 148:9-13)라고 감미롭게 노래하고 있습니다. 이렇듯 신자 안에는 사람을 높일 만한 것이 하나도 없습니다. 그는 오직 여호와 자신의 손으로 심겨지고, 성장하고, 보존받기 때문에 모든 영광을 그분께만 돌려드려야 합니다.

### 내 언약을 기억하리니 - 창세기 9:15

여기서 약속이 어떤 형식을 취하고 있는지 주목하기 바랍니다. 하나님은 "너희가 무지개를 바라보고 내 언약을 기억하면 그때 내가 땅을 멸하지 아니하리라"고 말씀하시지 않습니다. 그것은 영광스럽게도 변덕스럽고 깨지기 쉬운 우리의 기억이 아니라 무한하고 불변하시는 하나님의 기억에 두어져 있습니다. "내가 구름으로 땅을 덮을 때에 무지개가 구름 속에 나타나면 내가 나와 너희와 및 육체를 가진 모든 생물 사이의 내 언약을 기억하리니"(창 9:16). 오! 내 안전성의 근거는 내가 하나님을 기억하는 데 있지 않고 하나님이 나를 기억하시는 데 있습니다. 내가 그분의 언약을 붙드는 것이 아니라 그분의 언약이 나를 붙들고 있습니다. 하나님께 영광이 있기를! 구원의 전체 보루들은 하나님의 능력으로 말미암아 지탱되기 때문에 사람의 힘으로 할 수 있다고 생각되는 아주 작은 보루들도 전능하신 힘에 의해 지탱됩니다.

심지어는 언약을 기억하는 일조차도 우리의 기억에 의존하는 것이 아닙니다. 왜냐하면 우리는 그것을 잊어버릴 수 있지만, 우리 주님은 자신의 손바닥에 새기신 성도들을 절대로 잊지 않으시기 때문입니다. 애굽의 이스라엘 백성들처럼 우리도 똑같습니다. 피가 인방과 좌우 문설주에 발라졌을 때, 하나님은 "너희가 그 피를 볼 때 내가 너희를 넘어가리라"고 말씀하시지 않고 "내가 그 피를 볼 때 너희를 넘어가리라"고 말씀하셨습니다. 내가 예수님을 바라보기만 하면 기쁨과 평강이 주어집니다. 그러나 하나님이 예수를 바라보시면 나의 구원과 그의 모든 택자의 구원은 안전하게 보장됩니다. 그것은 우리 하나님이 우리의 피 흘리신 희생 제물이신 그리스도를 바라보실 때 그분 안에서 이미 시험 받은 죄에 대해 화를 내는 것은 불가능하기 때문입니다. 아니, 언약을 기억함으로써 구원받는 것까지도 우리의 몫은 아닙니다. 여기에는 잘못 짜여진 직물 곧 직물을 망쳐놓는 피소물의 간섭이 전혀 없습니다. 그것은 인간의 것도 아니고 인간에 의한 것도 아니라 오로지 하나님의 것입니다. 우리는 하나님의 은혜를 통해 언약을 기억해야 하고, 또 그렇게 할 것입니다. 하지만 우리의 안전성의 근간은 우리가 하나님을 기억하는데 있는 것이 아니라 그분이 우리를 기억하시는데 있습니다. 따라서 이런 의미에서 언약은 영원한 언약입니다.

여호와여 주께서 행하신 일로 나를 기쁘게 하셨으니 - 시편 92:4

　당신은 당신의 죄가 사함받았다는 사실과 그리스도께서 그것을 위해 충분한 속죄를 이루셨다는 사실을 믿습니까? 그렇다면 당신은 참으로 즐거운 그리스도인이 되어야 하리라! 세상의 일반적인 시련과 고난들을 초월하며 살아야 하리라! 죄를 사함 받았기 때문에 지금 당신에게 어떤 일이 일어날 수 있을까요? 루터는 "주여, 저를 치십시오. 제 죄는 사함받았습니다. 당신이 저를 용서하셨다면 당신이 원하시는 대로 마음껏 저를 쳐보십시오"라고 말했습니다. 마찬가지로 당신도 "질병, 가난, 상실, 십자가, 핍박 등 당신이 원하시는 것을 내게 보내십시오. 당신은 저를 용서하셨으니 어떤 상황에서도 제 영혼은 기쁩니다"라고 말할 수 있어야 합니다.

　성도여, 만일 당신이 이처럼 구원받았다면, 기뻐하는 것 외에도 감사하고 사랑해야 합니다. 당신의 죄를 제거한 십자가를 꼭 붙드십시오. 이제는 당신을 섬기신 그분을 섬기십시오. "그러므로 형제들아 내가 하나님의 모든 자비하심으로 너희를 권하노니 너희 몸을 하나님이 기뻐하시는 거룩한 산 제물로 드리라 이는 너희가 드릴 영적 예배니라"(롬 12:1). 찬양 한 곡 부르는 것으로 당신의 열심을 끝내지 마십시오. 당신의 사랑을 실제적 증거로 보여 주십시오. 당신을 사랑하신 그분의 형제들을 사랑하십시오. 만일 절뚝거리거나 멈춰 서 있는 므비보셋과 같은 사람을 본다면, 요나단을 생각하고 그를 도와주십시오. 또 시험 속에 있는 연약한 성도가 있다면, 그와 함께 울고, 당신과 당신의 죄를 위해 우셨던 그분을 위해 그의 십자가를 함께 짊어지십시오.

　당신은 그리스도로 말미암아 이처럼 값없이 용서받았기 때문에 가서 다른 사람들에게 죄사함의 복된 소식을 전해 주어야 합니다. 이 말할 수 없는 축복을 당신 홀로 누리는 것으로 만족하지 마십시오. 십자가 이야기를 만나는 모든 사람들에게 선포하십시오. 거룩한 기쁨과 거룩한 담대함이 당신을 좋은 설교자로 만들어줄 것입니다. 온 세상이 당신의 설교를 위한 강단이 될 것입니다. 기쁨에 찬 거룩이야말로 가장 효과적인 설교입니다. 하지만 그것은 주님이 당신에게 주셔야 합니다. 그러므로 오늘 아침 세상으로 나가기 전에 그것을 달라고 구하십시오. 기뻐하는 것이 주님의 사역이라면 우리는 아무리 크게 기뻐해도 괜찮을 것입니다.

그 근심을 알고 - 출애굽기 3:7

어린아이는 "이것은 아빠가 아신다"고 노래할 때 신이 납니다. 그렇다면 우리의 사랑하는 친구이자 영혼의 남편이 되시는 분이 우리에 관해 모든 것을 아신다는 사실을 깨달았을 때 정말 위로가 되지 않을까요?

1. 그분은 의사이십니다. 만일 그분이 모든 것을 알고 계신다면, 환자가 알아야할 필요는 없습니다. 항상 눈치 보거나 엿보거나 의심하는 그대 어리석고 안절부절못하는 마음이여, 잠잠하라! 당신은 아직 모르고 있지만 곧 알게 될 것이고, 그 동안 사랑이 풍성한 의사이신 예수님이 문제 속에 있는 우리 영혼의 상태를 다 아십니다. 환자가 모든 약의 성분을 분석하거나 또는 모든 증상을 파악해야할 필요가 어디 있습니까? 이것은 의사가 할 일이지 내가 할 일이 아닙니다. 내가 할 일은 믿는 것이고, 그분이 할 일은 처방하는 것입니다. 그분이 내가 이해할 수 없는 글씨로 처방전을 쓰신다고 해도, 나는 그것 때문에 불안해할 이유가없습니다. 그분의 작업이 아무리 신비롭다고 해도, 그분의 실수 없으신 솜씨가결과를 아주 명백하게 보장하실 것이라는 것을 나는 믿기만 하면 됩니다.

2. 그분은 주인이십니다. 그분의 지식은 우리 자신의 것과는 차원이 다릅니다. 그러므로 우리는 판단하지 말고 순종해야 합니다. "종은 주인이 하는 것을 알지못함이라"(요 15:15). 건축가가 자신의 구상을 모든 일꾼들에게 낱낱이 설명합니까? 만일 건축가가 자신의 구상을 알고 있다면, 그것으로 충분하지 않습니까? 녹로 위에 놓인 토기는 그것이 어떤 형태로 주조될 것인지 짐작할 수 없지만, 토기장이가 자신의 기법을 알고 있다면, 흙의 무지함이 무슨 문제가 되겠습니까? 내가 무지한 탓으로 주님께 힐문해서는 안 되겠습니다.

3. 그분은 머리이십니다. 모든 이해는 머리로부터 나옵니다. 팔이 판단하는 경우가 있습니까? 발이 어떤 이해력을 갖고 있습니까? 모든 지식 능력은 머리에 있습니다. 머리가 그 모든 지적 직무를 담당한다면, 각 지체가 각각 자기의 두뇌를갖고 있어야 할 이유가 어디 있습니까? 그렇다면 여기서 병이 든 신자는 그 결과를 알 수 없다고 해도, 예수님이 다 아시기 때문에 위로를 받아야 합니다. 사랑이 풍성하신 주여, 당신이 우리의 영원한 눈과 영혼과 머리가 되셔서, 당신이나타내시기로 결정하신 것에 대해서만 우리가 아는 것으로 만족하게 하소서.

### 이삭이 저물 때에 들에 나가 묵상하다가 - 창세기 24:63

이삭이 한 일은 참으로 본받을 만한 **훌륭**한 일이었습니다. 만일 많은 시간을 하릴 없이 허송하거나 아무 유익 없는 책을 읽거나 무익한 오락으로 소일하는 사람들이 이 지혜를 배울 수 있다면, 그들은 얼마나 유익한 사람들이 되고, 또 지금 그들에게 흥미를 끄는 허탄한 일들을 버리고 묵상에 얼마나 더 깊은 의미를 두게 될까요? 홀로 있는 시간을 더 많이 가질수록 우리는 하나님을 더 잘 알게 되고, 그분께 더 가까이 나아가는 삶을 살게 되며, 은혜 안에서 더 자라가게 될 것입니다. 묵상은 다른 곳에 있는 영혼의 양식을 모아 반추하며 그 참된 양분을 섭취하는 것입니다. 예수님이 그 주제가 될 때, 묵상은 참으로 달콤합니다. 이삭은 홀로 묵상하다가 리브가를 만났습니다. 마찬가지로 많은 사람들이 그곳에서 가장 사랑하는 주님을 만났습니다.

이삭이 묵상의 장소로 선택한 곳은 참으로 **훌륭**한 곳이었습니다. 들에는 우리가 숙고할 만한 말씀 주변의 자료들이 많습니다. 백향목에서 우슬초까지, 날아오르는 독수리에서 톡톡 튀는 메뚜기에 이르기까지, 광대한 창공으로부터 이슬방울에 이르기까지, 들에 있는 모든 것들은 가르침의 요소로 충만합니다. 눈이 성령의 인도를 받아 열리면, 그 가르침은 책들보다 더 생생하게 영혼의 양식이 됩니다. 우리가 살고 있는 좁은 방들은 들판만큼 그렇게 건강에 좋고, 그렇게 교훈적이고, 그렇게 상쾌한 곳이 못됩니다. 그러므로 우리는 그런 것들을 평범하거나 불결하다고 무시하지 말고, 모든 피조물들이 그 조물주를 가리키고, 들판은 곧 신성한 장소임을 느껴야 합니다.

이삭의 묵상은 그 시기가 참으로 본받을 만한 시점이었습니다. 낮이 닫히는 해가 질 무렵의 시간은 영혼의 쉼을 위해 세상 염려를 버리고 천국 친교의 기쁨으로 바꾸기에 아주 좋은 시간입니다. 일몰의 그 장엄한 광경은 우리의 감정을 흥분시키고, 점차 다가오는 밤의 엄숙함은 우리의 경외감을 불러일으킵니다. 사랑하는 성도여, 만일 오늘 하루의 일과 속에서 당신이 황혼녘에 들판을 걷는 시간을 마련할 수 있다면, 참으로 좋을 것입니다. 그러나 그렇지 못하다고 해도 주님은 도시에서도 함께하시고, 당신의 방이나 사람들이 붐비는 거리에서도 당신을 만나주실 것입니다. 그러므로 어서 마음으로 그분을 만나러 나가시기 바랍니다.

### 새 마음을 너희에게 주되 - 에스겔서 36:26

새 마음은 죄에 대해 얼마나 민감한지의 여부로써 구별할 수 있습니다. 새 마음은 잠시라도 악한 상념에 빠지거나 사악한 욕망을 허용하는 것을 하나님 앞에서 크게 슬퍼합니다. 돌 같은 마음은 큰 죄도 아무것도 아닌 것으로 생각하지만, 새 마음은 절대로 그럴 수 없습니다.

> "좌로나 우로나 치우치면,
> 그 순간 주님은 책망하신다.
> 주님의 사랑을 근심시킬 때,
> 내 인생은 슬피 울며 지내게 되리라."

새 마음은 하나님의 뜻에 대해 아주 민감합니다. 나의 마음의 옛 주인인 의지는 아주 오만한 자로서, 그를 하나님의 뜻에 복종시키기는 참으로 쉽지 않습니다. 그러나 새 마음이 주어지면, 그 의지는 하늘의 숨결이 불어올 때마다 사시나무 잎처럼 떨고, 하나님의 영의 바람이 불어닥칠 때마다 버드나무처럼 몸을 굽힙니다. 옛 본성의 의지는 차갑고 단단한 철 같아서, 아무리 두드려도 그 형태가 변하지 않지만, 거듭난 의지는 녹아내리는 금속 같아서 은혜의 손에 의해 곧 원하는 대로 조형됩니다.

또 새 마음속에는 부드러운 사랑이 들어있습니다. 강퍅한 마음은 대속주를 사랑하지 않습니다. 그러나 거듭난 마음은 그분을 향한 사랑으로 불타고 있습니다. 강퍅한 마음은 이기적이고, 냉소적으로 "왜 내가 죄 때문에 슬퍼해야 하는가? 왜 내가 하나님을 사랑해야 하는가?" 하고 묻습니다. 그러나 새 마음은 "주여, 당신은 제가 당신을 사랑하는 줄 아시나이다. 당신을 더 깊이 사랑하도록 도와주소서"라고 말합니다. 이 거듭난 마음의 특권들은 아주 많습니다. "성령이 거하는 곳도 이곳이고, 예수님이 쉬시는 곳도 바로 이곳입니다." 이 마음은 모든 영적 축복을 받아들이기에 합당하고, 모든 축복은 바로 그 마음속에 옵니다. 또 그것은 하나님의 영광과 찬송을 위한 천국의 모든 열매를 맺을 준비가 되어있고, 그래서 주님은 그것을 정말 기뻐하십니다. 부드러운 마음은 죄를 막아내는 최선의 방책이고, 천국을 위한 최고의 준비입니다. 거듭난 마음은 항상 파수대에 서서 주 예수님의 재림을 간절히 고대합니다. 당신은 이 새 마음을 갖고

### 여호와께 그의 이름에 합당한 영광을 돌리며 - 시편 29:2

하나님의 영광은 그분의 속성과 행위의 결과입니다. 그분은 그 인격에 있어서 영광스럽습니다. 하나님 안에는 거룩하고, 선하고, 사랑스러운 모든 것이 다 들어 있기 때문에 그분은 영광을 받으셔야 합니다. 그분의 인격으로부터 나오는 행위들 역시 영광스럽습니다. 하지만 그분은 그 행위들이 피조물들에게 자신의 선하심과 자비와 공의를 드러내기를 바라시지만, 동시에 그것들과 관련된 영광은 오직 자신에게만 주어지기를 원하십니다. 우리 자신 속에는 우리가 영광받을 만한 것이 조금도 없습니다. 우리를 다른 피조물과 다르게 만드신 분이 누구십니까? 그리고 우리가 모든 은혜의 하나님으로부터 받지 못한 것이 무엇이 있습니까? 그렇다면 우리는 주님 앞에서 얼마나 겸손한 모습을 취해야 할까요! 우주 안에는 오직 하나의 영광만 존재하기 때문에 우리 자신을 영광스럽게 하는 순간, 우리는 우리 자신을 지존자와 라이벌로 만드는 것이 되고 맙니다. 한 시간짜리 벌레가 자기에게 빛을 비춰 생명을 보존케 하는 태양 앞에서 스스로를 영광스럽게 할 수 있습니까? 토기조각이 자기를 만든 토기장이보다 더 자신을 높인다면 말이 되겠습니까? 사막의 먼지가 회오리바람과 겨루어 싸울 수 있습니까? 아니면 바다의 물방울이 태풍과 맞서 싸울 수 있습니까? "너희 권능 있는 자들아 영광과 능력을 여호와께 돌리고 돌릴지어다 여호와께 그의 이름에 합당한 영광을 돌리며 거룩한 옷을 입고 여호와께 예배할지어다"(시 29:1-2).

그러나 다음과 같은 교훈을 배우는 것이 아마 그리스도인의 삶 속에서 가장 힘든 일 중의 하나일 것입니다: "여호와여 영광을 우리에게 돌리지 마옵소서 우리에게 돌리지 마옵소서 오직 … 주의 이름에만 영광을 돌리소서"(시 115:1). 이것은 하나님이 항상 우리에게 가르치는 것으로서, 때로는 혹독한 훈련을 통해서 배우는 교훈입니다. 그리스도인에게 "내게 능력 주시는 자 안에서"라는 말을 빼고, "내가 모든 것을 할 수 있느니라"고 자랑하도록 해보십시오. 그러면 오래지 않아 그는 "나는 아무것도 할 수 없다"고 티끌 속에서 자신을 한탄하게 될 것입니다. 우리가 주님을 위해 수고하면, 그분은 우리의 행위를 받아주시고 기뻐하십니다. 그러므로 우리는 우리의 면류관을 그분 발 앞에 내려놓고, "그것은 내가 아니라 나와 함께 하신 하나님의 은혜였다"고 외쳐야 합니다.

우리 곧 성령의 처음 익은 열매를 받은 우리까지도 - 로마서 8:23

여기서는 현재 성도가 소유하고 있는 것이 선언되고 있습니다. 현재 이 순간에 우리는 성령의 처음 익은 열매를 소유하고 있습니다. 우리는 극상품 보석인회개, 값을 따질 수 없는 진주인 믿음, 천국의 에메랄드인 소망, 그리고 영광의루비인 사랑을 갖고 있습니다. 성령 하나님의 효과적인 사역을 통해 우리는 이미 "그리스도 예수 안에서 새로운 피조물"이 되었습니다. 이것은 가장 먼저 주어진 것이기 때문에 첫 열매로 불립니다. 이스라엘 백성들이 처음 익은 곡식을 거두어 흔들었던 것처럼, 영적 생명과 그 생명을 아름답게 꾸미는 모든 은혜도 우리 영혼 속에서 하나님의 영이 행하신 첫 번째 역사입니다. 첫 열매는 추수에 대한보증입니다. 이스라엘 백성들은 첫 열매를 한 움큼 손에 거두는 순간, 곡식 다발을 가득 실은 마차의 삐걱거리는 소리를 기쁨으로 기대하고 바라보았습니다.

그런 것처럼, 형제들이여, 하나님이 우리에게 순전하고 사랑스럽고 좋은 일들을 성령의 역사로서 우리에게 베푸실 때, 이것들은 우리에게 다가올 영광에 대한 전조입니다. 그리고 첫 열매는 항상 하나님께 바치는 거룩한 것이었습니다. 우리의새 본성은 그 모든 능력과 더불어 성별된 것입니다. 새 생명은 그 능력을 우리자신의 능력으로 귀속시켜야 할 우리의 것이 아닙니다. 그것은 그리스도의 형상이자 그분의 창조물로서, 그분의 영광을 위해 정해진 것입니다. 그러나 첫 열매는추수 자체는 아니었습니다. 이 순간 우리 안에서 이루어지는 성령의 역사들이 전부는 아닙니다. 그 완전한 역사는 아직 임하지 않았습니다. 우리는 우리가 현재 얻은 것으로 만족하고, 흔들어 거둔 첫 열매를 그 해의 수확의 전부라고 생각해서는 안 됩니다. 우리는 의에 굶주리고 목말라야 하고 완전한 구속의 날을 갈망해야 합니다.

사랑하는 성도여, 오늘 저녁에 당신의 입을 크게 열어 하나님이 그 안을 가득채우도록 하십시오. 현재 소유하고 있는 은혜가 당신 속에 장차 주어질 더 큰 은혜를 갈망하는 거룩한 기대를 일으키기를 바랍니다. 당신 속에 더 높은 수준의성결이 채워지도록 열망하십시오. 그러면 당신의 주님께서 그것을 당신께 허락하실 것입니다. 왜냐하면 그분은 우리가 구하거나 생각하는 모든 것에 더 넘치도록 능히 하실 이이기 때문입니다(엡 3:20).

하나님의 인자하심 - 시편 52:8

잠시 이 하나님의 인자하심에 대해 묵상해 보십시오. 그것은 부드러운 인자하심입니다. 주님은 온유하고 사랑스러운 손길로 상한 심령을 고치고, 그 상처를 싸매주십니다. 그분은 인자하심을 베푸는 방법에 있어서도 은혜로우십니다. 그것은 큰 인자하심입니다. 하나님 안에는 작은 것이 없습니다. 그분의 인자하심은 그분 자신만큼 무한합니다. 당신은 그것을 잴 수 없습니다. 그분의 인자하심은 너무 커서 큰 죄인들이 아무리 오랫동안 저지른 큰 죄라도 다 용서하시고, 큰 은혜와 큰 특권을 베푸심으로써 큰 천국에서 큰 행복을 누리도록 하십니다. 그것은 받을 자격이 없는 인자하심입니다. 모든 참된 인자가 그러하듯이, 받을 자격이 있는 인자하심이라는 말은 모순입니다. 그렇게 되면 그 말은 공의를 그렇게 표현하는 말이 되기 때문입니다. 지존자의 인자한 배려를 받을 만한 자격이 죄인에게는 전혀 없습니다. 반역자가 즉시 영벌을 받는 것이 당연한 운명이었다면, 그는 그 운명에 처해진 것입니다. 만일 진노로부터 구원받으려면, 그것은 하나님의 주권적인 사랑으로만 가능합니다. 죄인 속에는 그럴만한 요소가 하나도 없기 때문입니다. 그것은 풍성한 인자하심입니다. 어떤 일들은 큰일이지만, 그 안에 효력이 별로 없습니다. 하지만 이 인자하심은 당신의 침체된 영들을 소생시키는 영양제요, 당신의 피 흘리는 상처를 아물게 하는 신통한 연고요, 당신의 부러진 뼈들을 봉합시키는 천국의 붕대요, 당신의 피곤한 발을 대신하는 왕의 병거요, 당신의 떨리는 마음을 진정시키는 사랑의 가슴입니다. 또 그것은 다양한 인자하심입니다. 번연의 말처럼, "하나님의 동산에 있는 모든 꽃들은 겹꽃들입니다." 인자하심이 하나로 끝나는 경우는 없습니다. 당신은 받은 인자하심이 하나뿐이라고 생각할 수 있으나 그것이 한 다발임을 곧 깨닫게 될 것입니다. 그것은 풍성한 인자하심입니다. 무수한 인자하심이 베풀어졌지만, 그것은 결코 마르지 않습니다. 그것은 영원히 새롭고, 충분하고, 무궁합니다. 그리고 그것은 실패가 없는 인자하심입니다. 그것은 당신을 절대로 떠나지 아니할 것입니다. 만일 인자하심이 당신의 친구라면, 그것은 시험당할 때 지켜주기 위해, 또 환난당할 때 가라앉지 않도록 당신과 함께할 것입니다. 또 그것은 당신의 얼굴의 빛과 생명이 되기 위해 살아 있을 때 당신과 함께하고, 세상의 위로가 잦아들 때 당신의 영혼의 기쁨이 되도록 죽어갈 때에도 당신과 함께할 것입니다.

이 병은 죽을 병이 아니라 - 요한복음 11:4

우리 주님의 말씀을 통해 우리는 병에는 끝이 있다는 것을 배우게 됩니다. 여기서 우리는 병의 마지막 지점이 제한되어 있고, 그 이상 넘어갈 수 없는 "한계"가 있다는 것을 깨닫습니다. 나사로는 죽음을 경험했지만 죽음이 그의 병의 끝은 아니었습니다. 모든 질병에 대해 주님은 그 고통의 파고를 향해 "지금부터 이 이상은 안 된다"고 말씀하십니다. 주님의 확고한 목적은 그의 백성들의 파괴가 아니라 회복입니다. 지혜자는 풀무 입구에 온도계를 달아놓고 그 열의 한계를 잽니다.

1. 이 한계는 지극히 포괄적입니다. 하나님의 섭리는 우리가 당하는 모든 질병들의 시간, 방법, 강도, 빈도, 그리고 결과들을 정해 놓았습니다. 각각의 경우에 따라 맥박이 정해지고, 잠을 자서는 안 되는 시간이 예정되어 있고, 병의 재발이 정해져 있고, 영의 침체가 예지되어 있고, 또 성화의 결과들도 영원히 지정되어 있습니다. 크거나 작거나 간에 모든 일들이 우리의 머리털까지 세시는 분의 섭리의 손을 벗어날 수 없습니다.

2. 이 한계는 지혜롭게 조정됩니다. 이것은 우리의 능력에 맞게, 의도된 목적에 합당하게, 그리고 할당된 은혜에 맞추어 조정됩니다. 고통은 우연히 주어지는 것이 절대로 아닙니다. 우리에게 임하는 채찍의 무게는 정확하게 정해져 있습니다. 구름을 보내고 천체를 운행하는데 실수가 없으신 분은 영혼의 약을 조제하는 성분들을 정하는데 있어서도 오류가 없으십니다. 우리는 절대로 지나치게 고통을 받거나 너무 늦게 구원받거나 할 수 없습니다.

3. 이 한계는 사랑으로 징해집니다. 천국 의사의 칼은 질내로 필요한 부분 이상으로 더 깊이 들어가지 않습니다. "그분은 사람들에게 쾌히 고통을 가하거나 그들이 슬픔에 빠지도록 하시지 않습니다." 어머니의 마음은 "내 아들을 살려 달라"고 애타게 부르짖지만, 어떤 어머니도 우리의 은혜로우신 하나님만큼 사랑이 깊지는 않습니다. 우리가 얼마나 강퍅한 존재인가를 생각해 볼 때, 우리가 더 혹된 시험을 당하지 않는 것은 정말 기적입니다. 우리의 거주의 한계를 정하신 분이 또한 우리의 환난의 한계도 정하셨다는 생각은 우리에게 참으로 큰 위로를 제공합니다.

## 이방인이 여호와의 집 성소에 들어가므로 - 예레미야서 51:51

성전에 들어갈 때 여호와의 백성들은 부끄러움으로 얼굴을 가렸습니다. 왜냐하면 제사장들만 들어가도록 되어있는 성소에 백성들이 들어가는 것은 두려운일이었기 때문입니다. 우리는 우리 주변의 도처에서 슬프게도 이와 같은 장면들을 많이 목격합니다. 얼마나 많은 불경건한 자들이 지금 목사가 되겠다고 신학공부를 하고 있을까요! 온 국민이 국교회라는 이름 아래 명목상 교인으로 되어있는(영국의 경우를 말한다) 이 희한한 거짓말은 얼마나 끔찍한 범죄일까요! 회심하지 못한 죄인들에게 교리를 준수하라고 압력을 행사하고, 이 땅의 깨어있는교회들조차 이 점에 대해 권징을 게을리하는 것은 얼마나 두려운 일일까요! 만일 이 문제를 오늘 우리가 주 예수님께 들고 나아가 탄원한다면, 그분은 더 이상그의 교회에 이런 악이 벌어지지 않도록 간섭하고 막아주실 것입니다. 교회를혼탁하게 하는 것은 샘을 오염시키는 것이요, 타오르는 불길에 물을 끼얹은 것이요, 비옥한 땅에 돌을 심는 것입니다. 우리 모두는 각기 나름대로 교회가 하나의 국가 곧 회심하지 못한 사람들로 구성된 구원 없는 공동체가 아니라 구원 받은 신자들의 총회로서, 그 순결성을 지켜내는 은혜를 받아야 하겠습니다.

그러나 우리의 열심은 가정에서부터 시작되어야 합니다. 우리는 우리 **스스로**가 주님의 식탁에서 먹을 권리가 있는지 점검해보아야 합니다. 우리는 우리 스스로가 주님의 성소를 더럽히는 침입자들이 되지 않도록 필요한 혼인예복을 입고 있는지 살펴보아야 합니다. 청함받은 자는 많지만, 택함받은 자는 적습니다. 그 길은 좁고, 그 문은 협착합니다. 오 은혜가 하나님의 택자의 믿음을 갖고 곧장 예수님께 나아가도록 우리를 인도하기를!

언약궤를 만진 웃사를 치신 하나님은 자신이 정하신 두 성례전에 대해 질투가 많으신 하나님입니다: 우리는 참 신자로서 성소 안에 자유롭게 들어갈 수 있다는 것, 그러나 이방인으로서 죽지 않기 위해서는 그것들에 함부로 참여해서는안 된다는 것. 우리가 마음을 살피는 것은 세례를 받거나 성찬에 참여할 때 반드시 지켜야 할 의무입니다. "하나님이여 나를 살피사 내 마음을 아시며 나를 시험하사 내 뜻을 아옵소서"(시 139:23).

**몰약을 탄 포도주를 주었으나 예수께서 받지 아니하시니라 - 마가복음 15:23**

구주께서 몰약을 탄 포도주를 입술에 대지 아니하셨다는 사실 속에는 보배 같은 진리가 담겨져 있습니다. 하늘의 높은 곳에 계실 때부터 오랫동안 하나님의 아들은 이 땅을 내려다보고, 인간의 불행의 가장 깊은 곳까지 헤아리셨습니다. 그분은 속죄에 필요한 모든 고통을 하나도 거부하지 않고 적극적으로 감당하셨습니다. 그분은 완전한 속죄 제물이 되기 위해 가장 높은 곳에서 가장 낮은 곳으로, 최고의 영광의 보좌로부터 가장 깊은 고통의 십자가로 내려오는 길을 가기로 단호하게 결심하셨습니다. 이 몰약을 탄 포도주는 마취의 효력을 갖고 있었기 때문에 마시기만 하면 그분의 처절한 고통을 어느 정도 억제시킬 수 있었고, 그러기에 그분은 그것을 거절하셨습니다. 그분은 그의 백성들을 위해 당해야 할 고난을 조금도 덜 받으려고 하시지 않았습니다.

아, 하지만 우리들은 얼마나 우리를 상하게 하는 고통으로부터 벗어나기를 바랄까요! 성도여, 당신은 힘든 사역이나 고난으로부터 벗어나게 해달라고 성급하게 그리고 열렬하게 기도한 적이 없었습니까? 그러나 하나님의 섭리는 당신의 안목의 정욕을 절대 용납하지 않으셨습니다. 성도여, 당신이 "만일 네가 원한다면, 원하는 대로 해도 좋다. 그러나 하나님은 좋아하시지 아니할 것이다"라는 말을 들었다면, 그 원하는 대로 하고 싶은 유혹을 물리치고 "주의 뜻이 이루어지이다"라고 말할 수 있는지 말해보십시오.

오, "내 주여, 저는 고난당하지 않기를 원합니다. 그러나 고난을 통해 당신을 영화롭게 할 수 있다면, 내가 현재 갖고 있는 모든 것을 잃어버리는 것이 당신께 영광이 된다면, 그렇게 되기를 원합니다. 당신을 영예롭게 하는 길이라면 어떤 위로도 거절하겠습니다"라고 말할 수 있다면 얼마나 행복할까요! 오, 우리가 주님을 위해 기꺼이 고난을 견디며 우리 주님의 발자취를 이같이 따라 걸을 수 있다면, 주님이 우리에게 맡기신 사역을 감당하는데 사아와 위로에 관한 생각이 방해가 된다면, 신속하게 그리고 적극적으로 그것을 물리칠 수 있다면 얼마나 좋을까요! 이를 위해서는 큰 은혜가 필요하지만, 구하면 그 은혜는 반드시 주어질 것입니다.

그가 여호와의 능력과 그의 하나님 여호와의 이름의 위엄을
의지하고 서서 목축하니 - 미가서 5:4

그리스도는 그의 교회를 다스리실 때 목자와 왕으로서 다스리십니다. 그분은 지배권을 갖고 있지만, 그것은 사랑하는 연약한 양들을 지혜와 온유로 다스리시는 목자로서의 권세입니다. 그분은 지시자로서 복종을 받지만, 그것은 그의 보살핌을 잘 받은 양이, 그분의 음성을 잘 알아듣고 자진해서 그의 사랑하는 목자에게 기쁘게 드리는 순종입니다. 그분은 사랑의 힘과 자비의 능력으로 다스리십니다.

그분의 다스림은 그 성격으로 볼 때 실제적입니다. 본문은 "그가 … 서서 목축하니"라고 말합니다. 교회의 대주재이신 주님은 그의 백성들이 필요로 하는 것을 기꺼이 공급해 주십니다. 그분은 텅 빈 보좌에 하릴없이 앉아 계시거나 휘두르지도 않는 홀을 들고 있는 것이 아닙니다. 아닙니다. 그분은 서서 목축하십니다. 여기서 "목축하다"는 말의 히브리어는 헬라어에 유사한 단어가 있는데, 그것은 '양을 치다' '목자로서 해야 할 일을 다하다'는 의미를 갖습니다. 그러니까 이 말은 먹이는 것뿐만 아니라 인도하는 것, 지키는 것, 보존하는 것, 회복시키는 것, 기르는 것 등의 의미를 망라합니다.

그분의 다스림은 그 기간으로 볼 때 지속적입니다. 본문은 "그가 … 서서 목축하니"라고 했지 "그가 가끔 목축하고 자리를 떠난다"거나 "그가 그의 교회에 어느 날은 부흥을 허락하고, 그 다음 날에는 황폐하도록 놔두신다"고 되어 있지 않습니다. 그분의 눈은 결코 졸지 않고, 손은 절대로 쉬지 않습니다. 그분의 가슴은 늘 사랑으로 고동치고, 어깨는 그의 백성들의 짐을 짊어지는데 결코 지치지 않습니다.

그분의 다스림은 그 활동으로 볼 때 강력한 효과가 있습니다. 본문은 "그가 여호와의 능력으로 목축하니"라고 되어 있습니다. 그리스도가 계시는 곳마다, 하나님이 계십니다. 그리스도께서 무엇을 행하든 그 일은 지존자의 행위입니다. 오! 오늘도 그의 백성들의 이익을 대변하기 위해 서 계시는 분이 장차 모든 무릎을 꿇게 할 참 하나님이라는 사실은 생각만 해도 얼마나 유쾌한 진리일까요! 이런 목자에게 속해 있는 우리는 얼마나 행복한 사람일까요! 그분의 인성은 우리와 교제를 나누고, 그분의 신성은 우리를 보호하십니다. 그러므로 우리는 그의 초장의 기르시는 백성들로서, 그분 앞에 무릎을 꿇고 경배를 드려야 할 것입니다.

그들이 나를 위하여 비밀히 친 그물에서 빼내소서 주는 나의 산성이시니이다 - 시편 31:4

　우리의 영적 원수들은 뱀과 같은 무리들이고, 그들은 교묘하게 우리를 속이려고 유혹합니다. 시편 기자의 기도는 신자가 새처럼 붙잡힐 가능성이 있다는 것을 전제로 하고 있습니다. 새 사냥꾼들은 아주 교묘하게 덫을 놓기 때문에 단순한 새들은 쉽게 그 덫에 걸려들고 맙니다. 본문은 사탄의 그물에 걸린 포로가 구원받을 수 있도록 기도합니다. 이것은 당연한 간구로서, 응답받을 수 있는 기도입니다. 영원한 사랑은 성도를 사자 입으로부터, 지옥의 한복판으로부터 구출할 수 있습니다. 유혹의 그물에서 영혼을 구원하기 위해서는 재빠르게 잡아당기는 것이 필요하고, 악한 궤계의 덫으로부터 사람을 빼내오기 위해서는 힘있게 잡아당기는 것이 필요합니다. 하지만 주님은 모든 위기상황에 똑같이 대처할 수 있고, 아무리 악한 사냥꾼이 그럴듯하게 덫을 놓는다고 해도 그의 택한 백성들을 절대로 잡아갈 수는 없습니다. 교묘하게 덫을 놓는 자들에게 화가 있을지어다! 다른 사람들을 유혹하는 자들은 스스로 멸망하게 될 것입니다.

　"주는 나의 산성이시니이다." 몇 마디 되지 않는 이 짧은 말씀 속에서 발견되는 위로는 얼마나 무한할까요! 우리는 하늘의 힘을 의지할 수 있을 때, 얼마나 즐겁게 수고할 수 있으며, 얼마나 기쁘게 고난을 감당할 수 있을까요! 하나님의 능력은 우리 원수들의 모든 노력을 완전히 박살내고, 그들의 악한 궤계를 무산시키며, 그들의 부정한 작전들을 좌절시킬 것입니다. 이 비교할 수 없는 힘을 자신의 힘으로 사용하는 사람은 행복한 사람입니다. 우리 자신의 힘은 악한 궤휼의 그물에 걸렸을 때 거의 힘을 쓸 수 없지만, 주님의 힘은 항상 그 힘이 넘칩니다. 우리가 그 힘을 달라고 호소하기만 하면, 그것은 우리 자끼에 있한 것입니다. 만일 믿음으로 능하신 이스라엘의 하나님의 힘만을 의존한다면, 우리는 구할 때마다 거룩한 구원을 맛보게 될 것입니다.

> "주여, 우리가 항상 당신의 얼굴을 구하옵니다.
> 유혹 가운데 있는 우리는 연약하고 비참합니다.
> 우리에게 겸손하고 온유한 마음을 주셔서,
> 타락하지 말게 하소서. 타락하지 말게 하소서."

### 이스라엘의 노래 잘 하는 자 - 사무엘하 23:1

성경에 그 삶이 기록되어 있는 인물들 중에서 다윗은 아주 특별하고 다양한 경험을 소유한 인물로 본받을 만한 인격의 소유자입니다. 그의 생애 속에서 우리는 대체로 당시 다른 성도들에게서는 볼 수 없는 숱한 시련과 시험을 접하게 됩니다. 따라서 그는 다른 누구보다 더 확실한 우리 주님의 모형입니다. 다윗은 모든 계층과 신분에 속한 사람들이 겪는 시련을 혼자서 겪었습니다. 왕들은 그들만의 고난이 있는데, 다윗은 그 왕관을 썼던 사람입니다. 농부는 그 나름의 염려를 갖고 있는데, 다윗은 목자의 지팡이를 들었던 사람입니다. 도망자는 무수한 역경을 만나는 법인데, 다윗은 엔게디 굴에 숨어살았던 사람입니다. 군장은 그 고유한 어려움이 있는 법인데, 다윗은 스루야의 아들들에게 모진 고통을 받았습니다. 이 시편 기자는 또한 그의 친구들에게도 버림을 받았는데, 그의 모사인 아히도벨도 그를 버렸습니다. "내가 신뢰하여 내 떡을 나눠 먹던 나의 가까운 친구도 나를 대적하여 그의 발꿈치를 들었나이다"(시 41:9).

그에게 가장 악랄한 원수들은 자신의 가족들 가운데 있었습니다. 그의 아들들은 그에게 가장 큰 고통을 안겨주었습니다. 가난과 부요함, 영예와 치욕, 건강과 약함 등으로부터 나오는 유혹들은 그를 강한 힘으로 압박했습니다. 그는 외부로부터 마음의 평강을 혼란시키는 유혹을 받았고, 내부로부터 기쁨을 상실당하는 시험을 당했습니다. 다윗은 하나의 시험을 넘어서면 또 다른 시험을 만났습니다. 한 가지 절망과 걱정을 딛고 일어나 위험에서 벗어났다 싶으면 또 다른 나락에 빠져들었고, 하나님의 모든 파도와 물결이 그를 덮쳤습니다.

다윗의 시편이 일반적으로 체험적인 그리스도인들에게 특별한 사랑을 받는 것은 바로 이런 이유 때문일 것입니다. 우리의 마음상태가 어떠하든, 황홀경 속에 있든 침체에 빠져있든, 다윗은 우리가 겪는 감정들을 정확하게 묘사했습니다. 그는 최고의 학교 곧 마음으로 느끼고, 개인적 경험을 통해 배우는 학교에서 공부한 사람으로서, 인간의 감정에 정통했습니다. 우리도 똑같은 학교에서 오랫동안 배우며 은혜가 자라가면, 다윗의 시편을 더 잘 이해하고, 그것이 "푸른 초장"임을 발견하게 될 것입니다. 내 영혼아, 다윗의 경험을 통해 오늘 하루도 기운을 내고 지혜를 얻으라.

그들이 예루살렘의 넓은 성벽까지 (중수)하였고 - 느헤미야서 3:8

적의 공격을 막기 위해 잘 요새화된 도시들은 넓은 성벽을 갖고 있고, 전성기 때의 예루살렘도 그랬습니다. 마찬가지로 새 예루살렘도 세상과 타협하지 않고, 세상적 관습과 정신으로부터 분리되도록 넓은 성벽으로 둘러싸여 보존받아야 합니다. 요즈음에는 거룩한 성벽이 무너져버려 교회와 세상의 구분이 단순히 명목적인데 지나지 않는 경향이 있습니다. 신앙인들은 더 이상 엄격한 청교도적 신앙을 갖고 있지 않습니다. 그들은 세속적인 책들을 열심히 읽거나 부질없는 오락에 깊이 빠져 있고, 영적 기준이 느슨해져 주의 백성들을 불신자들과 구별시키는 거룩한 특징들은 점차 사라지고 있습니다.

그러나 교회와 세상 사이의 구별이 완전히 없어지고, 하나님의 아들들과 사람의 딸들이 하나처럼 되어버리는 날은 참으로 끔찍한 날이 될 것입니다. 그렇게 되면 또 다른 진노의 심판이 임하게 될 것입니다. 사랑하는 성도여, 당신의 마음, 당신의 말, 당신의 옷, 당신의 행동 등에 있어서 넓은 성벽을 유지하는 것이 당신의 목표가 되도록 하십시오. 그리고 이 세상과 벗된 것이 하나님과 원수됨을 분명히 기억하십시오.

넓은 성벽은 예루살렘 거민들에게 주변의 국가들을 내려다볼 수 있게 하는 좋은 장소를 제공해 주었습니다. 이것은 우리로 하여금 세상에 대해서는 눈을 감고 하늘의 영광들에 대해서는 눈을 크게 뜨고 바라보며, 자유롭게 예수님과 교제하며 살아가도록, 하나님의 탁월하고도 광범한 계명들을 상기시켜 줍니다. 우리가 세상과 구별되고 모든 경건치 않음과 육체의 정욕을 부인한다고 해서, 감옥에 갇히거나 좁은 경계 속에서 제약을 받는 것이 결대로 아닙니다. 아니, 오히려 우리는 하나님의 계명을 지킬 때 비로소 자유로운 삶을 살게 됩니다.

그러므로 성도여, 오늘 저녁부터 하나님의 법을 지키며 하나님과 동행하기를 바랍니다. 친구가 성벽 위에서 친구를 만난 것처럼, 당신도 경건한 기도와 묵상을 통해 당신의 하나님을 만나십시오. 당신은 구원의 요새들을 마음껏 돌아다닐 권리가 있습니다. 왜냐하면 당신은 왕의 도성 곧 우주의 중심도시의 완전한 자유시민이기 때문입니다.

남을 윤택하게 하는 자는 자기도 윤택하여지리라 - 잠언 11:25

우리는 여기서 큰 교훈 곧 얻기 위해서는 주어야 한다는 것, 모으기 위해서는 흩어야 한다는 것, 행복하기 위해서는 남을 행복하게 해주어야 한다는 것, 그리고 영적으로 힘을 얻기 위해서는 타인의 영적 유익을 먼저 구해야 한다는 것을 배웁니다. 남을 윤택하게 할 때 우리 자신도 윤택하게 됩니다. 어떻게요? 유익을 주는 사람이 되려고 애쓰는 우리의 노력이 우리 안에서 유익의 능력을 이끌어내기 때문입니다. 우리에게는 잠재적 능력과 숨겨진 재능들이 있는데, 이것들은 실천을 통해 밖으로 드러나 빛을 보게 됩니다. 우리 자신 속에는 노동의 능력이 잠재되어 있습니다. 그러나 이 능력은 영적 전투에 임하거나 높은 산을 올라가는 수고를 할 때 비로소 나타나는 법입니다. 우리는 직접 과부의 눈물을 닦아주거나 고아의 슬픔을 달래줄 때까지는 우리가 얼마나 부드러운 사랑을 소유하고 있는지 모릅니다.

우리는 종종 남을 가르치다가 오히려 배우게 되는 경우를 경험합니다. 오, 우리 가운데 어떤 이들은 병이 들어 침대에 누워있을 때 얼마나 은혜로운 교훈을 발견하게 될까요! 우리는 성경을 가르치러 갔다가 자신이 성경에 대한 지식이 별로 없다는 것을 깨닫고 얼굴이 붉어져 돌아온 적이 있습니다. 연약한 성도들과 대화를 나누면서 우리는 하나님의 도를 보다 더 온전하게 깨우치고, 신적 진리에 대해 더 깊은 통찰력을 얻게 됩니다. 우리는 남을 윤택하게 함으로써 겸손을 배웁니다. 우리는 기대하지 않았던 곳에 얼마나 많은 은혜가 있는지 종종 발견합니다. 또 연약한 성도가 우리보다 더 나은 지식을 갖고 있을 때가 얼마나 많은지도 종종 깨닫습니다. 또한 남을 위해 수고할 때 우리가 받는 위로도 더 넘칩니다. 다른 사람들을 위로하다가 우리 자신이 위로를 받을 때도 많습니다. 이것은 마치 눈 속에 파묻힌 두 사람과 같습니다. 한 사람은 죽어가는 상대방의 몸을 따뜻하게 해주려고 그의 손과 발을 비벼줍니다. 그런데 그렇게 함으로써 자기 몸의 피가 원활하게 순환되어 목숨을 건지게 됩니다. 사렙다의 불쌍한 과부는 조금밖에 남지 않은 양식으로 엘리야 선지자를 먹여 주었습니다. 그런데 그날부터 그녀는 다시는 식량 부족을 겪지 않았습니다. 그러므로 주십시오. 그리하면 하나님은 후히 되어 누르고 흔들어 넘치도록 하여 당신에게 주실 것입니다.

나는 … 야곱 자손에게 너희가 나를 혼돈 중에서 찾으라고
이르지 아니하였노라 - 이사야서 45:19

우리는 하나님이 말씀하지 아니하신 것을 묵상함으로써 큰 위안을 얻을 수도 있습니다. 그분이 말씀하신 것은 말할 수 없는 위로와 기쁨을 우리에게 줍니다. 그러나 그분이 말씀하지 아니하신 것도 그 못지않게 위로로 충만합니다. 요아스의 아들 여로보암의 시대에 이스라엘이 보존된 것은 이 "이르지 아니하신 것" 때문이었습니다. 열왕기하 14:27을 보면, "여호와께서 또 이스라엘의 이름을 천하에서 없이 하겠다고도 아니하셨으므로"라는 말씀이 나옵니다. 오늘 본문에서 우리는 하나님이 우리의 기도에 응답해주시리라는 확신을 갖게 됩니다. 그 이유는 그분이 "야곱 자손에게 너희가 나를 혼돈 중에서 찾으라고 이르지 아니하였기" 때문입니다. 자신에 대해 극히 비관적인 사람은 그의 의심과 두려움이 뭐라고 말하든, 하나님이 은혜를 끊어버리지 않는 한, 절대로 절망할 이유가 없다는 사실을 기억해야 합니다. 심지어는 양심의 목소리도 그것이 하나님의 음성과 일치되지 않는다면, 별로 가치가 없습니다.

하나님이 이르신 것, 그것을 두려워하십시오! 그러나 하나님이 말씀하지 않은 것을 헛되이 상상하여 낙심과 절망에 빠져 죄를 범해서는 안 됩니다. 많은 소심한 사람들이 하나님의 말씀 속에 소망을 갖지 못하게 하는 어떤 내용이 있으리라는 의심으로 혼란을 자초합니다. 그러나 본문은 그런 부질없는 두려움을 제거합니다. 왜냐하면 참되게 구하는 자는 결코 진노에 이를 수 없기 때문입니다. "나는 감추어진 곳과 캄캄한 땅에서 말하지 아니하였으며 야곱 자손에게 너희가 나를 혼돈 중에서 찾으라고 이르지 아니하였노라."

하나님은 자기에게 부르짖는 사람들의 기도를 들으시겠다고 분명히 말씀하셨고, 그러기에 그 선언은 절대로 무시될 수 없습니다. 그분은 극히 단호하고, 신실하고, 의롭게 말씀하시기 때문에 그 말씀은 의심의 여지가 전혀 있을 수 없습니다. 그분은 뜻이 분명치 않은 애매한 말로 자신의 뜻을 계시하지 않고, 아주 분명하게, 그리고 적극적으로 "구하라 그러면 너희에게 주실 것이요"라고 말씀하십니다. 오 두려워 떠는 자여, 이 확실한 진리를 믿으십시오. 기도는 들려져야 하고, 또 들려질 것입니다. 그리고 하나님은 영원토록 어떤 살아있는 영혼에게도 "너희가 나를 혼돈 중에서 찾으라"고 말씀하지 아니하셨습니다.

*예루살렘 딸들아 너희에게 내가 부탁한다 너희가 내 사랑하는 자를 만나거든*
*내가 사랑하므로 병이 났다고 하려무나 - 아가서 5:8*

그가 그의 주님 때문에 병이 났다고 하는 말은 예수님과의 절실한 교제를 갈망하는 신자의 말입니다. 은혜받은 영혼들은 그리스도와 가까이 있지 아니하면 절대로 편안한 마음을 가질 수 없습니다. 그들은 그분과 멀리 떨어져 있으면 마음의 평화를 잃어버리기 때문입니다. 그분과 더 가까워질수록 천국의 온전한 평화에 그만큼 더 가까워집니다. 그분과 더 가까워질수록 마음은 그만큼 더 평화와 생명, 활력과 기쁨으로 충만해집니다. 왜냐하면 이 모든 것들은 예수님과의 지속적 교제의 산물이기 때문입니다. 예수 그리스도와 우리의 관계는 태양과 낮, 달과 밤, 그리고 이슬과 꽃의 관계와 같습니다. 또 예수님은 우리에게 배고픈 자의 빵이요, 벌거벗은 자의 옷이요, 땡볕이 쏟아지는 황야에서 길을 가는 나그네에게 쉼을 주는 큰 바위 그늘입니다.

그러므로 만일 우리가 그분과 함께 있음을 느끼지 못한다면, 우리의 영이 "예루살렘 딸들아 너희에게 내가 부탁한다 너희가 내 사랑하는 자를 만나거든 내가 사랑하므로 병이 났다고 하려무나"라고 부르짖는 것도 그리 놀랄 일이 아닙니다. 그리고 이처럼 예수님을 간절히 바라는 것에는 축복이 첨부되어 있습니다: "의에 주리고 목마른 자는 복이 있나니"(마 5:6). 그렇다면 의로우신 분 자신을 갈망하는 사람들은 참으로 더 큰 복이 있을 것입니다. 그 목마름은 하나님으로부터 온 것이기 때문에 복이 있습니다. 만일 그 목마름이 충분히 채워지는 축복을 받지 못한다면, 나는 그리스도로 채움받을 때까지 빈 마음으로 열렬하게 그 축복을 구할 것입니다. 만일 내가 예수님을 먹고 살 수 없다면, 천국에 가서라도 그분을 목말라하고 갈망할 것입니다. 그 목마름은 우리 주님이 말씀하신 복들 속에서 나오기 때문에 거룩합니다. 그러나 그 복은 약속을 포함하고 있습니다. 이 목마름은 그들이 바라는 대로 "채워질" 것입니다. 만일 그리스도께서 이처럼 자신을 갈망하도록 우리에게 역사하신다면, 그분은 이 갈망을 확실하게 만족시켜줄 것입니다. 주님이 다시 오실 때처럼 지금 그분이 우리를 찾아오신다면, 오, 그러면 얼마나 행복할까요!

## 측량할 수 없는 그리스도의 풍성함 - 에베소서 3:8

우리 주님은 수학적으로 계산할 수 없고, 이성으로 예측할 수 없고, 상상으로 꿈꿀 수 없고, 또는 말로 다 표현할 수 없는 풍성함을 갖고 계십니다. 그것은 측량할 수 없습니다! 당신이 아무리 주시하고 연구하고 헤아려 보아도, 예수님은 당신의 생각이 가장 크게 상상하는 것보다 훨씬 더 크신 분입니다. 우리 주님은 당신이 아무리 큰 죄를 범하고 허물에 빠져도 그 이상으로 용서해주실 것을 준비하고 계시고 또 그럴 수 있는 능력이 있습니다. 우리 주님은 당신이 고백해야 하는 것보다 당신의 필요를 훨씬 더 충분하게 채워주실 수 있습니다. 나의 주 예수님에 관해 결코 작은 생각을 하지 마십시오. 그분의 머리에 면류관을 씌워드릴 때, 그분은 당연히 금으로 된 관을 받으셔야 하는데, 우리는 기껏해야 은으로 된 관을 씌워드릴 수 있을 뿐입니다.

우리 주님은 현재 우리에게 주실 풍성한 복을 소유하고 계십니다. 그분은 우리를 푸른 초장에 눕히실 수 있고, 잔잔한 물가로 인도하실 수 있습니다. 그분은 목자요, 우리는 양으로서, 우리가 그분의 발 앞에 있을 때, 그분의 피리로부터 울려 퍼지는 음악만큼 멋진 음악은 없습니다. 하늘과 땅 어디에서도 그분의 사랑과 견줄 만한 사랑은 없습니다. 그리스도를 알고 그분 안에서 발견되는 것 — 오! 이것이야말로 생명이요, 기쁨이요, 힘과 부요함이요, 극상품 포도주입니다. 우리 주님은 그의 종들을 거칠게 다루시지 않습니다. 그분은 그들에게 왕이 왕에게 주는 것만큼 주십니다. 그분은 그들에게 두 개의 천국을 주십니다. 하나는 여기 이 땅에서 그분을 섬길 때 누리는 천국, 또 하나는 영원토록 그분을 즐거워하는 위에 있는 천국.

그분의 측량할 수 없는 풍성함은 영원한 나라에서 가장 잘 알려질 것입니다. 그분은 우리에게 천국에 가는 동안 필요한 모든 것을 주실 것입니다. 그분은 우리의 피난처가 되시고, 양식을 주시고, 물을 주실 것입니다. 그러나 거기서 우리는 그들의 승리의 노래와 축제의 환성소리를 들으며, 사랑하는 영광의 주님을 직접 대면하여 볼 것입니다. 그리스도의 측량할 수 없는 풍성함이여! 이것은 땅의 시인들이 노래할 곡조요, 하늘의 악사들이 노래할 찬송입니다. 주여, 우리에게 예수님에 관해 더 많이 가르쳐 주소서. 그리하면 우리가 다른 사람들에게 이 복된 소식을 다 말하겠나이다.

우는 소리가 그 가운데에서 다시는 들리지 아니할 것이며 - 이사야서 65:19

천국에 사는 영화된 자들은 더 이상 울지 않습니다. 왜냐하면 슬퍼해야 할 외적 원인들이 모두 제거되었기 때문입니다. 천국에서는 우정이 깨지거나 기대가 무너지는 일이 없습니다. 가난, 기근, 위험, 핍박, 그리고 비방도 없습니다. 고통을 주는 불행도 없고, 죽음이나 사별에 대한 생각을 할 필요도 없습니다. 그들은 완전히 성화되었기 때문에 더 이상 울지 않습니다. "불신앙의 악한 마음"이 그들을 격동시켜 살아계신 하나님으로부터 멀어지도록 하는 일도 일어나지 않습니다. 그들은 그분의 보좌 앞에서 실수하지 않고, 그분의 형상을 충분히 닮아 있습니다. 죄를 멈춘 사람들이 우는 것도 멈추는 것은 당연합니다.

그들은 변화에 대한 두려움이 사라졌기 때문에 더 이상 울지 않습니다. 그들은 자기들이 영원히 안전하다는 사실을 알고 있습니다. 죄는 밖으로 쫓겨났고, 그들은 안에 있습니다. 그들은 절대로 폭풍이 불지 않는 도성 안에 살고 있습니다. 그들은 절대로 지지 않는 태양 아래 살고 있습니다. 그들은 절대로 마르지 않는 강물을 마시며 삽니다. 그들은 절대로 시들지 않는 나무의 열매를 따먹고 삽니다. 무수한 세월이 흘러도 영원은 절대로 끝이 없고, 영원이 지속되는 한 그들의 영생과 축복은 항상 공존할 것입니다. 그들은 영원토록 주님과 함께 살 것입니다.

그들은 모든 소원이 다 이루어지기 때문에 더 이상 울지 않습니다. 그들은 원하는 것은 무엇이든 다 가질 수 있습니다. 눈과 귀, 마음과 손, 판단, 상상, 소망, 욕망, 의지와 같은 모든 능력들은 완전히 충족될 것입니다. 하나님이 자신을 사랑하는 자들을 위해 준비해 놓으신 것들이 무엇인지 현재의 우리 지식으로는 희미하게 알 뿐이지만, 그래도 성령의 계시를 통해 천국에 있는 성도들이 얼마나 복된지에 대해서는 충분히 알고 있습니다. 그들 속에는 무한히 충만한 기쁨인 그리스도의 기쁨이 있습니다. 그들은 바닥도 없고, 해안도 없는 무한한 축복의 바다를 헤엄쳐 다닙니다. 똑같은 기쁨이 우리에게도 남겨져 있습니다. 그때는 결코 멀지 않았습니다. 오래지 않아 슬피 울던 버드나무가 승리의 종려나무 가지로 바뀌고, 슬픔의 이슬방울들이 영원한 축복의 진주들로 바뀔 것입니다. "그러므로 이러한 말로 서로 위로하라"(살전 4:18).

믿음으로 말미암아 그리스도께서 너희 마음에 계시게 하시옵고 - 에베소서 3:17

신자로서 우리는 항상 우리 앞에 예수님의 인격을 두고, 그분을 향한 우리의 사랑이 불타고 그분에 관한 우리의 지식이 증가하도록 하는 것이 아주 바람직합니다. 나는 그리스도인들이 모두 예수 대학의 부지런한 학자들 곧 그리스도의 몸(Corpus Christi)의 학생들이 되어 십자가의 학문에서 좋은 학점을 얻도록 결심하기를 하나님께 기도합니다. 그러나 예수님을 항상 가까이 두기 위해서는 마음이 그분으로 가득 차 있어야 하고, 그분의 사랑으로 폭포수처럼 용솟음쳐야 합니다. 그래서 사도는 "그리스도께서 너희 마음에 계시게 하시옵고"라고 기도합니다. 그가 예수님을 가까이 모시기를 원했는지 보십시오! 당신은 어떤 대상을 마음속에 두는 것보다 그것에 더 가깝게 다가갈 수는 없습니다. "그분이 계신다"는 것은 이따금 한 번씩 찾아와 하룻밤 묵고 가기 위한 우연한 손님으로서 그분이 당신을 찾아오신다는 것이 아니라 항상 거하신다는 것을 의미합니다. 예수님은 당신의 가장 깊은 내면적 존재의 주님과 주인이 되셔서 절대로 떠나지 아니하신다는 것입니다.

말씀을 자세히 살펴보기 바랍니다. 그분은 인격이라는 집에서 가장 좋은 방인 당신의 마음속에 거하십니다. 당신의 생각 속에서만 아니라 당신의 감정 속에도, 당신의 지성의 묵상 속에서만 아니라 마음의 정열 속에도 그분은 계십니다. 그리스도를 향한 우리의 사랑은 잠시 어둠을 밝히다 사그라져버리는 깜부기불처럼 일시적으로 치솟는 사랑이 아니라 결코 꺼지지 않는 제단의 등불처럼 항상 거룩한 연료를 공급받아 변함없이 타오르는 사랑으로서 지속적인 속성을 갖고 있습니다. 이것은 믿음이 없이는 이루어질 수 없습니다. 믿음이 강해야 합니다. 그렇지 아니하면 사랑은 열렬할 수 없습니다. 꽃의 뿌리는 건강해야 합니다. 그렇지 아니하면 꽃봉오리가 활짝 피어나는 것을 기대할 수 없습니다. 믿음이 백합의 뿌리라면, 사랑은 백합의 꽃봉오리입니다.

그런즉 성도여, 당신의 마음이 믿음으로 그분을 견고하게 붙들지 아니하면 예수님이 당신의 마음의 사랑의 대상이 될 수 없습니다. 그러므로 당신은 항상 그리스도를 사랑하기 위해서는 그분을 항상 신뢰할 수 있게 해달라고 기도하십시오. 만일 사랑이 식는다면, 믿음도 떨어졌다는 것을 생각하십시오.

## 길을 여는 자가 그들 앞에 올라가고 - 미가서 2:13

예수님이 우리 앞서 가셨기 때문에 그분이 그 길을 가시지 않았을 때와는 상황이 많이 달라져 있었습니다. 그분은 그 길을 가로막는 원수들을 깡그리 물리치셨습니다. 그러므로 낙심하고 있는 십자가 군사여, 힘을 내십시오. 그리스도는 그 길을 가셨을 뿐만 아니라 당신의 원수들도 다 박살내셨습니다. 당신은 죄를 두려워하고 있습니까? 그분이 자신의 십자가에 그것을 못 박아 죽이셨습니다. 죽음을 두려워하십니까? 그분은 사망도 죽이셨습니다. 지옥을 겁내고 있습니까? 그분은 그의 자녀들이 하나도 그곳에 빠지지 않도록 그 문을 막아놓았습니다. 그들은 그 멸망의 구덩이를 보지도 못할 것입니다. 어떤 원수가 그리스도인 앞에 나타나도, 그 원수들은 다 정복되었습니다. 사자들이 있지만, 그들의 이빨은 다 부러졌습니다. 뱀들이 있지만, 그 엄니는 다 빠졌습니다. 강들이 있지만, 그곳에는 다리가 놓여져 있거나 걸어서 건널 수 있을 정도로 메워져 있습니다. 불꽃이 있지만, 우리가 입고 있는 옷은 그 모든 불에 능히 견딜 수 있는 견고한 옷입니다. 우리를 위협해온 칼은 이미 무뎌졌습니다. 원수가 준비해 놓은 무기들은 이미 그 힘을 상실했습니다.

하나님은 그리스도의 인격 안에서 우리를 해칠 수 있는 모든 것들로부터 그 힘을 다 제거하셨습니다. 그렇다면 하나님의 군사는 안심하고 행군할 수 있고, 당신은 당신의 길을 즐거운 마음으로 갈 수 있습니다. 당신의 모든 원수가 이미 정복되었기 때문입니다. 전리품을 취하기 위해 행군하는 것 말고 당신이 할 일이 무엇이겠습니까? 원수들은 패배했고, 정복되었습니다. 지금 당신이 할 일은 전리품을 나누는 일뿐입니다. 가끔 당신이 전투를 치러야 할 때가 있는 것은 사실입니다. 하지만 당신의 싸움은 이미 정복당한 원수와의 싸움입니다. 그의 머리는 박살이 났습니다. 그는 당신을 해하려고 시도하겠지만, 그의 힘은 그의 악한 궤계를 이루기에는 턱없이 모자랍니다. 당신의 승리는 쉽게 이루어지고, 당신의 보화는 셀 수 없이 많을 것입니다.

> "결박을 깨뜨린 자라는 놀라운 이름을 가진
> 구주의 명예를 크게 선포하라.
> 얼마나 아름다운 이름인가!
> 그것은 땅과 죄와 죽음과 지옥을 깨뜨리신 분에게
> 잘 어울리는 이름이다."

불이 나서 가시나무에 댕겨 낟가리나 거두지 못한 곡식이나 밭을 태우면
불 놓은 자가 반드시 배상할지니라 - 출애굽기 22:6

허위의 불화살이나 정욕의 화염을 다른 사람들에게 쏘아버리고, 사람들의 영혼을 지옥불과 같은 불꽃 위로 밀어버리는 사람은 어떤 보응을 받아야 할까요? 그 죄책은 평가를 초월하고, 그 결과는 돌이킬 수 없습니다. 만일 이런 범죄자가 용서받는다면, 그 일을 회상할 때 자기가 저지른 잘못을 되돌려놓을 수 없기 때문에, 그가 느끼는 슬픔은 얼마나 클까요! 나쁜 선례는 변화된 성품을 가진지 오래 되었어도 끌 수 없는 불을 지필 수도 있습니다. 사람의 양식을 불태우는 것도 충분히 나쁘지만, 영혼을 파멸시키는 것은 얼마나 더 나쁠까요!

우리가 과거에 저지른 죄의 죄책이 얼마나 심각한지 반성해 보는 것과 심지어는 현재에 있어서도 우리 안에 우리의 친척, 친구 또는 이웃들의 영혼에 대해 상처를 주는 악이 얼마나 내재하고 있는지 살펴보는 것은 우리에게 유익할 것입니다.

교회 안에서 일어나는 다툼의 불은 끔찍한 악입니다. 회심자들이 많아지고, 하나님이 영광을 받으시는 교회에서 질투와 탐욕은 마귀의 역사를 더욱 촉진시키는 촉매 역할을 합니다. 위대한 보아스들의 수고를 보상하는 풍성한 곡식이 저장되어 있는 곳에 증오의 불꽃이 들어가면 그것은 순식간에 검은 잿더미가 되어버립니다. 상처를 주는 사람들에게 화가 있을지어다! 그런 사람들이 우리 가운데 없기를 바랍니다. 왜냐하면 우리가 그 죄를 범하는 가해자가 된다면, 비록 그 죄에 대해 보복을 당하지 않는다고 해도, 필경에는 그 죄의 피해자가 될 것이 틀림없기 때문입니다.

그 불을 퍼뜨리는 사람도 그에 해당되는 책망을 받아야 하지만, 처음에 그 불을 피운 사람은 가장 큰 책망을 받아야 합니다. 불화는 처음에는 흔히 가시 자체에서 서식하지만, 곧 교회의 위선자들과 서짓 신앙인들 사이로 옮겨가고, 급기야는 지옥의 바람을 통해 의인들 사이로 옮겨져 그 결과 어떻게 될지는 아무도 모릅니다. 오 주여, 평화의 주인이여, 우리를 화평케 하는 자로 만드셔서 결단코 다투는 자들을 선동하여 돕지 않게 하시고, 무의식적으로라도 당신의 백성들 사이에 불화를 일으키는 자가 되지 않게 하소서.

### 그 열매는 내 입에 달았도다 - 아가서 2:3

성경에서 믿음은 감각과 관련되어 언급됩니다. 먼저 믿음은 보는 것입니다. "내게로 돌이켜 구원을 받으라"(Look unto me and be ye saved)(사 45:22). 그 다음 그것은 듣는 것입니다. "들으라 그리하면 너희의 영혼이 살리라"(사 55:3). 또 믿음은 냄새 맡는 것입니다. "왕의 모든 옷은 몰약과 침향과 육계의 향기가 있으며"(시 45:8). "네 이름이 쏟은 향기름 같으므로"(아 1:3). 그리고 믿음은 영적 접촉입니다. 믿음으로 혈루증 여인은 그리스도의 뒤로 다가와 그분의 옷자락을 만졌습니다. 우리도 믿음으로 생명의 복된 말씀이 일으키는 것들을 만집니다. 믿음은 또한 영이 맛보는 것입니다. "주의 말씀의 맛이 내게 어찌 그리 단지요 내 입에 꿀보다 더 다니이다"(시 119:103). 그리스도는 "인자의 살을 먹지 아니하고 인자의 피를 마시지 아니하면 너희 속에 생명이 없느니라"(요 6:53)고 말씀하십니다.

이 "맛"은 믿음의 최고의 역사 가운데 하나입니다. 믿음의 최초의 역사 가운데 하나는 듣는 것입니다. 우리는 외부의 귀가 아니라 내면의 귀로 하나님의 음성을 듣습니다. 우리는 그 음성을 하나님의 말씀으로 듣고, 틀림없이 그렇게 되리라고 확신합니다. 그것이 믿음의 "청각"입니다. 그 다음 우리의 마음은 진리를 우리에게 주어진 대로 바라봅니다. 말하자면 우리는 그것을 이해하고, 그 의미를 파악합니다. 그것이 믿음의 "시각"입니다. 그 다음 우리는 그 보배로움을 발견합니다. 우리는 그것을 찬미하기 시작합니다. 그리고 그것이 얼마나 향기로운지 깨닫습니다. 그것은 믿음의 "후각"입니다. 그 다음 우리는 그리스도 안에서 우리를 위해 예비된 은혜들을 붙잡습니다. 그것은 믿음의 "촉각"입니다. 그 다음에는 그것을 누리는 것, 평화, 즐거움, 교제 등이 따라옵니다. 이것들은 믿음의 "미각"입니다. 이 믿음의 행위들은 모두 구원의 능력입니다. 그리스도의 음성을 영혼 속에 들려주시는 하나님의 음성으로 들으면 우리는 구원을 받습니다. 그러나 참된 즐거움은 그리스도를 우리 속에 영접하여 그 거룩함을 맛보고, 그분의 사랑과 보배로움을 내적·영적 미각을 통해 우리 영혼의 양식으로 삼는 믿음의 단계에서 주어집니다. 그때 우리는 "그 그늘에 앉아 심히 기뻐하게" 되고, 그분의 열매가 우리 입에 얼마나 맛있는지 발견하게 될 것입니다.

네가 마음을 온전히 하여 믿으면 가하니라 - 사도행전 8:37

　헌신적인 성도여, 이 말씀은 의식(儀式)들에 관한 당신의 관념에 해답이 될 수 있습니다. 아마 당신은 이렇게 말할지도 모르겠습니다: "나는 세례받기가 두렵다. 그리스도와 함께 죽고 그분과 함께 장사되었음을 공포하는 것은 너무나 엄숙한 일이다. 또 나는 성찬에 자유롭게 참여하기가 부담스럽다. 주의 몸을 분별하지 못하고 먹고 마심으로써 저주를 초래할까 두렵다." 아! 연약한 성도여, 예수님이 당신에게 자유를 주셨으니 결코 두려워하지 마십시오. 만일 낯선 사람이 당신의 집을 찾아온다면, 그는 문 앞에 서 있거나 현관에서 기다릴 것입니다. 그는 당신의 허락 없이는 집 안에 들어오는 것을 생각하지 못할 것입니다. 그러나 당신의 자녀는 아주 자유롭게 집안을 출입할 것입니다. 이것은 하나님의 자녀에게도 마찬가지입니다. 손님은 자녀가 마음대로 출입하는 곳을 함부로 들어갈 수 없습니다. 성령이 당신에게 양자의 영을 느끼도록 하셨을 때, 당신은 기독교의 의식들에게 아무 두려움 없이 다가갈 수 있습니다. 동일한 원리가 그리스도인의 내적 특권들에 대해서도 적용됩니다.

　연약한 성도여, 당신은 자신이 말할 수 없는 기쁨을 즐거워하고 영광으로 충만하도록 허락받지 못했다고 생각합니다. 하지만 당신이 그리스도의 문 안으로 들어가도록 또는 그분의 식탁에 앉도록 허락받았다면, 크게 만족할 것입니다. 아! 하지만 당신은 지극히 위대한 성도들이 누리고 있는 것과 조금도 다름없는 특권을 갖고 있습니다. 하나님은 그의 자녀들에게 베푸는 사랑에 차별이 없으십니다. 모든 자녀는 똑같이 그분의 자녀입니다. 그분은 그를 종으로 다루시지 않습니다. 그는 집을 나가기 전이나 똑같이 살찐 송아지와 음악과 춤이 있는 잔치에 참여할 수 있습니다. 예수님이 마음속에 들어오시면, 주 안에서 기뻐하도록 허가증을 내주십니다. 왕이신 예수님의 궁정에는 사슬이 없습니다. 우리가 누리는 특권들은 점진적이기는 하지만, 그것을 완선하게 누리게 되리라는 것은 확실합니다. 아마 우리는 "나는 약속들을 누리며 나의 주님의 명령에 따라 자유롭게 걸어가기를 원합니다"라고 말할 것입니다. "네가 마음을 온전히 하여 믿으면 가하니라." 오 사로잡힌 딸이여, 그대 목의 줄을 스스로 풀어버리십시오. 왜냐하면 예수께서 그대를 자유케 하셨으니까요.

여호와께서 … 그의 언약을 영원히 세우셨으니 - 시편 111:9

주의 백성들은 은혜언약 자체를 즐거워합니다. 성령은 종종 그들을 언약의 연회장으로 인도하고 그들에게 그 사랑의 깃발을 흔들어주시기 때문에 그것은 무한한 위로의 원천이 되곤 합니다. 그들은 그 언약이 샛별이 자기의 자리를 알기 전에, 또는 행성들이 자기의 궤도를 돌기 전에, 성도들의 유익이 그리스도 예수 안에서 이미 확보되었다는 것을 기억하고, 그것의 오래됨을 즐겁게 묵상합니다. 또 그들에게는 "다윗에게 허락한 확실한 은혜"(사 55:3)를 묵상하면서 언약의 **확실함**을 기억하는 것이 특별한 기쁨입니다. 그들은 언약이 "서명되고 인쳐지고 비준되어 모든 면에서 잘 준비되어 있는 것"을 보고 즐겁게 축하합니다. 그것은 종종 시간이나 영원, 생명이나 죽음도 절대 어길 수 없는 언약 곧 영원만큼 오래되고 만세 반석이신 주님만큼 영원한 언약이기 때문에, 그들의 마음은 종종 그 **불변성**을 생각할 때 기쁨으로 가슴이 벅차오릅니다.

그들은 또 이 언약의 **충만함** 때문에 크게 즐거워합니다. 왜냐하면 그들은 언약 안에 자기들에게 제공되는 모든 것이 들어있음을 보기 때문입니다. 하나님은 그들의 분깃이요, 그리스도는 그들의 친구이며, 성령은 그들의 보혜사입니다. 땅은 그들의 거처요, 하늘은 그들의 본향입니다. 그들은 언약 안에서 구원을 소유하고 있는 모든 영혼이 받아 누리도록 되어있는 유산을 봅니다. 그들의 눈은 성경 속에서 귀한 보물을 발견한 것처럼 언약을 보고 깜짝 놀랍니다. 그러나 오! 그들의 영적 친족인 예수님의 마지막 유언장 속에서 그들에게 주어지도록 약속된 그 언약을 보고 그들의 영혼은 얼마나 크게 기뻐 뛰었을까요!

또 이 언약의 **은혜로움**을 묵상하는 것은 하나님의 백성들에게 참으로 특별한 즐거움이 될 것입니다. 그들은 율법은 행위언약으로서 사람의 공로에 의존하기 때문에 효력이 없다는 것을 압니다. 그러나 은혜 언약은 은혜가 그 기초요, 그 조건이요, 그 노래요, 그 보루요, 그 근거요, 그 머리이기 때문에 그 효력이 영원하다는 것을 인식합니다. 그래서 그 언약은 부의 보고요, 양식 곳간이요, 생명의 샘이요, 구원의 창고요, 평화의 대헌장이요, 기쁨의 항구입니다.

온 무리가 곧 예수를 보고 매우 놀라며 달려와 문안하거늘 - 마가복음 9:15

　모세와 예수님 사이에는 얼마나 큰 차이가 있을까요! 호렙산의 선지자 곧 모세는 40일 동안 산 위에 있었을 때, 일종의 변형을 겪고, 그 얼굴이 크게 빛나게 되었고, 그래서 그는 자신의 얼굴을 수건으로 가려야 했습니다. 왜냐하면 백성들이 그의 영광을 바라보는 것을 감당할 수 없었기 때문입니다. 그러나 우리 구주는 그렇지 않습니다. 그분은 모세가 받았던 것보다 훨씬 더 큰 영광을 받은 모습으로 변형되셨지만, 사람들이 그분의 얼굴을 보고 눈이 멀었다는 기록은 없습니다. 아니 오히려 그들은 매우 놀라며 달려와 문안했습니다. 율법의 영광은 사람들을 물리치지만, 더 크신 예수님의 영광은 사람들을 끌어들입니다. 예수님은 거룩하고 의로우시지만, 순결하기까지 하셔서 그 안에는 진리와 은혜가 충만합니다. 그래서 죄인들은 그분에게 달려와 그분의 선하심을 보고 매우 놀라고, 그분의 사랑에 크게 매혹되며, 그분께 문안하고, 그분의 제자가 되며, 그분을 자기들의 주님과 주인으로 삼습니다.

　성도여, 지금 당신은 하나님의 율법의 그 현란한 광채 때문에 눈이 멀어 있을 수 있습니다. 당신은 율법이 당신의 양심에 대해 그 권리를 갖고 있음을 느끼지만, 삶 속에서 그것을 실천할 수 없습니다. 아니 오히려 당신은 율법에 대해 가책을 느끼기 때문에 그것은 최고의 자리에서 당신을 지배하지만, 그것은 절대로 당신을 하나님께 인도하지 못합니다. 당신은 도리어 마음이 강퍅해져서 절망으로 치닫습니다. 아, 연약한 심령이여! 거부하는 광채를 갖고 있는 모세로부터 눈을 돌려 부드러운 영광으로 눈부신 예수님을 바라보십시오. 피 흘리시는 그분의 상처와 가시관으로 둘러싸인 머리를 바라보십시오! 그분은 하나님의 아들로서, 모세보다 크신 분입니다. 또 그분은 사랑의 주님으로서, 율법을 갖고 온 모세보다 훨씬 더 사랑이 크신 분입니다. 그분은 하나님의 진노를 친히 담당하셨고, 그분은 죽음을 통해 빛으로 반짝이는 시내산보다 훨씬 더 큰 하나님의 공의를 드러내셨습니다. 그리고 그 공의는 지금 충분히 만족되었기 때문에 이제 그것은 예수 안에 있는 신자들의 후견인이 됩니다. 죄인이여, 피 흘리시는 구주를 바라보십시오. 그러면 당신은 그분의 사랑에 끌려 달려가 그분의 팔에 안기고, 구원을 받게 될 것입니다.

8월 27일 아침

이 백성이 … 어느 때까지 나를 믿지 않겠느냐 - 민수기 14:11

불신이라는 괴물을 물리치기 위해 분투하십시오. 그것은 그리스도를 크게 멸시하는 것으로서, 우리가 불신에 빠져 계속 그분을 모욕한다면, 그분은 우리를 떠나실 것입니다. 불신이 땅에서 완전히 뽑아낼 수 없는 가라지인 것은 사실이지만, 그래도 우리는 그 근절을 위해 열심과 인내를 갖고 노력해야 합니다. 그것은 혐오스러운 일들 가운데 가장 악한 것입니다. 불신의 가장 치명적인 면은 불신하는 자나 불신받는 자 모두에게 해를 끼치는 독이 있다는 것입니다.

오 성도여! 당신이 불신에 빠진다면 그것은 참으로 악한 죄입니다. 왜냐하면 지금 그분을 불신하는 것이 과거에 당신의 주님이 베푸신 은혜들에게 당신의 죄책을 덧입히는 꼴이 되기 때문입니다. 당신이 주 예수님을 불신할 때, 그분은 "짐마차가 가득 실린 곡식단으로 말미암아 짓눌리듯이, 나도 너희의 불신 아래 짓눌리고 있음을 보라"고 말씀하실 것입니다. 이것은 그분의 머리에 가장 날카로운 가시관을 씌우는 것입니다. 남편의 극진한 사랑을 받는 아내가 그 자상하고 신실한 남편을 불신하는 것은 매우 악한 죄입니다. 그 죄는 불필요하고, 어리석고, 부질없습니다. 예수님은 의심받을 만한 근거를 전혀 주시지 않았습니다. 사실 우리가 사랑하고, 신실했던 사람들에게 의심을 받는 것은 참기 힘든 일입니다.

예수님은 지존자의 아들로서, 그 부요함이 한이 없습니다. 그렇다면 전능자를 의심하고 완전자를 불신하는 것은 참으로 부끄러운 일입니다. 수많은 산에서 풀을 뜯고 있는 소들은 우리의 배고픔을 충분히 해결해 줄 것입니다. 그런 것처럼 천국 곳간은 아무리 우리를 먹여도 절대로 비워지지 않습니다. 만일 주님이 하나의 물통에 불과하다면, 우리는 곧 그분의 충만함을 고갈시킬 수 있겠지만, 누가 샘을 말릴 수 있겠습니까? 무수한 영혼들이 그분으로부터 그들의 필요를 채움받았습니다. 그들 중 누구도 주님의 자원이 부족하다고 불평하지 않았습니다. 그렇다면 불신이라는 이 거짓 배반자를 제거하십시오. 그것이 유일하게 하는 일은 주님과의 교제의 끈을 끊고, 우리로 하여금 구주가 없는 슬픔에 빠지도록 하는 일입니다. 존 번연은 불신은 "고양이처럼 9개의 목숨을 갖고 있다"고 말합니다. 그렇다면, 우리는 지금 하나의 목숨을 죽이고, 9개 전체를 다 죽일 때까지 계속 노력해야 합니다. 배반자여, 내 마음은 너를 싫어하고, 타도하리라!

내가 나의 영을 주의 손에 부탁하나이다 진리의 하나님
여호와여 나를 속량하셨나이다 - 시편 31:5

이 본문은 성도들이 임종할 때 자주 사용되는 말씀입니다. 오늘 저녁 우리가 이 말씀을 살펴보는 것도 유익할 것입니다. 삶과 죽음 속에서 신실한 사람의 관심 대상은 그의 육체나 재산이 아니라 그의 영입니다. 이것이 그의 최고의 보화입니다. 만일 영이 안전하다면, 모든 것이 안전합니다. 이 없어질 육체를 어떻게 영혼과 비교하겠습니까? 신자는 그의 영혼을 하나님의 손에 맡깁니다. 그것은 그분으로부터 왔고, 그분의 것이며, 이전부터 그분이 유지하셨고, 그분이 보존하실 수 있습니다. 그래서 그분이 그것을 받으시는데 가장 합당한 분입니다. 만사는 여호와의 손 안에 있을 때 안전합니다. 우리가 주님께 의탁하는 것은 항상 지금이든 앞으로든 안전할 것입니다. 하나님의 보호하심 속에서 안식한다면, 사는 것은 평화요, 죽는 것은 영광입니다. 항상 우리는 예수님의 신실하신 손에 우리의 모든 것을 맡겨야 합니다. 그러면 비록 목숨이 위태로운 상황 속에 있어도, 역경이 바다의 모래처럼 많을지라도 우리 영혼은 편안하게 거하고, 고요한 안식처에서 즐거워하게 될 것입니다.

"진리의 하나님 여호와여 나를 속량하셨나이다." 속량이 확고한 신뢰의 기초가 됩니다. 다윗은 우리만큼 골고다 십자가에 대해 알지 못했습니다. 그러나 일시적 구원으로 그는 힘을 얻었습니다. 그렇다면 우리는 영원한 구원을 받았는데, 그것이 얼마나 크게 우리를 위로하겠습니까? 과거에 받았던 구원들은 현재의 구원에 대한 강력한 보증이 됩니다. 주님은 자신이 과거에 행하신 역사를 다시 행하실 것입니다. 왜냐하면 그분은 변덕스러운 분이 아니기 때문입니다. 그분은 자신의 약속에 대해 신실하시고, 그의 성도들에게 은혜로우신 분입니다. 그분은 그의 백성들로부터 절대로 등을 돌리지 아니하실 것입니다.

"당신이 나를 죽인다 해도 나는 당신을 믿습니다.
티끌까지도 당신을 찬양하고,
나는 증거할 때, 당신의 무궁한 사랑을 증거하겠나이다.

당신은 징계와 채찍을 내리실 수 있지만,
결코 방관하실 수는 없습니다.
죗값을 지불하셨으니 당신의 사랑에 내 소망을 두겠나이다." *484 ▶ 485*

등유 - 출애굽기 25:6

내 영혼아, 그대는 등유를 얼마나 필요로 하는지 아는가? 왜냐하면 그대의 등은 등유가 없으면 오래 타지 못하고 꺼져버릴 것이기 때문이다. 만일 불이 꺼지면 당신의 심지는 연기를 내고 고약한 냄새를 풍길 것입니다. 등유가 떨어지면 연기마저 사라질 것입니다. 당신의 인간적 본성 속에는 기름이 솟아날 유전이 전혀 없습니다. 그러므로 당신은 등유를 파는 자들에게 가서 그것을 사든지, 아니면 미련한 처녀들처럼 "우리 등불이 꺼져간다"고 부르짖어야 할 것입니다. 심지어는 성전의 등들도 등유가 없으면 빛을 낼 수가 없었습니다. 비록 그것들이 성막 안을 비춘다 할지라도, 등유는 계속 공급되어야 하고, 비록 거친 바람이 불어오지 않는다 할지라도 그것들은 계속 손질해주어야 합니다. 당신의 등도 똑같습니다. 아무리 행복한 상태에 있을지라도 당신은 새로운 은혜의 등유를 공급받지 못하면 다른 환경 속에 있을 때 빛을 발할 수 없을 것입니다.

주님을 섬기는데 사용되는 기름은 아무것이나 될 수 없었습니다. 이 땅에서 그토록 많이 나오는 석유나 물고기에서 추출되는 기름, 또는 견과들로부터 뽑아낸 기름은 절대로 사용될 수 없습니다. 오직 하나의 기름만 사용할 수 있는데, 그것은 극상품 감람유였습니다. 이와 마찬가지로 인간의 본성적 선으로부터 나오는 거짓 은혜, 제사장의 손으로부터 나오는 변덕스러운 은혜, 또는 외적 의식들로부터 나오는 형식적 은혜 등은 하나님의 참된 성도를 도와줄 수 없습니다. 그는 주님이 이런 기름이 강물처럼 많아도 좋아하시지 않는다는 것을 압니다. 그는 겟세마네 동산의 감람유 틀로 가서 그 안에서 으깨어진 분으로부터 필요한 등유를 받아옵니다. 복음이라는 은혜의 등유는 순전하고 앙금이나 찌꺼기가 전혀 없습니다. 따라서 거기서 나오는 빛은 밝고 깨끗합니다.

교회는 구주의 황금 샹들리에입니다. 그러나 만일 교회가 이 어두운 세상에서 빛을 발하고자 한다면, 거룩한 등유가 많이 필요할 것입니다. 그러므로 우리는 우리 자신을 위해, 목회자들을 위해, 그리고 교회를 위해 기도함으로써, 빛을 낼 등유가 떨어지지 않도록 해야 합니다. 진실, 거룩, 기쁨, 지식, 사랑, 이 모든 것들은 거룩한 빛의 광선들이지만, 우리가 개별적으로 성령 하나님으로부터 등유를 받지 않는 한 그 광선을 발할 수 없을 것입니다.

### 출산하지 못한 너는 노래할지어다 - 이사야서 54:1

우리는 그리스도를 위해 약간의 열매를 맺으면, "여호와께서 심으신 그 영광을 나타낼 자"(사 61:3)가 된 것에 즐거운 소망을 갖습니다. 그러나 우리가 무력한 존재라고 느낄 때가 있습니다. 기도는 활력이 없고, 사랑은 식고, 믿음은 약화되며, 마음의 동산에 심은 은혜는 시들고 기운을 잃습니다. 우리는 뜨거운 햇빛 아래에서 시원한 소나기를 갈망하는 꽃들과 같습니다. 이때 우리는 어떻게 해야 할까요? 본문은 이에 대해 적절한 해답을 줍니다. "출산하지 못한 너는 노래할지어다." 그러나 내가 무엇을 노래할 수 있을까요? 나는 현재에 관해 노래할 것이 없고, 과거를 돌아보아도 열매가 없었습니다. 아! 그러나 나는 예수 그리스도에 관해서는 노래할 수 있습니다. 대속주가 나에게 이미 베푸신 은혜에 관해서는 노래할 수 있습니다. 또는 자기 백성을 구속하려고 하늘 보좌를 버리고 오신 그분의 그 크신 사랑을 찬양할 수는 있습니다. 나는 다시 십자가로 나아갈 것입니다. 내 영혼아, 이전에 그대는 짊어졌던 무거운 짐을 그곳에 내려놓았다. 지금 다시 골고다 십자가로 나아가라. 그러면 그대에게 생명을 주었던 그 십자가가 이제는 그대에게 풍성한 열매를 맺게 해줄 것이다. 나의 무력함이 무엇입니까? 그것은 그분의 열매 맺는 능력을 드러내는 무대입니다. 나의 황폐함이 무엇입니까? 그것은 그분의 영원하신 사랑의 보석을 더욱 반짝거리게 만드는 흑판입니다. 나는 가난해질 수 있습니다. 나는 무기력한 존재가 될 수 있습니다. 나는 추하고 불결한 존재가 될 수 있습니다. 그러나 그럼에도 나는 여전히 당신의 자녀요, 당신의 신실한 마음을 믿는다고 말씀드릴 수 있습니다. 이처럼 생산치 못하는 자일지라도, 나는 얼마든지 노래할 수 있습니다.

성도여, 노래하십시오. 그러면 그것이 당신의 마음과 황폐한 다른 마음들에게 힘을 줄 것입니다. 계속 노래하십시오. 그러면 자신의 생산치 못함을 진실로 부끄러워하게 됨으로써 당신은 곧 열매 맺는 자가 될 것입니다. 하나님은 당신이 열매 없는 자가 되는 것을 싫어하기 때문에 곧 풍성한 열매를 맺도록 하실 것입니다. 우리는 생산치 못할 때 괴롭습니다. 하지만 주님을 찾는 것은 즐겁습니다. 자신의 궁핍함을 느낄 때 우리는 그리스도께 나아갑니다. 그리고 그것은 우리에게 꼭 필요합니다. 우리의 열매는 그분 안에서만 발견될 수 있기 때문입니다.

하나님이여 주의 인자를 따라 내게 은혜를 베푸시며 - 시편 51:1

윌리엄 케리(William Carey) 박사는 악질에 걸려 신음하고 있을 때, 누군가 다음과 같은 질문을 했습니다: "만일 이 병이 죽을 병으로 판명된다면, 박사님의 장례식 설교를 위해 어느 본문을 선택해야 하겠습니까?" 이에 대해 그는 이렇게 대답했습니다: "오, 나는 이같이 죄 많은 불쌍한 피조물이 그런 설교를 듣기에는 무가치하다고 생각합니다. 그러나 굳이 장례식 설교를 해주시려면, '하나님이여 주의 인자를 따라 내게 은혜를 베푸시며 주의 많은 긍휼을 따라 내 죄악을 지워주소서'(시 51:1)라는 말씀을 본문으로 해주십시오." 이와 똑같이 겸손한 마음으로 그는 자기의 묘비에 다음과 같은 비명 외에 다른 글을 넣지 말도록 유언을 했습니다:

> 윌리엄 케리, 1761년 8월 17일에 태어나 ___에 죽다.
> "천하고, 가련하고, 무력한 벌레인 제가
> 당신의 친절하신 품에 안깁니다."

이처럼 훌륭하고 존경받는 성도들도 값없이 받은 은혜를 전제로 해서만 하나님께 나아갑니다. 훌륭한 사람일수록 자기들은 기껏해야 사람에 불과하다는 것을 가장 먼저 의식합니다. 빈 배는 높이 뜨지만, 무거운 짐을 실은 배는 물 속 깊이 낮아집니다. 말로만 믿는 신앙인들은 자기들의 신앙을 자랑할지 모르지만, 하나님의 참된 자녀들은 자기들의 무익함에 긍휼을 베풀어달라고 외칩니다. 우리는 주님이 우리의 선행, 기도, 설교, 자선, 그리고 거룩한 일들에 대해서도 주님이 긍휼을 베푸시도록 구해야 합니다.

피는 이스라엘 집의 문설주에만 뿌려진 것이 아니라 성소, 속죄소, 그리고 제단 위에도 뿌려졌습니다. 그것은 죄가 우리의 거룩한 것들 속에도 스며들었기 때문에, 예수님의 피가 그 오염으로부터 정결하게 할 필요가 있기 때문입니다. 만일 긍휼이 우리가 행하는 거룩한 의무들 속에도 주어져야 했다면, 우리의 죄에 대해서는 얼마나 더 주어져야 하겠습니까? 무한한 긍휼이 우리를, 타락을 회복시키고 우리의 상한 뼈들이 기뻐하도록 하기 위해 기다리고 있다는 것은 생각만 해도 얼마나 행복할까요!

자기 몸을 구별하는 모든 날 동안에는 포도나무 소산은 씨나
껍질이라도 먹지 말지며 - 민수기 6:4

나실인들은 다른 사람들과 구별되기 위해서 여러 가지 서원을 해야 하는데, 그 중에는 포도주를 마시지 않겠다는 규정이 있었습니다. 그들은 그 서원을 어기지 않기 위해 포도식초나 독한 포도주를 마시는 것을 금해야 했습니다. 그 서원을 더 굳게 지키기 위해 그들은 발효되지 아니한 포도즙 옆에는 가지도 않았고, 심지어는 포도열매조차 먹지 않았습니다. 그 서원을 철저히 지키기 위해 그들은 포도와 관계된 것은 어떤 것도 용납하지 않았습니다. 그들은 실제 삶 속에서는 악은 모양이라도 피해야 했습니다.

확실히 이것은 세상 사람들과 구별된 주의 백성들에게 교훈을 줍니다. 이것은 그들에게 모든 형태의 죄를 피하라는 가르침 곧 그 실제 저지르는 죄는 말할 것도 없고, 심지어는 그 정신과 모양까지라도 피해야 할 것을 가르칩니다. 오늘날에는 이 규정이 엄밀하게 지켜지지 않지만, 사랑하는 성도여, 그것이야말로 가장 안전하고 가장 복된 길임을 확신하십시오. 세상에 대해 한두 가지 양보하는 사람은 곧 두려운 위험에 처하게 됩니다.

소돔의 포도를 먹는 사람은 곧 고모라의 포도주도 마시게 될 것입니다. 네덜란드에서는 바다 제방에 조금이라도 균열이 생기면, 그 틈으로 바닷물이 들어와 금방 그 지역이 침수되고 맙니다. 세상과 타협하는 것은 어느 정도 영혼에게 올무가 되고, 점점 더 뻔뻔한 죄를 범하는 결과를 빚게 됩니다. 또한 포도즙을 마신 나실인은 그것이 어느 정도 발효된 것인지 알 수 없게 되고, 그래서 결국에는 마음속에 그 서원을 정확하게 지켰다는 확신을 가질 수 없게 되는 것처럼, 세상과 타협하는 세속적인 그리스도인도 죄가 없는 양심을 가질 수 없게 되고, 그의 내면의 감시자는 자신에 대해 의심을 갖지 않을 수 없게 됩니다. 우리는 의심스러운 일들에 대해 의심할 필요가 없습니다. 그것들은 우리에게 죄를 일으킵니다. 우리는 유혹적인 일들에 대해 우물쭈물해서는 안 됩니다. 그것들로부터 속히 도망쳐야 합니다. 우리가 구별된 삶을 살기 위해서는 자기부인이 크게 요구되지만, 거기서 얻는 기쁨이 아주 커서 그것을 보상하고도 남습니다.

### 너는 여호와를 기다릴지어다 - 시편 27:14

기다리는 것은 쉬운 일처럼 보이지만, 그렇지 않습니다. 이것은 십자가 군사가 오랜 세월에 걸쳐 배우지 않으면 안 되는 자세 가운데 하나입니다. 하나님의 군사들은 가만히 서 있는 것보다는 신속하게 앞으로 행군하는 것이 더 쉽습니다. 열심히 주님을 섬기려는 의지를 갖고 있는 성도들은 어떻게 주님을 섬겨야 할지 몰라 당황하는 경우들이 있습니다. 그때 어떻게 해야 할까요? 절망에 빠져 쩔쩔매고 있어야 할까요? 겁을 집어먹고 도망치거나 두려워서 뒤돌아서야 할까요, 아니면 무작정 앞으로 밀고 나가야 할까요? 다 아닙니다. 이럴 때는 단순히 기다려야 합니다. 그러나 그냥 기다리지 말고, 기도하며 기다리십시오. 하나님을 찾아 그분 앞에 상황을 아뢰십시오. 문제를 그분께 말씀하십시오. 도와주시겠다는 그분의 약속을 내세우고 변론하십시오. 무엇을 해야 할지 몰라 딜레마에 빠져 있을 때는 어린아이처럼 겸손하게 단순한 마음을 갖고 주님의 응답을 기다리는 것이 좋습니다. 우리가 자신의 어리석음을 인정하고, 충심으로 하나님의 뜻의 인도를 받기 원할 때, 그 결과는 틀림없이 좋을 것입니다.

하지만 믿음으로 기다리십시오. 흔들리지 않고 하나님을 믿는다는 것을 표현하십시오. 왜냐하면 믿음 없이, 불신하며 기다리는 것은 하나님을 모독하는 것에 불과하니까요. 비록 한밤중까지 기다리도록 하신다고 해도, 주님은 적절한 때에 오실 것을 믿으십시오. 묵시는 지체되지 않고 반드시 이루어집니다. 고난당한다는 이유로 주님을 배반하지 말고, 그것 때문에 오히려 하나님을 송축하고, 조용히 인내하며 기다리십시오. 이스라엘 백성들이 모세에게 그랬던 것처럼, 하나님의 도구들에 대해 원망하지 마십시오. 또 세상으로 돌아가기를 바라지 말고, 상황을 있는 그대로 받아들이십시오. 그리고 그 자리에 서서 단순히 그리고 온 마음을 다해, 절대로 고집부리지 말고, 언약의 하나님의 손에 모든 것을 맡기고 이렇게 기도하십시오: "주여, 이제는 내 뜻이 아니라 당신의 뜻을 이루소서. 저는 어떻게 해야 할지 모르겠나이다. 궁지에 몰려 있습니다. 하지만 당신이 물을 가르거나 원수들을 물리치실 때까지 기다리겠나이다. 오랫동안 이 상태에 두셔도 기다리겠나이다. 내 마음은 오직 당신께 고정되어 있으니까요. 오 하나님이여, 당신은 내 기쁨, 내 구원, 내 피난처, 나의 강한 망대가 되시니 내 영은 오직 당신을 기다리겠나이다."

*여호와여 … 나를 고치소서 그리하시면 내가 낫겠나이다* - 예레미야서 17:14
*내가 그의 길을 보았은즉 그를 고쳐 줄 것이라* - 이사야서 57:18

영적 질병을 치유하는 것은 하나님만 갖고 있는 권리입니다. 자연적 질병은 사람에 의해서도 치유될 수 있습니다. 하지만 그때에도 약에 효능을 주고 의사의 치료에 능력을 주시는 하나님께 영광을 돌려야 합니다. 영적 질병은 위대한 의사인 하나님만이 고치실 수 있습니다. 그분은 그것을 자신의 권리로 이렇게 주장하십니다: "나는 죽이기도 하며 살리기도 하며 상하게도 하며 낫게도 하나니"(신 32:39). 하나님의 최고의 이름 가운데 하나는 여호와 라파 곧 '나를 치료하시는 하나님'입니다. '내가 너의 상처로부터 새 살이 돋아나게 하여 너를 고쳐 주리라"(렘 30:17)는 말씀은 인간의 입술이 아니라 오직 영원하신 하나님의 입으로부터만 나올 수 있는 약속입니다. 이 점에 관해 시편 기자는 여호와께 "여호와여 나의 뼈가 떨리오니 나를 고치소서"(시 6:2), 또 "여호와여 내게 은혜를 베푸소서 내가 주께 범죄하였사오니 나를 고치소서"(시 41:4)라고 외쳤습니다. 또한 경건한 성도들도 주님의 이름을 찬양하면서 "그가 우리 모든 질병을 고치시도다"라고 말했습니다. 사람을 만드신 그분이 사람을 회복시킬 수 있습니다. 태초에 우리 본성의 창조자가 되신 그분이 그것을 새롭게 하실 수 있습니다. 예수님의 인격 속에 "신성의 모든 충만이 거하신다"는 것은 얼마나 놀라운 위로가 될까요!

내 영혼아, 그대의 질병이 무엇이든, 이 위대하신 의사가 고치시리라! 그분이 하나님이시라면, 그분의 능력에는 한계가 있을 수 없습니다. 그렇다면 이성을 어둡게 하는 소경된 눈을 가지고 오십시오. 힘이 다 빠진 절뚝거리는 발을 가지고 오십시오. 믿음을 약화시키는 불구된 손을 가지고 오십시오. 분노의 감정에 사로잡힌 열병이나 절망으로 떨리는 오한도 가지고 오십시오. 그 모습 그대로 오십시오. 왜냐하면 하나님이신 그분이 당신을 그 모든 질병들로부터 확실히 회복시켜 주실 것이니까요. 우리 주 예수님으로부터 나오는 치유의 능력은 아무도 저지할 수 없습니다. 군대마귀들이 이 위대하신 의사의 능력을 공격했지만, 그분은 한 번도 패하지 않았습니다. 그분의 모든 환자들은 과거에도 치유를 받았고, 미래에도 치유를 받을 것입니다. 그러므로 당신이 그들 가운데 한 사람이라면, 오늘 밤 고침받을 수 있을 것입니다.

내 팔에 의지하리라 - 이사야서 51:5

그리스도인은 이 땅에서 혹독한 시련을 당할 때 의지할 것이 아무것도 없습니다. 그러므로 그는 오직 그의 하나님 한 분만 의지할 수밖에 없습니다. 자신의 배가 파선 지경인데 아무도 도와줄 수 없다면, 그는 하나님의 섭리와 보호에 단순히 그리고 전적으로 자신을 의탁해야 합니다. 이와 같은 반석에 사람을 좌초하게 만드는 폭풍은 얼마나 고마울까요! 오 영혼을 하나님께, 오직 하나님께로 이끄는 복된 폭풍이여! 때때로 친구들이 너무 많아서 우리 하나님께 다가가지 못할 때가 있습니다. 그러나 사람이 다른 곳을 돌아볼 수 없을 정도로 너무 가난하거나, 친구가 없어 외롭거나 너무 무력해지면, 그는 그의 아버지께 달려가 그의 팔에 안기는 법입니다. 그가 하나님 외에 의지할 대상이 아무도 없을 만큼 특별한 환난에 빠져 있을 때, 그는 오히려 그 환난에 대해 감사할 수 있습니다. 왜냐하면 어떤 때보다 그 순간에 주님을 더 크게 의존할 수 있기 때문입니다.

오, 폭풍 속에서 시달리고 있는 성도여, 당신을 아버지께로 인도하는 폭풍은 복된 폭풍입니다! 당신이 의지할 대상은 오직 당신의 하나님뿐이시니, 그분을 충분히 신뢰하기를 바랍니다. 의심과 두려움으로 당신의 주님을 멸시하지 마십시오. 믿음을 강하게 하여 하나님께 영광을 돌리십시오. 당신의 하나님이 당신에게 세상을 만 개나 준다고 해도 바꿀 수 없을 만큼 가치가 있다는 것을 세상에 보여 주십시오. 주 하나님이 당신을 돕는 자가 되실 때 가난한 당신이 어떻게 부요하게 되는지를 세상 부자들에게 보여 주십시오. 하나님의 영원하신 팔이 당신을 받쳐주고 있을 때 연약한 당신이 얼마나 강하게 되는지를 세상의 강한 사람들에게 보여 주십시오. 지금은 믿음의 능력과 그 담대한 힘을 보여 줄 때입니다. 강하고 담대하십시오. 주 하나님은 하늘과 땅을 지으실 때만큼 확실하게, 연약한 당신을 통해 영광을 받으시고, 당신이 고난 중에 있을 때에도 자신의 권능을 찬송하도록 하실 것입니다. 우리 눈에 보이는 기둥이 하나라도 하늘을 떠받치고 있다면, 하늘이 그토록 웅장하게 보이지 아니할 것입니다. 마찬가지로 당신의 믿음이 육신의 눈에 보이는 어떤 것에 의존하고 있다면, 그것은 그 영광을 상실하게 될 것입니다. 8월의 마지막 날인 오늘, 당신이 오직 예수님만 의지하도록 성령이 역사하시기를 바랍니다.

그가 빛 가운데 계신 것같이 우리도 빛 가운데 행하면 - 요한일서 1:7

그가 빛 가운데 계신 것같이! 우리가 항상 그렇게 할 수 있을까요? "하나님은 빛이시라 그에게는 어둠이 조금도 없으시다"(요일 1:5)고 기록된 대로, 우리가 "우리 아버지"라고 부르는 그분처럼, 분명히 빛 가운데서 항상 걸어갈 수 있을까요? 확실히 말해 이것은 우리가 본받아야 할 한 모델입니다. 왜냐하면 구주께서 친히 "하늘에 계신 너희 아버지의 온전하심과 같이 너희도 온전하라"(마 5:48)고 말씀하셨기 때문입니다. 비록 우리가 하나님의 온전하심과 감히 경쟁할 수는 없다고 느낄지라도, 우리는 그것을 추구해야 하고, 그 수준에 도달할 때까지 만족해서는 안 됩니다. 젊은 화가는 초기의 미숙한 솜씨로는 라파엘로나 미켈란젤로와 같은 대화가와 동등하게 되기를 바랄 수 없습니다. 그래도, 만일 그가 마음속에 그의 포부에 대한 이상적 상을 갖고 있지 않다면, 그저 그런 평범한 수준에 그칠 수밖에 없을 것입니다.

그러나 그리스도인이 하나님이 빛 가운데 계시는 것처럼 행해야 한다는 말씀은 어떤 의미일까요? 우리는 그것이 수준(degree)이 아니라 닮음(likeness)을 의미한다는 것을 압니다. 우리는 하나님과 동등한 수준에서 그렇게 될 수는 없지만, 진실하게 빛 가운데 있어야 합니다. 충심으로 빛 가운데 있어야 합니다. 진지하게 빛 가운데 있어야 합니다. 정직하게 빛 가운데 있어야 합니다. 우리는 태양 가운데 살 수 없습니다. 그것은 우리가 살기에는 너무 밝습니다. 하지만 우리는 태양 빛을 따라서는 걸을 수 있습니다. 이처럼 우리는 본질상 무한히 선하신 만군의 주에게 속해 있는 완전한 순결함과 진실함의 수준에는 도달할 수 없지만, 주님을 항상 우리 앞에 두고, 내주하시는 성령의 도우심을 받아, 그분의 형상을 본받으려고 애를 써야 합니다.

유명한 주석가 존 트랩(John Trapp)은 "동등(equality)이 아니라 질(quality)에 있어서 하나님이 빛 가운데 계신 것같이 우리도 빛 가운데 거할 수 있다"고 말합니다. 우리는 똑같은 빛을 소유하고 있어야 합니다. 그러나 우리가 주님의 거룩하심 및 순결하심과 동등한 수준에서 행하기 위해서는 요단강을 건너 영원한 천국에 들어가기 전까지는 미뤄두어야 합니다. 거룩한 교제와 완전한 순결의 축복이 빛 가운데 걸어갈 때 나타나기를 바랍니다.

주의 교훈으로 나를 인도하시고 후에는 영광으로 나를 영접하시리니 - 시편 73:24

시편 기자는 하나님의 인도가 필요하다고 느꼈습니다. 그는 자신의 마음이 얼마나 어리석은지 알고 있었고, 그래서 그로 인해 잘못된 길을 가지 않도록 주의 교훈이 자기를 인도하기를 바랐습니다. 자신의 어리석음을 깨닫는 것이 지혜의 시작입니다. 자신의 어리석음을 깨달아야 비로소 주의 지혜를 의존하기 때문입니다. 소경은 친구의 팔을 의지해서 안전하게 집에 도착합니다. 그렇듯이 우리도 아무 의심 없이 하나님의 인도를 따라가야 합니다. 우리가 볼 수 없는 존재라는 것은 확실하기 때문에 모든 것을 내려다보시는 하나님을 의지하는 것이 가장 안전합니다. "주께서 … 하시리니"라는 시편 기자의 표현은 확고한 신뢰의 표현입니다. 그는 하나님이 자신을 낮추는 자를 거절하지 아니하실 것을 확신했습니다. 오 성도여, 이 말씀은 당신을 위한 말씀입니다. 이 말씀으로 안식을 얻으십시오. 당신의 하나님이 당신의 교훈이요 친구가 되심을 확신하십시오. 그분이 당신을 인도하실 것입니다. 그분이 당신의 모든 길을 지시하실 것입니다. 기록된 말씀을 통해 이 확신이 부분적으로 성취된 결과를 보게 됩니다. 왜냐하면 성경은 당신에게 그분의 교훈을 가르쳐 주기 때문입니다.

하나님의 말씀이 항상 우리를 인도하신다는 것은 얼마나 복된 일일까요! 선원에게 나침반이 없다면 어떻게 될까요? 마찬가지로 성도에게 성경이 없다면 어떻게 될까요? 이것은 전혀 오차가 없는 도표요, 모든 장애물이 표시되어 있는 지도로서, 파멸의 유사(流砂)를 피해 구원의 항구로 들어가는 모든 통로를 그 길을 완전하게 알고 계신 분이 표시해놓은 책입니다. 오 하나님이여, 현재는 물론 마지막 날까지 우리를 인도하시는 당신을 신뢰할 수 있도록 도우시니 당신을 찬양합니다! 시편 기자는 하나님이 이처럼 인도해주신 다음, 결국에는 영광으로 맞아주실 것을 기대합니다 — "후에는 영광으로 나를 영접하시리니."

성도여, 당신을 위해 얼마나 멋진 말씀입니까? 하나님 자신이 당신을 영광으로 영접하실 것입니다. 당신을! 방황하고, 실수하고, 빗나가는 당신이지만, 하나님은 결국 당신을 영광으로 맞이하실 것입니다! 이것이 당신의 분깃입니다. 그러므로 오늘 하루도 이 말씀을 따라 사십시오. 만일 당신을 혼란시키는 일들이 벌어지더라도, 이 말씀에 힘을 얻어 곧장 보좌 앞으로 나아가십시오.

### 시시로 그를 의지하고 - 시편 62:8

믿음은 영적 삶의 규준일 뿐만 아니라 일상적 삶의 규준이기도 합니다. 우리는 천국의 일을 할 때나 세상의 일을 할 때나 하나님을 믿는 믿음을 가져야 합니다. 우리가 세상에 빠지지 않고 살기 위해서는 우리의 모든 일상적 필요들을 하나님을 의지하는 믿음을 통해 얻는 법을 배워야 합니다. 우리는 게을러서는 안 됩니다. 게으른 것은 지금도 일하시는 하나님을 믿지 않고 게으름의 아비인 마귀를 믿는다는 것을 보여 주는 것입니다. 우리는 충동적이거나 성급해서는 안 됩니다. 그것은 섭리와 질서의 신이신 살아계신 하나님을 믿지 않고 우연을 믿는 것입니다. 모든 일을 신중하고 진실하게 행동하려면 우리는 항상 단순하게 그리고 전적으로 주님만을 의존해야 합니다.

나는 당신에게 세상사에 대해서도 하나님을 의지하는 삶을 살도록 권면합니다. 하나님을 의지하면 당신은 잘못된 수단을 사용해서 부자가 됨으로써 슬퍼하는 일은 만들지 아니할 것입니다. 성실하게 하나님을 섬기십시오. 그리하면 성공하지 못한다고 해도, 최소한 죄가 양심을 짓누르는 상황은 벌어지지 아니할 것입니다. 하나님을 의지한다면, 당신은 결코 자기모순의 죄악에 빠지지는 아니할 것입니다. 자신의 힘을 의지하는 사람은 변덕스러운 바람에 의해 흔들리는 배처럼, 오늘은 이리로, 내일은 저리로 갈팡지팡 갈피를 못잡습니다. 그러나 주님을 의지하는 사람은 증기의 힘으로 움직이는 배처럼, 파도를 가르고, 바람을 헤치며, 목적지인 항구를 향해 곧바로 나아갑니다. 그러므로 내면에 생명적 원리를 간직한 사람이 되십시오. 세상 지혜의 변덕스러운 습관들에게 절대로 굴복하지 마십시오. 견고한 발걸음으로 진리의 길을 따라 살으며, 오지 하나님만을 믿는 믿음이 줄 수 있는 힘으로 당신이 얼마나 강한 사람인지 보여 주십시오.

그리하면 당신은 걱정거리를 떨치고 근심으로부터 해방될 것이며, 악한 비방 때문에 고통받지도 아니할 것이며, 당신의 마음은 여호와를 의뢰하는 믿음으로 더욱 견고해질 것입니다. 섭리의 길을 따라 사는 것은 얼마나 즐거울까요! 언약을 지키시는 하나님을 의뢰하는 삶보다 더 복된 삶은 없습니다. 우리는 우리의 짐을 주님께 맡겨버렸기 때문에 염려할 필요가 없습니다.

> 시몬의 장모가 열병으로 누워 있는지라 사람들이 곧
> 그 여자에 대하여 예수께 여짜온대 - 마가복음 1:30

사도 베드로의 가정에 대한 이 짤막한 기사는 굉장히 흥미롭습니다. 우리는 여기서 가정의 즐거움과 걱정거리가 하나님의 일을 충분히 감당하는데 조금도 방해가 되지 않는다는 사실을 즉시 깨닫게 됩니다. 아니 오히려 그것들이 가족들에게 주님의 은혜의 사역을 개인적으로 증거할 기회를 주기 때문에 세상의 다른 분야의 일들보다 더 고귀한 것을 가르쳐 줄 수도 있습니다. 가톨릭교도들과 일부 다른 교파의 사람들은 결혼을 무시하지만, 참 기독교와 가정생활은 얼마든지 조화를 이룰 수 있습니다. 베드로의 집안은 아주 가난한 어부 집안이었던 것으로 보입니다. 하지만 영광의 주님은 그 집을 방문해 묵으며 이적을 행하셨습니다. 만일 오늘 아침 이 글을 읽고 있는 사람이 극히 초라한 오두막집에 산다면, 이 사실을 기억하고 왕이신 예수님과의 동행을 구하시기 바랍니다. 하나님은 으리으리한 궁전보다는 쓰러져가는 오두막집을 더 자주 방문하셨습니다. 예수님은 지금 여러분의 방을 둘러보며, 당신에게 은혜를 나눠주기 위해 기다리고 계십니다. 시몬의 집에 질병이 들어왔고, 그의 장모에게 치명적인 열병이 침투했습니다. 그러나 예수님이 들어오자 그들은 그분께 문제 상황을 말씀드렸고, 그분은 환자의 머리맡으로 가셨습니다.

오늘 아침 당신의 집안에도 질병이 들어와 있습니까? 그렇다면 최고의 의사인 주님께 즉시 달려가 그 상황을 자세히 아뢰십시오. 그분 앞에 직접 문제를 내놓으십시오. 그것은 그의 백성들 가운데 하나를 근심시키는 일이고, 그래서 그분에게는 그것이 사소한 일이 아닙니다. 구주께서 병든 여인을 즉시 고치셨음을 주목하십시오. 누구도 그분처럼 고칠 수 없습니다. 우리는 주님이 우리가 사랑하는 자들의 모든 질병을 다 고쳐주실지 모르겠습니다. 그러나 병든 자를 위해 믿음으로 기도하는 것은 이 세상의 어떤 치료법보다 훨씬 그 회복이 빠르다는 것은 확신할 수 있습니다. 물론 그렇게 되지 않는다고 할지라도, 우리는 생사를 주관하는 주님의 뜻에 겸손히 고개를 숙여야 합니다. 예수님의 온유한 심령은 우리의 슬픔을 듣기 위해 기다리고 계십니다. 그러므로 우리는 끝까지 들으시는 그분의 귀에 그 슬픔들을 다 쏟아놓읍시다.

**너희는 표적과 기사를 보지 못하면 도무지 믿지 아니하리라 - 요한복음 4:48**

예수님 당시에는 사람들이 지나치게 이적을 구하는 병적인 상태에 있었습니다. 그들은 참된 양식은 거부하고 단순한 이적만 추구했습니다. 그들에게 정말 필요한 복음은 안중에도 없었습니다. 그들은 예수님이 항상 베푸시지 않은 이적을 요구했습니다. 요즘에도 많은 사람들이 표적과 기사를 보지 않으면 믿지 않습니다. 어떤 사람들은 내심 "나는 영혼에 깊은 기갈을 느껴야 한다. 그렇지 않으면 예수님을 믿을 수 없을 것이다"라고 말했습니다. 그러나 당신이 그것을 느끼지 못한다고 믿을 수 없단 말입니까? 당신은 그분이 다른 사람들처럼 대해주지 않는다고 하나님을 대적하고 지옥에 가겠습니까? 어떤 사람은 말하기를 "만일 어떤 꿈을 꾸거나 또는 영문을 모르는 어떤 충격적인 사건을 겪는다면 믿겠다"고 했습니다.

그러나 이렇게 되면 당신은 당신이 주님을 조종하는 치명적인 죄를 범하게 되는 것입니다. 당신은 그분의 집 문 앞에서 자비를 구하고 서 있는 거지입니다. 그런데 거기서 당신은 그분이 그 자비를 주시는 방법과 규정을 자기가 정하려고 하고 있습니다. 당신은 주님이 그것에 복종하시리라고 생각합니까? 우리 주님은 인자한 분이지만, 왕의 권세를 갖고 모든 명령을 거부하고, 오로지 자신의 뜻에 따라 주권적으로 행동하시는 분입니다.

사랑하는 성도여, 상황이 이러한 데도 당신은 계속 표적과 기사를 구하겠습니까? 복음이야말로 그 표적과 기사가 아닙니까? "하나님이 세상을 이처럼 사랑하사 독생자를 주셨으니 이는 그를 믿는 자마다 멸망하지 않고 영생을 얻게 하려 하셨다"(요 3:16)는 것이야말로 이적 중의 이적이 아닙니까? 확실히 "원하는 자는 값없이 생명수를 받으라"(계 22:17)는 보배 같은 말씀과 "내게 오는 자는 내가 결코 내쫓지 아니하리라"(요 6:37)는 엄숙한 약속만큼 더 큰 표적과 기사는 없을 것입니다! 진실하신 구주는 우리의 믿음의 대상이 되십니다. 그분은 진리 자체이십니다. 그런데 어찌하여 당신은 거짓말을 하시지 않는 주님께 증거를 요구할 수 있단 말입니까? 마귀들도 그분을 하나님의 아들로 선포했습니다. 그런데도 당신은 그분을 불신하겠습니까?

### 내 마음으로 사랑하는 자 - 아가서 1:7

우리가 "만일"이나 "하지만"과 같은 조건을 붙이지 않고 주 예수님을 "내 마음으로 사랑하는 자"라고 말할 수 있다면, 그것은 참으로 멋진 일입니다. 많은 사람들이 예수님에 관해 말할 때 그분을 사랑하기 원한다고 말합니다. 그들은 자기들이 그분을 사랑한다고 믿습니다. 하지만, 이 정도로 만족하는 것은 빈약하고 얄팍한 경험에 불과합니다. 어느 누구도 이같이 중대한 문제에 관해 분명한 확신을 갖고 있지 않다면, 그 영혼에 안식이 없을 것입니다. 우리는 예수님이 우리를 사랑하신다는 피상적인 희망과 우리가 그분을 사랑한다고 믿는 단순한 믿음으로 만족해서는 안 됩니다. 옛 성도들은 "그러나", "만약", "바라기는", "믿기는"과 같은 말을 사용하여 애매하게 말하지 않고, 단도직입적으로 확실하게 말했습니다. 바울은 "내가 믿는 자를 내가 안다"(딤후 1:12)고 말합니다. 욥은 "내가 알기에는 나의 대속자가 살아 계시니"(욥 19:25)라고 말합니다. 당신도 예수님을 진실로 사랑하는지에 대한 분명한 지식을 가져야 합니다. 당신은 실제로 예수님을 사랑한다고 말할 수 있을 때까지는 만족해서는 안 됩니다. 당신은 성령의 증거를 받아 그것을 확신하고, 그것은 믿음으로 당신의 영혼 위에 아로새겨졌습니다.

그리스도를 진실로 사랑하는 것은 전적으로 성령의 사역이고, 그분을 통해 마음속에 일으켜져야 합니다. 그분이 그 사랑을 유효케 하는 동인입니다. 그러나 우리가 예수님을 사랑하는 논리적 원인은 예수님 안에 있습니다. 왜 우리가 예수님을 사랑합니까? 그분이 먼저 우리를 사랑하셨기 때문입니다. 왜 우리가 예수님을 사랑합니까? 그분이 "우리를 위해 자신을 주셨기" 때문입니다. 우리는 그분의 죽음으로 말미암아 생명을 얻었고, 그분의 피로 말미암아 평화를 누리게 되었습니다. 그분은 원래 부요한 분이셨지만, 우리를 위해 가난하게 되셨습니다. 왜 우리가 예수님을 사랑합니까? 그분의 탁월하신 인격 때문입니다. 우리는 그분의 아름다움에 대한 감동으로, 그분의 매력에 대한 찬탄으로, 또 그분의 무한한 완전하심의 의식으로 충만합니다! 그분의 위대하심, 선하심 그리고 사랑하심이 한 줄기 빛나는 광선으로 융합되어 우리 영혼을 사로잡아 "그 전체가 사랑스럽구나"라고 외치게 합니다. 이 사랑 — 비단보다 더 부드럽고 돌보다 더 단단한 사슬로 우리 마음을 묶는 사랑 — 은 얼마나 복될까요!

## 여호와는 의인을 감찰하시고 - 시편 11:5

세상에서 일어나는 모든 사건들은 하나님의 섭리의 지배 아래 있고, 그러므로 우리에게 일어나는 모든 외적 시련들은 만물의 제일원인이신 하나님이 다 감찰하고 계십니다. 하나님의 축복의 황금문 입구에는 시련의 군대들이 철갑주를 입고 전쟁 무기로 무장한 채 진을 치고 있습니다. 모든 섭리들은 시련의 문을 통과합니다. 심지어는 우리가 받는 은혜들도 장미처럼 가시가 달려 있습니다. 사람들은 고난의 강에서는 물론 번영의 바다에서도 빠져 죽을 수 있습니다. 우리가 넘는 시련의 산들과 계곡들은 넘어가기에 너무 높거나 너무 낮지 않습니다. 시련은 모든 길에 잠복하고 있습니다. 위든 아래든 모든 곳에서 우리는 위험에 둘러싸여 있습니다. 그러나 먹구름으로부터 떨어지는 소낙비는 하나님의 허락 없이는 한 방울도 떨어지지 아니하고, 모든 빗방울은 땅에 떨어지기 전 하나님의 명령을 받습니다.

하나님으로부터 오는 시련들은 우리가 받는 은혜를 증거하거나 강화시키기 위해 주어집니다. 다시 말해서, 그것들은 즉시 하나님의 은혜의 능력을 예증하고, 우리의 행위의 순수함을 시험하며, 우리의 믿음에 힘을 더해줍니다. 우리 주님은 그 무한하신 지혜와 탁월한 사랑으로 그의 백성들의 믿음을 크게 강화시켜 그 믿음으로 시련을 극복하도록 하십니다. 믿음의 시련이 불과 같이 주어지지 않았다면, 당신은 지금 당신을 지켜주는 보배 같은 믿음을 결코 소유하지 못했을 것입니다. 또 바람이 당신을 이리저리 흔들어놓지 않았다면, 뿌리를 깊이 박고, 은혜의 언약의 보배 같은 신티를 견고하게 붙드는 나무가 되지 못했을 것입니다.

세상이 주는 평안은 신앙의 커다란 원수입니다. 그것은 서룩인 용기의 관절들을 느슨하게 하고, 경건한 담력의 힘줄들을 끊어놓습니다. 풍선은 그 묶어놓은 끈을 자르지 않는 한 날아오르시 못합니다. 고난은 믿는 영혼들을 위해 이와같이 자르는 작업을 행합니다. 껍질 속에 편안히 잠자고 있는 알곡은 사람에게 아무 유익이 없습니다. 그 가치가 드러나려면 그것은 타작되어 그 안식처에서 나와야 합니다. 이처럼 여호와께서 의인들을 감찰(시험)하시는 것이 좋습니다. 왜냐하면 그것 때문에 그들은 하나님을 향해 더 가까이 나아갈 수 있기 때문입니다.

### 내가 원하노니 깨끗함을 받으라 - 마가복음 1:41

태초부터 있었던 어둠이 "빛이 있으라"하는 전능자의 명령을 들었고, 그러자 즉시 빛이 생겼습니다. 주 예수님의 말씀도 태초의 권능 있는 말씀과 똑같은 능력을 갖고 있습니다. 창조와 마찬가지로 구속도 그 권능의 말씀을 소유하고 있습니다. 예수님이 말씀하시면, 그대로 됩니다. 당시 나병은 인간의 힘으로는 치료가 불가능했지만, 예수님이 "내가 원하노니"라고 한 마디 말씀하시자 그 병은 깨끗해졌습니다. 당시 그 병은 회복할 소망이나 증거들이 거의 없었고, 자연도 그 병을 치료하는데 아무런 도움이 되지 못했습니다. 그러나 아무것에 의존하지 않는 말씀 한 마디가 완전히 효력을 발휘해 그 병을 영원히 고쳐버렸습니다. 죄인은 나병 환자보다 훨씬 더 비참한 궁지에 빠져 있습니다. 그는 나병 환자처럼 예수님을 찾아가 "그분께 간구하고 무릎을 꿇어야 합니다." 비록 "주여 원하시면 저를 깨끗하게 하실 수 있나이다"(마 8:2)라는 말밖에 할 수 없는 약한 믿음을 갖고 있을지라도, 그것을 발휘해야 합니다. 그 믿음의 결과를 의심할 필요가 없습니다. 예수님은 나아오는 모든 사람들을 고쳐주고 내쫓지 아니하십니다.

오늘 본문이 들어있는 기사에서, 예수님이 나병환자에게 손을 대셨다는 것은 주목할 가치가 충분히 있습니다. 이 부정한 사람은 의식법을 어기고 그 집에 들어갔습니다. 그러나 예수님은 그가 율법을 어긴 것을 책망하지 않고 오히려 친히 그를 만나주셨습니다. 그분은 나병환자와 똑같이 율법을 범하셨습니다. 왜냐하면 그분이 그를 깨끗하게 하셨을 때, 그분은 레위기의 규정에 만지면 안 되는 부정한 것을 만졌기 때문입니다. 이처럼 예수 그리스도는 죄를 전혀 알지 못하셨음에도 불구하고, 우리가 그분 안에서 하나님의 의가 되도록 하시기 위해 죄인이 되셨습니다. 오 불쌍한 죄인들이 예수님께 나아가 그분의 복되신 대속사역을 믿는다면, 곧 그분이 은혜로 만져주시는 그 손길의 능력을 발견하게 될 것입니다! 보리떡이 계속 떨어지지 않게 하시고, 물 속으로 빠져가던 베드로를 구출하시고, 고난 속에 있는 성도들을 붙들어주시며, 신자들에게 면류관을 씌워주시는 그 손, 바로 그 손이 구하는 모든 죄인들을 만져주시는 순간 그들은 모두 깨끗하게 될 것입니다. 사랑의 예수님이 구원의 원천이십니다. 그분이 우리를 사랑하고, 바라보며, 만져주시면, 우리는 삽니다.

공평한 저울과 공평한 추와 공평한 에바와 공평한 힌을 사용하라 - 레위기 19:36

추와 저울과 계량기는 공평한 규격에 맞는 것으로 사용되어야 합니다. 그렇다고 사업을 하는 그리스도인에게 군이 이것을 상기시킬 필요는 없을 것입니다. 왜냐하면 의(義)는 온 세상으로부터는 사라진다고 해도, 믿는 자의 마음속에서는 절대로 사라져서는 안 되기 때문입니다. 그러나 도덕적·영적 일들에 대해서는 그것을 재는 다른 저울들이 존재합니다. 우리는 이것들을 종종 점검해 보아야 합니다.

우리가 우리 자신이나 다른 사람들의 인격을 재는 저울은 확실히 정확합니까? 우리는 한 온스밖에 되지 않는 우리의 선을 한 파운드로 과대 계산하고, 한 말에 해당되는 다른 사람들의 선행을 한 되로 축소시키지는 않습니까? 그리스도인이여, 여기서 추와 저울을 조심하십시오. 우리가 우리의 시험과 환난을 재는 저울들은 규격에 맞습니까? 우리보다 훨씬 더 많은 고난을 겪었던 바울은 자신의 환난을 가볍다고 말했는데, 우리는 가끔 우리의 환난이 무겁다고 생각합니다. 이것은 확실히 그 저울이 뭔가 잘못되어 있는 것을 보여 줍니다. 우리는 불의한 거래 이상의 것이 법정에 보고 되지 않도록 이 문제를 조심해야 합니다. 우리가 우리의 교리적 믿음을 재는 추는 정말 균형적입니까? 은혜에 관한 교리들은 우리에게 행함을 명하는 말씀의 교훈들과 더도 덜도 아닌 똑같은 무게를 갖고 있어야 합니다. 그러나 많은 경우에 한 저울이 다른 저울과 균형을 이루지 못하는 것이 두렵습니다. 진리를 정확하게 재는 것은 정말 중대한 문제입니다.

그리스도인이여, 여기서 조심하십시오. 우리가 우리의 의무와 책임을 평가하는 계량기들이 너무 작아 보입니다. 부자가 하나님의 사업에 가난한 자보다 더 많이 바치지 않을 때, 그것이 공평한 에바와 공평한 힌일까요? 목회자들이 절반은 굶주리고 있다면, 이것이 정당한 대우입니까? 가난한 자가 멸시를 당하고 불의한 부자가 존경을 받는다면, 그것이 공평한 저울입니까? 성도여, 우리는 잘못된 저울의 목록들을 많이 들 수 있을 것입니다. 그렇다면 이 밤이 다 가기 전에 모든 공평치 못한 저울과 추와 계량기들을 발견하는 대로 부서버리기를 바랍니다.

메섹에 머물며 게달의 장막 중에 머무는 것이 내게 화로다 - 시편 120:5

그리스도인으로서 당신은 불의한 세상 속에서 살아가야 합니다. 그러므로 그것을 두고 당신이 "내게 화로다"라고 외치는 것은 아무 소용이 없습니다. 예수님은 당신을 세상으로부터 데려가 달라고 기도하시지 않았습니다. 그분이 당신을 위해 기도하지 아니한 것을 원해서는 안 됩니다. 오히려 어려움을 만났을 때 주님의 힘을 의지함으로써 그분을 영화롭게 하는 것이 훨씬 더 낫습니다. 원수는 당신의 행위에서 모순을 찾아내려고 혈안이 되어 있습니다. 그러므로 항상 거룩하십시오. 모든 사람들의 눈이 당신을 지켜보고 있고, 그들이 다른 사람들보다 당신에게 더 큰 기대를 갖고 있음을 기억하십시오. 비난받을 빌미를 주지 않도록 조심하십시오. 그들이 당신 속에서 착함을 발견하는 것이 유일한 것이 되도록 하십시오. 다니엘처럼, 그들이 당신에 대해 "그 하나님의 율법에서 근거를 찾지 못하면 그를 고발할 수 없으리라"(단 6:5)고 말하도록 만드십시오.

언행일치는 물론 유익을 주는 사람이 되도록 하십시오. 아마 당신은 '내가 좀 더 좋은 환경 속에 있다면 주님의 일을 더 잘할 수 있을 텐데. 하지만 나는 지금의 환경으로서는 그럴 수가 없어'라고 생각할지도 모르겠습니다. 그러나 당신이 함께 살고 있는 사람들이 수준이 낮을수록 당신은 그들을 위해 분발할 필요가 있습니다. 만일 그들이 마음이 비뚤어져 있다면, 당신이 그들을 바르게 세워줄 필요는 더욱 커질 것입니다. 만일 그들이 완고하다면, 그들의 교만한 마음을 진리로 돌이키도록 노력해야 합니다. 의사는 환자가 많은 곳에 있어야 하는 법 아닙니까? 가장 치열한 전투가 벌어지는 곳에서 승리하는 병사가 더 명예롭게 되는 것 아닙니까? 그리고 도처에서 만나는 다툼과 죄로 지칠 때, 과거의 모든 성도들도 동일한 시련을 견뎠다는 것을 명심하십시오. 그들은 침대 위에 누워 있다 편안히 천국으로 가지 않았습니다. 당신도 그들보다 더 수월한 삶을 살 것을 기대해서는 안 됩니다. 그들은 영적 전투의 최전선에서 죽음을 무릅쓰고 싸워야 했습니다. 그러므로 당신도 예수 그리스도의 선한 군사로서 혹독한 시련을 감당할 때 비로소 면류관을 얻게 될 것입니다. 그러므로 "깨어 믿음에 굳게 서서 남자답게 강건하십시오"(고전 16:13).

자연 속에서 벌어지는 어떤 일들은 극히 지성적이고 모험적인 탐구자들도 절대로 밝혀내지 못하는 신비로 싸여 있습니다. 인간의 지식은 그것을 밝혀내는데 한계가 있습니다. 오직 하나님의 지식만이 전능하고 보편적입니다. 만일 이것이 눈에 보이는 현실 세계에서도 그렇다면, 보이지 않는 영적 및 영원한 세계에서 일어나는 문제들은 훨씬 더 그러할 것이 명약관화합니다. 그런데 왜 우리는 숙명과 의지, 정해진 운명과 인간의 책임에 관한 사색으로 두뇌를 괴롭히곤 할까요? 이 심오하고 모호한 진리들은 끝없는 바다 속 깊이를 헤아릴 수 없는 것만큼이나 그 깊이를 파악할 수 없습니다. 그런데 왜 우리는 하나님의 섭리의 이유, 그분의 행동의 동기, 그분의 찾아오심의 목적 등에 대해 그토록 호기심을 갖고 알고 싶어할까요? 그런다고 우리가 태양을 우리 손으로 쥘 수 있으며, 우주를 팔로 안을 수 있습니까? 그러나 이것들은 나의 주 하나님과 비교하면 양동이 속의 한 방울의 물과 같을 뿐입니다.

그러므로 우리는 무한한 것을 무모하게 이해하려고 애쓰지 말고, 사랑하는데 힘을 쏟도록 해야 합니다. 우리는 지성으로 얻을 수 없는 것을 사랑으로 소유할 수 있고, 우리에게는 그것으로 충분합니다. 우리는 바다 속 한복판을 꿰뚫을 수 없지만, 그 위에서 불어오는 상쾌한 바람을 즐길 수 있고, 그 순조로운 바람을 따라 푸른 파도 위로 배를 타고 항해할 수도 있습니다. 비록 우리가 바다 끝까지 들어갈 수 있는 기술이 있다고 해도, 그것은 우리 자신이나 다른 사람들에게 별로 도움이 되지 않습니다. 그 기술이 침몰하고 있는 배를 구조하거나, 익사한 선원을 살려내 그의 가족들에게 돌려줄 수노 없습니다.

또 우리가 그 신비를 다 파헤친다고 해도 그것은 우리에게 별로 유익이 없습니다. 왜냐하면 아무리 작을지라도 하나님을 향한 우리의 사랑과 그분에 대한 우리의 순종이 가장 심오한 지식보다 더 낫기 때문입니다. 주씩, 우리가 무한한 것은 당신께 맡기고, 우리에게서 생명나무를 빼앗아갈 지식나무를 사랑하지 않도록 기도드립니다.

어그러지고 거스르는 세대 가운데서 하나님의 흠 없는 자녀로
세상에서 그들 가운데 빛들로 나타내며 - 빌립보서 2:15

우리는 빛을 무엇을 분명히 드러내는데 사용합니다. 그리스도인은 삶 속에서 빛을 비춤으로써 자기와 함께하는 사람이 복음을 모르고 한 주일을 넘기지 않도록 해야 합니다. 그의 대화는 그 주변에 있는 모든 사람들에게 그가 누구의 소유이며, 누구를 섬기고 있는지를 분명히 인식시킬 수 있는 정도가 되어야 합니다. 또 그는 일상적인 행동 속에서 예수님의 형상을 보여 주어야 합니다.

빛은 인도를 위해 존재합니다. 우리는 어둠 속에 있는 우리 주변의 사람들을 돕는 자가 되어야 합니다. 그들에게 생명의 말씀을 전해 주어야 합니다. 죄인들에게 구주를 지적해 주고, 피곤한 자들에게 하나님이라는 안식처를 가르쳐 주어야 합니다. 사람들은 때때로 성경을 읽을 때, 그 내용을 이해하지 못할 때가 있습니다. 그러므로 우리는 빌립처럼 구하는 자들에게 하나님의 말씀의 의미, 구원의 길, 그리고 경건생활 등에 대해 가르쳐줄 준비를 하고 있어야 합니다.

빛은 또한 경고를 위해 사용됩니다. 우리는 우리의 암초와 모래톱 위에 빛의 집을 지어야 합니다. 그리스도인들은 세상 도처에 얼마나 많은 거짓 빛들이 있는지, 그래서 그곳에 참 빛이 필요하다는 것을 명심해야 합니다. 사탄의 하수인들은 호시탐탐 불신자들을 쾌락의 이름으로 유혹하여 범죄하도록 이끌기 위해 도처에 도사리고 있습니다. 그들은 곳곳에서 허탄한 빛을 비춥니다. 그러므로 우리는 모든 위험스러운 암초마다 참 빛을 세워 모든 죄를 지적하고, 그것이 어떤 결과를 일으킬지 말해주어야 합니다. 이처럼 우리는 세상에 빛을 비춤으로써 모든 사람들의 피에 대해 깨끗해야 합니다. 그리고 빛은 기운을 주는 능력을 갖고 있고, 그리스도인도 마찬가지입니다. 그리스도인은 입술의 친절한 말로, 그리고 마음의 사랑으로 항상 위로자가 되어야 합니다. 그는 가는 곳마다 빛을 전달하고, 그 주변에 행복을 나눠주어야 합니다.

> "은혜의 성령이 내 안에 거하시면,
> 내가 은혜로운 자가 되고,
> 남에게 도움을 주고 치유하는 말을 하여,
> 내 안에 있는 당신의 생명을 드러내리라.
> 담대하고 온유한 행동으로
> 내 구주 그리스도를 위해 말하리라."

너희가 만일 성령의 인도하시는 바가 되면 율법 아래에 있지 아니하리라 - 갈라디아서 5:18

　율법적 관점에서 자신의 인격과 위치를 보는 사람은 마지막 심판 날이 올 때에만 절망하는 것이 아니라, 만일 그가 지혜로운 사람이라면, 처음부터 절망에 빠질 것입니다. 왜냐하면 만일 우리가 율법의 발판 위에서 심판을 받는다면, 한 사람도 의롭다 함을 얻지 못할 것이기 때문입니다. 우리가 율법이 아니라 은혜의 지배 아래 있음을 아는 것은 얼마나 복된 일일까요! 하나님 앞에서 우리 자신의 상태를 생각할 때, 우리가 해야 할 질문은 "나는 율법 앞에서 완전한가?"가 아니라 "나는 그리스도 예수 안에서 완전한가?"입니다. 이 두 질문은 아주 다른 질문입니다. 우리는 "나는 본성상 죄가 없는가?"가 아니라 "죄와 불결을 위해 열린 샘에서 씻김을 받았는가?"라고 물어야 합니다. 그것은 "나는 본질상 하나님이 기뻐하시는 존재인가?"가 아니라 "나는 사랑하는 주님 안에 받아들여졌는가?"가 되어야 합니다.

　그리스도인은 시내산 정상에서 자신의 실패들을 보고, 구원에 관해 경고를 받습니다. 그러나 골고다의 빛에 따라 자신의 실상을 본다면, 훨씬 낙관적인 소망을 갖게 될 것입니다. 그는 "내 믿음은 그 안에 불신앙이 들어있기 때문에 나를 구원할 수 없을 것이다"라고 말합니다. 만일 그가 자신의 믿음이 아니라 그의 믿음의 대상을 보았다면 그는 "그분 안에서는 실패가 없다. 그러므로 나는 안전하다"고 말하게 될 것입니다. 그는 자신의 소망에 대해 이렇게 한숨을 쉽니다: "아! 내 소망은 세상사에 대한 염려로 인해 훼손되고 희미해진다. 그런데 내가 어떻게 받아들여질 수 있겠는가?" 그러나 그가 그의 소망의 근거를 주목한다면, 그는 하나님의 약속은 확고하고, 그가 무엇을 의심하든, 그분의 서약과 약속은 변함이 없다는 것을 보았을 것입니다.

　아! 신자여, 당신은 복음의 자유 속에 들어가는 것이 율법의 족쇄를 차는 것보다 항상 더 안전합니다. 당신이 누구인가보다 그리스도가 누구신가에 따라 당신을 판단하십시오. 사탄은 당신의 죄악성과 불완전성을 자꾸 상기시킴으로써 당신의 평화를 손상시키려고 할 것입니다. 그러나 당신은 속박의 멍에를 거부하고 복음을 신실하게 붙잡으면 그 공격을 막아낼 수 있을 것입니다.

무리들 때문에 예수께 데려갈 수 없으므로 그 계신 곳의 지붕을 뜯어 구멍을 내고
중풍병자가 누운 상을 달아내리니 - 마가복음 2:4

믿음은 발명들로 가득 차 있습니다. 예수님이 계시던 집은 문으로는 들어가지 못
할 만큼 사람들로 가득 차 있었습니다. 그러나 믿음은 주님께 이르는 길을 발견
했고, 그분 앞에 중풍병자를 내려놓을 수 있었습니다. 만일 우리가 통상적인 방
법으로 죄인들을 예수님이 계신 곳으로 데려갈 수 없다면, 특수한 방법을 사용
해야 합니다. 누가복음 5:19에 따르면, 지붕의 기와를 벗겨냈습니다. 그로 인해
먼지가 많이 났고, 밑에 있었던 사람들이 다칠 위험성까지 있었습니다. 그러나
상황이 긴박한 곳에서는 어느 정도 위험을 무릅써야 하고, 약간의 파격은 각오
해야 합니다. 예수님은 치유를 위해 그곳에 계셨고, 그래서 무슨 일이 있더라도
믿음은 그 가련한 중풍병자가 죄를 용서받을 수 있도록 모험을 해야 했습니다.
오 우리에게 이같이 담대한 믿음이 있다면 얼마나 좋을까요! 사랑하는 성도여,
오늘 아침 우리 자신과 우리의 동료 사역자들을 위해 이런 믿음을 구할 수 없겠
습니까? 또 오늘 영혼을 사랑하고 하나님께 영광을 돌리기 위해 뭔가 과감한 행
동을 해보지 않겠습니까?

세상은 끊임없이 무엇이든 고안해 냅니다. 천재들은 인간의 욕망이 바라는 목
적들을 이루기 위해 수고합니다. 그렇다면 믿음도 똑같이 고안해 내고, 그래서
어떤 새로운 수단들을 통해 멸망 속에 있는 사람들에게 다가갈 수 있지 않겠습
니까? 중풍병자를 메고 온 네 명의 사람들이 그토록 대담한 용기를 가질 수 있
었던 것은 그곳에 예수님이 계셨기 때문이었습니다. 그렇다면 지금 우리에게도
주님이 계시지 않습니까? 우리는 오늘 아침 우리 자신을 위해 그분 앞에 있지
않습니까? 우리 자신의 영혼 속에 그분의 치유능력을 느끼지 않습니까? 그렇다
면 문이나 창문을 통해 또는 지붕을 통해 우리도 모든 장애물을 극복하고 불쌍
한 영혼들을 예수님께 데리고 가야 합니다. 참된 믿음과 사랑으로 영혼들을 주
님께 인도하는 일이라면 모든 수단들이 다 선하고 온당합니다. 배가 고프면 돌
벽을 뚫을 수도 있습니다. 마찬가지로 영혼도 기갈을 느끼면 어떤 노력이든 불
사해야 합니다. 오 주여, 우리가 죄로 병든 가련한 자들에게 쉽게 다가갈 수 있
는 방법들을 가르쳐 주시고, 모든 위험을 무릅쓰고 그들을 당신께 데려갈 수 있
도록 도와주소서.

바닷가에서 비틀거리며 평안이 없도다 - 예레미야서 49:23

우리는 이 순간 바다 위에 어떤 슬픔이 존재하는지 거의 모르고 있습니다. 우리는 조용한 방 안에서 안전하지만, 저 멀리 바다 위에서는 태풍이 사람들의 인생을 얼마나 잔인하게 유린하고 있을지 알 수 없습니다. 갑판 사이에서 죽음의 사자가 어떻게 으르렁거리고 있는지 들어보십시오. 파도가 맹렬히 달려드는 숫양처럼 배를 강타할 때 그 버팀목들은 얼마나 심하게 흔들릴까요! 그러나 흠뻑 물에 젖어 기진맥진한 불쌍한 여러분들을 하나님은 도우십니다. 나는 땅과 바다를 다스리시는 위대하신 주님께서 폭풍을 잠잠케 하고 여러분들을 원하는 항구로 인도해 주시기를 간구합니다. 하지만 나는 기도하는 것으로 끝나지 않습니다. 목숨의 위협을 끊임없이 무릅쓰고 항해하는 담대한 사람들을 돕기 위해 노력할 것입니다. 내가 그들을 위해 지금까지 어떤 일을 해왔을까요? 내가 무엇을 할 수 있을까요? 사나운 바다는 얼마나 자주 선원들을 삼켜버렸던가요! 진주들이 있는 깊은 바다 속에 무수한 시체들이 쌓여있습니다. 바다 위에 있는 죽음의 슬픔은 과부와 고아들의 애절한 통곡소리로 울려 퍼지고 있습니다. 바다의 소금은 어머니와 아내들이 흘린 수많은 눈물의 소산입니다.

무자비한 파도여, 너는 여인들의 사랑과 가정의 대들보들을 삼켜버렸노라! 바다가 죽인 자들을 토해놓을 때 그 깊은 곳에 있던 무덤으로부터 얼마나 많은 자들이 부활할까요! 그때까지 바다 위에는 깊은 슬픔이 존재할 것입니다. 마치 땅의 슬픔에 보조를 맞추듯, 바다는 수많은 해안을 괴롭히고, 바다 새들처럼 슬픈 목소리로 울부짖고, 불안한 소리를 공허하게 울려대고, 불만의 헛소리를 질러대고, 분노의 쉰 소리로 시끄럽게 하며, 또는 무수한 불평의 자갈들이 서로 부딪히며 귀를 거슬리게 할 것입니다. 바다의 파도소리가 즐거운 사람들에게는 즐겁게 들리겠지만, 슬픔의 사람들에게 넓고 넓은 바다는 그보다 훨씬 더 넓은 세상보다 더 큰 절망입니다. 이곳은 우리의 쉼터가 아닙니다 안식을 주지 못하는 파도가 그렇게 우리에게 말해주고 있습니다. 바다가 없는 곳에 육지가 있습니다. 우리의 얼굴은 변함없이 그곳을 향해 있습니다. 우리는 주님이 말씀하신 곳을 향해 가고 있습니다. 그때까지 우리는 우리의 슬픔을, 과거에 바다를 걸으시고, 그 깊은 바다 사이로 그의 백성들의 길을 예비하시는 주님께 던져버려야 합니다.

### 네가 나로 말미암아 열매를 얻으리라 - 호세아서 14:8

우리의 열매는 우리가 하나님과 연합할 때 발견됩니다. 가지의 열매는 뿌리로부터 나옵니다. 가지를 거기서 잘라내 보십시오. 가지는 죽고, 열매도 없습니다. 우리는 그리스도와 연합할 때 열매를 맺습니다. 모든 포도송이는 먼저 뿌리 안에 있다가 그 줄기를 통해 가지로 흐른 다음, 밖으로 열매를 맺게 되는 것입니다. 그러나 그것은 처음에 줄기 속에 있었습니다. 마찬가지로 우리의 모든 선행도 처음에는 그리스도 안에 있었고, 그 다음에 우리 안에서 밖으로 드러나게 됩니다. 오 그리스도인이여, 그리스도와의 이 보배로운 연합을 소중히 여기십시오. 왜냐하면 그것이 당신이 알기 원하는 모든 열매가 맺어지는 원천이기 때문입니다. 만일 예수 그리스도와 연합하지 않는다면, 당신은 전혀 열매 없는 가지가 되고 말 것입니다.

우리가 맺는 열매는 영적 섭리를 따라 하나님으로부터 온 것입니다. 하늘에서 이슬방울이 떨어질 때, 공중에서 구름이 아래를 내려다보며 그 보물 같은 비를 뿌려줄 때, 따스한 해가 포도송이들을 잘 익도록 비출 때, 이 모든 하늘의 은택은 그 나무에 대고 "네가 나로 말미암아 열매를 맺으리라"고 말해줄 것입니다. 열매는 뿌리에 크게 의존합니다. 그것이 열매 맺는 비결입니다. 그러나 그것은 또한 외적 영향들을 많이 받습니다. 우리는 하나님의 은혜의 섭리에 얼마나 크게 의존할까요! 하나님은 은혜의 섭리를 따라 우리를 소생시키고, 가르치시며, 우리에게 위로와 힘을 주시고, 또는 우리에게 부족한 것은 무엇이든 공급해 주십니다. 우리가 갖고 있는 모든 유용성이나 미덕은 다 이것에 의존합니다.

우리가 맺는 열매는 지혜로운 경작을 따라 하나님으로부터 옵니다. 정원사가 날카로운 칼로 가지치기를 해줄 때 나무는 더 많은 열매를 맺습니다. 마찬가지로 그리스도인도 주님이 가지치기를 해주실 때 더 많은 열매를 맺게 됩니다. "나는 참 포도나무요 내 아버지는 농부라 무릇 내게 붙어 있어 열매를 맺지 아니하는 가지는 아버지께서 그것을 제거해 버리시고 무릇 열매를 맺는 가지는 더 열매를 맺게 하려 하여 그것을 깨끗하게 하시느니라"(요 15:1-2). 우리 하나님이 우리의 영적 은혜의 주인이시기 때문에 우리는 그분께 우리 구원의 모든 영광을 돌려드려야 합니다.

> 그의 힘의 위력으로 역사하심을 따라 믿는 우리에게 베푸신 능력의 지극히 크심이
> 어떠한 것을 너희로 알게 하시기를 구하노라 그의 능력이 그리스도 안에서
> 역사하사 죽은 자들 가운데서 다시 살리시고 - 에베소서 1:19-20

　우리의 구원에서처럼, 그리스도의 부활에도 신적 능력이 깊이 개입되어 있었습니다. 우리는 회심이 인간의 자유의지로 말미암아 이루어지거나 자신의 성품의 계발에 좌우된다고 생각하는 사람들에 관해 어떻게 말할 수 있을까요? 죽은 자들이 그들 스스로의 능력으로 무덤으로부터 살아나는 것을 볼 수 있다면, 우리는 경건치 못한 죄인들이 그들의 자유의지를 그리스도께 개입시키는 것이 가능하게 될 것입니다. 그것은 선포된 말씀도 아니고 성경에서 읽게 되는 말씀도 아닙니다. 무엇을 소생시키는 모든 능력은 성령으로부터만 나옵니다. 이 능력은 불가항력적이었습니다. 로마 군인들과 대제사장들은 그리스도의 몸을 무덤 속에 붙들어둘 수 없었습니다. 죽음 자체도 예수님을 그의 사슬로 묶어두지 못했습니다. 신자가 새 생명으로 살아날 때 그 안에 역사하는 능력은 불가항력적입니다. 죄도, 타락도, 지옥의 마귀들도, 또 땅 위의 죄인들도 하나님의 은혜가 사람을 회심시키고자 할 때 그 손을 절대로 멈추게 할 수 없습니다. 만일 하나님이 전능적으로 "네가 하리라"라고 말씀하시면, 사람은 "내가 하지 않겠나이다"라고 말하지 못할 것입니다. 그리스도를 죽은 자들로부터 일으키신 능력은 정말 영광스러웠습니다. 그것은 하나님께 영광을 가져왔고, 악의 세력들에게는 절망을 주었습니다. 그래서 모든 죄인들이 회심할 때 하나님께 큰 영광이 됩니다. 또 그것은 영원한 능력이었습니다. "이는 그리스도께서 죽은 자 가운데서 살아나셨으매 다시 죽지 아니하시고 사망이 다시 그를 주장하지 못할 줄을 앎이로라"(롬 6:9). 그래서 죽은 자로부터 일으킴을 받은 우리는 죽은 행실이나 과거의 타락한 생활로 되돌아가서는 안 되고, 하나님을 위해 살아야 합니다. "내가 살아 있고 너희도 살아 있겠음이라"(요 14:19), "이는 너희가 죽었고 너희 생명이 그리스도와 함께 하나님 안에 감추어졌음이라"(골 3:3), "이는 아버지의 영광으로 말미암아 그리스도를 죽은 자 가운데서 살리심과 같이 우리로 또한 새 생명 가운데서 행하게 하려 함이라"(롬 6:4). 마지막으로, 본문은 새 생명과 예수님의 연합을 함축하고 있습니다. 머리를 살리신 똑같은 능력이 지체들도 살리십니다. 그리스도와 함께 살리심을 받는다는 것은 얼마나 큰 축복일까요!

내가 네게 응답하겠고 네가 알지 못하는 크고 은밀한 일을 네게 보이리라 - 예레미야서 33:3

이 말씀을 다르게 번역한 성경들이 많습니다. 어떤 것은 본문을 "내가 크고 강하게 하는(fortified) 일을 네게 보이리라"고 번역하고 있습니다. 또 어떤 것은 "크고 예비된(reserved) 일"로 되어 있습니다. 그런데 그리스도인의 경험 속에는 예비된 특수한 일들이 있습니다. 영적 생활의 전개과정이 누구나 똑같지는 않습니다. 회개와 믿음, 기쁨 그리고 소망 등은 그리스도인이라면 누구나 다 누리는 것들로서, 그 구조와 느낌이 공통적입니다. 하지만 특별한 기쁨, 영적 교제, 그리고 그리스도와의 의식적 연합 등은 신자들 모두가 공통적으로 경험하지 못하는 다른 차원의 영역들입니다.

우리는 요한처럼 예수님의 가슴에 기댄다거나 바울처럼 삼층천에 올라가보는 그런 고도의 특권을 다 누리지 못합니다. 하나님의 일들을 경험적으로 깨닫는 지식에는 독수리의 날카로운 통찰력과 철학적 사고로는 파악하지 못하는 높은 지점들이 있습니다. 오직 하나님만이 우리를 그곳에 데려다 줄 수 있습니다. 그러나 그분이 우리를 그곳으로 끌고 가는 병거와 그 병거를 끌고가는 불말은 끈질긴 기도입니다. 끈질긴 기도란 끝까지 기도해서 자비의 하나님을 이기는 기도입니다. "야곱은 모태에서 그의 형의 발뒤꿈치를 잡았고 또 힘으로는 하나님과 겨루되 천사와 겨루어 이기고 울며 그에게 간구하였으며 하나님은 벧엘에서 그를 만나셨고 거기에서 우리에게 말씀하셨나니"(호 12:3-4).

끈질긴 기도는 그리스도인을 갈멜산으로 데리고 가 하늘을 축복의 구름으로 뒤덮이게 하고, 땅을 은혜의 홍수로 휩싸이게 할 수 있는 기도입니다. 끈질긴 기도는 그리스도인을 비스가 산 꼭대기에 홀로 세우고, 그로 하여금 예비된 기업을 보게 만듭니다. 또 그것은 우리를 다볼 산에 올려놓고, 거기서 주님이 그러셨던 것처럼 이 세상에서 우리가 그분의 형상으로 변형되게 합니다. 만일 당신이 흔히 경험하는 체험이 아닌 높은 차원의 체험을 해보기 원한다면, 당신보다 더 높은 곳에 계시는 반석이신 주님을 바라보고, 끈질긴 기도의 창을 통해 그분을 믿음의 눈으로 응시하기 바랍니다. 당신 쪽에 있는 창문을 열 때, 주님 쪽 창문은 절대로 닫혀 있지 않을 것입니다.

또 보좌에 둘려 이십사 보좌들이 있고 그 보좌들 위에 이십사 장로들이 흰 옷을 입고
머리에 금관을 쓰고 앉았더라 - 요한계시록 4:4

 본문은 천국에 있는 성도들의 대표자들이 보좌에 둘려 있다고 말해집니다. 아가
서를 보면, 솔로몬이 침상에 앉아있는 왕에 관해 노래합니다. 어떤 주석가들은
침상을 원탁으로 간주합니다. 이것을 근거로 어떤 이들은 "성도들 사이에 차별
이 없다"고 말하는데, 이렇게 해석해도 본문의 내용이 훼손되지 않는다고 봅니
다. 그 개념은 이십사 장로들이 보좌로부터 동일한 거리에 있었다는 사실을 전
해줍니다. 천국에 있는 영화된 영혼들은 그리스도와 가까운 거리에 있어 그분의
영광을 직접 눈으로 보고, 항상 그분의 궁정을 출입하며, 그분과 친밀한 교제를
나누는 상태에 있습니다. 이 점에 있어서 성도들 사이에는 조금도 차이가 없습니
다. 하지만 하나님의 모든 백성들, 곧 사도들, 순교자들, 목회자들, 또는 무명의
모든 그리스도인들이 보좌 가까이 자리를 잡게 될 것입니다. 거기서 그들은 영원
토록 그들의 주님을 바라보고, 그분의 사랑으로 만족할 것입니다. 그들은 모두
그리스도 가까이 있으면서 그분의 사랑을 즐거워하고, 그분과 똑같은 식탁에서
먹고 마시며, 비록 종들로서는 똑같은 상급을 받지 않지만, 성도로서는 그분의
총애하는 자들과 친구들로서 똑같은 사랑을 누리게 될 것입니다.
 이 땅의 성도들은 그리스도를 가까이 하는 점에서는 천국의 성도들을 본받아
야 합니다. 이 땅에서 우리는 천국에 있는 장로들이 보좌를 둘러싸고 있는 것처
럼 해야 합니다. 그리스도께서 우리 생각의 목적이 되고, 우리 삶의 중심이 될
수 있기를! 우리가 사랑하는 주님과 멀리 떨어져 사는 것을 어떻게 견딜 수 있
겠습니까? 주 예수여, 우리를 당신 가까이로 인도하소서! 우리에게 "내 안에 거
하라 나도 너희 안에 거하리라"(요 15:4)고 말씀해 주시고, 우리로 하여금 "그가
왼팔로 내 머리를 고이고 오른팔로 나를 안는구나"(아 2:6)고 노래하게 하소서!

 "오 당신을 가까이 하도록 나를 높이 이끄사
 나를 더 순전하고 온유하게 하소서.
 오 내 영혼을 겸손하게 하시고,
 당신의 발 앞에 나를 낮추게 하소서.
 자아를 덜 신뢰하고, 당신의 사랑의 복된 위로를
 더 크게 증거하게 하소서."

또 산에 오르사 자기가 원하는 자들을 부르시니 나아온지라 - 마가복음 3:13

이 말씀 속에는 하나님의 주권이 내포되어 있습니다. 성급한 영혼들은 가장 높은 사역의 자리로 부름받지 못했다는 이유로 초조해하거나 화를 낼 수 있습니다. 그러나 성도여, 당신은 주님이 자신이 원하는 자를 부르시는 것을 즐거워해야 합니다. 만일 그분이 나를 자신의 집의 문지기로 삼으신다면, 나는 자신을 섬기도록 뭔가 할 일을 허락하신 그분의 은혜를 기꺼이 송축할 것입니다. 그리스도의 종들을 부르시는 것은 위로부터 옵니다.

예수님은 거룩과 성실, 사랑과 능력에 있어서 영원히 세상보다 훨씬 더 높은 산 위에 계십니다. 그분이 부르시는 사람들은 그분께 나아가기 위해 그 산까지 올라가야 합니다. 그들은 주님과 끊임없는 교제를 나누며 살아감으로써 그분과 수준이 같아지도록 해야 합니다. 그들은 최고의 명예를 얻거나 학문적 탁월성을 갖지 못할 수 있지만, 모세처럼 하나님의 산에 올라가 보이지 않는 하나님과 친밀한 교제는 나누어야 합니다. 그렇지 아니하면 평화의 복음을 전파하는데 합당치 못한 존재가 될 것입니다. 예수님은 성부와 긴밀한 교제를 나누려고 사람들과 헤어져 홀로 계셨습니다. 우리도 다른 사람들이 복 받기 원한다면 주님과 똑같은 관계 속에 들어가야 합니다. 사도들이 예수님이 계셨던 산에서 새롭게 되어 내려왔을 때 권능으로 덧입혀진 것은 이상한 일이 아닙니다.

오늘 아침 우리는 교제의 산에 올라가 거기서 우리가 따로 떨어져 감당해야 할 평생의 사역을 전달받아야 합니다. 오늘 우리는 예수님의 얼굴을 먼저 뵙기 전에 사람의 얼굴을 보아서는 안 됩니다. 그분과 함께 보낸 시간은 복된 유익을 가져올 것입니다. 또 오직 그리스도만이 주실 수 있는 영적 힘을 갖고 세상으로 나아간다면, 우리는 마귀들을 물리치고, 이적을 행하게 될 것입니다. 우리가 하나님의 전신갑주로 무장하기 전에 영적 전투에 참여하는 것은 아무 소용이 없습니다. 그러므로 주님을 만나야 한다는 것, 이것이 필수적입니다. 우리는 그분이 세상에 나타내지 아니한 방법으로 우리에게 자신을 나타내실 때까지, 그리고 진실로 "우리가 거룩한 산에서 주님과 함께 거했다"고 말할 수 있을 때까지, 속죄소에 오래 머물러 있어야 합니다.

### 저녁 이리 - 하박국서 1:8

이 묵상을 준비하는 동안 이 특수한 표현이 자주 상기되었는데, 그 이유는 저녁 이리의 불굴의 끈질김을 다루기 위해 지면의 한 면을 할애하기로 결심했었기 때문입니다. 가장 배가 고픈 시점이라 굶주린 저녁 이리는 아침 때보다 훨씬 더 사납고 포악해져 있기 마련입니다. 이 포악한 피조물은 정신 혼란, 사업 실패, 그리고 동료들로부터의 힐난 등이 있었던 날에 우리가 갖게 되는 의심과 두려움을 상징할 수 있지 않을까요?

그때 우리 귀에는 "네 하나님이 지금 어디 있는가"라는 소리가 얼마나 크게 윙윙거릴까요? 그것들은 얼마나 탐욕스럽고 게걸스러운지, 모든 위로의 말들을 다 집어삼키고, 그러면서도 계속 굶주린 입을 벌리고 있습니다. 위대하신 목자는 이 저녁 이리들을 죽여버리고, 탐욕스러운 불신앙의 방해를 받지 않도록 자신의 양들을 푸른 초장으로 인도합니다.

지옥의 마귀들은 바로 이 저녁 이리들과 흡사합니다. 왜냐하면 그리스도의 양들에게 먹구름이 잔뜩 낀 어두운 날이 임하고, 그들의 태양은 자취를 감춘 것처럼 보일 때, 마귀들은 그들을 쥐어뜯고 잡아먹기 위해 서두르기 때문입니다. 마귀들은 신앙의 밝은 빛 속에 있는 그리스도인들은 거의 공격하지 않고, 영혼이 음울한 갈등 속에 있는 사람들을 덮칩니다. 오 양들을 위해 목숨을 버리신 주여, 이리의 엄니로부터 양들을 보존하소서.

교활하게 그리고 부지런히 보배로운 생명을 노리며, 거짓말로 사람들을 실족시키려고 획책하는 거짓 교사들은 저녁 이리만큼이나 위험하고 혐오스러운 존재들입니다. 어둠이 그들의 천성이고, 속이는 것이 그들의 성격이며, 파괴가 그들의 목적입니다. 그들로부터 보존받는 사람들은 복이 있습니다. 왜냐하면 수많은 성도들이 교회에 은밀하게 침투해 들어온 탐욕스러운 이리들에게 희생되기 때문입니다.

흉악한 박해자가 회심했을 때 그 은혜는 얼마나 크고 놀라운 것일까요! 그때 이리는 어린양과 함께 살고, 거친 기질을 가진 흉악한 사람들이 길들인 것처럼 온순한 사람이 되기 때문입니다. 오 주여, 이러한 이리들을 많이 회심시켜 주소서. 오늘 밤 우리가 이런 사람들을 위해 기도합니다.

### 너희는 … 따로 있고 - 고린도후서 6:17

그리스도인은 세상에서 살지만 세상에 속해 있지는 않습니다. 그의 인생의 목적은 세상과 달라야 합니다. 그에게 "사는 것"은 "그리스도"여야 합니다. 그는 먹든지 마시든지 또는 무엇을 하든지, 하나님의 영광을 위해서 해야 합니다. 당신은 보물을 쌓을 수 있습니다. 그러나 좀이나 동록이 해하지 못하고, 도둑이 구멍을 뚫거나 도둑질도 못하는 천국에 그것을 쌓아두십시오. 당신은 부자가 되려고 노력할 수 있습니다. 그러나 "믿음의 부자가 되는 것"과 선행을 행하는 것이 당신의 야망이 되게 하십시오. 당신은 즐거워할 수 있습니다. 그러나 시편을 노래하고, 마음으로 주님을 찬송하는 것으로 즐거워하십시오.

당신은 정신과 목표가 세상과 달라야 합니다. 항상 하나님의 임재를 의식하고, 그분과의 교제를 즐거워하고, 그분의 뜻을 알려고 애쓰며, 그분 앞에서 겸손히 기다리면, 당신은 천국에 속한 사람입니다. 그리고 당신은 행동이 세상과 구별되어야 합니다. 만일 어떤 일이 옳다면, 그것 때문에 손해를 보더라도 그대로 실천해야 합니다. 만일 어떤 일이 그릇된 일이라면, 그것 때문에 이득이 있더라도 당신은 주님을 위해 그 죄를 범해서는 안 됩니다. 당신은 열매 없는 어둠의 일들에 절대로 참여하지 말고 오히려 그것을 거부해야 합니다. 당신의 고귀한 부르심과 존엄한 신분에 합당한 길을 걸어가십시오. 오 그리스도인이여, 당신이 만왕의 왕이신 하나님의 자녀임을 잊지 마십시오. 그러므로 세상에 조금도 물들지 않도록 조심하십시오. 조만간에 천국의 악기들을 다룰 손가락을 더럽히지 마십시오. 조만간에 지극히 아름다우신 하늘의 임금을 바라보게 될 눈을 정욕의 창으로 만들지 마십시오. 머지않아 천국의 황금 길을 걷게 될 발을 불결한 장소에서 더럽혀지지 않도록 하십시오. 머지않아 천국으로 가득 차 황홀한 기쁨으로 흘러넘칠 마음을 교만과 쓰라림으로 채우지 마십시오.

> '내 영혼아 이제 일어나라! 일어나
> 생각 없는 무리들과
> 방탕한 자들의 쾌락과 교만한 자들의 호화로움을 버리고,
> 영원한 아름다움이 피어나고,
> 거룩한 즐거움과 무한한 부요가 있고,
> 한없는 영광이 빛나는 저 천국으로 날아가라."

여호와여 나의 원수들로 말미암아 주의 공의로 나를 인도하시고
주의 길을 내 목전에 곧게 하소서 - 시편 5:8

세상이 그리스도인들을 미워하는 적의는 굉장히 심각합니다. 사람들은 다른 사람들의 무수한 잘못은 용서해 주지만, 예수님을 따르는 자들의 실수는 아주 사소한 것일지라도 확대시켜 비난합니다. 그러나 우리는 이것을 유감스럽게 여기지 말고, 오히려 유익이 되도록 바꾸어야 합니다. 많은 사람들이 우리의 실수를 주시하고 있기 때문에 우리는 이것을 하나님 앞에서 우리의 행실을 더 조심하는 특별한 동기로 삼아야 합니다. 만일 우리가 아무 조심 없이 인생을 산다면, 날카로운 눈을 가진 세상은 곧 그것을 보고, 그 수많은 혀로 악의를 갖고 그 이야기를 침소봉대하여 열심히 퍼뜨릴 것입니다. 그들은 의기양양해서 "아하! 그럴 줄 알았다! 그리스도인들이 어떻게 행동했는지 보라! 그들은 다 위선자로다"라고 외칠 것입니다. 그렇게 되면 그리스도의 사역에 큰 손해를 끼치게 되고, 그분의 이름은 크게 모욕을 당하게 될 것입니다.

그리스도의 십자가는 본질상 세상에 대해 걸림돌입니다. 그러므로 우리는 우리 자신이 걸림돌이 되어 그것을 더하지 않도록 조심해야 합니다. 그것은 "유대인에게는 거리끼는 것"입니다. 우리는 이 거리끼는 것이 이미 충분히 많은 곳에 그것을 더하지 않도록 조심합시다. 또 그것은 "이방인에게는 미련한 것"입니다. 우리는 세상 지혜가 복음을 비웃는 조롱으로 가득 찬 지점에 우리의 어리석음을 더하지 맙시다. 우리는 우리 자신의 것에 대해서는 얼마나 열심입니까! 우리는 양심이 얼마나 무디어져 있을까요! 우리의 선한 행실도 잘못 평가하고, 우리의 행동들의 동기를 어떻게든 비방하는 대적자들 앞에서, 우리는 얼마나 신중해야 할까요!

천국의 순례자들은 허영의 시장을 통과할 때 감시받는 사람들로서 그 길을 가게 됩니다. 우리는 감시 아래 있으며, 필요한 숫자보다 훨씬 더 많은 감시자들이 있습니다. 감시는 가정이든 밖이든 가리지 않고 모든 곳에서 이루어지고 있습니다. 만일 우리가 원수들의 손에 떨어진다면, 우리는 하나님의 백성들을 비방함으로써 하나님을 욕되게 하는 사람들로부터 우리의 연약함을 눈감아 주는 것을 기대하기보다는 이리로부터 자비를, 마귀로부터 긍휼을 기대하는 것이 훨씬 더 낫습니다. 오 주여, 원수들이 우리를 비방하지 않도록 항상 인도하여 주소서!

### 여호와는 질투하시며 - 나훔 1:2

오 성도여, 하나님은 당신의 사랑에 대해 크게 질투하십니다. 그분이 당신을 택하셨습니까? 그러면 그분은 당신이 다른 것을 택하는 것을 참지 못하십니다. 그분이 당신을 자신의 피로 값주고 사셨습니까? 그러면 그분은 당신이 자신을 자신의 것으로 생각하거나 이 세상에 속해 있다고 생각하는 것을 견디지 못하십니다. 그분은 당신이 없으면 천국도 멈추게 하실 정도로 당신을 사랑하셨습니다. 아마 그분이 먼저 죽으시기 전에는 당신은 결코 망하지 아니할 것입니다. 그러기에 그분은 당신의 마음의 사랑과 그분 자신 사이에 어떤 것이 끼어들면 참으실 수 없습니다.

하나님은 당신의 신뢰에 대해 크게 질투하십니다. 그분은 당신이 육체의 팔을 의지하는 것을 용납하지 아니하십니다. 그분은 항상 값없이 흘러넘치는 샘이 있는데, 당신이 그 샘을 버리고, 무너진 샘을 다시 팔 때 참지 못하십니다. 하나님은 우리가 그분을 의지하면 기뻐하시지만, 다른 것을 의지하면 곧 우리 자신의 지혜나 사람의 지혜를 의지하면 불쾌하게 여기고, 오직 자신만 의지하도록 우리를 징계하실 것입니다.

하나님은 또 우리의 교제에 대해 크게 질투하십니다. 우리는 예수님과 대화를 나누는 것만큼 많은 대화를 나누어야 할 자가 없습니다. 오직 그분 안에 거하는 것, 이것만이 참된 사랑입니다. 그러나 세상과 짝하고, 육체의 위로 속에서 참된 위로를 찾으며, 심지어는 우리 주님과 은밀한 교제를 나누는 것보다 동료 그리스도인들과 사귐을 갖는 것을 더 좋아하는 것도 질투하시는 하나님을 근심하게 만드는 것입니다. 그분은 우리가 자신 안에 거하기를 원하시고, 자신과 지속적인 사귐을 갖기를 즐거워하십니다. 그분이 우리에게 보내시는 많은 시련들은 우리의 마음이 피조물로부터 멀어져서 주님을 가까이하게 하려는 목적을 갖고 있습니다. 우리를 그리스도께 더 가까이 나아가도록 만드는 이 질투는 또한 우리에게도 위로가 됩니다. 왜냐하면 만일 그분이 우리의 사랑을 이토록 원하실 정도로 우리를 사랑하신다면, 우리는 그분이 절대로 우리에게 해가 되는 것을 절대로 참지 아니하고, 모든 원수들로부터 우리를 보호해주실 것을 확신할 수 있기 때문입니다. 오 주여, 오늘 우리가 오직 사랑하는 주님을 위해 거룩한 순결로 우리 마음을 지키고, 거룩한 질투심으로 세상의 모든 유혹에 대해 눈을 감는 은혜를 받도록 역사하소서.

### 내가 인자와 정의를 노래하겠나이다 - 시 101:1

　믿음은 시련 속에서 승리를 구가합니다. 이성이 내면의 감옥에 갇혀 그 발이 무거운 사슬로 묶여져 있을 때, 믿음은 그 감옥의 벽에 대고 "내가 인자와 정의를 노래하겠나이다 여호와여 내가 주께 찬양하리이다"라고 노래함으로써 그의 즐거운 노래가 울려 퍼지도록 합니다. 믿음은 고난의 얼굴로부터 검은 가면을 벗겨내고, 그 밑에 있는 천사를 발견합니다. 믿음은 구름을 올려다보고, 다음과 같은 사실을 발견합니다: "그것은 커다란 자비로서, 네 머리 위에 축복을 쏟아내리라."

　심지어는 우리를 향하신 하나님의 심판 속에도 찬송할 이유가 있습니다. 그 이유는 첫째로, 시험은 감당할 수 없을 만큼 무거운 것이 아니기 때문입니다. 둘째로, 환난은 감수하지 못할 정도로 가혹하지 않기 때문입니다. 그리고 셋째로, 우리의 고난은 다른 사람들이 짊어져야 할 만큼 그 부담이 압도적이지 않기 때문입니다. 믿음은 아무리 큰 슬픔이라도 그것이 형벌이 아니라는 것을 발견합니다. 그 슬픔 속에는 하나님의 진노가 한 방울도 없습니다. 그것은 모두 사랑 안에서 주어진 것입니다. 믿음은 진노하시는 하나님의 가슴에 사랑이 보석처럼 달려 반짝거리는 것을 발견합니다. 믿음은 그의 슬픔에 대해 "이것은 영광의 표지다. 왜냐하면 자녀에게 주어지는 사랑의 채찍이기 때문이다"라고 말합니다. 그리고 믿음은 그의 슬픔이 가져오는 긍정적 결과에 대해 노래합니다. 그것은 영적 유익을 일으키기 때문입니다. 아니 더 나아가 믿음은 "우리가 잠시 받는 환난의 경한 것이 지극히 크고 영원한 영광의 중한 것을 우리에게 이루게 함이니"(고후 4:17)라고 말합니다. 따라서 믿음은 검은 말을 타고 전쟁터를 달리며, 정복자로서 육체의 본성과 육신의 소욕을 짓밟고, 끝없는 전투의 와중에서 승전가를 부릅니다.

> "내가 천국의 기쁨을 따라 가는 모든 길에서
> 만나는 모든 것마다 노우심을 발견하네.
> 비록 지금 내가 시험 속에 있다 할지라도
> 그것은 더 이상 나를 괴롭히지 못하리라."

> "거기에 무한한 영광이 함께 하고,
> 아직도 나는 그 길을 잊지 못하네.
> 그러나 그것이 내 구주의 보좌로 나를 이끌었음을
> 크게 기뻐하며 부르짖으리라."

그들이 눈물 골짜기로 지나갈 때에 그곳에 많은 샘이 있을 것이며
이른 비가 복을 채워 주나이다 - 시편 84:6

이 말씀은 우리에게 한 사람에게 주어진 위로가 다른 사람들에게도 도움을 줄 수 있음을 가르쳐줍니다. 이것은 마치 이미 파놓은 샘이 이후에 오는 사람들에게 사용될 수 있는 것과 같습니다. 우리는 꿀이 뚝뚝 떨어지는 요나단의 막대기처럼 위로로 가득 찬 책들을 읽을 때가 있습니다. 아! 그때 우리는 우리보다 앞서 간 형제가 자신뿐만 아니라 우리를 위해서도 이 샘을 파놓았다고 생각합니다. 많은 "슬퍼하는 자들의 밤", "어둠의 조화", "영원의 날", "애곡하는 자들을 위한 위로" 등은 순례자가 스스로 파놓은 샘이기도 하지만, 그 뒤를 따라오는 다른 사람들에게도 유익한 것이었습니다. 특별히 우리는 '내 영혼아 네가 어찌하여 낙심하며'(시 42:5)라고 시작하는 시편에서 이것을 발견합니다. 여행객들이 황야에 나 있는 사람 발자국을 보고 기뻐하는 것처럼, 우리는 순례자들이 눈물 골짜기를 지날 때 남겨놓은 표지를 보고 좋아합니다.

순례자들이 파놓은 샘은 이상하게도 그 샘물이 아래가 아니라 위로부터 채워집니다. 우리는 그 샘을 도구로 사용하지만, 축복은 그 도구로부터 주어지는 것이 아닙니다. 우리는 샘을 파지만, 하늘이 비를 내려 그 샘을 채워야 합니다. 전쟁의 날을 위해 우리는 말을 준비하지만, 안전은 하나님에게 달려 있습니다. 도구들은 목적을 위해 준비되지만, 그것들이 목적을 이루게 하는 것은 아닙니다. 본문을 보십시오. 비가 샘들의 물을 채우기 때문에 그것들은 물 저장소로서 유용하게 사용되는 것입니다. 이처럼 수고는 필수적이지만, 그렇다고 그것이 하나님의 도우심을 넘어설 수는 없습니다.

은혜는 그 순전함 때문에, 소생시키는 그 능력 때문에, 오직 위로부터만 온다는 점에서, 그리고 하나님의 주권에 좌우된다는 점에서 비로 비유될 수 있습니다. 많은 성도들이 축복의 소낙비를 맞고, 그들이 파놓은 샘을 그 물로 가득 채울 수 있다면 얼마나 좋을까요! 오, 천국의 미소가 없다면 그 도구나 수단들은 무슨 소용이 있을까요! 그것들은 비 없는 구름과 같고, 물 없는 샘과 같습니다. 오 사랑의 하나님이여, 하늘 문을 여시고 우리에게 축복의 물을 쏟아 부어 주소서.

### 이 사람이 죄인을 영접하고 - 누가복음 15:2

　이 말씀 속에 나타나 있는 겸손을 주목하기 바랍니다. 모든 사람들 위에 계신 이 사람(this Man) 곧 그 누구보다 거룩하고, 이타적이고, 순결하고, 죄인들과 구별된 이 사람 — 이 사람이 죄인을 영접하십니다. 천사들의 경배를 받는 영원하신 하나님과 다름없는 이 사람 — 이 사람이 죄인을 영접하십니다. 이처럼 놀라운 사랑의 낮아지심을 묘사하려면 천사의 말을 동원해야 할 것입니다. 우리가 잃어버린 자를 찾아보는 것은 조금도 이상하지 않습니다. 왜냐하면 그들은 우리와 같은 혈통에 속한 자들이기 때문입니다. 그러나 그럴만한 아무 이유가 없음에도 불구하고, 그분이 스스로 종의 형체를 취하시고, 많은 사람의 죄를 담당하셨으며, 가장 악한 죄인을 기꺼이 영접하셨다는 것, 이것이야말로 정말 놀라운 일이 아닐 수 없습니다.

　"이 사람이 죄인을 영접하고" — 그러나 그것은 죄인들을 여전히 죄인으로 남아 있게 하기 위해서가 아니라 그들의 죄를 사하고, 그들의 인격을 의롭다 하시며, 자신의 정결케 하는 말씀으로 그들의 마음을 깨끗하게 하시며, 그들의 영혼을 성령의 거처로 보존하시며, 그들이 그분을 섬기고, 찬양하고, 그분과 교제할 수 있도록 하시기 위함이었습니다. 그분은 자신의 사랑하는 마음속으로 죄인들을 영접하심으로써, 그들을 불행의 감옥에서 해방하셨으며, 그들을 자기 면류관의 보석처럼 여기시며, 불타는 지옥불에서 건져주시고, 자신의 은혜의 값비싼 기념물로 삼아주십니다. 예수님의 눈에는 그가 위해서 죽은 죄인들만큼 보배로운 존재들이 없습니다. 예수님이 죄인들을 영접하시면, 그분은 대문 밖에 영접소를 마련하고 불쌍한 마음에 지나가는 거지들을 대접하듯 죄인들을 영접하는 것이 아닙니다. 그분은 그분의 마음의 궁정의 황금문을 활짝 열어놓고, 죄인들을 적극적으로 안으로 맞아들이십니다. 예 정말이지, 그분은 겸손한 마음으로 회개하는 영혼과의 인격적인 만남을 허락하시고, 그를 자신의 몸, 자신이 살, 자신의 뼈의 한 부분으로 만드십니다. 세상에 이런 영접이 과연 또 있을까요! 이 사실은 지금 이 순간에도 아주 확실하고, 그분은 오늘 저녁에도 죄인들을 영접하고 계십니다. 죄인들이 어서 주님을 영접하도록 하나님께 간구합시다!

다른 배들도 함께 하더니 - 마가복음 4:36

예수님은 그날 밤 바다의 대제독이셨습니다. 그분이 거기 계셨기에 다른 배들도 무사할 수 있었습니다. 비록 작은 배를 타고 간다고 해도, 예수님과 함께 하면 안전합니다. 우리가 그리스도와 함께 배를 타고 갈 때, 항상 맑은 날씨가 계속되는 것은 아닙니다. 왜냐하면 거대한 폭풍이 주님이 타신 배를 마구 흔들 수 있기 때문입니다. 따라서 우리가 탄 작은 배 주변에 거친 비바람이 덜 몰아칠 것이라고 기대해서는 안 됩니다. 우리가 예수님과 함께 간다면, 그분이 가시는 대로 만족해야 합니다. 파도들이 그분 주위에 몰아닥치면, 그것들은 역시 우리에게도 몰아닥칠 것입니다. 앞서 가신 주님이 그랬듯이 우리도 폭풍과 바람 때문에 땅에 당도하게 될 것입니다.

폭풍이 캄캄한 갈릴리 호수에 불어 닥칠 때, 그곳에 있던 무리들의 얼굴은 어두워지고, 그 마음은 배가 파선할까봐 겁을 먹었습니다. 그러나 피조물이 아무 도움이 되지 못할 때, 주무시던 구주께서 일어나 단 한 마디 말씀으로 폭풍의 광란을 잠잠케 하셨습니다. 그때 그곳에는 주님을 태운 배를 비롯해 많은 작은 배들이 평정을 되찾게 되었습니다. 예수님은 바다의 주인이기 때문에 그곳에 슬픔이 있다 해도 예수님이 오시면 기쁨으로 바뀝니다. 그러므로 우리의 마음은 예수님을 그 닻과 키와 등대와 구명정과 항구로 삼아야 합니다.

하나님의 교회는 대제독의 본선(本船)으로서 우리는 그분의 움직임에 동참하고, 그분의 유능한 선원들이 우리와 함께하는 것에 대해 힘을 내야 합니다. 그분은 대단한 힘을 갖고 계십니다. 그러므로 우리는 항상 그분의 인도를 따르고, 그분의 신호를 주목하며, 그분의 지도를 따라 키를 조종해야 합니다. 그렇게 하면 그분이 소리를 지르시지 않아도 두려워하지 않게 될 것입니다. 대제독이 모든 배를 원하는 항구로 안전하게 인도하실 것이기에 단 한 척의 배도 파선하지 아니할 것입니다. 우리는 믿음으로 그 다음 날 안심하고 닻줄을 풀고, 예수님과 함께 고난의 바다로 출항할 것입니다. 바람과 파도가 우리에게 몰아닥치겠지만, 그것들은 그분께 복종할 것입니다. 그러므로 밖에서 어떤 돌풍이 불어와도, 믿음은 우리 마음이 잔잔한 평온을 느끼게 할 것입니다. 그분은 언제나 비바람을 맞는 사람들 중의 한복판에 계십니다. 그러므로 그분 안에서 즐거워합시다. 그분의 배가 천국 항구에 도달했으니, 우리도 곧 도착할 것입니다.

*내가 이르기를 내 허물을 여호와께 자복하리라 하고 주께 내 죄를 아뢰고 내 죄악을
숨기지 아니하였더니 곧 주께서 내 죄악을 사하셨나이다 - 시편 32:5*

다윗은 지은 죄로 인해 몹시 슬퍼했습니다. 그의 죄의 결과는 그의 몸을 크게
상하게 했습니다: "내 뼈가 쇠하였도다"(시 32:3), "내 진액이 빠져서 여름 가뭄
에 마름 같이 되었나이다"(시 32:4). 그는 거룩한 은혜의 보좌 앞에서 자신의 죄
를 충분히 자백하는 것 외에 다른 치유책을 찾을 수 없었습니다. 그는 한동안 입
을 열지 않고 침묵을 지켰는데, 그 결과 종일 신음하게 되었다고 말합니다. 그의
영혼은 그 출구가 막혀 있는 산 속의 시내처럼 슬픔의 격류로 가득 찼습니다. 그
는 핑계를 대고, 기분전환을 해보려고 애를 썼지만, 모두 허사였습니다. 그의 번
민은 곪은 상처처럼 점점 더 커져 갔습니다. 그는 고백의 메스(의료도구)를 사용
하지 않았기 때문에, 그의 영은 고통이 극심해졌고, 안식을 누리지 못했습니다.

드디어 다윗은 하나님께 돌아와 겸손하게 회개하지 않으면, 곧 죽게 되리라는
사실을 깨달았습니다. 그래서 그는 서둘러 속죄소를 찾아, 그곳에서 모든 것을
감찰하시는 하나님 앞에 자신의 죄를 솔직하게 털어놓았습니다. 시편 51편과 다
른 회개의 시편들에서 우리가 읽는 것과 같은 언어를 통해, 그는 하나님 앞에 자
신의 모든 허물을 철저히 자복했습니다. 단순하지만 이 힘든 작업을 마치고 난
후 그는 즉시 하나님의 용서를 받았습니다.

쇠했던 뼈들은 다시 회복되었고, 그는 자신의 골방에서 허물을 사함받은 사람
의 축복을 노래하게 되었습니다. 은혜로 죄를 자복하는 것은 얼마나 가치 있는
일일까요! 그것은 상급 중의 상급입니다. 왜냐하면 진실하고 은혜로운 고백이
있는 모든 곳에 은혜는 자유롭게 주어지기 때문입니다. 그것은 죄인의 회개와
자복이 어떤 가치를 갖고 있기 때문이 아니라 전적으로 그리스도의 공로 때문입니
다. 언제든 상한 마음을 고치시는 하나님을 송축합시다. 그 샘은 항상 흘러 넘쳐
우리의 죄를 깨끗하게 씻어내기에 충분합니다. 오 주여, 진실로 당신은 "사유하
기를 즐기시는" 하나님이십니다. 그러므로 우리가 우리의 죄악을 자복하겠나이
다!

그는 흉한 소문을 두려워하지 아니함이여 – 시편 112:7

그리스도인이여, 당신은 흉한 소문을 두려워해서는 안 됩니다. 왜냐하면 만일 당신이 그로 인해 의기소침해진다면, 불신자들보다 나을 것이 무엇이겠습니까? 불신자들은 의지할 하나님이 없습니다. 그들은 당신처럼 그분의 신실하심을 믿지 않습니다. 그러므로 만일 그들이 놀람으로 가슴이 두근거리고 두려움으로 겁을 먹는다고 해도 그것은 놀랄 일이 아닙니다. 하지만 당신은 그들과 다른 영에 속해 있음을 고백합니다. 당신은 거듭나 산 소망을 갖게 되었습니다. 당신의 마음은 세상이 아니라 천국에서 살고 있습니다. 그런데 만일 당신이 불신자들과 똑같이 괴로워하는 것을 보여 준다면, 당신이 받았다고 고백하는 은혜의 가치는 무엇이겠습니까? 당신이 갖고 있다고 주장하는 새 본성의 존엄성이 어디에 있겠습니까?

다시 말해서, 만일 당신이 불신자들처럼 크게 두려워한다면, 당신도 의심할 여지 없이 시험받는 상황이 되면 그들처럼 똑같이 죄를 범하게 될 것입니다. 경건하지 못한 자들은 흉한 소식으로 압도당할 때, 하나님에 대해 반항합니다. 그들은 불평하고 하나님이 자기들을 가혹하게 다루신다고 생각합니다. 당신도 똑같은 죄에 빠지겠습니까? 당신도 그들이 하는 것처럼 신경질을 내겠습니까?

또 회심하지 못한 자들은 종종 난국을 타개하기 위해 잘못된 수단들을 동원합니다. 당신도 마음이 그런 부담을 느낄 때 똑같이 그럴 것입니다. 오직 하나님만 신뢰하고, 참음으로 그분을 기다리십시오. 당신에게 가장 지혜로운 길은 모세가 홍해를 건널 때 "가만히 서서 여호와께서 행하시는 구원을 보라"(출 14:13)고 했던 것처럼 하는 것입니다. 왜냐하면 흉한 소식을 들었을 때 두려움에 굴복한다면, 당신은 말씀을 지키고 역경을 견디도록 힘을 주는 마음의 평정을 갖고 환난과 맞닥뜨리지 못하게 될 것입니다. 당신이 겁을 먹는다면, 어떻게 하나님을 영화롭게 할 수 있겠습니까? 종종 불 속에서도 하나님을 크게 찬양하는 성도들이 있습니다. 그러나 당신이 아무도 당신을 도와주지 않는 것처럼 의심하고 낙심하는 마음으로 지존자를 찬송할 수 있겠습니까? 그러므로 용기를 내십시오. 언약의 하나님의 신실하심을 확고하게 의지하고, "마음에 근심하지도 말고 두려워하지도 마십시오"(요 14:27).

그를 가까이 하는 백성 - 시편 148:14

옛 언약의 경륜은 하나님과 사람 사이를 멀리 떼놓는 것이었습니다. 하나님은 그의 종 모세에게 나타나셨을 때에도 "이리로 가까이 오지 말라 네가 선 곳은 거룩한 땅이니 네 발에서 신을 벗으라"(출 3:5)고 말씀하셨습니다. 또 그분은 시내산에서 그의 선민들에게 자신을 나타내셨을 때, 첫 번째 명령 가운데 하나가 "산 주위에 경계를 세워 산을 거룩하게 하라"(출 19:23)는 것이었습니다. 성막이나 성전에서 드려진 제사에서도 거리를 두는 사상이 항상 두드러지게 나타났습니다. 일반 백성들은 성소 안에는 들어갈 수 없었습니다. 성소 안에는 오직 제사장들만 들어갔습니다. 그리고 지성소 안에는 일년에 한 번씩 대제사장들만 들어갈 수 있었습니다.

그것은 마치 초기의 주님이 자신이 죄를 크게 싫어한다는 것과, 그분이 사람들을 영문 밖으로 격리시키는 나병환자들처럼 다루셔야 한다고 가르친 것과 같았습니다. 또 그분이 그들에게 다가가셨을 때, 거룩하신 하나님과 불결한 죄인 사이에 얼마나 거리가 넓은지를 느끼게 하셨던 것과 같습니다.

그러나 복음이 온 후 우리는 확실히 다른 기반 위에 서게 되었습니다. "가라"는 말씀은 "오라"는 말씀으로 대체되었고, 거리는 가까움에 자리를 내주었습니다. 과거에 멀리 떨어져 있었던 우리가 이제는 예수 그리스도의 피로 가까워지게 되었습니다. 성육신하신 하나님은 그 주위에 불벽을 쌓으시지 않습니다. "수고하고 무거운 짐 진 자들아 다 내게로 오라 내가 너희를 쉬게 하리라"(마 11:28)는 말씀은 육체를 입고 오신 하나님의 즐거운 선언이십니다. 지금은 그분은 멀리 떨어져서 나병환자에게 그의 증상을 가르치지 않고, 자신이 친히 죄를 담당하는 형벌을 받으셨습니다. 이처럼 예수님을 통해 하나님께 가까이 나아가는 것은 얼마나 놀라운 안전장치이며 특권일까요! 당신은 그것을 경험으로 알고 있습니까? 만일 그것을 알고 있다면, 당신은 그 능력으로 살고 있습니까? 이 가까움은 참으로 놀라운 일입니다. 그러나 우리는 "하나님의 장막이 사람들과 함께 있으매 하나님이 그들과 함께 계시리니"(계 21:3)라는 말씀이 들릴 때까지 거리를 좁혀 더 가까이 나아가야 합니다. 오 주여, 속히 오소서!

### 신성한 성품에 참여하는 자 - 베드로후서 1:4

신의 성품에 참여하는 자가 된다는 것은 물론 하나님이 된다는 것이 아닙니다. 절대로 그렇게 될 수는 없지요. 피조물은 신성의 본질을 가질 수 없습니다. 본질에 관한 한 피조물과 창조주 사이에는 건널 수 없는 확고한 간격이 항상 존재합니다. 그러나 첫 사람 아담은 하나님의 형상으로 지음을 받았습니다. 마찬가지로 성령으로 거듭난 우리도 영적인 의미에서 지존자의 형상으로 만들어져 신의 성품에 참여하는 자들입니다. 우리는 은혜로 말미암아 하나님을 닮았습니다. "하나님은 사랑이십니다"(요일 4:16). 그래서 우리도 사랑하는 존재가 됩니다. "사랑하는 자마다 하나님으로부터 나서 하나님을 알고"(요일 4:7). 또 하나님은 진실하십니다. 그래서 우리도 진실하게 되고, 진실한 것을 사랑합니다. 하나님은 선하십니다. 그분은 은혜로써 우리를 선하게 만드십니다. 그래서 우리가 하나님을 보게 될, 마음이 청결한 자가 됩니다.

나아가 우리는 이보다 더 중요한 의미에서 신의 성품에 참여하는 자가 됩니다. 실제로는 아무리 고상한 의미에서 생각해 본다고 해도 우리가 절대적인 신성을 소유할 수는 없습니다. 하지만 우리는 그리스도의 신성한 몸의 지체들이 되지 않습니까? 그렇습니다. 머리 속에 흐르는 똑같은 피가 손에도 흐릅니다. 그리스도를 살리신 똑같은 생명이 그의 백성들도 살립니다. "이는 너희가 죽었고 너희 생명이 그리스도와 함께 하나님 안에 감추어졌음이라"(골 3:3). 아니, 이것이 전부가 아닙니다. 우리는 그리스도와 혼인했습니다. 그분은 의와 신실하심 속에서 우리를 그의 신부로 맞이하셨습니다. 이렇게 주님과 연합하는 자는 그분과 한 영입니다. 오! 얼마나 놀라운 신비일까요! 우리가 그것을 들여다보지만, 누가 그것을 이해할 수 있을까요? 예수님과의 하나됨, 이것은 포도나무 가지가 그 나무와 하나인 것처럼, 우리가 구주이자 대속주인 주님의 한 부분이 되는 것입니다. 하지만 우리는 이 사실을 기뻐하는 것으로 끝나서는 안 됩니다. 신의 성품에 참여하는 자들은 다른 사람들과 교제하고 관계를 나눌 때 그 관계의 고상하고 거룩한 면모를 보여 주어야 합니다. 또 일상적인 삶과 대화 속에서 세상 정욕으로부터 나오는 부패한 것들로부터 벗어났다는 것을 분명히 보여 주어야 합니다. 오 하나님의 생명의 거룩함이 더 잘 드러나기를!

내가 바다니이까 바다 괴물이니이까 주께서 어찌하여 나를 지키시나이까 - 욥기 7:12

욥이 하나님께 한 이 질문은 참 이상한 질문이었습니다. 그는 자신이 너무 하찮은 존재이기에 하나님의 엄한 감시와 연단을 받을 이유가 없다고 느꼈습니다. 그러나 그는 하나님으로부터 제약을 받아야 할 만큼 자신이 무법한 존재라는 사실을 생각하지 못했습니다. 이것은 욥처럼 견딜 수 없는 불행에 빠진 사람이라면 당연히 하게 되는 질문이지만, 결국엔 아주 겸손한 대답으로 나아갈 수 있습니다. 사실 사람은 바다가 아닙니다. 아니 그보다 훨씬 더 골치 아프고 무법한 존재입니다. 바다는 그 경계선을 존중합니다. 비록 그것이 모래로 되어있기는 하지만, 그 경계를 넘어가지 않습니다. 그것이 아무리 힘차게 몰아닥쳐도, 바다는 지금까지도 하나님의 음성을 듣습니다. 폭풍이 불어 노도가 크게 일어날지라도, 바다는 말씀을 존중합니다. 하지만 자아를 따르는 인간은 하늘을 무시하고, 땅을 거역합니다. 이 패역한 노도는 끝이 없습니다. 달에 복종하는 바다는 규칙적으로 부단히 밀려오고 밀려갑니다. 바다는 그렇게 능동적이고 수동적으로 순종합니다. 그러나 사람은 끊임없이 그 한계를 벗어나, 일해야 할 때 잠을 자고, 적극적으로 활동해야 할 때 게으름을 피웁니다. 그는 하나님의 명령에 따라 오가지 않고, 어리석게도 해서는 안 되는 일을 더 좋아하며, 해야 할 일은 하지 않고 방치해둡니다. 바다 속에 있는 모든 물방울, 모든 물거품, 모든 물결들, 모든 조개와 자갈들은 법칙의 힘을 느끼고, 즉시 그 법에 따라 움직입니다.

오 우리의 본성이 하나님의 뜻에 천분의 일만이라도 복종한다면 얼마나 좋을까요! 우리는 바다가 변덕스럽고 거짓되다고 말합니다. 그러나 그것은 얼마나 일관적일까요! 우리 조상들이 있기 전부터 그곳에 있었던 바다는 똑같은 암초에 부딪히며 똑같은 소리를 내고 있습니다. 우리는 바다가 어디에 있는지 알고, 그것은 그 무대를 포기하지 않습니다. 끊임없이 철썩 소리를 내며 변함이 없습니다. 그러나 사람은, 헛되고 변덕스러운 사람은 어디에 있습니까? 순종의 길에서 벗어나 그 다음 자신이 얼마나 어리석은 죄를 범할지 헤아릴 수 있는 지혜로운 사람이 있습니까? 우리는 파도로 출렁대는 바다보다 더 큰 감시를 받아야 할 만큼 훨씬 더 반역적입니다. 오 주여, 우리를 다스려 당신의 영광을 나타내게 하소서. 아멘.

<br />
### 그를 내게로 데려오라 - 마가복음 9:19

귀신들린 아이의 아버지는 절망에 빠져 제자들을 떠나 주님께 나아갔습니다. 그의 아들은 최악의 상태에 빠져 있었습니다. 강구했던 모든 수단이 다 실패했지만, 그의 아버지가 "그를 내게로 데려오라"는 주 예수님의 말씀 한 마디에 믿음으로 순종했을 때, 즉시 악한 자로부터 구원을 받았습니다. 자녀들은 하나님이 주신 보배로운 선물이지만, 그들 때문에 부모는 많은 걱정을 하게 됩니다. 그들은 하나님의 영으로 충만할 수도 있고, 악령의 지배를 받을 수도 있습니다. 어떤 경우든 하나님의 말씀 속에는 자녀들의 모든 악을 치유할 수 있는 한 가지 처방이 있는데, 그것은 "그를 내게로 데려오라"는 말씀입니다.

오 자녀들이 아직 어릴 때 그들을 위해 부모가 간절하게 기도해 준다면 얼마나 좋을까요! 죄가 있다면, 기도로써 그것을 공격해야 합니다. 자녀들을 위한 우리의 간구는 그들이 세상 죄에 빠져들기 전에 이루어져야 합니다. 자녀들이 자라 청년이 되면, 우리는 그들의 영이 벙어리나 귀머거리가 되어 기도도 하지 못하고 하나님의 음성도 듣지 못하는 슬픈 결과를 보게 될 것입니다. 그러나 예수님은 그때에도 "그를 내게로 데려오라"고 말씀하십니다. 그들이 다 자라 어른이 되면, 죄를 탐닉하고, 하나님을 대적하는데 입에 거품을 물 수도 있습니다. 우리 마음이 찢어질 그때에도 우리는 위대하신 의사이신 주님이 "그를 내게로 데려오라"고 하신 말씀을 기억해야 합니다. 그들이 숨쉬는 것을 멈출 때까지 우리는 기도를 멈추어서는 안 됩니다. 예수님이 함께하시는 한, 절망은 없습니다.

주님은 때때로 자신이 그의 백성들에게 얼마나 필요한지를 특별히 알게 하시려고 그들을 궁지로 내모십니다. 우리는 경건하지 못한 자녀들의 타락한 모습을 보고 어떻게 할지 아무 힘이 없음을 느낄 때, 힘을 얻기 위해 강한 자에게 달려가는데, 이것이 우리에게는 커다란 축복입니다. 오늘 아침 우리가 무엇을 필요로 하든, 그 필요가 우리를 강한 격류처럼 만들어 하나님의 사랑의 바다로 나아가게 합시다. 그러면 예수님은 곧 우리의 슬픔을 제거하시고, 우리를 위로하시는 것을 즐거워하실 것입니다. 그러므로 그분이 우리를 만나주시기 위해 기다리고 있을 때 서둘러 그분께 나아갑시다.

### 그를 담대하게 하라 - 신명기 1:38

하나님은 자기 백성들이 서로 담대하게 하는 사이가 되기를 바라십니다. 그분은 천사에게 "가브리엘아, 내 종 여호수아가 내 백성을 이끌고 가나안으로 들어갈 것이니, 가라, 가서 그를 담대하게 하라"고 말씀하시지 않았습니다. 하나님은 불필요한 이적을 행하시지 않습니다. 만일 평범한 수단들을 통해 자신의 목적을 이룰 수 있다면, 결코 이적적인 방법을 사용하시지 않습니다. 여호수아를 담대하게 하는데 있어서 가브리엘은 모세와 비교해 볼 때 그 절반의 역할도 감당하지 못했습니다. 형제의 사랑이 천사의 섬김보다 더 귀합니다. 신속한 날개를 가진 천사는 주님의 명령을 백성들보다 훨씬 더 잘 파악했습니다. 그러나 천사는 모세처럼, 험한 길을 가거나 사나운 뱀을 보거나 광야에서 목이 굳은 백성들을 이끌어 본 적이 없었습니다.

우리는 하나님이 일반적으로 사람을 통해 사람을 돕도록 역사하시는 것을 감사해야 합니다. 그것은 형제애라는 유대감을 형성시켜 서로 돕도록 하기 때문에, 우리를 한 가족으로 더 온전하게 융합시킵니다. 형제들이여, 본문에서 하나님이 여러분에게 주시는 메시지를 취하십시오. 다른 사람들을 돕도록 노력하십시오. 특별히 그들을 담대하게 하도록 애쓰십시오. 궁금증이 많은 젊은 질문자와 즐겁게 대화를 나누고, 그의 마음속에 놓여있는 걸림돌을 제거해 주는데 사랑으로 최선을 다하십시오. 그의 마음속에서 은혜의 불꽃을 발견한다면, 무릎을 꿇고 그것이 불길이 되도록 바람을 불어넣어 주십시오. 젊은 성도가 조금씩 신앙의 길이 험하다는 것을 느낄 때, 그에게 하나님 안에 거하는 능력과 약속의 확실성과 그리스도와 나누는 교제의 달콤함에 대해 가르쳐 주십시오. 슬픔에 빠진 자를 위로하고, 절망에 빠진 자를 격려해 주십시오. 지쳐있는 그에게 적절한 말로 힘을 주고, 두려워하는 자가 기꺼이 자기 길을 갈 수 있도록 담대하게 만들어 주십시오.

하나님은 자신의 약속을 통해 당신을 담대하게 하십니다. 그리스도는 우리를 위해 쟁취하신 천국을 가리키면서 당신을 담대하게 하십니다. 또 성령은 당신 안에서 자신의 뜻과 기쁨을 행하도록 역사하심으로써 당신을 담대하게 하십니다. 본문의 의미를 따라 하나님의 지혜를 본받고, 다른 사람들을 담대하게 하는 자가 되십시오.

만일 우리가 성령으로 살면 또한 성령으로 행할지니 - 갈라디아서 5:25

기독교에서 가장 중요한 두 가지 사실은 믿음의 생명(life of faith)과 믿음의 행실(walk of faith)입니다. 이 사실을 바르게 이해하는 사람은 곧 경험신학의 대가가 될 것입니다. 왜냐하면 이것들은 그리스도인에게 목숨처럼 중요하기 때문입니다. 당신은 참된 경건이 수반되지 아니하면 절대로 참된 신앙을 보여 주지 못할 것입니다. 또 당신은 그리스도의 의에 기초한 살아있는 믿음을 그 뿌리로 갖고 있지 않는 참된 거룩의 삶이란 없다는 것을 깨닫게 될 것입니다. 전자 없이 후자를 구하는 사람들에게 화가 있으리로다! 어떤 성도들 중에는 믿음은 키우면서 거룩은 잊고 사는 자들이 있습니다. 이들은 굉장히 정통적인 신앙생활을 하지만, 크게 정죄를 받아야 할 것입니다. 왜냐하면 그들은 진리를 불의(不義) 속에 두고 있기 때문입니다. 또 다른 성도들은 거룩한 삶은 열렬하게 추구하지만, 믿음은 부인합니다. 이들은 옛날 바리새인들과 같은 사람들로서, 주님은 그들을 향해 "회칠한 무덤"이라고 책망하셨습니다.

우리는 믿음을 가져야 합니다. 이것은 기초니까요. 또 우리는 거룩한 삶도 살아야 합니다. 이것은 건물이니까요. 폭풍이 불어올 때 단순히 건물의 기초만 세워져있다면 사람에게 무슨 도움이 되겠습니까? 그가 그 안에 들어가 보호받을 수 있습니까? 그는 그 기초뿐만 아니라 자기를 보호해 줄 집이 필요합니다. 마찬가지로 우리는 의심의 날이 올 때 위로를 받을 수 있는 영적 생활이라는 집이 필요합니다. 그러나 믿음 없는 거룩한 삶을 추구하지 마십시오. 왜냐하면 그것은 반석 위에 세워진 것이 아니기에 영원한 안식처가 될 수 없는 집을 세우는 것과 같기 때문입니다.

믿음과 생활은 함께 가야 합니다. 아치를 떠받치는 두 받침대처럼, 그것들은 우리의 경건을 지탱시켜 줄 것입니다. 빛과 열이 하나의 태양으로부터 나오는 것처럼, 그것들도 똑같이 축복으로 가득 차 있습니다. 성전의 두 기둥처럼, 그것들은 영광과 아름다움을 겸비하고 있습니다. 그것들은 은혜의 샘으로부터 나오는 두 물줄기입니다. 거룩한 불로 빛나고 있는 두 등잔입니다. 천국의 사랑의 물을 공급받는 두 감람나무입니다. 오 주여, 오늘 우리 안에 생명을 주셔서 그것이 당신의 영광을 위해 밖으로 드러나게 하소서.

그들은 나를 따르느니라 - 요한복음 10:27

우리는 양이 목자를 따르는 것처럼 주저 없이 주님을 따라가야 합니다. 그분은 자신이 원하는 대로 우리를 이끌고 갈 권리가 있기 때문입니다. 우리는 우리 자신의 것이 아니라 값주고 사신 주님의 것입니다. 그러므로 우리는 대속적 피의 권리를 인정해야 합니다. 군인은 그의 상관을 따르고, 종은 그의 주인을 따르는데, 우리는 우리를 값주고 사신 대속주를 더 잘 따라야 하지 않겠습니까? 만일 우리가 인도자이자 지시자인 주님의 명령을 의심한다면, 그리스도인임을 인정하는 우리의 고백은 진실하지 못합니다. 복종은 우리의 의무요, 불평은 우리의 수치입니다. 우리 주님은 가끔 베드로에게 "네게 무슨 상관이냐 너는 나를 따르라"(요 21:22)고 말씀하셨습니다. 예수님은 우리를 어디로 인도하시든, 우리 앞서 가십니다. 우리는 어디로 갈지 몰라도, 우리와 함께 가시는 분이 누구신지는 압니다. 이런 동반자와 함께 가는데, 누가 길이 험하다고 두려워하겠습니까? 여정이 아무리 길어도 주님은 영원하신 팔로 끝까지 우리를 인도하실 것입니다. 예수님이 함께하신다는 것은 영원한 구원의 보증이 됩니다. 왜냐하면 그분이 살아계시는 한 우리도 역시 살 것이기 때문입니다.

우리는 그리스도를 단순히 믿음으로 따라가야 합니다. 왜냐하면 그분이 인도하시는 모든 길은 영광과 불멸의 길로 나아가는 길이기 때문입니다. 그 길은 날카롭고 냉혹한 시련들이 곳곳에 진을 치고 있어서 평탄하지 않은 것은 사실이지만, "하나님이 계획하시고 지으실 터가 있는 성"(히 11:10)으로 인도할 것입니다. "여호와의 모든 길은 그의 언약과 증거를 지키는 자에게 인자와 진리로다"(시 25:10), 순경이나 역경, 질병이나 건강, 명예나 경멸 등 어디서든 그분의 뜻은 이루어지고, 그 뜻은 모든 은혜의 상속자들에게 온전히 선하다는 것을 알고 있기 때문에, 우리는 우리의 인도자를 전폭적으로 신뢰해야 합니다. 우리는 그리스도와 함께라면 사풍이 몰아치는 산꼭대기에 올라가도 행복합니다. 비와 눈보라가 우리의 얼굴을 휩싸더라도, 그분은 따스한 사랑으로, 가정에 앉아 세상의 화로에 손을 따스하게 녹이고 있는 사람들보다 우리를 훨씬 더 복되게 해주실 것입니다. 아마나의 꼭대기나 사자굴이나 표범언덕에 간다고 할지라도 우리는 사랑하는 주님을 따라야 합니다. 보배로우신 예수여, 우리를 이끄사 당신을 따라 달리게 하소서!

그리스도께서 우리를 자유롭게 하려고 자유를 주셨으니 - 갈라디아서 5:1

이 "자유"로 인해 우리는 천국의 약속 곧 성경에 대해 자유롭게 다가갈 수 있습니다. 성도여, 여기에 특별한 말씀 한 구절이 있습니다: "네가 물 가운데로 지날 때에 내가 너와 함께 할 것이라"(사 43:2). 당신은 이 말씀을 마음껏 누릴 수 있습니다. 여기 또 다른 말씀이 있습니다: "산들이 떠나며 언덕들은 옮겨질지라도 나의 자비는 네게서 떠나지 아니하며"(사 54:10). 이 말씀도 마음껏 누릴 수 있습니다. 당신은 약속의 식탁에서 환영받는 손님입니다. 성경은 무한한 은혜의 보물들로 가득 차 있는 무진장의 보고(寶庫)입니다. 그것은 천국은행입니다. 당신은 거기서 제지나 방해가 없이 원하는 것을 마음껏 뽑아낼 수 있습니다. 믿음으로 나아오십시오. 그러면 모든 언약의 축복들이 당신을 즐겁게 맞이할 것입니다. 하나님의 말씀은 취소될 약속이 하나도 없습니다. 큰 고난 속에 있을 때에도 이 자유로 위로를 받으십시오. 고민의 파도 속에서도 그것은 당신에게 힘을 줄 것입니다. 슬픔이 당신을 에워싸고 있을 때에도 그것은 당신을 즐겁게 할 것입니다. 이것은 하늘에 계신 아버지의 사랑의 표시입니다. 당신은 항상 그것에 자유롭게 다가갈 수 있습니다.

당신은 또 은혜의 보좌에 자유롭게 나아갈 수 있습니다. 언제든 하늘 아버지께 나아갈 수 있는 것은 신자의 특권입니다. 우리의 소원, 어려움, 필요가 무엇이든, 우리는 자유롭게 그분 앞에 나아가 아뢸 수 있습니다. 얼마나 큰 죄를 범했는가 하는 것은 문제가 아닙니다. 우리는 용서를 구할 수 있고, 그러면 사함받습니다. 얼마나 연약한가 하는 것도 문제가 아닙니다. 필요한 모든 것을 주시겠다고 말씀하신 그분의 약속을 내세우면 됩니다. 가장 어두운 한밤중이든 또는 가장 뜨거운 햇볕이 내리쬐는 한낮이든 상관 없이, 우리는 항상 그분의 보좌 앞에 나아갈 수 있도록 허락을 받았습니다.

오 성도여, 당신의 권리를 행사하고, 그것을 따라 사십시오. 당신은 그리스도 안에서 모든 보화들 — 지혜, 의, 성결, 그리고 구속 등 — 을 자유롭게 차지할 수 있습니다. 당신이 무엇을 필요로 하고 있는지는 문제가 아닙니다. 그리스도 안에는 모든 것이 충만하게 들어있고, 그것들은 모두 당신을 위해 준비되었기 때문입니다. 오 정죄로부터의 자유, 약속에 대한 자유, 은혜의 보좌에 대한 자유, 그리고 마침내, 천국에 들어가는 자유 등 당신이 누릴 수 있는 자유는 얼마나 엄청난 것일까요!

이 아이를 위하여 내가 기도하였더니 - 사무엘상 1:27

경건한 심령들은 자기들이 기도 응답으로 받은 은혜들을 바라보며 즐거워합니다. 왜냐하면 그들은 그것들 속에서 하나님의 특별한 사랑을 발견할 수 있기 때문입니다. 우리가 받은 축복들을 "사무엘" 즉 "하나님께 구하여 얻다"는 이름으로 부를 수 있다면, 그것들은 한나에게 그의 아들이 소중했던 것처럼 소중할 것입니다. 브닌나는 자녀들이 많았지만, 그들은 기도 없이 얻은 일반 은총에 불과했습니다. 하나님이 주신 한나의 외아들은 열심히 기도해서 얻은 응답의 열매였기 때문에 훨씬 더 소중했습니다. 삼손이 "그가 기도했던 우물"을 발견하고 그곳에서 물을 마셨을 때 얼마나 달콤했을까요! 소태나무로 만든 잔에는 쓴 물이 담겨있지만, 기도의 잔에 담겨있는 물은 한 모금만 마셔도 얼마나 달콤한지 모릅니다.

우리가 자녀들의 회심을 위해 기도했습니까? 그들이 우리 기도의 응답으로 구원받을 때, 그 행복감은 두 배가 되지 않을까요? 육체의 열매보다 기도의 열매들을 더 즐거워하십시오. 당신은 주님께 어떤 신령한 은사를 구해본 적이 있습니까? 그 응답은 올 때, 하나님의 신실하심과 진리의 황금 옷을 입고 오고, 그래서 그것은 갑절로 소중합니다. 당신은 주님의 사역을 성공적으로 이루기 위해 간구했습니까? 기도의 날개를 타고 오는 성공은 얼마나 즐거울까요! 기도의 문을 통해 적절하게 우리 집안으로 축복을 불러들이는 것이야말로 항상 최선의 길입니다. 그러기에 그것들은 참된 축복이고, 절대로 시험거리가 되지 않습니다. 심지어 기도의 응답이 신속하게 주어지지 않을 때에는 지체된 만큼 더 풍성한 축복을 갖고 올 것입니다. 잃어버린 아기 예수를 슬픔 속에서 찾아 헤맨 다음 찾았을 때, 마리아의 눈에 그분은 더 사랑스럽게 보였습니다. 우리가 기도를 통해 얻은 것은 한나가 사무엘을 하나님께 바쳤듯이 하나님께 드려져야 합니다. 하늘에서 온 선물은 하늘로 다시 돌려져야 합니다. 기도는 축복을 가져오고, 우리는 그것에 대해 감사함으로 노래해야 합니다. 그러나 더 나아가 우리는 그것을 성별하여 하나님께 바쳐야 합니다. 여기서 우리는 "주의 손에서 받은 것으로 주께 드렸을 뿐이니이다"(대상 29:14)라고 말씀드릴 수 있는 특별한 기회를 갖게 될 것입니다. 성도여, 당신에게 기도는 기본입니까, 아니면 싫증나는 고역입니까?

### 여호와와 기드온의 칼이다 - 사사기 7:20

기드온은 자기 군사들에게 두 가지 명령을 내렸습니다. 하나는 횃불을 항아리 안에 감추고 있다가 신호를 보내면 그 항아리를 깨고 횃불의 빛을 밝힐 것, 또 하나는 나팔을 불며 "여호와와 기드온의 칼이다! 여호와와 기드온의 칼이다!"라고 외칠 것. 그런데 엄밀히 말하면 이 두 가지는 모든 그리스도인들이 해야 할 일입니다.

첫째로, 우리는 빛을 밝혀야 합니다. 당신의 빛을 감추고 있는 항아리를 깨뜨리십시오. 당신의 촛불을 감추고 있는 항아리를 옆으로 밀어내고 빛이 나타나게 하십시오. 당신의 빛을 사람들 앞에 보여 주십시오. 당신의 선행을 보여 주어 사람들이 당신을 바라볼 때 당신이 예수님과 함께 있었던 자임을 알도록 하십시오.

둘째로, 소리 곧 나팔을 부는 소리가 있어야 합니다. 십자가에 못 박히신 그리스도를 선포함으로써, 죄인들을 그분 앞으로 인도하려는 적극적인 노력이 있어야 합니다. 그들에게 복음을 들고 가십시오. 그리하여 그들의 집 문에 그것을 놔두십시오. 그들이 다니는 길에 그것을 놔두십시오. 절대로 그들이 그것을 피해가지 못하도록 하십시오. 그들의 귀에 대고 나팔을 부십시오. 교회가 외쳐야 할 참된 전투 구호는 "여호와의 칼이요 기드온의 칼이다!"라는 기드온의 표어입니다. 전투는 하나님이 하셔야 합니다. 그것은 하나님의 일입니다. 그러나 우리는 팔짱을 끼고 있어서는 안 됩니다. 우리는 하나님의 도구로 사용되어야 합니다. "여호와와 기드온의 칼"로 말입니다. 만일 우리가 "여호와의 칼이다"라고만 외친다면, 우리는 게으름의 죄를 범하게 될 것입니다. 또 "기드온의 칼이다!"라고만 외친다면, 우리는 하나님 대신 육체의 팔을 의지하는 우상숭배의 죄를 저지르게 될 것입니다. 우리는 이 둘을 실제적으로 조화시켜 "여호와와 기드온의 칼이다!"라고 외쳐야 합니다. 우리는 스스로는 아무것도 할 수 없지만, 하나님의 도우심을 받으면 모든 것을 할 수 있습니다. 그러므로 우리는 여호와의 이름으로 나가겠다고 결심하고, 거룩한 행실이라는 불타는 횃불을 높이 들고, 열렬한 선포와 증거라는 나팔을 부는 일에 종사해야 합니다. 그러면 하나님은 우리와 함께하시고, 미디안을 혼란에 빠뜨리며, 만군의 여호와께서 영원무궁토록 다스리실 것입니다.

저녁에도 손을 놓지 말라 - 전도서 11:6

　하루 중 저녁때는 전도할 기회가 참 많습니다. 사람들이 일을 마치고 집으로 돌아올 때, 구령의 열정을 갖고 있는 성도는 예수님의 사랑을 증거할 기회를 만나게 됩니다. 당신은 예수님을 위해 일하는 저녁때를 갖고 있지 않습니까? 만일 갖고 있다면, 당신은 충분한 수고를 필요로 하는 이 섬김으로부터 절대로 손을 놓아서는 안 됩니다. 죄인들은 진리에 대한 지식이 없기 때문에 멸망 가운데 있습니다. 게으른 성도들은 그의 옷자락을 영혼들의 피로 얼룩지게 할 것입니다. 예수님은 두 손에 못을 박으셨는데, 내가 어떻게 그 복된 사역으로부터 한 손이라도 뗄 수 있겠습니까? 그분은 밤낮으로 나를 위해 기도하셨는데, 내가 어떻게 한 시간이라도 사치스러운 쾌락에 빠져 육체의 정욕을 만족시킬 수 있겠습니까? 게으른 심령이여, 일어나라. 그래서 손을 뻗어 일을 하거나 손을 들고 기도하라. 천국과 지옥은 진실로 존재하고, 그러기에 나는 오늘 저녁 나의 주 하나님을 위해 선한 씨를 뿌려야 합니다.

　인생의 저녁때도 똑같은 소명을 갖고 있습니다. 인생은 너무 짧아서 생기 넘치는 아침과 쇠약해지는 저녁으로 구성되어 있습니다. 어떤 사람들은 인생이 길다고 느끼지만, 가난한 사람에게는 4펜스짜리 은화 한 닢도 큰 돈입니다. 인생은 너무 짧기 때문에 누구나 하루라도 헛되이 보낼 수 없습니다. 만일 어떤 위대한 왕이 산더미같이 금을 쌓아놓고 하룻동안 가져갈 수 있을 만큼 가져가라고 명령한다면, 우리는 그날을 가장 길게 만들 것입니다. 다시 말해서, 우리는 최대한 아침 일찍 일어나고, 저녁에도 그 손을 멈추지 아니할 것입니다. 그러나 영혼을 구원하는 것은 그보다 훨씬 더 고귀한 일입니다. 그런데 우리가 어떻게 그렇게 빨리 그 일로부터 손을 뗄 수 있겠습니까? 어떤 사람들은 인생의 황혼기를 긴 저녁으로 만드는 사람들이 있습니다. 만일 그것이 내 경우라면, 나는 갖고 있는 능력을 총동원해서 마지막 순간까지 복되고 신실하신 주님을 섬기겠습니다. 그분의 은혜로 말미암아 나는 주님을 위해 일하다 죽고, 그때까지 내게 맡겨진 일을 놓지 않겠습니다. 나이(연륜)는 젊은이들을 가르치고, 격려는 연약한 자들을 활기있게 하며, 용기는 낙심 속에 있는 자들을 세울 수 있습니다. 비록 황혼녘이 활력이 넘치는 때는 아니지만, 은은한 지혜는 더 많이 가질 수 있습니다. 그러므로 저녁에도 나는 손을 놓지 않겠습니다.

내가 기쁨으로 그들에게 복을 주되 - 예레미야서 32:41

하나님께서 그의 백성들에게서 기쁨을 느낀다는 것이 신자에게 얼마나 큰 격려가 될까요! 그러나 우리 안에는 하나님이 우리에게서 기쁨을 취하시는 이유를 발견할 수 없습니다. 사실 우리도 우리 안에서 기뻐할 수 없습니다. 왜냐하면 무거운 짐 때문에, 곧 죄를 발견하거나 불신앙을 탄식하면서 신음해야 하기 때문입니다. 우리는 다른 하나님의 백성들이 우리에게서 기쁨을 취하지 못하는 것을 두려워합니다. 왜냐하면 그들은 우리의 불완전함과 허물을 너무나 잘 알고 있기 때문에 우리의 은혜를 예찬하기보다는 우리의 결함들을 오히려 더 애석해 하기 때문입니다. 그러나 그럴지라도 우리는 이 초월적 진리, 이 영광스러운 신비에 따라 사는 것을 좋아합니다. 그것은 마치 신랑이 신부를 보고 즐거워하듯이 주님도 우리를 보고 즐거워하시기 때문입니다.

성경 어디에도 하나님이 구름으로 뒤덮인 산이나 반짝거리는 별들을 보고 기뻐하신다는 말씀은 없습니다. 그러나 땅의 거처들에 대해서는 기뻐하시는데, 그것은 그곳에 거하는 사람의 아들들 때문입니다. 우리는 또 하나님이 천사들을 기뻐하신다는 내용도 볼 수 없습니다. 그룹이나 스랍들에게 "오직 너를 헵시바라 하리니 이는 여호와께서 너를 기뻐하시기 때문이라"(사 62:4)고 말씀하시지 않습니다. 그것은 우리들처럼 죄로 말미암아 타락했으나 그분의 은혜로 구원받아 높아지고, 영화롭게 된 연약한 피조물들에게 전부 말씀하신 것입니다. 그분이 그의 백성들을 기뻐하신다는 것을 얼마나 강렬한 언어로 표현하고 있을까요! 누가 영원하신 하나님이 그토록 기쁨에 겨워 노래 부르리라고 생각할 수 있겠습니까? 그러나 "그가 너로 말미암아 기쁨을 이기지 못하시며 너를 잠잠히 사랑하시며 너로 말미암아 즐거이 부르며 기뻐하시리라"(습 3:17)고 기록되어 있습니다. 하나님은 자신이 지으신 세계를 바라보면서, "좋다"고 말씀하셨습니다. 그러나 무한하신 그분은 예수님의 피로 값주고 사신 사람들, 곧 그의 택하신 자들을 바라보실 때, 자신의 크신 마음을 더 이상 억제하지 못하고, 기쁨의 절규로 충만했습니다. 이같이 기이한 그분의 사랑의 선언에 우리가 당연히 감사를 표현해야 하지 않겠습니까? 그래서 "내가 여호와를 기뻐하리라, 내가 내 구원의 하나님을 즐거워하리라"고 찬송해야 하지 않겠습니까?

내 영혼을 죄인과 함께 … 거두지 마소서 - 시편 26:9

　두려움 때문에 다윗은 이렇게 기도했습니다. 왜냐하면 내면에서 무엇인가 "아마 결국 너는 악인들과 함께 심판받을 것"이라고 속삭였기 때문입니다. 그 두려움은 불신앙으로 말미암아 초래된 것이지만, 주로 과거의 죄를 회상할 때 일어난 거룩한 근심으로부터 연원하는 것이었습니다. 심지어 죄사함받은 성도도 "만일 하나님이 마지막 때 내 죄를 기억하여 그 이름을 생명책에서 지워버린다면 어떡하지?"라고 의심에 사로잡힐 수 있습니다. 그는 현재 자신의 신앙이 열매를 맺지 못하는 것을 생각합니다. 은혜는 크게 떨어지고, 사랑도 크게 식었으며, 거룩도 수준이 크게 낮아졌습니다. 그래서 미래를 바라볼 때, 그는 자신의 연약함과 자신을 엄습하는 허다한 시험들을 생각하고, 타락하여 원수에게 잡아먹힐 것을 두려워합니다. 죄의식과 현재의 악, 그리고 빈번한 타락 때문에, 그는 두려움과 떨림으로 "내 영혼을 죄인과 함께 거두지 마소서" 하고 기도하지 않을 수 없을 것입니다.

　성도여, 만일 당신이 이렇게 기도한다면, 당신의 마음이 시편에 기술된 것과 같다면, 당신은 죄인과 함께 거두어지게 될 것을 조금도 염려할 필요가 없습니다. 당신은 다윗이 갖고 있던 두 가지 덕 곧 외적으로 의의 길을 성실하게 걷는 것과 내적으로 하나님을 신뢰하는 것을 소유하고 있습니까? 당신은 그리스도의 속죄사역에 의존하고, 겸손한 소망을 갖고 하나님의 제단으로 나아갈 수 있습니까? 만일 그렇다면, 안심하십시오. 그 재앙은 절대로 불가능하기 때문에, 당신은 결코 악인들과 함께 거두어지지 않을 것입니다. 심판 때 거두는 역사는 같은 것끼리 이루어집니다. "가라지는 먼저 거두어 불사르게 단으로 묶고 곡식은 모아 내 곳간에 넣으라"(마 13:30). 따라서 당신이 하나님의 백성들과 한무리라면, 당신은 그들과 함께 거두어질 것입니다. 당신은 악인들과 함께 거두어질 수 없습니다. 당신은 너무나 비싼 값을 치르고 샀으니까요. 그리스도의 피로 말미암아 구속받은 당신은 영원히 그분의 것이고, 그분이 있는 곳에 그분의 백성들 역시 함께 있습니다. 당신은 버림받은 자들과 함께 버림받기에는 너무나 큰 사랑을 받고 있습니다. 그리스도께 소중한 사람이 하나라도 멸망을 당할까요? 천만에요! 지옥도 당신을 데려갈 수 없노라! 천국이 당신을 주장하리라! 그러므로 당신의 보증인을 믿고 결코 두려워하지 마십시오!

이스라엘은 자기를 지으신 이로 말미암아 즐거워하며 - 시편 149:2

오 성도여, 진심으로 즐거워하십시오. 그러나 그 즐거움이 여호와 안에 그 원천을 두도록 유의하십시오. 당신은 여호와 안에서 즐거워해야 할 수많은 이유를 갖고 있습니다. 당신은 다윗처럼 "나의 큰 기쁨의 하나님"(시 43:4)이라고 노래할 수 있습니다. 하나님이 다스리시고, 여호와가 왕이 되신다는 사실을 즐거워하십시오. 그분이 보좌에 앉아 만물을 통치하신다는 것을 즐거워하십시오. 하나님의 모든 속성들은 태양빛으로부터 흘러나오는 신선한 광선처럼 우리의 즐거움이 되어야 합니다. 우리는 우리 자신이 얼마나 어리석은지 알고 있기 때문에 그분이 지혜롭다는 사실을 즐거워해야 합니다. 그분이 전능하다는 사실은 연약함 때문에 두려움에 떠는 우리에게는 즐거움의 원인이 되어야 합니다. 그분이 영원하다는 사실은 우리가 우리 자신이 풀처럼 시드는 존재에 불과하다는 것을 알고 있기에 항상 즐거움의 주제가 되어야 합니다. 그분이 불변하시는 분이라는 사실은 우리가 매순간 변덕스럽기 때문에 영원히 찬송의 대상이 되어야 합니다.

그분이 은혜로 충만하다는 사실, 그분이 은혜를 한량없이 베푸신다는 사실, 이 은혜는 하나님이 우리에게 주신 언약에 따라 주어진다는 것, 그것은 우리를 깨끗하게 하고, 우리를 보존시키고, 우리를 성결케 하고, 우리를 온전케 하며, 우리를 영광으로 이끄는 것을 망라한다는 것 — 이 모든 것은 우리로 하여금 기꺼이 그분을 즐거워하도록 해야 합니다. 이같이 하나님을 즐거워하는 것은 깊은 강과 같습니다. 우리는 아직 그 가장자리만 만졌을 뿐이고, 그 아름답고 황홀한 중심부에 대해서는 거의 모르고 있습니다. 그러나 그 깊이를 따라 들어갈수록 그 즐거움도 더욱 거세질 것입니다. 그리스도인은 현재 하나님이 존재하신다는 것에 대해서 뿐만 아니라 과거에 하나님이 행하신 모든 일들에 대해서도 즐거울 수 있음을 느낍니다. 시편의 말씀들은 구약시대 하나님의 백성들은 항상 하나님의 행동들을 크게 생각하고, 그것들 각각에 대해 찬송했다는 것을 우리에게 보여줍니다. 지금도 하나님의 백성들은 여호와의 활동에 대해 그렇게 해야 하리라! 그들은 하나님의 전능하신 행위에 관해 말할 때, "여호와를 찬송하리니, 그는 높고 영화로우시기 때문"(출 15:1)이라고 노래해야 합니다. 그리고 영원토록 그 찬송을 멈추어서는 안 됩니다. 왜냐하면 날마다 새로운 은혜가 그들에게 넘치는 것만큼, 섭리와 은혜 안에서 행해지는 주님의 사랑의 행위로 인한 즐거움은 끊임없는 감사로 표현되어야 합니다. 시온의 자녀들이여, 네 하나님 여호와를 즐거워하라!

내 마음이 약해 질 때에 땅 끝에서부터 주께 부르짖으오리니
나보다 높은 바위에 나를 인도하소서 - 시편 61:2

　우리 대부분은 마음이 약해진다는 것이 무엇을 의미하는지 알고 있습니다. 사람이 그릇을 씻을 때 그것을 이리저리 뒤집어엎는 것처럼 마음이 허탈해질 때, 폭풍에 의해 침몰하는 배처럼 우리의 마음이 위험에 빠져 가라앉거나 침몰당할 때, 우리의 마음은 약해집니다. 만일 주님이 우리의 타락한 본성을 크게 흔들어 그 오물과 더러운 잔재들을 떠오르게 하신다면, 그래서 우리가 내면의 타락을 발견하게 될 때, 우리에게 이런 일이 일어납니다. 거친 파도가 우리를 덮쳐 깨진 조가비처럼 파도에 이리저리 밀려다닐 때, 실망과 낙심으로 우리는 마음이 약해집니다. 그러나 우리는 하나님을 찬양합시다! 우리에게 아무 위안거리가 없는 이 순간 우리 하나님은 폭풍에 시달린 배들의 정박지가 되고, 고독한 순례자들이 쉼을 얻는 쉼터가 되시니까요. 우리보다 그분이 훨씬 크시고, 우리의 죄보다 그분의 자비가 훨씬 더 크고, 그분의 사랑이 우리의 생각보다 훨씬 더 큽니다. 사람들이 그들 자신보다 더 저급한 것을 의지하는 것은 참으로 불쌍한 일입니다. 그러나 우리의 신뢰는 독보적으로 크고 영광스러우신 하나님께 고정되어 있습니다. 그분은 절대로 변함이 없기 때문에 반석이시고, 우리를 압박하는 폭풍을 자신의 발 아래 잠잠케 하시기 때문에 크신 반석이십니다. 그분은 폭풍 때문에 조금도 흔들리지 않습니다. 아니 오히려 그것을 자기 마음대로 다스리십니다. 만일 우리가 이 크신 반석에서 쉼터를 구한다면, 어떤 폭풍도 이겨낼 수 있고, 어떤 상황에서도 평안을 유지할 수 있을 것입니다. 그러나 아! 우리를 심란하게 하는 혼란이 너무나 자주 찾아오기 때문에 우리는 얼마나 자주 이 하늘의 안식처로 인도받을 필요가 있을까요! 이때 본문의 기도가 필수적입니다.

　오 우리 하나님 여호와여, 당신의 성령으로, 믿음의 길을 가르쳐 주시고, 당신의 안식처로 우리를 인도하소서. 바람은 우리를 바다로 몰아가며, 우리의 연약한 손은 키를 제대로 조종하지 못합니다. 당신, 오직 당신만이 저기 밑에 있는 암초 사이로 우리를 안전하게 조종하여 아름다운 항구로 피하도록 하실 수 있습니다. 우리가 당신을 얼마나 의지해야 할까요! 우리는 당신이 우리를 인도해주시기를 구할 뿐입니다. 지혜롭게 인도하고 안전과 평화로 이끄시는 일은 당신, 오직 당신만이 베푸시는 은혜입니다. 오늘 밤 당신의 종들을 선대하여 주소서.

그가 사랑하시는 자 안에서 우리를 받으셨으니(accepted in the beloved) - 에베소서 1:6

이것은 얼마나 놀라운 축복일까요! 그것은 하나님 앞에서 우리의 칭의를 포함합니다. 그러나 헬라어로 "받아들인다"(acceptance)는 말은 그 이상의 의미가 있습니다. 그것은 우리가 하나님의 만족, 아니 더 나아가 하나님의 기쁨의 대상이라는 것을 의미합니다. 벌레 같고, 죽을 수밖에 없는 죄인들인 우리가 하나님의 사랑의 대상이라는 것은 얼마나 놀라운 사실일까요! 그러나 그것은 다만 "사랑하시는 자 안에서"만 그렇습니다. 어떤 그리스도인들은 그들의 경험에 따라서 받아들여지기도 하고, 그렇지 않기도 하는 것처럼 보입니다. 그들의 영이 생동적이고, 소망이 넘칠 때, 그들은 하나님이 자기들을 받아들이신다고 생각합니다. 왜냐하면 그때 그들은 기분이 너무 좋고, 마음도 천국으로 날아가 땅을 떠나있으니까요. 그러나 그들의 영혼이 땅으로 떨어질 때, 그들은 더 이상 받아들여지지 않으리라는 두려움에 사로잡힙니다. 하지만 아무리 기분이 좋아도 그것이 그들을 조금도 높여주는 것이 아니고, 또 아무리 낙심에 빠져도 하나님이 보실 때 그들이 실제로 낮아지는 것이 아니라는 것, 그리고 그들이, 결코 변개치 않으시는 분, 곧 항상 하나님의 사랑하시는 자로서 온전하여 점도 없고 흠도 없고 어떤 얼룩도 없으신 분 안에서 받아들여진 존재라는 것을 볼 수만 있다면, 그들은 얼마나 더 행복하고, 얼마나 더 크게 구주를 영화롭게 할까요!

그러므로 성도여, 당신이 "사랑하시는 자 안에서" 받아들여졌음을 생각하고 즐거워하십시오. 당신은 자신의 내면을 바라보고, "여기 곧 내 안에는 받아들여질 만한 것이 하나도 없다"고 말합니다. 그러나 그리스도를 바라보십시오. 그리고 거기 곧 그리스도 안에서 받아들여질 만한 것이 아무것도 없는지 한 번 살펴보십시오. 당신은 죄로 인해 괴로워합니다. 그러나 하나님은 그 죄를 자기 등 뒤로 던져버리셨고, 당신은 의로우신 주님 안에서 받아들여졌습니다. 당신은 타락과 싸워야 하고, 유혹과 씨름해야 하지만, 악의 세력들을 이기신 주님 안에서 당신은 이미 받아들여졌습니다. 마귀가 당신을 유혹하겠지만, 힘내십시오. 그는 절대로 당신을 파멸시킬 수 없습니다. 왜냐하면 당신은 사탄의 머리를 박살낸 주님 안에서 받아들여졌기 때문입니다. 그러므로 당신의 영광스러운 위치를 주저말고 확신하십시오. 심지어는 영화된 영혼들도 당신이 받아들여진 것보다 더 깊이 받아들여진 것은 아닙니다. 그들은 "사랑하시는 자 안에서" 받아들여져 천국에 있습니다. 당신도 지금 그들과 똑같이 그리스도 안에서 받아들여진 존재입니다.

예수께서 이르시되 할 수 있거든이 무슨 말이냐 - 마가복음 9:23

벙어리 귀신이 들린 아들을 둔 아버지가 있었습니다. 그 아버지는 제자들이 아무리 애를 써도 자기 아들을 고치지 못하는 것을 보았기 때문에 그리스도를 믿는 믿음이 거의 아니 전혀 없었습니다. 그러므로 예수님으로부터 아들을 데려오라는 명령을 받았을 때 그는 "무엇을 하실 수 있거든 우리를 불쌍히 여기사 도와주옵소서"라고 말했습니다. 그런데 그의 질문에 "하실 수 있거든"이라는 말이 들어있는데, 두려워 떠는 이 연약한 아버지는 그 말을 잘못된 대상에 사용했습니다. 그러나 예수 그리스도는 그 말을 거부하지 않고, 친절하게도 그 말이 어디에 사용되어야 옳은지를 말씀해주셨습니다. 그분은 "아니다, 진실로 '할 수 있거든'이라는 말은 내 능력이나 내 의지에 대해서가 아니라 다른 데 사용되어야 한다"고 말씀하시는 것처럼 보입니다. "할 수 있거든이 무슨 말이냐 믿는 자에게는 능히 하지 못할 일이 없느니라." 이 말씀을 듣고 그 사람의 신뢰는 강화되었고, 그래서 그는 겸손하게 믿음을 더해 달라고 기도했으며, 그 즉시 예수님이 꾸짖자 귀신은 쫓겨나고 다시는 돌아오지 아니했습니다.

여기에 우리가 반드시 배워야 할 교훈이 있습니다. 이 사람과 마찬가지로 우리도 종종 주님에 대해 "할 수 있거든"이라는 말을 씀으로써 계속해서 그 말을 잘못 사용하는 실수를 저지르는 것을 봅니다. "하실 수 있거든" 예수님은 나를 도와주실 수 있다. "하실 수 있거든" 그분은 시험을 이기도록 은혜를 베푸실 수 있다. "하실 수 있거든" 그분은 나를 용서해주실 수 있다. "하실 수 있거든" 그분은 나를 성공으로 이끄실 수 있다. 그러나 아닙니다. "당신이 믿을 수 있다면" 그분은 하실 수 있고 또 하실 것입니다. 당신은 이 말을 잘못된 위치에 두었습니다. 당신이 의심하지 않고 믿을 수 있다면, 그리스도께서 모든 것을 할 수 있는 것만큼 당신도 모든 것을 할 수 있게 될 것입니다. 믿음은 하나님의 능력 안에 서는 것이고, 하나님의 위엄으로 옷을 입는 것입니다. 그것은 왕복을 입는 것이고, 왕의 말을 타는 것입니다. 왜냐하면 그것은 왕이 기꺼이 우리에게 명예를 주시는 은혜이기 때문입니다. 또 그것은 능하신 성령의 영광스러운 능력으로 허리띠를 매는 것이기 때문에, 하나님의 전능하심 속에서 무엇이든 할 수 있는 힘이 됩니다. 그러기에 믿는 자에게는 능히 하지 못할 일이 없습니다. 내 영혼아, 그대는 오늘 밤 그대의 주님을 믿을 수 있는가?

이는 우리가 전에 왕에게 아뢰기를 우리 하나님의 손은 자기를 찾는 모든 자에게 선을
베푸시고 자기를 배반하는 모든 자에게는 권능과 진노를 내리신다 하였으므로
길에서 적군을 막고 우리를 도울 보병과 마병을 왕에게 구하기를
부끄러워하였음이라 - 에스라서 8:22

예루살렘을 향해 떠나는 일행들은 다양한 이유로 호위병들이 함께 갔으면 더
좋았을 것입니다. 그러나 에스라는 거룩한 체면 때문에 그들을 한 명도 요청하
지 않았습니다. 그는 그 이방의 왕이 여호와를 믿는다는 자신의 신앙고백을 단
순한 위선으로 생각하지 않도록, 또는 이스라엘의 하나님이 그의 신자들을 보존
할 능력이 없다고 상상하지 않도록 조심했습니다. 그는 분명히 여호와에 관한
문제를 육신의 힘에 의존하는 것이 마음이 내키지 않았습니다. 그리하여 일행들
은 눈에 보이는 어떤 보호도 없이 그의 백성들의 칼과 방패가 되시는 하나님만
의지하고 길을 떠났습니다. 오늘날 하나님에 대해 이런 거룩한 질투를 느끼는
신자들이 거의 없다는 것은 유감스러운 일입니다. 어느 정도 믿음을 따라 산다
는 사람들도 때때로 사람의 도움에 의지하다 그리스도인으로서의 삶의 광채를
잃어버리곤 합니다. 그러나 인간적인 후원과 지지가 없이 만세 반석이신 주님
위에 굳게 서서 오직 그분만 의지하는 것이야말로 가장 복된 일입니다.

가이사의 도움을 요청하는 것이 주님을 불명예스럽게 만든다는 것을 기억한
다면, 어느 신자가 자기 교회를 위해 정부로부터 지원금을 받아내려고 하겠습니
까? 그것은 마치 하나님이 자신의 일을 위해 필요한 것들을 공급할 능력이 없는
분인 것처럼 만드는 것일 것입니다! 우리가 하나님의 팔만 의지하는 것이 그분
을 높이는 일임을 기억한다면, 그토록 성급하게 친구나 친척들에게 달려가야 할
까요? 내 영혼아, 그대는 오직 하나님만 기다리라. "하지만 수단들은 사용되어야
하지 않나요?" 하고 묻는 사람이 있을 것입니다. 물론 사용해야지요. 그러나 우
리의 잘못은 그것들을 사용하지 않는 데서는 거의 일어나지 않습니다. 오히려
하나님을 믿는 대신 어리석게 그 수단들을 더 크게 의지하는데서 많은 실수가
빚어집니다. 피조물의 도움을 무시하는 사람들은 거의 없습니다. 하지만 그것을
지나치게 의존할 때 훨씬 더 많은 죄가 저질러집니다. 사랑하는 성도여, 당신이
인간적인 수단들을 사용함으로써 하나님의 이름을 더럽히지 않으려면, 그것들을
의지하지 않음으로써 하나님을 영화롭게 하는 비결을 배우십시오.

### 내가 잘지라도 마음은 깨었는데 – 아가서 5:2

　　그리스도인들은 역설적인 경험을 많이 하는데, 그 중 하나가 여기 있습니다. 신부는 잠을 자고 있었지만, 또 깨어 있었습니다. 신앙적 체험을 해본 사람만이 신자가 겪는 역설을 이해할 수 있습니다. 오늘 저녁 본문에는 두 가지 요점이 있습니다: 슬픔의 잠과 소망의 깨어있음. 나는 잠을 잡니다. 우리 안에 거하고 있는 죄로 말미암아 우리는 거룩의 의무를 게을리 하고, 종교적 실천을 태만히 하며, 영적 즐거움에 둔감하고, 완전히 침체에 빠지고 부주의한 사람이 될 수 있습니다. 이것은 소성케 하는 성령이 내주하고 있는 심령에게는 참으로 수치스러운 상태요, 대단히 위험한 일이 아닐 수 없습니다. 심지어 지혜로운 처녀들도 때로는 잠을 자는데, 아무리 그렇다고 해도 지금은 정말로 깨어있을 때입니다. 삼손이 잠을 자다 머리털을 잘려 힘을 잃어버린 것처럼, 많은 신자들이 육체의 안일의 무릎을 베고 잠에 빠짐으로써 자신의 힘을 잃어버립니다. 멸망하는 세상 속에서 잠을 자는 것은 비참한 일이요, 영원한 세계가 가까이 왔는데 잠을 자는 것은 미친 짓입니다. 그러나 우리 중에 당연히 깨어있어야 할 만큼 깨어있는 자가 별로 없습니다. 천둥소리가 몇 번 울리면 우리 모두 깨어날 수 있겠지만, 지금 당장 깨어나지 아니하면 온갖 전쟁, 질병, 또는 개인적 재앙이나 손해가 엄습할 수도 있습니다. 오 우리는 육체의 안일함을 영원히 버리고, 오시는 신랑을 맞이하러 활활 타는 등을 들고 나가야 할 것입니다!

　　반면에 내 마음은 깨어 있습니다. 이것은 다행스러운 징조입니다. 슬프게도 검은 연기를 내고 있지만, 아직 심지가 꺼지지는 않았습니다. 거듭난 우리의 본성이 자연적 본성과 싸울 때, 우리는 이 사망의 몸 안에 그래도 생명을 역사하신 주권적 은혜에 대해 감사해야 합니다. 예수님은 우리의 마음의 외침을 들으시고, 우리의 마음을 도우시러 찾아오실 것입니다. 왜냐하면 깨어있는 마음의 외침 소리는 실제로 "내게 문을 열라"는 사랑하는 주님의 음성이기 때문입니다. 거룩한 열심은 그 문의 빗장을 확실히 열어놓을 것입니다.

> "오 아름다운 모습이여! 그분은 녹이는 마음과
> 많이 든 손을 갖고 서 계시네.
> 내 영혼은 모든 죄를 포기하고,
> 그분은 천국의 이방인을 들여보내시네."

자기도 의로우시며 또한 예수 믿는 자를 의롭다 하려 하심이라 - 로마서 3:26

믿음으로 의롭다 함을 얻은 우리는 하나님과 화목한 존재가 됩니다. 양심은 더 이상 우리를 고발하지 않습니다. 이제 판결은 죄인에게 불리하지 않고 유리하게 되었습니다. 우리의 기억은 과거의 죄들을 깊은 슬픔 속에 돌아보지만, 더 이상 어떤 형벌을 받을 것에 대한 두려움은 없습니다. 왜냐하면 그리스도께서 그의 백성들의 죗값을 마지막 티끌까지 다 지불하고 하나님의 영수증을 받아놓으셨기 때문입니다. 하나님이 한 번 청산한 빚에 대해 또 청산하도록 요구하실 만큼 불의하신 분이 아니라면, 예수님이 대속물로 대신 죽은 자의 영혼은 절대로 지옥에 떨어질 수 없습니다. 하나님이 의로우시다고 믿는 것은 우리의 변화된 본성이 갖고 있는 기본 원칙 가운데 하나일 것입니다. 우리는 당연히 그래야 한다고 느낍니다. 그러나 이것이 처음에는 우리에게 두려움을 불러일으킵니다. 그러나 나중에는 우리의 신뢰와 평화의 기둥이 됩니다. 만일 하나님이 의로우신 분이라면, 죄인인 나는 대속물이 없다면 형벌을 받아야 합니다. 하지만 예수님이 내 대신 서 계시고, 나를 위해 형벌을 받으셨습니다. 그러므로 지금 하나님이 의로우시다면, 죄인인 나는 그리스도 안에 서 있고, 절대로 형벌을 받을 수 없습니다. 하나님은 예수님이 대신 죽으신 영혼들이 율법의 채찍을 조금이라도 당한다면 한 영혼 앞에서 자신의 속성을 바꾸셔야 합니다.

그러므로 신자의 자리를 스스로 취하신 예수님이 그의 백성들이 죄의 결과로서 당해야 할 하나님의 진노를 대신 감당하셨기 때문에, 신자는 승리에 찬 영광의 소리로 "누가 능히 하나님께서 택하신 자들을 고발하리요"(롬 8:33)라고 외칠 수 있습니다. 하나님도 그렇게 하실 수 없습니다. 왜냐하면 그분이 의롭게 하셨기 때문입니다. 그리스도도 그렇게 하실 수 없습니다. 왜냐하면 그분은 죽으셨을 뿐만 아니라 다시 살아나셨기 때문입니다. 나에게는 내가 죄인이 아니기 때문이 아니라 그리스도께서 위해 죽으신 죄인이기 때문에 소망이 있습니다. 내 신뢰는 내가 거룩하다는데 있는 것이 아니라 비록 거룩하지 못해도 그분이 나의 의가 되신다는 사실에 있습니다. 내 믿음은 내가 누구인가 또는 앞으로 내가 어떻게 될 것인가 또는 내가 느끼거나 아는 어떤 것에 두어지지 않고, 그리스도가 누구신가 곧 그분이 하신 일, 지금 나를 위해 행하시는 일에 두어져 있습니다. 이렇게 소망의 하녀가 공의의 사자 위에 여왕처럼 올라탑니다.

예수는 하나님으로부터 나와서 우리에게 지혜가 … 되셨으니 - 고린도전서 1:30

인간의 지성은 안식을 추구하고, 본성상 그것은 주 예수 그리스도를 떠나 안식을 구합니다. 비록 회심했다고 하더라도 지식이 많은 사람들은 그리스도의 십자가를 경외심과 사랑이 거의 없는 눈으로 바라보기 쉽습니다. 그들은 과거 희랍인들이 빠졌던 지식의 덫에 걸려 있고, 철학과 계시를 혼합시키려는 갈망을 갖고 있습니다. 고도의 사상과 높은 학력을 가진 사람들이 빠지는 유혹은 십자가에 못 박히신 그리스도에 관한 단순한 진리를 버리고, 보다 지성적인 교리를 만들어내고자 하는데 있습니다. 이것 때문에 초대 기독교 교회들은 영지주의에 빠졌고, 온갖 이단들이 난무하여 혼란에 빠졌습니다. 이것은 신(新)학설과, 과거 독일에서 크게 인기가 있었고, 지금도 신학의 각 분야에 유혹의 덫이 되고 있는 신(新)학파의 뿌리입니다.

당신이 누구든, 당신이 얼마나 배운 사람이든, 만일 주님의 제자라면, 당신은 신학을 철학화하는 일에 안주해서는 안 됩니다. 당신은 어떤 위대한 사상가의 교훈을 받아들일 수 있고, 또는 다른 심오한 이론가의 안목을 취할 수도 있습니다. 그러나 이것들은 모두 순수한 말씀과 비교하면, 알곡에 끼여 있는 쭉정이에 지나지 않습니다. 아무리 잘 인도를 받아도 이성의 소산은 진리의 초보에 불과하고, 그것조차도 확실성이 결여되어 있습니다. 하지만 그리스도 예수 안에는 지혜와 지식의 모든 보화가 감추어져 있습니다(골 2:3). 그리스도인들이 유니테리안들과 영국 국교회의 광교회 사상가들이 취하고 있는 체계를 만족시키려고 행하는 모든 시도들은 반드시 실패하고 말 것입니다.

천국의 참된 후사(상속자)들은 탐구자의 눈을 기쁨의 섬광으로 빛나게 만들고, 경건한 연구자의 마음을 즐거움으로 채우는 단순한 진리 속으로 돌아와야 합니다. "그리스도 예수께서 죄인을 구원하시려고 세상에 임하셨다"(딤전 1:15). 예수님은 자기를 믿음으로 받아들일 때, 아무리 지성이 높은 자라도 만족시킵니다. 그러나 그분을 떠난 지성은 거듭난 자라도 안식을 발견하지 못할 것입니다. "여호와를 경외하는 것이 지식의 근본이거늘"(잠 1:7), "그의 계명을 지키는 자는 다 훌륭한 지각을 가진 자이니"(시 111:10).

### 골짜기 속 화석류나무 - 스가랴 1:8

본문에 나오는 환상은 스가랴 선지자가 활동하던 당시 이스라엘의 상태를 묘사하고 있습니다. 그러나 그 상황을 우리에게 적용시켜 해석해보면, 그것은 오늘날 세계 속에 존재하는 하나님의 교회를 암시합니다. 교회는 골짜기 속에서 자라고 있는 화석류 나무들과 같습니다. 그것은 숨겨져 있어서 눈에 보이지 않고 신비롭습니다. 아무 생각 없이 바라보는 사람에게는 어떤 영예도 없고, 관심을 끌 만한 매력도 없습니다. 그러나 교회는 그 머리되신 주님처럼 영광을 갖고 있습니다. 하지만 그것은 세속적인 사람의 눈에는 가리어져 있습니다. 왜냐하면 그 영광의 광채가 활짝 펼쳐질 때가 아직 임하지 않았기 때문입니다.

또 본문은 우리에게 평온한 안전을 생각나게 합니다. 그것은 골짜기 속 화석류 나무는 산꼭대기에서 세찬 폭풍이 불어오는 동안에도, 항상 조용하고 고요하기 때문입니다. 돌풍이 알프스의 험한 산봉우리들 위에 몰아닥쳐도 우리 하나님의 도성을 기쁘게 하는 물줄기가 흐르고 있는 저 골짜기 속에는 그 혹독한 바람에도 전혀 흔들리지 않는 화석류 나무가 잔잔한 물가에서 번성하고 있습니다. 하나님의 교회의 내면에 흐르고 있는 평온함은 얼마나 클까요! 심지어는 반대와 핍박이 몰아닥칠 때에도 교회는 세상이 주지 못하고, 그러기에 절대로 그것이 빼앗아갈 수 없는 평화를 누립니다. 도저히 이해할 수 없는 하나님의 평강이 하나님의 백성들의 마음과 생각을 지켜줍니다.

이것이야말로 성도들의 평화롭고, 부단한 성장을 힘있게 보여 주는 상징이 아니겠습니까? 화석류 나무는 그 잎이 떨어지지 않고 항상 푸르름을 유지하는 상록수입니다. 최악의 상황 속에서도 교회는 그 주위에 여전히 복된 푸르름을 드러냅니다. 아니, 때로는 살을 에는 삭풍이 몰아닥치는 가장 혹독한 겨울에 최고의 푸르름을 보여줍니다. 교회는 역경이 가장 심할 때 가장 크게 부흥했습니다.

또한 본문은 승리를 암시합니다. 화석류 나무는 평화의 상징이자 승리의 표지입니다. 승리자들의 이마에는 화석류와 월계수로 만든 관이 씌워졌습니다. 마찬가지로 교회도 항상 승리하지 않습니까? 모든 그리스도인이 자기를 사랑하는 주님을 통해 승리자 이상의 존재가 되지 않습니까? 그래서 성도는 평화 속에서 살며, 승리자로서 잠들지 않겠습니까?

너 잣나무여 곡할지어다 백향목이 넘어졌고 아름다운
나무들이 쓰러졌음이로다 - 스가랴서 11:2

숲 속에서 나무가 쓰러지는 소리가 들리는 것은 나무꾼이 열심히 일하고 있고, 그 숲의 모든 나무는 내일이면 날카로운 도끼에 잘리지 않을까 두려워 떨고 있다는 표지입니다. 우리는 도끼에 베어지도록 표시가 되어있는 나무들과 같습니다. 그러므로 우리는 나무 하나가 베어 넘어지면, 아무리 큰 잣나무든 아무리 작은 전나무든, 도적처럼 임하는 정해진 때가 되면 모든 나무가 그렇게 되리라는 것을 상기해야 합니다. 우리는 종종 죽음에 관해 들을 때, 그것에 대해 무감각해서는 안 된다고 생각합니다. 우리는 종이 울릴 때 뾰족탑 처마에 둥지를 만드는 새처럼 되어서는 안 됩니다. 장엄한 조종(弔鐘)이 공기를 가를 때 조용히 잠을 자서도 안 됩니다. 우리는 죽음을 우리에게 일어나는 모든 사건들 중 가장 심각한 사건으로 받아들이고, 그것이 다가오고 있음을 진지하게 생각해야 합니다. 우리의 영원한 운명이 경각에 달려있는데 한가롭게 오락이나 하는 것은 어리석은 짓입니다. 칼이 칼집에서 나와 있습니다. 우리는 그것을 하찮게 생각해서는 안 됩니다. 그것은 잘 갈아져 날이 아주 날카롭습니다. 그러므로 우리는 그것을 가지고 장난해서는 안 됩니다. 죽음을 대비하지 않는 사람은 바보라도 큰 바보로서 미친 사람입니다. 하나님의 음성이 숲의 나무들 사이에서 들릴 때, 무화과나무와 느릅나무와 잣나무 등 모든 나무는 똑같이 그 음성을 들어야 합니다.

그리스도의 종이여, 준비하십시오. 왜냐하면 주님은 불의한 세상이 그분을 전혀 바라보지 아니할 때 갑작스럽게 임하시기 때문입니다. 당신은 그분의 사역에 충실해야 합니다. 왜냐하면 당신을 위한 무덤이 곧 준비될 것이기 때문입니다. 부모들이여, 준비하십시오. 자녀들이 하나님을 경외하도록 가르치기 바랍니다. 왜냐하면 그들은 곧 고아가 될 것이기 때문입니다. 사업가들이여, 준비하십시오. 당신의 사업이 말씀에 부합하고, 온 마음으로 하나님을 섬기도록 주의하기 바랍니다. 왜냐하면 이 땅에서 당신이 하나님을 섬기는 삶이 곧 끝나고, 선악 간에 자신의 행위에 대해 회계하도록 부르심을 받을 것이기 때문입니다. 우리는 위대하신 왕의 심판대 앞에서 "잘하였도다 착하고 충성된 종아"(마 25:21)라는 은혜의 선언을 들을 수 있도록 조심해야 하겠습니다.

이스라엘이여 너는 행복한 사람이로다 여호와의 구원을
너 같이 얻은 백성이 누구냐 - 신명기 33:29

기독교가 사람을 비참하게 한다고 주장하는 사람은 기독교를 전혀 모르는 이 상한 사람입니다. 기독교가 우리를 얼마나 높은 존재로 승격시켜 주는지를 보면서도, 그것이 우리를 비참하게 만든다니 얼마나 이상한 일입니까! 그것은 우리를 하나님의 아들로 만듭니다. 하나님이 그의 원수들에게 모든 축복을 베푸시고, 그 자신의 가족들에게는 온갖 슬픔을 안겨주신다는 것이 상상이 됩니까? 그의 대적들이 환희와 기쁨을 누리는데, 그의 가정의 자녀들은 슬픔과 불행을 상속받는다는 것입니까? 그리스도 안에 아무 몫이 없는 죄인은 스스로 행복으로 충만하다고 자랑하는데, 우리는 마치 무일푼 거지처럼 슬퍼한단 말입니까? 아닙니다. 우리는 항상 주 안에서 즐거워하고 영광을 상속받습니다. 왜냐하면 우리는 "다시 무서워하는 종의 영을 받지 아니하고 양자의 영을 받았으므로 우리가 아빠 아버지라고 부르짖기"(롬 8:15) 때문입니다. 때로는 우리에게 징계의 채찍이 임하기도 합니다. 그러나 그것은 우리로 하여금 의의 열매를 맺도록 하시기 위함입니다. 그러므로 보혜사 성령의 도우심을 통해 "여호와의 구원받은 백성"인 우리는 우리 구원의 하나님을 기뻐할 것입니다.

우리는 그리스도와 혼인했습니다. 그런데 신랑 되신 주님께서 신부인 우리에게 끊임없이 슬퍼하도록 방치하시겠습니까? 우리의 마음은 그분과 하나로 연합되어 있습니다. 우리는 그분의 지체들로서, 잠시 동안 머리되신 주님께서 고난당하신 것처럼 우리도 고난을 받겠지만, 그렇다고 해도 우리는 지금도 그분 안에서 천국의 축복을 누리고 있습니다. 우리는 결코 작거나 적지 않은 성령의 위로 안에서 우리의 기업을 온전하게 소유하고 있습니다. 영원히 기쁨의 후사(상속자)들인 우리는 그 분깃을 지금도 맛보고 있습니다. 우리의 영원한 일출을 알리는 기쁨의 광채들이 있습니다. 우리의 부요함은 바다 너머에도 있습니다. 우리의 견고한 도성은 강 건너편에도 세워져 있습니다. 영적 세계로부터 나오는 영광의 섬광이 우리의 마음을 기쁘게 하고, 계속 전진하도록 힘을 줍니다. "이스라엘이여 너는 행복한 사람이로다 여호와의 구원을 너 같이 얻은 백성이 누구냐"라는 말씀은 진실로 우리에게 하시는 말씀이 아니고 무엇이겠습니까?

*내 사랑하는 자가 문틈으로 손을 들이밀매 내 마음이 움직여서 - 아가서 5:4*

내 마음은 아주 깊이 잠들어 있었고, 일어나 문을 열기에는 너무나 냉정하고 무감각했기 때문에 문 두드리는 소리로는 충분치 않았습니다. 그러나 주님의 힘 있는 은혜의 손길은 내 영혼의 잠을 깨웠습니다. 오, 나는 게으름의 침대 위에서 잠을 자고 있어서 사랑하는 주님은 들어오지 못하고 문 밖에서 서성거리고 계셨지만, 그분은 오래 참고 기다리셨도다! 오, 두드리고 다시 두드리고, 문을 열어달라고 애타게 간원하는 그분은 얼마나 인내가 많으실까요! 그런데 어떻게 내가 그분을 거절할 수 있겠습니까? 비천한 심령아, 부끄러워하고 몸 둘 바를 모르도록 하라! 하지만 그분이 친히 짐꾼이 되셔서 자기 손으로 문을 여시다니, 얼마나 위대하신 사랑일까요! 겸손하게 자신을 낮추어 빗장을 올리고 열쇠를 돌리시는 손은 얼마나 복된 손일까요! 그래서 나는 오직 주님의 능력으로만 나처럼 악으로 가득 찬 무익한 존재를 구원할 수 있다고 봅니다. 그분의 손이 나를 붙들어주시지 않는다면, 의식들, 아니 심지어는 복음도 내게 아무 소용이 없습니다. 또 나는 다른 모든 것은 아무 소용이 없는 곳에서 그분의 손은 유용하고, 그래서 다른 어떤 것도 열 수 없을 때 그분은 여신다는 것을 느낍니다.

지금도 나는 그분의 은혜로운 임재를 느끼기 때문에 그분의 이름을 송축합니다. 그분이 나를 위해 고난당하셨다는 사실을 생각할 때 커다란 감동에 사로잡히고, 인색한 마음에서 돌아섭니다. 나는 방황했습니다. 다른 것을 더 사랑했습니다. 그분을 근심하게 했습니다. 사랑하는 대상들 중에서 가장 사랑스럽고, 가장 소중한 당신을 나는 부도덕한 아내가 남편을 대하는 것처럼 대했습니다. 오, 나의 끔찍한 죄, 잔인한 자아여! 내가 무엇을 할 수 있을까요! 내가 진정 회개했음을 보여 주기 위해서는 눈물로는 부족합니다. 내 온 마음은 내 자신에 대한 분노로 끓어올라야 합니다. 나의 주님, 나의 전부이신 주님, 나의 최고의 기쁨이신 주님을 마치 처음 보는 사람인 것처럼 대하다니, 나는 얼마나 불쌍한 자일까요! 예수여, 당신은 값없이 용서해 주시지만, 이것으로 부족합니다. 장래에도 불성실하지 않도록 저를 도와주소서. 내 눈물을 당신의 입맞춤으로 지우시고, 내 마음을 정결케 하시며, 다시는 절대로 방황하지 않도록 나를 당신에게 일곱 줄로 꼭꼭 묶어두소서.

여호와께서 하늘에서 굽어보사 모든 인생을 살피심이여 - 시편 33:13

하나님께서 천국 보좌에서 몸을 굽히시고, 하늘에서 내려오사 인간의 필요를 채우시고 그들의 비천함을 돌아보신다는 말씀보다 하나님을 은혜로우신 분으로 묘사하는 말씀은 아마 없을 것입니다. 우리는 소돔과 고모라가 죄악으로 관영했을 때, 그곳을 친히 방문하신 다음에야 그 성읍들을 멸망시키신 하나님을 사랑합니다. 우리는 지극히 높으신 그 영광의 자리에서 쇠약해진 마음으로 화해를 갈망하며 죽어가는 죄인의 입술에 귀를 갖다 대시는 주님을 열렬한 사랑으로 사랑하지 않을 수가 없습니다. 우리는 그분이 우리의 머리카락까지 다 세시고, 우리의 삶을 감찰하시며, 우리의 길을 지시하시는 분임을 알 때, 어떻게 그분을 사랑하지 않을 수 있겠습니까? 특별히 우리가 그분이 그의 피조물들의 세상적 관심사뿐만 아니라 영적 관심사에 대해서도 얼마나 깊은 관심을 갖고 계시는지 안다면, 이 위대한 진리가 얼마나 특별하게 우리 마음속에 다가오겠습니까? 비록 유한한 피조물과 무한하신 창조주 사이에 엄청난 거리가 놓여있다고 해도, 그 둘을 하나로 묶는 고리가 있습니다.

당신이 슬픔의 눈물을 흘리고 있을 때, 하나님이 그것을 모르고 있다고 생각하지 마십시오. 왜냐하면 "아버지가 자식을 긍휼히 여김 같이 여호와께서는 자기를 경외하는 자를 긍휼히 여기시기"(시 103:13) 때문입니다. 당신의 한숨은 여호와의 마음을 움직이는 능력을 갖고 있습니다. 당신의 속삭임은 그분의 귀를 당신에게 가까이 이끌 수 있는 힘이 있습니다. 당신의 기도는 그분의 손을 당신에게 머무르도록 할 수 있고, 당신의 믿음은 그분의 팔을 움직이게 할 수 있습니다. 하나님이 저 높은 곳에 앉아 당신을 무시한다고 생각하지 마십시오. 당신이 아무리 가난하고 빈약한 자라 할지라도, 주님은 당신을 생각해 주신다는 사실을 명심하십시오. 여호와의 눈은 온 땅을 두루 살피면서 그 마음을 온전히 자기에게 향하는 사람들을 위해 강하게 역사하시기 때문입니다.

"오! 그러므로 결코 싫증나지 않는 이 진리를 반복해서 말하라.
내 영혼이 사모하는 하나님과 같은 신은 없노라.
그분이 음성을 발하시면 하늘이 떠는데,
그처럼 위대하신 분이 나에게 얼마나 몸을 낮추시는지 아는가."

9월 28일                                              저녁

일곱 번까지 다시 가라 - 열왕기상 18:43

여호와께서 약속하신 것은 틀림없이 이루어집니다. 비록 여러 달 동안 기도했는데 응답의 증거를 얻지 못했다고 해도, 하나님은 그의 백성들이 자신의 영광에 관련된 일에 열심을 낼 때 그들의 기도에 절대로 무관심하지 않으십니다. 엘리야 선지자는 갈멜산 꼭대기에서 하나님과 계속 씨름했는데, 한순간도 자신이 여호와의 궁정에 어울리지 않는 옷을 입고 있다는 두려움에 사로잡히지 않았습니다. 사환이 6번이나 다시 돌아왔지만, 그럴 때마다 그는 "다시 가라"는 말 외에는 하지 않았습니다. 우리는 불신앙에 대해서는 생각조차 말고 일곱 번씩 일흔 번이라도 믿음을 고수해야 합니다. 믿음은 갈멜산 꼭대기로부터 고대하는 소망을 하늘로 보내고, 그래도 아무것도 보이지 않는다면, 그것은 계속해서 보냅니다. 그때까지 거듭된 실망에도 불구하고, 믿음은 하나님께 있는 힘을 다해 더욱 열렬하게 간구했습니다. 믿음은 겸손하지만, 당혹스러워하지 않습니다. 믿음의 신음소리는 깊고, 그 한숨소리는 아주 애절하지만, 그 붙드는 힘을 결코 늦추거나 그 손을 멈추지 않습니다. 응답이 신속하게 주어지면 육체는 더 즐거울지 모르지만, 믿음이 좋은 영혼들은 순종하는 법을 배웠기 때문에 여호와를 기다리고 (wait for) 섬기는(wait on) 것이 유익이라는 것을 깨닫고 있습니다. 응답이 지체될 때 종종 마음은 자신을 성찰하는 기회를 가지며, 그로 인해 회개와 영적 개혁을 이루기도 합니다. 이렇게 우리의 타락은 치명적인 타격을 입게 되고, 상념의 방들은 깨끗이 청소되어집니다. 사람들이 기도를 소홀히 하고 축복을 잃어버리는 것은 커다란 위험신호입니다.

성도여, 죄에 빠지지 말고 쉬지 말고 기도하며 깨어있으십시오. 작은 구름이 보이면, 큰 비가 내릴 것을 보여 주는 확실한 전조입니다. 마찬가지로 당신에게 어떤 선에 대한 증거가 주어지면, 그것은 당신이 구하는 은혜를 누리도록 특별한 역사가 일어날 징조입니다. 엘리야는 우리와 같은 성정을 가진 사람이었습니다. 그에게 하나님의 능력이 함께 했다면 그것은 그의 공로 때문이 아니었습니다. 그러므로 그의 믿음의 기도가 그토록 크게 응답을 받았다면, 왜 당신의 기도는 응답을 받지 못하겠습니까? 쉬지 말고 끈질기게 예수님의 보배 피를 내세우고 간구하십시오. 그러면 당신의 소원은 반드시 이루어질 것입니다.

548▸549

나병이 과연 그의 전신에 퍼졌으면 그 환자를 정하다 할지니 - 레위기 13:13

이 규정은 아주 이상하게 보이지만 그 안에 지혜가 들어있습니다. 그 이유는 질병이 전신에 퍼진 것이 그 체질의 온전함을 증명하기 때문이었습니다. 오늘 아침 우리가 이처럼 역설적인 법이 주는 교훈을 살펴보는 것은 아주 유익합니다. 우리 역시 나병환자이고, 나병환자에 관한 법은 그대로 우리 자신들에게도 적용될 수 있기 때문입니다. 사람이 자기 자신을 죄의 더러움들로 온통 뒤덮여 있고, 한 부분도 오염으로부터 벗어날 수 없는 완전히 부패하고 타락한 존재로 볼 때, 또 주님 앞에서 자기 자신의 의는 완전히 포기하고 오로지 죄책만 내놓을 때, 그는 예수님의 피와 하나님의 은혜를 통해 깨끗하게 됩니다. 감추어져 있고, 느껴지지 않고, 고백되지 아니한 죄들이 진짜 나병입니다. 그러나 죄가 보이고 느껴질 때, 그것은 결정적인 타격을 입게 되고, 주님은 그것 때문에 고통당하는 영혼을 자비의 눈으로 바라보십니다. 자기의보다 더 치명적인 것은 없고, 회개보다 더 소망적인 것은 없습니다. 우리는 우리가 "죄밖에 없는" 존재임을 고백해야 합니다. 왜냐하면 이에 대한 고백이 없다면 참된 진실도 없기 때문입니다. 그리고 만일 성령이 우리에게 죄를 회개하도록 역사하신다면, 이것을 고백하는데 아무 어려움이 없을 것입니다. 그것은 우리 입술로부터 자동적으로 흘러나올 것입니다. 참으로 깨달은 죄인들에게는 본문이 얼마나 큰 위로가 될까요! 지은 죄가 아무리 더럽고 심각해도, 그 죄를 통회 자복하면, 주 예수님은 그 죄를 사해주실 것입니다. 주님은 자기에게 나아오는 자를 절대로 내쫓지 아니하십니다. 비록 오른편 십자가의 강도처럼 부정해도, 간음죄를 범한 여인처럼 불결해도, 다소의 사울처럼 포악해도, 므낫세처럼 잔인해도, 탕자처럼 방탕해도, 하나님의 크신 사랑의 마음은 자기 안에 선한 것이라고는 하나도 없다고 스스로 느끼는 죄인을 바라보시며, 그가 십자가에 못 박히신 예수님을 믿을 때 그를 정하다 선언하실 것입니다. 그러므로 무거운 짐 진 연약한 죄인이여, 주님께 나아오십시오.

> "가난한 사람도 오고, 죄 지은 사람도 오고,
> 더럽고 굶주린 사람도 오시오.
> 당신은 올 수 없을 만큼 불결하지 않습니다.
> 그러니 그 모습 그대로 오시오."

마음에 사랑하는 자를 만나서 그를 붙잡고 … 가기까지 놓지 아니하였노라 - 아가서 3:4

과거의 그 악한 죄에도 불구하고 그분께 나아가면 그리스도는 우리를 받아주실까요? 그분은 우리가 자기를 찾지 않고 다른 피난처를 먼저 구했던 것에 대해 꾸짖지 않으실까요? 그리고 땅 위에서 그분만한 존재는 없을까요? 그분이 가장 선하고, 가장 아름다우신 분일까요? 오, 그렇다면 우리가 그분을 찬양해야 하리라! 예루살렘의 딸들아, 탬버린과 하프로 그분을 찬송하라! 우상을 끌어내리고 주 예수님을 위에 올려놓으십시오. 그리고 오만과 교만의 군기들은 발로 짓밟고, 세상이 조롱하고 멸시하는 예수님의 십자가를 높이 드십시오. 오 우리의 왕 솔로몬의 상아 보좌여! 영원토록 그분을 높이고, 내 영혼은 그분의 발등상에 엎드리고 그분의 발에 입맞춤하며 눈물로 닦아 드리리라. 오, 그리스도는 얼마나 보배로울까요! 어떻게 그분을 그토록 무시하는 생각을 할 수 있을까요? 그분이 그토록 충만하고, 그토록 부요하고, 그토록 만족스러운데, 어떻게 기쁨과 위로를 찾아 다른 곳으로 갈 수 있겠습니까?

사랑하는 성도여, 나는 절대로 주님을 떠나지 아니하리라고 당신의 마음과 굳게 약속을 하고, 그것을 확증해 달라고 주님께 구하십시오. 당신을 그분의 손의 인장처럼, 그분의 팔의 팔찌처럼 생각해 달라고 간청하십시오. 신랑이 훈장으로 자신을 장식하듯이, 신부가 보석으로 자신을 치장하듯이 당신을 그분 옆에 두도록 간구하십시오. 나는 그리스도의 마음속에 살기를 원합니다. 내 영혼은 영원한 반석의 갈라진 틈 사이에 영원히 거하기를 소원합니다. "나의 왕, 나의 하나님, 만군의 여호와여 주의 제단에서 참새도 제 집을 얻고 제비도 새끼 둘 보금자리를 얻었나이다"(시 84:3). 나의 참되고 유일하신 안식처인 오 예수여, 저도 당신 안에 나의 둥지, 나의 집을 갖기를 원하나이다. 당신의 비둘기의 영혼을 다시는 당신에게서 떠나지 말게 하소서.

> "보배로우신 주님을 찾을 때,
> 나의 열정은 뜨겁게 불타오르네.
> 그분을 사랑의 줄로 묶어놓고,
> 붙잡고 절대로 가게 하지 않으리라."

그의 이름의 영광을 찬양하고 영화롭게 찬송할지어다 - 시편 66:2

우리가 하나님을 찬양할지의 여부를 결정하는 것은 우리에게 달려있는 것이 아닙니다. 찬양은 하나님이 마땅히 받으셔야 할 무조건적 권리입니다. 그분의 은혜를 받은 모든 그리스도인은 날마다 하나님을 찬양해야 합니다. 물론 날마다 찬양을 드리라는 것이 율법적 조항으로 정해져 있는 것은 아닙니다. 우리는 찬송과 감사의 시간을 정해놓고 찬양하라는 계명을 갖고 있지 않습니다. 그러나 마음에 기록된 법이 하나님을 찬양하는 것이 옳다고 우리에게 가르쳐 줍니다. 기록되지 않은 명령도 돌비에 기록된 계명이나 천둥이 울리는 시내산 꼭대기에서 전달받은 율법 못지않게 강력한 힘을 갖고 있습니다.

그렇습니다. 하나님을 찬양하는 것은 그리스도인의 의무입니다. 그것은 단순히 즐거워 행하는 일일 뿐만 아니라 그의 인생의 절대적 의무이기도 합니다. 항상 슬픔에 빠져있는 사람이여, 당신은 이 점에 있어서 죄가 없다고 생각하거나 찬송의 노래를 부르지 않고서도 하나님에 대한 의무를 다했다고 상상해서는 안 됩니다. 당신은 살아있는 동안 항상 그분의 이름을 송축하도록 그분의 사랑의 줄로 묶여있는 존재입니다. 당신은 입술로 끊임없이 그분을 찬양해야 합니다. 왜냐하면 당신은 그분을 송축하도록 축복을 받았기 때문입니다. "이 백성은 내가 나를 위하여 지었나니 나를 찬송하게 하려 함이니라"(사 43:21). 만일 하나님을 찬양하지 않는다면, 당신은 하늘의 신랑이신 주님이 당신에게 마땅히 기대하고 있는 열매를 맺지 못하는 것입니다. 그러므로 당신의 수금을 버드나무에 매달아 놓지 마십시오. 어서 그것을 내려 감사하는 마음으로 현을 켜고, 큰 소리로 노래를 부르십시오. 어서 일어나 하나님을 찬송하십시오. 매일 새 아침이 올 때마다 감사의 노래를 소리 높여 부르고, 매일 해가 질 때마다 찬송을 부르십시오. 온 땅을 당신의 찬양으로 가득 채우십시오. 그곳을 찬송의 선율이 가득 찬 분위기로 만드십시오. 그러면 하나님이 하늘에서 당신의 찬송을 들으시고 받아주실 것입니다.

> "나는 지금 주님을 사랑하듯 앞으로도 사랑하리라.
> 또 주님을 찬양하는 노래를 부르리라.
> 주는 나의 사랑하는 하나님이요,
> 나의 구속하는 왕이시니이다."

### 산 개가 죽은 사자보다 낫기 때문이니라 - 전도서 9:4

생명은 보배로운 것이고, 아무리 비천한 상태에 있더라도 그것은 죽음보다는 낫습니다. 이 진리는 그대로 영적 사실에도 적용됩니다. 천국에서 가장 낮은 자는 천국 밖에서 가장 큰 자보다 낫습니다. 아무리 하찮은 은혜라도 거듭나지 아니한 본성이 보여 주는 가장 고상한 능력보다 훨씬 낫습니다. 성령이 영혼 속에 영적 생명을 심는 곳에는 아무리 유익한 교육을 받더라도 결코 비교할 수 없는 보배가 있습니다. 십자가상의 오른편 강도는 보좌에 앉아있는 가이사보다 더 우월합니다. 개들에게 둘러싸인 나사로가 원로원 의원들 사이에 있는 키케로보다 더 고귀합니다. 하나님이 보시기에는 교육을 받지 못한 무식한 그리스도인이 플라톤보다 더 우수합니다. 생명은 영적 영역에서 고상함을 보여 주는 상징입니다. 영적 생명이 없다면 사람들은 단지 똑같이 생명이 없는 물질보다 더 낫거나 아니면 못하거나 하는 표본에 불과합니다. 그들은 죄와 허물로 말미암아 죽었기 때문에 다시 살아나야 할 필요가 있습니다.

내용은 거칠고 문체는 세련되지 못했을지라도 생명력 있고, 사랑이 넘치는 복음적 설교는 표면적으로는 탁월하지만 성령의 역사와 능력이 결여되어 있는 설교보다 낫습니다. 산 개는 죽은 사자보다 그 능력이 낫고, 그 주인에게 더 도움을 줍니다. 마찬가지로 아무리 볼품없어 보여도 신령한 설교자는, 지혜는 없이 말만 늘어놓고, 생명력은 없이 소리만 높이는 웅변가보다 백 배 낫습니다. 우리의 기도와 다른 종교적 실천들에 대해서도 이것은 마찬가지입니다. 만일 우리가 성령으로 말미암아 그것들 속에서 소성케 된다면, 비록 그것들이 가치 없는 일처럼 생각되어도, 예수 그리스도를 통해 하나님께 인정을 받습니다. 우리의 마음이 함께하지 못하는 실천들은 아무리 거창하더라도, 죽은 사자처럼 살아계신 하나님의 눈에는 단순히 썩은 고깃덩어리에 지나지 않습니다.

오 살아있는 신음소리, 살아있는 한숨소리, 살아있는 낙심은 죽은 노래와 죽은 평정보다 훨씬 낫도다! 어떤 것이든 죽음보다는 낫습니다. 지옥의 개가 으르렁거리는 소리는 최소한 우리를 깨어있도록 만들 수 있습니다. 그러나 죽은 신앙과 죽은 고백, 그것보다 사람에게 더 큰 저주가 있을까요? 오 주여, 우리를 소성케 하소서, 소성케 하소서!

*여러 가지 귀한 열매가 새 것, 묵은 것으로 마련되었구나*
*내가 내 사랑하는 자 너를 위하여 쌓아 둔 것이로다 - 아가서 7:13*

신부는 자기가 맺는 모든 열매를 예수님께 드리고 싶어합니다. 우리의 마음은 "새 것, 묵은 것 할 것없이 모든 귀한 열매"를 갖고 있습니다. 그것들은 사랑하는 주님을 위해 쌓아둔 것입니다. 풍성한 결실의 계절인 이 가을에 우리는 우리의 마음의 창고를 조사해 보아야 합니다. 우리는 새 열매를 갖고 있습니다. 우리는 새 생명, 새 기쁨, 새 감사를 느끼기를 원합니다. 우리는 새로운 결단을 하고, 새로운 수고를 통해 그것을 이루고 싶어합니다. 우리의 마음은 새로운 기도로 만발해 있고, 우리의 영혼은 새로운 수고를 요청하고 있습니다. 그러나 우리는 묵은 열매도 갖고 있습니다. 우리의 첫 사랑입니다. 그것은 최고의 열매입니다! 예수님은 그 안에서 기뻐하십니다. 또 우리의 첫 믿음도 있습니다. 그것은 아무것도 없는 우리를 모든 것의 소유자로 만들어 주었습니다. 처음 주님을 알았을 때 우리는 기쁨이 충만했습니다. 지금 우리는 그것을 다시 회복해야 합니다. 우리는 약속들에 대한 묵은 기억들도 갖고 있습니다. 하나님은 얼마나 신실하신 분이었을까요! 병들었을 때, 그분은 우리의 침대를 얼마나 부드럽게 만드셨을까요! 깊은 물에 빠졌을 때, 그분은 얼마나 침착하게 우리를 꺼내 주셨을까요! 이글거리는 풀무불 속에 있을 때, 그분은 얼마나 은혜롭게 우리를 구원하셨을까요! 정말 멋진 묵은 열매들이여! 우리는 그 중 많은 열매를 갖고 있습니다. 왜냐하면 그분은 은혜를 우리 머리카락 숫자보다 더 많이 베푸셨기 때문입니다. 우리는 묵은 죄들을 후회하지만, 십자가로 나아가 그분의 피의 공로에 의지함으로써, 하나님이 우리에게 주신 회개의 열매를 갖고 있습니다. 오늘 아침 우리는 새 것과 묵은 것을 망라해 많은 열매를 갖고 있습니다. 그러나 여기서 중요한 것은 그것들은 모두 예수님을 위해 마련된 것들이라는 것입니다. 진실로 그것들은 영혼의 유일한 목적인 예수님을 섬기고, 우리의 모든 수고의 목표인 그분의 영광을 드러내는데 가장 유용한 도구들입니다. 그러므로 우리가 맺는 많은 열매들을 오직 사랑하는 주님만 위해서 쌓아둡시다. 또 그것들은 사람들 앞에서는 치켜들지 말고, 그분이 우리와 함께 하실 때에 보여줍시다. 예수여, 우리가 우리 정원 문의 열쇠를 당신께 드립니다. 그리하여 아무나 들어와 당신이 피 같은 땀을 흘리며 물을 주신 땅으로부터 맺어진 열매들을 하나도 훔쳐가지 못하도록 하소서. 오 사랑하는 주 예수여, 우리가 가진 모든 것은 당신의 것, 오직 당신의 것입니다.

여호와께서 은혜와 영화를 주시며 - 시편 84:11

　여호와는 그 속성상 인정이 많으십니다. 주시는 것은 그분의 기쁨입니다. 그분의 선물은 무한히 보배롭고, 태양빛처럼 값없이 주어집니다. 그분은 자신이 원하시기 때문에 그의 택자들에게, 자신의 언약 때문에 그의 구속받은 자들에게, 자신의 약속 때문에 부르심을 받은 자들에게, 그들이 그것을 구하기 때문에 신자들에게, 그들이 그것을 필요로 하기 때문에 죄인들에게 은혜를 베푸십니다. 그분은 은혜를 주시되, 충만히, 적절하게, 지속적으로, 기꺼이 그리고 주권적으로 주십니다. 그 주시는 방법을 보면 그 은혜의 가치는 갑절로 커집니다. 하나님은 모든 은혜를 그의 백성들에게 값없이 베푸십니다. 위로와 보존과 성결과 지시와 교훈과 도우심과 같은 은혜를 그분은 영혼들에게 끊임없이 관대하게 부어주십니다. 어떤 일이 일어나든 그분은 항상 그렇게 행하십니다. 우리는 병에 걸렸지만, 그분은 은혜를 베푸십니다. 가난이 우리를 엄습했지만, 은혜는 확실하게 주어질 것입니다. 죽음의 흑암이 닥쳐오더라도, 그분의 은혜는 가장 어두운 시간에 촛불을 밝힐 것입니다. 성도여, 세월이 흘러 나뭇잎이 다시 떨어지는 때가 오더라도 "여호와께서 은혜를 주시리라"는 시들지 않는 약속을 누릴 수 있다는 것은 얼마나 복된 일일까요!

　본문에서 은혜라는 말과 영화라는 말 사이에 들어있는 접속사 '와'(and)는 현재와 미래를 하나로 묶어버리는 다이아몬드 대못입니다. 은혜와 영화는 항상 함께 갑니다. 하나님은 그것들을 결혼시키셨고, 아무도 그것들을 분리시킬 수 없습니다. 주님은 자신의 은혜를 값없이 베푸신 영혼들을 영화롭게 하는 것 역시 부정하지 않으십니다. 진실로 영화는 가장 아름다운 옷을 입은 은혜, 활짝 핀 은혜, 잘 익은 가을 열매와 같은 은혜에 다름 아닙니다. 우리가 언제 영화롭게 될지에 대해서는 아무도 말할 수 없을 것입니다! 금년 10월이 다 가기 전에, 우리는 거룩한 도성을 볼지도 모릅니다. 그러나 그 기간이 길든 짧든, 반드시 영화롭게 될 것입니다. 영화 곧 천국의 영광, 영원한 영광, 예수님의 영광, 아버지의 영광을 주님은 그의 백성들에게 반드시 주실 것입니다. 오, 신실하신 하나님의 고귀한 약속이여!

　　"두 개의 황금 고리가 하나의 천국 사슬로 묶여있네.
　　은혜를 소유한 자는 영화도 확실하게 얻게 되리라."

### 너희를 위하여 하늘에 쌓아 둔 소망 - 골로새서 1:5

우리는 그리스도 안에 미래에 대한 소망을 두고 있기 때문에 이 세상에서 기쁨을 누릴 수 있습니다. 우리의 마음은 천국에 관해 생각할 때마다 신이 납니다. 왜냐하면 우리가 바라는 모든 것이 거기에 약속되어 있기 때문입니다. 여기서 우리는 피곤하고 지치지만, 거기는 수고자의 이마에 더 이상 땀방울이 맺히지 않고, 피곤은 영원히 사라지는 안식의 땅입니다. 피곤하고 지친 자들에게 천국은 "안식"이라는 말로 가득 차 있습니다. 지금 여기서 우리는 항상 전쟁터에 있습니다. 우리는 안으로 많은 유혹에 시달리고, 밖으로 원수들에게 둘러싸여 있기 때문에 거의 아니 전혀 평화를 누릴 수 없습니다.

그러나 승리를 구가하는 천국에서 승리의 깃발이 높이 휘날리고, 칼은 칼집에 도로 꽂혀질 때, 우리는 대장되신 주님이 "잘하였도다. 착하고 충성된 종아"라고 말씀하시는 음성을 듣게 될 것입니다. 여기서 우리는 뺏기고 뺏기는 상실을 경험하지만, 무덤이 전혀 없는 불멸의 땅 천국으로 갈 것입니다. 여기서 죄는 우리를 끊임없이 슬프게 하지만, 거기서 우리는 온전한 거룩에 들어갈 것입니다. 왜냐하면 그 나라에는 더러운 것은 조금도 들어갈 수 없기 때문입니다. 천상의 밭고랑에는 독초가 자라지 못하는 법입니다. 오! 당신이 영원히 추방당하지 않고, 이 광야에서 영원히 살지 않으며, 곧 가나안 땅을 기업으로 받아 누리게 되리라는 것은 얼마나 큰 기쁨일까요!

그럼에도 불구하고 현재는 망각하고 미래에 관해서만 꿈꾸고 있다는 말을 들어서는 안 됩니다. 미래에 대한 생각을 잘 활용하여 현재의 삶을 성결케 해야 합니다. 천국에 대한 소망은 하나님의 영을 통해 우리의 영적 삶의 수준을 높일 수 있는 가장 강력한 힘입니다. 그것은 즐거운 수고의 원천이요, 신나는 거룩의 초석입니다. 자기 안에 이 소망을 품은 사람은 무슨 일을 하든지 힘있게 감당합니다. 그것은 하나님을 즐거워하는 것이 그의 힘이기 때문입니다. 그는 시험이 닥칠 때 강력하게 대적합니다. 내세에 대한 소망이 원수의 불화살을 물리치도록 힘을 주기 때문입니다. 그는 또 현재 주어지는 아무 보상이 없어도 열심히 수고할 수 있습니다. 왜냐하면 다가올 세상에서 받을 상급을 바라보기 때문입니다.

큰 은총을 받은 사람 - 다니엘서 10:11

　　하나님의 자녀여, 당신은 자신이 이 호칭에 합당한 사람이라고 말하기를 주저합니까? 아! 당신은 불신앙 때문에 당신이 얼마나 큰 은총을 받은 사람인지를 잊었습니까? 흠도 없고 점도 없으신 어린양이신 그리스도의 보혈로 값주고 사셨을 정도로 당신은 하나님의 큰 사랑을 받은 것이 아닙니까? 하나님이 당신을 위해 독생자를 희생시키셨을 때, 이것만큼 큰 사랑이 어디 있습니까? 당신이 죄 속에 살며 방탕에 빠졌을 때, 하나님은 당신을 무한히 참으셨습니다. 그것이야말로 당신이 큰 사랑을 받은 증거가 아닙니까? 당신은 은혜로 말미암아 부르심을 받아 구주께 인도되었고, 그 결과 하나님의 자녀와 천국의 상속자가 되었습니다. 이 모든 것은 하나님의 크고 넘치는 사랑을 입증하는 것이 아닙니까? 그때부터 당신의 길은 환난으로 험해지거나 자비로 평탄하거나 간에, 당신이 큰 은총을 받았다는 증거들로 가득했습니다.

　　만일 하나님이 당신을 징계하신다면, 그것은 분노 때문이 아닙니다. 또 그분이 당신을 가난하게 하신다면, 당신은 은혜 안에서는 부요한 자가 될 것입니다. 스스로를 무가치하다고 느낄수록 당신 같은 영혼들을 구원하기 위해 주 예수님께 나아가도록 한량없는 사랑이 베풀어졌다는 증거를 당신은 더 많이 소유하게 될 것입니다. 자신의 결함을 더 크게 느낄수록 당신을 택해서 부르시고 축복의 상속자로 삼아주신 하나님의 풍성한 사랑은 더 분명히 보여질 것입니다. 그리고 만일 하나님과 우리 사이에 이 같은 사랑이 개입되어 있다면, 우리는 그 감동과 감격 속에서 살고, 우리가 갖고 있는 특권을 사용해야 합니다. 우리는 마치 우리가 이방인인 것처럼, 또는 그분이 우리를 전혀 들으시지 않는 것처럼, 주님께 나아가서는 안 됩니다. 왜냐하면 우리는 사랑하는 아버지께 큰 은총을 받았기 때문입니다. "자기 아들을 아끼지 아니하시고 우리 모든 사람을 위하여 내주신 이가 어찌 그 아들과 함께 모든 것을 우리에게 주시지 아니하겠느냐"(롬 8:32) 오신자여, 그러므로 담대하게 나아오십시오. 사탄의 속삭임과 당신 자신의 마음의 의심에도 불구하고, 당신은 큰 은총을 받았습니다. 오늘 저녁 하나님의 사랑의 그 헤아릴 수 없는 위대하심과 신실하심을 묵상하고, 평안히 잠자리에 들기 바랍니다.

모든 천사들은 섬기는 영으로서 구원 받을 상속자들을 위하여
섬기라고 보내심이 아니냐 - 히브리서 1:14

천사들은 하나님의 성도들을 수종드는 보이지 않는 수행원입니다. 그들은 우리의 발이 돌에 걸려 넘어지지 않도록 그들의 손으로 우리를 붙들고 다닙니다. 그들은 하나님에 대한 충성 때문에 사랑하는 그의 자녀들에 대해 깊은 관심을 갖습니다. 그들은 아래에서는 탕자가 자기 아버지 집으로 돌아오는 것을 즐거워 하고, 위에서는 신자가 왕의 궁정으로 들어오는 것을 환영합니다. 옛날 하나님의 자녀들은 천사들의 모습을 실제로 보게 되는 특혜를 받았습니다. 오늘날에는 비록 우리 눈에 보이지 않아도 하늘 문은 여전히 열려 있고, 하나님의 사자들은 인자 위로 오르락내리락 하면서 구원의 상속자들을 찾아갑니다. 스랍은 지금도 제단에서 핀 숯불을 가져다 하나님의 큰 은총을 받은 사람들의 입술에 댑니다. 만일 우리의 눈이 열린다면, 우리는 하나님의 종들 주변에서 불 말들과 불 병거들을 보게 될 것입니다. 왜냐하면 우리가 이른 곳은 천국의 후사들을 지키고 보호하는 무수한 천군천사들이 있는 곳이기 때문입니다. 스펜서가 다음과 같이 노래하는 것은 결코 달콤한 상상이 아닙니다:

"천사들은 얼마나 자주 금빛 날개를 헤치며 나아갈까!
재빠르게 움직이는 시종들처럼, 하늘을 훨훨 날아
사악한 원수들과 싸우고 있는 우리를 돕는다."

천국의 훌륭한 충신인 천사들이 기꺼이 섬기는 종이 되다니, 택자들은 얼마나 고귀한 존재일까요! 우리가 흠 없는 천사들과 교제를 나누다니, 얼마나 깊은 교통일까요! 이만 대에 달하는 하나님의 병거들이 우리를 구원하기 위해 무장하고 있다니, 얼마나 우리가 대단한 보호를 받고 있는 것일까요! 우리가 누구 덕분에 이 모든 특권을 누리고 있습니까? 우리는 주 예수 그리스도를 영원토록 사랑해야 합니다. 왜냐하면 그분으로 말미암아 우리는 천국에서 정사(통치자들)와 권세(자)들보다 훨씬 더 높은 자리에 앉아 있게 되었기 때문입니다. 주님의 군대는 그분을 경외하는 사람들 주위에 진을 치고 있습니다. 그분은 그 발을 용 곧 마귀 위에 올려놓고 계시는 참 미가엘이십니다. 예수여! 여호와의 임재를 가져오는 천사장이신 당신께 우리 온 가족이 이 아침에 헌신을 다짐합니다.

그가 시험을 받아 고난을 당하셨은즉 - 히브리서 2:18

　예수님이 나처럼 시험을 받으셨다는 것은 평범한 사상이지만, 지친 심령에게는 감로주처럼 달콤한 사상입니다. 당신은 그 진리를 수없이 들었을 텐데, 그러면 그것을 이해했습니까? 그분은 우리가 저지르는 죄와 똑같은 죄를 범하도록 유혹을 받았습니다. 예수님에게서 우리와 공통적인 인성(人性)을 떼어내지 마십시오. 당신이 통과하고 있는 어두운 방을 예수님이 먼저 통과하셨습니다. 당신이 하고 있는 치열한 싸움을 예수님도 똑같이 치르셨습니다. 우리는 그리스도께서 우리보다 앞서 짐을 짊어지셨다는 것을 생각하고 힘을 내야 합니다. 영광의 왕의 피로 얼룩진 발자국을 우리는 이 시간 밟고 가는 길에서 볼 수 있습니다. 그러나 더 감동적인 사실이 있습니다. 그것은 예수님은 시험을 받으셨으나 죄를 범하지 아니하셨다는 것입니다. 그렇다면 내 영혼아, 그대가 반드시 죄를 범하리라는 보장은 없다. 예수님은 사람이셨고, 만일 한 사람이라도 시험을 받았으나 죄를 범하지 않았다면, 그분의 능력 안에서 그분의 지체들 역시 죄를 범하지 않을 수 있을 것이기 때문이다.

　영적 생활을 갓 시작한 초신자들은 자기들이 시험을 받으면 범죄할 수밖에 없다고 생각하는데, 그것은 잘못입니다. 시험받을 때 범하는 죄는 없습니다. 시험에 굴복할 때 죄를 범하게 되는 것입니다. 여기에 시험받는 자들에게 주어지는 위로가 있습니다. 만일 주 예수님이 시험받았으나 영광스럽게 승리하셨다는 것을 생각한다면, 그들은 큰 용기를 얻을 것입니다. 주님이 이겨내신 것처럼 그분을 따르는 자들 역시 이겨낼 수 있습니다. 왜냐하면 예수님은 그의 백성들의 대표자이기 때문입니다. 머리가 승리했다면 그 승리를 지체들도 함께 누리는 법입니다. 그리스도께서 우리를 보호하기 위해 무장하고 우리와 함께하시기 때문에 우리는 두려워할 필요가 없습니다. 우리의 안전지대는 구주의 품 안입니다. 아마 우리는 지금이라두 그분께 더 가까이 나아가도록 시험을 받게 될지도 모릅니다. 우리 구주의 사랑의 항구로 나아가도록 우리에게 부는 바람은 복이 있도다! 사랑하는 의사를 찾도록 우리를 이끄는 상처는 참으로 복되도다! 시험 속에 있는 자들이여, 시험받으신 구주께 나아오십시오. 그분은 여러분의 연약한 부분을 어루만져 주실 것입니다. 시련과 시험 속에 있는 모든 자들을 그분은 구원하실 것입니다.

어두워 갈 때에 빛이 있으리로다 - 스가랴서 14:7

가끔 우리는 저녁에도 빛이 있다는 사실을 망각하고 불길한 예감으로 노년의 시기를 바라보곤 합니다. 많은 성도들에게 노년기는 그의 인생에 있어서 최고의 시기가 됩니다. 인생의 바다를 항해하는 선원이 불멸의 해안으로 다가가면, 그의 바다의 파도는 점차 수그러들고, 깊고 잔잔하고 엄숙한 고요가 찾아오는데, 그때 부드럽고 온화한 바람이 그의 뺨을 스칩니다. 세월의 제단으로부터 청춘의 불꽃은 사라지지만, 진지한 감정의 참된 불꽃은 더 활활 타오릅니다. 순례자들은 안식의 땅인 뿔라에 도착했는데, 그 땅에서의 날들은 지상천국의 날들과 같습니다. 천사들이 찾아오고, 천국의 바람이 불어오며, 낙원의 꽃들이 자라고, 창공은 천사들의 노래로 가득 차 있습니다. 어떤 사람들은 이 땅에 다년간 머무르고, 또 어떤 사람들은 천국으로 떠나기 전 잠시 머무릅니다. 그러나 그곳은 지상의 에덴입니다. 우리는 그 동산 나무 그늘 아래 누울 때를 간절히 사모하며, 그 열매를 따먹게 될 때를 소망으로 기다릴 수 있습니다. 서산에 지는 해는 중천에 떠있는 해보다 더 크게 보이고, 찬란한 영광의 광채는 그 지는 해 주위를 둘러싸고 있는 구름들을 아름답게 물들입니다. 고통도 달콤한 황혼기인 노년의 고요함을 깨뜨리지 못합니다. 그 이유는 그 모든 것을 인내로 감당함으로써 약해진 힘이 더 온전해지기 때문입니다. 경험이라는 잘 익은 극상품 과실들은 인생의 저녁에 특별한 정찬을 마련해주고, 영혼은 안식을 준비합니다.

주의 백성들은 또한 죽음의 순간에도 빛을 즐거워할 수 있습니다. 그림자가 드리워지고, 밤이 오면, 존재는 끝난다고 불신앙은 슬퍼합니다. 아 그러나 믿음은 밤이 지나면 참된 낮이 가까이 온다고 외칩니다. 빛이 옵니다. 불멸의 빛, 아버지의 얼굴의 빛이 올 것입니다. 당신의 발을 침상 위로 올리고 당신을 기다리고 있는 천사들을 보십시오! 천사들이 당신에게 손짓하고 있습니다. 안녕, 사랑하는 자여, 당신은 갑니다. 손을 흔드십시오. 아, 그런데 빛이 비치는군요. 진주 문이 열리고, 황금 길이 벽옥 빛 속에서 빛나고 있습니다. 우리는 눈을 감지만, 당신은 보이지 않는 세계를 바라봅니다. 안녕, 형제여, 어둠이 짙어올 때 우리가 아직 갖지 못한 빛을 당신은 갖고 있습니다.

만일 누가 죄를 범하여도 아버지 앞에서 우리에게 대언자가 있으니
곧 의로우신 예수 그리스도시라 - 요한일서 2:1

"만일 누가 죄를 범하여도 아버지 앞에서 우리에게 대언자(advocate)가 있으니." 그렇습니다. 우리는 죄를 범하여도 그분은 여전히 계십니다. 요한은 "만일 누가 죄를 범하면 그의 대언자를 상실하리니"라고 말하지 않고, 어떤 죄를 범하더라도 "우리에게 대언자가 있으니"라고 말합니다. 신자가 지금까지 범한 또는 범할 수밖에 없는 어떤 죄도 그의 대언자이신 주 예수 그리스도와의 관계를 절대로 파괴할 수 없습니다. 여기서 우리 주님에게 주어진 이름은 시사하는 바가 많습니다. "예수" 아! 여기서 그분은 우리에게 필수적인 대언자이십니다. 왜냐하면 예수는 그 임무와 즐거움이 구원하시는 일에 있으신 분의 이름이기 때문입니다. "이름을 예수라 하라 이는 그가 자기 백성을 그들의 죄에서 **구원할 자이심이라**"(마 1:21). 그분의 사랑스러운 이름은 그분의 성공을 암시합니다. 그 다음 그것은 "예수 그리스도"인데, 여기서 그리스도(크리스토스)는 기름부음 받은 자입니다. 이것은 그분의 변론자로서의 그분의 권위를 보여 줍니다. 그리스도는 변론할 권리를 갖고 계십니다. 왜냐하면 그분은 아버지 자신으로부터 지정받은 대언자요, 세움 받은 제사장이기 때문입니다. 만일 그분이 우리의 선택에 따라 정해졌다면, 그분은 실패할 수도 있을 것입니다. 그러나 하나님이 그분을 도우신다면, 우리는 안심하고 문제를 그분 위에 둘 수 있습니다. 그분은 그리스도이기에 권위가 있었습니다. 또 그분은 그리스도이기에 자격이 있었습니다. 왜냐하면 기름부음으로 그분의 사역이 그만큼 합당하게 되었기 때문입니다. 그분은 하나님의 마음을 움직이고, 설득시키기 위해 변론하실 수 있습니다. 기름부음을 받으신 주님은 얼마나 부드러운 말로, 얼마나 설득력 있는 문장으로 나를 위해 변론해 주실까요! 마지막으로 그분의 이름에 덧붙여진 말(형용사)이 있습니다. "**의로우신** 예수 그리스도시라." 이것은 그분의 인격일 뿐만 아니라 그분의 탄원이기도 합니다. 그것은 그분의 인격인데, 만일 의로우신 그분이 나의 대언자라면, 나의 소송은 좋은 판결을 받고, 그렇지 않다면 그분은 그것을 변론하지 않으실 것입니다. 그것은 그분의 탄원인데, 그 이유는 그분이 자신의 의로움을 내세우심으로써 나의 불의함을 면책시키기 때문입니다. 그분은 자신을 내 대리인으로 선포하고, 자신의 순종을 나의 것으로 만드십니다. 내 영혼아, 그대는 그대를 옹호하는데 성공할 수밖에 없는 정말 좋은 친구를 갖고 있다. 그러므로 그분의 손에 그대를 완전히 맡기라.

이에 일어나 먹고 마시고 그 음식물의 힘을 의지하여 사십 주 사십 야를 가서 - 열왕기상 19:8

은혜로우신 우리 하나님이 우리에게 공급해 주시는 모든 힘은 낭비하거나 자랑하라고 주신 것이 아니라 그분을 섬기라고 주신 것입니다. 선지자 엘리야는 로뎀 나무 아래 누워 자다가 숯불에 구운 떡과 한 병의 물이 머리맡에 있음을 발견했을 때, 맛좋은 음식을 배불리 먹고 편안히 쉬는 한량이 되지 아니했습니다. 아니 오히려 그는 그것을 먹고 힘을 얻어 사십 일 밤낮을 쉬지 않고 하나님의 산 호렙까지 가는 사명을 수행했습니다. 주님이 제자들을 청하여 "와서 조반을 먹으라"고 하셨을 때, 식사 후 그분은 베드로에게 "내 양을 먹이라"고 말씀하신 다음에 "나를 따르라"고 덧붙이셨습니다.

이것은 우리에게도 마찬가지입니다. 우리는 주님을 섬기는데 힘을 얻도록 하늘의 떡을 먹습니다. 우리는 유월절이 오면, 주린 배를 채우는 즉시 출발할 수 있도록, 허리에 띠를 띠고 손에 지팡이를 들고 어린양을 먹습니다. 어떤 그리스도인들은 그리스도를 먹고 사는 것은 좋아하지만, 그리스도를 위해 사는 데는 관심이 별로 없습니다. 땅은 천국을 위해 준비하는 곳이 되어야 합니다. 천국은 성도들이 최고의 성찬을 먹고 가장 부지런히 일하는 곳입니다. 거기서 성도들은 주님의 식탁에 앉아있고, 그분의 성전에서 밤낮으로 쉬지 않고 그분을 섬기고 있습니다. 그들은 천상의 음식을 먹고, 완전한 봉사에 임합니다.

성도여, 그리스도를 통해 날마다 얻는 힘으로 그분을 위해 수고하기를 바랍니다. 우리들 가운데에는 아직도 주님이 왜 은혜를 베푸시는지 그 이유를 배워야 할 자들이 많습니다. 우리는 보배 같은 진리의 곡식을, 애굽의 미라들이 오랜 세월 동안 곡식을 갖고만 있는 것처럼, 손에 쥐고 있어서 그것이 자랄 기회를 주지 않아서는 안 됩니다. 우리는 그것을 심고 물을 주어야 합니다. 주님이 갈한 땅에 비를 내리고, 온화한 햇빛을 보내시는 이유가 무엇일까요? 그것은 땅의 열매들이 사람의 양식을 만들도록 하기 위해서가 아닙니까? 마찬가지로 하나님도 우리가 그분의 영광을 높이는데 필요한 새 힘을 주시려고 우리 영혼을 먹이고 새롭게 하시는 것입니다.

믿고 세례를 받는 사람은 구원을 얻을 것이요 - 마가복음 16:16

맥도널드 목사는 세인트 킬다 섬 주민들에게 사람이 어떻게 구원받는지를 물었습니다. 한 노인은 "회개하고 죄를 버리고 하나님께 돌아오면 구원을 받습니다"라고 대답했습니다. 한 중년 부인은 "예, 거기에 참된 마음도 있어야 합니다"라고 말했습니다. 세 번째 사람은 "기도해야 합니다." 또 네 번째 사람은 "마음으로 하는 기도가 되어야 합니다." 그리고 다섯 번째 사람은 "우리는 계명을 잘 지켜야 합니다"라고 말했습니다. 이처럼 그들은 각자 미력을 다해 자기들의 신조를 피력했고, 그것이 꽤 훌륭하다고 느꼈기 때문에 그들은 모두 설교자가 자기들의 의견에 동조해주기를 바랐습니다. 그러나 그는 그들에게 깊은 연민을 느꼈습니다. 육에 속한 사람은 항상 스스로의 힘으로 자아가 열심히 일해서 높아질 수 있는 길을 모색합니다. 그러나 주님의 길은 그와는 정반대입니다. 믿고 세례를 받는 것은 자랑스럽게 여길 수 있는 공로가 절대로 아닙니다. 그것은 너무 단순해서 자랑거리로부터 제외되고, 값없는 은혜가 영예를 얻어야 합니다.

당신은 구원받지 못한 자일 수 있는데, 그렇다면 그 이유가 무엇일까요? 당신은 본문에 주어진 구원의 방법이 의심스럽습니까? 하나님이 자신의 말씀으로 확실성을 보증하셨는데 어떻게 의심할 수 있습니까? 당신은 그 길이 너무 쉽다고 생각합니까? 그러면 왜 당신은 그 말씀에 귀를 기울이지 않습니까? 그것이 너무 쉽다는 것이 그것을 무시하는 사람에게 핑곗거리가 되지 않습니다. 믿는 것은 단순히 그리스도 예수를 의지하는 것, 의존하는 것, 의탁하는 것입니다. 세례를 받는 것은 우리 주님이 요단강에서 하셨던 의식, 오순절에 회심한 사람들이 행했던 의식, 간수가 회심하던 날 밤에 행했던 의식을 받아들이는 것입니다. 표면적 행위로 구원받는 것이 아닙니다. 그것은 우리가 예수님과 함께 죽고, 장사지내고 부활했다는 것을 선언하는 것입니다. 그러므로 주의 만찬에서처럼 그것은 무시되어서는 안 됩니다. 성도여, 당신은 예수를 믿습니까? 그렇다면 두려움을 버리십시오. 당신은 구원받을 것입니다. 당신은 여전히 불신자로 있습니까? 그렇다면 구원의 길은 오직 한 길만이 있음을 기억하십시오. 당신은 그 길을 따라 들어가지 못한다면 당신의 죄로 말미암아 멸망당할 것입니다.

내가 주는 물을 마시는 자는 영원히 목마르지 아니하리니 - 요한복음 4:14

예수님을 믿는 신자는 현재 자신을 만족시킬 것과 영원히 만족할 것을 그의 주님 안에서 충분히 발견합니다. 신자는 위로가 부족해서 피곤한 낮을 사는 사람도 아니고, 마음을 즐겁게 하는 생각이 부족해서 밤이 지루한 사람도 아닙니다. 왜냐하면 그는 믿음 안에서 그를 만족시키고 행복하게 하는 기쁨과 위로의 원천을 발견하기 때문입니다. 그를 토굴 속에 집어넣어보십시오. 거기서도 그는 즐거운 교제를 발견할 것입니다. 그를 삭막한 광야에 두어보십시오. 거기서도 그는 천국의 떡을 먹게 될 것입니다. 그에게서 친구를 다 끊어보십시오. 그래도 그는 "형제보다 더 가까운 친구"를 만나게 될 것입니다. 그를 덮고 있는 박넝쿨을 다 제거해 보십시오. 그러면 그는 만세 반석이신 분 아래 그늘을 만들 것입니다. 그의 세상적 소망의 근거를 다 뿌리뽑아 보십시오. 그래도 그의 마음은 여전히 주님을 의지하는데 고정될 것입니다. 그 마음은 예수님이 그 안으로 들어오실 때까지는 무덤처럼 만족을 모릅니다. 그러나 그분이 들어오시면 흘러넘치는 잔이 됩니다. 그리스도 안에는 충만함이 있기 때문에 오직 그분만이 신자의 전부가 됩니다. 참 성도는 더 이상 갈증을 느끼지 못할 정도로 예수님의 모든 충만하심으로 충분히 만족합니다. 그 생명샘에 더 깊이 들어가고 싶은 욕구 외에는 다른 소원이 없습니다.

성도여, 그 과정에서 당신이 갈증을 느낀다면, 그것은 고통의 갈증이 아니요, 사랑의 갈증일 것입니다. 당신은 예수님의 사랑을 보다 충분히 누리고 싶은 소원이 얼마나 달콤한지 알게 될 것입니다. 옛날에 한 성도는 이렇게 말했습니다: "나는 종종 물이 가득 찬 우물에서 양동이로 물을 길은 적이 있다. 그러나 지금 예수님을 향한 나의 갈증은 너무 갈급해서 아예 입술을 우물에 갖다 대고 당장 물을 마시고 싶다." 성도여, 이것이 지금 당신의 심정이 아닙니까? 당신은 예수님 안에서 모든 욕구를 만족시키고 있고, 그래서 지금 예수님을 더 깊이 아는 것과 그분과 더 밀접한 관계를 갖는 것 외에 다른 소원은 없다고 느낍니까? 그렇다면 계속 그 샘으로 나아오십시오. 와서 자유롭게 생명수를 마시십시오. 예수님은 당신이 너무 많이 마신다고 절대로 생각하시지 않습니다. 오히려 당신을 환영하며 "오 그래, 사랑하는 자여, 실컷 마셔라"라고 말씀하실 것입니다.

모세가 구스 여자를 취하였더니 - 민수기 12:1

모세의 이상한 선택을 보십시오. 그러나 모세와 같은 선지자로서 그보다 훨씬 더 위대하신 주님의 선택은 얼마나 더 이상할까요! 백합화처럼 어여쁘신 우리 주님은 햇볕에 쬐어서 스스로를 거무스름하다고 고백한(아 1:6) 여인과 결혼을 하셨습니다. 예수님의 사랑이 가난하고, 비천하고, 죄책이 많은 사람들에게 베풀어진다는 것은 천사들도 놀랄 일입니다. 각 신자도 예수님의 사랑에 대한 의식으로 충만할 때, 이런 사랑이 그것을 받기에는 도저히 자격이 없는 대상에게 아낌없이 부어졌다는 것을 압도적인 놀람으로 받아들여야 합니다. 우리의 은밀한 죄책, 불신앙, 그리고 음흉함을 깨닫는다면, 우리는 값없이 주권적으로 주어진 은혜에 대해 감사하며 감격해야 합니다. 예수님은 자신의 마음속에서 그의 사랑의 근거를 발견하셨지, 그것을 우리 안에서 발견하실 수는 없었습니다. 우리 마음속에는 그것이 없기 때문입니다. 은혜가 우리를 보기 흉하지 않도록 만들어놓았지만, 우리는 회심 후에도 음흉한 마음을 갖고 있었습니다.

경건한 러더퍼드가 자신에 대해 다음과 같이 말한 것은 그대로 우리 각자에게도 적용되어야 합니다: "그분과 나의 관계를 말한다면, 나는 병자요, 그분은 내가 필요로 하는 의사이시다. 그러나 슬프도다! 나는 얼마나 자주 그리스도를 농락하고 그분에게서 멀어졌던가! 그분은 매시고, 나는 푼다. 그분은 세우시고, 나는 허문다. 나는 그리스도와 다투고, 그분은 하루에도 스무 번씩 나를 용납하신다!"

우리 영혼의 가장 자비롭고 신실하신 남편이시여, 가난한 구스인인 우리가 점이나 흠이나 어떤 다른 얼룩도 없이 당신의 형상을 닮을 때까지 은혜의 역사를 계속 베푸소서! 모세는 이방인 여자와의 결혼 때문에 공격을 받았습니다. 만일 이 무익한 세상이 예수님과 그의 신부를 공격하고, 특히 큰 죄인들이 회심할 때 그들을 신랄하게 비난한다면, 우리가 그것을 놀라워 할 이유가 있습니까? 없습니다. "이 사람이 죄인을 영접했다"는 비난은 지금도 계속되고 있는 바리새인들의 반박의 근거입니다. "모세가 구스 여인과 결혼했기 때문에" 다툼을 불러일으킨 것도 똑같은 과거의 한 실례입니다.

### 어찌하여 주께서 종을 괴롭게 하시나이까 - 민수기 11:11

하늘에 계신 우리 아버지는 우리의 믿음을 시험하시기 위해 자주 환난을 우리에게 보내십니다. 만일 우리의 믿음이 어느 정도 굳건하다면, 시험을 이겨낼 것입니다. 도금한 금은 불을 두려워하지만, 순금은 두려워하지 않습니다. 모조 보석은 시금석으로 테스트하는 것을 두려워하지만, 진짜 보석은 어떤 테스트도 두려워하지 않습니다. 친구들이 진실하고, 육체가 건강하며, 사업이 번창할 때만 하나님을 신뢰하는 믿음은 빈약한 믿음입니다. 친구들이 다 떠나고, 육체가 병이 들고, 영혼이 침체에 빠져 아버지의 얼굴의 빛이 가려졌을 때, 하나님의 신실하심을 믿는 믿음이 참된 믿음입니다. 혹독한 환난 속에서도 "그분이 나를 죽인다 해도 나는 그분을 신뢰하리라"고 말할 수 있는 믿음이 하늘에서 주신 믿음입니다.

주님은 자신을 영화롭게 하기 위해서 그의 종들을 괴롭게 하십니다. 왜냐하면 그분은 자신의 작품인 백성들이 갖는 은혜들 속에서 크게 영광을 받으시기 때문입니다. "환난은 인내를 인내는 연단을 연단은 소망을 이룰"(롬 5:3) 때, 하나님은 이루어지는 이 덕들로 말미암아 영화롭게 되십니다. 수금은 현을 튕겨보지 않으면 그 음악이 어떠한지 알 수 없습니다. 포도는 틀에 넣고 짓밟지 아니하면 그 즙의 맛을 즐길 수 없습니다. 계피는 눌러 빻지 아니하면 그 좋은 향기를 맡을 수 없습니다. 숯은 완전히 타지 아니하면 그 불의 온기를 느낄 수 없습니다. 위대하신 토기장이의 지혜와 능력은 그의 은혜의 토기들이 통과하지 않으면 안 되는 시험들로 말미암아 나타납니다.

현재의 고난은 장차 나타날 영광을 더 크게 하는 법입니다. 그림 속에서 빛의 아름다움을 드러내기 위해서는 음영이 있어야 합니다. 만일 우리가 죄의 저주와 땅의 슬픔을 알지 못했다면, 천국의 축복이 그토록 크게 느껴질 수 있었을까요? 다툼 후에 오는 평화가 더 달콤하고, 수고 뒤에 갖는 쉼이 더 반가운 법입니다. 과거의 고난들을 회상해보면 영화된 자들의 축복이 얼마나 더 큰지 느껴지지 않습니까? 오늘 아침 우리가 간단히 살펴본 본문의 질문에 대해 답변을 주는 말씀들은 이 외에도 많습니다. 그러므로 오늘 하루도 그것을 생각하며 힘을 냅시다.

### 네가 이제 누구를 믿고 - 이사야서 36:5

성도여, 이것은 참으로 중요한 질문입니다. 다른 성도의 대답이 당신의 것과 같은지 한 번 들어보십시오. "네가 이제 누구를 믿는가?" "나는 삼위일체 하나님을 믿는다. 나는 성부를 믿는다. 그분이 만세 전에 나를 택하셨기에 나는 그분을 믿는다. 나는 그분이 나를 섭리하며, 가르치며, 인도하며, 필요하면 교정하기도 하며, 또 거할 많은 집들이 있는 그의 처소로 인도하실 것을 믿는다. 나는 성자를 믿는다. 그분은 참 하나님이시자 참 사람인 그리스도 예수시다. 나는 그분이 내 모든 죄를 자신의 희생제물을 통해 제거하고, 자신의 완전한 의를 나에게 전가시켰음을 믿는다. 나는 그분이 하나님 아버지의 보좌 앞에서 내 기도와 소원을 제시하기 위해 나의 중보자가 되심을 믿는다. 나는 그분이 마지막 날 나를 변호하고 의롭게 하실 나의 변호자임을 믿는다. 나는 그분이 하시는 일, 이미 하신 일, 그리고 하시겠다고 약속하신 일을 믿는다. 그리고 나는 성령을 믿는다. 나는 그분이 원죄로부터 나를 구원하는 일을 시작하셨음을 믿는다. 나는 그분이 모든 죄를 몰아내실 것을 믿는다. 나는 그분이 나의 기질을 억제시키고, 나의 의지를 복종시키고, 나의 이해를 촉진시키고, 나의 감정을 자제시키며, 나의 절망을 위로하고, 나의 약함을 도우며, 나의 어둠을 밝게 조명하신다는 것을 믿는다. 나는 그분이 내 생명으로 내 안에 거하고, 내 왕으로 나를 다스리고, 나의 영, 혼, 육을 온전히 성화시키며, 영원토록 빛 가운데서 성도들과 함께 살도록 나를 이끄실 것을 믿는다."

오, 얼마나 복된 믿음인가요! 그 능력이 영원히 소멸되지 않고, 그 사랑이 결코 약화되지 않고, 그 자비가 결코 변함이 없고, 그 신실하심이 결코 떨어지지 않고, 그 지혜가 결코 부족하지 않고, 그 완전한 선하심이 결코 감소를 모르는 그분을 믿다니요!

성도여, 만일 이 믿음이 당신의 것이라면, 당신은 진정 행복한 사람입니다. 그렇게 믿는 한, 당신은 지금 달콤한 평화를 누리고, 이후에는 영광을 누릴 것입니다. 당신의 믿음의 원천이 결코 제거되지 않기를 바랍니다.

### 깊은 데로 가서 그물을 내려 고기를 잡으라 - 누가복음 5:4

우리는 이 기사로부터 인간 행위의 필요성에 대해 배웁니다. 고기를 그렇게 많이 잡은 것은 기적이었습니다. 하지만 어부나 배나 고기 잡는 도구들이 무시되어서는 안 됩니다. 이 모두가 고기를 잡는데 사용되었기 때문입니다. 마찬가지로 영혼을 구원하는 일에 있어서도 하나님은 도구들을 통해 역사하십니다. 은혜의 경륜도 사용하시지만, 하나님은 믿는 자들을 구원하기 위해 전도의 미련한 것을 기쁘게 사용하십니다. 하나님은 도구 없이 역사하실 때에도 의심 없이 영광을 받으십니다. 그러나 그분은 땅에서 자신을 최고로 높이기 위한 방법으로 도구를 사용하기로 결정하셨습니다.

도구들은 그 자체로는 아무 소용이 없습니다. "선생님 우리들이 밤이 새도록 수고하였으되 잡은 것이 없지마는"(눅 5:5). 그 이유가 무엇이었습니까? 그들은 자기들의 직업에 충실한 어부가 아니었습니까? 진실로 그들은 맨 손으로 일한 것이 아니었습니다. 그들은 그 일을 잘 알고 있었습니다. 그렇다고 그들이 아무 기술도 없이 수고했습니까? 아닙니다. 그들이 부지런히 일하지 않아서 그렇습니까? 아닙니다. 그들은 열심히 일했습니다. 그들이 인내심이 부족했습니까? 아닙니다. 그들은 밤이 새도록 수고했습니다. 그러면 바다 속에 고기가 없었습니까? 그것도 확실히 아닙니다. 왜냐하면 주님이 오시자마자 그물 속으로 고기들이 몰려들었기 때문입니다. 그러면 그 이유가 무엇입니까? 그것은 예수님의 출현이 없는 상태에서 도구들 자체는 아무 능력이 없기 때문입니다. "그분을 떠나 우리는 아무것도 할 수 없습니다." 그러나 그리스도가 함께하면 우리는 모든 것을 할 수 있습니다. 그리스도와 함께하는 것이 성공의 비결입니다. 예수님은 베드로의 배 안에 앉으셨고, 신비한 능력을 가진 그분의 말씀은 고기를 그물로 이끌었습니다. 예수님이 그의 교회에서 들림을 받을 때, 그분의 임재는 곧 교회의 능력이 됩니다. 왕의 외치는 소리가 교회 안에서 울려 퍼집니다. "내가 땅에서 들리면 모든 사람을 내게로 이끌겠노라"(요 12:32).

그러므로 오늘 아침, 믿음으로 위를 바라보고, 진지한 마음으로 주위를 돌아보며 영혼을 낚는 일을 하러 갑시다. 밤이 올 때까지 우리는 일해야 합니다. 그때 우리의 수고는 결코 헛되지 않을 것입니다. 왜냐하면 우리에게 그물을 내리라고 명하신 분이 그것을 고기로 가득 채우실 것이기 때문입니다.

성령으로 기도하며 - 유다서 20

　참 기도의 가장 큰 특징이 무엇인지 주목하십시오 — "성령으로." 합당한 헌신의 씨앗은 하늘의 곳간으로부터 나와야 합니다. 하나님으로부터 오는 기도만이 하나님께 갈 수 있습니다. 우리는 주님의 화살을 그분께 다시 쏘아야 합니다. 그분이 우리 마음 위에 기록하는 소원은 그분의 마음을 움직이고, 축복을 이끌어 내지만, 그분이 주시지 않은 육체의 소원은 그분에게 아무 힘이 없습니다.

　성령으로 기도하는 것은 열렬하게 기도하는 것입니다. 냉정한 기도는 주님께 기도를 듣지 말라고 요청하는 것과 같습니다. 열렬히 간구하지 않는 사람들은 전혀 간구하지 않는 것입니다. 미지근한 불처럼 미지근한 기도도 바람직하지 않습니다. 기도는 뜨겁게 달아오르는 것이 본질적입니다. 그 다음 그것은 인내하며 기도하는 것입니다. 참된 간구자는 기도가 길어질수록 힘을 모으고, 하나님이 응답을 지체하실 때 더 열렬하게 기도합니다. 문이 오래 닫혀 있을수록 두드리는 자도 더 열렬히 두드리고, 천사와의 씨름이 오래 계속될수록 그는 축복을 받지 않고서는 절대로 보내줄 수 없다는 결심을 더 강하게 합니다. 하나님은 눈물을 흘리고, 고뇌하며, 결코 포기하지 않고 끈질기게 기도하는 것을 아름답게 보십니다. 또 그것은 겸손하게 기도하는 것입니다. 왜냐하면 성령은 결코 우리를 교만하게 만들지 않기 때문입니다. 죄를 깨닫게 하고, 그래서 상하고 애통하는 심령으로 우리의 무릎을 꿇게 하는 것이 그분의 임무입니다. 우리는 깊은 데서(De profundis : 구렁텅이에서) 하나님께 기도할 때에는 영광의 찬가(Gloria in excelsis)를 부르지 못합니다. 깊은 데서 우리는 부르짖어야 합니다. 그렇지 아니하면 높은 데서 영광을 보지 못한 것입니다. 그리고 그것은 사랑의 기도입니다, 기도는 사랑의 향기를 가득 풍겨야 하고, 사랑으로 가득 채워져야 합니다. 우리 동료 성도들과 그리스도에 대한 사랑으로 말입니다. 나아가 그것은 믿음으로 충만한 기도입니다. 사람은 그가 믿는 대로 응답받습니다. 성령은 믿음의 창시자로서, 그것을 강화시킴으로써, 우리가 하나님의 약속을 믿고 기도하도록 하십니다. 오 이 탁월한 은혜들의 절묘한 조화여, 성령이 우리 마음속에 거하시기 때문에 극상품 향료가 풍겨내는 향기처럼 우리 안에서 얼마나 고상하고 달콤한 냄새가 날까요! 참으로 복되신 보혜사여, 당신의 능하신 힘을 우리 안에 펼치셔서, 기도할 때 우리 연약함을 도우소서.

능히 너희를 보호하사 거침이 없게 하시고 - 유다서 24

어떤 면에서 천국의 길은 매우 안전하지만, 다른 면에서 보면 그토록 위험한 길도 없습니다. 그 길은 어려움들로 가득 차 있습니다. 한 번이라도 발을 잘못 디디면(은혜가 없다면 그러기가 얼마나 쉬울까요), 우리는 그냥 실족하고 맙니다. 우리 가운데 어떤 이들은 걸어가야 할 길이 얼마나 미끄러울까요! 우리는 얼마나 자주 시편 기자처럼 "나는 거의 넘어질 뻔하였고 나의 걸음이 미끄러질 뻔하였다"(시 73:2)고 외쳐야 할까요! 만일 우리가 강하고, 자빠지지 않는 등산가라면, 이것은 그리 큰 문제가 아닙니다. 그러나 우리는 얼마나 약한 존재들일까요! 가장 순탄한 길을 가면서도 곧 비틀거리고, 아주 평범한 길을 가면서도 우리는 쉽게 넘어집니다. 이처럼 약한 우리의 무릎은 비틀거리는 우리의 몸무게를 거의 감당할 수 없습니다. 그래서 지푸라기도 우리를 쓰러뜨릴 수 있고, 조약돌도 우리에게 상처를 입힐 수 있습니다. 우리는 두려워하며 믿음의 첫 걸음마를 떼는 단순한 어린아이에 불과합니다. 하늘에 계신 아버지께서 팔로 우리를 붙잡아 주시니 그렇지, 그렇지 아니하면 우리는 금방 넘어지고 말 것입니다.

오, 만일 우리가 실족하지 않도록 보호를 받고 있다면, 날마다 우리를 지켜주시는 하나님의 능력을 얼마나 찬미해야 할까요! 우리는 얼마나 쉽게 죄를 저지르고, 얼마나 쉽게 위험한 길에 빠지며, 타락에 빠질 성향이 얼마나 강한지, 이것들을 생각하면, 우리는 지금까지 했던 그 어떤 노래보다 더 극진하게 "능히 우리를 보호하사 거침이 없게 하시는 하나님께 영광을" 하고 노래해야 할 것입니다. 우리 주변에는 우리를 실족시키려고 애쓰는 원수들이 많습니다. 길은 험하고, 우리는 약합니다. 그런데 설상가상으로 원수들이 복병처럼 잠복하고 있다가 전혀 생각지도 못할 때 달려 나와 우리를 넘어뜨리거나 가장 가까운 절벽 아래로 밀어뜨리려고 합니다. 오직 전능하신 하나님의 팔이 우리를 멸망시키려고 획책하는 이 보이지 않는 원수들로부터 보호하실 수 있습니다. 그분의 팔이 우리의 요새로서 사용됩니다. 그분은 약속하신 대로 신실하시고, 능히 우리를 보호하사 거침이 없게 하시기 때문에, 우리는 우리가 참으로 연약하다는 것을 깊이 느끼면서도 완전히 안전하다는 확고한 믿음을 가질 수 있고, 그리하여 즐거운 마음으로 다음과 같이 말할 수 있습니다:

"세상과 지옥이 나를 협공하지만, 하나님의 힘이 내 편에 있다.
모든 것이 되시는 예수님, 그분이 나의 것이다!"

예수는 한 말씀도 대답하지 아니하시니 - 마태복음 15:23

　진심으로 기도했지만 아직 축복을 받지 못한 사람들은 이 말씀 앞에서 위로를 얻을 것입니다. 구주는 비록 그 여인이 큰 믿음을 보여 주었음에도 불구하고, 즉시 축복을 베푸시지 아니했습니다. 그분은 그것을 베풀기 원하셨지만, 잠시 기다리셨습니다. "예수는 한 말씀도 대답하지 아니하시니." 그녀의 기도가 훌륭하지 않았습니까? 세상에서 가장 훌륭한 기도였습니다. 그녀의 형편이 절박하지 않았습니까? 슬프게도 너무나 절박했습니다. 그녀가 자신의 궁지를 충분히 느끼지 못했습니까? 그녀는 그것을 압도적으로 느꼈습니다. 그녀가 충분히 진지하지 않았습니까? 그녀는 너무나 진지했습니다. 그녀가 믿음이 없었습니까? 그녀는 예수님이 놀랄 정도로 수준 높은 믿음을 갖고 있어서, 그분은 "여자여 네 믿음이 크도다"라고 말씀하셨습니다.

　그런데 보십시오. 비록 믿음이 평화를 가져온다고 할지라도, 그것이 반드시 즉시 그렇게 되는 것은 아닙니다. 믿음의 상급보다는 믿음의 시련을 받아야 할 이유들이 있을 수 있습니다. 참된 믿음은 영혼 속에 감추어져 있는 씨앗과 같아서 아직 그것이 기쁨과 평화의 봉오리와 꽃으로 맺혀지지 않을 수 있습니다. 구주의 침묵은 구하는 많은 영혼들에게 슬픈 시험이지만, "자녀의 떡을 취하여 개들에게 던짐이 마땅하지 아니하니라"(마 15:26)는 말씀과 같은 거칠고 모진 대답에서 느끼는 고통보다 더 무겁습니다.

　많은 사람들이 주님께 구할 때 즉각 응답을 받지만, 이것은 모든 경우에 그런 것은 아닙니다. 어떤 사람들은, 빌립보 감옥의 간수처럼, 한순간에 어둠에서 빛으로 인도를 받지만, 다른 사람들은 식물이 자라는 것처럼 느리게 자랍니다. 죄의식이 죄사함의 의식보다 더 깊을 수 있고, 이 경우 우리는 무거운 매를 감당해야 할 인내가 필요합니다. 아! 가난한 심령이여, 그리스도께서 당신을 성난 말씀으로 쳐서 상하게 하실 수 있지만, 그분의 진실한 사랑을 믿으십시오. 당신이 고대하는 응답을 즉각 받지 못한다고 해서 주님을 찾거나 신뢰하는 일을 포기하지 말도록 간청합니다. 비록 즐거운 소망을 가질 수 없는 상태에 처할지라도, 만사를 그분께 맡기고, 인내하며 신뢰하십시오.

너희로 그 영광 앞에 흠이 없이 기쁨으로 서게 하실 이 - 유다서 24

마음속으로 "흠이 없이"라는 놀라운 말씀을 곰곰이 생각해 보십시오. 우리는 지금 그 상태와는 거리가 멉니다. 하지만 우리 주님이 사랑으로 시작하신 사역은 완전하기 때문에 언젠가 완전한 상태에 이르게 될 것입니다. 자기 백성들을 끝까지 지키실 구주는 또한 그들을 "자기 앞에 영광스러운 교회로 세우사 티나 주름 잡힌 것이나 이런 것들이 없이 거룩하고 흠이 없게 하실"(엡 5:27) 것입니다. 구주의 면류관 속에 박혀있는 모든 보석들은 흠 하나 없이 최상급에 속한 것들입니다. 어린양의 신부가 되는 영예를 차지한 모든 여인들은 흠이나 티가 없는 순결한 처녀들입니다. 그러나 예수님은 어떻게 우리를 흠이 없는 존재로 만드실까요? 그분은 자신의 피로 우리가 하나님의 가장 순결한 천사들처럼 희고 깨끗하게 될 때까지 우리의 죄를 씻어내실 것입니다. 그리고 우리는 그분의 의로 옷을 입게 되는데, 그 의는 그것을 입는 성도들을 완전히 흠이 없는 존재로 만들어 줍니다. 예, 하나님의 눈으로 보실 때 완전하게 말입니다. 우리는 그분의 눈에 비난받거나 책망받을 것이 전혀 없게 될 것입니다. 그분의 율법은 우리를 조금도 고소하지 못할 뿐 아니라 우리 안에서 오히려 존중받을 것입니다.

나아가 우리 안에서 성령의 역사는 완전히 완성될 것입니다. 그분은 우리를 극히 완전하게 만드실 것이기 때문에 우리는 죄에 머무르는 성향을 갖지 않게 될 것입니다. 판단, 기억, 의지와 같은 모든 능력과 감정은 악의 속박으로부터 해방될 것입니다. 우리는 하나님이 거룩하신 것처럼 거룩해져서 그분 앞에서 영원히 거하게 될 것입니다. 성도들은 천국에 아주 합당한 자들이 될 것입니다. 그들의 아름다움은 그들을 위해 예비된 천국만큼이나 아름다울 것입니다. 오 그 영원한 문이 들려지는 황홀한 그 순간, 그 기업을 받아 누리도록 되어있는 우리는 빛 가운데서 성도들과 함께 거하게 될 것입니다. 죄는 사라지고, 사탄은 쫓겨나며, 유혹은 영원히 지나가고, 우리 자신은 하나님 앞에서 "흠이 없이" 기쁨으로 서 있게 되는데, 이것이 바로 천국일 것입니다! 그러므로 구주의 피로 씻음받은 자들이 조만간 함께 모여 찬양하게 될 영원한 찬양의 노래를 연습하고 있는 지금 우리는 즐거워해야 합니다. 보좌 앞에서 우리가 누릴 기쁨에 대한 전주곡처럼 언약궤 앞에서 기뻐 춤을 추던 다윗을 본받읍시다.

# 10월 10일 저녁

**내가 너를 악한 자의 손에서 건지며 무서운 자의 손에서 구원하리라 - 예레미야서 15:21**

　본문에서 약속하시는 영광의 인물을 주목해 보십시오. 내가 하리라, 내가 하리라. 여호와 하나님께서 그의 백성들을 건지고 구원하는데 간섭하십니다. 그분은 그들을 구원하는데 직접 서약하십니다. 그분은 자신의 팔로 그 일을 행하심으로써 스스로 영광을 받으십니다. 여기에는 하나님을 돕기 위해 우리 자신의 노력이 필요하다는 말씀이 한 마디도 없습니다. 우리의 힘이나 연약함은 전혀 참작되지 않고, 하늘의 태양처럼, 오직 나(하나님) 홀로 완전히 충분하게 빛을 비춥니다. 그렇다면 왜 우리가 우리의 힘을 계산하고, 우리의 혈과 육이 연약하다는 것을 염두에 두겠습니까? 여호와는 우리의 보잘것없는 팔의 힘을 빌리지 않고서도 얼마든지 역사하실 수 있는 충분한 힘을 갖고 계십니다.

　그러므로 불신앙으로 가득 찬 심령이여, 잠잠하고, 하나님이 다스리신다는 것을 기억하십시오. 제2차적 수단이나 원인들에 대해서는 어떤 암시도 없습니다. 하나님은 친구들이나 돕는 자들에 대해서는 전혀 말씀하시지 않습니다. 그분은 홀로 일하시고, 인간의 팔이 자기를 도와야 함을 전혀 느끼시지 않습니다. 우리가 친구나 친척들을 의지하는 것은 전혀 헛된 일입니다. 그들은 상한 갈대와 같습니다. 우리가 의지할 때, 그들은 능력이 있어도 돕기를 꺼려하고, 또는 돕기를 원하더라도 능력이 없어 도울 수가 없습니다. 약속은 오직 하나님으로부터 주어지는 것이므로 오로지 그분을 기다리는 것이 지혜롭습니다. 우리가 그렇게 할 때 우리의 기대는 결코 우리를 실망시키지 않을 것입니다. 우리가 두려워하는 악인들은 어떤 존재들입니까? 하나님은 그들을 완전히 소멸시킬 것입니다. 그들은 두려워할 대상이 아니라 오히려 불쌍히 여길 대상입니다. 두려워할 자로 말한다면, 하나님께 피하지 않는 그들이 도리어 두려움을 가져야 할 것입니다. 하나님이 우리 편인데, 우리가 누구를 두려워하겠습니까? 만일 우리가 죄에 빠져 악인들을 즐겁게 한다면, 우리는 경고를 받아 놀라야 하겠지만, 우리가 신신하게 믿음을 지킨다면, 폭군들의 격노가 우리의 유익으로 바뀌게 될 것입니다. 물고기가 요나를 삼켰을 때, 그는 자기가 그 고기의 식사거리가 될 수 없음을 알았습니다. 세상이 교회를 괴롭힐 때, 반드시 다시 거기서 벗어나게 될 것입니다. 그러므로 우리는 불 같은 시험이 닥칠 때마다 영혼을 인내로 채우며 견뎌야 합니다.

우리의 마음과 손을 아울러 하늘에 계신 하나님께 들자 - 예레미야애가 3:41

기도는 우리의 무가치함을 가르쳐 줍니다. 그것은 우리처럼 교만한 존재들에게는 아주 유익한 교훈입니다. 만일 하나님이 우리에게 기도하도록 하시지 않고 그냥 은혜를 베푸신다면, 우리는 우리 자신이 얼마나 연약한 존재인지 모를 것입니다. 그러나 참 기도는 우리의 부족한 것들을 적어놓은 목록이요, 필요한 것들을 열거한 명세서요, 숨겨진 가난을 드러내는 계시입니다. 기도는 하나님의 부요함을 우리에게 베풀어달라는 간청이면서, 인간의 공허함을 자백하는 고백입니다. 그리스도인의 가장 건강한 상태는 항상 자아를 비워놓고 그곳을 채우기 위해 끊임없이 하나님께 의존하는 것입니다. 자아 안에서는 항상 가난하고, 예수 안에서는 부요한 것입니다. 인간적으로는 물처럼 약하지만, 하나님을 통해서 얻은 힘으로 큰일을 하는 것입니다. 따라서 우리가 기도하는 이유는 그것이 하나님을 높이는 것일 뿐만 아니라 피조물을 그 마땅한 자리 곧 먼지 속에 놓기 때문입니다.

기도는 응답과는 별개로, 기도한다는 그 자체로 그리스도인에게 큰 유익을 가져다줍니다. 경주자가 매일 연습을 통해 실력을 키우는 것처럼, 인생의 대경주를 위해 우리도 성스러운 기도의 노동을 통해 힘을 비축해야 합니다. 기도는 하나님의 어린 독수리인 성도들의 어깨에 날개를 달아줌으로써, 그들이 구름 위로 날아가는 법을 가르쳐 줍니다. 기도는 하나님의 군사들의 허리띠를 졸라매줌으로써, 단단한 힘줄과 견고한 근육을 갖고 싸우도록 준비시켜 그들을 내보내는 것입니다. 열심히 간구하는 기도자는 해가 동쪽에서 떠오르는 것처럼 힘차게, 경주하기 위해 달려가는 강한 자처럼 씩씩하게, 그의 골방에서 나옵니다. 기도는 여호수아의 칼보다 더 힘차게 아말렉 군사들을 패배시킨 모세의 들어올려진 손입니다. 기도는 수리아 군의 패배를 예고하며 선지자가 방에서 쏜 화살입니다. 기도는 인간의 연약함을 하나님의 능력으로 에워싸고, 인간의 어리석음을 하늘의 지혜로 바꾸며, 환난에 처한 인생들에게 하나님의 평화를 주는 것입니다. 그러기에 우리는 기도로 할 수 없는 것이 무엇인지 모릅니다! 크신 하나님이여, 당신의 놀라우신 인자를 가장 잘 보여 주는 속죄소로 말미암아 감사를 드립니다. 우리가 오늘 하루도 그것을 바로 사용할 수 있도록 도와주소서!

미리 정하신 그들을 또한 부르시고 - 로마서 8:30

디모데후서 1:9을 보면, 이런 말씀이 있습니다: "하나님이 우리를 구원하사 거룩하신 소명으로 부르심은." 그런데 여기에 우리가 부르심 받은 것을 시험해 볼 수 있는 시금석이 있습니다. 그것은 "우리의 행위대로 하심이 아니요 오직 자기의 뜻과 영원 전부터 그리스도 예수 안에서 우리에게 주신 은혜대로 하신, 거룩한 부르심"입니다. 이 부르심은 구원을 위해 우리 자신의 행위를 신뢰하는 것을 완전히 금하고, 우리를 그리스도께로 인도합니다. 그러나 그것은 그 후부터 살아계시고 참되신 하나님을 섬기도록 죽은 행실로부터 우리를 깨끗하게 합니다. 당신을 부르신 분이 거룩하기 때문에 당신도 거룩해야 합니다. 만일 당신이 죄 가운데 산다면, 부르심 받은 것이 아닙니다. 그러나 당신이 진실로 그리스도의 것이라면, "죄만큼 나를 고통스럽게 하는 것은 없습니다. 나는 그것을 제거하기를 원합니다. 나를 도우사 거룩하게 하소서"라고 말할 수 있습니다. 이것이 당신의 마음의 열망입니까? 이것이 하나님을 향한 당신의 삶의 방침이자 하나님의 뜻입니까? 또 우리는 빌립보서 3:14, 15에서 "그리스도 예수 안에서 하나님이 위에서 부르신 부름"이라는 말씀을 봅니다. 당신의 부르심은 위에서 부르신 부르심입니까? 그것이 당신의 마음을 고결하게 하고, 하늘의 것들에 고정시켰습니까? 그것이 당신의 소망, 당신의 경험, 당신의 욕구를 더 높여주었습니까? 그것이 당신의 삶의 지속적인 방향을 더 고상하게 함으로써, 당신의 삶은 하나님과 함께, 그리고 하나님을 위해 사는 삶이 되었습니까? 또 다른 시금석은 히브리서 3:1입니다: "함께 하늘의 부르심을 받은 거룩한 형제들아." 하늘의 부르심은 하늘로부터 온 부르심을 의미합니다. 만일 사람이 단독으로 당신을 불렀다면, 당신은 부르심 받지 못한 것입니다. 당신의 부르심은 하나님의 부르심입니까? 그것이 하늘로의(to) 부르심일 뿐만 아니라 하늘로부터(from) 온 부르심입니까? 만일 당신이 이 세상에서 나그네 이니고, 천국이 당신의 본향이 아니라면, 당신은 하늘의 부르심을 받은 것이 아닙니다. 왜냐하면 그렇게 부르심을 받은 사람들은 그 건축자와 조물주가 되신 하나님이 지으실 터가 있는 성을 바라고, 그들 자신은 세상에서 나그네요, 순례자들이라고 선언하기 때문입니다. 당신의 부르심은 이처럼 거룩하고, 위로부터 온, 하늘의 부르심입니까? 그렇다면, 사랑하는 자여, 당신은 하나님의 부르심을 받은 자입니다. 그것이 하나님이 그의 백성들을 부르는 부르심이기 때문입니다.

### 내가 주의 법도를 묵상하며 - 시편 119:15

홀로 있는 것이 사람들과 함께 있는 것보다 낫고, 침묵이 웅변보다 더 지혜로 울 때가 있습니다. 우리가 하나님을 바라며, 그분을 섬기는데 필요한 영적 힘을 얻기 위해 그분의 말씀을 조용히 묵상하며 홀로 있는 시간을 갖는다면, 훨씬 더 나은 성도가 될 것입니다. 우리는 하나님의 일들에 관해 깊이 생각해야 합니다. 왜 냐하면 그렇게 해야 거기서 참된 양식을 얻어내기 때문입니다. 진리는 마치 포도송이 와 같습니다. 만일 우리가 거기서 포도주를 얻으려면, 그것을 짓이겨야 합니다. 그것을 여러 번에 걸쳐 누르고 짜야 합니다. 짓이기는 자의 발이 그 송이들을 신 나게 짓밟아야 합니다. 그렇지 아니하면 포도즙은 흘러나오지 않습니다. 포도송 이들을 잘 으깨지 아니하면 좋은 포도주를 많이 얻을 수 없습니다.

마찬가지로 우리는 묵상을 통해 진리의 송이들을 짓밟아야 합니다. 그래야 거 기서 위로의 포도주를 얻어낼 수 있습니다. 우리의 몸은 단순히 입 속에 음식을 집어넣는다고 해서 건강이 주어지는 것이 아닙니다. 근육과 신경과 힘줄과 뼈에 실제로 양분을 공급하는 것은 소화과정입니다. 소화를 통해 외부의 음식이 내부 의 생명으로 흡수되는 것입니다. 우리 영혼도 단순히 이런저런 하나님의 진리의 말씀을 조금씩 듣는 것으로 양식을 공급받는 것은 아닙니다. 듣고, 읽고, 표시하 고, 배우는 모든 과정들이 정말 유용하게 되려면 내적 소화 과정이 필요합니다. 진리의 내적 소화 과정은 대부분 그것을 묵상하는데 있습니다.

어떤 그리스도인들은 많은 설교를 듣는데도 불구하고, 영적 생활의 성장이 더 딘데, 왜 그럴까요? 그것은 그들이 골방에 들어가 기도하는 일을 게을리 하고, 하나님의 말씀을 철저하게 묵상하지 않기 때문입니다. 그들은 밀을 좋아하지만, 그것을 빻아 가루로 만들지 않습니다. 그들은 곡식을 갖고 싶어하지만, 그것을 주우러 밭으로 가지는 않습니다. 열매가 나무 위에 달려 있지만, 그들은 그것을 따려고 하지 않습니다. 그들의 발 밑에 물이 흐르고 있지만, 그들은 그것을 마시 기 위해 몸을 굽히지 않습니다. 오 주여, 이런 어리석음으로부터 우리를 구하소 서. 그리고 오늘 아침 "내가 주의 법도를 묵상하리라"고 결심하게 하소서.

보혜사 곧 … 성령 - 요한복음 14:26

이 시대는 특별히 성령의 시대로서, 예수님이 장차 임하실 것처럼 육체적 임재로서 우리에게 힘주시는 것이 아니라 항상 교회의 보혜사이신 성령의 내주하심과 지속적 임재를 통해 역사하시는 시대입니다. 하나님의 백성들의 마음을 위로하는 것이 그분의 임무입니다. 그분은 죄를 깨닫게 하십니다. 그분은 조명하고 가르치시는 분입니다. 그러나 그분의 중심 사역은 거듭난 자들의 마음을 즐겁게 하고, 약한 자를 강하게 하며, 비천한 모든 자들을 높여주는데 있습니다. 그분은 그들에게 예수님을 계시함으로써 그 일을 하십니다. 성령은 위로하시는 분이고, 그리스도는 위로 자체이십니다.

만일 우리가 비유를 사용한다면, 성령은 의사요, 예수님은 약입니다. 그분은 상처를 치료하지만, 그 치료는 그리스도의 이름과 은혜라는 거룩한 연고를 바름으로써 이루어집니다. 그분은 자신의 일을 하는 것이 아니라 그리스도의 일을 하십니다. 그래서 만일 우리가 성령에 헬라어 파라클레테(Paraclete)라는 이름을 붙여준다면, 우리는 우리의 복되신 주 예수님께 파라클레시스(Paraclesis)라는 이름을 붙여줄 수 있을 것입니다. 만일 전자가 보혜사라면, 후자는 위로이십니다. 그런데 이처럼 풍성한 위로의 보고를 갖고 있는데, 어찌하여 그리스도인이 슬픔에 빠지고, 낙심에 빠져야 하겠습니까? 성령은 당신의 보혜사로서 은혜롭게 일하고 계십니다.

오 두려워 떠는 연약한 신자여, 한 번 상상해 보십시오. 그분이 자신의 거룩한 사역을 게을리 하실까요? 당신은 그분이 할 수 없거나 하지도 못할 일을 맡으셨다고 상상할 수 있습니까? 만일 당신을 강하게 하고, 당신을 위로하는 것이 그분의 특별한 임무라면, 당신은 그분이 자신의 임무를 망각하거나 당신을 보존하는 사랑의 사역을 감당하지 못했다고 상상하겠습니까? 아닙니다. 그 이름이 "보혜사"인 은혜롭고 복되신 성령에 대해 절대로 그렇게 생각하지 마십시오. 그분은 기꺼이 슬퍼하는 자에게 기쁨의 기름을 부어주시고, 무거운 짐 진 심령에게 찬양의 옷을 입혀 주십니다. 그러므로 그분을 의지하십시오. 그분은 슬픔의 집의 문이 영원히 닫혀지고, 혼인잔치가 시작될 때까지 당신을 확실히 위로할 것입니다.

> 하나님의 뜻대로 하는 근심은 후회할 것이 없는 구원에
> 이르게 하는 회개를 이루는 것이요 - 고린도후서 7:10

진정한 영적 회개는 하나님의 영의 역사입니다. 회개는 자연의 정원에서 자라기에는 너무나 아름다운 꽃입니다. 진주는 조개 속에서 자연적으로 자라지만, 회개는 하나님의 은혜가 역사될 때 외에는 죄인들 속에서 일어날 수 없습니다. 만일 당신이 죄를 미워하는 마음이 진실로 조금이라도 있다면, 그것은 하나님이 당신에게 주신 것이 틀림없습니다. 왜냐하면 인간 본성의 가시들은 무화과 열매를 하나도 맺을 수 없기 때문입니다. "육으로 난 것은 육이요"(요 3:6).

참된 회개는 구주와 명백한 관계를 갖고 있습니다. 우리는 죄를 회개할 때, 한쪽 눈은 죄를 바라보고, 또 한쪽 눈은 십자가를 바라보아야 합니다. 아니면 양쪽 눈을 다 그리스도께 고정시키고, 우리의 죄는 다만 주님의 사랑의 빛 안에서 바라본다면, 훨씬 더 좋을 것입니다.

참된 회개는 분명히 실천적인 일입니다. 어느 누구도 죄 가운데 있으면서 나는 죄를 미워한다고 말할 수 없습니다. 회개는 우리로 하여금 이론적이 아니라 경험적으로 죄의 악함을 보게 합니다. 이것은 마치 불에 데어본 적이 있는 아이가 불을 무서워하는 것과 같습니다. 최근에 강도를 당한 사람이 고속도로 위에서 다시 강도를 만나게 될까봐 두려워하듯이, 우리는 죄를 크게 두려워해야 합니다. 사람들이 마치 큰 뱀뿐 아니라 작은 뱀도 피하듯이, 큰 일뿐만 아니라 작은 일에서도 ― 모든 일 속에서 ― 우리는 그것을 피하게 됩니다. 참된 회개는 우리로 하여금 입술로 악한 말을 하지 않도록 아주 조심하게 만듭니다. 우리는 일상적인 삶 속에서 남을 공격하지 않도록 모든 행동을 매우 조심하게 될 것입니다. 매일 밤 자신의 잘못을 쓰라린 마음으로 고백하며 하루를 마치고, 매일 아침 오늘도 하나님이 죄를 범하지 않도록 붙들어 달라고 간절히 기도하는 것으로 하루를 시작합니다.

진정한 회개는 계속적입니다. 신자들은 죽는 날까지 회개하며 삽니다. 똑똑 떨어지는 이 샘은 때때로 중단되지 않습니다. 다른 슬픔들은 시간이 가면 사라지지만, 이 고귀한 슬픔은 우리가 성숙해질수록 더 커집니다. 그것은 너무나 달콤한 괴로움으로서, 우리는 영원한 안식에 들어갈 때까지 그것을 느끼고 경험하도록 허락하신 하나님께 감사해야 합니다.

### 사랑은 죽음 같이 강하고 - 아가서 8:6

군주들의 정복자, 인류의 파괴자만큼 강한 이 사랑은 누구의 사랑일까요? 만일 그것이 내 주 예수님에 대한 나의 연약하고, 빈곤하고, 거의 활력이 없는 사랑이라고 말한다면, 한낱 풍자에 지나지 않을까요? 나는 주님을 사랑합니다. 아마 그분의 은혜로 말미암아 나는 그분을 위해 죽을 수도 있을 것입니다. 그러나 내가 갖고 있는 사랑 그 자체만 놓고 보면, 그것은 잔인한 죽음은 말할 것도 없고, 조롱하는 농담에도 견딜 수 없을 것입니다. 여기서 말하는 것은 분명히 나의 사랑하는 주님의 사랑 곧 영혼들을 무한히 사랑하시는 예수의 사랑입니다. 그분의 사랑은 정말 그 두려운 죽음보다 강합니다. 왜냐하면 그것은 십자가의 시험을 감당하고 승리했기 때문입니다. 그것은 오래 지속된 죽음이었지만 사랑은 그 고통을 이겨냈고 치욕적인 죽음이었지만 사랑은 그 치욕을 무시했고, 엄벌 받는 죽음이었지만 사랑은 우리의 죄악을 담당했고, 영원하신 아버지께서 자신의 얼굴을 돌리심으로써 버림받은 고독한 죽음이었지만 사랑은 그 저주를 견뎌내고 모든 것을 이겨냈습니다. 세상에 이런 사랑은 없고, 이런 죽음도 없습니다. 그것은 사투였지만 사랑은 승리했습니다. 그렇다면 내 마음은 어떨까요? 당신은 이 엄청난 사랑을 묵상할 때 당신 안에서 흥분된 감정이 조금도 일어나지 않았습니까? 아닙니다. 내 주여, 나는 당신의 사랑이 내 안에서 용광로처럼 타오르고 있음을 느끼기를 열망하고, 갈망합니다. 주여, 오셔서 내 영의 열정을 자극하소서.

> "붉은 피 한 방울까지
> 나를 살리기 위해 흘리셨는데,
> 오 그렇다면, 그렇다면 나는
> 천 번이라도 그렇게 살지 않겠는가?"

왜 내가 죽음 같이 강한 사랑으로 예수님을 사랑하지 못해 절망해야 할까요? 그분은 그런 사랑을 받을 자격이 있고, 나는 그러기를 원합니다. 순교자들은 그런 사랑을 가졌습니다. 그들도 혈과 육을 가진 똑같은 인간인데, 왜 나는 아니겠습니까? 그들은 자기들의 약함을 슬퍼했지만, 약함을 버리고 강하게 되었습니다. 은혜가 그들에게 불굴의 정신을 주었기 때문입니다. 지금 내게도 똑같은 은혜가 있습니다. 내 영혼을 사랑하시는 예수여, 이 밤에 내 마음속에 당신의 사랑을 널리 베푸소서.

또한 모든 것을 해로 여김은 내 주 그리스도 예수를 아는 지식이
가장 고상하기 때문이라 - 빌립보서 3:8

그리스도를 아는 영적 지식은 개인적 지식입니다. 다른 사람이 예수를 아는 지식을 통해 내가 그분을 알 수는 없습니다. 아니, 나는 스스로 그분을 알아야 합니다. 스스로의 힘으로 그분을 알아야 합니다. 그리고 그것은 지성적 지식입니다. 나는 환상적인 꿈으로서가 아니라 말씀이 계시하는 그대로 그분을 알아야 합니다. 그분의 본성을 신인(神人) 양성을 가진 것으로 알아야 합니다. 그분의 직분, 그분의 속성, 그분의 사역, 그분의 수치, 그분의 영광 등을 다 알아야 합니다. "능히 모든 성도와 함께 지식에 넘치는 그리스도의 사랑을 알고 그 너비와 길이와 높이와 깊이가 어떠함을 깨달아"(엡 3:18-19) 알 때까지 그분을 묵상해야 합니다. 그것은 그분에 관한 사랑 깊은 지식입니다. 진실로 만일 내가 그분을 완전히 알고 있다면, 그분을 사랑해야 합니다. 가슴으로 아는 일 그램의 지식이 머리로 아는 일 톤의 지식보다 낫습니다. 그분에 관한 우리의 지식은 만족하는 지식입니다. 내가 내 구주를 안다면, 나의 마음도 배가 부를 것입니다. 내 영이 그토록 사모하는 것을 갖고 있음을 느끼게 될 것이니까요. "이것은 사람이 먹으면 결코 주리지 아니할 바로 그 떡입니다."

동시에 그것은 자극하는 지식입니다. 내가 사랑하는 주님에 관해 알면 알수록 더욱더 깊이 알기를 원할 것입니다. 높이 올라갈수록 더 높은 정상에 올라가고 싶은 욕구로 발걸음을 더욱 재촉하는 법입니다. 나는 얻을수록 더 많이 얻기를 원합니다. 구두쇠가 보물을 탐내듯이, 나의 욕심도 주님을 더욱 탐냅니다. 결론적으로, 그리스도 예수에 관한 이 지식은 참으로 행복한 지식입니다. 사실 너무 행복해서 때때로 그것은 모든 시험과 의심과 슬픔을 완전히 이길 수 있을 정도입니다. 또 "여인에게서 태어난 사람은 생애가 짧고 걱정이 가득하다"(욥 14:1)고 했는데, 그것은 우리가 그 행복을 누리고 있는 동안에는 남의 일이 될 것입니다. 왜냐하면 그 지식을 통해 우리는 영생하시는 구주의 불멸성을 전달받고, 그분의 영원하신 기쁨의 금 허리띠를 두르게 될 것이기 때문입니다. 그러므로 내 영혼아, 와서 예수님의 발 앞에 앉아 온종일 그분에 관해 배우라.

이 세대를 본받지 말고 - 로마서 12:2

만일 그리스도인이 이 세대를 본받는 데도 불구하고 구원받을 수 있다면, 어쨌든 그것은 불 가운데 얻은 구원일 것입니다. 이 벌거벗은 구원은 바라기가 무척 두려운 구원입니다. 성도여, 당신은 난파당한 선원이 해안의 절벽을 기어오르듯, 어둠으로 둘러싸인 절망적인 죽음의 침상에서 그렇게 힘들게 세상을 떠나 천국으로 들어가기를 원합니까? 그렇다면 세상을 사랑하고, 돈에 묻혀 살며, 그리스도께서 고난을 당하신 영문 밖으로 나가지 마십시오. 하지만 저 높은 곳뿐 아니라 낮은 이 세상에서도 천국을 소유하기를 원합니까? 능히 모든 성도와 함께 그 너비와 깊이와 높이와 깊이가 어떠함을 깨달아 지식에 넘치는 그리스도의 사랑을 깨닫기를(엡 3:18-19) 원합니까? 주님의 기쁨 속에 충만하게 들어가기를 바랍니까? 그렇다면 그들에게서 나와서 따로 있고, 부정한 것을 만지지 마십시오(고후 6:17).

당신은 믿음에 대한 충분한 확신을 갖기 원합니까? 그렇다면 죄인들과 교제하는 동안에는 그것을 얻을 수 없을 것입니다. 당신은 주님을 향한 열렬한 사랑으로 불타기를 바랍니까? 하지만 불경건한 사귐의 물벼락 앞에서 그것은 곧 꺼지고 말 것입니다. 그때 당신은 결코 위대한 그리스도인이 될 수 없습니다. 만일 세상의 기준들과 세상 사람들의 삶의 양식에 굴복하게 된다면, 당신은 은혜 안에서 어린아이가 되고, 그리스도 예수 안에서 장성한 사람은 될 수 없습니다. 천국의 상속자들이 지옥의 상속자들과 친구가 되는 것은 위험한 일입니다. 왕의 신복들이 그의 원수들과 너무 가까우면 좋지 않습니다. 조금이라도 하나님의 길에서 벗어나는 것은 위험합니다. 자그마한 가시가 큰 상처의 원인이 되고, 작은 좀들이 아름다운 옷을 못쓰게 만들며, 사소한 실수와 부정이 믿음으로부터 무수한 기쁨을 앗아갑니다. 오 죄인들에게서 멀리 떨어지지 못한 성도여, 세상과 타협하는 것이 당신에게 얼마나 큰 손해인지 모릅니까? 그것은 당신의 힘줄을 끊어 당신이 막 달려가야 할 곳을 그만 기어가게 만들고 맙니다. 그러므로 당신이 그리스도인이라면, 당신 자신의 위로를 위해, 또 당신 자신이 은혜 안에서 자라가기 위해, 분명히 구별된 그리스도인이 되십시오.

그가 임하시는 날을 누가 능히 당하며 - 말라기 3:2

주님의 초림하시는 모습은 표면적으로는 전혀 볼품도 없고, 아무 능력도 보여주지 못했지만, 진실로 그 시험하는 힘(testing might)을 감당할 수 있는 사람은 거의 없었습니다. 헤롯과 그와 함께한 온 예루살렘은 그분의 기이한 탄생 소식을 듣고 크게 소동했습니다. 스스로 그분을 기다리고 있다고 생각했던 사람들은 그분이 오시자 그분을 거부함으로써 자기들의 고백이 거짓임을 드러냈습니다. 이 세상에서의 그분의 생애는 거대한 종교적 고백들의 진실성을 가려내는 키와 같았는데, 그 키질을 능히 견딘 사람들은 거의 없었습니다. 그러면 그분이 재림하실 때는 어떻겠습니까? 어떤 죄인이 그것을 생각하고 견딜 수 있겠습니까? "그의 입의 막대기로 세상을 치며 그의 입술의 기운으로 악인을 죽일 것이며" (사 11:4). 주님이 이 땅에서 수모를 당하실 때 병사들에게 "내가 그라"고 말씀하시자 그들은 뒤로 물러섰습니다. 그렇다면 그분이 자신이 누구신지 정체를 충분히 드러내실 때, 그의 원수들은 얼마나 두려워 떨겠습니까? 주님이 운명하시자 땅이 흔들리고 하늘이 어두워졌습니다. 그렇다면 살아계신 구주로서 그분 앞에 산 자와 죽은 자를 부르실 마지막 그날에는 그 광경이 얼마나 두렵겠습니까? 오 하나님에 대한 두려움 때문에 사람들이 죄를 포기하고, 그분이 진노하시지 않도록 그분의 아들과 입맞춤하기를! 그분은 어린양이지만, 또한 그 먹이를 산산조각 내시는 유다지파의 사자가 되십니다. 그분은 상한 갈대를 꺾지 않으시지만, 그의 원수들을 철막대로 쳐부수고, 토기장이가 그릇을 박살내는 것처럼 그들을 산산조각 내실 것입니다. 그의 원수들은 그분의 맹렬한 진노를 견딜 수 없고, 그분의 의로우신 분노가 휘몰아치는 태풍을 피하지 못할 것입니다. 그러나 그의 피로 씻음 받은 그분의 사랑하는 백성들은 기쁨으로 그분 앞에 나타날 때를 소망하고, 두려움 없이 그것을 견딜 수 있다고 생각합니다. 그들에게 그분은 지금도 깨끗케 하시는 분으로 앉아 계십니다. 주님이 그들을 시험하실 때 그들은 정금처럼 나오게 될 것입니다. 그러므로 우리는 오늘 아침 스스로를 점검해 보고, 우리의 부르심과 택하심을 더 굳게 해야 합니다. 그리하여 주님의 재림이 우리의 마음속에 한 치의 불길함도 일으키지 않도록 해야 합니다. 오 하나님의 은혜가 우리에게서 모든 위선을 물러가게 하고, 주님이 다시 오실 그날에 그분께 신실하여 책망할 것이 없는 자로 나타나게 하시기를!

> 나귀의 첫 새끼는 어린양으로 대속할 것이요 그렇게 하지 아니하려면
> 그 목을 꺾을 것이며 - 출애굽기 34:20

　　모든 피조물의 첫 새끼는 하나님의 것입니다. 그러나 나귀는 부정한 짐승이기 때문에 희생제물로 드려질 수가 없었습니다. 그러면 어떻게 했습니까? 그것은 일반법칙에서 예외가 되도록 허락되었습니까? 전혀 그렇지 않았습니다. 하나님은 예외를 용납하시지 않습니다. 나귀는 당연히 그분의 것입니다. 그러나 그분은 그것을 받으실 수 없습니다. 그렇다고 그분이 그 규정을 폐하시지 않습니다. 하지만 그분은 그 희생제물을 기쁘게 받으실 수 없습니다. 대속 외에는 다른 길이 없습니다. 그 나귀는 대신 어린양으로 대체됨으로써 구원받아야 합니다. 그렇지 아니하면 나귀는 죽어야 합니다.

　　내 영혼아, 여기에 그대에게 주는 교훈이 있다. 그 부정한 짐승은 바로 그대 자신이다. 그대는 그대를 지으시고 그대를 보존하시는 하나님의 소유지만, 그대는 너무 죄가 많아 하나님이 그대를 받거나 받으실 수가 없다. 하나님의 어린양이 그대 대신 주어지지 않는다면, 그대는 영원히 죽어야 한다. 그대는 그대를 위해 피 흘리심으로써 그대를 율법의 치명적인 저주로부터 대속하신 흠 없는 어린양에 대해 그대가 얼마나 감사하는지를 온 세상이 알도록 해야 한다.

　　이스라엘 백성들에게는 나귀를 죽여야 할지 아니면 어린양을 죽여야 할지 때때로 질문해 보지 않았을까요? 선한 사람이라면 그것을 비교해 보고 평가해 보지 않았을까요? 확실히 인간 영혼의 가치와 주 예수의 생명은 비교가 되지 않았습니다. 하지만 어린양이신 주님이 죽고, 나귀인 사람이 살림을 받았습니다. 내 영혼아, 그대와 인류의 다른 사람들에게 베풀어진 하나님의 무한하신 사랑을 찬미하라. 벌레들을 지존자의 아들의 피로 값주고 샀노라! 먼지와 재들을 은과 금보다 더 귀한 것을 주고 속량했노라! 그 놀라운 대속이 없었더라면 내 운명은 어떻게 되었을까요! 나귀의 목을 부러뜨리는 것이 유일한 형벌인데, 도저히 상상할 수 없는 무서운 진노를 누가 감당할 수 있겠습니까? 이 두려운 운명으로부터 우리를 대속하신 영광의 어린양은 무한히 귀하신 분이 아닐 수 없습니다.

예수께서 이르시되 와서 조반을 먹으라 하시니 - 요한복음 21:12

이 본문에서 신자는 예수님께 가까이 나아오라는 거룩한 초청을 받습니다. "와서 조반을 먹으라"는 말씀은 주님과 같은 식탁에서, 같은 음식을 먹는다는 의미를 담고 있습니다. 예, 때로는 그것이 나란히 함께 앉아 우리의 머리를 그분의 가슴에 기대고 있는 것을 의미하기도 합니다. 그것은 대속의 사랑의 깃발이 휘날리고 있는 잔칫집으로 들어가는 것입니다. "와서 조반을 먹으라"는 말씀은 예수님과의 연합에 대한 환상을 우리에게 제공합니다. 왜냐하면 우리가 예수님과 함께 조반을 먹을 때 우리가 먹을 수 있는 유일한 음식은 그분 자신이기 때문입니다. 오, 이것은 얼마나 놀라운 연합일까요! 우리가 이처럼 예수님을 먹는다는 것은 이성이 도저히 파악할 수 없는 깊이의 진리입니다. "내 살을 먹고 내 피를 마시는 자는 내 안에 거하고 나도 그의 안에 거하나니"(요 6:56).

그것은 또한 성도들과의 교제를 누리게 되는 초청입니다. 그리스도인들은 여러 가지 면에서 다를 수 있지만, 그들은 공통적인 영적 식욕을 갖고 있습니다. 그래서 비록 우리가 똑같이 느낄(feel) 수는 없다고 해도, 하늘에서 내려온 생명의 떡을 똑같이 먹습니다(feed). 예수님과의 교제의 식탁에서 우리는 같은 떡을 떼고, 같은 잔을 마십니다. 사랑의 잔이 돌아갈 때, 우리는 그 안에서 서로 진실로 하나가 됩니다. 예수님께 가까이 나아가십시오. 그러면 당신은 똑같은 하늘의 만나를 떼어 먹음으로써 생명을 유지하는, 당신과 비슷한 모든 사람들과 영적으로 아주 긴밀하게 연결되어 있음을 발견하게 될 것입니다.

또한 우리는 오늘 본문에서 모든 그리스도인을 위한 힘의 원천을 발견합니다. 그리스도를 바라보는 것이 사는 길이지만, 그분을 섬기는 힘을 얻기 위해서 우리는 "와서 조반을 먹어야" 합니다. 우리는 주님의 이 교훈을 무시하기 때문에 정말 겪지 않아도 될 연약함 속에 빠지게 됩니다. 우리 가운데 어느 누구도 그것을 조금만 먹고 살아도 될 사람은 없습니다. 아니 오히려 우리는 복음의 살과 기름을 배불리 먹고 힘을 축적해야 하며, 그 힘으로 온 힘을 다해 주님을 섬겨야 합니다. 그래서 만일 당신이 예수님께 가까이 나아가 예수님과 연합하고, 그의 백성들을 사랑하며, 그분으로부터 힘을 얻어야 함을 깨달았다면, 믿음으로 그분과 함께 "와서 조반을 드십시오."

진실로 생명의 원천이 주께 있사오니 - 시편 36:9

우리는 때때로 사람의 조언이나 동정 또는 종교의식들을 준수하는 것이 영적으로 아무 위로가 되지 못하거나 도움이 되지 못하는 경험을 합니다. 어찌하여 은혜의 하나님께서 우리에게 이런 일들이 일어나도록 하실까요? 아마 그것은 우리가 그분을 너무 멀리 떠나 살기 때문일 것입니다. 그래서 그분은 우리를 자신에게 이끌기 위해 우리가 의지하고 있는 모든 것을 제거해 버리십니다. 수원지 근처에 사는 것은 복된 일입니다. 가죽통에 물이 가득하면 우리는 하갈과 이스마엘처럼 광야에 들어가도 만족합니다. 그러나 물이 부족하면, "나를 살피시는 하나님"(창 16:13) 외에는 우리를 도울 자가 없습니다. 우리는 탕자와 같습니다. 우리는 돼지 구유를 사랑하고, 아버지의 집을 망각합니다. 그러나 기억합시다. 우리는 종교의식들을 돼지 구유와 오물로 만들 수 있습니다. 그것들은 좋은 것이지만, 우리는 그것들을 하나님의 자리에 둘 수 있습니다. 그렇게 되면 그것들은 아무 가치가 없게 됩니다. 어떤 것이 우리를 하나님으로부터 멀어지게 한다면 그것은 우상이 됩니다. 놋뱀도 그것이 만약 하나님을 대신하는 것이 된다면, 무시되어야 합니다.

탕자는 그 어디에서도 생계를 유지할 수 없었기 때문에 아버지의 품에 안기게 될 때까지는 결코 안전하지 않았습니다. 하나님은 우리가 자신을 더 가까이 하도록 땅에 기근을 주시기도 합니다. 그리스도인의 최고의 위치는 하나님의 은혜 위에서 온전히 그리고 똑바로 사는 것입니다. 처음에 시작했던 바로 그 자리를 계속 고수해야 합니다. "아무것도 없는 자 같으나 모든 것을 가진 자로다"(고후 6:10). 우리는 한순간이라도 우리의 구원이 우리의 성화나 우리의 순결이나 우리의 은혜, 또는 우리의 감정 때문이라고 생각해서는 안 됩니다. 아니 반대로 그리스도께서 충분한 속죄를 제공하셨기 때문이라고 생각해야 합니다. 왜냐하면 우리는 오직 그분 안에서만 온전하기 때문입니다. 우리 자신에 대해서는 의지할 것이 아무것도 없고, 오직 예수님의 공로만 의지할 뿐입니다. 그분의 고난과 거룩한 생애가 우리가 의지할 유일한 신뢰의 반석입니다. 사랑하는 자여, 목이 마를 때 우리는 열심히 생명의 원천을 찾아 갑시다.

다윗이 그 마음에 생각하기를 내가 후일에는 사울의 손에 붙잡히리니 - 사무엘상 27:1

이 당시 다윗의 마음속에 있던 생각은 잘못된 것이었습니다. 왜냐하면 그는 확실히 하나님이 사무엘을 통해 자기에게 기름을 부으신 것이 아무 의미 없는 공허한 행동이라고 생각할 만한 근거를 전혀 갖고 있지 않았기 때문입니다. 한 번도 하나님은 그의 종 다윗을 버리신 일이 없었습니다. 다윗은 위험한 상황에 빠진 적이 자주 있었지만, 하나님의 간섭이 그를 구원하지 못한 적은 한 번도 없었습니다. 그에게 주어졌던 시험들도 다양했습니다. 그러나 모든 경우에 그 시험들을 보내신 분은 또한 은혜롭게 피할 길도 마련해 놓으셨습니다. 다윗은 자신의 일기 어디에서도 "여호와께서 나를 버리시리라는 증거가 여기 있다"고 쓸 수 없었습니다. 그 이유는 그의 과거의 전체 인생은 그와는 정반대임을 보여 주고 있기 때문입니다. 그는 하나님이 자신을 위해 행하신 역사를 통해 하나님이 지금도 자신의 보호자가 되신다는 것을 주장해야 했습니다.

그러나 우리도 똑같이 하나님의 도우심을 의심하지 않습니까? 아무 근거도 없이 불신하지 않습니까? 우리에게 아버지의 선하심을 의심할 만한 이유가 조금이라도 있었습니까? 그분의 인자하심이 참으로 놀랍지 않았습니까? 그분이 한 번이라도 우리의 신뢰를 저버리신 적이 있습니까? 오, 없었습니다! 우리 하나님은 한 번도 우리를 떠나신 적이 없습니다. 우리는 어두운 밤을 지냈지만, 사랑의 별은 그 어둠 속에서 우리를 밝게 비추었습니다. 우리는 치열한 전투에 빠져 있었지만, 그분은 우리의 방패를 머리 위에 높이 들어주셨습니다. 우리는 무수한 시련을 겪었지만, 그것들은 항상 우리에게 손해보다는 유익을 가져다주었습니다. 우리가 과거에 겪은 경험을 통해 얻은 결론은 지금까지 여섯 가지 환난 속에서도 우리와 함께하신 하나님은 일곱 번째 환난을 당할 때에도 결코 우리를 버리시지 않을 것이라는 것입니다. 우리가 신실하신 하나님에 관해 알고 있다면, 그것은 그분이 끝까지 우리를 지켜주시리라는 것을 증명합니다. 그러므로 우리는 증거에 반하는 생각을 해서는 안 됩니다. 어떻게 그토록 비겁하게 우리 하나님을 의심할 수 있겠습니까? 주여, 우리의 불신앙의 이세벨을 던져버리고, 그것을 개들이 먹게 하소서.

그는 … 어린 양을 그 팔로 모아 품에 안으시며 - 이사야서 40:11

우리의 선한 목자는 다양한 양들을 소유하고 계십니다. 어떤 양은 주 안에서 강하고, 다른 양은 믿음이 약합니다. 하지만 그분은 자신의 모든 양들을 공평하게 돌보시고, 그분에게는 가장 약한 양이라도 가장 강한 양 못지않게 사랑스런 존재입니다. 양들은 꾸물거리고, 방황하기 쉬우며, 쉽게 지칩니다. 그러나 이처럼 연약하기 때문에 닥치는 모든 위험들로부터 목자는 그들을 자신의 권능의 팔로 보호해주십니다. 그분은 어린양처럼 약한 거듭난 영혼들이 궁핍한 상태에 빠지면 그들이 힘을 얻을 때까지 음식을 공급해 줍니다. 그분은 힘이 다하여 죽어가는 연약한 심령들을 보면, 그들을 위로함으로써 그들의 힘을 새롭게 합니다. 그분은 모든 약한 자들을 모으십니다. 왜냐하면 그들 중 하나라도 잃어버리는 것은 하늘에 계신 아버지의 뜻이 아니기 때문입니다.

그분은 얼마나 재빠르게 그들을 모두 살펴볼까요! 얼마나 부드러운 마음으로 그들 모두를 보살필까요! 얼마나 넓고 강한 팔로 그들을 모두 모으실까요! 지상에 계실 때 한평생 그분은 수많은 연약한 자들을 모으셨고, 지금도 하늘에 계시면서 그분의 자비로운 마음은 이 땅의 온유하고 회개하는 자들, 겁이 많고 힘이 없는 자들, 두려워하고 무력한 자들을 간절히 찾으십니다. 그분이 나를 자신에게, 그의 진리로, 그의 피로, 그의 사랑으로, 그의 교회로 부르시는 것은 얼마나 놀라운 은혜일까요! 그분이 나를 자기 자신에게 나아오도록 이끄시는 것은 얼마나 효력 있는 은혜일까요! 처음 회심한 이후부터 그분은 얼마나 자주 나를 방황으로부터 회복시키고, 자신의 영원한 팔로 안아 주셨을까요!

그러나 그 중에서도 최고의 사실은 그분이 사랑의 임무를 남에게 맡기지 않고 친히 감당하시며, 지극히 무가치한 종을 구원하고 보존하기 위해 자신을 낮추셨다는 것입니다. 어떻게 나는 그분을 충분히 사랑하고 제대로 그분을 섬길 수 있을까요? 나는 세상 끝날까지 그분의 이름을 높이기를 원합니다. 하지만 나의 연약함으로 어떻게 그분을 높일 수가 있을까요? 선한 목자여, 지금 이 순간 당신의 자비를 더하셔서 제가 원하는 대로 당신을 더욱 진실하게 사랑할 수 있게 하소서.

### 주의 길에는 기름방울이 떨어지며 - 시편 65:11

"기름방울이 떨어지는 주의 길"은 많이 있는데, 그 중에서도 기도의 길은 특별히 그렇습니다. 골방에 들어가 있는 시간이 많은 신자는 "나는 쇠잔하였고 나는 쇠잔하였으니 내게 화가 있도다"(사 24:16)라고 부르짖을 필요가 없습니다. 주린 영혼은 속죄소로부터 멀리 떨어져 살고, 가뭄이 들면 바싹 말라버리는 밭처럼 됩니다. 하나님과 기도로 씨름하여 이기는 성도는, 비록 행복하지는 않을지 몰라도, 틀림없이 강한 성도가 될 것입니다. 천국의 은혜의 보좌는 천국 문에서 가장 가까운 곳에 있습니다. 홀로 기도하는 시간이 많을수록 당신은 더 큰 확신을 얻게 될 것입니다. 예수님과 함께하는 시간이 적을수록 당신의 신앙은 얄팍해지고, 허다한 의심과 두려움들로 오염되며, 주의 기쁨이 나타나지 아니할 것입니다. 영혼을 풍요롭게 하는 기도의 길은 극히 연약한 성도에게도 열려 있습니다. 높은 학식이 필요하지 않기 때문에, 수준이 높은 성도만 가도록 요구받는 길이 아니기 때문에, 당신은 그저 성도라는 이유만으로 자유롭게 그 길을 가도록 초청받습니다. 사랑하는 성도여, 은밀하게 기도하는 시간을 많이 가지십시오. 무릎을 많이 꿇으십시오. 엘리야도 그렇게 해서 가뭄이 든 이스라엘 땅에 비를 내리게 했습니다.

그 길을 걸어가는 사람들에게 기름방울이 떨어지는 또 다른 주의 길이 있습니다. 그 길은 은밀한 교제의 길입니다. 오! 예수님과의 교제는 얼마나 즐거울까요! 예수님의 가슴에 기대는 영혼이 누리는 거룩한 평온을 세상에서는 그 어떤 말로도 표현할 수 없습니다. 그것을 이해하는 그리스도인들은 극히 적습니다. 왜냐하면 그들은 산 밑에 살면서 느보산 꼭대기까지는 거의 올라가 본 적이 없기 때문입니다. 그들은 성전 바깥에서만 삽니다. 그들은 지성소 안으로는 들어가지 않습니다. 그들은 제사장의 특권을 취하지 않습니다. 그들은 희생제사를 먼 거리에서 지켜보고, 제사장과 함께 앉아 제물을 먹거나 번제의 기름을 즐기지 않습니다. 그러나 성도여, 당신은 예수님의 그림자 밑에 앉아야 합니다. 그 종려나무 아래로 가서 그 가지들을 붙드십시오. 당신의 사랑하는 자가 당신에게 숲의 나무들 중 사과나무처럼 되게 하십시오. 그러면 당신은 살과 기름으로 배불리 먹게 될 것입니다. 오 예수여, 당신의 구원을 갖고 우리를 찾아오소서!

순종이 제사보다 낫고 - 사무엘상 15:22

사울은 아말렉 사람들과 그들의 가축을 철저히 진멸하도록 명령을 받았습니다. 그러나 그는 그렇게 하는 대신, 왕을 살려주고, 자신의 백성들에게 가장 좋은 양과 소를 취하도록 허용했습니다. 사무엘로부터 그 이유를 말하도록 요청받자 사울은 하나님께 희생제물로 드리기 위해서라고 말했습니다. 그러나 사무엘은 즉각, 그런 희생제물은 하나님에 대한 직접적인 반역행위로서 변명의 여지가 없다고 말했습니다.

오늘 저녁 본문은 황금문자로 인쇄하여 오늘날 우상숭배하는 사람들의 눈 앞에 붙여놓아야 할 만큼 가치가 있습니다. 그들은 자기의 뜻을 좇으며, 하나님의 법을 지키기를 완전히 등한시합니다. 구주께서 명령하신 길을 엄밀하게 따라가는 것이 외적 종교의식을 준수하는 것보다, 그리고 숫양의 기름을 드리거나 어떤 값진 물건을 하나님의 제단에 바치는 것보다 그분의 말씀을 귀담아 듣는 것이 낫다는 것을 항상 염두에 두기를 바랍니다.

만일 당신이 그리스도께서 그의 제자들에게 명하신 말씀을 전혀 지키지 못한다면, 나는 더 이상 불순종의 길을 가지 않도록 당신을 위해서 기도하겠습니다. 당신이 아무리 주님께 나아가 최고의 의식을 준수하고, 헌신적인 행동을 보여준다고 해도, 그것들이 당신의 불순종을 상쇄하지는 못합니다. 아무리 작고 하찮은 일이라도 "순종하는 것"이 아주 화려한 "제사보다 낫습니다." 그레고리오 성가, 사치스러운 예복, 향(香), 기(旗) 등을 앞세우지 마십시오.

하나님이 그의 자녀에게 바라는 첫 번째 일은 순종입니다. 당신이 자신의 몸을 불대우는데 내어줄지라도, 당신이 가진 모든 것으로 가난한 자들을 구제한다고 할지라도, 당신이 하나님의 말씀을 듣지 않는다면, 당신의 모든 선행들은 아무 소용이 없습니다. 어린아이처럼 가르침을 잘 받는 것은 복된 일이고, 그 교훈을 그대로 실천하는 것은 더욱 복된 일입니다. 얼마나 많은 사람들이 성전을 아름답게 꾸미고, 제사장들(priests)을 치장하는데 열심이면서도 주님의 말씀에 순종하는 것은 거절할까요! 내 영혼아, 그대는 그들의 모습을 절대로 본받지 말라.

그리스도 안에서 어린 아이들 - 고린도전서 3:1

성도여, 당신은 영적 생명이 너무 허약해서, 당신의 믿음이 너무 연약해서, 당신의 사랑이 너무 빈약해서 슬퍼하고 있습니까? 그러나 기운을 내십시오. 당신은 감사할 이유를 갖고 있습니다. 어떤 면에서 당신은 가장 위대하고, 가장 성숙한 그리스도인과 동등하다는 것을 기억하십시오. 당신도 그와 똑같이 피로 값주고 산 존재입니다. 당신도 다른 신자와 마찬가지로 하나님의 자녀로 입양되었습니다. 어린 아기도 다 자란 아들과 똑같이 그 부모의 자녀입니다. 당신은 완전히 의롭게 된 존재입니다. 왜냐하면 당신의 칭의는 수준의 문제가 아니기 때문입니다. 약한 믿음으로도 당신은 모든 면에서 깨끗함을 받았습니다. 당신은 가장 수준 높은 신자들처럼 보배로운 언약에 대해 똑같은 권리를 갖고 있습니다. 왜냐하면 언약의 은혜에 대한 당신의 권리는 당신의 성장이 아니라 언약 자체에 달려있기 때문입니다. 예수님을 믿는 당신의 믿음은 그분 안에서 받는 기업의 척도가 아니라 증표입니다. 당신은 비록 다 누리지 못한다고 해도, 최고의 부자가 갖고 있는 재산을 똑같이 갖고 있는 부자입니다. 아무리 작은 별이라도 하늘에서 반짝거리고, 아주 희미한 광선이라도 한낮의 태양과 유사한 빛을 갖고 있습니다. 마찬가지로 큰 자나 작은 자나 천국의 영광의 가족 명단은 똑같은 펜으로 기록되었습니다. 당신은 그 가족 중 가장 큰 자와 똑같이 아버지의 마음에 사랑스러운 자입니다. 예수님은 당신에게 아주 다정하십니다. 당신은 꺼져가는 심지 같습니다. 그분보다 더 악한 사람은 "그 꺼져가는 심지는 꺼버려. 그것은 방 안을 지독한 냄새로 채울 뿐이야"라고 말할 것입니다. 그러나 그분은 꺼져가는 심지를 끄지 아니하십니다. 당신은 상한 갈대와 같습니다. 온 우주의 지휘자이신 그분보다 더 강퍅한 사람은 당신을 깔아뭉개버리거나 내다버릴 것입니다. 그러나 그분은 상한 갈대를 꺾지 아니하십니다. 그러므로 당신은 풀이 죽을 것이 아니라 그리스도 안에서 힘이 넘쳐야 합니다. 내가 이스라엘 안에서 작은 자에 지나지 않습니까? 그러나 그리스도 안에서 나는 천국 보좌에 앉을 자입니다. 내가 믿음이 약합니까? 그러나 예수 안에서 나는 만물의 상속자가 됩니다. 비록 "자랑할 만한 것이 없고, 그 자랑이 헛된 것이라고 하더라도," 내 안에 자랑의 뿌리가 있는 한, 나는 여호와를 즐거워하고, 내 구원의 하나님을 영화롭게 할 것입니다.

나를 지으신 하나님 … 밤에 노래를 주시는 자 - 욥기 35:10

낮에는 누구나 노래할 수 있습니다. 잔이 넘칠 때, 사람은 그것으로부터 힘을 얻습니다. 재산이 풍성할 때는 누구나 풍부한 소득을 주시거나 배에 가득 짐을 싣고 집으로 돌아가게 하신 하나님을 찬양할 수 있습니다. 에올리언 하프(바람이 불면 저절로 울리는 악기)는 바람이 불 때는 쉽게 울리지만, 바람이 불지 아니할 때는 아름다운 소리를 내기가 어렵습니다.

우리는 낮에는 악보를 보고 쉽게 노래를 부를 수 있습니다. 그러나 능숙하게 노래를 부르는 사람 곧 마음으로 노래를 부르는 사람은 악보를 읽을 수 없는 밤에도 노래를 부릅니다. 누구든 밤에 저절로 노래를 잘 부를 수 있는 사람은 없습니다. 그는 노래를 부르려고 애를 쓰겠지만, 밤에 부르는 노래는 하나님이 영감을 주셔야 합니다.

만사가 잘 나갈 때는 길에서 자라는 꽃들을 보고서도 흥겹게 노래를 부를 수 있습니다. 그러나 초목이 전혀 없는 광야에 들어가 보십시오. 거기서도 하나님을 찬양하는 찬송을 부를 수 있을까요? 유한한 사람이 보석이 없는 곳에서 주님을 위한 면류관을 어떻게 만들 수 있을까요? 내 목소리가 또렷하고, 육체가 건강할 때, 나는 하나님을 찬양할 수 있습니다. 그러나 병들어 침상에 누워있을 때 하나님이 내게 노래를 주시지 않는다면, 어떻게 내가 하나님을 높이 찬양할 수 있겠습니까? 그렇습니다. 모든 일이 역경 속에 있을 때, 제단 숯이 그의 입술에 닿지 않는 한, 인간의 능력으로는 노래를 부를 수 없습니다.

하박국 선지자는 밤에 다음과 같이 천상의 노래를 불렀습니다: "비록 무화과나무가 무성하지 못하며 포도나무에 열매가 없으며 감람나무에 소출이 없으며 밭에 먹을 것이 없으며 우리에 양이 없으며 외양간에 소가 없을지라도 나는 여호와로 말미암아 즐거워하며 나의 구원의 하나님으로 말미암아 기뻐하리로다" (합 3:17-18).

따라서 우리의 조물주께서 밤에 노래를 주시기 때문에, 우리는 그분이 노래를 주실 때까지 기다려야 합니다. 오 음악의 대가여, 고난이 닥칠지라도 우리가 노래를 잃지 않게 하소서. 우리의 입술로 감사의 찬송을 부르게 하소서.

범사에 그에게까지 자랄지라 - 에베소서 4:15

많은 그리스도인들이 영적으로 발육이 정지되어 난쟁이에 머물러 있습니다. 그들은 해마다 똑같은 상태 속에 있습니다. 그들 속에는 진보했거나 성장했다는 느낌이 전혀 없습니다. 그들은 존재하지만, "범사에 그에게까지 자라지는" 않습니다. 그러나 "이삭"을 맺고, 결국에는 "이삭으로부터 완전한 곡식"으로 자라가야 할 때, 우리가 여전히 "파릇한 잎"으로 존재하는 것으로 만족해야 되겠습니까? 우리가 주님 안에서 충만하게 발견되려는 경험을 더 많이 하려는 소망은 없이, 그리스도를 믿으니 "나는 안전하다"고 말하는 것으로 만족해야 되겠습니까? 절대로 그래서는 안 됩니다.

우리는 천국 시장의 유능한 상인들로서 예수님에 관한 지식을 더 풍성히 보유하려는 욕심을 부려야 합니다. 다른 사람들의 포도원을 지켜주는 것도 좋은 일이지만, 그렇다고 우리 자신의 영적 성장과 성숙을 게을리 해서는 안 됩니다. 왜 우리 마음은 항상 겨울철이어야 합니까? 우리는 당연히 씨를 뿌리는 봄을 가져야 합니다. 그러나 봄만 아니라 이른 추수를 보장해 주는 여름도 있어야 합니다.

만일 우리가 은혜 안에서 자라기를 원한다면, 예수님을 가까이 하는 삶을 살아야 합니다. 그분의 임재 안에서 그분의 미소의 햇빛을 받으며 자라야 합니다. 우리는 그분과 달콤한 교제를 나누어야 합니다. 우리는 주님의 얼굴을 멀리서 바라보지 말고, 요한처럼 가까이 나아가 그분의 가슴에 머리를 기대야 합니다. 그러면 우리는 거룩과 사랑과 믿음과 소망, 아니 나아가 모든 보배로운 은사가 자라는 것을 알게 될 것입니다.

해가 동편에서 산 위로 떠오르며 그 빛으로 산꼭대기를 비출 때, 그 장면이 여행자의 눈에 참으로 아름다운 모습의 하나로 투영되는 것처럼, 성령의 빛이 영적으로 성숙한 어떤 성도의 머리를 비추게 될 때, 그 모습이야말로 세상에서 가장 즐거운 광경 중의 하나입니다. 그의 동료들보다 어깨가 하나 더 있는 사울과 같은 그런 성도는, 눈으로 덮여있는 웅장한 알프스 산처럼, 택한 자들 중 첫번째 자리를 차지하는 자로서, 의의 태양의 빛을 반사합니다. 그는 누구나 볼 수 있도록 높은 곳에서 그의 눈부신 광채를 드러내고, 그것을 볼 때마다 하늘에 계신 그의 아버지를 영화롭게 합니다.

가두어 두지 말라 - 이사야서 43:6

이 메시지는 남방에게 주어지고, 이스라엘 자손을 염두에 둔 것이지만, 우리자신들에게 주어지는 말씀으로 받아도 유익합니다. 우리는 본성적으로 모든 선한 일에 대해서는 뒤로 후퇴하기 때문에, 이것은 하나님의 길로 적극 나아가기 위해서 우리가 배워야 할 은혜의 교훈입니다. 아직 회심하지 않은 형제여, 당신은 주 예수님을 의지하기 원합니까? 그렇다면 "가두어 두지 마십시오." 사랑은 당신을 초대하고, 약속은 당신의 성공을 보장하며, 보혈은 그 길을 예비합니다. 죄나 두려움이 당신을 훼방하지 않게 하고, 지금 모습 그대로 예수님께 나아오십시오. 당신은 기도하기 원합니까? 당신은 주님 앞에 당신의 마음을 쏟아놓기 원합니까? 그렇다면 "가두어 두지 마십시오." 속죄소는 자비를 필요로 하는 자들을 위해 마련된 것입니다. 죄인의 부르짖음은 하나님을 설복시킬 것입니다. 당신은 초대받았습니다. 아니 당신은 기도하도록 명령받았습니다. 그러므로 은혜의 보좌 앞으로 담대히 나아오십시오.

사랑하는 형제여, 당신은 이미 구원받았습니까? 그렇다면 주의 백성들과의 연합을 가두어 두지 마십시오. 세례와 성찬식을 무시하지 마십시오. 당신이 소심한 기질을 갖고 있다면, 그것을 극복해서 불순종에 빠지지 않도록 하십시오. 그리스도를 고백하는 자들에게는 은혜로운 약속이 주어져 있습니다. 그러므로 주님을 부인하는 사람들과 같이 되지 않으려면, 당신은 그것을 절대로 무시하지 말아야 합니다. 만일 당신이 재능을 갖고 있다면 가두어 두지 말고 그것을 사용하십시오. 부를 쌓기만 하지 마십시오. 시간을 허송하지 마십시오. 당신의 능력이 녹슬지 않게 하고, 영향력이 사장되지 않도록 하십시오. 예수님은 가두어 두지 아니했습니다. 그러므로 자기부인과 자기희생을 첫 번째에 두고 그분을 본받으십시오. 하나님과의 친밀한 교제를 나누는 것, 언약의 축복들을 담대히 적용시키는 것, 영적 생활을 진보시키는 것, 그리스도의 사랑의 보배 같은 신비들을 파헤치는 것을 결코 가두어 두지 마십시오. 사랑하는 친구여, 당신의 냉정함과 가혹함이나 의심 때문에 다른 사람들을 가두는 죄를 범하지 않도록 조심하십시오. 예수님을 위해 앞으로 전진하고, 다른 사람들도 그렇게 살도록 힘을 주는 자가 되십시오. 지옥 그리고 미신과 불신앙의 연합군은 단호하게 맞서 싸워야 합니다. 오 십자가 군사여, 가두어 두지 마십시오.

### 그리스도의 사랑이 우리를 강권하시는도다 - 고린도후서 5:14

당신은 주님께 얼마나 많은 빚을 지고 있을까요? 그분이 당신을 위해 무엇을 하셨습니까? 당신의 죄를 용서해 주셨습니까? 당신에게 의의 옷을 입혀 주셨습니까? 당신의 발을 반석 위에 올려 놓으셨습니까? 당신의 길을 바로잡아 주셨습니까? 당신을 위해 천국을 예비해 두셨습니까? 자신의 생명책에 당신의 이름을 기록해 놓으셨습니까? 당신에게 셀 수 없는 축복을 베푸셨습니까? 당신을 위해 눈으로 다 보거나 귀로 다 듣지 못할 은혜를 쌓아 놓으셨습니까?

그렇다면 그분의 사랑에 합당한 일을 행하십시오. 죽어가는 구주께 단순히 말로만 제물을 드리지 마십시오. 주님이 오실 때, 그분을 위해 아무것도 하지 않고, 사랑을 가난한 영혼들이나 그분의 일을 위해 흘려보내지 못하고, 고인 물처럼 마음속에만 담아두고 있었다고 고백해야 한다면, 어떻게 되겠습니까? 그와 같은 사랑에서 벗어나기를 기원합니다!

행동으로 보여 주지 못하는 사랑에 대해 사람들이 어떻게 생각하겠습니까? 사람들은 "면책은 숨은 사랑보다 나으니라"(잠 27:5)고 말합니다. 자기부인, 관대함, 영웅적 행위, 또는 열심과 같은 행위를 만들어내지 못하는 나약한 사랑을 누가 인정하겠습니까? 주님이 당신을 어떻게 사랑하고, 당신을 위해 자신을 어떻게 주셨는지 생각해 보기를 바랍니다! 당신은 그 사랑의 능력을 알고 있습니까? 안다면 그것이 당신의 영혼에 강한 돌풍처럼 불어 그 안에 있는 세속의 구름들을 쓸어버리고, 죄의 안개들을 제거해 버리도록 하십시오.

"그리스도를 위하여" ― 이 표어가 불의 혀처럼 당신 위에서 타오르게 하십시오. "그리스도를 위하여" ― 이 표어가 당신으로 하여금 주님을 섬기는데 사자처럼 담대하고 독수리처럼 재빠르게 만드는 신적 황홀 곧 당신을 땅으로부터 높이 올리는 하늘의 영감이 되기를 바랍니다. 사랑은 섬김의 발에 날개를 달아주고, 수고의 팔에 힘을 줍니다. 흔들리지 않고 끊임없이 하나님만 응시한 채, 옆을 보지 말고 그분을 영화롭게 하겠다는 굳은 결심을 하고, 지칠 줄 모르는 열심 속에 매진함으로써, 우리는 그리스도의 사랑이 강권해서 그렇게 한다는 것을 분명히 보여 주어야 합니다. 주님의 그 사랑이 그것이 있는 하늘로 향하도록 우리를 이끌어주시기를 간구합니다!

어찌하여 두려워하며 어찌하여 마음에 의심이 일어나느냐 - 누가복음 24:38

　"야곱아 어찌하여 네가 말하며 이스라엘아 네가 이르기를 내 길은 여호와께 숨겨졌으며 내 송사는 내 하나님에게서 벗어난다 하느냐"(사 40:27). 하나님은 모든 존재들에 관심을 두고 계시고, 가장 미천한 피조물에게도 자신의 보편적 섭리를 베푸시지만, 그분의 특별한 섭리는 그의 성도들에게 두어져 있습니다. "여호와의 천사가 주를 경외하는 자를 둘러 진 치고"(시 34:7). "그들의 피가 그의 눈 앞에서 존귀히 여김을 받으리로다"(시 72:14). "그의 경건한 자들의 죽음은 여호와께서 보시기에 귀중한 것이로다"(시 116:15). "우리가 알거니와 하나님을 사랑하는 자 곧 그의 뜻대로 부르심을 입은 자들에게는 모든 것이 합력하여 선을 이루느니라"(롬 8:28).

　주님은 온 인류의 구주이지만, 특별히 믿는 자들의 구주라는 사실로 기운을 내고 위로를 받으십시오. 당신은 그분의 특별한 관심의 대상입니다. 당신은 그분이 눈동자처럼 지키시는 그분의 보물이요, 밤낮으로 지키시는 그분의 포도원입니다. "너희에게는 머리털까지 다 세신 바 되었나니"(마 10:30). 당신을 향한 주님의 특별한 사랑을 생각하고 슬픔을 잠재우고 고통을 가라앉히십시오. "내가 결코 너희를 버리지 아니하고 너희를 떠나지 아니하리라"(히 13:5). 하나님은 과거 성도들에게 말씀하셨듯이 오늘날 당신에게도 말씀하십니다. "두려워하지 말라 나는 네 방패요 너의 지극히 큰 상급이니라"(창 15:1). 우리는 하나님의 약속들을 우리 자신에게 직접 적용시키지 않고 전체 교회에 주시는 것으로 받아들이는 습관 때문에 많은 위로를 상실하고 맙니다. 성도여, 하나님의 말씀을 믿음으로 나 자신에게 개인적으로 적용시켜야 할 것으로 이해하십시오. 예수님이 "내가 너를 위하여 네 믿음이 떨어지지 않기를 기도하였다"(눅 22:32)고 말씀하신 것을 생각해 보십시오. 당신이 걷고 있는 환난의 바다 위를 걸으시면서 "안심하라 나니 두려워하지 말라"(마 14:27)고 말씀하시는 주님을 바라보십시오. 오, 얼마나 은혜로운 그리스도의 말씀일까요! 성령이 그 말씀들을 당신에게 주신 것들로 느끼게 하시기를! 잠시 다른 것들은 다 잊고 당신에게 전달되는 예수님의 음성을 들으십시오. 그리고 "예수께서 위로를 속삭이시니, 나는 그것을 거부할 수 없다. 나는 크게 기뻐하며 그분의 그림자 아래 앉아야겠다"고 말하십시오.

내가 … 기쁘게 그들을 사랑하리니 - 호세아서 14:4

　이 본문은 신학의 본체의 축소판입니다. 그 의미를 이해하는 사람은 신학자요, 그 충만함 속에 뛰어들 수 있는 사람은 이스라엘의 진정한 선생입니다. 그것은 우리의 구속주 그리스도 예수 안에서 우리에게 주어진 구원에 관한 영광의 메시지의 압축입니다. 그 의미는 "기쁘게"(freely)라는 말에 그 핵심이 있습니다. 이것은 사랑이 하늘로부터 땅으로 흘러내려오는 영광스럽고, 타당하고, 거룩한 길로서, 그것은 그것을 받을 자격이 없거나 그것을 구하지 않은 사람들에게 흐르는 자발적인 사랑입니다. 진실로 그것은 하나님이 우리 같은 존재들을 사랑할 수 있는 유일한 길입니다. "내가 기쁘게 그들을 사랑하리니." 이 본문은 모든 종류의 합당함을 거부합니다. 만일 우리 안에 필요한 어떤 합당함이 있었다면, 그분은 우리를 기쁘게 사랑하지 않으셨을 것입니다. 그러나 그것은 "내가 기쁘게 그들을 사랑하리니"라고 말씀합니다. 우리는 "주님, 제 마음은 너무 강퍅합니다"라고 불평합니다. 그래도 주님은 "내가 기쁘게 너를 사랑한다"고 말씀하십니다. "하지만 저는 제가 원하는 것만큼 그리스도를 필요로 한다는 것을 못느끼는 걸요." "나는 네가 나를 필요로 하기 때문에 너를 사랑하는 것이 아니다. 나는 기쁘게 너를 사랑할 것이다." "그러나 저는 주님을 바랄 만큼 부드러운 마음을 갖고 있지 못한데요."

　부드러운 마음이 조건이 아니라는 것을 기억하십시오. 왜냐하면 거기에는 아무 조건이 없기 때문입니다. 은혜의 언약은 조건부가 아닙니다. 우리는 어떤 합당함이 없어도, "그를 믿는 자는 심판을 받지 아니하는 것이요"(요 3:18)라고 말씀하셨기 때문에, 그리스도 예수 안에서 우리에게 주어진 하나님의 약속에 과감하게 나아갈 수 있습니다. 하나님의 은혜가 언제든 준비 없이, 자격 없이, 돈 없이, 또 값없이 우리에게 기쁘게 주어진다는 것을 아는 것은 복된 일입니다. "내가 기쁘게 그들을 사랑하리니." 이 말씀은 배역한 자들에게 돌아오라고 초대합니다. 정말 이 본문은 그런 사람들을 위해 특별히 기록된 것입니다. "내가 그들의 반역을 고치고 기쁘게 그들을 사랑하리니"(호 14:4). 배역자여! 이 관대한 약속의 말씀을 듣고 즉시 마음을 찢고 돌아와 상처받은 당신 아버지의 얼굴을 구하십시오.

내 것을 가지고 너희에게 알리시겠음이라 - 요한복음 16:15

성경의 모든 약속과 교훈들은 하나님의 은혜의 손이 그것들을 우리에게 적용시켜 주시지 아니하면 아무 소용이 없을 때가 있습니다. 우리는 목이 마를 때, 너무 힘이 없으면 시냇가로 기어갈 수 없습니다. 전쟁터에서 전투하다 상처를 입은 병사가, 병원에 가면 자기의 상처를 치료해 줄 수 있는 사람들이 있고, 지금 그의 고통을 진정시키는 약이 있다는 것을 아는 것으로는 아무 유익이 없습니다. 그가 필요로 하는 것은 그쪽 병원으로 가 치료를 받는 것 입니다. 마찬가지로 우리 영혼도 그 상처를 치료받기 위해서는 진리의 영이 예수의 것들을 가져다 우리에게 발라주어야 합니다. 그리스도는 우리가 스스로의 힘으로 올라가야만 닿을 수 있는 하늘의 선반에 자신의 기쁨들을 놓아두신 것이 아니라 그분이 가까이 다가오셔서 자신의 평화를 우리 마음속에 주신다는 것을 생각하십시오.

오 그리스도인이여, 만일 당신이 오늘 밤 깊은 고뇌 속에 있다면, 당신의 하늘 아버지께서는 당신에게 약속만 주시고, 말하자면 우물에서 물을 긷는 두레박처럼, 말씀으로부터 그것들을 끌어내 당신 앞에 두는 것으로 끝나지 않고, 말씀 속에 친히 기록한 약속들을 그분은 당신의 마음속에 새롭게 새겨주십니다. 그분은 자신의 사랑을 당신에게 나타내고, 자신의 은혜로운 성령을 통해 당신의 염려와 고통들을 제거해 주십니다. 오 슬퍼하는 자여, 자기 백성들의 눈에서 눈물을 닦아 주시는 것이 하나님의 특권임을 명심하십시오. 선한 사마리아인은 "여기에 당신이 발라야 할 포도주와 기름이 있다"고 말하지 않았습니다. 그는 실제로 포도주와 기름을 발라주었습니다 마찬가지로 예수님도 당신에게 달콤한 포도주에 관한 약속을 주실 뿐만 아니라 당신의 입술에 황금 성배를 갖다 대시고, 당신의 입 속에 생명의 피를 부어주십니다. 그리하여 가난하고, 병들고, 지친 순례자는 갈 길 힘을 얻을 뿐만 아니라 독수리의 날개 위에 올라타는 능력을 얻습니다. 영광스러운 복음이로다! 그것은 무기력한 사람들에게 모든 힘을 주고, 우리가 할 수 없는 일을 하도록 이끌며, 우리가 구하기 전에 우리에게 은혜를 주시는도다! 받는 것 못지않게 주시는 것도 얼마나 큰 영광이 있을까요? 성령께서 그들에게 예수를 가져다주는 사람들은 복이 있도다!

### 너희도 가려느냐 - 요한복음 6:67

많은 사람들이 그리스도를 버리고 그분과 함께하지 않았습니다. 그러나 당신은 무슨 이유로 마음이 바뀌어야 합니까? 과거에 그럴만한 이유가 있었습니까? 예수님이 당신의 필요를 충분히 채워주지 못했습니까? 그분은 오늘 아침 당신에게 "내가 너에게 광야가 되었었느냐"(렘 2:31)고 하소연하십니다. 당신의 영혼은 오직 예수만 믿었는데, 그래서 낭패를 당한 적이 있었습니까? 지금까지 주님이 당신에 대해 다정하고 관대한 친구였다는 사실을 발견하지 못했고, 그분을 믿는 단순한 믿음이 당신의 영이 바라는 평강을 전혀 제공하지 못했습니까? 당신은 그분보다 더 좋은 친구를 얻을 수 있다고 꿈꾸고 있습니까? 그렇다고 해도 완전히 신용할 수 있는 주님을 새롭지만 허탄한 다른 대상으로 바꾸지는 마십시오. 그러면 현재는 어떻습니까? 지금 그리스도를 떠나도록 강요하는 이유가 있습니까? 우리는 세상으로 말미암아 괴로움을 당하거나 교회 안에서 혹독한 시험을 당할 때, 구주의 품에 머리를 기대는 것이 얼마나 복된 일인지를 압니다. 이것은 우리가 그분 안에서 구원받은 오늘 우리가 갖고 있는 기쁨입니다. 만일 이 기쁨이 만족스럽다면, 우리가 왜 생각을 바꾸어야 하겠습니까? 누가 금을 찌꺼기와 바꾸겠습니까? 우리는 태양보다 더 밝은 빛을 발견하기 전에는 그것을 바꾸지 않습니다. 마찬가지로 우리 주님보다 더 큰 사랑이 나타나기 전에는 그분을 떠나서는 안 됩니다. 그런데 이런 일은 절대로 일어나지 않을 것이니, 우리는 그분을 영원토록 붙잡고, 그분의 이름을 우리 팔에 인장처럼 새겨 넣어야 합니다. 또 미래는 어떻습니까? 당신은 다른 대장을 섬기기 위해 과거의 깃발을 버리거나 과거의 대장에게 반역하는 것이 필요하다고 조금이라도 생각할 수 있습니까? 우리는 그렇게 생각해서는 안됩니다. 아무리 인생이 길어도 그분은 변함이 없으십니다. 만일 우리가 가난하다면, 우리를 부요케 하실 그리스도를 갖는 것보다 더 좋은 일이 어디 있겠습니까? 우리가 병에 걸리면, 침상을 깔아주실 예수님보다 우리가 바랄 것이 무엇이겠습니까? 우리가 죽을 때에는 "사망이나 생명이나 천사들이나 권세자들이나 현재 일이나 장래 일이나 능력이나 높음이나 깊음이나 다른 어떤 피조물이라도 우리를 우리 주 그리스도 예수 안에 있는 하나님의 사랑에서 끊을 수 없으리라"(롬 8:38-39)고 기록되어 있지 않습니까? 그러므로 우리도 베드로처럼 "주여, 우리가 누구에게로 가오리이까"(요 6:68)라고 말합시다.

어찌하여 자느냐 시험에 들지 않게 일어나 기도하라 - 누가복음 22:46

그리스도인이 쉽게 잠에 빠지는 때는 언제일까요? 그것은 그의 현세적 환경이 순조로울 때가 아닙니까? 당신은 그것을 경험해 본 적이 없었습니까? 당신은 환난 속에 있을 때 은혜의 보좌 앞에 나아감으로써, 평상시보다 더 깨어있지 않았습니까? 길이 순탄하면 여행자는 졸기 마련입니다. 또 다른 위험한 시기는 영적 상태가 크게 고조되어 있을 때입니다. 그리스도인이 가는 길에 사자가 있을 때, 강을 간신히 걸어서 건너갈 때, 또는 무저갱의 사자인 아볼루온과 싸울 때에는 잠을 자지 못할 것입니다. 그러나 고난의 산 중턱까지 올라와서 시원한 정자에 이르렀을 때, 그는 그 아래 앉아 금방 잠에 떨어지고, 그래서 결국 큰 슬픔과 손해에 빠지게 됩니다. 은은한 바람이 불고, 아름다운 향기와 온화한 느낌이 가득 찬 장소는 마법의 땅으로서, 순례자들을 잠에 빠지게 만들 정도로 부드러움이 넘치는 곳입니다.

존 번연의 천로역정의 묘사를 상기해 보십시오: "그들은 피곤한 순례자들의 기운을 크게 북돋아주는 포근한 정자에 이르렀다. 그것은 머리 위로 정교하게 지어져 있었고, 주변은 아름다운 풀밭으로 둘러싸여 있었으며, 벤치와 의자들이 비치되어 있었다. 또 그 안에는 지친 자들이 쉴 수 있는 부드러운 침상이 놓여 있었다." "그 정자는 게으름의 친구로 불리었고, 지친 순례자들을 그곳에서 쉽게끔 유혹할 목적으로 지어진 것이었다."

틀림없습니다. 사람들은 편안한 곳에 있으면 으레 눈을 감고 망각의 꿈나라를 헤매는 법입니다. 말년에 어스킨(Erskine)은 "나는 잠자는 마귀보다 으르렁거리는 마귀가 더 낫다"고 지혜로운 말을 했습니다. 시험받지 않는 것만큼 위험한 시험은 없습니다. 고난 속에 있는 영혼은 결코 잠자지 않습니다. 우리가 잠을 자는 위험에 빠질 때는 평안해서 태평할 때와 자신감이 충만할 때입니다. 제자들은 변화산 꼭대기에서 변화된 예수님을 본 후에 잠이 들었습니다. 즐거워하는 그리스도인이여, 조심하십시오. 안락한 환경은 시험의 가까운 이웃입니다. 아무리 행복한 환경 속에 있더라도, 오직 깨어있기 바랍니다.

### 여호와의 나무에는 물이 흡족함이여 - 시편 104:16

물이 없으면 나무는 자라거나 심지어는 생존할 수 없습니다. 그리스도인에게
는 생명이 필수적입니다. 생명 — 우리 안에 성령을 통해 불어넣어진 생명원리
— 이 있어야, 그렇지 아니하면 우리는 여호와의 나무가 될 수 없습니다. 단순
히 그리스도인이라는 이름만 갖고 있는 것은 죽은 것이고, 우리는 신적 생명의
영으로 충만해야 합니다. 이 생명은 신비롭습니다. 우리는 나무 속에서 물의 순환
이 어떤 힘에 의해 이루어지는지 이해하지 못합니다. 마찬가지로 우리 안에 거
하는 생명도 거룩한 신비입니다. 거듭남은 성령을 통해 사람 속에 일으켜진 것
이 그의 생명이 될 때 일어나고, 그때부터 신자 속에 있는 이 신적 생명은 그리
스도의 살과 피를 먹고 자랍니다. 이처럼 신령한 양식을 먹고 자라는데, 그것이
어디서 와서 어디로 가는지 누가 우리에게 설명해 주겠습니까?

물은 또 얼마나 은밀할까요! 뿌리는 물을 흡수하기 위해 흙 속으로 작은 털들
을 뻗쳐놓지만, 우리는 그것들이 다양한 기체들을 빨아올리거나 무기물을 식물
로 변화시키는 과정을 볼 수 없습니다. 이 작업은 어둠 속에서 은밀하게 이루어
집니다. 우리의 뿌리는 그리스도 예수이고, 우리의 생명은 그분 안에 감추어져
있습니다. 이것은 하나님의 비밀입니다. 그리스도인의 생명의 뿌리는 생명 그 자
체만큼이나 은밀합니다. 물은 또 나무 안에서 얼마나 끊임없이 활동할까요! 그리
스도인 안에 있는 신적 생명은 항상 에너지로 충만합니다. 물론 이것은 항상 열
매를 맺는다는 것은 아니고, 내적으로 작용한다는 것을 의미합니다. 신자의 은혜
는 끊임없이 활동하는데, 그것은 그의 생명이 그 안에서 고동을 멈추고 있지 않
다는 것을 의미합니다. 그는 하나님을 위해 항상 활동하지 못하지만, 그의 심장
은 항상 그분을 의지하고 살아갑니다. 물이 나무에 잎과 열매를 맺음으로써 자체를
드러내듯이, 진실로 건전한 그리스도인도 그의 은혜를 그의 삶과 대화를 통해 외
적으로 드러냅니다. 만일 당신이 그와 함께 걷고 있다면, 그는 아마 예수님에 관
해 말하지 않고는 못견딜 것입니다. 당신이 그의 행동을 주시해 본다면, 그가 예
수님과 함께하고 있다는 것을 깨닫게 될 것입니다. 그는 자기 안에 물을 충분히
간직하고 있어서 그것이 그의 행동과 대화를 생명으로 가득 채우기 때문입니다.

제자들의 발을 씻으시고 - 요한복음 13:5

　주 예수님은 그의 백성들을 크게 사랑하시기 때문에 매일 그들의 더럽혀진 발을 씻겨주는 일을 하고 계십니다. 그분은 그들이 아무리 보잘것없는 행동을 할지라도 받아주십니다. 그들이 아무리 하찮은 소원을 갖고 있다고 할지라도 들어주십니다. 그분은 그들의 모든 죄악을 용서해 주십니다. 그분은 그들의 친구이자 주님이실 뿐만 아니라 그들의 종이 되기도 하십니다. 그분은 자신의 이마에 관을 씌우고, 보석들을 자신의 가슴에 장식하듯이 그들을 높이 세우며 지엄하신 행동을 행하시지만, 동시에 그분은 겸손하게 그리고 인내하며 대야와 수건을 갖고 그의 백성들 사이로 다가가십니다. 그분은 날마다 우리가 범하는 죄와 허물을 제거하시려고 이렇게 행하십니다.

　지난 밤 당신은 무릎꿇고 슬퍼하며 자신의 많은 행동이 참으로 무가치하다고 고백했습니다. 그런데 오늘 또 당신이 과거에 받았던 특별한 은혜로부터 떠나 이기적인 어리석음과 죄악에 빠져들었음을 새롭게 탄식할 때, 그것도 예수님은 크게 참고 받아주실 것입니다. 그분은 "내가 원하노니 깨끗함을 받으라"(눅 5:13)고 말씀하실 것입니다. 그분은 흘리신 피를 다시 뿌리시고 당신의 양심에 평화를 말씀하시며, 한 점 티도 없이 그것을 제거하실 것입니다. 그리스도께서 단번에 죄인을 용서하시고, 그를 하나님의 가족으로 편입시키신 것, 그것은 위대한 사랑의 행위입니다.

　그러나 구주께서 흔들리는 제자가 자주 어리석음에 빠진 것을 그토록 오래 참으시고, 날마다 그리고 시간마다 오직 그의 사랑하는 자녀를 위해 그 무수한 죄악을 씻기실 때, 거기에 얼마나 놀라운 겸손한 인내가 있을까요! 홍수 같은 반역의 강물을 마르게 하는 것도 참으로 놀라운 이적이지만, 끊임없이 참는 것, 이것 역시 참으로 놀라운 신적 역사입니다. 우리는 주님이 매일 우리를 씻어주시는 일 속에서 위로의 평화를 느낍니다. 하지만 더 나아가 우리가 그것으로부터 적절한 영향을 받는다면, 우리는 행동을 더 조심하게 되고, 거룩에 대한 소원을 더 크게 갖게 될 것입니다. 정말 그렇지 않습니까?

우리 안에 거하여 영원히 우리와 함께 할 진리로 말미암음이로다 - 요한이서 2

일단 하나님의 진리가 인간의 마음속에 들어와 전인격을 그것에 복종시키면, 어떤 인간적 능력이나 지옥의 세력으로도 그것을 물리칠 수 없습니다. 우리는 그것을 손님이 아니라 주인으로 대접합니다. 이것은 그리스도인에게 필수적인 일로서, 이것을 믿지 않는 자는 그리스도인이 아닙니다. 성령이 하나님의 말씀을 열어 적용시키고 인쳐주시는 대로, 복음의 생명력을 느끼고, 성령의 능력을 알고 있는 사람들은 구원의 복음으로부터 떨어져나가기보다는 오히려 온몸이 갈가리 찢겨 죽고 싶을 것입니다. 진리가 영원히 우리와 함께 있고, 우리가 살아갈 때 그것이 우리의 후원자가 되고, 죽을 때 우리의 위로가 되며, 우리의 부활의 노래이자 영원한 영광이라는 확신 속에는 얼마나 무수한 은혜가 포함되어 있을까요!

또 이것은 그리스도인의 특권으로서, 그것이 없다면 우리의 신앙은 아무 가치가 없습니다. 어떤 진리들은 초보자들을 위한 기초나 교훈에 해당되는 것이라서 염두에 둘 필요가 없습니다. 그러나 우리는 신적 진리들을 이같이 다룰 수 없습니다. 왜냐하면 그것들은 어린아기들에게는 부드러운 음식이 되지만, 어른들에게는 단단한 음식이 되기 때문입니다. 우리가 죄인이라는 진리는 참으로 우리를 겸손하게 하고, 우리로 하여금 항상 깨어있도록 만듭니다. 주 예수를 믿는 자는 누구나 구원을 얻으리라는 복된 진리는 우리를 소망과 기쁨으로 가득 채웁니다. 경험은 우리로 하여금 은혜의 교리를 느슨하게 붙잡지 않고 더욱 단단하게 붙들도록 만듭니다. 믿음에 대한 우리의 근거와 동기들은 과거 어느 때보다 지금 더 많고, 더 단단합니다. 그리고 우리는 죽어서 구주를 우리의 품에 안을 때까지 계속 그러리라고 기대할 만한 이유를 갖고 있습니다.

진리에 대한 이 변함없는 사랑이 발견되는 곳은 어디서나 우리는 우리의 사랑을 보여 주어야 합니다. 이 은혜로운 사랑을 우리는 좁은 경계 안으로 한정시킬 수 없고, 은혜의 선택을 받은 모든 사람들에게 행사해야 합니다. 우리는 진리를 받을 때 오류도 많이 받을 수 있습니다. 그때 우리는 진리를 위해 싸워야 하지만, 우리가 그분 안에서 보는 진리의 척도인 사랑을 형제들에게 보여 주어야 합니다. 무엇보다 먼저 우리는 우리 자신이 진리를 사랑하고, 전파해야 합니다.

룻이 가서 베는 자를 따라 밭에서 이삭을 줍는데 우연히
엘리멜렉의 친족 보아스에게 속한 밭에 이르렀더라 - 룻기 2:3

룻은 우연히 보아스의 밭에서 이삭을 줍게 되었습니다. 예, 겉으로는 그것이 우연한 일처럼 보였습니다. 하지만 실제로는 하나님의 역사가 얼마나 압도적으로 개입되었을까요! 룻은 시어머니의 축복을 받고, 시어머니의 하나님의 보호 아래 비천하지만 영예로운 일을 하러 나아갔고, 하나님의 섭리가 발걸음마다 그녀를 인도해 주었습니다. 그녀는 장차 자신을 넓은 밭의 공동소유자로 만들어 줄 남편을 거기서 만나고, 또 비천한 이방인인 자기가 위대하신 메시야의 조상이 되리라고는 꿈에도 생각하지 못했습니다.

하나님은 자신을 신뢰하는 사람들에게 선을 행하시고, 때로는 예기치 못한 축복을 베풀어 그들을 놀라게 하십니다. 우리도 내일 우리에게 어떤 일이 일어날지 거의 모르고 있습니다. 하지만 하나님은 절대로 선한 일을 물리치지 아니하신다는 이 은혜로운 진리가 우리를 기쁘게 합니다. 그리스도인들의 신앙에 우연이란 없습니다. 그들은 모든 일들 속에서 하나님의 손길을 느끼기 때문입니다. 오늘이나 내일 일어나는 사소한 사건들도 굉장히 중요한 결과들을 내포할 수 있습니다. 오 주여, 룻을 대하신 것처럼 당신의 종들을 대하여 주소서.

오늘 밤 우리가 묵상의 밭을 배회할 때에 우리의 친족이신 예수께서 우리에게 나타나신다면, 그것은 얼마나 복된 일일까요! 오 하나님의 영이여, 우리를 그분께 인도하소서. 우리는 다른 어떤 밭에서 얻는 것보다 더 많은 이삭을 그분의 밭으로부터 주울 수 있습니다. 오 그분의 양 떼가 지나간 발자취를 따라가면, 우리는 그분이 계시는 푸른 초장을 만날 수 있으리라! 이 세상은 예수님이 떠나가실 때 쓸쓸한 세상이 되고, 그분이 없는 것보다는 해와 달이 없는 것이 더 낫습니다. 그러나 그분이 영광 중에 임하시면 영적으로 모든 것이 얼마나 분명해질까요! 우리 영혼은 예수님 안에 존재하는 덕을 알게 되고, 그분 없이는 절대로 만족하지 못할 것입니다. 우리는 오늘 밤 그분이 우리에게 자신을 분명히 나타내시는 그분의 밭에 도착할 때까지 기도하며 기다려야 합니다.

*너희가 많은 것을 바랐으나 도리어 적었고 너희가 그것을 집으로 가져갔으나*
*내가 불어 버렸느니라 나 만군의 여호와가 말하노라 이것이 무슨 까닭이냐*
*내 집은 황폐하였으되 너희는 각각 자기의 집을 짓기 위하여 빨랐음이라 - 학개서 1:9*

　돈에 인색한 사람들은 교회나 선교단체에 내는 헌금을 아까워하면서 근면절약을 외칩니다. 하지만 그들은 그렇게 함으로써 스스로를 가난하게 만들고 있다고는 거의 생각지 않습니다. 그들은 자기 가족들을 부양해야 한다고 핑계를 대는데, 하나님의 집을 등한시 하는 것은 곧 자기 집을 파멸에 이르게 하는 확실한 길이라는 것을 모릅니다. 우리 하나님은 섭리 속에 우리의 수고가 우리의 기대보다 더 나은 결과를 얻게 하거나, 우리의 계획들을 혼란시키거나 좌절시킬 수 있는 방법을 갖고 계십니다. 손짓 한 번으로 하나님은 우리의 배가 이득이 있는 해협으로 나아갈 수 있게 하거나, 가난과 파멸의 근처를 헤매도록 하실 수 있습니다.

　하나님은 즐거이 내는 자를 부요하게 하고, 인색한 자들은 그 인색함 때문에 빈곤해진다는 것을 발견할 때까지 내버려두신다는 것이 성경의 가르침입니다. 두루 살펴본 결과 나는 후한 그리스도인들은 항상 행복하고, 거의 대부분이 크게 형통한다는 사실을 알았습니다. 나는 즐거이 내는 자들 중에 상상 외로 부자가 많은 것을 보았습니다. 반면에 인색한 구두쇠는 자신을 부자로 만들어 줄 것이라고 생각했던 바로 그 인색함 때문에 가난에 빠지는 경우를 종종 보았습니다. 사람들이 선한 청지기에게 더 많은 것을 맡기듯이 하나님도 똑같이 그렇게 하십니다. 그분은 되로 받고 말로 주는 자들에게 수레로 안겨주십니다. 많은 재산을 허락하시지 않는 성도에게 하나님은 자신에게 십일조를 드린 것으로 크게 만족감을 느끼는 거룩한 마음을 주십니다. 이기적인 사람은 자기 가정을 먼저 생각하지만, 경건한 사람은 하나님의 나라와 그 의를 먼저 생각합니다. 그러나 결국에는 이기적인 사람은 손해를 보고, 경건한 사람이 이득을 봅니다. 우리 하나님께 후하게 드리는 손이 되기 위해서는 믿음을 필요로 합니다. 하지만 그분은 확실히 우리에게서 이런 대접을 받기에 합당하신 분입니다. 우리가 할 수 있는 것은 하나님의 은혜에 대해 진 빚이 얼마나 많은지를 조금이라도 인정하는 것이 전부입니다.

> 모든 강물은 다 바다로 흐르되 바다를 채우지 못하며 강물은
> 어느 곳으로 흐르든지 그리로 연하여 흐르느니라 - 전도서 1:7

세상에서 일어나는 모든 일은 가변적이고, 시간은 잠시라도 쉬어서는 안 된다는 것을 알고 있습니다. 지구도 회전하는 행성이고, 태양도 분명히 그보다 더 큰 발광체 주위를 돌고 있는 하나의 별입니다. 조수는 바다를 움직이고, 바람은 대양을 휘저으며, 마찰은 바위를 닳게 합니다. 변화와 소멸이 모든 곳에 존재합니다. 바다는 무한한 물을 저장하고 있기만 하는 수전노의 창고가 아닙니다. 어떤 힘이 가해지면 물들이 그 가운데로 흐르고, 또 다른 힘이 가해지면 물들은 거기서 솟구칩니다. 사람들은 태어나 다 죽습니다. 만물은 급하고, 움직이고, 바람을 잡습니다. 변함없으신 예수의 친구여, 당신의 변함없는 기업을 생각해 보십시오. 얼마나 기쁩니까? 하나님 자신이 그 안으로 영원한 즐거움의 강물을 쏟아 부으시기 때문에 당신의 축복의 바다는 영원토록 충만할 것입니다. 하늘 너머 처소를 찾고 있는 우리는 절대로 실망하지 않을 것입니다.

오늘 본문은 우리에게 감사를 가르쳐 줍니다. 아버지 바다는 위대한 영접자이지만, 인자한 분배자이기도 합니다. 강물이 그에게 가져온 것을 그는 구름과 비의 형태로서 땅에 되돌려줍니다. 그는 되돌려주는 법이 없이 무조건 취하기만 하는 우주와는 차원이 다릅니다. 다른 사람들에게 주는 것은 오직 우리 자신을 위해 뿌리는 씨와 같습니다. 선한 청지기로서 주인을 위해 자신의 재물을 기꺼이 사용하는 사람은 더 많은 것을 위임받게 될 것입니다.

예수의 친구여, 당신은 받은 이득에 따라서 그분에게 바치십니까? 당신에게 많은 것이 주어졌는데, 그 열매가 무엇입니까? 당신은 그 열매를 충분히 맺었습니까? 당신이 더 할 일은 없습니까? 이기적인 것은 악한 것입니다. 바다가 저장하고 있는 물을 내주지 않는다면, 인류는 곧 멸망하고 말 것입니다. 하나님은 누구든 자기만을 위해 사는 비열하고 파괴적인 삶의 방식을 금하십니다. 예수님은 자신의 즐거움대로 살지 않았습니다. 모든 충만함이 그분 안에 있지만, 그의 충만함은 모두 우리에게 주어졌습니다. 오 예수의 영이여, 이제부터 우리 자신만을 위해 살지 않게 하소서.

미쁘다 이 말이여 - 디모데후서 2:11

바울은 "미쁘다 이 말이여"라는 말을 네번에 걸쳐 사용했습니다. 첫 번째는 디모데전서 1:15에 나옵니다: "미쁘다 모든 사람이 받을 만한 이 말이여 그리스도 예수께서 죄인을 구원하시려고 세상에 임하셨다 하였도다." 두 번째는 디모데전서 4:8-9에 나옵니다: "육체의 연단은 약간의 유익이 있으나 경건은 범사에 유익하니 금생과 내생에 약속이 있느니라 미쁘다 이 말이여 모든 사람들이 받을 만하도다." 세 번째는 디모데후서 2:11-12에 나옵니다: "미쁘다 이 말이여 우리가 주와 함께 죽었으면 또한 함께 살 것이요 참으면 또한 함께 왕 노릇 할 것이요." 그리고 네 번째는 디도서 3:8에 나옵니다: "이 말이 미쁘도다 원하건대 너는 이 여러 것에 대하여 굳세게 말하라 이는 하나님을 믿는 자들로 하여금 조심하여 선한 일을 힘쓰게 하려 함이라."

우리는 이 네 부분에 나오는 이 말씀들 사이에 어떤 관련성이 있는지 살펴보아야 하겠습니다. 첫 번째 것은 위대하신 구속주의 사명 속에서 우리에게 보여진 것으로서, 하나님의 기쁘신 은혜를 따라 주어진 우리의 영원한 구원의 근거를 제시하고 있습니다. 그 다음 것은 우리가 이 구원을 통해 얻게 되는 금생과 내생의 이중의 축복 — 위와 아래로부터 오는 축복 — 을 주장하고 있습니다. 세 번째 것은 택함받은 백성들의 부르심 받은 목적들 가운데 하나를 보여 줍니다. 그것은 "우리가 참으면 또한 그와 함께 왕 노릇 할 것이요"라는 약속과 함께 그리스도를 위해 고난받아야 한다는 것입니다. 마지막 네 번째 것은 적극적인 그리스도인의 섬김의 모습을 선포함으로써, 우리로 하여금 선한 일에 부지런히 힘쓰도록 권면합니다. 이처럼 우리는 기쁘신 은혜 속에 구원의 뿌리를 갖고 있습니다. 그 다음 우리는 현재의 삶과 다가올 세대 속에서 누리게 되는 구원의 특권들을 갖고 있습니다. 우리는 또한 성령의 열매들이 달려있는 그리스도와 함께 고난을 받는 것과 그리스도를 섬기는 것이라는 두 개의 커다란 가지를 갖고 있습니다. 이 미쁜 말씀들을 소중히 간직합시다. 그 말씀들을 우리의 생명, 우리의 위로, 그리고 우리의 교훈으로 삼읍시다. 이방인의 사도인 바울은 이 말씀들이 참으로 미쁘다는 것을 증명했습니다. 그것들은 지금도 여전히 미쁘기 때문에 한 말씀도 땅에 떨어지지 아니할 것입니다. 그것들은 받아들일 가치가 충분합니다. 그러므로 우리는 지금 당장 그것들을 받아들이고, 그 미쁨을 증거합시다. 이 네 구절의 미쁜 말씀들을 우리 집 네 모퉁이에 적어둡시다.

무릇 우리는 다 부정한 자 같아서 - 이사야서 64:6

신자는 새로운 피조물로서, 거룩한 족속이요 구별된 백성입니다. 하나님의 영이 그 안에 거하고, 모든 면에서 그는 자연인과는 분리됩니다. 그럼에도 불구하고 그리스도인은 여전히 죄인입니다. 그의 본성이 불완전하기 때문에 그렇습니다. 그리고 그것은 그의 인생이 끝날 때까지 계속됩니다. 죄의 검은 손들이 우리의 흰옷을 더럽힙니다. 죄는 위대하신 토기장이가 그것을 녹로 위에 올려놓기 전까지는 우리의 회개를 손상시킵니다. 이기성은 우리의 눈물을 오염시키고, 불신앙은 우리의 믿음을 훼방합니다. 우리가 지금까지 한 일은 예수님의 공로와는 상관없이 우리의 무수한 죄를 부풀려놓은 것입니다. 우리 눈으로 보기에 하늘만큼 순수했을 때에도 하나님의 눈으로 보시기에는 조금도 순수하지 않았습니다. 비록 우리가 천사 같은 마음을 갖고 있다고 할지라도, 하나님은 천사들이 죄에 빠졌을 때보다 우리의 죄를 훨씬 더 크게 책망해야 합니다. 우리가 하늘을 감동시키고, 스랍들의 노래와 필적할 만한 찬송을 부른다고 할지라도, 우리가 부르는 찬송 속에는 불협화음이 들어있습니다. 아무리 하나님의 팔을 움직이는 기도라고 해도, 우리의 기도는 여전히 흠이 있고 찌그러진 것에 불과하고, 다만 위대하신 중보자, 무죄하신 주님이 우리의 간청하는 죄를 제거하시기 위해 들어가셨기 때문에 하나님은 그 팔을 움직이신 것입니다.

그리스도인이 지금까지 이 땅에서 이루어낸 황금 같은 믿음 또는 가장 순수한 믿음일지라도, 그 불꽃들만 약간의 가치를 갖고 있을 정도로 그 안에 불순물이 많이 끼여 있습니다. 매일 밤 우리는 거울을 들여다보고, 그 안에 있는 죄인을 바라보면서 "우리는 다 부정한 자 같아서 우리의 의는 다 더러운 옷 같다"고 고백할 필요가 있습니다. 오, 그리스도의 피는 우리와 같이 부패한 마음에 얼마나 보배로울까요! 그분의 완전한 의는 우리에게 얼마나 무한한 가치를 가진 선물일까요! 장차 완전한 거룩에 대한 소망은 얼마나 밝아질까요! 지금 죄는 우리 안에 거하지만, 그 세력은 파괴되었습니다. 그것은 지배력을 상실했습니다. 그것은 머리에 상처를 입은 뱀입니다. 우리는 죄와 치열한 투쟁을 벌이고 있지만, 그것은 우리가 능히 다룰 수 있는 패배당한 원수입니다. 그러나 조금 있으면 우리는 더러움이 조금도 없는 성에 들어가 승리의 찬가를 부르게 될 것입니다.

내가 너희를 세상에서 택하였기 때문에 - 요한복음 15:19

본문에는 특별한 은혜와 각별한 애정이 담겨져 있습니다. 왜냐하면 어떤 사람들은 하나님의 사랑의 특수한 대상이기 때문입니다. 이 고귀한 선택 교리에 대해 묵상하는 것을 두려워하지 마십시오. 당신은 마음이 아주 무겁고 울적할 때, 본문이 좋은 강장제로 작용할 것입니다. 은혜의 교리를 의심하거나 무시하는 사람들은 에스골의 가장 풍성한 포도송이를 놓치는 것입니다. 그들은 바람 부는 곳에서 잘 숙성된 극상품 포도주를 놓치는 것입니다. 길르앗에는 이와 비견할 만한 향료가 없습니다. 요나단이 나무에 있는 꿀을 손에 찍어 입에 대기만 했는데도 눈이 밝아졌다면, 이것은 당신의 마음이 하나님 나라의 비밀을 사랑하고 알도록 밝혀줄 꿀입니다.

마음껏 먹되, 과식을 두려워하지 마십시오. 이 진수성찬을 먹고 사십시오. 늘 먹기에는 너무 맛있다고 생각하지 마십시오. 왕의 식탁에 놓인 고기는 그의 신하들에게 절대로 해롭지 않습니다. 이처럼 영원하고, 무궁하고, 특별한 하나님의 사랑을 더 잘 알도록 당신의 마음의 욕구를 크게 확대하십시오. 당신이 선택의 산에 높이 올라갔다면, 그의 자매 산인 은혜의 언약 위에도 머무르십시오. 언약의 약속들은 거대한 군수품을 쌓아놓은 반석으로, 우리가 그 뒤에 참호를 파고 몸을 숨길 수 있습니다. 그리스도 예수라는 보증을 가진 언약의 약속들은 두려워 떠는 영들에게 고요한 안식처가 됩니다.

> "그분의 맹세, 그분의 언약, 그분의 피가
> 노도 같은 홍수 속에서 나를 지켜 주네.
> 세상의 모든 버팀목이 무너질 때에도
> 이것은 여전히 나의 힘과 의지가 되네."

만일 예수님이 나를 영광으로 인도하는 보증이 되고, 아버지가 자신의 아들의 수고에 대한 무한한 보상의 한 부분으로 나를 그분에게 주겠다고 약속하셨다면, 그렇다면, 내 영혼아, 하나님이 신실하시고, 예수님이 진리가 되시는 한 그대는 안전하다. 다윗은 언약궤 앞에서 춤을 출 때, 그것을 힐난하는 아내 미갈에게 여호와께서 자기를 택하셨기 때문에 그렇게 했다고 말했습니다. 내 영혼아, 은혜의 하나님 앞에서 크게 기뻐하고, 즐거움으로 뛰놀라.

머리는 순금 같고 머리털은 고불고불하고 까마귀 같이 검구나 - 아가서 5:11

주 예수님은 그 어떤 것과도 비교할 수 없는 분입니다. 여기서 신부는 자기가 할 수 있는 최고의 표현을 사용하고 있습니다. 예수님의 머리에 대해 우리는 그분의 신성을 생각할 수 있습니다. "그리스도의 머리는 하나님이기"(고전 11:3) 때문입니다. 순금이라는 표현은 최고의 비유 가운데 하나지만, 그처럼 보배롭고, 그처럼 순전하고, 그처럼 사랑스럽고, 그처럼 영광스러운 분을 표현하기에는 역부족입니다. 예수님은 한 덩어리의 금이 아니고, 땅과 하늘의 그 무엇도 능가할 수 없는 무한한 보물입니다. 피조물들은 단순한 철과 흙으로서, 나무나 마른 풀이나 그루터기처럼 소멸될 것입니다.

그러나 하나님의 창조의 영원한 머리가 되시는 주님은 영원무궁토록 빛을 발하실 것입니다. 그분 안에는 불순물도 없고, 한 점의 흠도 없습니다. 그분은 무한히 거룩하고, 완전히 신성하십니다. 고불고불한 머리털은 그분의 남자다운 힘을 묘사합니다. 사랑하는 주님 안에는 나약한 면이 조금도 없습니다. 그분은 남자 중의 남자입니다. 사자처럼 용맹스럽고, 황소처럼 부지런하며, 독수리처럼 재빠르십니다. 비록 사람들에게는 무시와 배척을 당했지만, 상상할 수 있는 최고의 아름다움이 주님 안에서 발견됩니다.

> "그분의 머리는 순금 같아서 은은한 향내를 풍기고,
> 그분의 고불고불한 머리는 까마귀의 깃털보다 훨씬 더 검다."

그분의 머리의 영광은 절대로 그 빛이 사라지지 않고, 그분은 비할 수 없이 위엄 있는 면류관을 영원히 쓰고 계십니다. 검은 머리는 젊음의 생동성을 상징합니다. 그것은 예수님이 자신 위에 젊음의 이슬을 갖고 계시기 때문입니다. 다른 사람들은 늙으면 기력이 쇠하지만, 그분은 멜기세덱과 같이 영원한 대제사장이십니다. 다른 사람들은 오고 가지만, 그분은 영원한 하나님으로서, 보좌에 앉아계십니다. 오늘 밤 그분을 뵙고, 찬미합시다. 천사들도 그분을 바라보고 있습니다. 그렇다면 그분의 구속받은 자들은 절대로 그분으로부터 눈을 돌려서는 안 됩니다. 어디에 이같이 사랑할 만한 분이 계시겠습니까? 오 한 시간만이라도 그분과 교제했으면! 가라, 너 방해하는 염려들이여! 예수께서 나를 이끄시니, 나는 그분을 따라가리라.

그러므로 너희는 이렇게 기도하라 하늘에 계신 우리 아버지여 … - 마태복음 6:9

이 기도는 양자의 영을 갖고 참된 기도를 드리는 모든 자들이 "우리 아버지"라고 부르며 시작하는 기도와 똑같이 시작하고 있습니다. 우리가 "내가 일어나서 내 아버지께 가리라"고 말할 수 없는 한, 받아들여질 수 있는 기도는 없습니다. 이 어린아이 같은 영혼은 "하늘에 계신" 아버지의 위대하심을 금방 깨닫고, "이름이 거룩히 여김을 받으시오며"라고 경건한 찬양을 하늘로 올려 보냅니다. "아바, 아버지"라고 외치는 어린아이의 혀 짧은 소리는 "거룩하다, 거룩하다, 거룩하다"고 외치는 스랍들의 소리로 바뀝니다. 기쁨에 넘치는 예배와 불타오르는 선교적 열정 사이에는 큰 차이가 없습니다. 그것은 자녀로서 갖는 사랑과 존경심의 당연한 결과입니다. "나라가 임하시오며 뜻이 하늘에서 이루어진 것 같이 땅에서도 이루어지이다." 그 다음에는 진심으로 하나님에 대한 의존을 보여 주는 표현이 나옵니다: "오늘 우리에게 일용할 양식을 주시옵고."

성령을 통해 더 깊이 조명 받는 자는 자신이 의존적 존재일 뿐만 아니라 죄인이라는 사실도 함께 발견합니다. 그래서 "그는 우리가 우리에게 죄 지은 자를 사하여 준 것 같이 우리 죄를 사하여 주시옵고"라고 자비를 구하는 간구를 드리게 됩니다. 이렇게 죄사함 받고, 그리스도의 의를 전가받아 자신이 하나님께 받아들여졌음을 알게 되면, 그는 겸손하게 "우리를 시험에 들게 하지 마시옵고"라고 거룩을 위한 간청을 하게 됩니다. 진실로 용서받은 사람은 다시는 범죄하지 않겠다는 마음을 갖습니다. 의롭다 함을 받은 사람은 성화에 대한 열망을 갖게 됩니다. "우리 죄를 사하여 주시옵고" — 이것은 칭의입니다. "우리를 시험에 들게 하지 마시옵고 다만 악에서 구하시옵소서" — 이것은 성화로서, 그 적극적·소극적 측면 모두를 망라합니다. 이 모든 것의 결과로서, 이 기도는 "나라와 권세와 영광이 아버지께 영원히 있사옵나이다 아멘" 하고 승리의 찬양에 대한 묘사로 끝나고 있습니다.

우리는 우리의 왕이 섭리로 다스리시고, 또 세상 끝날까지 은혜로 다스리실 것이며, 그 다스리심이 한이 없으리라는 것을 즐거워합니다. 이처럼 이 짤막한 기도의 모델은 영혼에게 자녀됨에 대한 확신을 줄 뿐만 아니라 다스리시는 주님과의 교제에 이르도록 인도합니다. 주여, 이렇게 기도하도록 우리를 가르치소서.

그들의 눈이 가리어져서 그인 줄 알아보지 못하거늘 - 누가복음 24:16

제자들은 예수님을 알아보아야 했습니다. 그들은 자주 그분의 음성을 들었고, 빈번하게 그분의 상한 얼굴을 보았기 때문에, 그들이 그분을 알아보지 못했다는 것은 놀라운 일입니다. 그러나 그것은 당신도 마찬가지가 아닐까요? 당신은 최근에 예수님을 본 적이 없었습니다. 당신은 그분의 식탁에 갔었지만, 거기서 그분을 만나지 못했습니다. 당신은 지금 이 밤에 답답한 환난 속에 있고, 그분이 "내니 두려워 말라"(요 6:20)고 분명히 말씀하시지만, 당신은 그분을 알아 볼 수 없습니다. 슬프도다! 우리의 눈이 멀었도다!

우리는 그분의 음성을 압니다. 그분의 얼굴을 보았습니다. 우리의 머리를 그분의 품에 기대었습니다. 그러나 그리스도께서 우리 가까이 계시지만, 우리는 "오 어디서 주님을 찾을 수 있을까!"라고 말합니다. 우리는 예수님을 당연히 알아보아야 합니다. 왜냐하면 그분의 형상을 반영하고 있는 성경을 갖고 있기 때문입니다. 그러나 우리가 그 보배 같은 책을 어떻게 열고, 사랑하는 주님에 대해 어떻게 확실히 알 수 있을까요?

사랑하는 하나님의 자녀여, 당신은 그 상태 속에 있지 않습니까? 예수님은 말씀의 백합화 속에 거하시기에 당신은 그 꽃들 사이로 걸어가지만, 그분을 뵙지 못합니다. 그분은 성경의 오솔길을 자주 산책하면서 그의 백성들과 — 과거 하나님께서 날이 서늘할 때에 아담과 하셨던 것처럼 — 교제를 나누시지만, 당신은 성경의 동산을 거닐 때, 그분이 항상 거기 계심에도 불구하고, 볼 수 없습니다. 그러면 우리는 왜 그분을 보지 못할까요? 그것은 제자들처럼 우리의 경우도 불신앙 때문입니다. 그들은 예수님을 만나리라고 전혀 기대하지 않았고, 그리하여 그들은 그분을 알아보지 못했습니다.

우리가 영적인 결과를 크게 얻기 위해서는 주님을 크게 기대해야 합니다. 믿음만이 우리에게 예수님을 보여 줄 수 있습니다. 당신은 "주여, 내 눈을 여사 나와 함께하시는 구주를 보게 하소서"라고 기도해야 합니다. 그분을 보기를 원하는 것은 축복입니다. 그러나 오! 그분을 바라보는 것은 얼마나 더 큰 축복일까요! 그분을 구하는 사람들에게 그분은 친절하십니다. 하지만 그분을 만나는 사람들에게 그분은 말할 수 없이 소중합니다.

내가 전심으로 여호와께 감사하오며 - 시편 9:1

우리는 기도가 응답될 때마다 항상 감사해야 합니다. 그것은 마치 하늘의 태양이 사랑으로 땅을 따스하게 비출 때, 땅에서 감사의 안개가 피어오르는 것과 같습니다. 하나님이 당신에게 은혜를 베풀고, 당신의 간구에 귀를 기울이셨습니까? 그렇다면 한평생 그분께 감사하십시오. 익은 열매를 생산한 비옥한 땅에 그 열매를 떨어뜨리십시오. 당신의 기도에 응답하고, 당신의 마음속에 소원을 허락하신 하나님을 위해 찬양하는 것을 거부하지 마십시오. 하나님의 은혜에 대해 침묵하는 것은 배은망덕의 죄를 범하는 것입니다. 그것은 자기들의 문둥병을 고쳐주신 주님께 돌아가 감사하지 않은 아홉 명의 문둥병자처럼 비열한 짓입니다.

하나님에 대한 감사를 망각하는 것은 우리 자신에게 오는 유익을 거절하는 것과 같습니다. 왜냐하면 기도처럼 감사도 영적 생명의 성장을 촉진시키는 최고의 수단 가운데 하나이기 때문입니다. 그것은 우리의 짐을 덜어주고, 우리의 소망을 자극하며, 우리의 신앙을 높여주는데 도움을 줍니다. 그것은 신자의 맥박을 소성케 하고, 주님을 섬기는데 새로운 힘을 제공하는 건전하고도 활기찬 운동입니다. 받은 은혜에 대해 하나님께 감사하는 것은 또한 동료 그리스도인들에게도 유익이 됩니다.

"곤고한 자들이 이를 듣고 기뻐하리로다"(시 34:2). 우리가 "나와 함께 여호와를 광대하시다 하며 함께 그의 이름을 높이세 내가 여호와께 간구하매 내게 응답하시고 내 모든 두려움에서 나를 건지셨도다"(시 34:3-4)라고 말하는 소리를 우리와 비슷한 상황 속에 있는 다른 사람들이 듣는다면, 그들은 위로를 받을 것입니다. 우리가 부르는 "구원의 노래들"을 들을 때, 연약한 성도들은 크게 힘을 얻을 것입니다. 우리가 시와 찬미와 신령한 노래로 서로 화답할 때, 그들의 의심과 두려움은 물러갈 것입니다. 그들은 또한 우리가 여호와의 거룩하신 이름을 찬미하는 것을 들을 때, "여호와의 길을 노래하게" 될 것입니다. 감사는 그리스도인의 가장 거룩한 의무입니다. 천사들은 기도는 안했어도, 밤낮으로 여호와를 찬양하는 일은 멈추지 않았습니다. 그렇다면 흰옷을 입고, 그 손에 종려나무 가지를 들고 있는 구속받은 자들은 "어린양이 합당하시도다"라고 새 노래를 부르는 일을 결코 소홀히 해서는 안 될 것입니다.

# 10월 30일 저녁

너 동산에 거주하는 자야 친구들이 네 소리에 귀를 기울이니
내가 듣게 하려무나 - 아가서 8:13

사랑하는 나의 주 예수님은 겟세마네 동산을 잘 기억하고 계십니다. 비록 그 동산을 떠나기는 하셨어도, 지금 그분은 그의 교회의 동산에 거하십니다. 거기서 그분은 자신과 복된 교제를 나누는 사람들에게 자신의 속마음을 털어놓으십니다. 그분이 그의 사랑하는 자들에게 말씀하시는 사랑의 음성은 천국의 수금보다 더 감미롭습니다. 그 안에는 인간의 음악은 결코 만들어낼 수 없는 심오한 사랑의 가락이 있습니다. 땅 위에 사는 수십 만의 성도들과 천국에 있는 수백 만의 성도들이 그 조화로운 선율들에 빠져듭니다. 내가 잘 알고, 크게 부러워하는 어떤 사람들은 이 순간에 사랑하는 분의 음성을 듣는데 온 귀를 기울입니다. 오 나도 그들의 기쁨 속에 참여할 수 있다면! 이들 중에는 가난한 사람들도 있고, 몸져 누워있는 사람들도 있으며, 또 어떤 사람들은 죽음의 문턱에 가 있기도 합니다.

그러나 오 나의 주여, 당신의 음성을 들을 수만 있다면, 나는 기꺼이 그들과 함께 굶주리고, 그들과 함께 몸져누우며, 그들과 함께 죽겠습니다. 그 음성을 자주 들었음에도 불구하고, 나는 당신의 영을 근심케 했습니다. 나를 불쌍히 여기사 돌아오셔서 다시 한 번 나에게 "나는 네 구원이라"고 말씀해 주소서. 다른 어떤 음성도 나를 만족시킬 수 없습니다. 나는 당신의 음성을 알고, 다른 음성에 속을 수 없습니다. 나는 그 음성을 들을 때마다 기도하겠나이다. 나는 당신이 무슨 말씀을 하실지 알 수 없고, 또 내가 어떤 조건도 붙일 수 없습니다. 오 나의 사랑하는 주여, 오직 나에게 당신의 음성을 들려주시고, 그것이 책망의 말씀일지라도 저는 그것으로 감사하겠습니다.

내 둔한 귀를 깨끗이 하려면 육체를 괴롭게 하는 과정이 필요할지 모르지만, 그 어떤 대가를 치르더라도 나의 단 하나의 갈급한 소원 곧 당신의 음성을 듣는 그것만큼은 포기할 수 없습니다. 내 귀를 새롭게 하소서. 당신의 크신 음성으로 내 귀를 뚫어주소서. 그리하여 당신의 부르심에 결코 귀먹지 말게 하소서. 오늘 밤, 주여, 당신의 무익한 종의 소원을 들어주소서. 나는 당신의 것이고, 당신은 나를 당신의 피로 사셨으니까요. 내 눈을 열어 당신을 보게 하시고, 그것을 통해 내가 구원받게 하소서. 주여, 내 귀를 열어 주소서. 당신의 마음을 읽고, 지금 당신의 입술의 말들을 듣게 하소서.

612▶613

### 내 안에 정직한 영을 새롭게 하소서 - 시편 51:10

믿음을 잃고 타락한 사람이라도, 그 안에 생명의 불꽃이 하나라도 남아있다면, 회복을 갈망할 것입니다. 이 회복에도 우리가 회심할 때 가져야 했던 것과 똑같은 은혜가 주어져야 합니다. 그때 우리는 회개가 필요했는데, 지금도 우리는 회개가 필요합니다. 우리는 처음에 그리스도께 나아갈 때 믿음이 필요했던 것처럼, 지금도 우리를 예수님께 이끌 수 있는 은혜가 필요합니다. 우리는 그때 두려움을 없애기 위해 지존자로부터 오는 말씀, 사랑하는 주님의 입술에서 나오는 말씀이 필요했습니다. 마찬가지로 우리는 현재의 죄의식 아래에서도 그것이 똑같이 필요하다는 것을 곧 알게 될 것입니다. 어떤 사람도 처음에 회심할 때 느꼈던 것과 똑같은 성령의 권능이 실제로 진실하게 나타나지 않으면 새롭게 될 수 없습니다. 왜냐하면 그 사역은 우리의 혈과 육이 처음에 회심할 때 주어졌던 것과 똑같이 놀랍고 위대하기 때문입니다.

오 그리스도인이여, 당신의 인격적 약점을 진지하게 하나님께 내어놓고 도우심을 구하십시오. 다윗은 자신이 아무 힘이 없다고 느꼈을 때, 팔짱을 끼고 있거나 입을 다물고 있지 않았음을 기억하십시오. 오히려 그는 속죄소로 급히 달려가 "내 안에 정직한 영을 새롭게 하소서"라고 간구했습니다. 그러므로 당신도 하나님의 도우심이 없이는 아무것도 할 수 없음을 기억하고, 잠자지 말고, 이스라엘을 강하게 도우시는 분께 간절한 마음을 갖고 달려가 매달리십시오. 오 당신이 당신의 진정한 생명을 위해 간구하듯, 하나님께 "주여, 내 안에 정직한 영을 새롭게 하소서"라고 구할 수 있는 은혜를 가질 수 있기를!

이렇게 해달라고 하나님께 신실하게 기도하는 사람은 하나님이 역사하시는 수단들을 사용함으로써 자신의 정직함을 증명할 것입니다. 많이 기도하십시오. 하나님의 말씀을 따라 사십시오. 당신에게서 주님을 내쫓는 정욕을 죽이십시오. 다시는 죄를 범하지 않도록 조심하십시오. 주님은 자신이 정한 방법들을 갖고 계십니다. 그러므로 길가에 앉아 주님이 지나가실 때를 대비하십시오. 그 복된 방법들을 잘 지켜서 당신의 죽어가는 은혜들을 강화시키고 촉진시키도록 하십시오. 모든 능력이 그분으로부터 나와야 함을 알고, 쉬지 말고 "내 안에 정직한 영을 새롭게 하소서"라고 부르짖으십시오.

내가 광야 마른 땅에서 너를 알았거늘 - 호세아서 13:5

주여, 당신은 내가 타락한 존재임을 아시면서도 기꺼이 나를 선택해 주셨습니다. 내가 역겹고, 허탄한 상태에 빠져 있을 때, 당신은 나를 당신의 자녀로 받아주시고, 내 갈급한 소원을 만족시키셨습니다. 이 값없이 주신 풍성한 은혜로 말미암아 당신의 이름을 영원토록 찬송하겠습니다. 그 이후로도 나의 내적 경험은 종종 광야를 헤매었습니다. 그러나 당신은 여전히 나를 사랑하는 자로 삼으시고, 내 속에 나를 기쁘게 하는 사랑과 은혜의 홍수를 쏟아 부으심으로써, 나로 하여금 열매를 맺도록 하셨습니다.

게다가 나의 외적 환경이 가장 악한 상태에 빠져 가뭄의 땅에서 방황하고 있을 때, 당신은 다정하게 다가와 나를 위로해 주셨습니다. 조롱이 나를 기다리고 있을 때 사람들은 나를 모른 척했지만, 당신은 역경 속에 있는 내 영혼을 알아주셨습니다. 어떤 고통도 당신의 사랑의 광채를 퇴색시키지 못했습니다. 참으로 은혜로우신 주여, 나는 고단한 환경 속에 있는 나를 신실하게 지켜주신 당신을 찬양합니다. 언젠가 당신의 자비와 사랑을 힘입었을 때, 당신을 망각하고 자만했던 것을 자복합니다. 하오니 당신의 종에게 자비를 베푸소서!

내 영혼아, 만일 예수님이 비천한 상태에 있을 때 그대를 인정하셨다면, 번영 속에 있는 지금, 그대는 그분과 그분의 대의를 확실히 인정해야 하리라. 세속적 성공을 거두었다고 교만해져서 진리와 그대가 속해 있는 가난한 교회를 부끄럽게 여기지 말라. 예수님을 따라 광야로 들어가라. 핍박의 열기가 뜨거울 때 주님과 함께 십자가를 짊어지라. 오 내 영혼아, 주님이 가난하고 수치스러운 상태 속에 있는 그대를 소유했으니, 그분을 배반함으로써, 그분을 부끄럽게 하지 말라. 오 나의 가장 사랑하는 주님을 부끄러워하는 그 생각을 부끄러워해야 하리라! 예수여, 내 영혼이 당신을 굳게 붙잡습니다.

"광명의 낮뿐만 아니라 염려의 밤에도
나는 당신을 향하리이다.
당신은 빛 중의 빛이요!
미 중의 미입니다!"

### 네 집에 있는 교회 - 빌레몬서 2

당신의 집에는 교회가 존재합니까? 부모와 자녀들, 친구와 하인들이 모두 그 구성원들입니까? 아니면 아직 회심하지 못한 자들이 있습니까? 여기서 우리는 잠깐 멈추고, 나는 나의 집에 있는 교회의 일원인가 하고 질문해 보아야 합니다. 연장자로부터 연소자에 이르기까지 모든 가족들이 구원을 받았다면, 아버지의 마음은 얼마나 기뻐 뛸 것이며, 어머니의 눈은 얼마나 거룩한 눈물로 채워질까요! 우리는 하나님이 우리에게 이 위대한 축복을 베푸시도록 기도해야 합니다.

아마 빌레몬의 가장 간절한 소망도 그의 가족들이 다 구원받는 것이었을 것입니다. 하지만 처음에는 그것이 완전히 이루어지지 않았습니다. 그에게 잘못을 저지른 악한 종 오네시모가 그의 교회로부터 도망쳐버렸기 때문입니다. 빌레몬은 그를 위해 계속 기도했으며, 마침내 하나님이 그 기도를 들어주시자 오네시모는 바울의 설교를 듣고 감동을 받아 빌레몬에게 돌아왔고, 그때부터 그는 신실한 종이자 사랑받는 형제로서 빌레몬의 집에 있는 교회의 새로운 일원이 되었습니다.

오늘 아침 당신의 집에도 회심하지 아니한 종이나 믿음이 없는 자녀가 있습니까? 그러면 그들이 은혜가 행하는 복음을 듣고 감동을 받아 기쁜 마음으로 속히 돌아오도록 특별히 기도하기를 바랍니다. 그 교회에 한 명이 출석합니까? 그러면 그도 그 간절한 기도에 동참하도록 하십시오.

만일 우리 집에 이런 교회가 있다면, 우리는 교회의 질서를 잘 지켜 모든 행위가 하나님 보시기에 옳게 행해야 합니다. 우리는 모든 일상생활 속에서 거룩, 근면, 친절, 그리고 성실을 갖고 움직여야 합니다. 우리의 집에 있는 교회가 평범한 가정 이상의 공동체가 되기를 소망하십시오. 이 경우 가정예배는 훨씬 더 경건하고 진지하게 될 것입니다. 내면의 사랑은 훨씬 더 포근하고 성숙해지고, 외적 행위도 훨씬 더 성화되고 그리스도를 닮게 될 것입니다. 우리는 가정 교회 구성원의 숫자가 너무 적어 교회에 끼지 못하리라고 걱정할 필요가 없습니다. 왜냐하면 성령께서 영감받은 책 속에 가정교회도 등록을 해놓으셨기 때문입니다. 그러므로 우리는 교회로서 오직 하나인 보편 교회의 위대하신 머리가 되시는 분께 가까이 나아갑시다. 그리하여 우리가 사람들 앞에 빛을 비추어 그분의 이름의 영광을 위해 살도록 은혜 베푸시기를 간구합시다.

> 홍수가 나서 그들을 다 멸하기까지 깨닫지 못하였으니
> 인자의 임함도 이와 같으리라 - 마태복음 24:39

　부자든 가난한 자든 가리지 않고 파멸의 죽음은 보편적으로 임했습니다. 배운 자나 못배운 자나, 칭찬 듣는 자나 미움받는 자나, 종교적인 자나 세속적인 자나, 노인이나 젊은이나 누구든 똑같이 결국 죽음에 이르렀습니다. 어떤 사람들은 그 족장을 조롱했습니다. 그러나 지금은 그들의 농담이 어디서 계속되고 있습니까? 또 어떤 사람들은 그의 열심을 광신으로 몰아붙였습니다. 하지만 지금 그들의 조롱과 욕설이 어디에 있습니까? 노아의 행위를 신랄하게 비판했던 사람들 역시 똑같이 홍수에 휩쓸려 죽었습니다. 또 노아의 믿음에 대해 호의적인 마음을 갖고 있었지만, 그와 함께 방주에 들어가지 못한 사람들도 그 홍수를 피할 수 없었고, 돈을 벌기 위해 방주 만드는 일에 종사했던 일꾼들도 똑같이 수장되었습니다. 홍수는 그들 모두를 쓸어갔고, 단 한 건의 예외도 없었습니다. 마찬가지로 그리스도 밖에 있으면 최후의 파멸이 남녀를 가리지 않고 모든 사람에게 임할 것입니다. 신분이나 재물이나 인격 등은, 주 예수님을 믿지 않는 영혼이 아니라면, 한 영혼도 구원시킬 수 없습니다. 내 영혼아, 이 가차 없는 심판을 보고 두려워하라!

　이 무서운 심판에 대해 사람들이 그토록 무관심한 태도를 취하는 것은 얼마나 놀라울까요! 그들은 모두 두려운 아침이 올 때까지 먹고 마시고, 시집가고 장가를 갈 것입니다. 방주 밖 땅에서 사는 사람들 중에는 지혜로운 사람이 하나도 없었습니다. 온 인류가 가장 큰 어리석음, 곧 자기는 영원히 보존받으리라고 착각하는 어리석음에 빠져 있었습니다. 가장 진실하신 하나님을 의심하는 어리석음은 가장 악한 행동입니다. 내 영혼아, 그것이 그토록 이상한가? 하나님이 은혜로 그들에게 이성을 주시고, 어리석음에서 떠나 이성적으로 행동하도록 역사하시기 전에는 그들의 영혼은 그 무지로부터 절대로 벗어나지 못하리라.

　방주 안에 있는 자들은 모두 안전했고, 거기 있었던 사람들은 멸망에 빠지지 않았습니다. 거대한 코끼리로부터 주먹보다 작은 생쥐까지 모두 안전했습니다. 겁쟁이 산토끼도 용맹스러운 사자와 함께 보존을 받았습니다. 의지할 데 없는 너구리도 부지런한 황소와 똑같이 안전했습니다. 예수 안에 있으면 누구나 안전합니다. 내 영혼아, 그대는 그분 안에 있는가?

### 나 여호와는 변하지 아니하나니 - 말라기 3:6

변화무쌍한 인생 속에서 변화가 전혀 없는 분이 계시다는 것은 우리에게는 정말 다행한 일입니다. 여호와는 그 마음이 절대로 변함이 없고, 그 이마에 절대로 주름살이 잡히지 않는 분입니다. 그 외의 다른 모든 것은 변해 왔고, 지금도 만물은 변하고 있습니다. 태양도 세월이 갈수록 점점 희미해지고 있으며, 세상도 노쇠해져 가고 있습니다. 낡은 옷소매를 접는 일이 시작되었습니다. 하늘과 땅은 곧 사라질 것입니다. 그것들은 멸망할 것입니다. 그것들은 옷처럼 낡아질 것입니다. 그러나 불멸하시며, 절대 변함이 없으신 분이 있습니다. 그분의 연수는 다함이 없고, 그분의 인격은 결코 변덕스럽지 않습니다. 많은 날을 파도와 싸우던 선원은 바라던 육지에 다시 상륙했을 때 큰 기쁨을 느낍니다. 마찬가지로 그리스도인도 풍파 많은 변화무쌍한 인생 속에서 "나 여호와는 변하지 아니하나니"라는 진리 위에 믿음의 발을 올려놓고 있을 때 기쁨을 느낍니다.

닻이 견고하게 매어져 있어야 배의 안정이 주어지듯이, 그리스도인의 소망도 이 영광스러운 진리에 고정되어 있을 때 안정되는 것입니다. 하나님은 "변함도 없으시고 회전하는 그림자도 없으십니다"(약 1:17). 하나님의 속성들은 과거에 갖고 계신 그대로 지금도 갖고 계십니다. 그분의 권능, 지혜, 공의, 진실과 같은 것은 절대로 변하지 않습니다. 그분은 지금까지 그의 백성들의 피난처요, 환난 날에 그들의 요새가 되셨습니다. 그리고 그분은 지금도 확실히 그들을 돕는 자이십니다. 그분은 그 사랑에 있어서도 변함이 없으십니다. 그분은 과거에 "영원한 사랑"으로 그의 백성들을 사랑하셨는데, 지금도 똑같이 그들을 그렇게 사랑하십니다. 마지막 대재앙의 날에 이 땅의 모든 것들이 다 녹아내려도 그분의 사랑은 새벽이슬처럼 생생할 것입니다. 그분이 변함이 없으신 분이라는 확신은 얼마나 보배로울까요! 섭리의 수레바퀴는 돌아가지만, 그 중심축은 영원한 사랑입니다.

> "죽음과 변화는 항상 바쁘게 움직이고,
> 사람은 소멸하고 세월도 흐르지만,
> 하나님의 자비는 절대 시들지 않는다.
> 하나님은 지혜요, 하나님은 사랑이라."

주의 율법을 버린 악인들로 말미암아 내가 맹렬한 분노에 사로잡혔나이다 - 시편 119:53

내 영혼아. 그대는 다른 사람들의 죄에 대해 이같은 거룩한 분노를 갖고 있는가? 만약 이것이 없다면, 그대는 내적 거룩이 없다고 보아야 하리라. 거룩을 지키지 못했을 때, 다윗의 뺨은 눈물로 얼룩져 있었습니다. 예레미야는 이스라엘의 죄악을 슬퍼할 때, 샘물처럼 눈시울을 적셨습니다. 롯은 소돔 사람들과 대화를 나눌 때 애간장이 탔습니다. 에스겔이 환상 속에서 보았던 이마에 표를 가진 사람들은 예루살렘의 가증한 일들 때문에 탄식하고 울던 사람들이었습니다. 사람들이 지옥에 가 당하는 고통이 얼마나 끔찍한지 안다면, 은혜받은 영혼은 그것을 슬퍼하지 않을 수 없습니다. 그들은 죄의 악함을 피부로 느낍니다. 그들은 불꽃 속에 뛰어드는 불나방처럼 다른 사람들이 지옥으로 날아가는 것에 대해 위급함을 느낍니다. 죄는 모든 사람이 가장 먼저 지켜야 할 거룩의 법을 위반하는 것이기 때문에 의인들을 두려워 떨게 합니다. 죄는 행복의 기둥들을 넘어뜨립니다. 다른 사람들이 범하는 죄는 그것이 신자의 마음속에 죄에 대한 경각심을 불러일으키기 때문에 그를 두렵게 합니다.

죄를 범하는 자를 볼 때, 그는 베르나르가 언급한 성도처럼, "그는 오늘 타락했고, 나는 내일 타락할 수 있다"고 외칩니다. 신자에게 죄는 구주를 십자가에 다시 한 번 못 박는 일이기 때문에 두려움을 줍니다. 그는 모든 죄 속에서 주님을 고통스럽게 한 못과 창을 봅니다. 구원받은 영혼이 그리스도를 십자가에 못 박는 죄를 어떻게 아무 분노 없이 바라볼 수 있을까요? 내 영혼아, 그대는 이 모든 일에 민감하게 반응하고 있는지 말해 보라. 하나님의 얼굴에 모욕을 가하는 일은 두려운 일입니다. 선하신 하나님은 마땅히 가장 고귀한 대접을 받아야 합니다. 위대하신 하나님은 그것을 요구하십니다. 의로우신 하나님은 당연히 그런 대접을 받으셔야 합니다. 그렇지 않으면 그분의 얼굴에 마귀를 마주세우는 것입니다. 두려워하는 마음은 죄의 끔찍함에 전율을 느끼고, 그 형벌을 생각하고 경종을 받게 됩니다. 하나님에 대한 반역은 얼마나 무서운 일일까요! 불경건한 자들에게 예비된 운명은 얼마나 비참할까요! 내 영혼아, 죄의 어리석은 면모를 결코 무시하지 말라. 그대는 절대로 죄를 가볍게 여겨서는 안 된다. 그것은 그대의 원수이자 그대 주님의 원수이다. 증오심을 갖고 죄를 보라. 오직 그래야만, 그대는 거룩을 소유한 자라는 것을 증명하고, 하나님을 볼 수 있을 것이다.

그가 기도하는 중이니라 - 사도행전 9:11

우리가 기도하면 천국에서 즉각 알아차립니다. 사울이 기도하기 시작한 순간 하나님은 그의 기도를 들으셨습니다. 괴로울 때 기도하는 영혼을 위한 위로가 여기에 있습니다. 때때로 연약한 상한 심령은 무릎을 꿇고, 탄식과 눈물로 그저 슬피 울부짖을 뿐이지만, 그 신음소리에 천국의 모든 수금이 흔들리며 음악이 되고, 그 눈물은 하나님에 의해 받아져서 주의 병에 담겨집니다. "나의 눈물을 주의 병에 담으소서"(시 56:8)라는 말씀은 눈물이 흐를 때 하나님이 그 눈물을 받으셨다는 것을 의미합니다. 지존자는 두려워 말도 제대로 못하는 간구자의 심정을 가장 잘 이해하십니다. 간구자는 오직 눈물어린 눈으로 하늘을 올려다볼 따름이지만, 그때 "그 떨어지는 눈물방울은 그대로 기도가 됩니다." 눈물은 천국의 다이아몬드입니다. 한숨은 여호와의 궁정의 음악의 한 부분으로, "높은 곳에 계신 위엄의 하나님께 도달하는 가장 웅대한 힘"으로 계산됩니다.

당신의 기도가 아무리 약하거나 떨릴지라도 하나님이 그것을 헤아리지 못하리라고 상상하지 마십시오. 야곱의 사다리는 하늘 높은 곳까지 미쳤으나 우리의 기도는 언약의 대천사인 주님을 의지해서 그보다 훨씬 더 높은 별들 너머의 세계까지 올라갑니다. 우리 하나님은 기도를 들으실 뿐만 아니라 그것을 들으시는 것을 좋아하십니다. "가난한 자의 부르짖음을 잊지 아니하시도다"(시 9:12). 정말입니다. 그분은 멋진 용모나 고상한 말솜씨를 중히 여기지 않습니다. 그분은 왕들의 허세와 허식을 좋아하시지 않습니다. 그분은 군사들의 씩씩한 노랫소리를 들으시지 않습니다. 그분은 사람의 자랑과 교만을 중시하지 않습니다. 그 대신 큰 슬픔에 빠져있는 마음, 괴로움에 떠는 입술, 깊은 신음소리, 또는 회오의 탄식소리가 있는 곳에서 여호와의 마음은 열려집니다. 그분은 그것을 자신의 기억의 책에 기록해 두십니다. 그분은 우리의 기도를 장미 꽃잎처럼 그 책의 갈피 속에 끼워두십니다. 그리하여 마침내 그 책이 펼쳐질 때, 그 갈피에서 보배로운 향내가 풍겨날 것입니다.

> "믿음은 기도가 받아들여졌음을 보여 주는
> 어떤 징표도 하늘에 요구하지 않는다.
> 우리의 대제사장이 거룩한 곳에 계시니
> 응답은 그 은혜의 보좌로부터 항상 나오리라."

그 기도가 여호와의 거룩한 처소 하늘에 이르렀더라 - 역대하 30:27

기도는 어떤 경우든, 모든 곤경 속에서 그리스도인의 한결같은 의지의 수단입니다. 당신이 칼은 사용할 수 없을지라도 기도의 모든 무기는 사용할 수 있습니다. 당신의 화약은 축축하고, 화살은 부러질 수 있지만, 기도의 모든 무기는 절대로 고장나지 않습니다. 리워야단은 당신이 던지는 창을 조롱하지만, 기도는 두려워합니다. 칼과 창은 수시로 갈고 닦아야 하지만, 기도는 절대로 녹스는 법이 없고, 가장 무딘 상태에서도 최고의 위력을 나타냅니다. 기도는 아무도 닫을 수 없는 열린 문입니다. 마귀들은 사방으로 당신을 에워싸지만, 위로 향하는 길은 항상 열려 있습니다. 그 길이 훼방받지 않는 한, 당신은 원수의 손에 결코 떨어지지 아니할 것입니다. 하늘의 구원자가 필요할 때 우리를 구하시려고 야곱의 사다리를 내려 보내시는 한, 우리는 결코 봉쇄선, 성벽, 지뢰, 또는 폭풍으로 좌초될 수 없습니다.

기도는 때를 가리지 않습니다. 여름이나 겨울이나 그 상품은 값이 나갑니다. 기도는 칠흙 같은 어두운 밤이나 한창 바쁘게 일할 때, 뙤약볕 아래 있을 때나 황혼의 그늘이 드리울 때 언제든 똑같이 하늘의 음성을 듣게 합니다. 가난할 때든, 병들 때든, 궁핍할 때든, 비방당할 때든, 또는 의심할 때든 막론하고, 언약의 하나님은 당신의 기도를 들으시고, 그 거룩한 보좌로부터 응답하실 것입니다. 어떤 기도라도 무익한 경우는 없습니다. 참된 기도는 언제나 참된 능력입니다. 당신이 구하는 것을 그대로 얻지 못할 수는 있지만, 당신의 실제적 필요는 반드시 충족될 것입니다.

하나님이 그의 백성들에게 기도 내용 그대로 응답하지 않으신다면, 그것은 그분이 영에 따라서 응답하시기 때문입니다. 만일 당신이 거친 밀을 구한다면, 그분이 당신에게 잘 빻은 밀가루를 주시기 때문에 그것을 원망하겠습니까? 만일 당신이 육체의 건강을 구했는데, 그분이 영혼의 건강을 위해 질병을 고쳐주시지 않는다면, 그것 때문에 불평하겠습니까? 수족을 잘라내는 것보다 성화된 십자가를 갖는 것이 더 낫지 않겠습니까? 내 영혼아, 오늘 밤에도 기도와 간구를 잊지 말라. 하나님은 그대의 기도에 응답할 준비를 하고 계시니라.

**이는 내 능력이 약한 데서 온전하여짐이라 - 고린도후서 12:9**

하나님을 성공적으로 섬기고, 그분의 일을 잘 감당하기 위한 첫 번째 자격은 우리 자신의 연약함을 깨닫는 것입니다. 하나님의 군사가 자기 힘만 믿고 전쟁터로 나아가 "나는 내가 이길 것을 알고 있다. 나의 오른팔과 정복하는 칼이 승리를 가져다줄 것이다"라고 자랑할 때, 패배는 그리 멀지 않습니다. 하나님은 자신의 힘을 의지하는 군사와는 함께 가시지 않습니다. 이처럼 승리를 계산하는 사람은 헛되이 계산하는 것입니다. 왜냐하면 "만군의 여호와께서 말씀하시되 이는 힘으로 되지 아니하며 능력으로 되지 아니하고 오직 나의 영으로 되느니라"(슥 4:6)고 하셨기 때문입니다. 자기들의 힘을 자랑하며 전쟁터로 향하는 사람들은 반드시 흙 묻은 군기를 들고, 치욕으로 얼룩진 갑옷을 입고 돌아오게 될 것입니다.

하나님을 섬기는 사람들은 그분의 방법과 그분의 힘으로 그분을 섬겨야 합니다. 그렇지 아니하면 그분은 그들의 섬김을 받아주시지 아니할 것입니다. 하나님은 하나님의 힘을 의지하지 않고 행하는 사람의 것을 절대로 취하실 수 없습니다. 그분은 땅의 단순한 열매들은 거두시지 않습니다. 그분은 하늘로부터 뿌려진 씨에 은혜의 물이 주어지며, 하나님의 사랑의 햇빛을 받고 자람으로써 맺어진 열매만을 거두실 것입니다. 하나님은 이전에 당신이 갖고 있던 모든 것을 먼저 다 비운 다음에 그곳에 자신의 것을 채우실 것입니다. 그분은 먼저 당신의 창고를 깨끗이 청소한 다음에 가장 좋은 밀로 그곳을 채우실 것입니다. 하나님의 강은 물로 차고 넘치지만, 땅의 원천으로부터 나오는 물은 한 방울도 없습니다. 하나님은 그의 전쟁터에서 자신이 나누어주는 힘 외에 다른 힘은 사용하시지 않습니다. 당신은 지금 자신의 연약함에 대해 슬퍼하고 있습니까? 그러지 말고 용기를 가지십시오. 주님이 승리를 주시기 전에 자신의 약함을 먼저 의식해야 하기 때문입니다. 당신이 자신을 비우는 것은 하나님의 것으로 채우기 위한 준비입니다. 당신이 의기소침해 있는 것은 오직 다시 일어서기 위한 준비에 불과합니다.

"나는 내가 약할 때 오히려 강합니다.
은혜가 나의 방패요, 그리스도가 나의 찬송입니다."

주의 빛 안에서 우리가 빛을 보리이다 - 시편 36:9

예수님이 우리 안에 친히 말씀해 주시지 않는 한, 사람의 입술로 영혼에 대한 그분의 사랑을 표현할 수 있는 말은 없습니다. 성령이 생명과 능력으로 역사하시지 않는 한, 사람의 모든 묘사는 단조롭고, 생생할 수 없습니다. 임마누엘 하나님이 자신을 우리 안에 계시하시지 않는 한, 영혼은 그분을 볼 수도 없습니다. 만일 태양을 보기 원할 때, 당신이 그것을 보기 위한 모든 수단들을 동원한다고 해서 그것을 볼 수 있습니까? 아닙니다. 지혜로운 사람은 태양이 자체를 드러내야 하고, 그 자체의 빛을 통해서만 그것을 볼 수 있게 된다는 것을 압니다. 이것은 그리스도에게도 그대로 적용됩니다. 주님은 베드로에게 "바요나 시몬아 네가 복이 있도다 이를 네게 알게 한 이는 혈육이 아니요 하늘에 계신 내 아버지시니라"(마 16:17)고 말씀하셨습니다. 교육을 통해 아무리 혈과 육을 깨끗하게 해보십시오. 또 정신 능력을 계발하여 지적 능력이 최고 수준에 도달하도록 해보십시오. 그런다고 해서 그리스도를 볼 수는 없습니다. 하나님의 영이 능력을 주셔서 사람이 그 날개로 덧입혀져야 합니다. 그래야 비로소 신비한 지성소에서 주 예수님이 성별된 사람의 눈에 자신을 계시하시는 것입니다.

그리스도께서 그분 자신을 비추는 거울이 되셔야 합니다. 이 눈먼 세상의 대부분의 사람들은 임마누엘의 영광을 전혀 볼 수 없습니다. 주님은 마른 땅에서 나온 뿌리 같아서 고운 모양도 없고 풍채도 없어서 교만한 사람들에게 멸시를 받고 버림을 받았습니다. 오직 성령께서 그 눈에 안약을 발라주고, 그 심령을 신적 생명으로 소생시키고, 그 영혼이 천국의 맛을 보도록 역사하시는 곳에서만, 그분을 알아보게 됩니다. 우리에게 모퉁잇돌이요, 구원의 반석이신 그분은 "그러므로 믿는 너희에게 보배로서"(벧전 2:7), 우리의 모든 것이 되시는 분입니다. 그러나 다른 사람들에게 그분은 "부딪치는 돌과 걸려 넘어지게 하는 바위"가 되었습니다. 그러므로 우리 주님이 자신을 계시하는 사람들은 복이 있습니다. 왜냐하면 이에 대한 그분의 약속은 그분이 그들과 함께하신다는 것이기 때문입니다. 오 우리 주 예수여, 우리 마음이 열려 있사오니 들어오소서. 그리하여 영원히 떠나지 마소서. 지금 우리에게 당신 자신을 보여 주소서! 당신의 모든 매력들을 희미한 빛일지라도 우리에게 비추어주소서.

**너를 치려고 제조된 모든 연장이 쓸모가 없을 것이라 - 이사야서 54:17**

영국 역사에 있어서 오늘은 하나님께서 우리를 위해 두 가지 위대한 구원을 베푸신 날로 기념비적인 날입니다. 첫 번째로, 1605년 오늘은 가톨릭교도들이 의회를 무력화하려는 음모가 적발된 날이었습니다.

> "동굴 속 깊은 곳에서 흑암의 지배자들은
> 두려운 덫을 준비했지만,
> 주님이 하늘에서 날카로운 광선을 쏘시니
> 어둠의 반역은 낱낱이 드러났도다."

그리고 두 번째로, 1688년 오늘은 윌리엄 3세가 토베이에 상륙한 날로서, 그날 가톨릭의 지배권에 대한 소망은 무참히 꺾이고, 종교의 자유가 주어졌습니다.

오늘은 정말 기념할 만한 날입니다. 법석을 떨며 화려한 축제를 행하는 것으로서가 아니라 성도들의 찬송을 통해서 말입니다. 우리의 청교도 조상들은 이날을 특별히 감사하는 날로 삼았습니다. 매튜 헨리는 매년 이날을 기념하는 설교를 했습니다. 우리 조상들의 저항에 대한 감정과 자유에 대한 사랑은 거룩한 감사와 함께 기념할 가치가 있습니다. 우리의 마음과 입술도 "하나님이여 주께서 우리 조상들의 날 곧 옛날에 행하신 일을 그들이 우리에게 일러 주매 우리가 우리 귀로 들었나이다"(시 44:1)라고 외쳐야 합니다.

하나님, 당신은 이 나라를 복음의 나라로 만드셨습니다. 원수가 이 나라를 대적하여 일어났을 때, 당신은 보호해 주셨습니다. 우리도 거듭된 구원에 대해 거듭된 찬송을 부르도록 도와주소서. 우리가 더욱더 적그리스도를 미워하게 하시고, 그가 완전히 멸망할 날이 속히 임하게 하소서. 그때까지, 아니 항상 우리는 "너를 치려고 제조된 모든 연장이 쓸모가 없을 것이라"는 약속을 굳게 믿겠습니다. 오늘도 예수의 복음을 사랑하는 모든 자들의 마음속에 거짓된 교리를 타파하고 참된 신적 진리를 전파하기를 바라는 소망이 놓여 있어야 하지 않겠습니까? 우리의 마음을 살펴서 그 안에 교묘하게 감추어져 있는 가톨릭교도들의 자기의(自己義)의 잔재를 낱낱이 드러내야 하지 않겠습니까?

그에게 감사하며 그의 이름을 송축할지어다 - 시편 100:4

우리 하나님은 그의 모든 백성들이 자신의 복된 인격에 관해 많이 알고, 행복한 생각을 갖기 원하십니다. 예수님은 자기 형제들이 자신에 관해 조금밖에 알지 못하는 것을 좋아하시지 않습니다. 그분은 그의 신부들이 자신의 아름다움을 즐거워하는 것을 기뻐하십니다. 우리는 그분을 빵이나 물처럼 단순한 필수품으로 생각하지 않고, 지극히 맛있고 진귀한 진미로 간주해야 합니다. 이것을 위해 주님은 자신을 비할 수 없는 아름다움을 가진 "값진 진주"로, 신선한 향내를 담고 있는 "몰약 향낭"으로, 영원한 향기를 풍기는 "사론의 수선화"로, 그리고 흠 없이 순결한 "백합화"로 계시하셨습니다.

그리스도를 귀하게 여기려면, 그분에 대한 평가가 모든 것이 올바른 기준에 의해 평가되는 하늘나라에서나 이루어진다는 것을 기억해야 합니다. 우리에게 주신 말할 수 없는 선물인 독생자를 하나님이 어떻게 평가하는지를 생각해 보십시오. 주님 발 아래서 그 얼굴을 가리고 있는 것을 가장 큰 영광으로 생각하는 천사들이 그분에 관해 어떻게 생각하는지를 헤아려 보십시오. 그분의 피로 씻음 받고, 밤낮으로 주님께 합당한 찬송을 부르고 있는 사람들이 그분을 어떻게 생각하고 있는지 살펴보십시오. 그리스도를 귀하게 여기는 생각이 깊을수록 우리는 그분과 항상 합당한 관계를 갖는 방향으로 행동을 하게 될 것입니다. 보좌에 앉으신 그리스도를 높이 우러러볼수록 우리는 그 보좌 아래 더 낮게 고개를 숙이고, 그것은 우리가 그분을 위해 헌신할 준비를 더 잘 시켜줄 것입니다. 우리 주 예수님은 우리가 그분의 권위에 기꺼이 복종하도록 자신을 좋게 생각하기를 바라십니다. 그분을 귀하게 생각하는 것은 또 우리의 사랑의 수준을 높여줍니다. 사랑과 존경은 함께 가기 때문입니다.

그러므로 성도여, 당신의 주님의 탁월함을 크게 생각하십시오. 그분이 인성을 취하시기 전, 하늘에서 원래 갖고 계셨던 영광을 상고해 보십시오! 그 높은 보좌에서 내려와 낮은 십자가에 달려 죽으신 그분이 보여 주신 강력한 사랑을 생각해 보십시오! 그분이 지옥의 모든 권세들을 정복하신 것을 찬미하십시오! 부활하고, 면류관을 쓰고, 영광스럽게 된 주님을 바라보십시오! 기묘자요, 모사요, 전능하신 하나님이신 그분께 무릎을 꿇으십시오. 그것만이 그분에 대한 우리의 사랑을 보여 줄 수 있는 길이니까요.

### 나는 목마른 자에게 물을 주며 - 이사야서 44:3

신자는 감정이 침체되거나 슬픈 상태에 빠졌을 때, 종종 우울하고 비관적인 두려움을 가지고 자신을 징계함으로써 거기서 벗어나고자 합니다. 이것은 바닥에서 일어서는 방법이 아니고, 오히려 그것을 지속시킬 뿐입니다. 은혜를 높이기 위해 의심을 가중시키는 것은 독수리 날개 위에 사슬을 매달아놓고 나는 것과 같습니다. 하나님을 찾는 영혼을 먼저 구원하는 것은 율법이 아니고 복음입니다. 그 후에 침체에 빠진 영혼을 회복시킬 수 있는 것도 율법의 속박이 아니라 복음의 자유입니다. 속박적인 두려움으로는 하나님을 떠난 배교자를 돌아오게 하지 못합니다. 오직 열렬한 사랑의 구애만이 그를 예수님의 품으로 이끌 것입니다.

오늘 아침 당신은 살아계신 하나님에 대해 목이 마릅니까? 하나님이 당신의 마음의 기쁨이 되지 못하는 것 때문에 불행합니까? 당신은 지금 신앙의 즐거움을 잃어버리고, "구원의 즐거움을 회복시켜 주소서"라고 기도하고 있습니까? 당신은 또 자신이 메마른 땅처럼 황폐하다고 느끼고 있습니까? 하나님이 당신에게 기대하시는 열매를 맺지 못하고 있다고 생각합니까? 당신은 교회에서 자신이 아무 쓸모 없고, 또는 세상에서 자신이 원하는 대로 일이 진행되지 않는다고 보십니까?

그렇다면 당신이 필요로 하는 약속이 정확히 여기 있습니다: "나는 목마른 자에게 물을 주며." 당신은 원하는 대로 은혜를 받되, 그 필요를 최대한 채울 정도로 받을 것입니다. 물은 목마른 자를 해갈시켜 줍니다. 당신은 해갈될 것입니다. 당신의 소원은 충족될 것입니다. 물은 시들은 식물의 생명을 살아나게 합니다. 당신의 생명은 신선한 은혜를 통해 소생될 것입니다. 물은 싹을 틔우고, 열매들을 익게 합니다. 당신도 열매를 맺게 하는 은혜를 갖고 있으면, 하나님의 길에서 열매를 맺을 것입니다. 하나님의 은혜 안에 있는 은혜의 능력들이 무엇이든, 당신은 그것들을 충분히 누리게 될 것입니다. 부요한 하나님의 은혜들을 풍성히 받아 누리게 될 것입니다. 당신은 그것에 흠뻑 젖을 정도로 얻게 될 것입니다. 그리고 때때로 강물이 터져 초원이 물바다가 되고, 밭이 연못으로 화하듯이, 당신의 목마른 마음 밭도 수원지로 바뀌게 될 것입니다.

이르되 이는 하나님이 너희에게 명하신 언약의 피라 하고 - 히브리서 9:20

피라는 말에는 이상한 능력이 있고, 그것을 바라볼 때 우리는 항상 감동을 느낍니다. 인정이 많은 사람은 참새가 피를 흘리는 것도 차마 볼 수 없습니다. 그 일에 익숙한 사람이 아니라면, 짐승을 죽이는 장면을 볼 때 누구든 두려움을 느끼는 법입니다. 사람의 피에 관해 말한다면, 그것은 신성한 것입니다. 분노로 피를 흘리게 하는 것은 살인이고, 전쟁에서 피를 헛되이 흘리는 것은 두려운 범죄입니다. 피는 곧 생명이고, 피를 흘리는 것은 죽음의 표시라는 사실로써 이 엄숙함은 입증되지 않습니까? 우리는 그렇게 생각합니다. 우리가 하나님의 아들의 피에 관해 상고할 때 느끼는 두려움은 훨씬 더 강렬합니다. 우리는 거기서 죄책과 죄인이 감당해야 할 끔찍한 형벌에 관해 생각할 때만큼이나 전율을 느낍니다. 항상 보배로운 그분의 피는 임마누엘 하나님에게서 흘러나오기 때문에 무한한 가치를 지닙니다. 예수님의 피는 은혜의 언약을 보증하고, 그러기에 그것은 영원토록 확실합니다. 옛 언약들은 희생제사를 통해 맺어졌고, 영원한 언약도 똑같은 방식으로 체결되었습니다.

오, 결코 부도날 수 없는 하나님의 약속의 확실한 기초 위에서 우리가 구원받았다는 것은 얼마나 즐거운 일일까요! 율법의 행위들을 통해 이루어진 구원은 빈약하고 부서진 배와 같아서 난파가 확실합니다. 그러나 영원한 언약의 배는 폭풍을 결코 두려워하지 않습니다. 왜냐하면 피가 그 전체를 지켜주기 때문입니다. 예수님의 피는 그분의 유언(언약)을 유효한 것으로 만들었습니다. 유언은 유언한 사람이 죽지 않으면 아무 효력이 없습니다. 그런 점에서 예수님이 실제로 사망하셨음을 증명한 로마 병사의 창은 믿음에 큰 도움을 줍니다. 그 점을 의심하는 사람들은 전혀 있을 수 없고, 우리는 담대하게 주님이 자기 백성들을 위해 남겨놓으신 유산들을 우리 것으로 삼을 수 있습니다. 구주의 죽으심을 통해 하늘이 축복들을 보장받은 사람들은 복이 있습니다. 그러나 이 피가 우리에게 아무 목소리를 들려주지 않습니까? 그것이 우리에게 우리를 구속하신 주님을 위해 우리 자신을 성결케 해야 한다고 명령하지 않습니까? 그것이 우리를 새로운 삶으로 부르고, 주님을 위해 성별된 삶을 살도록 자극을 주지 않습니까? 오 오늘 밤 우리가 그 피의 능력을 알고 느낄 수 있기를!

(보라) 내가 너를 내 손바닥에 새겼고 - 이사야서 49:16

본문의 "보라"(한글성경에는 번역되어 있지 않다)는 단어에 농축되어 있는 놀라움의 느낌은 의심할 여지 없이 그 앞 문장의 믿음 없는 탄식 때문에 주어진 것입니다. 시온은 "여호와께서 나를 버리시며 주께서 나를 잊으셨다"(사 49:14)고 말했습니다. 하나님의 마음은 이 악한 불신앙에 대해 얼마나 놀랐을까요! 하나님의 사랑하는 백성들이 아무 근거도 없이 의심하고 두려워하는 것보다 기막힌 일이 어디에 있을까요? 우리는 이 하나님의 책망의 말씀을 듣고 부끄러워해야 합니다. 그분은 "내가 너를 내 손바닥에 새겼는데, 너를 어떻게 잊을 수 있겠느냐? 그 기억이 내 몸에 새겨져 있는데, 어떻게 내가 너를 계속 기억하는 것을 의심할 수 있겠느냐?"라고 외치십니다.

오 불신앙, 그대는 얼마나 이상한 것인가! 우리는 하나님의 신실하심과 그의 백성들의 불신앙 중 어느 쪽이 더 기막힌 것인지 모르고 있습니다. 하나님은 자신의 약속을 수천 번이라도 지키시지만, 우리는 시험만 오면 그분을 의심합니다. 하지만 그분은 결코 실패가 없으십니다. 그분은 결코 마르지 않는 샘입니다. 그분은 지는 태양, 스쳐 지나가는 우박, 또는 녹아 없어지는 수증기가 아닙니다. 그러나 우리는 마치 하나님이 사막의 신기루나 되는 것처럼, 끊임없이 걱정에 사로잡히고, 의심과 두려움으로 괴로움을 자초합니다.

"보라"는 말은 감탄을 이끌어내기 위해 의도된 말입니다. 참으로 여기서 우리는 탄복할 수밖에 없는 주제를 갖고 있습니다. 반역자들이 하나님의 무한한 사랑의 마음에 가까이 다가갈 수 있을 정도로 그분의 손 위에 기록된 존재들이라니, 이것은 참으로 하늘과 땅이 놀랄 일입니다. "내가 너를 새겼고" — 그것은 "너의 이름"이라고 말하지 않습니다. 이름이 있지만, 그것이 전부가 아니라는 것입니다. "내가 너를 새겼고" — 그 의미의 충만함을 보십시오! 나는 너의 인격, 너의 형상, 너의 사정, 너의 상황, 너의 죄, 너의 시험, 너의 약함, 너의 필요, 너의 활동을 다 새겼다는 것입니다. 나는 너에 관한 모든 것을 새겼다는 것입니다. 나는 너를 완전히 손바닥에 두었다는 것입니다. 그런데도 당신은 당신의 하나님이 자신의 손에 당신을 새기셨을 때, 당신을 포기했다고 또다시 말하겠습니까?

## 내 증인이 되리라 - 사도행전 1:8

그리스도의 증인으로서의 당신의 의무를 수행하는 법을 배우기 위해서는 주님의 삶을 바라보기 바랍니다. 그분은 항상 증거하셨습니다. 사마리아 우물가에서, 예루살렘 성전에서, 게네사렛 호숫가에서, 또는 산마루에서 증거하셨습니다. 그분은 밤낮을 가리지 않고 증거하셨습니다. 그분의 이같은 일상적인 섬김은 그분의 힘있는 기도 못지않게 하나님께 호소력이 있습니다. 그분은 어떤 환경에서나 증거하십니다. 서기관들과 바리새인들도 그분의 입을 막을 수 없습니다. 심지어는 빌라도 앞에서도 그분은 진실한 자백을 증거합니다. 그분은 자기에게 아무 잘못이 없다는 것을 아주 분명하고, 명쾌하게 증거합니다.

그리스도인이여, 당신의 삶도 똑같이 분명한 증거로 채워지도록 하십시오. 단지 그 표면만 볼 수 있는 흙탕물로 흐린 시내가 아니라 맨 밑바닥에 있는 돌들까지 다 들여다보이는 시내처럼 되십시오. 너무나 분명하고 투명해서 하나님과 사람을 향한 당신의 마음의 사랑이 누구에게나 보일 수 있도록 말입니다. 당신은 "나는 진실하다"고 말할 필요가 없습니다. 그냥 진실하십시오. 정직함을 자랑하지 말고, 그냥 정직하십시오. 그래서 사람들이 당신의 증거를 볼 수밖에 없도록 만드십시오. 절대로 연약한 사람을 염려해서 증거를 제한하지 마십시오.

당신의 입술은 제단의 숯불로 이미 태워졌습니다. 천국에 다녀온 입술처럼 그렇게 말하십시오. "너는 아침에 씨를 뿌리고 저녁에도 손을 놓지 말라"(전 11:6). 구름을 상관하지 말고, 바람을 염두에 두지 마십시오. 계절을 가리지 말고 구주를 증거하십시오. 그리스도와 복음을 위해 어떤 식으로든 고난을 당해야 한다면, 그것을 두려워하지 말고, 오히려 주님과 함께 고난받기에 합당한 자로 여김을 받은 것을 영예롭게 생각하고 즐거워하십시오. 또한 당신이 받는 고난과 손해, 그리고 핍박은 당신에게 더 활력 있고, 더 능력 있게 그리스도 예수를 증거하도록 기반이 되어줄 것을 생각하고 기뻐하십시오. 위대하신 주님의 모범을 연구하고, 성령 충만을 받으십시오. 주님의 영광을 증거하려면 더 심오한 가르침, 더 많은 지원, 더 풍성한 은혜, 그리고 더 깊은 겸손이 필요함을 결코 잊지 마십시오.

## 너희가 그리스도 예수를 주로 받았으니 - 골로새서 2:6

신앙생활은 받는 것, 곧 자기의 공로와는 완전히 반대되는 개념입니다. 그것은 단순히 선물을 받아들이는 것입니다. 땅이 비를 흡수하는 것처럼, 바다가 강물을 받아들이는 것처럼, 밤이 별들로부터 빛을 맞아들이는 것처럼, 우리도 주는 것은 아무것도 없고, 값없이 하나님의 은혜를 받을 뿐입니다. 성도들은 본질상 샘이나 강은 아닙니다. 그들은 생수가 흘러들어가는 저장소에 불과합니다. 그들은 하나님이 그의 구원을 쏟아 붓는 비어있는 그릇들입니다. 받는다는 말이 함축하는 바는 질료(matter)가 실체(reality)가 되는 것 곧 실체화의 의미입니다. 우리는 그림자를 받아들일 수 없습니다. 우리는 실제적인 어떤 것을 받아들입니다. 그것은 신앙생활에서도 마찬가지로서, 그리스도가 우리에게 실재가 되는 것입니다. 우리에게 믿음이 없다면, 예수님은 과거의 단순한 한 인간에 불과합니다. 말하자면 그의 생애가 오늘날 우리에게는 단지 하나의 역사일 뿐인, 아주 오래 전에 살았던 한 사람에 불과합니다. 그러나 믿음의 행위를 통해 예수님은 우리 마음의 의식 속에서 실존하는 인간이 됩니다.

그러나 받는다는 말은 또 어떤 것을 움켜쥐거나 소유한다는 것을 의미합니다. 내가 받는 것은 나의 소유가 됩니다. 나는 주어지는 것을 나 자신의 것으로 삼습니다. 내가 예수님을 받으면, 그분은 나의 구주가 됩니다. 그래서 생명이나 죽음도 그분을 나에게서 빼앗아갈 수 없습니다. 이 모든 것 곧 그분을 하나님이 값없이 주시는 선물로 취하는 것과 나의 마음속에 그분이 실존하는 것과 그분을 나의 것으로 삼는 것이 그리스도를 받는다는 말의 의미입니다.

구원은 눈먼 자들이 시력을 받고, 귀먹은 자들이 청각을 받으며, 죽은 자들이 생명을 받는 것으로 묘사될 수 있습니다. 그러나 우리는 이러한 축복들을 받기만 하는 것이 아니라 그리스도 예수 자신을 받았습니다. 그분이 우리에게 죽은 자로부터 생명을 주신 것은 사실입니다. 그분은 우리에게 죄사함을 주셨습니다. 그분은 우리에게 전가된 의를 주셨습니다. 이것들도 모두 보배로운 사실들이지만, 우리는 그것들로 만족하지 못합니다. 우리는 그리스도 자신을 받았습니다. 하나님의 아들이 우리에게 들어오셨고, 우리는 그분을 받아 그분을 우리 것으로 만들었습니다. 하늘도 그리스도를 담을 수 없는데, 우리가 그분을 담고 있으니, 예수님은 얼마나 마음이 넓으신 분일까요!

# 11월 8일 저녁

*선생님의 말씀이 내가 내 제자들과 함께 유월절 음식을 먹을 나의 객실이 어디 있느냐 하시더라 - 마가복음 14:14*

유월절이 되면 예루살렘은 하나의 거대한 여관이 되었습니다. 주인들은 각각 그의 친구들을 초대했지만, 구주를 초대한 주인은 아무도 없었습니다. 주님은 묵을 거처가 없었습니다. 그분은 자신의 초자연적 능력을 통해 유월절 기간을 지낼 다락방을 발견했습니다. 그것은 오늘날도 마찬가지입니다. 예수님은 사람의 아들들이 구원을 받아들이지 않기 때문에 오로지 자신의 초자연적 능력과 은혜를 통해 마음을 새롭게 하심으로써 구원을 베푸십니다. 흑암의 왕들에게는 모든 문들이 활짝 열려지지만, 예수님은 스스로 집을 찾으시거나 길에서 밤을 유하시거나 해야 했습니다.

우리 주님이 발휘하신 신비로운 능력을 통해 집주인은 의심하지 않고 즉각 기꺼이 그리고 즐겁게 그의 객실을 개방했습니다. 그가 누구인지 그리고 어떤 사람인지 우리는 모릅니다. 그러나 그는 구속주가 자기에게 주고자 한 영예를 쉽게 받아들였습니다. 이처럼 주님의 택한 자들과 택함받지 못한 자들은 쉽게 구별됩니다. 왜냐하면 복음이 어떤 사람들에게 주어질 때, 그들은 그것을 대적하고, 그것을 가지려 하지 않지만, 다른 사람들은 그것을 받아들이고 환영하기 때문입니다. 이것은 영혼 속에 은밀하게 이루어지는 역사가 있다는 것과 하나님은 영생을 위해 그들을 택하셨다는 것을 확실하게 암시합니다.

사랑하는 형제여, 당신은 기꺼이 그리스도를 받아들입니까? 그렇다면 어떤 어려움도 그 길을 방해하지 못할 것입니다. 그리스도는 당신의 손님이 되실 것입니다. 그분의 능력이 당신에게 역사해서 당신이 기꺼이 반응하도록 하십니다. 하나님의 아들을 환영하는 것은 얼마나 영예로운 일일까요! 하늘들의 하늘도 그분을 담을 수 없지만, 그분은 우리 마음의 집을 찾으시기 위해 낮아지셨습니다! 우리는 그분이 우리 마음의 지붕 아래 오실 만한 가치가 없는 존재들입니다. 하지만 그분이 그리로 들어오시기 위해 자기를 낮추신다는 것은 얼마나 놀라운 축복일까요! 왜냐하면 그분이 연회를 베푸시고, 우리를 귀빈으로 초대해서 그분과 함께 즐기도록 하실 때, 우리는 차려진 성찬이 결코 줄지 않고, 그것을 먹는 사람들에게 불멸의 생명이 주어지는 연회에 앉아 있는 것이기 때문입니다. 아담의 후손들 가운데 주님을 받아들이는 사람은 복이 있도다!

그러므로 너희가 … 그 안에서 행하되 - 골로새서 2:6

만일 우리가 마음속 가장 깊은 곳에 그리스도를 받아들인다면, 우리의 새 생명은 그분 안에서 믿음의 길을 걷는 것으로 그분과의 친밀한 관계를 보여 주게 될 것입니다. 걷는 것은 행동을 의미합니다. 우리의 신앙은 골방에서 지키는 것으로 한정되어서는 안 됩니다. 우리는 우리가 믿는 것을 삶으로 실천해야 합니다. 만일 어떤 사람이 그리스도 안에서 걷는다면, 그는 또한 그리스도께서 행하신 대로 행동하게 될 것입니다. 그리스도께서 그 안에, 곧 그의 소망 안에, 그의 사랑 안에, 그의 기쁨 안에, 그의 생명 안에 계시기 때문에 그는 예수의 형상을 반사하는 자가 되고, 사람들은 그에 대해 "그는 주님을 닮았다. 그는 예수 그리스도처럼 산다"고 말할 것입니다. 걷는 것은 진보를 의미합니다. "그러므로 너희가 그 안에서 행하되"라는 말씀은 은혜에서 은혜로 나아가 사람이 사랑하는 주님에 관해 알 수 있는 최고 수준의 지식을 얻을 때까지 앞으로 달려간다는 뜻입니다. 걷는 것은 또 지속성을 의미합니다. 그리스도 안에 지속적으로 거해야 합니다. 참으로 많은 그리스도인들이 아침과 저녁에는 예수님과 동행해야 한다고 생각하면서, 낮에는 세상에 빠져 주님을 잊고 살아갑니다. 하지만 이것은 빈약한 삶입니다. 우리는 항상 그분과 동행해야 합니다. 그분의 발자취를 따라 살고, 그분의 뜻을 행해야 합니다. 걷는 것은 또한 습관을 의미합니다. 어떤 사람의 행실과 대화에 관해 말할 때, 우리는 그의 습관을 언급합니다. 습관이란 일관적인 생활방식을 말합니다. 그런데 만일 우리가 어쩌다 그리스도를 기억하다 곧 잊어버린다면, 어쩌다 그분을 우리의 것으로 삼았다 곧 놓아버린다면, 그것은 습관이 아닙니다. 그것은 그분 안에서 걷는 것이 아닙니다. 우리는 그분을 따라가고, 그분을 붙들며, 절대로 가도록 놔두어서는 안 됩니다. 그분 안에서 기동하고 살아야 합니다. "그러므로 너희가 그리스도 예수를 주로 받았으니 그 안에서 행하되." 그러므로 당신은 처음에 시작한 것을 똑같이 유지하고, 처음에 그리스도 예수께서 당신의 믿음의 대상, 당신의 생명의 원천, 당신의 행동의 원리, 그리고 당신의 영의 기쁨이 되었던 것처럼, 생명이 끝날 때까지 변함없이 그분을 그렇게 대하십시오. 사망의 음침한 골짜기를 걸을 때에도 똑같이 하나님의 백성들을 위해 남겨둔 기쁨과 안식 속에 들어가십시오. 오 성령이여, 이 천국 법칙에 순종할 수 있도록 역사하소서.

견고한 바위가 그의 요새가 되며 그의 양식은 공급되고
그의 물은 끊어지지 아니하리라 - 이사야서 33:16

오 그리스도인이여, 당신은 하나님이 자신의 약속을 과연 이루실지에 관해 의심하지는 않습니까? 하지만 바위산들이 폭풍에 날아갑니까? 천국 곳간이 동이 나겠습니까? 당신은 우리에게 일용할 양식이 있어야 함을 아시는 하늘에 계신 아버지께서 당신을 잊고 계실 것이라고 생각합니까? 하나님 아버지의 허락이 없이는 참새 한 마리도 땅에 떨어지지 않고, 그분은 우리의 머리털까지 다 세시는 분인데, 그분을 불신하고 의심합니까? 어쩌면 당신의 고난은 당신이 하나님을 의지할 때까지 계속될지 모릅니다. 시험을 받고 혹독한 연단을 받은 후에 마침내 극도의 절망상태에서도 하나님을 믿는 믿음을 행사하고, 그러한 믿음의 계기가 그들에게 구원의 계기가 된 사람들이 참으로 많습니다. 그들은 하나님이 자신의 약속을 지키시는 분임을 친히 확인한 사람들이었습니다.

오, 더 이상 그분을 의심하지 않도록 당신을 위해 기도합니다! 사탄을 기쁘게 하지 마십시오. 하나님에 관해 강퍅한 생각들에 빠짐으로써 혼란을 자초하지 마십시오. 여호와를 의심하는 것이 결코 가벼운 문제가 아님을 잊지 마십시오. 그것은 죄라는 것을 명심하십시오. 그것도 작은 죄가 아니라 큰 죄입니다. 천사들은 그분을 결코 의심하지 않았습니다. 마귀들도 그분을 의심하지 않았습니다. 하나님이 지으신 모든 존재들 가운데 유독 우리들만 불신앙으로 그분을 무시하고, 그분의 영예를 더럽힙니다. 이것은 우리의 수치입니다!

우리 하나님은 그렇게 비천하게 의심받을 대상이 아닙니다. 과거의 삶 속에서 우리는 그분이 자신의 말씀에 얼마나 진실하고 신실한지, 우리가 받은 그분의 사랑과 자비가 얼마나 많은지 증명했고, 또 지금도 날마다 그분의 손으로부터 은혜를 받고 있기 때문에, 우리가 마음속에 의심을 갖는다는 것은 참으로 비열하고 용서받을 수 없는 죄입니다. 그러므로 이제부터 우리는 하나님이 약속하신 것은 반드시 이루신다는 흔들리지 않는 믿음을 갖고, 그분에 관한 의심들, 곧 우리의 평화와 그분의 영예를 파괴하는 원수들과 지속적으로 맞서 싸워야 하겠습니다. "주여, 내가 믿나이다 나의 믿음 없는 것을 도와 주소서"(막 9:24).

### 영원하신 하나님이 네 처소가 되시니 - 신명기 33:27

처소(refuge)라는 말은 "집," 또는 "거처"라는 말로 번역될 수 있는데, 하나님이 우리의 거처요, 우리의 집이라는 생각을 갖게 합니다. 그 비유 속에는 충분한 의미와 감동이 들어있습니다. 왜냐하면 우리의 집은 아무리 누추한 오두막이나 허름한 다락방이라고 해도 우리 마음속에 항상 소중한 곳이고, 우리가 복되신 하나님을 집으로 삼아 그분 안에 살고, 기동하고, 존재하는 것은 훨씬 더 소중하기 때문입니다. 우리는 집에 있을 때 안전함을 느낍니다. 거기서 우리는 세상을 떠나 고요한 안전 속에 들어갑니다. 마찬가지로 우리는 하나님과 함께 있을 때, "악을 두려워하지 않습니다." 그분은 우리의 방패요 운둔처가 되시며, 우리의 거할 처소가 되십니다. 집에 있을 때, 우리는 휴식을 취합니다. 거기서 우리는 하루의 피로와 수고를 내려놓고 쉽니다. 마찬가지로 우리의 마음은 하나님 안에서 안식을 발견하고, 인생의 고뇌로 피곤할 때 우리는 그분께 돌아가고, 우리 영혼은 쉼을 얻습니다. 또한 집에 있을 때, 우리는 마음을 놓습니다. 우리는 집에서 오해를 받거나 우리의 말이 왜곡될까 두려워하지 않습니다. 마찬가지로 우리는 하나님과 함께할 때, 그분과 자유롭게 교제할 수 있고, 우리의 은밀한 소원들도 다 털어놓을 수 있습니다. 왜냐하면 만일 "여호와의 비밀이 그를 경외하는 자들과 함께 있다면" 그들의 비밀도 그분과 당연히 함께 있어야 하기 때문입니다. 또 집은 우리의 신뢰와 진정한 행복이 있는 장소입니다. 마찬가지로 우리의 마음이 가장 깊은 기쁨을 발견할 때는 하나님 안에 있을 때입니다. 우리는 그분 안에 있을 때 모든 즐거움을 능가하는 즐거움을 맛봅니다.

마지막으로, 우리는 집을 위해서 일하고 수고한다는 것입니다. 집에 대한 생각을 하면 하루 일과를 더 힘있게 감당하고, 그 일을 수행하는데 손이 빨라집니다. 이런 의미에서도 우리는 하나님이 우리의 집이라고 말할 수 있습니다. 그분을 사랑하면 우리는 강하게 됩니다. 우리는 그분의 사랑하는 아들의 인격 속에서 그분을 생각합니다. 고난당하신 구속주의 얼굴을 잠깐 보는 것만으로도 우리는 그분을 위해 살겠다는 마음을 갖게 됩니다. 아직도 구원받아야 할 형제들이 많기 때문에 우리는 더 열심히 수고해야 한다고 생각합니다. 우리는 하나님의 방황하는 자녀들을 집으로 데려와 아버지의 마음을 기쁘게 해야겠다고 느낍니다. 또 우리는 우리가 사는 거룩한 가정을 거룩한 몰약으로 채우리라고 다짐합니다. 이처럼 야곱의 하나님을 그 처소로 삼은 자들은 복이 있도다!

제자가 그 선생 ⋯ 같으면 족하도다 - 마태복음 10:25

이 말씀에 대해 이의를 제기할 사람은 아무도 없을 것입니다. 왜냐하면 종이 그 주인보다 더 높이 되는 것은 격에 맞지 않기 때문입니다. 우리 주님은 세상에 계셨을 때, 어떤 대접을 받으셨습니까? 그분의 축복을 받도록 되어 있는 사람들에게 그분의 주장이 인정받고, 그분의 교훈이 받아들여지고, 그분의 완전하심이 존중되었습니까? 아닙니다. "그는 멸시를 받아 사람들에게 버림 받았으며"(사 53:3). 영문 밖이 그분의 거처였습니다. 십자가를 짊어지는 것이 그분의 직업이었습니다. 세상이 그분에게 위로와 안식을 주었습니까? "여우도 굴이 있고 공중의 새도 집이 있으되 인자는 머리 둘 곳이 없도다"(눅 9:58). 이 냉혹한 나라는 그분에게 안식처가 되지 못했고, 그분을 내쫓고 십자가에 못 박아 죽였습니다.

만일 당신이 예수님을 따르는 자로서, 일관적으로 그리스도를 닮은 삶과 말을 유지한다면, 당신의 영적 생명의 많은 부분이 외적 행동을 통해 사람들의 눈에 띄게 된다는 것을 기억해야 합니다. 그러면 사람들은 구주를 대했던 것처럼 당신을 대할 것입니다. 그들은 당신의 행동을 무시할 것입니다. 세상 사람들이 당신을 칭송하리라고 기대하지 마십시오. 또는 당신이 더 거룩하고, 더 그리스도를 닮은 모습을 보일수록, 그들이 당신에게 호의를 베풀 것이라고 꿈꾸지 마십시오. 그들은 잘 가공된 최고급 보석도 귀하게 여기지 않았는데, 아직 가공되지 않은 보석을 얼마나 가치 있게 여기겠습니까? "집 주인을 바알세불이라 하였거든 하물며 그 집 사람들이랴."

우리가 그리스도를 더욱 닮는다면, 우리는 그분의 원수들에게 그만큼 더 미움을 받게 될 것입니다. 세상의 호의를 받는 것이 하나님의 자녀에게는 오히려 슬픈 불명예입니다. 악한 세상이 그리스도인을 향해 박수를 치며 "잘하였다"고 칭찬하는 소리를 듣는 것은 절대로 좋은 징조가 아닙니다. 불의한 자들이 그리스도인을 칭찬할 때 그는 자신의 인격을 돌아보고, 혹시 잘못한 일 없는지 생각해 보아야 합니다. 우리는 우리 주님에 대해 진실해야 하고, 그분을 조롱하고 거부하는 눈먼 세상 사람들과 멍에를 함께해서는 안 됩니다. 우리 주님이 가시관을 쓰신 곳에서 영광의 면류관을 구하지 맙시다.

그의 영원하신 팔이 네 아래에 있도다 - 신명기 33:27

하나님 곧 영원하신 하나님은 항상 우리의 도움이시고, 특별히 우리가 깊은 환난 속에 빠져있을 때는 더욱 그렇습니다. 그리스도인은 창피를 당할 때 침체에 빠질 때가 있습니다. 죄의 심각성을 깊이 느낄 때, 그는 자신의 눈에 자기가 너무 무가치하게 보이기 때문에 어떻게 기도해야 할지 거의 알지 못할 정도로 하나님 앞에서 작아집니다. 그러나 하나님의 자녀여, 당신이 가장 악하고, 가장 비천한 상태에 있을 때, 당신 "아래에" "영원하신 팔이 있다"는 것을 잊지 마십시오. 죄는 당신을 항상 그토록 낮은 곳으로 끌어내릴 수 있지만, 그리스도의 위대하신 속죄는 여전히 모든 것 아래에 있습니다. 당신은 깊은 곳으로 떨어질 수 있습니다. 하지만 "최악의" 낮은 자리로는 떨어질 수 없습니다. 비록 그곳에 떨어진다 할지라도, 그분이 구원하십니다. 또 그리스도인은 때때로 외부로부터 오는 혹독한 시험 때문에 깊이 가라앉을 수 있습니다. 세상에서 의지했던 모든 버팀목들이 끊어졌습니다. 그러면 어떻게 될까요? 그래도 여전히 그 밑에는 "영원하신 팔"이 있습니다. 아무리 큰 고통과 환난 속에 있을지라도, 항상 신실하신 하나님의 언약적 은혜가 그를 둘러싸고 있는 곳 밖으로 떨어질 수 없습니다. 그리스도인은 심각한 갈등 속에서 내면으로부터 오는 고뇌 아래 가라앉을 수 있습니다. 그러나 그때에도 그는 "영원하신 팔"이 미치지 못할 만큼 낮게 떨어질 수 없습니다. 그 팔이 그 아래 있기 때문입니다. 이렇게 붙들림 받고 있는 동안에는 그를 해하려는 사탄의 모든 시도는 수포로 돌아가고 말 것입니다.

이 도움에 대한 확신은 하나님을 섬기는데 지쳐있지만 성실하게 수고하는 사역자에게 큰 위로를 줄 것입니다. 그것은 매일 주시는 힘, 모든 필요에 대한 은혜, 그리고 모든 의무에 대한 능력을 보장한다는 약속을 함축하고 있습니다. 그리고 나아가 죽을 때에도 그 약속은 유효합니다. 우리는 요단강 한가운데 서 있을 때, 다윗과 같이 "내가 해를 두려워하지 않을 것은 주께서 나와 함께 하심이라"(시 23:4)고 말할 수 있습니다. 우리는 무덤 속으로 내려가겠지만, 더 이상 낮아지지 않습니다. 왜냐하면 영원하신 팔이 더 이상 떨어지지 않도록 받쳐주기 때문입니다. 평생 동안 그리고 인생이 끝날 때, 우리는 "영원하신 팔"에 의해 떠받쳐집니다. "영원하신 하나님은 피곤치 아니하시며 곤비치 아니하시기"(사 40:28) 때문에 그 팔은 절대로 늘어지거나 힘이 빠지지 않습니다.

우리를 위하여 기업을 택하시나니 - 시편 47:4

성도여, 당신의 기업이 아무리 보잘것이 없다고 해도, 이 세상의 분깃으로 만족해야 합니다. 왜냐하면 그것은 당신을 위해 가장 합당한 것이라고 확신할 수 있기 때문입니다. 완전한 지혜자가 당신의 몫을 이미 정해놓았고, 당신을 위해 가장 안전하고, 가장 좋은 조건을 선택해놓았습니다. 대형선박이 강을 거슬러 항해한다고 생각해 보십시오. 그 강 한편에는 모래톱이 있습니다. 그때 누군가가 "왜 선장은 물이 깊은 곳으로 항해하고 직선 코스에서 그렇게 많이 벗어나느냐?"고 묻습니다. 그러면 선장의 대답은 "깊은 곳을 따라 항해하지 않으면 원하는 항구에 도달할 수 없기 때문"이라고 말할 것입니다. 마찬가지로 하늘에 계신 당신의 선장이 환난의 파도가 급물살을 일으키는 고통의 심연 속으로 당신을 이끌지 않는다면, 당신은 모래톱에 부딪혀 좌초하고 말 것입니다.

어떤 식물들은 햇빛을 너무 많이 받으면 죽습니다. 당신은 햇빛이 그리 많이 비치지 않는 곳에 심겨져 있을 수 있습니다. 당신은 그와 같은 환경 속에서만 완전에 이르는 열매를 맺을 수 있기 때문에 사랑하는 농부께서 그곳에 두셨을 수도 있습니다. 그러므로 이것을 명심하십시오. 곧 다른 환경이 지금 주어진 환경보다 당신을 위해 더 낫다면, 사랑의 하나님은 당신을 그곳에 두셨을 것이라는 것입니다. 당신은 하나님에 의해 가장 적합한 환경 속에 두어져 있습니다. 만일 당신이 스스로 자신의 운명을 선택한다면, 당신은 곧 "주여, 저를 위하여 기업을 택하여 주소서. 저는 이기적이기 때문에 많은 슬픔을 자초할 뿐입니다"라고 외칠 것입니다. 당신이 갖고 있는 것으로 만족하십시오. 주님은 당신을 위해 모든 것을 정해 놓으셨습니다. 날마다 당신 자신의 십자가를 짊어지고 가십시오. 그것은 당신의 어깨에 가장 적합한 짐이고, 하나님의 영광을 위한 모든 선한 말과 선한 일을 완전하게 하는데 가장 효과적이기 때문입니다.

"시험들은 와야 하고 올 것이다.
그러나 겸손한 믿음으로
그 모든 것 위에 새겨진 사랑을 보라.
이것이 나에게 행복이라."

636▸637

## 너희 믿음의 시련(trial) - 베드로전서 1:7

시련이 없는 믿음도 참된 믿음일 수 있지만, 그것은 확실히 작은 믿음일 것입니다. 시험이 없다면 그것은 왜소한 믿음으로 귀착될 가능성이 많습니다. 믿음은 만사가 그것을 역행할 때, 가장 잘 자랍니다. 폭풍이 그 훈련자이고, 번개가 그 계발자입니다. 바다가 잠잠할 때 당신이 원하는 대로 돛을 펴보십시오. 그러면 배는 절대로 항구를 향해 움직이지 아니할 것입니다. 왜냐하면 잠을 자고 있는 바다에서 배 역시 잠을 자기 때문입니다. 바람이 세차게 몰아닥치고, 물결이 사납게 요동을 쳐보십시오. 그러면 배는 급하게 흔들리고, 갑판은 파도로 씻겨 내려가고, 세찬 바람으로 돛은 크게 흔들릴지 모르지만, 배는 원하는 항구를 향해 전진할 것입니다.

빙하가 있는 지역에서 자라는 푸른 꽃들만큼 아름다운 꽃도 없습니다. 극지방의 하늘에서 반짝거리는 별들만큼 밝게 빛나는 별도 없습니다. 황량한 사막에서 솟아나는 물만큼 달콤한 물은 없습니다. 마찬가지로 역경을 이기고 승리하는 믿음만큼 보배로운 것도 없습니다. 믿음은 시련을 통해 체험을 얻습니다. 강제로 강물 속을 통과하는 일이 없었더라면, 아마 당신은 자신의 연약함을 알지 못했을 것입니다. 홍수 같이 밀려오는 물결 속에서 붙들어주시는 하나님의 역사를 체험하지 못했더라면, 당신은 그분의 권능을 깨닫지 못했을 것입니다. 믿음은 환난이 클수록 그 견고함과 확실함과 열렬함도 커집니다. 믿음이 보배롭다면, 그 믿음의 시련도 똑같이 보배롭습니다.

그러나 믿음이 어린 사람들은 다음과 같은 말에 실망하지 않기를 바랍니다. 당신은 구하지 않았는데도 시련들을 많이 겪을 것입니다. 적절한 때가 되면, 하나님은 당신의 믿음을 시련을 통해 충분히 재보실 것입니다. 그때 그 기간이 얼마가 되든 흔들리지 말고, 당신이 갖고 있는 은혜를 생각하고 하나님께 감사하십시오. 당신이 그 시련을 통해 얻게 된 거룩한 신뢰에 대해 그분을 찬양하십시오. 오직 이 법칙에 따라 사십시오. 그러면 당신은 하나님의 축복을 더 많이 체험하고, 당신의 믿음은 마침내 산을 옮기고 불가능한 일들을 이루게 될 것입니다.

흠이 없고 온전하신 주님은 기도 없이 살아도 되는 분이셨습니다. 그러나 그
분만큼 기도를 많이 한 사람은 아무도 없었을 것입니다! 그분이 아버지와 그토
록 많은 교제를 나누신 것은 아버지에 대한 그분의 사랑 때문이었습니다. 또 그
분이 그의 백성들을 위해 그토록 많이 중보기도를 드리신 것은 그들에 대한 사
랑 때문이었습니다. 이처럼 그분이 기도를 많이 하셨다는 사실이 우리에게 교훈
을 줍니다. 곧 그분은 우리가 자신의 발자취를 따르도록 본을 보이셨다는 것입
니다. 그분이 기도하신 시간이 또 좋았습니다. 그 시간은 무리들이 그를 혼란시
키지 않는 조용한 시간이었습니다. 그것은 그분만 빼고 다른 모든 사람들은 일
하는 것을 멈추고 있던 비활동의 시간이었습니다. 사람들은 잠에 빠져 자신들의
고뇌를 잊고 있었고, 그래서 주님께 찾아와 구원을 베풀어달라고 기도하는 것을
멈추고 있을 때였습니다. 다른 사람들이 잠에 빠져있는 동안 주님은 자신을 기
도로 새롭게 했습니다. 그 다음에는 그 장소가 주목할 만했습니다. 그분은 아무
도 방해하지 않는 곳, 아무도 지켜볼 수 없는 곳에 홀로 계셨습니다. 그래서 바
리새인들의 외식과 세상 사람들의 방해로부터 벗어나 있었습니다. 어둡고 고요
한 산들이 하나님의 아들에게는 적당한 기도의 밀실이었습니다. 한밤중 고요 속
에서 하늘과 땅은 두 세계를 넘나드는 신비로우신 주님의 신음과 탄식소리를 들
었습니다. 그리고 그분의 간구의 지속성도 유념해야 합니다. 긴 밤이 조금도 길게
느껴지지 않았습니다. 차가운 바람도 그분의 헌신을 삭감하지 못했습니다. 무서
운 흑암도 그분의 믿음을 어둡게 하지 못했습니다. 또 외로움도 그분의 기도를
억제시키지 못했습니다. 우리는 그분과 함께 한 시간도 기도할 수 없지만, 그분
은 우리를 위해 온 밤을 지새우셨습니다. 마지막으로, 이 기도의 적절한 시점도
기억힐 민합니다. 그 시점은 그의 원수들이 크게 분노한 후였습니다. 기도는 그
분의 피난처요 안식처였습니다. 또 그것은 그분이 제자들을 파송하기 전이었습
니다. 기도는 주님의 새로운 계획의 문이요, 새로운 사역의 전달자였습니다. 우리
도 특별한 시련을 당할 때, 또는 하나님의 영광을 위한 새로운 계획을 시작할
때, 주님을 본받아 특별 기도를 해야 하지 않겠습니까? 주 예수여, 우리에게 기
도를 가르쳐 주소서.

가지가 포도나무에 붙어 있지 아니하면 스스로 열매를 맺을 수 없음 같이 - 요한복음 15:4

당신은 어떻게 열매를 맺기 시작했습니까? 그것은 예수님께 나아와 그분의 위대하신 속죄에 자신을 맡기고, 그분의 완전하신 의에 의탁할 때였습니다. 아! 그때 당신은 얼마나 놀라운 열매를 맺었을까요! 당신은 초기에 맺었던 열매들을 기억합니까? 그때는 참으로 포도나무가 잘 자라 포도송이가 주렁주렁 맺히고, 석류나무의 싹으로부터 열매가 나와 그 열매들이 향기가 가득했습니다. 그런데 지금은 그때보다 못하지 않습니까? 만일 그렇다면, 당신은 그 사랑의 때를 기억하고, 회개하며, 처음 행위를 회복해야 합니다.

그리스도께 가까이 나아가도록 이끄는 일들에 실천적으로 참여하십시오. 왜냐하면 당신이 맺는 모든 열매들은 오직 그분으로부터만 나오기 때문입니다. 당신을 그분께 이끄는 일을 실천한다면, 당신이 열매를 맺는데 도움이 될 것입니다. 의심할 것 없이 과수원의 나무들이 열매를 맺기 위해서는 태양이 큰 역할을 하게 됩니다. 하지만 예수님은 그의 은혜의 정원에서 그 이상의 역할을 하십니다. 당신은 언제 가장 열매를 맺지 못했습니까? 주 예수 그리스도로부터 가장 멀리 떨어져 있었을 때, 기도를 가장 게을리 했을 때, 진실한 믿음을 저버렸을 때, 주님 자신이 아니라 받은 은혜에 마음을 빼앗겼을 때, "내 산이 견고하니 나는 절대로 요동하지 않으리라"고 말했을 때, 그리고 자신의 힘의 원천을 망각했을 때, 바로 그때 당신의 열매가 멈추지 않았습니까?

우리들 중 어떤 이들은 주님 앞에서 마음을 극도로 낮춤으로써, 그리스도 외에는 가진 것이 아무것도 없다는 사실을 배웠습니다. 우리도 우리 자신의 능력이 아무 열매를 맺지 못하고 죽어있는 것을 보았을 때, "나는 스스로는 아무 열매도 맺을 수 없기 때문에 내 모든 열매는 그분으로부터 나와야 한다"고 슬프게 부르짖은 적이 있습니다. 또 과거의 경험을 통해, 우리는 단순히 그리스도 안에서 하나님의 은혜를 의지하고, 성령을 의존하면 할수록, 하나님을 위한 열매를 더 많이 맺게 될 것을 배웠습니다. 오! 생명뿐 아니라 열매를 위해서도 예수님을 의지하십시오!

## 항상 기도하고 - 누가복음 18:1

만일 사람들이 항상 기도하고 낙심하지 않는다면, 그들은 얼마나 그리스도인다운 사람들이 될까요. 예수님은 자신이 세상에 오셔서 감당하셨던 것과 똑같은 사명을 교회에 주시고 세상으로 보내셨습니다. 이 사명에는 중보기도도 포함되어 있습니다. 교회는 세상의 제사장이라고 내가 말한다면 틀렸을까요? 아닙니다. 피조물은 벙어리이기 때문에 교회는 그 입의 역할을 감당해야 합니다. 기꺼이 남을 위해 기도하는 것은 교회의 큰 특권입니다. 은혜의 문은 언제나 교회의 간구들에 대해 열려있고, 그것들은 결코 빈 손으로 돌아오지 않습니다. 휘장은 교회를 위해 찢어졌고, 피는 교회를 위해 제단 위에 뿌려졌습니다. 하나님은 끊임없이 원하는 대로 구하도록 교회를 초대하십니다.

그런데도 교회는 천사들도 시기하는 특권을 거절하겠습니까? 교회는 그리스도의 신부가 아닙니까? 그런데도 매시간 그 왕께 갈 수 없단 말입니까? 그 보배 같은 특권을 사용하지 않고 방치하겠습니까? 교회는 항상 기도를 필요로 했습니다. 교회 안에는 침체에 빠지고 죄에 떨어지는 사람들이 언제나 있었습니다. 그리스도의 품에 기대도록 기도해 주어야 할 양들이 참으로 많습니다. 강한 자들을 위해서는 교만에 빠지지 않도록, 약한 자들을 위해서는 낙심에 빠지지 않도록 기도해 주어야 합니다. 만일 우리가 하루에 24시간, 일년 365일을 한순간도 빠짐없이 기도한다고 해도, 기도제목이 부족하지 않을 것입니다.

우리에게 병든 자와 가난한 자, 고통 속에 있는 자와 방황하는 자가 없었던 적이 있습니까? 친척들의 회심, 배교자들의 회개, 또는 타락자들의 구원을 구하는 사람들이 우리 주변에 없었던 적이 있습니까? 아니, 회중들이 끊임없이 모이고, 목사들이 날마다 설교하는 중에도 죄와 허물로 죽어가는 죄인들은 너무나 많습니다. 로마 가톨릭이라는 흑암의 세력으로 뒤덮여 있는 나라에서는 확실히 그 징도가 더욱 심각합니다. 우상과 잔인함과 죄악으로 가득 찬 세계에서, 만일 교회가 기도하지 않는다면, 사랑하는 주님이 맡겨주신 사명을 게을리 한 것에 대해 어떻게 변명할 수 있겠습니까? 교회는 끊임없이 간구해야 하고, 모든 신자는 개인적으로 기도의 동전을 보고(寶庫) 속에 던져 넣어야 합니다.

하늘의 뭇 별에게 경배하는 자들과 경배하며 여호와께 맹세하면서
말감을 가리켜 맹세하는 자들 … 을 멸절하리라 - 스바냐서 1:5

이 사람들은 양쪽 신을 다 믿기 때문에 자신들이 안전하다고 생각했습니다. 그들은 여호와를 따르면서 동시에 말감을 신봉했습니다. 그러나 하나님은 양다리 걸치는 신앙을 싫어하고, 이런 위선을 미워하십니다. 확실히 거짓 신을 섬기는 우상숭배자는 한 가지 죄를 범하는 자들로서, 마음으로 세상과 세상의 죄를 탐하면서 여호와께 오염되고 가증한 제물을 가져오는 이중의 죄를 범하는 자들보다 낫습니다. 간에 붙었다 쓸개에 붙었다 하는 것은 비겁자들이나 할 일입니다.

일상생활 속에서도 두 마음을 품은 자는 무시를 당하는데, 신앙생활에 있어서는 얼마나 더하겠습니까? 본문에서 선포되고 있는 형벌은 정말 끔찍합니다. 그러나 그것은 당연합니다. 의를 알고, 그것을 인정하며, 그것을 따르겠다고 고백하면서 동시에 악을 사랑하고, 그것이 그 마음속에 가득한 죄인을 하나님의 공의가 어떻게 그냥 놔둘 수 있겠습니까?

내 영혼아, 오늘 아침 그대 자신을 살펴보고, 그대가 이중의 죄를 범하고 있지 않은지 돌아보라. 그대는 예수님을 따르는 자로 고백한다. 진실로 그분을 사랑하는가? 그대의 마음은 하나님 보시기에 옳은가? 그대는 정직(正直)씨의 가족인가 아니면 사심(私心)씨의 친척인가? 만일 내가 죄와 허물로 죽어있다면 살았다는 이름은 아무 의미가 없습니다. 한 발은 진리의 땅에 내딛고 다른 한 발은 거짓의 바다에 두고 있는 것은 무서운 파멸과 완전한 멸망을 가져올 것입니다.

그리스도는 우리의 전부(全部)가 아니면 전무(全無)입니다. 하나님은 온 우주를 채우시고, 따라서 다른 신을 위한 여지는 전혀 없습니다. 그렇다면, 그분이 내 마음을 지배하고, 다른 지배세력이 들어올 여지는 전혀 없게 됩니다. 나는 십자가에 달리신 예수님만 의지하고, 오직 그분을 위해서만 살고 있습니까? 그렇게 하는 것이 내 마음의 소원입니까? 내 마음이 그렇게 하는 것 위에 세워져 있습니까? 만일 그렇다면, 나를 구원으로 인도하신 그 강력한 은혜는 복이 있습니다. 그러나 그렇지 않다면, 오 주여, 내 부끄러운 죄를 용서하시고, 마음으로 당신의 이름을 두려워하게 하소서.

> *라반이 이르되 언니보다 아우를 먼저 주는 것은 우리 지방에서*
> *하지 아니하는 바이라 - 창세기 29:26*

우리는 라반의 거짓말을 옹호하지 않지만, 그가 핑계대기 위해 사용한 당시의 풍습으로부터 주저 없이 교훈을 받아야 합니다. 일에는 반드시 순서대로 취해져야 하는 일이 있다는 것입니다. 우리는 둘째 것을 얻으려면 먼저 첫째 것을 취해야 합니다. 둘째가 보기에 더 아름답더라도 하늘나라의 법칙은 지켜져야 하며, 첫째가 먼저 결혼해야 합니다. 예를 들면, 많은 사람들이, 믿음에 있어서 즐거움과 평화에 해당되는 아름답고 예쁜 라헬을 바라지만, 그들은 회개에 해당되는 인자한 눈을 가진 레아와 먼저 결혼해야 합니다. 모든 사람이 행복과 사랑에 빠지고, 많은 사람들이 그것을 누리기 위해서 7년을 두 번씩 기쁘게 봉사했습니다. 하지만 하나님 나라의 법에 따르면, 우리 영혼은 참된 행복의 라헬을 얻기 전에 참된 거룩의 레아를 먼저 사랑해야 합니다. 천국은 첫째가 아니라 둘째에 있는데, 그것을 얻으려면 오직 끝까지 인내함으로써만 가능합니다. 면류관을 얻기 위해서는 십자가를 먼저 짊어져야 합니다. 우리는 낮아지신 주님을 따라가야지 그렇지 아니하면 영광의 주님과 함께 안식을 누리지 못할 것입니다.

내 영혼아, 그대는 천국의 법칙을 깨뜨리려는 헛된 소망을 갖고 있는가? 그대는 수고 없이 상급을, 고난 없이 영예를 얻으려는 욕심을 갖고 있는가? 허탄한 기대를 포기하고, 예수님의 달콤한 사랑을 위해서 힘든 일을 마다하지 말라. 이런 정신을 갖고 수고하고 고난을 받으라. 그리하면 쓰디쓴 것이 달콤한 것으로 바뀌고, 힘든 일이 쉬운 일로 바뀔 것이다. 그대가 예수님을 사랑한다면, 야곱처럼 당신의 섬김이 세월도 불과 몇 날처럼 느껴질 것이다. 혼인잔치라는 황홀한 시간이 올 때, 당신의 모든 수고는 참으로 아무것도 아니었던 것처럼 느껴질 것이다. 곧 예수님과 함께한 한 시간은 무수한 고통과 수고의 세월을 보상해 줄 것이다.

> "예수여, 그토록 훌륭한 당신을 얻기 위해
> 저는 당신의 십자가를 기꺼이 짊어지겠습니다.
> 천국의 법칙은 너무나 엄격하기 때문에
> 저는 둘째를 얻기 위해 첫째와 먼저 혼인하겠습니다."

### 여호와의 분깃은 자기 백성이라 - 신명기 32:9

그들이 어떻게 여호와의 분깃이 되었을까요? 그분 자신의 주권적 선택에 의해서였습니다. 그분은 그들을 선택했고, 그분의 사랑이 그들에게 주어졌습니다. 하나님은 그들 안에 어떤 선이 있거나 그들 안에 어떤 선이 예견되었기 때문에 그렇게 한 것이 아니었습니다. 그분은 자비를 베풀고 싶은 사람들에게 자비를 베푸셨고, 택한 백성들이 영생에 이르도록 정하셨습니다. 그러므로 그들은 그분의 자유스러운 선택에 의해 그분의 분깃이 되었습니다.

그들은 선택을 통해서 뿐만 아니라 값 주고 사심을 통해서도 여호와의 분깃이 되었습니다. 그분은 그들을 사기 위해 최고의 값을 지불하셨습니다. 따라서 그분의 분깃이라는 호칭에 대해서는 논란의 여지가 있을 수 없습니다. 은이나 금 같은 썩어질 것으로가 아니라 주 예수 그리스도의 보배 피로 사셨기 때문에, 여호와의 분깃은 충분히 속량을 받았습니다. 그분의 분깃에는 잡혀있는 저당이 전혀 없습니다. 그러므로 반대편에서 어떤 소송도 제기할 수 없습니다. 값은 공개법정에서 지불되었고, 교회는 영원히 여호와의 소유가 되었습니다. 택함받은 모든 자들에게 찍혀있는 핏자국을 보십시오. 비록 사람의 눈에는 보이지 않지만, 그리스도에게는 알려져 있습니다. 왜냐하면 "주께서 자기 백성을 아시기"(딤후 2:19) 때문입니다. 그분은 사람들 중에서 구속한 사람들을 하나도 잊어버리지 않습니다. 그분은 자신의 생명을 주고 산 양들을 다 세고 계십니다. 자신을 주고 산 교회를 익히 기억하고 계십니다.

그들은 또한 정복을 통해 그분의 분깃이 되었습니다. 그분은 우리를 자기 것으로 만들기 위해 얼마나 큰 전쟁을 치르셨을까요! 그분은 우리의 마음을 얼마나 오랫동안 에워싸고 계셨을까요! 그분은 얼마나 자주 우리에게 항복하라고 말씀하셨을까요! 하지만 우리는 우리의 문을 굳게 닫고, 주님이 들어오지 못하도록 담을 높이 쌓아놓았습니다. 우리는 그분이 폭풍을 통해 우리 마음을 빼앗아갔던 그 영광스러운 순간을 기억하고 있지 않습니까? 그분이 우리가 쌓아놓은 담에 자신의 십자가를 걸어놓고, 그 담 꼭대기에 올라가 피로 붉게 물든 자신의 전능하신 은혜의 깃발을 꽂으셨던 때가 기억나지 않습니까? 그렇습니다. 우리는 진실로 그분의 전능하신 사랑에 정복된 포로들입니다. 이처럼 선택하고, 값 주고 사고, 정복했기 때문에 우리를 소유하신 분의 권리는 절대로 빼앗길 수 없습니다. 우리는 우리가 우리 자신의 것일 수 없음을 즐거워합니다. 날마다 그분의 뜻을 행하고, 그분의 영광을 선포하기를 소원합니다.

하나님이여 우리를 위하여 행하신 것을 견고하게 하소서 - 시편 68:28

우리의 필요뿐만 아니라 우리의 지혜에 대해서도 우리는 하나님이 우리를 위하여 행하신 것을 견고하게 해달라고 끊임없이 간구해야 합니다. 이것을 게을리 하기 때문에 많은 그리스도인들이 불신앙으로부터 일어나는 영적 시험과 고난을 자초합니다. 사탄이 우리 마음의 성스러운 동산을 홍수를 일으켜 황폐화시키려고 획책하는 것이 사실이지만, 많은 그리스도인들이 그들의 강하신 조력자에게 무관심하고 기도를 소홀히 함으로써, 스스로 수문을 열어놓고 무서운 홍수를 자초하는 것 역시 사실입니다. 우리는 종종 우리 믿음의 창시자가 그것의 보존자가 되신다는 사실을 잊어버립니다. 성전에서 타오르던 등잔은 꺼지지 않도록 날마다 새 기름이 보충되어야 했습니다. 마찬가지로 우리의 믿음도 은혜의 기름이 채워져야만 살 수 있고, 우리는 이것을 오직 하나님으로부터만 얻을 수 있습니다. 만일 우리가 우리의 등잔에 필요한 기름을 얻지 못한다면, 어리석은 처녀들처럼 될 것입니다.

세상을 지으신 분이 그것을 보존하지 아니하시면, 세상은 곧 끔찍한 멸망을 초래하고 말았을 것입니다. 우리를 그리스도인으로 만드신 분이 성령을 통해 우리를 보존하지 않으신다면, 우리의 멸망은 신속하고도 치명적으로 임할 것입니다. 그러므로 우리는 밤마다 우리 주님께 은혜와 능력을 구해야 합니다. 우리는 그것을 구할 만한 강력한 근거를 갖고 있습니다. 왜냐하면 우리가 그분에게 견고케 해달라고 요구하는 것 곧 "우리를 위하여 행하신 것을 견고하게 하는 것"은 그분 자신의 은혜의 사역이기 때문입니다.

당신은 그분이 그것을 보존하고 유지하는데 실패하리라고 생각합니까? 믿음으로 그분의 능력을 굳게 붙드십시오. 그러면 지옥의 우두머리의 인도를 받는 모든 흑암의 세력들은 당신의 기쁨과 평화에 한 점의 구름이나 그림자도 드리울 수 없을 것입니다. 당신은 얼마든지 강한 자가 될 수 있는데, 어찌하여 겁을 먹습니까? 얼마든지 승리할 수 있는데, 왜 패배를 당합니까? 오! 당신의 흔들리는 믿음과 침체된 은혜를 그분께 가지고 가십시오. 그분은 얼마든지 그것들을 부흥시키고 소생시키실 수 있습니다. 열심을 갖고 "하나님이여 우리를 위하여 행하신 것을 견고하게 하소서"라고 기도하십시오.

내 심령에 이르기를 여호와는 나의 기업이시니 - 예레미야애가 3:24

본문은 "여호와는 부분적으로 나의 기업이라"도 아니고, "여호와는 나의 기업 속에 있다"는 것도 아니라, 그분 자신이 나의 영혼의 기업의 전체가 되신다는 것입니다. 우리가 갖고 있거나 갖기 원하는 모든 것이 그 원주(圓周) 안에 들어있습니다. 여호와가 나의 기업입니다. 그분의 은혜, 그분의 사랑, 그분의 언약만이 아니라 여호와 자신이 나의 기업입니다. 그분은 우리를 자신의 기업으로 선택하셨고, 우리는 그분을 우리의 것으로 선택했습니다. 물론 여호와께서 먼저 우리를 자신의 기업으로 선택하지 않으신다면, 우리는 그분을 우리의 기업으로 선택하지 못할 것입니다. 하지만 우리가 사랑의 선택에 따라 진정 부르심을 받았다면, 우리는 이렇게 노래할 수 있습니다:

> "나의 하나님의 사랑을 또다시 받았기에
> 나는 그분에 대해 지극한 사랑을 불태우리라.
> 시간이 시작되기 전, 그분의 선택을 받았기에
> 나 역시 그 답례로 그분을 선택하리라."

여호와는 전혀 부족함이 없는(all-sufficient) 우리의 기업입니다. 하나님은 스스로 충만하고, 만일 하나님이 스스로 완전 충족하다면, 우리에 대해서도 완전 충족적이어야 합니다. 사람의 욕망을 충족시키기는 쉽지 않습니다. 사람은 만족스럽다고 생각하는 순간 뭔가 또 부족한 생각이 들고, 그래서 탐욕스러운 사람은 마음에 곧장 "주세요, 주세요" 하고 부르짖게 되어 있습니다. 그러나 우리가 바라는 것은 전부 우리의 신적 기업 속에서 발견될 수 있고, 그래서 우리는 "하늘에서는 주 외에 누가 내게 있으리요 땅에서는 주밖에 내가 사모할 이 없나이다"(시 73:25)라고 외치게 됩니다. 우리는 당연히 우리에게 그의 기쁨의 강물을 마시게 해주는 "여호와를 기뻐해야" 합니다. 우리의 믿음은 독수리처럼 날개를 펴고 하나님의 사랑으로 충만한 천국으로 날아올라가 그곳에 거처를 잡습니다. "내게 줄로 재어 준 구역은 아름다운 곳에 있음이여 나의 기업이 실로 아름답도다"(시 16:6). 우리는 주 안에서 항상 기뻐해야 합니다. 우리는 세상에 우리가 행복한 사람들이라는 것을 보여 주어야 합니다. 그리하여 그들이 "하나님이 너희와 함께 하심을 들었나니 우리가 너희와 함께 가려 하노라"(슥 8:23)고 소리칠 수 있도록 해야 합니다.

네 눈은 왕을 그의 아름다운 가운데에서 보며 - 이사야서 33:17

당신은 그리스도를 더 깊이 알수록 그만큼 더 그분에 관한 피상적인 견해로는 만족하지 못할 것입니다. 영원한 언약 속에 나타나 있는 그분의 활동을 더 깊이 연구할수록, 그분이 당신을 위해 영원한 보증이 되어 하신 약속들과, 그분의 전체 직분 속에서 빛나고 있는 그 충만하신 은혜를 바라볼 때, 그만큼 더 당신의 눈은 진실로 그 왕을 아름답게 바라볼 것입니다. 이 안목을 더 넓히십시오. 예수님을 더 크게 바라보십시오.

묵상과 명상은 종종 마노로 만든 창, 그리고 홍옥으로 만든 문과 같아서 우리 구속주를 더 아름답게 바라보게 합니다. 묵상은 우리의 눈에 망원경을 놓는 것과 같아서 육신을 입은 주님과 함께 동고동락했던 당시의 사람들보다 훨씬 더 잘 그분을 바라볼 수 있게 합니다. 그리고 우리가 대화할 때 천국에 관해, 성육신하신 우리 주님의 인격과 사역과 아름다움에 관해 더 많은 말을 하게 합니다. 묵상을 많이 할수록 왕의 아름다움은 더 찬란한 광채로서 우리를 비춰줄 것입니다.

사랑하는 자들이여, 아마 우리는 죽을 때 그 전에는 결코 보지 못했던 왕의 영광스러운 모습을 보게 될 것입니다. 많은 성도들이 죽을 때 폭풍이 이는 죽음의 바다에서 하늘을 우러러보고, 파도를 헤치며 걸어오시는 예수님을 보고, 그분이 "내니 두려워 말라"고 외치시는 음성을 들었습니다.

아, 그렇습니다! 집이 흔들리기 시작하고, 벽이 무너져 내릴 때, 우리는 그 갈라진 틈을 통해 그리스도를 보고, 그 사이로 하늘나라의 햇빛이 스며들어 오는 것은 보게 될 것입니다. 그러나 "왕을 그 아름다운 가운데서" 얼굴을 맞대고 보기를 원한다면, 우리는 천국에 가야 하고, 아니면 왕이 우리 속에 재림하셔야 합니다. 오 그분이 바람 날개를 타고 오시기를! 그분은 우리의 남편이시기에 우리는 그분이 없을 때 과부가 됩니다. 그분은 우리의 사랑하는 소중한 형제이시기에 그분이 없으면 우리는 외로운 존재가 됩니다. 우리 영혼과 그 참 생명 사이에는 두꺼운 휘장과 구름들이 드리워져 있습니다. 언제 날이 밝아 그림자가 사라질까요? 오, 오매불망 기다리는 그날이여, 어서 오라!

그에게 영광이 세세에 있을지어다 아멘 - 로마서 11:36

"그에게 영광이 세세에 있을지어다." 이것이 그리스도인의 유일한 소원이 되어야 합니다. 다른 모든 소원들은 이에 비하면 부차적이요, 지엽적인 것입니다. 그리스도인도 사업이 번창하기를 바랄 수 있습니다. 하지만 그것은 단지 이 소원 곧 "그에게 영광이 세세에 있을지어다"라는 소원을 촉진시키는데 도움을 줄 수 있을 때에만 그렇게 해야 합니다. 그는 또 더 많은 은사와 은혜를 사모할 수 있습니다. 하지만 그것은 오직 "그에게 영광이 세세에 있을지어다"라는 소원을 위해서만 그렇게 해야 합니다. 주님의 영광을 위한 유일한 동기 외에 다른 동기에 따라 움직일 때, 당신은 마땅히 해야 할 일을 못하는 것입니다. 그리스도인으로서 당신은 "하나님의 것이요, 하나님으로 말미암은" 존재이기에 "하나님을 위해" 살아야 합니다. 주님을 사랑할 때만큼 당신의 심장을 힘차게 고동시키는 일은 아무것도 없어야 합니다. 이 소원이 당신의 영혼을 불타오르게 하십시오. 이것이 당신이 시작하는 모든 일의 기초가 되게 하십시오. 당신의 열심을 위축시킬 때마다 이것이 당신을 회복시키는 동기가 되게 하십시오. 하나님을 당신의 유일한 대상으로 삼으십시오. 그 대상을 의존하십시오. 자아를 의존하기 시작하는 곳에서 슬픔도 시작됩니다. 그러나 하나님이 나의 최고의 기쁨이자 유일한 대상이 되신다면,

> "그분의 사랑이 나를 살리거나 죽이거나, 나를 편하게 하거나
> 고통스럽게 하거나 내게는 아무 상관이 없으리라."

하나님의 영광을 위한 당신의 소원은 점차 자라가는 소원이 되어야 합니다. 당신이 젊었을 때 그분을 찬양했다면, 그때 그렇게 한 것으로 만족하지 마십시오. 하나님이 사업을 번창시켜 주셨습니까? 그분이 당신에게 주신 것보다 더 많이 그분께 드리십시오. 하나님이 당신에게 많은 영적 체험을 허락하셨습니까? 당신이 처음에 가졌던 믿음보다 더 강한 믿음으로 그분을 찬양하십시오. 당신의 지식이 자라고 있습니까? 더 즐겁게 찬송하십시오. 당신은 이전보다 더 행복합니까? 질병에서 고침받고, 슬픔이 평강과 기쁨으로 바뀌었습니까? 더 크게 찬송하십시오. 당신의 찬양의 향로에 숯과 유향을 더 많이 집어넣으십시오. 개인적인 섬김과 거룩한 삶을 살아감으로써, 실제 생활을 통해 주님을 영화롭게 하는 것으로 크고 은혜로우신 주님께 드리는 이 송영에 "아멘"이 되게 하십시오.

나무들을 쪼개는 자는 그로 말미암아 위험을 당하리라 - 전도서 10:9

압제자들은 나무를 쪼개듯이 쉽게 연약하고 궁핍한 자들을 그들의 뜻대로 다룰 수 있습니다. 하지만 그들은 그렇게 해서는 안 됩니다. 왜냐하면 그것은 위험한 일로서, 조각난 나뭇가지가 종종 나무꾼을 죽이기도 하기 때문입니다. 예수님은 상처받은 모든 성도 안에서 핍박을 받습니다. 그분은 그의 사랑하는 자들의 원수를 갚아주실 힘이 있습니다. 연약하고 궁핍한 자들을 짓밟는 것은 두려운 일입니다. 만일 핍박자들이 이 세상에서 위험이 주어지지 않는다면, 저 세상에서 큰 위험에 처하게 될 것입니다.

나무를 쪼개는 것은 일상사 속에서 흔히 있는 일이고, 그것은 그 나름대로 위험을 갖고 있습니다. 성도여, 당신의 직업과 일상생활 속에도 당신이 조심해야 할 위험들이 도사리고 있습니다. 우리는 홍수나 전쟁, 질병이나 돌연사와 같은 위험들을 말하는 것이 아니라 영적 위험에 대해 말하는 것입니다. 당신의 직업이 나무를 쪼개는 일처럼 미천한 일일지 모르지만, 마귀는 거기서도 당신을 유혹할 수 있습니다. 당신이 머슴이거나 농장노동자이거나 기술자라면, 시험이 심각한 죄악을 일으키지 않을 수 있지만, 은밀한 죄가 당신을 파괴할 것입니다. 집에 있어서 거친 세상을 접촉하지 않는 사람들은 그 격리 때문에 위험에 빠질 수도 있습니다. 자신이 안전하다고 생각할 만한 곳은 어느 곳에도 없습니다.

교만은 가난한 사람의 영혼 속에도 들어가고, 탐욕은 가난한 농사꾼의 가슴속에도 파고들 수 있습니다. 불결은 아주 조용한 가정에도 침투하고, 분노와 시기와 원한은 순박한 시골 사람들의 마음속에도 들어갈 수 있습니다. 심지어는 종에게 몇 마디 말을 할 때에도 죄를 범할 수 있습니다. 가게에서 사소한 물건을 살 때 유혹의 사슬의 첫 번째 고리가 될 수도 있습니다. 창문을 단순히 내다보는 것이 악의 시작이 될 수도 있습니다.

오 주여, 우리가 얼마나 죄악에 노출되어 있을까요! 우리가 어떻게 해야 안전할까요! 우리 자신을 지키는 일이 우리에게는 너무나 힘든 일입니다. 오직 당신만이 우리를 이 죄악된 세상에서 보존하실 수 있습니다. 당신의 날개를 펴서 우리를 덮으소서. 그러면 우리가 병아리들처럼 당신의 날개 아래 모이고, 그때 우리는 안전하게 될 것입니다.

덮은 우물이요 봉한 샘이로구나 - 아가서 4:12

신자의 내적 생명과 관련하여 이 비유에서 우리는 은밀함이라는 개념을 아주 분명히 보게 됩니다. 그것은 덮은 우물입니다. 그 위에 건물이 세워져 있어서 그 은밀한 입구를 알고 있던 사람들을 제외하고는 그곳을 알 수 없는 동방의 샘들과 같았습니다. 이것은 신자의 마음이 은혜를 통해 새롭게 될 때도 똑같습니다. 신자 안에는 인간의 능력으로 좌우할 수 없는 신비로운 생명이 있습니다. 그것은 다른 사람은 전혀 알지 못하는 비밀입니다. 아니 그것을 소유하고 있는 당사자도 다른 사람에게 그것을 말해줄 수 없습니다.

본문은 또 분리를 포함하고 있습니다. 그것은 모든 행인이 마실 수 있는 공동 우물이 아닙니다. 그것은 다른 사람들은 마실 수 없도록 따로 보존된 우물입니다. 그것은 특별한 표시 — 왕의 인(印) — 가 찍혀 있어서, 소유자가 있고, 그에 의해 특별히 관리되는 샘입니다. 이것은 영적 생명에 대해서도 마찬가지입니다. 하나님의 택함받은 자녀들은 영원한 작정에 따라 분리되었습니다. 그들은 구속의 날에 하나님에 의해 구별되었습니다. 그들은 다른 사람들은 갖지 못하는 생명을 소유함으로써 분리됩니다. 그래서 그들이 세상을 고향으로 느끼거나 그 쾌락을 따라 사는 것은 불가능합니다.

또한 본문에는 성별의 의미가 들어있습니다. 덮은 우물은 특별한 사람이 사용하도록 보존되고, 그곳은 바로 그리스도인의 마음입니다. 그리스도인의 마음은 예수님을 위해 보존된 우물입니다. 그리스도인은 누구든 자기에게 하나님의 인치심이 있었음을 느껴야 합니다. 그는 바울처럼 "이후로는 누구든지 나를 괴롭게 하지 말라 내가 내 몸에 예수의 흔적을 지니고 있노라"(갈 6:17)고 말할 수 있어야 합니다.

그리고 마지막으로, 본문에는 또 다른 개념이 들어있는데, 그것은 안전의 개념입니다. 오! 신자의 내적 생명은 얼마나 안전하고 튼튼할까요! 비록 땅과 지옥의 모든 권세들이 그것을 대적하기 위해 연합한다고 해도, 그 불멸의 원리는 여전히 존재할 것입니다. 왜냐하면 그것을 주신 분은 자신의 생명을 걸고 그것을 보존하실 것이기 때문입니다. 하나님이 당신의 보호자라면 누가 감히 "당신을 해칠 수 있겠습니까?"

주는 영원부터 계셨나이다 - 시편 93:2

　그리스도는 영원하십니다. 우리는 그분에 관해 다윗처럼 "하나님이여 주의 보좌는 영원하니이다"(시 45:6)라고 노래할 수 있습니다. 신자여, 어제나 오늘이나 영원토록 동일하신 예수 그리스도 안에서 즐거워하십시오. 예수님은 항상 계셨습니다. 베들레헴에서 탄생한 아기는 태초부터 만물을 지으신 말씀으로 존재하셨습니다. 밧모섬에 있던 사도 요한에게 계시되었던 그리스도라는 이름은 "이제도 있고 전에도 있었고 장차 올 자"(계 1:8)의 이름이었습니다. 만일 그분이 영원부터 계신 하나님이 아니었다면, 우리는 그토록 그분을 사랑할 수 없었을 것입니다. 우리는 그분이 모든 언약의 축복의 원천인 영원한 사랑을 갖고 계신 분이라고 느낄 수 없었을 것입니다. 하지만 그분은 영원부터 아버지와 함께 계셨기 때문에 우리는 아버지 및 성령과 똑같이 그분도 신적 사랑의 원천이 되신다고 생각합니다. 우리 주님은 항상 계셨던 것처럼, 또한 항상 계십니다. 예수님은 죽지 않으십니다. "그가 항상 살아 계셔서 그들을 위하여 간구하심이라"(히 7:25). 그러므로 필요할 때마다 항상 그분을 의지하십시오. 그분은 당신을 축복하시기 위해 항상 기다리고 계시니까요. 나아가 예수님은 영원히 계실 것입니다. 만일 하나님이 70세까지 충분히 장수하도록 당신의 수명을 연장시켜 주신다면, 당신은 그분의 깨끗케 하는 샘은 항상 열려 있고, 그분의 보혈은 그 능력을 전혀 잃지 않았음을 깨닫게 될 것입니다. 자신의 피로 치료의 샘을 가득 채우신 대제사장이 우리를 모든 불의에서 깨끗하게 해주시려고, 살고 계심을 발견하게 될 것입니다. 마지막 싸움을 치를 때, 당신은 승리의 대장이신 주님의 손이 절대로 연약해지지 않았음을 알게 될 것입니다. 살아계신 구주께서 죽어가는 성도에게 힘을 주실 것입니다. 천국에 들어갈 때, 당신은 젊음의 이슬을 머금고 있는 주님을 만나게 될 것입니다. 영원토록 주 예수님은 끊임없이 솟아나는 기쁨과 생명과 영광의 샘으로서 그의 백성들에게 남아있을 것입니다. 우리가 이 거룩한 우물에서 생명수를 마셔야 하리라! 예수님은 항상 계셨고, 항상 계시며, 항상 계실 것입니다. 그분은 그 모든 속성들에 있어서, 그 모든 직분들에 있어서, 그 모든 능력에 있어서 영원하십니다. 그래서 그분은 기꺼이 택한 백성들을 축복하고, 위로하고, 보호하고, 면류관을 씌워주실 것입니다.

어리석은 변론 ··· 은 피하라 - 디도서 3:9

우리의 인생은 짧습니다. 그러므로 별로 중요하지 않은 일에 대해 변론하는 것보다는 선을 행하는데 시간을 보내는 것이 훨씬 낫습니다. 과거 철학자들은 실제적 중요성이 거의 없는 문제들에 대해 끊임없이 토론함으로써 악영향을 많이 끼쳤습니다. 우리 시대의 교회도 고리타분한 문제들이나 별로 중요하지 않은 변론들로 시시한 다툼을 크게 벌이고 있습니다. 할 말을 다하고 난 후에 보면, 어느 쪽도 더 지혜롭게 되지 않고, 그러므로 그 변론으로 인해 사랑이나 지식이 더 깊어지는 것도 아닙니다.

그토록 메마른 땅에 씨를 뿌리는 것은 어리석은 일입니다. 성경이 침묵하고 있는 요점들, 하나님께만 속해 있는 신비들, 해석하기 어려운 예언들, 그리고 의식들의 준수에 관한 변론들은 모두 어리석고, 그것들을 피하는 사람들이 지혜롭습니다. 우리의 임무는 어리석은 변론들에 대해 질문하거나 답변하는 것이 아니라 그것들을 피하는 것입니다. 만일 우리가 선한 일에 힘쓰도록 권면하는 바울 사도의 교훈(딛 3:8)을 준수한다면, 유익한 일을 하는데 너무 바빠 무가치하고, 변론적이고, 불필요한 다툼에 관심을 가질 겨를이 없을 것입니다.

그러나 어리석은 것과는 반대되는 변론들도 있습니다. 우리가 피하지 말고, 공정하고 정직하게 부딪혀야 하는 이런 변론들로는 다음과 같은 것들이 있습니다: 나는 주 예수 그리스도를 믿는가? 나는 영혼이 거듭났는가? 나는 육체를 따라 살지 않고 성령을 따라 살고 있는가? 나는 은혜 안에서 자라가고 있는가? 내가 나누는 대화들은 내 구주 예수님의 교훈을 더 빛나게 하는 것들인가? 나는 주님의 재림을 고대하고 있으며, 주인을 기다리는 종처럼 깨어 주님을 기다리고 있는가? 내가 주님을 위해 더 할 수 있는 일은 무엇인가?

이같은 변론들에 대해서는 우리가 주의를 집중해야 합니다. 만일 우리가 그동안 무작정 트집만 잡는 일에만 전념했다면, 이제부터는 그 비판 능력을 보다 유익한 일을 행하는데 사용해야 합니다. 우리는 화평케 하는 자가 되어 우리의 교훈과 본을 통해 다른 사람들이 "어리석은 변론을 피하도록" 앞장서야 하겠습니다.

내가 어찌하면 하나님을 발견하고 그의 처소에 나아가랴 - 욥기 23:3

욥은 견딜 수 없는 극도의 고통 속에서 여호와를 향해 부르짖었습니다. 고통 속에 있는 이 하나님의 자녀의 간절한 소망은 그의 아버지의 얼굴을 보는 것 외에 다른 것이 아닙니다. 그의 첫 번째 기도는 "오 내 육체의 질병을 고쳐주소서"도 아니요, "오 죽은 내 아들들을 무덤으로부터 돌려보내 주시고, 내 잃어버린 재산을 약탈자들로부터 다시 빼앗아 주소서"도 아니었습니다.

오직 그의 첫 번째 간절한 기도는 "오 내가 어찌하면 하나님을 발견하고 그의 처소에 나아가랴"는 것이었습니다. 하나님의 자녀들은 폭풍이 밀려오면 곧장 집으로 달려갑니다. 온갖 악을 피해 여호와의 날개 아래로 달려가는 것은 은혜 받은 영혼의 거룩한 본능입니다. "하나님을 그의 피난처로 삼는 자"는 참 신자의 호칭을 들을 자격이 있습니다. 위선자는 하나님에 의해 고난을 받을 때 고통을 견디지 못하고, 자기를 채찍질하는 주인에게서 도망치는 종처럼 그분에게서 떠납니다. 그러나 천국의 진정한 상속자는 절대로 그렇게 하지 않습니다. 그는 자기를 내려치는 손에 입을 맞추고, 채찍을 피해 자기에게 분노하는 하나님의 품을 찾습니다.

하나님과 교통하기를 바라는 욥의 소망은 다른 위로의 원천들이 모두 사라졌을 때 더 절실했습니다. 그는 자기를 슬프게 한 친구들과 결별하고, 나그네가 빈 물병을 의지하지 않고 샘으로 쏜살같이 달려가듯이, 하늘 보좌를 우러러 보았습니다. 그는 세속적 소망과 작별을 고하고, "내가 어찌하면 하나님을 발견할꼬!" 하고 부르짖었습니다.

우리가 세상에 있는 모든 것의 헛됨을 깨달을 때만큼 창조주의 소중함을 발견할 때는 없습니다. 우리는 꿀은 발견할 수 없고 날카로운 침만 무수히 갖고 있는 벌집과 같은 세상을 경멸하고, 그 신실하신 말씀이 꿀보다 더 달콤한 하나님을 즐거워합니다. 환난을 당할 때마다 우리는 먼저 우리와 함께하시는 하나님의 임재를 확신하는 법을 배워야 합니다. 오직 우리는 그분의 미소를 즐거워합시다. 그러면 우리는 그분의 사랑 때문에 즐거운 마음으로 날마다 우리 십자가를 짊어 질 수 있을 것입니다.

주여 주께서 내 심령의 원통함을 풀어 주셨고 - 예레미야애가 3:58

예레미야 선지자가 얼마나 긍정적으로 말하고 있는지 확인해 보십시오. 그는 "나는 주께서 내 심령의 원통함을 풀어주시기를 소망하고, 믿고, 또 가끔 그렇게 생각한다"고 말하지 않았습니다. 그는 논란의 여지가 없는 지극히 당연한 사실로 그것을 말하고 있습니다. "주께서 내 심령의 원통함을 풀어주셨고." 우리는 은혜로우신 보혜사의 도움으로 우리의 평화와 위안을 크게 훼손하는 이같은 의심과 두려움들을 떨쳐내야 합니다. 추측과 의혹의 거칠고 음침한 목소리 대신 확신으로 가득 찬 명쾌하고 감미로운 목소리로 말할 수 있게 해달라고 기도합시다.

또 예레미야 선지자가 모든 영광을 하나님께만 돌리면서, 얼마나 감사하면서 말하는지 살펴보십시오. 선지자는 자신이나 자신의 간구 내용에 대해서는 한 마디도 말하지 않습니다. 그는 자신의 원통함이 풀린 것을 어느 인간의 선행이나 자신의 공로로 보지 않습니다. 오히려 그것을 "주님"께 돌리고 있습니다: "주여 주께서 내 심령의 원통함을 풀어 주셨고 내 생명을 속량하셨나이다." 그리스도인은 항상 감사하는 마음을 길러야 합니다. 특별히 하나님의 구원의 역사를 체험하고 난 후에는 하나님을 위한 감사의 찬송을 준비해야 합니다. 땅은 감사하는 성도들의 노래로 가득 찬 성전이 되어야 하고, 날마다 감사의 향내를 피우는 향로가 되어야 합니다.

그리고 예레미야는 주의 은혜를 기록하면서 얼마나 기뻐하는지 모릅니다. 얼마나 의기양양하게 그 무거운 짐을 번쩍 들어올리고 있을까요! 그는 토굴에 갇혀 있었고, 지금도 여전히 눈물의 선지자입니다. 그러나 "애가"로 불리는 바로 그 책에서 미리암이 소고를 치며 불렀던 찬송처럼 맑게, 드보라가 승리의 함성을 외치며 바락을 만났을 때 했던 소리처럼 높은 소리로, 천국을 향해 나아가는 예레미야의 음성을 듣습니다. "주여 주께서 내 심령의 원통함을 풀어 주셨고 내 생명을 속량하셨나이다." 오 하나님의 자녀들이여, 여호와의 인자하심을 생생하게 체험하기를 바랍니다. 그러면 여러분은 그것에 대해 긍정적으로 말하고, 감사하면서 노래하고, 기뻐하며 소리칠 것입니다.

약한 종류로되 집을 바위 사이에 짓는 사반 - 잠언 30:26

   자신의 선천적 연약함을 알고 있는 사반은 바위 사이에 있는 굴에 집을 지음
으로써 대적들로부터 안전을 도모합니다. 내 영혼아, 이 연약한 짐승에게서 교훈
을 받으라. 그대는 겁 많은 사반만큼 약하고 위험에 노출되어 있다. 그러므로 지
혜롭게 안식처를 찾아야 한다. 나의 최고의 안전은 불변하시는 여호와의 손에
달려 있다. 그곳에는 결코 변개치 않는 약속들이 거대한 바위벽처럼 서 있다.
   내 영혼아, 만일 그대가 그분을 의뢰하는 자들에게 확실한 안전을 보장하는
모든 것들을 포함하고 있는 그분의 은혜로운 속성들의 성채 속에 항상 숨을 수
있다면, 반드시 그렇게 하도록 하라. 그렇게만 한다면, 여호와의 이름은 얼마나
복될까! 그때 나는 아둘람 굴 속에 있던 다윗처럼 잔학한 원수로부터 안전하리
라! 오래 전 나는 사탄과 내 죄가 나를 추적할 때, 반석이신 예수 그리스도의 갈
라진 틈 사이로 도망쳤고, 그분의 상하신 옆구리에서 안식처를 찾았건만, 슬프게
도 지금은 여호와를 의뢰하는 자에게 주어지는 축복을 받지 못하고 있다. 내 영
혼아, 그대가 어떤 슬픔 속에 있을지라도, 오늘 밤 어서 빨리 그분께 달려가라.
예수님이 그대를 위로해 주시리라. 예수님이 그대를 도우시리라.
   세상 임금이 아무리 견고한 요새 속에 있다고 해도, 바위틈에 집을 지어놓은
사반보다 안전하지 못합니다. 일만의 병거를 거느리고 있는 대장이라도, 산 속에
숨어 사는 이 작은 짐승보다 결코 더 보호받지 못합니다. 예수 안에서 약한 자들
은 강한 자가 되고, 무력한 자들은 안전을 보장받습니다. 그들은 거인들보다 더
강하고, 하늘에 있는 것만큼 안전합니다. 믿음은 땅 위에 있는 사람들에게 하늘
에 계신 하나님의 보호를 제공합니다. 그들은 더 필요한 것도 없고, 더 바랄 필
요도 없습니다. 사반은 성을 만들 능력은 없지만, 이미 있는 것을 사용할 능력은
있습니다. 우리는 피난처를 만들 수 없지만, 예수님은 그것을 예비하셨고, 그분의
아버지는 그것을 주셨으며, 그분의 영은 그것을 계시하셨습니다. 보라, 오늘 밤에
내가 다시 그곳에 들어가 모든 원수로부터 안전하게 되리라.

### 하나님의 성령을 근심하게 하지 말라 - 에베소서 4:30

신자가 갖고 있는 모든 것은 그리스도로부터 온 것이지만, 그것은 오직 은혜의 성령을 통해 온 것입니다. 나아가 모든 축복이 성령을 통해 당신에게 흐르는 것처럼, 어떤 선한 것도 거룩한 생각, 경건한 예배, 또는 은혜로운 행위 등으로부터 나오는 것이 아니라 동일한 성령으로부터 나옵니다. 비록 선한 씨앗이 신자 안에 심겨진다고 해도, 성령이 신자 안에 자신의 선하신 기쁨을 행하도록 역사하시지 않는다면, 그것은 잠복한 그대로 있을 것입니다. 당신은 예수님에 관해 말하기 원합니까? 성령이 당신의 입술에 역사하지 않는다면, 어떻게 말할 수 있겠습니까? 당신은 기도하기 원합니까? 아! 성령이 당신을 위해 중보하지 않는다면 그것은 얼마나 지루한 일이 되고 말까요! 당신은 죄를 정복하기 원합니까? 거룩하기 원합니까? 주님을 닮기 원합니까? 최고의 영성을 가진 자가 되기를 바랍니까? 하나님의 천사들처럼 하나님의 일에 열심 있고 충성스러운 사람이 되고 싶습니까?

성령이 없이는 당신은 절대로 그렇게 될 수 없습니다. "나를 떠나서는 너희가 아무것도 할 수 없음이라"(요 15:5). 오 포도나무 가지여, 당신은 수액 없이는 열매를 맺을 수 없습니다! 오 하나님의 자녀여, 하나님이 성령을 통해 주시는 생명이 없이는 당신 안에 생명도 없습니다. 그렇다면 우리는 죄 때문에 성령을 근심시키거나 화나게 하는 일이 없도록 해야 합니다. 우리 영혼 속에서 아주 희미하게라도 역사하시는 성령의 움직임이 있다면 그것을 소멸시키지 맙시다. 모든 주도권을 성령께 드리고, 그분이 역사하실 때마다 즉각 순종하도록 준비합시다.

만일 성령이 진실로 그토록 강하신 분이라면, 우리는 그분 없이는 아무것도 해서는 안 됩니다. 그분의 축복을 구하지 않고는 계획도 말고, 활동도 말며, 처리도 하지 맙시다. 성령을 떠나서는 우리가 얼마나 연약한 존재인지를 명심하고, 오직 그분만 의지하며, "성령님, 제 마음과 전 존재가 당신의 오심에 문을 열게 하시고, 제가 제 안에 당신이 들어오도록 받아들일 때, 그 자유로운 영으로 저를 붙들어주소서"라고 기도하십시오.

나사로는 예수와 함께 앉은 자 중에 있더라 - 요한복음 12:2

그는 부러움의 대상입니다. 마르다가 되어 섬기는 것도 좋지만, 나사로가 되어 주님과 교제하는 것은 더 좋습니다. 모든 목적에는 합당한 시기가 있고, 각각의 시기마다 가장 아름다운 모습을 보여 주는 전성기가 있습니다. 동산의 모든 나무들이 교제의 열매를 맺는 것은 아닙니다. 예수님과 함께 앉아 있고, 그분의 말씀을 듣고, 그분의 행동을 바라보고, 그분의 미소를 받는다는 것은 나사로를 천사들만큼 행복하게 만든 지극히 큰 축복이었습니다. 우리가 사랑하는 주님과 함께 그분의 연회장에서 함께 먹을 복된 자격이 있다면, 세상만사로 인해 받는 압박감이 아무리 크더라도, 한숨을 토해내지 아니할 것입니다.

그는 본받을 대상입니다. 예수님이 죽은 나사로를 살리셨는데, 그가 그분이 앉은 식탁에 함께 앉아 있지 않았다면 그것은 이상한 일일 것입니다. 비록 일으키셨지만 주님이 그의 집에서 그에게 생명을 주시지 않았다면, 참으로 그것은 아무 소용이 없었을 것입니다. 우리도 과거에 죽은 자였습니다. 예, 나사로처럼 죄의 무덤에 갇혀 있었습니다. 예수께서 우리를 일으키고, 자신의 생명을 주셔서 살리셨습니다. 그런데 우리가 그분과 멀리 떨어져서 살 수 있습니까? 우리는 그분이 그의 형제들과 함께 먹기 위해 내려오시는 만찬 자리에서 그분을 망각하겠습니까? 오, 이것은 잔인한 일입니다! 우리는 이것을 회개하고, 그분이 우리에게 명하신 대로 해야 합니다. 왜냐하면 아무리 작은 것이라도 그분의 소원은 그대로 우리에게 법이기 때문입니다.

나사로가 유대인들이 "보라 그를 어떻게 사랑하였는가"(요 11:36)라고 말한 뷰과 지속적이 교제 없이 살았다면, 그의 일생은 불명예스러운 것이 되었을 것입니다. 예수님의 영원한 사랑을 받은 우리도 변명할 수 있겠습니까? 나사로가 자신의 시체 앞에서 눈물을 흘리신 주님을 냉정하게 대했다면, 그는 짐승만도 못한 사람으로 비난받아 마땅할 것입니다. 구주께서 우리를 위해 눈물을 흘리셨을 뿐만 아니라 피까지 흘려주셨는데, 우리가 어떻게 그럴 수 있겠습니까? 이 글을 읽고 있는 형제여, 오십시오. 와서 하늘에 계신 우리 신랑에게 돌아갑시다. 우리가 그분과 식탁에 함께 앉아 친밀한 교제를 나눌 수 있도록 그분의 영을 구합시다.

이스라엘이 아내를 얻기 위하여 사람을 섬기며 아내를
얻기 위하여 양을 쳤고 - 호세아서 12:12

야곱은 라반에게 따질 때, 자신의 수고에 대해 이렇게 설명했습니다: "내가 이 이십 년을 외삼촌과 함께 하였거니와 외삼촌의 암양들이나 암염소들이 낙태하지 아니하였고 또 외삼촌의 양 떼의 숫양을 내가 먹지 아니하였으며 물려 찢긴 것은 내가 외삼촌에게로 가져가지 아니하고 낮에 도둑을 맞았든지 밤에 도둑을 맞았든지 외삼촌이 그것을 내 손에서 찾았으므로 내가 스스로 그것을 보충하였으며 내가 이와 같이 낮에는 더위와 밤에는 추위를 무릅쓰고 눈 붙일 겨를도 없이 지냈나이다"(창 31:38-40). 그런데 이 땅에 계실 때 주님의 생애는 이보다 훨씬 더 고달팠습니다. 마지막 유언처럼 말씀하신 "아버지께서 내게 주신 자 중에서 하나도 잃지 아니하였사옵나이다"(요 18:9)라는 말씀대로 그분은 자신에게 주어진 양들을 보존하셨습니다. 밤새 그분의 머리는 이슬로 젖어 있었고, 한숨도 주무실 수 없었습니다. 양들이 눈에서 떠나있을 때, 그분은 그들을 위해 밤새 씨름하며 기도하셨기 때문입니다. 어느 날 밤 주님은 베드로를 위해 기도하셨습니다. 그런데 금방 또 다른 일로 그분은 눈물의 기도를 해야 했습니다. 차가운 하늘 아래 앉아 별들을 바라보고 있는 목자들 가운데 예수 그리스도만큼 — 비록 그분이 스스로 선택한 길이기는 해도 — 자신의 수고의 고단함에 대해 불평할 수 있는 자는 없을 것입니다. 그러나 그분은 그의 신부들을 안전하게 보존하기 그 혹독한 섬김을 불평 없이 감당하셨습니다.

> "차가운 산들과 한밤중의 공기가
> 주님의 간절한 기도를 목격한 증인들이고,
> 광야는 그분이 받은 유혹과 갈등,
> 그리고 그분의 승리를 알고 있었다."

라반이 야곱의 손에 있는 양들을 모두 내놓으라고 요구했던 것을 영적으로 살펴보는 것이 좋습니다. 만일 양들이 짐승에게 물려 찢겼다면, 야곱은 그것을 보충해야 했습니다. 죽는 양들이 있었다면, 그에 대해 보증을 서야 했습니다. 그의 교회를 위한 예수님의 수고야말로 자신에게 맡겨진 하나님의 백성들을 하나라도 빼앗기지 않고 안전하게 인도해야 한다는 보증적 의무 아래 행해진 수고가 아니었습니까? 야곱의 수고를 보면, 거기서 당신은 "그는 목자같이 양 떼를 먹이시며"(사 40:11)라는 말씀대로 행하신 그분의 모습을 보게 될 것입니다.

그 부활의 권능 - 빌립보서 3:10

부활하신 구주에 관한 교리는 참으로 보배로운 진리입니다. 부활은 기독교의 전체 건물의 초석과 같습니다. 그것은 우리 구원의 종석(宗石)입니다. 우리의 사랑하는 구주 예수 그리스도의 부활, 이 한 가지 거룩한 원천으로부터 흘러나오는 생수의 강물을 설명한다면 책 한 권도 부족할 것입니다. 그러나 그분이 부활하신 것을 아는 것, 그분과 교제를 나누는 것 곧 부활의 생명을 소유함으로써 부활하신 주님과 사귀는 것, 다시 말해서 우리가 세속이라는 무덤을 떠나 그분을 바라보는 것, 이것은 한층 더 보배로운 일입니다. 부활 교리 자체도 경험의 기초지만, 꽃이 뿌리보다 훨씬 더 아름다운 것처럼, 그것보다 부활하신 구주와 사귐을 갖는 경험이 훨씬 더 아름답습니다.

나는 당신이 그리스도가 죽은 자로부터 살아나셨음을 믿고, 그것을 찬미하며, 충분히 확인되고 충분히 입증된 이 사실로부터 가능한 모든 위로를 받기를 바랍니다. 그러나 나는 당신이 그것으로 만족하지 않기를 원합니다. 당신은 제자들처럼 예수 그리스도를 직접 가시적으로 볼 수는 없겠지만, 믿음의 눈으로 그분을 바라보기를 염원합니다. 당신은 막달라 마리아처럼 그분을 "만져볼" 수 없겠지만, 그분과 대화를 나누는 특권을 누리고, 그분이 부활하셨음을 알고, 새 생명을 얻어 그분 안에서 부활한 자가 되기를 진실로 바랍니다.

내 모든 죄를 짊어지고 십자가에 달리신 구주를 아는 것은 최고의 지식입니다. 그러나 나를 의롭게 하기 위하여 부활하신 구주를 아는 것과 그분이 나에게 새 생명을 주심으로써, 자신의 새 생명을 통해 나를 새로운 피조물이 되게 하셨다는 것을 깨닫는 것은 가장 고상한 경험적 지식입니다. 그것이 없다면 우리는 절대로 만족해서는 안 됩니다. 당신이 "그분과 그 부활의 권능"을 함께 알기를 바랍니다! 어찌하여 예수님으로 말미암아 살아난 영혼들이 세속성과 불신앙의 수의를 입고 있어야 하겠습니까? 그러므로 어서 일어나십시오, 주님이 부활하셨으니까요.

### 하나님과 사귐이 있다 - 요한일서 1:6

우리가 믿음으로 그리스도께 연합될 때, 우리는 그분과 하나가 되어 그분과 온전한 사귐 속에 들어가게 되었습니다. 그때 그분의 관심과 우리의 관심이 공통적인 것이 되고, 동일한 것이 됩니다. 우리는 그분의 사랑 안에서 그리스도와 사귐을 갖습니다. 그분이 사랑하시니 우리도 사랑합니다. 그분이 성도들을 사랑하시니, 우리도 서로 사랑합니다. 그분이 죄인들을 사랑하시니, 우리도 죄인들을 사랑합니다. 그분이 멸망 속에 있는 연약한 인류를 사랑하시고, 광야 같은 이 땅을 여호와의 동산으로 바꾸고 싶어하시니, 우리도 또한 똑같이 힘씁니다.

우리는 그분의 소망 안에서 그리스도와 사귐을 갖습니다. 그분은 하나님의 영광을 원하시니, 우리도 똑같이 그 일을 위해 수고합니다. 그분이 성도들이 자신이 있는 곳에 함께 있기를 원하시니, 우리가 거기서 그분과 함께하기를 원합니다. 그분이 죄를 몰아내고 싶어하시니, 우리도 매일 "나라가 임하옵시며 뜻이 하늘에서 이루어진 것 같이 땅에서도 이루어지이다"라고 기도합니다. 우리가 그분의 깃발 아래 싸우고 있음을 주목하십시오. 그분은 자기 아버지의 이름이 그의 모든 피조물들을 통해 사랑받고 존경받기를 원하십니다.

우리는 그분의 고난 속에서 그리스도와 사귐을 갖습니다. 물론 우리는 십자가에 못 박히거나 잔인한 죽음을 당하지 않지만, 그분이 비난받으실 때 우리 역시 비난을 받습니다. 그리스도로 말미암아 비난을 받고, 주님을 따른다는 이유로 조롱을 당하며, 세상이 우리를 대적하는 것은 참으로 바람직한 일입니다. 제자는 그의 주님보다 위에 있으면 안 됩니다.

우리는 우리의 분량을 따라 그분의 수고 안에서 그리스도와 사귐을 갖습니다. 이때 우리는 사람들에게 진리의 말씀을 가르치고, 사랑의 행위를 행해야 합니다. 우리도 주님처럼 우리를 파송하신 그분의 뜻을 행하고, 그분의 사역을 성취하기 위해 먹고 마셔야 합니다. 우리는 또한 그분의 기쁨 속에서 그리스도와 사귐을 갖습니다. 그분이 행복할 때 우리도 행복하고, 그분이 칭송을 받을 때 우리도 즐겁습니다. 성도여, 당신은 지금까지 그런 기쁨을 맛본 적이 있습니까? 이 세상에서 그리스도의 기쁨을 우리 안에 가득 채움으로써, 우리의 기쁨이 충만하게 되는 것보다 더 순수하고, 더 감동적인 즐거움은 없습니다. 그리고 우리는 그분의 영광 속에서 그리스도와 완전한 사귐을 갖습니다. 왜냐하면 그의 교회는 그의 사랑하는 신부요 여왕으로서 그분과 함께 그분의 보좌에 앉게 될 것이기 때문입니다.

## 너는 높은 산에 오르라 - 이사야서 40:9

모든 신자는 하나님을 위한, 살아계신 하나님을 위한 목마름이 있어야 하고, 여호와의 산에 올라 그분을 대면하여 보기를 염원해야 합니다. 다볼 산 정상이 우리를 기다리고 있는데, 안개 낀 골짜기로 만족하고 거기에 머물러서는 안 됩니다. 내 영혼은 산봉우리에 도달하고, 천국에서 그 이마를 닦는 사람들을 위해 예비되어 있는 잔을 깊이 들이마시기를 갈망합니다. 산에 내리는 이슬들은 얼마나 맑고, 산의 공기는 얼마나 신선하며, 그 창문에 새 예루살렘이 들여다보이는 곳에 사는 거주자들의 음식은 얼마나 풍성할까요!

많은 성도들이 햇빛을 보지 못하고 탄광에서 일하는 사람들처럼 사는 것으로 만족합니다. 그들은 천사들이 먹는 성찬을 맛볼 수 있는데도 뱀처럼 흙을 먹습니다. 그들은 왕의 제복을 입을 수 있는데도 광부의 옷을 입는 것으로 만족합니다. 그들은 하늘의 기름을 바르고 살 수 있는데도 눈물로 얼룩진 얼굴을 하고 삽니다. 많은 신자가 궁정의 지붕 위를 거닐며 아름다운 레바논 땅을 바라볼 수 있는데도 토굴 속에서 파리하게 지내는 것으로 만족하지 않습니까?

오 성도여, 비천한 자리에서 일어나십시오! 당신의 게으름과 무감각과 냉담함을 벗어버리십시오. 당신의 영혼의 신랑이신 그리스도에 대한 고상하고 순전한 사랑을 방해하는 것은 무엇이든 내어버리십시오. 그분을 당신의 영혼의 즐거움의 원천으로, 중심으로, 환경으로 삼으십시오. 당신이 보좌에 앉아 있을 수 있는데, 무엇이 당신을 그토록 어리석은 일로 미혹합니까?

이제 자유의 산이 당신에게 주어졌으니 더 이상 속박의 저지대에서 살지 마십시오. 더 이상 사소한 세속적 성공으로 만족하지 말고, 보다 고상하고 거룩한 일들을 추구하십시오. 더 높고, 더 귀하고, 더 충만한 삶을 열망하십시오. 천국을 향해! 하나님께 더 가까이!

"주여, 제게 오시렵니까?
오, 어서 오소서. 가장 사랑하는 내 주여!
가까이 오소서, 더 가까이 오소서, 계속 가까이 오소서.
당신이 가까이 오실 때 저는 정하게 되리이다."

> 여호와는 거기에 위엄 중에 우리와 함께 계시리니 그 곳에는
> 여러 강과 큰 호수가 있으나 - 이사야서 33:21

넓은 강과 호수들은 땅을 비옥하고 풍성하게 만듭니다. 넓은 강 가까이에 있는 땅은 갖가지 식물들이 자랄 뿐 아니라 그 거두는 수확도 풍성합니다. 하나님은 그의 교회에 대해 이와 같이 역사하십니다. 하나님을 모신 교회는 **풍족합니다.** 교회가 구하는 것을 하나님이 주시지 않을 것이 있겠습니까? 교회가 필요하다고 언급하는 것을 하나님이 공급하지 않으시겠습니까? "만군의 여호와께서 이 산에서 만민을 위하여 기름진 것과 오래 저장하였던 포도주로 연회를 베푸시리니" (사 25:6). 당신은 생명의 떡이 부족합니까? 그것은 하늘에서 만나처럼 떨어집니다. 소생케 하는 생수가 필요합니까? 반석이 있으니, 그 반석은 그리스도이십니다. 만일 당신이 뭔가 부족해서 고통을 겪고 있다면, 그것은 전적으로 당신 잘못입니다. 당신이 좁아졌다면, 그것은 그분 안에서가 아니라 당신의 심정에서 좁아진 것입니다.

넓은 강과 호수는 또한 교역을 암시합니다. 영광스러운 주님은 우리에게 천국 상품을 교역할 수 있는 장소입니다. 구속주를 통해 우리는 과거와 교역을 합니다. 골고다의 재산, 언약의 보물, 태초의 선택의 부요함, 영원이라는 상품 등, 이 모든 것들은 은혜로우신 주님이라는 넓은 강줄기를 통해 우리에게 옵니다. 우리는 또한 미래와 교역을 합니다. 엄청난 짐을 실은 배들이 천국으로부터 우리에게 옵니다. 땅 위에서 경험하는 천국은 얼마나 환상적일까요! 우리는 은혜로우신 주님을 통해 천사들과 교역을 합니다. 보좌 앞에서 찬송하고 있는, 피로 씻음 받은 밝은 영들과 교제를 나눕니다. 아니 더 나아가 우리는 무한자이신 하나님과 교제를 갖습니다.

넓은 강과 호수는 특별히 안전이라는 개념을 선언하는 뜻을 담고 있습니다. 옛날에는 강이 곧 방어벽이었습니다. 오! 사랑하는 자여, 하나님이 그의 교회를 어떻게 방어하고 계실까요! 마귀는 이 넓은 하나님의 강을 건널 수 없습니다. 아무리 간절히 원할지라도, 그 흐름을 돌려놓을 수 없습니다. 그러므로 두려워하지 마십시오. 하나님은 그때나 지금이나 항상 동일하시니까요. 사탄은 우리를 괴롭힐 수 있지만, 파멸시킬 수는 없습니다. 어떤 배도 노를 저어 우리의 강을 건널 수 없으며, 그 강 옆으로 지나갈 수 없습니다.

네가 좀더 자자, 좀더 졸자, 손을 모으고 좀더 누워 있자 하니 네 빈궁이
강도 같이 오며 네 곤핍이 군사 같이 이르리라 - 잠언 24:33,34

가장 악질적인 게으름뱅이들은 한순간이라도 더 잠자는 것을 바랍니다. 그들은 너무 게으르다고 비판받으면 화를 낼 것입니다. 그들이 간절히 바라는 것은 손을 모으고 잠을 더 자는 것입니다. 그들은 이런 나태함이 아주 적절하다는 것을 보여 주는 많은 이유들을 갖고 있습니다. 그러나 이렇게 좀 더 게으름을 피울 때, 세월은 흘러가고, 일할 시간은 사라지며, 밭은 가시덤불로 뒤덮이게 됩니다. 이렇게 꾸물거릴 때 사람들은 자기들의 영혼을 망치게 됩니다.

그들이 오랜 세월을 그렇게 지체할 마음을 갖고 있는 것은 아닙니다. 아마 몇 달이면 그것도 지루할 것입니다. 어쩌면 내일이면 그들도 진지하게 일을 시작할지도 모릅니다. 그러나 현재 그들은 핑계를 대고 완전히 게으름을 피웁니다. 그렇게 모래시계의 모래처럼 시간은 흐르고, 인생은 게으름으로 낭비되며, 은혜의 순간들은 좀 더 조는 시간으로 인해 사라집니다.

오, 날아가는 시간을 붙잡는 것, 날개 달린 순간들을 사용하는 것이 지혜롭도다! 하나님이 우리에게 이 거룩한 지혜를 가르쳐 주시기를! 그렇지 아니하면 지독한 빈궁과 한 방울의 물도 아쉬워 그것을 헛되이 구하는 영원한 곤핍이 우리를 기다리고 있기 때문입니다. 여행자가 끊임없이 그의 여행을 추구하듯이, 가난도 게으른 자들을 쫓아가고, 파멸이 나태한 사람들을 덮칩니다. 그 무서운 추적자는 시간이 지날수록 더 가까이 다가옵니다. 그 추적자는 그 주인의 심부름을 행하고 있기 때문에 도중에 멈추거나 결코 지체하지 않습니다. 무장한 사람이 권세와 힘을 갖고 당당하게 들어가듯이, 빈궁도 그렇게 게으른 자에게 들어가고, 사망도 완고한 사람에게 그렇게 들어가기에, 그것은 도저히 피할 길이 없습니다.

오 사람들이여, 너무 늦어 땅을 갈거나 씨를 뿌리지 못하고, 너무 늦어 회개하고 믿음을 갖지 못하는 두려운 날이 오기 전에, 때를 맞춰 주 예수님을 부지런히 찾기를 바랍니다. 추수 때가 되면, 씨 뿌리는 시기에 게으름 피운 것을 후회해도 소용이 없습니다. 그러나 아직 믿음과 거룩한 결단의 때는 남아 있습니다. 오늘 밤 우리가 그것을 얻는 시간이 되기를 바랍니다.

포로 된 자에게 자유를 … 전파하게 하려 - 누가복음 4:18

    예수님 외에 그 누구도 포로 된 자에게 자유를 주실 수 없습니다. 참 자유는 오직 그분으로부터만 옵니다. 그것은 정당하게 주어지는 자유입니다. 왜냐하면 만물의 상속자이신 성자께서 사람들에게 자유를 주실 권리를 갖고 계시기 때문입니다. 성도들은 하나님의 공의를 존중합니다. 그것은 현재 그들의 구원을 확고히 해줍니다. 또 그것은 비싼 대가를 치른 자유입니다. 그리스도는 자신의 권능으로 그것을 말씀하시고, 그것을 자신의 피로 사셨습니다. 그분은 당신을 자유롭게 하시지만, 그것은 그분 자신의 속박으로 말미암아 이루어진 것입니다. 당신이 깨끗하게 된 것은 그분이 당신의 짐을 짊어지셨기 때문입니다. 당신이 포로로부터 해방된 것은 그분이 당신 대신 고난을 당하셨기 때문입니다. 그러나 비싼 대가를 치렀지만, 그분은 그것을 값없이 주십니다. 예수님은 이 자유의 대가로서 아무것도 요구하지 않으십니다. 그분은 우리가 베옷을 입고, 재 위에 앉아 있는 것을 보시고, 자유의 아름다운 옷을 입으라고 명령하십니다. 그분은 우리의 모습 그대로 우리를 구원하시되, 우리의 도움이나 공로가 없이 그렇게 하십니다.

    예수님이 자유를 주실 때, 그 자유는 영원토록 유효합니다. 다시는 어떤 사슬도 우리를 묶지 못할 것입니다. 주님은 내게 "포로된 자여, 내가 너를 자유케 했다"고 말씀하시고, 그것은 영원히 울려퍼집니다. 사탄은 우리를 종으로 삼기 위해 음모를 꾸밀 수 있지만, 주님이 우리 편인 한, 우리가 누구를 두려워하겠습니까? 세상은 그 유혹거리들로 우리를 미혹하겠지만, 우리를 대적하는 원수들보다 우리를 위하시는 주님이 더 강하십니다. 우리 자신의 속이는 마음의 간계들이 우리를 괴롭히고 번민에 빠뜨리지만, 우리 안에 착한 일을 시작하신 분이 그것을 끝까지 완전히 이루실 것입니다. 하나님의 원수들과 사람의 대적들은 힘을 합해 우리를 맹렬하게 훼방할 수 있지만, 하나님이 우리를 죄 없다 하시는데, 누가 우리를 정죄하겠습니까? 그리스도께서 자유케 한 영혼은 절벽 사이에 있는 둥지로 날아갔다가 다시 저 구름 속으로 날아올라가는 독수리보다 훨씬 더 자유롭습니다. 만일 우리가 더 이상 율법 아래 있지 않고, 그 저주로부터 해방되었다면, 우리의 자유는 우리가 하나님을 감사와 기쁨으로 섬길 때 실제적으로 표현됩니다. "나는 진실로 주의 종이요 주의 여종의 아들 곧 주의 종이라 주께서 나의 결박을 푸셨나이다"(시 116:6). "주님 무엇을 하리이까"(행 22:10).

> 모세에게 이르시되 내가 긍휼히 여길 자를 긍휼히 여기고 불쌍히
> 여길 자를 불쌍히 여기리라 하셨으니 - 로마서 9:15

이 말씀 속에서 주님은 자신의 주권적인 뜻에 따라 자신의 은혜를 주거나 거두어들일 권리가 있음을 가장 명확한 방법으로 선언하십니다. 생사 여탈권이 군주에게 주어져 있는 것처럼, 만유의 심판주는 자신이 보시기에 옳은 대로 죄인을 구원하거나 정죄할 권리를 갖고 계십니다. 사람들은 그들의 죄로 인해 하나님에 대한 모든 권리를 상실했습니다. 그들은 죄로 말미암아 멸망받아야 합니다. 그들은 모두 멸망당한다고 해도 불평할 근거가 없습니다. 만일 하나님이 어떤 사람을 구원하기 위해 간섭하신다면, 그분은 공의의 목적에 반하지 않는 한, 그렇게 하실 수 있습니다.

반면에 그분이 의로운 자들을 사형당하도록 정죄하는 것이 옳다고 판단하신다고 해도, 아무도 그 판단이 공정치 못하다고 비난할 수 없습니다. 사람들은 누구나 동일한 기초 위에 두어져야 한다고 인간의 권리를 주장하는 자들은 어리석고 뻔뻔한 자들입니다. 차별적으로 주어지는 은혜에 대해 반대하는 것은 악하지는 않아도 무지한 행동으로서, 그것은 여호와의 왕관과 홀에 대적하는 교만한 인간 본성의 반역입니다. 우리가 우리 자신의 완전한 타락과 악한 죄과를 깨닫고, 죄에 대한 하나님의 심판의 정당성을 인정하게 될 때, 우리는 더 이상 하나님이 우리를 구원하실 의무가 없다는 진리에 대해 불평할 수 없을 것입니다. 우리는 하나님이 우리는 정죄하고 다른 사람들은 구원하기로 선택하신다고 해도 불평하지 못합니다. 만일 그분이 우리에게 은혜를 베푸신다면, 그것은 그분 자신의 조건 없는 선하심의 자유로운 행위이므로, 우리는 영원토록 그분의 이름을 찬미할 뿐입니다.

하나님의 선택의 대상이 된 사람들은 어떻게 해야 하나님의 은혜를 충분히 찬송할 수 있을까요? 그들은 자랑할 여지가 전혀 없습니다. 왜냐하면 하나님의 주권이 가장 효과적으로 그것을 배제하기 때문입니다. 하나님의 뜻만이 영광을 받고, 인간의 공로에 대한 관념은 생각조차도 하지 말아야 합니다. 성경에서 선택 교리만큼 우리를 겸손하게 하는 것은 없습니다. 또 그것만큼 우리로 하여금 감사하게 하고, 성결하게 만드는 것도 없습니다. 그러므로 신자들은 그것을 두려워해서는 안 되고, 그것을 찬미하며 기뻐해야 합니다.

네 손이 일을 얻는 대로 힘을 다하여 할지어다 - 전도서 9:10

"네 손이 일을 얻는 대로"라는 말씀은 가능한 일을 하라는 뜻입니다. 우리의 마음은 하려고 하나 실제로는 절대 하지 못할 일들이 많습니다. 물론 그것이 우리 마음속에 있을 때는 좋습니다. 하지만 만일 우리에게 진실로 능력이 있다면, 마음속에 계획을 세우고, 그것에 대해 말하는 것으로 만족해서는 안 됩니다. 우리는 실제로 "네 손이 일을 얻는 대로" 행해야 합니다. 선한 행위 하나가 그럴듯한 이론 천 마디보다 낫습니다. 우리는 획기적인 기회나 색다른 종류의 일을 기다리지 말고, 날마다 "일을 얻는 대로" 행해야 합니다.

우리의 인생은 재판(再版)이 없습니다. 과거는 흘러갔습니다. 미래는 아직 오지 않았습니다. 우리에게는 현재 외에 다른 시간은 없습니다. 그렇다면 때가 무르익을 때까지 기다리지 말고 당장 하나님을 섬기십시오. 지금 열매를 맺으려고 애쓰십시오. 지금 하나님을 섬기십시오.

하지만 일을 얻는 대로 하되, "힘을 다하여 하도록" 유의하십시오. 그리고 하되, 그 일을 신속하게 하십시오. 마치 내일이 오늘의 게으름을 보충해 줄 수 있는 것처럼, 내일 하겠다고 생각하고 미룸으로써 인생을 허송하지 않도록 조심하십시오. 지금까지 내일 일함으로써 하나님을 섬긴 사람은 아무도 없었습니다. 만일 우리가 그리스도를 영화롭게 하고 축복을 받는다면, 그것은 오늘 행하는 일들을 통해서입니다. 당신은 그리스도를 위해 무슨 일을 하든, 전 영혼을 그 일에 던져넣어야 합니다. 그리스도를 섬길 때, 이따금씩 생각날 때마다 대충 섬기지 말고 온 마음과 영혼과 힘을 다하여 섬기십시오.

그러나 그리스도인의 힘은 어디서 나올까요? 그것은 그 자신에게서 나오는 것이 아닙니다. 그는 완전히 무력합니다. 그의 힘은 만군의 주 여호와 하나님 안에 있습니다. 그렇다면 우리는 오직 그분의 도우심을 구해야 합니다. 우리는 기도와 믿음으로 나아가 우리의 "손이 일을 얻는 대로" 일하고, 주님의 축복을 기다려야 합니다. 이렇게 일을 잘 감당할 때, 우리에게 결코 실패란 없을 것입니다.

사람들이 스룹바벨의 손에 다림줄이 있음을 보고 기뻐하리라 - 스가랴서 4:10

스룹바벨의 손에서 시작된 일은 작은 일이었습니다. 그러나 아무도 그것을 무시하지 않았습니다. 왜냐하면 하나님이 승리의 함성과 함께 머릿돌이 놓여질 때까지 견디낼 사람을 세우셨기 때문입니다. 다림줄은 유능한 사람의 손 안에 있었습니다. 여기에 주 예수 안에 있는 모든 신자들에게 주는 위로가 있습니다. 은혜의 사역은 언제나 시작할 때는 작습니다. 그러나 다림줄은 유능한 사람의 손 안에 있었습니다. 하지만 솔로몬보다 더 위대한 건축자가 천국 성전을 다시 세우는 일에 착수했고, 그분은 성전 꼭대기가 다 세워질 때까지 결코 좌절하지 않으실 것입니다. 만일 다림줄이 어느 단순한 사람의 손에 들려져 있었더라면, 우리는 그 건축의 완성을 우려했을 것입니다. 하지만 하나님의 기쁨은 예수의 손 안에서 반드시 이루어질 것입니다.

그 일들은 규모 없이, 아무렇게나 진행되지 않았습니다. 왜냐하면 건축자의 손에 유능한 도구가 들려져 있었기 때문입니다. 적절한 감독 없이 서둘러 벽이 쌓여졌더라면, 그 구조가 제대로 되지 못했을 것입니다. 그러나 다림줄은 유능한 감독자에 의해 사용되었습니다. 예수님은 그의 영적 성전이 안전하고 튼튼하게 지어지도록 항상 감독을 철저히 하십니다. 우리는 경솔하지만, 예수님은 신중하십니다. 그분은 다림줄을 사용하여 건물의 돌이 똑바로 놓여지는지 확인하고 그렇지 못하면 허물어 버리십니다. 이것이 겉으로 보기에 그럴듯한 일들과 거창해 보이는 고백들이 실패로 돌아가는 이유입니다. 예수님은 강하신 손과 진실한 눈을 갖고 항상 다림줄을 올바로 사용하시기 때문에 주님의 교회를 판단하는 일은 우리의 몫이 아닙니다. 우리는, 판단이 주님께 맡겨진 것을 보는 것이 기쁘지 않습니까?

다림줄은 유효적절하게 사용되었습니다. 그것은 유능한 건축자의 손에 있었기 때문입니다. 그것은 그가 그 일을 틀림없이 완성시키리라는 확실한 증거였습니다. 오 주 예수여, 우리가 당신이 하신 크신 일로 당신을 주목한다면, 진실로 얼마나 감사해야 할까요! 오 시온이여, 그 아름다운 벽들이 여전히 폐허 속에 있도다! 영광스러운 건축자여, 당신이 오실 때, 즐거워하도록 그 황폐한 벽을 다시 세우소서.

### 대제사장 여호수아는 여호와의 천사 앞에 섰고 - 스가랴서 3:1

우리는 대제사장 여호수아 안에서 하나님의 모든 자녀들의 모습을 봅니다. 그들은 그리스도의 보혈로 가까이 나아가고, 거룩한 일들을 하도록 가르침을 받으며, 휘장 안 지성소로 들어간 사람들입니다. 예수님은 우리를 하나님께 제사장과 왕으로 삼으셨습니다. 심지어는 이 땅에서도 우리는 성별된 삶과 거룩한 섬김을 통해 이 제사장직을 수행합니다. 그러나 이 대제사장은 "여호와의 천사 앞에 섰다"고, 곧 섬기기 위해 섰다고 언급됩니다. 이것은 참된 모든 성도의 영원한 직분입니다. 이제 모든 장소가 하나님의 성전이고, 그의 백성들은 성전에서처럼 일상적인 삶의 현장 속에서 진실로 그분을 섬길 수 있습니다. 그들은 기도와 찬양이라는 영적 희생제물을 드림으로써, 그리고 자신의 몸을 거룩한 "산 제사"로 드림으로써 항상 하나님을 "섬겨야" 합니다.

그러나 여호수아가 섬기기 위해 선 곳이 어디인지 주목하기 바랍니다. 그곳은 여호와의 천사 앞이었습니다. 우리처럼 더럽고 추한 존재가 하나님께 항상 제사장이 될 수 있는 것은 오직 이 중보자를 통해서입니다. 나는 그 사자 곧 언약의 천사인 주 예수님 앞에 내가 갖고 있는 것을 내놓습니다. 그분을 통해 내 기도는 그분의 기도에 싸여 하나님께 열납됩니다. 내 찬양은 그리스도의 동산에서 따온 몰약, 침향, 육계 다발과 함께 묶여 감미로운 향내를 풍기게 됩니다.

만일 내가 나의 눈물만을 그분께 가지고 간다면, 그분은 그것을 과거에 자신이 흘리셨던 눈물 단지 속에 넣어 함께 섞을 것입니다. 만일 내가 나의 탄식과 한숨 소리만을 그분께 가지고 간다면, 그분은 그것도 받으실 만한 제물로 삼아 주실 것입니다. 왜냐하면 그분도 전에 마음이 상하고, 영으로 심각하게 탄식하신 적이 있기 때문입니다.

그분 안에 서 있는 나 자신도 사랑하시는 주님 안에 받아들여진 자입니다. 따라서 나의 모든 더러운 일들은, 그 자체로는 하나님이 싫어하시는 것이지만, 하나님이 감미로운 향내를 맡으실 정도로 열납됩니다. 하나님은 만족하시고, 나는 복된 자가 됩니다. 그러므로 그리스도인의 이 놀라운 직분 곧 "여호와의 천사 앞에 서 있는 제사장"의 직분을 중히 여기십시오.

그의 은혜의 풍성함을 따라 … 속량 곧 죄 사함을 받았느니라 - 에베소서 1:7

우리가 쓰는 말 중에 "사함"(forgiveness)이라는 말보다 더 은혜로운 말은 없을 것입니다. 그 말이 죄인의 귀에 들릴 때, 포로된 이스라엘 백성들에게 희년의 복된 소식이 울려 퍼지는 것과 같지 않을까요? 사형수들이 수감되어 있는 감방에 빛을 비추고, 절망의 한밤중에 멸망 속에 있는 사람들에게 소망의 광선을 주는 그 은혜로운 용서의 별을 영원히 찬미하노라! 내가 범한 죄, 그 죄가 완전히 그리고 영원히 사함받는 것이 가능할까요? 지옥은 죄인으로서 내가 가야 할 곳인데 — 죄가 내 안에 거하고 있는 한, 내가 그것을 피할 가능성은 전혀 없습니다 — 죄책의 짐이 들어올려지고, 진홍 같이 붉은 죄가 제거될 수 있을까요? 내 마음의 감옥의 단단한 돌들이 그 장붓구멍들(mortices)로부터 뜯겨질 수 있거나 그 문들이 그 돌쩌귀들로부터 들어올려질 수 있을까요?

예수님은 아직도 내가 깨끗해질 수 있음을 말씀하셨습니다. 사함은 가능할 뿐만 아니라 예수를 의지하는 모든 사람들에게 그것을 보장해 주리라고 내게 말씀하시는 대속적 사랑에 관한 계시는 영원히 복된 말씀입니다. 나는 십자가에 달리신 예수님에 의해 이루어진 속죄를 믿고, 그리하여 내 죄는 이 순간, 영원히 그분의 대속적 고난과 죽음으로 말미암아 사함받았습니다. 이것은 얼마나 놀라운 기쁨일까요! 완전히 사함받은 영혼이 된다는 것은 얼마나 큰 축복일까요!

나는 값없이 베푸신 사랑으로 나의 담보물이 되시고, 자신의 피를 통해 나를 위해 대속을 이루신 주님께 나의 모든 힘을 다 바치겠습니다. 값없이 베푸신 죄사함은 얼마나 부요한 은총을 보여 줄까요! 모든 죄가 사함받고, 충분히 사함받고, 값없이 사함받고, 영원토록 사함받았습니다!

여기에 최고의 이적이 있습니다. 내 죄가 얼마나 큰지를 생각한다면, 나를 죄로부터 깨끗하게 한 보배로운 핏방울은 얼마나 소중하며, 죄 사함이 나에게 주어진 방법은 얼마나 은혜로운지, 나는 경배의 감정으로 주체를 못하겠습니다. 나는 나를 사면한 보좌 앞에 절을 합니다. 나를 구원한 십자가를 끌어안습니다. 그리고 오늘 밤 나는 사함받은 영혼으로서, 이제부터 한평생 성육신하신 하나님만을 섬길 것입니다.

형제들이 와서 네게 있는 진리를 증언하되 네가 진리 안에서 행한다 하니
내가 심히 기뻐하노라 - 요한삼서 3

진리가 가이오 안에 있었고, 가이오는 진리 안에서 행했습니다. 만일 전자가 사실이 아니라면, 후자도 결코 있을 수 없었습니다. 또 후자가 그에 대해 말해질 수 없다면, 전자도 단순한 위선에 불과했을 것입니다. 진리는 영혼 속에 들어가 그것을 관통하고, 그것에 배어들어야 합니다. 그렇지 아니하면 그것은 아무 가치가 없습니다. 신조로서 존재하는 교리는 몸에 아무 양분을 공급해 주지 못하는 손에 있는 빵과 같습니다. 마음에 의해 받아들여진 교리는 소화 작용을 통해 몸을 건강하게 하고 자라게 하는 소화된 음식과 같습니다. 진리는 우리 안에서 생명을 주는 능력이요, 활동하는 힘이요, 내주하는 실재요, 우리 존재의 본질의 한 부분이 되어야 합니다.

만일 진리가 우리 안에 있다면, 우리는 지금부터 그것과 절대로 무관할 수 없습니다. 사람은 그의 옷이나 수족을 잃어버리고도 살 수 있지만, 이 내적 부분들은 생명 자체이기 때문에 생명을 잃지 않고는 떨어져나갈 수 없습니다. 그리스도인은 죽을 수 있지만, 진리를 부정할 수는 없습니다. 마치 랜턴의 빛이 유리를 통해 퍼져 나오는 것처럼, 내적인 것이 외적인 것에 영향을 미친다는 것은 자연의 법칙입니다. 그러므로 진리가 내면에 불을 밝히면, 그 빛은 곧 외적 삶과 대화 속을 비출 것입니다.

어떤 벌레들의 고치는 어떤 음식을 먹느냐에 따라 그 색깔이 달라진다고 말해집니다. 마찬가지로 사람의 내적 본성은 어떤 양분을 먹느냐에 따라 그에게서 나오는 말과 행동이 달라집니다. 진리를 따라 걸으면, 성실하고 거룩하고 신실하고 검소한 삶을 살게 됩니다. 이런 삶은 복음이 가르치고 하나님이 우리에게 주실 수 있는 진리의 원리들에게서 나오는 자연적 결과입니다. 우리는 그 사람의 대화를 들어보면 그의 영혼의 비밀을 판단할 수 있습니다.

오 은혜로우신 성령이여, 오늘도 당신의 신적 권위로써 우리를 다스리고 통치하여 주소서. 그리하여 우리의 일상생활에 그 악한 영향들이 미치지 않도록 어떤 거짓이나 죄악들이 우리 마음을 다스리지 못하게 하소서.

그의 백성의 이익을 도모하며 - 에스더서 10:3

모르드개는 진정한 애국자였습니다. 아하수에로 왕 아래서 최고의 자리까지 승진한 그는 이스라엘의 번영을 위해 자신의 권세를 최대한 활용했습니다. 이 점에서 볼 때 그는 영광의 보좌에 앉아 자기의 유익이 아니라 자기 백성들을 위해 권능을 사용하신 예수님의 예표였습니다. 만일 모든 그리스도인이 교회의 번영을 위해 자신의 능력을 최대한 발휘하는 모르드개가 된다면 정말 좋을 것입니다. 어떤 성도들은 풍족하고 유력한 위치에 있습니다. 그들은 가장 높은 자리에서 주님을 영화롭게 하고, 높은 자리에 있는 다른 사람들에게 예수님을 증거해야 합니다. 또 어떤 성도들은 훨씬 더 좋은 위치, 말하자면 만유의 왕이신 주님과 긴밀한 교제를 나눌 수 있는 위치에 있습니다. 그들은 연약한 주의 백성들 곧 의심하는 자들과 시험 속에 있는 자들과 소외된 자들을 위해 날마다 간구해야 할 책임이 있습니다. 만일 그들이 흑암 속에 있는 자들을 위해 중보기도를 더 많이 드리고, 속죄소에 가까이 나아가기를 결코 두려워하지 않는다면, 그들의 영예는 더 높아질 것입니다.

훈련된 성도들은 전체의 유익을 위해 자기들의 능력을 사용하고, 하나님에 관한 일들을 가르쳐줌으로써 그들의 부요한 천국 재산을 다른 사람들에게 나누어 준다면, 주님을 위해 더 크게 쓰임받게 될 것입니다. 우리 영적 이스라엘 안에서 가장 작은 자라도 그의 백성들의 유익을 구할 수 있습니다. 만일 그가 줄 것이 아무것도 없다면, 그의 마음이라도 줄 수 있을 것입니다. 신자가 자신만을 위해 살기를 멈출 때, 가장 그리스도를 닮고, 가장 복된 삶이 될 것입니다. 다른 사람들을 축복하는 사람은 자신도 축복을 받도록 되어있습니다. 반면에 우리 자신의 개인적 이득을 구하는 것은 악하고 불행한 인생의 길로서, 슬픈 일이고, 그 마지막은 치명적일 것입니다.

형제여, 그럴만한 위치에 있는데, 당신은 갖고 있는 권세를 이웃 사람들 사이에서 교회의 유익을 위해 최대한 사용하고 있습니까? 나는 당신이 이웃을 비방하거나 괴롭힘으로써 그 힘을 잘못 사용하거나, 또는 사용하지 않음으로써 그것을 약화시키지 않으리라고 믿습니다. 친구여, 주님의 힘없는 자들과 하나가 되고, 그들의 십자가를 짊어지며, 최대한 그들에게 선을 베푸십시오. 그러면 당신은 천국 상급을 결코 놓치지 않을 것입니다.

> 너는 네 백성 중에 돌아다니며 사람을 비방하지 말며 ... 네 이웃을 반드시 견책하라
> 그러면 네가 그에 대하여 죄를 담당하지 아니하리라 - 레위기 19:16,17

돌아다니며 사람을 비방하는 것은 삼중의 죄를 범하는 것입니다. 왜냐하면 그 것은 말하는 자, 듣는 자, 그리고 그 이야기와 관련된 사람에게 상처를 입히기 때문입니다. 그 내용이 진실이든 아니든, 하나님의 말씀 속에 들어있는 이 교훈 은 우리가 그것을 퍼뜨리는 것을 금하고 있습니다. 우리는 주의 백성들이 칭송 받는 것을 아주 소중하게 여기고, 교회와 여호와의 이름을 비방함으로써 마귀를 돕는 것을 부끄럽게 여겨야 합니다. 어떤 사람들의 혀는 그냥 놔둘 것이 아니라 굴레를 씌워야 할 필요가 있습니다. 많은 사람들이 형제를 비방하면 마치 자기 가 높아지는 것처럼 생각하고 남들을 비방합니다.

노아의 지혜로운 두 아들은 자기 아버지의 하체를 덮어준 반면, 그의 수치를 드러낸 미련한 아들은 무서운 저주를 받았습니다. 우리 자신도 이 어두운 시대 를 살 때 다른 형제들의 관용과 침묵을 필요로 합니다. 따라서 우리는 지금 그것 을 필요로 하는 사람들에게 기꺼이 그렇게 해 주어야 합니다. "어떤 사람에 대해 서도 악한 말을 하지 말자" — 이것이 우리 가정과 인간관계의 법칙이 되도록 합시다.

그러나 성령은 우리로 하여금 죄를 견책하도록 요청하시고, 그것을 행하는 방 법까지 정해 주십니다. 그 방법은 죄를 범한 형제를 뒤에서 비방하지 말고, 그 앞에서 죄를 견책해야 한다는 것입니다. 이 방법은 남자답고, 형제답고, 그리스도 인다우며, 하나님의 축복을 받는 유용한 방법입니다. 그런데 육체가 그것을 싫어 합니까? 그렇다면 우리가 친구의 죄를 참고 견딤으로써 그 죄에 참여하는 자가 되지 않기 위해서는 우리의 양심을 더 새롭게 하고, 그 법칙을 더 잘 지켜야 합 니다.

신실한 사역자와 형제들의 적절하고, 지혜롭고, 애정어린 권면을 받아 큰 죄로 부터 벗어난 사람들이 무수히 많습니다. 우리의 주 예수님은 베드로에게 주신 경고를 통해 우리가 잘못을 범한 친구들을 어떻게 대해야 하는지에 대한 적절한 본보기를 보여 주셨습니다. 주님은 그 경고를 하기 전 기도하셨고, 이 경고를 제 대로 받아들이지 못한 베드로의 교만한 부인을 겸손하게 참아 주셨습니다.

### 관유에 드는 향품 - 출애굽기 35:8

율법 하에서 이 관유(기름 부음)를 많이 사용했는데, 그것은 복음 하에서 아주 중요한 것을 상징하고 있습니다. 모든 거룩한 섬김을 위해 우리에게 기름을 부으시는 성령은 우리가 하나님을 올바르게 섬기려면, 반드시 필요한 존재입니다. 그분의 도우심이 없다면, 우리의 모든 신앙적 활동은 헛된 헌신이 되고, 우리의 내적 경험도 죽은 것에 불과하게 됩니다. 우리의 사역에 성령의 기름 부으심이 없게 되면, 그것은 얼마나 비참한 결과로 끝나고 말까요! 그렇게 되면 기도도, 찬양도, 묵상도, 개인적인 경건의 결과들도 모두 무가치하게 됩니다.

성령의 기름 부으심은 경건의 영혼이요 생명으로서, 그것이 없으면 재앙 중 가장 슬픈 재앙이 될 것입니다. 기름 부음 받지 않고 주님 앞에 나아가는 것은 제사장이 아닌 일반 레위인이 제사장의 직분을 수행하는 것과 같아서, 그의 사역은 섬김이 아니라 오히려 죄가 될 것입니다. 그러므로 우리는 성령의 기름 부으심을 받지 않고 감히 하나님을 섬기려고 해서는 안 됩니다. 우리의 영광의 머리가 되시는 주님으로부터 기름방울이 떨어집니다. 그래서 그분의 옷자락만 잡아도 그 기름 부으심을 통해 우리는 충만한 기름을 받게 됩니다.

최상급 향료들이 관유로 만들어지기 위해서는 고도의 기술로 잘 배합되어야 합니다. 이것은 성령의 역사가 우리를 얼마나 부요하게 하는지를 보여 줍니다. 우리의 거룩한 보혜사에게는 모든 좋은 것들이 다 있습니다. 비교할 수 없는 위로와 무오한 교훈, 영생의 부여, 영적 권능, 그리고 신적 성화 등이 다른 탁월한 은사들과 함께 성령의 거룩한 관유 속에 결합되어 있습니다. 그것은 그 기름 부음을 받은 사람의 인격과 성품에 감미로운 향기를 나누어 줍니다. 그것과 같은 보물은 부자의 보고(寶庫) 속에도 없고, 지혜자의 비밀 속에서도 결코 발견할 수 없습니다. 그것은 절대로 모방이 불가능합니다. 그것은 오직 하나님으로부터 오고, 예수 그리스도를 통해 그것을 사모하는 모든 영혼에게 값없이 주어집니다. 그러므로 우리도 그것을 구합시다. 오늘 밤 당장 그것을 얻어냅시다. 오 주여, 당신의 종들에게 성령의 기름을 부어주소서.

> 아마샤가 하나님의 사람에게 이르되 내가 백 달란트를 이스라엘 군대에게 주었으니
> 어찌할까 하나님의 사람이 말하되 여호와께서 능히 이보다 많은 것을
> 왕에게 주실 수 있나이다 하니라 - 역대하 25:9

이 질문은 유다 왕 아마샤에게는 무척 중요한 질문이었던 것으로 보입니다. 어쩌면 이것은 시련과 유혹 속에 있는 그리스도인에게 더 중요한 질문이 아닌가 싶습니다. 돈을 잃어버리는 것은 결코 기분 좋은 일은 아닙니다. 그럴만한 이유가 있어도, 육체는 그것에 대해 반드시 긍정적이지 않습니다. "그렇게 유용하게 쓸 돈을 왜 잃어버렸는가? 사실 진리도 큰 대가를 치러야 살 수 있지 않은가? 우리가 돈 없이 무엇을 하겠는가? 자녀들과 우리의 적은 수입을 생각해 보라." 그리스도인으로 하여금 불의한 소득에 손을 대도록 유혹하거나, 심각한 손해가 발생했을 때 양심의 가책을 무시하도록 만드는 이유들은 이외에도 많습니다. 모든 사람들이 이런 문제들을 신앙의 빛에 따라 보는 것은 아닙니다. 심지어는 예수님을 따르는 자들도 "우선 살고 봐야 한다"는 입장에 더 큰 비중을 두고 있습니다.

"여호와께서 능히 이보다 많은 것을 왕에게 주실 수 있나이다"라는 말씀은 이 걱정스러운 질문에 대한 아주 만족스러운 대답입니다. 하나님 아버지께서 지갑의 끈을 쥐고 계시기 때문에, 우리가 그분을 위해 잃어버리는 것에 대해 그분은 천배로 갚아 주실 수 있습니다. 따라서 우리는 그분의 뜻에 순종하고, 그분이 우리에게 공급해 주실 것을 확신해야 합니다. 하나님은 사람에게 절대로 빚쟁이로 계시지 않습니다. 성도들은 한 톤의 금보다 한 알의 마음의 평안이 더 가치 있다는 것을 압니다. 낡은 옷을 입고 있으나 선한 양심을 갖고 있는 사람은 양심을 잃고 사는 자보다 훨씬 더 많은 영적 부를 소유하고 있습니다. 진실한 마음을 소유한 자는 토굴에 갇혀 있어도 하나님의 미소만 있으면 만족합니다. 은혜받은 심령은 하나님이 눈살을 찌푸리신다면, 궁정에 있어도 지옥에 있는 것과 같습니다. 우리의 보물은 그리스도께서 하나님의 보좌 우편에 앉아 계시는 하늘에 있기 때문에, 우리에게 최악의 경우가 닥치고 모든 은사들이 사라진다고 해도, 우리는 절대로 그 보물을 잃어버리지 않습니다. 지금도 하나님은 온유한 자들이 땅의 기업을 받아 누리도록 하시며, 의를 따라 사는 사람들에게 선한 것들을 아끼지 않고 베풀어 주십니다.

하늘에 전쟁이 있으니 미가엘과 그의 사자들이 용과 더불어 싸울새 용과
그의 사자들도 싸우나 - 요한계시록 12:7

두 강대국 사이에 전쟁이 벌어지면 항상 한 나라가 멸망할 때까지 전쟁이 계속됩니다. 선과 악 사이의 평화는 절대 불가능합니다. 혹시라도 그것이 존재한다면 사실상 그것은 악의 세력이 승리한 것을 의미합니다. 미가엘은 항상 싸울 것입니다. 그의 거룩한 영은 죄를 미워하므로, 그는 그것을 절대로 참지 못할 것입니다. 예수님은 언제나 용의 원수이시기 때문에 악을 근절하시겠다는 단호한 결심을 갖고 단 한순간도 조용히 계시지 않고 적극적으로, 활력적으로 싸우십니다. 그분의 모든 종들은 하늘에 있는 천사들이든 땅에 있는 사자들이든 막론하고, 싸울 것이고, 또 싸워야 합니다. 그들은 전사들로 태어났습니다. 십자가 앞에서 그들은 악과는 절대로 타협하지 않아야 한다는 언약 속에 들어갑니다. 그들은 견고하게 방어하고, 격렬하게 공격하는 군대입니다. 하나님의 군대의 모든 병사들의 의무는 날마다 온 마음과 영혼과 힘을 다해 용과 싸우는 것입니다.

용과 그의 사자들은 전쟁을 멈추지 않을 것입니다. 그들은 이용할 수 있는 모든 무기를 아끼지 않고 동원해서, 끊임없이 무차별 공격을 감행합니다. 그러므로 우리가 그 세력들에 대항하지 않고 하나님을 섬기려고 기대하는 것은 어리석은 일입니다. 우리가 열심을 내면 낼수록 지옥의 앞잡이들의 공격으로부터 더 안전하게 될 것입니다. 교회는 게으름을 피울 수 있지만, 대적자들은 결코 쉬지 않습니다. 교회의 무자비한 원수는 싸우는 것을 결코 멈추지 않습니다. 그는 여자의 후손을 미워하고, 할 수만 있다면 교회를 집어삼키려고 합니다. 사탄의 뱀들은 옛 용이 갖고 있는 힘을 갖고 있고, 그래서 적극적으로 활동합니다. 전쟁은 사방에서 벌어지고, 평화를 꿈꾸는 것은 위험하고도 무익합니다.

그러나 우리는 그 전쟁의 결과를 알고 있으니, 하나님께 영광을 돌립시다. 큰 용은 무저갱에 던져지고 영원히 멸망당할 것입니다. 반면에 예수님과, 그분과 함께하는 사람들은 면류관을 얻을 것입니다. 우리는 오늘 밤에도 우리의 칼을 날카롭게 하고, 성령께 싸울 힘을 주시도록 기도해야 합니다. 전투가 별로 중요하지 않다면 면류관의 영광도 그리 크지 않습니다. 십자가의 군사들이여, 각자 자기 자리를 지키라. 주님께서 그대의 발로 속히 사탄을 짓밟도록 하시리라!

주께서 여름과 겨울을 만드셨나이다 - 시편 74:17

내 영혼아, 이 마지막 겨울의 달을 하나님과 함께 시작하라. 차가운 눈과 살을 에는 바람은 모두 하나님이 밤낮으로 자신의 언약을 지키시는 분임을 상기시켜 주고, 또 그리스도 예수의 인격 안에서 우리와 맺은 영광의 언약을 지키시리라는 것을 확신시켜 줍니다. 죄로 오염된 이 곤고한 세상의 계절들을 순환시키는 것으로 자신의 말씀에 신실하신 하나님께서 그의 사랑하시는 아들 안에서 하신 약속들을 어기실 리는 절대로 없습니다.

영혼의 겨울은 결코 평안한 상태의 시기는 아닙니다. 만일 그것이 당신에게 지금 당장 엄습한다면, 당신은 무척 고통스러울 것입니다. 그러나 하나님께서 그것을 만드신다는 것에 위로가 있습니다. 그분이 역경이라는 날카로운 삭풍을 보내 기대의 싹들을 얼도록 하십니다. 그분이 한때 우리의 기쁨이었던 푸른 초장에 재처럼 서리를 뿌려버리십니다. 그분이 얼음을 던져 우리의 즐거움의 강물을 꽁꽁 얼어붙게 만드십니다. 그분이 모두 그것을 행하십니다. 그분은 위대하신 겨울의 왕으로서, 서리의 영역을 통치하시기 때문에 당신은 결코 불평할 수 없습니다. 손실, 고난, 낙담, 질병, 가난, 그리고 무수한 다른 악들은 주님이 보내시는 것들로서, 그분의 지혜로운 계획을 따라 우리에게 보내어집니다. 서리는 몸에 해로운 해충들을 죽이고, 큰 전염병들이 준동하지 못하도록 예방합니다. 또 딱딱한 흙덩이를 잘게 부수고, 흙을 부드럽게 만듭니다. 오 이런 선한 결과들은 항상 고난의 겨울 뒤에 따라오는 것들입니다!

지금 당장 우리는 불을 얼마나 소중히 여길까요! 이글거리며 타는 그 불꽃은 얼마나 기분을 좋게 할까요! 마찬가지로 우리는 고난의 때마다 항상 따스함과 위로의 원천이 되시는 우리 주님을 소중히 여겨야 합니다. 우리는 그분께 가까이 나아가 믿음으로 그분 안에서 기쁨과 평화를 맛보아야 합니다. 우리는 그분의 약속이라는 따스한 옷을 입고 이 계절에 적합한 일들을 하러 갑시다. 춥다는 이유로 일하지 않고 게으름을 피우는 것은 악한 일이기 때문입니다. 그런 사람은 여름에 구걸하러 다니겠지만, 아무것도 얻지 못할 것입니다.

여호와의 인자하심과 인생에게 행하신 기적으로 말미암아 그를 찬송할지로다 - 시편 107:8

만일 우리가 불평을 더 적게 하고 찬양을 더 많이 한다면, 우리는 더 행복해 질 것이고, 하나님은 더 큰 영광을 받으실 것입니다. 우리는 일반은총 — 우리는 흔히 일반은총이라는 말로 그것을 부르지만, 사실 그것을 박탈당하면 멸망당할 수밖에 없을 정도로 귀한 은혜입니다 — 으로 말미암아 날마다 하나님을 찬양해야 합니다. 우리는 태양을 볼 수 있는 눈, 멀리 걸을 수 있는 건강과 체력, 먹는 음식, 입는 옷 등을 가진 것에 대해 하나님께 감사해야 합니다. 우리는 희망 없는 자들 속으로 내쫓김을 당하지 않은 것, 죄인들 사이에 포함되어 있지 않은 것으로 말미암아 그분을 찬양해야 합니다. 우리는 자유, 친구들, 가족들의 친교와 위로 등에 대해 그분께 감사해야 합니다. 우리는 그분의 관대하신 손을 통해 받는 모든 것으로 인해 그분을 찬양해야 합니다. 왜냐하면 우리는 그것을 받을 자격이 전혀 없지만, 풍성히 받기 때문입니다.

그러나 사랑하는 자여, 우리가 찬양할 노래 중에 가장 달콤하고 가장 크게 불러야 할 노래는 대속의 사랑에 대한 것이어야 합니다. 자신의 택자들을 향한 하나님의 구속의 행위는 영원토록 그들이 가장 좋아하는 찬양의 주제입니다. 만일 우리가 대속이 어떤 의미를 갖고 있는지 알고 있다면, 감사의 축시를 멈추어서는 안 될 것입니다. 우리는 우리의 타락의 세력들로부터 구속받았고, 우리 스스로 빠졌던 죄의 심연으로부터 들어올려졌습니다. 우리는 그리스도의 십자가로 인도를 받았는데, 그곳에서 우리를 결박하고 있는 죄책의 사슬이 풀려졌습니다.

우리는 이제 종이 아니라 살아계신 하나님의 자녀입니다. 우리는 점이나 흠 또는 어떤 얼룩도 없이 보좌 앞에 나타나게 될 때를 예상할 수 있습니다. 지금도 믿음으로 우리는 종려나무 가지를 흔들며, 우리의 영원한 옷이 될 세마포를 둘러쓰게 됩니다. 그렇다면 우리가 주, 우리 구속주에 대해 끊임없이 감사해야 하지 않겠습니까? 하나님의 자녀들이여, 여러분들은 침묵할 수 있습니까? 영광의 상속자들이여, 깨어나십시오. 깨어나 다윗처럼 "내 영혼아 여호와를 송축하라 내 속에 있는 것들아 다 그의 거룩한 이름을 송축하라"(시 103:1)고 외치십시오. 새 달을 새 노래와 함께 시작합시다.

나의 사랑 너는 어여쁘고 - 아가서 4:7

　　주님의 교회에 대한 주님의 찬미는 아주 놀랍고, 교회의 아름다움에 대한 그분의 묘사는 참으로 열렬합니다. 교회는 단순히 어여쁜 것이 아니라 "순전히 어여쁩니다." 그분은 자신의 대속의 보혈로 씻음받고, 자신의 의의 공로로 옷 입혀진 모습으로 교회를 보십니다. 그분은 교회가 어여쁨과 아름다움이 충만하다고 보십니다. 주님이 이렇게 보시는 것은 전혀 이상하지 않습니다. 왜냐하면 그분이 찬미하는 것은 오직 자기 자신의 완전한 탁월성이기 때문입니다. 또 그의 교회의 거룩, 영광, 그리고 온전함은 그분이 사랑하는 신부의 등에 걸쳐준 그분 자신의 영광의 옷이기 때문입니다. 교회는 단순히 순전하거나 흠이 없기만 한 것이 아닙니다. 교회는 정말 사랑스럽고 어여쁩니다. 교회는 실제로 아름다운 덕을 갖고 있습니다. 죄로 말미암은 흉한 모습은 제거되었습니다. 아니 오히려 주님을 통해 그분의 의의 공로를 힘입음으로써 진정한 아름다움이 덧입혀졌습니다. 신자들은 "그들이 사랑하시는 자 안에서 받아들여졌을"(엡 1:6) 때, 실제적 의가 주어졌습니다.

　　교회는 단순히 어여쁜 것이 아니라 최고로 어여쁩니다. 신랑 되신 주님은 교회를 "여자들 중에 가장 어여쁜 자"로 부르십니다. 교회는 세상의 어떤 귀족이나 왕족과도 비교할 수 없는 진정한 가치와 탁월함을 소유하고 있습니다. 예수님은 자신이 택한 신부를 이 세상의 어떤 여왕이나 황후들, 아니 심지어는 하늘의 천사들과 바꾸실 수 있다고 해도, 그분은 절대로 그렇게 하지 않을 것입니다. 왜냐하면 그분은 교회를 첫 번째, 그리고 최상의 자리 — 여자들 중에 가장 어여쁜 자 — 에 두시기 때문입니다. 교회는 달과 같아서 별들의 빛을 압도합니다. 주님은 절대로 교회를 부끄러워하지 않으십니다. 그분은 모든 사람들을 교회로 부르시기 때문입니다. 그분은 그 앞에 특별한 감탄사인 "보라"는 말을 두십니다. "(보라) 내 사랑 너는 어여쁘다 (보라 너는) 어여쁘다"(아 4:1).(한글성경에는 '보라'는 말이 나오지 않는다) 주님은 지금도 자신의 이런 견해를 선포하시고, 언젠가 영광의 보좌에서 일어나 온 우주 앞에 그것의 진실성을 공언할 것입니다. 주님은 "내 아버지께 복 받을 자들이여 나아오라"(마 25:34)고 말씀하심으로써 자신이 택한 교회의 사랑스러움을 엄숙히 긍정할 것입니다.

보라 모두 다 헛되어 - 전도서 1:14

여호와의 사랑과 여호와 자신의 자아 외에는 사람을 온전히 만족시킬 수 있는 것은 아무것도 없습니다. 성도들은 다른 정박지에 정박하려고 하지만, 그곳은 생명의 안전지대가 아니었습니다. 사람 중에 가장 지혜로운 솔로몬은 우리 모두를 대신하여 인생을 시험해보도록 허락받았고, 그래서 우리가 감히 해보지 못하는 일도 해보았습니다. 여기에 인생에 대한 그의 체험적인 증거가 있습니다: "내가 이같이 창성하여 나보다 먼저 예루살렘에 있던 모든 자들보다 더 창성하니 내 지혜도 내게 여전하도다 무엇이든지 내 눈이 원하는 것을 내가 금하지 아니하며 무엇이든지 내 마음이 즐거워하는 것을 내가 막지 아니하였으니 이는 나의 모든 수고를 내 마음이 기뻐하였음이라 이것이 나의 모든 수고로 말미암아 얻은 몫이로다 그 후에 내가 생각해 본즉 내 손으로 한 모든 일과 내가 수고한 모든 것이 다 헛되어 바람을 잡는 것이며 해 아래에서 무익한 것이로다"(전 2:9-11). "헛되고 헛되며 헛되고 헛되니 모든 것이 헛되도다"(전 1:2).

인생 전체가 얼마나 헛될까요? 오 은총을 입은 왕이여, 당신의 모든 부가 그토록 헛되었습니까? 강에서 바다에까지 이르는 그 넓은 땅이 아무것도 아닙니까? 팔미라에 만든 그 웅장한 궁전도 아무것도 아닙니까? 레바논 숲 속의 집도 아무것도 아닙니까? 당신의 음악과 춤, 포도주와 사치품도 아무것도 아닙니까? 그는 "심령의 피로 외에는 아무것도 없다"고 말합니다. 이것은 온갖 즐거움을 다 경험해 보고 내린 결론이었습니다.

우리 주 예수님을 품는 것, 그분의 사랑 안에 거하고 그분과의 연합을 충분히 확신하는 것 — 이것이야말로 우리의 전부입니다. 사랑하는 형제여, 당신은 그리스도인의 인생방식보다 더 나은 다른 인생방식을 필요로 하지 않습니다. 당신이 세상을 다 돌아다녀 본다고 해도, 구주의 얼굴과 같은 모습은 볼 수 없을 것입니다. 당신이 인생의 모든 위로들을 다 맛본다고 해도, 구주의 위로를 잃어버린다면, 비참에 빠지고 말 것입니다. 그러나 당신이 그리스도와 함께한다면, 비록 토굴 속에서 말라 죽어간다고 해도, 그곳을 낙원으로 느끼게 될 것입니다. 또 당신이 비천한 신분으로 살거나 먹을 것이 없어 굶어 죽는다고 해도, 주님의 은총과 충만하신 선하심만 있다면, 그것으로 만족하게 될 것입니다.

아무 흠이 없구나 - 아가서 4:7

주님은 바로 앞부분에서 그의 교회가 참으로 아름답다는 것을 긍정적으로 표현하셨습니다. 이어서 우리 주님은 "아무 흠이 없구나" 하고 부정적 방식으로 자신의 찬미를 표현합니다. 마치 트집 잡기 좋아하는 세상이, 그는 단지 교회의 어여쁜 부분만 언급하고, 일그러지거나 오염된 모습에 대해서는 의도적으로 생략했다고 빈정거릴 것을 염두에 둔 것처럼, 신랑 되신 주님은 교회가 보편적으로 그리고 전체적으로 어여쁘고, 흠은 전혀 없다고 선언하심으로써, 교회에 대한 그의 결론을 요약하십니다. 흠은 곧 제거될 수 있고, 그것은 아름다움을 크게 훼손시키는 것도 아닙니다. 그러나 주님의 눈에는 신자에게서 이런 약간의 흠조차 발견되지 않습니다. 그분이 가증한 흠, 끔찍한 결함, 치명적인 부패가 없다고 말씀하셨다고 해도, 우리는 그 칭찬에 놀랄 수밖에 없습니다. 그러나 그분이 교회는 다른 모든 형식의 더러움을 포함해서 아무 흠이 없다고 증거하실 때, 우리는 기절초풍할 정도로 놀랄 따름입니다. 그분이 앞으로 모든 흠을 제거해 주겠다고 약속하셨다고 해도, 우리는 그것으로 영원히 기뻐할 것입니다. 그러나 그분이 이미 제거하셨다고 말씀하실 때, 누가 그 심오한 만족과 기쁨의 감정을 억제할 수 있겠습니까? 오 내 영혼아, 여기에 그대를 위해 마련된 진수성찬이 있다. 이 왕의 진미로 배불리 먹고, 만족을 누리라.

그리스도 예수는 그의 신부와 절대로 다투시지 않습니다. 교회는 종종 그분을 떠나 방황하고, 그분의 영을 근심시키지만, 그분은 그것 때문에 그분의 사랑을 거두시지 않습니다. 그분은 때때로 꾸짖기도 하시지만, 그것도 가장 부드러운 모습으로, 지극한 애정을 갖고 꾸짖습니다. 그때에도 주님에게 교회는 여전히 "나의 사랑"입니다. 그분은 우리의 잘못을 전혀 기억하지 않을 뿐만 아니라 우리에 대한 악한 것은 생각조차 하지 않으십니다. 그 대신 그분은 우리를 용서하시고, 우리가 죄를 범하고 난 후에도 그 전처럼 사랑하십니다. 그것이 우리에게는 참으로 좋은 일입니다. 만일 예수님이 우리처럼 남에게 당한 손해를 계속 마음에 품고 계신다면, 그분이 어떻게 우리와 교제할 수 있겠습니까? 많은 경우 신자는 주님이 섭리의 방향만 약간 틀어도 기분 나빠하지만, 우리의 은혜로우신 남편은 어리석은 우리의 마음을 너무 잘 알고 계시기 때문에 우리가 못되게 굴어도 결코 화를 내지 않으십니다.

### 전쟁에 능한 여호와시로다 - 시편 24:8

하나님의 백성들의 눈에 여호와는 영광을 받기에 합당하신 분입니다. 왜냐하면 그분은 그들을 위해, 그들 안에서, 그리고 그들에 의해 큰 이적들을 행하셨기 때문입니다. 그들을 위해 주 예수님은 골고다에서 모든 원수들을 정복하셨고, 희생의 순종을 온전히 성취하심으로써 원수의 무기들을 완전히 박살내셨습니다. 승리의 부활과 승천을 통해 그분은 지옥의 소망들을 완전히 전복시켰으며, 사로잡힌 자들을 해방시키고, 우리의 원수들의 정체를 밝히 드러내며, 십자가를 통해 그들을 완전히 정복하셨습니다. 사탄이 우리에게 쏘아 보낸 모든 죄책의 화살들은 박살이 났습니다. 그런데 누가 하나님의 택하신 자들을 송사할 수 있겠습니까? 지옥의 악의의 날카로운 칼들은 쓸모없고, 뱀의 후손의 끊임없는 전쟁도 소용없습니다. 왜냐하면 교회 안에서는 절름발이도 승리자가 되고, 가장 연약한 군사도 면류관을 받기 때문입니다.

구원받은 자들은 그들 안에서 그들의 주님이 이루신 정복을 찬미해야 합니다. 그것은 그들의 본성의 미움의 화살들이 부러졌고, 그들의 반역의 무기들이 망가졌기 때문입니다. 주님의 은혜는 우리의 악한 마음속에 얼마나 놀라운 역사를 이루어놓으셨을까요! 예수님이 우리의 악한 의지를 제압하고, 죄를 쫓아내신 것은 얼마나 영광스러운 역사일까요! 우리에게 남아있는 죄악들도 똑같이 정복을 당할 것이고, 모든 시험, 의심, 그리고 두려움도 완전히 근절될 것입니다. 우리의 평화로운 마음의 예루살렘에서, 예수님의 이름은 독보적으로 위대하십니다. 그분은 우리의 사랑을 받아 그것으로 옷을 입으실 것입니다.

나아가 우리는 무리에 의한 승리를 확실하게 기대할 수 있습니다. 우리는 우리를 사랑하신 주님을 통해 승리자가 됩니다. 우리는 세상에 있는 어둠의 세력들을 우리의 믿음과 열심과 경건의 능력으로 제압할 수 있습니다. 우리는 죄인들을 예수님께 돌아오게 하고, 거짓 제세들을 타파하며, 민족들이 회심하도록 할 것입니다. 하나님이 우리와 함께하시면 누구도 우리를 당할 수 없기 때문입니다. 오늘 저녁, 십자가 군사는 승전가를 부르며, 내일의 싸움에 대비해야 하겠습니다. "너희 안에 계신 이가 세상에 있는 자보다 크심이라"(요일 4:4).

이 성중에 내 백성이 많음이라 - 사도행전 18:10

본문은 우리가 전도하려고 할 때 큰 용기를 주어야 합니다. 왜냐하면 하나님은 가장 비천한 자들, 가장 방탕한 자들, 타락한 자들과 술주정꾼들 사이에 구원받아야 할 택한 백성들을 두고 계신다는 뜻이기 때문입니다. 당신이 말씀을 듣고 그들에게 갈 때, 그것은 하나님이 그 영혼들의 생명의 사자로 당신을 정해 놓으셨기 때문에 그렇게 하는 것입니다. 그때 그것을 그들은 받아들여야 합니다. 왜냐하면 그렇게 해야 예정의 작정들이 이루어지기 때문입니다. 그들은 영원한 보좌 앞에 있는 성도들과 똑같이 그리스도의 피로 구속받게 됩니다. 그들은 그리스도의 소유입니다. 하지만 어쩌면 아직 그들은 술집을 좋아하고, 경건을 싫어할지도 모릅니다. 그러나 만일 예수 그리스도께서 그들을 사셨다면, 때가 되면 그분은 그들을 반드시 소유할 것입니다.

하나님은 자신의 아들이 지불한 대가를 잊어버리실 정도로 신실하지 못한 분이 아닙니다. 그분은 어쨌든 아들이 치른 대속이 아무 효력 없고, 폐기된 일이 되도록 아니하실 것입니다. 구속받은 백성들 중 아직 수많은 사람들이 거듭나지 못했지만, 때가 되면 그들은 거듭나게 될 것입니다. 이것은 우리가 그들에게 생명을 주시는 하나님의 말씀을 듣고 나아갈 때 위로가 됩니다.

어디 그뿐입니까? 이 불경건한 사람들을 위해 그리스도께서는 보좌 앞에서 기도하고 계십니다. 위대하신 중보자는 "내가 비옵는 것은 이 사람들만 위함이 아니요 또 그들의 말로 말미암아 나를 믿는 사람들도 위함이니"(요 17:20)라고 말씀하십니다. 연약하고 무지한 그 영혼들은 예수님이 자기들을 위해 기도하고 계신다는 사실을 전혀 모릅니다. 그들의 이름이 그분의 흉배에 적혀 있고, 그들은 머지않아 은혜의 보좌 앞에서 그들의 완고한 무릎을 꿇고, 회개의 눈물을 흘릴 것입니다. "무화과의 때가 아님이라"(막 11:13). 예정된 순간은 아직 오지 않았습니다. 그러나 때가 되면, 그들은 순종할 것입니다. 왜냐하면 하나님이 그의 것으로 삼으시기 때문입니다. 그렇게 그들은 해야 합니다. 왜냐하면 성령이 충만한 능력으로 오실 때는 아무도 그것에 저항하지 못하기 때문입니다. 그리하여 그들은 즐거이 살아계신 하나님의 종들이 되어야 합니다. "주의 권능의 날에 주의 백성이 … 즐거이 헌신하니"(시 110:3). "그가 자기 영혼의 수고한 것을 보고 … 많은 사람을 의롭게 하며 … 내가 그에게 존귀한 자와 함께 몫을 받게 하며 강한 자와 함께 탈취한 것을 나누게 하리니"(사 53:11-12).

그뿐 아니라 또한 우리 곧 성령의 처음 익은 열매를 받은 우리까지도 속으로 탄식하여
양자 될 것 곧 우리 몸의 속량을 기다리느니라 - 로마서 8:23

이 탄식은 성도들에게는 일반적입니다. 크든 작든 우리 모두는 그것을 느낍니다. 그것은 원망이나 불평에서 나오는 탄식이 아닙니다. 그것은 고통의 탄식이라기보다는 간절한 소원의 탄식입니다. 첫 열매를 받은 우리는 우리가 받을 완전한 몫을 소망합니다. 우리는 우리의 전인간성 곧 영, 혼, 육의 3요소가 타락의 마지막 흔적에서 벗어나는 것에 대해 탄식합니다. 우리는 타락, 연약함, 그리고 불명예를 벗어버리고, 청결성, 불멸성, 영광, 그리고 주 예수님이 그의 백성들에게 주실 신령한 몸으로 덧입기를 간절히 바랍니다. 우리는 하나님의 자녀로서 우리의 양자됨이 밝히 드러나기를 바랍니다. "우리는 탄식합니다." 그러나 그것은 "우리 내면의" 탄식입니다. 그것은 자신의 비열함을 숨기고, 사람들에게 자신이 성도인 것처럼 믿게 하려는 위선자의 탄식이 아닙니다. 우리의 탄식은 거룩한 것으로, 우리가 외부로 널리 말하기에는 너무나 거룩합니다. 우리는 오직 우리 주님만 동경합니다.

그런데 사도는 우리가 "기다린다"고 말합니다. 우리는 "죽기를 원하나이다"라고 말한 요나나 엘리야처럼 성급해서는 안 된다는 것을 배웁니다. 또는 우리가 일 때문에 지쳐서 생명이 끝나기를 하소연하거나 애원해서도 안 됩니다. 그리고 주님의 뜻이 이루어지기까지는 현재의 고난으로부터 피하려고 해서도 안 됩니다. 우리는 영화를 위해 탄식하지만, 주님이 정하신 것이 최선임을 알고, 그것을 인내하면서 기다려야 합니다. 기다린다는 것은 준비하고 있다는 것을 함축합니다. 우리는 사랑에서는 분이 문을 열어주기를 기대하며 그 앞에 서 있어야 합니다.

또 이 "탄식"은 시금석(test)입니다. 우리는 사람이 어떤 것을 탄식하느냐에 따라 그를 판단할 수 있습니다. 어떤 사람들은 재산을 위해 탄식합니다. 그들은 맘몬을 숭배합니다. 또 어떤 사람들은 인생의 고난 때문에 끊임없이 탄식합니다. 그들은 단순히 참지 못하는 것입니다. 그러나 하나님 때문에 탄식하는 사람은 그가 그리스도의 형상을 닮기까지 만족하지 못하지만, 그야말로 복 있는 사람입니다. 하나님이 주님의 오심을 위해, 그리고 우리에게 주실 부활을 위해 탄식하도록 우리를 도우시기를!

구하라 그리하면 너희에게 주실 것이요 - 마태복음 7:7

　우리는 영국에서 구하기만 하면 구하는 자에게 빵을 나누어주는 곳이 아직
한 군데 있다는 것을 알고 있습니다. 그곳은 성 십자가 병원으로서, 행인이 누구
든 간에, 그 병원의 문을 두드리기만 하면 그에게 빵이 주어집니다. 예수 그리스
도는 죄인들을 지극히 사랑하시기 때문에 성 십자가 병원을 세워놓고, 죄인이
배가 고플 때마다 두드리기만 하면 그의 배고픔을 채울 수 있도록 하셨습니다.
아니, 그것만이 아닙니다. 그분은 이 십자가 병원에 욕조를 설치해 놓으셨습니다.
그래서 영혼이 더럽고 불결할 때마다 그곳에 들어가기만 하면 깨끗이 씻음받도
록 하셨습니다. 그 욕조는 항상 물이 가득 차 있고, 항상 효험이 있습니다. 어떤
죄인도 지금까지 그곳에 들어갔다 그 더러움을 깨끗이 씻음받지 못한 경우는 없
었습니다. 주홍 같고 진홍 같던 죄들이 완전히 사라졌습니다. 죄인은 눈보다 더
희게 되었습니다.

　그런데 이것도 충분하지 않은 것처럼, 그분은 이 십자가 병원에 옷장까지 마
련해 두셨습니다. 그리하여 단순히 죄인으로 신청서를 낸 사람은 머리에서 발끝
까지 그 옷을 입을 수 있습니다. 그가 만일 군사가 되기를 원한다면, 평상복 대
신 갑옷을 입을 수 있습니다. 그 갑옷은 그의 발바닥에서부터 머리에 쓰는 투구
까지 완전히 갖추어져 있습니다. 만일 그가 칼을 구한다면, 칼뿐만 아니라 방패
까지 주어질 것입니다. 그에게 좋은 것이라면 받지 못할 것이 하나도 없습니다.
그는 이 세상에서 사는 동안 충분히 쓸 수 있는 돈을 받게 될 뿐 아니라 주님의
기쁨 속에 들어가면 영광의 보화를 영원한 기업으로 받게 될 것입니다.

　이 모든 것들이 단순히 은혜의 문을 두드리기만 하면 주어지도록 되어 있다
면, 오 내 영혼아, 오늘 아침 그 문을 강하게 두드리고, 인자하신 주님께 큰 것을
구하라. 그대의 모든 필요를 그분 앞에 다 털어놓기 전에는, 또 믿음으로 구한
모든 것들이 충분히 주어지리라는 낙관적인 전망이 생기기 전에는 절대로 보좌
를 떠나지 말라. 예수님이 초청하실 때, 절대로 부끄러워할 필요가 없다. 예수님
이 약속하실 때 절대 불신하지 말라. 이런 축복들을 받아야 할 때, 냉랭한 마음
으로 주저하지 말라.

그 때에 여호와께서 대장장이 네 명을 내게 보이시기로 - 스가랴서 1:20

스가랴서 1장에 묘사된 환상을 보면, 선지자는 무서운 네 개의 뿔을 보았습니다. 그것들은 사방을 헤치고 다니면서 힘센 자들과 강한 자들을 흩뜨려버렸습니다. 선지자는 "이들이 무엇이니이까?" 하고 물었습니다. 그러자 그 대답은 "이들은 유다와 이스라엘과 예루살렘을 흩뜨린 뿔이니라"(19절)였습니다. 그는 자기 앞에서 하나님의 교회를 핍박한 세력들의 전형을 보았습니다. 네 개의 뿔이 있었는데, 이것들은 사방에서 교회가 공격을 받을 것을 상징했습니다. 선지자는 절망감을 느꼈습니다. 그러나 돌연히 그 앞에 네 명의 대장장이들이 나타났습니다. 그는 "그들이 무엇하러 왔나이까?"(21절) 하고 물었습니다. 이들은 이 뿔들을 떨어뜨리도록 하나님이 보내신 사람들이었습니다.

하나님은 언제나 자신의 일을 위해 사람들을 보내십니다. 그분은 적절한 때 그들을 보내십니다. 대장장이들이 할 일이 없었을 때 선지자는 그들을 먼저 보지 못했습니다. 먼저 "뿔들"을 보았고, 그 다음에 "대장장이들"을 보았습니다. 또한 하나님은 사람들을 충분하게 보내십니다. 그분은 세 사람을 보내시지 않고 네 사람을 보내셨습니다. 네 개의 뿔이 있었습니다. 그러기에 대장장이도 당연히 네 명이 있어야 합니다. 하나님은 또 적당한 사람들을 보내셨습니다. 이 네 명은 글을 쓰는 학자도 아니고 건물을 설계하는 건축자도 아니라 거친 일을 해야 하는 대장장이들이었습니다.

하나님의 방법에 두려워 떠는 성도여, 당신은 뿔이 자라 거추장스럽게 될 때, "대장장이들"이 보내어진다는 것을 확신해야 합니다. 그러기에 당신은 어느 순간 하나님의 교회가 연약해질 때, 초조해할 필요가 없습니다. 민족들을 뒤집어놓을 용감한 개혁자가 어디선가 자라고 있을 수도 있습니다. 크리소스톰들이 우리의 빈민학교에서 나올 수 있습니다. 아우구스티누스들이 런던의 가난한 어둠의 골목에서 배출될 수도 있습니다. 하나님은 그의 종들이 어디에 있는지 다 아십니다. 그분은 힘있는 많은 사람들을 숨겨놓고 계시고, 그들은 그분의 말씀 한 마디에 따라 전투를 시작할 것입니다. "전쟁은 여호와께 속한 것이니" 승리는 결국 그들의 것이 될 것입니다. 그러므로 우리는 그리스도를 믿고 기다립시다. 그러면 그분이 적절한 때 곧 우리가 개인적으로 도움을 필요로 할 때나 그의 교회가 위험에 처했을 때, 우리를 보호하기 위해 일어나실 것입니다.

무릇 하늘에 속한 자들은 저 하늘에 속한 이와 같으니 - 고린도전서 15:48

　머리와 지체들은 한 본성에 속해 있기에 느부갓네살 왕이 꿈에 보았던 기이한 형상과는 전혀 다른 모습입니다. 느부갓네살의 꿈에 나타났던 신상의 머리는 순금이었지만, 그 배와 넓적다리는 놋이요, 그 종아리는 철이요, 그 발의 일부는 철이요 일부는 진흙이었습니다. 그러나 그리스도의 신비로운 몸은 상반되는 것들 간의 부조화가 전혀 없습니다. 지체들은 죽을 수밖에 없는 것들이기에 예수님도 죽으셨습니다. 그러나 영화된 머리는 불멸하고, 그러기에 그 몸도 똑같이 불멸합니다. 그래서 주님은 "이는 내가 살아 있고 너희도 살아 있겠음이라"(요 14:19)고 말씀하십니다. 우리의 사랑하는 머리되신 분과 그 몸의 각 지체들인 우리는 똑같습니다. 머리가 택함받았다면, 지체들도 택함받았습니다. 머리가 용납되었다면, 지체들도 용납되었습니다. 머리가 살아있다면, 지체들도 살아있습니다. 만일 머리가 순금이라면 그 몸의 모든 지체들도 똑같이 순금입니다. 이처럼 긴밀한 교제를 위한 기초로서 본성이 하나로 연합되어 있습니다.

　사랑하는 성도여, 여기서 잠깐 멈추어 하나님의 아들이 이처럼 비천한 당신을 높이어 자신의 영광과 하나가 되도록 무한히 낮아지신 것을 생각해 보십시오. 황홀한 기쁨이 없이 그것을 생각할 수 있겠습니까? 당신은 자신의 죽을 수밖에 없는 처지를 생각할 때, 타락에 대해 "그대는 내 아버지"라, 또 벌레에 대해 "그대는 내 자매라"고 말해야 할 정도로 비천한 존재입니다. 그러나 그리스도 안에서 당신은 전능자께 "아바, 아버지라", 또 성육신하신 하나님께 "당신은 나의 형제요 신랑이라"고 말할 수 있을 정도로 존귀하게 되었습니다.

　옛날에 자기 집안이 귀족 가문이었다고 해서 스스로를 귀하게 생각하는 사람들이 있다면, 우리는 확실히 그들 모두의 머리 위에 영광으로 서 있을 존재들입니다. 가장 가난하고 비천한 신자라도 이 특권을 붙들 수 있습니다. 무감각한 나태함으로 자신의 신분이 얼마나 고귀한지 알아가는 일을 소홀히 하지 않도록 합시다. 그리고 이 영광스러운 축복 곧 자신이 그리스도와 연합되어 있는 이 하늘의 영예에 대해서는 생각하지 않고, 현세의 허망한 것들에 대한 생각으로 마음을 채우는 어리석은 사람이 되지 않도록 합시다.

가슴에 금띠를 띠고 - 요한계시록 1:13

"인자 같은 이"가 밧모섬에 있는 요한에게 나타나셨습니다. 이 사랑받는 제자는 그분이 금띠를 띠고 있는 것을 보았습니다. 예수님은 이 땅에 계시는 동안 항상 이 띠를 띠고 계셨는데, 그것은 그분이 항상 섬길 준비를 하고 계셨다는 것을 가리킵니다. 영원한 보좌 앞에서 거룩한 사역을 멈추지 않고 계시는 지금도 그분은 제사장으로서 "에봇에 단 진기한 띠"를 띠고 계십니다. 그분이 우리를 사랑하는 직분을 수행하기를 결코 멈추시지 않는다는 것은 우리에게는 참으로 큰 축복입니다. 왜냐하면 "그가 항상 살아 계셔서 그들을 위하여 간구하신다"(히 7:25)는 것이 우리에게는 최고의 안전장치 가운데 하나이기 때문입니다.

예수님은 결코 게으름뱅이가 아니십니다. 그분의 옷은 그분의 직분이 끝난 것처럼 해어지지 않습니다. 그분은 그의 백성들을 위해 부지런히 수고하십니다. 금띠는 또 그분의 섬김의 우월성, 그분의 인격의 고귀함, 그분의 신분의 존엄성, 그분의 상급의 훌륭함을 보여 줍니다. 그분은 더 이상 굴욕을 당하며 변론하지 않고, 권위를 갖고 왕과 대제사장으로서 변론하십니다. 보좌에 앉으신 우리의 멜기세덱의 손 안에서 우리의 주장은 아주 안전합니다.

여기서 우리 주님은 그의 모든 백성들에게 한 가지 본보기를 보여 주십니다. 그것은 우리도 우리의 띠를 결코 풀어서는 안 된다는 것입니다. 지금은 편하게 누워 쉴 때가 아닙니다. 지금은 충성하고 싸워야 할 때입니다. 우리는 진리의 허리띠를 더욱 단단하게 졸라매야 합니다. 그것은 금띠로서, 우리의 고귀한 신분을 보여주는 훈장입니다. 우리는 그것이 크게 필요합니다. 왜냐하면 그것이 예수 안에 있을 때처럼 진리로 매여 있지 않고, 성령이 일으키는 신실함으로 매여 있지 않은 심령은 이 세상의 일들에 쉽게 미혹되고, 유혹의 덫에 걸려들 것이기 때문입니다. 우리는 성경이 우리의 전 본성을 둘러싸고, 우리의 전 인격을 지배하며, 우리의 선 인간에 영향을 미치도록 허리띠처럼 그것을 우리 주위에 두르고 있지 아니하면, 성경을 갖고 있다는 것은 아무 의미가 없습니다. 만일 천국에서 예수님이 띠를 풀고 계시지 않는다면, 이 땅에 있는 우리는 얼마나 더 그래야 할까요? 그러므로 서서 진리로 당신의 허리띠를 띠십시오(엡 6:14).

하나님께서 세상의 천한 … 것들을 택하사 - 고린도전서 1:28

　만일 당신이 용감하다면, 달빛을 따라 거리를 걸어보십시오. 그러면 거기서 죄
인들을 만나게 될 것입니다. 날이 어두워지고, 바람이 세차고, 도둑이 문을 따고
있을 때, 거기서도 당신은 죄인들을 만나게 될 것입니다. 저기 감옥으로 가보십
시오. 감방을 따라 시커먼 눈썹을 하고 있는 죄수들을 눈여겨보십시오. 당신은
그들을 밤에 만나고 싶지 않을 텐데, 거기에도 죄인들이 있습니다. 소년원에 가
보면, 과격한 소년 범죄자들을 만나게 될 텐데, 거기서도 당신은 죄인들을 보게
될 것입니다. 바다를 건너 사람이 악취를 풍기는 사람의 육체의 뼈를 갉아먹고
있는 식인종들을 보십시오. 거기에도 죄인들이 있습니다. 당신이 원하는 곳으로
한번 가보십시오. 죄인들을 찾기 위해 땅을 샅샅이 살피고 다닐 필요가 없습니
다. 그들은 어디에나 있기 때문입니다. 당신은 모든 도시, 읍과 촌락, 그리고 마을
의 뒷골목과 거리 등지에서 그들을 만날 수 있습니다. 예수님이 죽으신 것은 바
로 이런 자들 때문입니다.
　만일 여자에게서 태어난 것 외에는 아무것도 볼 것 없는 아주 특별히 못된 사
람을 데리고 온다고 해도, 나는 여전히 그에게 소망을 가질 것입니다. 왜냐하면
예수 그리스도가 죄인들을 찾아 구원하시려고 오셨기 때문입니다. 주님의 선택적
사랑은 가장 악한 사람들을 뽑아 가장 훌륭한 사람들로 만들었습니다. 주님의
은혜는 시냇가의 조약돌을 왕의 면류관에 박힐 보석들로 만들었습니다. 그분은
아무 쓸모없는 돌을 순금으로 바꾸셨습니다. 구속의 사랑은 인간들 중 가장 악
한 자들을 뽑아 구주의 사랑의 보상이 되도록 성별시켰습니다. 효력 있는 은혜
는 가장 불결한 자들을 불러 은혜의 식탁에 앉게 하고, 그러기에 우리는 절대로
절망할 필요가 없습니다.
　성도여, 예수님이 눈물어린 눈으로 바라보시는 그 사랑으로, 피 흘리시는 상처
로부터 흘러나오는 그 사랑으로, 신실한 그 사랑, 강력한 그 사랑, 순전하고 사심
없고 변함없는 그 사랑으로, 긍휼히 여기시는 구주의 마음과 사랑으로, 그것이
마치 당신에게 아무 상관이 없는 것처럼 거부하지 않기를 바랍니다. 그분을 믿
으십시오. 그러면 당신은 구원받을 것입니다. 당신의 영혼을 그분께 맡기십시오.
그러면 그분은 영원한 영광 중에 계신 그의 아버지 우편으로 당신을 인도할 것
입니다.

내가 여러 사람에게 여러 모습이 된 것은 아무쪼록 몇 사람이라도
구원하고자 함이니 - 고린도전서 9:22

　바울의 큰 목표는 단지 사람들을 가르치고 진보하게 만드는 데 있는 것이 아니라 구원하는 데 있었습니다. 이것을 이루지 못할 때 그는 실망했습니다. 그는 사람들이 마음으로 거듭나 죄 사함받고, 의롭게 되고, 진실로 구원받기를 바랐습니다. 우리의 신앙적 수고는 혹시 이보다 저급한 것을 목표로 하고 있지 않습니까? 그렇다면 우리는 그것을 바꾸어야 합니다. 왜냐하면 마지막 심판 날에 우리의 가르침을 받고 교훈을 받은 사람들이 하나님 앞에서 구원을 받지 못한다면 아무 소용이 없기 때문입니다. 우리가 한평생 저급한 목표를 추구하고, 사람들이 구원받는 것이 가장 시급하다는 사실을 망각하고 있다면, 우리의 옷자락은 피로 물들여져야 할 것입니다. 바울은 인간 본성의 파멸적 상태를 알고 있었기 때문에 그들을 교육하려는 것으로 만족하지 않고 구원하려고 했습니다. 그는 사람들이 지옥에 떨어지는 것을 보면서 좀 더 잘사는 삶이 아니라 장차 임할 진노로부터 구원받는 삶에 관해 말했습니다. 그들이 구원을 얻도록 하기 위해 사람들이 하나님과 화해하도록 경고하고 강권하면서 복음전파에 열정을 다 쏟았습니다. 그의 기도는 절박했고, 그의 수고는 끊임이 없었습니다. 영혼들을 구원하는 것이 그의 절실한 소망이요, 야심이며, 소명이었습니다. 그는 모든 사람들의 종이 되어, 그들의 구원을 위해 경주했고, 복음을 전하지 못했을 때에는 슬픈 감정을 주체하지 못했습니다. 그는 그것을 위해서라면 좋고 나쁜 것을 가리지 않았습니다. 하기 싫은 일에도 자신의 뜻을 복종시켰습니다. 사람들이 복음을 받아들이는 일이라면, 형식이나 체면도 가리지 않았습니다. 복음이 그에게는 유일하게 중요한 일이었습니다. 그렇게 해서 몇 사람이라도 구원을 시킨다면, 그는 만족했습니다. 이것이 그의 수고의 면류관이요, 그의 모든 노력과 자기부인에 대한 유일하고도 충분한 보상이었습니다. 사랑하는 형제여, 당신과 나는 영혼들을 이 고상한 목표로 이끌기 위해 살고 있나요? 우리는 바울과 똑같은 큰 목표를 갖고 있습니까? 그렇지 않다면, 왜 그렇습니까? 예수님은 죄인들을 위해 죽으셨습니다. 그런데 우리가 왜 그들을 위해 살 수 없단 말입니까? 우리의 사랑이 어디에 있습니까? 만일 우리가 사람들을 구원하는 것으로 그리스도를 영화롭게 못한다면, 무엇으로 우리가 그분에 대한 사랑을 보여 주겠습니까? 오 주님이 사람들의 영혼을 구원하는 일에 열심을 내도록 우리에게 역사하시기를!

그러나 사데에 그 옷을 더럽히지 아니한 자 몇 명이 네게 있어 흰 옷을 입고
나와 함께 다니리니 그들은 합당한 자인 연고라 - 요한계시록 3:4

우리는 이 본문이 칭의를 가리킨다고 이해할 수 있습니다. "그들이 흰 옷을 입고 다니리니." 즉 그들은 믿음으로 그들 자신이 의롭게 되었다는 의식을 한없이 누리게 될 것이라는 것입니다. 그들은 그리스도의 의가 자기들에게 전가되었음을 이해하게 될 것이라는 것입니다. 그리고 그들은 모두 씻음받아, 방금 떨어진 눈보다 더 희게 되었다는 것입니다.

그리고 본문은 기쁨과 즐거움을 함축하고 있습니다. 왜냐하면 흰 옷은 유대인들에게는 거룩한 날에 입는 옷이었기 때문입니다. 자기들의 옷에 더러움이 없는 사람들은 항상 밝은 얼굴을 할 것입니다. 그들은 솔로몬이 "너는 가서 기쁨으로 네 음식물을 먹고 즐거운 마음으로 네 포도주를 마실지어다 이는 하나님이 네가 하는 일들을 벌써 기쁘게 받으셨음이니라 네 의복을 항상 희게 하며 네 머리에 향 기름을 그치지 아니하도록 할지니라"(전 9:7-8)고 말했을 때, 그 말의 의미를 이해했습니다. 하나님이 받아들이신 자는 기쁨과 즐거움의 흰 옷을 입고 주 예수님과 달콤한 교제를 나누게 될 것입니다. 그런데 어디서 그토록 많은 의심과 비참과 슬픔이 올까요? 그것은 그토록 많은 신자들이 그들의 옷을 죄와 허물로 더럽히기 때문입니다. 그래서 그들은 그들의 구원의 즐거움을 잃어버립니다. 그들은 여기 이 땅에서 흰 옷을 입고 살지 못하기 때문에 주 예수님과의 평안한 사귐을 잃어버리고 맙니다.

본문의 약속은 또한 하나님의 보좌 앞에서 흰 옷을 입고 있는 것과 관련이 있습니다. 여기 이 땅에서 그들의 옷을 더럽히지 않은 사람들은 저곳 천국에서도 흰 옷을 입고, 흰 옷 입은 무리들과 함께 영원토록 지존자를 향해 할렐루야를 노래 부르게 될 것입니다. 그들은 말로 표현할 수 없는 기쁨, 전혀 꿈꾸지 못했던 행복, 상상으로도 알지 못했던 지복, 아무리 크게 소원해도 닿을 수 없는 축복을 소유할 것입니다. "길에서 더럽혀지지 않은 자들"은 이 모든 것을 얻게 될 것인데, 그것은 공로나 선행이 아니라 오직 은혜로 얻는 것입니다. 그들은 그리스도께서 그들을 "합당한 존재"로 만드셨기 때문에, 흰 옷을 입고 그들과 함께 걸을 것입니다. 그분과 달콤한 교제를 나누면서 그들은 생명수를 마시게 될 것입니다.

하나님이여 주께서 가난한 자를 위하여 주의 은택을 준비하셨나이다 - 시편 68:10

하나님의 모든 은택들은 우리의 곤궁함을 미리 아시고 준비되었습니다. 그분은 우리의 필요를 미리 아십니다. 그분은 예수 그리스도 안에 쌓아두신 모든 충만함으로부터 가난한 자에게 자신의 은혜를 베푸십니다. 당신은 당신에게 일어날 수 있는 모든 필요들을 그분께 요청할 수 있습니다. 왜냐하면 그분은 그것들을 아무 오류 없이 미리 다 알고 계시기 때문입니다. 하나님은 우리가 처한 모든 상황들 속에서 "나는 네가 이런저런 처지에 놓이게 될 것을 알고 있었다"고 말씀하실 수 있습니다.

어떤 사람이 광야를 건너 여행을 한다고 가정해 봅시다. 하루의 여정을 마치고 텐트를 친 다음에야 그는 짐 속에 침구와 필수품들을 가져오지 않았음을 발견합니다. 그때 그는 "아뿔싸! 이것을 미리 알지 못했어. 다음에 다시 여행을 하게 된다면, 반드시 챙겨 와야겠다. 꼭 필요한 물건들이야"라고 말할 것입니다. 그러나 하나님은 전능하신 눈으로 그의 불쌍한 자녀들의 모든 필요를 알고 계시고, 필요가 생기면, 즉시 공급하십니다. 그분은 심령이 가난한 자들을 위해 은택을, 오직 은택을 예비해 놓으셨습니다. "내 은혜가 네게 족하도다"(고후 12:9). "네가 사는 날을 따라서 능력이 있으리로다"(신 33:25).

성도여, 오늘 밤 당신의 마음이 무겁습니까? 하나님은 그것을 이미 다 알고 계십니다. 당신의 마음이 필요로 하는 위로가 본문 속에 가득 담겨져 있음을 확신하십시오. 당신은 가난하고 궁핍합니다. 하지만 하나님은 당신을 생각하고, 당신이 필요로 하는 축복을 정확히 보내주십니다. 그분의 약속을 내세워 변론하십시오. 그것을 믿고 그 성취를 확신하십시오.

당신은 지금만큼 죄로 말미암아 비참한 마음이 든 적이 없습니까? 그렇다면 보십시오. 보혈의 샘은 지금도 열려 있고, 과거처럼 지금도 당신의 죄를 씻어줄 것입니다. 당신은 결코 그리스도께서 당신을 도우실 수 없는 자리에 들어가 있지 않습니다. 예수 그리스도께서 대처하실 수 없는 위험한 영적 상황은 당신에게 절대로 임하지 않을 것입니다. 당신의 이야기는 이미 예수 안에서 알려져 있고, 준비될 것이기 때문입니다.

그러나 여호와께서 기다리시나니 이는 너희에게
은혜를 베풀려 하심이요 - 이사야서 30:18

하나님은 종종 기도 응답을 늦추십니다. 우리는 성경에서 이에 대한 다양한 실례들을 발견합니다. 야곱은 날이 거의 밝을 때까지 천사로부터 축복을 받지 못했습니다. 그는 그것을 위해 온 밤을 지새우며 씨름해야 했습니다. 불쌍한 수로보니게 여인은 오랫동안 대답을 듣지 못했습니다. 바울도 "육체의 가시"를 제거해 달라고 세 번이나 간절히 기도했지만, 그것이 제거되리라는 응답 대신 하나님의 은혜가 그에게 족하다는 약속을 받았습니다. 만일 당신이 은혜의 문을 두드렸는데, 응답을 받지 못했다면, 전능하신 조물주께서 왜 그 문을 열어 당신을 들어오도록 하시지 않았는지 그 이유들을 나는 당신에게 말해주고 싶습니다. 우리 아버지는 이처럼 우리로 하여금 기다리도록 하셔야 할 이유들을 갖고 계십니다. 때때로 사람들이 여호와께서 주기도 하시고 거두기도 하시는 분임을 알도록 지체를 통해서 하나님은 자신의 권능과 주권을 보여 주십니다.

그러나 보다 더 빈번하게 하나님이 기도 응답을 늦추시는 이유는 그것이 우리에게 유익이 되기 때문입니다. 어쩌면 당신의 소원을 더 간절하게 하기 위해서 기다리게 하시는지도 모릅니다. 하나님은 지체가 당신의 마음을 더 각성시켜 소원을 더 간절하게 한다는 사실을 알고 계십니다. 또 그분이 당신으로 하여금 기다리도록 하실 때, 당신은 자신의 필요를 더 정확하게 깨닫고, 그것을 더 열렬하게 구하게 될 것입니다. 그때 하나님은 당신이 오래 기다림으로써 받은 은혜를 더 소중히 여기리라는 것을 알고 계십니다.

또한 주님이 주시는 응답의 기쁨을 받기 전에 당신 안에서 제거되어야 할 어떤 잘못이 있어서 그것이 제거되기를 기다리고 있을 수도 있습니다. 아마 당신이 복음의 계획들에 관해 잘못된 견해를 갖고 있거나 단순히 그리고 전적으로 주 예수님을 의지하지 않고 당신 자신을 의지하는 신뢰가 조금이라도 있기에 응답이 지체될 수도 있습니다.

아니면 하나님께서 자신의 은혜의 풍성함을 마지막에 더욱 충분히 보여 주시려고 잠시 동안 응답을 늦추실 수도 있습니다. 당신의 기도는 모두 천국에 기록되어 있고, 비록 즉각 응답받지 못한다고 해도, 절대로 망각되지 아니할 것이고, 잠시 후면 당신에게 즐거움과 만족을 주는 응답으로 주어질 것입니다. 그러므로 당신은 절망에 빠져 입을 다물고 있지 말고, 쉬지 말고 열심을 다해 간구하십시오.

내 백성이 … 조용히 쉬는 곳에 있으려니와 - 이사야서 32:18

거듭나지 못한 사람들은 평화와 안식을 누리지 못합니다. 그것들은 주의 백성들의 고유한 소유로서, 오직 그들에게만 주어지는 것들입니다. 평강의 하나님이, 마음을 하나님께 두는 사람들에게만 완전한 평강을 허락하십니다. 사람이 타락하기 전, 하나님은 그에게 꽃으로 뒤덮인 에덴동산을 그의 조용한 안식처로 주셨습니다. 그러나 슬프도다! 죄가 얼마나 재빠르게 그 깨끗하고 아름다운 거처를 오염시키고 말았던가! 하나님이 진노하셔서 홍수로 죄악된 인류를 쓸어버리실 때, 택함받은 백성들은 조용히 방주라는 안식처로 인도를 받았습니다. 방주는 정죄 받은 옛 세계로부터 무지개와 언약의 새 땅으로 그들을 데려다주었습니다. 그런데 방주는 우리 구원의 방주이신 예수님을 예표합니다. 이스라엘 백성들은 애굽에서 죽음의 사자가 그 거민들의 장자를 칠 때 피를 뿌린 집 안에서 안전하게 보존을 받았습니다. 또 광야에서 그들은 구름기둥의 그림자와 반석에서 솟아난 물로 지친 여정에 달콤한 안식을 취했습니다.

오늘날 우리는 하나님의 말씀이 진리와 권능으로 충만하다는 것을 알고 있기에, 신실하신 하나님의 약속 안에서 안식을 누리고 있습니다. 우리는 위로 자체인 그분의 말씀의 교훈들 안에서 안식하고 있습니다. 또 우리는 기쁨의 항구가 되는 은혜의 언약 안에서 쉼을 누리고 있습니다. 아둘람 굴 속에 있던 다윗보다 박 넝쿨 아래서 쉬던 요나보다 우리가 훨씬 더 큰 축복을 누리고 있습니다. 왜냐하면 누구도 우리의 피난처를 침범하거나 파멸시킬 수 없기 때문입니다. 예수님의 인격은 그의 백성들에게 조용한 안식처가 됩니다. 우리가 떡을 떼거나 말씀을 듣거나 성경을 공부하거나 기도하거나 찬양함으로써 그분께 가까이 나아갈 때, 우리의 영에 평화가 주어지는 어떤 법칙이 있음을 발견합니다.

> "나는 말씀을 듣고, 피를 응시하며,
> 흠 없는 희생제사를 바라보고, 하나님과 평화를 갖는다.
> 그것은 여호와의 이름만큼 영원한 평화요,
> 항상 동일하기에 그분의 변함없는 보좌만큼 안전하다.
> 먹구름이 오고 가고, 폭풍이 하늘을 휩쓸어도,
> 보혈로 보증된 이 사랑은 변함이 없고, 십자가는 언제나 가까이 있다."

그리하여 우리가 항상 주와 함께 있으리라 - 데살로니가전서 4:17

그리스도께서 우리를 방문하실 때는 그것이 아무리 달콤하다고 해도 얼마나 짧은지, 정말 얼마나 순간적일까요! 우리는 그분을 바라보는 순간, 말할 수 없는 충만한 영광을 기쁨 속에서 즐거워합니다. 그러나 잠시 후면 우리는 그분을 다시 보지 못하게 됩니다. 왜냐하면 사랑하는 주님이 우리에게서 물러가셨기 때문입니다. 노루나 어린 수사슴처럼 그분은 산등성이 사이로 뛰어다니십니다. 그분은 향료가 있는 땅으로 가시고, 백합화 사이에서는 더 이상 양식을 취하시지 않습니다.

> "만일 오늘 주님이 우리에게
> 죄사함의 느낌을 갖도록 축복을 베푸신다면,
> 내일 그분은 우리의 마음이 저주를 느끼도록
> 우리를 고통스럽게 하실 수도 있으리라."

오, 우리가 주님을 멀리서 바라보지 않고 얼굴과 얼굴을 맞대고 바라볼 때를 생각하면 얼마나 행복할까요! 그때 그분은 밤에만 잠시 체류했다 떠나는 여행객이 아니라 자신의 영광의 품으로 우리를 영원토록 안아주실 것입니다. 우리는 한순간도 그분을 보지 못하는 경우가 없을 것입니다.

> "우리의 놀라는 눈으로 천년만년
> 우리 구주의 아름다운 모습을 바라볼 것이요,
> 무수한 세월 동안 그분의 사랑의
> 경이로움을 찬미하리라."

천국에는 염려나 죄가 우리를 훼방하지 못하고, 우리 눈에서 눈물은 사라지며, 땅의 일들이 행복한 생각을 괴롭히지 못할 것입니다. 우리는 피곤치 않은 눈으로 의의 태양이신 주님을 바라보는데 아무런 방해를 받지 아니할 것입니다. 오, 이따금씩 그분을 보는 것이 그토록 달콤하다면, 그분과 우리 사이에 구름 한점 없으며, 수고의 슬픔의 세계에 눈을 돌리지 않고, 언제든 그 복된 얼굴을 뵐 수 있는 것은 얼마나 더 달콤할까요! 복된 날이여, 그대는 언제나 오려는가? 오, 지지 않는 태양이여, 어서 떠오르라! 감각의 기쁨들은 곧 우리를 떠날지 모르나, 이것은 영광스러운 축복으로 되돌아올 것입니다. 만일 죽는 것이 예수님과의 끊임없는 교제 속으로 우리를 이끈다면, 사망도 참으로 유익이고, 사망의 검은 물방울들은 승리의 바다에 곧 삼켜지고 말 것입니다.

## 주께서 그 마음을 열어 - 사도행전 16:14

루디아의 회심 속에는 관심을 가질 만한 요점들이 많습니다. 그것은 섭리적 상황에 의해 일어났습니다. 그녀는 두아디라 성의 자주장사였습니다. 그러나 적당한 때 빌립보에서 바울의 말을 듣게 되었습니다. 은혜의 시녀인 섭리가 그녀를 적절한 지점으로 인도했던 것입니다. 다시 말해서, 은혜가 그녀의 영혼을 위해 축복을 준비해 놓고 있었습니다. 은혜가 은혜를 예비한 것이었습니다. 그녀는 구주를 알지 못했지만, 유대인 여자로서 예수님에 관한 지식에 훌륭한 디딤돌이 되는 진리들을 많이 알고 있었습니다. 그녀의 회심은 은혜의 수단들을 사용함으로써 일어났습니다. 안식일에 그녀는 기도처에 갔다가 거기서 기도를 들었습니다. 우리도 은혜의 수단들을 사용하는 것을 게을리 하지 맙시다.

하나님은 우리가 그분의 집 안에 없을 때 우리에게 축복을 베풀지 않으실 것입니다. 그러나 우리가 그의 성도들과 사귐 속에 있을 때 그분이 축복을 베푸실 것이라는데 대해서는 소망을 더 크게 가질 이유가 있습니다. "주께서 그 마음을 열어"라는 말씀을 주목하십시오. 그녀는 스스로 마음의 문을 연 것이 아니었습니다. 그녀의 기도가 그렇게 한 것도 아니었습니다. 바울이 그렇게 해준 것도 아니었습니다. 우리에게 평강을 주는 일들을 받아들이는 마음을 주님 자신이 여셔야 합니다. 단지 그분이 문에 열쇠를 넣으시고 그것을 여신 다음 스스로 들어오십니다. 그분은 마음의 창조주로서 그 주인이 되십니다.

열려진 마음의 첫 번째 외적 증거는 순종이었습니다. 루디아는 예수님을 믿자마자 곧 세례를 받았습니다. 회심하고 깨어진 하나님의 자녀의 마음의 바람직한 증거는 그가 그의 주인에 본질적이 아닌 명령에도 기꺼이 순종할 때 주어집니다. 그 순종은 정죄를 두려워하는 이기적인 마음에서 나오는 것이 아니라 그의 주님에 대한 단순한 복종과 교제에서 나오는 것입니다.

그 다음 증거는 사랑으로서, 그녀는 사도들에 대한 감사의 행위를 표현함으로써, 그것을 보여 주었습니다. 성도들에 대한 사랑은 항상 참된 회심의 증거였습니다. 그리스도나 그의 교회를 위해 아무것도 하지 않는 사람들은 "열린" 마음의 슬픈 증거를 보여 주는 것에 지나지 않습니다. 주여, 항상 저에게 열린 마음을 허락하소서.

**너희를 부르시는 이는 미쁘시니 그가 또한 이루시리라 - 데살로니가전서 5:24**

천국은 우리가 전혀 죄를 짓지 않는 곳입니다. 그곳은 우리의 발을 올무에 빠지게 할 유혹자가 없기 때문에 끈질긴 원수를 대적하기 위해 항상 경계할 필요가 없습니다. 그곳은 악인들이 괴롭히는 일을 그만두고, 피곤한 자들이 편히 쉬는 곳입니다. 천국은 "더럽혀지지 않은 기업"입니다. 그곳은 완전한 거룩의 땅이기 때문에 완전히 안전한 곳입니다. 그러나 성도들은 이 땅에서도 가끔씩 이같은 지복의 기쁨을 맛보지 않을까요? 하나님의 말씀의 교훈은 어린양과 연합하는 자는 누구나 안전하다는 것, 의인들은 모두 그 길을 가리라는 것, 그리스도의 보호에 자기들의 영혼을 의탁한 사람들은 그분이 그들의 신실하고도 변함없으신 보존자가 되신다는 것입니다.

이런 교훈을 붙들고 살 때, 우리는 이 땅에서도 안전을 누릴 수 있습니다. 물론 이것은 우리를 모든 미혹으로부터 벗어나게 하는 고상하고 영광스러운 안전은 아직 아닙니다. 그것은 그분을 믿는 자는 아무도 멸망치 않고 그분이 계신 곳에서 그분과 함께 있으리라는 예수님의 확실한 약속으로부터 일어나는 거룩한 안전입니다. 성도여, 우리는 성도의 견인 교리를 즐겁게 묵상해야 합니다. 그리하여 그분을 믿는 거룩한 신뢰를 통해 우리 하나님의 신실하심을 찬미해야 합니다.

우리 하나님이 당신에게 그리스도 예수 안에서 안전하다는 의식을 가질 수 있도록 역사하시기를! 그분이 당신의 이름이 그분의 손 위에 새겨져 있음을 확신시키고, 당신의 귀에 대고 "두려워 말라 내가 너와 함께함이니라" 하고 속삭여 주시기를! 언약의 위대하신 보증이신 주님을 바라보십시오. 그분은 참되실 뿐만 아니라 신실하시기 때문에 가족 중 가장 연약한 자인 당신을 그의 택하신 모든 족속들과 함께 하나님의 보좌 앞에 세우실 것입니다. 이처럼 은혜로운 말씀을 묵상할 때, 당신은 주님의 석류나무의 향기로운 즙을 마시고, 낙원의 맛있는 열매들을 맛보게 될 것입니다. 당신이 "너희를 부르시는 이는 미쁘시니 그가 또한 이루시리라"는 말씀을 흔들리지 않는 믿음으로 믿을 수 있다면, 위에 있는 완전한 성도들의 영혼을 황홀하게 하는 즐거움들을 이 땅에서 미리 맛보게 될 것입니다.

### 너희는 주 그리스도를 섬기느니라 - 골로새서 3:24

이 말씀은 어떤 자들에게 주어진 것일까요? 교만하게 신적 권리를 자랑하는 왕들에게일까요? 아닙니다! 그들은 너무나 자주 그들 자신, 아니면 사탄을 섬기고, 그들의 짧은 생애 동안 그들에게 그 임시적 권세를 주신 하나님을 망각합니다. 바울 사도는 소위 "하나님 안에 있는 의로운 교부들"인 주교들이나 "덕망 있는 부주교들"에게 말하는 것일까요? 아닙니다. 진실로 바울은 인간이 만들어낸 이런 직분들에 대해서는 전혀 몰랐습니다. 심지어는 목사나 교사들, 또는 신자들 가운데 부자나 존경받는 자들에게 한 것도 아닙니다. 이 말씀은 종, 바로 노예들에게 한 말씀입니다. 바울은 고생하는 사람들, 여행자들, 일용직 노동자들, 하인들, 부엌에서 일하는 사람들 중에서 주님의 선택을 받은 사람들을 발견하고, 그들에게 "무슨 일을 하든지 마음을 다하여 주께 하듯 하고 사람에게 하듯 하지 말라 이는 기업의 상을 주께 받을 줄 아나니 너희는 주 그리스도를 섬기느니라"(23-24절)고 말합니다. 이 말씀은 세상에서 반복되는 싫증나는 일들을 싫증나지 않게 하고, 아주 천한 직업의 주위에 후광을 비추어 줍니다. 발을 씻어주는 것은 굴욕적인 일일 수 있지만, 주님의 발을 씻어주는 것은 고귀한 일입니다. 신발 끈을 풀어주는 것은 비천한 직업이지만, 주님의 신발을 풀어주는 것은 고상한 특권입니다. 사람들이 하나님의 영광을 위해 일한다면, 가게, 헛간, 부엌, 그리고 대장간이 성전이 될 수 있습니다. "하나님을 섬기는 일"에는 시간과 장소의 제한이 없습니다. 생활 전체가 주님을 위해 거룩해야 합니다. 모든 장소와 물건이 성막과 그 금촛대만큼 성별되어야 합니다.

"나의 하나님, 나의 왕이여,
모든 일들 속에서 당신을 보도록 나를 가르치소서.
내가 어떤 일을 하든 그것이 당신을 위한 일이 되게 하소서.
모든 일이 당신에게 속해 있고, 그 어떤 일도 천한 일은 있을 수 없습니다.
당신을 위해서라는 색조를 가지고
밝고 깨끗하게 못할 것은 하나도 없습니다.
이 신념을 갖고 사는 종은 고된 일도 하나님의 일로 만듭니다.
당신의 법을 따라 방을 청소하는 자는 그 행동을 고상한 것으로 만듭니다."

그의 행하심이 예로부터 그러하시도다 - 하박국서 3:6

하나님은 이전에 행하셨던 일을 다시 행하실 것입니다. 인간의 길은 가변적이지만, 하나님의 길은 영원합니다. 이것이 우리에게 큰 위로를 주는 진리가 되는 이유들은 다양합니다. 그것들은 다음과 같습니다. 먼저 하나님의 길은 지혜로운 성찰의 결과이기 때문입니다. 하나님은 자신의 지혜로운 뜻을 따라 모든 것을 명령하십니다. 인간의 행동은 성급한 감정이나 두려움의 결과를 보여 주고, 그래서 후회와 변경이 불가피하게 따라옵니다. 그러나 전능하신 하나님을 놀라게 할 수 있는 일은 아무것도 없으며, 그분이 예견하신 일 외에 다른 일은 절대로 일어나지 않습니다. 그 다음, 그분의 길은 불변하시는 그분의 속성의 당연한 결과이기 때문입니다. 그분의 행하심 속에는 하나님의 고정되고 변함없는 속성들이 분명히 드러나 있습니다. 영원하신 하나님 자신이 변하지 않는 한, 그분의 길은 행동 속에 나타난 그분 자신으로서, 영원히 동일합니다. 하나님이 영원히 의롭고, 은혜롭고, 신실하고, 지혜롭고, 자비로우십니까? 그렇다면 그분의 길은 항상 동일한 성품을 보여 주실 것입니다. 모든 존재들은 그들의 본성에 따라 행동하는 법입니다. 그 본성이 변하면, 그들의 행위도 똑같이 변합니다. 그러나 하나님은 변화의 그림자조차 모르시기 때문에, 그분의 길은 영원토록 동일하십니다. 그리고 하나님의 행하심은 불가항력적인 능력의 구현이기 때문에 하나님의 길을 바꾸어놓을 수 있는 다른 요인은 전혀 없습니다. 하박국 선지자는 여호와께서 자기 백성들을 구원하기 위해 진군하실 때, 하수들로 땅을 쪼개고, 산들이 흔들리고, 바다가 손을 높이 들며, 해와 달이 멈춘다고 말합니다. 그런데 누가 그분의 손을 멈추게 하며, 누가 그분에게 당신이 무엇을 하느냐고 감히 말할 수 있겠습니까? 그러나 그분의 길이 안전한 것은 그분의 힘 때문만은 아닙니다. 마지막으로, 하나님의 길은 영원한 의의 원리의 표현이기 때문입니다. 그러기에 그분의 길은 절대로 소멸될 수 없습니다. 잘못된 종자들은 썩고, 그 안에 소멸이 포함되어 있습니다. 그러나 진실과 선은 그 주위에 시간이 결코 소멸시킬 수 없는 생명력이 있습니다.

오늘 아침 우리는 하늘에 계신 우리 아버지께 믿음으로 나아가 예수 그리스도는 어제나 오늘이나 영원토록 동일하시고, 그분 안에서 하나님은 그의 백성들에게 항상 은혜를 베푸시는 분이라는 것을 기억합시다.

그들이 여호와께 정조를 지키지 아니하고 - 호세아서 5:7

성도여, 참으로 우리를 슬프게 하는 진리가 여기 있습니다! 당신은 주님의 사랑받는 자요, 피로 구속받은 자요, 은혜로 부르심받은 자요, 그리스도 예수 안에서 보존받은 자요, 사랑하는 주님 안에서 받아들여진 자로서, 당신의 길은 천국으로의 길입니다. 그러나 최고의 친구인 여호와께 "당신은 정조를 지키지 아니했습니다." 당신을 있게 한 예수님께 정조를 지키지 아니했습니다. 영원한 생명을 주셔서 당신을 소생시킨 성령께 정조를 지키지 아니했습니다. 맹세와 약속들을 당신은 얼마나 배반했을까요! 당신은 영적 생활에 있어서 첫 사랑의 순간을 기억합니까? 오, 그때 당신은 주님과 얼마나 친밀하고 가까웠을까요! 그때 당신은 이렇게 말했습니다: "나는 주님을 섬기는 일에 절대로 무관심하지 않겠다. 그분을 섬기는 일이라면 내 발은 절대로 나태해지지 않을 것이다. 내 마음은 절대로 다른 연인을 따라가지 않을 것이다. 주님 안에 형언할 수 없는 내 모든 보화가 들어있다. 주님을 위해서라면 나는 무엇이든 포기하리라."

진정 그렇게 했습니까? 양심이 말한다면, 아마 이렇게 말할 것입니다: "약속은 많이 했지만 실천은 너무 적었다. 기도는 어쩌다 한 번씩 할 정도로 소홀히 했다. 그 시간은 너무 짧았고 즐겁지도 않았다. 무덤덤하고 열렬하지 못했다. 그리스도와의 교제도 잊어버렸다. 경건한 마음 대신에 육체적 염려와 세속적 허영과 악한 생각들이 지배했다. 섬김 대신에 불순종이 있었다. 열정 대신에 무감각이 앞섰다. 인내 대신에 성급함이, 하나님을 믿는 믿음 대신에 육신의 힘을 믿는 신념이 더 강했다. 십자가의 군사로서, 부끄럽게도 겁과 불순종과 도망침이 우선했다."

"당신은 여호와께 정조를 지키지 아니했습니다." 예수님에 대한 배신! 이 말 말고 어떤 말로 그것을 설명할 수 있겠습니까? 우리는 우리 안에 있는 죄를 통렬하게 회개해야 합니다. 오 예수님, 당신의 싱치에 대해 배신하였나이다. 우리를 용서하시고, 절대로 다시는 죄를 범하지 않게 하소서! 오늘도 우리를 결코 잊지 아니하시고, 자신의 가슴에 우리의 이름들을 새겨놓고 영원한 보좌 앞에 서 계시는 그분에 대해 우리가 정조를 지키지 않는다는 것은 얼마나 수치스러운 일일까요!

소금은 정량 없이 하라 - 에스라서 7:22

소금은 여호와께 드리는 모든 번제에 사용되었습니다. 그 보존성과 정화성 때문에 그것은 영혼 속에 주어지는 신적 은혜를 상징했습니다. 아닥사스다 왕이 제사장 에스라에게 소금을 줄 때, 그 양을 제한하지 않았다는 것을 우리는 주목할 가치가 있습니다. 만왕의 왕께서 그의 왕 같은 제사장들에게 은혜를 베풀어 주실 때, 그분에 의해서는 그 공급이 절대로 중단되지 않으리라는 것을 본문은 암시합니다. 때때로 우리는 궁하게 되지만, 주님은 결코 그렇지 않으십니다. 만나를 많이 거두기를 바라는 사람들은 그들이 원하는 만큼 충분히 거두리라는 것을 발견하게 될 것입니다. 예루살렘에서는 그 거민들이 떡을 달아 먹거나 물을 되어 마시는 기근은 없습니다.

은혜의 경륜 속에서 일어나는 어떤 일들은 정량이 있습니다. 예를 들어 식초와 담즙은 우리에게 정확하게 주어져야 한 방울이라도 더 많이 주어지면 해롭습니다. 그러나 은혜의 소금은 정량이 없습니다. "구하라 그리하면 너희에게 주실 것이요"(마 7:7). 부모들은 과일이나 사탕 같은 것을 찬장 안에 넣고 열쇠로 잠가둘 필요가 있지만, 소금 그릇은 그렇게 해야 할 필요가 없습니다. 소금을 너무 많이 먹을 정도로 욕심을 부리는 아이는 거의 없기 때문입니다. 사람은 돈이나 명예를 너무 많이 가질 수 있으나 은혜는 너무 많이 가질 수 없습니다.

여수룬(이스라엘의 다른 이름)은 배가 부르자 하나님을 발로 찼습니다. 그러나 은혜가 너무 충만하다고 해서 두려워할 이유는 없습니다. 은혜의 과잉은 불가능합니다. 재산이 많아지면 염려가 늘어나지만, 은혜가 많아지면 기쁨이 늘어납니다. 지혜가 많을수록 근심이 늘어나지만, 성령이 충만하면 그 기쁨이 충만해집니다. 성도여, 천국 소금을 무한히 공급해주는 보좌 앞으로 어서 나아가십시오. 은혜의 소금이 당신의 고통을 덜어줄 것입니다. 은혜의 소금이 없다면, 당신의 마음의 타락을 막을 수 없습니다. 그것은 소금이 벌레들을 죽이는 것처럼 당신의 죄를 죽일 것입니다. 그러므로 당신은 은혜의 소금이 더 많이 필요합니다. 더 많이 구하고, 더 많이 받으십시오.

### 석류석으로 네 성문을 만들고 -이사야서 54:12

여기서 교회는 천국의 능력으로 세워지고, 하나님의 기술로 계획된 건물로 아주 적절하게 비유되고 있습니다. 이 영적 건물은 어두워서는 안 됩니다. 왜냐하면 이스라엘 백성들은 그 성 안에 빛을 갖고 있었기 때문입니다. 그러므로 안에 빛이 있고 그 거주자들이 밖을 내다볼 수 있는 성문들이 있어야 합니다. 이 성문들은 석류석만큼 보배롭습니다. 교회가 그의 주님과 천국을 바라보고, 일반적으로 신령한 진리를 주목하는 방법은 지극히 존중되어야 합니다. 석류석은 아주 투명한 보석은 아닙니다. 그것들은 기껏해야 반투명한 보석입니다.

> "그 생명에 관한 우리의 지식은 작고,
> 믿음에 대한 우리의 눈은 희미하다."

믿음은 이처럼 보배로운 석류석 성문 가운데 하나입니다. 그러나 슬프도다! 그것은 얼마나 자주 희미해지고, 어둡게 되어 우리로 하여금 어두운 것만 보게 하고, 우리가 보는 것에 대해 착각하도록 만들까요! 그러나 우리가 다이아몬드로 만든 성문으로 보고 안 것만큼 알 수 없다고 해도, 그 문이 석류석만큼 흐릿해서 사랑하는 주님을 보는 것이 흐릿하다고 해도, 그것은 참으로 영광스러운 일입니다.

경험도 비록 희미하기는 해도 우리 자신의 고통을 통해 슬픔의 사람인 주님의 고난을 보게 하는 종교적 빛을 우리에게 제공하기 때문에 보배로운 성문 가운데 하나입니다. 우리의 연약한 눈은 주님의 영광의 빛을 그대로 통과시키는 성문은 될 수 없습니다. 그러나 눈물로 그 눈이 희미해질 때, 의의 태양의 광선이 적절하게 조절되어 시험 속에 있는 영혼에게 말할 수 없는 위로의 빛을 석류석 성문을 통해 비추어 줍니다.

성화도 우리가 주님을 따를 때 또 다른 석류석 성문이 됩니다. 우리는 거룩해져야만 거룩에 관한 일들을 이해할 수 있습니다. 청결한 마음이 청결하신 하나님을 봅니다. 예수님을 닮은 사람들이 액면 그대로 그분을 봅니다. 우리는 그분을 거의 닮지 못했기 때문에 성문이 석류석으로 되어 있습니다. 우리는 우리가 가진 것으로 말미암아 하나님께 감사하고, 더 많은 것을 갈망합니다. 우리가 하나님과 예수님, 천국과 진리를 얼굴과 얼굴을 맞대고 볼 때가 언제일까요?

### 그들은 힘을 얻고 더 얻어 나아가 - 시편 84:7

그들은 힘을 얻고 더 얻어 나아갔습니다. 이 말씀은 다양하게 해석될 수 있는데, 어떻게 해석하든 그것들 속에는 진보의 개념이 함축되어 있습니다.

오늘 아침 본문에 대한 흠정역 성경의 번역은 만족스럽습니다. "그들은 힘을 얻고 더 얻어 나아가"(They go from strength to strength). 즉 그들은 힘이 더 강해졌다는 것입니다. 일반적으로 우리는 걸을 때, 점차 힘이 약화됩니다. 여행을 시작할 때 새로운 마음으로 힘차게 출발합니다. 그러나 점차 길이 거칠어지고, 날이 뜨거워지면, 길가에 앉아 쉬다가 힘들게 피곤한 길을 걸어갑니다. 하지만 새로운 은혜를 공급받은 그리스도인의 순례길은 여러 해 동안 힘든 여행과 투쟁을 한 뒤에도 처음 떠날 때처럼 활력이 넘칩니다. 그는 이전처럼 의기양양하거나 힘이 넘치지 않을 수 있고, 또는 열심이 식어 미지근하거나 느슨해질 수 있습니다. 그러나 참된 능력을 이루는 모든 일들에 있어서는 힘이 더 강해지고, 비록 그 발걸음이 이전보다 더 느려졌을지는 몰라도, 훨씬 더 안전한 여행을 할 것입니다. 백발이 성성한 일부 노장들은 진리를 붙잡거나 열심히 그것을 전파하는데 젊은 날 못지않습니다.

그러나 슬프게도, 종종 그와 반대되는 경우를 고백하는 사람들이 훨씬 많기 때문에 많은 사람들의 사랑이 식고, 불법이 더 성하게 되었습니다. 그러나 이것은 그들 자신의 잘못이지, 하나님의 약속의 잘못은 아닙니다. 다음과 같은 하나님의 약속은 지금도 유효합니다: "소년이라도 피곤하며 곤비하며 장정이라도 넘어지며 쓰러지되 오직 여호와를 앙망하는 자는 새 힘을 얻으리니 독수리가 날개치며 올라감 같을 것이요 달음박질하여도 곤비하지 아니하겠고 걸어가도 피곤하지 아니하리로다"(사 40:30-31).

안달하는 심령들은 앉아서 장래에 관해 괜한 걱정을 합니다. 그들은 "슬프다! 우리는 고통을 얻고 더 얻어 나아가는구나"라고 말합니다. 오 작은 믿음을 가진 자여, 그것이 아무리 진실이라고 하더라도, 당신은 힘을 얻고 더 얻어 나아가야 합니다. 한가운데 충만한 은혜가 들어있지 않은 고통의 다발은 결코 없습니다. 하나님은 성숙한 성도의 어깨 위에 짐을 얹으실 때, 그 짐을 질 수 있는 충분한 힘도 함께 주실 것입니다.

내가 그리스도와 함께 십자가에 못 박혔나니 - 갈라디아서 2:20

주 예수 그리스도는 위대하신 대리인으로서 활동하셨습니다. 십자가에서 죽으신 그분의 죽음은 그의 모든 백성들의 죽음이었습니다. 따라서 그분으로 말미암아 그의 모든 성도들의 공의가 충족되었기 때문에 그들의 모든 죄에 대한 하나님의 형벌 역시 제거되었습니다. 이방인의 사도인 바울은 그리스도의 택함받은 백성들 가운데 한 사람으로서 자신이 그리스도 안에서 십자가에 달려 죽었다는 사실을 기쁘게 생각했습니다. 그는 이것을 교리적으로 믿는 정도가 아니라 확신을 갖고 받아들였으며, 그것에 그의 소망을 두었습니다. 그는 그리스도의 죽음으로 말미암아 하나님의 공의가 만족되어 자신이 하나님과 화목케 되었다고 확신했습니다.

사랑받는 자여, 영혼이 자신을 그리스도의 십자가에 못 박고, "나는 죽었다. 율법도 나에 대해 죽었다. 그러므로 나는 그 권세로부터 자유하다. 율법이 나에게 정죄를 통해 할 수 있는 모든 것이 나의 담보물인 주님 안에서 저주를 받았기 때문이다. 나는 그리스도와 함께 십자가에 못 박혔다"고 느끼고 있다면, 그것은 참으로 놀라운 축복입니다.

그러나 바울은 그 이상 나아갔습니다. 그는 그리스도의 죽음을 믿고 신뢰했을 뿐만 아니라 자신 속에 그의 타락한 옛 본성을 십자가에 못 박는 능력이 실재하고 있음을 깨달았습니다. 그는 죄의 즐거움들을 보았을 때, "나는 이것들을 즐거워할 수 없다. 나는 그것들에 대해 죽었다"고 외쳤습니다. 이것은 참된 모든 그리스도인들의 경험입니다. 그리스도를 영접한 성도는 이 세상에 대해 완전히 죽은 자가 됩니다. 그러나 이 세상에 대해 죽었음을 느끼면서도 동시에 그는 사도처럼 "그럼에도 불구하고 나는 살았다"고 외칠 수 있습니다. 그는 하나님에 대해서는 완전히 산 자입니다. 그리스도인의 삶은 무엇과도 비교할 수 없는 수수께끼입니다. 세속적인 사람은 그것을 절대로 이해할 수 없습니다. 죽었으나 살았도다! 그리스도와 함께 못 박혀 죽었으나, 또한 새 생명 안에서 그리스도와 함께 살았도다! 피 흘리신 구주의 고난에 동참하고, 세상과 죄에 대해 죽는 것은 영혼을 즐겁게 하는 일입니다. 오 그보다 더 큰 즐거움이 어디 있겠습니까!

**오르바는 그의 시어머니에게 입 맞추되 룻은 그를 붙좇았더라 -룻기 1:14**

오르바와 룻은 모두 시어머니인 나오미를 사랑했습니다. 그래서 그녀들은 고향인 유대 땅으로 시모가 돌아갈 때 그녀와 함께 출발했습니다. 그러나 시험의 순간이 왔습니다. 나오미는 사심 없이 그녀들에게 닥쳐올 시련들에 관해 말해주면서, 편하고 안락한 삶을 살고 싶으면 모압의 동족들에게 돌아가도 좋다고 말했습니다. 처음에 두 사람은 모두 여호와의 백성들과 운명을 함께하겠다고 말했습니다. 그러나 더 깊이 생각해 본 오르바는 큰 슬픔 속에서 시어머니에게 입 맞추고, 시어머니와 그녀의 백성들과 그녀의 하나님을 뒤로 한 채 우상숭배하던 자기 동족들에게 돌아갔습니다. 반면에 룻은 온 마음을 다해 시어머니의 하나님께 자신을 맡겼습니다. 만사가 순조로울 때 여호와의 길을 사랑하는 것과 극한 절망과 난관 속에서 그 길을 따라가는 것은 완전히 다릅니다. 입으로 신앙을 고백하며 입 맞추는 것은 아주 값싸고 손쉬운 일입니다. 그러나 여호와를 실제로 붙드는 것은 진리와 거룩을 지키겠다는 진지한 결심을 보여 주어야 하는 것으로, 결코 쉬운 일이 아닙니다.

우리의 경우는 어떻습니까? 우리의 마음이 예수님께 고정되어 있습니까? 희생제물을 제단 뿔에 매달았습니까? 주님을 따르는데 드는 비용을 계산해 보았습니까? 주님을 위해 세상적인 모든 것을 잃어버릴 준비가 되어 있습니까? 우리가 그 후에 얻게 될 유익은 그 비용을 충분히 보상하고 남을 것입니다. 왜냐하면 애굽의 보물은 계시된 영광과 족히 비교되지 않기 때문입니다. 우리는 오르바에 관해서는 더 듣는 바가 없습니다. 화려한 안락과 우상숭배의 쾌락에 빠져 그녀의 일생은 음침한 사망 속으로 끌려들어가 버렸습니다. 그러나 룻은 역사와 천국 속에 살아 있습니다. 하나님의 은혜가 만왕의 왕이신 주님의 고귀한 족보에 그 이름이 들어가도록 하였기 때문입니다. 여자들 중에서 그리스도를 위해 모든 것을 포기할 수 있는 사람들은 복이 있습니다. 하지만 유혹이 찾아올 때 양심을 저버리고 세상으로 돌아가 버린 여자들은 잊혀지고, 아니 잊혀지는 것보다 더 나쁜 결과를 얻게 될 것입니다. 오, 오늘 아침 우리가 오르바의 입맞춤과 똑같은 경건의 모양으로 만족하고 있지는 않은가요? 성령이 온 마음을 다해 우리 주 예수님을 붙들 수 있도록 우리 안에 역사하시기를!

청옥으로 네 기초를 쌓으며 -이사야서 54:11

하나님의 교회는 보이는 것이나 보이지 않는 것이나 아름답고 보배롭습니다. 집의 기초들은 눈에 보이지 않고, 그래서 그것들이 아무리 견고하다고 해도, 그 가치가 쉽게 드러나지 않습니다. 그러나 여호와의 사역에 있어서 하나라도 대충 처리되는 것은 없고, 무시되는 것도 없습니다. 은혜의 사역의 그 깊은 기초들은 청옥만큼 보배롭고, 인간의 능력으로는 그 영광을 측량할 수가 없습니다. 우리는 은혜의 언약 위에 세워지는데, 그것은 세월이 흐르면 변하는 보석보다 더 견고하고, 더 영속적입니다. 청옥으로 된 기초는 영원하고, 그 언약은 전능자의 생애 동안 지속됩니다.

또 다른 기초는 주 예수님의 인격입니다. 그것은 청옥처럼 깨끗하고, 흠이 없고, 영원하고, 아름답습니다. 그것은 항상 흐르는 땅의 바닷물의 짙은 청색과 모든 것을 포용하는 하늘의 담청색을 하나로 섞어놓은 것과 같습니다. 이전에 우리 주님은 피를 흘리며 계셨기 때문에, 루비와 같았지만, 지금은 연청색의 사랑 곧 풍성하고, 깊고, 영원한 사랑의 빛을 발산하고 있습니다.

또 우리의 영원한 소망은 청옥처럼 청아하고 맑은 하나님의 공의와 신실하심 위에 세워져 있습니다. 우리는 타협에 의해서나, 공의를 패배시키는 자비에 의해서나, 혹은 그 효력이 정지된 율법에 의해서 구원받지 않습니다. 아닙니다. 우리는 우리의 신뢰의 기초 속에서 흠을 찾아내려는 독수리의 눈을 무시합니다. 우리의 기초는 청옥으로 되어 있고, 어떤 불에도 견딜 것입니다.

주님이 친히 그의 백성들의 소망의 기초를 세우셨습니다. 우리의 소망이 이 기초 위에 세워져 있는가를 물어보는 것은 중요한 문제입니다. 선행과 의식(儀式)들은 청옥으로 된 기초가 아니라 나무와 풀과 그루터기로 된 기초입니다. 그것들은 하나님에 의해 세워진 것들이 아니라 우리 자신의 생각 위에 세워진 것들입니다. 그 기초들은 오래지 않아 시험당할 것입니다. 그의 높은 집을 유사(流砂) 위에 세워 그것이 와르르 무너져 내리는 사람에게는 화가 있을 것입니다. 그러나 청옥 위에 집을 세운 사람은 그 시험을 견딜 수 있기 때문에 평온하게 바람이나 불을 기다릴 수 있습니다.

내게로 오라 - 마태복음 11:28

　기독교는 조용한 말로 "오라"고 외칩니다. 반면에 유대교의 율법은 거친 말로 "가라, 가서 네가 걸어야 할 발걸음에 유의하라. 계명을 어기면 멸망할 것이요, 지키면 살리라"고 외칩니다. 율법은 공포의 체계로서, 사람들은 겁에 질려 그 앞으로 나아갑니다. 복음은 사랑의 줄로 사람들을 이끕니다. 예수님은 선한 목자로서, 그의 양들 앞에 나아가 자기를 따르라고 명하고, 항상 온유한 말로 "오라"고 말씀하시며 그들을 인도하십니다. 율법은 쫓아내지만, 복음은 끌어들입니다. 율법은 하나님과 사람 사이에 있는 간격을 보여 주지만, 복음은 그 끔찍한 간격에 다리를 놓아 죄인이 그곳을 건너가게 합니다.

　당신이 거듭나 영적 생활을 처음 시작하는 순간부터 영광의 자리로 인도받을 때까지 그리스도는 당신을 향해 "오라, 내게로 오라"고 말씀하실 것입니다. 엄마가 어린 자녀에게 손을 내밀어 "오라"고 말하면서 그 길을 인도하듯이, 예수님도 그렇게 하십니다. 그분은 항상 당신 앞에 가시면서, 병사가 그의 상관을 따르는 것처럼, 자기를 따르라고 명령하실 것입니다. 그분은 항상 당신 앞에 가시면서, 당신이 가는 길을 포장해 놓으시고 깨끗케 하심으로써, 당신이 한평생 자기를 따르도록 명하시는 그분의 생명과 같은 음성을 듣도록 하십니다. 죽음이 임하는 엄숙한 순간에도, "오라, 내 아버지께 복 받은 자여"라고 말씀하시는 그분의 달콤한 음성을 따라 당신은 천국으로 인도받을 것입니다.

　아니, 더 나아가, 이것은 단지 당신을 향하신 그리스도의 외침만이 아닙니다. 당신이 신자라면, 이것은 그리스도를 향한 당신의 외침이어야 합니다: "오소서! 오소서!" 당신은 그분의 재림을 간절히 바라고 있을 것입니다. 당신은 "주 예수여, 속히 오소서"라고 말해야 합니다. 당신은 그분과 더 가깝고 친밀한 교제를 갖기를 염원하고 있을 것입니다. 당신을 향한 그분의 음성이 "오라"였던 것처럼, 그분에 대한 당신의 반응도 "주여, 오셔서 저와 함께 하소서. 오셔서 제 마음의 보좌를 홀로 차지하소서. 경쟁상대 없이 주님만 홀로 다스리시며, 오직 당신만 섬길 수 있도록 저를 성별시켜 주소서"이어야 합니다.

네가 과연 듣지도 못하였고 알지도 못하였으며 네 귀가
옛적부터 열리지 못하였나니 - 이사야서 48:8

어떤 면에서 이 책망이 너무나 자주 영적으로 무감각한 상태에 빠지는 신자들의 문 앞에 놓여져야 한다는 것을 생각하면 괴롭습니다. 우리는 우리가 하나님의 음성을 들어야 하는데, "네가 과연 듣지 못했다"고 자신을 통탄할 수 있습니다. 영혼 안에는 우리가 주의하지 않는 성령의 조용한 움직임들이 있습니다. 우리의 무기력한 지성으로는 포착되지 않는 하나님의 명령과 천상적 사랑의 속삭임들이 있습니다. 슬프도다! 우리는 부주의로 말미암아 무지하여 "네가 과연 듣지 못한" 일들이 참으로 많습니다. 우리가 당연히 보았어야 할 문제들이 있습니다. 미처 깨닫기도 전에 침투한 타락들이 있습니다. 해보기도 전에 아름다운 사랑이 서리 맞은 꽃처럼 시들어버린 경우도 있었습니다. 우리 영혼의 창문에 담을 쌓아놓지 않았더라면, 우리는 하나님의 얼굴의 광채들을 조금이라도 감지할 수 있었을 것입니다. 그러나 우리는 "알지 못했습니다." 우리는 그것을 생각하면 가장 깊은 겸손으로 낮아질 것입니다.

이처럼 우리의 어리석고 무지한 상태를 하나님이 미리 알고 계셨다는 것을 우리가 본문의 문맥에서 배우게 될 때, 어떻게 하나님의 은혜를 찬양해야 할까요! 우리의 어리석음을 미리 알고 계셨음에도 불구하고, 그분은 우리를 은혜의 길로 인도하시기를 기뻐하셨도다! 이 모든 것에도 불구하고, 우리를 택하신 그 놀라운 주권적 은총을 찬미하라! 그리스도께서 우리가 어떤 모습일지 알고 계셨음에도 불구하고, 우리를 위해 치르신 대가에 대해 놀랄지어다!

십자가에 달리신 주님은 우리가 불신가 죄악과 냉정함으로 가득 찬 마음을 갖고 있고, 기도할 때 무감각하고, 부주의하고, 건성인 것을 미리 알고 계셨음에도 불구하고, "나는 여호와 네 하나님이요 이스라엘의 거룩한 이요 네 구원자임이라 … 네가 내 눈에 보배롭고 존귀하며 내가 너를 사랑하였은즉 내가 네 대신 사람들을 내어 주며 백성들이 네 생명을 대신하리니"(사 43:3-4)라고 말씀하셨습니다. 오 구속이여, 우리가 얼마나 더러운 존재인지를 생각할 때, 그대가 비추는 빛은 참으로 찬란하도다! 오 성령이여, 지금부터 우리에게 듣는 귀와 깨닫는 마음을 주소서!

내가 너를 … 기억하노니 - 예레미야서 2:2

우리는 그리스도께서 기쁨으로 그의 교회를 생각하고, 그 아름다움을 바라보신다는 것을 주목해야 합니다. 새가 그 둥지로 자주 돌아오고, 여행자가 서둘러 집을 찾는 것처럼, 사람의 마음도 끊임없이 자신이 선택한 대상을 추구하는 법입니다. 우리는 우리가 사랑하는 사람의 얼굴을 아무리 자주 쳐다보아도 질리지 않습니다. 우리 눈은 우리가 소중히 여기는 것들을 항상 보고 싶어합니다. 그것은 우리 주 예수님도 마찬가지입니다. 영원 전부터 "그분의 즐거움은 인생들에게 있었습니다." 그분의 생각은 항상 그의 택자들이 세상에 태어날 때를 향했습니다. 그분은 그들을 자신의 예지를 통해 보셨습니다. 그분은 "내 형질이 이루어지기 전에 주의 눈이 보셨으며 나를 위하여 정한 날이 하루도 되기 전에 주의 책에 다 기록이 되었나이다"(시 139:16)라고 말씀하십니다. 세상의 기초가 세워졌을 때에도 주님은 거기 계셨으며, 그분은 이스라엘 후손들의 수에 따라 그 경계를 정하셨습니다.

성육신하시기 전에도 그분은 사람의 모양을 하고 이 낮은 땅에 내려오셨습니다. 마므레 상수리 수풀에서(창 18장), 얍복 강가에서(창 32:24-30), 여리고 성 가까이에서(수 5:13), 그리고 바벨론의 풀무불 가운데서(단 3:19, 25), 인자는 그의 백성들을 찾아오셨습니다. 그분의 영혼이 그들을 기뻐하셨기 때문에, 그분은 그들을 떠나서는 마음이 편할 수가 없었습니다. 그분의 마음은 그들을 간절히 사모했습니다. 그분의 마음은 그들에게서 떠난 적이 없었습니다. 왜냐하면 그분은 그들의 이름을 자기 손 위에 기록하고, 자기 옆구리에 새겨놓았기 때문입니다.

대제사장의 가슴에 이스라엘 지파들의 이름을 새겨놓은 것이 대제사장의 가장 찬란한 장식품이었던 것처럼, 그리스도의 택자들의 이름도 그리스도의 가장 귀한 보석으로서 그분의 가슴 위에서 빛나고 있었습니다. 우리는 종종 우리 주님의 속성에 관해 묵상하는 것을 잊어버리지만, 그분은 결코 우리를 기억하시는 것을 잊지 않으십니다. 우리는 과거를 잊어버리는 것에 대해 자책해야 하고, 주님을 가장 사랑스러운 기억으로 상기할 수 있도록 은혜를 구해야 하겠습니다. 주여, 제 영혼의 눈 속에 당신의 아들의 형상을 그려주소서.

내가 문이니 누구든지 나로 말미암아 들어가면 구원을 받고
또는 들어가며 나오며 꼴을 얻으리라 - 요한복음 10:9

위대하신 하나님, 예수님은 참 교회로 들어가는 문이요, 하나님 자신에게 나아가는 길입니다. 그분은 다음 네 가지 정선된 특권을 자신을 통해 하나님께 나아가는 사람에게 주십니다.

1. 그는 구원받을 것입니다. 도망치는 살인자는 도피성 문을 넘어서면 안전합니다. 노아는 방주의 문으로 들어가자 안전했습니다. 어느 누구도 예수님을 그들 영혼이 들어가는 믿음의 문으로 취하지 않으면 구원받을 수 없습니다. 예수님을 통해 평화 속에 들어가는 것은 똑같은 문을 통해 천국으로 들어가는 것을 보장하는 보증입니다. 예수님은 유일한 문, 열린 문, 넓은 문, 안전한 문이십니다. 영광에 들어갈 자신의 모든 소망을 십자가에 달리신 구속주에게 두는 사람은 복이 있습니다.

2. 그는 들어갈 것입니다. 그는 하나님의 가족에 들어갈 특권을 갖게 되어 자녀들의 떡을 함께 나누며, 그들의 모든 영예와 축복을 함께 누리게 됩니다. 그는 교제의 방과 사랑의 연회장과 언약의 보고와 약속의 창고에 들어가게 될 것입니다. 그는 성령의 권능으로 만왕의 왕에게 들어가 그분의 비밀을 함께하게 될 것입니다.

3. 그는 나아갈 것입니다. 이 축복은 대부분 망각되고 있습니다. 우리는 세상으로 나아가 수고하고 고난을 받습니다. 그러나 예수님의 이름과 능력으로 나아가는 것은 얼마나 큰 자비일까요! 우리는 진리를 증거하고, 낙심한 자를 위로하고, 부주의한 자를 경고하고, 영혼들을 구원의 길로 이끌며, 하나님을 영화롭게 하도록 부르심을 받습니다. 여호와께서 기드온에게 "너는 가서 이 너의 힘으로 이스라엘을 구원하라"(삿 6:14)고 말씀하셨을 때처럼, 하나님은 그가 자신의 사자로서, 자신의 이름과 능력을 갖고 나아가도록 하셨습니다.

4. 그는 초장을 발견할 것입니다. 예수님을 아는 자는 결코 부족함이 없을 것입니다. 들어가고 나갈 때마다 그분에게 도움을 받을 것이기 때문입니다. 하나님과의 교제를 통해 그는 자라가고, 다른 사람들에게 물을 줄 때 자신도 물을 얻게 될 것입니다. 예수님을 그의 전부로 삼은 자는 예수님 안에서 모든 것을 발견할 것입니다. 그의 영혼은 물이 풍족한 동산 같고, 그 물이 결코 마르지 않는 우물 같을 것입니다.

### 너희는 옷을 찢지 말고 마음을 찢고 - 요엘서 2:13

옷을 찢는 것과 종교적 감정을 표현하는 다른 외적 표지들은 쉽게 표현되고, 자주 위선적으로 나타나곤 합니다. 그러나 참된 회개의 감정을 느끼는 것은 훨씬 더 어렵고, 결과적으로 그런 행동은 더 드물게 일어납니다. 사람들은 아주 복잡하고 자세한 의식(儀式)의 규정들에 집착하는데, 그것은 그것들이 육체를 즐겁게 하기 때문입니다. 그러나 참 종교는 더 낮아지게 하고, 더 깊이 마음을 성찰하게 하고, 더 철저하기 때문에 육적인 사람들의 취향에는 맞지 않습니다. 그들은 허식적이고, 천박하고, 세속적인 것을 더 좋아합니다. 외적 의식을 준수하는 것은 우리를 일시적으로 만족시킵니다. 눈과 귀를 즐겁게 하고, 자만심을 길러주며, 자기의를 높여줍니다. 그러나 그것들은 궁극적으로 속이는 것들입니다. 왜냐하면 죽음의 순간과 심판 날에 영혼은 의식들 및 규례들보다 더 본질적인 어떤 것이 필요하기 때문입니다. 살아있는 경건을 떠난 모든 종교는 전적으로 헛된 것입니다. 진실한 마음이 없이 드려진 모든 종류의 예배는 심각한 속임수로서, 천국의 위엄을 조롱하는 건방진 짓입니다.

마음을 찢는 것은 하나님이 일으키신 것으로 엄숙하게 느껴지는 일입니다. 그것은 단순한 형식이 아니라 성령이 각 신자의 가장 깊은 마음속에서 영혼을 감동시키는 역사로서, 개인적으로 경험되는 내밀한 슬픔입니다. 그것은 단순히 말로 설명하거나 믿기만 하면 되는 문제가 아니라 살아계신 하나님의 살아있는 모든 자녀들 속에서 날카롭고 민감하게 느껴지는 것입니다. 그것은 사람을 강력히 겸비하게 만들고, 완전히 죄를 추방시키는 것입니다. 그렇지만 그것은 또 낮아지지 못한 교만한 영들은 결코 받을 수 없는 은혜의 위로들을 받도록 순조롭게 준비시켜 줍니다. 그리고 그것은 하나님의 택자들, 오직 그들에게만 속한 것이기 때문에 분명히 차별적입니다.

본문은 우리에게 마음을 찢으라고 명령합니다. 하지만 우리의 자연적인 마음은 대리석만큼이나 단단합니다. 그런데 어떻게 이 일을 할 수 있겠습니까? 우리는 그 마음을 골고다로 가지고 가야 합니다. 죽어가던 구주의 음성에 바위들이 터졌는데, 그것은 지금도 강력한 효력을 발휘합니다. 오 복된 성령이여, 예수님이 죽을 때 외치던 부르짖음을 우리가 듣게 하시고, 사람들이 슬플 때 그들의 옷을 찢었던 것처럼, 우리의 마음을 찢도록 역사하소서.

네 양 떼의 형편을 부지런히 살피며 네 소 떼에게 마음을 두라 - 잠언 27:23

지혜로운 상인은 수시로 장부를 대조해 보고, 재고조사를 할 것입니다. 그는 현재 갖고 있는 물건을 검토하며, 그의 사업이 번창하고 있는지 쇠퇴하고 있는지 확실하게 확인해 볼 것입니다. 하늘나라에 속해 있는 지혜로운 자는 누구나 "하나님이여 나를 살피사 내 마음을 아시며 나를 시험하사 내 뜻을 아옵소서" (시 139:23)라고 외치며, 자주 하나님과 자신의 영혼 사이가 올바른지 알아보려고 특별히 자기검토의 시간들을 가질 것입니다. 우리가 경배하는 하나님은 우리의 마음을 자세히 살피시는 분입니다. 옛날 그분의 종들은 하나님을 "모든 마음을 감찰하시고 사람의 뜻과 마음을 살피시는 여호와"로 알았습니다.

나는 당신이 약속된 안식을 얻지 못하는 일이 없도록, 그분의 이름으로 자극을 받아, 부지런히 자신을 살피며, 자신의 상태를 진지하게 시험해보기를 원합니다. 오늘 저녁, 나는 지혜로운 사람이 행하는 것, 하나님 자신이 우리 모두에게 행하시는 것을 자신에게 적용시키도록 당신에게 권면합니다. 나이가 많은 성도는 자신의 경건의 기초들을 자세히 살펴보아야 합니다. 왜냐하면 백발이 된 머리가 검은 마음을 덮어버릴 수 있기 때문입니다. 또 젊은 신앙인은 경고의 말씀을 무시하지 않도록 해야 합니다. 왜냐하면 청춘의 특권이 위선의 부패물에 오염될 수 있기 때문입니다.

백향목은 언제든 우리들 사이에 넘어질 수 있습니다. 원수는 지금도 계속해서 밀밭 사이에 가라지를 뿌리고 있습니다. 당신에게 의심과 두려움을 주는 것이 내 의도가 아닙니다. 아니, 진심으로 나는 자기검토라는 거친 바람이 그것들을 제거하는데 도움이 된다는 것을 말해주고 싶은 것입니다. 우리를 죽이는 것은 안일 자체가 아니고 육체적 안일입니다. 우리를 무너뜨리는 것은 신뢰 자체가 아니라 육체적 신뢰입니다. 우리를 파멸시키는 것은 평강 자체가 아니라 잘못된 평강입니다. 그리스도의 보혈은 당신을 위선자로 만들기 위해서가 아니라 진실한 영혼들이 주님을 찬양하도록 하기 위해 흘려진 것입니다. 나는 당신이 "메네, 메네, 데겔 곧 너를 저울에 달아보니 부족함이 보였다"는 말이 당신에게 말해지지 않도록 자신을 살피고 성찰하기를 바랍니다.

제비는 사람이 뽑으나 모든 일을 작정하기는 여호와께 있느니라 - 잠언 16:33

모든 일의 작정을 여호와께서 하신다면, 우리의 전 인생은 누가 결정하겠습니까? 제비뽑기처럼 단순한 일마저 하나님이 인도하신다면, 우리의 전 인생에서 일어나는 사건들은 얼마나 더 그렇겠습니까? 복되신 구주께서 "너희 아버지께서 허락하지 아니하시면 참새 한 마리도 땅에 떨어지지 아니하리라 너희에게는 머리털까지 다 세신 바 되었나니"(마 10:29-30)라고 하신 말씀으로 볼 때 특히 그렇습니다. 사랑하는 성도여, 항상 이것을 기억하고 살면, 당신은 마음이 평온할 것입니다. 마음이 염려로부터 해방되어 있다면, 당신은 그리스도인으로서 인내하며, 묵묵히 그리고 기꺼이 가야 할 길을 훨씬 더 잘 갈 수 있을 것입니다. 사람은 걱정 속에 있으면, 믿음으로 기도할 수 없습니다. 세상일로 마음이 분주하면, 주님을 섬길 수 없고, 그의 생각은 자신을 섬기게 됩니다. 당신이 "먼저 하나님의 나라와 그 의를 구한다면" 모든 것이 당신에게 더해질 것입니다. 자신의 운명과 상황에 대해 초조하게 생각할 때, 당신은 자신에 대해서는 등한시하면서 그리스도의 일에 대해서는 부질없이 간섭하는 것이 되고 맙니다.

당신이 스스로 "공급하는" 일을 하려고 애쓰는 것은 순종하는 것이 당신의 일이라는 것을 잊고 있는 것입니다. 지혜롭게 순종하는 일에만 신경을 쓰십시오. 그리고 그 공급은 그리스도께서 하도록 하십시오. 와서 하나님 아버지의 창고를 조사해 보십시오. 그리고 창고에 곡물을 그토록 많이 쌓아두고 계시면서 나를 굶게 놔두실 거냐고 여쭈어보십시오. 자비로우신 그분의 마음을 보십시오. 지금까지 한 번이라도 그분의 무자비한 모습이 증명된 적이 있는가 보십시오! 그분의 측량할 수 없는 지혜를 보십시오. 지금까지 그것이 실수한 적이 있는가 보십시오! 무엇보다도 당신의 중보자이신 예수 그리스도를 바라보십시오. 그리고 그분이 당신을 위해 간구하고 계시는데, 아버지께서 당신을 몰인정하게 대할 수 있는지 생각해 보십시오. 만일 그분이 참새 한 마리도 기억하신다면, 자신의 불쌍한 자녀들 가운데 하나인들 잊으실 수 있을까요? "네 짐을 여호와께 맡기라 그가 너를 붙드시고 의인의 요동함을 영원히 허락하지 아니하시리로다"(시 55:22).

> "내 영혼아, 그대의 낮은 자리를 행복으로 알고,
> 존귀하게 되거나 위대하게 되려고 바라거나 원하지 말라.
> 하나님의 뜻을 염두에 두고,
> 그것이 그대의 영광이 되게 하고, 그 부요함을 그대의 것으로 삼으라."

바다도 다시 있지 않더라 - 요한계시록 21:1

아름다운 옛 바다를 잃어버린다고 생각하면, 우리는 거의 기뻐할 수 없을 것입니다. 정말 문자 그대로 반짝거리는 파도와 조개껍질이 섞여있는 모래사장으로 이루어진 광활한 바다가 없다면, 새 하늘과 새 땅에 대한 상상도 그리 흥미롭지 않습니다. 옛날 동양 사상에서 바다에 대해 보편적으로 상상했던 편견을 갖고 본문을 하나의 비유로 이해하고 있지는 않습니까? 실제 물리적 세계에 바다가 없다면, 그것은 상상만 해도 슬픈 일입니다. 그것은 마치 보석이 박혀있지 않은 철 반지와 같습니다. 그러나 본문에는 영적 의미가 담겨 있습니다.

새 시대에는 분리가 없을 것입니다. 바다는 나라와 나라를 분리시키고, 민족들을 서로 갈라놓습니다. 밧모섬에 유배되어 있던 요한에게 깊은 바다는 마치 감방의 벽처럼 그의 형제들 및 그의 사역과 그를 분리시켰습니다. 다가올 세상에서는 이런 장벽이 존재하지 않을 것입니다. 오늘 밤 우리와 우리가 위해서 기도하는 많은 지인들 사이에는 소용돌이치는 파도가 놓여있습니다. 그러나 우리가 가게 될 밝은 세상에서는 구속받은 모든 가족들 사이에 교제가 끊어지는 경우는 절대로 없을 것입니다. 이런 의미에서 그곳에 바다는 더 이상 없습니다.

또 바다는 변화의 상징입니다. 밀물과 썰물이 있고, 유리 같이 잔잔하다가 산더미 같이 몰려오는 파도가 있으며, 부드럽게 속삭이다가 무섭게 으르렁거리는 소리가 있어서 결코 동일한 상태에 오래 있은 적이 없습니다. 변덕스러운 바람과 변화무쌍한 달의 노예로서 바다는 그 불안정성이 유명합니다. 이와 같이 가변적 상태만 보면, 우리는 바다와 너무나 똑같습니다. 이 세상은 변덕스럽다는 섬에서만 변함이 없습니다.

그러나 천국에는 이런 슬픈 변덕스러움이 전혀 알려져 있지 않고, 또 우리의 소망을 난파시키고 우리의 기쁨을 익사시키는 폭풍에 대한 두려움도 절대로 없습니다. 그곳의 유리바다는 어떤 파도에도 깨지지 않는 영광으로 빛나고 있습니다. 평화로운 낙원의 해안을 따라 엄습하는 돌풍도 엄습하지 않습니다. 얼마 후면 우리가 분리와 변덕과 폭풍이 전혀 없는 그 행복한 땅에 도착하리라! 예수님이 우리를 그곳으로 데려다 주실 것입니다. 우리가 그분 안에 있습니까, 아니면 밖에 있습니까? 그것이 우리에게는 심각한 문제입니다.

내가 영원한 사랑으로 너를 사랑하기에 - 예레미야서 31:3

　주 예수님은 때때로 그의 교회에 자신의 지극한 사랑에 대해 말씀하십니다. "주님은 교회의 등 뒤에 대고 그것을 말하는 것이 충분치 않다고 생각하십니다. 그래서 교회 바로 앞에 대고 '나의 사랑, 너는 순전히 어여쁘구나' 라고 말씀하십니다. 이것이 그분의 통상적 사랑법이 아니라는 것은 사실입니다. 그분은 지혜롭게 사랑하시는 분이기에 사랑을 숨길 때와 드러낼 때를 잘 알고 계십니다. 그러나 그분이 사랑을 숨기지 않고, 그의 백성들 영혼 속에 노골적으로 분명히 드러내실 때가 있습니다"(R. 어스킨 목사의 설교에서).

　성령은 종종 가장 은혜로운 방법으로 예수님의 사랑을 우리의 영혼에 기쁘게 증거하십니다. 그분은 그리스도의 것들을 우리에게 계시하십니다. 구름 속에서 들리는 소리도 없고, 밤에 보이는 환상도 없지만, 우리는 이것들보다 더 확실한 증거를 갖고 있습니다. 비록 천사가 하늘에서 내려와 구주의 사랑을 성도에게 개인적으로 알려준다고 해도, 그 증거가 성령을 통해 마음속에 심어주시는 것보다 더 만족스럽지는 않습니다. 천국 문에서 가장 가까운 곳에 살았던 주의 백성들에게 한 번 물어보십시오. 그러면 그들은 자기들을 향한 그리스도의 사랑이 너무나 분명하고 확실한 사실로 받아들여졌기 때문에 자기들 자신의 존재를 의심하는 것보다 그것을 의심하는 것이 더 불가능했다고 말할 것입니다.

　그렇습니다. 사랑 받는 성도여, 나와 당신은 주님의 임재를 통해 새로워지는 시간들이 있었는데, 그 후 우리의 믿음은 최고조에 달했습니다. 우리는 우리 머리를 주님의 품에 기댈 정도로 신뢰를 갖고 있었습니다. 그때 요한이 그분 품에 기댔을 때 느꼈던 것 못지않게 우리도 주님의 사랑을 조금도 의심하지 않았습니다. 아니, 그 정도가 아닙니다. "주여, 당신을 배반할 자가 내니이까?"라는 우울한 질문은 우리와는 아무 상관이 없었습니다. 주님은 그 입술로 우리에게 입맞춤했고, 우리를 자신의 품으로 꼭 안아주심으로써 우리의 의심을 소멸시키셨습니다. 그분의 사랑은 우리 영혼에 포도주보다 더 달콤했습니다.

품꾼들을 불러 … 삯을 주라 - 마태복음 20:8

하나님은 선한 주인이십니다. 그분은 그의 종들이 일을 다 마쳤을 때뿐만 아니라 일을 하는 중에도 삯을 주십니다. 그분이 지불하시는 삯 가운데 하나가 바로 평안한 양심입니다. 만일 당신이 어떤 사람에게 예수님의 신실하심에 관해 말했다면, 당신은 그날 밤 '나는 오늘 내 양심이 그분의 피에 대한 의무를 다했다'고 생각하면서 행복하게 잠자리에 들 것입니다. 무슨 일이든 예수님을 위해 일할 때에 주어지는 위로는 참으로 큽니다. 오, 그분의 면류관에 보석을 박고, 그분의 영혼의 고뇌에 따라 그분을 바라보는 것은 얼마나 행복할까요! 또 다른 영혼 속에 싹트는 회개의 싹들을 먼저 발견하는 것에도 큰 상급이 있습니다. 예를 들어, 한 학급의 여학생에 관해 "그녀는 마음이 부드럽다. 나는 그녀 안에 주님의 역사가 있기를 바란다"고 말하는 것, 또 오후에는 당신이 생각했던 것보다 영적 진리에 관해 더 많이 알고 있을지도 모르는 한 남학생을 찾아가 기도해 주는 것 등이 그런 일입니다.

오, 소망의 즐거움이여! 그러나 성공의 즐거움은 더 크도다! 그것은 말로 표현할 수 없습니다. 이 즐거움에 압도되는 것은 진정으로 갈망할 일입니다. 그것을 더욱 갈망하십시오. 영혼을 하나님께 이끄는 일은 세상에서 가장 행복한 일입니다. 만나는 모든 영혼을 그리스도께 인도하십시오. 그러면 이 땅에서 새 하늘을 얻게 될 것입니다. 그러나 위에서 우리를 기다리고 있는 축복을 누가 상상할 수 있을까요! 오, "네 주인의 즐거움에 참여할지어다"(마 25:21)는 말씀은 얼마나 달콤할까요! 당신은 구원받은 죄인에 대해 가지는 그리스도의 즐거움이 어떠한지 알고 있습니까? 이것은 우리가 천국에서 소유하도록 되어 있는 바로 그 즐거움입니다. 그렇습니다. 그분이 보좌에 오르실 때, 당신도 함께 오르게 될 것입니다. 하늘에 "잘 하였도다, 잘 하였도다"라고 울려 퍼질 때, 당신은 상급을 받게 될 것입니다. 그분과 함께 수고하고, 힘께 고난을 받았으니 그분과 함께 다스리게 될 것입니다. 당신이 그분과 함께 씨를 뿌렸으니 그분과 함께 거두게 될 것입니다. 당신의 얼굴이 그분의 얼굴처럼 땀으로 범벅이 되고, 당신의 영혼이 그분의 영혼처럼 사람들의 죄 때문에 슬퍼했으니 이제 당신의 얼굴은 주님의 얼굴처럼 천국의 영광의 광채로 빛나고, 당신의 영혼은 그분의 영혼처럼 행복에 넘치는 즐거움으로 가득 찰 것입니다.

### 하나님이 나와 더불어 영원한 언약을 세우사 - 사무엘하 23:5

이 언약은 그 기원을 하나님께 두고 있습니다. "하나님이 나와 더불어 영원한 언약을 세우사." 오 하나님이라는 말은 얼마나 위대한 말일까요! 내 영혼아, 잠시 멈추고 영원하신 아버지 하나님이 그대와 더불어 적극적으로 언약을 세우셨음을 생각해 보라. 그렇다. 말씀으로 세상을 있게 하신 그 하나님이 자신의 보좌로부터 몸을 굽혀 그대의 손을 잡으시고, 그대와 언약을 맺으셨도다! 우리가 그 놀라우신 낮아지심을 진실로 이해한다면, 우리의 마음은 영원토록 그것에 대해 황홀해하지 않겠습니까? "하나님이 나와 더불어 언약을 세우셨습니다." 그것은 이 땅의 어떤 왕이 아니라 만왕의 왕, 샤다이, 전능하신 주, 만고의 여호와, 영원하신 엘로힘이 나와 언약을 맺으신 것이었습니다. "하나님이 나와 더불어 영원한 언약을 세우사."

그러나 보십시오. 그것은 그 적용이 개인적입니다. "하나님이 나와 더불어 영원한 언약을 세우사." 여기에는 각 신자에게 주어지는 축복이 들어있습니다. 그분이 세상을 화목하게 하셨다고 해도 그것이 나에게는 아무것도 아닙니다. 나는 그분이 나를 위해 그렇게 하셨다는 것을 알고 싶습니다! 그분이 언약을 맺으셨다는 것은 나에게 작은 일입니다. 나는 그분이 나와 더불어 언약을 맺으셨다는 것을 알고 싶습니다. 그분이 나와 더불어 언약을 맺으셨다는 확신은 얼마나 복될까요! 만일 성령 하나님이 나에게 이 확신을 주신다면, 그분의 구원은 나의 것이고, 그분의 마음은 나의 것이며, 그분 자신이 나의 것입니다. 그분은 나의 하나님이십니다.

이 언약은 그 유효기간이 영원합니다. 영원한 언약은 시작도 없고, 끝도 절대로, 절대로 없는 언약을 의미합니다. 참으로 불확실한 인생 속에서 "하나님의 견고한 터가 섰다"(딤후 2:19)는 것을 알고 있고, "내 언약을 깨뜨리지 아니하고 내 입술에서 낸 것은 변하지 아니하리로다"(시 89:34)고 하나님이 친히 하신 약속을 갖고 있는 것은 얼마나 행복할까요! 비록 내 집이 내 마음의 소원만큼 하나님과 함께하지 못한다고 해도, 다윗이 죽을 때 그렇게 한 것처럼, 나도 이 행복을 노래할 것입니다.

수 놓은 옷을 입히고 물돼지 가죽신을 신기고 가는 베로
두르고 모시로 덧입히고 - 에스겔서 16:10

　여호와께서 자기 백성들의 옷으로 말할 수 없이 아름다운 옷을 준비하신 것을 보십시오. 하나님의 솜씨가 비할 수 없이 정교한 수 놓은 옷을 만들어낸 것임을 확인할 수 있습니다. 그 부분들 속에는 하나님의 모든 속성이 들어가 있고, 하나님의 모든 아름다움이 드러나도록 되어 있습니다. 우리의 구원 속에 드러나 있는 것과 같은 기교보다 더 뛰어난 기교, 성도들의 의에서 보여지는 것과 같은 솜씨보다 더 교묘한 솜씨는 없습니다. 칭의는 어느 시대든 교회 안에 있는 지성들의 펜을 매료시켜 왔으며, 앞으로도 영원히 찬미의 주제가 될 것입니다. 하나님은 정말 "세밀하게 그것을 만드셨습니다." 이 정밀한 작업과 함께, 실용성과 내구성을 겸하도록 하셨기 때문에 우리의 존재는 물돼지 가죽신을 신긴 것과 비교할 수 있습니다. 물돼지는 비싼 동물은 아니지만, 그 가죽은 성막을 덮고, 가장 질 좋고, 튼튼한 가죽 가운데 하나로 알려져 있습니다. 믿음으로 하나님에게서 받는 의는 영원토록 지속되고, 이 하나님이 예비하신 신을 신은 사람은 광야를 안전하게 지날 수 있으며, 사자와 뱀을 그 발로 짓밟아 줄 수 있을 것입니다. 우리의 거룩한 옷의 정결함과 존귀함은 가는 베로 말미암은 것입니다. 하나님이 그의 백성들을 성결케 하실 때, 그들은 제사장처럼 순전히 흰 옷을 입게 됩니다. 그들은 사람들과 천사들의 눈에 참으로 아름다운 모습으로 보이고, 심지어는 하나님의 눈에도 흠 없는 존재로 보여집니다. 또한 왕의 의복은 모시(명주, silk)처럼 우아하고 가치가 있습니다. 그것은 값이 비쌀 뿐 아니라 아름답기로도 최고요, 그 우아함도 빠지지 않습니다.

　그렇다면 어떻습니까? 이로부터 아무런 결론이 나오지 않습니까? 낭연히 느껴져야 할 감사가 있고, 표현되어야 할 기쁨이 있습니다. 내 마음아, 오라, 와서 이 저녁에 할렐루야를 높이 외치라! 나팔을 불라! 심금을 울리라!

"내 영혼아, 희한하게도 그대는 아름답다.
위대하신 성 삼위 하나님으로 말미암아!
그대의 온 힘을 다해
가장 아름다운 찬양의 곡조를 울리라."

내가 너를 굳세게 하리라 – 이사야 41:10

하나님은 이 약속을 지키실 수 있는 강력한 능력을 갖고 계십니다. 왜냐하면 그분은 무엇이든 하실 수 있는 분이니까요. 성도여, 당신은 전능의 바다를 다 마르게 할 수 있을 때까지, 하늘 높이 치솟은 전능하신 힘의 산을 다 무너뜨릴 때까지, 두려워할 필요가 없습니다. 인간의 힘이 하나님의 힘을 능가할 수 있다고 상상하지 마십시오. 땅의 거대한 기초들이 서 있는 동안, 당신은 믿음 안에서 안전하게 거할 충분한 이유가 있습니다. 지구가 그 궤도를 따라 운행하도록 지시하고, 태양이라는 뜨거운 용광로를 돌리며, 하늘의 별들을 조종하는 동일한 하나님이 당신에게 날마다 힘을 주시겠다고 약속하셨습니다. 그분이 우주를 지탱하고 계시는 동안 자신이 하신 약속을 이루지 못하는 일이 벌어질 것을 꿈도 꾸지 마십시오.

그분이 과거에 어떻게 행하셨는지 보십시오. 그분이 어떻게 말씀하셨든, 그것이 다 이루어졌음을 기억하십시오. 그분이 어떻게 명령하셨든, 그것은 다 견고하게 섰습니다. 세상을 창조하신 하나님이 기운이 빠지겠습니까? 그분은 이 세상을 허공에 매달아 놓으신 분입니다. 이것을 행하실 수 있는 분이 그의 자녀들을 도우실 수 없겠습니까? 능력이 없어서 자신의 말씀을 신실하게 지키지 못할 것 같습니까? 폭풍을 잠잠케 하시는 분이 누구입니까? 그분은 바람을 그의 날개로 부리고, 구름을 그의 병거로 삼으며, 대양을 한 손에 쥐고 계신 분이 아닙니까? 그런데 그분이 어떻게 당신을 실패할 수 있게 하시겠습니까? 그분이 본문과 같은 신실한 약속을 기록해 두셨을 때, 당신은 그분이 지킬 능력도 없으면서 허황된 약속을 하셨다고 생각합니까? 아, 아닙니다! 당신은 절대로 의심해서는 안 됩니다.

오 나의 하나님과 나의 힘이 되신 여호와여, 내가 이 약속이 이루어질 줄을 믿나이다. 당신의 무한한 은혜의 창고는 전혀 다함이 없고, 흘러넘치는 당신의 힘의 창고도 절대로 당신의 친구들에 의해 비워지거나 당신의 원수들에 의해 약탈될 수 없기 때문입니다.

> "약한 자들이여 이제 강건해져서
> 여호와의 팔을 그대들의 노래로 삼으라."

하나님의 자녀(의 얼룩) - 신명기 32:5

무오한 말씀이 하나님의 자녀에게 나타내는 은밀한 얼룩은 무엇일까요? 그것을 우리 자신의 판단에 맡기는 것은 주제넘는 일입니다. 하지만 하나님의 말씀은 그것을 우리에게 계시해 주는데, 우리는 반드시 그 계시가 인도하는 지점으로 가야 합니다. 우리는 우리 주님이 "영접하는 자 곧 그 이름을 믿는 자들에게는 하나님의 자녀가 되는 권세를 주셨으니"(요 1:12)라는 말씀을 보게 됩니다. 따라서 우리가 마음으로 그리스도 예수를 영접하면, 하나님의 자녀가 됩니다. 이 영접은 같은 구절에서 예수 그리스도의 이름을 믿는 것이라는 말로 묘사되어 있습니다. 그러므로 내가 예수 그리스도의 이름을 믿는다면, 즉 십자가에 달리셨지만 지금은 높아져 하늘에 계시는 구속주를 단순히 마음으로 신뢰하기만 하면, 나는 지존자의 가족의 한 사람이 됩니다. 이 믿음만 갖고 있다면, 비록 다른 것은 갖고 있지 못하다고 할지라도, 나는 하나님의 자녀가 되는 권세를 갖게 됩니다.

우리 주 예수님은 그것을 다른 말로 이렇게 표현하십니다: "내 양은 내 음성을 들으며 나는 그들을 알며 그들은 나를 따르느니라"(요 10:27). 여기에 살펴볼 요점이 있습니다. 그리스도는 다른 양들이 아니라 바로 자기 자신의 양들에게 목자로 나타나신다는 것입니다. 그분이 나타나시면, 그분 자신의 양은 그분을 알아봅니다. 그들은 그분을 믿고, 그분을 따를 준비가 되어 있습니다. 그분은 그들을 알고, 그들은 그분을 압니다. 서로를 아는 지식이 있습니다. 그들 사이에는 지속적 관계가 이루어집니다. 이처럼 거듭남과 양자됨의 유일한 흔적, 확실한 흔적, 하자 없는 흔적은 지정된 구속주를 믿는 진실한 믿음입니다.

성도여, 당신은 자신이 하나님의 자녀의 은밀한 흔적을 갖고 있는지 의심이 가고, 확신이 없습니까? 그렇다면 "하나님이여, 나를 살피사 내 마음을 아옵소서" 하고 아뢰는 것 외에 다른 것들로 머리를 아프게 하지 마십시오. 나는 당신이 이것을 소홀히 하지 않도록 권면합니다. 만일 당신이 이것을 조금이라도 소홀히 여겨야 한다면, 당신의 건강이나 당신의 재산에 관한 권리행위 등은 두 번째 문제입니다. 중요한 것은 당신의 영혼, 절대로 죽지 않는 영혼과 그 영원한 운명에 대한 것이고, 나는 당신이 그것을 진지하게 생각해보기를 바랍니다. 부디 영원에 관한 문제를 확실히 해두십시오.

### 벗이여 올라 앉으라 - 누가복음 14:10

은혜의 생명이 영혼 속에서 새로운 삶을 시작할 때, 우리는 진실로 두렵고 떨리는 마음으로 하나님께 나아갑니다. 영혼이 죄책을 느끼고, 그것 때문에 겸비하게 되면, 자기가 얼마나 두려운 위치에 있는지 위압감을 느낍니다. 여호와의 위대하심을 느끼는 영혼은 땅까지 낮아져 어디서든 그분의 임재 속에 있게 됩니다. 그는 진실로 부끄러워 가장 낮은 자리를 취합니다.

그러나 그 이후로 생명이 은혜 안에서 자라가면서, 그리스도인은 창조할 수도 있고 파괴할 수도 있는 하나님의 임재 속에 있을 때, 자신의 두려운 위치를 망각하지 않으면서도 은혜로운 사람이 가져야 하는 거룩한 두려움을 또한 잃지 않을 것입니다. 하지만 그의 두려움은 공포심에서 나오는 두려움이 아니라 거룩한 외경심에서 나오는 것으로, 절대로 무서워 떨지 않습니다. 그는 그리스도 예수 안에서 하나님께 더 높이, 그리고 더 가까이 나오도록 부르심을 받습니다. 그리하여 하나님의 사람은 영광의 그룹들처럼, 예수 그리스도의 피와 의라는 두 날개로 얼굴을 가리고, 경외심과 낮아진 영을 갖고, 신성의 광채 사이를 걸어 보좌로 가까이 나아갈 것입니다. 거기서 그는 사랑과 선과 은혜의 하나님을 뵙고, 그분의 절대적 신성보다 언약의 하나님의 속성을 더 깊이 깨닫게 됩니다.

또 그는 하나님의 크심보다 인자하심을, 엄위보다 사랑을 더 크게 발견하게 됩니다. 그때 아직 전처럼 낮아져 엎드려 있던 영혼은 더 거룩한 교제의 자유를 누리게 될 것입니다. 왜냐하면 무한하신 하나님의 영광 앞에 엎드려 있는 동안, 자신이 무한한 자비와 한량없는 사랑의 하나님 앞에 있다는 사실을 새롭게 깨닫게 되고, 또 "사랑하는 주님 안에서" 용납되었다는 사실을 발견하게 될 것이기 때문입니다. 이처럼 신자는 더 높이 올라오라는 명령을 받고, 하나님을 즐거워하는 특권을 행사할 수 있게 되며, 거룩한 신뢰를 갖고 그분께 더 가까이 나아가 "아바 아버지"라고 부를 수 있게 됩니다.

> "우리가 당신을 대면하여 보도록
> 당신의 형상 안에서 충분히 자라갈 때까지
> 우리가 힘을 얻고 더 얻어
> 날마다 은혜 안에서 자라가리라."

### 밤도 주의 것이라 - 시편 74:16

그렇습니다, 주여, 당신은 해가 져도 보좌에서 물러나지 아니하시고, 이 길고 차가운 밤에도 악의 먹이가 되도록 우리를 세상에 버려두지 않습니다. 당신의 눈은 별처럼 우리를 감찰하시고, 당신의 팔은 하늘의 황도대처럼 우리를 감싸 안고 있습니다. 조용한 잠을 주는 이슬들과 달의 영향들도 당신의 손 안에 있습니다. 밤의 경고들과 장엄함도 똑같이 당신 아래 있습니다. 본문은 우리가 한밤에 잠을 자지 못하고 깨어있거나 고뇌로 이리저리 뒤척이고 있을 때 큰 위로가 됩니다. 태양 못지않게 달도 보배로운 열매들을 생산합니다. 나의 주님은 그 열매들을 따먹도록 나에게 은혜를 베푸실 것입니다.

고통의 밤도 축복으로 가득 찬 밝은 여름날들처럼 사랑의 하나님의 지배와 통제 아래 있습니다. 예수님은 태풍 속에도 계십니다. 그분의 사랑은 외투처럼 밤을 둘러싸고 있습니다. 그러나 믿음의 눈은 그 검은 옷 자체만을 보지 않습니다. 영원하신 파수꾼은 초저녁부터 새벽까지 그의 성도들을 감찰하시며, 그의 백성들의 최고의 유익을 위해 밤의 어둠들과 이슬들을 통제하십니다. 우리는 주님과 다툴 만한 다른 선악의 신들을 믿지 않습니다. 그 대신 우리는 "나는 빛도 짓고 어둠도 창조하며 나는 평안도 짓고 환난도 창조하나니 나는 여호와라 이 모든 일들을 행하는 자니라"(사 45:7)는 여호와의 음성을 듣습니다.

종교적 무관심과 사회적 죄가 판을 치는 우울한 시대도 하나님의 지배로부터 제외되지 않습니다. 진리의 제단들이 오염되고, 하나님의 길이 포기될 때, 여호와의 종들은 슬픔의 눈물을 흘릴지언정 절망하지 않습니다. 왜냐하면 가장 어두운 시대에도 하나님은 다스리고 계시며, 그분의 명령에 따라 그 종말이 오도록 되어 있기 때문입니다. 우리를 패배시키는 것처럼 보이는 일이 그분에게는 승리의 일이 될 것입니다.

> "이두운 밤으로 둘러씨여
> 빛의 광선을 전혀 발견하지 못한다 해도,
> 주님이 함께 계시기에
> 우리는 두려워 할 것을 전혀 만나지 않으리라."

### 너희를 위하여 가난하게 되심은 - 고린도후서 8:9

주 예수 그리스도는 영원히 부요하고, 영화롭고, 높으신 분입니다. 그러나 "그분은 부요하신 이로서 당신을 위하여 가난하게 되셨습니다." 부유한 성도가 그의 재산을 가지고 가난한 형제들의 필요를 돌아보지 않는다면, 그들과의 참된 교제를 나눈다고 볼 수 없듯이, 우리의 주님도 자신의 풍성한 재산을 우리에게 나누어주시고, 우리를 부요하게 하기 위해 스스로 가난하게 되시지 않는다면, 우리와 참된 교제를 갖는 것이 불가능할 것입니다(머리와 지체들 사이에도 똑같은 법칙이 지배한다). 만일 주님이 영광의 보좌에 그냥 앉아 계셨더라면, 그래서 우리가 그분의 구원을 받지 못하고 타락의 멸망 속에 계속 있었더라면, 양편 사이의 진정한 사귐은 불가능했을 것입니다. 우리는 타락으로 말미암아 은혜 언약으로부터 벗어나 있기 때문에 벨리알이 그리스도와 함께 할 수 없는 것처럼 그리스도와 교통할 수 없습니다.

그러므로 그 교제가 제대로 이루어지기 위해서는 부요한 친족이 그의 재산을 가난한 친척에게 나누어주어야 하는 과정이 필수적이었습니다. 이를 위해 의로 우신 구주께서 그의 죄인된 형제들에게 자신의 완전함을 나누어주셨고, 그래서 가난하고 죄책을 짊어진 우리는 그분의 충만하신 은혜를 받아야 했습니다. 이처럼 주고받는 과정으로서, 주님은 높은 곳에서 낮은 곳으로 내려오셨고, 우리는 낮은 곳에서 높은 곳으로 올라감으로써, 서로 간에 진실하고 성실한 교제를 나눌 수 있게 되었습니다. 무한한 보물을 그 앞에 갖고 계신 주님이 가난한 우리를 부요케 해주셔야만, 진정한 교제는 이루어질 수 있습니다. 영혼이 정결함 속에서 주님과 교제를 나눌 수 있기 위해서는 우리의 죄책이 주님께 전가되고, 주님의 의가 우리에게 전가되어야 합니다. 예수님이 자기 자신의 옷으로 그의 백성들을 옷 입히셔야 합니다. 그렇지 아니하면 그분은 그들을 자신의 영광의 궁정으로 들어가도록 하실 수 없습니다. 또 그분이 자신의 피로 그들을 씻어주셔야 합니다. 그렇지 아니하면 그들은 너무 더러워 그분과의 교제를 나누지 못할 것입니다.

오 신자여, 이것이 사랑입니다! 당신을 위해 주 예수님이 "가난하게 되신" 것은 당신을 높여 자신과 교제를 나눌 수 있도록 하시기 위함이었습니다.

여호와의 영광이 나타나고 모든 육체가 그것을 함께 보리라 - 이사야서 40:5

우리는 온 세상이 그리스도께로 돌아올 복된 날을 기다리고 있습니다. 이교도의 신들이 두더지와 박쥐처럼 내던져질 때, 로마교회가 파멸을 당하고 이슬람교가 소멸되어 다시는 민족들에게 그 해로운 빛을 비추지 못할 때, 왕들이 평화의 왕 앞에 무릎을 꿇고, 모든 민족들이 그 구원자를 찬미할 때가 곧 도래할 것입니다. 어떤 사람들은 이에 대해 부정적으로 전망합니다. 그들은 세상을, 난파되어 산산조각 나 다시는 떠오르지 못할 배처럼 생각합니다. 우리는 세상과 세상 속에 있는 모든 것이 언젠가 불에 타 없어지지만, 그 후에는 새 하늘과 새 땅이 오리라는 것을 알고 있습니다. 그러나 우리는 다음과 같은 확신을 갖고 성경을 보아야 합니다:

"예수님은 태양이 가는 곳마다 다스리고,
그분의 행로는 성공적으로 진행된다."

우리는 그분의 오심이 오래 지체되어도 낙심하지 않습니다. 우리는 교회가 그 투쟁에 있어서 승리는 적고 패배는 많은 기간이 오래 지속되어도 실망하지 않습니다. 우리는 하나님이 이전에 그리스도의 피를 그 위에 뿌린 이 세상을 마귀의 요새가 되도록 방관하지 않으실 것을 확실히 믿습니다. 그리스도는 이 세상을 흑암의 세력들로부터 구원하시기 위해 이곳에 오셨습니다. 사람들과 천사들이 연합하여 "할렐루야 주 우리 하나님 곧 전능하신 이가 통치하시도다"(계 19:6)라고 부르짖을 때, 그 소리는 얼마나 웅장할까요!

그날에 그 싸움에 동참하여 원수의 화살을 꺾고 우리 주님이 승리하는데 도움을 준 사람들은 얼마나 흡족할까요! 이 정복하시는 주님을 신뢰하고, 그분과 함께, 그분의 이름으로, 그분의 능력을 가지고 싸우는 사람들은 복이 있도다! 그러나 악의 편에 서 있는 사람들은 얼마나 불행할까요! 그 쪽은 패배하는 편이요, 패배하는 편에 가담하는 사람은 패배하되, 영원히 패할 것입니다. 당신은 과연 어느 쪽 편입니까?

보라 처녀가 잉태하여 아들을 낳을 것이요
그의 이름을 임마누엘이라 하리라 -이사야서 7:14

오늘은 우리가 베들레헴으로 내려가 봅시다. 그리로 가서 영문을 몰라 하는 목자들과 경배하는 동방박사들과 함께 유대인의 왕으로 나신 분을 만나봅시다. 왜냐하면 우리는 믿음으로 그분에 대해 관심을 갖고 "우리에게 한 아기가 났고, 우리에게 한 아들이 주어졌다"고 노래할 수 있기 때문입니다. 예수님은 성육신하신 여호와로서, 우리의 주님이자 하나님이시고, 우리의 형제이자 친구이십니다. 그러므로 우리가 경배하고 찬양합시다.

우리는 먼저 그분의 이적적 잉태를 염두에 두어야 합니다. 처녀가 잉태하여 아들을 낳는 것은 전무후무한 일이었습니다. 이에 대한 첫 번째 약속은 그분이 남자의 후손이 아니라 "여자의 후손"으로 오신다는 것이었습니다. 대담한 여자 하와가 먼저 죄를 범해 낙원으로부터 쫓겨났기 때문에, 그녀 오직 그녀만이, 낙원의 회복자를 안내하게 되는 것입니다. 우리 구주는 완전한 인간이셨지만, 그분의 인성은 하나님의 거룩하신 본성이었습니다. 그러므로 우리는 그 무죄하던 원래 상태로 인간을 회복시킬 거룩하신 아기 예수님을 경배해야 합니다. 또 영광의 소망이신 그리스도의 형상이 우리 안에 이루어질 수 있도록 기도해야 합니다.

그분이 미천한 가문 출신이라는 것도 짚고 넘어가야 하겠습니다. 그분의 어머니는 단순히 처녀로서 묘사되어 있습니다. 그녀는 공주나 여선지자나 대가문의 마님이 아니었습니다. 물론 그녀의 피 속에는 왕족의 피가 흐르긴 했습니다. 또 그토록 아름다운 찬양의 노래를 지어 부른 것을 보면, 그녀는 그렇게 무식하거나 못배운 여자도 아니었습니다. 그러나 그녀의 신분은 얼마나 미천했고, 그녀와 정혼한 남자는 얼마나 가난했으며, 새로 태어난 왕의 처소는 얼마나 비참한 곳이었을까요!

임마누엘 하나님은 우리의 본성 속에, 우리의 슬픔 속에, 우리의 일생 속에, 우리의 형벌 속에, 우리의 무덤 속에 함께하시고, 지금도 우리와 함께하시며, 또 부활과 승천과 승리와 영광의 재림 시에도 우리와 함께하실 것입니다.

> 그들이 차례대로 잔치를 끝내면 욥이 그들을 불러다가 성결하게 하되 아침에 일어나서
> 그들의 명수대로 번제를 드렸으니 이는 욥이 말하기를 혹시 내 아들들이 죄를 범하여
> 마음으로 하나님을 욕되게 하였을까 함이라 욥의 행위가 항상 이러하였더라 - 욥기 1:5

욥이 가족 잔치를 마친 후 아침에 일찍 일어나 했던 것을 우리도 오늘 밤 잠자리에 들기 전 해보는 것이 좋습니다. 가족들이 함께 모여 즐겁게 놀다 보면, 가볍게 죄를 범하고, 그리스도인으로서 가져야 할 품위를 잊어버리기 쉽습니다. 그러나 그렇게 되어서는 안 됩니다. 오늘날 우리 시대의 잔치 문화는 거의 성별된 모습들을 갖고 있지 않고, 너무나 자주 성스럽지 못한 유흥으로 전락해 버리기 때문에 더욱 그렇습니다. 사람이 에덴의 강들에서 목욕하는 것처럼, 깨끗하게 하고 성결하게 하는 즐거운 방법들이 있습니다. 거룩한 감사도 거룩한 슬픔만큼 확실히 순결하게 하는 요소입니다. 슬프도다! 우리의 빈약한 심령은 잔칫집보다는 초상집을 방문하는 것이 더 나음을 증명합니다.

성도여, 당신이 오늘 거룩한 축제의 날에 범한 죄가 무엇입니까? 당신의 고귀한 부르심을 망각하지는 않았습니까? 다른 사람들에게 무익한 말이나 불필요한 말을 하지 않았습니까? 그렇다면 그 죄를 자복하고, 번제를 드리십시오. 희생제사가 성결케 합니다. 죽임을 당한 어린양의 보배 피가 죄책을 제거하고, 무지와 부주의로 말미암은 죄의 오염들을 깨끗하게 합니다. 깨끗하게 하는 샘에서 새롭게 몸을 씻는 것, 이것이 성탄절의 최고의 결말이 되어야 합니다. 성도여, 이 희생제사를 계속해서 드리십시오. 오늘 밤 그렇게 하는 것이 좋았다면, 아마 매일 밤 좋을 것입니다. 제단 앞에서 사는 것은 왕 같은 제사장의 특권입니다. 죄가 아무리 크다고 해도, 절망할 이유가 없습니다. 죄를 대속하는 희생제물에게 가까이 나아길 때마다 양심으로무디 죽은 행실들을 깨끗이 빗이니 깅겉게 될 것이기 때문입니다.

> "즐겁게 이 축제의 날을 마친 후,
>  제단의 거룩한 뿔을 붙잡는다.
>  내 죄와 허물은 씻겨지고,
>  어린양이 내 모든 죄악을 담당하셨도다."

마지막 아담 - 고린도전서 15:45

예수님은 그의 택자들의 머리가 되십니다. 아담은 행위의 법 아래 있는 인류의 언약의 머리이자 대표자이기 때문에, 그 안에서 혈과 육의 상속자들이 그 개인적 권리를 갖고 있는 것처럼, 은혜의 법 아래 있는 모든 구속 받은 영혼들도 하늘로부터 오신 주님이 사랑의 새 언약 안에서 택자들의 후원자이자 대리인으로서 마지막 아담이 되시기 때문에, 그분과 하나입니다. 사도 바울은 아브라함이 멜기세덱을 만났을 때 레위의 아들들이 그의 허리에서 났다고 선언합니다. 마찬가지로 신자도 은혜 언약이 체결되고 비준되고, 영원히 유효하게 된 영원 전부터, 중보자 예수 그리스도의 허리에서 난 자임이 확실합니다. 따라서 그리스도께서 이루신 것은 무엇이든, 그분이 그의 교회 전체를 위해 하신 것이 됩니다. 우리는 그리스도 안에서 십자가에 못 박히고, 그분과 함께 장사되었습니다(골 2:10-13을 보라). 또 그보다 더욱 희한한 사실은 우리는 그분과 함께 일으킴을 받고, 그분과 함께 하늘에 앉아 있게 되었다는 것입니다(엡 2:6).

교회는 이렇게 율법을 성취하고, "그의 사랑하는 자 안에서 받아들여집니다." 또 교회는 이렇게 의로우신 여호와의 마음을 만족시키게 됩니다. 왜냐하면 하나님은 교회를 언약의 머리가 되시는 예수님과 분리시켜 보시지 않고, 그분 안에서 보시기 때문입니다. 기름 부음 받은 이스라엘의 구속주로서 그리스도 예수는 그의 교회와 구별된 것이 아무것도 없습니다. 그분은 오직 그의 교회를 위한 것만 갖고 계십니다. 아담의 의는 그가 그것을 유지하고 있는 동안에는 우리의 것이었습니다. 그러나 그가 죄를 범하는 순간 그의 죄가 우리의 것이 되고 말았습니다. 마찬가지로 마지막 아담이신 예수님의 모든 것과 그분이 행하신 모든 것은 그분이 우리의 대표자가 되시기 때문에 그분의 것임과 동시에 우리의 것입니다. 여기에 은혜 언약의 기초가 있습니다.

순교자 유스티누스로 하여금 "오 복된 변화여! 오 달콤한 교환이여!"라고 외치도록 감동시킨 것은 바로 이 대표자와 대리인이라는 은혜로운 체계입니다. 이것이 우리를 구원시키는 복음의 토대이고, 따라서 우리는 이것을 담대한 믿음과 황홀한 기쁨으로 받아들여야 합니다.

볼지어다 내가 … 너희와 항상 함께 있으리라 - 마태복음 28:20

주 예수님은 그의 교회와 함께 계십니다. 그분은 금촛대 사이를 다니십니다. 그분은 "볼지어다 내가 너희와 항상 함께 있으리라"고 약속하십니다. 그분은 옛날 호숫가에서 제자들과 함께 물고기와 떡을 함께 나누셨던 것처럼, 지금도 확실히 우리와 함께 하십니다. 예수님은 육신적으로가 아니라 영적 진리 안에서 우리와 함께 하십니다. 그것은 참으로 복된 진리입니다. 왜냐하면 예수님이 계신 곳에서는 사랑이 불타오르기 때문입니다. 마음을 불타오르게 하는 세상의 모든 일들 가운데 예수님의 임재만큼 강력한 것은 없으리라! 우리는 주님을 힐끗 한 번 보기만 해도 압도를 당합니다. 그래서 우리는 "네 눈이 나를 놀라게 하니 돌이켜 나를 보지 말라"(아 6:5)고 말할 수밖에 없습니다. 심지어는 그분의 향내 나는 옷으로부터 떨어지는 침향과 몰약과 계피도 병자와 기운 없는 자들을 강하게 만듭니다. 주님의 은혜로운 품에 잠시 머리를 기대기만 해도, 그분의 거룩한 사랑이 우리의 냉정한 마음속에 채워지고, 그 결과 우리는 더 이상 냉정할 수 없고, 스랍들처럼 모든 수고를 불타는 마음으로 감당하고, 모든 고난을 기꺼이 감수하게 됩니다.

만일 우리가 예수님이 우리와 함께하신다는 사실을 알고 있다면, 모든 능력은 계발되고, 모든 은혜는 강화될 것입니다. 또 우리는 주님을 섬기는 데 마음과 영혼과 힘을 다해 매진할 것입니다. 그러므로 그 무엇보다 소원해야 할 일이 있다면 그것은 그리스도의 임재입니다. 그분의 임재는 그분을 닮은 사람들이 가장 잘 깨닫게 될 것입니다. 만일 당신이 그리스도를 보기 원한다면, 그분과 일치되어야 합니다. 성령의 능력으로 자신을 그리스도의 욕구와 동기 및 행동계획 등에 일치되도록 하십시오. 그러면 당신은 그분의 일행과 함께하는 축복을 누리게 될 것입니다. 우리가 그분의 임재를 가능하게 할 수 있음을 기억하십시오. 그분의 약속은 항상 진실합니다. 그분은 우리와 함께하시는 것을 즐거워하십니다. 만일 그분이 오시지 않는다면, 그것은 무관심으로 우리가 그분을 방해하기 때문입니다. 그분은 우리의 진지한 기도에 자신을 계시하고, 우리는 간청과 눈물을 통해 그분을 붙들어놓을 수 있습니다. 왜냐하면 이것들은 예수님과 그의 백성들을 묶어놓는 금사슬이기 때문입니다.

왕골은 구멍이 많고 속이 비어 있습니다. 위선자도 이와 똑같습니다. 위선자 안에는 실속이나 안정성이 없습니다. 왕골은 바람이 불 때마다 이리저리 흔들리는데, 이것은 위선자들이 모든 영향에 따라 좌우되는 것과 같습니다. 이런 이유로 왕골은 태풍이 불어와도 부러지지 않습니다. 마찬가지로 위선자들도 어떤 핍박이 와도 그것을 당하지 않습니다. 나는 자원해서 속이는 자가 되거나 속임을 당하는 자가 되지 않겠습니다. 아마 본문은 오늘날 내가 위선자인지 아닌지를 시험해보는데 도움이 될 것입니다. 왕골은 본질상 물 속에서 자라고, 진펄에 그 뿌리를 내리고 생존합니다. 그러므로 그것은 진펄이 마르면 금방 시들어버립니다. 왕골의 푸르름은 절대적으로 그 환경에 달려 있습니다. 물이 풍성하게 공급되면, 그것은 무성하게 자라고, 물이 마르면 즉시 말라비틀어집니다.

이것이 내 경우는 아닙니까? 나는 좋은 환경 속에 있을 때만, 종교가 유익을 주고 존경을 받을 때만 하나님을 섬기지 않습니까? 하나님으로부터 일시적 위로를 받을 때만 그분을 사랑하지 않습니까? 만일 그렇다면 나는 천박한 위선자로서, 시들어버리는 왕골처럼, 죽음이 외적 기쁨을 빼앗아갈 때 망하고 말 것입니다. 그러나 육신적 위로가 거의 없을 때, 나의 환경이 은혜를 돕기보다 오히려 대적할 때에도, 여전히 나의 신실함을 보여 주었다고 정직하게 주장할 수 있습니까? 그렇다면 내 안에 진정으로 생명력 있는 경건이 있다고 말할 수 있습니다.

왕골은 진펄이 없으면 자랄 수 없습니다. 하지만 하나님의 오른손이 심은 식물은 가뭄이 들어도 번성할 수 있고, 실제로 그렇게 자라갑니다. 경건한 사람은 종종 그의 세상에서의 환경이 열악해질 때 가장 잘 자랍니다. 지갑을 위해 그리스도를 따르는 사람은 유다와 같습니다. 떡과 고기 때문에 그분을 따르는 사람들은 마귀의 자녀들입니다. 그러나 사랑하기 때문에 그분을 따르는 사람들은 그분의 사랑받는 자녀들입니다. 주여, 이 세상의 유익이나 이득의 진펄 안에서가 아니라 당신 안에서 내 생명을 발견하게 하소서.

여호와가 너를 항상 인도하여 - 이사야서 58:11

"여호와가 너를 인도하리라." 천사도 아니고 바로 여호와께서 당신을 인도하실 것입니다. 여호와께서는 천사가 백성들 앞에서 인도하여 광야를 지나가게 하실 것이라고 말씀하셨습니다. 그러나 모세는 "주께서 친히 가지 아니하시려거든 우리를 이 곳에서 올려 보내지 마옵소서"(출 33:15)라고 말했습니다. 그리스도인이여, 하나님은 당신의 지상에서의 순례길을 천사의 인도에 맡기시지 않습니다. 그분 자신이 그 키를 잡고 계십니다. 당신은 구름기둥, 불기둥을 볼 수 없겠지만, 여호와는 당신을 포기하지 않으실 것입니다.

"여호와가 너를 인도하여" — 여기서 하여(shall)라는 말을 주목하십시오. 이 말이 그것을 얼마나 확실하게 만들까요! 하나님이 우리를 포기하지 않으신다는 것은 얼마나 확실한 진리일까요! "하여"라고 하는 말은 사람들의 맹세보다 얼마나 더 보배로울까요! "내가 결코 너희를 버리지 아니하고 너희를 떠나지 아니하리라"(히 13:5). 그 다음에는 항상(continually)이라는 부사를 주목하기 바랍니다. 우리는 때때로 인도를 받는 것이 아니라 우리에게는 지속적인 인도자가 계십니다. 우리는 가끔 우리 자신의 판단에 따르도록 남겨져 방황하지 않고, 항상 위대하신 목자의 인도하는 음성을 듣도록 되어 있습니다. 만일 우리가 그분의 발꿈치를 따라간다면 결코 실수가 없고, 의의 길을 따라가야 할 도성으로 인도를 받을 것입니다.

만일 당신의 인생에 갑작스러운 변화가 일어난다면, 멀리 떨어진 해안으로 이주하거나 갑자기 가난하게 되거나 한다면, 지금보다 더 책임 있는 자리로 승진을 한다면, 또는 생소한 사람들 사이로 떨어지게 되거나 원수들 사이에 떨어지거나 한다면, 그때도 절대로 두려워하지 마십시오. 왜냐하면 "여호와가 당신을 항상 인도하시기" 때문입니다. 당신이 하나님을 가까이 하는 삶을 살거나, 당신의 마음이 거룩한 사랑으로 항상 뜨겁다면, 당신이 구원받지 못할 딜레마는 찾아오지 아니할 것입니다. 하나님과 동행하는 사람은 절대로 실족하지 않습니다. 에녹처럼 하나님과 동행하십시오. 그러면 절대로 길을 잃지 아니할 것입니다. 당신은 당신을 인도해 줄 무오한 지혜, 당신을 위로해 줄 불변의 사랑, 당신을 방어해 줄 영원한 능력을 갖고 있습니다. "여호와" — 이 단어를 잊지 마십시오. "여호와가 너를 항상 인도하리라."

이제 내가 육체 가운데 사는 것은 … 하나님의 아들을
믿는 믿음 안에서 사는 것이라 – 갈라디아서 2:20

자비로우신 하나님은 지나가시다 피투성이인 우리를 보시면 무엇보다 먼저 "살라"고 말씀하셨고, 이것이 처음에 하신 일이었습니다. 왜냐하면 생명은 영적 문제에 있어서 절대적으로 본질적인 것 중의 하나이고, 그것이 주어지기 전에는 우리가 천국의 일들에 참여할 수 없기 때문입니다. 그런데 하나님의 은혜가 그 소생의 순간에 성도들에게 부여하는 생명은 다름 아닌 그리스도의 생명이고, 줄 기로부터 나온 수액처럼 가지인 우리 안에 들어와 우리 영혼과 예수님 사이에 살아있는 관계를 수립합니다. 믿음은 이 연합을 지각하는 은혜로서, 이 연합으로 부터 나오는 첫 열매입니다. 그것은 교회라는 몸을 그 영광스러운 머리에 연결 시키는 목입니다.

"오 믿음이여! 그대 주님과 우리를 연합시켜 주는 끈이여,
이 직분이 그대의 것이 아닌가? 진정 적절한 이름이로다.
교회의 목 — 복음 체계의 경륜 속에서,
참으로 적절한 상징이로다.
교회를 승천하신 그리스도의 뜻과 사역에
일치시켜 주지 않는가?"

믿음은 주 예수님을 확실하고 단호하게 붙잡습니다. 믿음은 그분의 공로와 가 치를 알고 있고, 어떤 유혹도 그것을 유인하여 다른 것을 믿도록 할 수 없습니 다. 그리스도 예수는 이 거룩한 은혜인 믿음을 참으로 기뻐하시기 때문에 그의 영원하신 팔로 그것을 사랑하는 품에 안고 충분히 후원해 줌으로써 그것을 강화 시키고 유지시켜 주십니다. 바로 여기에 신랑과 신부가 그토록 마시고 싶어하는 사랑과 신뢰와 동정과 만족과 기쁨의 물줄기가 흘러나오는 살아있고, 분별력 있 고, 즐거운 연합이 있습니다. 영혼이 자신과 그리스도 사이에 이루어진 이 하나 됨을 분명히 인식할 수 있을 때, 양쪽에서 그 박동이 뛰고, 각자의 핏줄을 통해 한 피가 흐르는 것을 느낄 수 있을 것입니다. 그때 그 마음은 비록 땅 위에 있지 만 천국 가까이 가 있고, 신랑과 가장 고귀하고 신령한 교제를 즐길 준비가 되어 있습니다.

내가 세상에 화평을 주러 온 줄로 생각하지 말라 화평이 아니요
검을 주러 왔노라 - 마태복음 10:34

그리스도인은 반드시 원수가 생기도록 되어 있습니다. 원수를 만들지 않는 것이 그의 목표 가운데 하나겠지만, 의를 따라 행동하거나 참된 믿음을 갖고 있다면, 세상 친구들은 모두 상실하도록 되어있습니다. 그러나 그것은 작은 손실에 불과하고, 그 대신 그는 천국의 위대하신 친구를 더 가까이 하게 되며, 그분은 그전보다 그에게 더 은혜로운 모습으로 다가오실 것입니다. 오 주님의 십자가를 짊어지고 가는 사람들이여, 주님이 하신 말씀을 모르고 있습니까? '내가 온 것은 사람이 그 아버지와, 딸이 어머니와, 며느리가 시어머니와 불화하게 하려 함이니 사람의 원수가 자기 집안 식구리라"(35-36절). 그리스도는 평화를 주시는 크신 분입니다. 그러나 평화에 앞서 그분은 전쟁을 주십니다. 빛이 오면 어둠은 물러가야 합니다. 진리가 있으면 거짓은 도망쳐야 합니다. 만약 거짓이 여전히 존재한다면, 심각한 갈등이 벌어지게 됩니다. 왜냐하면 진리는 그 표준을 낮출 수도 없고, 낮추려고 하지도 않을 것이기 때문입니다. 거짓은 진리의 발에 짓밟혀야 합니다.

만일 당신이 그리스도를 따르는 자라면, 당신의 발꿈치를 보고 짖어대는 세상의 개들이 있기 마련입니다. 만일 당신이 최후의 심판이라는 시험에 견딜 만한 삶을 살고 있다면, 세상은 당신에게 결코 호의적으로 말하지 않을 것입니다. 세상과 사귐을 갖고 있는 사람은 하나님에게는 원수가 됩니다. 그러나 만일 당신이 지존자에 대해 참되고 신실하게 생활한다면, 사람들은 당신의 담대한 믿음을 싫어할 것입니다. 왜냐하면 그것이 그들의 죄악들을 드러내기 때문입니다. 그러므로 어떤 결과도 두려워하지 말고 당신은 의를 행하십시오. 가장 좋은 친구를 가장 악한 원수로 만들어버리는 과정을 따라 살아가려면 사자와 같은 불굴의 용기가 필요합니다. 그러나 예수님의 사랑을 위해 당신은 이런 용기를 내야 합니다. 진리를 위해 명예와 호의를 희생시키는 삶을 살려면, 하나님의 영만이 당신 안에 역사하실 수 있는 그만한 도덕적 원리의 삶이 항상 요구됩니다. 그러나 겁쟁이처럼 뒤돌아보지 마십시오. 남자답게 행동하십시오. 주님의 발자취를 따라 담대하게 의를 따라 사십시오. 그분이 당신보다 먼저 그 거친 길을 가셨으니까요. 헛된 평화와 영원한 고통보다는 짧은 싸움과 영원한 안식이 훨씬 더 낫습니다.

여호와께서 여기까지 우리를 도우셨다 - 사무엘상 7:12

"여기까지"라는 말은 과거를 손가락으로 가리키는 것과 같습니다. 20년이나 70년이 지났습니다. 그러나 "여호와께서 여기까지 우리를 도우셨습니다!" 가난할 때나 부유할 때, 병들 때나 건강할 때, 집에 있을 때나 밖에 있을 때, 땅 위에 있을 때나 바다 위에 있을 때, 영예로울 때나 수치스러울 때, 괴로울 때나 기쁠 때, 시련을 당할 때나 승리했을 때, 기도할 때나 유혹 속에 있을 때, "여호와께서 여기까지 우리를 도우셨습니다!"

우리는 멀리 펼쳐져 있는 가로수 길을 바라볼 때 마음이 즐거워집니다. 이 끝에서 저 끝까지 기둥처럼 뻗어있는 가지들, 아치를 이루고 있는 나뭇잎들로 뒤덮여 있는 일종의 신록의 궁전 같은 광경을 바라보는 것은 즐거운 일입니다. 마찬가지로 당신이 지금까지 살아온 날들 속에서, 머리 위로 펼쳐져 있는 하나님의 은혜의 푸른 가지들과, 하나님의 인자하심과 신실하심이라는 튼튼한 기둥들이 길게 늘어서 있는 인생의 가로수 길을 바라볼 때에도 똑같이 즐거움을 느낄 것입니다. 거기 가지들에서 새들이 노래를 부르고 있지 않습니까? 아마 많은 새들이 노래를 부르고 있을 것입니다. 그들은 한결같이 "여기까지" 받은 은혜들에 대해 노래하고 있을 것입니다.

그러나 그 말은 또한 앞으로라는 의미를 담고 있기도 합니다. 왜냐하면 어떤 사람이 어느 지점까지 와서 "여기까지"라고 표시를 한다면, 그는 아직 끝까지 다 오지 않았다는 것을 의미하기 때문입니다. 그는 아직 가야 할 길이 더 있습니다. 더 많은 시련과 기쁨, 더 많은 유혹과 승리, 더 많은 기도와 응답, 더 많은 수고와 힘, 더 많은 싸움과 정복 등을 겪고 나면, 질병과 노쇠한 몸, 그리고 죽음이 옵니다. 그러면 그것으로 다 끝납니까? 아닙니다! 아직 남아있는 것이 있습니다. 그것은 예수의 형상, 보좌, 수금, 찬송, 시, 흰옷, 예수님의 얼굴, 성도들의 교제, 하나님의 영광, 충만한 영원, 무한한 축복 속에서 깨어나는 것입니다. 오 성도여, 그러므로 용기를 가지십시오. 감사하는 마음으로 자신 있게 당신의 "에벤에셀"을 세우십시오.

> "여기까지 당신을 도우신 주님이
> 당신의 여행이 다 끝날 때까지 도와주시리라."

천국의 빛 속에서 감사하는 당신의 눈에 "여기까지"라고 적혀있는 글을 읽을 때, 그 장면은 얼마나 영광스럽고 놀라운 광경일까요!

**너희는 그리스도에 대하여 어떻게 생각하느냐 - 마태복음 22:42**

당신의 영혼의 건강상태를 알아보는 시금석은, 당신은 그리스도에 대하여 어떻게 생각하는가 하는 질문에 있습니다. 그리스도는 당신에게 "사람들보다 더 아름답고"(시 45:2), "많은 사람들 가운데 뛰어나고"(아 5:10), "그 전체가 사랑스러운"(아 5:16) 분입니까? 그리스도를 이같이 높이 평가하는 신령한 사람은 자신의 모든 능력을 활력 있게 행사할 것입니다. 나는 다음과 같은 기준에 따라 당신의 경건을 판단해보겠습니다: 당신은 그리스도를 높은 자리에 둡니까, 아니면 낮은 자리에 둡니까? 만일 당신이 그리스도를 작게 생각한다면, 그분과 함께하지 않고서도 만족하며 산다면, 그분의 영광에 대해 별로 관심이 없다면, 그분의 법을 지키는데 소홀히 한다면, 그러면 나는 당신의 영혼이 병들었다고 볼 것입니다. 하나님이 당신의 영혼이 죽음에 이르는 병에 걸리지 않도록 하시기를! 그러나 당신의 영이 '내가 예수님을 어떻게 영화롭게 할 수 있을까'를 먼저 생각한다면, '오 어디서 주님을 발견할 수 있는지 알 수 있다면' 하는 생각이 당신의 일상적 욕구라면, 당신은 비록 천 가지 약점을 갖고 있다고 할지라도, 자신이 하나님의 자녀인지 거의 모르고 있다고 할지라도, 의심할 여지 없이 안전하다고 말할 수 있습니다. 왜냐하면 당신은 그리스도를 높이 평가하고 있으니까요.

그분의 왕의 의복을 생각한다면, 당신은 자신의 누더기를 염려할 필요가 없습니다. 비록 당신의 상처에서 피가 철철 흐르고 있다 할지라도, 그분의 상처를 생각한다면, 그 상처를 염려할 필요가 없습니다. 그분의 상처가 반짝거리는 루비처럼 여겨지지 않습니까? 비록 당신이 나사로처럼 비천한 곳에 누워 개가 당신의 헌데를 핥는다고 할지라도, 나는 당신을 높이 평가합니다. 당신의 가난으로 당신을 평기지 않습니다. 당신은 왕 되신 그분의 아름나움을 어떻게 생각합니까? 당신의 마음속에서 그분이 영광의 보좌에 앉아 계십니까? 당신은 최대한 높은 자리에 그분을 두고 계십니까? 주님을 찬양하는 선율에 다른 나팔 소리를 더할 수 있다면 숙음도 불사하겠습니까? 아! 그렇다면 당신은 아주 건강한 상태 속에 있습니다. 만일 생각할 때마다 그리스도를 그토록 크게 생각한다면, 오래지 않아 당신은 그분과 함께 있게 될 것입니다.

> "모든 세상이 나의 선택을 조롱할지라도,
> 예수님은 나의 분깃이 되신다.
> 어여쁜 자 중 가장 어여쁘신 그분 외에
> 그 누구도 나를 기쁘게 하는 자는 없도다."

### 일의 끝이 시작보다 낫고 - 전도서 7:8

다윗의 주님을 보십시오. 그분의 시작을 보십시오. 그분은 사람들에게 멸시와 거절을 당했습니다. 슬픔의 사람으로서, 고뇌와 친숙한 분이었습니다. 그런데 당신은 그 끝을 보았습니까? 그분은 아버지의 우편에 앉아계시고, 원수들은 그분의 발등상이 되었습니다. "주께서 그러하심과 같이 우리도 이 세상에서 그러하니라"(요일 4:17). 당신도 십자가를 짊어져야 합니다. 그렇지 아니하면 면류관을 받을 수 없습니다. 당신도 진창 속을 걸어서 건너야 합니다. 그렇지 아니하면 황금 길을 따라 걷지 못할 것입니다. 그러므로 연약한 그리스도인이여, 기운을 내십시오. "일의 끝이 시작보다 낫습니다." 기어가는 애벌레를 보십시오. 그 모습이 얼마나 하찮습니까? 그런데 그것은 시작입니다. 그 벌레가 자라 멋진 날갯짓을 하며 햇빛 속을 날아다니거나 행복에 겨워 활력 있게 꽃 속의 꿀을 빨아먹는 모습을 보십시오. 그것이 그 애벌레의 끝입니다. 그 애벌레가 바로 당신입니다. 그때 당신은 사망의 껍질 속에 싸여 있었습니다. 그러나 그리스도께서 오시면, 당신도 그분처럼 될 것입니다. 왜냐하면 당신은 그분의 모습 그대로 그분을 보게 될 것이기 때문입니다. 당신이 그분의 형상으로 깨어날 때 만족할 수 있으려면, 그분처럼 사람이 아니라 벌레로 있는 것을 만족스럽게 여기십시오.

거친 모양의 다이아몬드는 보석 세공인의 기계 위에 두어집니다. 그는 그 모든 면을 다듬습니다. 그것은 많은 부분을 잃습니다. 그 자체로는 굉장히 큰 희생을 치르는 것처럼 보입니다. 그러나 그것은 왕의 면류관에 박힙니다. 그 면류관이 즐거운 나팔 소리와 함께 왕의 머리에 씌워집니다. 번쩍거리는 빛이 면류관으로부터 나옵니다. 그 빛은 보석 세공인에 의해 그토록 고통스럽게 다듬어졌던 바로 그 다이아몬드로부터 나오는 것입니다. 당신은 자신을 이 다이아몬드와 비교할 수 있습니다. 왜냐하면 당신은 하나님의 백성 가운데 하나이기 때문입니다. 그리고 지금은 다듬어지는 과정 속에 있습니다. 믿음과 인내를 통해 그것이 완전한 과정이 되도록 하십시오. 그러면 영광의 면류관이 영원하고, 불멸하고, 불가시적인 왕의 머리에 씌워지는 그날이 올 때, 영광의 광채 중 하나는 틀림없이 당신으로부터 흘러나올 것입니다. 하나님은 "내가 정한 날에 그들을 나의 특별한 소유로 삼을 것이요"(말 3:17)라고 말씀하십니다. "일의 끝이 시작보다 낫고."

**마침내 참혹한 일이 생길 줄을 알지 못하느냐 - 사무엘하 2:26**

오 사랑하는 형제여, 만일 당신이 형식적인 고백자로서, 그리스도 예수를 믿음으로 소유한 자가 아니라면, 다음과 같은 현실이 당신의 마지막 모습이 될 것입니다.

당신은 예배의 참석자로서는 아주 훌륭한 교인입니다. 그러나 당신이 예배에 참석하는 것은 다른 사람들이 참석하기 때문이지 당신의 마음이 하나님과 올바른 관계에 있기 때문이 아닙니다. 이것이 당신의 첫 모습입니다. 그렇다면 나는 앞으로 20년이나 30년 동안 당신이 지금처럼 입술로만 고백하고, 단순히 외적으로 은혜의 수단들에 참여할 뿐, 마음으로는 참여하지 못하는 경우를 상상해 보겠습니다. 그렇게 되지 않도록 신중히 생각하십시오. 당신과 같은 형식적인 믿음을 갖고 임종을 맞이했던 한 사람의 경우를 소개해 드리겠습니다. 우리는 그를 주목할 필요가 있습니다.

끈적끈적한 땀방울이 그의 이마에서 흘러내렸습니다. 그는 "오 하나님, 죽는 것이 이토록 어렵구나. 목사님을 모시러 보냈느냐?"고 소리를 칩니다. "예, 금방 오실 거예요." 목사가 왔습니다. "목사님, 저는 죽는 것이 두렵습니다." "천국에 대한 소망이 없습니까?" "있다고 말할 수 없습니다. 하나님 앞에 서는 것이 두렵습니다. 오! 저를 위해 기도해 주십시오." 그를 위해 진지한 기도가 드려지고, 그의 앞에 잠시 구원의 길이 놓여졌지만, 그는 그 줄을 붙들지 못한 채, 죽고 말았습니다. 나는 손가락으로 차가운 눈꺼풀을 쓸어내려 그의 눈을 감겨주었습니다. 이제 그 눈은 이 세상에 있는 어떤 것도 볼 수 없으니까요.

그러나 지금 그 사람은 어디에 있고, 실제 그의 눈은 어디에 있습니까? "그가 음부에서 고통 중에 눈을 들어"라고 기록되어 있습니다. 아! 그전에 그는 눈을 들어 왜 주님을 바라보지 못했을까요? 그는 복음을 습관적으로 듣는데 익숙해 있었기 때문에 그 아래 그의 영혼이 잠을 자고 있었기 때문입니다. 구주가 직접 하신 말씀은 그의 불행이 어떠한지 잘 가르쳐 줍니다: "아버지 아브라함이여 나를 긍휼히 여기사 나사로를 보내어 그 손가락 끝에 물을 찍어 내 혀를 서늘하게 하소서 내가 이 불꽃 가운데서 괴로워하나이다"(24절). 이 말씀 속에는 참으로 두려운 의미가 담겨 있습니다. 모쪼록 당신은 여호와의 진노의 붉은 빛 아래 나타나지 않기를!

734 ▶ 735

> 명절 끝날 곧 큰 날에 예수께서 서서 외쳐 이르시되 누구든지
> 목마르거든 내게로 와서 마시라 - 요한복음 7:37

주 예수님 안에서 인내는 그 온전한 역사를 이루었습니다. 주님은 명절 끝날까지 유대인들에게 오라고 간청하셨던 것처럼, 금년 한 해 마지막 날까지 우리에게도 은혜를 베푸시기 위해 기다리면서 오라고 간청하십니다. 우리가 그토록 성령을 거역하고, 반항하며, 근심시켜 드리는데도 불구하고, 해마다 우리를 참고 견디며 기다리시는 주님의 모습이 참으로 놀랍습니다. 우리가 아직도 은혜의 땅에 있다는 것은 기적 중의 기적이리라!

그리고 긍휼이 분명히 표현되었습니다. 왜냐하면 본문을 보면 예수님이 외치셨다고 되어 있는데, 그것은 그분의 목소리가 컸다는 것과 그 어조가 부드러웠다는 것을 함축하고 있기 때문입니다. 그분은 우리에게 화목할 것을 요청하십니다. "하나님이 우리를 통하여 너희를 권면하시는 것 같이 그리스도를 대신하여 간청하노니"(고후 5:20)라고 바울 사도는 말합니다. 얼마나 진지하고, 얼마나 열렬한 표현일까요! 죄인들을 위해 우시는 주님의 사랑은 얼마나 깊으며, 그것은 마치 어머니가 그의 자녀들을 그의 품에 안은 것과 같지 않을까요? 확실히 이 크게 외치시는 부르심에 우리는 기꺼이 반응하게 될 것입니다.

모든 준비가 아주 충분하게 되어 있습니다. 사람이 자기 영혼의 갈증을 푸는데 필요한 모든 것이 준비되어 있습니다. 그의 양심에 대속은 평화를 제공합니다. 그의 이성에 복음은 가장 풍성한 교훈을 줍니다. 그의 마음에 예수님의 인격은 가장 고상한 사랑의 대상이 됩니다. 그의 전인격에 예수 안에 있는 그대로의 진리는 가장 순전한 양분을 공급합니다. 갈증은 두려운 것이지만, 예수님은 그것을 제거하실 수 있습니다. 영혼은 완전히 고갈 상태에 빠지지만, 예수님은 그것을 회복시키실 수 있습니다.

와서 마시라는 선포는 누구에게나 값없이 주어집니다. 목마른 자는 누구나 환영을 받습니다. 목마르다는 것 외에 다른 차별은 없습니다. 그것이 탐욕에 대한 것이든, 야망에 대한 것이든, 쾌락에 대한 것이든, 지식 또는 안식에 대한 것이든 그것을 느끼는 자는 누구나 오라고 초청을 받습니다. 목마름은 그 자체로 나쁜 것으로 은혜의 표지가 아닐 수 있지만 — 아니 오히려 더 깊은 정욕으로 충족되기를 바라는 심각한 죄의 표시일 수 있지만 — 그가 초청을 받는 것은 그 안에 어떤 선함이 있어서가 아닙니다. 주 예수님은 사람들과 상관없이 그것을 값없이

주십니다.

　마지막으로, 인간성이 아주 충분하게 선언됩니다. 죄인은 반드시 예수님께 나아오지 않으면 안 됩니다. 선행이나 계명이나 교리 앞으로가 아니라 십자가에 친히 달리신 자신의 몸에 우리의 죄를 짊어지신 그분의 자아 곧 인간이신 구속주 앞으로 나아와야 합니다. 피 흘리시고, 죽으시고, 부활하신 구주야말로 죄인의 유일한 소망입니다. 오 주여, 한 해의 마지막 날인 오늘, 해가 지기 전에 어서 와 그 샘물을 마시도록 은혜를 베푸소서.

　본문은 우리가 기다려야 하거나 예비할 것에 대한 암시가 전혀 없습니다. 마신다는 것은 그것에 적절한지 따질 것이 없이 누구든 그냥 받기만 하면 된다는 것을 의미합니다. 바보, 강도, 매춘부 등 누구든 마실 수 있습니다. 죄의 본성은 예수님을 믿으라는 초청에 아무런 장애가 되지 않습니다. 목마른 자에게 물을 줄 때는 황금잔이나 보석잔이 필요하지 않습니다. 목마른 사람은 몸을 숙여 흘러나오는 물을 입으로 벌컥벌컥 들이키는 법입니다. 부르트거나 문드러지거나 더러운 입술일지라도 주님의 사랑의 강물을 마실 수 있습니다. 그런다고 그들이 강물을 오염시킬 수 없습니다. 아니 오히려 그들이 정결케 됩니다. 예수님은 소망의 원천입니다. 사랑하는 형제여, 우리 각자에게 다음과 같이 외치는 사랑하는 구속주의 음성을 들으시기 바랍니다:

> "누구든지 목마르거든
> 　내게로 와서 마시라."

추수할 때가 지나고 여름이 다하였으나 우리는 구원을 얻지 못한다 -예레미야서 8:20

사랑하는 형제여, "구원을 얻지 못한다!" 이것이 당신의 안타까운 입장입니까? 장차 임할 심판에 대해 경고를 받고, 생명을 위해 도망치라고 명령을 받았는데, 이 순간 구원을 얻지 못하였도다! 당신은 구원의 길을 알고 있고, 그것을 성경에서 보고, 설교를 통해 들으며, 친구들이 설명을 해 주었는데도, 그것을 소홀히 해서 아직 구원을 얻지 못했습니다. 당신은 하나님이 산 자와 죽은 자를 심판하실 때 변명의 여지가 없습니다. 성령께서 당신의 귀에 들려졌던 말씀을 따라 당신에게 크고 작은 축복들을 주셨습니다. 수시로 하나님의 임재를 통해 새롭게 될 기회가 있었지만, 당신은 여전히 그리스도를 외면했습니다. 좋은 기회들이 오고 갔습니다. 당신의 여름과 추수할 때는 이제 과거가 되었습니다. 그런데도 당신은 아직 구원을 얻지 못했습니다. 세월은 유수같이 흘러 당신의 마지막 날이 곧 다가올 것입니다. 젊음은 벌써 경험했고, 한창 때도 지났습니다. 그러나 당신은 여전히 구원을 얻지 못했습니다.

나는 당신에게 "언젠가 구원 얻겠습니까?"라고 묻고 싶습니다. 그럴 가능성이 있습니까? 이미 가장 좋은 시기는 놓쳤습니다. 그러면 다른 때라도 당신의 상태가 바뀔 수 있습니까? 각별한 애정과 관심을 갖고 가장 좋은 수단들이 사용되던 때에도 당신은 구원받는데 실패했습니다. 그렇다면 당신을 위해 지금 무엇을 더 할 수 있겠습니까? 고난과 축복도 모두 당신을 구원의 길로 이끌지 못했습니다. 눈물과 기도와 설교도 당신의 메마른 마음에는 아무 소용이 없었습니다. 그래도 당신이 구원받을 가능성이 남아 있습니까? 당신은 죽음이 소망의 문을 닫을 때까지 지금처럼 그럴 것 같지 않습니까? 당신은 그 상태로부터 벗어날 것 같습니까?

그러나 이에 대한 합리적인 대답은 이것입니다: 그토록 많은 물이 흐르는데도 씻지 못한 사람은 마지막 순간까지 더러운 모습으로 있을 가능성이 아주 높다. 좋은 기회를 놓쳐버렸는데, 앞으로 그런 기회가 온다고 볼 수 있겠습니까?

그렇다면 그때가 결코 오지 않으리라는 것을 두려워하는 것이 논리적이고, 당신이 지옥에 갈 때까지 편하게 믿을 기회는 결코 오지 않을 것입니다. 오, 그것을 생각하십시오. 당신이 그곳에 내던져질 그 두려운 가능성을 명심하십시오.

성도여, 구원받지 못하고 죽는다면, 당신의 끔찍한 운명은 말로 표현할 수 없습니다. 그 두려운 상태를 피눈물로 적어두고, 슬피 이를 갈며 그것에 관해 말하게 될 것입니다. 당신은 하나님의 영광 및 그분의 권능의 영광으로부터 영원한 파멸의 형벌을 받게 될 것입니다. 오, 그러므로 지혜롭게 행동하십시오. 시간이 있을 때 지혜롭기를 바랍니다. 다른 한 해가 시작되기 전에 예수님을 믿으십시오. 오직 그분만이 끝까지 당신을 구원하실 분입니다. 이 마지막 시간들을 따로 떼어놓고, 조용히 생각해 보기 바랍니다. 당신 마음속에 깊은 회한의 감정이 있다면, 그것은 좋은 일입니다. 예수님을 겸손하게 받아들이는 믿음이 있다면, 그것은 최고로 좋은 일입니다. 오 죄 사함 받지 않은 영으로 이 해가 다 가지 않도록 조심하십시오. 새해의 한밤을 알리는 종소리가 기쁨 없는 영 위에 들리지 않도록 합시다. 지금, 지금, 지금 믿으십시오. 그리하면 생명을 얻을 것입니다.

> "도망하여 생명을 보존하라
> 돌아보거나
> 들에 머물지 말고
> 산으로 도망하여
> 멸망함을 면하라."

# 주제 색인

11/10/아침
천국 천국에 대한 보증, 1/10/아침; 천
국의 유익, 7/10/아침; 천국의 특징,
7/12/저녁; 천국의 문인 그리스도,
12/17/저녁; 그리스도의 임재가 천국
이다, 1/17/아침; 천국시민, 7/10/아
침; 천국을 미리 맛봄, 7/20/아침; 천
국에 대한 소망, 3/22/저녁; 우리를
기다리고 있는 기업, 1/10/아침; 천국
의 열쇠, 6/15/저녁, 천국을 고대함,
1/1/아침, 1/10/저녁, 2/7/저녁; 천국에
서 갖는 완전한 친교, 12/10/아침; 천
국에서 누리는 완전한 평화, 12/19/저
녁; 천국의 완전함, 8/9/아침, 8/23/저
녁; 천국의 안식, 1/18/아침; 천국에
서의 깨지지 않는 교제, 12/19/아침;
천국을 갈망함, 12/4/저녁
천국시민 7/10/아침
천년왕국 12/24/저녁
철학 철학은 단순한 복음을 거부한다,
9/25/저녁
초자연적 계시 5/12/아침
초점 예수에게 초점을 맞춤, 6/28/아침
최고의 경험 6/25/아침, 11/23/저녁
축복 풍성한 축복, 5/16/아침; 겸손이
축복에 선행한다, 4/5/저녁; 그리스도
안의 축복, 5/9/아침; 섭리적 축복,
8/1/저녁
치유 그리스도의 치유 능력, 5/7/아침,
5/7/저녁, 5/31/저녁, 8/3/저녁; 하나님
의 특권, 8/30/저녁; 영적 치유, 5/7/
아침, 5/31/저녁, 6/2/아침, 8/30/저녁
친밀성 우리와 그리스도의 친밀성, 4/29
저녁, 4/30/저녁(성찬을 보라)
침체 4/12/아침, 11/6/아침
칭의 2/3/아침, 2/10/저녁, 5/15/아침,
5/15/저녁, 9/23/아침, 9/25/아침, 12/8/
아침, 12/14/저녁, 12/26/아침; 칭의의

유익, 2/13/저녁; 그리스도의 의로 옷
입혀짐, 12/21/저녁, 완전한 하나님의
사역, 7/14/아침, 7/27/저녁; 칭의는
선행을 결과한다, 7/4/저녁; 칭의는
영화를 결과한다, 5/28/아침(전가, 완
전함을 보라)
크리스마스 12/25/아침, 12./25/저녁
타락 4/12/저녁
타협 7/23/아침; 타협을 피함, 8/29/저
녁; 세상과의 타협, 6/27/아침
택자 택자에 관한 하나님의 지식,
12/17/아침; 택자에 대한 하나님의
기억, 8/13/저녁
택함 받음 하나님께 택함 받음, 10/28/
아침; 택함 받은 백성들, 5/4/저녁,
5/5/아침; 섬기도록 택함 받음, 5/17/
저녁(선택을 보라)
통일성 통일성을 유지함, 7/18/저녁
통회 4/7/저녁, 4/11/저녁, 4/28/아침,
6/14/저녁, 9/29/아침(고백, 회개를 보
라)
특별계시 5/12/아침, 6/24/아침
판단 판단은 우리가 아니라 그리스도가
하실 일, 11/26/저녁
평화 3/3/저녁, 8/12/저녁, 12/9/저녁
표적과 기사 5/7/저녁, 9/2/저녁
피 그리스도의 피, 4/16/아침, 4/17/아침,
4/18/아침, 4/19/아침, 7/23/저녁, 11/6/
저녁(속죄, 그리스도의 피, 희생을 보
라)
필요 필요를 위한 기도, 5/21/저녁
핍박 3/17/저녁; 핍박이 주는 영예,
11/7/저녁; 불가피한 핍박, 11/10/저
녁, 12/28/저녁; 핍박 속에서 그리스
도께 충성함, 8/7/아침; 핍박 속에서
견고함, 6/24/저녁
하나님 우리를 돌보시는 하나님, 1/6/아
침; 하나님을 즐거워함, 1/1/저녁,

# 성 구 색 인

창세기
1:4 / 1월 5일
1:4 / 1월 5일
1:4 / 7월 9일
1:5 / 6월 1일
1:5 / 7월 10일
3:8 / 7월 1일
4:2 / 1월 20일
7:16 / 6월 5일
8:9 / 6월 25일
8:9 / 3월 13일
8:11 / 1월 29일
9:14 / 8월 12일
9:15 / 8월 13일
21:6 / 6월 15일
24:63 / 8월 15일
25:11 / 2월 17일
29:26 / 11월 14일
32:12 / 4월 18일
35:18 / 3월 8일
39:12 / 7월 25일
41:4 / 7월 3일
42:2 / 5월 21일
42:8 / 1월 4일
46:3, 4 / 5월 12일
49:24 / 2월 22일

출애굽기
3:7 / 8월 14일
7:12 / 6월 28일

8:28 / 6월 27일
14:13 / 7월 24일
16:21 / 7월 16일
17:12 / 4월 16일
20:25 / 7월 14일
22:6 / 8월 24일
25:6 / 8월 28일
28:38 / 1월 8일
34:20 / 10월 15일
35:8 / 11월 29일

레위기
1:4 / 4월 13일
6:13 / 7월 15일
13:13 / 2월 26일
13:13 / 9월 29일
19:16, 17 11월 29일
19:36 / 9월 4일

민수기
2:31 / 7월 18일
6:4 / 8월 29일
11:11 / 10월 7일
11:23 / 6월 8일
12:1 / 10월 6일
14:2 / 4월 30일
14:11 / 8월 27일
21:17 / 6월 17일
32:6 / 8월 5일

신명기
1:38 / 9월 17일
5:24 / 7월 19일
32:5 / 12월 22일
32:9 / 11월 15일
33:27 / 11월 10일
33:27 / 11월 11일
33:29 / 9월 27일

여호수아
1:7 / 5월 11일
2:21 / 4월 18일
5:12 / 1월 1일
6:26 / 5월 29일
20:3 / 2월 4일

사사기
7:20 / 9월 20일
15:18 / 1월 21일
16:6 / 7월 8일

룻기
1:14 / 12월 15일
2:2 / 8월 1일
2:3 / 10월 25일
2:14 / 3월 19일
2:17 / 8월 2일

사무엘상
1:27 / 9월 19일

# 스펄전 묵상록

37:4 / 6월 14일
38:21 / 5월 25일
39:1 / 3월 14일
39:12 / 3월 16일
42:9 / 7월 21일
45:2 / 6월 21일
45:7 / 5월 29일
45:8 / 2월 15일
46:1 / 5월 3일
47:4 / 11월 11일
51:1 / 8월 29일
51:10 / 10월 31일
51:14 / 4월 7일
52:8 / 8월 17일
55:22 / 5월 26일
56:9 / 7월 13일
61:2 / 9월 22일
62:5 / 2월 28일
62:8 / 9월 1일
65:11 / 8월 1일
65:11 / 10월 18일
66:2 / 9월 30일
66:20 / 5월 24일
67:6 / 4월 27일
68:10 / 12월 8일
68:28 / 11월 15일
72:19 / 8월 6일
73:22 / 7월 28일
73:23 / 7월 29일
73:24 / 9월 1일
74:16 / 12월 23일
74:17 / 12월 1일
76:3 / 6월 11일
84:6 / 9월 13일
84:7 / 12월 14일
84:11 / 10월 1일
89:19 / 1월 23일
91:3 / 1월 24일
91:5 / 4월 22일

91:9 / 2월 27일
92:4 / 8월 14일
93:2 / 11월 18일
97:1 / 8월 12일
97:10 / 6월 7일
100:2 / 1월 9일
100:4 / 11월 5일
101:1 / 9월 12일
102:13,14 / 7월 16일
103:2 / 7월 9일
103:3 / 5월 31일
104:16 / 8월 13일
104:16 / 10월 24일
107:7 / 5월 22일
107:8 / 12월 1일
109:4 / 1월 15일
119:9 / 8월 26일
112:7 / 9월 15일
113:8 / 7월 26일
118:8 / 3월 7일
118:12 / 4월 6일
119:15 / 10월 12일
119:37 / 1월 20일
119:49 / 4월 28일
119:53 / 11월 2일
119:57 / 5월 13일
120:5 / 9월 5일
126:3 / 6월 9일
138:5 / 2월 1일
138:8 / 5월 23일
139:17 / 4월 30일
148:14 / 9월 15일
149:2 / 9월 22일
149:4 / 4월 29일

## 잠언
1:33 / 7월 6일
11:25 / 8월 21일
15:33 / 4월 5일

16:20 / 5월 5일
16:33 / 12월 19일
18:12 / 3월 6일
24:33, 34 / 11월 24일
27:23 / 12월 18일
30:8 / 6월 13일
30:26 / 11월 20일

## 전도서
1:7 / 10월 26일
1:14 / 12월 2일
7:8 / 12월 30일
9:4 / 9월 30일
9:10 / 11월 26일
10:7 / 5월 19일
10:9 / 11월 17일
11:6 / 9월 20일

## 아가서
1:2 / 1월 8일
1:2 / 4월 1일
1:4 / 1월 1일
1:4 / 1월 23일
1:4 / 8월 7일
1:7 / 2월 3일
1:7 / 9월 3일
1:13 / 4월 13일
1:16 / 5월 22일
2:1 / 5월 1일
2:3 / 8월 25일
2:8 / 3월 20일
2:10 / 4월 25일
2:12 / 4월 24일
2:15 / 5월 30일
2:16,17 / 6월 19일
3:1 / 1월 19일
3:4 / 9월 29일
4:7 / 12월 2일
4:7 / 12월 3일

4:12 / 1월 7일

4:12 / 11월 18일

4:16 / 3월 1일

5:1 / 6월 18일

5:2 / 9월 24일

5:4 / 9월 27일

5:6 / 3월 29일

5:8 / 8월 22일

5:11 / 10월 28일

5:13 / 5월 1일

5:16 / 3월 9일

7:11,12 / 5월 9일

7:13 / 10월 1일

8:6 / 10월 13일

8:13 / 10월 30일

## 이사야

2:3 / 4월 4일

3:10 / 4월 14일

7:14 / 12월 25일

14:10 / 6월 26일

21:11 / 8월 6일

26:4 / 7월 5일

30:18 / 12월 9일

32:18 / 12월 9일

33:16 / 11월 9일

33:17 / 11월 16일

33:21 / 11월 24일

36:5 / 10월 7일

37:22 / 7월 21일

40:5 / 12월 24일

40:9 / 6월 25일

40:9 / 11월 23일

40:11 / 5월 14일

40:11 / 10월 17일

41:1 / 1월 2일

41:9 / 5월 17일

41:10 / 12월 22일

41:14 / 1월 16일

43:6 / 10월 20일

43:24 / 5월 23일

44:3 / 11월 6일

44:22 / 2월 10일

45:19 / 8월 21일

48:8 / 12월 16일

48:10 / 3월 3일

49:8 / 1월 3일

49:16 / 11월 7일

51:3 / 6월 1일

51:5 / 8월 31일

53:5 / 3월 31일

53:6 / 4월 3일

53:10 / 4월 2일

53:12 / 3월 30일

54:1 / 8월 28일

54:5 / 6월 18일

54:11 / 12월 15일

54:12 / 12월 13일

54:17 / 11월 5일

57:18 / 8월 30일

58:11 / 12월 27일

59:5 / 8월 8일

62:12 / 3월 11일

63:1 / 1월 14일

63:7 / 1월 25일

64:6 / 10월 27일

65:19 / 8월 23일

## 예레미야

2:2 / 12월 17일

2:18 / 7월 20일

3:14 / 7월 22일

8:20 / 12월 31일

15:21 / 10월 10일

16:20 / 5월 4일

17:14 / 8월 30일

17:17 / 4월 29일

23:6 / 1월 31일

31:3 / 2월 29일

31:3 / 12월 20일

31:33 / 1월 9일

32:17 / 6월 30일

32:41 / 9월 21일

33:3 / 9월 9일

49:23 / 9월 7일

51:51 / 8월 18일

## 예레미야애가

3:21 / 5월 28일

3:24 / 11월 16일

3:40 / 3월 30일

3:41 / 10월 11일

3:58 / 11월 20일

## 에스겔

3:7 / 4월 28일

15:2 / 1월 22일

16:6 / 7월 7일

16:10 / 12월 21일

20:41 / 3월 28일

33:22 / 1월 6일

34:26 / 2월 24일

35:10 / 2월 17일

36:26 / 8월 15일

36:37 / 2월 19일

## 다니엘

3:16,18 / 6월 24일

5:27 / 6월 12일

9:8 / 6월 14일

9:26 / 1월 16일

10:11 / 10월 2일

11:32 / 8월 4일

## 호세아

3:1 / 2월 4일

5:7 / 12월 12일

# 스펄전 묵상록

5:15 / 7월 25일
7:8 / 6월 23일
10:12 / 4월 1일
11:4 / 5월 20일
12:12 / 11월 22일
13:5 / 10월 31일
14:4 / 10월 22일
14:8 / 9월 8일

### 요엘
1:3 / 7월 11일
2:8 / 7월 18일
2:11 / 7월 24일
2:13 / 12월 18일

### 아모스
9:9 / 6월 20일

### 오바댜
1:11 / 7월 23일

### 요나
1:3 / 2월 25일
2:9 / 2월 26일
4:9 / 7월 13일

### 미가
2:10 / 2월 7일
2:13 / 8월 24일
5:2 / 2월 27일
5:4 / 8월 19일

### 나훔
1:2 / 9월 12일
1:3 / 2월 22일

### 하박국
1:8 / 9월 10일
3:6 / 12월 12일

### 스바냐
1:4, 5 / 11월 14일

### 학개
1:9 / 10월 26일
2:17 / 8월 4일

### 스가랴
1:8 / 9월 26일
1:12,13 / 2월 24일
1:20 / 12월 5일
3:1 / 11월 27일
4:10 / 11월 26일
6:13 / 6월 22일
11:2 / 9월 26일
14:7 / 10월 4일
14:8 / 7월 1일

### 말라기
3:2 / 10월 15일
3:6 / 11월 2일

### 마태복음
1:21 / 2월 8일
1:21 / 2월 8일
3:7 / 2월 25일
3:16 / 3월 3일
4:1 / 2월 20일
5:9 / 3월 17일
5:43 / 3월 12일
6:9 / 10월 29일
6:26 / 1월 26일
7:7 / 12월 5일
9:6 / 8월 10일
10:25 / 11월 10일
10:34 / 12월 28일
11:25 / 2월 5일
11:28 / 12월 16일
12:15 / 5월 7일

12:20 / 7월 19일
14:30 / 1월 14일
15:23 / 10월 9일
15:27 / 3월 27일
19:16 / 6월 2일
20:8 / 12월 20일
22:42 / 12월 29일
24:39 / 11월 1일
26:39 / 3월 22일
26:56 / 3월 27일
27:14 / 4월 2일
27:51 / 4월 19일
28:1 / 7월 14일
28:20 / 5월 11일
28:20 / 12월 26일

### 마가복음
1:18 / 6월 20일
1:30 / 9월 2일
1:41 / 9월 4일
2:4 / 9월 7일
3:13 / 9월 10일
4:36 / 9월 14일
8:38 / 3월 26일
9:15 / 8월 26일
9:19 / 9월 17일
9:23 / 8월 8일
9:23 / 9월 23일
11:22 / 3월 7일
14:14 / 11월 8일
14:72 / 7월 30일
15:23 / 8월 18일
16:9 / 7월 15일
16:9 / 8월 9일
16:16 / 10월 5일

### 누가복음
2:18 / 1월 26일
2:19 / 1월 27일

2:20 / 1월 28일
3:4 / 1월 3일
4:18 / 11월 25일
5:4 / 10월 8일
6:12 / 11월 12일
8:13 / 1월 11일
8:42 / 8월 3일
8:47 / 2월 14일
10:21 / 3월 24일
10:40 / 1월 24일
11:4 / 2월 9일
11:27, 28 / 6월 24일
14:10 / 12월 23일
14:27 / 2월 23일
15:2 / 9월 13일
15:18 / 2월 18일
18:1 / 11월 13일
19:40 / 3월 23일
22:32 / 1월 11일
22:44 / 3월 23일
22:46 / 10월 23일
22:48 / 3월 25일
23:26 / 4월 5일
23:27 / 4월 9일
23:31 / 4월 8일
23:33 / 4월 10일
24:16 / 10월 29일
24:27 / 1월 18일
24:33, 35 / 5월 25일
24:38 / 10월 21일
24:45 / 1월 19일

요한복음
1:14 / 5월 10일
1:16 / 1월 27일
1:41 / 2월 19일
3:7 / 3월 6일
3:13 / 3월 25일
4:14 / 10월 6일

4:48 / 9월 2일
5:8 / 5월 7일
5:13 / 5월 8일
5:39 / 6월 9일
5:39 / 6월 10일
6:37 / 7월 29일
6:37 / 7월 30일
6:67 / 10월 23일
7:37 / 12월 31일
10:9 / 12월 17일
10:27 / 9월 18일
10:28 / 6월 16일
11:4 / 8월 17일
12:2 / 11월 21일
12:21 / 4월 17일
13:5 / 10월 24일
14:16 / 2월 12일
14:21 / 5월 12일
14:26 / 10월 12일
15:4 / 3월 9일
15:4 / 11월 13일
15:9 / 3월 18일
15:19 / 10월 28일
16:15 / 10월 22일
16:32 / 3월 21일
16:33 / 5월 3일
17:15 / 5월 2일
17:17 / 7월 4일
17:22 / 6월 30일
17:23 / 7월 31일
17:24 / 3월 22일
18:8 / 3월 26일
19:5 / 7월 22일
19:16 / 4월 3일
21:12 / 10월 16일

사도행전
1:8 / 11월 7일
2:4 / 6월 19일

4:13 / 2월 11일
5:31 / 4월 22일
8:30 / 2월 21일
8:37 / 8월 25일
9:11 / 11월 3일
10:38 / 7월 28일
13:39 / 5월 15일
14:22 / 3월 8일
14:22 / 5월 26일
16:14 / 12월 10일
18:10 / 12월 4일
27:23 / 4월 10일

로마서
1:7 / 7월 5일
3:26 / 9월 25일
3:31 / 1월 25일
4:20 / 3월 19일
6:6 / 5월 30일
7:13 / 3월 11일
8:1 / 2월 13일
8:12 / 2월 3일
8:17 / 5월 14일
8:23 / 6월 23일
8:23 / 8월 16일
8:23 / 12월 4일
8:28 / 8월 5일
8:30 / 5월 28일
8:33 / 7월 27일
8:34 / 4월 21일
8:37 / 4월 23일
9:15 / 11월 25일
11:26 / 1월 21일
11:36 / 11월 17일
12:2 / 10월 14일
14:8 / 6월 10일

고린도전서
1:2 / 7월 12일

스펄전 묵상록

1:28 / 12월 7일
1:30 / 9월 25일
2:12 / 2월 29일
3:1 / 10월 19일
3:23 / 1월 12일
7:20 / 6월 27일
9:22 / 12월 7일
10:12 / 3월 14일
11:24 / 4월 26일
15:20 / 5월 10일
15:45 / 12월 26일
15:48 / 12월 6일

고린도후서
1:5 / 2월 12일
4:18 / 1월 29일
5:14 / 10월 21일
5:21 / 4월 4일
6:16 / 5월 5일
6:17 / 9월 11일
7:6 / 2월 20일
7:10 / 10월 13일
8:9 / 12월 24일
11:22 / 6월 6일
12:9 / 3월 4일
12:9 / 11월 4일

갈라디아서
2:10 / 3월 17일
2:20 / 12월 14일
2:20 / 12월 28일
3:26 / 3월 18일
5:1 / 9월 19일
5:17 / 6월 2일
5:18 / 9월 6일
5:25 / 9월 18일

에베소서
1:3 / 5월 9일

1:6 / 9월 23일
1:7 / 11월 27일
1:11 / 1월 30일
1:11 / 8월 2일
1:14 / 7월 20일
1:19, 20 / 9월 8일
2:19 / 7월 10일
3:8 / 3월 2일
3:8 / 8월 22일
3:17 / 8월 23일
3:19 / 3월 28일
4:15 / 10월 20일
4:30 / 11월 21일
5:25 / 3월 20일
6:18 / 2월 6일

빌립보서
1:21 / 1월 7일
1:27 / 5월 24일
2:8 / 6월 3일
2:15 / 9월 6일
3:8 / 10월 14일
3:10 / 11월 22일
4:11 / 2월 16일
4:12 / 2월 10일

골로새서
1:5 / 10월 2일
1:28 / 1월 28일
2:6 / 11월 8일
2:6 / 11월 9일
2:9,10 / 5월 18일
3:4 / 8월 10일
3:24 / 12월 11일
4:2 / 1월 2일

데살로니가전서
1:4 / 7월 17일
2:18 / 8월 7일

4:14 / 6월 29일
4:17 / 12월 10일
5:6 / 3월 5일
5:24 / 12월 11일
5:25 / 7월 7일

데살로니가후서
2:16 / 8월 11일

디모데전서
3:16 / 6월 4일
6:17 / 5월 16일

디모데후서
1:9 / 6월 12일
2:1 / 3월 15일
2:11 / 10월 27일
2:12 / 7월 3일
2:19 / 6월 21일
4:8 / 1월 10일
4:18 / 7월 12일

디도서
3:4 / 6월 4일
3:9 / 11월 19일

빌레몬서
1:2 / 11월 1일

히브리서
1:14 / 10월 3일
2:14 / 4월 20일
2:18 / 10월 3일
4:9 / 1월 18일
5:7 / 3월 24일
5:8 / 3월 29일
9:20 / 11월 6일
9:22 / 2월 2일
11:13 / 5월 2일

● 독자 여러분들께 알립니다!
'CH북스'는 기존 '크리스천다이제스트'의 영문명 앞 2글자와
도서를 의미하는 '북스'를 결합한 출판사의 새로운 이름입니다.

# 스펄전 묵상록

**1판 1쇄 발행** 2003년 5월 20일
**1판 중쇄 발행** 2024년 5월 1일

**지은이** 찰스 스펄전
**옮긴이** 김귀탁
**발행인** 박명곤 **CEO** 박지성 **CFO** 김영은
**기획편집1팀** 채대광, 김준원, 이승미, 이상지
**기획편집2팀** 박일귀, 이은빈, 강민형, 이지은, 박고은
**디자인팀** 구경표, 구혜민, 임지선
**마케팅팀** 임우열, 김은지, 전상미, 이호, 최고은

**펴낸곳** CH북스
**출판등록** 제406-1999-000038호
**전화** 070-4917-2074 **팩스** 0303-3444-2136
**주소** 서울시 강서구 마곡중앙6로 40, 장흥빌딩 10층
**홈페이지** www.hdjisung.com **이메일** support@hdjisung.com
**제작처** 영신사

ⓒ CH북스 2003